훈민정음의 길

해각주자 신미 평전

훈민정음의 길 혜각존자 신미 평전

All rights reserved.
All the pictures and contents in this book are protected by copyright law.
Unlawful use and copy of these are strictly prohibited.
Any of questions regarding above matter, need to contact 나녹那碌.

이 책에 수록된 모든 사진과 글은 저작권법에 의해 보호받는 저작물이므로 무단전재와 무단복제를 금합니다.
도서출판나녹那碌 (windmillwindow@yahoo.com)으로 문의하기 바랍니다.

훈민정음의 길 혜각존자 신미 평전

펴낸 곳 | 나녹那碌
펴낸이 | 형난옥
지은이 | 박해진
사진 | 박해진
편집기획 | 형난옥
디자인 | 김용아
초판 1쇄 인쇄 | 2014년 12월 10일
초판 1쇄 발행 | 2014년 12월 15일
초판 5쇄 발행 | 2019년 10월 9일
등록일 | 제 300-2009-69호 2009. 06. 12
주소 | 서울시 종로구 평창 21길 60번지
전화 | 02-395-1598 팩스 | 02-391-1598

* 저작권자와 협의하여 인지를 생략합니다.
* 잘못된 책은 바꾸어 드립니다.

ISBN 978-89-94940-23-6 03700

사람은 떠나도 글은 남고
글은 남아 정신을 깨운다
깨어 있어라 오늘 하루
따뜻한 옛날이 내일을 밝힌다

1 꽃잎 속의 훈민정음

화보1 묘엄존자 무학의 진영. 함허당 득통을 상수제자로 두었다.

화보2 양주 회암사지 전경. 단계를 거쳐 발굴조사를 했다.

화보3 양주 천보산 회암사지 일곽. 대웅전터, 옆이 서방장과 정침터

화보4 회암사 보광전지 출토 청동풍탁(1394년)

화보5 관악산 연주암(효령대군의 원찰, 옛 의상암)   화보6 『원각경』 권상. 함허당 득통의 해

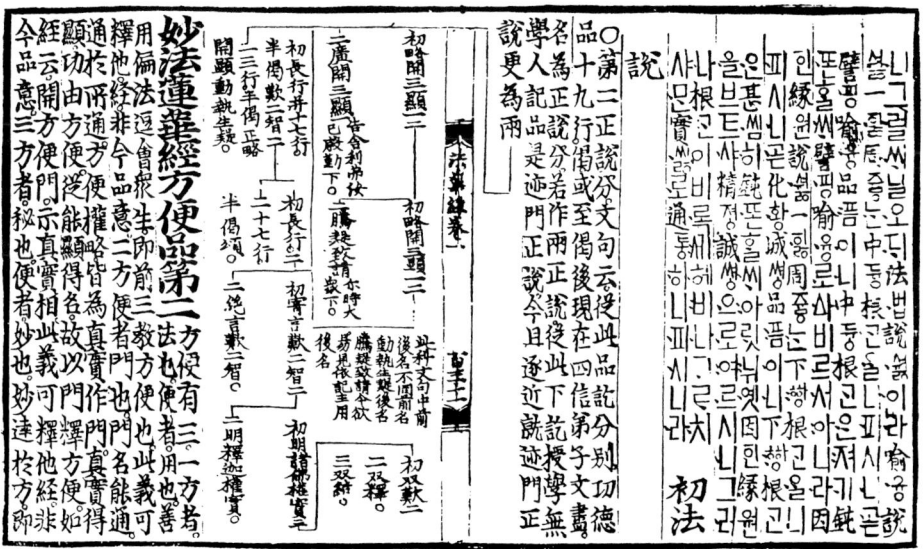

화보7 『묘법연화경언해』 권1 방편품의 과문

화보8 나옹혜근 진영. 고려 공민왕의 왕사였다. 신륵사에서 입적

화보9 세종의 동생 성녕대군의 묘. 경기도 고양시 대자리에 있다.

화보10 헌릉의 형국. 태종의 명으로 원찰을 두지 않았다.

화보11 강화도 정수사 대웅보전(보물 제161호). 함허당이 중창했다.

화보12 경주 봉덕사 성덕대왕신종 (국보 제29호). 세종의 보호로 살아남았다.

화보15 속리산 법주사 사역 전경

화보14 경기도 가평 운악산과 현등사 원경

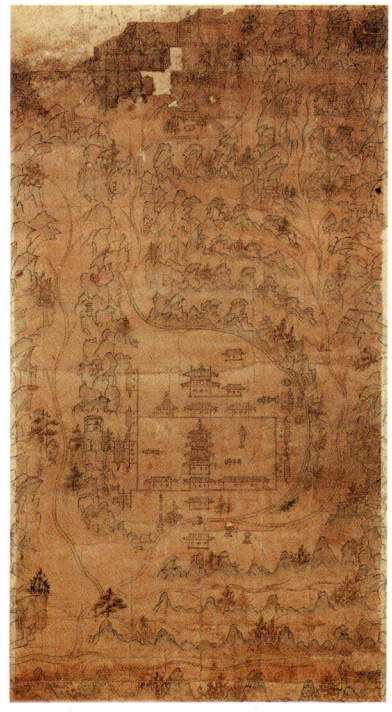

화보13 법주사 전도(법주사성보박물관)

화보16 복천사(지금의 복천암). 속리산의 가장 중앙에 있다.

화보8-1 보제존자(나옹) 석종 앞의 석등

화보17 함허당이 입멸한 봉암사. 경북 문경 희양산 자락 깊은 곳에 있다.

화보8-2 여주 신륵사 보제존자 석종과 석종비(보물 제228, 229호)

화보18 봉암사 함허당 득통 부도

화보19 현등사 함허당 득통 부도와 왕사로 예우한 장명등

화보20 『삼강행실도』의 목판화. 훈민정음 창제의 동기를 제공한 책

화보21 봉암사 지증대사 적조탑(보물 제137호)

화보21-1 함허당이 중창한 봉암사 극락전 (보물 제1574호)

2 꽃피는 훈민정음

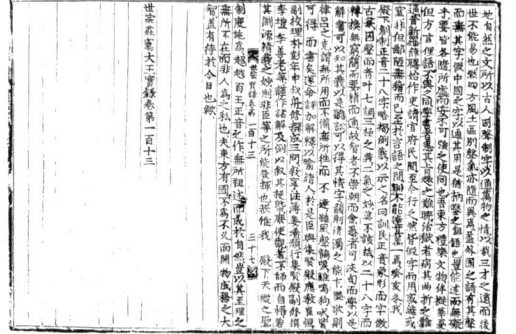

화보1 『훈민정음해례』의 기사와 정인지 서문. 『세종실록』 1446년 9월 29일

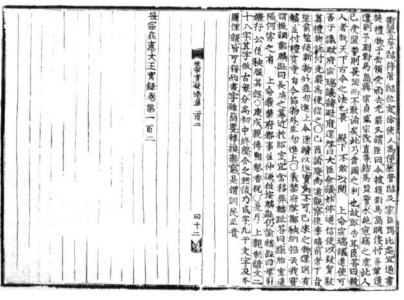

화보1-1 훈민정음 창제의 첫 기사(1443년 12월 30일)

화보2 최만리의 훈민정음 창제 반대 상소문. 『세종실록』 1447년 2월 20일

화보3 경복궁 교태전. 왕비의 침전

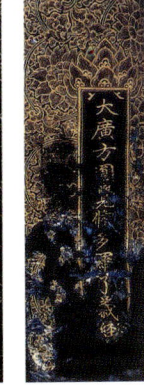

화보4 『원각경』 변상도. 무안대군 부인이 광평대군의 명복을 빌기 위해 감지금니로 조성(프랑스기메박물관 소장)

화보5 경복궁 강녕전. 임금의 정침 공간

화보6 흥천사 옛터(지금의 덕수궁). 태조가 창건

화보7 삼각산 자락의 진관사. 조선왕조의 수륙도량

화보8 회암사지 조감. 태조가 만년에 머물렀던 왕실의 원찰

화보9 양주 회암사 출토 용두. 효령대군이 단원주가 되어 중창했다.

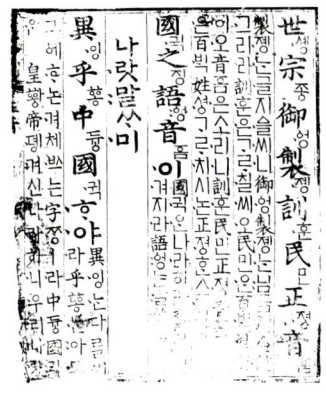

화보10 『훈민정음언해본』의 세종 어제 서문

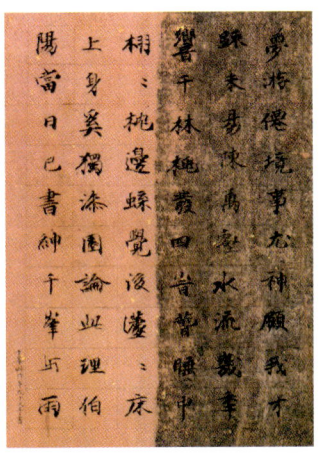

화보11 만우의 친필 시. 「몽유도원도」에 실려 있다.

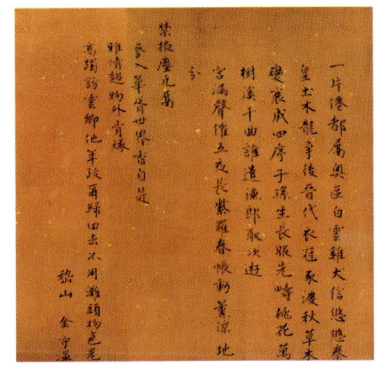

화보12 김수온의 친필 시. 「몽유도원도」에 실려 있다.

화보13 종묘제례악(중요무형문화재 제1호). 조정의식의 예가

화보14 종묘제례악 등 연회에 쓴 편경

화보16 경복궁 청연루. 이곳에서 소헌왕후의 추천을 위해 불상을 조성했다.

화보15 경복궁 근정전과 상, 하 월대(국보 제223호)

화보17 수양대군의 『석보상절』 서문. 『월인석보』 권1 수록

화보18 『용비어천가』 속의 뿌리 깊은 나무

화보19 『월인천강지곡』 제1, 2곡. 세종의 서문에 대신한 아름다운 노래다.

화보20 혜각존자가 주석하며 『석보상절』을 집필한 운악산 현등사와 극락전

화보21 현등사 보광전과 보합태화루. 함허당이 누의 이름을 지었다.

화보22 『남명집언해』 서문. 세종이 곁에 두고 읽으며 30수를 언해했다.

3 아픔 속의 훈민정음

화보1 경복궁 일곽. 뒷산이 주산인 백악. 오른쪽 탑 뒷편이 내불당터로 추정된다.

화보2 경복궁 근정전 일곽. 조선왕조의 법궁이다.

화보3 경복궁 집현전(지금의 수정전). 인재양성의 요람, 척불의 근원지

화보4 도갑사 해탈문(국보 제50호). 묘각왕사 수미 중창

화보5 신미 관련 기사. 『세종실록』 1450년 1월 26일

화보6 김수온의 『사리영응기』. 내불당 의궤서

화보7 안평대군의 친필. 『몽유도원도』 서문

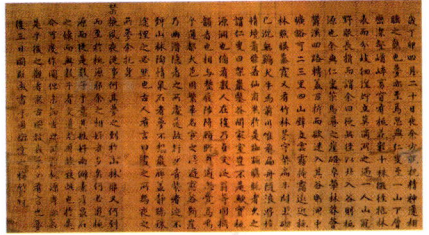

화보7-1 박팽년의 친필. 『몽유도원도』 서문

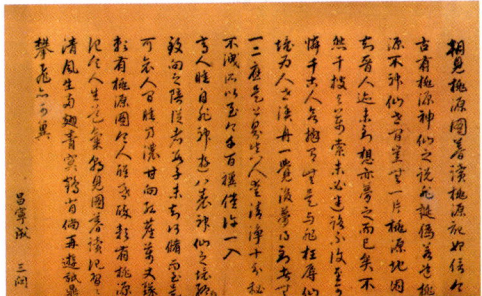

화보7-2 성삼문의 친필

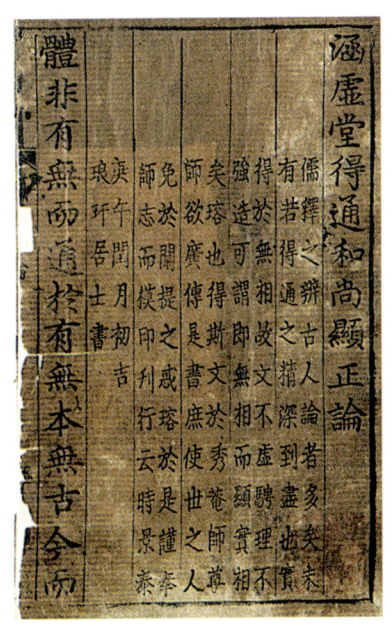

화보8 함허당의 『현정론』. 안평대군의 서문

4 밀려나는 훈민정음

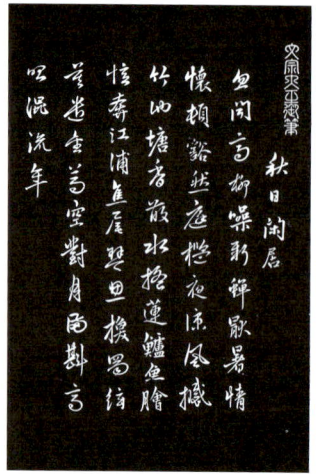

화보1 문종의 어필

화보2 현등사. 보조국사, 함허당, 혜각존자가 주석한 왕실의 원찰

화보4 대각국사 의천 진영. 동아시아 불교 경전을 집대성했다.(순천 선암사)

화보3 세종의 영릉. 예종 때 광주 대모산에서 여주로 이장됐다.

화보2-1 현등사 수월관음도(왕실 조성 탱화)

화보5 혜각존자 법호 기사, 『문종실록』 1450년 7월 4일

5 흔들리는 훈민정음

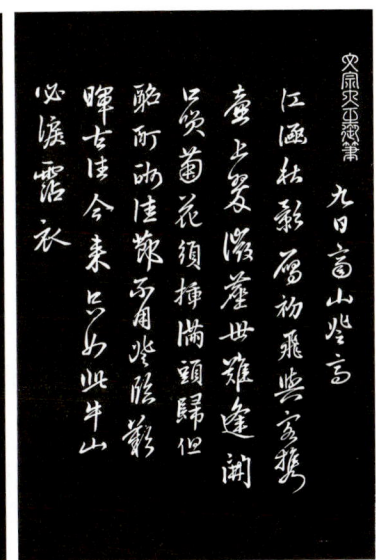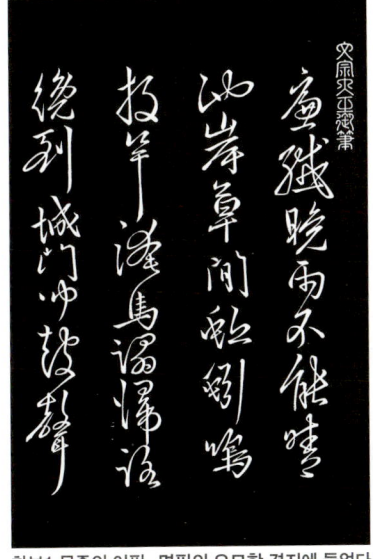

화보1 문종의 어필. 명필의 오묘한 경지에 들었다는 평을 받고 있다.

화보2 경복궁 경회루(국보 제224호)

화보3 창덕궁 인정전(국보 제225호)과 일곽. 조선의 정궁이다.

화보4 금강산 유점사. 금강산 최초의 절로 금강처럼 무너지지 않는 영험한 도량이다.(『조선고적도보』)

화보7-1 해인사 법보전과 수다라장 사이의 뜰

화보6 종묘 정전 월대 밑의 공신당. 16칸 안에 공신의 위패가 봉안되어 있다.

화보7-2 팔만대장경을 보장하고 있는 법보종찰 해인사

화보5 경복궁 근정전. 외호하고 있는 백악과 인왕산의 산세가 일품이다.

화보7 해인사 장경각. 합천 가야산 자락에 자리한 성보(국보 제32호)

화보9 해남과 영암의 월출산 도갑사. 세종의 8남 영응대군이 단월주로 중창했다.

화보8 단종의 장릉. 조선왕릉 가운데 가장 멀리 떨어진 영월에 있다.

화보10 계룡산 동학사 초혼각. 단종과 사육신의 위패가 봉안되어 있다.

화보11 세조의 어진.(해인사 성보박물관)

화보 21

6 길 위의 훈민정음

화보1 세조의 어필. 집강목대자

화보2 『월인석보』의 편찬 때 자문에 응한 승려의 명단

화보2-1 『능엄경언해』 서문. 세조가 흥겹게 쓴 명문이다.

화보3 『월인석보』에 실린 팔정도. 마지막 '쌍림열반'은 누락되어 있다. 『석보상절』 권11(리움박물관 소장)에 실려 있다.

도솔래의

비람강생

사문유관

유성출가

설산수도

수하항마

녹원전법

화보4 『월인석보』의 전패. 세종과 세조의 합작임을 새겼다.

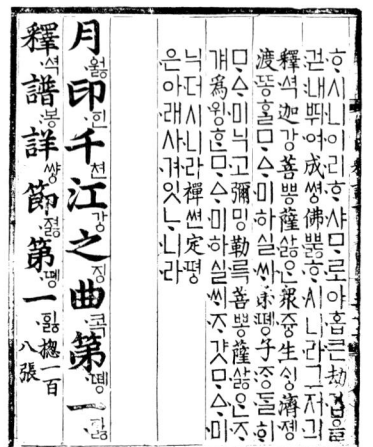

화보5 『월인석보』의 마지막 쪽. 108장으로 제1권을 마무리지었다.

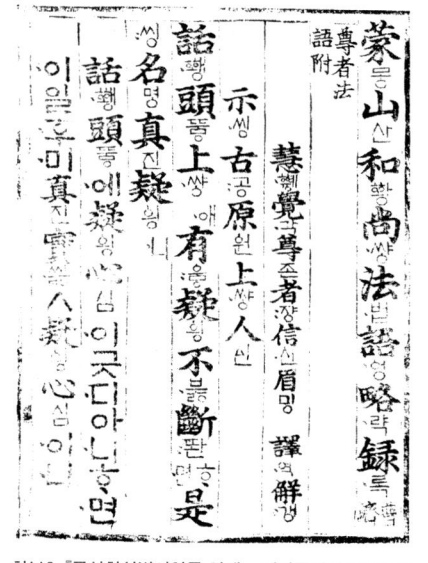

화보6 『몽산화상법어약록 언해』. 혜각존자가 역해했다.

화보7 충북 영동 반야사. 혜각존자의 어머니가 비구니로 입적한 절

화보8 『능엄경언해』 세조 서문의 주에 들어 있는 번역 과정

화보9 흥천사명 동종(보물 제1460호). 『능엄경언해』를 펴내며 주종했다. 덕수궁에 있다.

화보8-1 『능엄경언해』 발문. 세조가 친히 썼다.

화보10 최항이 쓴 『관음현상기』. 백의관세음보살 현신을 새긴 판화

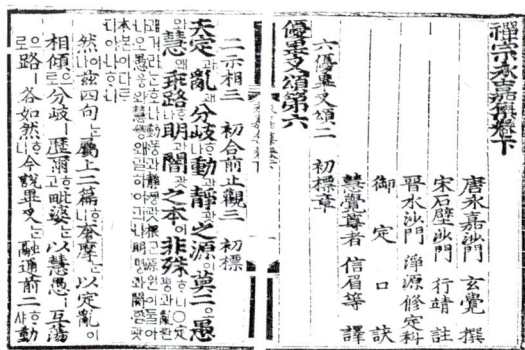

화보11 『선종영가집언해』. 세조의 구결, 혜각존자 등이 역해했다.

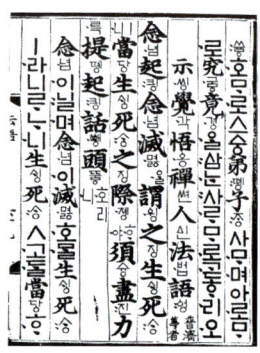

화보11-1 『몽산화상법어약록언해』 보제존자 법어. 혜각존자가 역해했다.

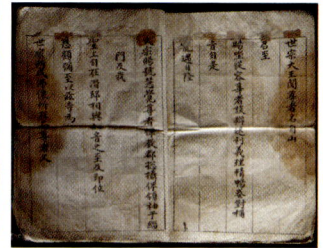

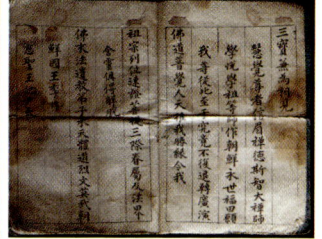

화보12 속리산 복천사사적. 세조의 복천사행을 기록한 김수온의 복천사기의 원본이다.

7 탑 속의 훈민정음

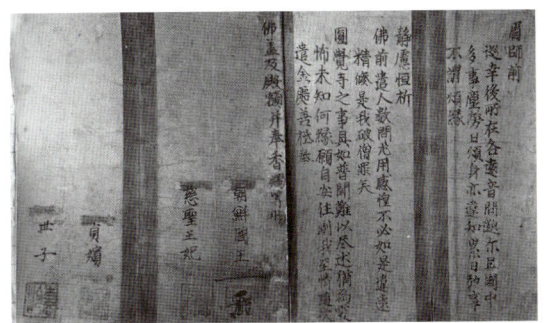

화보1 세조가 혜각존자에게 쓴 편지. 김수온의 후손인 김동표씨 자료

화보2 「오대산 상원사중창 권선문」 어첩(국보 제292호, 월정사성보박물관)

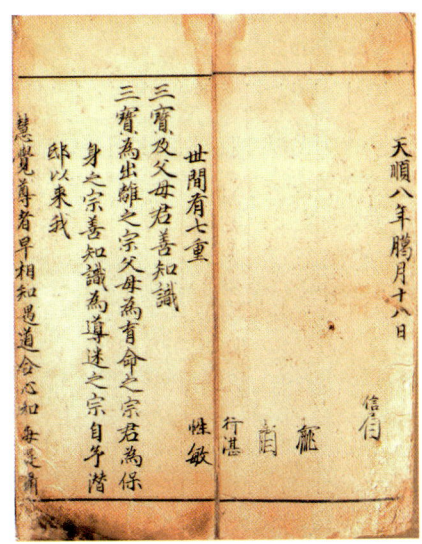

화보3 「오대산 상원사 중창 권선문」. 세조의 권선문이다.

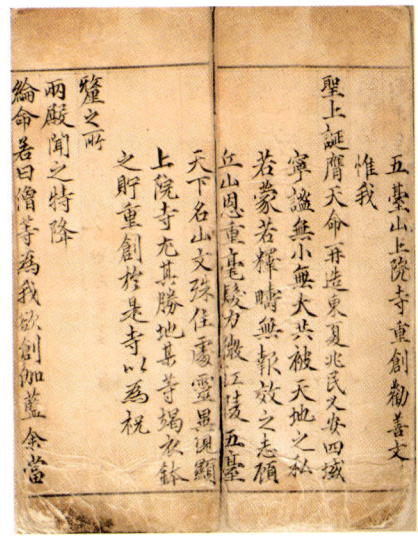

화보3-1 「오대산 상원사 중창 권선문」. 혜각존자 등이 썼다.

화보 27

화보4 월출산 도갑사 묘각왕사비. 수미의 행장이 기록되어 있다.

화보4-1 도갑사 조사전 수미왕사 진영

화보6 금강산 건봉사(『조선고적도보』)

화보5 『벽암록』. 김수온이 중국에서 들여와 세조 때 간경도감에서 간행했다.

화보6-1 건봉사. 금강산 자락의 최대의 가람으로 세조가 순행했다.

화보7 오대산 상원사 문수전. 세조 때 신미와 학열 등이 중창했다.

화보8 오대산 월정사(『조선고적도보』)

화보9 상원사 목조문수동자좌상 (국보 제221호)

화보9-1 복장 속의 의숙공주 발원문(보물 제793호)

10 오대산 상원사 고양이 석상

화보11 원각사지 10층석탑(국보 제2호). 1467년(세조 13) 건립

화보12 원각사비(보물 제3호). 김수온이 찬하고 성임이 글씨를 썼다.

화보13 원각사지 10층석탑의 2층의 기둥과 보살상

화보13-1 원각사지 10층석탑의 2층과 3층의 지붕선

화보13-2 원각사지 10층석탑의 1층 탑신에서 3층 탑신까지는 12원으로 구성되어 있다.

화보14 원각사지 10층석탑의 열반상. 낙성식 때 『원각경언해』를 탑 속에 봉안했다.

화보14-1 원각사지 10층석탑의 열반상 탁본

화보15 원각사지 10층석탑 1층의 삼세불회

화보15-1 원각사지 10층석탑의 보살상

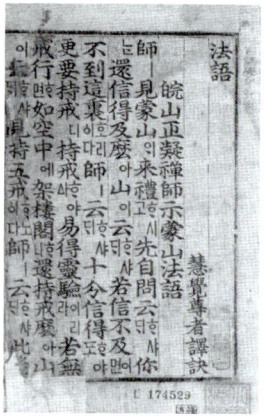

화보16-1 『사법어언해』. 혜각존자가 구결을 달고 역해했다.

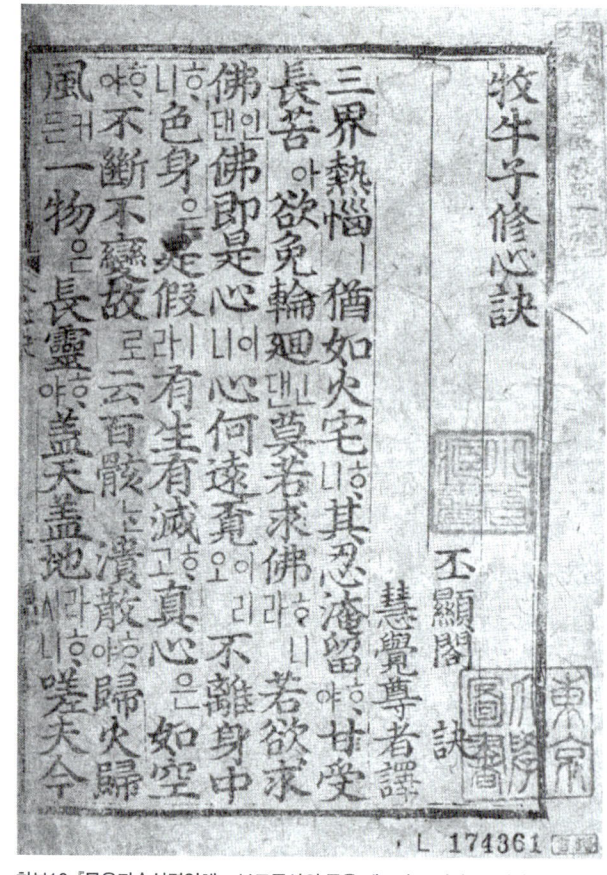

화보16 『목우자수심결언해』. 보조국사의 글을 세조가 구결하고, 혜각존자 역해

8 미궁 속의 훈민정음

화보1 세조의 광릉. 경기도 양주 주엽산에 있다.

화보3 상원사 동종(국보 제36호). 725년 (성덕왕 24) 주종

화보2 세종의 영릉. 예종 때 광주 대모산 자락 헌릉 옆의 초장지에서 여주로 이장했다.

화보4 낙산사 동종. 2004년 화재로 소실

화보6 봉선사. 세조의 비 정희왕후와 예종이 광릉의 원찰로 창건했다.

화보5 봉선사 동종(보물 제397호). 예종이 세조를 위해 주성

화보5-1 봉선사 동종 종기. 강희맹 찬, 정난종 글씨

화보7 오늘의 봉선사. 조계종 제25교구 본사, 한글대장경(동국역경원)의 산실이다.

9 길 밖의 훈민정음

화보1-1 영응대군 부인이 단월 주로 봉안한 사리장엄구

화보1 헌등사 3층석탑. 1470년 성종1 고려시대의 탑을 고쳤다.

화보2 양주 묘적사 팔각다층석탑. 세종과 어머니 신빈김 씨를 위해 밀성군이 중창

화보3 여주 신륵사 극락보전과 다층석탑(보물 제225호)

화보4 '벽절'로 불린 신륵사 다층전탑(보물 제226호)

화보5 삼화상(지공·나옹·무학) 진영

화보7 회암사. 태조의 원찰로 경기도에서 가장 웅장했던 절이지만, 지금은 빈터

화보8 신숙주 묘. 경기도 의정부에 있다.

화보6 인도의 나란타사. 지공화상이 회암사터와 같다고 한 곳이다.

화보11 전남 순천 조계산 송광사

화보10 복천암 수암화상탑
(신미 부도, 보물 제1416호)

화보9 낙산사 관음송과 동해. 세조가 바다의 어업권까지 혜각존자에게 하사했다.

화보13 괴애 김수온 묘. 충북 영동의 선영에 있다.

화보12 신미 시권 구입 사연 담은 허균의 「사한전방서」

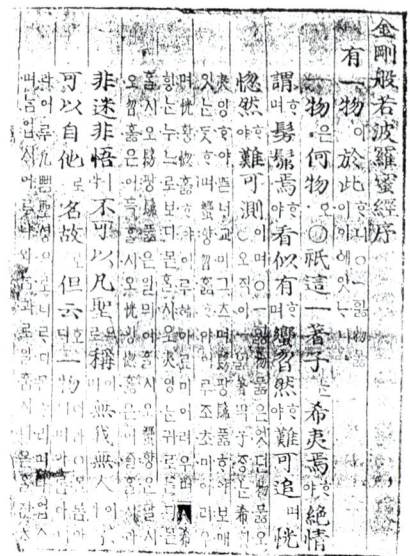
화보14 『금강경삼가해 언해』. 함허당 설의 등을 학조가 언해했다.

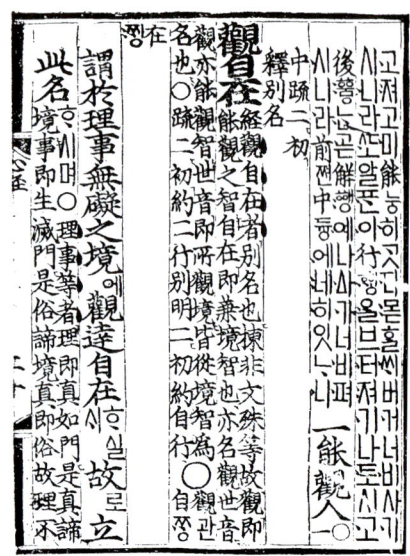
화보15 『반야바라밀다심경 언해』의 본문

화보16 김천 직지사 대웅전(보물 제1576호)과 삼층석탑(보물 제606호)

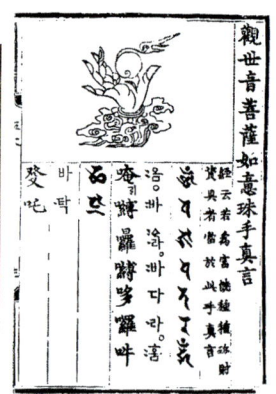
화보17 『오대진언』중 「42수진언」. 학조가 언해했다.

화보18 『영험약초 언해』

화보21 해인사 대장경판고(수다라장 내관)

화보19 효령대군 초상화(관악산 연주암)

화보20 법보 사찰 가야산 해인사 전경

화보22 해인사 동종(보물 제1253호)

화보26 학조 진영(해인사성보박물관)   화보24 안동 광흥사 응진전 나한상   화보25 복천암 등곡화상탑(학조 부도, 보물 제1418호)

화보23 훈민정음해례본이 보장되어 있던 안동 학가산 광흥사

훈민정음의 길

혜각존자 신미 평전

박해진 지음

나녹
那碌

차례

머리말 · 11

1 꽃잎 속의 훈민정음 혜각존자 신미의 집안과 출가

훈민정음 창제의 주역, 혜각존자 신미

예문관 대제학 이행의 외손자 김수성 19 | 아버지의 돌이킬 수 없는 불충과 불효 20 | 회암사에서 함허당을 은사로 출가 22 | 신미, 함허당의 정법을 잇다 25 | 함허당, 대자암에서 왕실 불사 주관 26 | 세종, 선교 양종으로 사찰 혁파 29 | 신미, 속리산에서 정진하다 31 | 신미, 대장경에서 길을 찾다 35

미래로 준 세종의 선물, 훈민정음

훈민정음 창제를 위한 세종의 고뇌 37 | 세종, 효령대군의 추천으로 신미를 만나다 39 | 조선의 긴 어둠 털어낸 훈민정음 40 | 신미의 법통에 대한 가설 42

2 꽃피는 훈민정음 세종과 훈민정음

훈민정음 창제

신숙주, 훈민정음 창제 때 일본에 있었다 47 | 1443년 12월 30일, 훈민정음 창제 발표 48 | 정음청, 훈민정음 관련 부서 49 | 최만리 등 훈민정음 사용 반대 상소 50 | 세종, "너희들이 운서·사성·칠음을 아느냐" 56 | 훈민정음 보강을 위한 1차 초수 행행 58 | 복사꽃 날리는 초수행궁과 훈민정음 61 | 세종의 안질과 훈민정음 - 제2차 초수 행행 65 | 소헌왕후의 어머니, 한 많은 생을 접다 67 | 광평·평원대군, 이른 꽃잎 떨구다 69 | 신숙주·성삼문·손수산, 운서 자문 위한 요동행 71 | '사가史家의 대전', 『치평요람』 완간 74 | 1차 완성된 『용비어천가』 75 | 집현전의 수장, 최만리 별세 78 | 김수온, 『의방유취』 간행 참여 79

소헌왕후의 국상과 불사

소헌왕후, 세종과의 이별 82 | 수양·안평대군, 소헌왕후를 위한 금니 사경 84 | 세종, 불교를 믿는 무지한 임금 86 | 양주 회암사와 효령대군 미륵신 91 | 시학의 달인, 천봉 만우 92 | 소헌왕후를 위한 사경 불사 95 | 성균관에 모셔도 부족하지 않은 신미 97 | 빗속으로 떠난 소헌왕후 98

세계 유일의 문자해설서, 『훈민정음訓民正音』

세종 어제御製 훈민정음 서문 102 | 정인지 서문 104

소헌왕후를 위한 대자암 불사

대자암을 불태우란 말이냐 106 | 내가 이미 불교를 좋아하는 임금이다 108 | 정창손, "집안이 도륙되는 한이 있어도…" 110 | 대자암에서 7일 동안 베푼 전경회 | 113

『석보상절』·『월인천강지곡』·『용비어천가』 편찬

세종의 명으로 『석보상절』 편찬 시작 114 | 최항 등, 『용비어천가』 주해 완료 118 | 수양대군, 꿈에 어머니를 뵙다 119 | 안평대군의 「몽유도원도」 120 | 『용비어천가』와 종묘제례악 123 | 『석보상절』의 편찬과 용문사 불사 125 | 『동국정운』 편찬, 조선의 표준 한자음 설정 129 | 『용비어천가』와 『석보상절』 완간 131 | 일천 강을 비추는 달, 『월인천강지곡』 133 | 조선의 『불소행찬』, 『월인천강지곡』 완간 139 | 세종, 선시禪詩를 통한 국정 구상 140 | 세종, 훈민정음으로 경서 번역 지시 142 | 세종, 왕세손 책봉 144 | 수양대군, 용문사에서 경찬 법회 144 | 『동국정운』 편찬 배포 145

3 아픔 속의 훈민정음 세종과 경복궁 내불당

내불당, 파격의 불사

세종의 마지막 불사, 경복궁 내불당 151 | 세종, 나를 겁주려는 것이냐 155 | 영의정 황희, "결단을 내리소서" 163 | 내가 경복궁을 떠나겠다 169 | "요망한 신미의 목을 베소서" 173 | 세종, 반대 물리치고 내불당 공역 시작 175 | 세종, 임영대군의 집으로 이어 177 | 황희, 중재에 나서다 179 | 성균관을 비우고 떠난 유생들 180 | 세종, 경복궁으로 돌아와 『동국정운』 간행 182 | 경복궁 내불당 창건 마무리 183 | 세종, 9악장의 「찬불가」 찬술 185 | 세종, 내불당 낙성식과 법연을 베풀다 189 | 김수온의 내불당 조성 의궤儀軌, 『사리영응기』 192 | 내불당 반대 상소·상언 일람 195

'해동요순' 세종, 조선을 품에 안고 가다

사간원, 김수온을 물어뜯다 197 | 절집의 일은 신미와 상의하라 199 | 대군의 집으로 떠도는 세종 201 | 세종, "복천사를 나의 원찰로 삼으라" 204 | 세종, 신미를 침전으로 맞아들이다 205 | 명나라 사신의 생떼 209 | 함허당의 『현정론』과 안견의 「몽유도원도」 210 | '해동요순' 세종, 조선을 뜨다 214

4 밀려나는 훈민정음 문종과 혜각존자

세종의 국상과 대자암·복천사 중창 불사

문종, 왕위에 오르다 219 | 정창손, 대자암 중창 불사 반대 223 | 문종, 글로써 불교에 대한 입장을 밝히다 224 | 수양대군, 칼을 갈다 228 | 세종의 묘호와 담양군의 죽음 231 | 세종의 유훈과 신미의 법호 232 | 대자암 중창 낙성식, 수양대군의 부상 235 | 세종, 영릉에 들다 239

혜각존자 법호, 반대로 들끓는 조정

세종의 유훈으로 신미에게 내린 법호, 혜각존자 241 | 하위지, 법호 반대의 선봉에 서다 242 | 박팽년, 혜각존자의 옛 일을 들추다 246 | 신미, 나라에 무슨 도움이 됩니까 249 | 문종, 박팽년을 파직하다 251 | 사간원, "신미는 한 개의 깎은 대가리" 254 | '혜각존자慧覺尊者'를 '혜각종사慧覺宗師'로 바꾸다 257 | 신숙주, 신미를 '간승'으로 몰고 가다 259 | 혜각존자 법호 반대 상소·상언 일람 261 | 대자암 불사 정지, 정음청 혁파 263 | 문종, 복천사 중창 강행 266 | 훈민정음의 산실 정음청 혁파 압박 268 | 세종을 위한 복천사, 대자암 불사 지원 270

5 흔들리는 훈민정음 단종과 수양대군의 대립

문종의 국상과 어린 왕 단종

문종, 쓸쓸한 궁궐에서 아프게 떠나다 279 | 12세의 어린 왕, 단종 281

수양·안평대군, 골육상쟁의 서막

안평대군, 온 세상에 충직한 신하가 없다 284 | 문종, 현릉에 들다 286 | 정음청 혁파와 명나라로 떠난 수양대군 289 | 사욕을 채우기 위한 대토목 공사 291 | 사간원, 김수온·김수화를 엮다 292 | 금강산 유점사 143칸 전소 294 | 내불당 혁파 논쟁 295

계유정난, 경쟁 아닌 골육상쟁

살아서 죽을 것인가, 죽어서 살 것인가 297 | 수양대군, 영의정에 오르다 299 | 몽유도원도 속으로 사라진 안평대군 300 | 이징옥, 반란을 일으키다 301 | 수양대군, 정난공신 포상 302 | 단종, 내불당 혁파 문제로 시달리다 303 | 『직해동자습直解童子習』·『홍무정운역훈』 편찬 308 | 세조, 왕위 찬탈 311

사육신, 그 피의 회오리

세조, 『역경』을 정밀하게 보라 315 | 삼봉 정도전의 『불씨잡변佛氏雜辨』 316 | 꽃잎처럼 스러져간 훈민정음의 협찬 학자들 318 | 난신의 처자식들, 노비로 흩어지다 324

단종 · 의경세자의 죽음과 불사

세조, 신미에게 대장경 인출을 맡기다 327 | 노산군, 붉어서 아픈 지는 꽃 329 | 세자(덕종), 도원으로 떠나다 332 | 김수온, 명나라로 떠나다 338 | 17세의 단종, 영월에서 사사되다 339 | 의경세자를 위한 불사 341 | 『월인석보』 편찬 시작 342 | 정인지, 『월인석보』 편찬 반대 345 | 마무리된 대장경 인경 불사 348 | 정인지, 거듭 『월인석보』를 물고 늘어지다 352

6 길 위의 훈민정음 세조와 혜각존자

미완의 완전한 문헌, 『월인석보』 완간

신미, 『월인석보』 편찬 매진 357 | 미완의 완전한 불전, 『월인석보』 361 | 정인지, 부여로 외방종편 366 | 세조, 『치평요람』 · 『의방유취』 교정 지시 367 | 효령대군, 경기도 지평 용문사에 종 시주 370 | 겸예문직兼藝文職, 문풍 진작과 인재 양성 372 | 『몽산화상법어약록언해』 간행 373 | 혜각존자 신미·김수온의 모친상 376

간경도감과 훈민정음 불전佛典 언해

신미, 훈민정음 불전 간행 구상 378 | 세조, 혜각존자와 함께 『능엄경』 언해 서원 382 | 불경언해의 국책 기관 간경도감 설치 384 | 역경사에 우뚝 솟은 보탑, 활자본 『능엄경언해』 385 | 흥천사종은 '능엄楞嚴의 종' 391 | 모든 언해의 규범, 목판본 『능엄경언해』 393 | 불사를 통한 국정운영 395 | 『명황계감』과 『묘법연화경』 언해 397 | 최항, 『명황계감』 언해 마무리 402 | 『선종영가집언해』 간행 404 | 의학 관계 언해서의 효시, 『식료찬요』 410

세조, 복천사로 혜각존자를 만나러 가다

세조, 보은 속리산 복천사로 내려가다 414 | 혜각존자, 복천사에서 세조를 맞다 418 | 세조, 온양 온정에 가다 422 | 김수온, 출가를 원하는 상소 423 | 세조, 한 달 만에 경복궁으로 돌아오다 424

『금강경언해』·『반야바라밀다심경언해』·『아미타경언해』 간행

『금강경언해』 간행 426 | 『반야바라밀다심경언해』 간행 428 | 『불설아미타경언해』 간행 430 | 김시습이 남긴 『월인석보』의 편찬 내력 432

7 탑 속의 훈민정음 원각사 신창과 오대산 상원사 중창

혜각존자, 오대산 상원사 중창

자성왕비 윤씨, 오대산 상원사 중창 발원 435 | 세조, 원각사 창건 437 | 원각사 창건 공역 시작 438 | 세조, 혜각존자에게 편지를 쓰다 441 | 조선의 명필 강희안, 붓을 놓다 443 | 세조와 혜각존자의 「오대산 상원사 중창 권선문」 444 | 최항, 「원각사종명」을 찬하다 446

『원각경언해』 간행, 원각사 완공

한국불교 소의경전, 『원각경언해』 간행 451 | 원각사 완공과 낙성 경찬회 454 | 세조, 『주역』과 경서 구결에 집중 458 | 묘각왕사 수미의 입적과 『벽암록』 간행 462 | 세조, 성균관에서 『주역구결』 반포 463 | 세조, 오대산 상원사 순행 464 | 강희맹, 「금강산서기송」을 올리다 466 | 『능엄경』을 읽지 않은 어세공·유진 파직 467 | 세조, 오대산 상원사 낙성 개당식 거행 469 | 세조, 강원도를 순행하고 환궁 474 | 일본 국왕에게 보낸 세조의 편지 474 | 김수온, 발영시·등준시에서 장원 477 | 원각사 백옥불상 조성 479 | 의약서를 통한 훈민정음 보급, 『구급방언해』 481

신의 솜씨로 빚은 만다라, 원각사 10층 석탑

조선시대 최고의 석탑, 원각사 10층 석탑 483 | 조선 불교건축과 조각 예술의 정수 488

『목우자수심결언해』·『사법어언해』 간행

선의 이론서, 『목우자수심결언해』 간행 491 | 『사법어언해』 간행 493

낙산사·유점사의 중창과 신창

조선 전기의 가장 큰 국난, '이시애의 난' 495 | 혜각존자에게 강릉부 산산 제방 하사 496 | 세조, 낙산사·유점사 중창과 수리 498

세조의 마지막 불꽃, 경서 구결

세조, 『주역구결』의 보완과 경서 구결 501 | 최항의 「경서소학구결」 발문 504 | 세조, 파란만장한 생을 접다 506 | 세조, 자나 깨나 훈민정음 걱정 508

8 미궁 속의 훈민정음 예종과 혜각존자

숭불주 세조, 광릉에 들다

혜각존자, 세조의 국상 불사 총괄 511 | 정권의 주도권 싸움이 빚은 '남이의 옥사獄事' 512 | 숭불주 세조, 광릉에 들다 515 | 영릉, 여주로 천장 517

낙산사 중창, 광릉의 원찰 봉선사 창건

학열, 불교 탄압의 중심에 놓이다 519 | 학열, 안동 관아에서 상원사 동종을 옮겨오다 521 | 낙산사종 주성 524 | 예종, 혜각존자와 학열을 푸대접하다 526 | 조선시대의 대표 범종, 봉선사종 주성 528 | 봉선사 완공과 김수온의「봉선사기奉先寺記」529 | 한층 강화된 '도승度僧의 법' 532 | 예종, 짧게 왕위에 있다 떠나다 534 | 정희대비의 수렴청정을 도운 전언典言 조씨 536

9 길 밖의 훈민정음 성종과 혜각존자

성종 대의 왕실 불교

경복궁 밖으로 뜯겨 나간 내불당 539 | 영응대군 부인, 현등사 석탑 불사 543 | 혜각존자의 막내 동생 김수화 543 | 간경도감 혁파의 선봉, 대사간 김수녕 544 | 대왕대비·인수왕비의 맞불, 정인사 중창 546 | 신빈 김씨와 밀성군의 원찰 묘적사 중창 547 | 광평대군 부인, 밭과 노비 절에 보시 548 | 덕종과 예종의 원찰 정인사 완공 550 | 조정 신료, 신미·학열을 압박하다 551 | 성종, 간경도감을 없애다 552 | 영릉의 원찰, 보은사(신륵사) 중창 554 | 여주 신륵사 중창 반대 556

혜각존자 신미의 회향과 적멸

혜각존자의 동생 김수경, 청주목사 부임 560 | 정희대비, 양주 회암사 중창 562 | 혜각존자·학열에게 역마驛馬를 주다 567 | 사간원, 혜각존자를 물고 늘어지다 570 | 훈민정음 협찬 학자, 최항 별세 573 | 혜각존자, 평해군 백암산에 머물다 575 | 글로써 충성한 신숙주, 세조 곁으로 가다 578 | 성종의 어머니 소혜왕후,『내훈內訓』편찬 580 | 대왕대비, 수렴청정을 거두다 581 | 홍문관과 사가독서제 부활 582 | 보은사 주지 강탈한 학미 583 | 김수온, 조정에 둘 수 없다 585 | 인수대비, 봉선사에서 금자 사경 강행 586 | 김수온, 살아온 날들의 비망록을 올리다 587 | 성종, 탄일 축수재를 없애다 588 | 혜각존자의 제방을 물고 늘어지다 589 | 숭불의 김수온, 성균관 행사에 들지 못하다 590 | 낙산사 옛길과 앞바다의 금표 문제 592 | 집현전의 수장, 정인지 별세 595 | 신미와 학열 등을 파렴치한으로 몰고 가다 596 | 혜각존자 신미, 적

멸에 들다 597 | 김수온, 대문장가의 생애를 접다 602 | 성종, 세종이 기획한 『두시언해』 완간 606 | 학조, 원각사에서 패악질을 당하다 608 | 학조, 『금강경삼가해』·『남명집언해』 간행 608 | 간경도감에서 활약한 한계희 별세 610 | 성종, 봉선사 세조 어진 참배 612 | 세조의 측근 강희맹 별세 612 | 정희왕후 윤씨, 온양행궁에서 별세 613 | 학열, '요승'으로 몰려 입적 615 | 조선 초기 3대 명필 성임 별세 617 | 학조, 『불정심경 언해』 간행 617 | 인수대비, 『오대진언 언해』·『영험약초 언해』 간행 618 | '조선왕실의 미륵' 효령대군, 91세로 별세 620 | 지경, 복천사·유점사의 불상 도둑질 621 | 정희왕후의 유훈, 해인사 대장경 판당 등 중수 622 | 전 정인사 주지 설준, 살해당하다 624 | 성종, 도승의 법을 엄격히 하다 625 | 성종, 조선왕조의 체계 잡고 승하 626 | 학조, 『육조법보단경 언해』 등 간행 628 | 학조, 해인사에서 대장경 인출 632 | 학조, 직지사에서 입멸 632 | 안동 광흥사의 『훈민정음해례본』 636

마무리
혜각존자 신미와의 대화 638

혜각존자 신미대사 행장 641
참고문헌 657
주 664
찾아보기 751

머리말

훈민정음 세종과 혜각존자 신미가 피워올린 우주의 꽃

1

속리산 법주사에서 혜각존자慧覺尊者 신미信眉를 만났다. 2002년 겨울, 대웅보전 중창 불사의 전 과정을 촬영하기 위해 내려갔다. 법당의 노보살이 차 한 잔을 건네며 말했다.

- 속리산 복천암福泉庵에 주석한 신미 스님께서 훈민정음訓民正音을 창제할 때 큰 공을 세웠다는 얘기가 전해져 오고 있어요.
- 처음 듣는 얘깁니다. 그런 스님이 계셨단 말인가요.
- 찾아보우. 시절인연이 닿으면 오시겠지.

금시초문이었고, 그 어느 역사서에도 기록되어 있지 않은 말이었다.

신미가 훈민정음 창제 당시 어떤 역할을 했는지 확인하고 싶었다. 그러나 신미의 행장行狀을 정리한 비문碑文은 남아 있지 않았고, 흩어진 기록은 씨줄과 날줄이 뒤엉켜 있었다. 토막이 나거나, 뒤섞여 선명한 그림을 그릴 수 없었다.

지금까지 신미의 행적을 다룬 논문은 단편적으로 발표되었다. 그러나 치밀하게 규명하지 못했고, 몇 개의 가설假說은 추론의 울타리 안에서 맴돌고 있었다.

신미가 펼친 일의 처음과 끝을 정리해야겠다고 마음먹었지만, 실마리는 쉽게 풀리지 않았다. 자드락길을 걷듯 힘겨웠다. 부족한 기록과 흔적을 찾기 위해 시간을 거슬러 올라가지 않을 수 없었다. 신미가 나고, 출가하고, 정진했던 곳을 순례하며 가닥을 잡아나갔다.

『조선왕조실록』 속의 신미 관련 기사를 남기지 않고 확인했다. 세종이 치열하게 훈육했던 집현전 학자들이 남긴 문집 속으로 넘나들었다. 숨은그림찾기가 따로 없었다. 흩어지고, 입장에 따라 달리 기록된 행간의 앞과 뒤를 연결하며 먼 길을 걸었다. 시간은 그렇게 안개 속을 헤매듯 흘러갔다.

사람은 일을 따라 움직이고, 흔적을 남긴다. 세종의 일, 문종의 일, 효령대군·수양대군·안평대군의 일, 정인지·최만리·최항·신숙주·성삼문·박팽년 등 집현전 학자의 일, 신미·학열·학조·김수온의 일은 다른 듯 훈민정음과 겹쳐 있었다. 그 길을 찾아 걸었다. 서두르지 않았고, 조바심도 내지 않았다.
다가갈수록 신미는 '훈민정음의 비밀'을 규명할 수 있는 9층 목탑木塔이었다. 그러나 이 목탑은 살아남으려는 자들의 반대와 압박에 휘말려 흔적도 없이 잘리고, 뜯겨 나갔다. 상량문上樑文은 고사하고, 기둥 하나 남아 있지 않았다.
속리산 복천암에서 복천福泉으로 목마름을 걷어냈다. 물소리를 따라 빼어난 바위[秀庵] 속으로 흐르고 싶었다. 그때였다. 세종의 말씀이 물소리를 따라 흘러들었다.
- 정음正音의 탑을 섰던 그 자리, 그 모습대로 중수重修하라!
세종의 바람은 그대로 본원本願이 되었다. 옷깃 다시 여미고, 두 손 모아 이 땅에 살아남은 훈민정음으로 기록된 문헌, 관련 논문과 연구서를 읽었다. 흩어져 있던 주춧돌과 깨어진 막새기와, 사금파리 하나라도 놓치지 않으려고 집중했다. 일면불日面佛과 월면불月面佛이 외호外護했다.

2

문자는 단순한 조합이 아니다. 문명과 철학의 조합, 철저한 정치의 산물이다. 뜻이 제대로 전달되지 않는 삶은 죽은 것이다. 삶의 의미와 국가의 존재가 말 속에 있다. 세종의 절대 의지로 밀어붙인 훈민정음의 창제는 혁명이었다. 훈민정음은 철저하게 백성과 뜻을 함께 하는 바른 소리였다. 바른 소리는 바른 세상을 연다. 세종은 왼쪽 눈이 실명의 위기에 놓인 상황에서도 온 몸을 던져 훈민정음 창제에 몰두했다.
세종의 생각과 계획, 상상했던 일의 앞과 뒤를 온전하게 읽고 싶었다. 그러나 『조선왕조실록』속의 훈민정음 관련 기사, 특히 창제 과정에 대한 기록은 앞과 뒤가 잘려 나갔다. 1443년세종 25 12월 30일의 첫 기사와 1446년세종 28 9월 29일 간행된 『훈민정음』해례본과의 거리는 아득했다.
너무도 간단명료하게 요약한 실록 기사를 통해서는 그 무궁한 창제 초기의 비밀을 읽어낼 수 없었다. 정인지의 서문에 신미의 이름 또한 남아있지 않았다. 동시대를 함께 살았던 많은 학자의 문집에서도 정황은 비슷했다.

신미가 훈민정음 창제에 깊게 관여한 증좌와 법맥法脈의 단초는 『월인천강지곡』·『석보상절』·『월인석보』, 함허당의 『금강경오가해설의』·『현정론』, 이능화의 『조선불교통사』의 행간 속에 녹아들어 있었다. 신미와 동생 김수온이 명문장으로 문명을 떨칠 수 있었던 배경에는 이두吏讀와 구결口訣에 정통했고, 삼재三才의 대가인 외할아버지 이행의 훈습이 있었다.

신미는 고려 말에서 조선 초기로 이어지는 불교사에서 뛰어난 학승이자 선승인 함허당涵虛堂 득통기화得通己和를 은사로 깨달음[훈민정음]으로 들어가는 길을 찾아냈고, 참된 해탈의 경계를 열 수 있었다. 스승의 저술을 통해 불전佛典과 논서論書를 읽고, 새겼다.

신미는 현등사 보합태화루保合太和樓에서 당부한 스승의 말을 잊지 않고 있었다.

> 선의 등불이 밝혀져 있는 한 세상은 밝게 돌아간다. 눈보라가 치건, 큰 비가 내리건 불씨만은 꺼뜨리지 말라. 부처님의 말씀이 이 등불 속에서 타오르고 있다. 또한 잊지 말라. 너의 보임처補任處는 문자에 있다.

신미는 옆길로 빠지지 않고 중생의 고통 속으로 말없이 걸어 들어가 함께 아파하며 맑고 깨끗한 연꽃을 피워 올리기 위해 정진했다. 속리산 법주사에서 평생의 도반인 수미守眉를 만나 함께 대장경에 몰입했다. 선禪과 교敎는 일체였다.

세종은 꿈꾸는 최고의 언어, 새로운 문자인 훈민정음을 창제하기 위해 불교계에서 이두와 구결, 범어梵語에 정통했던 신미를 적극적으로 참여시켜 균형을 잡았다.

1446년 3월 24일, 세종의 여인 소헌왕후 심씨는 피안으로 건너가며 훈민정음의 빠른 전파를 바라고 있었다. 세종은 이단으로 내몰린 불교를 적극 수용, 각종 불전을 훈민정음으로 새기며 왕후가 피안으로 무사히 건너가기를 기원했다.

세종은 훈민정음 창제 뒤 두 개의 바퀴를 굴렸다. 신미와 동생 김수온, 수양대군과 안평대군은 세종의 명을 받고 『석보상절』과 『월인천강지곡』의 편찬에 매진했다. 불교를 통한 훈민정음의 교육이었고, 확산이었다. 한쪽에서는 최항·신숙주·성삼문·박팽년·이개·강희안를 중심으로 『용비어천가』와 『동국정운』의 편찬에 매진했다.

세종은 경복궁에 내불당內佛堂을 창건, 신미의 훈민정음 창제의 협력에 화답했다. 세종은 승하하기 며칠 전 신미를 침전으로 맞아 들여 설법을 들었다. 세자문종에게 신미를 '선교종도총섭禪教宗都摠攝 밀전정법密傳正法 비지쌍운悲智雙運 우국이세祐國利世 원융무애圓融無礙 혜각존자慧覺尊者'에 봉하라는 유훈을 남기고, 영릉英陵에 들었다.

문종은 국상을 끝내고 '훈민정음으로 나라를 돕고 세상을 이롭게 했다[祐國利世]'는 뜻이 담긴 법호法號를 신미에게 내렸다. 순간 정국은 가마솥처럼 펄펄 끓었다. 박팽년과 하위지가 반대의 선봉에 섰다.

대소신료는 선종과 교종의 모든 승려를 아우르는 지도자의 자리에 오른 혜각존자 신미를 '간승姦僧'과 '요승妖僧'으로 몰아붙였다. 밤낮을 잊은 채 법호를 거두라고 문종을 압박했다. 세종이 내린 법호는 철저하게 무시당했다.

소장파 유신은 자신의 꿈을 펴기 위해 왕권에 도전했다. 공공연하게 세종의 호불好佛을 집요하게 물고 늘어졌다. 문종이 일찍 세상을 뜨게 된 것도 냉정하게 보면 지병 때문만은 아니었다. 어린 단종을 등에 업고 그들의 세상을 만들려고 했다.

훈민정음은 봄과 겨울이 떨어진 듯 이어져 있었고, 여름과 가을이 탯줄을 자르듯 강하고 붉게 떨어져 있었다. 한자漢字의 앞은 강풍을 동반한 눈보라로 강건했고, 훈민정음의 뒤는 봄 산등성이의 꽃잎보다 모호했다. 신미는 황폐해져 가는 조선 불교를 바로 세울 수 있는 왕사王師에 버금가는 자리를 말없이 수용했다. 결코 명리를 위한 선택은 아니었다.

수양대군은 혜각존자 신미와 함께 세종을 보필하며 훈민정음의 원리를 궁구하던 날을 잊지 않고 있었다. 피로 세운 조선, 그 피의 얼룩을 문치文治로 씻어낸 아버지 세종. 부왕이 온 정성을 다해 창제한 훈민정음을 지키기 위해서라도 할아버지 태종이 썼던 '칼'을 당겨오지 않을 수 없었다. '계유정난'과 '사육신의 난'을 통해 반대 세력을 잘라내고 왕위에 올랐다. 훈민정음의 연꽃은 비정非情 속에서 피어나고 있었다.

세조는 가까운 이들을 저미고, 자르고, 도려내는 왕권의 극한을 보여주었다. 그러나 훈민정음에 대한 신념은 확고했다. 혜각존자를 언제나 스승으로 대했다.

동지와 도반의 차원을 넘어서 있었다. 서로 하고자 하는 뜻과 목표가 맞아 간경도감刊經都監을 설치, 불전 언해 사업에 공력을 집중했다.

이윽고 훈민정음은 강물처럼 흘렀고, 바다에 닿았다. 『월인석보』·『능엄경』·『묘법연화경』·『원각경』·『아미타경』·『금강경』·『반야바라밀다심경』·『선종영가집』·『몽산화상법어약록』·『목우자수심결』·『오대산상원사중창권선문』 등의 빛나는 언해본이 비단을 뒤집듯 간행되었다. 언해 불전은 세조와 신미가 엮어낸 금상첨화의 결과물이었다.

혜각존자 신미의 동생 김수온은 왕실 주관의 모든 불사를 기문記文으로 남겨 조선 초기 불교사의 지평을 넓혔다.

세조의 어보가 찍힌 혜각존자의 시권詩卷인 『사한전방詞翰傳芳』이 간행된 사실을 확인했지만, 정작 책은 백방으로 수소문해도 찾을 수 없었다.

혜각존자는 1480년성종 11 세수 78세, 법랍 64세로 입적入寂하기 전 백암온천에서 짚신을 삼고 주먹밥을 만들어 고단한 몸을 씻기 위해 올라오는 이들에게 베풀었다. 무주상보시無住相布施였다.

혜각존자 신미의 입적 이후 불전 언해의 맥은 끊어졌다. 학조學祖만이 왕실의 후원을 받아 『금강경삼가해』·『육조법보단경』·『진언권공』 등을 언해하며 미완의 나침반을 붙들고 있었다.

3

훈민정음의 길을 걸으며 수많은 선학이 남긴 글을 읽었고, 일을 떠올렸다. 즐거움과 슬픔, 아쉬움과 그리움이 시간의 물결 속에서 출렁거렸다. 혜각존자 신미와 관련된 자료를 찾고, 깁고, 정리할 때마다 원효元曉의 말씀을 새겼다. 옆길은 사라졌고, 길은 넓어졌다.

> 각자가 배운 바를 지켜 문장을 인용하는 데만 급급하고, 허심탄회하게 본지本旨를 탐구하지 못했다. 그리하여 논주論主가 의도하는 바에 가까이 이르지 못하고, 다만 원천을 바라보면서도 지류에서만 헤매거나, 잎사귀를 붙들고 근간을 놓치거나, 옷자락을 찢어서 소매를 깁는 것 같은 어리석은 일을 했다.

달빛 가득 부서져 내리는 보은 속리산 복천암과 가평 운악산 현등사, 햇살 가득한 양주 천보산 회암사와 승주 조계산 송광사, 오대산 상원사와 양주 봉선사, 합천 가야산 해인사와 해남 월출산 도갑사, 여주 봉미산 신륵사와 고양 대자암 터 등을 오르내리며 오롯이 혜각존자의 행적과 세종이 기획하고, 창제한 훈민정음의 앞과 뒤를 연결하는데 집중했다.

훈민정음은 조선의 어둠을 밝히는 새벽별이었다. 수 천 년을 넘나들던 말과 생각과 사상의 물무늬를 한 곳으로 모아 또 다른 미래로 흘려보내는 발원수發願水였고, 감로수甘露水였다.

혜각존자와의 만남은 '항상 그곳에 있는 깨달은 이'의 가피였고, 장맛비와 같은 홍복弘福이었다. 신미는 훈민정음을 통해 중생의 고통 속으로 들어갔다. 불전 언해를 통한 훈민정음의 보급은 탁류를 거슬러 맑고 넓은 소통의 바다로 들게 하는 보살행이었다.

훈민정음은 세종과 신미, 수많은 선각자의 피와 땀이 어린 결과물이다. 세종은 단 한 번도 자랑하지 않았다. '오직 만물의 뜻을 열어 놓고 천하의 모든 일을 이룩하리라[開物成務]'는 생각을 실천에 옮긴 제왕이었다. 혜각존자는 부처의 말씀을 정확하게 마음에 새기고 실천할 수 있다면 한 줄의 글을 쓰지 않아도 행복했고, 한 마디 말하지 않아도 적멸의 즐거움을 누릴 수 있었다.

『훈민정음의 길-혜각존자 신미 평전』의 책명을 정하고 원고를 마무리 할 즈음, 정신의 뼈가 달빛을 받아 하얗게 빛나고 있었다. 그릇된 것을 버리고, 바른 곳으로 들게 하는 일주문을 지났을 때 '정음의 목탑'이 9층으로 우뚝 솟아 있었다. 풍경소리가 맑고 투명했다. 사람답게 사는 세상을 열기 위한 혜각존자 신미의 고행과 정진이 시간과 공간을 넘어 빛나고 있었다.

곡두새벽, 훈민정음으로 걸어온 길이 또 다시 걸어가야 할 길과 맞닿아 있었다. 달빛이 즈믄 강물 위로 하얗게 부서지고 있었다.

> 흐르는 물, 자취 있어도
> 흐르는 달빛, 자취 없다
> 물이 달빛인가, 달빛이 물인가
> 하나가 두 몸, 두 몸이 하나

2014년 11월, 불광동 월인당月印堂에서 향 사르고 두 손 모아 박해진 삼가 씀

1

꽃잎 속의 훈민정음

혜각존자 신미의 집안과 출가

맑은 물에 튄 흙탕물
새 울고 나면 또 맑은 물
흐르는 바른 소리
물 따라 자취도 없고

훈민정음 창제의 주역, 혜각존자 신미

예문관 대제학 이행의 외손자 김수성

신미는 속명이 김수성金守省이다. 1403년태종 3 김훈金訓, 1381~1437의 맏이로 서울에서 태어났다.[1] 아버지의 본관은 영산김씨永山金氏,[2] 어머니는 예문관 대제학을 역임한 이행李行, 1352~1432의 딸인 정경부인貞敬夫人 여흥驪興 이씨李氏.

아버지 김훈이 양녕대군의 좌우동시학左右同侍學으로 임명된 것은 1402년태종 2이었다. 김훈은 촉망받는 신진 사대부로서 전도양양한 등용의 길로 들어선 직후에 장남 김수성을 얻었다.

김수성은 아버지가 1416년태종 16 '불충불효'라는 죄를 짓기 전까지 양반가의 맏아들로 총애를 받으며 자랐다. 특히 외할아버지의 훈도薰陶는 학문의 길을 열고 가는데 더없이 소중했다.

1405년태종 5, 첫째 동생 김수경金守經이 태어났다.

1409년태종 9, 둘째 동생 김수온金守溫이 태어났다.[3] 셋째 동생 김수화金守和는 언제 태어났고, 죽었는지 미상이다.[4]

김수성은 이행으로부터 어린이 학습 교재였던 『정속正俗』[5]·『유학幼學』·『자설字說』 등을 차례로 배우고, 『소학小學』[6]을 공부한 다음 12살 되던 해까지 『중용』·『대학』·『논어』·『맹자』·『시경』·『서경』·『춘추』 등을 읽었다. 성균관에 입학한 것은 13살 되던 1415년태종 15, 대사성 유

관과 이첨의 훈도를 받은 것으로 추정된다.[7]

소과에 합격해서 진사나 생원이 된 뒤 성균관에 입학, 대과를 준비하는 것이 순서였다. 소과에 합격하지 않은 유학幼學 : 벼슬하지 않은 유생도 곡물을 납부하고 공부할 수 있었다. 성균관의 상재上齋와 하재下齋는 각각 50명, 동재와 서재는 각각 100명이 정원이었다. 상재에는 소과 합격생이 기숙寄宿했다. 하재에는 사학四學 : 조선시대에 나라에서 인재를 기르기 위해 한성의 네 곳에 세운 교육기관. 중학·동학·남학·서학이 있었다의 유생 가운데 재주 있는 자를 뽑아서 그 수를 채웠다. 동재와 서재에는 각각 3명씩 자신이 먹을 쌀을 바치고 입학한 학생도 기숙할 수 있었다. 반찬은 관에서 공급해 주어 '사량私糧'이라고 했다.

> 집현전 학자로, 당대의 문장으로 이름 높았던 최항이 사량으로서 성균관에 있었을 때의 일이다. 별시別試에 삼관三館 : 홍문관·예문관·성균관에서 사량 먹는 유생은 응시하지 못하게 했다. 최항이 "먹는 것은 공사의 분간이 있으나 학문에도 피차에 다름이 있습니까."는 표를 올려 시험장에 들어갈 수 있었다. 시험장에서 늙은 상사上舍 : 생원과 진사가 비꼬았다.
> - 어느 곳의 가죽불알 자식이 이같이 덤비느냐.
> 최항이 즉각 받아쳤다.
> - 네 아비 불알은 쇳덩이더냐.
> 마침내 최항이 장원으로 뽑혔다.[8]

김수성은 '사량'으로 성균관에서 공부하는 한편, 외할아버지에게 『주역』을 배웠다. 역사서와 제자백가서 등을 읽으며 소과를 준비하고 있을 무렵 집안이 풍비박산 나는 사건이 벌어졌다.

아버지의 돌이킬 수 없는 불충과 불효

1416년태종 16 정초 옥구진병마사로 내려가 있던 김훈이 일생일대의 돌이킬 수 없는 실수를 저질렀다. 김훈이 조모상을 치르지도 않고 임지를 떠나 상경, 상왕으로 물러나 있던 정종에게 줄을 선 것이었다. 정종과 태종의 틈에 끼어 좌고우면하던 신료들은 불충불효를 내세워 철두철미하게 김훈을 몰아붙였다.
1월 30일 김훈은 장杖 100대를 맞고 전라도 내상으로 유배되었고,[9] 6월 10일 본향인 영동현永同縣으로 옮겨졌다.[10]
성균관에서 착실하게 공부하며 소과를 준비하고 있던 김수성에게는 마른하늘에 날벼락이었다. 사건의 내막은 입소문을 타고 성균관 재생들에게 퍼져나갔다.

> 신미는 간사한 중입니다. 어릴 때 학당學堂에 입학해 함부로 행동하고, 음란 방종해 못하는 짓이 없으므로 학도들이 사귀지 않고 무뢰한으로 지목했습니다. 그 아비 김훈이 죄를 입게 되자 폐고廢錮 : 관리가 될 수 있는 자격 박탈된 것을 부끄럽게 여겨 잠적해 머리를 깎았습니다.[11]

집현전 직제학 박팽년이 올린 혜각존자 법호 반대 상소문의 일부분이다. 당시 신미의 마음 상태를 읽을 수 있는 중요한 단초다. 상소문 중에 '학도들이 사귀지 않고 무뢰한으로 지목'한 것은 지나친 폄하다.
맑고 깨끗한 마음으로 학문에 정진하고 있던 김수성은 곱지 않은 성균관 학도의 눈빛과 적의에 찬 말이 견딜 수 없었다. 뜨거운 불길이 솟구쳤다. 유배된 아버지를 따라 영동으로 내려간 김수성은 조부 김종경의 집에서 어머니, 어린 동생과 함께 힘든 세월을 보냈다.
1417년태종 17 4월 14일 김수성이 태종께 신정申呈했다.
- 조부 김종경이 연로한 몸으로 영동에 있습니다.
김훈은 영동의 농사農舍로 옮겨졌고,[12] 4월 25일 외방종편外方從便 되었다.[13]
할아버지 김종경은 15살의 나이에 왕에게 글을 올려 집안의 어려움을 호소할 정도로 비범한 재능을 가진 손자의 앞날을 걱정했다. 죄인의 자식이란 굴레 속에서 크게 할 수는 없었다. 서울의 외가로 보냈다.

회암사에서 함허당을 은사로 출가

1417년 기우는 봄날, 진달래가 지천으로 꽃망울을 터뜨리고 있었다. 외할아버지 이행은 고심 끝에 외손자를 평산平山의 자모산慈母山 연봉사烟峯寺에서 『금강경오가해설의金剛經五家解說誼』의 저술과 강설을 끝내고 양주 회암사檜巖寺에 내려와 주석하고 있던 함허당涵虛堂, 1376~1433에게 보내기로 마음먹었다.[14]

> 이행은 불교[浮屠]를 숭신했다. 일찍이 성석린의 무리와 같이 승려에게 공양하고 불경을 외웠다. 불교를 믿은 지가 오래 되었다.[15]

※ 화보1 함허당은 태조를 도와 조선을 개국한 묘엄존자妙嚴尊者 무학無學 자초自超의 제자로 조선 초기 배불排佛의 회오리바람 속에서 바른 길을 걷고 있는 고승대덕이고, 선지식善知識이었다.

이행은 외손자를 보내기 전날, 사랑채에서 반나절 동안 아무 말 없이 먹을 갈게 했다. 달빛을 받아 먹물이 깊게 가라앉았다.

김수성은 대숲에 갇힌 것 같았다. 심호흡을 깊게 했다. 우둔거리던 마음이 가라앉았다. 외할아버지께 여쭸다.

– 글공부는 영영 못하게 됩니까.

– 공부는 성균관에서만 하는 것은 아니다. 바람이 잘 때까지 지금 읽기 시작한 『주역』은 접어두거라. 그러나 평생을 두고 읽어야 할 책이다.

이행이 가야금을 탔다. 소리가 둥글고 맑았다. 15살의 외손자에게 당부하듯 일렀다.

– 가야금에 삼재三才의 이치가 담겨 있다. 둥근 오동나무판은 하늘, 평평한 소나무 밑판은 땅이다. 가운데 빈 것은 천지와 사방[六合]을 본받고 줄과 기둥은 열두 달에 비겼느니라. 기둥의 높이가 3치인 것은 하늘·땅·사람이다.[16] 가야금 줄을 퉁기는 나는 곧 우주를 퉁기고 있지. 즐겁게 퉁겨 내는 소리 속에 해와 달, 은하수가 함께 흔들린다. 용의 머리도 있고,

봉의 꼬리도 새겨져 있다. 어느 곳에 있든 삼재를 생각하거라.
이행은 성품이 단정하고, 몸가짐이 정갈했다. 지식이 넓고 맑아 후진들의 모범이 되고 있었다. 중국에서 성리학을 들여와 삼재를 깊게 연구했고, 우리말[俚語]과 구결의 대가였다.
외할아버지가 가야금을 서안書案 옆으로 밀어낸 뒤 말을 이었다.
- 내일 양주 회암사로 갈 것이다. 이 절에 함허당 스님이 있다. 집안이 흔들리더라도 뿌리까지 흔들릴 수는 없다. 아픔이 있더라도 극복해야 할 것이다. 숯덩이 같이 타들어가더라도 살아남아야 한다. 남은 세월이 수미산 같고, 바다와 같다. 참고 견뎌내야 한다.

※ 화보2

다음 날, 외할아버지는 노복을 불러 회암사까지 다녀오라 이른 다음 뒤도 돌아보지 않고 사랑채 문을 닫아버렸다.
양주의 천보산은 낮은 듯 높았다. 그 아늑한 산기슭에 자리잡은 회암사. 태조의 이궁離宮 역할을 한 절이었다. 담장을 끼고 보광전과 각 전각이 이어져 있었다.
김수성이 땀을 훔치며 함허당이 주석하고 있는 방 앞에 이르렀다. 화상和尙과는 일면식도 없었다. 시자가 어린 소년이 찾아뵙기를 청한다고 알렸다. 까랑까랑한 목소리만 꽃살 무늬 사이로 흘러 나왔다.

※ 화보3

- 어디에서 왔느냐.
함허당의 뜻 모를 물음이었다.
- 서울에서 왔습니다.
- 무슨 일로…….
- 칼바람 부는 곳을 피해 살고자 왔습니다.
- 누가 너를 잡아 죽이기라도 한단 말이냐.
김수성은 물러설 곳이 없었다. 어떻게 왔는지에 대한 답은 하고 싶지 않았다. 이곳이 내 살아가야 할 또 다른 고향이고, 머물러야 할 집이라고 마음을 다잡았다.
- 꽃 지고, 눈 내릴 때까지 옥체 보선하시기 바랍니다. 스님.

김수성이 옷매무새를 고쳐 잡고, 마당에서 삼배를 올렸다. 점심 공양 뒤 끝의 졸음을 뒤로 하고, 함허당은 자리에서 벌떡 일어나 앉았다. 이런 물건이 있나. 문이 열렸다. 무릎 꿇고 미동도 하지 않고 있는 김수성을 내려다보았다. 자단향이 기둥을 휘감고 처마 끝의 풍경 속으로 사라졌다.

– 부모는 살아 있느냐.

※ 화보4

– 지금 흔들리고 있습니다.

– 글은 배웠더냐.

– 성균관에 몸을 담은 적이 있습니다.

– 방을 내 주거라.

다음 날 새벽 예불을 끝내고 함허당은 손수 김수성의 머리를 깎아주었다. 절박한 세속과의 단절, 걸림 없는 입산入山이었다. 함허당이 김수성에게 내린 법명은 '신미信眉'였다.[17]

스승과 제자의 타고난 천품과 성균관에서 수학한 숙연 등이 빚어낸 먹빛 만남이었다.[18]

※ 화보5

함허당은 1396년(태조 5) 21세 때 성균관에서 함께 공부하던 친구의 죽음을 보고 세상의 덧없음을 깨닫고, 육신이 허깨비로 지어졌다는 것을 관觀해 두 종류의 생사에서 벗어나겠다고 서원했다. 일승의 열반을 추구하고, 도를 넓혀 네 가지 은혜에 보답하며 덕을 길러 삼유三有를 돕겠다는 뜻을 세워 출가하려고 했다. 뜻을 이루지 못하고 불안해 잠도 자지 못했고, 산수山水로 떠날 생각을 멈추는 날이 없었다. 손에 경서經書를 붙들고 갈림길에서 망설이고 있었다. 뜻밖에 혼자 바쁘게 길을 가는 한 스님을 만났다. 친척을 끊어 버리고 천천히 지팡이를 짚고 길을 나섰다. 관악산 의상암에 도착. 그 스님과 각보覺寶라는 다른 늙은 산사람과 함께 뜻을 모아 머리를 깎았다.[19]

함허당은 출가하기 전 성균관에서 유학을 익혀 세속의 학문에도 정통했다. 신미 또한 성균관에서 공부했고, 외할아버지 이행으로부터 유학의 핵심을 전수받았다.

신미, 함허당의 정법을 잇다

함허당은 문헌을 읽고, 정리하는 방법에 대해 깊게 알고 있었다. 고려의 승통 의천義天의 입멸 이후 사라지고 잊혀진 '함께 읽고, 혼자 읽고, 소리 내어 읽고, 골라 읽는' 전통을 되살리기 위해 정진했다. 그 결과물이 『금강경오가해설의』의 저술이었다. 이때부터 경계에 매어 정해 놓고 수행하지 않고 마음 내키는 대로 다니며 세상에 얽매이지 않았다. 나가거나, 머물거나 한 귀퉁이에 갇히지 않았다. 언행은 자유롭고, 호탕했다.

⑧ 화보6

> 글자는 도를 나타내는 그릇이며, 사람을 인도하는 법이다. 모름지기 글과 뜻이 서로 도와 혈맥을 사뭇 꿰뚫는다. 정심精審과 상밀詳密이 구비되어 글자가 빠지고, 뜻을 더 불리고 거꾸로 되며 잘못됨이 조금도 그 사이에 섞이지 않은 연후에야 능히 사람들로 하여금 알게 하여 만세의 귀감이 되는 것이다. 그렇지 않으면 능히 사람의 눈을 열지 못하고, 도리어 미혹하게 하는 그릇이 될 것이다.[20]

신미는 함허당의 활인검活人劍과 같은 말씀을 듣고, 저서를 읽으며 교종敎宗과 선종禪宗의 가르침을 받아들였다. 훗날 간경도감을 통해 실천에 옮겨진 훈민정음 불전 언해의 불씨였고, 수행과 깨달음의 길을 안내하는 나침반이었다.

> 만약 마음을 맑게 하며 사려를 고요히 하여 글로부터 뜻을 궁구하고, 뜻으로부터 글을 찾으면 곧 글과 뜻의 그른 것이 터럭만큼도 숨을 수 없다. 환하게 밝아서 나타남이 세상의 병맥이 어진 의사의 손에서 도망하지 못하듯 될 것이다. 내 비록 어진 의사의 짝은 아니다. 다행히 글과 뜻을 조금 알아서 참과 거짓을 대략 분별하는 까닭으로 지금의 경의 소疏 가운데 혹 떨어지며, 뜻을 더 불리며, 거꾸로 되며, 잘못됨을 분별해 내어 여러 책에 맞추고, 여러 스승께 질문한 뒤 적어 바르게 한 것이다. 그러나 다른 책에

의지한 외에 조금도 한 자, 한 구절도 함부로 내가 그 사이에 더하거나 덜어 버리지 않았다. 내가 어질지 못하므로 참과 거짓을 분별하고, 제멋대로 잘못됨을 바로 고쳤다. 그러나 이는 근거에 바탕을 두었지, 마음대로 결단하지 않았다.[21]

함허당은 다른 문헌을 읽을 때는 철저하게 의천이 그려둔 지도를 따라 걸었다. 한 자, 한 구절도 함부로 다루지 않았고, 더하거나 덜어버리지 않았다. 철저하게 근거에 바탕을 두고 생각하고, 읽고, 저술했다.

※ 화보7　과문科文이라는 문헌의 형식과 방법은 불교 문헌의 읽기와 학습, 해석을 위한 필수불가결한 조건이었다. 본문↔과문↔소초疏鈔, 이것이 의천이 제시하는 '본문에서 시작하여 과문을 매개로 소초를 다루는 방법'의 모델이다. 읽기의 모델, 바로 공부의 모델이다.[22]

※ 화보8　1419년세종 1부터 다음해까지 함허당은 전남 순천 송광사, 강릉 오대산에 들어가서 오대의 여러 성인에게 공양하고, 영감암靈鑑庵[23]에서 나옹懶翁의 진영眞影에 공양했다. 이틀 밤을 암자에서 머물렀다. 꿈에 신령스런 스님이 나타나 가만히 "그대의 이름을 기화己和, 호를 득통得通이라고 하라."고 했다. 스님은 절을 올리고 공손하게 받았다. 홀연 꿈에서 깼다. 몸과 마음이 맑고 개운해 하늘을 나는 듯했다. 다음 날 월정사月精寺로 내려와 지팡이와 신발을 벗어 놓고 방안에 한가로이 머물며 평생토록 도道의 뿌리를 기르고자 했다. 배고프면 먹고, 목마르면 마시며 편하게 세월을 보냈다. 그러나 주머니 속의 송곳이 이미 삐져나온 것처럼 묶어두고 막을 수 없었다. 스님의 수행과 도력이 원근에 널리 알려졌다.[24]

신미는 크고, 작은 일을 챙기며 함허당을 시봉하는 한편 나옹화상으로부터 전해져 내려온 선의 종지宗旨와 교관敎觀을 전수받았다.

함허당, 대자암에서 왕실 불사 주관

1421년세종 3 초가을, 세종은 함허당의 도풍道風을 듣고 그 명성을 아름답게 여겼다. 명을 내려 성녕대군태종의 4남의 능침사찰인 대자암大慈菴의[25] 주지로 임명했다.

세종에게 유학은 늘 조심하고 신경 써야 할 사정전思政殿, 불교는 정신을 편안하게 쉴 수 있는 극락전極樂殿이었다. 밖으로는 유학의 원칙을 지키는 등 철저하게 명나라의 모범에 따랐지만, 사적인 분야에서는 불교, 도교, 천문 등을 가리지 않고 받아들였다.

세종은 태종의 상왕 재위 기간중 낮은 자세로 일관했다. 불교와 연관된 문제는 아버지의 그늘 속으로 피했다. 배불론排佛論으로 무장한 신료에게 속내를 보이지 않았다. 앞서 흘러간 물결을 뒷물결이 무시하는 것은 인지상정이지만, 뒷물결도 끝내는 앞서 흐른 물과 함께 섞여 바다에 이르는 순리를 일찍부터 간파하고 있었다.

세종은 아끼던 아우 성녕대군1405~1418이 14살의 꽃다운 나이로 찬바람 부는 산으로 갔을 때 이미 건드리지 않아야 할 인연의 그물을 건드리면 한없이 휘말려 든다는 냉혹함을 경험했다. ※ 화보9

왕은 문고리를 평생 잡아본 바 없다. 죽음의 문고리 또한 누가 마음대로 잡아 그 속내를 확인해 볼 수 있는가.

함허당은 대자암에서 세종의 어머니 원경왕후元敬王后, 1365~1420와 성녕대군의 천도를 위한 영산법회靈山法會를 주관했다. 종실의 대군과 부마들이 향을 받들어 올렸다. 세종이 대자암으로 행차, 설법을 청했다. 함허당은 물리치지 않고 법좌에 올라 법요法要를 펼쳤다.[26]

함허당의 목소리는 맑고, 청량했다. 이치는 그윽하고 깊어, 계율에도 저절로 딱 들어맞았다. 바람 따라 물 따라 원근에 소문이 퍼지자 기쁘게 승복하지 않는 이들이 없었다. 선·교 양종, 오교五敎, 여러 산중의 납자衲子가 까마득히 모여들어 귀의했다.[27]

함허당은 3년 동안 대자암에 주석했다. 신미는 스승을 시봉하며 왕실 불사를 주관하는 법을 체득하고 있었다.

1422년세종 4 5월 10일 강력한 추진력으로 조선의 기틀을 다진 태종1367

~1422이 연화방蓮花坊 신궁新宮에서 파란만장한 생을 마감했다. 춘추 56세였다.

※ 화보10 태조 이성계1335~1408가 조선의 이른 새벽을 열었다면, 태종은 해 뜨는 것을 바라보며 빗자루로 마당을 쓸고 길 없는 길을 만들었다.

태종은 도교와 불교를 좋아하지 않았다. 사찰을 개혁, 노비를 거두고 전답을 축소했다. 태종은 병환 중일 때 근신에게 다음과 같이 당부했다.

> 내가 들어갈 헌릉 옆에 절을 짓지 말라. 더러운 중을 가까이 오게 할 수 없다. 칠재도 베풀지 말라고 하고 싶지만 명나라에서 부처를 신봉하고 있다. 대국을 섬기는 나라에서 선뜻 달리할 수 없기 때문에 접어둔다. 내가 건원릉과 제릉에 절을 세운 것은 태조의 뜻에 따라서였다. 종을 만들어 개경사開慶寺에 달게 했지만 마음에 드는 일이 아니다. 왕후의 초상에는 내가 법을 세워 자손에게 지키는 본을 보였다. 만세 뒤의 자손이 지키고, 아니 지키는 건 저희가 알아서 할 일이다. 왕후의 재를 올릴 때 대소신료로부터 노복에 이르기까지 거의 천 여 명이 한데 섞여 떠들어댔다. 부처에게 영험이 있다면 몰라도, 없다면 받들고 섬기는 건 도리가 아니다. 명복을 비는 추천은 수륙재만 베풀고, 절에 가는 인원도 제한하라. 세상을 혹하게 하고 백성을 속임은 신선과 부처만한 게 없다.²⁸

※ 화보11 1423년세종 5 봄, 함허당이 왕실과 종친의 발원으로 강화도 정수사淨水寺를 중창했다. 신미가 시봉하며, 불사에 매진했다.

1424년세종 6 봄, 태종의 3주기를 맞아 세종은 금자로 사경한 『법화경』을 펼쳐보고, 대자암에서 법화법광法華法廣을 베풀었다. 공녕군恭寧君 이인이 선禪의 설법을 청하는 글을 함허당에게 전했다.

> 『법화경』은 천 가지 경을 관할하는 여러 부처의 근본이며, 영험은 헤아리기 어렵고 이익은 가장 크다. 정미精微한 뜻을 들어 널리 드러내는 것도 반드시 개사開士의 넓은 선양에 힘입는 것이다. 능히 찰나 사이에 뛰어오르고 반 마디 말에도 깨달음을 얻게 되리라. 공손하게 생각하건대 태종께서 빈천하심이 매우 급해 성상께서 효사孝思함이 한없다. 햇수는 벌써 3년이 돌아왔으나 부르짖고 사모함은 하루 같다. 명복을 도와 선유仙遊로

인도하고자 하노라. 화상和尙은 신묘함을 사문沙門에 이루어 조파祖派의 정통을 바로 전수했다. 석장錫杖을 멈추고, 의발을 갖추고 법연法筵을 주장해서 향화를 뿌려주기 바란다.[…][29]

세종, 선교 양종으로 사찰 혁파

1424년세종 6 4월 5일 세종은 조계曹溪·천태天台·총남摠南 3종을 합쳐서 선종禪宗, 화엄華嚴·자은慈恩·중신中神·시흥始興 4종을 합쳐서 교종敎宗으로 통합하는 불교 개혁을 단행했다. 새벽 별빛처럼 희미하게 명맥을 유지해 오던 조선 불교에 어둠이 드리우는 순간이었다.

선종禪宗 소속 18개 사찰전지 4,250결

- 한양 흥천사 : 원속전元屬田 160결에 90결 더함. 늘 머무는 승려[恒居僧] 120명
- 유후사留後司 숭효사崇孝寺 : 원속전 100결에 100결 더함, 항거승 100명
- 연복사演福寺 : 원속전 100결에 100결 더함, 항거승 100명
- 개성 관음굴觀音窟 : 원속전 45결에 경기도의 105결과 수륙위전水陸位田 100결 더함, 항거승 70명
- 경기 양주楊州 승가사僧伽寺 : 원속전 60결에 90결 더함, 항거승 70명
- 개경사開慶寺 : 원속전 400결, 항거승 200명
- 회암사檜嚴寺 : 원속전 500결, 항거승 250명
- 진관사津寬寺 : 원속전 60결에 90결과 수륙위전 100결 더함, 거승은 70명
- 고양高陽 대자암大慈菴 : 원속전 152결 96복卜에 97결 4복을 더함, 거승은 120명
- 충청도 공주公州 계룡사鷄龍寺 : 원속전 100결에 50결 더함, 거승은 70명
- 경상도 진주晉州 단속사斷俗寺 : 원속전 100결에 100결 더함, 거승은 100명
- 경주慶州 기림사祇林寺 : 원속전 100결에 50결 더함, 거승은 70명
- 전라도 구례求禮 화엄사華嚴寺 : 원속전 100결에 50결 더함, 거승은 70명
- 태인泰仁 흥룡사興龍寺 : 원속전 80결에 70결 더함, 거승은 70명
- 강원도 고성高城 유점사楡岾寺 : 원속전 205결에 95결 더함, 거승은 150명
- 원주原州 각림사覺林寺 : 원속전이 300결, 거승은 150명
- 황해도 은율殷栗 정곡사亭谷寺 : 원속전 60결에 90결 더함, 거승은 70명
- 함길도 안변安邊 석왕사釋王寺 : 원속전 200결에 50결 더함, 거승은 120명

교종敎宗 소속 18개 사찰전지 3,700결

- 한양 흥덕사 : 원속전 250결, 거승은 120명
- 유후사 광명사廣明寺 : 원속전 100결에 100결 더함, 거승은 100명

- 신암사神巖寺 : 원속전 60결에 90결 더함. 거승은 70명
- 개성開城 감로사甘露寺 : 원속전 40결에 160결 더함. 거승은 100명
- 경기 해풍海豊 연경사衍慶寺 : 원속전 300결에 100결 더함. 거승은 200명
- 송림松林 영통사靈通寺 : 원속전 200결. 거승은 100명
- 양주楊州 장의사藏義寺 : 원속전 200결에 50결 더함. 거승은 120명
- 소요사逍遙寺 : 속전 150결. 거승은 70명
- 충청도 보은報恩 속리사俗離寺 : 원속전 60에 140결 더함. 거승은 100명
- 충주忠州 보련사寶蓮寺 : 원속전 80결에 70결을 더함. 거승은 70명
- 경상도 거제巨濟 견암사見巖寺 : 원속전 50결에 100결 더함. 거승은 70명
- 합천陜川 해인사海印寺 : 원속전 80결에 120결을 더함. 거승은 100명
- 전라도 창평昌平 서봉사瑞峯寺 : 원속전 60결에 90결 더함. 거승은 70명
- 전주全州 경복사景福寺 : 원속전 100결에 50결 더함. 거승은 70명
- 강원도 회양淮陽 표훈사表訓寺 : 원속전 210결에 90결 더함. 거승은 150명
- 황해도 문화현文化縣 월정사月精寺 : 원속전 10결에 100결 더함. 거승은 100명
- 해주海州 신광사神光寺 : 원속전 200결에 50결 더함. 거승은 120명
- 평안도 평양平壤 영명사永明寺 : 원속전 100결에 50결 더함. 거승은 70명[30]

예조에서 올린 사찰 혁파의 내용은 파격이었다. 집현전의 의견을 종합한 결과였다. 집현전은 척불斥佛과 벽불闢佛의 중심이었다. 호랑이 태종이 승하하고 난 뒤 세종시대가 열리는 순간, 조정의 관료는 주도권을 잡기 위해 불교를 전면에 내세워 세종을 압박했다. 사헌부의 강력한 요청에도 세종의 불교에 대한 태도는 온화했다. 점진적으로 개혁하되 그 존속을 인정하려고 했다.

> #1. 불교가 이미 이단이므로 나라에 이익이 없는 것은 틀림없다. 그러나 세상에서 행해진 지 오래 되었다. 어찌 백성에게 불교가 옳은 도가 아니고 쓸데없는 것이라고 갑자기 알릴 수 있겠는가. 일시에 개혁할 수 없다고 생각한다.[31]

> #2. 중을 모두 속인으로 돌아가게 한다면 혁파한 절의 토지를 빼앗아 평민에게 주는 것이 옳지만 땅이 없는 중은 장차 어떻게 먹고 살란 말이냐.[…] 각 종파의 중이 사사로이 점령한 절의 토지를 농토 없는 평민에게 주도록 하라. 또 죄를 범한 중은 법에 따라 장형에 처한 다음 환속시키고,

60세 이상이 된 자는 장형에 처하되 환속시키지 말라.³²

예측할 수 없는 척불의 바람이 전국을 강타했다. 조정의 관리들은 경주 봉덕사의 성덕대왕신종聖德大王神鐘 : 일명 에밀레종, 국보 제29호과 개성의 연복사演福寺 대종을 녹여 사신의 대접 때 쓸 가마솥을 만들라고 건의했다. 세종은 허락하지 않았다.³³ ※ 화보12

세계 범종사에서 유례를 찾아볼 수 없는 명품은 그렇게 살아남았다. 그러나 일용하게 쓰이고 있던 연복사의 철확鐵鑊 2개는 불길 속에 녹아 가마솥으로 변했다.³⁴

신미, 속리산에서 정진하다

대자암에서 태종의 3주기 불사를 끝낸 함허당은 배불의 회오리바람을 막아내는 것이 역부족임을 직감했다. 가을로 접어들 무렵, 삼학三學을 선양하고 일승一乘을 크게 떨쳐 가르침의 풍토를 회복하고, 말법末法의 시대를 지탱해야 한다고 생각했다.

함허당은 세종께 사퇴의 글을 올리고 절을 떠나기 전, 신미를 불러 일렀다.

- 세상 돌아가는 꼴을 보니 말세가 따로 없다. 성인이 멀어지면 멀어질수록 가르침은 어그러지고 법을 펼 수가 없다. 전날에 바랐던 바를 접고, 마음에 품은 바를 펼칠 수가 없구나. 속리산 법주사法住寺로 가서 대장경 ※ 화보13 을 읽으며 수행, 정진하거라. 바른 견해는 삿된 모든 견해를 깨뜨리는 금강좌다.

함허당은 떠나는 신미에게 시 한 편을 건넸다. 바른 공부에 전념하라는 자상하고, 간곡한 당부였다.

한 가락 젓대 소리 휘감기는 곳	一聲長笛徘徊處
산 아래 개울가에서 너를 보낸다	山下溪邊送客時
가고 머무는 자취, 다르다 이르지 말라	莫謂去留蹤自異

산 개울, 구름과 달이 내 말 이해하리　　溪山雲月語須知[35]

※ 화보14　함허당은 인연 따라 운악산 현등사懸燈寺로 떠났고, 신미는 법주사로 길 머리를 잡았다. 바랑에는 스승이 집필한 『현정론』과 『금강경오가해설의』가 들어 있었다. 멈출 수 없는 출발이었고, 나그네를 떠난 주인의 행보였다.

1424년세종 6 신미는 속리산 법주사에서 평생의 도반인 수미守眉를 만났다. 나이와 이름도 같았다.

※ 화보15　바다가 크고 깊은 것은 맑고 더러움을 구별하지 않고 모두 받아들이기 때문이다. 도를 무어라 이름 붙일 수 없는 것은 눈으로 볼 수 없기 때문이다. 만약 누구든 그 이름 붙일 수 없는 도를 터득해 부처님의 삼매 속에서 유희하며 고해苦海 중에서 반야의 배를 타고 중생을 구제한다면 이는 세상에 있어 가장 귀중한 존재다. 대개 이런 분은 손꼽을 정도로 적다. 그런데 근고近古에 묘각왕사妙覺王師가 바로 그런 분이다. 스님의 휘는 수미守眉, 옛 낭주朗州 : 전라남도 영암군 영암읍의 옛 이름 출신이다. 최씨의 가문에서 태어났다. 어머니가 꿈에 어떤 이인異人으로부터 구슬을 전해 받는 꿈을 꾸고 잉태했다. 태어날 때 특이한 향기가 방안에 가득했다. 어릴 때부터 영특하고 명랑해 항상 세속을 멀리하려는 뜻을 품었다. 13살 때 낭주의 서쪽에 있는 월출산 도갑사道岬寺로 출가했다. 스무 살 때 비구계를 받고, 걸림 없이 전국의 강원講院으로 돌아다녔다. 속리산 법주사에서 사미 신미信眉를 만났다. 나이도 같았고, 이름도 같았다. 그와 함께 마치 옥돌을 자르고, 쪼고, 갈고, 닦듯이 대장경을 강독하며 율장毘尼 : 경률론 삼장 중 율장을 익혔다. 자비로운 얼굴과 도골道骨, 눈의 광채가 빛났고, 목소리는 낭랑하며 온화했고, 하는 말은 걸림이 없었다. 배우는 이가 모두 그들을 추앙. 두 감로문甘露門 : 신미와 수미이라 일컬었다. 명성이 알려져 차츰 세상에 두각을 드러냈다.[36]

다시 없는 법란法亂의 파도가 전국의 사찰에 덮치고 있었다. 신미는 수미와 함께 교장敎藏을 읽으며 정진했다. 얼마 뒤 수미는 선禪의 세계로 침잠하겠다며 법주사를 떠났다.

어느 날 동학同學 신미에게 말했다.
- 내가 본분을 등지고 있는 것이 승요僧繇 스님과 같다. 인물을 잘 그려서 뛰어난 그림[妙畫]이라 해도 살아 있는 것 같지 않다.
수미는 교학敎學을 버리고 삿갓 쓰고, 짚신 신은 뒤 선방禪房을 찾아 나섰다. 처음으로 구곡각운龜谷覺雲을 친견했으나, 뜻이 서로 맞지 않았다. 그 후 등계존자登階尊者 벽계정심碧溪正心의 문하에 들어갔으나, 불법이 어둡고 막힌 시절을 만나 선석禪席 : 선방이 황폐하고 쓸쓸한 것이 마치 새벽 별빛처럼 희미했다.[37]

신미는 수미가 떠난 뒤 법주사에서 복천사福泉寺로 들어갔다. 문장대에서 흘러내리는 물소리와 계곡을 휘감아 도는 바람소리를 벗 삼아 가일층 대장경의 바다에 몸을 던졌다. ⊛ 화보16

신미는 달을 벗 삼아 걸었다. 떨어진 꽃잎은 밟지 않았다. 산길을 벗어나면 아득한 벌판을 따라 고향과 서울로 가는 길이 열릴 터였지만 눈감아 버렸다. 골짜기를 따라 흘러온 물소리만 곁에 있었다.

태허 속으로 스며들고 싶었다. 불충과 불효라는 서슬 퍼런 칼날, 잘라내 버린 머리카락은 더 이상 자라지 않았다. 오탁악세의 풀뿌리를 떨쳐버리라는 함허당의 말씀이 바람 속으로 밀려들었다. 총명하고 속내를 드러내지 않는 성정을 지닌 아우 수온의 얼굴이 떠올랐다. 순간, 집안의 대를 이어야 할 맏이의 질긴 인연은 뒤도 돌아보지 않고 끊어 버렸다.

신미는 산문山門을 닫아걸었다. 속리산 골짜기에 눈이 쌓였다. 바람과 물소리는 소리 없이 흘렀다. 대장경을 거듭 살피는 가운데 해와 달이 복천의 맑은 샘물 속으로 뜨고 졌다.

물길 속으로 함허당의 입멸入滅 소식이 닿았다.

1433년세종 15 3월 25일, 함허당이 가벼운 병을 보였다. 몸과 마음이 편치 않았다. 4월 1일 첫 새벽[申時]에 의젓하게 정좌하고 이르기를,

담담하고 텅 비어   湛然空寂
본래 한 물건도 없다   本無一物

영묘한 빛 눈부시어	靈光赫赫
온 누리 환히 비추네	洞澈十方
몸도 마음 달리 없이	更無身心
삶과 죽음 받았으니	受彼生死
가거나, 오거나	去來往復
걸릴 것 하나 없어라	也無罣礙

잠시 뒤에 다시 이르기를,

떠나려고 눈 떠 보니	臨行擧目
시방의 벽락	十方碧落
없는 중에 길 찾으니	無中有路
서방의 극락	西方極樂

라고 했다. 이것이 최후의 영결永訣이었다. 선사의 위풍 그대로였다.

※ 화보17 함허당이 경북 문경 희양산曦陽山 봉암사鳳巖寺에서 적멸에 들었다. 세수世壽 58세, 법랍法臘 38세였다.

※ 화보18 다비처에서 치아와 영골靈骨을 수습, 향수로 닦으니 달라붙은 사리가 눈부시게 빛이 났다. 바로 이때 기이한 향내가 온 동네를 덮었다. 지나가는 사람들이 모두 향기를 맡고 합장하고 고개 숙였고, 존경하고 믿지 않는 사람이 없었다. 효령대군이 사리를 친견한 뒤 문도에게 명해 네 곳의 절에 부도를 만들고 영골을 안장하라고 했다. 며칠 사이에 승속의 칠중七衆[38]이 모여 석실石室을 지어 모시고, 법회를 열어 예를 올렸다. 귀의하여 가르침을 받고 계를 받으려는 이가 구름 엉기듯 모여들었다. 오히려 전 날에 손꼽아 헤아리다 굳은살이 배길 정도로 헤아릴 수 없을 만큼 많았다. '수명의 한계를 나투었지만 오히려 존재하는 것이고, 생멸을 보이지만 오히려 교화'를 한 것이다.[39]

효령대군이 세종의 명을 받고 봉암사로 내려와 함허당의 사리를 모셨다. 신미는 대자암에서 스승을 시봉하고 있을 때 효령대군과 안면식이 있었다.

함허당이 평생 저술한 경론經論에 대한 주석서와 시부詩賦, 편장篇章 등 ※ 화보19
이 많았다. 여러 곳에 흩어져 있어 모두 모을 수가 없었다. 손으로 필사
한 『원각소圓覺疏』 3권, 『금강경오가해설의金剛經五家解說誼』 2권, 『현
정론』 1권, 『반야참문般若懺文』 2질帙, 『윤관編貫』 1권, 『대령소참하어
對靈小參下語』 등을 교정校正하고 몇 본을 새로 써서 원찰에 두고 후대 사
람에게 보이도록 했다. 문도인 야부埜夫가 「함허당득통화상행장」을 정
리했고, 시자侍子 각미覺眉가 『함허당어록』을 모아 펴냈다.[40]

신미, 대장경에서 길을 찾다

속리산은 속세에서 낮은 듯 높았고, 높은 듯 낮았다. 문장대 바위 속에는
원융무애의 말씀이 녹아들어 있었고, 칠성을 받들어 하늘의 만다라를 골
짜기마다 수놓고 있었다. 그 가운데 복천사가 있었다.

신미는 더없이 마음이 편했다. 대방광의 세계, 땅의 만다라, 무극無極의
품성이 느껴졌다. 대장엄이 산골 물소리에 녹아들었다. 장대비가 장작
으로 후려치듯 훑고 갔다.

신미는 하늘그림을 송두리째 엎어놓고 간 빗물의 뒤끝을 바라봤다. 흐르
고 싶었다.

- 나는 아무 말도 하지 않았다.

열반에 들기 전 부처가 남긴 말이 마당에 가득 고여 들었다. 빗소리는 태
허의 하늘에서 내린 말씀이었다. 복천은 너울대며 흐르고 있었다.

신미는 세종께서 훈민정음 창제에 뜻을 두고 그를 부르기 전까지 속리산
을 떠나지 않았다. '나라를 돕고 세상을 이롭게[祐國利世]' 할 훈민정음
창제의 달빛은 복천의 물만큼 맑고 투명하게 이울었고, 가득 차올랐다.
퍼내도 마르지 않는 천지인天地人 삼재의 오묘하고, 가늠할 수 없는 물줄
기가 스며들고 있었다.

신미는 함허당의 말씀을 되새겼다.

- 대장경 속에 길이 있다. 너만의 길을 걸어라. 너의 길은 문자文字다. 부처는 따로 있지 않다. 달이 일천 강물을 비춰도 물결 하나 건드리지 않는다. 그물 없이 시절인연을 낚아 올릴 때가 반드시 온다. 그 누구도 너의 길을 대신 걸어주지 않는다. 무극이 곧 법신法身이다. 둘이 아니다.

설총과 강수 등이 집약한 향찰鄕札과 대장경을 읽어낸 구결口訣은 오랜 세월 깎고, 다듬어 아득한 미래로 보낸 선학의 선물이었다. 신미는 그 가르침을 받아들이겠다고 서원誓願했다.

신미는 범서梵書 실담장悉曇章을 읽고, 번역하기 위해 범어梵語도 익혔다.[41] 또한 다락 깊숙이 넣어 두었던 『주역』을 꺼내 다시 읽었다.

미래로 준 세종의 선물, 훈민정음

훈민정음 창제를 위한 세종의 고뇌

문자는 제왕만이 만들 수 있는 성역이다. 제왕만이 길을 열 수 있다. 신라의 설총과 강수가 이두문자를 완성하지 못한 것은 제왕의 통치권을 건 지원이 없었기 때문이었다.

세종은 백성 위에 군림하고 싶지 않았다. '철의 통치'를 강행했던 태종으로부터 맏형인 양녕대군의 자리를 경복궁에서 양위 받았을 때부터 이미 자신을 버린 지 오래였다. 백성과 함께 숨쉬고, 소통할 수 있는 제왕이 되고 싶었다.

세종은 1434년세종 16부터 간명하게 읽고, 쓸 수 있는 새로운 문자를 구상했다. 훈민정음 창제 9년 전이었다.

- 쉽고 간단하게 배울 수 있는 글을 만들어 백성을 일깨우고, 삶을 풍요롭게 할 유익한 정보를 함께 나누어 가질 수 있다면 조선은 결코 역사 속에서 사라지지 않는다. 그런 나라를 분명히 만들어 갈 것이다.

> 유신儒臣에게 명해 예로부터 지금까지 법으로 삼을 만한 충신, 효자, 열녀들의 걸출한 사적을 일에 따라 기록하고 아울러 시詩와 찬贊도 지어서 싣게 했다. 더불어 어리석은 백성이 쉽게 이해하지 못할까 염려되어 도형圖形을 그려서 붙이고 『삼강행실三綱行實』이란 이름으로 널리 중외에 반포했다. 다만 백성이 문자를 알지 못하는데 책을 반포해서 내려 준다고 하더

라도 사람이 가르쳐 주지 않는다면 어떻게 그 뜻을 알아서 감동하고, 착한 마음을 일으킬 수 있을 것인가.[42]

※ 화보20 백성이 근본에 힘쓰도록 하기 위한 세밀한 조치였고, 훈민정음 창제의 주요 동기였다.[43]

1443년세종 25 정초부터 세종은 하루, 늦어도 열흘 정도에 배울 수 있는 쉬운 문자를 만들기 위해 거듭 고민했다.

세종의 훈민정음 창제의 서원은 '하늘의 일, 땅의 일, 사람의 일'이었다. 새로운 문자, 쉬운 문자를 만드는 것은 오직 하나, 소통이 최상위 목표였다.

한자는 우리의 뼈와 살이 될 수 없는 글자다. 배우기도 어렵고, 한 두 세월 공들인다고 해결되지 않는다. 때문에 한자와 한문을 배우고 익힌 이들은 기득권을 얻는다. 한번 얻은 기회를 놓으려고 하지 않는 것은 당연한 이치, 반면 한자를 배우지 못한 무지몽매한 백성은 자신의 뜻을 펼칠 기회를 갖지 못한다. 말은 아득한 하늘 속으로 사라져도, 한자로 기록된 모든 일은 남게 된다. 억울한 송사訟事가 벌어져도 애면글면 끌려 다니고, 변명 한 마디 하지 못하는 실정이다. 쉽고, 간편한 소리글자가 있다면 상황은 달라진다. 글은 번짐이다. 번져서 삶을 환하게 밝힌다. 죽음까지도 함께 한다. 화선지에 번져 나가는 먹은 봄이 되기도 하고, 겨울이 되기도 한다. 번지지 않은 모든 글자는 죽음이다. 삶은 번져 죽음이 되고, 글자는 번져 삶이 된다.

세종은 글자 없이 사는 백성이 꿈을 꺾어야 하는 현실을 방치해 둘 수 없었다. 꽃이 피어나듯 조선의 산과 들에 새롭게 만든 쉬운 글자를 스며들게 해서 문예부흥의 시대를 열고 싶었다.

그러나 문제는 밖에 있지 않고 안에 있었다. 대꼬챙이 같은 신하들이 반대를 하고 나설 것은 자명했다. 권력의 꿀을 맛본 신료에게 한자는 놓을 수 없는 기득권이었다. 쉽게 배우고 익히고 쓸 수 있는 글자가 만들어져서 반포되어 무식한 백성이 너나 할 것 없이 제 생각을 펼치게 되면 기득권의 둑에 구멍이 뚫리게 된다. 부림을 당하는 놈은 무식할수록 다루기 편하다. 세상을 알게 하고, 다양한 정보를 접하게 되면 머리를 쳐들고 덤빌 것은 불을 보듯 뻔했다.

세종, 효령대군의 추천으로 신미를 만나다

세종은 냉정하게 미래와 함께 할 인재를 찾고 있었다. 조선 불교계의 영수인 효령대군이 속리산 복천사의 '주머니 속의 송곳'과 같은 신미를 추천했다. 신미는 구결과 범어, 『주역』과 삼재三才에 정통해 있었다. 세종이 기획한 새로운 문자 창제의 협력자로는 적격이었다.

세종은 세자문종, 효령대군, 진양수양·안평대군 외에는 비밀에 부쳤다. 진양대군을 복천사로 보내 신미를 불러 올렸다.

> 처음에 세종께서 신미의 이름을 듣고 산으로부터 불러 담소를 나눴다. 신미의 대답이 모두 이치에 맞고 의리義理가 정밀하고 넓었다. 아뢰고 답하는 것이 세종의 뜻에 어긋남이 없었다. 이로부터 세종의 대우가 두터웠다.[44]

세종은 효령대군의 저택으로 암행을 나와 기다리고 있었다. 신미는 세종의 질문에 막힘없이 답해 올렸다.

세종이 말했다.

- 함허당이 대자암에서 법회를 열 때 그대를 본 기억이 있다. 벌써 스무 해가 훌쩍 지났다. 스승의 빼어난 지혜가 상수제자에게로 흘러갔구나. 흐르는 물은 썩지 않고, 여닫는 문의 돌쩌귀는 좀이 먹지 않는다. 문자와 언어 또한 이와 다를 바 없다. 거듭 쓰고, 다듬어야 세상이 썩지 않고 돌아간다. 분명한 원칙은 정해져 있다. 불전佛典을 읽은 경험을 활용, 의견을 올리도록 하라.

세종에게 절반의 성공은 없었다. 백성에게 고루 스미게 해야 할 글자를 만들지 않고서는 흠경각欽敬閣을 만들고, 조선의 하늘을 관측하는 일이 미완의 성공으로 그칠 수도 있었다. 세자는 어린 시절의 자신을 보듯 책을 좋아했고, 한번 작정한 일은 놓지 않는 성미였다. 세자우빈객으로 지칠 줄 모르는 업무욕과 원리원칙만을 고수하고, 한 치라도 어긋나면 예외 없이 상소를 통해 반박의 논리를 펼쳤던 최만리는 철저하게 제외시켰다. 신미는 스승의 시적示寂한 날에 맞춰 문경 희양산 봉암사에 들렀다. 야윈 겨울 물소리가 진달래 꽃잎을 밀어올렸다. 함허당이 저술한 『금강경오가해설의』를 읽으며 아득한 미래를 열어가는 말씀을 놓치지 않고 가슴에 담았다. 그 말씀은 해탈도, 몸 던짐도 아닌 자연이었다.

물가마귀가 푸드득 열목어의 목을 비트는 소리를 들은 것은 바로 그때였다. 물은 그대로 젖은 비늘을 감아 너럭바위를 돌아갔고, 달은 골짜기를 막 벗어났다. 공양을 맡아보는 여인네가 발소리를 죽인 채 물을 떠 부엌으로 들어갔다. 뒷산 코끼리 바위에 걸린 북두칠성이 국자를 낮게 드리우고 있었다. 극락전 옆 지증대사智證大師 적조탑의 향로에서 은근하게 향이 피어올랐다. 가릉빈가 한 마리가 푸드득 날개를 펼쳤다. 연꽃이 활짝 폈다.

※ 화보21

조선의 긴 어둠 털어낸 훈민정음

세종은 훈민정음 창제의 모든 공과를 스스로 짊어지고 나왔다. 절묘한 착상을 하루아침에 찾기에는 너무 아득했고, 자칫 공상에 그칠 가능성이 농후했다.

어수선했던 정권과 왕권도 부왕인 태종의 피와 추진력 덕분에 반석 위에 놓여 있었다고는 해도 정권 창출에 깊게 관여하며 힘을 길러온 신흥 세력이 완강하게 나올 것은 분명했다. 권력의 끈을 평생 놓고 싶지 않은 것은 너나 할 것 없이 똑같은 마음이었다. 오직 자신의 힘만으로 정국을 주도하고 전횡할 수 있는 힘을 조금이라도 더 확보하길 원했다. 확실한 정보력을 가진 또 다른 세력이 자라날 수 있는 빈틈은 아예 싹도 트기 전에 잘라내 버렸다.

세종은 조금씩 가시화 되고 있는 훈민정음 창제의 골격을 잡아야 할 시간이 절대적으로 필요했다. 은밀하게 추진하고 있지만 언젠가는 분명 집현전의 학사를 비롯한 대소신료의 정보망에 포착될 것이다. 집권 초기부터 수라를 즐기듯 이어왔던 경연을 접어두고 성리대전에 수록되어 있는 음운학 관련 서적을 꼼꼼하게 살폈다.

세종은 동궁과 진양·안평대군에게 조용한 목소리로 일렀다.

- 새 문자를 만들고 있다는 사실이 담장을 넘지 않게 조심해라. 문자는 제왕만이, 중국만이 만들어 낼 수 있다는 우월감에 젖어 있는 저들을 자극해서 좋을 게 없다.

복천사로 돌아온 신미는 훈민정음의 큰 골격을 잡는 데 집중했다. 핵심을 잡기 위해 대장경을 읽고, 각필角筆로 한 땀 한 땀 새겨 넣은 구결口訣을 폭넓게 분석했다.

신미는 겨울 물소리가 마르고, 봄꽃이 맑은 물을 퍼 올릴 때까지 구결 속에 녹아든 향찰의 원리와 『주역』을 관통하고 있는 천지자연의 법칙을 찾아 연계하는데 집중했다.

구결에서 실마리를 찾은 것은 함허당과 외할아버지 이행의 가르침 덕이었다. 우주의 이치가 가까운 곳에 있듯 길은 삶의 가운데에 있었다. 인체의 비밀을 알아내는 데 신미는 범패梵唄에 능한 소리하는 승려[魚匠]의 도움을 받았다.

소리는 속리산 골짜기를 벗어나지 않았다. 산나물이나 송이버섯을 따라오는 이를 제외하고는 인적이 드문 절묘한 터였다. 산골물소리가 장단을 맞추고, 바람소리가 뒤를 밀고 있었다. 인간의 목소리에 담긴 비밀의 문이 열리고 있었다. 진양대군은 『성리학대전』에 수록된 음운서와 악학도감 제조 박연이 정리해 준 자료를 챙겨 복천사로 올라오고, 내려갔다.

신미는 대장경을 읽으며 한 땀 한 땀 새긴 각필과 수 천 년 동안 『주역』의 행간 속에 머물렀던 천지인 삼재를 새로 만드는 문자 속으로 녹여 넣었다.

- 훈민정음은 무극이고, 태극이다. 무극은 '하나一'로 귀결된다. 시작도 없고, 끝도 없다. 쓰임은 변하지만, 근본은 변하지 않으므로 홍익弘益이다. 하늘과 땅과 사람의 어울림을 한 곳으로 모을 수 있는 문자는 소리글이 적당하다. 삼재를 모음, 오행을 자음에 녹여 넣으면 간단명료하지만 전환이 무궁한 문자가 될 수 있다.

세종은 신미의 제안을 흔쾌히 받아들였다. 신미의 바람은 세종의 바람에 맞닿아 있었다.

- 새로 만드는 문자는 초성, 중성, 종성의 삼분법을 기둥으로 삼는다. 모음과 자음을 각기 그 자리에 두라. 상형에 꼭 필요한 요소다. 정음正音은 정법正法이고, 바른 소통이다. 하늘이 낮은 곳으로 거듭 내려오고, 땅은 높은 곳으로 거듭 올라가고, 그 사이에 사람이 서 있어야 태평하다. 태평성대의 바른 소리는 그 조화에서 우러나온다.

세자에게 새 문자의 실제 쓰임에 대해 보강하라고 명했다. 세자는 진양·안평대군과 밤을 밝혀가며 기본 글자의 배치와 운용, 발음과 상형이 어떻게 맞물려 들어가는지를 연구했다.

신미의 법통에 대한 가설

이능화는 『조선불교통사』에서 혜각존자 신미의 법통法統을 '함허당의 문하'로 정리했다.

> **#1. 신미, 함허당의 법파**   고려 말에 이르러 해동의 불법에는 두 감로문甘露門이 있었다. 태고국사와 나옹왕사다. 두 스님은 이미 법력을 갖추었을 뿐만 아니라 세력 또한 지니고 있었다. 당시 스님의 무리는 모두 두 분의 문하에서 나왔다. 마침내 조선 불교의 종조宗祖가 되었다. 나옹이 한번 전하여 무학을 얻었다. 무학은 태조의 스승이 되어 또 한번 전하여 함허를 얻었다. 함허는 『원각경소초』와 『금강경설의』를 저술, 종문宗門에 큰 공을 세웠다.
>
> 조선 세조 때의 명승 신미·홍준弘濬·사지斯智·학열·학조 등 여러 법사는

헤아려 보건대 모두 함허의 법파法派다. 어떻게 그렇다는 것을 아느냐 하면, 세조가 이들 스님에게 함허의 서책을 교정하라고 했기 때문이다.[45]

 # 2. 조선 선교禪敎의 이로움 혜각존자가 언문으로 여러 선사의 법어를 역해했다. 유독 나옹과 관계되는 스님을 많이 취했다. 또 존자가 왕명을 받들어 교정한 함허화상의 『금강경설의』도 역시 나옹 법손의 찬술이다. 내가 이에 혜각존자는 함허파가 아닌가 생각해본다. 그 유통자 또한 대다수가 그 주변의 책을 취했다.[…] 신미와 백암이 불서를 유통시켰다. 조선 선교禪敎가 실로 큰 이로움을 받았다.[46]

 # 3. 신미, 세조의 스승 함허와 준준俊화상이 세종, 신미가 세조, 보우普雨가 명종, 휴정休靜이 선조, 각성覺性이 효종에게 사실은 사표師表의 자격을 두고 있었다. 그러나 오히려 봉배封拜의 명을 아꼈다. 대체로 유생의 공격을 두려워해서 그대로 둔 것이었다. 명성은 비록 드러내게 했으나 세력은 없었다.[47]

신미의 법통을 정확하게 기록한 문헌자료는 남아 있지 않다. 기존의 추정 자료는 다음과 같다.

 # 1. 벽계정심碧溪淨心의 법통 2009년 속리산 법주사 복천암에서 펴낸 『선교도총섭 수암당 신미 혜각존자 실기』에서는 벽계정심碧溪淨心의 법통을 이었다고 기술했다. 벽계정심은 태고보우太古普愚의 제자인 환암혼수幻菴混修의 제자 구곡각운龜谷覺雲의 법통을 이은 선승이다. 천봉만우千峰卍雨, 고암천긍古巖天亘과 같이 각운의 제자로 되어 있다.[48]
각운은 '마음은 달마, 행적은 보현'이라는 평을 들은 고승으로 공민왕이 존숭,「달마절로도강도達磨折蘆渡江圖」와 「보현육아백상도普賢六牙白象圖」를 하사했다. 이어 친필로 '구곡각운龜谷覺雲'이라는 호를 쓰고, '대조계종사선교도총섭숭신진승근수지도도대선사大曹溪宗師禪敎都摠攝崇信眞乘勤修至道都大禪師'라는 법호를 내렸다.[49]

 # 2. 행호의 문도 김용곤은 행호行乎가 입적했을 때 게偈를 지어 효령대군에게 바쳤다는 기사를 근거로 그의 문도로 추정했다. 행호는 천태종의 승려다.[50] 효령대군이 참부처[眞佛]로 생각하고 공경의 예를 다했다. 세종

의 명으로 대자암에 주석한 적이 있다.[51]

3. 선종과 교종   선종과 교종이 독립된 명사로 쓰였다가 변천을 거쳐 선교 양종이라는 복합명사가 된 것은 벽계碧溪에서 시작, 청허淸虛 때 확정되었다. 어째서 그러한가. 조선 초에 육행(陸行 : 1,000여 명의 승려에게 경을 강의하는 자)으로부터 신미信眉·홍준弘濬·허응虛應 : 普雨은 모두 법통을 이어 줄 자를 찾지 못했고, 벽계대사 한 사람만이 위로는 태고太古의 법을 잇고 아래로는 벽송碧松에게 법을 전했다.[…] 조선 승려 중에 선을 하는 자가 10분의 2, 3 정도를 차지하고, 교를 하는 자가 10분의 7, 8 정도를 차지한다. 어느 쪽이든 다 태고 보우선사를 종조宗祖로 삼는다. 그렇다면 태고는 선종 승려인가 아니면 교종 승려인가.
선종과 교종 900개 사찰의 8,000명 승려가 누구나 벽계·벽송·부용芙蓉·청허·부휴浮休처럼 선과 교를 겸수兼修해서 교를 통해 선의 종지를 밝히고, 교를 버리고 선으로 들어갔다면 '선교 양종禪教 兩宗'이라는 개념을 써도 무방하겠고, 태고의 법손임에 부끄러움이 없을 것이다.[52]

나옹화상의 법손法孫[53]

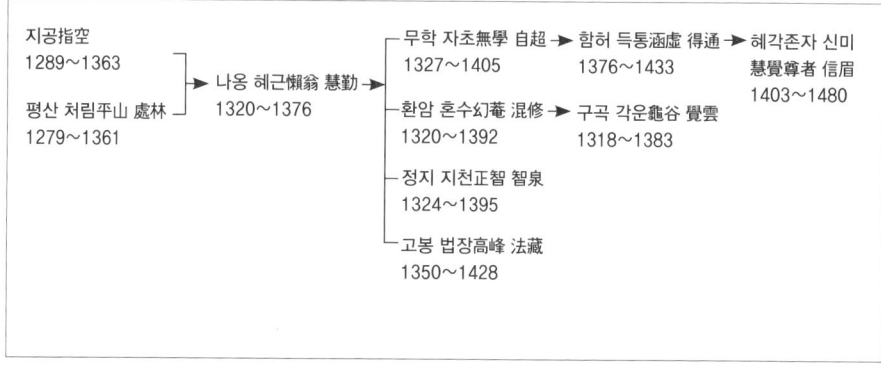

2 꽃피는 훈민정음

세종과 훈민정음

말이 말 불러
말 없음을 당긴다
말 없는 세월
말 많은 세월을 떠난다

훈민정음 창제

신숙주, 훈민정음 창제 때 일본에 있었다

신숙주는 일본으로 가기 전 삼각산 진관사津寬寺에서 '사가독서'를 하고 있었다. 세종은 집현전을 설치한 뒤 젊고 총명한 선비를 모아 강학에 전념하도록 했다. 다른 업무에 치여 진척이 더딜 것을 염려, 휴가를 줘 절로 올려 보냈다. 비용 일체는 아낌없이 관에서 지원했다. 1426년세종 8 처음 이 제도가 생겼으나 지지부진이었다. 1442년세종 24 대제학 권제가 관장을 맡아 본 궤도에 올려놓았다. 이해 겨울에 진관사에서 사가독서에 참가한 젊은 학사는 하위지, 박팽년, 성삼문, 신숙주, 이개, 이석형이었다. 특히 신숙주와 박팽년, 성삼문은 성음학과 문자학 관련 서적을 탐독했고, 쉬는 틈에도 서로 격려하는 시를 남겼다.

신숙주·박팽년·성삼문이 집현전으로 들어온 시기는 약간 차이를 보인다. 신숙주는 스물 두 살 때인 1438년세종 20에 사마양시에 합격해 동시에 생원·진사가 되었다. 다음 해 을과에 제3인으로 등과했고, 1441년세종 23 가을 집현전 부수찬에 임명되었다. 성삼문은 열 여덟 살 때인 1435년세종 17 생원시, 1438년세종 20 식년 문과에 병과로 급제해 집현전 수찬으로 들어온 것은 1446년세종 28 9월이었다. 박팽년은 1434년세종 16 알성문과에 3등으로 급제한 뒤 다음 해 집현전 정자로 선임되어 있었다.

신숙주는 1443년세종 25 2월 21일 통신사通信使 변효문을 따라 서장관으로 일본에 갔다. 일을 마치고 귀국길에 올라 경산도 옥포에 도착했을 때는 10월 13일이었다.¹ 8개월의 먼 여정이었다. 신숙주는 돌아오는 길에 박다도博多島에 머물 때 진관사에서 집중적으로 독서에 열중하고 있던 인수仁叟 박팽년, 백옥伯玉 이석형, 중장仲章 하위지, 근보謹甫 성삼문, 청보淸甫 이개에게 보내는 시 한 수를 지었다. 자신의 자[泛翁 : 배타는 늙은이]와 이름[叔舟 : 젊은 배]에 일본행이 이미 예정되어 있었다는 듯 여유가 있었다.

타국에 떠돈 지 어느 덧 반 해 훌쩍 지나	半歲天涯已倦遊
마음은 밤낮 돌아갈 고국 산천.	歸心日夕故山秋
등불 밝혀 글 읽던 산 속의 벗들	山中舊友靑燈夜
한가한 때 바다로 떠난 배를 말하겠지	閒話應憐海外舟
동서로 떠돌며 절로 길 위에 있으니	一任東西自在遊
푸른 물결 먼 바다에 내리는 가을.	滄溟萬里海天秋
생각해 보면 길은 이미 정해져 있는 듯	飜思有命應先定
글자로는 배타는 늙은 이, 이름은 젊은 배	字是泛翁名叔舟²

10월 19일 집현전 부사직 신숙주가 경복궁 사정전에서 귀국 보고를 올렸다.³

1443년세종 25 12월에 발표된 훈민정음 창제를 알리는 기사에는 참여한 학자의 명단은 남아 있지 않다. 3년 동안 심혈을 기울여 『훈민정음』 해례본을 간행했을 때 연구한 학자들이 일부 언급되어 있었다.

1443년 12월 30일, 훈민정음 창제 발표

※ 화보1-1 　세종이 훈민정음의 존재를 제일 먼저 알린 것은 1443년세종 25 12월 30일. 한 해를 정리하고, 덕담을 나누며 한껏 새해맞이 준비에 들떠 있을 때였다.

이 달에 임금께서 친히 언문諺文 28자를 만들었다. 그 글자는 옛 전자篆字

를 모방했다. 초성·중성·종성으로 나누었으나 합한 연후에 글자를 이루었다. 무릇 문자와 우리나라 말[俚語]을 모두 쓸 수 있다. 글자는 비록 간단명료하지만 전환이 무궁하다. 이것이 훈민정음訓民正音이다.[4]

『세종실록』에는 간단명료하고, 전환이 무궁한 글자가 캄캄한 그믐에 별똥이 떨어지듯 세종께서 친히 언문 28자를 만들었다고 기록하고 있다. 세종은 그믐에 전격적으로 훈민정음의 창제를 발표한 것일까. 그토록 신임하고 전폭적인 지원을 아끼지 않았던 집현전 학자의 이름은 이날 기사에는 단 한 명도 밝히지 않았다. 창제 발표 이후 3년의 세월을 갈고 다듬은 것은 또 어떻게 생각해야 하는가. 어느 날, 문득, 꿈에 본 듯 문자가 떨어져 내려오는가.

훈민정음 창제와 연관된 이야기는 물밑으로 들어가 보이지 않는다. 세종의 훈민정음 창제의 발표는 온 조정을 뒤흔들어 놓기에 충분한 사건이었다. 집현전 직제학으로 있던 정인지도, 최만리도 발표를 듣고 알았다. 뭔가 세종께서 준비하고, 밀어붙이는 일이 있음을 느낌으로 알았지만 정작 그 일이 훈민정음의 창제와 연관된 줄은 알지 못했다. 3년 뒤 정인지는 훈민정음해례 서문에서 세종의 창작이라고 밝혔지만, 세종이 전 세계 문자의 역사에서 유래를 찾아볼 수 없는 훈민정음을 하루아침에 만들 수 없는 일이었다. 최만리의 상소문에는 세자[문종]가 창제 작업에 깊게 관여한 사실만 언급되어 있다.

정음청, 훈민정음 관련 부서

세종은 한어 자음의 연구를 통해 조선의 한자음을 바로잡고, 통일해야 할 필요성을 느꼈다. 당시 중시되던 『고금운회거요古今韻會擧要』의 수록자에 새로 만든 훈민정음으로 주음注音을 달아 최상의 한자음 체계를 백성에게 보급하기 위한 사업에 들어갔다.

1444년세종 26 2월 16일 집현전 교리 최항을 수장으로 삼고 부교리 박팽년, 부수찬 신숙주·이선로·이개, 돈녕부 주부 강희안에게 의사청議事廳

에서 『운회韻會』를 번역하라고 명했다. 동궁과 더불어 진양대군수양대군과 안평대군이 관장을 맡아 처음부터 일이 끝날 때까지 세종의 재가를 받았다. 번역에 드는 비용은 아낌없이 지원했다.[5] 그러나 중국 본토 자음이 전승되어 오던 조선의 한자음과 체계가 달라 진척이 더뎠다.

> # 1. 세종께서 여러 나라가 각기 글자를 제정해 자기 나라 언어로 기록하고 있는데 우리나라만 글자가 없으므로 자모字母 28자를 제정, 이름을 언문諺文이라 했다. 그런 다음 서국書局을 대궐 안에 설치, 문신文臣을 가려 뽑아 찬정撰定하게 했다. 신숙주가 홀로 내전에 출입하며 친히 성지聖旨를 받들어 오음五音의 맑고 탁한 분별과 뉴紐 자의 소리가 어울리는 법을 정했다. 여러 유사儒士는 그에 따라 일을 할 뿐이었다.[6]

> # 2. 세종께서 언문청諺文廳을 설치, 신숙주·성삼문 등에게 명하여 언문諺文을 만들었다. 처음에 초종성初終聲 8자八字, 초성 8자, 중성이 12자였다. 그 글꼴은 범자梵字를 본받아 만들어졌다. 우리나라와 다른 나라의 어문문자語文文字로써 표기치 못하는 것도 모두 막힘없이 기록할 수 있었다. […] 비록 무지한 부인이라도 똑똑하게 깨닫지 못함이 없게 하셨다. 성인聖人이 물건을 창조하는 슬기로움이야말로 범인의 힘으로 미칠 바가 아니다.[7]

한편 세종은 훈민정음 전담 부서인 언문청과 책방冊房을 신설하고 인쇄 기술자와 책을 꾸미는 서원 등의 장인을 배치했다. 궁 안에서 훈민정음 관련 책자를 신속하게 찍어내기 위해서였다.

최만리 등 훈민정음 사용 반대 상소

연말의 어수선한 틈을 타고 집현전 학사들과 논의하지 않고, 전격적으로 훈민정음의 창제를 발표해 버린 사실에 대소신료는 경악을 금치 못했다. 의정부와 승정원, 집현전에서는 세종의 조치를 달갑게 여기지 않고 있었다.

집현전 부제학 최만리는 즉각 반박하지 않고 훈민정음 창제와 관련된 정보를 모으기 시작했다. 동궁과 진양·안평대군 등이 참여한 사실이 그물에 걸렸다. 최만리는 박팽년, 신숙주, 성삼문 등 하급관리의 중용도 마음에 걸렸다. 집현전의 수장인 자신을 비롯해 여러 신하와 한 마디 상의도 없이 새로운 문자를 만들고, 운서를 번역하고 있는 세종의 독단에 제동을 걸 필요가 있었다.

2월 20일 최만리 등이 한 달 보름 동안 공들인 끝에 상소문을 올렸다. 집현전 직제학종3품 신석조, 직전정4품 김문, 응교종4품 정창손, 부교리종5품 하위지, 부수찬종6품 송처검, 저작랑정8품 조근이 연명으로 상소에 뜻을 보탰다. 상소문은 고심의 흔적이 역력했다. 맹렬한 원칙주의자다운 명문장이었다. ※ 화보2

> 신들이 엎드려 뵈옵건대 언문의 제작은 대단히 신묘해 사물의 이치를 알아서 밝히고, 슬기롭게 행하는 일이 아득한 옛것으로부터 나왔음을 알겠습니다. 그러나 좁은 소견으로는 아직도 의심할 점이 있습니다. 감히 근심되는 바를 아래와 같이 적어 삼가 상소하오니 성상의 결재를 바랍니다.[8]

'훈민정음 창제 반대 상소문'으로 널리 알려진 상소문의 제1항은 한자의 구성 원리와 어긋나는 표음문자인 언문을 창제하는 것은 중국에 대한 '지성사대至誠事大'의 정신에 어긋난다는 것으로 시작됐다.[9]

> 우리나라는 조종 이래로 지성껏 중국을 섬기며 오로지 그 제도를 따라왔습니다. 그런데 이제 중국과 궤를 같이하려는 때 언문을 창작하면 이 일을 보고 들은 사람이 이상하게 여길 것입니다. 의심에 대한 대답으로 "언문은 모두 옛 글자를 바탕으로 한 것이지 새로 만든 글자가 아니다."라고 한다면 곧 글자의 꼴은 비록 옛날의 고전古篆 글자와 비슷하지만, 소리로써 글자를 합하는 것은 모두 옛 것에 어긋나며, 근거가 없습니다. 때문에 언문을 만든 사연이 중국에 알려져 이 일이 그르다는 말이 나오면 중국을 진심으로 섬기는 일에 있어 정말 부끄럽지 않겠습니까.[10]

제2항에서는 중국 주변의 이적夷狄인 몽골·서하·여진·일본·서번이 만든

일과 마찬가지로 고유문자를 만들어 중국을 버리고 이적과 같이 되는 것은 옳지 못하다고 지적했다.

> 예로부터 9개 지역으로 나뉜 중국 안에서 기후나 지리가 비록 다르더라도 아직 방언으로 인해 따로 글자를 만든 일이 없습니다. 오직 몽골·서하·여진·일본·서번티베트과 같은 무리만이 각각 제 글자를 가지고 있습니다. 이는 모두 오랑캐의 일이어서 말할 가치도 없습니다. 고전에 의하면 "중국 하나라의 영향을 입어서 오랑캐가 변했다는 이야기는 있어도 오랑캐의 영향을 입어 중국이 변했다."는 이야기는 듣지 못했습니다. 역대 중국이 모두 우리나라가 기자의 유풍을 가지고 있고, 문물제도가 중국과 견줄 만하다고 했습니다. 그런데 지금 언문을 만들어 중국을 버리고 스스로 오랑캐와 같아지면 소합향을 버리고 쇠똥구리의 환약을 취함과 무엇이 다르겠습니까. 문명에 큰 누를 끼치는 일입니다.[11]

제3항에서는 신라 이후로 이두를 써 오고 있었으나 아무런 불편이 없었고, 오히려 이두 사용이 학문 발전에 도움을 주었는데, 이제부터 언문만으로 관리가 될 수 있다면 한자 공부에 힘쓰지 않아 성리학 연구가 쇠퇴할 것이라고 주장했다.

> 신라의 설총이 만든 이두가 비록 거칠고 촌스럽지만, 모두 중국에서 쓰는 글자를 빌려서 어조사로 쓰기 때문에 한자와 애초 아무 상관없이 떨어져 있지 않습니다. 서리나 하인의 무리까지도 꼭 이를 익히려고 한다면 먼저 한문책 몇 권을 익혀서 한자를 약간 안 다음에 곧 이두를 쓰니, 이두를 쓰는 자는 한자를 의지해야만 뜻을 달 수 있습니다. 이두로 인해서 한자를 알게 되는 사람이 자못 많아 역시 학문을 증진시키는 데 도움이 됩니다. 만일 우리나라가 본디 글자를 몰라 결승 문자를 쓰는 시대와 같다면 아직 언문을 빌려서 잠시의 변통으로 삼음은 오히려 옳습니다. 이 경우라 하더라도 옳은 의견을 가진 사람은 반드시 저 언문을 써서 잠시 변통하기보다는 차라리 천천히 중국에서 쓰는 글자를 써서 장기적인 계획을 삼는 것만 같지 못하다고 생각됩니다.
> 이두는 수천 년 동안 관청의 문서 기록, 약속과 계약 등으로 쓰여서 아무 탈이 없습니다. 그런데 어찌 예로부터 써온 폐단이 없는 글자를 고쳐서 따

로 '야비하고 상스러운 무익한 글자'를 만드십니까. 만일 언문이 통용되면 관리가 될 사람이 오로지 언문만 배우고 학문을 돌보지 않게 되고, 한자와 관리가 갈리어 둘이 될 것입니다. 진실로 관리된 자가 언문만으로 모든 일을 하고 벼슬길이 이루어질 수 있다면 뒷사람이 모두 이와 같이 됨을 보고 27자의 언문만으로도 이 세상에서 입신하기에 족하다고 할 것이니, 무엇 때문에 애써 고심하고 마음을 써서 성리의 학문을 닦겠습니까. 이렇게 나가면 수십 년 뒤에는 한자를 아는 사람이 반드시 적어지고, 언문으로 관공서 일을 수행할 수 있다고 해도 성현의 한자를 알지 못하면 배우지 않아 담에 얼굴을 댄 것 같아서 사리의 시비를 가리기에 어둡고 언문에만 공을 들일 것이니 장차 어디에 쓰겠습니까.

조선이 덕을 쌓고 어진 정치를 베풀어 문을 숭상해 온 교화가 점점 깨끗이 없어져 버리지 않을까 두렵습니다. 앞서 쓰여 온 이두가 비록 한자에서 벗어나지 않는데도 유식자들은 아직도 이를 천한 것으로 쳐서 이문으로써 이를 바꾸려고 합니다. 언문은 한자와 조금도 관련이 없으며 오로지 시장 거리의 속된 말에서만 쓰이고 있습니다. 만약 언문이 전조부터 있어 온 것이라 하더라도 오늘날 문명의 정치와 노魯를 변해 도에 이르려 일신하는 때 "아직도 언문 같은 좋지 않은 관습을 이어 받아야 합니까." 하며 반드시 이를 바로잡겠다고 논의할 사람이 있을 것이니 이는 뚜렷이 알 수 있는 이치입니다. 옛 것을 싫어하고 새 것을 좋아함은 예나 이제나 다르지 않습니다. 언문은 다만 하나의 신기한 재주일 뿐이며, 학문을 위해서도 손해가 되고, 정치에도 이로움이 없습니다. 거듭 헤아려 보아도 그 옳음을 알 수 없습니다.[12]

제4항에서는 이두 기록으로는 형정이 제대로 되지 않고, 언문으로 기록해야만 형정이 제대로 된다고 하지만, 이것은 전적으로 행형자行刑者의 자질 여하에 달린 것이지 표기 문자의 차이에 달린 것은 아니라고 지적했다.

만약 형을 집행하고 죄인을 다스리는 말을 이두문자로 쓴다면 글의 내용을 알지 못하는 어리석은 백성이 한 글자의 차이로 억울함을 당하는 일이 생길 수 있습니다. 이제 언문으로 죄인의 말을 바로 써서 읽어 주고 듣게 한다면 매우 어리석은 사람일지라도 다 쉽게 알아들어서 억울함을 품을 사람이 없게 됩니다. 그렇다면 중국은 예로부터 언어와 글자가 같은데도 죄인을 다스리는 일과 소송 사건과 원통한 일이 매우 많았습니다. 우리나라로 말하면 옥에 갇힌 죄인 가운데 이두를 아는 사람이 있어서 자기가 공술한 내용을 직접 읽어보고, 그 내용이 사실과 다른 점을 발견하더라도 매를 이기지 못해 억울하게 승복하는 일이 많습니다. 이로 미루어 볼 때 공술한 글의 뜻을 몰라서 억울함을 당하는 것은 분명 아닙니다. 비록 언문을 쓴다고 해도 이와 무엇이 다르겠습니까. 죄인을 공정하게, 또는 공정치 않게 다스리는 일이 옥리의 자질 여하에 달려 있지, 말과 글이 일치하거나 일치하지 않거나에 달려 있지 않습니다. 언문으로 죄인을 공정하게 다루려고 한다면 신들은 그것이 타당한 일인지 알 수가 없습니다.[13]

제5항에서는 훈민정음 창제와 같은 중대한 일을 여론도 들어보지 않고 졸속으로 결정했고, 더욱이 운서의 수록자에 새로운 한자음을 언문으로 주음하여 서둘러 공포하려는 것은 잘못이라고 따졌다.

일을 이루고 공을 세움에 있어 속히 하는 것을 귀하게 여기지 않습니다. 그런데 국가에서 최근에 하는 일이 모두 빨리 서두르고 있으니 나라를 다스리는 근본에 어긋날까 두렵습니다. 만일에 언문을 부득이 만들어야 한다면, 이것은 풍속을 크게 바꾸는 일이므로 위로는 재상으로부터 아래로는 하급 관리와 백성에 이르기까지 의논했어야 마땅합니다. 나라 사람이 모두 옳다고 해도 오히려 사전에 간곡하게 알려주어야 하며 변경을 도모하여 다시 심사숙고하고, 역대 제왕의 도에 질정해서 어그러지지 않고, 중국에 상고해 보아도 부끄러움이 없으며 백세라도 성인을 기다려 의혹됨이 없는 연후라야 시행할 수 있는 것입니다.
그런데 지금은 널리 여론을 들어보지 않고 갑자기 하급 관리 10여 인에게 배우게 하며, 가볍게 옛 사람이 이미 이루어 놓은 운서를 고쳐서 황당한 언문을 붙이고 공장 수십 명을 모아서 이를 새기어 급하게 널리 세상에 공포하려고 하오니 이 일에 대한 온 천하와 후세 사람의 공론이 어떠하겠습니까. 또 이번 청주의 초수 행행에 있어 특별히 흉년을 염려해 호종 의식도 간략하게 하도록 힘써 그 전에 비해 열에 아홉으로 줄이고, 상감께 상주할 공무도 대신에게 위임하고 있습니다. 그런데 저 언문은 국가의 급한 돌발 사건도 아니고, 기일 내에 꼭 해야 될 일도 아닌데 어찌해 유독 행재소에 가서까지 이 일을 급히 서둘러 옥체를 조섭해야 할 때에 몸을 괴롭게 하십니까. 신들은 이 일이 타당한지 알 수가 없습니다.[14]

제6항에서는 성리학 연구에 몰두해야 할 세자문종가 무익한 언문 연구에 정신을 쏟고 있는 것은 옳지 못하다고 지적했다.

"모든 신기하고 보기 좋은 일이 학문하는 사람의 뜻을 빼앗는다고 하고, 편지 쓰기는 유학자에게 가장 가까운 일이나 오로지 그 일에 사로잡히면 역시 스스로 뜻을 잃게 된다."고 옛 유학자가 말했습니다. 세자가 비록 덕성이 함양됐다고 해도 아직은 마땅히 성학聖學에 깊이 마음을 써 모자라는 점을 더욱 닦아야 합니다. 언문이 비록 유익한 것이라 해도 다만 선비의 육예六藝의 하나일 뿐입니다. 더욱이 도를 닦는 데에는 조금도 득이 없습니다. 이 일에 정신을 쓰고 마음을 쓰며, 날마다 시간을 허비한다면 실로 지금의 상황에서는 힘써 학문을 닦는 데 손해가 됩니다. 신들은 모두 보잘 것 없는 글재주를 가지고 상감을 뫼시고 있는 죄가 큽니다. 마음에 품은 바를 감히 담고 있을 수 없어 삼가 가슴에 있는 말씀을 올려 상감의 성총을 흐리게 했습니다.[15]

집현전의 부제학정3품 최만리가 비밀리에 만든 훈민정음에 대해 반대하는 상소문을 작성할 때는 '언문 27자'였다. 그런데 1446년세종 28년 9월 상달음력에 기록한 정인지의 서문에는 '언문 28자'로 바뀌어 있다. 여린 히읗ㆆ이 빠져 있다. 고 이동림 교수동국대는 이 상소문에 주목, '27자설'을 제기했다.[16]

최만리 등이 훈민정음을 공공연하게 반대하고 나온 것은 역설적으로 집현전의 핵심 학사가 창제 과정에 참여하지 않았다는 반증이었다.

세종께서 처음으로 언문을 만드셨다. 신묘한 생각과 깊은 지혜는 백왕 중에 으뜸이다. 집현전의 모든 학자가 합사해서 불가하다는 상소를 올려 극론極論했다. 그러나 세종은 신숙주·최항 등에게 이 일을 감장하게 해서 훈민정음으로 『동국정운東國正韻』 등의 책을 간행, 우리나라 어음을 바로잡았다. 비록 방대한 규모의 일이지만, 모두 임금의 재가를 받았다. 최항이 이 일에 참여, 협찬했다.[17]

세종, "너희들이 운서·사성·칠음을 아느냐"

세종의 예상대로 최만리 등의 훈민정음 사용 반대 상소는 빠르게 올라왔다. 상소문을 꼼꼼하게 읽어본 뒤 연명한 이들까지 모두 불렀다. 세종이 최만리 등을 매몰차게 몰아붙였다.

- 너희가 말하기를 음을 써 글자를 합하는 것이 모두 옛 것에 어긋나는 일이라고 했다. 설총의 이두도 역시 음을 달리하고 있고, 이두를 만든 근본 취지 또한 백성을 편안하게 하자는 것이었다. 지금의 언문 역시 백성을 편안케 함이 아니냐. 너희는 설총이 한 일은 옳다고 하고, 임금인 내가 한 일은 옳지 않다고 하는 것은 무슨 까닭이냐. 또 너희가 정말 운서를 아느냐. 사성과 7음을 알며, 자모가 몇인지 아느냐. 만일 내가 저 운서를 바로잡지 않는다면, 그 누가 이것을 바로잡겠는가. "새롭고 신기한 하나의 재주다"고 상소에서 말했다. 내가 늙어가며 소일하기가 어려워 책으로 벗을 삼고 있을 뿐이다. 어찌 옛 것을 싫어하고 새 것을 좋아해서 이 일을 하고 있겠는가. 또 있다. 사냥하는 일과는 다를 터인데, 너희의 말은 자못 지나치다. 내가 나이 들어 국가의 서무는 세자가 도맡아서 비록 작은 일이라도 마땅히 참여해 결정하고 있다. 언문은 말해 무엇하느냐고 했다. 만약 세자에게 늘 동궁에만 있도록 한다면 환관이 일을 대신 하겠는가. 너희는 나를 가까이 모시고 있는 신하로서 내 뜻을 분명히 알고 있을 터인데도 이런 말을 하니 옳은 일이라고 할 수 있겠느냐. 말을 해보라.

동궁의 서연書筵을 맡아 훈육에 힘쓴 적이 있는 우빈객이기도 했던 최만리가 대답했다.

- 설총의 이두가 비록 한자와 다른 음이 있다 해도 한자의 음과 새김을 써서 어조사로 쓰이는 이두와 한자가 근본적으로 다르지 않습니다. 그런데 지금의 언문은 여러 글자를 합하고, 또 나란히 쓰고 있지만 그 음과 새김을 변하게 하고 글자 모양도 아닙니다. 신기한 하나의 재주라고 말씀 올린 것은 특히 문맥을 꾸려 나가는 힘에서 나왔지 다른 뜻은 없습니

다. 동궁은 공무라면 비록 작은 일이라도 참여하고 결재해야 합니다. 만일 급한 일이 아니라면 무엇 때문에 온 종일 마음을 써야 하겠습니까.

최만리는 세종의 성정을 누구보다 정확하게 읽고 있었다. 그 또한 집현전에서 헛 밥을 먹으며 대제학으로 있지 않았다. 다만 '생각의 길'이 어긋났을 뿐이었다. 『황극경세서皇極經世書』 등 운서에 대한 연구는 최만리도 하고 있었다. 동궁의 업무 분장만으로 논리를 좁히는 것이 이 상황에서의 최선이었다.

그런데 옆에 있던 정창손이 결정적으로 훈민정음 창제의 근간을 뿌리채 뒤흔들며 세종의 심기를 건드렸다.

- 『삼강행실도三綱行實圖』[18]를 반포한 뒤에 충신·효자·열녀가 계속해서 나왔다는 말을 듣지 못했습니다. 행하고 행하지 않음은 사람의 됨됨이가 어떠하냐에 달려 있을 뿐입니다. 하필 언문으로 번역한 뒤에야 모두 이 책의 내용을 본받겠습니까.

세종은 시류에 따라 말을 바꾸고 있는 작태를 용서할 수 없다는 듯 정창손을 노려보며 힐문했다.

- 『삼강행실도』를 간행할 때는 가만히 있다가 지금 언문으로 번역해 백성에게 고루 나눠주려 하는데 말을 바꾸는가.

정창손은 아무 말 없이 앉아 있었다. 세종은 김문을 뚫어지게 쳐다보며 말했다.

- 훈민정음 창제 발표 전에 경은 꼭 해야 할 일이라고 동조했다. 그런데 이제는 안 된다고 반대하는가. 있을 수 없는 일이다. 어찌 사리에 밝은 선비가 꺼낼 수 있는 말인가. 쓸모없는 속된 선비들 같으니라고. 내가 경을 애당초 벌주려고 부르지 않았다. 상소문 중에 몇 마디 물어보려고 했을 뿐이다. 그런데 사리를 돌보지 않고 말을 바꿔 대답하니 죄를 벗어나기 힘들 것이다.

세종은 뒤도 돌아보지 않고 최만리·신석조·김문·정창손·하위지·송처검·조근을 의금부에 송치했다. 분을 삭인 뒤 다음날 풀어주었지만 정창손은 파직시켰고, 김문은 앞과 뒤의 말을 바꾸어 상주한 까닭에 다시 심문해 아뢰라고 했다.

2월 21일 의금부에서 김문의 죄는 '왕의 직접적인 고문 자리에 있으며 대제상서를 진실되게 하지 않고 거짓되게 하는 일[對制上書詐不以實]'에 해당되어 장형 100대, 도역徒役 3년에 처해야 한다고 아뢰었다. 세종은 도역은 감하고, 장형은 형벌 대신에 속바치게 했다.[19]

당시 『대명률직해』에는 장형 100대를 속바치려면 닷새에 베 30필을 바쳐야 장형이 감면되도록 규정되어 있었다. 김문은 말 한 마디 잘못 꺼내어 큰 곤욕을 치러야 했다. 정4품인 집현전 직전에게 장형은 가혹한 형벌이다. 1년에 받는 녹봉은 쌀 10섬, 현미 20섬, 벼 2섬, 정포 13필이었다. 정포 1필은 콩 10말, 쌀 5말이 시세였다.

담장을 쌓아 올리듯 세종은 젊고, 유능한 인재를 찾아내 집현전에 배치하고 철저하게 훈육했다. 1420년세종 2 3월 16일 집현전이 처음 설치되었을 때의 정원은 10명이었다. 1426년세종 8에 16명, 1435년세종 17 초에 22명, 7월에 32명으로 늘었다. 1436년세종 18 이후에는 20명이었다. 집현전에서 최만리와 정인지는 마주 보고 달리는 말과 같았다. 눈에 보이지 않는 치열한 경쟁이 있었다. 훈민정음 창제 발표 이후 집현전 학자 또한 두 갈래로 확연하게 갈라섰다.

훈민정음 보강을 위한 1차 초수 행행

1444년세종 26 1월 27일 청주의 촌로가 안질과 피부병에 특효가 있다며 초수椒水를 통에 담아 올라왔다. 세종은 노인에게 목면 10필을 하사한 뒤 내섬시윤 김흔지를 보내 행궁을 조성할 터가 있는지 확인해 오라고 명했다.[20]

땅을 파고, 돋우지 않아도 될 정도로 터는 넓고 안온했다. 초수의 물줄기는 길었고, 멀리 흘렀다. 골짜기가 활짝 열려 있어 군사가 호위하기에 적격이었다. 김흔지가 복명하고 한 달 뒤 초수행궁이 완공됐다.

2월 하순 경으로 세종의 안질 치료를 위한 행행의 일정이 잡혔다. 흉년이었으므로 격식을 최대한 간편하게 하라고 명했다.[21]

2월 28일 세종은 안질 치료를 위해 왕비와 동궁, 안평대군과 함께 서울을 출발했다. 핵심 문무신료만 합류했다. 경복궁은 진양대군에게 지키게 했다.

2월 29일 양지현 남쪽 들판에 머물렀다.[22]

2월 30일 죽산현 천민천 가에 머물렀다. 충청도 도사都事 한질이 와서 문안드렸다. 세종이 말했다.

- 이번 초수 행차는 간편한 것을 따르려 했다. 충청도 도사가 지경을 넘어 왔으므로 번거로운 폐단이 없지 않다. 다음부터는 삼가라.[23]

3월 1일 진천현 북평천北平川에서 머물렀다. 3월 2일 어가가 초수행궁에 닿았다.[24]

세종은 강무에는 별로 관심을 보이지 않았다. 자연 궁궐에 머무는 시간이 대부분이었다. 세종의 책읽기는 잠저에 있을 때부터 집요함을 넘어서고 있었다. 임금이 된 뒤에도 이른 새벽에 정무를 본 다음 경연에서의 강론을 거르지 않았다. 밤늦도록 책을 읽었다. 태상왕으로 물러나 있던 태종이 걱정하며 멈추라고 명했다.

- 선비는 이같이 과거를 준비해야겠지만 어찌 임금이 몸 상하는 줄 모르고 책을 읽느냐.

세종은 육식을 좋아해 20대 초반부터 비대한 편이었다. 20대 후반에는 소갈증 증세를 보였다. 또한 정신적 과로로 인한 두통과 이질痢疾을 여러 날 앓은 후 얼굴빛이 검어질 정도로 병세가 심해져 밖에서 관곽棺槨을 짜기도 했고, 흰 머리가 늘었다. 서른다섯 살 때는 목마른 증상이 이어졌고, 소갈을 앓아 하루에 한 동이 이상의 물을 마셨다. 당뇨병이었다.[25]

세종이 안질을 앓은 것은 30대 중반부터였다. 두 눈이 흐릿하고 깔깔하며 아파서 음침하고 어두운 곳을 다닐 때 지팡이를 써야 했고, 왼쪽 눈은 안막을 가릴 지경이었다. 엄청난 독서로 인한 당뇨병성 백내장이었다. 세자도 안질이 있었다.

세종이 불편한 몸을 일으켜 지방의 궁벽한 행궁생활을 받아들인 이면에는 제대로 훈민정음을 담금질하기 위해서였다. 최만리에 의해 훈민정음의 골격을 잡는 일이 일부 밖에 알려지기는 했지만, 한번 작정한 일을 머뭇거리며 뒤로 돌릴 수 없었다.

『주역』의 세계를 한순간에 뛰어넘는 문자의 완성을 봐야 직성이 풀릴 것 같았다. 왼쪽 눈이 거의 실명에 이르렀다고 해도 이번 기회를 놓치면 영영 마무리 할 수 없을지도 모른다는 불안감이 초수행을 서둘게 했다. 초수행궁은 훈민정음의 골격을 잡아나가는 데 최적의 터로 바뀌어 있었다.

세종은 하루 세 번 탕정에 들어 아리게 파고드는 초수에 몸을 담갔다. 물은 몸에 맞았고, 눈이 맑아졌고, 마음 또한 한결 가벼워졌다.

세종은 안평대군을 보내 속리산 복천사에 머물고 있던 신미를 초수행궁으로 불렀다. 초수 행행에 앞서 일정을 알려둔 터였다. 저녁 수라를 마친 세종은 미복 차림이었다. 세자문종가 신미를 반갑게 맞았다. 신미는 훈민정음의 골격을 완성하기 위해서는 무엇보다 모음과 자음의 체계를 정확하게 세워야 한다고 말머리를 잡은 뒤 아뢰었다.

- 모음은 허파에서 올라오는 공기의 흐름을 구강 내에서 방해하지 않으면서 소리를 내는 것입니다. 자음은 방해함으로써 소리가 생기는 것입니다. 범패를 잘 하는 소리하는 승려를 모아 몇 날을 두고 확인했지만, 아직 만족할 만한 수준에는 이르지 못했습니다. 모음으로 취급할 수 없는 소리는 그 배치에 대해 더 궁구해야 합니다. 종소리가 울려 퍼지듯 사람의 소리도 공기 속에서 울려 퍼지는 것이 일정하지 않습니다. 분명한 원칙이 정해져야 할 사항입니다.

세종이 말했다.

- 흐르는 물은 썩지 않고, 여닫는 문의 돌쩌귀는 좀이 먹지 않는다. 언어

도 이와 다를 바가 없다. 거듭 쓰고, 다듬어야 세상이 썩지 않고 제 자리를 찾아갈 수 있다. 보완할 사항이 아직 많다.

3월 6일 우의정 신개가 신료와 함께 행궁에서 칭하의 말씀을 올렸다.

- 이제 이 초수의 냄새와 맛이 옛 글에 실린 것과 비슷하니 기쁘기 이를 데 없습니다.
- 이 물이 과연 예천과 비슷하나 지리지를 상고한즉 청주에 초자소가 있다고 했다. 이 물이 이번에 처음 나온 것은 아니다. 외방에서 들으면 반드시 하례하러 올 것이다. 들이지 말게 하라.[26]

3월 11일 예조판서 김종서가 행궁에 나가 안부를 여쭙고 술과 과실을 올렸다. 호종하는 신하에게 나누어 주었다.[27]

4월 10일 세종의 탄신일이었다. 호종한 모든 신하가 축하했다. 예로 바치던 안장 갖춘 말과 옷감 올리는 것을 없애도록 했다. 이날 판중추원사 성달생이 69세를 일기로 갑자기 죽었다. 세종이 심히 애도하고 조회를 정지했다. 예를 갖추어 염하고 빈소를 차리게 한 뒤 유사에 전교했다.

- 국가의 대신이니 은례恩禮가 마땅히 후해야 할 것이다. 치상治喪은 하나도 빠뜨리지 말고 치밀하게 치러 자손에게 유감이 없게 하라.

이미 소렴을 마쳤다. 세종이 물었다.

- 반함飯含: 염습殮襲할 때 죽은 사람의 입 속에 구슬과 쌀을 물리는 일을 했느냐.

유사가 창졸간에 빠뜨렸다. 세종이 꾸짖고 내탕고의 보패를 내려 물린 다음, 조문하고 부의를 내렸다. 관청에서 장사를 치르고 시호를 '양혜襄惠'라고 했다.[28]

복사꽃 날리는 초수행궁과 훈민정음

4월 22일 좌찬성 하연이 부賦로 예천시醴泉詩를 지어 하례했다. 안평대군과 호종한 신하가 화답했다.[29] 김종서가 초자수의 발견은 정관의 치貞觀之治: 당 태종은 협서陝西 인유麟游 구성궁九成宮으로 피서를 갔다가 샘물을 발견했다. 맛이 달아서 예천이라고 했다. 위징에게 명銘을 지으라 하고 돌을 깎아 비식을 세웠다.를 이룬 당 태종이 샘물 예천을 찾은 것에 견줄만하다고 하례를 올렸다.[30] 세종은 극구 일을 크게 벌이지 말라고 했다.
안평대군과 신숙주·박팽년·하연·이석형·최항·이개·황수신·이사철 등이 하례시를 올렸다. 신숙주는 당 태종의 고사를 인용했다.

사녀들 구름 뚫고 장쾌하게 하늘 바라보고	士女披雲快覩天
봄바람에 드높은 깃발 나부끼네	春風高拂旆旌懸
구성의 자혈滋穴, 헛된 일 아니었네	九成滋穴非虛事
서원西原에서도 예부터 샘이 있었다는 소식	共道西原已有泉

신선의 땅 별천지임을 홀연히 깨달으니	斗覺仙區別有天
해와 달도 세상에 걸린 것 아니다	羲娥不是世間懸
신선의 술잔에 달콤한 술, 요지에서 마시나니	霞觴瓊液瑤池飮
향기롭고 달콤함은 한 잔의 샘물 같다	爭似香甘一掬泉[31]

집현전 부교리 박팽년은 신숙주보다 한발 더 나갔다. 세종의 치적이 당 나라 태종에 못지않은 '성대聖代'라는 평가를 전면에 내세웠다. 이상적인 정치를 베푸는 시대를 자신도 함께 하고 있다는 자부심이었다.

성대에는 하늘을 좋아한다 말할 필요도 없네	聖代誰看愛道天
신령스런 근원은 출렁이며 은하수 쏟아지듯	靈源袞袞似河懸
넘치는 은택 베풀 때는 고르게 해야 하는 법	導宣沛澤須均惠
삼한을 두루 순임금의 샘물에 취하게 하리라	遍使三韓醉舜泉

드높은 성덕 위로는 하늘에 부합하고	聖德巍巍上合天
우리 백성 해진 옷 입은 것 보지 못했네	吾民不見衣鶉懸
그때 상서로운 광경 이보다 더하지 않았을 터	當時景瑞無過此
산 아래 샘물 구라만 담글 수 있는 것 아니네	不獨漚蘿山下泉[32]

10년 동안 궁중에서 보낸 세월	十年身在禁中天
오로지 임금 위한 일편단심 뿐	只有丹心魏闕懸
서쪽 바라보니 눈앞에 이는 흰 구름,	西望白雲生眼底

양친 계신 마을로 가고 싶은 마음 임천을 감도네　　　不堪歸興遶林泉[33]

행궁에 봄비가 내렸다. 눈앞에 보이는 산을 다 그릴 수 없을 정도로 안개가 자욱했다. 저녁밥 먹고 돌아섰을 때 먼 산이 한 눈에 들어 왔다. 마을에 복사꽃이 지천으로 피어 있었다. 신숙주는 동료에게 고향을 그리는 시를 남겼다.

　　　천리 밖 먼 구름 눈으로 흘려보내며　　　千里孤雲送眼長
　　　꿈에라도 돌아가 보고픈 서글픈 마음　　　夢歸來椊易凄凉
　　　아침 오면 함께 한 이들과 웃음 짓지만　　　朝來强與諸公咲
　　　마음에 사무치는 아득한 고향, 교하　　　一望交河暗斷腸
　　　행궁에 내리는 늦은 봄비 맑고 깨끗해　　　行宮春晚雨初晴
　　　그리기 어려운 산천 눈에 어린다　　　入眼山川畫不成
　　　저녁 먹고 먼 산 바라보니　　　退食有時回遠眺
　　　초수 마을에 피어나는 맑은 복사꽃　　　隔村桃李放新淸[34]

가물가물 뒷산에서 번져오는 복사꽃 향기에 달무리가 겹쳤다. 여인의 향취가 날리고 있었다. 세종은 탕정에서 나온 지 얼마 되지 않아서인지 후끈 몸이 달아올랐다. 중궁의 처소로 발걸음을 옮겼다. 움직이지 않는 꽃과 움직이는 꽃의 가운데를 밟아보고, 맛보고 싶었다. 달밤과 어울린 뜨락이 꽃과 바람에 하얗게 젖고 있었다.

오늘 밤에는 듣는 귀에 보는 귀가 거슬리지 않을 것 같았다. 중궁은 조선의 내일을 열어가기 위해 하루도 쉬지 않고 달려온 세종을 품에 안았다. 오랜만에 머리 맑은 고단한 천재는 출렁이며 감겨들었다. 후추 향이 도는 산골물소리가 너럭바위를 휘감아 나가고 있었다.

5월 1일 햇무리가 있었다. 지름길을 논과 밭을 뭉개 만들었기 때문에 종자를 뿌릴 수 없었다. 세종은 논 한 짐負 : 1/100결마다 쌀 5말, 밭 한 짐마다 콩 5말을 주라고 병조에 지시한 뒤 청주향교에 성리학대전과 경서를 내려주었다. 충청도 관찰사 김조에게 안장 갖춘 말 1필, 도사 한질에

게 옷 두 벌, 청주목사 박효함·판관 김양에게 각각 옷 한 벌씩 하사했다.³⁵
5월 3일 어가의 행렬이 초수행궁을 떠나 서울로 길머리를 잡았다. 날씨가 더웠다. 호위 군졸의 갑옷이 무겁고 고단해 보였다. 모두 벗으라고 명했다. 진천의 북교北郊에 머물렀다. 4일 죽산현竹山縣 대민천변大民川邊, 5일 양지현陽智縣, 6일 낙생역樂生驛 앞들에 머물렀다. 5월 7일 세종의 어가가 경복궁에 닿았다.³⁶

세종은 백성의 마음을 따라간 제왕이었다. 훈민정음 창제의 모든 공과를 스스로 짊어지고 나왔다. 절묘한 착상을 하루아침에 찾기에는 너무 아득했고, 자칫 공상에 그칠 가능성이 농후했다. 손에 잡히지 않고, 보이지 않았던 문자를 만드는데 성공했어도 실제 생활에서 쓰고 활용의 폭을 확인해 봐야 할 일이었다.

세종은 조선의 민초가 바라고 원하는 일이라면 결코 서둘지 않았고, 주도면밀하게 계획을 세워 최적의 인재를 배치시켜 최상의 결과물을 만들어냈다.

피를 부르고, 살을 찢는 아픔 속에서 나라를 열고, 앉지도 서지도 못한 채 새벽을 맞고 밤을 연 태조와 태종의 삶을 세종은 말없이 바라보고 있었다. 사람이 서지 않는 한 나라도 바로 서지 않는다는 것을 태종을 통해 너무 일찍 알아버렸다. 칼은 피를 부르지만, 들판의 모는 생명을 부르고 있었다. 한여름으로 접어든 날씨는 눅눅하기 짝이 없었다.

6월 21일 세종은 최만리의 상소에 연루되어 3년의 도형에 처해졌던 김문의 고신을 돌려주고, 정창손도 다시 집현전에 나와 일하라고 명했다.³⁷

세종의 안질은 조정 신료뿐 아니라 전 백성의 관심사였다. 초수리 행행을 통해 약간의 차도를 보았으나 완치는 되지 않고 있었다. 정부와 육조에서 한 번 더 행행을 청했고, 충청도 감사 김조도 거들고 나섰다. 겨울의 냉기가 도는 물은 차도가 없고, 온화한 기운이 도는 봄의 물이 눈병을 치료하는데 효험이 있다는 것이었다. 세종의 대답은 매번 같았다.

- 내가 다시 생각해 보겠다.

세종의 안질과 훈민정음 - 제2차 초수 행행

극심한 가뭄이 이어졌고, 태풍이 연일 전국을 강타했다. 논은 타들어가고, 바람은 사정없이 온 산하를 흔들었다. 도성 안의 쌀값이 치솟아 없어서 팔지 못할 지경이었다. 세종의 마음에도 마른 먼지가 일었다. 승정원에 초수 행행을 재검토하라고 일렀다. 세종은 앞서 초수리 행행을 통해 훈민정음의 골격을 잡았으므로 안질을 치료하기 위해 호종하는 대소신료를 번거롭게 하고 싶지 않았다. 원행遠行에 민폐를 끼칠 일만 걱정했다. 서울과 가까운 곳에서 온천과 초수가 나지 않는가에 대해서도 민감하게 반응했다. 찾을 수만 있다면 행행으로 인한 불편을 줄일 수 있었기 때문이었다.

바람도 잦아들었고, 정국은 안정되고 있었다. 7월 30일 영의정 황희가 우의정 신개, 좌찬성 하연과 함께 두 번째 초수행을 적극 권하고 나섰다.
- 전하의 병은 곧 온 나라 신민의 병입니다. 금년의 가뭄이 심하다고는 하나 청주 지역은 곡식이 잘 여물었습니다. 거둥하실 때 드는 비용은 다 경중京中의 물품을 실어가므로 백성에게 미칠 폐는 없습니다.
- 초수의 거둥은 내 한 몸을 위한 것이 아니다. 금년은 볏곡이 잘되지 않았으므로 백성에게 폐가 될까 염려해 정지했다. 경들이 거듭 청하니 오는 윤7월에 초수로 거둥하겠다. 미리 준비하라.[38]

가뭄으로 인해 전국의 논과 밭이 타들어가고 있었다. 세종은 초수 거둥 때 생고기를 올리지 말라고 했다. 경기관찰사 허후가 백성을 피곤하게 하지 않고도 사냥할 수 있는 곳이 많으므로 노루 한 마리만이라도 올리게 해달라고 간청했지만 윤허하지 않았다.[39]

윤7월 15일 세종이 중궁과 함께 초수로 거둥했다. 어가가 전관장箭串場, 살곶이다리에 닿았다. 경기관찰사 허후, 양주부사 이중이 영접했다. 낙생역 앞들에 머물렀다. 경상도 성주 등 열아홉 고을, 청주 등 열 네 고을에 지진이 있었다. 동궁이 헌릉의 별제를 대행했다.
16일 죽산현 대민천변, 17일 진천의 북교에서 머물렀다.

18일 어가가 초수행궁에 닿았다. 세종이 편한 옷차림으로 초수탕정에 들었다.
윤7월 28일 예문관 대제학 정인지가 행재소로 내려왔다. 전품田品의 개정을 세종께 보고했다.[40]
정인지는 집현전 대제학도 겸직하고 있었지만 초수행궁에서 진행된 훈민정음 연구에는 빠져 있었다.
궁궐을 지키고 있던 진양대군에게 금성대군이 임영과 자주 매사냥을 하고 있다는 첩보가 들어왔다. 불러서 다그치면 더 엇나갈까 염려해 금성에게 짧은 편지를 보내 타일렀다.[41]
세종은 초수의 물이 효험이 있었는지 눈이 한결 맑아졌다. 아침 탕목을 끝낸 뒤 시어소로 신숙주와 박팽년 등을 불러 훈민정음에 대해 강론했다. 미진했던 부분이 빠르게 보완되고 있었다.
저녁 수라를 들고 나서는 일체 외부와의 접촉을 끊었다. 마지막 탕목을 마치고 편한 옷으로 갈아입은 뒤 신미를 불러 들여 훈민정음의 보완에 대해 강론했다. 세자와 안평대군 외에는 신미가 온 사실을 알 길이 없었다. 집현전의 젊은 학자들이 정리한 연구에 신미의 의견을 더해 나갔다.
두 달 넘게 세종은 탕목을 계속하며 안질과 소갈병을 다스렸다. 중전 심씨는 다른 탕정에서 하루 한 차례 탕목을 했다. 나머지 시간은 내실에서 수라와 잠자리 등을 직접 챙겼다.
경복궁으로 환궁하겠다는 명을 내린 날 밤, 세종은 전라도에서 올라온 특품 도련지를 펼치고, 붓을 들었다. 유려한 해서체에 힘이 실려 있었다.
- 마음 밖에 법은 없다.[心外無法]
세자는 성리학 전서를 인간印刊하는 등 유학에 깊게 빠져 있던 부왕이 적은 글을 보면서도 믿을 수 없다는 표정이었다. 세종이 웃으며 말했다.
- 조선의 새벽을 연 태조대왕께서 늘 마음에 새겨둔 말씀이다. 백성과 함께 편안한 세상을 열려면 제왕의 마음에 얽매임이 없어야 한다. 신라의 밝고 환한 정신의 새벽을 열었던 원효元曉의 핵심사상이 의천에게 이

어졌고, 나옹 혜근이 받았다. 무학無學 자초가 그 뒤를 이었고, 함허당이 『현정론顯正論』을 통해 정리했다. 함허당이 평생을 궁구하여 깨달은 '무극無極이 법신法身'의 정신은 신미에게로 흘러들어 조선의 새로운 문자인 훈민정음을 만드는 열쇠가 되고 있다.

초수 행궁 주변의 산에 단풍이 물들고 있을 때 세종이 환궁의 뜻을 밝혔다. 행궁 안팎이 바쁘게 움직였다.

9월 22일 어가가 초수행궁을 떴다.[42] 오근원 들판에서 머물렀다.[43] 23일 죽산에서 머물렀다. 24일 진눈깨비가 날려 양지현 앞들에서 멈췄다. 25일 낙생역에서 머물렀다. 26일 경복궁에 닿았다. 중전이 투병 중인 어머니를 뵙고 돌아왔다.[44]

소헌왕후의 어머니, 한 많은 생을 접다

경복궁으로 환궁한 뒤 세종은 병조에서 영건營建의 일을 도맡아 보고 있던 홍이를 불렀다. 태종 때 창덕궁과 경복궁 영건에 앞장섰던 박자청의 수하였다. 박자청은 한번 물면 놓지 않는 찰거머리 성정이었다. 어떤 난관에 부딪쳐도 뒤로 물러날 생각은 아예 하지도 않았다. 한 달이 걸릴 공역도 최대한 인원을 동원, 낮밤을 가리지 않고 밀어붙였다. 세종은 이런 박자청이 마음에 들지 않았다. 태종이 승하하고 난 뒤에는 아예 적당하게 선을 긋고 있었다.

세종은 중전이 편히 쉴 공간을 마련해 주고 싶었다. 온갖 신산난고를 겪으며 집안이 풍비박산날 때 아프게 외면했던 지난 일이 주마등처럼 스쳐 지나갔다. 연희궁에 교태전交泰殿을 영건하라고 홍이에게 명했다. 용마루가 없는 침전이었다. 용은 제왕의 상징이었다. 왕이 머무는 곳에 또 다른 용이 하늘을 받들고 있는 것을 꺼려 애초부터 용마루를 만들지 않고 지붕을 이은 것이다. 교태전은 중전에 대한 속죄의 증표였다.

※ 화보3

11월 7일 의정부와 육조에서 세 번째 초수행을 간청했다. 그러나 세종은 더 이상 행행할 여력이 없었다.

- 내가 다시 생각해 보겠다.

연희궁 공역이 막바지로 접어들 무렵, 중전의 몸이 편치 않았다. 동궁과 여러 대군이 금성대군의 집으로 피병避病을 청했다. 세종은 대군의 집을 수리하라고 명한 뒤 거처를 옮겼다.[45]

11월 18일 『치평요람治平要覽』과 『역대병요의주歷代兵要儀註』의 편찬에 매진하고 있는 집현전·춘추관에 잔치를 베풀었다. 진양대군이 주관했다.[46] 11월 24일 관노로 떨어져 끝없이 고생했던 중전 심씨의 어머니 삼한 국대부인 안씨가 한 많은 삶을 접었다. 다음 날 중전이 대부인의 집에서 분상奔喪한 뒤 통곡했다.[47] 담장이 얼었고, 눈물도 얼었다.

세종이 왕위에 오르던 1418년세종 즉위년 12월 25일 중전의 아버지 심온이 사약을 받고 저 세상으로 떠났다. 황망하고, 황당한 일이 아닐 수 없었다. 태종이 세종의 치세를 위한 외척 제거의 사전 포석이었다. 중전은 아득했다. 자신이 왕비가 되지 않았다면 풍비박산 나는 일은 없었다. 어머니와 아우는 날벼락 맞듯 하루아침에 천인賤人으로 추락했다. 태종은 한 마디만 했다.

- 역사役事는 하지 않게 하라.

온후한 심성의 중전은 벙어리 냉가슴만 앓았다. 그러나 절망하지 않고 세종을 따뜻하게 맞아들였다. 다섯 살의 세자, 두 살의 진양, 돌이 채 되지 않은 안평이 자라고 있었다.

태종은 왕실의 번성을 위해 세종의 뜻은 전혀 무시한 채 후궁을 계속 들이밀었다. 상호군 조뇌의 딸 조씨를 의정궁주, 이운로의 딸 이씨를 혜순궁주, 최사의의 딸 최씨를 명의궁주, 박의동의 누이 박씨를 장의궁주로 봉해 세종의 후궁으로 삼았다. 태종은 이들 후궁에게서 손자 10명과 손녀 2명을 보게 된다. 왕비는 내색하지 않고 이들을 보듬었다. 세종은 왕비에게 더없이 죄를 짓는 것 같았지만 태종의 뜻을 거역할 수는 없었다. 세종은 아무 말이 없었다. 사랑하는 여인에게 줄 수 있는 유일한 선물은 생산이었다.

광평·평원대군, 이른 꽃잎 떨구다

11월 26일 상을 치르고 있는 와중에 다섯째 아들 광평대군이 창진으로 앓아누웠다. 중전이 광평대군의 집으로 흔들리며 건너갔다.⁴⁸

12월 6일 목숨이 경각에 달려 있는 광평대군을 부마 연창군 안맹담의 집으로 옮겼다. 세종은 저녁에 건너왔다. 밤새도록 아들이 살아나기를 바랐지만 허사였다. 다음날, 종실의 사랑을 받아오던 광평대군 이여가 삶을 접었다. 20세였다. 세종은 종일 수라를 젓수지 않았다. 저물어서야 도승지의 간청에 죽만 조금 마셨다.⁴⁹

자식을 가슴에 묻은 중전은 눈물조차 말라 있었다. 보름이 지났는데도 상복을 벗지 않아 보는 이를 더 안타깝게 했다.

무안대군의 부인 왕부인이 양자인 광평대군의 명복을 빌기 위해 『원각경』을 감지금니紺紙金泥로 사경했다. 책 첫머리에 화려한 변상도를 새겨 넣었고, 김수온이 발원문을 썼다.⁵⁰

※ 화보4

> 광평대군의 아들 영순군 이부는 7월에 태어나 포대기에 쌓여 있었다. 세종이 어려서 고자孤子가 된 것을 불쌍히 여겨 의정부에 전지했다.
> - 광평이 불행하게 일찍 죽었다. 내가 심히 슬프다. 다행히 유사遺嗣가 있어 포대기에서 울고 있다. 더욱 불쌍하다. 친아들의 예와 똑같이 봉사俸賜와 작질爵秩하라.
> 다섯 살이 되도록 궁중에서 길렀다. 세종은 거듭 세자와 수양대군에게 당부했다.
> - 시종일관 이 아이를 어루만지고 보살핌에 변함이 없게 하라.⁵¹

1445년세종 27 해가 바뀌었어도 경복궁의 분위기는 밝지 않았다. 정월 초하루부터 풍수학 승원로와 안효례가 글을 올려 세종의 마음을 무겁게 했다.

- 옛날부터 제왕의 궁실을 짓는 데는 산천의 어울리는 경계와 명당의 혈자리를 똑바로 가리는 법입니다. 털끝만큼 차이가 나도 화복이 크게 갈리게 됩니다. 도성 밖을 나가지 마시고, 우선 안국방 동네로 이어하소서.

세종이 도승지 이승손에게 말했다.

- 내가 음양지리의 괴이한 말을 믿지 않음을 경이 더 잘 알고 있다. 최양선과 이선로가 나서서 아예 궁궐을 승문원 동네로 옮겨야 한다고 했을 때도 대신과 서운관의 의논에 따라 중지시켰다. 글이 올라오므로 내버려 둘 수 없어서 연희궁의 수리를 명했다. 더 이상 번거롭게 하지 말라.

다음날 세종이 서이궁인 연희궁으로 이어했다.[52] 초수행궁에서의 조섭과 안질 치료가 약간의 효험이 있었다고 대소신료를 안심시켰지만, 가까이에 있는 도승지의 얼굴조차 흐릿하게 보이는 것은 마찬가지였다. 흉한 일은 꼬리를 물고 연희궁의 담장을 넘어왔다.

1월 16일 일곱째 아들 평원대군 이임이 홍역을 앓다가 화위당華葦堂에서 광평대군을 따라 갔다. 19세였다.[53]

중전은 생때 같은 두 아들을 잃고 난 뒤 깊은 슬픔에 빠져 일어날 기력조차 없었다. 세종은 장례가 끝날 때까지 조회를 열지 않았다.

진양대군은 글 잘 짓고 필법에도 능했던 광평대군과 침착하고 묵중한 성격에 어울리게 천문의 변화에 능했던 평원대군의 넋을 달래기 위해 가평 운악산 현등사懸燈寺에 위실位室을 마련했다.[54]

2월 11일 진양대군을 수양대군으로 고쳤다.[55]

2월 13일 세종은 연희궁에서 효령대군 저택의 희우정喜雨亭으로 이어했다.[56] 경복궁으로 돌아가기는 죽기보다 싫었다. 두 아들의 덧없는 죽음 앞에 세종과 왕비의 마음은 편치 않았다.

세종은 부왕의 명령에 목숨을 던지는 박자청이 경복궁의 핵심 꽃자리에 연못을 만들어 두었던 경회루의 도리가 지붕의 무게를 이기지 못하고 부러지는 것을 보았다. 서둘러 될 집이 아니었다. 세종은 부왕이 한 일에 대해서는 단 한 번도 어긋나는 의견을 내지 않았다. 태종이 세상을 뜨고 난 뒤에도 10년을 더 기다렸다. 그 동안 부왕의 측근이 집을 짓고, 수많은 책을 편찬하는 등 나라를 지켰다.

만대에 전할 침전인 강녕전康寧殿은 낮고, 어둡게 느껴졌다. 강녕전은

'존재存齋'의 공간이었다. 해가 뜨고, 달이 뜨는 걸 보는 집이었다. 백성의 노래는 햇빛, 군왕의 노래는 달빛이었다. 달이 뜨고, 지는 때를 놓치지 않고 노심초사 바람의 결을 읽어야 했고, 땅의 향기를 맡아야 했다.

※ 화보5

세종은 아예 정무는 동궁에게 맡겼다. 동궁이 희우정에서 조참을 보고 연희궁으로 돌아오는 날이 두 달 동안 이어졌다.

4월 12일 세종이 연희궁으로 환궁했다. 효령대군에게 안장 갖춘 말, 희우정 곁의 백성 15호에 각각 1석씩 쌀을 내려 주었다.[57]

신숙주·성삼문·손수산, 운서 자문 위한 요동행

세종은 훈민정음 창제 뒤 조선의 한자음 체계를 잡기 위해 고심했다. 때를 맞추기라도 하듯 명나라 한림학사였던 황찬이 요동에서 귀양살이를 하고 있다는 보고가 올라왔다. 세종이 사정전으로 집현전 부수찬 신숙주, 성균관 주부 성삼문, 행사용 손수산을 불러들였다.

- 요동으로 가라. 운서韻書에 대해 자문 받을 수 있는 학자가 그곳에 있다.[58]

세종은 신숙주와 박팽년 등에게 진관사에서 사가독서할 때 운서에 집중하라는 명을 내린 적이 있었다. 손수산은 중국어에 정통했다.

신숙주 일행이 의주를 거쳐 요동에 도착한 것은 서울을 출발한 지 20일 뒤였다. 서울 성문에서 의주까지 1,140리로 보름이 걸렸고, 의주에서 요동까지 550리의 여정으로 6일이 걸렸다.

2월 초, 요동에 도착한 신숙주와 성삼문은 황찬을 만나 어음과 자훈을 질정했다. 숙소로 돌아온 두 사람은 그날의 대화를 나누어 정리했다. 두 번째 만남에서 황찬이 마음을 열었다. 신숙주의 단중端重한 용모와 말속에 정성이 담겨 있었다. 황찬과 헤어질 무렵, 신숙주와 손수산은 당액堂額을 지어 줄 것을 청했다. 다시 찾아오겠다는 뜻이었다.

3월 중순, 신숙주 일행이 요동에서 돌아왔다. 황찬과의 만남에서 얻은 자료를 정리, 보고했다. 세종이 말했다.

- 힘든 일은 없었더냐.
- 요동로관찰사 왕헌의 아들 왕삼새가 황찬과의 만남을 적극 주선해 주는 등 많은 도움을 받아 어렵지 않았습니다.
- 『운회』의 번역은 최항과 박팽년이 손에서 책을 놓지 않고 있다. 일의 진척이 더디다. 때를 놓칠 수 없다. 중국 음운에 대해 깊게 질문, 보완하라. 서둘러 다녀오라.

3월 말 신숙주·성삼문·손수산이 명나라로 가는 사신 일행과 함께 요동으로 출발했다. 두 번째 방문이었다. 신숙주·성삼문은 언문을 중국음으로 번역, 황찬에게 홍무운洪武韻에 대해 물었고, 손수산이 채록했다. 세 사람은 보름 넘게 요양관遼陽館에서 머물며 북방어의 성모와 전탁음, 반절로 표시된 운서의 음계 파악에 전념했다. 황찬은 질문에 조금도 틀림없이 답하는 신숙주가 마음에 들었다. 중국어에 능통한 손수산이 통역하지 않아도 될 정도였다.

곁을 준 황찬이 말했다.
- 지난 번 돌아갈 때 부탁한 당호를 '선비는 현인이 되기를 바란다'는 뜻으로 '희현希賢'으로 지었습니다.
- 황감합니다. 대인의 높은 식견에 누가 되지 않도록 노력하겠습니다. 당액을 지어주셨으니 희현의 길을 밝히는 글 내려주기 바랍니다.

황찬은 흔쾌히 신숙주에게 「희현당서希賢堂序」, 손수산에게 「무본재務本齋」를 써서 주었다. 신숙주는 황찬에게 시 한 수를 써서 답례했다.

깊은 학문의 바다 알기 어렵지만	畢境難窺學海深
어리석은 생각 하나 둘 없애주네	稍令愚惑祛胸襟
황제께서 부르실 날 많지 않아서	從天宣召無多日
봉황새 동쪽 먼 곳에 머물게 하네	肯使鸞鳳滯棘林[59]

손수산은 서울로 돌아와 여름이 깊어가던 어느 날, 평소 가깝게 지내던 문인 최항·이개·박팽년·이영서·신숙주·성삼문 등에게 당호를 받은

기념으로 시와 찬을 써달라고 청했다. 박팽년이 서문을 썼다.⁶⁰

> 자후子厚: 손수산은 군자다운 사람이다. 언행이 순수하고 삼가며 학업이 근실하여 사람들의 추중을 받았다. 나와 잘 알고 지낸 지가 오래되었다. 금년 봄에 범옹泛翁: 신숙주과 눌옹訥翁: 성삼문 두 군자와 함께 요동에 가서 한림 황찬을 뵙고 홍무운洪武韻에 대한 강설을 듣고 중국의 정음을 터득했다. 황선생이 가상하게 여기고 예모를 깍듯이 했다. 돌아오려 할 때 '무본務本'으로 재실의 이름을 지어 주고 서문序文까지 아울러 지어 주었다. 대체로 공자의 문하에서 인仁을 말한 것이 많지만 근본에 힘쓰라는 말처럼 학자에게 절실한 것은 없다.[…]
> 자후는 노력해서 황선생을 저버리는 일이 없도록 해야 할 것이다. 자후가 문인에게 시를 청하고, 내게는 서로 알고 지낸 지가 오래되었다는 이유로 서문을 부탁했다. 황선생은 근본으로 삼는 말을 많이 인용했고, 나는 효제를 가지고 말했다. 훗날 선생을 만나거든 나를 위해 사죄해 주기 바란다.
> -1447년 중하仲夏의 어느 날, 평양平陽 박팽년 삼가 서문을 쓰다.⁶¹

신숙주와 성삼문의 세 번째 요동행은 장마와 한더위가 물러난 가을이었다. 그러나 헛걸음이었다. 두 사람의 거듭된 까다로운 질문에 응대하기 어려웠던 황찬은 만남을 피했다.
- 죄를 지어 귀양 온 처지, 감히 외국 사람과 접촉할 수 없소이다. 이해하기 바라오.
신숙주는 황찬이 심양 근처의 개원위開原衛에 갔다는 말을 듣고 요동로 안찰사의 아들 왕새王璽에게 편지를 맡겼다. 돌아오는 길에 스승 없는 빈집의 정경을 시로 남겼다.

> 먼지에 묻힌 강탑講榻 닦는 이 없고　　塵埋講榻無人掃
> 이슬 쌓인 뜰에는 풀만 절로 가을,　　露重庭除草自秋
> 요양성 북녘 바라보니　　試向遼陽城北望
> 멈춘 구름, 지는 해 생각만 유유하네　　停雲落日思悠悠⁶²

황찬에게 자문을 구해 바로 잡은 일보다 확인해야 할 일이 더 많았다. 특히 성모청탁와 운모개합 등을 고르게 구별하는 요령을 터득치 못했다. 책 읽는 틈에 근원을 거슬러 올라갈 수밖에 없었다. 운학의 이치를 밝히기 위해 신숙주와 성삼문은 여러 해 동안 노심초사했다.

> 세종께서 언문으로 화음華音을 번역하고자 했다. 중국의 한림학사 황찬이 죄를 짓고 요동에 유배되었다는 말을 듣고 신숙주에게 명하여 조경사朝京 使를 따라 요동에 들어가 황찬을 만나보고 질문하게 했다. 공은 말만 들으면 문득 해득, 조금도 틀리지 않았다. 황찬이 아주 기특하게 여겼다. 이로 부터 요동에 갔다 온 것이 무릇 열세 번이나 되었다.[63]

『동국정운』의 편찬은 실전과 이론의 축으로 움직이고 있었다. 실전은 신숙주와 성삼문, 이론은 최항 등이 중심이 되어 언문청에서 중국 음운서 연구에 집중했다. 조선의 한자음과 중국 한자음의 음역에 대한 정리는 서 둔다고 결실을 볼 수 없는 사업이었다.

'사가史家의 대전', 『치평요람』 완간

1445년세종 27 3월 30일 진양대군이 총괄 추진해 온 『치평요람』 전 150권 의 편찬이 마무리 되었다. 우참찬 정인지가 편찬자를 대표해 전문箋文을 올렸다. 역대 왕조에서 유례를 찾아볼 수 없는 '사가史家의 대전大全'이 었다. 세종은 찬집에 참여한 3품 이하의 문신에게 세 차례에 걸쳐 직을 올려 주었다.[64]

1441년세종 23 6월 28일 세종은 '요약판 역사 교훈서'의 편찬사업을 일 임하고, 책명을 직접 정해 내리는 등 지원을 아끼지 않았다.

> 제대로 된 정치를 하려면 반드시 전대前代의 치란治亂의 사직을 보아야 하고, 그 사적을 보려면 오직 역사의 기록을 상고해야 할 것이다. 주周나 라 이래 대대로 역사가 있으나 편찬한 것이 방대하여 쉽게 두루 상고할 수 없다. 최근에 송유宋儒가 편찬한 자경편自警編[65]을 보니 가언嘉言과 선행 을 절節로 나누어 유類에 따라 편찬했다. 간요簡要에 힘썼으니, 예전의 서 적을 저작한 자가 읽는 이가 즐겨 보도록 배려했음을 알 수 있다. 사람마

다 학문에 대해 박람하기는 어려운 법이다. 하물며 임금이 만기를 보살피는 여가에 능히 박람할 수 있겠는가. 경이 사적을 상고, 열람해서 선악과 권할 내용을 가려 뽑아 하나의 서적으로 편찬, 읽기 편하게 해서 후세 자손의 영원한 거울이 되게 하라. 동방 또한 건국한 지 오래이니 흥폐와 존망을 상세하게 알아야 한다. 아울러 편입시키되 번다하거나 간략한 데 치우치게 하지 말라.[66]

세종의 명에 따라 정인지는 집현전과 춘추관의 학사를 총동원, 편찬사업에 들어갔다.

1442년세종 24 12월 20일 세종은 1년 반 동안 찬집에 참여한 관원에게 잔치를 내려주었다. 바람은 차고 매서웠지만 경복궁의 분위기는 따뜻했다.[67] 1443년세종 25 7월, 극심한 가뭄이 들어 저축한 곡식이 바닥을 보일 지경이었다. 편찬에 참여한 문신의 양식까지 줄여야 한다는 이야기가 공공연하게 나돌았다. 그러나 세종은 단호하게 밀어붙였다.

- 두보杜甫의 시를 수찬하는 데 정성을 쏟으라. 여러 해를 두고 매달린 『치평요람』의 편찬 또한 맡은 분야에서 소임을 다하라. 치료에 필요한 약 이외에는 술을 쓰지 말라.[68]

세종은 시보다는 국가 경영에 필요한 책에 먼저 손을 들어주고 있었다. 『분류두공부시언해分類杜工部詩諺解』25권, 17책 사업은 이때 준비되고 있었다.[69]

1차 완성된 『용비어천가』

세종은 훈민정음을 창제하기 전인 1442년세종 24 3월 1일 『용비어천가』의 편찬을 기획해 두고 있었다. 경상도와 전라도 관찰사에게 태조가 운봉 지역에서 벌어진 왜구 소탕 때의 일을 조사하라는 명을 내렸다.

- 1380년고려 우왕 6 9월 왜구가 우리의 경계를 침범했을 때 태조께서 한 번에 소탕했다. 그 훌륭한 공과 위대한 업적은 후세에까지 전하지 않을 수 없다. 그 때 군마軍馬의 수효와 적을 제어한 방책, 접전한 수와 적을

함락시킨 광경 등을 반드시 본 사람이 있을 것이다. 도내 여러 고을의 노인을 찾아 물어보고 그 사연을 상세하게 기록해서 아뢰라.[70]

조선이 하늘의 뜻에 따라 이루어지고 6대조六代祖의 공덕에 의해 자연스럽게 건국했다는 사실을 온 나라 백성에게 알리기 위함이었다.

원로대신은 생면부지의 글자인 훈민정음을 새로 배운다는 것이 영 달갑지 않았다. 사업이 한창 마무리에 접어들 무렵, 권제가 정인지에게 말했다.

- 훈민정음으로 집필하라는 금상의 명이 있었는데, 한자漢字로 정리해도 괜찮을지 걱정이오.

정인지가 무심하게 말했다.

- 한자로 쓰지 않으면 정리가 되지 않습니다.

권제가 말했다.

- 금상의 주도면밀한 성정으로 봐서 분명 훈민정음으로 보완하라고 할 터인데…….

- 크게 문제될 일이 아니라고 봅니다. 딱히 보완하라는 명이 내리면 집현전 소장 학자에게 맡기면 될 일입니다.

1445년세종 27 4월 5일 의정부 우찬성 권제·우참찬 정인지·공조참판 안지 등이 125장으로 된 『용비어천가』전 10권의 찬술을 마쳤다. 춘추관·예문관의 학자가 중심이 되어 자료 수집과 정리에 3년의 공력을 쏟은 결과였다. 자헌대부 의정부참찬 집현전대제학 지춘추관사 세자우빈객 정인지가 「용비어천가 진전進箋」의 서문을 썼다.

> 목조穆祖로부터 태종 잠저 때까지 무릇 기위사적奇偉事蹟과 왕업王業을 엶에 어려웠던 일을 남김없이 찾아 어우러 이를 고사古事에 가누어 두루 폈사옵니다. 노래는 나랏말을 썼사오며, 이를 다시 한시漢詩로 옮겼사온데, 글을 폄에 정성을 다해 천지를 획하고 일월日月을 받들었나이다. 비록 그 형용에 극極을 다하지는 못했으나, 금석金石과 같이 굳고 무겁게, 관현管絃과 같이 맑고 곱게 다듬고자 했사오니 조금은 광렬光烈함이 있습니

다. 만약 살피어 듣고 간행을 허락하시어 아들과 손자에게 전해서 큰 업業이 쉽지 않음을 알게 하고, 시골에서 쓰고 나라에서 써서 영세도록 잊지 않게 하소서. 편찬한 시가詩歌는 총 125장입니다. 삼가 쓰고 장황裝潢: 제본해서 전箋을 올립니다.[71]

세종이 장정을 끝낸『용비어천가』를 펼쳤다. 그런데 훈민정음을 창제하고 나서 대신들에게 익히라고 했음에도 불구하고 한문과 한시로 되어 있었다. 권제와 안지는『고려사』찬진과『삼조실록태조·정종·태종』의 개수사업을 관장하느라 바빴고, 정인지는 1443년부터 전제상정소 제조를 맡아 전품 개정에 몰입하고 있었다.[72]

세종은 불쾌했지만 내색하지 않고, 바로 판각하라고 했다. 그러나 출간하지 않고 언문청에 보관했다.

4월 16일『용비어천가』와『고려사』편찬에 참여했던 우찬성 권제가 50세를 일기로 졸했다.[73]

세종은 새로운 음악의 세계를 열기 위해 고심했다. 선대 왕의 문덕과 무덕을 칭송하는 음악이 당악조唐樂調였다.

9월 13일『용비어천가』를 실험하기 위해 관현악으로 연주하라고 승정원에 지시했다.

- 이제 용비시龍飛詩를 관현管絃에 올리기 위해 창가비에게 당악唐樂에 맞추려 하니 음률을 잊은 것도 있고, 잊지 않은 것도 있다. 현가絃歌의 소리가 본국의 음악에 맞지 않고 춤사위만 볼만했다. 내가 병이 있어 깊이 궁중에 있으므로 음악 듣기를 좋아하지 않는다. 그러나 본국의 음악을 당률唐律에 맞게 모양과 소리를 익혀서 후인이 보고 듣게 함도 좋을 것이다.

새로운 연주와 소리를 익히기 위해 고생한 창가비에게 상으로 옷 1습襲을 내려주었다.[74]

세종이 도승지 유의손·우부승지 이사철·사헌집의 정창손에게 말했다.

- 우리 조종께서 덕을 쌓고 어진 일을 거듭해 덕으로 집안사람을 교화시

켜 나라를 이루고, 높은 공적과 대단한 것이 옛일보다 뛰어났다. 「용비시가龍飛詩歌」의 시와 노래에서 이미 찬양해 공덕을 가송歌頌했다. 그러나 그 형식이 4언시를 본받아 지은 것이어서 자못 뜻을 다 나타내지 못했다. 이제 다시 문신에게 절구나 긴 시, 또는 찬과 송을 마음대로 지어서 공덕의 대단함을 넓게 펴서 만세에 전하고자 한다. 경들은 집현전 학사들과 나누어서 지어 올려라.

도승지와 사헌부의 의중을 떠보고 싶어서 짐짓 던진 말이었다. 그러나 이들은 훈민정음의 전문가가 아니었다. 권제와 정인지 등이 제술을 끝낸 『용비어천가』의 내용에 불만이 있음을 내비친 뒤 명을 바로 취소했다.[75] 송시頌詩를 쓰고, 주석을 다는 사업은 최항을 비롯한 집현전의 전문 학자에게로 넘어갔다. 세종은 불교계와 가까운 이사철을 우부승지, 반대편에는 최만리 이후 불교라면 자다가도 일어나 반대하고 나서는 정창손을 사헌집의에 배치했다. 반대를 위한 반대와 이를 누그러뜨릴 인사였다. 뜻은 반대편에 있었지만, 몸은 안쪽에 있었다.

집현전의 수장, 최만리 별세

1445년세종 27 10월 23일 훈민정음 창제에 대한 반대상소를 올린 뒤 복직되었으나 사직하고 고향으로 돌아갔던 최만리의 부음이 닿았다. 세종은 장례에 드는 관곽과 종이 등을 관에서 지원하라고 명했다. 『세종실록』에 그의 졸기는 남아 있지 않다.

> 최만리는 조선 초기 집현전을 움직인 핵심 학자다. 훈민정음 창제 반대 상소로 역사의 소용돌이에 휘말렸지만, 소신을 가지고 세종을 보필했다. 본관은 해주. 자는 자명子明, 호는 강호산인江湖散人. 고려시대 해동공자로 불리던 최충의 12대 손이다. 하荷의 아들이다. 1419년세종 1년 증광 문과에 을과로 급제했다. 1420년세종 2 종부시 직장으로 근무하다 상왕으로 있던 태종이 변계량의 청을 받아 집현전을 만들 때 김돈과 함께 박사에 임명되었다. 1427년세종 9 3월, 문과 중시에 급제했다. 7월 23일 집현전 응교로서 세자의 서장관 겸 검찰관이 되었다. 우문학右文學으로 세자의 교

육에 정진했다. 좌필선左弼善은 정인지가 맡았다.
1431년세종 13 10월 29일 세종이 세자의 서연관이 겸관하지 못하게 했다. 최만리와 박중림 이외의 나머지 관원은 세자가 낯을 가렸기 때문이었다. 1432년세종 14부터 1435년세종 17까지 세자의 좌보덕左輔德을 맡았다. 1435년 6월, 『통감훈의通鑑訓義』의 찬집관을 겸했다. 1436년세종 18 4월 9일 집현전 직제학, 중시의 대독관으로 책문의 문제를 냈다. 1438년세종 20 7월 30일 집현전 부제학에 임명되었다. 한·유문韓柳文: 당나라 문장가 한유와 유종원의 글의 주석註釋 찬집에 참여했다. 11월 2일 신미信眉의 외삼촌 이적의 사형 결정이 모호하다고 상소했다. 1439년세종 21 4월 19일 흥천사 사리각 중수와 경찬회를 혁파하라고 상소했다. 6월, 강원도관찰사로 내려갔다. 1440년세종 22 7월, 집현전 부제학으로 복귀했다. 1441년세종 23 윤11월 10일·14일·17일 3회에 걸쳐 흥천사 불사를 혁파하라고 상소했다. 11월 19일, 22일에 사직을 청했으나 세종은 윤허하지 않았다. 1442년세종 24 8월 26일 첨사원의 설치를 멈추라고 상소했다. 세종이 건강을 이유로 세자에게 섭정시키려는 것을 막기 위함이었다. 1444년세종 26 2월 20일, 훈민정음 창제 반대 상소로 옥에 갇혔다가 다음 날 풀려났다.[76]

최만리에 대한 평가는 인색하기 짝이 없다. 집현전의 수장으로서 자기 자신을 속이지 않고, 한 길을 간 학자였다. 역사의 죄인으로 취급한 지난날의 평가는 지나치다.

> 세종과 같은 가장 위대한 명군明君이 출현한 한편에는, 이 최만리 따위와 같은 고루하고 부패한 저능아도 출현되었던 것입니다. '모화환慕華丸'에 중독된 '가명인假明人'의 추태요 발광이라고 보아 넘길 밖에 없는 일이지마는 역사상에 영구히 씻어버릴 수 없는 부끄럼의 한 '페지'를 끼치어 놓게 됨은, 그를 위하여 가엾은 일이라 하겠습니다. 그러나, 그와 같은 병증病症은 이제도 오히려 유전됨이 많지 않은가 생각됩니다.[77]

김수온, 『의방유취』 간행 참여

10월 27일 의서醫書의 대전大全 『의방유취醫方類聚』전 365권를 간행했다. 세종은 3년 전 집현전 부교리 김예몽, 저작랑 유성원, 사직 민보화 등에게 명해 여러 방서方書를 수집, 각 항목별로 분류하고 합해 책을 만들라고 명했다. 집현전 직제학 김문과 신석조, 부교리 이예, 승문원 교리 김수온이 의관 전순의·최윤·김유지와 함께 편집을 맡았다. 안평대군, 도승지 이사철 등이 감수했다. 세종이 책명을 친히 내렸다.[78]

김수온은 큰형 김수성신미이 회암사로 떠난 뒤 육경六經과 제자백사諸子百史에 집중했다. 집안을 풍비박산 낸 아버지의 불충불효가 발목을 잡았지만, 예문관 대제학을 지낸 외할아버지 이행의 뒷배로 성균관에 들 수 있었다. 그러나 둘째 형은 아예 책과는 담을 쌓아버렸다. 책을 사 본다는 생각은 아예 하지도 않았다.

김수온은 남의 책을 빌려 성균관으로 오고 갈 때마다 한 장씩 떼어 소매 속에 넣어두고 외워 나갔다. 막히는 부분이 있으면 바로 꺼내어 보고 거듭 외운 뒤 필사하며 확인했다. 한 질의 책을 외우면 곧 바로 한 질의 책이 없어졌다. 어떤 책이든 마음을 다잡아 반드시 숙독했고, 천천히 그 뜻을 곱씹었다.[79] 자연 성품을 가지런히 정할 수 있어 읽는 책마다 핵심을 꿰뚫어 볼 수 있게 되었다.

진사시를 준비할 때는 아예 문을 닫아걸었다. 한밤중 소변을 보기 위해 뜰에 나왔을 때 떨어진 나뭇잎을 보고 가을이 온 것을 알았을 정도였다.[80] 정신이 산란해지면 『능엄경』을 읽으며 마음을 다스렸다. 공자·맹자보다 더 감칠맛이 있었고, 그윽했다.

김수온은 1438년세종 20 진사시에 급제했다. 3년을 더 정진해 1441년세종 23 식년문과에 병과로 급제, 교서관校書館 정자로 보임되었다. 세종이 특별히 명해 집현전으로 뽑아 올렸다.

> 김수온은 집현전 부수찬 신숙주와 허물없이 지냈다. 신숙주가 고문선古文選을 세종께 하사받았다. 장정이 깔끔한 책이어서 손에서 놓지 않고 있었다. 김수온은 집요하게 물고 늘어져 책을 빌렸다. 신숙주는 한 달이 지나도 감감 무소식인 김수온의 집에 들렀다. 사랑채에 들어서는 순간 자신의 눈을 의심했다. 아끼던 책이 벽면에 발라져 연기에 그을려 있었다.
> - 어찌 된 일입니까, 대감.

- 앉으나 서나 누우나 외우려고 붙여 두었네.

김수온은 문장을 지을 때 미리 초고를 쓰지 않았다. 간혹 여러 사람이 동시에 문장을 청구했다. 7, 8명이 되어도 사람에게 붓을 들게 하고 사방으로 돌아보며 구술하되 제각기 그 체재에 알맞게 지어 주었다. 일찍이 영순군이 사직하는 표문表文을 대신 써달라고 청했다. 김수온이 하연대下輦臺 물가에 이르러 "집에 가면 게을러져서 짓기 어렵다."며 사람에게 입으로 부르는 것을 받아쓰게 했다. 순식간에 완성되었다. 문장이 간절하고 정묘했다. 구종직이 글을 본 뒤 밭에 꿇어앉으며 말했다. "평소에 공의 문장이 정밀하다는 말은 들었으나 이 경지에 이를 줄은 몰랐습니다."[81]

소헌왕후의 국상과 불사

소헌왕후, 세종과의 이별

1446년세종 28 정월부터 왕비의 건강이 악화되고 있었다. 세종은 하루가 다르게 병세가 악화되어 가고 있는 왕비의 모습이 안타까웠다. 평생 믿고 의지했던 왕비를 허망하게 보낼 수는 없는 일이었다. 1월 29일 세종은 연희궁으로 이어했다. 왕비는 병환중에도 오히려 세종을 염려하고 있었다.

- 수양의 집으로 피접避接 : 다른 곳으로 자리를 옮겨 병을 치료하며 쉼을 갈까 합니다. 믿을만한 둘째 며느리가 있어 편하기도 하고…….

3월 9일 수양대군의 집으로 이어했다. 다음 날 왕비의 병환이 깊어졌다.[82]

세자와 수양·안평대군이 잠시도 자리를 비우지 않았다. 신미는 학열과 함께 복천사에서 서둘러 수양대군의 집으로 올라와 정근기도를 준비했다. 등촉이 타들어 가듯 왕비의 목숨이 가파른 언덕길을 오르고 있었다. 도승지 유의손이 아뢰었다.

- 수륙재와 정근기도로 간혹 감응을 얻은 경우가 있습니다. 비가 오고 볕이 나는 시기가 맞지 않아 농사일을 망쳐 민심이 좋지 않습니다. 죄를 사해 줌이 좋겠습니다.

- 기도는 빨리 해야 한다. 죄를 사하는 일은 다시 생각하겠다.

3월 13일 밤, 시어소時御所 서청西廳에서 승려 49명이 정근기도를 올렸다. 소라를 불고 북을 쳤다. 종과 편경 소리가 길까지 울려 퍼지는 가운데 재는 이어졌고, 이튿날 신시에 파했다. 세종은 기도에 참여한 승려에게 비단과 베를 등급에 맞게 고루 나누어 주었다.[83]

해인사에서 인경불사를 주관하고 있던 일운一雲이 세종이 내려준 파발을 타고 흥천사로 올라왔다. 짐을 푼 뒤 바라와 범패 등 소리하는 승려를 불러 모아 법회를 준비했다.

3월 15일 신미가 80여 명의 승려를 이끌고 밤새워 왕비의 쾌유를 비는 정근기도를 올렸다. 세자가 팔뚝을 걷어붙이고 연비燃臂를 자청했다. 수양대군을 비롯한 여러 대군과 부인도 뒤를 따랐다.

3월 16일 북악산 봉우리에 햇무리가 일었고, 개기일식이 있었다.[84]

도형과 유배형에 처해졌던 죄수 180여 명을 방면하고, 범죄인의 직첩도 돌려주었다.[85]

3월 23일 왕비의 목숨은 이승의 기슭에서 점점 멀어져 가고 있었다. 세종은 거듭 명산대찰에 담당 관리를 급파, 기도를 올리게 했다. 세자는 끼니도 거른 채 밤새 어머니의 곁을 지켰다. 세자의 지극한 간병, 국상기간 동안 기울인 정성은 예에 맞는 일이었다. 그러나 끝내 건강을 해친 원인이 되고 말았다. 국상 기간에 문제가 있었지만, 예禮의 나라에서 보이지 않게 몸이 상하는 것은 관심 밖이었다.

3월 24일 수양대군의 집으로 피접을 나온 지 보름 만에 중전 심씨가 승하했다. 52세, 세종의 아내, 나라의 어머니로 있은 지 29년 째였다.

세종은 경복궁에 머물면 흉하다는 풍수관의 의견에 따라 판예빈시사 신자근의 집으로 자리를 옮겨 국상에 대해 의논한 뒤 저녁 무렵 효령대군의 집으로 이어했다.[86] 경복궁으로 들어갈 생각은 아예 하지도 않았다.

세종은 초수행궁에서 중전과 함께 훈민정음의 간명하고, 무궁한 변화에 대해 이야기를 나누었던 날이 아득하게 떠올랐다.

- 훈민정음은 하늘이고, 땅이고, 어미의 젖입니다.

조선 백성의 미래를 살찌우게 하는 문자에 대해 이제 누구와 함께 이야기하고 즐거워해야 하는가. 그날 밤, 세종은 왕비가 아픈 와중에도 잊지 않고 훈민정음으로 남긴 마지막 편지를 읽고, 또 읽었다.

> 새 잎이 돋는 여인이고 싶었습니다. 아픔 아니라, 사랑으로 함께 머물길 바랐습니다. 당신 곁에서 욕심 부리지 않았고, 권력도 쥐려 한 적 없는데, 왜 이리 아프게 살았는지 모르겠어요. 하지만 아파도 아프지 않았고, 슬퍼도 슬프지 않았습니다. 그럴 겨를이 있었나요. 한 그루 조선 소나무 같았던 당신의 곁 많이 그리울 거예요. 슬픔과 어려움 수없이 밀려오고 밀려가도 내색하지 않았던 여리지만, 강한 당신과 함께 해서 더없이 행복했습니다. 등불이고, 소나무인 당신. 너무 아파하지 마세요. 둥근 사랑[圓覺], 따뜻하게 안고 갑니다.

한 나라를 다스리는 왕은 아프다는 말 한마디 할 수 없는가. 세종은 잠들지 못하고 뒤척였다. 편히 쉴 너럭바위는 경복궁 안에 없었다. 도승지에게 신미를 불러들이라는 명을 내렸다. 이윽고 신미가 침전으로 들었다. 세종이 힘겹게 말했다.
- 꿈이 아니면 어느 길에서 다시 보리.
신미가 아뢰었다.
- 부처의 말씀 한 마디라도 진심으로 믿고 마음에 새기면 한결 가벼워질 것입니다. 의지할 곳 없는 곳에서 세상을 만들고, 사람을 만들고, 멀고 먼 내일을 열게 합니다. 언젠가 한 번은 떠나야 할 목숨, 이제 기억 속에서 놓아주시기 바랍니다.
인왕산 자락을 휘돌아 나온 물소리가 차가웠다. 진달래 꽃잎 속으로 스며드는 소쩍새 울음이 무거웠다.

수양·안평대군, 소헌왕후를 위한 금니 사경
3월 25일 국장·산릉도감을 설치했다.[87]
다음날, 세종은 승정원에 왕후의 명복을 빌기 위해 금니로 사경하라는 명을 수양대군에게 내렸다고 신료들에게 밝혔다.

- 신하의 도리는 마땅히 바른 일을 가지고 아뢰어야 하고, 거짓은 받아들일 수 없다. 세상 사람이 집안과 절에서 부처를 받들고 신을 섬기면서도 다른 사람의 눈치를 보며 신불을 그르다고 반대하고 있다. 내가 이를 좋게 보지 않는다. 중궁이 세상을 떠났다. 아이들이 불경을 만든다기에 이를 허락하고 정부에 의논하니 모두 좋다고 했다. 몇 년 동안 해마다 흉년이 들어 백성이 궁핍하게 살고 있다. 이를 생각해 공금에는 손을 대지 말라고 일렀다. 아이들의 저축과 본궁에서 모아 놓은 것을 쓰려고 한다. 동궁은 책임이 무거우니 대군에게 이미 감장을 맡겼다. 간사를 뽑아 일을 맡겨야 하는데, 내가 듣자니 정효강이 어떤가. 불교를 좋아하고 학문에 재주가 있다고 들었다.

정효강은 길에서 승려를 만나면 반드시 말에서 내려 공경할 정도였다.

좌승지 황수신 등이 아뢰었다.

- 중궁께서 병환이 계셨을 때 내전에서 정근하므로 마음속으로 미안하게 여겼지만 사정이 급해 아뢰지 못했습니다. 부처가 영험이 있다면 반드시 감통感通할 터인데 지금 거짓만 더하게 되니 믿지 못하겠습니다. 위에서 좋아하는 이가 있으면 아래에서 본받아 반드시 따르게 됩니다. 만들지 마소서.

- 경들이 사경을 그르게 여긴다. 어버이를 위해 불사를 하지 않는 사람이 누구인가.

세종이 승지들을 추궁했다. 우부승지 이사철, 좌승지 황수신, 좌부승지 박이창, 동부승지 이순지 등이 한 발도 물러서지 않고 아뢰었다.

- 사경은 중궁에게 털끝만큼의 도움도 되지 않습니다. 그만 두소서.

세종은 후끈 달아올랐다. 목소리가 높아졌다.

- 경들은 모두 의리에 밝지만, 나는 도리를 알지 못한다. 잘못 의논했다. 당장 대성과 집현전의 관원을 불러 오라.

사간 변효경과 집의 정창손, 교리 하위지가 급하게 들어왔다. 세종의 목소리에 찬바람이 일었다.

- 고려 말기에 불교가 성행했으나 조선에 이르러 점차 쇠퇴했다. 나는 각 사찰의 노비를 거둬들이고 전지를 몰수했고, 궁중에서의 송경회와 안거회를 없애 큰 폐단의 절반은 이미 제거했다. 모후의 상을 당했을 때 세 번 법회를 열었다. 태종께서 대자암으로 가라는 명이 있었지만 마침 일이 있어 가지 못했다. 실은 내가 간 것과 다르지 않다. 대군들이 모후를 위해 불경을 만들겠다고 한다. 잘못은 알지만 부득이 허락했으니 그리 알라.

정창손이 아뢰었다.

- 전하께서 어찌 이같이 말하십니까. 최근의 일만 가지고 살펴보더라도 거짓임을 알 수 있습니다. 신은 오히려 시주한 물건을 가져오려고 하는데 다시 불경을 만들 필요가 있겠습니까. 모후의 상중에 태종께서 법회를 명했으니 마지못해 한 일이지만 지금은 전하께서 마음먹기에 달려 있습니다. 옳지 않음을 알면서 왜 하려고 하십니까. 전하께서는 큰 폐단을 몇 가지 없앴지만 흥천사를 다시 고쳐 짓고 경찬회를 연 이후에 불교를 신봉하는 사람이 많아졌습니다. 지금 또 불경을 만든다면 폐단은 이루 말할 수 없습니다.

※ 화보6

하위지도 적극 동조하고 나섰다. 세종이 말머리를 잘랐다.

- 태종 때 폐사된 절을 많이 고쳐지었고, 나 또한 고치기만 했을 뿐 새로 짓지는 않았다. 흥천사는 태조께서 창건한 절이므로 무너지게 할 수가 없어 수리했고, 경찬회도 열었다. 당나라 태종의 황후가 붕어했을 때 태자가 모후를 위해 절의 창건을 청한 적이 있다. 지금은 어찌 그렇게 하지 못하는가.

정창손과 하위지가 거듭 아뢰었지만 세종은 듣지 않았다. 변효경은 애써 임금의 시선을 외면하듯 말없이 마루만 내려다보고 있었다.[88]

세종, 불교를 믿는 무지한 임금

세종은 훈민정음이 창제되기 전까지 일관되게 태종의 불교정책을 유지했다. 그러나 불교를 하루아침에 혁파하지 않았다. 백성의 삶이 풍요롭지 못한 것은 불교의 잘못이 아님을 알고 있었다. 척불과 배불에 앞장섰던 의정부 관료, 집현전 학자들은 이때마다 세종을 물고 늘어졌다. 논설은 늘 날이 서 있었고, 장문의 상소가 뒤를 따랐다. 내용은 초지일관, 대동소이했다. 세종은 "일반 백성을 딱하게 여긴다." "승도도 나의 백성이다. 굶어 죽게 내버려 둘 수 없다."며 받아쳤다.

사헌부와 사간원에서는 집현전 학사를 앞세워 세종을 압박했다. 3월 28일 예정된 수순을 밟듯 집현전에서 불사 반대 상소가 올라왔다.

> […] 불교의 해독은 전하께서 옳고 그름을 환하게 알고 계시니 어찌 신들이 말을 더 보태겠습니까. 불경을 만드는 것은 애통하고, 절박한 심정에서 나왔습니다. 오늘 만들면 내일 반드시 전경轉經의 법석이 이어지게 됩니다. 불사는 한때의 일이지만 불경은 만세에 전해집니다. 전하께서 만약 한 권의 불경을 만들면 사방에서 보고 들은 사람이 따라 해서 불교가 다시 흥하게 될 것입니다. 왕비의 병을 낫게 하기 위해 정근기도를 궁금宮禁에서 두 번이나 베풀었지만 효과는 없었습니다. 이 일로 볼 때 부처가 영험이 없고, 거짓말만 늘어놓고 있음을 확인할 수 있습니다. 명을 거두소서.

세종은 공들여 육성해 온 집현전 학자들이 반기를 들고 나서는 꼴이 못마땅했다. 정치에 참여하지 말라고 선을 그었는데도 아예 무시하고 나섰다. 죽음 앞에 널판을 깔아놓고 덤벼 들었다.

- 고금에 통달한 경들이 불교를 배척하니 현명한 신하다. 그러나 나는 사리도 모르고 불교를 믿으니 정말 무지한 임금이다. 번거롭게 요청을 해도 현신의 말이 무지한 임금에게 맞지 않고, 무지한 임금의 말이 현신의 귀에 들어갈 리 만무하다. 내가 근년에 병이 많아 궁중에 앉아 죽을 날만 기다리고 있다. 경들은 나를 모신 지 오래되어 내가 불교를 믿는지, 안 믿는지 알 터이다. 경들이 고집을 부려 면대를 청해도 만나지 않겠다. 말로 변명하지 않을 것이다. 글을 올려도 내가 볼 여력이 없다. 다시 청하지 말라.

세종은 승정원의 표전지, 조지소造紙所의 주본奏本과 자문咨文에 쓰기 위해 보관해둔 종이를 모아 궐내로 들이라는 명을 내렸다. 수양대군은 안평과 함께 성녕대군의 집에서 금니사경에 들어갔다. 강희안과 이영서가 사경을 맡았다.[89]

도련지의 하얀 속살에 금분이 스며들고 있었다. 수양대군은 친한 벗이자 이종사촌인 강희안에게 당부했다. 목소리가 젖어 있었다.

- 모후의 명복을 빌기 위한 사경이네. 한 획에도 어긋남이 없어야 하네.

강희안이 잠시 붓을 놓고 말했다.

- 가신 분의 극락왕생을 위해 정성을 다할 것이네.
- 『법화경』과 『능엄경』은 인재가 썼으면 하네.
- 빈전을 모시는 일에 황망할 터이니 이쪽 일은 염려하지 말게.

표전지보다 품질이 월등한 경지經紙는 만들기도 어려웠고, 비용도 만만치 않게 들어갔다. 세종은 조지소 별좌 황곤과 김삼근을 한 계급 특진시키며 독려했다.[90]

수양대군은 조지소 책임자를 불러 채근했다. 장인들이 쉴 틈 없이 종이를 떠내 성녕대군의 집으로 드나들었다.

신미는 왕후의 49재를 올릴 절에 대해 점검한 뒤 장의사·대자암·진관사·회암사·장의사 순으로 정해 수양대군에게 전했다. 세종은 궁중에서 인순부·인수부·내자시·내섬시·예빈시·내수소에서 번갈아 재를 준비하라고 명했다.

왕후의 초재를 올린다는 소식은 순식간에 도성 안팎으로 퍼져 나갔다.

3월 29일 창의문 밖 장의사藏義寺에서 초재를 올렸다. 수양·안평대군, 승지와 예조당상 등이 모두 참석했다. 절 마당부터 계곡 초입까지 발 디딜 틈이 없었다. 음식이 산더미처럼 쌓였다. 10,000여 명에 가까운 승려가 공양할 정도였다. 잡객과 거지가 수천 명 넘게 몰려들었다.

명부세계로 간 소헌왕후는 숟가락 하나 들지 않고 남은 자들의 배를 채워주고 있었다.

다음날, 서운관에서 왕후의 장일葬日을 7월 초7일과 19일로 잡았다고 아뢰었다. 세종은 이정녕, 정분 등 여러 승지와 풍수학관의 의논을 들은 뒤 말했다.
- 5개월 안에 장사하는 것은 어길 수 없다. 7월 초7일로 정하라.
예조에서 장례의 행렬이 지나갈 때 도로가 좁으므로 어깨에 메는 상여를 정교하게 만들어야 한다는 의견을 올렸다. 그대로 하라고 명했다.[91]
4월 6일 진관사에서 이재를 올렸다. 흥덕사 주지 일운이 설재設齋를 맡아 많은 재물을 얻고 있었다. 면포 두어 필을 성균관의 학관, 제생에게 나누어 보내며 시 한 수를 슬며시 끼워 넣었다. ※ 화보7

　　만약 공자와 맹자가 우리 부처를 만나면　　孔孟若遭吾佛氏
　　반드시 와서 뵙고 뜰에 꿇으리　　　　　　必然來謁跪於庭

성균관 제생의 눈이 모로 찢어졌다. 시를 찢어버리고 술판을 벌였다.
- 더러운 시를 읽고, 더러워진 세상을 씻기 위해 마셔야겠다.[92]
4월 8일 세종이 양녕대군의 집으로 이어할 뜻을 밝혔다. 사간원에서 반대하고 나섰다.
- 양녕대군은 태종께 득죄해 서울에 들어오지 못하게 하라는 유교遺敎가 있습니다. 지금 그 집에 거둥하신다 들었습니다. 온 조정이 실망하고 있습니다.
세종이 말머리를 잘랐다.
- 형님과 함께 있고 싶었다. 집도 새로 지어 넓고 깨끗해 부족함이 없다. 죄를 말한다면 그럴듯하지만 이어를 막는 것은 옳지 않다. 다시 말하지 말라.
세종이 다음날 양녕대군의 집으로 이어했다.[93]
4월 10일 세종의 탄일이었으나 하례를 정지시켰다. 도굴을 염려해 국장에 금은을 쓰지 말라고 승정원에 전지했다.[94]

4월 13일 대자암에서 삼재를 올렸다. 좌부승지 박이창이 예조참판 윤형에게 말했다.
- 재를 올리는 날 저녁, 왕비의 영여靈輿를 불전佛前에서 맞이하고 뒤편 영실靈室에 봉안하는데 선어仙馭를 굽히어 귀의하는 형상을 하고 있었다. 마음 아팠다.
- 그대의 말이 늦었다. 전하께서 수결한 소문疏文에 "보살이 제자를 훈계한다."고 했다. 마음 아플 게 뭐 있는가.
다음날 세종은 중궁의 장례에 금은을 쓰지 말라고 승정원에 전지했다.
- 예전에 국군國君의 장사에 금은을 쓰지 않음은 후세에 도굴 당할까 염려해서다. 조종의 장사 때도 모두 금은의 그릇을 쓰지 않고, 금가루로 그려서 썼다. 현덕빈顯德嬪의 상사喪事에도 그랬다. 한나라 문제의 장사 때 금은 그릇을 쓰지 않고 와기瓦器를 썼으나 후세에 오히려 도굴을 당했으니 심히 염려된다. 중궁의 상사에는 금은으로 그려 만든 그릇도 쓰지 않으려고 한다. 국장도감 제조에게 상고, 의논해 아뢰라.[95]
세종은 도굴을 당할 것까지 염려하고 있었다. 왕후에 대한 자별한 사랑이었다.
4월 15일 임영대군이 재를 올릴 때 잡승을 쫓아내 예빈판사 신자근의 집에서 쌀을 가져와 먹였다고 아뢰었다. 세종이 말했다.
- 지금 왕비를 위한 재는 칠칠일七七日만 하고, 뒤에는 두 번 할 수 없다. 아무리 흉년이라 해도 국가에서 재를 베푸는데 이렇게 할 수는 없다. 재를 올리는 중은 정한 수효가 있어서 쫓아냈느냐, 준비가 되지 않아서 그렇게 했느냐. 너희들이 뻔히 보고도 아뢰지 않고, 일찍 준비하지 않아 이런 사단이 났다. 몹시 마음 아프다. 유생이 이 말을 들으면 반드시 비난하겠지만, 중이라고 불쌍히 여기지 않을 수 있겠느냐.
승지 박중림 등이 아뢰었다.
- 수계승守戒僧을 빼고, 잡승은 쫓아내 절 밖에서 먹였습니다.
세종은 수라를 드는 둥 마는 둥 한 지가 오래였고, 밤잠을 설쳤다.

양주 회암사와 효령대군 미륵신

4월 20일 양주 회암사에서 4재를 올렸다. 효령대군이 주지 천봉千峰 만우卍雨와 함께 재를 주관했다.[96] ㉘ 화보8

이날 왕비의 시호를 '소헌昭憲'으로 정했다. 성문聖聞이 주달周達한 것이 소昭, 선善을 행하여 기록한 것이 헌憲이다.

4월 23일 죄인의 집으로 이어할 수 없다며 반대한 일이 양녕대군의 심기를 건드렸다. 양녕대군은 온다 간다 말 한마디 없이 가솔 몇 명만 데리고 아침 일찍 사냥에 나섰다. 중참 때가 다 되어 일주문 밖 냇가에 술판을 차려놓고 천보산 자락을 휘돌며 잡은 노루를 구워 먹기 시작했다. 회암사 안으로 고기 굽는 냄새가 번져 나갔다. 승려들이 사색이 되어 명부전과 지장전으로 뛰었다. 할아버지 태조와의 자별한 인연이 있던 절에서 형의 패악질을 당한 효령대군은 황당하기 짝이 없었다.

일주문 밖 계곡에서 술을 마시고 있던 양녕대군에게 정색을 하고 따졌다.

- 지금 왕후의 칠칠재가 한창인데 이러면 곤란하지요, 형님. 오늘만이라도 술과 고기를 드시지 마십시오. 형은 과거 세상에서 복을 많이 심었기에 지금 부귀를 누리고 있습니다. 그런데 현재 세상에서 선행을 닦지 않는다면 미래 세상에서 받을 나쁜 과보를 어찌하시겠습니까.

양녕대군이 웃으며 말했다.

- 불사가 한창일 터인데 나까지 신경 쓸 여유가 있는가. 부처가 만일 영험이 있다면 자네의 모이엄毛耳掩은 왜 못 벗겨. 내가 과거 세상에서 복을 심었는지는 알 수 없으나, 살아서 왕의 형이 되었으므로 부귀를 누릴 것이다. 지금 세상에서 선을 닦지 않는다 해도 죽어서는 또 부처의 형이 될 테니 내 악보惡報가 어찌 소멸되지 않겠느냐.

병이 있어 한여름에도 족제비 털로 만든 모자를 벗지 않는 효령대군의 약점을 역으로 빗댄 언사였다. 면박을 당한 효령대군은 불편한 심기를 누르고 재를 계속 이어갔다. 국상 중에 일어날 수 없는 일이었지만, 형의 패악이 어디 하루 이틀이었던가.

재를 끝낸 뒤 효령대군이 시회詩會를 열었다. 주지 만우가 등수를 매겼다. 묘한 시가 하나 눈에 띄었다.

※ 화보9 - '효령대군미륵신孝寧大君彌勒身'⁹⁷

시학의 달인, 천봉 만우

천봉千峯 만우卍雨는 월창月窓과 함께 이색과 이숭인을 만나 시학詩學을 논했던 고려 말, 조선 초 시학의 달인이었다.

신미의 외할아버지 이행이 중국으로부터 성리학을 들여와 만우에게 전해 주었다. 세종이 문사들을 보내 만우에게 배우게 했다.⁹⁸

만우는 환암 혼수幻菴混脩, 1320~1392의 제자다. 어려서부터 학문에 힘써 탐구하지 않은 경전이 없었고, 시사詩思가 청절清絶했다. 집현전의 선비들도 모두 탑하榻下에 나아가 글을 물었다. 성대하게 유석사림儒釋士林의 사표가 되어 사람들이 모두 존경했다. 용모는 후리후리, 기력은 강건했다. 며칠을 굶어도 주린 빛이 없고, 몇 그릇의 밥을 먹어도 배부른 기색이 없었다. 항상 빈 방에 우뚝 앉아 조촐한 책상 위쪽에 옥등玉燈을 걸고 깨끗한 책상을 놓고 밤새워 책을 읽었다. 작은 글자까지 하나하나 연구하며 졸거나 드러눕는 일이 없었다.⁹⁹

'천봉千峰'의 호는 목은 이색이 지어주었다. 이색은 만우의 스승인 환암 혼수와 함께 걸었던 사이였다.

> 조계曹溪의 우상인雨上人은 구곡각운龜谷覺雲의 제자다. 내게 와서 그의 호號를 청했다.
> - 구곡은 이름을 잘 지어 주는 분이다. 어찌 유독 상인에게 아끼리오. 내 생각에는 일운一雲이 어떨까 한다.
> 만우가 말했다.
> - 우리 문도門徒가 스승을 섬기는 것은 마치 자식이 어버이를 섬기는 것과 같습니다. 그런데 일운은 우리 스승의 명호名號입니다. 다른 이름으로 바꿔 주셨으면 합니다.
> - 내가 구곡과 어울려 노닌 기간이 또한 오래되었다. 그런 사실조차 잊어

버리다니 이것은 나의 실수다. 그렇다면 천봉千峯으로 바꾸는 것이 어떻겠는가.
- 그것이 좋겠습니다. 이에 대한 해설도 아울러 끝까지 들려주셨으면 합니다.
만우가 이미 좋다고 한 이상 내가 또 어떻게 사양할 수가 있겠는가.[…] 하나의 봉우리라고 해서 부족한 것이 되지도 않고, 일만 개의 봉우리라고 해서 넘치는 것이 되지도 않을 것이니, 상인이 어디에 거처하든 그곳이 바로 좋은 곳이라 하겠다.
그 봉우리 위로 밝은 달이 둥실 떠오를 때 선정禪定에서 나와 차를 끓이노라면 마음이 맑아질 것이다. 어찌 이 명호名號를 취하지 않을 수 있겠는가. 또 그 봉우리 아래로 눈이 쌓여 천하에 가득할 때 선정에 들어가서 벽을 마주하고 도를 닦노라면 상인의 마음이 드높아질 것이다. 어찌 이 명호를 취하지 않을 수 있겠는가.
상인이 취한 우雨라는 이름과 관련해서는 또 무슨 의미가 들어 있다고 하겠는가. 우雨라는 이름은 즉 '비가 곧 나'라는 뜻일 터, 내가 천봉千峯에 머물며 사해四海에 비를 내려 은택을 끼쳐 주겠다고 하는 의미가 들어 있다. 그렇게 되면 새싹이 돋아나고 껍질이 터지며 풀과 나무가 생장하고, 가화嘉禾가 출현하고 농촌에 풍년이 들고 나라를 상서롭게 하고 백성을 풍족하게 해 줄 것이다. 그 이로움이 엄청날 것이다. 상인이 우雨라는 이름을 취한 것도 바로 여기에 뜻이 있지 않겠는가. 하지만 비는 항상 내려서는 안 되는 것, 제때에 맞춰 내리게 해야 할 줄로 믿는다.[100]

세종은 1443년세종 25 4월 27일 만우에게 흥천사로 올라오라고 명한 뒤 예빈시에서 3품 관직에 해당하는 녹봉과 안장 갖춘 말 한 필을 내려 주었다. 두보杜甫의 시를 주해注解할 때 의심나는 점을 물어보기 위해서였다.[101] 다음해 회암사로 돌아갈 때 옷 4벌을 하사했다.[102]
한편 박팽년은 회암사에서 사가독서를 할 때 만우를 만났다.

천봉千峯은 선림禪林의 대표. 예전에 흥천사 주지로 있을 때 내가 누차 만난 적이 있다.[…] 금년 봄, 휴가를 받아 천보산에 들어갔다. 천봉은 나이가 팔순이 넘었는데도 오히려 눈도, 귀도 밝았다. 나의 기쁜 마음이 어떠했겠는가. 천봉도 내가 온 것을 기뻐하며, 방장에 앉히고 차를 대접했다.[103]

조선 초기 시단의 봉우리였던 유방선은 만우의 가르침에 감읍해 시 한 수를 받쳤다.

흥천사 주지 스님은	卓錫興天寺
선가의 빛나는 법손	禪家奕世孫
임금께서 늘 안부를 묻고	君主加禮貌
재상이 삼가 찾아뵙네.	卿相謹寒喧
일찍 선을 꿰뚫고	早透曹溪學
더불어 유학도 탐구했지	兼探闕里言
시에도 탁월한 재능, 정곡을 뚫었고	工詩曾破的
설법할 때마다 근원을 밝히네.	說法每逢原
장강과 같이 탁 트인 마음,	胸次長江闊
문장은 반짝이는 이슬과 같아	詞話湛露繁
나란히 도은과 함께 가고	齊驅陶隱駕
환암의 문하에서도 우뚝 솟아	優入幻菴門
불문에 그 이름 새삼 무겁고	釋苑名逾重
유림에도 명망 더욱 높아라	儒林望更尊
달 가리킨 손가락 이미 잊은 지 오래,	已能遺月指
새삼 혜능의 풍번을 새길 필요 없네.	肯復鬪風幡
적멸은 스님의 즐거움,	寂滅爲師樂
분주한 나는 본성을 잃었네.	奔馳喪我存
쥐가 갉아 넝쿨 끊기듯 목숨은 아슬아슬,	鼠侵藤欲絶
채소밭 망쳐 놓은 양처럼 속은 다 썩어	羊踏菜難蕃
정진하기엔 이미 늦은 몸.	精進功雖晚
귀의할 뜻만은 더욱 두터워	歸依意自敦
생각 끊어진 곳에서 법안 얻으려 해도	眼思離鏡像
티끌 세상 떠나지 못하는 몸 부끄러워라	身愧縛塵喧
옥대 걸고 내기하던 소동파를 어찌 탓하리	玉帶寧嫌賭
백태 낀 눈 빗어낼 참빗 구하노니	金篦庶可援
부디 향기로운 불빛 찾아서	願尋香穗去
하룻밤 새 깨달음에 들고 싶어라.	一宿達眞源[104]

김수온은 유방선에게 문장과 시를 배웠다.

소헌왕후를 위한 사경 불사

4월 23일 광주廣州 천왕사天王寺에서 사리 10매를 궐내에 바쳤다.[105]

4월 24일 영릉英陵의 형역瑩域을 열었다. 다음날 정인지를 예조판서, 황수신을 도승지에 임명했다.[106]

4월 30일 수재와 한재가 겹치고 있었다. 서울과 각 도의 구황 양곡이 바닥났고, 한 달 동안 비가 오지 않아 다음 일이 염려됐다. 강원도 일원의 농사가 되지 않았다. 부역하는 선군船軍 1,500명 중 500명을 보리가 익은 뒤 능역 공사에 나오게 하고 돌려보냈다. 의정부에서 주자소의 인쇄와 외방 책지冊紙의 제작을 가을까지 만이라도 중지하고, 영릉이 헌릉의 도국圖局 안에 있어 능을 지키는 군사를 따로 정해 배속하지 말라는 의견을 올렸다.

- 삼군에 동원된 군사의 수도 많다고 들었다. 그대로 실행하라.[107]

5월 7일 조지소에서 사경에 쓸 경지經紙를 만들게 했다. 종이의 품질은 표전지보다 월등했지만 만들기 어렵고 비용도 많이 들었다. 안지를 예문제학에 임명하고, 조지소 별좌 황곤과 김삼근을 한 계급 특진시켰.

5월 8일 세종은 모든 정무를 세자에게 품신하라는 명을 내렸다.

- 국가의 서무庶務를 다시 세자로 하여금 재결裁決하게 했다. 도승지 외의 다섯 승지는 각각 맡은 일을 가지고 세자가 있는 곳에 가서 신품申稟하라.[108]

5월 17일 찬바람이 불고 궂은비가 줄기차게 내렸다. 길 가는 자 중에 솜저고리를 입은 자가 있을 정도였다. 산릉에서 돌을 끄는 승군이 눌려 죽었는데도 숨기고 아뢰지 않았다. 세종이 엄하게 질타했다.

- 제조와 낭청을 잡아들여 국문하라. 사실대로 고하지 않으면 고문해도 좋다.

5월 18일 세종이 승정원에 전지했다.

- 대군이 왕비를 위해 불경을 만드는데 드는 비용 중에 어려운 일은 내가 도와주었다. 집현전에서는 내가 이 경을 만든다고 불만인 모양이다.

그러나 실상은 그렇지 않다. 대자암으로 사경을 끝낸 불경을 옮겨 모신 뒤 명복을 빌고자 한다.[109]

집현전 수찬 이영서, 돈녕부 주부 강희안이 한 달 넘게 성녕대군의 집에서 금니와 단사丹砂로 써내려갔다. 수양과 안평대군이 오가며 감독, 『법화경』·『미타경』·『법망경』·『기신론』·『지장경』의 사경을 마무리 지었다. 세종은 동서인 대사헌 강석덕에게 발문을 쓰라고 명했다. 강석덕은 왕후의 넋이 불경의 행간을 나룻배 삼아 고해苦海를 무사히 넘어가기를 빌었다.

> 대웅씨가 자비와 희사喜捨로 미혹한 중생들로 하여금 머리를 깎고 중이 되게 하고, 또 이른바 복전福田과 이익의 설이 있기 때문에 인인仁人과 효자 등 그 지극한 은혜 갚기를 도모하는 자는 귀의하지 않을 수 없다. 그러나 그 말이 삼장三藏에 실려 있는 것이 넓고 크고 한만汗漫하여 능히 주변을 엿볼 수 없어 반드시 도움과 이익이 되는 간절할 말씀을 등사하여 돌려본다. 이로 연유하여 유명幽冥한 속에서의 왕래를 인도하려 하니, 어찌 진실로 그러하리오. 우리 소헌왕후께서는 타고난 성덕이 중미重美를 온전히 갖추셨다. 만세를 누리심이 마땅하나 갑자기 승하하셨다. 모든 대군이 울부짖어 사모하고, 몹시 고통스러워하고 스스로 슬픔을 견디지 못한 채 "능히 효도를 다하지 못했는데, 명복을 비는 일마저 없앤다면 호천망극昊天罔極한 은혜를 장차 어찌 갚으리오."라고 말하며 죄를 무릅쓰고 굳이 청했다. 임금이 가하다고 하교하셨다. 이에 삼장三藏 중에서 가장 별다르고, 나은 것을 취하여 모았다.
> 『법화경』은 만법萬法이 신묘하여 한 마음을 밝게 한다. 『아미타경』은 마음을 편하게 하고, '몸을 편히 기를 곳'으로 돌아가게 이끌고, 길이 극락을 누리도록 한다. 보문품普門品은 기機와 정情이 은밀히 계합하여 사람과 법이 다 같이 묘하다. 『법망경』은 중생이 계율을 받아 지니면 곧 불지佛地에 들어간다. 『기신론』은 대신승大信乘을 갖추고 불종佛種을 끊지 않는다. 『지장경』은 고취苦趣를 구원하여 뽑는 것과 자비참법慈悲懺法으로 허물을 뉘우치게 한다.
> 티끌과 때를 뺀다는 것을 모두 다 명백히 표창하고 금니와 단사丹砂를 사용, 묘한 해서체로 써서 여러 가지 보배로 장식했다. 책머리에 변상變相을 씌워 보는 자가 반복해서 외우고 읽는 것을 기다리지 않고도 숙연히 공경하고, 사

모하는 마음이 극진하게 될 것이다. 어찌 이렇게 지극할 수 있는가.

슬프다. "마음이 곧 부처다."는 말이 있다. 우리 왕후께서 어질고 또 성스러우니 곧장 여래의 대광명장大光明藏으로 들어가셨을 것은 의심할 일이 아니다. 어느 겨를에 천발薦拔하리오. 효자의 마음에 비록 한 티끌, 한 터럭만큼 적어도 진실로 어버이를 이롭게 하는 일이라면 극진해야 한다. 이 경經은 실로 고해苦海의 자비스러운 배가 되고, 어두운 길을 밝히는 횃불이 되어 왔다. 간절하게 도움과 이익을 얻고, 법보를 이루어 복리를 무궁하게 받을 것이다. 지성스런 효도에 대한 감응을 어찌 쉽게 헤아릴 수 있겠는가.[110]

강석덕은 백가百家의 여러 서적을 탐구하지 않은 것이 없었다. 그의 스승은 신미의 외할아버지 문절공文節公 이행이었다.[111] 강석덕이 쓴 소헌왕후의 묘지문墓誌文은 자획이 정묘했다. 사람들이 다투어 그의 글을 받아 가보로 삼으려 했다.

조정에 모셔도 부족하지 않은 신미

5월 27일 대자암에서 소헌왕후의 명복을 빌기 위한 전경회轉經會를 베풀었다. 신미와 수양대군이 주관했다. 모든 대군과 제군이 참여했고, 모인 승려가 2,000명이 넘었다. 전경회는 7일 동안 이어졌다.

> 전경회는 고려의 옛 풍습이다. 번개幡盖 : 화려한 일산를 앞세우고, 황금색 뚜껑이 있는 수레에 작은 불상을 모시고 앞뒤에서 악공들이 주악을 연주했다. 선종과 교종의 승려 수백명이 좌우에서 따르며 각각 명향名香을 받들어 경을 외웠다. 동자승이 수레에 올라 북을 쳤다. 독경이 끝나면 음악이 이어졌고, 음악이 그치면 다시 독경이 이어졌다. 부처를 받들고 궁궐에서 나오면 임금께서 광화문까지 배웅했다. 해가 지도록 시가를 순행했다. 모화관慕華館과 태평관에서 낮 공양을 받들었고, 각 관청의 관리들이 분주히 물건을 바쳤다. 오직 견책을 받을까 두려워해 육법공양六法供養을 베풀었다. 피리·북·염불소리가 산과 들녘에 울려 퍼졌다. 유가儒家의 부녀자들이 물밀 듯 모여들어 구경했다.[112]

전경회의 비용 일체는 궁궐에서 나왔다. 안평대군 부인의 종형으로 왕실과 연관된 불사에 지극정성으로 참여, 세종의 눈에 들기만을 바라고 있었던 인순부 소윤 정효강이 안팎으로 발이 닳도록 뛰어 다녔다. 그는 평상시 집에 있을 때도 삿된 일을 하지 않았다. 사림士林에서는 겉으로는 맑고 깨끗한 척 행동하지만, 속에는 탐욕을 품고 있는 인사로 치부했다. 불사를 마무리하는 날, 정효강이 대놓고 말했다.

- 신미 화상은 묘당廟堂 : 조정에 있어도 부족하지 않다.[113]

사관의 시선은 곱지 않았다. 신미를 '간승奸僧'·'요승妖僧'으로 깎아내렸다.

빗속으로 떠난 소헌왕후

7월 4일 엄청난 비가 퍼부었다. 7월 5일에도 큰물이 졌다. 세종이 우의정 하연, 좌찬성 황보인, 우찬성 김종서, 좌참찬 정분, 대사헌 강석덕, 판중추원사 이순몽을 불렀다.

- 금년은 흉년이 들고, 역질이 크게 돌았다. 수재와 한재가 겹쳐 군중을 동원하기가 어렵다. 산릉의 일이므로 마지못해 백성을 사역시켰다. 그러나 대신은 진실로 임금에게 충성할 줄 모르는 인사들이다. 한꺼번에 15,000명을 동원해 일을 시켜 죽은 자가 100여 명이나 된다. 병든 사람도 적지 않으니 사망자가 더 나올 수 있다. 공역을 빨리 하는 것은 좋지만 내 마음이 불안하기 짝이 없다. 돌난간과 정자각은 후일에 만들 수 있다. 석실을 만드는 군사 외에 광 밖의 일을 하는 인부는 모두 돌려보내라.

- 큰 일이 마무리 되지 않았으니 돌려보낼 수 없습니다.

- 8,000명 외에는 모두 보내고, 석실의 개석을 놓은 다음 4,000명을 보내라.[114]

7월 10일 경기도 안성, 양성, 죽산 등지에 큰비가 내렸다. 산이 무너지고, 민가와 절이 30여 채나 떠내려갔고 13명이 압사했다.

7월 11일 충청도 충주에 큰비가 내렸다. 산이 무너지고 9명이 죽었다.[115]

7월 16일 축시에 왕후의 재궁梓宮 : 임금이나 왕비의 관을 발인했다. 왕세자가 대군, 여러 군과 각 관사의 관원 1명을 거느리고 시위했다. 살곶이내箭串川에 도착했다. 빗물이 넘쳤다. 재궁을 유주維舟 : 배와 배를 묶어 만든 배에 싣고 건넜다. 삼전도 들판에서 주정晝停했다. 물이 크게 불어나 건널 수 없었다. 재궁을 모시고 낙천정樂天亭으로 돌아왔다. 군사와 백관이 앞서고 뒤에 서는 등 창졸간에 서로 복종僕從을 잃고, 저녁때가 되었어도 밥을 먹지 못한 사람이 많았다. 소식을 들은 세종이 쌀과 술을 내려보냈다.
- 시운이 따르지 않아서 일어난 일이다. 비에 젖고 굶는 사람이 있으면 정성껏 구호하라.[116]

> 소헌왕후 장례 때 큰 비가 와서 강물이 불어 재궁이 건너갈 수 없었다. 부득이 낙천정에 임시로 모셨다. 남쪽으로 머리를 두어야 한다, 혹은 북쪽으로 머리를 두어야 한다는 등 의논이 분분했다. 정인지가 뒤에 이르러서 말했다.
> - 예문禮文에 빈소殯所에서 남쪽으로 머리 두는 것은 그 어버이를 죽지 않은 것으로 생각한 뜻이며, 광중壙中에서 북쪽으로 머리 두는 것은 죽은 것으로 하기 때문이다. 지금은 역시 빈궁殯宮이니 남쪽으로 머리를 두는 것이 마땅하다.[117]

다음날 비가 멈추고 바람이 그쳤지만 강물은 넘쳐흘렀다. 역가曆家의 배를 타고 물을 건널 수 없다는 말이 나돌았다. 진시辰時가 되어서도 재궁이 출발하지 못했다. 세종은 다급하게 명을 내렸다.
- 오늘은 날이 개었다. 배를 타고 건널 수 없다는 말이 있지만 『당력唐曆』에 이런 금기가 없다. 강을 건너가라.
군사들이 흩어져 주변의 배를 모아 유주를 다시 만들었다. 재궁은 흔들리며 강을 건너 광주 대모산 자락의 능에 닿았다. 국장이 빗속에서 마무리되고 있었다.
7월 19일 재궁을 영릉에 모셨다. 같은 봉분에 석실石室은 따로 두었다.

동쪽에 소헌왕후의 실, 서쪽에 수실壽室 : 임금이 살아 있을 때 미리 만들어 두는 무덤을 두었다.[118]

세자와 수양·안평을 비롯한 대군과 대소신료는 파김치가 되어 있었다. 세종은 양녕대군의 집에서 머물며 국상을 마무리 지었다. 소헌왕후가 없는 경복궁은 쳐다보기도 싫었다. 얽매이기 싫어하는 큰 형의 성정을 누구보다 잘 알고 있던 세종은 추석 다음날 수양대군의 집으로 이어했다. 구름은 낮은 듯 멀었고, 인왕산의 봉우리는 낮은 듯 높았다. 한꺼풀 벗어나려고 하는 마음은 늘 마음 밖에 있었다.

세종의 건강은 권력의 이물과 고물을 붙잡고 있는 신료에게 초미의 관심사였다. 말이 통하는 세상, 소통의 세상이 이어져 온 적이 있었던가. 백성과의 소통은 권력을 유지하는 데는 쓸모없는 사치였다. 회통回通보다는 불통不通이 조이고, 돌리는 데는 적격이었다.

세종이 국정 운영을 세자에게 일임한 채 훈민정음에 집중하고 있는 것이 불만이었지만 드러내 놓고 반대할 만한 명분이 없었다.

세계 유일의 문자해설서, 『훈민정음訓民正音』

세종은 훈민정음의 최종 마무리를 소헌왕후의 국상중이라고 미루어 둘 수 없었다. 집현전 대제학 정인지를 불렀다.
- 경은 훈련된 인재들이 무엇을 좋아하고, 어떤 분야에 정통한지 잘 파악하고 있다. 3년 전 훈민정음의 창제를 발표했다. 그러나 부족한 부분이 많다. 8월 하순까지 종합 정리해 보고하라.

최항·박팽년·신숙주·성삼문·강희안·이개·이선로가 정음청에서 자리를 뜨지 않았다. 대자암에 머물고 있던 신미는 수양대군으로부터 해례본의 자료를 넘겨받아 세종의 자문에 대비했다.

1446년세종 28 9월 29일, 세종은 3년 동안의 보완 끝에 훈민정음 창제를 마무리 짓고 『훈민정음訓民正音』일명 『훈민정음해례본』·『훈민정음 원본』을 목판본으로 찍어 백성에게 반포했다.[119]

훈민정음 편찬의 중심은 문신이지만, 세종이 명령하고 지침을 준 점으로 세종이 바로잡아 편찬했다. 어정서御定書의 전형이었다.[120]

『훈민정음』의 차례는 세종의 「어제서御製序」, 새로운 문자의 간략한 해설의 「본문」, 집현전 학사 최항·박팽년·신숙주·성삼문·이개·이선로, 돈녕부 주부 강희안 등이 풀이한 「해례解例」, 정인지의 「해례서解例序」로 되어 있다.

세종은 새로운 문자의 창제를 통해 불교와 유학을 동시에 보급하겠다는 뚜렷한 목적을 가지고 있었다. 치밀하게 계획하고, 실천에 옮긴 '훈민정음의 길'은 집현전 학자들이 중심이 된 유학의 길, 신미와 김수온, 수양·안평대군이 중심이 된 불교의 길이었다.

신미는 세종의 명에 따라 훈민정음 속에 불교의 핵심을 은밀하게 녹여 넣었다. 세자文宗와 수양·안평대군의 긴밀한 협조가 있었다.

『훈민정음』의 목판본 글씨는 안평대군이 썼다.[121] 반듯한 해서체와 해행서체楷行書體로 되어 있다.[122] 해설서의 면수面數는 총 33쪽이다.[123]

세종 어제御製 훈민정음 서문

세종 어제御製『훈민정음』의 서문은 한자 원문은 54자, 언해문은 108자다.[124] 불교의 법수法數를 당겨왔다. 훈민정음을 통해 백성의 번뇌와 고통이 사라지고, 부처의 자비가 온 누리에 가득하기를 바라는 불심佛心을 축자역逐字譯으로 반영했다.

※ 화보10

　　나랏말ᄊᆞ미 듕귁에 달아 문ᄍᆞ와로 서르 ᄉᆞᄆᆞᆺ디 아니홀ᄊᆡ 이런 젼ᄎᆞ로 어린 빅셩이 니르고져 홇배이셔도 ᄆᆞᄎᆞᆷ내 제 ᄠᅳ들 시러 펴디 몯훓 노미 하니라 내 이ᄅᆞᆯ 윙ᄒᆞ야 어엿비 너겨 새로 스믈 여듧ᄍᆞ를 밍ᄀᆞ노니 사ᄅᆞᆷ마다 ᄒᆡ여 수비 니겨 날로 ᄡᅮ메 뼌한킈 ᄒᆞ고져 홇 ᄯᆞᄅᆞ미니라.

　　國之語音. 異乎中國. 與文字不相流通. 故愚民. 有所欲言而終不得伸其情者. 多矣. 予. 爲此憫然. 新制二十八字. 欲使人人易習. 便於日用耳.[125]

신미는 세종께서 짧고, 명쾌하게 써내려 간 훈민정음 어제의 마지막 구절에 남은 '이耳'를 눈여겨봤다. 어제의 한자 원문은 54자였다. 절묘한 수의 상징이 숨어 있었다. 세종은 어조사로 한껏 낮춘 이 한자 하나 속에 고구려와 백제, 신라, 고려의 모든 백성이 함께 들었던 '소리 속의 소리'를 넣었다. 모도잡아 듣고 느낄 수 있게 한 '들음[耳]'이었다.

- 숙이지만 숙이지 않는다. 오직 한 사람만이 할 수 있는 일. 내 몸 속에 텅 빈 것과 가득 찬 것이 어디로 가는가. 오직 사람만이 생명이다. 들어라, 나는 말하지 않았다. 들은 자는 조선의 하늘 아래 수없이 많지만, 들

고 돌아선 자는 말하지 않고 길을 간다. 훈민정음의 길을.

신미는 서문의 '통通'에 주목했다. 소리의 맑고 흐림, 비어 있어야 소리가 나고 든다. 노래를 듣는 이는 노래 속에서 바람을 읽고, 바람의 흐름을 본다.

- 당신께서 몸을 던지며 하나를 더한 것이 28자였다. 27자로도 다할 수 있었던 새로운 문자의 체계를 세종께서 한 자 더 한 것은 오로지 한 뜻, 이타행利他行이었다. 28자로써 굴리고 바꾸며 끝없이 간다. 간단명료하고, 정밀하다.

'ㄱ, ㄲ, ㅋ, ㆁ'의 발음을 표시하는 한자를 모으면 '군규쾌업君虯快業'이다. '임금과 왕자가 즐겁게 일을 이루었다.'는 뜻이 행간 속에 숨겨져 있었다.[126]

해례편은 제자해制字解·초성해初聲解·중성해中聲解·종성해終聲解·합자해合字解·용자례用字例로 나뉘어져 있다. 중세어의 음운 체계에 대한 종합 설명이 담긴 중요한 부분이다.

신미는 훈민정음 창제에 관련된 산문 형식의 해설 뒤에 칠언고시七言古詩 형태의 운문인 '결訣'로 압축했다. 전형적인 불교경전에서 취하고 있는 게송偈頌과 중송重頌의 형식을 당겨왔다. 결訣은 선시禪詩였고, 기리는 노래였다.

ㄱ君·ㅋ快·ㄲ虯·ㆁ業의 소리는 어금닛소리,	君快虯業其聲牙
혓소리는 ㄷ斗·ㅌ呑과 ㄸ覃·ㄴ那이네	舌聲斗呑及覃那
ㅂ彆·ㅍ漂·ㅃ步·ㅁ彌은 곧 입술소리,	彆漂步彌則是脣
잇소리에는 ㅈ卽·ㅊ侵·ㅉ慈·ㅅ戌·ㅆ邪이 있네	齒有卽侵慈戌邪
ㆆ挹·ㅎ虛·ㆅ洪·ㅇ欲은 목구멍소리,	挹虛洪欲迺喉聲
ㄹ閭은 반혓소리, ㅿ穰은 반잇소리이네	閭爲半舌穰半齒
스물 세자가 자모子母가 되니	二十三字是爲母
만 가지 소리 다 이로부터 나고 또 나네	萬聲生生皆自此[127]

최만리가 비밀리에 만든 훈민정음의 사용을 반대하는 상소문을 작성할 때 그에 상응하는 검증과 논리가 바탕에 깔려 있었다. 그의 기록에 의하

면 '언문 27자'로 되어 있다. 정인지의 서문에는 '언문 28자'로 늘어나 있다. 여린 히읗ㆆ이 빠져 있다.[128]

집현전의 상층부에 있던 최만리 등이 훈민정음의 사용을 공공연하게 반대하고 나온 배경에는 역설적으로 집현전의 학사들이 창제 사실은 알고 있었지만 작업에 참여하지 않았다는 하나의 반증이었다. 세종이 세자와 수양·안평대군, 신미와 김수온과 함께 진행한 첫 창제 작업과 만들고 난 뒤 『훈민정음』 해례본의 편찬에 참여한 학자들과 분명하게 선을 긋고 봐야 한다.

정인지 서문

정인지의 서문은 『훈민정음』 해례본의 마지막에 실려 있어 세종의 서문과 구별하기 위하여 '정인지 후서'라고도 한다. 서문의 내용은 최만리의 상소에 반박이라도 하듯 조목별로 반대의견을 펼치고 있다. 특히 그는 훈민정음은 "슬기로운 사람은 하루아침이 끝나기도 전에 깨칠 수 있고, 어리석은 사람도 열흘이면 넉넉하게 배울 수 있다."고 강조했다.

> 천지자연의 소리가 있으면 반드시 천지자연의 글이 있다. 때문에 옛 사람이 그 소리를 바탕으로 글자를 만들어 만물의 정을 통하게 했다. 삼재天·地·人의 근본원리를 실었으니 후세 사람들이 쉽게 바꿀 수 없었다. 그러나 사방의 풍토가 다르고, 소리의 기운[聲氣]도 이에 따라 각각 다르다. 대개 중국 이외의 외국어는 말의 소리는 있으나, 글자가 없어 중국의 글자를 빌려 그 쓰임에 통하고 있다. 이것은 마치 둥근 구멍[鑿]에 모난 자루를 낀 것과 같이 들어맞지 않고 서로 어긋나서, 어찌 능히 통달해 막힘이 없을 것인가. 그러므로 각기 다 처한 바에 따라 편리하게 할 것이지, 억지로 똑같게 할 수는 없다. 우리나라의 예악과 문장은 중국과 다를 것이 없다. 다만 우리말과 사투리는 중국과 다르다. 그러므로 글을 배우는 사람들은 그 뜻을 알아내기 어려워 고심하고, 옥사를 처리하는 이들은 사건의 곡절을 통하는데 어려움을 겪어 고심하고 있다. 옛날 신라의 설총이 처음으로 이두를 만들어 관청과 민간에서 지금까지 쓰고 있다. 이두는 한자를 빌려 쓰는 것이어서 때로는 어렵고, 때로는 막혀서 비루하고 근거가 일정하지 않

고, 말하는 것을 적는 일에는 그 만분의 일도 통하지 못했다.

1443년세종 25 겨울에 우리 전하께서 정음 28자를 만들고, 간략하게 보기와 뜻을 들어 보이고, 이름하여 '훈민정음'이라 했다. 그 글자는 상형象形 : 발음기관의 형상을 본떠서 만든 것을 했지만 옛날의 전자篆字와 비슷하다. 소리를 따랐으므로 음은 일곱 가락[七調]에 맞고, 삼극三極, 三才의 뜻과 이기二氣, 陰陽의 묘가 모두 포함되었다. 28자로써 전환이 무궁하며, 간편하고 요긴하고 정밀하게 쓸 수 있다. 그러므로 슬기로운 사람은 하루아침이 끝나기도 전에 깨칠 수 있고, 어리석은 사람도 열흘이면 넉넉하게 배울 수 있다. 이 글자로써 한문을 풀면 그 뜻을 잘 알 수 있고, 이것으로 소송 사건[訟事]을 다루면 그 실정을 쉽게 알 수가 있다. 글자의 운韻으로서는 청탁淸濁을 잘 가려낼 수 있고, 악가樂歌는 노랫가락[律呂]이 잘 조화된다. 쓰는 데 부족함이 없고, 가는 데마다 통하지 않음이 없다. 비록 바람 소리, 학의 울음소리, 닭의 홰치며 우는 소리, 개 짖는 소리라도 잘 적을 수 있다.

전하께서 이 글자에 대한 상세한 해석을 붙여 모든 사람에게 알리라고 명했다. 이에 신정인지이 최항집현전 응교, 박팽년과 신숙주교리, 성삼문 수찬, 강희안돈령부 주부, 이개와 이선로행 집현전 부수찬 등과 더불어 모든 풀이와 보기를 지어 이 글자의 줄거리를 서술했다. 이 글을 보는 이들이 스승이 없어도 혼자 스스로 깨달을 수 있기를 바란다. 다만 그 깊은 연원과 정밀하고 묘한 이치에 대해서는 신들이 능히 펴 나타낼 수 있는 일이 아니다.

공손히 생각하건대 우리 전하께서는 하늘이 내린 성인이다. 지으신 법도와 베푸신 시정의 업적이 모든 왕을 뛰어넘었다. 정음을 지으심도 있던 것을 이어 받아 펴신 바가 없고, 자연에서 이룬 것이다. 참으로 그 지극한 이치가 아주 많으며, 사람의 힘으로 한 사사로운 일이 정녕코 아니다. 대저 동방에 나라가 있은 지 오래 되었으나, 만물을 열어 놓고 그 일을 성취하는[開物成務] 큰 지혜는 대개 정음을 알리는 오늘을 기다리고 있었다

1446년세종 28 9월 상한, 자헌대부 예조판서 집현전 대제학 지춘추관사 세자우빈객 정인지는 엎드려 절하고 두 손 모아 삼가 이 글을 씁니다.[129]

소헌왕후를 위한 대자암 불사

대자암을 불태우란 말이냐

10월 4일 우참찬 정갑손이 정부의 의논을 모아서 대자암 불사의 정지를 청했다.

- 불교의 허망함을 성상께서 환하게 보고 계십니다. 지난 번 중궁께서 아플 때 불사를 궁중에서 베풀어 금은으로 불경을 쓰고, 등롱까지 금은과 주옥으로 꾸몄습니다. 전경회를 대자암에서 열려고 하는데, 중궁을 위한 불사는 절박한 심정에서 행한 일이므로 말하지 못했습니다. 이번 불사는 정지시키는 것이 좋겠습니다.

세종이 말했다.

- 궁중에서의 정근은 예로부터 있었지 내가 시작하지 않았다. 옛날에 태종께서 성녕대군의 쾌차를 위해 사경하고 등롱을 만들 때 황금 2정을 썼다. 그때 주옥을 구워 만드는 방법을 몰라서 등롱도 금을 썼다. 지금은 구워 만든 주옥을 쓰고, 사경에만 금을 사용할 뿐이다. 그러나 얼마 되겠는가. 대군들이 왕비의 명복을 빌기 위해 하는 일이므로 금지시키지 않았다. 나의 과실이니 어쩔 수 없다.

정갑손이 거듭 나섰다.

- 지금 성상께서 부처를 믿으시니 백성은 모두 "임금께서도 이같이 하시는데……."라고 말하며 다투어 본받아 널리 퍼지게 되면 막을 수 없

습니다. 비록 대군들이 한 일이지만 나라 사람은 모두 성상께서 지시했다고 여깁니다.

세종은 더 이상 말을 섞고 싶지 않았다. 수양대군에게 명해 정갑손을 힐책했다.

- 임금이 할 수 없다는 것을 적賊이라 이른다. 당초 사경에 나섰을 때 세 번 불사를 올릴 예정이었다. 일이 거의 마무리 단계인데 지금 옳지 않다고 말하고 있다. 아비곡종의 작태가 이 지경에 이르렀는가. 지금 경의 혼자 생각인가, 여러 사람의 의논을 대신 전하는 것인가.

- 여러 사람과 의논한 것입니다.

세종이 노기 띤 목소리로 말했다.

- 처음에는 찬성하고 물러가서 뒷말을 한다. 비록 소신小臣일지라도 하지 않을 터인데 어찌 대신이 할 일인가. 이미 만들어 둔 등롱 등의 물건을 장차 불살라 버려야 그만 두겠는가. 이를 진정 바라고 있는가.

- 이미 만들어진 물건을 부셔 버릴 수 없다면 부처 앞에 이를 둘 것이며, 주옥이 아까워 버릴 수 없다면 등롱은 부수고 주옥만 취해도 됩니다. 다만 불사르고 불사르지 않는 것은 성상의 처분에 달렸습니다. 오로지 신은 불사의 정지를 원할 뿐입니다.

- 지금 등롱을 불태우면 마땅히 불경과 대자암도 불태우고, 그곳의 중들도 모두 속인을 만든 뒤에야 가능할 것이다. 어떻게 처리하겠는가.

- 불경은 이미 만들었고, 대자암은 조종께서 세웠는데 어찌 갑자기 불태우겠습니까. 중의 환속과 불법의 흥폐興廢도 운수가 있으니 갑자기 바꿀 수 없습니다.

- 등롱을 부처 앞에 달아 놓고, 불경도 없애지 않고 불사만 정지시키면 체면이 서겠느냐.

- 계획된 불사라도 신들의 청에 따라 멈추면 좋은 일입니다.

- 불경과 등롱은 없애지 않고 불사의 정지만 요구하고 있다. 한 자를 굽혀 여덟 자를 곧게 하는 것[枉尺直尋]이다.

- 진실로 한 자를 굽혀 여덟 자를 곧게 하자는 뜻이 아닙니다. 성상께서 불경과 등롱을 부수려고 하지 않기 때문에 전하의 뜻을 받들어 차마 배척하지 못하고 이같이 말했을 뿐입니다. 만약 사경과 등롱의 사용을 찬성하고 불사를 그르다고 멈춰달라고 간했다면 상교가 진실로 옳습니다.
- 대군에게 왕비를 위해 불경을 만들라는 의향을 보였더니 대신이 모두 옳다고 해서 이에 따랐다. 임금과 비밀리에 의논해 놓고 물러가서 서로 비난하며 모른 체하고, 나에게 허물을 돌리는 것이 대신의 도리인가. 나는 불교를 좋아하는 임금이다. 너희들이 모두 버리고 이를 잊었지만 이단의 일을 빌미로 허물 삼지 않겠다.[130]

내가 이미 불교를 좋아하는 임금이다

반드시 불사를 일으키겠다는 세종과 이번 기회에 아주 오금을 박으려는 신하들의 오기싸움으로 번졌다. 완공된 대자암도 필요하다면 불태우겠다는 세종의 태도에 대소신료는 또 다른 빌미를 찾고 있었다.

10월 5일 의정부에서 불사의 정지를 거듭 청한 뒤 전날의 실언이 잘못되었음을 시인했다. 세종이 말했다.

- 임금과 신하 사이는 원수元首와 고굉股肱과 같으므로 반드시 서로 도와야 한다. 내가 틀린 일을 벌이면 대신이 간함은 당연한 일이다. 무엇을 꺼려서 따르지 않겠는가. 이미 쓴 경문經文은 헛되게 버릴 수 없다. 피람하지 않는다면 무엇에 쓸 것인가. 사경을 명한 지도 벌써 6, 7개월이 지났다. 옳지 않다고 여긴다면 미리 방지해 그치게 하고, 일이 이미 성취되고 난 뒤에 그치라고 간하는 것은 앞뒤가 맞지 않다. 만약 헛된 일이었다면 왜 관련자를 문책하고, 만들어 둔 불경을 불살라 영원히 뿌리 뽑으라고 청하지 않았느냐.

우의정 하연은 세종이 작정하고 나선 일임을 알고 있었다. 결정을 내리지 못하고 한참 동안 말없이 있다가 아뢰었다.

- 처음에 성상께서 신에게 왕비를 위해 불경을 만들려고 하는데 어떻겠

는가를 물어서 옳지 못하다고 했습니다. 동궁과 여러 대군이 사경의 일을 물었을 때 신이 옳지 못하다고 했습니다. 그러나 이미 불경이 완성되었는데 어찌 보지 않겠습니까. 해마다 실농失農, 국가의 경비가 넉넉하지 못하니 불사를 크게 베풀 수는 없습니다. 만약 한다면 잠시 설치함이 편하겠습니다.

우찬성 김종서는 세종의 결정에 따르겠다고 아뢰었다.

- 신은 작위가 높고 성은이 지극히 중하오니 무슨 바람이 있겠습니까. 감히 말을 떠벌려 명예를 구할 수는 없습니다. 노신을 성상의 좌우에 있게 하시니 눈으로 의롭지 못한 일을 보고 가만히 있을 수 없어 예감을 번거롭게 하고 있습니다. 참작해 주소서.

좌참찬 정분은 하연의 의논과 같았다. 우참찬 정갑손이 아뢰었다.

- 신은 이미 앞서 다 말씀드렸습니다. 무슨 말을 더 하겠습니까.

- 내가 3, 40명의 중을 모으라고 했다. 극히 간략한 편이다. 하지 않으면 그만이지만. 한다면 어찌 인원을 줄일 수 있겠느냐. 비록 중의 수효를 줄이더라도 나의 덕에 무슨 보탬이 있겠으며, 대신이 반대해 일을 하지 않게 했다고 하겠는가. 다시 말하지 말라.

좌부승지 이사철이 사옥死獄의 일을 아뢰었다.

- 내가 불사를 준비하며 재계하고 있다. 후일에 아뢰라.

다음날 사헌부 장령 강진이 거듭 불사의 중지를 건의했다.

- 부처를 공양하고 중에게 재계하는 일은 무익하고, 시기에 맞지도 않습니다. 국가에 이익이 있다면 피해가 백성에게 가더라도 신이 어찌 정지하기를 청해 천총을 더럽히겠습니까.

세종이 말했다.

- 전일에 정부의 말도 내가 듣지 않았다. 너의 청을 어찌 따르겠느냐.

- 천하의 도리에는 두 가지가 있으니 옳고 그름 뿐입니다. 일의 그름은 신이 비록 말씀 올리지 않더라도 고금을 통해서 누가 알지 못하겠습니까. 중궁께서 병환이 나셨을 때 상하에서 지성으로 기도했는데도 효험을

얻지 못했습니다. 부처를 섬겨 얻음이 없는 좋은 예입니다. 전하께서는 일찍이 부처 섬기는 일을 마음에 두지 않았습니다. 오늘날 지극히 믿으시니 매우 섭섭합니다.

- 모든 대소신료가 현명해서 능히 정도를 걷고 있다. 나만 홀로 부처를 받들고 있으니 부끄럽다. 할 말이 없다.

강진이 집요하게 불사의 정지를 요구했고, 세종은 싫은 기색을 노골적으로 드러냈다. 불사를 핑계 삼아 왕권에 도전해 오는 꼴이 보기 싫었다. 당장 사헌부에 내려 주리를 틀고 싶었지만 대꾸하지 않는 쪽으로 방향을 틀었다.

- 옳고 그름에 대한 말이 순리에 맞으면 들을 만하다. 그러나 뜻을 굽혀 교묘하게 꾸민 말은 듣기 싫다.[131]

전 신료가 작정하고 나선 일은 쉽게 가라앉지 않고 있었다.

10월 7일 사간원 좌정언 윤배가 불사 정지를 청함이 의정부의 내용과 같았다.

- 그대들이 말을 잘하는데도 내가 이를 들어주지 못해 수치스럽다. 다른 사람의 하는 일을 보고 따라 본받게 되니 실로 부끄럽게 여긴다. 올 봄에 내 생각을 대간에 분명히 일러두었다. 무슨 말을 더 해야 하느냐.

- 올 봄에 수륙재를 명했습니다. 대자암 불사는 정지시키소서.

- 수륙재는 불사가 아니고 무엇이냐.

정창손, '집안이 도륙되는 한이 있어도…'

10월 9일 사간원에서 불사의 정지를 청했으나 윤허하지 않았다. 사헌부 집의 정창손이 두 번째 상소를 올렸다. 배불의 선봉장다운 집요한 공격이었다. 집안이 도륙되는 한이 있더라도 이번 불사는 꼭 반대하겠다며 이리떼처럼 덤벼들었다.

> […] 신들이 무상無狀해 굳이 간해서 처음에 그치게 하지 못하고 시일을

미루어 지금에 이르러 조용히 있으며 말하지 않는다면 비록 온 집안이 도륙되더라도 직무를 게을리 한 죄, 메울 길 없습니다. 불교를 존숭해 이금泥金으로 사경하고, 황금으로 책표지 그림을 그리고, 번당幡幢은 주옥과 비취로써 장식해 정교함이 극에 달했고, 의발과 천막 등 여러 가지를 준비했습니다. 불사를 크게 일으켜 곡식과 재물을 허비함이 기록할 수 없을 정도입니다. 해마다 풍년이 들지 않았습니다. 무뢰배인 중은 10명, 또는 100명이 떼를 지어 좋은 의복과 음식으로써 백성의 고혈을 착취하며, 종실과 귀족들은 시주가 모자랄까 염려하고 있으니 후일의 폐단은 말로 할 수 없습니다. 저들이 비록 나라를 복되게 하고 백성을 이롭게 하더라도[福國利民] 지금 흉년을 당했으니 마땅히 정파해야 합니다. 결단을 내려 사교邪敎를 제거하되 의심하지 말고 정파를 명한다면 유학과 나라에 큰 다행일 것입니다.

세종이 도승지 황수신, 우승지 박중림을 내전으로 불렀다.
- 대간에만 그칠 일이 아니다. 지금 대신도 모두 이와 같은데 일의 가부를 의논할 때는 "옳다."고 하고 물러가서는 "그르다."고 말을 바꾸고 있다. 내가 만약 말한 사람이 아무개라고 하면 부끄러울 뿐이다. 말을 하지 않겠다.

우의정 하연이 말을 바꾸었다. 황수신이 물러갔고, 수양대군이 내전으로 들었다. 세종은 꼴도 보기 싫은 강진에게 말을 전하라고 명했다.
- 불경을 써서 피람하라는 일에 대해 대간에게 뜻을 전한 지 벌써 8개월째다. 전일에 정부에서 불사의 정지를 청했고, 이튿날 사헌부에서 또 말꼬리를 잡고 있다. 이것은 반드시 정부의 말을 듣고 와서 아뢰면서 스스로 다른 사람보다 뒤진 것을 싫어해 "배표拜表할 때 각 관사의 관리가 사고가 있어 비로소 이를 알게 되었다."고 속여서 말하고 있다. 내가 덕이 없지만 임금이 되어 간사하고 정직하지 못한 사람을 보고서도 혐의를 피하고자 처벌하지 않는다면 어찌 선을 좋아하고, 악을 미워하는 정사政事라 할 수 있겠는가.

정창손과 강진, 지평 조욱과 유맹부, 사간원 우사간 변효경, 지사간 정지담, 헌납 원내인·박윤창, 정언 윤배와 김통을 의금부로 압송했다. 좌부승

지 이사철이 국문에 나섰다.¹³²

10월 10일 세종은 대간의 죄를 훈민정음으로 일일이 써서 환관 김득상에게 의금부와 승정원에 보이게 했다. 집현전 학사들이 대간에서 불사의 정지를 간한 신하를 가둔 일은 잘못되었다며 나섰다. 직제학 이계전, 응교 최항·어효첨, 교리 박팽년, 수찬 성삼문, 부수찬 이개·이예, 박사 서거정, 한혁, 유성원, 저작 이극감이 와서 아뢰었다.

- 대간은 임금의 귀와 눈과 같은 관직입니다. 지금 국사를 간함이 옳지 않았다고 처벌한다면 언로가 막히게 됩니다. 용서하기 바랍니다.

수양대군이 훈민정음으로 쓴 글을 보이며 세종의 말씀을 의금부에 전했다.

- 죄가 이와 같다. 용서할 수 없다.¹³³

세종이 훈민정음을 반포한 지 불과 한 달 만에 척불을 주장하는 유신들의 죄상을 언문으로 작성, 모든 문신에게 보여준 일은 득보다는 실이 많았다. 훈민정음 창제에 잔뜩 반감을 품고 있었던 유신의 불만을 자극했다. 유신의 척불과 훈민정음에 대한 불만은 바람개비로 변해 갔다. 그러나 세종의 생각은 한발 더 나가 있었다. 불교를 통해 훈민정음이 백성에게 스며들 수 있음을 확신하고 있었다.

10월 11일 세종은 『용비어천가』의 보완을 위해 집현전 직제학 이계전과 응교 어효첨에게 지시했다.

-『고려사』는 처음 찬술할 때 매우 간략하게 해서 뒤에 다시 첨입했지만 빠진 일이 많다. 지금 다시 교정을 봐야 할 것이다.[…] 그대들은 여러 사관과 함께 사초史草를 자세히 상고, 도조·환조로부터 태조에 이르기까지의 행적을 샅샅이 살펴서 아뢰라.

10월 12일 이사철이 정창손 등의 옥사獄辭를 가져와 아뢰었다. 세종이 말했다.

- 강진이 불사의 정지를 청하던 초기에 정부에 들은 것을 숨겼으므로 다시 청하던 날, 내가 "정갑손이 이미 재차 와서 아뢰는데 그대들이 어찌

알지 못하는가."라고 힐문했다. 강진도 숨기고 발설하지 않으니 반드시 딴 생각을 품었다. 끝까지 추문해 실정을 알고 난 뒤에 그만 두겠다. 강진이 상소하는 날, 추핵한다는 명령을 듣고서도 길에서 벽제辟除하며 평일과 같이 다녔다. 배종한 이졸을 추문하라.[134]

대자암에서 7일 동안 베푼 전경회

10월 15일 수양대군과 안평대군은 대자암에서 두 번째 전경회를 베풀었다.[135] 주옥으로 정교하게 조각한 등롱을 극락전에 진설한 뒤 금니로 사경한 『화엄경』 등의 경전을 소헌왕후의 영전에 올렸다. 전경회는 7일 동안 이어졌다. 모인 승려가 1,000여 명이 넘었다. 장만한 떡과 과일 등 음식이 산더미처럼 쌓였다. 정효강이 분주하게 돌아다니며 모자람이 없는지 챙겼다. 옆에 있던 김수온이 말했다.
- 불경을 읽어 그 뜻을 얻으면 『대학』과 『중용』은 한낱 찌꺼기다.
분이 풀리지 않은 세종은 정창손 등을 좌천시키고, 강진의 고신을 3등 감했다.[136]
11월 8일 세종은 『태조실록』을 궁 안으로 들여오라고 명했다. 언문청에 두고 사적을 밝혀서 「용비시龍飛詩」에 보태어 넣으라는 뜻이었다. 춘추관에서 아뢰었다.
- 『실록』은 사관만이 볼 수 있습니다. 언문청은 잘 드러나고, 바깥사람의 출입이 그치지 않는 곳입니다. 신들은 매우 옳지 않다고 생각됩니다.
- 내전內殿으로 옮기라. 춘추관 기주관記注官 어효첨과 기사관記事官 양성지로 하여금 초록抄錄해서 올리게 하라.[137]
세종은 안으로 챙기고, 밖으로 드러나지 않게 하고 있었지만 훈민정음으로 조선 왕조의 창업과 내일로 이어지는 날을 기록으로 남겨야 한다는 생각에는 변함이 없었다. 『용비어천가』의 행간 속에서 햇살 가득한 날이 이어지기를 바랐다.

『석보상절』·『월인천강지곡』·『용비어천가』 편찬

세종의 명으로 『석보상절』 편찬 시작

세종은 훈민정음의 보급을 위한 불경 간행의 일은 일체 관료와 상의하지 않고 수양대군을 앞세워 강하게 밀고 나갔다.

- 왕후의 명복을 비는 데 훈민정음으로 불경을 번역해 책을 펴내는 일만한 것이 없다. 석가모니의 일대기를 정리한 책을 한 자리에 모아 정리하도록 하라. 적임자는 내가 이미 정해 두었다.

수양대군이 조심스럽게 아뢰었다.

- 김수온과 함께 하라는 말씀이신지…….

세종이 말했다.

- 그렇다. 옛 자료를 찾아 정리하는 능력이 탁월하다. 유·불·선의 경계를 무시로 넘나들고 있다. 훈민정음의 핵심을 확철하게 꿰뚫고 있는 신미와 김수온이 있어 든든하다. 삼재三才의 대가였던 외할아버지 이행의 가르침이 결코 헛되지 않았다.

12월 2일 세종이 김수온에게 『석가보釋迦譜』의 증수增修를 명했다.[138] 다음날 김수온은 수양대군의 집으로 거처를 옮겼다.

『석가보』의 편찬은 낮은 창문에 띠를 이은 집 두어 칸에서 진행됐다. 한 겨울 추위를 녹이기 위해 군불을 괄게 지폈다. 방바닥엔 돗자리를 깔았다. 수양대군과 김수온은 낮에는 탑榻을 가로 놓고 함께 의논했고, 밤에는 달리 마련해 둔 서재에서 관련 불서를 읽었다. 김수온이 간혹 늦잠을 자는 날이면 수양이 문을 밀치고 들어와 흔들어 깨우기도 했다. 수양대군은 김수온이 부사직종5품으로 직책은 아득하게 낮았지만 벗을 대하듯 안팎의 숨김이 없었다.

며칠 뒤 수양대군이 김수온과 함께 대자암에 주석하고 있는 신미를 찾았다. 텅 빈 들판에 노을이 번지고 있었다. 차를 한 잔 마신 뒤 부처의 생애를 간략하게 말해달라는 청을 넣었다. 꽃살 무늬가 촛불에 흔들렸고, 쑥독새가 풍경을 따라 울고 있었다. 신미가 말했다.

- 부처의 말씀은 단순한 지도地圖가 아닙니다. 나를 던져버리고, 허물어 버린 곳에 길이 있습니다.

수양대군은 새로운 세상에 대해 눈을 뜨는 듯 했다. 험한 세월을 넘어 깨달음에 든 신미께 김수온이 물었다.

- 남제南齊 승우僧祐, 444~518의 『석가씨보釋迦氏譜』와 당나라 도선道宣, 596~667의 『석가보』를 살펴보았는데 너무도 간략한 일대기였습니다.

신미가 대답했다.

- 『석가보』·『약사경』의 도리천설법, 『지장경』·『묘법연화경』을 중심으로 한문본을 엮으면 한결 내용이 풍부해 질 것이다.

수양대군이 찻잔을 내려놓고 말했다.

- 부왕께서 어머니의 극락왕생을 바라는 찬술이므로 정성을 쏟으라고 일렀습니다. 『석가보』의 한문본이 묶어지면 훈민정음으로 쉽게 새겨 읽는 사람이 삼보에 나가 귀의하기를 바란다고 하시며 반드시 『훈민정음』의 어제 서문을 정음으로 번역, 책머리에 새겨 넣어 백성이 쉽게 배울 수 있는 길을 열어주라고 당부했습니다.

찻잔이 식어 있었다. 신미가 차를 다시 우려내 따른 뒤 말을 이었다.

- 훈민정음 창제의 뜻을 밝힌 「훈민정음 서」와 「예의」편을 책의 앞머리에 두면 될 것입니다. 글자본은 대군께서 썼으면 합니다.

- 저보다 안평이 더 적합하지 않겠습니까.

- 안평대군의 글씨는 부드럽고, 우아합니다. 시화詩畫에는 더없이 잘 어울리지요. 하지만 훈민정음체의 첫 활자본은 잘 쓰는 것보다는 균형과 강직함이 조화를 이루어야 합니다. 한 겨울을 견뎌낸 소나무 가지와 같고, 장쾌하게 내리 꽂히는 폭포 같은 문자향이 우러나야 할 것입니다.
- 먹향을 맡아본 지 오래되었습니다. 걱정이 앞섭니다.
- 먹향보다는 어머니의 향기를 맡아 보세요. 쓰지 말고, 느끼세요. 하늘과 사람과 땅이 어울려 하나 되는 세상의 오묘한 조화를…….
- 궁구해 보겠습니다.

요사채에 딸린 부엌간에서 댕, 댕, 댕 종소리가 울렸다. 수양대군이 일어섰다.
- 공양을 하고 가시지요.
- 밤길에 익숙하지 않은 말을 끌고 와서…….

대자암 부근 민가의 지붕 너머로 솔가지 태우는 연기가 낮게 깔리고 있었다. 산새도 고단한 날개를 접고 성녕대군의 무덤 옆 소나무 숲으로 파고들었다. 수양대군이 돌아가고 난 뒤 신미는 아우와 마주 앉아 오랫동안 이야기를 나누었다.

수양대군과 김수온은 신미의 자문에 따라 석가보를 간정刊定한 뒤 금륜왕金輪王의 계보를 추원追遠했다. 겁초劫初에서 시작해 대승의 전한 것까지 빠뜨리지 않았고, 서역에서 온 패엽경貝葉經의 경문을 처음으로 번역했다. 편마編摩한 것은 20권이었지만, 거의 천함千函의 관련 경전을 탐구, 토의한 결과였다.[139]

김수온은 수양대군이 다른 일로 자리를 비우는 날에도 두문불출『석가보』의 찬술에 몰입했다. 세종께서 일의 진척이 궁금해 사람을 보내 물어오면 바로 시어소로 들어가 아뢰었다.

김수온은 초고가 마무리 될 때마다 수양대군을 통해 세종의 재가를 받고 신미께 역해譯解를 부탁했다. 수양대군은 원고가 마무리 될 때마다 언문청에서 주자소로 넘겼다. 조판공은 아예 주자소에서 먹고 자며 주자를 찾고, 판을 짜 찍어냈다. 한자의 큰 글자는 갑인자, 작은 글자는 경자자를 썼다.

수양대군은 18살 때 정성 들여 썼던 글자를 보는 감회가 남달랐다. 해를 넘기면 서른인 그가 한자가 아닌 훈민정음의 글자체를 쓰고 있었다. 수양대군은 동활자로 찍어낸 책을 볼 때마다 태종과 세종이 이룩해 낸 제왕학의 깊이를 실감했다. 태종은 조선의 개국 초기 두 차례 왕자의 난을 겪으며 왕자와 관료가 학문에 전념할 수 있는 길을 열 필요성을 강하게 느꼈다.

1403년태종 3 태종은 놋쇠를 활자로 부어 만들 것을 하교했다.

- 우리나라가 해외에 있어 중국의 책이 드물게 이른다. 목판에 새겨 만든 책은 획이 잘 이지러지고, 경비와 공정 관계로 천하의 책을 찍어낼 수가 없다. 내가 구리쇠를 본떠서 글자를 만들어 중국에서 책이 들어올 때마다 찍어내어 널리 퍼뜨리게 할 것이다.

태종은 구양순체를 중심으로 출판된 책을 내주어 자본으로 삼게 했다. 테두리와 사이줄이 고정되어 있는 판 틀에 활자를 끼워 넣는 방법을 썼다. 고정된 판 틀에 밀초로 활자를 끼워 넣어 많은 양의 주자를 만들어 낼 수 있었다. '계미자'라 명명된 이 글자체는 가로획이 가늘고 바른쪽 어깨가 약간 올라간 느낌이었다. 획은 직선으로 처리해서 날카롭고 굳센 맛이 났고, 글자의 모양이 옆으로 넓어서 안정감이 있었다. 태종의 무인다운 기상이 잘 드러난 활자였다.

1420년세종 2 세종은 계미자가 크고 인쇄에도 잘 맞지 않아 능률이 오르지 않는다는 의견을 받아들여 공조참판 이천과 전 소윤 남급에게 활자를 바꾸는 방안을 연구하라고 지시했다. 이천은 글자의 등 몸체를 평평하게 고치고, 두께를 짧게 만들어 쇠의 소요량을 줄인 '경자자'를 만들어냈다. 끝이 뾰족하지 않은 입방체 활자였다. 판 틀은 고정되어 있으나, 사이줄은 판을 짤 때 하나씩 끼워 넣고 그 사이를 대나무쪽 등으로 메웠다. 하루에 10장 정도를 찍어낼 수 있었다. 이전보다 두 배에 가까울 정도로 능률이 향상되었다. 활자본 인쇄의 획기적 성과였다.

세종은 만족하지 않고 1434년세종 16 명나라 관판본인 『위선음즐爲善陰騭』·『효순사실孝順事實』·『논어』 등의 책의 글자를 본따서 활자를 다시 부어 내게 했다. 모자라는 글자는 진양수양대군에게 쓰게 해 공조에서 만들어냈다. 능률과 실질 면에서 최고의 금속활자인 갑인자였다. 글자본은 해서체에 행서체의 맛이 녹아들어 있는 진체晉體로 계미자나 경자자의 모나고, 딱딱한 느낌을 없앴다. 부드럽고 우아했다. 테두리 선도 단선에서 두 선으로, 안쪽 선은 가늘게 처리했다. 먹물도 고르게 묻어 하루에 40여 장을 박을 수 있었다. 서울을 비롯해 각 도에서 균형 잡힌 좋은 책을 접할 수 있게 되었다.[140]

12월 15일 세종이 평양군 조대림의 집으로 이어했다. 둘째 누이 경정공주가 반갑게 맞았다. 12월 20일 부지돈녕 김중렴의 집으로 이어했다.[141]

12월 26일 훈민정음을 이과吏科와 이전吏典의 취재에 시험과목으로 포함시키라고 이조에 지시했다.

- 간혹 문맥이 틀리더라도 합자合字의 능력이 있는 자를 뽑으라.[142]

훈민정음 보급의 초기였으므로 단순하게 합자자음과 모음을 합쳐 음절자를 만드는 법만 할 수 있어도 글자를 깨친 것이나 같았다.

12월 27일 부마 이백강의 집으로 이어했다.[143] 큰 누이 정순공주가 맞았다. 세종은 정묘년의 망궐례를 받으러 경복궁으로 돌아가기 전까지 머물렀다.

최항 등, 『용비어천가』 주해 완료

1447년세종 29 2월 중순 최항·박팽년·강희안·신숙주·이현로·이개·신영손이 참여해 『용비어천가』를 주해하고, 교정을 마쳤다. 정인지·권제·안지 등이 한시와 한문으로 찬진한 초본의 전면 보완이었고, 훈민정음으로 정리한 최초의 문헌이었다. 최항을 비롯한 신진 집현전 학자들은 세종의 훈민정음 창제가 신묘한 생각과 깊은 지혜에서 우러나온 것임을 느끼고 있었다. 앞으로 봐도, 뒤로 봐도 절묘했다. 과거를 준비하며 어릴 때부터 수없이 쓰고 외웠던 한자를 한 눈에 들어오는 소리글로 정리하며 내일이 열리는 기쁨을 맛보고 있었다.

최항이 『용비어천가』의 발문을 썼다.

> 시경詩經에 「송頌」이 있음은 무릇 선왕의 높은 덕과 이루신 공업을 기림으로써 사모하는 마음을 담고 자손으로써 지킬 길을 삼기 위함이다. 예로부터 운세를 일으킨 임금은 한 둘이 아니다. 그러나 남겨진 기록의 거룩하고 신묘함, 하늘이 내리고 백성이 받듦, 덕이 두텁고 공이 두드러짐, 사적이 아름답고 기이함이 우리 조종祖宗과 같이 뛰어난 예는 없었다. 그 기리는 노래를 짓는 것은 당연하다. 을축년에 의정부 우찬성 권제·우참찬 정인지·공조참판 안지 등이 가시歌詩 125장을 지어 올렸다. 모두 사실에 의거해 노랫말을 만들어 옛일에 비추어 오늘을 살피도록 되풀이하여 풀어내고, 끝에는 규계規戒의 뜻으로 마무리 지었다. 전하께서 읽어보고 기쁘게 여겨서 『용비어천가』라는 책명을 내려주셨다. 그러나 서술된 사적史蹟이 사서史書에 실려 있으나 사람이 두루 읽어보기에 어려우므로 마침내 최항과 수집현전 교리 박팽년·수돈녕부 판관 강희안·집현전 부교리 신숙주·수부교리 이현로·수찬 성삼문·이개·이조좌랑 신영손 등에게 명해 주해註解를 넉넉하게 덧붙이도록 하셨다. 이에 인용한 사적의 본말을 서술하고, 음音과 훈訓을 달아 읽기에 편하도록 하여 모두 10권을 만들었다.[144]

수양대군, 꿈에 어머니를 뵙다

소헌왕후가 잠들어 있는 대모산大母山 자락에 진달래가 피고 있었다. 수양대군은 김수온과 함께 두문불출하며 『석보상절』의 편찬에 몰입하고 있었다. 신미에게 넘길 원고를 정리하다 침향을 살라놓고 문득 잠들었다. 꿈에 그리운 어머니를 뵈었다. 화사하고 맑은 눈빛이 생시와 같았다. 또렷한 목소리로 수양에게 말했다.

- 나를 위해 두 부처님과 여덟 보살상을 조성하여 용문사龍門寺에 안치해다오.

수양대군은 가슴 저미는 아픔에 더 잠들 수 없었다. 아침 일찍 대자암으로 길을 잡았다. 신미가 맞았다. 차 한 잔을 마신 뒤 수양이 간밤의 꿈 이야기를 했다. 신미가 말했다.

- 불경에서 이르기를, "중생을 고해苦海를 건너 벗어나게 하여 극락세계로 인도하는 가장 인연 있는 이로는 사바세계의 교주인 석가여래와 극락세계로 인도하는 아미타불, 그리고 문수보살·보현보살·관세음보살·대세지보살·금강장보살·제장애보살·지장보살·미륵보살이다."고 했습니다. 왕후께서 나타내신 두 부처님과 여덟 보살은 이 분일 것입니다.

수양대군이 말했다.

- 잠시도 미뤄 둘 수 없는 일입니다. 조성에 필요한 승려와 장인을 빨리 모아 주시기 바랍니다.

신미는 효령대군과 함께 승장을 엄선했다. 수양대군은 바로 경복궁 안에서 보살상 조성에 들어갔다.[145]

4월 20일 세종이 예조에 모든 관리 시험에 훈민정음을 공식 취재 과목에 넣으라고 지시했다.

> 이제부터 함길도 자제로서 관리 시험에 응시하는 자는 다른 도의 예에 따라 6재六才를 시험하되 점수를 갑절로 주도록 하라. 다음 정기 시험[式年]부터 시작하라. 먼저 『훈민정음』을 시험, 입격한 자에게만 다른 시험을 보게 할 것이다. 또한 각 관아의 관리 시험에도 모두 『훈민정음』을 시험하도록 하라.[146]

안평대군의 「몽유도원도」

안평대군은 인왕산 자락의 무계정사 매죽헌梅竹軒에서 「몽유도원도夢遊桃源圖」를 펼쳐 놓고 시회詩會를 열었다.

하연·김종서·정인지·박연·강석덕·김수온·최항·박팽년·성삼문·신숙주·이개·서거정, 의기투합했던 이현로 등이 참석했다. 시승詩僧 만우도 아흔의 노구를 이끌고 천보산 회암사에서 인왕산 골짝으로 넘어왔다.

안평대군이 제서題書와 서시를 쓴 뒤 화축畫軸에 시와 부를 남길 것을 청했다. 안견이 1447년세종 29 4월 23일, 비단 위에 먹과 채색으로 그린 명품가로 106.6cm, 세로 38.7cm이었다. 온화한 평지와 구름을 뚫고 솟아오른 기암절벽을 활달하고 꼼꼼한 필치로 그려낸 선경이 펼쳐져 있었다. 안평대군은 「몽유도원도」를 그린 내력을 짧지만 명문장으로 요약했다. ※ 3부 화보7

> 1447년세종 29 4월 20일 밤. 내가 잠들려고 할 때 정신이 아련해지며 깊은 잠에 빠지고, 이내 꿈을 꾸게 되었다. 홀연히 인수仁叟 : 박팽년와 더불어 어느 산 아래 이르렀는데, 봉우리가 우뚝 솟고 골짜기가 깊어 산세가 험준하고 그윽했다. 수십 그루의 복숭아 꽃나무가 있고, 그 사이로 오솔길이 나 있는데 숲 가장자리에 이르러 갈림길이 되어 있었다.
> […] 나는 궁궐에 몸을 기탁해 밤낮으로 일에 몰두하고 있는 터에 어찌해 산림에 이르는 꿈을 꾸었단 말인가. 그리고 또 어떻게 도원에까지 이를 수 있었단 말인가. 내가 서로 좋아하는 사람이 많거늘, 도원에 노닒에 있어 나를 따른 자가 하필이면 이 몇 사람이었는가. 생각건대 본디 그윽하고 궁벽한 곳을 좋아하며, 마음에 전부터 산수 자연을 즐기는 생각을 가지고 있었고, 아울러 이들 몇 사람과의 교분이 특별히 두터웠던 까닭에 함께 이르게 되었을 것이다. 이에 가도可度 : 안견로 하여금 그림을 그리게 했다. 옛날부터 일컬어지는 도원이 진정 이와 같았을 것인지 여부는 알 수 없었거니와 뒷날 이 그림을 보는 사람이 옛날 그림을 구해 나의 꿈과 비교하게 되면 무슨 말이 있게 될 것이다. 꿈을 꾼 지 사흘째에 그림이 다 되었는지라 비해당匪懈堂의 매죽헌梅竹軒에서 이 글을 쓰노라.[147]

박팽년이 안평대군의 발문에 화답하는 「몽도원서夢桃源序」를 썼다. ※ 3부 화보 7-1, 7-2

> 백대百代가 지나도록 스러지지 않는 일이 있다. 진실로 사람의 이목을 움직일만한 기괴한 자취가 아니면 어찌 이와 같이 멀리 후세까지 전해질 수 있을 것인가. 도원의 고사故事를 시문으로 지어 전하는 것이 매우 많지만, 나는 세상에 태어남이 늦어 직접 보고 듣지 못했으므로 신선세계로 가는 길이 영영 이대로 묻혀 버리고 마는 것이 아닌가 생각했다. 어느 날 비해당이 몸소 지은 「몽유도원기夢遊桃源記」를 나에게 보여주었다. 그 행적이 진기하고 문장이 섬세했다. 깊숙한 시내와 들판의 상황과 도원의 멀고 가까운 모습들이 옛날의 시문과 조금도 다르지 않았다. 나 또한 따라 노니는

그 행렬 속에 끼어 있었다. 그 글을 읽으면서 나도 모르게 옷깃을 여미고 감탄하며 말했다.
- 이런 일이 있었다니, 참으로 기이하도다.[148]

만우 스님과 김수온 등 연회에 참석한 이들이 찬시를 써 내려갔다.[149]

※ 화보11　※ 만우

꿈속에서 신선 세상 노닌 것 신비로운데	夢遊僊境事尤神
나의 재주 모자라서 알뜰히 펼치기 쉽지 않구나	顧我才疎未易陳
골짜기마다 흘러내리는 물, 몇 해를 울려퍼졌던가	萬壑水流幾年響
숲 속엔 온통 복사꽃 피어나 사계절이 봄	千林桃發四時春
잠든 동안 훨훨 날던 베갯머리 나비,	睡中栩栩枕邊蝶
깨어나니 웬일로 다시 침상 위의 몸	覺後濛濛床上身
이 이치 어찌 홀로 칠원漆園만 따졌으랴	奚獨漆園論此理
그 옛날 노자가 이미 글로 써냈거늘	伯陽當日已書紳

※ 화보12　※ 김수온

깊은 곳 신선들 사는 땅 한 떼기,	一片僊都隔奧區
흰 구름 일고, 닭 울고 개 짖는 소리 유장하다	白雲鷄犬信悠悠
진秦, 한漢 천하를 다툰 뒤로	秦皇土木龍爭後
진晋나라 선비들 돼지꼴로 보내던 때 있었다	晋代衣冠豕渡秋
꽃피고 잎지는 것 보며 세월가는 줄 아는 고을,	草木變衰成四序
어른 사는 곳에서 자손도 터를 잡아	子孫生長服先疇
복숭아꽃 흐드러진 계곡으로 휘돌아 드는 물소리	桃花萬樹溪千曲
누가 있어 어부에게 이 길을 일러 찾게 했는가	誰遣漁朗取次遊
해시계는 오경이 다 되도록 날 새기 재촉하는데	官漏聲催五夜長
자줏빛 봄 휘장 그윽하게 휘감아 도는 향기,	紫羅春帳動薰凉
지금 있는 곳 구중궁궐, 속세와는 아득해	地分禁掖塵凡隔
꿈속에서 화서華胥로 드니 온 세상이 꽃향기	夢入華胥世界香
속세를 벗어난 그윽한 정취,	自是雅情超物外
구름 넘어 저쪽 세상 찾아든 것	肯緣高躅訪雲鄕
나랏일 놓아두고 전원으로 돌아갈 때 되면	他年政爾歸田去
나룻터 풍광이야 절경이어도 나는 몰라	不用灘頭物色光

5월 3일 전국에 도둑떼가 들끓었다. 보고를 접한 세종이 승정원에 특별 지시를 내렸다.

- 흥천사 탑의 복장에는 태조께서 친히 쓰시던 물건을 비롯해 많은 보물을 모셨다. 도둑이 들끓고 있어 방비할 계책을 염려하지 않을 수 없다. 옛날에 개성부 관음굴觀音窟에 조종祖宗께서 만든 금자경金字經을 함에 넣어 간직해 두었다. 그런데 자물쇠는 그대로 있는데, 열쇠를 열어 확인해 보니 경문은 사라진 뒤였다. 이는 필시 중의 무리가 훔쳐간 것이다. 중도 믿을 수 없다. 내 보물자랑이 도둑에게 좋은 정보를 주는 꼴이 될까 걱정이다. 도둑을 없앨 방책을 강구하라.

『용비어천가』와 종묘제례악

※ 화보13

5월 5일 예조에서 잘 빚은 술 50병과 소·양·기러기·오리 등을 진상했다. 세종이 강녕전에 나와 『용비어천가』를 관현管絃에 올렸다. 향악鄕樂과 당악唐樂을 연주했지만 노래는 부르지 못하게 했다.[150]

종묘제향宗廟祭享을 비롯해 그 밖의 조정의식의 예가禮歌로 쓰기 위한 실험이었고, 새로운 신악新樂의 창제였다.

세종이 악학에 정통한 박연에게 『용비어천가』를 관현에 올려, 느리고 빠름을 조절해서 치화평致和平·취풍형醉豊亨·여민락與民樂 등의 음악을 만들었다.[151]

박연은 악보로서는 가장 발전된 형태인 정간보井間譜를 창안해 조선의 음악을 역사 속에 남겼고, 수양대군이 왕위에 올라 음의 높이와 길이 외에도 느리고 빠름까지 나타낼 수 있도록 발전시켰다.

세종은 잠저 때부터 가야금과 비파, 그림 등에 정통했다. 1433년세종 15 정월 초하루 신년 하례식에서의 일이다.

세종이 근정전에서 회례연을 의식에 따라 베풀었다. 처음으로 아악雅樂을 사용했다. 박연이 중국의 경磬 한 틀과 새로 만든 경 2틀, 소簫·관管·방향方響 등의 악기를 근정전 월대 밑에 진설했다. 새로 만든 율관律管에 맞추

※ 화보14

어 연주했다. 세종이 음악을 듣던 중 잠시 멈추라고 명했다.
- 경석을 얻는 것은 전에 없는 복이다. 지금 소리를 들어보니 맑고 아름다우며, 율律을 만들어 음音을 비교한 것은 전에 없는 일이다. 몹시 기쁘다. 중국의 경석磬石은 맞지 않으나 지금 만든 경은 바르게 되었다. 그런데 이 칙夷則 1매枚의 소리가 약간 높은 것은 무슨 까닭이냐.
반음의 약간 높고 낮음을 잡아낼 수 있을 정도라면 음악을 전공한 이도 듣고 알아내기가 쉽지 않은 일이었다. 그런데 세종은 듣고 있었다. 박연은 긴장했다. 월대에서 내려와 박석 위에 펼쳐진 악기를 점검했다. 걸리는 것이 눈에 들어왔다. 새로 만든 경틀이었다. 신중하게 살폈다. 며칠 전 공장에게 지시했던 부분이 깎이지 않은 채 남아 있었다. 박연이 아뢰었다.
- 가늠한 먹줄[限墨]을 다 갈지 않았기 때문에 소리가 틀어졌습니다.

※ 화보15

월대 아래에 줄 지어 서 있던 문무백관의 눈길이 한 곳으로 모여 들고 있었다. 박연이 경틀의 이칙 1매의 남은 먹줄을 갈고 난 뒤 다시 탄주했다. 바른 소리가 울려 퍼졌다. 편경의 제작을 통해 세종이 음률의 깊은 곳까지 정통해 있음을 확인한 대소신료는 토를 달 명분이 없었다. 연회가 끝난 뒤 세종은 박연을 악학별좌에 임명했다.
- 내가 조회의 아악을 창제할 생각이다. 입법과 창제는 쉽지 않다. 임금이 하려면 신하가 막고, 신하가 하려면 임금이 허락하지 않을 때도 있다. 위와 아래의 뜻이 맞아도 시운時運이 불리하면 어쩔 수 없다. 지금 나의 뜻은 확고하다. 나라가 태평하니 마음을 다하여 이룩하라.
박연은 대호군 남급과 함께 조회에 쓸 악경樂磬을 남양에서, 조제朝祭에 쓸 악종樂鍾을 한강에서 재료를 구해 만들어 올렸다.¹⁵²

세종은 박연을 앞세워 더 이상 반대의 목소리가 나오는 것을 차단했다.
- 예禮는 극진한 소리에 닿아 있다. 제왕이 머뭇거리지 않고 나라를 열듯 빈틈이 없다. 박연에게 편성의 일체를 맡겼다. 더 이상 논하지 말라.
박연은 세종의 뜻에 동조하고 나섰다. 무너져 내린 조선의 음악 체계를 다시 일으켜 세운 음률音律의 대가다운 접근이었다.
- 예는 눈으로 살피고, 악은 귀로 살핀다고 했습니다. 한자를 배우지 못한 백성의 눈과 귀를 밝힐 수 있는 훈민정음으로 노래를 지었습니다. 『용비어천가』를 종묘제례악의 음악에 넣으소서.¹⁵³

『석보상절』의 편찬과 용문사 불사

초여름 햇살이 근정전의 박석을 온통 달궈 놓고 있었다. 신발 밑창이 불에 덴 듯 뜨거웠다. 의정부와 사헌부, 사간원에서는 수양과 안평대군, 김수온이 벌이는 일에 대해 예의주시하고 있었다. 넓고, 촘촘한 인맥을 활용해 척불에 앞장섰던 집현전의 수장이었던 최만리도 이미 이 세상 사람이 아니었다. 물불 가리지 않는 정창손이 미덥지 않았으나 다른 대안이 없었다. 정창손은 힘은 있었지만, 그 힘의 뒤를 생각하지 않고 있었다. 조금 더 나가려는 욕심이 늘 발목을 잡았다. 유신에게 힘의 분배는 아예 생각 밖의 일이었다. 하연, 황보인, 정분, 정창손을 정점으로 한 훈구세력과 최항과 신숙주, 박팽년, 하위지를 정점으로 한 개혁세력의 대립의 골은 깊었다.

김수온이 세종의 특명으로 부사직에 나간 지 반 년이 지났는데도 정부에서 임명을 하지 않고 버텼다. 불교를 믿는 인사의 중용은 있을 수 없다는 묵언의 시위였다. 수양대군의 집에서 『석보상절』의 편찬에 매달리고 있는 그를 곱게 봐줄 수 없는 터였다. 불충불효의 죄를 지은 아비의 자식이고, 먹물 옷을 입고 세종의 총애를 받고 있는 신미의 동생이라는 꼬리표를 집요하게 흔들어대고 있었다.

6월 5일 세종이 김수온을 서반에서 동반으로 옮겨 임명했다. 사간원과 사헌부 관리들이 버티고 나왔다. 정부 관료의 끈질긴 공격이었다.

- 김수온의 아비 김훈이 불충의 죄를 범했으므로 임명에 동의할 수 없습니다.

세종이 말했다.

- 김수온이 문과 출신으로 이미 동반을 지낸 바 있다. 왜 지금 문제 삼고 나서느냐. 조정의 신료 중에 이와 비슷하게 흠이 있는 자도 많다. 그들 또한 다 쫓아내라는 말이냐. 빨리 서경하라.

사관은 신미와 김수온을 싸잡아 비난했다.

김수온의 형이 출가, 중이 되어 이름을 신미라고 했다. 수양대군과 안평대군이 심히 믿고 좋아했다. 신미를 높은 자리에 앉게 하고 무릎 꿇어 앞에서 절하며 극진하게 예로써 공양했다. 수온도 또한 부처에게 아첨했다. 매양 대군을 따라 절에 가서 불경을 열람하며 합장하고 정성을 다해 읽었다. 사림士林에서 비웃었다.[154]

종실의 핵심세력인 수양·안평대군이 신미를 지극하게 믿고 따르는 꼴도 달갑지 않았다. 두 대군과 함께 절에 올라가 벌이는 불사도 대놓고 비웃었다. 꼬투리가 잡히면 바로 물어뜯을 기세였다.

세종은 수양대군과 김수온을 사정전으로 불러 『석보상절』의 언해가 차질 없이 진행되고 있는지 확인했다.

- 훈민정음을 널리, 쉽게 알려야 한다. 대소신료의 반대가 있었지만 한자로 된 『석가보』는 완성을 보았다. 언해는 신미에게 자문을 구하라. 분명 길이 열릴 터이다.

❀ 화보16 7월 초순, 수양대군이 석가여래·아미타불·문수·보현보살 등 여덟 보살상의 조성을 끝냈다. 경복궁 청연루淸讌樓에서 세자와 수양·안평대군이 재를 올린 뒤 가마에 모시고 지평현으로 출발했다.

미지산彌智山 골짜기는 깊었다. 한 줄기 냇물이 봉우리 사이를 휘돌아 용의 계곡을 적셨다. 고개를 들어보면 두 개의 돌봉우리[石峯]가 마주보고 안개 속에서 우뚝 솟아 있었다. 용각석龍角石이었다. 이 바위에서 5리 쯤 떨어진 밝고 양명한 곳에 원효대사가 창건하고, 도선국사가 중창한 용문사가 자리하고 있었다.

신미는 현등사에서 넘어와 효령대군과 함께 본래 봉안하고 있던 불상을 다른 전각으로 옮기고, 새로 조성한 불상을 모실 보전寶殿을 고쳐지었다.[155]

용문사 대장전에는 고려 우왕의 원각願刻 대장경판이 봉안되어 있었다. 1378년 우왕 4 정지국사 지천正智國師 智泉이 경천사敬天寺에서 옮겨 모신 것이었다.[156]

7월 중순, 『석보상절』전 24권의 집필을 마무리 지었다. 신미와 수양대군, 김수온이 7개월 동안 밤낮을 가리지 않고 언해에 매달린 결과였다. 한자가 아닌 훈민정음으로 쓴 최초의 조선의 불경佛經이었다.[157]

수양대군은 언해의 초고草稿와 한문본을 부인 윤씨에게 갈무리 해 두라고 일렀다. 어머니의 영혼을 이승에서 저승의 강 저편으로 실어 나르는 나룻배이자, 물길을 밝히는 등불이었다.

수양대군이 훈민정음으로 쓴 『석보상절』의 초고를 올렸다. 세종이 말했다.

- 문장이 유려하고 부드럽다. 부처의 일대기 속으로 훈민정음이 녹아들었다. 몇 본을 찍을 것이냐.

- 300본을 찍어낼 계획입니다.

세종이 밝은 얼굴로 수양·안평대군을 보며 일렀다.

- 지금 언문청과 주자소는 『용비어천가』의 인출로 경황이 없다. 종이와 활자도 모자랄 것이다. 불경만 전담해서 찍어낼 숙련된 공장工匠을 뽑아 활용하라. 수양이 편찬을 주도했으니 서문을 쓰도록 하고……. 또한 『석보상절』과는 별도의 찬불가를 지으라고 신미에게 명해 두었다. 노래는 백성의 마음속으로 스며들어 오래 남게 된다. 과거에서 지금으로, 지금에서 미래로 거듭 살아남을 수 있는 조선의 노래를 분명 지어 올릴 것이다.

- 알겠습니다.

수양·안평대군이 물러가고 난 뒤 효령대군이 웃으며 말했다.

- 주상의 정성이 무극無極에 닿았습니다. 훈민정음이 경전을 통해 널리 백성에게 퍼질 것입니다. 새로 만든 문자를 볼 때마다 '활짝 핀 연꽃'을 떠올리곤 했지요. 주상께서는 빈 듯 차고, 찬 듯 텅 비어 있는 마음 한 자락을 백성에게 달빛 뿌리듯 내리고 있습니다.

- 형님, 훈민정음은 언제나 새벽이고 맑은 달밤입니다. 조선의 하늘과 땅을 아우르고 있는 만 개의 봉우리, 천 개의 강물이 하나가 되어 이 새로운 문자 속에 자리하고 있습니다. 불교계의 일은 형님과 신미가 있으

니 걱정 없습니다. 백성의 평안을 늘 발원해 주세요.

- 부처의 말씀이나. 주상의 말씀이 천지만물을 고루 적시고 있습니다. 소소한 일은 세자에게 맡겨두고, 옥체 돌보기 바랍니다.

효령대군은 지공, 나옹, 무학, 함허당으로 이어지는 선맥禪脈의 깊이와 넓이를 알고 있었다. 원효로부터 고려조에 이르기까지 올곧게 내려온 불교계의 핵심이 신미에게로 이어져 또 다른 법맥을 열고 있었다. 효령대군은 신미를 세종께 소개하며 사다리만 놓았을 뿐, 달리 토를 달지 않았다. 세종은 신미의 정신세계를 그대로 인정, 앞서 간 이들의 핵심 사상을 훈민정음 창제의 골격을 잡는 데 활용했다. 태종이 자신이 태평성대를 구가하는데 걸림돌이 될 반대세력의 싹을 베어내며 가르친 '제왕의 길'을 에누리 없이 걷고 있었다.

- 정보는 나누지 말라. 그 정보를 만들고, 움직이는 사람을 찾아내 적극 활용하라.

※ 화보17 수양대군은 집으로 돌아와 문을 닫아걸고 전편을 다시 읽었다. 문맥의 골격이 잡혔다. 짧지만 『석보상절』의 간행 내력을 적어내려 갔다. 7월 25일 새벽, 서문을 완성했다.

> 부처가 삼계三界의 높은 분이 되어 계셔서 중생을 널리 제도濟渡하시니 그지없고 이루 헤아릴 수 없는 공덕이 사람과 하늘이 내내 기리지 못하는 바이다. 세상에서 부처의 도리를 배운 사람들이 부처가 나서 행동하며 가만히 계시던 처음과 마침을 아는 이가 드물다. 비록 알고자 하더라도 팔상八相[158]에 지나지 않는다. 이즈음에 소헌왕후의 추천追薦을 위하여 이제까지 전하는 여러 불경佛經에서 골라내어 따로 한 글을 만들어 이름 붙이기를 『석보상절釋譜詳節』이라 하고, 하마 차례를 헤아려 만든 바에 따라 세존의 도를 이룬 일의 모양을 그림으로 그리고, 정음正音으로 번역해서 새겼다. 사람마다 쉽게 알아서 삼보三寶에 나아가 귀의歸依하기를 바란다.
>
> 1447년세종 29 7월 25일 수양군휘서[159]

세종은 『용비어천가』·『석보상절』·『동국정운』 등 훈민정음과 관련된 인쇠는 주자소에서 전담하게 했다. 『의방유취』 등 장기간에 걸쳐 진행되어 온 국책 사업의 인쇄는 책방으로 돌렸다. 두 명의 별좌가 번갈아 가며 장인을 독려했다.

수양대군은 장영실로부터 훈습을 제대로 받은 주자소의 활자공을 불렀다. 한자의 큰 활자는 갑인자체, 작은 활자는 경자자체를 활용하라고 지시했다. 염려되는 것은 훈민정음체였다.

- 한자와는 비교할 수 없는 문자다. 낯설고 힘들겠지만 활자 하나하나에 힘이 넘쳐야 할 것이다. 만들 수 있겠느냐.

- 『용비어천가』를 찍어낼 때 목활자를 만들어 실험해 보았습니다. 글자 꼴이 뭉개지는 등 여러 가지 문제가 있었습니다. 동활자로 준비하겠습니다.[160]

- 시우쇠와 밀랍 등의 물품은 최우선으로 지원하겠다. 언제까지 마무리 할 수 있겠느냐.

- 달포 정도면 만들 수 있겠습니다. 다만 비축해 둔 종이가 없어 걱정입니다.

수양대군은 전라도와 경상도 관찰사에게 두 달 안으로 표전지에 버금가는 종이를 만들어 올리라는 세종의 명을 대신 전했다.

9월 24일 안평대군이 부처의 뼈사리[佛骨]를 흥천사 사리각에 봉안했다.[161] 5월에 도둑떼가 들끓었을 때 은밀하게 대궐로 모셔와 보장해 두었기 때문에 밖에서는 알 도리가 없었다.[162]

세종은 훈민정음이 창제되기 전까지는 일관되게 태종의 불교정책을 유지했다. 그러나 불교를 하루아침에 혁파하지는 않았다. 백성의 삶이 풍요롭지 못한 것은 불교의 잘못이 아님을 알고 있었다. 훈민정음의 "일반 백성을 딱하게 여긴다."는 애민관과 "승도도 나의 백성이다. 굶어 죽게 내버려 둘 수 없다."는 태도와 맥을 같이 하고 있었다.

척불과 배불에 앞장섰던 관료들은 이때마다 세종을 날카롭게 공격했다. 논설은 늘 날이 서 있었고, 장문의 상소가 대부분이었다. 내용은 초지일관, 대동소이했다. 불사를 일으키는 순간부터 정파하라고 반대하고 나섰다.

『동국정운』 편찬, 조선의 표준 한자음 설정

9월 29일 신숙주가 훈민정음의 핵심 사업인 『동국정운東國正韻』전 6권[163]의 서문을 지어 올렸다. 1444년세종 26년 초부터 『고금운회거요古今韻會擧要』의 번역으로 시작된 조선의 한자음 정리 사업의 마무리였다. 『고금운회거요』의 12,652자를 넘어서는 14,243자가 수록되어 있었다.
최항수집현전 직제학, 신숙주집현전 응교, 성삼문·박팽년수집현전, 이개수집현전 교리, 강희안수이조정랑, 이현로수병조정랑, 조변안수승문원 교리, 김증 승문원 부교리이 편찬에 참여했다. 방대한 규모의 일이었지만, 하나하나 임금의 재가를 받았다.[164]

신숙주의 서문 속에 그 동안의 연구 행적이 묻어나고 있었다.

> [···] 삼가 생각하옵건대 우리 주상 전하께서는 유교를 높이 받드시고 도를 중히 여겨 문文을 높이고 교화를 일으켜 그 극진한 곳까지 마음을 쓰지 않은 바가 없었다. 만기의 겨를에 이 한자음 문제까지 걱정하시어 이에 신숙주와 수 집현전 직제학 최항 등에게 속습을 채집하고 전적을 두루 상고해 널리 쓰는 음을 근본으로 삼고, 고운古韻의 반절에 맞도록 하며 자모·칠음·청탁·사성 등에 걸쳐 그 본말을 밝히지 않음이 없도록 해서 그 올바른 것을 회복하라고 명하셨다.
> 그러나 신들의 재주와 학식이 얕고 짧으며 학문이 고루해 상감의 분부를 옳게 이루지 못하고 늘 가르침을 받기 위해 괴롭혀 드렸다.[···] 책이 이루어지자 『동국정운』이라는 책명을 내리셨다.[165]

『동국정운』의 완성은 세종이 훈민정음 창제 때 기획한 또 다른 사업의 일환이었다. 특히 23자모의 체계는 두 책에서 일치하고 있었다. 우리나라에서 쓰이고 있는 한자음에 혼란이 오자 이를 바로 잡기 위해 준비한 것이 『동국정운』이다.

『용비어천가』와 『석보상절』 완간

고전에 해박한 지식을 바탕으로 정부에서 입안하는 정책은 정인지의 손에서 나왔다. 그는 집현전의 수장 역할을 활발하게 수행하고 있었지만 훈민정음 연구에 매달릴 겨를이 없었다. 세종은 정인지와 집현전을 잇는 역할을 최항에게 맡겼다. 학문에 대한 은근한 강단과 얼음을 밟듯 조심스럽고 교만하지 않는 성품의 최항을 신숙주·박팽년·성삼문·이개·강희안은 말없이 따르고 있었다.

어효첨과 양성지가 언문청에서 실록에서 초록한 자료를 최항에게 넘겼다. 최항은 대목별로 나누어 언문 시가詩歌를 다시 쓰고 다듬어 세종께 재가를 받는 등 보완을 거듭해 나갔다. 해와 달이 쉼 없이 집현전과 주자소의 담을 넘어왔고, 넘어갔다.

10월 16일 조선왕조의 획기적 문장이 전편에 녹아들어 있는 『용비어천가』전 10권 550본의 인간을 마쳤다.[166] 최항이 집현전 학사들과 함께 세종께 올렸다.

- 바쁘게 매진한 세월이 눈에 훤하다. 나의 바람에 맞게 내용이 충실하다. 참으로 제왕의 노래요, 제민濟民의 노래다. 목조穆祖의 조기肇起로부터 태종의 잠저潛邸 때까지의 모든 사적事蹟을 낱낱이 들어 국조창업國祖創業의 어려움과 그 천명성天命性을 강조한 점 돋보인다. 후왕後王에게는 계감戒鑑, 신하에게는 충성, 백성에게는 교화敎化를 제시하고 있다. 군신을 비롯해 각 지방의 관청에 고루 나누어 주라.

『용비어천가』의 제1장은 서가序歌로서 태조의 4대조부터 태종에 이르는 여섯 분이 천명에 따라 조선왕조를 열었으므로 그 창업의 일마다 하늘의 복록이 따랐음을 천명했다.[167]

　　해동 육룡六龍이 나시어 일마다 천복이시니. 고성古聖이 동부同符하시니[168]

제2장은 옹근 순국어체로 125장 중 백미白眉의 노래, 그대로 서문이었다.

※ 화보18
　　뿌리 깊은 나무는 바람에 아니 움직이매, 꽃 좋고 열매 많나니.
　　샘이 깊은 물은 가물에 아니 그치매, 내가 이루어져 바다에 가나니[169]

「뿌리 깊은 나무」와 「샘이 깊은 물」은 절묘한 착상이었다. 나라는 가난했지만, 정신은 풍요로웠다. 태조·태종이 뿌린 씨앗이 세종대에 이르러 꽃을 피웠고, 열매를 맺었다.
마지막 장인 제125장은 결론이자, 후대 임금에게 당부하는 말이었다.

　　천세 위에 미리 정하신 한수북에 누인개국累仁開國 하시어 복년卜年이 끝없으시니
　　성신聖神이 이으셔도 경천근민敬天勤民 하셔야 더욱 굳으시겠습니다.
　　임금이시어, 아소서. 낙수에 산행 가서 할아비를 믿습니까.[170]

선조의 어려움을 기억하고, 건국 당시의 뜻을 잊지 말고, 정치의 잘못으로 나라가 망하지 않도록 해야 한다고 경계했다.
『용비어천가』에는 훈민정음의 삼재三才 사상이 전편에 걸쳐 바탕이 되고 있었다.

　　제1장은 한 줄이고, 제2장은 두 줄인 것은 우연이 아니다. 제1장은 하늘에 날아오르는 것과 함께 하늘이 내린 복을 말했으니, 천·지·인 삼재 가운데 천에 해당한다. 천은 첫 번째 순서로 나와야 하고, 한 줄이어야 한다. 그 다음의 제2장에는 뿌리 깊은 나무는 바람에 흔들리지 않고, 샘이 깊은 물은 가뭄에 아니 그친다고 했으니, 모두 땅에 관한 말이다. 천에 이어 지를 찾아서, 창업의 기반이 흔들릴 수 없게 튼튼하다는 것을 자랑했다. 그리고 제3장 이하는 사람의 일을 다루었으니, 인에 해당한다. 천은 한 줄이고, 지는 두 줄이지만, 인은 계속 겹쳐지는 여러 줄이며, 그러다가 맨 끝의 제125장은 석 줄이다. 한 줄에서 두 줄로, 두 줄에서 석 줄로 나아가는 것을 보여주어 왕조의 창업이 천·지·인 삼재와 일치한다는 것을 시가 형식을 통해서 구현했다.[171]

세종은 폭풍우와 태풍 속에서도 조선은 건재하고, 더디지만 흔들리지 않

고 먼 미래를 향해 달려갈 수 있는 수성守城의 힘이 있음을 온 나라 백성에게 각인시켜 주고 싶었다. 지금, 이 때를 놓치면 언제 할 수 있단 말인가. 백성은 나그네가 아니었다.

세종은 내가 나를 아끼고, 남이 나를 더 아끼는 세상을 열기 위해 담금질을 계속했다. 세종의 기억력은 톱니바퀴가 물려 돌아가듯 비상했다. 어떤 분야든 쉽게 알아들지 않았다. 백성을 편하게 하는 일이라면 10년, 20년이 걸리더라도 최적의 인물을 찾아내 일을 맡기고, 최상의 성과를 얻어내기 위해 노심초사했다.

두꺼운 이념의 벽을 깨버리고 반드시 쌓아올려야 할 조선의 문자!

세종에게 절망이란 말은 없었다. 절벽을 허물고, 낭떠러지 밖으로 한 걸음 더 내디디면 극복할 수 있는 말이었다. 정성을 다해 끝까지 파고들면 시대는 분명 인재를 보내줄 것이다. 거듭 고심의 시간을 보내며 세종은 속으로 되뇌었다.

- 시대가 인재를 만들지만, 훌륭한 인재는 시대를 만나, 분명히 내게 온다.

11월 초순 수양대군이 주자소에서 『석보상절』전 24권을 완간, 세종께 올렸다. 석가세존의 구원久遠한 전생의 윤회와 차생의 행장이 녹아들어 있었다.

- 부처의 가피다. 따뜻하고, 소중한 책이다. 먼저 대자암에 모셔둔 어머니의 선가仙駕 앞에 올려라. 나머지 책은 신미와 상의한 뒤 보장寶藏할 절을 엄선해서 나누어 주거라.

세종은 신미가 초역하고, 교정해 마친 예의例義편을 읽었다. 전문을 번역해서 펴내면 또 다시 반대하고 나설 것이 뻔했다. 방향을 바꾸었다. 아침 일찍 수양대군을 불러 『석보상절』의 첫째 권, 첫머리에 세종어제를 실으라고 명했다. 글을 배우는 자의 교재로 쓰기 위한 세심한 배려였다.[172]

일천 강을 비추는 달, 『월인천강지곡』

세종은 『석보상절』의 완간을 보고 마음이 한결 가벼워졌다. 후속편으로 준비해 두고 있었던 일 하나를 마무리하기 위해 서안을 당겼다. 잘 여며 둔 보자기 속에는 신미가 회암사에서, 대자암, 복천사, 현등사 등지로 길 없는 길을 걸으며 쓴 『월인천강지곡』의 초고가 들어 있었다.

세종은 한 구절도 놓치지 않고 읽었다. 문장은 바위를 휘감아 돌아가는 물살 같았다. 당기고, 밀고, 넘실대고, 굽이쳤다. 580여 수의 웅건한 시편은 세존의 말씀에 닿아 있었다. 소리 없는 소리를 듣고, 소리 속의 또 다른 소리를 불러낸 노래였다. 일관성이 있었다.

세종은 산골 물소리와 바람소리에 모든 것을 녹이고, 날려 보내며 써 내려간 노래를 속으로 따라 불렀다. 하늘에 해와 달과 별, 땅에 물과 바람과 불, 사람에게 아버지와 어머니와 자식이 하나가 되어 뜨고 지고 번지고 있었다. 천지인의 집약이었다.

> 마야부인의 꿈속에 오른쪽 겨드랑이로 들어오시니 밖에 있는 그림자가 유리 같았습니다.
> 정반왕이 해몽을 물으시매 점쟁이가 판단하되 성자聖子가 나시어 정각正覺을 이루겠습니다. - 제15곡
>
> 칠보로 꾸민 대궐에서 많은 아들을 두고 천하를 다스리는 것이 아버님의 뜻이었습니다.
> 정각正覺을 이루어 대천세계를 밝히는 것이 아드님의 뜻이었습니다. - 제48곡
>
> 하늘도 움직이고, 땅도 움직이더니 세계의 상서祥瑞를 어디 다 말씀하리.
> 풍류의 소리도 일어나며 앉던 사람도 좇더니 중생의 이익을 어찌 다 말씀하리. - 제172곡
>
> 어머님 못 보아 길이 여의올 것을 전생의 업인가 여깁니다.
> 우리를 못 보시어 길이 슬퍼하실 것을 이 일을 섧게 여깁니다. - 제375곡

『석보상절』을 읽을 때와는 사뭇 다른 감흥이 일었다. 노래는 무극이었고, 태극이었다. 이 땅에 함께 숨 쉬며 살고 있는 백성에게 문자의 길, 소

통의 길을 밝혀주는 달빛이었다. 하나가 둘로, 하나가 또 다른 하나를 불러 끝없이 이어졌다.

명부세계로 간 소헌왕후에게 못 다한 말을 건네고 싶었다. 도련지에 연꽃이 피어올랐다. 연모의 선율이 꽃잎을 흔들었다. 제1곡과 2곡이 타는 노을처럼 번졌다. 경기도 광주 대모산 기슭에 누운 소헌왕후가 귀 기울여 듣는 듯 했다. 그리웠고, 외로웠다. 훈민정음을 앞세우고, 한자를 협주로 돌린 노랫말이 스며들고 있었다.

높고 높은 석가모니 부처의
가없고 끝없는 공덕 어찌 다 여쭐 수 있으리. - 제1곡[173]

세존의 한 평생 닦은 일 여쭈려고 하니 만 리 밖의 일이나 눈에 보는 듯이 생각하소서.
세존의 말씀 여쭈려고 하니 천 년 전의 말씀이나 귀에 듣는 듯이 여기옵소서. - 제2곡[174]

※ 화보19

먹이 채 마르기도 전에 책명이 떠올랐다.『월인천강지곡月印千江之曲』이었다. 서문이 자연스럽게 흘러나왔다.
- 부처의 본체는 하나다. 백억세계에 화신化身하여 교화하는 모습이 달이 오직 하나지만 시공을 초월해 수많은 강을 비춤과 같다.[175]
달이 인왕산 자락을 돌아 소나무 숲으로 사라졌다. 연꽃 만나고 가는 달빛은 고왔다. 물무늬가 일렁였다. 세종은 새벽 일찍 수양대군을 불렀다.
- 지난 밤 부처의 마음을 읽었다. 내가 스스로 그러하듯 책명을 지었다.『용비어천가』를 오른쪽,『월인천강지곡』을 왼쪽에 둘 것이다. 균형과 견제다. 사헌부와 사간원 등에서 말이 나오면 나를 앞세워라. 선업이든, 악업이든 내가 모두 안을 것이다. 짧은 노래 두 편으로 책의 서문에 대신했다. 나머지 일은 신미에게 일러두었다.[176]
1447년세종 29 한 해가 밤 뼘 밖에 남아 있지 않았다. 백악과 보현봉 사이로 눈보라가 일었다. 인왕산 너럭바위가 더 우뚝 솟아 보였다.

신미는 대자암을 들여다보는 눈빛에 날이 서 있어 운신의 폭이 좁을 수밖에 없었다. 사헌부와 사간원 관료들이 대자암 불사를 반대하며 세종과 대치하고 있는 상황이었다. 대자암에서 소헌왕후의 국상 중에 베풀어진 모든 불사를 마무리 짓고 운악산 현등사로 옮겼다. 함허당의 부도가 서쪽 언덕에 모셔져 있었다. 스승께서 내린 무극의 가르침은 훈민정음 창제의 틀로 스며들었고, 조선불교의 법등法燈을 밝혀나갈 수 있는 기름이 되고 있었다.

※ 화보20　수양대군이 현등사로 말머리를 잡았다. 부왕께서 훈민정음으로 지은 노래가 품에서 출렁이고 있었다. 떠날 수밖에 없었던 어머니의 목숨이 새롭게 태어난 문자를 뛰게 하고 있었다. 수양은 속으로 되뇌었다.

- 전통도 좋고, 기득권도 좋다. 답습만 하면 어느 세월에 발전이 있겠는가. 세상을 가진 자의 눈으로 보지 말라. 유학이 흘러들고, 도교가 흘러들고, 불교가 흘러들어 조선이 지금까지 역사 속에 온전할 수 있었다. 물을 가둬만 두면 원도 한도 없이 쓸 수 있을 것 같으냐. 가두면 썩는다. 학문이든 생각이든 정치든 몸이든 흘려보내고, 받아들이고, 또 흘려보내야 한다. 목숨도 문자도 흘러가는 것이다. 멀리 봐야 한다.

훈민정음의 참뜻을 받아들이지 않고 의심만 앞세우는 신료의 거친 태도에 대한 불만이었다.

※ 화보21　현등사 가는 길은 은근하게 깊었고, 가까운 듯 멀었다. 신미가 수양대군을 반갑게 맞아 보합태화루保合太和樓로 들었다. 수양이 예를 올린 뒤 세종의 서신을 전했다. 신미가 합장하고 받았다. 전서篆書를 뛰어넘는 훈민정음체가 한 눈에 들어왔다.

신미가 수양대군에게 말했다.

- 전하께서 평생 품에 안고 오신 말씀이 녹아들어 있습니다. 가신 분과 남아 있는 이의 홍복입니다. 대군께서 간행할 때 유념해서 챙겨야 할 것이 있습니다.

- 무엇인지 일러주시지요.

- 전하께서 『석보상절』을 언해할 때 특별히 강조하신 부분입니다. 첫째, 훈민정음으로 언해한 본문은 큰 활자를 쓰고 한자는 작은 활자를 활용하라. 둘째, 자체字體는 『용비어천가』를 그대로 쓰고, 받침이 없는 한자음에 ㅇ의 종성終聲을 붙이지 말라고 일렀습니다.
- 훈민정음을 우선하고 한자를 다음에 두라는 뜻이군요.
- 대군께서 준비할 일이 많을 터이니 교정 등 작은 일은 아우 수온에게 맡기시지요.

수양대군은 부왕께서 일관되게 강조한 '용用과 체體'의 활용과 응용이 『월인천강지곡』에까지 미치고 있음에 놀랐고, 신미의 문장과 깨달음의 깊이에 감복했다. 출신은 보지 말고 그의 사람됨과 능력을 보라는 말씀이 한 치의 어긋남도 없었다.

- 제가 할 일입니다. 번거로울 것이 없습니다. 정성을 다해 맑고, 밝은 책을 만들어 보겠습니다. 몇 권으로 인간하는 것이 좋겠습니까.
- 세 권으로 펴낼 생각으로 저술했습니다.
- 천지인天地人의 연장입니까.
- 옹근 훈민정음으로 쓴 노래입니다. 불법승佛法僧도 함께 녹아들어 있습니다. 행상하는 이나 들녘과 산골 농부들, 어촌의 아낙네도 쉽게 읽고 새길 수 있게 풀어서 썼습니다. 이 또한 전하의 지극한 하교에 따랐을 뿐입니다.
- 『경외성서經外聖書』를 대하는 듯합니다. 백성의 해탈이 멀지 않았습니다.
- 과찬입니다. 훈민정음은 전하께서 백성을 위해 만든 '상구보리上求菩提 하화중생下化衆生'의 지도입니다. 그 길을 따라 걸었을 뿐입니다. 새로운 문자가 널리 알려지려면 시절인연이 맞아야 합니다. 정성을 다하되 서둘지는 마십시오.

수양대군은 어머니의 기일에 맞춰 영전에 책을 올리고 싶었다. 조판을 끝내기 전 현등사에 한 번 더 들렀다.

- 부왕께서 보완하라고 이르신 노래의 편제와 교정은 완료되었는지 궁금합니다.

신미는 『석보상절』을 언해할 때 미진했던 표기법을 보완하고, 주사로 교정을 끝내놓고 있었다.

- 보름 뒤 끝이라 달무리가 일품이고, 산골 물소리가 깨끗합니다. 소승과 함께 편제를 마무리 짓고 내일 올라가시지요.

보합태화루 너머로 달빛이 은가루를 뿌리듯 가득 밀려들고 있었다. 학열이 차를 내왔다. 향이 맑고, 깊었다. 수양대군이 잔을 들었다.

- 찻잔 속에 달빛이 출렁이는군요. 향이 좋습니다.
- 월출산 도갑사에서 수미 도반이 올려 보낸 작설차입니다.
- 언제 쯤 수미대사를 뵐 수 있을지.
- 멀지 않았습니다. 용맹정진하고 있는 수미의 자취가 찻잔 속에 녹아들어 있습니다.

차 공양이 끝났다. 신미가 마지막으로 정리한 교정본 세 권을 수양대군에게 건넸다. 수양은 첫 권의 표지를 조심스럽게 넘겼다. 말없이 본문을 읽어 내려갔다. 세종께서 친필로 쓴 제1곡과 2곡이 앞머리에 있었다. 부처가 전생으로부터 도솔천으로 내려와 왕자로 커 나가고, 가정을 꾸린 후에도 거듭 번민하는 모습이 생생하게 그려져 있었다. 둘째, 셋째 권으로 노래는 이어졌다. 출가, 수도, 장엄한 권능으로 중생을 교화하고 제도한 뒤 열반에 드는 모습과 신중들이 진신 사리를 봉안하고 예배를 올리는 것으로 마무리 되고 있었다.

『월인천강지곡』은 훈민정음으로 갈고 닦은 금강석이었고 불립문자였다. '부처의 다함없는 공덕의 깊이와 넓이'를 노래한 지극한 울림의 장편서사시였고, 적멸의 세계로 이끌어 올린 범종 소리였다. 연꽃을 휘감고 울려 퍼진 이 소리는 찌들고 병들고 죽고 나는 조선의 백성들에게 건네는 해탈의 노래였다.

김수온이 『월인천강지곡』의 마지막 교정을 끝내고 수양대군을 찾았다.

- 한자의 주음注音은 『동국정운』의 편찬에 참여했던 승문원 교리 조변안에게 맡겨 표기법을 일관되게 처리했습니다.
- 받침 글자의 교정을 위해 여러 사람의 손을 빌리지 않아도 되겠군요.
수양대군이 최종 교정본을 세종께 올렸다.
- 8종성 표기법이 균일하게 잘 정리되었다. 더 이상 노래에는 손 댈 필요 없다. 날이 차다. 먹물이 잘 스미겠느냐.
- 정성을 다하겠습니다.

시간의 문이 열렸고, 곧 닫혔다. 햇살이 솟아 둥글게 돌았다. 달빛이 뒤를 이었다. 조금조금 바람이 불었고, 더디게 눈이 내렸다. 세종이 소헌왕후에게 쓴 마지막 편지가 강녕전 용마루에서 반짝이고 있었다.

> 色身을 숢건댄 閻浮提에 ᄂᆞ리샤 跋提河이 滅度ᄒᆞ시나
> 法身을 숢건댄 常寂光 ᄒᆞ시니잇가 어더러로 가시니잇가 - 제582곡[177]
>
> 가시다 호리잇가 눈알퍼 ᄀᆞ독히시ᄂᆞᆯ 顚倒衆生이 어느 술ᄫᅩ리 - 제583곡[178]

조선의 『불소행찬』, 『월인천강지곡』 완간

수양대군은 1448년 세종 30 첫 해의 보름달을 책방에서 맞았다. 상아빛 종이에 찍은 『월인천강지곡』의 상권194곡을 어루만지며 책명을 내린 뒤 부왕께서 한 말씀이 떠올랐다.
- 달은 푸른 연꽃 같은 눈으로 우주와 호흡한다. 결코 해와 맞서지 않고 홀로 뜬다. 초생에서 그믐까지 차고 기울며 홀로 간다. 어즈버 단 한 번의 억지도 없다. 산을 밟고 오르지 않고, 강물을 밟고 건너지 않는다.

수양대군은 두 번째 보름달이 뜨던 날 『월인천강지곡』의 중, 하권의 장황粧䌙을 마치고 세종께 올렸다. 훈민정음으로 피어난 연꽃, 580여 편의 노래가 실려 있었다. 조선의 『불소행찬佛所行讚』이었다.[179]

효령대군과 안평대군, 김수온, 조변안 등이 배석했다. 세종이 말했다.
- 글이 꿈꾸고 있다. 잘 빚어낸 달 항아리다. 내가 친히 쓴 작품으로 사

초에 기록하라. 그래야 훈민정음이 살아남는다.

3월 24일 소헌왕후의 두 번째 기일이었다. 수양·안평대군, 김수온 등이 대자암으로 향했다. 현등사에서 대자암으로 돌아와 있던 신미가 반갑게 맞았다. 극락전 안에 침향이 피어오르고 있었다. 세종께서 친히 왕후의 불사에 쓰라고 내린 향이었다.

수양과 안평대군은 『월인천강지곡』을 왕후의 영실靈室 앞에 진설하고 삼배를 올렸다.

- 어머니, 조선의 달을 안고 왔습니다. 극락왕생 하소서……

우물마루로 스며드는 달빛이 고왔다. 닫집 아래 매달린 주악비천상이 침향의 향기 휘감으며 날아올라 나발을 불고, 비파를 뜯고 있었다.

세종은 소헌왕후가 곁을 떠나고 난 뒤부터 신미가 권한 함허당의 『금강경오가해설의』와 선禪에 대한 게송과 주석서를 훈민정음으로 역해하며 몸과 마음을 추슬렀다. 정무는 세자에게 일임하고 『석보상절』을 읽는데 많은 시간을 할애했다. 확연하게 이해가 되지 않는 대목이 있으면 다음 장으로 넘어가지 않았고, 수양대군을 불러 관련 불전佛典을 두루 찾게 했다.

세종, 선시禪詩를 통한 국정 구상

세종은 깨달음을 노래한 선시禪詩에 깊게 매료되어 있었다. 억수처럼 퍼붓던 비가 그쳤다. 서안書案을 당겨 당나라 때 영가永嘉 현각玄覺. ?~713이 쓴 『증도가』를 송나라 때 남명천 선사가 게송한 『남명천화상송증도가南明泉和尙頌證道歌』를 펼쳤다.

훈민정음으로 완역하고 싶은 마음이 일었다. 왕후와 함께 했던 봄날과 여름날이 겹쳤다. 저녁 수라상을 젓수기 전 두 수를 언해했다.

세종은 이단異端으로 밀려난 불경과 불서를 읽으며 그리움과 외로움의 자드락길을 넘나들었다. 신미는 선서禪書를 빌어 세종의 마음을 위무했다. 가진 자가 아닌, 가지지 않아서 가질 수 있는 슬픔이었고, 행복이었다. 고마운 것은 오히려 세종이었다. 신미를 통해 누구에게도 말할 수 없었던 외로움과 먹먹한 묵언의 세월을 씻어냈고, 먼 길을 가도 가벼울 수 있었다.

누가 능히 밖을 향해 정진하는 척하는가	誰能向外誇精進
얻은 뒤 버리려는 마음 사람을 더럽히네	取捨心生染汙人
도원의 골짜기 꽃 피어 있는 곳,	桃園洞裏花開處
동풍 기다리지 않아 스스로 있는 봄	不待東風自有春[180]

육도 만행이 체의 가운데 온전하니　　　　　　六度萬行體中圓　　⑧ 화보22
진체에는 같고 다름 쉽게 가려냄 없네　　　　　眞體無勞辨同別
수많은 강물 위 비친 달빛, 가며 머뭄 버려둘 것　萬水蟾光任去留
하늘 가운데 오직 하나의 달　　　　　　　　　皎皎天心唯一月[181]

찰나에 아비업阿鼻業 없게 하나니　　　　刹那滅却阿鼻業[182]
선과 악, 한 길 아니라 말하지 말라　　　　休言善惡不同途
죄의 성질이 서리와 눈 같아서　　　　　　須知罪性猶霜雪
지혜의 해 떠오르면 한 점도 남지 않느니라　慧日才昇一點無

대나무 구멍으로 본 하늘의 푸름 비방하지 말라　莫將管見謗蒼蒼
뚫은 대나무 구멍 다 뚫렸다 한들 하늘 작겠는가　漏管雖窮天豈小
마음의 지혜 열리고 밝아져 그릇된 견해 비면　　心智開明妄見空
법계가 가장자리와 밖이 없음 비로소 알리라　　始知法界無邊表[183]

세종은 왕후의 국상중에도 남명선사南明禪師 법천法泉[184]의 『증도가』를 깊게 읽었다. 30여 수를 손수 언해, 『석보상절』에 편입할 뜻이 있었지만, 몸이 따라가지 못했다.[185]
이 책은 고려가 강화도로 천도한 지 7년 만인 1239년고려 고종 26 진양후 晉陽侯로 받들어진 최이의 원력으로 간행되었다.

남명의 증도가는 선문禪門의 중추다. 그러므로 후학의 참선하는 사람은

로서 이것에 의하지 않고서는 승당升堂 : 참선의 더 높은 경지에 들어감해서 그윽한 경지를 볼 수 없다. 이 책이 숨어버리고 없어져서 전해지지 않아서야 되겠는가. 이에 공인工人을 모아 쇠활자로 찍은 책을 다시 새겨 그 전하는 수명을 길게 하고자 한다.

- 1239년 9월 상순 중서령 진양공 최이 삼가 적음.[186]

세종, 훈민정음으로 경서 번역 지시

세종은 『훈민정음해례본』을 계획했던 대로 정리한 다음 두 개의 탑을 2년의 짧은 시간 속에서 집중적으로 쌓아올렸다. 20년 전부터 기획하고, 준비한 일이 인재를 얻어 조선의 하늘과 땅을 풍요롭게 하고 있었다. 오른쪽에는 『용비어천가』와 『동국정운』을 세웠다. 집현전의 신진 학사를 기용했다. 최항과 신숙주·성삼문·박팽년·강희안·이개 등이 중심이 되어 움직였다. 왼쪽에는 『석보상절』과 『월인천강지곡』을 세웠다. 효령대군과 신미, 수양대군·안평대군·김수온·정효강 등이 움직였다.

마지막 남은 일이 하나 있었다. 『성리학대전』을 들여와 조선의 기틀을 다졌던 경서經書에 대한 번역이었다. 번역을 하려면 예전부터 사용되어 온 구결로써 먼저 문의文義를 파악한 뒤 훈민정음으로 엮어야 했다. 그러나 공자와 맹자를 부모보다 더 따르던 조선의 무수한 선비 중에서 정작 사서오경의 핵심을 이해하고, 훈민정음으로 엮어낼 적임자는 많지 않았다. 30년 동안 왕위에 있으며 수많은 경연을 통해 책을 읽고, 확인하고, 검증해 온 세종도 믿을 수 없는 일이었다. 선죽교에 얼룩진 피를 모아 죽은 정몽주를 살려낼 수도 없는 노릇이었다. 함께 했지만, 길을 달리했던 정도전도 뒤를 잇는 후배 하나 제대로 키워놓지 못하고 태종의 칼날에 날아갔다. 상왕으로 물러나 낙천정樂天亭에서 사냥으로 소일하고 있던 태종이 생애의 끝머리에서 당부하듯 한 말을 세종은 잊지 않고 있었다.

- 창업의 마무리가 쉽지 않다. 등잔을 치워라. 밑이 어둡다. 헛되이 보낸 세월과 사람을 키우지 않은 것이 못내 아쉽다.

누가 있는가. 달달 외워서 일신의 영달을 위해 썼던 인사들은 정부의 요직에 앉아 과거시험을 위한 훈육에 매달리고 있지 않은가.

세종은 사서오경의 구결에 밝은 인물을 찾고 있었다. 최항과 신숙주 등 훈민정음 학자만으로는 부족했다. 차선이지만 김문을 다시 기용할 생각에 미쳤다.

1448년세종 30 3월 초 세종은 김문에게 사서四書의 구결을 정하도록 명했다. 그러나 김문은 3월 13일 직제학에서 한 자급 승차를 앞두고 중풍으로 명을 받들지 못하고 넘어졌다. 50세의 경륜이 아까웠다.

김문은 최만리의 반대 상소에 연명해 곤욕을 치른 뒤 집현전에서 시사와 연관된 일에는 말문을 닫아걸고 있었지만 경서經書와 자사子史의 연구에는 박학정심博學精深했다. 무당의 아들이라는 업신여김을 당하면서도 침착하고 중후한 성격에 걸맞게 학문에 전념해 1435년세종 17에 집현전 수찬으로 뽑혀 들어와 직제학에 올라 있었다. 후학이 뜻이 의심나거나 전고典故의 상고할 만한 것을 물으면 즉시 대답해도 틀림이 없었다. 그러나 아집이 강해 자신의 학문세계를 체계적으로 저술할 뜻을 내지 않았고, 후학을 깊고 넓게 가르치려 들지 않았다.[187]

보름 뒤 세종은 집현전의 추천을 받아 상주목사로 내려가 있던 김구를 불러 올려 판종부시사로 임명하고 사서의 구결을 맡겼다.[188]

> 세종께서 김문과 김구, 최항에게 『소학』과 『사서오경』의 구결을 정하도록 명했다. 서거정도 또한 그분들 뒤에 참여하며 여러 분의 강론이 같지 않음을 보았다. 최항의 논의가 참신하고 뛰어났다. 모두 최항의 의견을 추대하고, 자신은 양보했다.[189]

3월 28일 청주의 초수행궁이 실화失火로 전소됐다.[190] 세종이 1444년세종 26 2월 28일에서 5월 7일, 윤7월 15일에서 9월 26일까지 약 6개월간 머물며 안질을 치료하고 훈민정음의 초석을 다졌던 행궁이었다.

세종, 왕세손 책봉

4월 3일 세종은 8세의 원손 이홍위를 왕세손에 책봉했다.

> 왕은 말하노라. 슬프다. 내가 큰 사업을 이어받아 조종의 부탁의 중함을 생각하여 일찍이 밤으로 공경하고 두려워한다. 상고하건대 옛날의 제왕은 나라 근본이 이미 바르게 되면 또 그 윤자倫子로 대를 이으니, 종통을 중하게 하고 인심을 집중시키자는 것이다. 원손 홍위는 천자가 숙성하고 품성이 영특하고 밝다. 지금 나이 스승에게 나갈 만큼 되었으므로 너를 명하여 왕세손을 삼는다. 너는 바른 사람을 친하고 가까이, 학문을 밝고 넓게, 그 덕을 새롭게 하여 영세의 아름다움을 믿음직하게 하라. 공경할지어다.[191]

세종은 어린 나이의 왕세손에게 훈민정음으로 풀이한 『소학』을 가르쳤다. 당신 대에서 한순간 반짝했다가 사라질 훈민정음이 아니었다.

세종은 장자가 아닌 신분에서 대통을 이어받은 것이 줄곧 마음을 짓누르고 있었다. 무엇보다 세자의 건강과 여색을 탐하지 않는 성정이 마음에 걸렸다. 둘째 수양대군은 강성했다. 할아버지 태종의 성정이 그대로 옮겨온 듯 했고, 거기에 자신의 호학하는 성정이 보태져 있었다. 조선왕조가 끝나는 날까지 세종의 장자계승의 선택은 길목마다 사화를 불렀고, 피를 불렀다. 명분의 나라에 명분을 주지 않은 것이었다. 원손 이홍위를 왕세손으로 봉하며 내린 교명敎命의 첫머리의 말이 훗날의 불행을 예고하고 있었다.

수양대군, 용문사에서 경찬 법회

4월 7일 수양대군은 부부인 윤씨훗날 정희왕후, 안평대군과 함께 효령대군의 별서에서 하룻밤을 쉰 뒤, 8일 새벽 일찍 용문사로 길머리를 잡았다. 소헌왕후의 극락왕생을 비는 경찬법회를 열기 위해서였다.

추천에 쓰일 불경은 『묘법연화경』이었다. 효령대군이 단월주였고, 안평대군이 어머니 소헌왕후를 그리며 한 땀 한 땀 정성을 다해 사경했다.[192]

용문사 절 마당에 봄 햇살이 맑게 내려앉고 있었다. 신미와 주지가 효령대군과 수양대군 일행을 반갑게 맞았다. 수양대군은 7일 동안 정근 기도를 하겠다고 미리 연통을 넣어둔 터였다. 수양대군이 침향을 금동향로에 살랐다. 부부인 윤씨가 함께 기도하고, 축원했다.

수양대군은 작년 이 즈음 꿈속으로 오셔서 두 부처님과 여덟 보살상을 조성해 달라던 어머니의 모습이 생생하게 떠올랐다. 석가모니불과 아미타불에 예를 올린 뒤 서원했다.

- 이 법회에서 물러섬 없이 정진할 것이다. 신령한 감응이 있으리라 믿는다.

윤씨는 효령대군의 별장으로 내려갔다. 수양대군과 신미 등 10명의 스님이 한마음이 되어 정근에 들어갔다. 여섯째 밤이었다. 불단 위에서 쇳소리가 났다. 학조가 말했다.[193]

- 우리 부처님께서 신령함을 내리신 듯합니다.

수양대군은 놀라움과 기쁨을 이기지 못한 가운데 신미와 함께 향합香盒을 조심스럽게 열었다. 6매의 사리가 빛을 머금고 있었다. 한 밤중인데도 법당 안이 금색으로 물들어 대낮과 같았다. 수양대군이 감읍하며 말했다.

- 우리 부처님의 자비롭고 신령한 감응이 나투셨다.

다음날 수양대군 일행은 법회를 마치고 절을 떠났다. 사리 방광은 이후 3일 동안 이어졌다.[194]

5월 21일 충청도 감사가 초수행궁의 실화범을 잡아 국문하고 있다는 보고를 올렸다. 세종이 지난 날 크게 민폐를 끼쳤던 일을 떠올리며 유시를 내렸다.

- 지금 한창 모내기를 할 때다. 여러 날 옥에 가두어 두는 것은 심히 불가하다. 속히 놓아 보내라.[195]

『동국정운』 편찬 배포

세종은 훈민정음 창제를 통해 사방 만물의 소리를 모두 표기할 수 있는 문을 열었다. 훈민정음은 동양에서의 문자생활에 하나의 총결산이었다. 두 개의 문자정책의 결과물이 『월인천강지곡』·『석보상절』·『용비어천가』였다. 또한 늘 곁에 두고 운학의 사상을 연구하는데 활용했던 『홍무정운』을 번역, 한자와 훈민정음이 조화를 이룰 수 있는 근간을 마련한 것이 『동국정운』이었다.

10월 17일 세종은 1년의 보완을 거쳐 인쇄를 끝낸 『동국정운』을 여러 도와 성균관, 사부학당에 반사하고 하교했다.

- 우리나라 백성이 속운俗韻을 익혀서 익숙하게 된 지 오래 되었다. 갑자기 고칠 수 없으니 억지로 가르치지 말고 배우는 자의 의사에 맡기라.[196]

1447년세종 27부터 표음 작업을 해오던 『홍무정운역훈』의 언해는 답보 상태였다. 세종이 수양대군과 신숙주, 성삼문에게 명했다.

- 우리나라가 대대로 중국과 사귀어 왔으나 어음이 통하지 않아 반드시 통역관에게 의지해야만 한다. 무엇보다도 먼저 『홍무정운』을 번역하라.

옛 문헌을 상세하게 살피고 증명하는 일은 성삼문·신숙주·조변안·김증·손수산 등이 맡았다.[197] 수양대군과 계양군 이증은 서무·출납을 담당했다. 세종은 번역에 막힘이 있으면 친히 관여, 문제를 해결했다. 세자가 곁에서 보필했다.[198] 수양과 안평대군은 집현전의 훈민정음과 관련된 협찬 사항을 수시로 아뢰고, 세종의 지시를 전달하는 역할을 충실히 수행하고 있었다.

세종은 훈민정음 창제 전부터 『홍무정운』을 탐독했다. 집현전 부제학 최만리가 1444년세종 26 2월 20일 반대상소문을 올렸을 때 분을 참지 못하고 한 말 속에 극명하게 녹아들어 있다.

너희들이 정말 운서를 아느냐. 사성과 칠음을 알며, 자모가 몇인지 아느냐. 만일 내가 저 운서를 바로잡지 않는다면, 그 누가 이것을 바로 잡겠는가.[199]

『동국정운』을 편찬, 전승되어 오던 한자음을 바로잡겠다는 세종의 단호한 힐문이었다. 그러나 언어 정책 수립의 방향을 제시했던 『홍무정운』

의 인본印本은 중국의 황제가 반사한 관본官本이 아니었다.²⁰⁰ 세종은 크게 의식하지 않고 새로운 언어학의 지평을 여는 일에 적극 활용했다.

신숙주와 성삼문은 성운聲韻이 '학문과 도를 연구하는 시초'임을 『동국정운』을 편찬하며 확인했다. 『홍무정운』의 역훈 사업은 세종이 훈민정음으로 '성인의 학문'을 완성하고,²⁰¹ 한어漢語인 중국어의 음역音譯에도 이용하려는 의도의 일환이었다.

그러나 중국과 조선의 어음이 다르고 와전訛傳이 심했다. 수시로 세종께 자문을 구하며 문제를 풀어나갔다. 세종은 중국의 학자에게 물어 바로잡으라는 명을 내렸다. 황찬을 만나기 위해 요동을 수시로 찾았고, 중국의 사신이 왔을 때 유학자면 정확한 것을 취하기 위해 묻고 또 물었다. 만국이 회동하는 연경으로 오가는 사람을 교섭해 밝혀보려고 접촉했던 이도 적지 않았다. 변방이나 이역의 사신과 일반 평민에 이르기까지 만나 보지 않은 사람이 없었다. 이렇게 검증을 거친 원고를 세종은 친히 확인하고, 교정해 나갔다.²⁰²

신숙주와 성삼문 등은 초고草稿를 퍼락쥐락하며 고심을 거듭했다. 중국음을 훈민정음으로 대역함에 있어서는 반드시 그 특질에 따른 변통이 있어야 함을 밝히고 실제로 대역음을 어떻게 읽어야 중국음에 가까운가를 구체적인 예를 들어 설명했다. 이런 경우 운마다 같은 중성의 첫 자 아래 논석論釋을 붙여 발음 주석註釋의 본질을 명백하게 밝혔다. 훈민정음의 중성은 우리말에서 나온 음이므로 중국음을 정확히 적을 수는 없으나 실제 발음에 있어서 어떻게 발음하면 중국음에 맞게 발음할 수 있는가를 운부韻部에 따라 그때그때 설명한 것이다.²⁰³

세종의 언어 정책은 주도면밀했다. 세종조에 진행된 훈민정음 사업의 산물인 『훈민정음 해례본』과 『용비어천가』·『석보상절』·『월인천강지곡』·『운회』·『동국정운』의 편찬에 참여한 인물을 일람해 보면 확연하게 알 수 있다. 이들은 세종 시대를 대표하는 언어학자였다. 핵심인물은 문종, 수양·안평대군과 신미·김수온, 최항·신숙주·성삼문·박팽년·이개·손수산·

강희안·이현로 등이었다.

		훈민정음 해례본	용비어천가	운회	동국정운	홍무정운역훈	월인천강지곡	석보상절
監掌	세종	○	○	○	○	○	○	○
	문종	○			○		○	○
	수양대군	○		○	○	○	○	○
	안평대군	○		○	○		○	○
정인지		○	○					
최 항		○	○	○	○			
신숙주		○	○	○	○			
박팽년		○	○	○	○			
성삼문		○	○	○	○			
이 개		○	○	○	○			
강희안		○	○	○	○			
이현(선)로		○	○	○	○			
신영손			○					
손수산					○	○		
조변안					○	○		○
김 증					○	○		
신 미		○					○	○
김수온		○					○	○

3 아픔 속의 훈민정음

세종과 경복궁 내 불당

힘들지 않으면 하지도 않아
만들 수 없는 푸른 그리움
바람이 오면
내 안에 또 다른 나

내불당, 파격의 불사

세종의 마지막 불사, 경복궁 내불당

세종은 태종의 불교 혁파 정책을 말없이 수용했지만, 말년에 이르러 생각이 바뀌었다.

1448년세종 30 7월 17일 세종은 승정원에 일러 경복궁 문소전 서북쪽 빈 터에 본당 1칸, 동서 회랑 각 3칸, 부엌 3칸 규모의 내불당을 짓겠다고 밝혔다.

㊳ 화보1

불교의 시비와 선악은 예전 사람이나 지금 사람이나 많이 말을 해서 삼척동자도 익히 알고 있다. 무얼 더 의논할 것인가. 세상의 모든 일은 버림과 얻음에 달려 있다. 남김없이 없앤다면 버림이고, 그렇지 않으면 얻음이라 할 것이다. 기신에 재를 베푸는 것과 대상大喪에 추천하는 것, 여러 절에 양식을 댈 밭과 도첩에 돈을 내는 일은 모두 버리지 않고 취한 것이다. 처음 문소전을 창덕궁 중장 밖에 세웠을 때 담 동쪽에 불당이 하나 있어 7명의 중이 지켰다. 이는 개경사開慶寺·경연사慶衍寺·숭효사崇孝寺와 같은 뜻이다. 1423년세종 5 옮겨 모실 때 허물어져 지금까지 고치지 않고 있다. 나라에서 불교를 버리지 않았다면 의당 이 불당을 먼저 수리해야 한다. 허물어진 채 돌보지 않는다면 마음이 편하겠느냐. 어진 사람과 효자의 마음으로 시험 삼아 헤아려 보면 알 수 있는 일이다.

문소전 서북쪽 빈 터에 불당을 짓고, 7명의 중으로 하여금 지키게 할 계획이다. 본당 1칸, 동서 회랑 각 3칸, 부엌 3칸에 그칠 것이라고 두 의정에게 말했더니 모두 궁성 안에 세울 수 없다고 반대했다. 그러나 옛터가 담장 밖에 있고, 지금의 터 또한 중성 밖에 있다. 저곳은 가깝고, 이곳은 멀다고 할 것인가. 흥천사·흥덕사·개경사는 비가 새고 기울어져 무너질 지경에 이르면 반드시 나라에서 공장을 보내 수즙修葺한다. 선왕께서 세운 절이므로 의리에도 맞다. 퇴락한 것을 앉아서 보고만 있고, 수리하지 않으면 다른 사람은 참을 수 있을지 모르겠으나 나는 참을 수 없다. 이 불당은 다른 곳에 비하면 더욱 그렇다. 버려두고 방치한 지가 여러 해 되어 부끄럽기 짝이 없다. 반드시 수리해야 한다. 내 뜻이 이러하니 다른 말하지 말라. 정부에 이르라.

도승지 이사철, 동부승지 이계전 등이 의논한 뒤 "이상한 옷을 입은 중이 효선문孝先門을 통해 궁궐에 들고 나면 눈뜨고 보지 못할 지경"이 될 것이므로 정지하라고 아뢰었다.

세종이 말했다.

- 나는 더 할 말이 없다. 일일이 대답하기 시작하면 임금이 뭐 그렇게 말이 많으냐고 따지고 들 것이다.

이사철 등이 거듭 청했으나 윤허하지 않았다.[1]

집현전 학자와 의정부 고위 관료는 온갖 논리를 동원, 집요하게 반대하고 나섰다.

7월 18일 이사철과 이계전이 "궁궐의 원묘 옆에 불당을 두면 태종의 뜻에 어긋나게 된다."며 거듭 청했으나 받아들이지 않았다.

의정부 좌참찬 정분이 여러 사람의 의논을 가지고 와서 불당 건립의 잘못됨을 아뢰었다.

- 산언덕에서는 궁궐을 바라볼 수 없지만 불당에서는 굽어보게 되니 절을 둘 수 없습니다.

세종이 말했다.

- 궁궐에 불당을 짓는 것은 잘못되었다고 하더라도 어찌 정직하지 못하게 말을 꾸며서 하는가.

이사철 등이 월화문月華門 앞에서 두세 번 청했으나 허락하지 않았다.

집현전 직제학 신석조 등이 합사閤司해 청했으나 듣지 않았다.

- 신들이 비록 말을 다하고자 하나 친히 진달하지 못하니 소회를 펼 수가 없습니다. 만남의 기회를 주소서.

세종이 말했다.

- 비록 친형제와 늙은 대신도 오히려 보기 어려운데 너희들은 무슨 물건이기에 만나기를 바라는가.

조금 뒤 정부와 육조판서가 모두 예궐했다. 세종이 말했다.

- 불법佛法이 일어난 뒤로부터 역대 임금이 혹은 어질고 혹은 어질지 못했다. 2천여 년 동안에 이를 완전히 없앤 임금도 없었고, 또한 다 없어진 날도 없었다. 간혹 현명한 임금이 있어 부처와 승려를 도태시켰으나 그 법을 완전히 없애지 않았다. 즉위 초에 나라 사람이 나를 어진 임금이라 여기고 바랐는지 모르겠으나 근년 이래로 행하는 정사가 모두 이치에 맞지 않아서 한 가지 일도 일컬을 만한 것이 없다. 어찌 홀로 불법을 능히 제거하겠는가. 그렇다면 선왕을 위해 불당 하나를 세우는 것이 무엇이 불가한가. 경들이 비록 창덕궁 불당은 담장 밖에 있고 지금 이 불당은 궁내에 짓는다고 하나, 창덕궁 불당은 대궐에서 멀지 않다. 이것으로 저것에 비교하면, 저것이 가깝고 이것이 멀다. "태종께서 헌릉의 재찰을 세우지 않았다."고 하지만 전례가 있다. 헌릉에 비할 바 아니다. 태종의 유교遺敎를 따라서 절을 짓지 않았다. 창덕궁의 불당은 선왕을 위함이다. 지금 다시 짓는 것은 오로지 봉선奉先하는 효심에서다. 경들의 말이 비록 많으나, 직언을 하지 않고 교묘하게 꾸민 말이 많다. 궁궐 안에 절을 짓는 것이 그르다고 하면 그럴듯한데 왜 교묘하게 말을 꾸미는가. 경들이 불가하다고 하기 때문에 문소전의 가까운 곳에 지으려고 한다.

좌의정 하연², 이조판서 정인지, 예조판서 허후 등이 정부의 의견을 모은 뒤 "부처를 높이는 임금이 어찌 어진 임금입니까."며 불가하다고 아뢰었다.

세종이 허후에게 물었다.

- 경이 두 절을 혁파하라고 했다. 지금 인부를 뽑아서 경에게 주겠다. 흥

천사에 가서 탑을 무너뜨리고 오라.

허후가 아뢰었다.

- 흥천사는 흥덕사와 비교가 안 된다고 생각합니다. 이 절은 정릉의 추복追福을 위해 세웠고 뒤에 정릉이 예가 아니라고 헐어서 옮겼습니다. 정릉을 위함이라면 헐어 치워야 마땅하나 관습에 따라 지금에 이르렀으니 허물어 버리는 것이 좋다고 생각합니다.

- 지금 선왕을 위해 세운 불당을 없애고 회복하지 않으니 비록 내가 하지 않더라도, 대신이 되고 예관이 된 자가 마땅히 아뢰어 다시 세워야 자연스럽지 않은가. 지금 똑같은 말을 가지고 오른쪽으로 돌아보고, 왼쪽으로 돌아보며 대답하자니 견딜 수가 없다. 대신이 말을 하니 말하지 못하게 할 수도 없다.

사헌부 대사헌 윤형, 사간원 지사간 이활 등이 속히 명을 거두라고 거듭 아뢰었다. 세종이 말했다.

- 대답할 가치를 느끼지 못한다. 대신과 선비들 모두 도성 안에 지을 수 없다고 반대하고 있다. 그렇다면 도성 밖에 짓겠다.

윤형 등이 아뢰었다.

- 어찌 성 밖에 지으려고 하십니까.

세종은 대답하지 않았다.

집현전 직제학 신석조, 도승지 이사철 등이 궁성의 안팎을 가릴 필요가 없다는 내용의 상소를 올렸다. 대답하지 않았다. 신석조 등이 굳이 청해도 윤허가 없었다. 새벽에 다시 와서 청하기를 처음과 같이 했다. 세종이 말했다.

- 내가 권신의 제재를 받을 임금이 아니다. 의심나는 일은 여러 사람과 의논하지만 없는 것은 독단으로 처리한다. 내가 권신에게 제재를 받아서 스스로 가부를 결정하지 못하는 임금으로 생각하는가.[3]

세종, 나를 겁주려는 것이냐

대소신료의 의견을 들은 뒤 일을 처리하는 것이 어진 임금이라며 떼를 지어 몰아붙이고 나왔다. 세종은 해박한 승지들이 반대를 하니 부득불 자신의 특권으로 처리하겠다며 민신을 선공제조에 임명했다. 한번 작정한 일은 어떠한 어려움이 있어도 관철시켜온 세종이었다. 밀릴 수 없다는 오기도 작동되고 있었다. 세종 30년 치세에 다시없는 고집이었다. 1449년세종 30[4] 7월 19일 세종이 의정부에 전지했다.

- 태종께서 문소전 옆에 불당을 짓고 열성列聖의 명복을 빈 적이 있었다. 지금 문소전은 다른 곳으로 옮겼으나 아직 불당을 짓고 있지 않다. 선왕께서 원하시던 일이 땅에 떨어질까 염려된다. 안평대군은 좌참찬 정분, 중추원사 민신, 판내시부사 최습, 사직 권환, 부사직 변대해, 행직장 이명민 등을 거느리고 대기하라. 금성대군과 의창군은 내시부알자 이춘, 호군 안견, 사용 이양미, 장길생, 사포국승 황사의를 거느리고 탱화와 단청의 공역을 맡으라. 궁성 북쪽에 터를 잡고 공역을 시작하라.[5]

하연 등이 또 아뢰었다.

- 『원속육전元續六典』에 새로 절을 창건하거나 중수를 금하는 내용이 밝게 기록되어 있습니다. 지금 궁궐의 가까운 땅에 중의 집을 세우고 불당이라고 하니 『육전』의 법을 위로부터 먼저 무너뜨리면 아랫사람이 범할 때 어떻게 금하시렵니까.

이조판서 정인지가 아뢰었다.

- 전하께서는 국사를 대신과 의논한 연후에 시행했는데, 불사만은 중론을 취하지 않고 독단으로 처리하고 있습니다. 국가의 흥망에 관계되고 이해가 지극히 절실한 일이라도 오히려 여러 사람의 의논을 널리 취하는데, 불법이 무슨 바쁜 일이기에 강행하십니까.

세종이 말했다.

- 처음에 궁내는 불가하다 하기에 내가 성 밖에 세우도록 허락했다. 이 또한 불가하다고 한다. 세 살 먹은 아이 달래기와 같다. 경이 비록 『육

전』에 의거해 말하지만 아랫사람을 위한 법이지, 위를 위한 법이 아니다. 지금의 일은 위에서 할 수 있어도 아래에서 하지 못한다. 낱낱이 예를 든다면 끝이 없다.

하연이 아뢰었다.

- 신들이 처음 궁내는 불가하다고 한 것은 궁성 밖은 괜찮다는 말이 아닙니다. 특히 궁성 안은 더욱 불가하기 때문에 심한 예를 든 것입니다. 지금 불교를 위로부터 좋아하니 법령이 비록 엄하나 절을 창건하는 일이 꽤 많으며 유사로서 허물기를 청하는 자도 없으니 『육전』의 법이 다 사라질 지경입니다. 만약 위에서 육전을 따르지 않으면 아래에서 어찌 따르겠습니까. 『육전』은 아래에서만 행하고, 위에서는 행하지 말라는 법이 아닙니다.

정인지가 아뢰었다.

- 불교는 마음을 다스림이 으뜸이고 인과가 그 다음입니다. 불상을 만들고 절을 짓는 일은 진실로 공덕이 없습니다. 중은 마땅히 깨끗한 산속에서 조용하게 살며 나오지 않아야 하는데 지금 궁궐 사이에 있으니 어찌 그 도에 맞겠습니까. 참으로 지식이 있는 중이라면 오려고 하지 않을 것이고, 비록 와서 사는 자가 있더라도 모두 무뢰배이므로 무익하기 짝이 없습니다. 지금 위로부터 부처를 좋아하기 때문에 종실에서 다투어 믿고 본받는 풍속이 점점 퍼지니 안타깝습니다. 용렬하고 어두운 임금이라면 그 이치를 몰라서 믿는다고 하겠지만 진실로 이치를 알기만 하면 고칠 희망은 있습니다. 전하의 밝고 영명한 식견으로 어찌 불교의 옳고 그름을 모르겠습니까. 이렇게까지 하는 뜻을 정녕 모르겠습니다.

세종이 말했다.

- 경들이 내가 『육전』에 얽매어 일을 하지 못하리라 생각하는가.

하연이 아뢰었다.

- 불사는 정말 있을 수 없는 일입니다. 위에서 행하면 어떻게 백성을 가르치겠습니까.

세종이 정인지에게 물었다.
- 경이 나더러 여러 사람의 의논을 취하지 않는다고 하는데, 내가 신하의 의논을 들은 연후에 가부를 결정해야 하느냐.
- 근자에 절을 창건하거나 불사의 일을 간하는 자가 많으나 윤허를 얻지 못했기 때문에 감히 아뢴 것입니다.
- 경이 불교를 나쁘다는 말을 합해 간하니 내가 지극히 아름답게 여긴다. 만약 어진 임금이라면 경의 말에 따르겠지만, 나는 덕이 없으므로 따를 수 없다.

하연이 아뢰었다.
- 사직을 위해 번거롭지만 아룁니다. 만일 궁 뒤에 절을 세우면 절터가 주가 되고, 지세가 높아서 금중禁中을 내려다보게 되니 불가함이 명백합니다. 태조께서 불교를 깊게 믿었지만 경복궁을 법궁法宮으로 삼을 때 궁성 안팎에 절은 세우지 않았습니다. 궁실 안에 부처나 만자卍字 등을 깎아 없애버린 뜻을 거듭 살펴 생각하소서.

세종은 끝내 대답하지 않았고, 대성에서 다시 아뢰었으나 듣지 않았다. 하연과 정인지는 육전의 조례를 들먹이며 세종을 압박했다. 임금의 전횡을 눈뜨고 볼 수 없다는 논조였다. 가마솥에 거북 한 마리를 담가 놓고 바깥에서 장작불을 괄게 지피는 형국이었다.

신석조가 내불당 정파의 명을 내려 달라며 두 번째로 상소했다. 누구와 더불어 나라를 다스릴 것이냐는 노골적인 협박이었다.

불당 건립을 정지하라고 여러 번 신청宸聽을 시끄럽게 했으나 유윤을 얻지 못했으니 통분함을 이기지 못합니다. 다시 천위를 무릅쓰고 삼가 진달합니다. 예전 제왕이 궁묘宮廟 옆에 절을 지어 효자가 되었다는 말은 듣지 못했습니다. 의리에 불가하다면 비록 한 칸을 짓고 한 중이 지키며 멀리 들 밖에 있더라도 불가합니다. 어찌 칸수와 지키는 중의 많고 적음, 땅의 멀고 가까움을 따질 것이 있습니까. 오늘의 한 칸, 한 명의 중이 어찌 후일의 천 백 칸, 천 백 중의 시초가 되지 않겠습니까. 좋은 말이라면 꼴을 베고 나무하는 사람의 말이라도 받아들이는데 하물며 의정의 대신이 모두 불가하다고 합니다. 전하께서는 누구와 더불어 나라를 다스리시렵니까. 신은 이 불당이 왜 필요한 것인지 참으로 모르겠습니다. 백년을 폐철廢撤하더라도 무슨 부끄러울 것이 있겠습니까. 국가는 조종의 국가요, 전하의 사유물이 아닌데 어찌서 국가 만세를 염려하지 않으십니까. 전하께서는 귀에 거슬리는 말을 꺼리지 마시고 생각을 고쳐 급히 정파의 명을 내리소서.

답을 내리지 않았다. 신석조가 아뢰었다.

- 이 일은 시비와 선악이 명백해 의심할 여지가 없습니다. 어찌 성상께서 모른다고 하십니까. 온 나라 신하가 말을 같이 해 아뢰어도 한마디 옳다, 그르다는 대답이 없으니 마음이 정말 미어터질 지경입니다.

좌승지 조서안과 동부승지 이계전이 여론에 따르라고 아뢰었고, 의정부 좌의정 하연 등이 육조와 함께 "문소전에 중을 섞어서 구실을 남길 수 없으므로 명을 거두라."고 상소했다.

세종은 답을 내리지 않았다.

7월 20일 대간에서 연명 상소를 올려 내불당 공역의 명을 철회하라고 압박했다. 답을 내리지 않았다. 신석조가 "오랑캐의 간사한 말에 미혹되어 부모도, 임금도 없는 교를 주창하니 천하에 악이 이보다 클 수 없어 통분을 금할 수 없다."며 세 번째로 상소했다.

세종의 대답은 한결 같았다.

- 너희가 조목조목 따져서 말하니 나도 조목조목 대답하고자 한다. 그러나 이렇게 하면 임금이 말을 많이 해야 하지 않겠는가. 그러므로 대답하지 않는다.

- 후사에 남는 일이므로 이렇게 할 수는 없습니다.

대성이 또 뜻을 합해 청했으나 듣지 않았다.

- 똑같은 일로 여러 번 번거롭게 말하며 나더러 일일이 대답하라는 것이냐. 그렇다면 내가 뒷날 말하겠다. 물러가라.

성균관이 합세하고 나섰다. 생원 유상해와 김안경이 상소했다. 유학의 정치에 누를 끼칠 수 없으며, 절을 세워 백성의 마음을 고혹하게 할 수 없다는 논조였다.

세종이 말했다.

- 이미 알고 있다.

유상해가 아뢰었다.

- 알고 있다고만 말씀하니 신들이 천의가 어디로 향하는지 알지 못해 몹시 민망합니다.

- 내가 이미 말한 것이 많으니 너희가 뒤에 알 것이다.

- 신들이 생각하기를 몸소 요순 같은 임금을 만나 태학에서 학문에 열중하며 장차 임금을 보좌하고 백성을 윤택하게 할 계획을 세우고 있는데 이렇게까지 되니 반드시 천의를 알고자 합니다.

- 대신의 말도 듣지 않았다. 너희의 말을 들을 필요가 있겠느냐.[6]

7월 21일 우참찬 정갑손과 예조판서 허후가 정부와 육조의 뜻을 모아 다시 생각할 것을 간청했다. 허후가 말했다.

- 여러 신하의 뜻이 같습니다. 간해서 비록 따르지 않더라도 이대로 그만둘 수 없습니다.

- 나는 더 할 말이 없다.

정갑손이 아뢰었다.

- 신들도 역시 아뢸 말이 없습니다. 정파를 원할 뿐입니다.

- 대소신료가 기어이 청을 얻으려 한다. 나를 겁주려는 것이냐.

- 추호도 그런 마음을 가진 바 없습니다. 최근에 불교가 점점 퍼져 이 지경에 이르렀는지 알 수가 없습니다. 어찌 강하게 거절만 하십니까.

허후가 아뢰었다.

- 임금은 하고자 하는 일이 있어도 간하는 신하가 많으면 감히 행하지 못합니다. 지금 신들과 시신·대간·학생이 하나도 옳다고 하는 자가 없습니다. 우선 두서너 달을 늦추며 깊게 생각하소서. 전조 말엽의 난의 원인은 모두 내원당에서 나왔고, 신라 때 금갑琴匣을 쏜 일이 있는데 역시 내원당에서 나왔습니다. 두려운 일이 아닐 수 없습니다. 지금같이 밝은 성

대에 털끝만큼도 의심할 일이 없지만 자손만세를 생각한다면 이 일은 가만 둘 수가 없습니다.

- 금갑의 일은 내가 모른다.

정갑손이 아뢰었다.

- 이미 지은 누각도 헐어버리는데 아직 짓지도 않은 일을 왜 정지하지 못하십니까.

허후가 아뢰었다.

- 전하께서 큰일에 있어서는 반드시 대신에게 꾀하시고도 오히려 즉결하지 않고 여러 날 상량하는 경우가 많았습니다. 불당의 건립은 어찌 상량하지 않고 급히 날짜를 정하십니까. 정부와 육조에서 모두 아뢰고자 했으나 성감을 번거롭게 할까 두려워 신이 와서 아룁니다. 영구히 정지하지 않더라도 우선 기일을 늦춰 거듭 따져본 다음 세워도 늦지 않습니다.

- 이미 정했는데 다시 무엇을 상량하랴.

정갑손이 아뢰었다.

- 예로부터 임금이 이미 이룬 일이라도 아래에서 아뢰는 사람이 있으면 정지했습니다. 주춧돌 하나도 아직 놓지 않았는데 한번 정했다고 허락하지 않으시니 마음이 무척 아픕니다.

허후가 아뢰었다.

- 신라에서 금갑을 쏜 일은 입으로만 말할 수 없을 뿐 아니라 천재千載 후에도 듣는 자가 분하게 여길 것입니다. 이것은 장래에 번질 것을 삼가지 않아서 내원당이 장본張本이 된 것입니다. 신라 말엽의 일이니 논할 바 없으나 내원당이 없었다면 이 일이 어디에서 비롯되었겠습니까. 『삼국사』를 보시기 바랍니다.

- 나는 아는 게 없고 미혹해서 금갑의 일은 일찍이 알지 못했다.

- 금갑을 쏜 사건은 예나 지금이나 다 같이 분하게 여기고 있습니다. 어찌 보지 않으십니까. 소신이 몸을 아끼고 작록을 아끼겠습니까. 한결같은 마음으로 청을 얻고자 합니다. 백성이 새로 내불당을 창건한다는 말

을 들으면 뒤를 이을 만계萬計가 되지 못합니다.

정갑손이 아뢰었다.

- 평민으로 보더라도 부자 형제 사이에 털끝만한 재리財利도 인색하게 아끼지 않음이 없으나, 불사에 쌀과 베를 제한 없이 내고 있습니다. 작은 일이지만 공·사간에 낭비가 심하기 짝이 없습니다. 불교가 무익함을 알 수 있는 일입니다.

세종이 승정원에 일렀다.

- 금갑의 일은 뜻이 간절하니 청을 올려서 말하는 것이 좋겠고, 부녀자가 절에 올라가는 것은 금하는 법을 엄하게 해서 조금도 해이하지 않았으며, 과천에 절을 짓는 것은 태조께서 무안군의 묘 옆에 재찰齋刹을 세워 명복을 빌라고 명을 내렸기 때문이다. 지금 묘를 옮겼으니 절을 옮길까 한다. 원래 새로 짓는 예가 아니다. 장경藏經을 만든 일은 내가 어찌 감히 숨기겠는가. 해마다 흉년이 들었기 때문에 나라의 재물을 허비하지 않고 내수소의 쌀을 종친에게 나눠 주어 불경을 만들도록 명했다. 국가의 물건이 곧 임금의 물건이다. 북으로 5진으로부터 남으로 제주에 이르기까지 모두 임의로 쓸 수 있다. 공사를 따지지 않고 써도 된다. 사재로 쓰는 것은 나의 뜻이 좁은 것, 국가의 재물을 쓰지 않는 것은 나의 잘못이다. 내가 어찌 그 일을 숨기고 알지 못하게 하겠는가. 경함經函의 일도 또한 미루어 알 것이다. 지금 너희에게 말하니 나의 뜻을 알게 하라.

대간에서 연명으로 "절을 지어 예법의 땅을 더럽힐 수 없으며, 불교를 좋아한 임금이라는 평을 들을까 걱정된다."며 상소했다.

세종은 답을 내리지 않았다.

성균관 생원 유상해 등이 두 번째로 상소했다.

나무는 먹줄을 따르면 바르게 되고 임금은 간하는 것을 따르면 성스러워진다고 했습니다. 지금 효령대군은 불교를 높이고 믿어서 밖에서 주창하고, 안평대군은 한마음으로 안에서 돕고 있습니다. 안팎이 서로 응원해 날마다 부처를 섬기고 있습니다. 토목을 크게 일으켜 절을 짓고, 금을 녹여 불경을 베끼는 등 재물을 백단으로 허비해 성상의 마음을 그르쳐 오늘에 이르렀습니다. 전하께서도 알고 있는 일입니다. 불당의 역사를 파해 신들의 바람을 들어주소서.

답을 내리지 않았다. 유상해가 거듭 아뢰었다.
- 대신의 말도 듣지 않고, 소신의 말도 듣지 않으면 누구의 말을 들어서 정치를 하시렵니까. 지금 백성의 마음과 온 나라가 모두 불가하다 하니 이것이 천도입니다. 전하께서 오히려 좇지 않으니 천도를 어기는 일입니다.
- 하루 동안 다섯 통의 상소가 한꺼번에 올라오니 대답할 틈이 없다.
좌의정 하연 등이 상소했다.

신하는 필부의 미천함으로도 감히 천승의 임금께 항의해 말할 수 있습니다. 그 세력은 지극히 현절懸絶하지만 자기 몸을 돌보지 않음은 종사의 대계를 위함입니다. 충신은 극한으로 말해 숨기지 않고 임금도 또한 받아들이니, 임금과 신하가 각각 그 도리를 다하는 것이고 국가가 밝고 성한 지경에 오르는 것입니다. 신하가 임금의 위엄이 두려워 입을 막고, 임금이 신하의 곧은 말을 꺼리어 간함을 막으면 국사는 날마다 잘못될 것입니다. 제왕의 큰 효도는 조祖는 공이 있고, 종宗은 덕이 있습니다. 전하는 태종이 불교를 배척한 뜻을 이어받아 유음을 내시어 철거한 절은 돌보지 말고 추방한 중도 다시 부르지 않아서 뒷날 번성의 씨앗을 없애면 성효가 어찌 빛나고 밝지 않겠습니까.

답을 내리지 않았다.
신석조가 네 번째로 상소, 거듭 생각하라고 아뢰었다.
- 임금의 일이 비록 옳고 신하가 그릇 헤아려서 말해도 그 뜻을 돌이키시어 "불가한 일을 하지 않았는가."를 반드시 상량해야 합니다. 지금 시비가 명백한 일로 간하는데 굳게 막는 것은 어쩐 일이십니까.
- 그대의 간하는 것이 참으로 가상하다. 내가 할 말은 가부 두 가지 뿐이다. 어진 임금이라면 마땅히 듣겠지만, 나는 어질지 못하니 어떻게 좇

겠느냐.

- 신의 말을 가상하게 여기시니 천의를 돌이킬 기회를 얻었다고 생각합니다. 어질지 못하다고 자처해 반드시 어기려고 하니 더욱 서운합니다.

세종은 더 이상 듣지 않았다.

예문봉교 김명중, 성균박사 하순경, 교서랑 고신교 등이 상소했다. 양무제처럼 웃음거리가 되지 말고 청사에 간함을 막는 오점을 남기지 말라는 내용이었다. 대사헌 윤형 등이 뜰에 서서 거듭 아뢰었다. 세종은 대답하지 않았다.[7]

영의정 황희, "결단을 내리소서"

침묵 속에서 며칠 동안 사태의 추이를 지켜보고 있던 영의정 황희가 상소했다.

지금 절을 짓는 것은 실로 국력을 소모하고 백성을 해치는 시초가 됩니다. 옛날부터 절을 지어 선조를 받든다는 말은 듣지 못했습니다. 전하께서 여러 사람의 바람을 굽혀 좇아서 내리신 명을 환수하면 조종을 받드는 정성이 성현에 어그러지지 않을 것이고, 간함을 좇는 아름다움이 길이 후세에 전할 것입니다. 내불당의 건립은 전하가 이미 도리에 맞지 않음을 알고 폐한 지 이미 오래되었는데 어찌 다시 세워 후세에 빌미를 남기십니까. 예로부터 제왕은 조종의 이루어 놓은 법이라도 시의에 적합하지 않을 때 손익損益이 많은데 전하는 어찌 불당을 조종이 베풀었다며 고치지 않으십니까. 후세에 뭐라 평하겠습니까. 늙은 신하가 간절히 통심하는 바입니다. 신의 지금 나이 86세인데 백가지 병이 갈마들어 명이 아침저녁으로 오락가락합니다. 성은에 보답할 길 없어 항상 전하를 허물없는 곳에 머물게 하기 위해 함묵하지 못하고 뇌정雷霆의 위엄을 범합니다. 충정을 살피고, 명쾌하게 정파를 명하면 신은 비록 죽더라도 눈을 감아 유감이 없겠습니다.

답을 내리지 않았다.
신석조가 상소했다. 다섯 번째였다.

불교가 중국에서 들어온 뒤로 남의 집과 나라를 해한 것이 얼마인지 알지 못합니다. 하늘이 조선을 열어 주었고, 태종께서 하늘이 내신 성학聖學으로 부처가 번성한 천백년 뒤에 나서 하루아침에 배척해서 의심하지 않았습니다. 근일에 『용비어천가』를 지을 때 불교를 배척한 일을 태종의 성덕으로 삼아서 시장詩章에 "온 나라 사람이 몹시 좋아하는데 성성聖性이 홀로 배척해 수많은 절을 하루아침에 혁파했다."고 적었습니다. 후왕을 경계하는 대목에서는 "오랑캐의 사설이 죄와 복으로 위협하고 꾀니 이 뜻을 잊지 말라."고 했습니다. 전렬前烈을 현양하고 훈계를 후세에 남긴 것입니다. 가시歌詩를 지은 것은 장차 관현에 올려 조묘朝廟에 쓰고 향당鄕黨에서 써서 나라와 지방을 교화하고 만세에 전해 잊지 말자는 뜻입니다. 지금 제작이 겨우 정해져서 관현으로 외이는 것이 흡족하지 못한데, 전하가 뜻을 잇고 꾀를 끼치는 도리를 생각하지 않고 먼저 간사한 말에 현혹되어 갑자기 궁성 옆에 불사를 창건하고 "조종을 위해 복구하는 것이라."고 말씀하고 있습니다. 신은 태종은 앞에서 배척하고 전하는 뒤에서 회복하는 것을 볼 뿐입니다. 전대의 엎어진 수레의 바퀴 자국을 거울로 삼고 태종의 사교를 버린 뜻에 따라 허물을 고치는 데 인색하지 마시고 급히 내려진 명을 거두면 뜻을 잇고, 일을 풀어가는 효도와 자손을 위해 다행일 것입니다.

답을 내리지 않았다. 신석조가 아뢰었다.

- 한 집으로 말하더라도 집 옆에 절을 지어 자손에게 물려줄 수는 없는데 하물며 천하 국가를 계획하는 임금이 궁묘 곁에 절을 지어서 후손의 법으로 삼을 수 없습니다. 신이 간하기를 아무리 간절하게 하나 다만 알았다 하고, 시일을 끈 다음 완공되었으니 헐어버릴 수 없다고 하시렵니까. 신은 완공되었더라도 반드시 헐어야 한다고 생각합니다. 더욱이 완공되기 전에 그만두면 간함을 좇는 아름다움이 더욱 빛날 것입니다.

- 이미 이루어졌으니 헐 수 없다는 것은 내 말이 아니다. 어찌 미리 추측해서 나를 겁주려 하는가.

- 끝내 청을 얻은 다음에 없애려 하십니까. 궁성 옆에 흉하고 더러운 물건이 있는데 신하가 어떻게 보고도 없애지 않을 수 있습니까.

- 물러가라.

종학박사 김신민 등이 "불당을 짓는 일은 경비가 많이 들지 않더라도 궁성 북쪽은 그 터가 아니고, 후세에 구실을 남길 수 없는 일이다."고 상소했다. 답을 내리지 않았다.

성균관 겸 사성 윤상 등이 "불교는 오랑캐의 한 법으로 백성과 재물을 좀먹는 해가 극심하므로 내불당 공사는 정지해야 한다."고 상소했다. 답을 내리지 않았다.

행성균대사성 김반이 "언로를 넓히고 성덕을 더해 후세에 보이라."고 상소했다. 답을 내리지 않았다.

집현전 부제학 정창손 등이 상소했다.

> 어째서 스스로 혹신해 반드시 궁성 곁에 절을 세워 복철覆轍을 따르려 합니까. 지금 사람이 아무리 부처를 혹신해 좋아하는 자가 있더라도 반드시 담 밑에 절을 세우고 중과 섞여 살면서 난계亂階를 만들려고 하지 않을 것입니다. 설혹 있더라도 유사가 엄하게 다스리고 조사해 죄주기를 청하면 전하께 미치게 될 것입니다. 어찌 생각하지 않기를 이렇게 심하게 하십니까. 전하를 위해 아깝고, 부끄럽게 여깁니다. 지체 없이 결단을 내려서 신민의 바람에 따르소서.

답을 내리지 않았다.

생원 유상해 등이 상소했다.

> 학교는 풍화風化의 근원이고, 인재를 도야하는 곳입니다. 지금 학당을 수선하는 군사로 불당에 역사하게 하니 전하가 장차 부처를 높이고 믿어서 풍속을 바꿔 놓은 연후에 마음이 편하겠습니까. 장차 백성이 모두 머리를 깎아서 부모도 없고, 임금도 없어야 만족하겠습니까. 선·교 양종의 설치도 그릇된 일인데 불찰을 궁성 모퉁이에 만드니 무슨 마음이십니까. 유학이 없어질 지경입니다. 선성先聖을 하직하고 나갑니다. 거듭 결단을 내리소서.

답을 내리지 않았다.[8]

우참찬 정갑손과 예조판서 허후가 정부와 육조의 뜻을 모아 내불당의 정파를 청했다. 세종이 말했다.

- 나의 어둡고 고집하는 것은 경이 아는 바이다. 내가 어리석고 미혹한 뜻으로써 불교를 다 없애지 못한다면 조종을 위한 절의 창건은 오히려 좋은 일이다. 하물며 조종의 옛 것을 회복하는 일이겠는가. 이것으로 마음을 삼기 때문에 돌이킬 수 없다. 한 가지 말로 반복해 대답하니 마치 아이가 천자문을 외어 익히는 것 같다. 다음부터 다시 대답하지 않겠다.

정갑손이 목이 메어서도 그치지 않고 아뢰었다.

- 사필史筆을 잡은 자가 좌우에 널려 있습니다. 전하의 자칭 우혹하다는 말씀을 듣고 사책에 써서 후세에 전하면 어떻다고 하겠습니까. 어찌 이런 말씀을 하십니까. 태종께서 뜻을 날카롭게 하고 부처를 배척해 능 옆에 절을 세우지 않았고, 전하 때는 오교五敎를 없애고 양종兩宗으로 합친 것을 보고 신은 불교가 다시 싹트지 못하리라 생각했습니다. 이제 내불당을 지어 전날의 공을 다 버림은 어찌된 일입니까. 극진히 간하는 것은 작은 데서 방지해 다시 싹트지 못하게 하자는 것입니다. 지금 끝내 윤허하지 않고 억지로 이 절을 세운다면 명년에 한 절을 세우고, 후년에 한 탑을 만들어 달로 더하고 날로 보태어 끝이 없을 것입니다. 누가 다시 간하겠으며, 그 폐단 또한 크지 않겠습니까.

허후가 극진하게 아뢰었다.

- 전조 때 불법을 몹시 숭상해 내원당을 세우고 항상 정전에 도량을 베풀어 걸핏하면 천 명에서 만 명에 이를 정도로 중을 많이 모이게 했습니다. 당시 궁중의 금령이 엄하지 못해 내인이 서로 섞여 한계가 없었고, 궁인은 좋아라고 나와 보는 등 그 폐단은 이루 말할 수 없었습니다. 우리 성조聖朝에 있어서는 염려할 것이 없지만 후세의 폐단을 장차 어찌 하겠습니까. 내불당 공역을 정지하고 다시 상량하소서.

세종이 정갑손을 똑바로 바라보며 물었다.

- 경이 나더러 우혹으로 자칭해 다시 말을 하지 못하게 한다고 했다. 우혹하고 고집한다는 것은 겸사가 아니라 모두 실지의 말이다. 낱낱이 들

어 말한다면 한이 없다. 거듭 나를 칭찬하는 말을 듣는데, 어찌 내 일에 칭당한 것인가. 나를 칭찬하는 말은 듣기 싫다.

정갑손이 아뢰었다.

- 구차하게 성덕을 칭송한다면 옛날 문소전 불당은 조종께서 하신 일이고, 전하의 이 일은 실상 조종의 뜻을 잇는 효도입니다. 어찌 이 일을 그르다고 여러 번 번거롭게 청해 성총을 더럽히겠습니까. 반드시 그렇지 않은 일입니다.

- 물러가라.

첨사원 첨사 김구 등이 상소했다. 내불당 공역을 빨리 정지해 여망에 부응하라는 내용이었다. 답을 내리지 않았다.

대간이 합사閤司해서 내불당 건립의 중지를 거듭 청했다. 답을 내리지 않았다. 승문원 판사 김황 등이 상소했다. 자손이 불교를 깊게 믿어 머리를 깎고 중이 되고, 몸을 던져 종이 되는 일이 벌어지기 전에 공역을 그만 두라는 내용이었다. 답을 내리지 않았다.

대간의 연명 상소가 이어졌다.

> 어찌 절을 궁 옆에 지어서 중의 무리와 범패의 소리를 아침저녁으로 듣게 할 수 있습니까. 최근 내불당이 비록 작고 지키는 중이 비록 적습니다. 그러나 후세 자손이 전하의 일을 구실로 삼아 요사채와 중의 수효를 늘려 더욱 재물을 소모하고, 정치를 해하는 폐단을 벌일 것입니다. 나라의 일이 참으로 한심합니다. 명을 거두어 간사하고 허망한 말을 영원히 끊어 다스림의 근본을 바루소서.

답을 내리지 않았다.

사부학당의 학관이 와서 생도가 내불당의 정파를 청하다가 뜻을 얻지 못하므로 학업을 파하고 집으로 돌아갔다고 승정원에 알렸다. 조금 뒤 성균정록이 "이단은 바야흐로 성하고, 유학은 장차 쇠하니 형식에 구속되어 있을 수 없다. 선성께 예를 올리고 하직하고 나간다."는 내용의 방문

榜文을 가져왔다. 도승지 이사철이 세종께 올렸다.
정창손 등이 상소했다.

> 전하의 호불好佛은 있을 수 없는 일입니다. 지금은 물리치지 못한 채 그 말에 혹해 한마음으로 높이고 믿으며, 매번 용렬한 임금으로 자처하고 부끄러워하지 않고 여러 의논을 배척하며 『육전』을 무너뜨리고 새로 사찰을 창건. 만만 무익한 일을 벌여 30년 성명聖明의 정치를 더럽히고 있습니다. 억만 년 무궁한 화를 만들어 태종의 간절한 부탁을 저버리고도 근심하지 않으니 통곡하며 눈물을 흘리고 길게 한숨 쉴 뿐입니다. 어째서 전하의 한 몸으로 앞뒤가 이렇게 서로 반대됩니까. 지금 대신·대간·시종·신료가 각각 분울을 품어서 뜻을 펴지 못하고, 심지어 태학생이 방을 붙이고 돌아가 학사가 텅 비었습니다. 이것은 작은 사고가 아닙니다. 내불당 공역을 멈춰 한 나라 신자의 충분忠憤의 지극한 정에 부합하게 하소서.

세종이 말했다.
- 내가 어진 덕이 없어서 모든 일을 짐작해 도리에 어긋나게 불당을 세우는 것도 굳게 잡고, 지키어 마음을 돌이키지 못한다. 군신 사이에 도가 합하지 않은 것이 이미 많다. 너희의 임금이 되어서 부끄럽다. 그러나 부끄러운 신하로 만들 수 없다. 조종이 하신 일을 차마 없애고 회복하지 않을 수 없다. 내 뜻이 이러하다.
정창손 등이 사직을 청했다.
- 신들이 모두 용렬해서 시종侍從에 대죄하고 있어 학문은 고문에 대비하지 못하고, 말은 천의를 돌리지 못하니 뻔뻔한 얼굴로 직사에 나올 수 없습니다. 신들을 파면해 주소서.
- 지금 유생이 모두 파해 갔다. 유생은 조사朝士의 예가 아니다. 관료라면 진퇴시킬 수 있지만 유생은 아직 벼슬하지 않았다. 불러 오게 할 방법이 없다. 어찌 처리해야 하는가.
이사철이 통곡하며 아뢰었다.
- 집현전 관원이 사직서를 올리고, 학생이 방을 붙이고 집으로 갔으니

천재千載 뒤에 놀라서 들을 일입니다. 유생은 다른 방법으로 오게 할 수는 없습니다. 전하께서 그 말을 들어주면 부르지 않아도 저절로 올 것입니다.
- 집현전과 관사가 파해 떠나고, 유생 또한 흩어져 갔으니 대성도 버리고 갈 것이다. 내가 이제 독부獨夫가 되었다. 임금이 허물이 있으면 신하된 사람이 버리고 갈 수 있는가.
좌의정 하연 등에게 명해 유생의 파학을 국문하는 것을 의논하라고 했다. 하연 등이 힘써 불가함을 아뢰었으나 세종은 듣지 않았다.
좌승지 조서안을 불러 의금부에 전지했다.
- 성균 생원·진사·유학과 사부 생도로서 나이 20세 이상인 자도 아울러 추국하라. 앞장서서 의논을 주창하고, 학생을 움직여 방을 붙이고 학업을 파한 자도 빠뜨리지 말고 확인하라. 승복하지 않거든 고문해도 좋다.⁹

내가 경복궁을 떠나겠다

7월 24일 의금부 제조 남지와 이견기, 안지 등이 아뢰었다.

❀ 화보2

- 학생을 가두고 국문하라는 명을 들었습니다. 학생들이 "요순의 임금을 만났으니 내가 비록 곧은 말을 하고 절개로 항쟁하더라도 성상께서 어찌 죄를 묻겠는가."라고 생각하고 오직 전하의 포용하는 덕만 믿고 분수에 맞지 않음을 알지 못해 중도를 잃었으나 뜻은 가상합니다. 지금 위엄으로 한번 그 뜻을 꺾으면 뒤에 장차 어찌하겠습니까. 너그럽게 용서하고 묻지 마소서.

세종이 말했다.

- 군부가 한 일을 신명에 고했으니 충성스럽지 못하다. 또 학업을 파한 뒤에 장차 종신토록 다시 글을 읽지 않을 것인가. 이럴 리도 없는데 선성先聖을 하직했으니 신명을 속인 일이다. 방을 붙이고 집으로 돌아간 것은 임금을 위협한 일이다. 못된 버릇을 자라게 할 수 없고, 이런 풍속 또한 자손에게 물려줄 수 없다.

내불당, 파격의 불사 169

남지가 아뢰었다.

- 학생이 감히 군부의 일로 귀신에게 호소했겠습니까. 학업을 파한 일이 어찌 임금을 위협한 것이겠습니까. 오직 진언하다가 되지 않기 때문에 이런 일이 벌어졌습니다.

- 알았다.

- 지금 같은 성대聖代에 온 나라 신민의 간함을 어찌 듣지 않으십니까. 전하가 왕위에 있은 지 30년에 정신을 가다듬어 정치를 하다가 지금 이와 같은 데에 이르렀습니다. 사관이 먼저 30년의 선정·선치를 쓰고, 마침내 불당을 세우고 충언을 거스른 일을 쓰면 전날의 공이 어찌 되겠습니까. 전하를 위해 아깝게 여깁니다.

남지 등이 땅에 엎드려 통곡하며 아뢰었다.

- 신이 한갓 임금의 명령으로 임금을 간한 학생을 국문하면 장차 무슨 말로 문안을 이루겠습니까. 감히 마음에 그렇지 않은 일을 억지로 할 수 있습니까. 서생을 대신해 죄 받기를 청합니다.

세종은 대답하지 않고 음식을 내렸다. 허후가 눈물을 흘리며 아뢰었다.

- 윤허를 얻지 못하면 장차 무슨 면목으로 궐문에 나가겠습니까.

자리에 있는 신하가 모두 울었다. 남지와 안지 등이 울며 아뢰었다.

- 과감하게 간하는 것이 무례하다고 제생 500여 명을 가두었다고 사책에 쓴다면 후세에 어떻게 성명을 알겠습니까.

- 불당이 궁성에 가깝다고 말하는데, 좋다. 내가 경복궁을 나가겠다. 그럼 불당을 멀리하는 것이 아니냐. 이어한다면 무슨 해가 있겠는가. 신하로서 임금의 명령을 거역하고 받들어 행하려 하지 않으니 임금이 스스로 나서야 옳으냐.

하연이 아뢰었다.

- 전하의 명이 이치에 맞지 않으니 어찌합니까. 날이 저물고 밤을 새우더라도 명을 기다릴 뿐입니다.

허후가 아뢰었다.

- 경복궁은 전하의 궁궐이 아니고 만세 자손의 궁궐입니다. 전하가 다른 곳으로 이어해도 궁궐과 불당은 전과 같습니다.

남지가 아뢰었다.

- 명령에 반대하는 것이 아니라 대소신료가 같은 말로 간했는데 유생만 가두었기 때문에 신이 애통해 하고 있습니다.

정인지가 아뢰었다.

- 모두 간했는데 유독 유생만 가두면 속된 말로 무른 땅에 말뚝을 박는 것과 같습니다.

말없이 듣고만 있던 세종이 자리를 고쳐 잡고 정인지에게 물었다.

- 일이 다른데 무른 땅에 말뚝을 박는다는 것은 무슨 뜻인가.
- 다른 일이 아닙니다. 원칙은 한 가지 일입니다.
- 경을 죄주려 하다가 유생에게로 옮길 수는 없다. 경의 죄를 묻는 것은 어렵지 않다. 지금 유생을 국문하려 하는 것은 극력으로 간한 때문이 아니다. 임금을 협박하고, 선성을 하직하고, 방을 붙인 이 세 가지 일은 죄악이 지극히 무겁다. 비록 한 두 사람을 베어도 아까울 까닭이 없다. 어진 임금이라면 마땅히 물 흐르듯 좇겠지만 나는 어질지 못해 억지로 좇는다.

이사철이 성균사예 나홍서를 불러 말했다.

- 생도를 학업에 나오게 하라.

종학박사 김신민 등이 상소했다. 불당의 역사를 없애 백성의 바람에 따르라는 내용이었다. 답을 내리지 않았다.

예문봉교 이물민 등이 상소했다. 태종의 부처를 배격한 교훈을 되새기라는 내용이었다. 답을 내리지 않았다.

공신의 적장嫡長인 영중추원사 이순몽 등이 나서 대소신료와 학생의 뜻을 받아들이라고 아뢰었다. 세종이 말했다.

- 경이 이치를 알지 못하고 물결 따라 아뢰고 있지 않은가. 말세에 일의 시비를 살피지 않고 한결 같이 권신을 따르는 자가 심히 많다.

- 불교의 옳고 그름은 신이 알지 못하지만 온 나라 신료와 어린 학생에 이르기까지 극진히 간하고 있습니다. 정부대신은 모두 음양의 도리를 아는 사람들인데 어찌 살피지 않고 다투어 빈말을 올리겠습니까. 정부의 말에 따르소서.
- 이치는 알지 못하고 의례로 대신을 따르니 몹시 기쁘다.

남지가 아뢰었다.

- 불교의 옳고 그름을 깊이 아는 자는 정자와 주자 이외에는 없습니다. 불교로 나라를 다스릴 수 없음은 신이 무식해도 잘 알고 있습니다. 지금 대신의 의논은 모두 광명정대합니다. 오늘 좋지 않으면 내일 반드시 좋아야 하고, 끝내는 좋지 않을 도리가 없을 것입니다.
- 들어줄 수 없다. 돌아가라.

대간에서 나섰다. 답을 내리지 않았다. 물러가 사직서를 올렸지만 직사에 나오라고 명했다. 세종이 정창손 등을 불러 일렀다.

- 어제 내가 너희의 임금임을 부끄럽게 여긴다고 말했다. 나를 임금으로 생각한다면 업무에 복귀하라.

정창손이 아뢰었다.

- 신의 직책이 전곡을 출납하는 소임이 아니고, 분주하게 복역하는 수고로움도 없습니다. 다만 함께 좌우에서 고문에 대비하고 있습니다. 할 말이 있으면 숨김없이 진달해 성덕을 도와야 합니다. 지금 전하께서 신의 말을 들어주지 않으니 이해할 수 없습니다. 직책은 다하지 못하고 인원수만 채우고 있으니 직사를 파해주소서.
- 그대들이 끝내 나를 임금으로 여기지 않는다면 할 수 없다. 부득이 신하가 된다면 나와서 업무를 보라.
- 어디를 간들 전하의 신하가 아니겠습니까. 특별히 직책에 맞지 않기 때문에 사퇴하려 합니다.

정창손 등이 물러가서 "비록 돌쩌귀를 안고 목탁을 치는 일이라도 사양하지 않겠습니다."며 사직서를 올렸다.

세종은 사직서를 승정원에 내리고 며칠 뒤 업무에 복귀하라고 명했다.
전 서운장루 문득겸이 상소했다.

> 『지리도로서地理道路書』에 "길이 우물정자 모양이 되면 자손이 가난하고 궁하다."고 했습니다. 지금 대궐 뒤에 불당을 지으면 길이 정자井字가 되고, 내맥에 절이 있으면 기운이 끊어집니다. 주산의 내맥에 절을 세움은 불가합니다. 동궁이 금년에 북방北方의 진성辰星과 직성直星에 있어 삼살 방三殺方입니다. 지금 절을 짓게 되면 이를 건드려 움직이게 되므로 심히 두렵습니다. 다른 곳을 택하소서.

답을 내리지 않았다.
대간이 관사를 닫고 와서 불당의 정지를 청했으나 대답하지 않았다. 의정부와 육조 당상이 와서 청했다. 안평대군이 세종의 밀지를 받들고 사람을 물린 뒤 두세 번 왕복했다. 근시와 사관은 모두 참석해 듣지 않았다. 대간이 거듭 궐 뜰에 서서 기어이 윤허를 얻겠다고 아뢰었다. 세종은 단호하게 잘랐다.

- 노대신의 말에도 대답하지 않았다. 아무리 뜰에 서서 거듭 청해도 꿈적하지 않겠다.

정부와 육조에서 힘을 합쳐 청했다. 답을 내리지 않았다.
생원 유상해 등이 "불당의 역사를 더욱 독촉하시어 이단인 불교는 형세가 올라가고 유학은 날로 낮아지니 아프고 슬픈 마음 한이 없습니다."며 내불당 짓는 일을 멈추라고 상소했다.
답을 내리지 않았다.[10]

"요망한 신미의 목을 베소서"

7월 26일 정부와 육조에서 동궁에게 왕위를 물려줄 것을 염려해 이어의 정지를 청했다.
영의정 황희가 상소했다.

여러 신하가 불당을 파하기를 청한 장소章疏를 보건대 기어이 청을 얻은 뒤에 그만 둘 것 같습니다. 30년 동안 정신을 가다듬어 다스려온 성덕이 무너질까 두렵습니다. 신이 지극한 지위에 있고, 나이 장차 90이 되어 해가 서산에 임박했는데 어찌 다른 소망이 있겠습니까. 오직 전하께서 잘못하는 일이 없기를 바랄 뿐입니다.

답을 내리지 않았다.
대간에서 연명으로 "부처를 좋아한다는 이름과 간함을 막는 잘못이 청사에 누가 될까 두렵다."며 정파하라고 9일째 진달했으나 윤허를 받지 못했다고 상소했다.
답을 내리지 않았다.
정부의 논리는 "불교는 허망하고 백해무익하다는 것."하나뿐이었다. 급기야 불길이 신미에게로 번졌다. 생원 유상해를 뒤에서 움직인 것은 성균관이었다. 김수온 또한 요망한 중의 동생이라고 함께 엮었다.

요망한 중 신미가 꾸미고 속이기를 100가지로 해 스스로 생불이라 하며, 겉으로 선을 닦는 체하고 속으로 붙여 사는 꾀를 품어서 인심을 현혹시키고 유교를 황폐하게 만드는 것이 이루 말할 수가 없습니다. 신미의 아우 교리 김수온은 유학으로 이름이 났는데, 이단의 교를 도와서 설명하고 귀하고 가까운 사람에게 붙어서 아첨해 지금의 자리에 올랐습니다. 수온을 잡아다가 그 죄의 이름을 바루고, 특히 요망한 중을 베어 간사하고 요사한 일을 끊으면 신하와 백성이 모두 대성인의 하는 일이 보통에서 뛰어남이 만만萬萬임을 알 것입니다.

답을 내리지 않았다.
7월 27일 대간에서 백성을 무슨 법으로 규찰해 다스려야 할 지 모르겠다고 아뢰었다.
답을 내리지 않았다.
대성에서 언관의 자리에 있을 수 없다며 직사를 파해 달라고 아뢰었다.
세종은 직사에 나가라고 명했다. 좌의정 하연을 빈청에 불러 환관 김득

상과 최읍에게 언문서 두어 장을 가지고 오게 한 뒤 사관을 물리치고 비밀리에 의논했다.[11]

세종, 반대 물리치고 내불당 공역 시작

7월 28일 안평대군이 의정부 좌참찬 정분, 병조판서 민신 등과 함께 방패防牌 200명을 이끌고 궁성의 북쪽에 터를 정하고 내불당 공역을 시작했다. 세종은 태조께서 황금으로 삼신여래三身如來를 조성하던 중 마치지 못하고 빈천했으므로 다시 조성하라고 명했다. 행첨내시부사 한홍, 판내시부사 전균견, 행사직 김남흡, 행부사직 강승, 좌부승직 최읍, 행내시부알자 김결이 뜻을 받들어 약사불·아미타불·보살나한상의 조성을 관장했고, 안평과 임영대군이 감독했다.[12]

반대 상소, 연명 상소는 끝없이 올라오고 있었지만 세종은 뜻을 굽히지 않았다. 대간이 두세 번 불당의 역사를 파하라고 청했으나 회답하지 않았다.

정창손 등이 불당의 역사를 정파하라고 아뢰었다. 답을 내리지 않았다. 이조판서 정인지를 전라도에 보내어 전품田品을 정하게 했다. 종사관과 경차관 80여 명이 수행했다. 정인지가 하직인사를 올린 뒤 아뢰었다.

- 며칠 전 이어하시겠다는 말을 듣고 온 조정이 놀라고 있습니다. 신이 가더라도 어찌 안심하겠습니까.
- 우선 멈출 것이다.

7월 29일 대간이 합사해서 아뢰었다.

- 신들이 유음을 듣고자 죽음을 무릅쓰고 다시 나왔습니다.

윤형이 말했다.

- 지금 내불당을 산기슭에 지으며 내맥을 끊고 있습니다. 공사를 중지하소서.
- 이미 알고 있다.
- 불당의 건립이 지금은 큰 폐단이 없는 것 같으나 만대 뒤에는 많은 폐

단이 뒤따라오게 됩니다. 불당이 궁궐 뒤에 있어 조금도 막히지 않았으니 일을 계속 추진한다면 후궁이 향을 올린다는 것을 명분으로 왕래하면 남녀가 섞이게 되니 장차 어떻게 금하시렵니까. 두렵기 짝이 없습니다. 답을 내리지 않았다.

정창손 등이 세 번째로 "내불당 건립을 멈추면 춤추며 경사로 여길 것이다."고 상소했다. 답을 내리지 않았다.[13]

8월 2일 정창손 등이 죽기를 각오로 상소했다. 네 번째였다.

> 부처의 화가 나라를 패하는 데에 이르니 이보다 큰일이 어디 있습니까. 전하께서는 작은 일이라 하시나. 신은 큰일이라고 생각합니다. 전하께서는 단연코 하려고 하시나. 신은 단연코 불가하다며 죽기를 각오하고 아뢰고 있습니다. 만일 신의 말을 옳다고 생각하신다면 급히 이 일을 정지하고, 그르다면 망령되게 말한 죄를 다스리소서. 차마 오랑캐의 추한 무리가 궁성 옆에서 성명한 정치를 더럽히는 꼴을 더는 보지 못하겠습니다.

세종이 정창손을 불러 말했다.

- 끝내 듣지 않더라도 너희들을 집현전에 있게 할 수 있느냐. 말이 어찌 그리 심한가.
- 가고 머무르는 것은 오직 전하의 명에 있지만, 이 일은 반드시 허락하셔야 합니다.
- 내가 너희들을 가라고 하지도, 머물라고 하지도 않았다. 너희들은 모두 정도를 행하는 신하다. 어진 임금이라면 마땅히 좇겠지만 나는 어질지 못하니 끝내 따르지 못한다. 너희의 임금이 되기에 어찌 부끄러움이 없겠으며, 나를 임금으로 삼는 데에도 어찌 부끄러움이 없겠느냐. 내가 비록 어질지 못한 임금이라도 너희가 죽기로 다투겠다고 맹세하는 것처럼 말을 하고 있다. 나라가 비록 위태롭고 어지럽더라도 신하가 모두 죽을 수 있느냐. 내가 듣지 않을 것이 분명한데도 끝내는 어떻게 해보겠다는 것인가. 군신 사이에는 도가 합하지 않으면 처하기가 심히 어렵다. 내

뜻은 여기에 그친다.

- 신하가 어떻게 임금께 맹세할 수 있습니까. 이런 도리는 없습니다. 다만 청을 얻고자 할 뿐입니다. 옛 사람이 글을 올리는 데 '목숨을 아끼지 않겠다는 것'과 '도끼로 베임을 피하지 않는다.'는 표현을 쓰고 있습니다. 어찌 다 죽고자 하는 행동이겠습니까. 다른 뜻이 없습니다.
- 알았다. 물러가라.

8월 3일 대간에서 연명으로 "불교는 부모도 없고 임금도 없으며 세상을 현혹시키고 백성을 속여 그 해가 국가에 미치고 있으므로 명을 회수하라."고 상소했다. 답을 내리지 않았다.[14]

세종, 임영대군의 집으로 이어

8월 4일 세종이 경복궁에서 임영대군의 집으로 이어했다. 내불당 건립을 명할 때 반드시 반대하는 자가 있으리라 짐작했지만 의례로 하다가 그만두리라고 생각했다. 대간·집현전·정부·육조, 성균관의 학생에서 추부樞府의 무신에 이르기까지 극진히 간해 내불당 공역을 멈추라고 압박했다. 세종이 불쾌해서 철선을 여러 번 했고, 선위의 뜻을 비쳤고, 이어한다는 명이 있었다. 집현전과 대간, 성균관에서 반대하고 나섰지만 요지부동이었다.

세종이 좌참찬 정분을 불렀다.

- 경이 부득이 불당 짓는 일을 맡았다. 날씨가 추워지고 있다. 서둘러라. 경기도의 선군船軍 4,000명을 동원하라. 그 수가 너무 많으면 이달에 1,000명, 내달에 1,000명을 동원하라.

정분이 아뢰었다.

- 절터가 조금 높고 궁성이 낮습니다. 높게 쌓아야 하므로 작은 공역이 아닙니다. 불당은 13칸 밖에 되지 않아 10월 보름 전에 완성할 수 있으므로 선군을 쓸 필요는 없습니다.

전농시의 종이었지만 풍수의 술법을 익혀 면천된 뒤 풍수학에 종시하고 있던 목효지가 내불당 터가 마땅치 않다며 상소했다.

> 내불당 터는 세 가지가 마땅치 않습니다. 첫째, 동쪽 혈은 문소전 주산인데 입수맥이 상파됩니다. 둘째, 서쪽 혈은 경복궁의 주산인데 입수맥이 상파됩니다. 셋째, 지세가 높은 것 같으나 중의 무리가 오고가며 궁궐을 누르고 있습니다. 신이 세 번 가서 살펴본 연후에 예전 글을 질정했습니다. 사관寺觀의 의논을 믿지 못한다 해도 주맥이 상하고 깨지면 큰 피해가 옵니다. 주맥의 위가 상하고 깨져 깊은 웅덩이가 된 곳이 있으므로 일찍이 정랑 이현로가 아뢰어 흙을 메우고 보충 접속해 용맥을 완전하게 했습니다. 다시 그 인후咽喉에 모여 근맥筋脈을 끊고 불당을 짓고 있습니다. 예전 사람의 복택卜宅 상토相土의 법에 어긋납니다. 이 터만 있는 것이 아닙니다. 특별히 지리에 정통한 자에게 명해 다른 터를 찾고, 산맥을 완전하게 하면 흉함은 영구히 없을 것입니다. 신의 지극한 바람입니다.

승지 이의흡 등이 "맥이 상하면 불가하지 않는가."라고 아뢰었다.
세종이 말을 잘랐다.
- 두 맥이 하나는 동쪽, 하나는 서쪽에 있다. 아래는 평지로 불당의 터이므로 조금도 상관이 없다. 목효지라는 놈이 자기가 한 일이 아니면 반드시 그르게 여기고 훼방을 놓는다. 따를 바 못된다.

8월 5일 세종은 몸이 미편해 대신을 접견하지 않았다. 대간에서 재삼 내불당 공역의 정지를 청했으나 끝내 답을 내리지 않았다. 사관은 세종의 호불好佛은 수양·안평대군의 허물이라고 평했다.

> 임금이 만년에 병으로 대신을 접견하지 못했다. 광평·평원대군이 잇따라 죽고, 소헌왕후가 또 승하하니 임금의 마음이 힘입을 데가 없었다. 이에 수양과 안평대군이 사설邪說에 혹하여 먼저 뜻을 열고 인도해서 궁금 옆에 불당을 지었다. 일국의 신료로서 극진히 간하지 않은 사람이 없었다. 오히려 하늘을 돌이키지 못해 성덕에 누를 끼쳤다. 실로 두 대군의 계적啓迪한 허물이었다.[15]

세종은 신하들이 모두 들고 일어나므로 세자에게 섭정을 맡기고 조회를 직접 이끌어 가도록 했다. 건강도 좋지 않고, 벌떼처럼 덤벼오는 꼴을 더 이상 보고 싶지 않았다. 선위하고 왕위에서 물러나더라도 내불당은 반드시 짓고야 말겠다는 뜻이었다. 조정에서는 머리 깎은 무리가 궁중에 드나드는 꼴을 두고 볼 수 없다며 죽기 살기로 덤벼들었다.

세종은 12가지 이상의 병을 달고 살았다. 눈은 침침해 신하의 얼굴을 가까이에서 보지 않으면 식별하기 어려웠고, 당뇨와 소갈증으로 항상 물을 곁에 두어야 했다. 피부병도 나을 기미를 보이지 않았다.

세종의 완강함에 신하의 기세가 한풀 꺾였다. 한 여름에 시작된 세종과 대소신료와의 싸움은 가을로 접어들며 잠시 가라앉는 듯 했다. 그러나 이 한발 물러섬은 훗날 치열한 공방의 준비에 불과했다.

황희, 중재에 나서다

집현전과 대간에서 거듭 내불당 건립의 중단을 간청했다. 세종은 대꾸도 하지 않았다. 학사들이 보던 책을 챙겨 집현전을 떴다. 세종이 황희를 불러 눈물지으며 말했다.

※ 화보3

- 집현전의 선비가 나를 버리고 가버렸다. 이 일을 어찌 처리했으면 좋겠는가.

황희는 영민한 군주를 어떻게 모셔야 하는지를 잘 알고 있었다. 그는 세종이 원대한 그림을 그려놓고 추진해온 국가 정책이 답보상태에 빠질 때마다 직접 현장으로 뛰어들어 백성의 소리를 듣고 돌아와 해결책을 내놓았다. 남에 대한 배려는 천성적으로 타고난 인물이었다. 태종이 양녕대군을 세자위에서 폐하려 할 때 홀로 불가하다고 고집하다가 좌천되어 외방에서 6년 동안 적거謫居한 뒤 세종의 명을 받고 정계로 복귀했다. 집현전이 새로 가동될 때 수장이 되어 신진학자가 정치의 전면에 나서는 것을 막고 학문에 전념할 수 있는 분위기를 조성한 것도 황희였다.

- 신이 가서 달래보겠습니다.[16]

황희는 노구를 이끌고 집현전 학사를 하나하나 찾아다니며 설득에 나섰다. 학문연구와 현실 정치의 경계선에서 갈등을 빚고 있던 학사들은 정국이 소용돌이에 휘말리는 것은 막아야 한다는 명분을 내세워 집현전으로 나오기 시작했다. 그러나 성균관 유생의 눈매는 곱지 않았다. 황희의 퇴청 길을 막고 겁 없이 대들었다.

- 정승이 되어 임금의 잘못된 마음 하나 바로잡지 못하십니까.

황희는 빙그레 웃기만 할 뿐 성을 내지 않았다. 오히려 기쁘게 생각했다. 따뜻한 가슴으로 날이 선 젊은 학생을 부드럽게 품어냈다. 30년 넘게 의정부의 수장으로 있으며 쌓아올린 진중하고, 도량 넓은 처세술이었다.[17]

8월 8일 목효지가 또 글을 올려 서운관 문맹겸의 풍수를 문제 삼으며 세종의 심기를 건드렸다. 세종이 글을 보고 언짢은 표정으로 의금부에 내려 고문하라고 명한 뒤 목효지의 풍수학 직첩을 뺏고, 전농시의 종으로 삼았다.

다음날 서운장루 문득겸이 "절을 지으면 신혼이 편안하지 못할까 두렵고, 동궁의 금년 직성이 북방에 있어 건드려 움직이는 것이 마땅치 않으니 심히 두려우니 다른 곳으로 옮기라."고 상소했다.

세종은 답을 내리지 않았다.[18]

성균관을 비우고 떠난 유생들

8월 14일 세종이 도승지와 좌승지를 들라고 일렀다. 먼저 도승지 이사철에게 말했다.

- 유생儒生이 나를 하직하고 선성先聖을 뵙고 방을 붙이고 파해 갔으니 심히 가증스럽다. 네가 사사로이 유생을 학교에 돌아오게 했으니 근신의 도리에 맞지 않다. 근신의 직책은 영의정이 말을 해도 받아 들지 않고, 다만 임금의 명만을 출납할 뿐이다. 대신이 할 일도 아니고 네가 사사롭게 했으니 옳지 않다. 그 연유를 묻지 않을 수 없다.

좌승지 조서안에게 말했다.

- 유생이 상서하던 날 밤, 속히 가두라고 명했다. 의금부에 명을 내린 것

이 한두 번이 아닌데도 날이 밝도록 가두지 않았다. 빨리 가두라고 힐난하고 한낮에 이르러 놓아 보내라고 명했다. 그때도 가두지 않았다. 이것이 임금을 공경하는 자세인가. 내가 방안 깊숙이 있다고 신하가 막고 가리는 풍습을 자라게 내버려 둘 수 없다.

세종은 의금부에 명해 두 사람을 가두라고 한 다음 형조판서 이승손과 동부승지 이계전에게 의금부 관리도 국문하라고 명했다.

8월 15일 세종이 내전에서 곡연曲宴을 베풀었다. 우찬성 김종서와 예조판서 허후가 물선을 올리고 이사철과 조서안의 석방을 건의했지만 허락하지 않았다.[19]

궁궐 안과 밖이 온통 시끄러웠다. 하늘이 뚫린 듯 비가 내렸다. 각 도에서 산이 무너지고 강이 넘쳐 많은 사람이 상하고 다쳤다.

8월 16일 이승손과 이계전이 이사철과 조서안을 국문한 뒤 아뢰었다. 세종이 이사철을 불러 말했다.

- 네 뜻을 내가 어찌 알지 못하겠느냐. 국학이 오래 비는 것을 부끄럽게 여겨 한 일이지, 다른 뜻을 품었다고 보지 않는다. 직사에 나오라.

좌의정 하연 등이 아뢰었다.

- 이사철이 제생에게 국학에 들어오도록 한 것은 신이 지시하지 않았습니다. 어제 상교를 듣자오니 이사철이 신의 지시로 한 일이라 했으니 황공해 몸 둘 곳이 없습니다.

- 대신이 학관의 빈 것을 참지 못해 제생에게 학관에 들어오게 했다. 참으로 나라를 걱정하는 마음이 지극한데 무어 황공할 것이 있는가. 내 명을 듣지 않고 임의로 제생을 학관에 들어오게 했으므로 옥에 가두고 신문했다. 그러나 그 마음이 순하므로 죄를 주지 않았다.

- 조서안과 의금부 관리는 그 정황이 가벼우니 관용을 베푸소서.

- 임금이 명하면 신하가 행하는 것이 고금의 상리常理다. 임금의 일이 비록 불가하더라도 신하된 도리로 따라야 한다. 어젯밤 삼경에 조서안에게 여러 생도를 가두라고 명했는데도 가두지 않았다. 이튿날 아침에도 가두

라고 재촉했으나 또한 좇지 않았다. 한낮에 이르도록 가두지 않고 풀어 주라고 명할 때에도 가두지 않고, 까닭을 아뢰지도 않았다. 의금부 낭청은 이미 전지를 받았으니, 마땅히 가두고 제조에게 알렸다. 한 사람도 가두지 않은 것은 내가 항상 깊은 궁궐에 있는 허물 때문이다. 비록 극형에 처해도 경은 나더러 그르다고 하지 못할 것이다. 내가 지금 늙어서 웃음을 남기는 일이 대단히 많다.

하연 등이 아뢰었다.

- 죄가 없다고 아뢰는 것이 아니라 그 정상을 추구推究, 계달했을 뿐입니다.

세종은 조서안과 의금부 관리의 죄를 묻지 말라고 명했다.[20]

9월 8일 세종의 특명으로 김수온이 수승문원 교리에 임명됐다. 사관의 붓이 곱게 흐를 까닭이 없었다.

> 김수온은 본래 부처에 아첨하는 자다. 그 형 중 신미가 승도僧道를 만들어 꾸며 임금께 총애를 얻었다. 수온이 좌우를 인연하여 수양과 안평 두 대군과 결탁, 불서佛書를 번역했다. 만일 궁내에서 불사가 있으면 사복소윤 정효강과 더불어 눈을 감고 돌올하게 앉아서 종일 밤새 합장하고 경을 외우고 염불을 하고 설법을 들으며 조금도 부끄러워하는 빛이 없었다. 또 항상 대군을 꾀이기를 "『대학』과 『중용』은 『법화경』과 『화엄경』의 미묘함에 미치지 못한다."고 했다. 여러 대군이 임금에게 충성하는 것이라 여겨 세종이 특별히 정조政曹의 제수를 명했다. 마침 빈자리가 없기 때문에 우선 이 벼슬을 주었다.[21]

세종, 경복궁으로 돌아와 『동국정운』 간행

9월 25일 세종이 경복궁으로 돌아왔다.[22] 8월 4일 임영대군의 집으로 이어한지 한 달 스무 하루 만이었다. 경복궁과 종묘사직을 버리더라도 계획한 내불당 건립은 추진하겠다는, 한번 작정한 일은 반드시 밀어붙이는 성정이 궁궐 밖의 생활을 견딜 수 있게 했다.

9월 29일 소헌왕후의 기일이었다. 세종은 대자암에서 기신재忌晨齋를 올

리라고 명한 뒤 비단과 곡식 등을 넉넉하게 시주했다.²³

효령대군의 편지가 월출산의 수미에게 닿았다. 도갑사 해탈문의 태극무늬 소맷돌이 달빛에 빛나고 있었다. 서울로 올라와 내불당 회향 불사와 개경사 주지를 맡아달라는 내용이었다. 수미는 시자를 불러 길 떠날 차비를 하라 일렀다. 월출산 자락에서 잘 덖어낸 작설차를 챙기는 것도 잊지 않았다. ⊛ 화보4

경복궁 청연루에서 신숙주가 수미를 반갑게 맞았다. 걸망을 푼 수미가 말했다.

- 먼 세월이 가까이에서 웃고 있습니다. 시간 날 때 차 한 잔 하시지요.

신숙주는 퇴청하고 난 뒤 솔바람 이는 사랑채에서 차를 마셨다. 월출산의 햇살과 바람이 출렁거렸다. 신숙주는 증조할아버지가 나주 옹촌瓮村 : 지금의 광주 온정리에 살 때 수미로부터 학문을 배운 적이 있었다. 눈 쌓인 울타리에 소복소복 떨어지던 매화꽃이 찻잔 속에서 다시 피고 있었다. 다음날 신숙주는 수미를 찾아 그때의 고마운 마음을 담은 시를 건넸다.

   도갑사 계곡에서 딴 작설차   道岬山溪雀舌茶
   옹기마을 울타리에 떨어진 눈 속의 매화꽃   瓮村籬落雪梅花
   고향 생각 절로 나고   也應知我思鄕意
   남쪽 고을 옛 일 아련하게 떠오른다   說及南州故事多²⁴

10월 17일 『동국정운』²⁵을 거듭 보완한 끝에 간행했다. 최항·신숙주·성삼문 등이 1년 동안 중국 운학의 체계를 깊이 있게 연구, 수정한 결과였다. 세종은 여러 도와 성균관, 사부학당에 반사하라고 명했다.

- 백성이 속운俗韻을 익혀서 익숙하게 된 지 오래 되었다. 갑자기 고칠 수 없으니 억지로 가르치지 말고 배우는 자의 의사에 맡기도록 하라.²⁶

경복궁 내불당 창건 마무리

11월 20일 총 26칸의 내불당 창건이 마무리 되었다. 불당 1칸, 보첨 8칸,

승당 3칸, 선당 3칸, 정문 3칸, 부엌과 곳간 3칸, 욕실 2칸이었다.[27]
의정부 좌참찬 정분과 병조판서 민신에게 내불당 조성 제조로 일한 공을 인정해 털옷을 하사하고, 이명민은 역사를 감독한 일로써 품계를 올려주었다. 정분과 민신은 처음에는 의정부와 육조의 당상으로서 예에 따라 간언했으나 감독의 명을 받은 다음에는 지극히 화려하게 하는데 앞장서 임금의 뜻에 따랐다. 모든 공장과 인원을 동원, 일시에 완성했다. 정분은 짧은 옷 입고 막대 휘두르며 장인을 진두지휘했다. 보는 사람이 대신의 체모를 잃었다며 분하게 여겼다.[28]

세종은 12월 초하루에서 초9일까지 각사에서 도살과 형 집행을 금하라고 승정원에 명했다. 불당에서 경찬회를 베풀기 때문이었다. 가가假家를 불당 밖 마른 냇가乾川에 지어 외승外僧의 공양 장소로 쓰게 했다.[29]

11월 25일 의정부에서 사인 박중손을 앞세워 경찬회 때 잡승雜僧의 공양 문제를 들고 나섰다. 세종이 말했다.

- 승도에게 밥을 먹이는 일이 나의 덕에 무슨 손해와 이익이 있겠는가. 문소전에 가깝다는 이유를 달지만 인가도 가까운 곳에 많이 있는데 어찌 이 일만 말하는가. 이처럼 은밀하게 아뢰는 뜻을 모르겠다.

- 당상의 뜻은 대간에서 도당의 계청을 듣고 잇달아 와서 번거롭게 간청할 것을 염려해서입니다.

- 재를 베푸는 것은 승속을 가리지 않고 모두 먹이는 것이다. 부처에게만 공양을 올리고 잡승과 외인에게 재에 올린 음식을 베풀지 않아야 하느냐.

대사헌 윤형을 불러 일렀다.

- 내가 내불당 경찬회 때 외방의 중과 아울러 먹을 것이다. 이달 28일에서 내달 11일까지 잡승을 금하지 말라.

- 경찬회와 관계가 없는 일입니다. 할 수 없다면 참석하는 인원을 정해 공궤함이 어떻겠습니까.

- 의정부에서 청했지만 윤허하지 않았다. 다시 말하지 말라는 내 뜻을

분명하게 전하라.[30]

세종, 9악장의 「찬불가」 찬술

11월 28일 대자암 주지 신미와 김수온을 들게 했다. 신미가 「삼불예참문三佛禮懺文」을 찬해 올렸다. 세종은 친히 「㊵앙홍자지곡仰鴻慈之曲 ㊶발대원지곡發大願之曲㊷융선도지곡隆善道之曲㊸묘인연지곡妙因緣之曲㊹포법운지곡布法雲之曲㊺연감노지곡演甘露之曲㊻의정혜지곡依定慧之曲」의 찬불가와 9악장의 가사를 지어 불보살을 찬탄했다.[31]

㊳ 귀삼보歸三寶

시방세계에 항상 계시는 삼보님	常住十方界
수승한 그 공덕 끝이 없어라	無邊勝功德
크나큰 평온과 대자대비로	大捨大慈悲
중생을 이익되게 하시네	廣爲衆生益
내 이제 마음 바쳐 귀의하오니	歸依志心禮
전도된 업장 소멸케 하소서	消我顚倒業

㊳ 찬법신讚法身

진여의 오묘한 법계는	眞如妙法界
항상 변함없고 고요해 동요 없는	凝然常湛寂
그 자리 원만히 밝히네	圓明不動地
진실한 공덕 갖추신	具此眞實德
가없고 위없는 존귀하신 이여	無等最上尊
맑고 순결해 물들 것 없어라	淸淨無染著

㊳ 찬보신讚報身

법락의 기쁨 항상 받들어	恒受法樂慶
장엄하고 원만한 그 모습	莊嚴相圓滿
겹겹이 펼쳐진 순수 정토는	重重純淨土
모든 보살이 가야할 길	十地爲主伴
평등한 법륜 굴리시니	平等轉法輪
의심의 그물 반드시 끊으리	決衆疑綱斷

찬화신贊化身

깨달음은 본디 장애 없으니	理智本無碍
항하사처럼 수많은 불국토와	燮設恒沙國
진여 따라 일어난 성품은	隨順勝起劣
천백억 갈래로 나투신 몸이라네	分形千百億
근기 따라 설법하니	說法逗機宜
본래 모습 방편 따라 나투네	漸頓分權實

찬약사贊藥師

십긍가사의 불국토와	過此十殑伽
정유리국 세계가 있으니	瑠璃世界淨
그 부처님은 약사유리광불	有佛瑠璃光
온갖 질병 없애주는 약 주어	與藥除疾病
모든 유정 이롭고 즐겁게 하며	利樂諸有情
보리로 구경열반에 이르게 하네	菩提到究竟

찬미타贊彌陀

서방세계에 계신 큰 스승이여	西方大導師
괴로움 없애고 안락함 주시니	拔苦能與樂
그 나라를 극락이라 하네	其國號安養
온갖 보배로 장엄해	衆寶所嚴飾
모든 중생 제도하길 서원하고	誓願度含靈
구품 중생 모두 껴안으시네	九品盡提攝

찬삼승贊三乘

넓고 큰 덕행 부지런히 닦아	勤修廣大行
사생의 중생 널리 구제하고	菩濟四生域
무명의 뿌리 자세히 살펴	諦觀無明源
홀로 벗어나 적멸의 즐거움 누리네	獨脫樂寂滅
부처님 수기 받아 몸을 나투니	留形受佛勅
공양 받으실 이요, 인천의 복이시라	應供人天福

찬팔부贊八部

방편의 법으로 큰 서원 일으키시는	權乘發弘願

원신력과 그 공덕 헤아릴 수 없어라	威德難思議
부처님 계실 적에	當於佛世時
나쁜 일 안하고 좋은 일 많이 하라	滅惡興善事
수호하신 정법의 법륜	護佑正法輪
상법 지나 말법의 시대까지 굴리시네	流轉於像季

⑧ 희명자希冥資

영가의 가시는 길 멀어 좇을 길 없네	先靈邈難追
끝없이 펼쳐지는 그 마음	嗟嗟情岡極
삼보님의 대자대비하신 힘으로	三寶大悲力
해탈을 얻으시리니	悉皆得解脫
자비의 마음 드리오니	惟願垂哀憫
속히 가없는 깨달음 이루소서	速成無上覺[32]

행상호군 박연, 행우부승직 임동, 전악 김윤산, 황귀존, 행내시부급사 안충언에게 명해 영인伶人을 통솔하도록 했다. 새로 지은 곡[新譜]의 연주는 수양대군이 주관했다. 악기를 든 이가 45명이었다. 죽간竹竿을 든 이가 2명, 노래 부르는 이가 10명, 꽃을 들고 춤을 추는 화동이 18명으로 푸른 연꽃, 황색 연꽃, 붉은 연꽃, 흰 연꽃, 황색 모란, 흰 모란, 붉은 작약, 흰 작약을 하나씩 잡았다. 궐내에 있는 이가 모두 재계했다.[33]

12월 1일 먹구름과 운무가 해를 가렸다. 12월 2일 모든 관아의 형육刑戮과 도살을 금했다. 신미와 판선종사 탄주, 개경사 주지 수미 등 51명의 비구승이 새로 지은 내불당에 모였다. 수양·안평대군은 좌참찬 정분, 중추원사 민신, 행상호군 박연, 도승지 이사철, 소윤 정효강, 주서 성임, 김수온 등과 함께 각각 맡은 일을 점검했다.[34]

내불당의 바깥담을 쌓을 때 자꾸 얼었다. 담 안팎에 숯불을 피워 말렸다. 종친, 대군, 군이 다투어 일재日齋를 베풀었다.

12월 3일 새벽, 큰바람 홀연히 하늘을 뒤덮고, 서늘한 기운이 칼날 같았다. 세종의 명을 받고 효령대군과 임영·금성·영응대군, 광덕대부 안맹담이 성녕대군의 집에서 조성한 불상을 대궐로 모시고 왔다. 수양대군이 김수온, 정효강, 안견 등과 함께 궐내에서 맞이했다. 불상을 모신 가마가 교태전 마당을 지나 현무문을 거쳐 내불당으로 향했다. 행상호군 박연이 찬불가 탄주를 총괄 지휘했다. 현무문 밖에 서 불상을 바라보며 새로 만든 곡을 탄주했다. 행우부승직 임동, 전악 김윤산 등에게 영인伶人을 통솔하게 했다. 안평대군과 여러 스님이 함께 앞서고 정분·민신·박연·이사철·성임 등이 절 뒤편 언덕 위에서 당번幢幡 앞에 향을 올린 뒤 법라法螺를 불고, 법고와 크게 만든 범패梵唄를 치며 맞았다. 바람이 고요해졌고, 햇살이 백악白岳의 산허리를 밝게 비췄다.

세종께서 친히 근시近侍를 보냈고, 모인 대중이 감읍했다. 도성의 사대부 집안의 여인이 다투어 나와 새로 지은 불전을 바라보며 예를 올렸다.[35]

내불당 공역 이래 매일 3,000여 명이 독려함에 돌과 나무를 다듬고 만지는 공장이 터럭만한 손상을 입은 바 없고, 회에 참석한 모든 이가 수미산을 새겨 만든 향나무 불단에 금불상을 모셨다.

12월 4일 세종이 향을 올리라고 명했다. 수양·영응대군이 명을 받들었다.[36] 이사철에게 명해 치재致齋하고 각사의 담당 관리에게 공급할 찬품 饌品을 친히 감독하게 했다. 내주옹인內廚饔人 : 궁내에서 음식 만드는 사람이 장만했다. 어선御膳과 같았다.

12월 5일 경찬회를 시작했다. 내불당은 화려함이 지극해 금과 구슬이 눈을 부시게 했고, 단청이 햇살에 빛나고 있었다. 자줏빛 비단으로 재봉裁縫해 주의柱衣를 만들었다.

신미가 51명의 스님을 대표해 삼점안三點眼 : 약사불·아미타불·보살나한상을 마쳤다. 박연이 음성공양을 올렸다. 종·경磬·범패梵唄·사絲·죽竹의 소리가 궁궐까지 들렸다.[37]

박연·김수온·정분·민신·이사철 등이 여러 스님과 섞여 뛰고 돌며 밤낮을 쉬지 않았다. 온 몸에 땀이 흥건해도 피곤한 기색이 조금도 없었다.

외승外僧과 사장社長을 불당 밖 마른 냇가에서 공궤했다. 하루 동안 공궤

한 사람이 7, 800명을 내려가지 않았다. 소비한 쌀이 2,570여 석이었다.

경찬회를 파하고 수양대군이 화공에게 중요 과정을 그리게 하고, 계문契
文을 지어 불사에 참여한 사람의 이름을 써서 축을 만들어 나누어 주었다.
수양대군이 성임에게 물었다.
- 너는 공자의 도를 말하는데, 석가와 비교하면 누가 우월한가.
성임이 대답했다.
- 공자의 도에 대해서는 일찍부터 그 글을 읽어서 거칠게나마 뜻을 알지
만, 석씨의 글을 본 적이 없으니 감히 안다고 할 수 없습니다.
- 석가의 도가 공자보다 뛰어나다. 하늘과 땅의 차이보다 훨씬 크다. 옛날
선비가 "비록 저미고 지지고 찧고 갈려고 해도 그럴 몸이 없다[挫燒舂磨]"
고 했다.[38] 이는 그 이치를 몰라서 한 헛소리다.[39]

세종, 내불당 낙성식과 법연을 베풀다

12월 6일 내불당에서 법연法筵을 베풀고 낙성식을 거행했다. 저녁 무렵
세종이 안평·영응대군을 불러 명했다.
- 곤룡포 두 벌과 침수향沈水香 일봉一封을 불전에 올리고 오라.
이어 신미와 낙성식에 모인 대중에게 일렀다.
- 나의 효성으로 어찌 능히 부처의 감응을 바라겠는가. 여러 사람의 정
성에 힘입어 부처의 감응을 얻어 기쁘다. 천도와 왕생극락을 바라는 마
음으로 사리를 모시는 일은 오늘 아니면 어느 때를 기다리겠느냐. 간절
하게 정근精勤하라.
모인 이가 머리 숙여 감읍했다. 새 옷으로 갈아입고, 손씻고 부처님께 절
을 올렸다. 수양대군을 중심으로 법회에 모인 이가 언약하며 말했다.
- 지금 성상께서 추원하는 정이 망극하다. 그러므로 여기 복전福田을 창
건해 큰 서원을 일으켰다. 이 어찌 신민을 생각하는 일이 아니겠는가. 그
공덕이 현세에서 미래까지 미치는 것이다. 함께 승업을 숭상해 좋은 인
연 맺어지기를 여러 보살과 더불어 간절하게 원한다. 이에 부합되어 부
처님의 자비로움이 여기에 나투셨다. 마치 밝은 달이 강물 위에 비친 것

같고, 산에서 소리 내면 산골짜기가 화답하는 것과 같다. 원력을 세워 제도濟度와 해탈을 구하기 그 몇 번이었던가. 이에 신통함이 나타나 모든 중생을 제도하게 되었다. 진실로 그 치성이 어느 곳이든 비치지 않는 곳이 없다.

오늘 성상의 세존을 향한 지극한 정성이 진신眞身을 보게 했으니 무엇을 더 의심할 것인가. 지금 우리가 두려워해야 할 것은 치성이 지극하지 못할까 하는 것이다. 정성껏 사리를 모시지 못하면 장차 삼계의 죄인이 되어 살아서는 갖은 앙화殃禍를 받게 되고, 죽어서는 지옥에 떨어져 영원히 벗어나지 못하게 될 것이다. 무슨 낯으로 세상 사람을 보겠는가. 응당 죽을 각오로 이곳에서 사리를 모시는 걸 기필코 실천해야 한다.

귀천을 가리지 않고 대중들이 함께 불전으로 들어갔다. 261명은 연비燃臂하며 참회했다. 안평대군은 신미와 함께 겉옷을 벗어 던지고 정진했고, 수양대군은 엄숙하고 공경하는 마음으로 향을 올리며 낙성의 사실을 고했다.

범패로 "나무석가모니불"을 염송하고 있을 때 사리탑 사이에서 백기白氣가 옆으로 뻗치며 검고 흰 기운이 힘차게 솟구쳐 올랐다. 승려와 속인을 가리지 않고 뜻을 한 곳으로 모아 정근기도를 올렸다. 북과 징을 치고 춤추며 서로서로 격려했다. 초장初場이 시작된 이래 추운 줄도 몰랐다. 상 위에 올라가는 자, 입을 열고 다물지 못하는 자, 의자에 앉아 있는 자 등 야단법석이 따로 없었다.

두 번째 마당二場은 이경二更에서 삼점三點까지 계속됐다. 대궐 밖에 있던 도성 사람도 내불당의 방광을 손가락으로 가리키며 우러러보고 지극한 마음으로 절을 올렸다. 내외에 있던 이가 이상한 향기를 맡으며 사리탑 앞으로 다가가 보자기 위에 놓인 사리를 친견했을 때 두 알이 영롱한 빛을 발하고 있었다. 대중이 절을 올리고, 환희심에 가득 차올라 비로자나 무상세존을 친견, 광겁曠劫의 쌓인 업[積業]이 모두 사라지게 됐다고 찬탄했다. 부처와 여래께서 일체 연민으로 서기를 나타냄은 성상께서 삼가 머리 조아리고 우러러 예배드리는 지극한 정성에 감응했기 때문이다. 세종 또한 환희심이 일어 동행내시부알자 최읍에게 곤룡포 2필과 비단 2필을 받들어 사리전에 올린 다음 향화를 받들고, 음악을 연주하라고 명했다. 곤룡포를 만드는 옷감 2필과 고운 비단 2필을 봉헌했다. 환희로운 경사는 말로 다할 수 없을 정도였다. 신광神光이 원근의 언덕을 밝게 비추니 시방세계의 경사였다.

12월 7일 전각에 봉안한 사리가 분신, 4매가 되었다. 소식을 접한 세종은 곤룡단 2필, 고운 비단 2필, 향화음악으로 지성껏 공양하고 대중에게 생명주를 보시했다.

사리의 이적을 궐 밖에서는 그 사연을 알지 못했다. 안평과 영응대군이 소문이 밖으로 나가지 못하게 하라는 명을 받들고 사리 2과를 모셔왔기 때문이다.

대중이 함께 발원했다.

> 오늘 상덕上德의 은혜로 화장법회에 참여했다. 친히 세존과 아난가섭께 공양한 것과 다르지 않다. 바라건대 이곳 사람들 길이 오랫동안 함께 나아가 깨달음 여의지 말고 미혹함 드러나 모두 여래의 정편여해正遍如海에 함께 들어갈 지이다. 분신사리 얻으니 아울러 시방제불보살, 연각, 성문, 천룡팔부, 세간·출세간에 서로 함께 나아가지이다. 우리 주상전하 선왕의 유훈遺訓 잘 잇고, 치세治世는 온화하고, 백성들 어질고 장수하길 이끌며, 예악이 갖춰져 큰 법도 이뤄서 동방에서 비견할 수 없이 태평해질 것이다. 효순은 멀리 추구함에 끝없고, 서릿발 같은 감응 더욱 깊어지고 추모의 정은 더욱 간절해 삼보와 선현을 받들어 그 쓰임은 다함이 없다. 이제 상서로운 기운 내림이 풍성하기 그지없다.[40]

불사가 펼쳐지는 7일 동안 따스한 기운이 사방에 가득했다. 세존이 도리천 환희원에서 어머니를 위해 설법하던 날, 수많은 꽃이 피고 과일이 열리는 서상과 같았다.

김수온의 내불당 조성 의궤儀軌, 『사리영응기』

※ 화보6   김수온이 내불당 조성과 경찬회의 전 과정 등을 담은 『사리영응기舍利靈應記』를 집필, 세종의 다함없는 해탈 경계를 시에 부쳐 후세 사람이 신령스러운 불사의 인연을 알 수 있게 했다.[41]

> 참으로 신기한 이 이적을 간단하게 설명할 길이 없다. 성상의 다시없는 효성과 지극한 덕에 부처님께서 감응하신 것이다. 진실로 고금에 다시없는 승연勝緣으로 우리 국가 억만세에 아름다운 일이다. 적멸도량의 해탈 경계는 불가사의해서 잴 수 없는 경지다. 어찌 우리가 불가사의한 기적을 보고 변경抃慶의 기쁨을 이길 수 있으랴.[42]

> 하늘이 동방을 열었음이여 융성한 운수를 받았도다
> 天啓東方 肇我隆運
> 성상께서 요·순과 같이 위업을 신비롭게 계승하고
> 聖作神承 如堯如舜
> 삼황오제의 덕을 겸비해 일으켰네
> 我王誕興 德兼三五
> 처음부터 아름다운 계획이어, 움직이면 이치를 만나는 것
> 凡厥猷爲 動必邁古
> 옛 도를 넘어 정치를 화합하고, 의례를 갖추고 예악을 준비하셨네
> 道洽政治 禮備樂作
> 백성이 태평세월을 즐거워함이여, 승평세상이로세
> 民樂大平 時升妥帖
> 아름답다 열성들이여, 영원토록 선경에 계시리
> 吁嗟列聖 永祕仙扃
> 상로의 감흥과 애모의 정이
> 感興霜露 哀慕于情
> 신령한 판단 내려 부처님 도량 경영하시니
> 爰發神斷 載營佛刹
> 불전의 처마 높이 솟아 있음이여, 그 빛 깊은 골짜기 밝게 함이여
> 跋翼高標 映于深谷
> 도량을 열어 성인의 가르침 걸어 드날리니
> 乃啓道場 揭揚聖諦

법의 자리가 맑고 또 밝아 그 흐름 넓고 넓어라
法筵淸淨 高流濟濟
거문고, 북을 치며 노래 부름이여, 울려 퍼지는 미묘한 소리여
鼓樂絃歌 奏微妙音
그 소리 화기 듬뿍 아련해 대중의 마음 기쁘게 함이여
其音和雅 悅可衆心
참으로 위대한 이라리라를 베풀었네, 빛나고 신령스러움이여
偉設利羅 有赫其靈
어찌 별다른 이치 있으리, 성군의 마음 정성스러워
豈其有他 王心之誠
부처님 법신에 막힘 없음이여 허공과 함께 하네
佛身無碍 與虛空同
시방세계 두루 원만하여라, 삼제가 어찌 막혀 있으리
十方橫遍 三際豎窮
두드리면 울리리라, 마치 골짜기를 휘돌아 드는 메아리같이
叩之卽響 如谷之聲
사람들은 부처의 감응이라 말하고 있지만
人曰此應 維佛之精
나는 그리 생각지 않네, 우리 성왕의 덕의 향기라네
我曰不然 吾王德馨
오호! 덕형이여, 이처럼 빛나는 광채여
嗚呼德馨 有此耿光
저 천겁에 영원히 있어 그 빛 번짐 끝이 없어라
萬有千劫 永播無疆

내불당 낙성식에 참여한 이는 총 261명이었다. 글의 말미에 51인의 비구 명단[43]과 정근에 입장한 이의 이름이 남아 있다. '韓실두디, 朴검둥' 등 47명의 하급 관리의 이름을 『석보상절』의 표기법과 동일한 정음으로 적어 넣었다.

『사리영응기』인명의 정음 표기는 당시의 정확한 고유어 인명을 알려주는 점에서 높이 평가된다. 이 명단을 살펴보면 성은 한자, 이름은 정음으로 표기했다. 모두 정7품 전율典律과 종8품 급사給事의 일을 보는 하급관

리의 이름이다.⁴⁴

12월 9일 세종이 승정원에 일렀다.

- 예전 불당에 금으로 만든 인왕불仁王佛·미타삼존彌陀三尊과 옥불玉佛·불치佛齒·불골佛骨 등의 법보가 있어도 담 안에 있어 도적의 근심이 없었다. 지금 내불당은 궁성 밖에 있어 도적이 들까 염려된다. 원나라 때 금으로 신주를 만들었는데 도둑맞았다. 불당의 금부처를 도둑맞는 일이 없어야 한다. 정분이 "좌우에 경수警守를 두고 주위에 가시를 심어서 도둑을 방지하라." "녹각성을 설치하라."고 아뢴 적이 있다. 내가 장차 경수를 두려고 한다. 순찰을 돌며 지키는 일도 오래 하기 어렵고, 녹각성 역시 오래갈 수 없으니 정업원의 노비를 불당에 붙이려고 한다. 그러나 소생이 많이 늘어나면 후세에 갑자기 고치기 어렵다. 영구히 불당의 노비가 되게 하면, 폐단이 많게 된다. 예전에 절의 노비를 혁파해 선종과 교종에만 적당히 주고 남자 종을 방자라 했다. 이 예에 따라 조라치照剌赤: 대궐 뜰을 소제하는 자라고 일컬어 6명에 지나지 않게 불당에 붙이고, 번을 나누어 입직하도록 할 것이다. 의정부와 더불어 대소신료가 불당의 정파를 원했지만 완공되었다. 어찌 남의 집 일처럼 보호해 지킬 계책을 세우지 않느냐. 상의해 보고하라.

좌승지 조서안 등이 아뢰었다.

- 좌우에 경수를 두고 주위에 가시나무를 심고 각사의 종 중에 튼실한 자 6명을 뽑아 조라치로 정해 세 번으로 나누어 숙직하게 하고 궐내의 각 색장色掌의 예에 따라 급료를 주게 하소서.

세종이 형조에 전지했다.

- 문소전 불당의 조라치 8명을 서울에 사는 종 중에서 튼실한 자로 골라서 뽑으라. 만약 결원이 생기면 엄선해서 보충하라.⁴⁵

12월 12일 세조가 예조에 선공감 부정 이상의 관원이 내불당을 나누어 맡고, 매년 봄가을에 지공조 승지와 선공제조가 수즙修葺을 검사하라고 전지했다.⁴⁶

내불당 반대 상소·상언 일람

세종 말년을 휘감아 돌린 내불당 건립의 반대 상소를 일람해 보면 집요한 공방이 오고 갔음을 확인할 수 있다. 일지로 정리하면 다음과 같다.

- 7월 18일 도승지 이사철, 좌의정 하연, 이조판서 정인지, 예조판서 허후 등 반대 상언
  사헌부 대사헌 윤형, 사간원 지사간 이활 등 반대 상언
  집현전 직제학 신석조 반대 상소1
- 7월 19일 세종, 내불당 건립 강행
  집현전 직제학 신석조의 반대 상소2
  의정부 좌의정 하연의 육조와 연합한 반대 상소.
- 7월 20일 대간의 연명 반대 상소1
  집현전 직제학 신석조 반대 상소3
  성균생원 유상해 반대 상소1
- 7월 21일 우참찬 정갑손, 예조판서 허후가 정부와 육조의 뜻을 모아 반대 상언1
  대간의 연명 반대 상소2
  성균생원 유상해 반대 상소2
  의정부 좌의정 하연 반대 상소
  집현전 직제학 신석조 반대 상소4
  예문봉교 김명중, 성균박사 하순경, 교서랑 고신교 등 반대 상소
- 7월 22일 영의정 황희 반대 상소
  집현전 직제학 신석조 반대 상소5
  종학박사 김신민 반대 상소
  성균관검사성 윤상 반대 상소
  행성균관대사성 김반 반대 상소
  집현전 부제학 정창손 반대 상소1
  성균생원 유상해 반대 상소3
- 7월 23일 우참찬 정갑손, 예조판서 허후가 정부와 육조의 뜻을 모아 반대 상언2
  대간의 연명 반대 상소3
  종부시 판사 김구 반대 상소
  집현전 부제학 정창손 반대 상소2. 사직서 제출
  성균관 생도의 집단 파업
- 7월 24일 의금부 제조 남지, 이견기, 안지 등과 승정원에서의 상언
  세종, 경복궁을 떠나겠다고 맞불을 놓다.
  종학박사 김신민 반대 상소

	예문봉교 이물민 반대 상소
	대간과 전 서운장루 문득겸의 반대 상언
	성균생원 유상해 반대 상소4
7월 25일	대간이 문을 닫고 와서 상언上言. 정부와 육조에서 상언
	성균생원 유상해 반대 상소5
7월 26일	영의정 황희의 이어와 선위 반대 상소
	대간의 연명 반대 상소4
	성균생원 유상해 반대 상소6. 신미의 목을 베라는 극언을 퍼붓다.
7월 27일	대간과 대성의 연명 반대 상언
7월 28일	세종. 내불당 공역 시작
	대간과 집현전 부제학 정창손의 반대 상언
7월 29일	대간 합사 반대 상언
	집현전 부제학 정창손 반대 상소3
8월 2일	집현전 부제학 정창손 반대 상소4
8월 3일	대간의 연명 반대 상소5
8월 4일	세종. 경복궁에서 임영대군의 집으로 이어 · 풍수학 목효지의 상소1
8월 5일	대간의 반대 상언
8월 6일	세자. 계조당에서 조참을 받다.
8월 8일	세종. 풍수학 목효지의 두 번째 상소를 보고 전농시의 종으로 삼다.
8월 9일	전 서운장루 문득겸의 상언
8월 14일	성균관 유생의 동맹휴학의 책임을 물어 도승지 이사철. 좌승지 조서안을 가두다.
9월 25일	세종. 임영대군의 집으로 이어한지 51일 만에 경복궁으로 환궁
11월 20일	총 26간의 내불당 공역 마무리 되다. 약사불·아미타불·보살나한상 조성 지시
11월 28일	세종. 대자암 주지 신미와 수승문원교리 김수온에게 삼불예참문을 찬하게 하다.
12월 2일	세종. 모든 관아의 형육과 도살을 금하다.
12월 3일	수양대군. 김수온 등이 경복궁에서 새로 조성한 불상을 맞이하다.
12월 5일	내불당 완성. 삼점안약사불·아미타불·보살나한상을 하고 5일 동안 경찬회를 베풀다.
12월 6일	법연을 베풀고. 낙성식 거행
12월 말	김수온이 내불당 조성기『사리영응기』집필. 1449년 세종 31 정초에 간행

'해동요순' 세종, 조선을 품에 안고 가다

사간원, 김수온을 물어뜯다

1449년세종 31 1월 5일 내불당 공역에 힘쓴 김수온을 수병조정랑으로 임명했다. 다음 날, 곱지 않은 시선으로 바라보고 있던 사헌부에서 임명 철회를 요구하고 나섰다.

- 김수온은 불충불효의 죄를 지은 김훈의 아들입니다. 정조에 임명했으니 어떻게 뒷사람을 징계하겠습니까. 고치기 바랍니다.
- 너희의 말은 그럴듯하다. 김수온의 일은 옛적에 불충한 자의 아들·손자·동생·조카를 모두 금고禁錮시켰으나, 그 뒤에 대신과 백성이 모두 연좌함은 옳지 못하다고 했다. 또한 윤대에서 아뢰고, 글을 올려 말하는 자가 있었지만 의정부의 의논을 거쳐 모두 허락했다. 수온도 이때 과거에 입격했다. 이 벼슬을 주지 못할 이유가 없다.[47]

1월 10일 사헌부에서 거듭 김수온은 정조에 적당치 못하다고 아뢰었다. 세종이 말했다.

- 병이 난 지 며칠이 되어 죄다 답할 수 없다. 병이 나은 다음에 아뢰라.[48]

1월 26일 사간원에서 문제를 제기했다.

- 지금 정조政曹와 대간의 당상관 중에서 어찌 김수온과 같은 사람이 없으랴. 예전에는 형벌이 자손에게 미치지 않았다. 이렇게 와서 청하니 대단히 옳지 못하다.

- 김수온의 일과 연관해 이제 그 아비 김훈의 죄안을 상고해 보았습니다. 신하와 자식으로서 임금을 배반하고 어버이를 잊었으니 목을 베어도 시원찮을 죄입니다. 당시에 대간과 형조에서 법으로 처치하기를 청했으나 전하께서 살리기를 좋아하는 덕으로써 특별히 너그럽게 결장부처決杖付處하게 했으니, 죄는 심히 중하나 벌은 심히 가벼우므로 신하된 자로서 통분하지 않는 이가 없었습니다. 김훈의 불충불효한 정상이 명백하고, 두 번 중한 죄를 받아 가산을 적몰하고, 몸은 관노에 속했으며 그를 추천해 뽑은 사람도 중한 죄를 받아 영영 서용하지 못하는 경우도 있었습니다. 김수온은 마땅히 배척해 서용하지 말고, 불우不遇하게 몸을 마치게 해야 했습니다. 그러나 특별히 전하의 다시 살리는 은혜를 입어 벼슬길에 나올 수 있도록 허락해 과거를 보았고, 이름이 사판에까지 올랐으니 진실로 분수에 넘칩니다. 정조의 임명은 실로 보고 듣기에 해괴합니다. 명을 거두어 사풍士風을 가다듬고 강상을 바르게 하소서.
- 너희가 옛일을 들어 말하니 모두 폐고廢錮시키고자 하느냐.
- 문적이 없어서 죄명을 알지 못하는 자라면 그만이지만 이미 문적이 있어 상고할 수 있는 것이면 그렇게 하지 않을 수 없습니다.
- 간관을 죄다 불러들이라.

세종이 사간원 좌헌납 조백규에게 말했다.

- 김훈이 처음 죄를 받을 때 유사가 불충으로 논죄하기를 청했다. 특히 태종께서 외직으로 나가서 복명하지 않은 율律로 판단, 종편하게 했다. 또한 공정왕恭靖王: 정종은 태종과 털끝만한 틈과 의심하는 마음이 없었다. 김훈이 공정왕을 뵌 것은 태종을 배반하려는 것이 아니었다. 1419년 세종 1 이적의 청으로 대마도 정벌에 참여한 일이 발각되어 내가 가산을 적몰하고 관노로 떨어뜨렸지만 곧 종편하게 했다. 어찌 불충의 예라고 할 수 있느냐. 내 뜻으로 김훈의 가산을 돌려주고자 한다. 간관이 사건을 아뢸 때는 처음과 끝을 자세하게 캐서 말하는 것이 당연하다. 무슨 까닭으로 묻는 말에 알지 못한다고 대답하는가. 있을 수 없는 일이다. 즉위

한 지 30여 년이 되었지만 이같이 웃기는 말은 듣지 못했다. 내가 얼굴이 붉어질 지경이다. 내가 불충한 사람이 하나만이 아니라고 일렀다. 유독 김수온만 들어 말하는 것은 무엇 때문인가.
조백규가 주춤거렸다. 얼굴이 흙빛이었다.
- 불충한 사람이 많지만 지금 김수온이 정조에 임명되었기 때문에 아뢰는 것입니다.
- 김수온이 벼슬을 받은 것이 오래되었고, 사헌부에서 먼저 이 말을 했다. 어찌 그때 말하지 않고 지금에서야 말하느냐.
- 사헌부에서 청해 윤허를 얻을 것이라 생각하고 기다렸습니다. 그러나 허락을 얻지 못했기 때문에 아뢰는 것입니다.
우사간 하결 등도 같은 말을 했다. 동부승지 이계전에게 일러 타이르게 했다. 하결 등이 사직을 청했지만 윤허하지 않았다.[49]

절집의 일은 신미와 상의하라

2월 25일 세종은 특명으로 김수온을 수병조정랑 지제교에 임명했다.

> 김수온은 시문에 능하고, 성품이 불교를 깊게 믿었다. 이 인연으로 총애를 얻어 직장에서 몇 년 만에 정랑에 뛰어올랐다. 일찍이 제교가 되지 못함을 한스러워 했는데 이에 특별히 제수되었다. 그의 임명은 전조銓曹의 의논을 거치지 않고 내지內旨에서 많이 나왔다. 상감께서 두 대군을 연달아 잃고, 왕후가 이어 승하하니 슬퍼함이 지극해 인과화복의 말이 드디어 그 마음의 허전한 틈에 들어맞았다. 그의 형 신미가 요사한 말을 주창하고 수온이 찬불가시讚佛歌詩를 지어 불교를 널리 퍼뜨렸다. 일찍이 불당에서 법회를 크게 베풀고 공인工人을 뽑아 그가 지은 가시에 관현을 맞춰 연습하게 해 두어 달 뒤 쓰게 했다. 임금이 불사에 뜻을 둔 데는 수온 형제의 도움이 컸다.[50]

찬불가를 관현악에 올린 첫 사례였다. 특히 『월인천강지곡』은 각종 재의齋儀와 법석·행사 등에서 불리고 있었다. 세종은 김수온의 빼어난 문장을 일찍부터 알고 있었다. 유신과 정부 신료를 의식하지 않고, 공식적으로 국왕과 접촉할 수 있는 지제교의 직책을 맡겨 신임하고 있음을 분명히 했다. 종7품 직장直長에서 몇 년 사이에 정5품 정랑正郞으로 특진했고, 국왕의 교서를 제술하는 중요 직책인 지제교를 겸직했다. 외지제교는 6품 이상의 문관을 별도로 초계해서 지제교를 겸임하고 있었다. 동궁과 수양·안평대군, 신미와 함께 훈민정음 창제에 협력하고, 『석보상절』과 『월인천강지곡』의 편찬에 공헌한 일을 잊지 않고 있었다.

김수온은 불교라면 쌍지팡이를 들고 반대하고 나서는 유신들 속에서 고군분투하며 세종의 의중을 정확하게 파악하고, 실천에 옮기고 있었다. 간승 신미의 아우라는 공격에도 아랑곳 하지 않고 받아쳤다.

- 『능엄경』은 『중용』보다 낫다.
- 불도佛道도 그러한가.
- 그렇다.
- 사람이 죽으면 어디로 가는가.
- 모두 철위산鐵圍山으로 돌아간다.[51]

4월 12일 내불당 공역에 힘쓴 도승지 이사철에게 비단과 단령團領 옷을 주었다. 이사철은 계보係譜가 종실에 관련되어 특별히 발탁했다. 마침 내불당을 창건, 불사佛事가 한창 성할 때 정성을 다해 임금의 사랑이 한결 두터웠다.[52]

4월 21일 태조가 고려 왕씨의 넋을 씻기 위해 지은 진관사의 수륙사 이건에 대한 말이 나오고 있었다. 기신재는 세종이 즉위한 뒤에 시작되었다. 선공제조 정분과 민신, 예조판서 허후, 참판 조극관, 참의 이인손이 창건한 지 오래지 않은 영국사寧國寺를 추천했다. 바람과 물, 불의 재앙을 눌러 나라에 도움이 된다는 것이었다. 세종이 말했다.

- 갑자기 정할 수 없다. 절집의 일이므로 탄주坦珠·신미信眉 등과 의논하라.[53]

대군의 집으로 떠도는 세종

세종은 병약한 세자의 부담을 덜어주기 위해 여러 대군의 집으로 거처를 옮겨 다녔다. 말없이 곁을 지켰던 소헌왕후도 곁에 없었고, 시시각각 자신을 괴롭히는 많은 병이 부담스러웠다. 세자 또한 등창으로 고생하고 있었다.

7월 1일 세종이 경복궁을 나와 임영대군의 집으로 이어했다. 세자에게 내선하려고 했으나 대신이 극구 말려 그만두었다. 극심한 가뭄으로 전국의 논과 밭이 거북등 갈라지듯 타들어가고 있었다. 수양대군과 이사철이 흥천사에서 기우제를 올렸다. 수양이 승려들과 어울려 돌아다니며 땀에 흠뻑 젖었어도 조금도 지친 기색 없이 부처의 가르침을 받들었다.[54]

7월 24일 세자가 환궁을 청했으나 듣지 않았다. 승지를 두세 번 더 보냈지만 묵묵부답이었다. 세종이 좌참찬 정분을 불러 말했다.

- 영응대군의 집이 모두 법제에 지나치다는 말을 하고 있다. 풍양의 이궁離宮을 영응에게 주고 이 집을 왕세손에게 주려고 한다.

정분이 아뢰었다.

- 영응대군의 집은 여러 대군의 집과 다름이 없고 법제에 지나치지 않습니다. 속히 수선하소서.

세종은 정부의 대신을 불러 거듭 물었다. 하나같이 정분의 말과 같았다. 영응대군의 집이 법제에 어긋날 정도로 웅장하고, 화려하다고 집현전과 군자 판관 조휘가 딴죽을 걸고 나왔을 때 세종은 크게 성을 낸 적이 있었다. 거듭 확인해 오는 세종의 마음을 가라앉히기 위해 정부에서 한 발 물러섰다.[55]

7월 28일 경복궁으로 돌아왔다. 의정부에서 사인을 보내 문안하며 환궁을 기뻐했다. 세종은 무덤덤하게 말했다.

- 최근에 나와 동궁과 여러 대군이 모두 불편을 겪었다. 환관 두 명이 열병을 앓고 있어 부득이 환궁했다. 조롱과 비평만 가져왔을 뿐이다.[56]

9월 24일 세종이 금성대군의 집으로 이어했다. 인사권도 세자에게 넘길

생각으로 당상관의 제수를 맡기려고 정부에서 의논하도록 했다. 대신은 하나같이 불가하다고 아뢰었다.[57]

10월 5일 하급 관리에게 훈민정음이 넓게 보급된 것을 증명하는 '벽서僻書 사건'이 일어났다.

> 하연은 까다롭게 살피고 또 노쇠해서 행사에 착오가 많았다. 어떤 사람이 언문으로 벽 위에다 다음과 같이 썼다.
> - 하 정승아, 또 공사公事를 망령되게 하지 말라.[58]

황희를 이어 영의정에 오른 하연의 정책 수행 능력에 대한 항의였다. 세종이 과거시험에 훈민정음을 과목으로 채택, 보급에 박차를 가한 지 2년 5개월만이었다. 상소문을 통해 문제를 제기할 수 없었던 하급관리가 익명의 벽서를 붙여 윗선의 잘못을 지적하고 나선 것이다. 훈민정음을 배울 수 있는 체계적인 교재가 발간되기 전, "갑자기 하급 관리 10여 명에게 배우게 하며……"라고 최만리가 상소문을 통해 지적했던 관리였을 가능성이 많다.

10월 25일 세자의 등창이 돋았다. 길이가 한 자 가량 되고 넓이가 5, 6치나 되었다. 경기도 내의 명산과 대천, 신사와 절에서 쾌유를 빌었다. 정부·육조·중추원에서 날마다 문안했다. 다음날 우참찬 정갑손, 예조판서 허후, 숭덕대부 이정녕은 종묘·사직·소격전에서 세자의 쾌유를 빌었다. 임영대군과 이사철은 흥천사에서 관음정근을 베풀었다.[59]

11월 1일 수양대군이 김수온, 이사철과 함께 내불당에서 약사재를 올렸다. 안평대군은 정효강과 함께 대자암에서 수륙재를 올렸다. 사관은 김수온과 정효강의 호불好佛에 대해 여운을 남기는 글을 부기해 넣었다.

> 김수온은 간승 신미의 아우로 몹시 불도를 좋아해 깊이 그 학설을 믿었다. 항상 말하기를, "불경을 읽어 그 뜻을 얻으면 『대학』·『중용』은 한낱 찌꺼기에 불과하다."고 했다. 정효강은 천성이 사특하고 괴팍해 부처를 독실하게 믿고 좋아했다. 길에서 중을 만나면 반드시 말에서 내려 공경했다.

김수온과는 입술과 이처럼 관계가 밀접했다. 모든 불사가 있을 때마다 반드시 이들을 임명토록 했다.⁶⁰

세자의 병에 차도가 없었다. 연초에 아뢴 일도 아직 재가를 얻지 못하고 있었다. 세종은 모든 서무를 친히 결정하겠으니 지체하지 말라고 승정원에 전지했다.

11월 19일 세종이 영응대군의 집으로 이어했다. 세자는 금성대군의 집에 있게 했다. 영응의 집은 정분과 민신이 역사를 감독했다. 높고, 크고 장려함이 궁궐에 버금갔다. 정분은 재능이 있어서 일을 잘 처리했고, 민신은 부지런하되 조심하므로 영건과 관련된 일은 이 두 사람에게 맡겨 두고 있었다. 정분은 현장에서 공사工師처럼 지팡이를 들고 지휘했다. 이명민을 종관從官으로 삼아 "도청都廳"이라 부르며 역도와 나무, 돌의 출납을 총괄하게 했다. 대간에서 정부의 관료가 직접 나서 토목공사를 감독하는 것은 옳지 못하다고 이의를 제기했지만 세종은 묵살했다.⁶¹

12월 3일 세종의 환후가 악화되고 있었다. 안질은 나았지만 말을 제대로 할 수 없었다. 오른쪽 다리는 약간 차도를 보였지만, 왼쪽 다리는 차도가 없었다. 곁부축하지 않으면 움직이기도 힘들었다. 기억력도 예전 같지 않아졌다. 치료를 위해 배천온천에 행행하려고 신하에게 의견을 물으려다 그만 두었다. 이날 세자의 등창이 곪아 터졌다. 엄지손가락만한 창근瘡根이 여섯 개나 나왔다. 종묘와 사직에서 보사報祀祭, 내불당과 흥천사에서 보공재報功齋를 올렸다. 향악을 연주했다.⁶²

보름 뒤 세자의 허리에 둥근 종기가 돋았다. 달빛이 하얗게 얼어 있었다. 세종은 새로운 음악의 존폐 여부를 의정부와 관습도감에서 논의하게 했다.

> 임금은 음률을 깊이 깨닫고 계셨다. 신악新樂의 절주節奏는 모두 임금이 제정했다. 막대기를 짚고 땅을 치는 것으로 음절을 삼아 하루저녁에 제정했다. 수양대군 역시 성악聲樂에 통했으므로 그 일을 관장하도록 했다. 기

생 수십 명을 데리고 가끔 금중禁中에서 이를 익혔다. 그 춤은 칠덕무七德 舞를 모방했다. 궁시弓矢와 창검槍劍으로 치고 찌르는 형상이 다 갖추어져 있었다.[63]

세종, "복천사를 나의 원찰로 삼으라"

세종은 도승지에게 내불당에 주석하고 있던 신미를 들라고 명했다. 정성을 다해 『석보상절』과 『월인천강지곡』을 편찬하고, 소헌왕후가 없는 궁궐의 헛헛함을 따뜻한 법문으로 위로해 준 신미에게 작은 성의라도 표하고 싶었다. 신미가 별실에 들었다. 세종이 반갑게 맞았다.
- 대사의 지극한 기도 덕에 몸과 마음이 한결 맑아졌다.
- 황공한 말씀입니다, 전하. 모든 것이 시절인연입니다. 적적하실 때마다 『능엄경』을 보시기 바랍니다.
- 『능엄경』은 10년 전 효령대군의 권유로 본 적이 있다. 그러나 정밀하게 읽지 못했다.
- 깨달음의 바다는 그 본성이 맑고 원만합니다. 맑고, 원만한 깨달음은 근원적으로 묘합니다. 근원적인 밝음이 비추어 대상을 만들어 냅니다. 대상이 생기면 비추는 성질이 없어집니다. 미혹되고 망녕됨으로 허공이 있게 되고, 허공에 의지하여 세계가 생겨납니다. 생각이 맑아져서 국토가 이루어지고, 지각知覺하므로 이에 중생이 있게 됩니다. 또한 깨끗함이 극에 이르러 빛이 통달하고, 고요히 비추어 허공을 품습니다.[64]
세종은 신미의 '깨달음'과 '깨끗함'이란 말에 집중했다. 옆에 있던 수양대군에게 일렀다.
- 『능엄경』을 훈민정음으로 새겨 널리 펴낼 수 있는 방안을 강구하라. 또한 속리산 복천사를 나의 원찰로 삼을 것이다. 효령 백부와 상의해 추진하라.
12월 어느 날. 효령대군은 종친부에 돌아와 수양대군 등과 의논한 뒤 「속리산 복천사 중수 권선문」을 지어, 불사참여를 독려했다.

공손히 생각하건대 성상聖上께서 마음속에 지극한 덕을 품으시어 크게 천명天命에 받으셨다. 바다에는 전선戰船이 끊어지고 백성이 평안하게 살게 되었다. 이 좋은 때를 만나서 어찌 크게 기뻐하지 않겠는가. 뒤에서 돕는 공덕이 있어 섭리燮理의 덕을 은밀하게 비춘다. 이에 미타삼존彌陁三尊: 아미타여래·관세음보살·대세지보살으로 등신불을 조성하고, 또한 불전佛殿을 수리한 뒤 봉안하려 한다. 마침내 보고 듣는 자로 하여금 믿음을 내도록 하고, 예불하는 자로 하여금 제 마음을 새롭게 하려는 것이다.

복천사는 터의 경계가 맑고 빼어남이 모든 절의 으뜸이고, 나라의 중심에 있어 실로 삼한의 정기가 오롯하게 모인 곳이다. 종실의 원찰로 삼기에 더 없이 적합하고, 수륙도량에도 합당하므로 정성을 다해 새롭게 중수하여 성원을 이루는 축원祝願의 도량으로 쓰고자 한다. 바라건대 모든 어진 이는 각각 작은 성의라도 희사喜捨하여 좋은 일을 환하게 드러낼 것이며, 성상의 만년의 수壽를 누리게 하고, 나라의 태평성대가 끝없이 이어지도록 하라. 합장 예배[和南]하고 삼가 두드리노라.

- 1449년세종 31 12월 일에 효령대군 등 공양供養.[65]

효령대군이 제일 앞에 수결手決을 넣었다. 수양·임영·금성·영응대군이 뒤를 이었고, 화의군·계양군·의창군·한남군·밀성군·수춘군·익현군·영풍군이 따랐다.[66] 그러나 복천사의 수창修創 공역은 추위로 인해 바로 진행되지 않았다.

12월 28일 명나라에서 신년 사절단이 오고 있었다. 세종은 병환 중에도 중국 한자음 정리가 아직 마무리 되지 않고 있는 것을 걱정했다. 도승지를 불러 일렀다.

- 명나라 사신은 유학자다. 입경하면 신숙주와 성삼문 등을 태평관으로 보내 운서韻書의 교열을 질정質正하게 할 것이다. 손수산과 임효선을 통사로 삼으라.[67]

세종, 신미를 침전으로 맞아들이다

1450년세종 32 정초, 세종의 병환이 깊어지고 있었다. 세자의 종기 또한 도졌다.

1월 16일 세종이 영응대군의 집에서 경복궁으로 돌아왔다.[68] 세자의 병이 조금 가벼워졌다. 영의정 하연과 좌의정 황보인 등이 하례했다.
1월 22일 흥인문 밖 효령대군의 집으로 이어했다. 세자가 가마를 타고 따랐다. 대군과 대소 시위군은 걸어서 수행했다.[69]
효령대군이 맞았다. 용안이 어두웠다.

- 금상今上의 쾌유를 빌기 위해 관음도량으로 손꼽히는 미지산 상원사에서 구병수륙재를 베풀까 합니다. 소임을 맡을 관원은 미리 정해 두었습니다.

- 형님께 미령한 모습만 보여주고 있습니다. 뜻대로 하시지요.

신미가 아뢰었다.

- 재를 올릴 때 불정심다라니佛頂心陀羅哩를 독송하고, 『미타경』과 『관음경』을 사경했으면 합니다.

우부승지 김흔지가 아뢰었다.

- 신의 집에 간수해 둔 판본이 있습니다.

1월 23일 세종이 배천 온천으로 거둥할 뜻을 접었다. 세자와 수양대군이 손수 약을 달여 올리며 옥체를 돌보고 있었다. 승정원의 명을 받은 관원이 경기도의 명산대천과 신사, 절로 쾌유를 빌기 위해 떠났다. 좌참찬 정분과 좌부승지 이계전이 내불당에서 공작재, 도승지 이사철이 흥천사에서 관음정근을 베풀었다.

다음날 세종이 정효강을 불러 일렀다.

- 수륙재를 베풀 때 불정심다라니를 베껴서 독송하도록 하라.

새벽 일찍 정효강이 우부승지의 집에 들러 판본을 갖고 상원사로 떠났다. 수양대군은 부지돈녕 강희안과 성균 주부 성임에게 연통을 넣었다. 아침을 드는 둥 마는 둥 건너왔다.

- 이 땅에 단 한 사람, 꼭 계셔야 할 주상의 쾌유를 비는 사경이네. 정성을 다해 주게.

강희안과 성임이 곁방에 들어 『미타경』과 『관음경』을 써 내려갔다. 방정한 해서체였다. 장황을 끝낸 경의 발문은 도승지 이사철이 썼다. 효령과 수양·안평대군이 세종께 올렸다. 세종이 힘에 부친 목소리로 말했다.
- 잘 썼다. 7일 동안 피람하고, 궐내의 음식을 간소하게 하라.[70]
신미가 아뢰었다.
- 전에 하명하신 함허당 득통의 『금강경오가해설의』를 언해하고 있습니다. 이보다 먼저 『현정론顯正論』을 찍어냈으면 합니다.
세종은 왕후가 곁을 떠나고 난 뒤 마음의 스승으로 여기고 있던 신미가 권해 올린 『금강경』을 읽으며 헛헛한 마음을 다스렸다.
세종이 안평대군에게 말했다.
- 불교와 유학 모두 진리의 가르침이다. 서둘러 『현정론』을 찍어 내거라.
내불당으로 돌아온 신미는 보장寶藏하고 있던 함허당의 『현정론』 육필 원고를 안평대군에게 건넨 뒤 말했다.
- 집착하지 말고, 복잡하고 헛된 생각 지우기 바랍니다. 버리면 마음이 한결 가벼워질 것입니다.
안평대군은 흔들리고 있었다. 되묻지 말아야 한다고 생각했지만, 말이 먼저 나왔다.
- 세상의 흐름이 제 마음대로 되겠습니까. 좋은 그림을 보면 더 좋은 그림을 그리고 싶어지고, 잘 쓴 글씨를 보면 한 발 더 나가고 싶지요.
신미가 웃으며 말했다.
- 휩쓸려 다니는 가랑잎은 소리만 요란할 뿐입니다. 꿈에 그린 그림이 꿈으로 가버리듯…….
- 새겨 두겠습니다.
안평대군이 인왕산으로 길을 재촉하고 있을 때 눈보라가 백악을 휘감았다. 신미는 퍼붓는 눈발 속에서 합장했다. 함허당의 말씀이 하얗게 쏟아졌다.
- 길을 알려주는 것이 가장 큰 보시다. 출렁이는 바다를 길 위에서 바라보지 말고, 배를 타고 나가보라. 난바다는 아득한 침묵이다. 폭설의 길

이라고 다르겠느냐. 가고, 머물고, 앉고, 눕는 일이 곧 반야다. 길 위에서 어디 부처와 공자, 노자, 장자가 다른 길이 있다고 다투더냐. 텅 빈 충만의 길을 땀 흘려 걸어가라.

※ 화보5 1월 26일 세종의 병환에 차도가 있었다. 정근은 파하지 않고 그대로 불사를 크게 베풀었다. 신미를 침전 안으로 맞아들여 높은 예절로 대우하고 법문을 들었다.[71]

세종이 영가현각永嘉玄覺[72]의 일숙각一宿覺 일화를 듣고 용안이 밝아졌다.
- 대덕이 반드시 명성을 얻는다는 말이 틀리지 않다. 당나라 선불교의 우뚝한 봉우리인 혜능이 단 하룻밤 사이에 인정했다면 그가 남긴 글이 있는가. 이 땅의 백성이 훈민정음으로 쉽게 풀어낸 책을 읽고, 얽매이지 않는 해탈의 노래 부르는 세월이 오기를 바란다.

신미가 아뢰었다.
- 『선종영가집』과 『증도가證道歌』 등을 저술했습니다. 송나라 때 조사의 어록과 선시에 뛰어난 언기彦琪가 주석한 『증도가주해』는 구해 보지 못했습니다.

세종이 효령대군의 뒤에 앉아 있는 수양대군에게 말했다.
- 구해 보도록 하라.[73]

함경도 경흥에서 유배생활을 하고 있던 신미의 외삼촌 이적을 경기도 외방으로 종편시켰다. 사헌부에서 즉각 "자식으로서는 용서할 수 없는 악행을 저질렀으므로 용서해서는 안된다."고 반대했다.
- 내 처음 병이 심했을 때 동궁의 청으로 사면령을 내렸다. 그때는 한 사람도 불가하다고 말하지 않더니 병이 나은 뒤에 말하고 있다. 병이 나았다고 말할 수 있다면 너무 무례하지 않은가. 사면은 나 때문에 한 것이다. 자꾸 말꼬리를 잡으면 내가 심히 부끄럽다.

> 이적은 전에 아비(전 예문관 대제학 이행)를 욕한 죄로 경원慶源에 옮겨 살게 했다. 이에 이르러 생질인 총승寵僧 신미의 청으로 용서했다.[74]

명나라 사신의 생떼

명나라 사신의 수장은 한림시강 예겸과 형과급사중 사마순이었다. 세종과 세자의 병환이 깊어 사신을 맞이할 수 없으므로 부득이 수양대군에게 조서를 받들 계획이라고 알렸다. 예겸과 사마순은 둘째 왕자인 수양대군이 맞을 것이라는 이야기를 듣고 "조서를 받들고 돌아가겠다."며 생떼를 썼다.

수양대군이 성질을 누르고 말했다.

- 세자의 병환이 정말 위중해서 조서를 맞을 수 없는 상황입니다. 헤아려 주시기 바랍니다.

예겸이 완강한 어조로 말했다.

- 우리가 이곳에 머물며 1년을 지내더라도 세자의 병환이 나은 연후에 입경하겠다. 사세가 정히 그러하다면 부축해 붙들고 나와서 맞이하면 되는 것 아닌가.

수양대군이 돌아와 자초지종을 아뢰었다. 세종은 참담하기 짝이 없었다. 이사철을 보내 의정부 관료를 불러들였다. 좌의정 황보인이 말했다.

- 사신의 말이 맞는 듯합니다. 세자가 전정殿庭에 나가 조서를 맞이해야 옳습니다.

중국어에 능통한 부윤 김하가 서둘러 개성으로 떠났다. 세자가 근정전 월대 아래에서 곁부축을 해서라도 맞겠다는 뜻을 전했다.[75]

윤 1월 2일 시어소에서 보공재를 베풀었다. 세종의 병환이 잠시 차도를 보였다. 다음날 정인지·성삼문·신숙주·손수산 등을 모화관으로 보내 명나라 사신에게 운서를 질문하게 했다. 정인지가 말했다.

- 조선은 명나라와 멀어서 바른 음을 질정하려 해도 마땅히 배울 스승이 없습니다. 중국의 음은 복건주福建州 출신의 쌍기 학사께 배웠습니다.

한림시강 예겸이 말했다.

- 복건주의 음이 조선의 한자음과 같으니 이로써 하는 것이 좋겠소.

함께 간 성삼문과 신숙주가 예를 올렸다. 김반이 말했다.

- 대인께 바른 음을 배우고자 하니 가르쳐 주기 바랍니다.

성삼문, 신숙주는 『홍무정운』을 내용으로 예겸과 중참 때까지 강론했다. 예겸은 명나라로 돌아가기 전까지 하루도 거르지 않고 시를 주고받으며 담론했다.[76]

함허당의 『현정론』, 안견의 「몽유도원도」

※ 화보7　윤1월 초하루 안평대군이 정음청에서 함허당의 『현정론』을 초주 갑인자로 모인模印해 올렸다.[77] 조선불교의 꺼져 가던 법등法燈이 다시 켜지고 있었다.

> 유가儒家와 석가釋家의 차이에 관하여는 옛사람이 논의한 것이 많지만, 득통得通의 논의처럼 심오하고 완벽한 것은 없었다. 실제로 무상無相을 터득했기 때문에 문장에는 허튼 말이 없고 이치에는 억지로 지어낸 것이 없다. 실로 무상을 바탕으로 실상實相을 밝힌 것이라고 하겠다. 용瑢은 이 글을 수암秀菴 : 信眉 큰스님으로부터 받았다. 큰스님께서는 이 책을 널리 펴서 세상 사람의 천제闡提의 미혹을 면하게 해주려는 뜻을 품고 계셨다. 이에 용은 삼가 큰스님의 뜻을 받들어 인쇄, 출간한다.
> 　　　　　- 1450년세종 32 윤달 초 길일, 낭간거사琅玕居士 쓰다.[78]

『현정론』은 8,600자다. 불교의 핵심을 모도 잡아 유학자의 비판에 대응한 저술로 조선 초기 불교의 위상을 재정립했다. 안평대군의 평처럼 '문장에 허튼 말'이 없었고 억지로 지어낸 것이 없었다.

> # 1. 유학은 오상五常으로써 도道의 요체로 삼는다. 불교에서 말하는 오계五戒가 곧 유학의 오상이다. 죽이지 않음이 인仁, 훔치지 않음이 의義, 음란하지 않음이 예禮, 술 마시지 않음이 지智, 헛된 말 하지 않음이 신信이다.[79]

> # 2. 책은 도를 싣는 도구이며, 널리 교화하는 방편이다. 그 책을 보면 그 도가 따를 만한 것인가, 따를 만하지 못한 것인가를 알 수 있다. 그 예禮가 사모할만한가, 아닌가를 알 수 있다. 그런즉 어찌 내가 익힌 바가 아니라고 해서 버릴 수 있겠는가.[80]

3. 중국에서 인도를 가리켜 서쪽이라고 하는 것은 인도에서 중국을 가리켜 동쪽이라 하는 것과 같다. 만약 세계의 한 가운데를 정한다면 마땅히 정오에 그림자가 생기지 않는 곳이다. 인도가 바로 그러하다. 부처께서 그곳에 태어남을 보인 것은 그곳이 천하의 한 가운데이기 때문이다. 이른바 동서의 방위는 모두 서로의 시속時俗에 따라 서로 부르는 것이다. 그 절대적인 중심을 잡고 동서를 정한 것은 아니다.[81]

『현정론』에는 유학과 불교가 다르지 않다는 진지한 반성과 새로운 길을 열어가려는 의지가 담겨 있었고, 도교의 핵심까지도 꿰뚫고 있었다. 음양오행과 천문지리에도 통달한 함허당은 척불의 어려운 상황 속에서도 종횡자재의 모습을 보여주었다. 불교와 유학의 갈등과 불화를 조장하기보다 상호 회통回通을 행간 속에 녹여 넣었다.

본질적 동질성과 현실적 차별성이라는 이중구조를 가지고 있는 기화의 유불관계론은 이전까지 주된 관심의 대상이 아니었던 불교와 유교의 관계에 대한 논의의 시작이라는 점에서 한국불교사상사의 새로운 지평을 연 것으로 평가된다.[…]
언어적인 가르침의 가치를 높이 평가하고 이를 적극적으로 사용하는 기화의 태도는 한국불교사에서 고려중기 이후 쇠잔해 있던 교학전통의 부활을 뜻한다. 그리고 그 영향은 세조 때의 불경언해 사업으로 이어졌다. 언해사업을 담당했던 신미 등의 승려가 기화의 제자라는 사실은 이들에게 미친 그의 영향이 결코 적지 않았으리라는 것을 짐작케 해준다.[82]

안평대군은 『현정론』의 "천하에는 두 도가 없고, 성인은 두 마음이 없다. 성인은 천리가 막혀 있고 만세萬世의 간격이 있어도 그 마음은 조금도 다름이 없다."는 구절을 새겼다.
정월 초순 무렵, 안평대군은 세종의 용안이 밝은 것을 보고 인왕산 자락의 치지정致知亭에서「몽유도원도夢遊桃源圖」를 펼쳐 놓고 3년 전 비해당匪懈堂 매죽헌梅竹軒에서의 일을 회상하며 마지막 시회詩會를 열었. [88] 화보8
참석자는 김종서·이현로, 정인지·박연·김수온·최항·박팽년·성삼문·신숙주·이개·서거정·고득종·송처관, 영흥 유배지에서 풀려난 신미의 외삼촌 이적 등 21명이었다. 안평대군이 붓을 들어 활달한 필체로 꿈꾸듯 도원을 노래했다.

이 세상 어디를 도원으로 꿈꾸었나 　　　　世間何處夢桃源
은자의 옷차림새 아직도 눈에 선한데 　　　野服山冠尙完然
그림으로 그려 놓고 보니 참으로 좋네 　　　著畫看來定好事
천 년을 이대로 전해봄직 하지 않은가 　　　自多千載擬相傳[83]

절재節齋 김종서가 꿈속에 영혼으로 들어온 도원을 노래하며 화답했다.

❽ 김종서
우연히 그윽한 꿈속에서 만나 　　　　　　　偶與幽夢會
마음껏 올라가 남김없이 찾았네 　　　　　　搜索咨騰騫
깨어나 화공에게 그림 그리게 하니 　　　　　覺來命工畫
온갖 형상 완연하게 어우러졌다 　　　　　　萬象得全渾
아득한 옛날부터 속세 피해 오던 땅 　　　　千古避世地
하루 저녁에 높은 집으로 옮겨왔네 　　　　　一夕移高軒
시단의 빼어난 인물, 주옥같은 글 곁들이니 　瓊琚暎詞林
해와 달처럼 눈부시게 빛난다 　　　　　　　日月光吐呑
그림 펼치고 문장 읽어보니 　　　　　　　　披圖且讀記
하루해 다하도록 즐겁기 그지없다 　　　　　樂以窮朝昏
인생은 쇠나 돌처럼 오래 가지 못하고 　　　人生匪金石
백 년 세월 번개처럼 지나간다 　　　　　　　百歲如電奔
신선 땅 복숭아나무 뽑아 　　　　　　　　　安得拔仙桃
궁궐 안에 옮겨 심을까 　　　　　　　　　　移種紫薇垣
저 삼투아 재촉해서 　　　　　　　　　　　　叱彼三偸兒
많이 따다가 우리 님께 바치리라 　　　　　　萬歲奉吾君[84]

이현로가 동분서주하며 잔치를 주관했다. 그는 김종서와 의정부 권신을 안평대군 쪽으로 끌어들이기 위해 공을 들이고 있었다. 집현전 부교리 때 안평대군에게 부탁, 세종께 청을 넣어 이름을 '선로善老'에서 '현로賢老'로 바꿨다.

집현전 부교리 이선로에게 주상이 특별히 '현현賢'이라는 이름을 하사했다. 며칠 뒤 어떤 손님이 나를 찾아와서 물었다.
- 선생의 사람 됨됨이는 어떠한가.
- 영걸차고 호방하다.
- 학문은 어떠한가.
- 시詩와 서書에 주력했다.
- 재능은 어떠한가.
- 문과 무를 겸비했다.
- 행실이 어떠한가.
- 효성과 우애를 아울렀다.
- 주상이 '현賢'이라고 명명한 까닭은 무엇인가.
- 현인으로 대우한 것이다.
- 자세한 설명을 듣고 싶다.
- 선생은 대단히 영걸차고 호방한 자질에 시서詩書의 학문으로 보충했으며, 문무의 재능을 몸에 갖추었고, 효제孝悌의 행실이 온 나라에 소문이 나서 모두 그 어진 것을 칭송하는데도 선생은 만족스럽게 여기지 않고 날마다 부지런히 더 나아지기를 추구해서 몸이 늙어 가는 줄도 모르고 있다. 뒷날 출장입상出將入相 하여 국가의 원로가 될 사람은 반드시 선생일 것이다. 이러한 이유 때문에 주상께서 '현賢'이라는 이름으로 명명, 현인으로 대우한 것이다.[85]

한편 이현로에 대한 사관의 평은 성삼문의 평가와는 사뭇 달랐다.

이현로는 성질이 경박하고 조심성이 없으며, 험악하고 한쪽으로 치우쳐 남이 저보다 나은 것을 미워했다. 대강 고금의 사변事變을 알아 시와 문을 풀어 붙일 줄 알고, 잡술雜術에도 통했다. 안평대군에게 아첨하며 노예와 같이 붙어서 섬겼다. 행여 자신의 뜻과 다르면 반드시 오래 두고 슬금슬금 물이 배어 오르듯 참소, 임금께 들리도록 했다. 조정의 선비가 눈을 흘기며 두려워했다. 병조정랑으로서 전주銓注하는 데 참예, 뇌물을 많이 받아 문전이 장마당 같았다. 교만하고 거드름을 피우는 기색이 얼굴에 역력했다. 주변에서 원수와 같이 여겼다.[86]

'해동요순' 세종, 조선을 뜨다

윤1월 5일 정분을 내불당, 이사철을 흥천사에 보내 보공재를 올렸다.
윤1월 7일 세종이 미령한 몸으로 효령대군의 사위 전첨典籤 이서의 집으로 이어했다.[87]
윤1월 19일 세종은 10월부터 창진으로 누워 있는 세자를 걱정하고 있었다. 부처의 말씀에 기대서라도 낫게 하고 싶었다. 도승지 이사철에게 안평과 금성대군, 수병조정랑 김수온을 들라 일렀다.
- 동궁이 아파 걱정이다. 목판본『화엄경』과 활자본『법화경』을 찍어내 전경轉經할 생각이다. 정성을 다하라.
안평·금성대군이 서둘러 주자소에 들렀다. 사복소윤 정효강, 교서관 교리 이영서, 호조좌랑 이명민 등이 연통을 받고 기다리고 있었다. 정효강이 안평대군에게 말했다.
- 인경에 쓸 종이가 없어 걱정입니다.
안평대군은 세종의 쾌유를 빌기 위한 사경에 조지소에 비축해 둔 종이까지 모아 쓴 것을 알고 있었다. 남아 있는 것은 왜닥지[倭楮紙] 뿐이었다.
- 촌각을 다투는 일이다. 결 고운 종이를 최대한 구비해야 할 것이다.
이영서는 교서관 판고에서『화엄경』의 목판을 찾아 주자소에 넘겼고, 이명민은 활자장을 소집해 초주갑인자로『법화경』의 조판에 들어갔다.[88]
윤1월 24일 세종이 안숭선의 집으로 이어했다. 세자는 이서의 집에 앓아누워 있었다.[89]
윤1월 29일 영응대군의 집으로 이어하겠다는 뜻을 비쳤다. 별궁은 이미 대군의 집 동편에 조성되어 있었다. 선공제조와 승정원 관리가 한발 앞서 나갔다. 화재를 방비하기 위해 이웃해 있는 집을 헐겠다고 보고했다. 세종이 승정원에 일렀다.
- 대군의 집을 지을 때 이웃의 집을 많이 헐어내 민폐를 끼쳤다. 있을 수 없는 일이다. 다만 불을 금지하는 명을 엄하게 할 뿐이다.[90]
2월 1일 주자소에서『화엄경』·『법화경』을 찍어내는 일이 마무리 되고 있었다. '유연油煙'의 묵향이 맑고 깊었다. 두 권 각각 33부였다. 김수온이 동궁의 쾌유를 바라는 세종의 아픈 마음을 담아 '발제跋題'를 써서 이명민에게 넘겼다. 활자공이 바로 판을 짠 뒤 찍어내 장황을 마쳤다.[91]

2월 4일 영응대군의 집으로 이어했다. 세자도 이서의 집에서 옮겨왔다. 다음날 진관사에서 수륙재를 베풀었다. 정분·허후·민신·이사철이 재를 맡았다. 법회를 열고, 새로 찍어낸 『화엄경』·『법화경』을 전경했다.[92]

2월 15일 종묘사직과 명산대천의 신사와 절에서 기도를 올렸다. 정부와 육조에서 번갈아 대기했다. 세자가 내의에게 모든 약을 달일 때 반드시 정부와 의논하라고 명했다.

2월 16일 세종의 병환이 깊어 쾌유를 바라는 정근기도를 멈췄다.[93]

2월 17일 세종이 영응대군의 집 동별궁東別宮에서 54세를 일기로 조선의 땅을 떠났다. 정인지가 '해동요순海東堯舜, 세종'의 한 평생을 정리했다.

임금은 슬기롭고 도리에 밝았다. 마음이 밝고 뛰어나게 지혜롭고, 인자하고 효성이 지극하며, 지혜롭고 용감하게 결단을 내렸다. 합閤에 있을 때부터 배우기를 좋아했다. 게으르지 않아 손에서 책을 놓지 않았다. 여러 달 동안 몸이 편치 않았는데도 글 읽기를 그치지 않았다. 태종이 이를 걱정해 책을 거두어 감췄다. 그런데 책 한 권이 남아 있었다. 날마다 외웠다. 대개 천성이 이와 같았다. 즉위하고 나서 매일 사야四夜에 옷을 입고 날이 밝으면 조회를 받았다. 정사를 보고, 윤대를 하고, 경연에 나아가기를 한 번도 거르지 않았다. 집현전을 설치해 글 잘하는 선비를 뽑아 고문으로 하고, 경서와 역사책을 읽을 때는 즐거워하며 싫어할 줄 몰랐다. 희귀한 문적이나 옛사람이 남기고 간 글을 한 번 보면 잊지 않았고, 증빙證憑과 원용援用을 살폈다. 처음과 나중이 한결 같았다. 문무의 정치가 빠짐없이 잘 되었고, 예악의 문文을 모두 일으켰다. 종률鍾律과 역상曆象의 법을 옛날에는 알지도 못하고 있었는데 발명했다. 구족九族과 도탑게 화목했다. 두 형제와의 우애가 두터워 이간질하는 말을 할 수 없었다. 신하를 예도로써 대하고, 간하는 말을 어기지 않았다. 중국을 정성껏 섬겼고, 이웃나라와 신의로 사귀었다. 인륜에 밝았고 모든 사물에 자상했다. 남쪽과 북녘이 편안해 백성이 편하게 산 세월이 무릇 30여 년이다. 거룩한 덕이 높고 높아 적당한 칭호를 붙일 수 없어 해동요순海東堯舜이라 불렸다. 말년에 불사佛

事를 벌인 것을 말하는 사람이 있으나 한 번도 향을 올리거나 부처에게 절한 적은 없었다. 처음부터 끝까지 올바르게만 했다.[94]

저물녘 10명의 후궁이 머리를 깎았다. 임금이 승하하면 한 두 명은 머리를 깎고 정업원으로 출가한 적은 있었지만 10명이 한꺼번에 여승이 된 경우는 처음이었다. 각 궁의 자수 잘하는 침모를 모아 내전에서 수불繡佛을 만들고, 밖에서 장인을 모아 불상을 조성했다.[95]

2월 19일 왕위에 오르지 않은 세자가 승정원 관리와 의논했다.

- 승하한 소헌왕후를 위해 팔상성도八相成道를 그렸는데 지금은 다시 그릴 수 없다. 안평대군이 『화엄경』의 사경을 준비하고 있다. 금이 40냥 정도 드는데 지금 13냥은 준비했고, 나머지 부족한 것은 내가 도와주려고 한다. 대자암 무량수전은 두 칸뿐이다. 부왕을 위해 한 칸 더 짓고, 석가모니불과 관음불을 조성해 봉안할 생각이다.

이사철은 "대자암의 증축은 옳지 않지만 『화엄경』은 만들어도 되겠다…", 정이한은 "사경은 어쩔 수 없지만 불상은 조성하지 않았으면 좋겠다."고 아뢰었다.

삼정승과 공조판서 정인지, 예조판서 허후, 승지를 빈전으로 불렀다. 아픈 세자가 말했다.

- 수륙재를 올릴 때 걸식하는 잡인은 절 안에 들이지 말고, 밖에서 따로 먹이도록 하라.[96]

4 밀려나는 훈민정음

문종과 혜각존자

그리우면 보일까
만질 수 없는 목숨
꽃 피면 꽃이 지고
꽃 지고 나면 또 피는 꽃

세종의 국상과 대자암 · 복천사 중창 불사

문종, 왕위에 오르다

1450년 문종 즉위년 2월 23일 문종이 왕위에 올랐다. 세자로 있은 지 30년, 나이 37세였다. 문종은 32세 때부터 세종을 대신해 국정을 총괄했다.[1] 면복 차림으로 널 앞에서 유명遺命을 받고 빈전 문밖의 장전帳殿에서 즉위식을 올렸다. 옷소매가 다 젖을 정도로 울었다. 면복을 벗고 상복을 다시 입었다. 의정부에서 의사청으로 거처를 옮겨 조리하라고 청했다.
- 편안하다. 거처를 옮기는 일은 감히 할 수 없다.[2]

문종은 종기가 재발, 여차에 머물렀다. 지극한 효성이 자신에게는 치명적인 고통으로 다가오고 있었다. 국상에 매달리며 시나브로 몸이 망가져 가고 있었다. 대소신료는 걱정이 앞섰다. 왕세자가 어린 것이 내내 걸렸다. 조석의 상식에 참여할 수도 없었다. 대신은 종기가 도질 수 있으므로 거듭 조리하라고 간청했다.

2월 25일 안평대군이 세종의 천도를 위해 대자암의 중창과 사경의 일을 아뢰었다. 문종은 허락했지만 대신의 반대를 의식, 일단 의논은 하고 넘어갔다. 대신은 새로 증축하는 것이 좋겠다는 의견을 냈다. 무량수전의 지붕을 청기와로 잇자는 사람까지 있었다. 그러나 사헌장령 김중렴이 반대하고 나섰다.
- 불경을 찍고 있는데 또 사경寫經을 하십니까. 살아서 부처를 믿는 것도

진실로 유익하지 않는데, 죽고 난 뒤에 무슨 이익이 있겠습니까. 대자암 무량수전의 칸수를 넓히는 일은 선왕의 뜻도 아니고, 초정初政에 서두를 필요가 없다고 봅니다.

- 불경의 인쇄는 부왕께서 명하셨고, 대자암 중창은 선왕을 위하는 일이다. 다시 의논하라.

- 중국 사신이 연이어 오고 있어 경비를 조달하기 어렵습니다. 국고가 텅 비었습니다. 대자암 불사를 정지하소서.

문종은 뒤도 돌아보지 않고 공사의 강행을 명했다.

- 부왕을 위한 추천은 지금 아니면 언제 한단 말이냐. 기다릴 일이 아니다.³

안평대군이 진관사와 대자암 불사를 동시에 관장하고 있었다. 감역을 맡은 선공제조 좌참찬 정분과 병조판서 민신이 앞에 섰다.

- 진관사는 수륙재를 베푸는 곳입니다. 선왕께서 중수하기 위해 재목을 준비해 놓았습니다. 명분과 순리에 맞지만 이곳의 나무로 대자암을 고쳐 짓는데 쓰는 것은 불가하다고 생각합니다. 진관사는 지금 따로 손볼 필요가 없을 정도로 쓸 만한데 헐어버리고 새로 짓게 되면 시종侍從과 대간이 옳지 않다며 간할 것이고, 유생도 잇달아 일어나 간할 게 뻔합니다. 이렇게 되면 전하께서 피곤해 지십니다.

-대자암은 불상을 봉안하기 위해 공사를 하고 있다. 단청의 박락이 심해 고쳐 지으라고 했을 뿐이다.

장령 정지하가 거듭 반대의견을 개진하며 문종을 괴롭혔다.

- 말이 너무 길기 때문에 내가 할 말을 다하지 못한다. 천도가 이익이 없음을 내가 확실히 알지 못한 채 절박한 심경이 이 지경에 이르렀다.

- 대행왕께서 병환이 있어 불사를 행했지만 전하께서는 즉위하신 초기에 불사를 일으키고 불상을 만드니 실망하지 않을 수 없습니다.

- 불상은 내가 만들려고 하는 것이 아니다. 대행대왕의 후궁이 원하는 일이다.

- 선왕을 추모하는 박절한 심정에서 추진하는 일이지만 전하께서 그릇된 것을 훤히 알고 계시므로 빨리 불사와 불상의 조성을 중지시켜야 할 것입니다.
- 선왕의 일을 그르다고 여기며 다 폐지하겠는가. 물러가서 자세히 생각해 보라.⁴

조정의 신료는 세종 때와는 달리 불문곡직 반대하고 나섰다. 언관은 왕실의 불교에 쏠린 흐름을 바로잡을 기회라고 생각했다.

2월 29일 사간원 우정언 유효담이 불상의 조성, 불경의 인쇄를 정지하라고 아뢰었다.
- 나는 부처의 허망함을 환하게 알지 못한다. 다만 간절한 마음이 앞서 부왕을 위해 불사를 했을 뿐, 별다른 뜻은 없다. 어제 사헌부에서 이미 나의 뜻을 확인했다.
- 만약 부처가 신기한 효험이 있다면 신도 마땅히 이를 행하도록 청할 것입니다. 대행대왕께서 근년에 내불당을 짓고 아침저녁으로 지성껏 부처를 공양했는데도 강녕하지 못하셨습니다. 또한 이름 있는 승려를 내실로 불러 모아서 정근했으나 아무런 효과도 없었습니다. 소헌왕후가 미령하실 때 전하께서 여러 대군과 더불어 밤새워 불사에 정근했는데도 효험을 보지 못하셨습니다. 신은 불교의 탄망함을 알았으니 기필코 그만 둘 것을 청합니다.

문종은 관행으로 이어져온 불사를 계속하겠다는 뜻을 밝혔다.
- 소헌왕후의 불사 때 담당 부서에서 불사에 정근의 효험이 없다며 중이 얻은 보시를 빼앗으라고 청한 적이 있다. 선왕께서 "만약 불사에 정근해서 살게 된다면 천하에 어찌 죽는 사람이 있겠느냐……."고 하셨다.

사간원에서 신료의 의견을 종합, 상소했다.

> 세종께서 병환이 오래 낫지 않고 위중할 때 전하께서 간절한 마음으로 중을 불러 내실에서 기도하고, 정근하기를 2, 3일 동안 밤낮을 가리지 않았

습니다. 상하가 부지런히 돌보았는데, 선왕께서 연명하지 못했습니다. 부처가 힘이 있다고 말할 수 있겠습니까. 믿을 수 없음이 명백해졌습니다. 불경을 인쇄하고 불상을 만드는데 들어가는 비용이 적지 않다고 들었는데 실망해서 감히 입을 다물고 말하지 않을 수 없습니다.[…] 선왕을 천도하는 불사는 갑자기 중지시킬 수 없지만, 불경을 찍어내고 불상을 조성하는 일만은 정지시켜 신료의 바람에 맞게 하소서.

문종은 일관된 논리로 반대했다
- 불상 조성은 대행대왕의 후궁이 하는 일이니 내가 알고 있다. 그러나 후궁이 사무치는 마음으로 이 일을 하는데 어찌 그만두게 할 수 있는가. 불경을 찍는 일은 대행대왕께서 나를 위해 일찍부터 일러두었다는 것을 최근에 알았다. 중지할 수 없다.
장령 정지하가 아뢰었다.
- 어찌 이익이 없고 탄망된 일을 즉위하신 초기에 행하겠습니까. 청기와를 만드는 데 재력이 크게 소비된다고 들었습니다. 궁궐에는 근정전과 사정전에만 청기와를 덮었고, 문소전과 종묘에도 덮지 못했는데 어찌 절에 덮겠습니까. 신이 상세히 듣건대 나라의 군량이 옛날에는 500,000여만 섬이나 있었고, 중간에도 200,000여만 섬이나 있었는데 지금은 100,000여만 섬이라고 합니다. 청기와와 등롱에 소비하는 비용이 적지 않으니 절을 창건하지 않는다면 등롱을 만드는 일도 그쳐야 할 것입니다.
- 등롱은 새로 만드는 것이 아니고 예전에 있던 것을 수리, 보수할 뿐이다. 청기와는 재력이 자못 많이 들고, 또한 옳지 않다고 하니 쓰지 못하게 하겠다.
- 불경의 인쇄는 대행대왕께서 일찍이 조치했으니 신이 굳이 청하지 않겠습니다. 그러나 불상의 조성은 비록 후궁의 일이라도 전하께서 알고 계신다면 어찌 그만 두지 않습니까. 모두 정지시키소서.
- 들어 줄 일이었다면 어찌 여러 번 청하기를 기다리겠는가.[5]
세종이 승하한지 보름이 훌쩍 지나고 있었다. 북악산과 인왕산 기슭에 진달래가 지천으로 피었지만 대소신료는 한가하게 꽃구경을 할 틈이 없었다. 정국의 주도권을 잡기 위해 모여 앉아 머리를 맞대고 있었다. 세종의 명복과 천도를 빌기 위해 벌이고 있는 불사가 주된 목표였다. 상소의 달인이었던 최만리가 세상을 뜨기 전 집현전에 모아둔 불교배척의 논리를 찾아내 왕권에 도전하는 화살로 쓰고 있었다. 사간원·집현전·사헌부 등 조정 전체가 연대, 새 임금의 허리를 죄고 들었다.

세종은 마지막까지 조선의 내일을 걱정하고 있었다. 병약한 문종이 늘 마음을 무겁게 했다. 반면 수양·안평대군은 강성했다. 세종 이후 훈민정음의 사업 또한 운서번역 외에는 뒤로 밀렸다.

왕위에 오른 문종은 국가 권력을 틀어쥘 힘이 없었다. 관권에 대한 통제력은 구석구석까지 미치지 못했고, 일관성 있게 밀고 나가는 정책 또한 없었다. 무엇보다 문종의 몸이 감당하지 못했다. 강력한 왕권을 손에 쥐고, 대소신료를 쥐락펴락 했던 세종의 시대는 그렇게 저물어 가고 있었다.

정창손, 대자암 중창 불사 반대

3월 1일 국상 중에도 집현전 부제학 정찬손이 앞장서서 세종의 명복을 빌기 위한 불사를 그만 두라고 아뢰었다.

- 불상을 만들고, 사경을 하고, 대자암을 고쳐 짓는 일을 대신과 대간이 남김없이 말했는데도 윤허가 없었습니다. 특별히 정파를 명하시어 중론에 따르소서. 또한 후궁이 머리를 깎은 이가 많다고 하는데 옛날에는 없던 일입니다. 고려 때 불교를 숭상했지만 후궁이 머리를 깎았다는 말은 듣지 못했으며, 우리 조정에 와서도 마찬가지입니다. 엄격히 금지시키소서.

- 불사는 선왕 때부터 그대가 극언을 했는데도 청을 얻지 못했다. 지금 실행하고 있는 일은 선왕께서 일찍이 조치했다. 내가 박절하게 막을 수 없다. 더욱이 대신과 의논할 일이 아니다.

이어 사헌부 대사헌 이승손이 반대하고 나섰다. 불경을 팔아서 백성의 배고픔을 달랠 수 없다는 것이었다. 문종이 말했다.

- 부왕을 위하는 일이므로 번복하기 어렵다. 등롱은 당초부터 새로 만들려고 생각했다. 지금은 예전의 것을 수리했을 뿐이다. 더 이상 말하지 말라. 대간을 불러 사경을 하고, 절 짓는 일을 왜 정지해야 하는지 분명히 의논해 아뢰라.

이계전이 아뢰었다.

- 지금 설명하라는 것은 직언을 하지 못하게 막으므로 옳지 않은 듯합니다. 대자암 중창불사를 정지시켜 남은 공력을 진관사에 집중해야 옳습니다. 진관사는 태조께서 조상을 위해 창건했고, 태종께서도 그대로 두셨습니다. 진관사가 무너지고 부서져 보수해야 한다면 이치에 맞습니다. 누가 감히 이의를 제기하겠습니까.[6]

문종, 글로써 불교에 대한 입장을 밝히다

인왕산의 너럭바위가 붉게 물들고 있을 때였다. 문종이 직접 진관사 증축의 급하지 않은 이유를 밝히고 나섰다. 할 말은 많았지만, 사헌부와 사간원에서 들고 나오는 논리를 점검한 뒤 정국의 핵심 쟁점만 추려서 정리했다. 집현전과 대간에서는 아무런 반응이 없었다. 임금이 친히 글을 써서 신하에게 보인 것은 전에 없는 일이었다.

> 대자암을 버릴 수 없는 이유는 두 가지다. 태종 때부터 유훈이 있었고, 부왕께서도 일찍부터 보호를 생각하고 있던 절이다. 지난 1446년세종 28 겨울에 "태종 양위兩位 분의 시식施食과 나의 뒷일까지를 모두 대자암에서 행하라."고 명하신 뒤 늘 쌀 300섬을 내려주도록 했고, 새로 조성한 불상과 불경을 봉안하고 추천 불사를 행한 적이 있다. 부왕의 감식鑑識은 먼저 세상을 떠난 성녕대군의 넋도 싫어하지 않았을 것이다. 어떤 사람은 절에 물이 없음을 걱정했다. 그러나 지금 샘물이 새로 바위에서 솟아나와 넉넉하게 불공을 드릴 수 있게 됐다. 어떤 사람은 성억成抑 : 성녕대군의 장인의 무덤이 가까운 곳에 있다고 걱정했지만, 부왕의 교지로 일찍 정해 놓았기

때문에 장사를 지냈어도 절과 가까워 크게 염려할 바 없었다.
법당의 증축을 멈출 수 없는 이유는 두 가지다. 새로 사경한 불경과 정성 들여 만든 불상, 주자소에서 찍어낸 『화엄경』·『법화경』은 대자암에 수장할 곳이 없어 새로 짓게 했다. 의심의 눈초리로 보는 사람은 멀쩡한 건물을 왜 부수느냐고 하겠지만, 터가 좁은 곳에 욕심을 내 작은 건물을 짓는 것은 기존의 건물까지 상하게 되고 일하는 품이 더 들게 된다. 허물고 새로 짓는 일은 안평대군이 추진하고 있다. 나라의 재정을 축내는 일은 아니다. 왕후께서 승하하셨을 때 부왕께서 애통한 마음을 누르고 불사를 하면서도 재력을 크게 소비하지 않았다. 지금은 모든 대소신료가 진심으로 선왕을 기리는 뜻이 깊다. 왕후의 국상 때와는 더하지, 모자라지 않음은 당연하다. 내가 대신과 의논, 세 칸의 법당을 증축했다. 다른 일체의 일은 병인년[1448년 소헌왕후의 국상]의 예에 따랐다. 다만 등롱은 새로 만들지 않겠다.

문종이 글을 내린 다음 하교했다.
- 후일에 대간에서 오면 아울러 이 뜻을 설명하라.[7]   ▨ 화보1
친필로 삼사와 대소신료의 상소, 상언에 대한 답을 내렸지만 정국의 흐름은 바뀌지 않고 있었다.
3월 2일 좌헌납 황효원이 불같은 성정을 이기지 못하고 문종에게 대들었다.
- 이단異端이 천하와 나라를 다스리는 데 이익이 있다는 말은 아직 들어보지 못했습니다. 전하께서 즉위하신 초기에 이 일을 벌이는 이유가 무엇인지 정말 궁금합니다.
- 금으로 사경하는 일이 근세에 없었다고 하는데, 태조 때의 일은 내가 미처 모른다. 그러나 태종께서 승하하시자 대행왕께서 금으로 사경했다. 소헌왕후를 위해서도 이렇게 했다. 무슨 까닭에 금으로 사경을 하는 일이 오늘에 시작되었다고 우기는가. 지금 아니면 언제 하란 말이냐.
- 공자의 도는 정도입니다. 정해 놓은 예절은 모두 받아들이면서도 불사를 행하고 따르지 않는 이유가 무엇입니까.
- 대자암을 반드시 다시 고쳐 짓는 일은 이미 새겨둔 불경과 새로 만든

불상을 제대로 봉안하기 위해서다. 선왕을 추천하려는 마음을 되돌릴 수 없다. 그리 알라.

황효원이 한 걸음 더 나갔다.

- 신의 뜻은 이미 만든 불경과 이를 봉안하기 위해 만들고 있는 건물을 확 불태워 없애서 사도斯道가 왜 그릇되었는지 만천하에 드러내고자 할 뿐입니다.

대간에서 합사合辭, 불사를 멈추라고 청했지만 윤허하지 않았다.[8]

삼부三府와 집현전 관료는 문종이 내린 글에 담긴 뜻을 읽고, 대책을 마련하기 위해 고심하지 않을 수 없었다.

3월 3일 예조판서 허후가 아뢰었다.

- 소헌왕후의 승하 때 대군과 여러 군이 향을 올리며 극도로 화려하게 진설했습니다. 그때 예관이 아뢰었기 때문에 법으로 제도를 정했으나 지금도 이러한 폐단이 없지 않습니다. 대군이 국상에 있어서 다른 데 마음 쓰지 않고 오로지 정성과 공경을 다하니 참으로 아름다운 일입니다. 예절은 사치보다 검소해야 하고, 상사喪事는 형식보다 진심으로 슬퍼해야 합니다. 일정하게 제한을 두고 제도에 지나치지 않게 하소서.

- 마땅히 알아듣게 타이르겠다.

허후가 물러간 뒤 대간에서 합사, 궁궐 안에서의 불상 조성은 결단코 할 수 없는 일이라고 반대했다.

- 빈전에서의 시식은 3일 뿐이었다. 태조께서 승하했을 때 태종께서 문소전에서 불경을 인쇄했다. 지금 대궐 안에서 하는 것이 무엇이 해롭겠는가.[9]

대간에 이어 집현전에서 나섰다. 부제학 정창손이 상소문을 쓰고 있을 때 영의정 하연이 지나가는 길에 들렀다. "전하께서 중론을 배척하고 대신의 한 때 순종하는 것을 다행으로 여긴다."는 글을 보고 자리를 차고 일어나 버럭 언성을 높였다.

- 내가 분명 임금께 알려서 처벌하겠다.

우찬성 김종서가 말리고 나섰다.

– 대간과 유생에게 "불사는 대신과 의논한 다음에 했다."고 말씀했으니 비록 임금께 알리더라도 집현전 유생이 어찌 말없이 앉아 있겠습니까.

하연이 분을 삭이지 않고 말을 이어 나갔다.

– 전에 세종께서 의정부 관원을 불러 대자암 무량수전을 고쳐 지으려는 뜻을 밝히고, 그 일을 의논할 때 아무도 말하지 않았다. 좌찬성 박종우가 나서서 즉위하신 초기에 백성이 은덕을 보지 못한 상황에서 이 일의 거론은 옳지 않다고 말했다. 어찌 대신이 중론을 무시하고 임금의 뜻에 따랐다는 말인가.

집현전 부제학 정창손이 등이 봉장封章을 올렸다.

나라에 3년을 유지할 저축이 없으면 제 구실을 하지 못하는 법입니다. 지금은 반년의 저축도 없으니 한심하기 짝이 없습니다. 이런 상황에서 모든 일을 작파하고 오직 장례만 치러야 합니다. 돌아보면 상을 당한 초기에 공장을 모아 많은 불상을 만들고, 사경을 하는데 쓸 화전지를 만들고, 등롱과 채옥을 굽는 데 쓴 비용이 만만치 않았습니다. 그런데도 또 불상을 만들어 봉안하고, 불경을 안치할 장소가 마땅치 않다며 대자암에 이미 있던 전각을 헐고 증축하는 일을 산릉의 역사와 같은 시기에 시작했지만 오히려 뒤쳐질까 걱정한다고 들었습니다. 불당과 장경각을 수리해 넓히고, 화려한 금단청을 하는데 천만 냥을 썼습니다. 지금 또 헐어버리고 고쳐 짓는다고 하니 아깝기 짝이 없습니다. 비록 중이 사역하기 때문에 백성과는 무관하지만 불사에 쓰이는 비용은 어디에서 나오기에 정말 무익한 일을 벌이는 것입니까. 생민의 편안하고 슬픈 것, 세도의 쇠퇴와 융성, 국가의 안위, 운의 길고 짧음이 이번 불사에 모두 걸려 있으니 거듭 세 번 생각하소서.

문종은 글을 읽고 난 뒤 정창손을 불러 말했다.

– 다른 것은 할 말이 없다. 부왕을 위하는 일이기 때문에 너의 말을 따르지 않겠다. 선왕 때 있던 일을 가지고 하필이면 글까지 써서 오는가.

– 말로 다 진술하지 못한 일은 글로 말할 수 있고, 글로 다 진술하지 못

한 일은 말로 할 수 있는 법입니다. 전일에 이미 말로 진술했으나 속내를 다 펴 보이지 못해서 다시 소疏를 지어 왔습니다.
- 대신과 의논이 끝난 일이다.
- 대신의 말이 도리에 맞지 않는다면 대신과 이미 의논했다고 해서 말하지 않겠습니까. 지금 대간과 신 등 20여 명이 모두 "옳지 않습니다."고 하는데도 전하께서는 대신의 말만 가지고 시비를 분별하지 않으니 애석합니다.
- 전에 이미 똑같은 말을 했다. 더 논하지 말라.

수양대군, 칼을 갈다

수양대군이 국상 중에 세종을 욕보이는 말을 예로 들며 사사건건 불사를 반대하고 나서는 꼴을 더 이상 볼 수 없다는 듯 분연한 필치로 글을 써서 문종께 올렸다.

> 황효원은 유독 선군만 욕하고, 비난하고, 버릴 뿐만 아니라 금상을 우롱하고, 얕잡아 보고 멸시했습니다. 이 끝을 알 수 없는 무례와 극한에 이른 거역으로 군신의 대의를 남김없이 비질하듯 쓸어 없앤 죄는 천지에 가득 차서 기록하기 어려울 지경입니다. 능히 목을 베어 죽일 만한 자입니다.[…] 윗사람 범하기를 좋아하는 것은 난을 일으킨 것과 같습니다. 폐단을 막는 것보다 시급한 일이 어디에 있겠습니까. 그의 말을 구명해 보면 만약 선군께서 만든 것을 불살라 없앤다면 하늘에 계신 혼령이 기뻐하겠습니까. 노하시겠습니까. 또 지하에서 원한을 품지 않으신다고 여기겠습니까. 어찌 신하가 차마 꺼낼 말입니까. 나라에서 선비를 양성하는 것은 충성하고 받들며, 한결같은 성심으로 임금을 섬겨 순후함을 보존하고, 예절을 지키고, 인륜을 바로잡고, 분수를 편안히 지키게 하자는 것입니다. 그가 하는 짓이 한 가지라도 이와 같은 것이 있습니까.[…]
> 신은 분노가 극에 달해 견디기 힘들 정도입니다. 선왕을 욕하는 말을 듣고서도 아뢰지 않고 가만히 앉아 있는 것은 불충불효의 무리와 같이 휩쓸리게 되어 영원히 지하에서 뵙지 못하게 될 것입니다. 죽기를 무릅쓰고 아룁니다.

문종은 아우의 파랗게 날이 선 글을 읽고 난 뒤 바로 승정원으로 내려 보냈다.

- 글의 뜻이 좋다. 의정부에서 의논해 결과를 아뢰게 하라.

대자암에서 부역을 할 때 절에서 승려를 모집, 세 끼 음식을 대접하고 보시를 넉넉하게 하도록 명이 내려갔지만 단 한 명도 일하러 오지 않았다. 다시 기한을 정해 직을 받은 자가 자원하면 공량公糧은 100일, 사량私糧은 50일 치를 주고 의지依止 : 출가한 사람이 중이 되려고 선배승先輩僧의 지도를 받으며 수학하던 일하며, 절을 보살피고 돌보기 위해 자원해 올 경우 부역한 일수의 다소를 계산해 기한을 정해 완복完復하고, 모집해 온 수만큼 불러 승직僧職으로 상을 주라고 명했다.

- 수륙사에 쓸 기와 굽는 일에 배정된 승군은 경상도와 전라도에 150명, 경기도와 황해도에 50명, 개성부에 100명이다. 각 도의 감사가 재촉해서 올려 보내기를 전례에 의거하고 일한 지 2개월이 지나면 교체하라. 일을 독려할 때 소란이 있을 것이다. 중이 절을 짓는 일은 다른 역사에 비할 바가 아니므로 곡진하게 타일러 박해하지 말라.[10]

3월 4일 문종이 대자암 중창 불사를 강행하고, 수양대군이 맞불을 지르고 나오자 대성에서 성균관 유생까지 끌어들여 대응해 왔다. 교장交章 : 두 기관에서 같은 내용의 글을 상소할 때 사연을 합해 상소하던 일의 내용이 대자암을 향하고 있었다.

대자암 무량수전은 화려함이 극에 달했습니다. 금벽이 햇살에 반짝이고, 단청이 달빛에 빛나고 있습니다. 비록 이전대로 두고 더 증축하지 않더라도 넉넉하게 불경을 간수해 세상을 제도할 만한 터입니다. 그런데 어찌 층각을 높이고, 터를 확장시킨 후에야 그만두려 하십니까. 이미 만들어 둔 불상은 부수지 못하고, 찍어둔 불경은 불태우지 못한다 해도 새로 불상을 조성하고, 불경을 찍고, 불당을 더 증축하고 수리해서 후세에 비웃음을 사고 업신여김을 당하려 하십니까. 해마다 풍년이 들지 않아 백성의 생활이 넉넉하지 못한 형편입니다. 그런데도 머리를 깎은 중은 비단으로 옷을 해 입고, 좋은 쌀로 밥을 지어 먹어 나라의 곳간이 탕진되어 텅 비게 되었습니다. 혹여 변란이 일어나 위급한 상황이 되면 수천 명의 중이 적지에 나가 활을 당길 수 있겠습니까. 더욱 전하를 위해 애석하게 여깁니다. 이단을 물리치고 정도의 길로 들어 온 나라 사람의 이목을 새롭게 하고, 제대로 된 기강을 세운다면 신하의 간언을 실천에 옮겼다는 명성이 역사에 길이 남을 것입니다.

문종이 창진의 아픔을 삭이며 말했다.
- 너희의 말이 전과 다르지 않다.

황효원 등이 좀 더 자극적으로 아뢰었다.
- 즉위 초기에 옛 제도를 본받지 않고 중론을 듣지 않으시니 매우 딱하여 신은 죽음을 무릅쓰고 허락을 얻고야 말겠습니다.
- 나는 그릇된 일을 한 적이 없다.
- 조종의 성법을 보면 불당을 새로 만들고, 금은으로 사경을 하고, 중에게 중임을 맡기지 말라는 내용이 『원육전』·『속육전』의 교지에 기록되어 있습니다. 이 법을 어기는 사람이 있어 관련 부처에서 잡아들여 논청을 한다면 전하께서는 어떻게 처리하겠습니까. 즉위하신 초기부터 조종의 법을 어기니 신은 민망하기 그지없습니다.
- 부왕께서 "법은 유사에게 받들어 시행하는 것이다. 특지는 이 한도 안에 들어 있지 않다."고 하신 적이 있다. 돌아가 이 교지를 생각해 보면 알 수 있을 것이다.[11]

성균관 생원 탁중 등이 상서했다. 글의 첫머리에 『서경』·『시경』을 인용, 시작을 잘해야 끝이 잘된다고 강조한 다음 당나라와 양나라 때 부처에 빠져 군주가 태평의 길로 들어서지 못했고, 백성에게는 한 줌의 저축도 없음을 지적했다.

문종은 대답하지 않았다.

모든 정부 부서에서 한꺼번에 들고 일어나 반대를 계속했다. 문종은 극언을 퍼부었던 황효원을 불러 들였다.
- 어제 "이미 만들어둔 경문과 절을 모두 불태우고 싶다."고 한 말을 기

억할 것이다. 어떤 불경과 절을 생각하고 말한 것인가.

황효원이 아뢰었다.

- 신은 선현의 글을 읽어 부처의 그릇됨을 깊이 알아 평상시에도 늘 중을 원수처럼 여겨 왔습니다. 이 생각을 앞서 말했을 뿐, 어떤 절과 어떤 불경을 불태우고자 한 것은 아닙니다.

- 흥천사는 태조께서 창건했고, 대자암은 태종께서 세웠다. 두 절도 불태우려고 했느냐.

- 절을 허물고, 불경을 불태워서 성인의 도를 세상에 밝혀 전하려 한 것뿐입니다. 신이 여러 날 동안 편전에서 간절하게 말씀 올린 것은 절을 새로 창건하는 일과 연관된 것이지 전일의 일을 거론한 것은 아닙니다. 헤아려 주소서.

문종은 머리끝까지 성이 치밀어 올랐지만 눌러 참았다.

- 마땅히 유생은 정직하고 진실해야 한다. 지금 네가 한 말은 무엇을 뜻하는지 알 수가 없다. 네가 허락을 얻지 못했다며 오만방자한 말을 뱉었다. 선왕을 사모하는 마음이 있기는 한가. 의금부에 내려 조사하면 중죄를 면치 못할 것이다. 좋은 뜻으로 말한 까닭에 죄를 묻지 않겠다. 물러가라.[12]

세종의 묘호와 담양군의 죽음

3월 10일 정부에서 육조의 참판과 집현전 제학, 동지춘추관사 이상의 관원과 의논을 거쳐 대행대왕의 시호를 '영문예무인성명효英文睿武仁聖明孝', 묘호를 '세종世宗'이라고 아뢰었다. 그대로 따랐다. 이날 후궁 신빈愼嬪 김씨의 막내아들 담양군이 12살에 부왕을 따라갔다.[13]

3월 13일 허후와 정인지 등이 아뢰었다.

- 역대에 세종이라고 일컬었던 군주는 중흥하거나 창업했기 때문입니다. 대행대왕은 이와 같지 않은데도 세종이라고 일컫게 되면 덕행을 기록하는 뜻에 결점이 있어서 역대 칭호의 뜻과 같지 않습니다. '문종文宗'

이라고 고쳐서 실제의 덕행을 기록하게 하소서.
- 칭호는 세종이지만 선왕의 덕행을 모르는 자가 있는가. 더욱이 북방에서 공훈이 있었으니 세종이라고 칭함이 옳다.[14]

3월 16일 무안군의 예전 집을 수리하고 '자수궁慈壽宮'의 당호를 내렸다. 선왕의 후궁이 거처할 곳이었다. 신빈 김씨가 선왕과 담양군의 혼을 달래기 위해 인경印經하겠다고 문종께 아뢰었다. 쌀 500석과 기타 비용을 대주었다.[15]

문종은 종기가 돋아 국상 중에 편할 날이 하루도 없을 정도였다. 승지가 조리하라고 거듭 아뢰었다.
- 전에 빈전에 나아가려고 했지만 종기가 계속 생겨 하지 못했다. 지금은 조금 차도가 있다. 마땅히 빈전으로 가겠다.
- 백일 안에는 모름지기 근신해야 한다고 합니다. 이달에 한해서만 나가지 마소서.
문종은 듣지 않았다.[16]
3월 24일 좌참찬 정분 등이 대자암 불전의 수창修創을 확인했다.[17]

세종의 유훈과 신미의 법호

3월 28일 간사승이 소장을 올렸다.
- 전라도 각 고을의 전세田稅의 종이와 초둔草芚을 대납代納 : 조선조 때 나라에 바치는 납공자納貢者의 공물을 대신 바치고 그 값을 백성에게서 거두던 것. 여러 가지 폐단이 많았으므로 뒤에 이를 금지하고 받은 쌀 1,150석을 배로 운반, 서울에 온 지가 며칠이 되었는데도 선인船人이 나타나지 않았습니다. 이 쌀은 분명 누군가가 도둑질해 간 것 같으니 확인해 주시기 바랍니다.

의금부에 내려 사실을 확인한 결과 공사供辭 : 죄인의 범죄 사실을 진술하는 말. 공초供招의 내용 중 현등사의 설정雪正이 관련되어 있어 본부에 가두었다는 보고가 올라왔다. 승정원에 하문했다.
- 어제 의금부에서 어찌 죄 없는 중을 가두었느냐.

의금부제조 이맹진이 아뢰었다.

- 진관사의 쌀을 둔 곳을 추문하니 선주인 김상이 공초를 통해 "현등사의 중 설정이 쌀 120여 석을 운반해 갔다."고 하므로 그 이유를 묻기 위해 가두었습니다.

- 신미는 선왕께서 존중하던 승려이고, 현등사는 그가 거주하고 있는 절이다. 설정이 이치에 맞지 않는 일은 하지 않았을 것이다. 현등사에서 쌀을 운반해 간 사연은 안평대군이 알고 있다. 어째서 설정을 가두었는가. 즉시 석방하고, 물을 일이 있으면 불러서 묻고 다시는 절에 들어가 소란을 떨지 말라.[18]

※ 화보2

설정이 법회에 참석하고 청계사淸溪寺로 나선 것은 4월 5일 오후였다. 의금부에서 군사를 풀어 설정이 청계사로 가는 길목에서 체포했다. 이 소식이 안평대군을 통해 궁중으로 들어갔다. 문종은 승전원에 일러 일의 자초지종을 확인하라고 지시했다.

- 의금부에서 며칠 전 설정을 가두어 내가 즉시 석방했다. 지금 들으니 청계사에서 다시 의금부 군졸이 체포했다고 한다. 설정은 선왕께서 아꼈고, 신미가 거주하는 절의 중이다. 이미 석방을 명했다. 왜 다시 군사를 풀어 체포했는지 이유를 확인하라.

의금부에서는 체포한 사실이 없다고 아뢰었다. 즉시 이유를 조사하고, 신미가 거주하는 절에는 절대 침범하지 말라는 명을 경기감사에게 내렸다.[19]

관악산이 타협을 불허하는 돌산이라면, 청계산은 흙산이었다. 홀로 우뚝 솟은 것이 아니라 넉넉하게 계곡 속으로 물소리를 품에 안은 산이었다. 그 속에 자리한 청계사는 고려 조인규 집안의 원당願堂으로 절 분위기가 은근하고, 맑았다. 소헌왕후보다 일찍 세상을 뜬 광평과 평원대군이 젊은 날 책을 읽던 곳으로 사세가 크지는 않았으나 왕실과의 인연은 계속 이어지고 있었다.

4월 6일 문종이 도승지 이사철에게 명해 삼정승영의정 하연·좌의정 황보인·

우의정 남지과 관련 대신좌찬성 박종우·우찬성 김종서·좌참찬 정분·우참찬 정갑손을 불러 의논했다.

- 대행왕께서 효령대군의 사저에 거처하며 정근하실 때 신미를 불러 보고 우대한 것을 경들은 알고 있는 일이다. 전일에 현등사에 거주할 때 의금부에서 설정과 도명을 체포하며 군사를 풀어 놀라게 했고, 또 청계사에 거주할 때 광주 판관 이영구가 설정을 잡으려고 군사를 풀었다. 당장 잡아 들여 죄상을 심문하고 싶지만 잠시 보류해 둔다. 신미는 평소 질병이 있는데 소란을 떨면 어떻게 마음 놓고 절에 머물 수 있겠는가.

여러 대신이 의논한 뒤 아뢰었다.

※ 화보2-1

- 현등사에 군사를 내어 설정을 잡게 했고, 청계사에서도 같은 일이 일어난 것은 사세가 그렇게 된 것이지 다른 마음은 없을 것입니다. 신미가 거주하는 절은 각 도의 감사가 책임지고 보살핌이 편할 것입니다.

세종은 신미에게 법호法號와 승직僧職을 내리지 못하고 승하했다. 세자 시절의 문종과 수양·안평대군 등 최측근만이 유언을 들었다. 밖의 신하는 까마득히 모르고 있었다.

문종이 대소신료에게 말했다.

- 선왕께서 신미에게 판선교종判禪教宗을 제수할 뜻을 전에 정해 두었다. 마침 신미가 병이 있어 주지 못했으므로 오늘 주고자 한다. 또한 각처에서 정근하고 기와를 굽는 중에게도 관직을 주고자 한다. 어떠한가.

- 기한을 두고 할 일이 아닙니다. 졸곡 후에 내려도 늦지 않습니다.

- 신미에게 승직을 내리는 것은 선왕께서 외신에게 명하지 않았으므로 보류해 두겠다. 그러나 정근한 중에게는 오늘 관직을 줘야겠는데, 어떠한가.

여러 대신이 동의했다. 이날 이천을 중추원사에 임명했다. 또한 사복소윤 정효강, 예조정랑 이영서, 호조좌랑 이명민은 불경을 인쇄할 종이 만드는 것을 감독해 가자加資되었다.[20]

4월 9일 광주판관 이영구가 청계사의 중 도명을 잡아 가두었다는 보고가 올라왔다. 즉시 명했다.

- 도명의 죄가 살인이나 강도에 관여되지 않았다면 석방하라.

이영구가 도명의 죄가 가벼운지 무거운지 알지 못해 잠시 가두어 두고, 서울로 은밀하게 보내 알아보게 했다. 이 소식은 대자암에 있던 안평대군에게 바로 전해졌다. 안평대군이 궁중으로 급히 사람을 보내 아뢰었다.

- 이영구가 며칠 전 도명을 풀어주겠다고 아뢴 뒤에도 여러 날 가두어 두고 있습니다.

문종이 의정부에 명했다.

- 유생이 부처를 비방하는 것은 도리다. 그러나 한쪽에 치우쳐서 미워하는 것은 옳지 못하다. 이영구를 잡아 들여 국문하라.
- 중의 말만 믿고 잡아들일 수 없으니 천천히 확인해 봐야겠습니다.
- 판봉상시사 우효강을 광주로 보내 확실하게 일의 전말을 조사하라.[21]

대자암 중창 낙성식, 수양대군의 부상

4월 10일 대자암 중창불사 낙성식과 세종의 추도를 겸한 법회가 마무리되고 있었다. 법석을 베푼 지 7일째였다. 낙성식에 맞춰 올릴 금니사경은 부지돈녕 강희안, 정랑 이영서, 주부 성임, 사용 안혜와 7명의 승려가 밤낮을 가리지 않고 써서 이날 불전에 봉안했다. 도승지 이사철이 사경의 내력을 썼다.

> 세종께서 세상을 떠나니 전하께서 애통하고 사모하는 마음 한이 없었습니다. 명복을 빌고, 추우追祐하는데 대웅씨大雄氏의 자비와 교리에 의지했습니다. 해서를 잘 쓰는 이를 골라 금으로 『법화경』 7권, 『범망경』 2권, 『능엄경』 10권, 『미타경』 1권, 『관음경』 1권, 『지장경』 3권, 『참경』 10권, 『십육관경』 1권, 『기신론』 1권을 쓰게 했습니다. 모두 정전䞋牋: 붉은 종이을 사용했고, 갑함甲函의 장정 또한 정밀했습니다. 사경을 끝내고 명승을 모아 법회를 열어 피람하게 하고, 신에게 발문을 짓게 했습니다. 신이 그윽이 듣건대 대법장大法藏에는 경經·율律·논論 세 가지가 있습니

다. 그 여래의 교법教法을 설명한 것은 경經, 보살에게 경계한 것은 율律, 후대의 현사賢士들이 그 뜻을 강명講明하여 경과 율을 보조 설명한 것은 논論이라 합니다. 요컨대 모두가 군생의 미혹을 깨우친 참된 깨달음[眞詮]이고, 함령을 제도하는 좋은 법[令軌]입니다. 혹시 1권을 얻어서 혹은 수지 독송하기도 하고, 등사해서 선양하기도 합니다. 간절히 기원하고, 마음을 기울인다면 그 승인과 승과는 저절로 유명幽明을 널리 이롭게 함이 기약하지 않더라도 그렇게 되는 것입니다.

『법화경』은 실상을 순전히 말한 것으로 경을 설명한 묘법입니다. 『범망경』은 비니毗尼 : 부처님이 제자를 위해 마련한 계율의 총칭를 현수現受한 것이니 계율을 굳게 지킴의 엄격함이고, 『기신론』은 심수心數를 조사, 연구해서 일진一眞의 이치를 미루어 밝혔으니 실제는 여러 논論에 으뜸가는 것입니다. 그 밖의 『능엄경』・『미타경』・『지장경』 등도 또한 법문의 진수眞髓입니다. 간략하면서도 구비하고, 정묘精妙 요긴하여 삼경三經의 교리가 모두 갖추어져 있습니다. 진실로 능히 이에 나아가서 신수信受하고 피양披揚한다면 천함의 패엽貝葉 : 佛經을 반드시 다 펴서 읽지 않더라도 공덕의 승과가 이에 구비하게 될 것입니다.

지금 우리 전하께서 외로이 상중에 계시니, 무릇 그 대사大事를 받드는 일에는 진실로 그 극도까지 마음을 쓰지 않는 바가 없었습니다. 석교釋教에 이르러서도 또한 이를 위해 마음을 기울여 이 보전寶典을 빨리 완성시켜 명희冥禧에 이바지 했으니 성효誠孝의 간절함은 아아, 지극했습니다. 진실로 원해願海의 깊음과 선근의 수립樹立과 수월水月과 같은 묘응의 효과가 반드시 영향影響보다 빠를 것입니다. 승하한 선왕의 혼령이 각안覺岸에 올라서 진공眞空을 단번에 깨달아 극락의 경지에서 편안한 세월 보내게 되리라 믿고, 또 믿습니다.[22]

신미의 제안으로 대자암에 모신 불상과 불경을 대궐 안에서 조성했다. 안평대군은 문종께 아뢰어 무량수전을 헐고 신축했다. 세종의 추복 불사이므로 정분과 민신에게 감독을 맡겼다. 단청의 안료는 중국에서 구해오고, 등롱은 채옥彩玉으로 구워 장엄했다. 극락전이라 현액懸額했다. 또한 불경을 간수할 해장전海藏殿도 신축했다. 한 자, 한 자 정성을 다해 해장전과 백화각白華閣의 현판 글씨를 썼다. 울연히 하늘로 솟아오르는 듯 필법이 장중하고, 경쾌했다.[23]

나라의 창고가 텅 비게 되어 주현의 공물을 미리 받아도 모자랄 정도의 법석이 베풀어진다는 소식을 듣고 남녀노소를 가리지 않고 빌어먹는 자가 몰려들었다. 그 수가 1,000명이나 되었다. 병조정랑 김수온이 장설관掌設官 : 설비를 맡은 관원에게 불사에 동참한 이의 공양자리는 별도로 절 밖에 설치해 두라고 일렀다. 빡빡한 성정의 장설관이 늙은이와 어린 아이를 구분, 밥을 나눠주겠다고 버텼다. 김수온이 말했다.

- 선왕을 위해서 재를 베푸는데 국가의 경비를 다 써서 없애더라도 지나치지 않다. 무엇이 아까워 골고루 나눠 주지 않느냐.

주변에서 쑥덕거렸다.

- 축공祝公처럼 오경을 흔적도 없이 만들었다.[24]

대법회가 끝난 다음날 수양대군이 여러 대군과 함께 대자암에 다시 들렀다. 해장전으로 가는 도중, 마당 한 복판 현개懸蓋의 장대가 갑자기 부러져 수양대군의 이마를 쳤다. 순식간의 일이었다. 도포 위에 피가 홍건히 흘렀다. 하늘이 돌고 있다고 느끼는 순간, 정신을 잃고 퍽하고 돗자리 위로 넘어졌다.

정효강이 이 소식을 궁중으로 띄웠다. 임금이 듣고 몹시 놀라 빨리 내수內竪와 의원을 보내 왔다. 엄자치가 안부를 물었고, 약탕기에 급히 숯을 넣고 불을 지폈다. 곁에 모여 있던 승려가 이구동성으로 말했다.

- 만약 부처님의 가피가 없었다면 더 크게 다쳤을지도 모른다.

의정부에서 아뢰었다.

- 수양대군이 대자암에 가서 중상을 입었다고 들었는데, 몹시 놀랐습니다. 재를 관장한 사람의 잘못을 다스려야 합니다.

문종이 말했다.

- 별도로 재를 관장한 사람은 없다. 1425년세종 7에 기둥을 세웠고, 1447년세종 29에 개수를 한 적이 있어 오래 되지 않았는데 이런 일이 왜 일어났는지 모르겠다. 불사를 끝낸 연후에 자세히 확인하라.

내시부사 한홍이 대자암 불사를 관장하며 현개목懸蓋木 : 일산을 매단 나무

을 검사하지 않은 것이 확인됐다. 의금부에 내려 죄를 물었다. 장 70대는 면해 주었다.[25]

선공직장 김우묘가 대자암에서 돌아와 아뢰었다.

- 수양대군이 크게 다치지 않음은 오로지 부처의 은혜라고 하니 보시를 더 해야겠습니다. 불사에 청밀淸蜜 90두, 보릿가루 300두를 썼고 기타 비용도 계산하기 힘들 정도입니다.

문종이 승정원에 전지했다.

- 전일에 예조판서 허후의 장계에 따라 대군과 군에게 타일러 향을 올리는 일을 한정한 것에 의거하고 사치하지 말도록 했다. 외척과 종친이 향촉을 올리며 금은으로 장식했다고 한다. 신하는 군부에게 마땅히 정성과 공경을 다해야 한다. 물품은 정결하면 그만이다. 화려함에 힘쓸 필요는 없다. 예조에서 알아듣도록 타일러 금은으로 장식하지 못하게 하라.[26]

불사에 대한 첨예한 대립이 진정 국면으로 접어들었고, 대자암 불사도 마무리 되었다.[27]

5월 27일 세종의 백일재를 진관사에서 베풀었다. 5월 29일 국상이 마무리로 접어들 무렵, 사헌장령 하위지가 불사 반대의 불씨를 지피고 나섰다.

- 지나간 일은 할 수 없지만 금후로는 점안과 경찬회를 모두 정파하소서. 세손을 정도로써 가르쳐야 할 시기입니다. 불상과 경문 따위의 물건은 가까이 두지 못하게 하소서.

문종이 말했다.

- 불상은 이미 옮겼다. 경문經文도 또한 절반 이상 옮겼으며 나머지도 마땅히 옮길 것이다. 더구나 세손은 이곳에 있지 않으니 볼 수 없다. 경찬회는 하지 않겠다. 불사는 오는 가을에 한 차례, 소상과 대상에 한 차례 하기로 뜻을 이미 정했다. 왕후의 국상 때 불사를 나라에서 행하지 않았지만 네 차례나 베풀었다. 전례보다 더하지는 못해도 어찌 덜할 수야 있겠느냐.

- 세손이 비록 이곳에 있지는 않지만 "경문과 불상을 앞에 가까이 두지

못하게 하소서."라고 아뢴 것은 따라다니는 무리가 경문과 불상을 가지고 나가 보이기도 하고, 진언한다면 어릴 때부터 정도로써 가르쳐야 하는 도리에 어긋나기 때문에 감히 청했습니다. 불사는 군주로서 비록 10회를 더 베풀어도 무엇이 어렵겠습니까. 앞의 폐해가 극도에 달했으니 지금부터는 다시 하지 마소서,
- 공론을 물리치고 한 일이다. 들어줄 수 없다. 세손에 대한 말은 옳다.[28]

세종, 영릉에 들다

6월 6일 세종의 재궁을 발인했다. 문종이 백관을 거느리고 흥인문 밖에서 하직했다. 곡성이 하늘을 진동했다. 엎어져서 기절하는 사람도 있었다. 낮에 효령대군의 별서인 낙천정 앞에 머물렀다. 태종이 강무를 끝내고 돌아올 때면 으레 이곳에 올라 흐르는 강물을 바라보았던 그 자리였다. 효령대군이 재궁 앞에서 예를 올렸다.
- 연화장세계로 곧장 건너가시게. 어둠과 밝음, 더러움과 깨끗함은 이 강물 속에 던져두고 출렁이는 아득한 속세는 그만 잊어버리시게.
재궁이 삼전도를 건너 영악청靈幄廳에 들었다. 저녁에 후궁後宮이 빈전에서 자수궁으로 거처를 옮겼다.
6월 10일 세종의 재궁이 경기도 광주 대모산 자락의 영릉에 들었다.[29]
6월 22일 문종이 충청도 감사 권극화에게 속리산 복천사 단청불사에 쓸 안료와 도구를 갖추어 주라고 명했다.[30]
세종의 49재의 사찰은 다음과 같다.

  ❀ 초재2월 23일 : 대자암 ❀ 2재2월 30일 : 대자암 ❀ 3재3월 7일 : 대자암 ❀ 4재3월 14일 : 진관사 ❀ 5재3월 21일 : 대자암 ❀ 6재3월 28일 : 진관사 ❀ 7재 4월 6일 : 회암사.

문종은 세종의 국장 중에 빈전 앞에 마련된 여막에서 머물며 단 하루도 편안한 잠을 허락하지 않았다. 즐거운 일은 철저히 자단했고, 음식도 소

찬으로 일관했다. 죽은 자를 위하여 산 자가 시나브로 죽어가고 있었다. 문종의 단명은 지극한 효심이 결정적인 단초였다. 길고 긴 장례법이 문종을 잡고 있었다.

문종의 효성은 지극했다. 극진한 정성으로 모셨다. 매양 부왕의 약을 먼저 맛보고 수라상을 친히 살폈다. 밤중이 되어도 곁에 모시고 있으며 명이 있을 때까지 감히 물러가지 않았다. 세종이 앵두를 즐겼다. 문종은 일찍이 후원에 손수 앵두나무를 심어 열매가 익으면 따다가 바쳤다. 세종이 맛보고는 "외부에서 바친 것이 어찌 세자의 손수 심은 것과 같겠느냐."고 했다.[31]

국상 중에도 사간원과 사헌부, 대언과 대간에서 불사를 중지하라는 상소가 빗발쳤다. 역사에 없던 새로운 조선의 하늘과 땅을 열었던 '해동요순' 세종이 세상을 버리자 신하들은 병약하고 문약한 문종과 권력을 뒤에 둔 드잡이를 하고 나섰다. 문종은 극구 외면했다. 세종의 유훈을 저버릴 수 없었다.

문종은 국상이 마무리 되었으므로 인사이동의 단행을 시작으로 정무를 챙기고 나섰다. 국상 뒤끝이라 몸과 마음이 어수선했지만, 무엇보다 신미의 법호와 승직에 관심을 집중했다. 세상을 뜨기 전 세종께서 남긴 유훈 때문이었다.

문종은 오랫동안 부왕의 남다른 결단력과 추진력을 곁에서 지켜봤다. 국장을 마친 직후가 신미의 법호를 내리기에 최적이었다.

혜각존자 · 법호, 반대로 들끓는 조정

세종의 유훈으로 신미에게 내린 법호, 혜각존자

1450년문종 즉위년 7월 4일 아픈 문종이 왕위에 올라 정사를 보기 시작했다. 시작부터 불꽃이 튀었다. 조정의 신료는 세종의 천도를 위해 불경을 만들고 있던 정음청을 없애라고 나섰다. 수양과 안평대군에 대한 노골적인 견제였다. 임시로 주자소의 문을 닫았다.[32]

7월 6일 문종은 세종의 유훈을 받들어 신미를 '선교종도총섭禪教宗都摠攝 밀전정법密傳正法 비지쌍운悲智雙運 우국이세祐國利世 원융무애圓融無礙 혜각존자慧覺尊者'로 삼는다는 존호尊號를 발표한 뒤 금란지金鸞紙에 관교官敎를 써서 자초폭紫綃幅으로 정성껏 싸서 전했다. 문종이 이 직을 주고자 일찍이 정부에 의논했다. 정부에서 받아들여 이의가 없으므로 마침내 봉작封爵했다. 듣고 놀라지 않는 이가 없었다.[33]

혜각존자 신미의 위상은 이 존호를 통해 고려 말, 조선 초기에 추앙받았던 삼화상三和尚인 지공, 나옹, 무학과 비교될 정도였다.

'존자尊者'는 국왕이 국사國師나 왕사王師에게 내려준 존호였다.

⊛ 나옹혜근懶翁惠勤, 1320~1376 : 대조계종사大曹溪宗師 선교도총섭禪教都摠攝 근수본지勤修本智 중흥조풍重興祖風 복국우세福國祐世 보제존자普濟尊者[34]

⊛ 환암혼수幻菴混脩, 1320~1392 : 대조계종사大曹溪宗師 선교도총섭禪

教都摠攝 오불심종悟佛心宗 홍자운비興慈運悲 복국이생福國利生 묘화무궁妙化無窮 도대선사都大禪師 정변지웅존자正遍智雄尊者[35]
㊦ 무학자초無學自超, 1327~1405 : 대조계종사大曹溪宗師 선교도총섭禪教都摠攝 전불심인傳佛心印 변지부무辯智扶無 애종수교礙宗樹教 홍리보제弘利普濟 도대선사都大禪師 묘엄존자妙嚴尊者[36]

태종 이후부터 왕사·국사의 칭호를 쓰고 있지는 않으나, 이에 버금가는 존호라는 데 유자들은 심각한 위협을 느끼고 있었다.

㊦ 화보4

고려 문종이 대각국사 의천을 승통으로 봉하며 내린 직함에 달린 수식어가 '광지개종廣智開宗 홍진우세弘眞祐世'였다. '지혜를 넓혀 종파를 열고, 진리를 넓혀 세상을 돕는다.'는 뜻이다.[37] '혜각존자'의 법호에는 신미의 훈민정음 창제의 협찬에 대한 세종의 배려가 담겨 있었다.

정부의 신료에게는 충격이 아닐 수 없었다. 내불당 창건 등 신미의 주관으로 펼쳐지고 있던 왕실의 각종 불사를 곱지 않은 시선으로 보고 있던 유신들은 자칫하면 나옹과 무학의 시대로 돌아갈 수도 있다는 불안감을 떨쳐버리지 못하고 있었다.

격렬한 반대 상소와 논란의 들불이 온 조정으로 퍼져나갈 조짐이었다. 제일 먼저 사헌부 장령 하위지가 논쟁의 선봉에 섰다.

하위지, 법호 반대의 선봉에 서다

7월 8일 장령 하위지가 신미에게 내린 법호를 되돌리라고 반대하고 나섰다.

- 산릉공역이 이미 끝나고, 전하가 비로소 모든 일을 처리하니 안팎이 눈을 비비며 간절히 유신維新의 정치를 바라고 있습니다. 처음 정사에서 간사한 중에게 존호를 내렸으니 바르지 못함이 이보다 더 큰 것이 없고, 놀라지 않을 수 없습니다. 명을 거두소서.

문종이 말했다.

- 신미의 법호는 선왕께서 정하셨다. 몸이 편치 않아 내리지 못했을 뿐

이다.

하위지가 물러서지 않고 아뢰었다.

- 선왕의 뜻이라 해도 전하가 첫 정사에서 앞세워 거행하니 바깥사람이 전하께서 높이고 중하게 여긴다고 할 것입니다.

- 선왕의 뜻이다. 이미 전했다. 다시 뺏으란 말이냐.

7월 9일 억수같이 비가 퍼붓고 있었다. 하위지가 다시 문종을 물고 늘어졌다.

- 어제 신미의 칭호는 선왕께서 정하신 것이라고 하교했습니다. 신이 물러가 생각하니 전례에 없던 일입니다. 옛날 공민왕 때 왕사와 국사의 칭호가 있었습니다. 그러나 태종과 세종께서 적극 배척하고 칭호를 없앴는데 지금 갑자기 이렇게 하는 것은 옳지 않습니다. 세종의 유교遺敎라 해도 신도 아직 모르고 있는데, 다른 신하와 민초는 어떻겠습니까. 백성이 반드시 전하가 더욱 존경해 법호를 내렸다고 생각할 것입니다. 이치에 어긋나는 일이라면 비록 세종께서 말씀한 것이라 해도 거듭 생각해서 행함이 큰 효도입니다. 도리어 이런 좋지 못한 일을 선왕의 유교라고 하니 의리에 맞지 않습니다. 다시 거두소서.

- 세종께서 일찍이 왕사라고 칭하면 불가하지만 그 밖의 직책은 무방하다고 말씀했다. 왕사가 아니고 다른 직과 같은데 왜 안 되느냐. 세종의 분부가 있었다면 비록 왕사라도 공경하고, 따라야 한다.

사관은 신미를 행호行乎의 무리라고 싸잡아 비난했다.

> 신미는 간사한 중 행호의 무리다. 1438년세종 20에 행호가 부름을 받고 서울에 올라와 하루는 남의 집에 있는데 부녀자가 많이 모여들었다. 행호가 가운데 앉아서 아무나 가리키며 "너는 전생에 아무 짐승이었는데 복을 닦아 지금 다행히 사람이 되었다."고 좌중에 말하는 등 많이 속이고 유혹했다. 이 말을 들은 사람이 돌아가 곧 죽었다. 이 무리가 게偈를 지어 속여서 효령대군에게 주고, 또 다른 사리를 속여 신기하고 기이한 현상이라고 했다. 이를 효령대군이 믿었다. 뒤에 행호의 무리가 재물을 다퉈 발각되었다. 관에서 죄를 다스리려고 했으나 효령대군이 앞장서서 구해 주었다.[38]

7월 11일 세 번째로 하위지가 면대를 청한 뒤 아뢰었다.

- 신미의 호를 선왕께서 이미 정하고 시행하지 않은 것은 반드시 사연이 있을 것입니다. 비록 시행했어도 큰 효도를 생각, 마땅히 다시 거두어야 합니다. 시행하지 않은 일을 가지고 즉위하신 처음에 제일 먼저 거행하니 의리에 맞지 않습니다.

- 신미는 선왕께서 공경하며 모셨다. 관교官敎를 빼앗을 수 없다.

- 신미의 호는 단연코 줄 수 없으므로 거듭 거둬들이라고 청했는데 지금 신에게 선왕이 공경한 중이므로 할 수 없다고 말씀했습니다. 어찌 미천한 중을 공경할 수 있겠습니까. 신하와 백성은 말할 필요도 없습니다. 남북조 시대에 요장姚萇의 진秦나라와 석륵石勒의 조趙나라가 구마라즙을 공경했습니다. 세종께서는 천 년에 한번 나올까 말까하는 성주聖主인데, 어찌 이와 같은 좋지 않은 말을 가지고 큰 덕에 누를 끼칠 수 있겠습니까.

- 신미는 선왕께서 공경한 승려다. 대신도 일찍부터 잘 알고 있다. 내가 어찌 거짓말을 하겠느냐. 부처를 섬기지 않는다면 그만이지만, 섬긴다면 깨달음에 든 승려를 어찌 공경하지 않겠느냐.

- 대신이 알고, 모르고는 관계가 없습니다. 대신이 알고 말하지 않았다면 옳지 않습니다. 옛 사람이 이르길 "사랑은 덕으로 하고, 사람이 아름다움을 이루어 준다."고 했습니다. 평범한 사람도 서로 규칙을 준수하며 조심스럽게 그 덕을 돕는데, 신하가 어찌 입을 다물고 말하지 않아 임금을 허물 있는 곳으로 들어가게 하겠습니까. 신은 참으로 용렬해서 용감하게 간해 천청天聽을 더럽히고 있습니다.
그러나 신의 뜻을 들어주신 뒤에야 그만 두겠습니다. 전하께서 마음을 넓히고, 천지보다 넓은 도량으로 작은 정성을 너그럽게 받아들여 다시 거두도록 명하소서.

- 내가 결정한 일이 아니다. 선왕께서 내리신 유훈이고, 호를 내릴 때 대신과 의논했다.

- 신이 면대하고 아뢰지 못해 뜻을 다 진달하지 못하는 것 같습니다.

경복궁에 어둠이 내리고 있었다. 하위지는 긴 시간 동안 신미의 법호가 그릇된 일이라고 아뢰었다. 문종은 들어주지 않았으나, 매정하게 뿌리치지도 않았다. 하위지가 편전을 나선 시각은 4각刻이었다.[39]

불길이 온 조정으로 번져가고 있었다. 문종은 선왕께서 이미 정하신 일이므로 더 거론하지 말라는 말만 되풀이 했다. 효를 거스르며 신하의 직언에 밀리고 싶지 않았다. 첫 정무를 펼치는 날부터 신미의 법호에 대한 상소로 편할 날이 하루도 없었다.

7월 12일 우정언 홍일동이 사헌부의 상소를 근거로 신미의 법호를 되돌리라고 나섰다.

- 부처를 받드는 것은 쇠퇴해 가는 세상에서의 일입니다. 어찌 전하께서 즉위한 초기에 백성이 바라는 일이 지극한 데도 불구하고 간승奸僧에게 호를 내릴 수 있습니까. 있을 수 없는 일입니다.

- 선왕께서 유교로 정하신 일이다.

- 선왕께서 호를 내리지 않은 것은 분명 다른 뜻이 있었을 것입니다. 이미 정했더라도 추진하지는 않았습니다. 전하께서 선왕의 뜻을 받들었다 해도 지금 간하는 신하의 청을 듣고 다시 거두는 것이 지극한 효도입니다.

- 너희의 청에 따라 거두면 지극한 효도이고, 청을 듣지 않고 거두지 않으면 불효가 되는가. 말이 뭔가 꼬여 있다.

하위지가 전날에 이어 다시 아뢰었다.

- 어제 면대할 때 동료의 뜻을 다 아뢰지 못했고, 주상의 이르심이 순순諄諄하고 간절하나 의혹을 다 풀지 못했습니다. 비록 나는 그 불가함을 알지 못한다고 하교하셨으나 신은 아무리 생각해 보아도 왜 안 되는지 알 길이 없습니다. 반드시 따라 주소서.

- 옳은 일이라면 내가 어찌 들어주지 않겠느냐.[40]

박팽년, 혜각존자의 옛 일을 들추다

세종의 유지를 받들어 문종이 국정을 총괄하던 초기에 국조國朝 이래 유례를 찾아볼 수 없는 승직을 내려 신미에게 신뢰를 표한 것은 파격이었고, 충격이었다.

7월 15일 집현전 직제학 박팽년 등이 "신미는 임금을 속이고 나라를 그르친 큰 간인姦人"이라는 상소를 올려 법호를 거두라고 나섰다. 집현전에 모여 상소를 의논할 때 직제학 최항과 직전 이석형, 성삼문은 동의하지 않았다.

※ 화보5

> 신들은 대간에서 신미의 일을 논의해 윤허를 얻지 못했다는 것을 듣고 분격함을 이기지 못해 죽음을 무릅쓰고 아룁니다. 무릇 호를 주는 것은 존숭하기 때문입니다. 제왕이 공덕이 있으면 올리고, 장상將相이 공훈이 있으면 주는 예가 대단히 성행했습니다. 후세의 임금이 불교를 존숭하고 망령되게 중에게 준 자가 있습니다. 때문에 간교하고 교활한 난신적자의 무리가 남의 집과 나라를 망하게 한 일이 많습니다.
>
> 신미는 간사한 중입니다. 어릴 때 성균관에 입학해 함부로 행동하고, 음란 방종해 못하는 짓이 없으므로 학도가 사귀지 않고 무뢰한으로 지목했습니다. 그 아비 김훈이 죄를 입게 되자 폐고廢錮 : 관리가 될 수 있는 자격 박탈를 부끄럽게 여겨 잠적해 머리를 깎았습니다. 아비가 늙고 병든 몸으로 신미의 속이고 유혹하는 말을 믿고 일찍이 술과 고기를 끊었다가 하루는 술을 마시고 고기를 먹었습니다. 때 마침 더운 여름날, 이 중이 아비에게 참회하고 백배를 권해 마침내 죽었습니다. 만일 『춘추』의 법으로 논하면 진실로 아비를 죽인 자입니다.[41]

박팽년의 상소 속에 흔적도 없이 사라진 자취가 묻어 있었다. 신미가 어릴 때 성균관에 입학한 사실이 극렬한 반대의 소용돌이 속에서 떠오르고 있었다.

> 이 중은 참을성이 많고, 사람을 쉽게 유혹하며, 밖으로는 맑고 깨끗한 듯 꾸미고, 속으로 교활하고 속이는 것을 감추어 연줄을 타서 이럭저럭 궁금 宮禁과 줄이 닿았습니다. 참으로 임금을 속이고 나라를 그르치는 큰 간인

姦人입니다. 큰 간인이 아니라면 어찌 선왕을 속이고 전하를 혹하게 함이 이와 같겠습니까. 만일 법호를 내린 일이 선왕으로부터 나왔다면 선왕께서 이 중을 아신 것이 어제, 오늘이 아닌데 일찍이 의논한 바 없습니다. 공의公議를 거친 일은 임금도 경솔히 할 수 없습니다. 지금 전하께서 감히 선왕도 하지 못한 일을 단행하며 의심하지 않습니까. 선왕이 이미 한 일 또한 전하께서 공의로 고쳐도 대효大孝에 해롭지 않습니다. 선왕이 일찍이 내리지 않은 법호를 갑자기 내려 책임을 선왕께로 돌리려 하십니까.

임금은 한 번 찡그리고 한번 웃는 것도 아껴야 하고, '우국이세祐國利世'의 칭호는 장상과 대신에게 주더라도 오히려 조정에서 의논, 그 가부를 살펴야 합니다. 하물며 늙고 간사한 중은 말해 무엇 하겠습니까. 이 중이 나라를 돕고, 세상을 이롭게 하지 않음은 천하가 다 알고 있습니다. 무익한 일을 벌여 만대의 웃음거리를 만드십니까. 전하께서는 새로 보위에 올라 안팎에서 촉망하고 있습니다. 마땅히 하루하루를 삼가서 시행하는 일은 모두 지극히 공정한 데서 나오기를 기약해 조종의 사업을 빛내고 키워야 합니다. 어찌 사악한 말에 빠지고, 간사한 중에게 유혹되어 지극히 높은 칭호를 내려 불교를 받들려 하십니까.⁴²

박팽년은 『훈민정음』 해례본을 편찬할 때 세종을 보필했다. 신미가 수양대군과 함께 훈민정음 창제에 처음부터 관여한 사실이 '우국이세祐國利世' 속에 녹아들어 있음을 알고 있었다.

예로부터 임금이 처음에는 정대하나 재위한 지 오래 되어 가다듬는 정신이 조금 풀리면 간사하고 아첨하는 무리가 파고 들어 끝마치지 못하는 경우가 많습니다. 전하께서 즉위한 지 겨우 두어 달이 넘었고, 세종의 국장이 얼마 전 끝나고 정사를 하는 처음에 제일 먼저 이 일을 거행해서 시초가 이미 크게 바르지 못하니 그 끝이 어떻겠습니까. 신민의 바라는 마음이 여기에서 사라집니다. 이 칭호가 한번 나오자 그 무리가 은총을 빙자, 독수리처럼 떠벌리고 과장해 못하는 짓이 없게 될 것입니다. 어리석은 백성이 존자尊者로 봉한 것을 보고 이것이 진짜 부처라고 여겨 존숭하게 되면 얼마 지나지 않아 오랑캐의 개나 돼지가 되지 않겠습니까. 사악과 정의의 소멸과 융성, 풍속이 쉽게 움직이는 것, 국가 존망의 기틀이 모두 여기에 달려 있습니다. 일이 이 지경인데 조금도 경계하지 않고, 반성하지 않습니까.

지금 북쪽 오랑캐가 충만해 중원이 어지럽고, 서북의 야인이 일찍부터 우리에게 감정이 있어 군사를 모으고 있습니다. 하루아침에 앞잡이가 되어 쳐들어오면 그 변은 예측할 수가 없습니다. 지금은 군사를 훈련시키고, 병기를 가다듬고, 용도를 절약하고, 군량의 저축을 서두르는 등 다른 일을 할 여가가 없습니다. 한가하고, 편안하게 놀며 허무에 뜻을 둘 때는 더욱 아닙니다. 전하께서는 확연하게 결단을 내려 간사한 자를 버리는 일을 의심하지 말고, 빨리 명을 거두고 먼 변방에 물리쳐 유학을 바로 잡는 등 백성의 바람에 부응하소서.[43]

문종은 박팽년의 장문의 상소를 읽은 다음 승정원에 일렀다.

- 선왕을 속이고 전하를 미혹하게 했다는 말 중에 속인 일은 무엇이고, 미혹한 일은 무엇인가. 선왕을 속일 때는 어째서 간하지 않고, 지금에서야 말하는가. 신미가 아비를 죽였다는 말은 어디에서 들었는가. 이 말을 한 자를 불러서 딴 곳에 두고 하나하나 추궁한 다음 보고하라.

박팽년이 입궐해 문종께 아뢰었다.

- 신미는 정말 간사한 중입니다. 선왕이 존숭해 봉작을 허락했으므로 선왕을 속였고, 전하께서 존숭해 작위를 주었으니 전하를 미혹했습니다. 선왕 때 비록 높이고 믿었지만 따로 봉숭封崇한 일이 없기 때문에 일찍이 의논해 아뢰지 않았습니다. 전하께서 첫 정사에 특별히 작호爵號를 주고 성대한 예를 베풀기에 천위를 무릅쓰고 아뢰었습니다. 신미의 아비 김훈이 영동현에 살 때 아비에게 권해 술과 고기를 끊게 했습니다. 하루는 김훈이 현령 박여를 만났는데, 그가 고기를 권했습니다. 김훈이 집에 돌아와 고기를 먹었다고 말하자 신미가 아버지께서 거의 부처가 다 되었는데, 오늘 고기를 먹었으니 일은 다 틀렸으므로 참회해 백번 절하라고 권했습니다. 김훈이 믿고 연비하고, 참회하며 백번 절을 했습니다. 그로 말미암아 병을 얻어 죽었습니다. 신은 이 말을 춘추관의 여러 관원에게 들은 지 오래 되었습니다. 이개·양성지·이예·허조·이승소·송처검·서거정의 말도 같았습니다. 최근에 유성원과 김윤복에게서도 같은 말을 들었습니다.

문종은 여섯 승지를 함원전에서 인견하고 상소의 공손하지 못한 부분을 하나하나 지적한 다음 우승지 정이한과 내시 김득상에게 이 글을 바탕으로 정부에서 의심나는 점을 확인하라고 했다. 황보인이 아뢰었다.

- 상소 중에 선왕께 누가 되는 내용이 있습니다. 그러나 공손한 내용은 아니지만 신하된 자가 극진히 간할 때는 박절하지 않을 수 없습니다. 이보다 지나쳐도 문책할 일이 못됩니다. 간신諫臣을 벌주는 일을 논하는 것 자체가 나라의 경영에 득이 되지 않습니다.

신미, 나라에 무슨 도움이 됩니까

7월 16일 사헌부에서 신미의 법호는 부당하다고 상소했다. 신미의 일거수일투족을 감시하는 눈초리는 매서웠다.

> 이달 초6일 정비政批 : 임금의 批答로 중 신미를 '선교도총섭禪敎都摠攝 밀전정법密傳正法 비지쌍운悲智雙運 우국이세祐國利世 원융무애圓融無礙 혜각존자慧覺尊者'로 삼았습니다. 놀라움을 이기지 못해 거듭 망령된 말을 진달, 천위를 더럽혔으나 허락하지 않고 있습니다. 하위지가 특별히 인견했을 때 성유聖諭가 유순諭諄하고 간절했으며 신들도 성의聖意를 살폈습니다. 의혹이 풀리지 않아 다시 천총을 더럽힙니다. "나는 이 일이 그른 것을 알지 못한다."고 했으니 신들이 의혹을 풀지 못해 속내를 계속 드러내 놓고 아룁니다. 사정邪正은 함께 할 수 없고, 시비是非는 자리를 바꿀 수 없습니다. 사정이 양립하면 시비가 자리를 바꾸게 되고, 시비의 자리가 바뀌면 일이 거꾸로 돌아가게 되어 위란危亂에 이르게 됩니다. 지금 전하께서 사설邪說을 배척하지 않고 간사한 중을 존숭, 아름다운 칭호를 주시니 옳고 그름이 자리를 바꾼 것과 같습니다. 여러 사람의 말을 거절하고, 심지어 잘못되었음을 알지 못한다고 하니 안타깝습니다. 큰 사기꾼은[大姦]은 곧은 듯하고, 큰 도둑[大貪]은 청렴한 듯해서 그 간사하고 탐하는 것을 알지 못하게 합니다. 이것이 참으로 간사하고 탐하는 자의 행동입니다.

신미를 아예 '나라의 큰 도둑'으로 몰아가고 있었다. 정부의 대소신료가 나서 '왕사'에 버금가는 승직을 내린 것을 철회하라고 압박했지만 문종이 윤허하지 않고 있는 것에 대한 불만이기도 했다.

> 간승 신미는 망혜芒鞋와 굴갓을 쓰고 반드시 걸어 다니고, 나지막한 목소리에 검박한 얼굴을 하고 있습니다. 장좌불와 하며 잠자지 않는 등 거짓으로 꾸며 신임을 얻었습니다. 선왕이 승하하셨을 당시 대소가 분주하고, 종친과 대신의 늙고 병든 자까지도 말에서 내려 외정外庭에 나오는데 이 중은 편안히 말을 타고 조사朝士를 밀치고 바로 궐문으로 들어오니 누가 통분하지 않겠습니까. 또한 보시를 해도 받지 않고, 받아도 다른 사람에게 주고 청렴하고 욕심 없는 것 같이 하다가 세력이 커지자 병을 치료한다는 핑계를 대고 멀리 온천에 가는데 사람을 써서 가마를 메고, 가는 사실을 역에 알려 현읍縣邑이 분주해도 번거로움을 걱정하지 않았고, 사녀士女가 다투어 모여 보시해도 물리치지 않았습니다. 처음에는 조심하고 삼가는 체 했으나 얼마 가지 않아 거만해지고, 처음에는 청렴하고 간명한 체 했으나 얼마 지나지 않아 더 욕심을 내고 있습니다. 온 세상이 그의 간사함과 탐욕을 아는데 오직 전하께서만 그의 말과 용모만 믿고, 거짓을 알지 못한 채 존숭하고 있습니다. 세간에서 보고 있습니다.

사간원에서도 신미의 위상이 고려 말 나옹화상에 버금가는 것을 두고 볼 수 없었다. 세종이 나라와 왕실을 위해 동분서주하는 신미에게 말을 내려준 것 또한 충격이었다.

> 신미는 참으로 간사하고 탐욕스런 중입니다. 이 중이 1년 동안 말을 하지 않고, 밤새 자지 않고, 진실로 욕심 없이 열심히 한다고 해서 국가에 무슨 도움이 되겠습니까. 아름다운 칭호로 높일 때는 반드시 그럴만한 사유가 있어야 합니다. 요堯가 순舜에게, 순舜이 우禹에게 천하를 주었고, 탕湯이 이윤伊尹, 무왕武王이 태공太公에게 모두 배웠으니 존숭하고 추중推重할 만한 공적이 있습니다. 그러나 아름다운 칭호를 올렸다는 말은 듣지 못했습니다. 후세에 임금을 추존하기 위해 처음으로 아름다운 글자를 모아서 좋은 칭호를 만든 신하가 있으나, 오히려 공론의 취한 바가 되지 못했습니다. 하물며 임금께서 간사한 중에게 주는 것이 옳습니까. 임금과 정치를 의논해 나라를 보전하고 백성에게 혜택을 주고 세상을 태평하게 하는 사람이 현인과 군자입니다. 지금 '우국이세'의 공이 간사한 중에게 돌아갔습니다. 이 중이 나라를 복되게 한 일이 무엇이며, 세상을 이롭게 한 일이

무엇입니까. 어찌 전하께서는 이 중을 받들어 아름답게 하려고 하십니까. 시비를 일찍 가려내지 않으면 나중에 처리하기가 어렵게 됩니다.

전하께서 즉위한 지 얼마 되지 않았으므로 어진 정치를 베풀고, 이익을 도모하고 폐해를 없앨 때인데 첫 머리에 서둘러 간사한 중을 우대하니 그 의혹을 풀지 못하고 있습니다. 하나의 일이 허문虛文 같으나 실해實害를 가져오고 있습니다. 지금 한 중에게 내린 칭호가 정치의 득실에 관계가 없는 것 같으나 위에서 좋아하면 아랫사람은 심하게 좋아합니다. 모든 신하와 백성이 전하가 첫 정사에 특별히 간사한 중을 높이는 호를 보고 숭봉崇奉함이 지성에서 나왔다고 하며 쏠리게 되면 그 폐단은 말할 수 없습니다. 어찌 쓸 데 없는 글이 정치와 관계가 없다고 말할 수 있겠습니까. […] 지금 전하의 밝은 혜안으로 사악한 부처의 이야기를 전파하고 있음을 간파하지 못하고, 간승의 존숭이 그른 줄 알지 못하십니까.[…] 요망한 술법으로 천하를 어지럽히려는 자는 세상 사람이 믿고 따르게 되어 임금의 존숭을 받고, 이를 배경으로 세상 사람이 믿게 만든 다음 간교한 짓을 하면 무슨 일이든 벌리지 못하겠습니까. 지금 신미는 비록 이런 상황에 있지는 않으나 후일에 이 중보다 더한 자가 이어갈지 누가 예측할 수 있겠습니까.[…] 전하께서는 확연히 결단을 내려서 명을 거두어 불사르고, 간승을 외방에 물리쳐 신하와 백성의 귀와 눈을 새롭게 해서 국가 만세의 계책으로 삼기 바랍니다.

문종이 함원전에서 하위지를 인견했다.
- 내가 처음에 대신과 의논해서 한 일이다. 어찌 이렇게 고집을 부리는가.
하위지가 대답했다.
- 정치는 사정의 분별보다 더 큰 일이 없습니다. 이를 가려내지 않고 대신의 의논만 따르니 신은 두려울 뿐입니다.

문종, 박팽년을 파직하다

하위지가 물러갔다. 문종은 박팽년을 불러 이틀 전 선왕을 속였다고 극간한 내용을 가지고 엄하게 힐책했다.
- 신하된 자의 진언은 마땅히 충후忠厚해야 한다. 그대가 선왕께 시종한 지 이미 오래고 지우知遇도 실로 깊은데 진실하지 못한 일을 가지고 미

친 듯 조급하게 글을 써 올릴 수 있는가. 많은 내용이 선왕을 욕되게 했으니, 내가 심히 그르게 여긴다. 당장 유사에 내려 추문한 다음 치죄하고 싶지만 참고 고신만 거둔다. 그리 알라.

문종이 백팽년을 파직했다. 이계전 등 집현전 학사가 이 소식을 듣고 바로 면직을 청했다. 윤허하지 않았다.[44]

7월 17일 사헌부와 집현전에서 합사해서 반대했다. 대사헌 이승손, 집의 어효첨, 장령 신숙주·하위지 등이 대궐 뜰에 엎드려 아뢰었다.

- 신미의 칭호 삭제를 여러 차례 청했으나 아직 윤허를 얻지 못했습니다. 어제 장소章疏를 봉해 올렸을 때 주상께서 하위지를 인견한 자리에서 "존자 두 글자를 빼면 어떠하냐. 물러가 동료와 다시 의논해 올리라."고 했습니다. 신들이 명령을 듣고 기쁘고 다행스러웠습니다. 나머지 칭호도 아울러 삭제하소서. 그렇게 할 수 없다면 '판선교종사判禪教宗事'와 '국일도대선사國一都大禪師'는 쓸 수 있는 직호입니다. 이것이 옳겠습니다. 전하께서 부처를 좋아하지 않음을 왜 모르겠습니까. 이 호를 준다면 바깥에서 성상께서 부처를 믿지 않음을 알게 될 것입니다.

- 예전에 승직은 이보다 더한 것이 많고, '국일도대선사'와 '존자'는 다 무방한 칭호다. 이미 내린 명은 고칠 수 없다. 다만 존자 두 글자는 내가 다시 상량하겠고, 나머지는 단연코 삭제할 수 없다.

이승손이 아뢰었다.

- 옛날에 이와 같은 승직이 있었다는 말을 아직 듣지 못했습니다. 있다 해도 본받을 일이 아니고, 또 직함 안에 '우국이세'의 칭호는 놀라지 않을 수 없습니다. 이 중이 임금을 보좌하고, 백성에게 혜택이 돌아가게 한 공이 뭐가 있습니까. 시속에서 부처를 존자라고 합니다. 주상께서 이 중을 존자라고 칭하면 백성이 장차 진짜 부처라 믿고, 바람에 쏠리듯 따라가게 되므로 그 폐단은 이루 다 말할 수 없습니다. 신미가 이 칭호를 얻어 무슨 득이 있겠습니까. 적어도 식견이 있는 자라면 허물을 드러내어 간하고 다투어 그 과악過惡이 안팎에 파다하게 퍼지게 되므로 득이 없

고, 국가에도 이득이 될 게 없습니다. 깊이 생각해 힘써 따르소서.
- 어제 고쳐 삭제할 수 없다고 하위지에게 다 말했다. '우국이세'는 승속 僧俗에서 통칭하고 있다. 이 중에게 주더라도 무엇이 불가한가. 존자는 진짜 부처를 부르는 말이 아니다. 호를 주어 무엇이 해로운가. 선왕께서 정하신 호와 내용이 다르다. 내가 다시 생각하겠다.
- 칭호도 마땅치 않고, '우국이세'는 더욱 불가합니다. 밤낮으로 임금을 보좌하고 백성에게 혜택을 준 대신도 감히 이렇게 칭하지 못하는데 함부로 늙은 간승에게 줄 수 있습니까. 생각할수록 분합니다. 존자 두 글자는 이미 삭제를 결정했으니 지금 네 글자도 아울러 삭제하소서. 천위를 모독해 황송하기 그지없으나 윤허를 얻은 다음에야 그만두겠습니다.

이승손이 거듭 삭제하라고 물고 늘어졌지만, 문종은 윤허하지 않았다. 사태가 사뭇 전면전으로 치달아 간다는 느낌을 받은 우정언 홍일동이 박팽년을 두둔하고 나섰다.
- 신미의 칭호는 심히 의리에 어긋나고, 박팽년이 직언해 죄를 얻었으니 마음이 편치 않습니다. 명을 거두소서.
- 신미의 칭호는 모두 그르다고 하므로 존자 두 글자는 고치겠다. 그러나 박팽년의 일은 네가 물러가서 그 죄를 자세히 알아본 다음 아뢰어라.

홍일동이 물러나왔다가 얼마 지나지 않아 다시 아뢰었다.
- 지금 존자의 칭호를 고친다는 상교를 듣고 기쁨을 이기지 못하겠습니다. 박팽년이 박절한 말로 인해 파면된 것이 마음에 걸립니다. 죄가 있으면 유사에서 국문한 다음 죄를 묻는 것이 어떻겠습니까.

문종은 윤허하지 않았다.

홍일동이 물러간 다음 이승손이 언관의 자리에 있는 자가 자리를 더럽히고 앉아서 녹봉만 축낼 수 없다며 사직상서를 올렸다. 박팽년의 파직은 대신에게는 위험의 신호로 받아들여졌다. 강하게 나가지 않으면 입지가 좁아진다는 암묵적인 계산도 깔려 있었다.
- 신은 모두 용렬한 자질로 외람되게 언관의 자리를 더럽히고 재주가 직

책에 맞지 않고, 성의가 하늘에 이르지 못했습니다. 뻔뻔하게 조정에 나오는 일이 부끄러울 뿐입니다. 신의 직을 파해 주소서.

윤허하지 않았다. 이승손 등이 합에 나와 "맡은 직을 버리고 가겠으니, 어진 선비를 골라 쓰라."고 거듭 아뢰었다. 문종이 말했다.

- 경들을 버리고 장차 어느 곳에서 어진 인재를 얻어 쓰겠는가.

이어 집현전 수찬 유성원이 상서했다. 내용 중에는 신미의 일을 집현전에서 논의한 정황이 잘 드러나 있었다. 유성원이 신미의 일을 대관과 의논하는 자리에서 박팽년에게 말했다.

- 우리들도 말이 없을 수 없지 않는가.
- 내 뜻도 역시 그렇다.

박팽년이 상소의 초고를 만들어 유성원에게 주며 부탁했다.

- 갑자기 썼기 때문에 고칠 곳이 많다.

유성원이 빼고, 더하는 등 교정한 다음 상소했다. 박팽년이 상소를 쓸 때 함께 의논했고, 글의 초고를 자신이 작성했으므로 함께 파직시켜 달라는 내용이었다. 문종은 윤허하지 않았다.[45]

사간원, "신미는 한 개의 깎은 대가리"

7월 18일 사간원에서 "신미는 한 개의 깎은 대가리다."는 극언을 퍼부으며 결단을 촉구하고 나섰다. 박팽년이 무슨 죄를 지었느냐는 등 사뭇 강경했다.

- 신들이 최근 신미에게 준 칭호를 없애라고 아뢰어 신총을 번거롭게 했으나 어제 다시 고치겠다는 명을 받아 뛸 듯이 기쁩니다. 그러나 아직 정하지 않은 교명敎命이 있습니다. 다시 생각해보면 무릇 한 중에게 칭호를 내림은 크게 해가 되지는 않습니다. 존자의 칭호는 불법을 높이고 중하게 여기는 세상의 일이지, 본래 강성한 조정의 아름다운 법이 아닙니다. 불교는 본디 청정을 숭상해 임금과 부모를 버리고, 이익과 명예를 멀리하고 있으므로 구구한 작상爵賞은 반드시 좋게 여기지 않을 것입니다.

이 중은 다만 한 개의 깎은 대가리입니다. 국가에 무슨 복과 이익이 있다고 '우국이세'의 칭호를 주어 나라 전체를 놀라게 하십니까. 확연하고, 강하게 결단을 내리시어 명을 거둬들이고 간언을 좇는 아름다움과 신민의 바람을 이루게 하소서. 박팽년이 이 일로 상소했다가 득죄했는데 그 이유를 모르겠습니다. 박팽년의 죄가 무거워 용서할 수 없다면 유사에 명해 밝게 그 죄를 다스리고, 과오가 있다면 특별히 관용을 베풀어 처음 정사政事에서 언로를 넓히면 다행이겠습니다.

허락하지 않았다.

대사헌 이승손 등이 대궐에 나와 신미의 법호를 삭제하고, 박팽년의 죄를 너그럽게 용서해 달라고 청했다. 문종이 말했다.

- '우국이세' 네 글자는 마땅히 생각하겠다.

7월 19일 사간원에서 거듭 박팽년에게 관용을 베풀어 언로를 넓히라고 나섰다.

문종이 짧게 대답했다.

- 사헌부에서 상세하게 알고 있다.[46]

법호의 문제를 제일 먼저 들고 나온 하위지가 박팽년의 처벌을 거두라고 나섰다.

- 신이 신미의 일을 논한 적이 한 두 번이 아니니 어찌 죄 줄만한 일이 없겠습니까. 주상께서 특히 관대하게 용납했습니다. 다만 박팽년만 한 번 상소로 갑자기 파직당했으니 미안한 마음 감출 길 없습니다. 신미와 연관된 일을 가지고 신은 관대하게 용서하고 그만 처벌하니 더욱 황당하고 송구스럽습니다.

- 박팽년의 일은 그대와는 다르다.

- 박팽년이 어찌 다른 마음이 있겠습니까. 임금의 덕을 돕고자 한 일입니다. 선왕을 속였다는 표현이 지나쳤다는 지적은 상교가 윤당하나 간쟁할 때는 모두 격절한 마음에서 말이 나오기 때문입니다. 어리석은 생각으로는 요순보다 어질고 선한 왕이 없는데, 순임금이 즉위한 뒤에 네 명

의 흉흉한 신하四凶 : 요대의 4명의 악인惡人 공공共工·환도驩兜·삼묘三苗·곤
鯀를 베었으니 그들이 요임금을 속였지만 성덕에 무슨 손해가 있었습니
까. 신미가 선왕을 속인 일은 사흉이 요를 속인 것과 같으니 박팽년의 말
은 지나치지 않습니다.
- 박팽년의 한 마디 말이 선왕의 덕에 무슨 손익을 끼쳤겠는가. 다만 말
이 경박하고, 이치에 맞지 않다.
- 신의 말에 책임이 있는데도 죄를 주지 않고 박팽년은 한번 곧은 말을
하다가 오히려 삭직되었으니 황공하고 부끄러울 뿐입니다. 지난 봄 집현
전에 있을 때 이 간사한 중이 성청을 더럽힌다는 광언狂言과 고설瞽說을
퍼부은 적이 있습니다. 이는 그보다 더 심한 언사였는데 오히려 죄를 주
지 않았습니다. 죄는 같은데, 벌은 다르니 실망을 금할 수 없습니다.
- 격절한 언사와 경박한 언사는 대단히 틀리다. 지금 박팽년의 용서를
청하며 왜 전일의 일을 끌어대는가. 상벌은 때에 따라 다를 수 있다. 비
록 다르다고 해도 잘못된 것이 없다.⁴⁷

문종은 첫 정무를 보는 날부터 한 달 동안의 지루한 줄다리기 끝에 대소
신료의 집중 공격을 받고, 왕권이 무너지는 참담함을 느꼈다.

8월 3일 중국 사신 태감太監 윤봉과 봉어奉御 정선이 조칙을 받들고 왔
다. 사신을 대접하는 데 신경이 쏠려 신미의 일은 잠시 물밑으로 가라앉
아 있었다.

한 여름 햇살이 산과 들을 달구었다. 낮달은 지친 듯 관악산 쪽으로 고개
를 돌렸다. 불같이 일었던 상소파문은 캄캄한 대낮을 맞은 듯 했지만 끝
이 아니었다.

박팽년이 파직된 뒤 시 한 편을 남겼다.

조정의 녹만 축내기로 얼굴이 뜨겁더라	竊祿朝廷面有紅
간관 되어 임금을 보좌하지도 못했으니	況無居諫補天工
우공마냥 망녕스레 산 옮길 계획 세웠더니	愚公妄作移山計
과보처럼 축일공을 이루기 어려워라	夸父難成逐日功

속인이 끝내 나랏일 망치고 말 것	俗子終能隳國政
하찮은 정성으로 어찌 임금님 감동시킬까	微誠安得徹宸聰
이제야 고향으로 돌아갈 결심 하고 나니	如今始決歸田策
일찍이 농사나 배울 걸 후회스럽네	悔不從前學老農[48]

'혜각존자慧覺尊者'를 '혜각종사惠覺宗師'로 바꾸다

8월 7일 문종은 즉위한 이후 제대로 된 정무를 경회루에서 보았다. 이 자리에서 신미의 법호를 '대조계선교종 도총섭 밀전정법 승양조도 체용일여 비지쌍운 도생이물 원융무애 혜각종사大曹溪禪敎宗 都總攝 密傳正法 承揚祖道 體用一如 悲智雙運 度生利物 圓融無礙 惠覺宗師'로 고쳤다.[49]

'우국이세祐國利世'를 '도생이물度生利物', '혜각존자慧覺尊者'를 '혜각종사惠覺宗師'로 바꿨다. 일단의 논쟁에서 신하의 힘에 밀렸다. 그러나 문종과 수양대군, 신미 또한 '혜각종사'라는 법호는 단 한 번도 쓰지 않았다. 세종이 내린 '혜각존자'의 법호는 비록 반대에 부딪쳐 고쳐졌지만 훗날 간행된 각종 불경언해의 첫 머리에 그대로 쓰이고 있었다.

혜각존자의 법호를 둘러싼 문종과 신하의 공방은 일단 막을 내렸지만, 해결되지 않은 일이 하나 남아 있었다. 박팽년의 고신을 돌려주지 않은 것이었다. 계유정난과 '사육신의 난'의 불씨는 이때 이미 지펴지고 있었다. 하위지와 박팽년은 머리 깎은 무리를 싸고도는 문종과 수양대군을 견제해야 한다는 사실을 확인했다. 파직까지 당하며 얻은 수확이었.

안평대군은 문종이 왕위에 올라 정사를 보는 첫날에 터진 사건으로 곤혹스러웠다. 신미의 높은 경륜과 문장, 식견을 알고 있었다. 더없이 친한 벗의 고신을 돌려주라고 강청할 수 없는 노릇이었다.

한 여름에도 삼각산 진관사의 중창불사는 계속되고 있었다. 문종은 진관사 조성소에 쌀 50석을 주라고 호조에 명했다. 운반비는 별도로 지급했다.

8월 26일 집현전 부제학 신석조가 윤대에서 아뢰었다.

- 임금이 좋아하고 숭상할 때는 지극히 신중해야 합니다. 근자에 기도와 천도를 이유로 절박하고 부득이한 심정에서 불사를 많이 하고 있습니다. 여러 신하가 이에 동화되어 형세가 점차 크게 되어 폐단이 극에 달했습니다. 정학正學 : 유학을 숭상하고 이단異端 : 불교을 배척해 처음 펼치는 정사를 의미 있게 하소서.

- 성현의 글을 읽어 이미 불교의 그릇된 점을 알고 있다. 또 세종께서 일찍이 나에게 "이단으로는 하루라도 천하와 국가를 다스릴 수 없다. 만약 마지못할 일이 있거든 불사는 대군과 여러 군에게 명해 주관하게 하라."고 훈계하며 참여하지 못하게 했다. 지금 준비하고 있는 불사는 시속에 따랐을 뿐이다. 3년 상을 지낸 다음에는 결코 하지 않을 것이다.

- 언로의 트이고, 막힘은 세상을 다스리는 방법과 관계가 있습니다. 근자에 박팽년이 상소해 신미의 일을 논했다가 파직되었습니다. 듣는 사람이 하나같이 놀라고 있습니다. 빨리 수용하시어 처음 정사에 간언을 받아들이는 아름다움을 보이소서.

- 박팽년은 국사에 대해 말하지 않았다. 선왕의 언행을 빙자해 욕보인 때문이다.[50]

9월 18일 신미의 법호에 대한 논란은 가라앉고 있었다. 문종은 서울과 지방의 관리로서 현명함과 우매함을 의논, 승진할 사람과 물리칠 사람을 아뢰라는 교지를 내렸다. 영의정 하연, 좌찬성 김종서, 우찬성 정분, 좌참찬 정갑손 등이 의정부에 모여 의논했다. 강맹경·신숙주·하위지 등 24명이 검증되었고, 김문기가 보고했다. 문종이 사정전에서 승지에게 물었다.

- 승진시킬 사람 중에 어찌 성삼문이 없는가.

이계전이 대답했다.

- 성삼문은 쓸모 있는 선비입니다. 그러나 최근에 동료인 박팽년 등이 상소할 때 성삼문은 글의 내용이 너무 날카롭다는 것을 이유로 참가하지 않았습니다. 지사의 기풍이 없는 행동이었으므로 여러 사람이 그르게 여

겼습니다.
- 박팽년의 글이 잘못되었지, 어찌 성삼문이 참가하지 않은 일을 문제 삼는가.

9월 19일 수양대군이 측근과 함께 대자암에 머물고 있었다. 극락전에 모셔둔 사리의 분신이 있어 계속 절에 머물며 정근하겠다고 문종께 아뢰었다. 문종은 도승지를 보내 분신 사리를 봉안해 왔다.[51]

신숙주, 신미를 '간승'으로 몰고 가다

9월 22일 사헌부 장령감찰행정 기관의 정4품직 신숙주가 상소를 올렸다.

> 최근에 심효원이 절의 창건을 간하며 올린 글을 불태우라고 한 적이 있습니다. 박팽년은 간승 신미의 일을 논하면서 『춘추』를 가지고 규정, "아비를 죽인 적"이라고 했습니다. 이 논의는 정대합니다. 충성스러운 마음에 격앙되고 분에 넘쳐 나온 말이므로 간인奸人의 간담을 서늘하게 하고, 아첨하는 이의 얼굴을 움츠러들게 했습니다. 모두 세종께서 수십 년 동안 선비를 육성한 효과입니다. 박팽년은 사적인 것에 걸려 있지 않고, 나라를 위한 공적인 말을 한 것입니다. 전하께서 홀로 듣지 않은 까닭에 분발해 자기 몸은 돌보지 않고 글을 올려 진술했습니다. 위로는 군부를 저버리지 않고, 아래로는 배운 바를 저버리지 않으려는 것입니다. 성상께서는 선유宣諭에 통해 "함께 말한 사람이 한 두 명이 아닌데도 유독 박팽년만 죄주는 것은 그가 측근에서 모신 지가 가장 오래되었으며, 왕실과 연이어 혼인했으니 다른 사람과 더불어 같이 할 수 없다."고 했습니다. 임금을 오랫동안 모시고 왕실과의 인연 이외에는 다 소원하게 대했으므로 족히 책망할 것이 없는데 어찌 여러 신하에게 공정하지 못함을 보였다고 하겠습니까. 전하께서 왕위에 오르신 지 8개월이 지났는데 어찌 말할 만한 일이 없어서 한 사람이라도 정성과 속마음을 털어놓아 성상의 정치를 돕지 않겠습니까. 생각이 이에 이른다면 일의 내막은 분명합니다. 이 일이 빨리 해결되지 않으면 장차 인심이 해이해지고, 상하가 막혀 치란과 안위도 알 수 없게 될 것입니다. 거듭 생각, 자손 만세의 계책으로 삼으소서.

상소를 읽고 난 뒤 문종이 이조에 명했다.

- 박팽년의 일은 이 상소뿐만 아니라고 대신도 말하고 있다. 여러 사람의 말은 들어주지 않을 수 없다. 고신을 돌려주고 서용하라.[52]

신미의 법호로 야기된 두 달 동안의 논쟁이 마무리 되었다. 한편 이날 신숙주 상소문에는 환관을 가까이 두지 말라는 충언이 담겨 있었다. 그러나 문종은 하명하지 않았다.

10월 12일 과거 시험에서 신미의 법호의 불씨가 살아났다. 대책對策에서 신미를 비방하는 내용이 적혀 있다는 보고가 올라왔다. 권람은 재주가 있다는 평판이 있었으나 오래도록 과거에 합격하지 못하다가 향시鄕試와 회시會試에서 장원을 차지했다. 이날 전시殿試의 대책에서 시관이 처음에는 권람을 제4등에 두고, 생원 김의정을 장원으로 삼았는데 다른 시관이 반대했다.

문종은 방방放榜이 있기 전날 밤, 대책을 가져오라고 명해 자세하게 살펴보았다. 신미와 제자 학열의 간사했던 일을 비방하며 "신돈이라는 중 하나가 고려 5백 년의 왕업을 망치기에 족했다. 이 두 중은 말할 필요조차 없다."라는 내용이었다. 문종은 이 문제를 확대시키고 싶지 않았다. 좌우에 물었다.

- 권람이 회시에 장원을 했고 본래 명성이 있었다. 대책을 보니 잘 썼다. 장원이 어떤가.

허후가 대답했다.

- 권람의 대책을 다시 보니 잘 썼습니다. 그러나 시대의 폐단을 바로 진술했기 때문에 말이 공손하지 않은 구석이 있어 제4등에 두었습니다. 권람의 등위는 성상께서 재량하소서.

문종은 이 말을 듣고 제1등에 두었다. 본디 문과의 등제의 높고, 낮음은 시관이 글의 잘되고 못된 것을 보고 그 등급을 정한 다음 성명을 뜯어보는 것이 법이었다. 문종은 이를 무시하고 권람의 글을 먼저 확인하고 1등에 올렸다. 처음 있는 일이었다. 신료는 뒷날 많은 폐단의 단초가 되지 않을까 전전긍긍했다.[53]

훗날 권람은 한명회와 함께 수양대군의 최측근으로 부각, 단종을 저 세상으로 보내는 데 일조했다.

신료들은 세종을 위한 불사를 열면 사사건건 물고 늘어졌고, 환관의 대우가 지나치다며 멀리하라고 주청했다. 문종은 힘에 부쳤지만, 왕권을 놓고만 있을 수도 없었다. 흉년과 물난리, 가뭄, 병충해가 계속 이어졌다. 가을인데 더위는 오히려 쨍쨍한 여름이었다. 누런 안개가 도성을 덮은 날이 10여 일 동안 이어졌다. 사헌부에서 민심을 종합해 보고했다.

신미는 세종의 국상과 대자암 중창 낙성식을 마무리 짓고 속리산 복천사로 내려와 있었다. 학열의 감장 아래 극락보전 공역이 한창이었다.

혜각존자 신미의 법호 반대 상소·상언 일람

문종 초기 온 조정을 뒤흔들었던 혜각존자 신미의 법호에 반대하는 상소·상언을 일람해 보면 격렬한 논란이 오고 갔음을 확인할 수 있다.

- 4월 6일   문종, 세종의 유지遺旨에 따라 신미의 승직 제수 제안
- 7월 6일   문종, 신미에게 '선교종도총섭禪敎宗都摠攝 밀전정법密傳正法 비지쌍운悲智雙運 우국이세祐國利世 원융무애圓融無礙 혜각존자慧覺尊者' 법호 봉작
- 7월 8일   사헌부 장령 하위지 간승 신미의 존호 부당 상언
- 7월 9일   하위지 선왕의 유지는 의리에 맞지 않는다고 상언. 문종은 왕사의 칭호는 불가하지만, 승직은 가하다고 대답
- 7월 11일   하위지, 세 번째로 문종을 면대. 미천한 중을 공경할 수 없으며 승직을 거두라고 직언. 밤늦게까지 논박
- 7월 12일   우정언 홍일동, 간승의 법호는 있을 수 없는 일이라고 상소
- 7월 15일   집현전 직제학 박팽년, "신미는 나라를 속이고, 임금을 속인 간인"이라는 법호 부당성에 대해 상소
- 7월 16일   사헌부에서 신미의 법호의 부당성과 '우국이세祐國利世'의 근거 없음을 들어 상소. 문종, 박팽년을 파직
- 7월 17일   대사헌 이승손, 집의 어효첨, 장령 신숙주·하위지 등 법호 삭제 요청. 집현전에서 신미 법호의 부당성과 박팽년의 사면 요청

- 7월 18일　사간원에서 "신미는 한 개의 깎은 대가리"라는 폭언을 퍼부으며 박팽년의 사면 요청. 문종은 '우국이세'는 재고하겠다고 대답
- 7월 22일　장령 하위지. 박팽년의 용서 요청
- 8월 7일　문종. '우국이세祐國利世'를 '도생이물度生利物'. '혜각존자慧覺尊者'를 '혜각종사惠覺宗師'로 수정
- 8월 26일　집현전 부제학 신석조. 파직당한 박팽년의 복권 요청. 문종은 거부함.
- 9월 22일　사헌부 장령 신숙주. '박팽년의 신미에 대한 논죄는 충분과 격의의 정직한 논의'라는 장문의 상소를 올려 박팽년을 구명. 문종. 박팽년의 고신을 돌려줌
- 10월 12일 과거시험에서 권람이 신미와 학열을 싸잡아 비난하는 대책을 씀. 문종은 제4등에서 1등으로 올려 논란의 확산을 막음

문종은 국정을 돌볼 틈도 없이 대소신료의 논박에 시달렸다. 세종의 천도를 위한 불사는 수양대군과 안평대군이 주도했다. 몇 달 동안 온 조정에서 들고 일어나 반대의견을 올리는 날이 이어졌다. 최대의 관심사는 혜각존자 신미의 법호 문제였다.

신미의 승직은 세종께서 미령하실 때부터 계획해 둔 일이었다. 문종은 선왕의 유지를 따르는 것이 큰 효라고 믿었다. 정부의 관료가 쌍지팡이를 들고 반대하는 것을 보며, 밀리고 있을 수만은 없었다.

진관사에 천도를 위한 공간이 있었지만 좁았다. 대자암과 복천사를 세종과 소헌왕후를 천도하기 위한 원찰의 터로 적극 추천한 것은 효령대군과 수양대군이었다.

10월 20일 공조판서 정인지가 아뢰었다.

- 중은 허무와 적멸로써 세상을 멀리 하고 속세와 인연을 끊어 군신부자의 윤리가 없으므로 믿을 게 못됩니다. 전하께서 즉위 초기에 숭신하기를 그만두지 않으니 시운이 쇠약해서 그러한가 생각합니다.
- 나는 화복을 두려워하지 않는다. 불교를 과장하는 것도, 성심으로 부처를 좋아하지도 않는다. 세종의 천도를 바랄 뿐이다.
- 전하가 좋아하지 않는다는 교지를 듣고 기뻐했습니다. 천당이 있다면

군자가 올라가고, 지옥이 있다면 소인이 들어갈 것입니다. 세종께서 무슨 죄가 있어 천도재를 올리려고 하십니까.

- 나는 옛날에 없던 법으로써 하는 것이 아니다. 옛날의 법을 따랐을 뿐이다.

영의정 하연이 "수륙재는 기신忌晨을 위해 베푸는 불사인데, 이를 상법常法으로 삼을 수는 없다."고 아뢰었다. 호조판서 윤형, 집의 어효첨도 가세했다.

하연 등이 물러간 뒤 문종이 좌부승지 김문기에게 말했다.

- 나는 부처를 좋아하지 않는다. 다만 부왕을 천도하기 위한 것이다. 상을 끝마친 뒤에는 자연히 없어질 것이다.[54]

대자암 불사 정지, 정음청 혁파

10월 28일 안완경·어효첨·신숙주·하위지·이영구 등을 불러들였다. 안완경 등이 국정 현안으로 떠오른 신미의 법호와 대자암 불사, 파격적인 인사가 잘못되었다며 고치라고 나섰다. 사정전으로 나갔다. 도승지 이계전과 좌승지 정이한이 자리에 배석하자 바로 사헌부의 글을 가지고 조목조목 묻기 시작했다.

- 간언을 따른 결과가 없다는 말은 무슨 뜻인가.

하위지가 대답했다.

- 최근에 신들이 아뢴 일이 너무 많아서 일일이 열거하기 어렵습니다. 그 중에서 정음청 혁파, 대자암 불사의 정지, 요승 신미의 작호를 고치자고 두세 번 청했으나 한 번도 허락을 얻지 못했습니다.

- 대신이 영합한다는 말은 무슨 뜻인가.

안완경이 대답했다.

- 대자암의 영선을 상의할 때 아뢰어 이를 중지시키지 않았고, 금벽金壁과 단청이 눈이 부실 정도로 사치를 부렸지만 한결같이 입을 다물고 말하지 않았고, 불사로 인해 벼슬을 제수한 것이 외람되었으나 반박하지

않았습니다. 이 일이 어찌 영합이 아니겠습니까.

- 좌우의 세력이 커졌다는 말은 무슨 뜻인가.

어효첨이 대답했다.

- 따로 정음청을 설치해 환관이 맡아 보게 하고 있습니다. 이렇게 세력이 커지면 임금을 가릴 조짐이 보입니다.

이계전이 앞에 열거한 내용을 정리해 달라고 건의했다. 어느 것 하나 소홀하게 다룰 문제가 아니었다. 문종이 말했다.

- 오늘의 말은 자질구레해서 들어줄 게 없다. 내가 물은 것은 죄를 주고자 함이 아니라 그대들의 뜻을 알아보기 위함이다. 그만 돌아들 가라.

안완경이 아뢰었다.

- 정음청 또한 없애버리소서.

- 내가 모두 의논할 가치가 없는 일을 말하고 있다. 신미와 정음청의 일을 심각하게 거론하는데, 이미 신미의 직호는 바꾸었고, 정음청은 일찍이 설치되어 폐단도 없는데 왜 들먹이는가. 내가 불교를 좋아해서 불경을 찍으려 한다고 생각하겠지만, 나는 불교를 잠시도 좋아해 본 적이 없다. 속으로는 믿고, 겉으로는 믿지 않는다고 말하면 실로 부끄러울 뿐이다. 대군이 모여 불경을 찍는 일을 내가 어찌 금하겠느냐.

어효첨이 곁에서 듣고 있다가 거듭 반대의견을 개진했다.

- 신들이 명을 들은 이래로 정음청은 전하께서 불경을 찍기 위해 만들지 않았다고 믿고 있습니다. "대군이 모여 불경을 찍는데 어찌 금하겠느냐."고 하시니 실망이 큽니다. 전하께서 두둔하신다면 누가 종실에서 옳지 않은 일을 할 때 막고 나서겠습니까. 금지하기 힘든 일을 유사에 회부하면 제대로 금지하는 것입니다. 모조리 없애소서.

너그럽고, 인자한 문종이었지만 이 날은 달랐다. 확인할 일이 끝났다는 듯 말을 이었다.

- 정음청에서 주조한 활자는 주자소로 보냈고, 장인도 주자소에 소속시켰다. 지금 청에 남아 있는 것은 소소한 서판書板 뿐이다. 찍어내야 할

일이 있을 때는 환관에게 맡기면 쓸데없는 비용이 드는 폐단을 막을 수 있다. 딴 생각하지 말고 돌아가 일하라.

문종이 여러 대신과 논쟁을 하게 된 원인은 환관의 발호에 있었다. 환관이 교만방자하게 조사朝士를 능멸하는 등 위세를 떨치는 꼴이 보기 싫어서였다. 세종은 말년까지 환관을 엄하게 규제했지만, 문종은 달랐다. 엄자치 등을 신임해 곁에 두고 일을 맡겼다. 수양대군은 환관의 무리가 형님 곁에서 아부하며 전권을 휘두르는 것을 좌시하지 않고 있었다.

10월 30일 사간원 우사간대부 최항 등이 상소를 올렸다.

> [···] 최근에 충청도의 복천사를 창건하며 지극히 사치스럽고, 화려하게 짓고 있다고 들었습니다. 공역에 쓰이는 재목과 기와를 운반하고, 단청 재료의 비용은 모두 백성에게서 나왔습니다. 연전에 방납한 초둔 값의 쌀을 민간에서 운반해 갔다고 하는데, 그 폐단이 자못 컸습니다. 전하께서 부처를 섬김이 선왕의 추복을 위해서라고 하지만 불당의 건립은 하나라도 작지 않고 백이라도 모자랄 지경입니다. 서울 부근에 진관사와 대자암의 두 절을 중창한 데 이어 어찌 또 지방에 절 짓는 일을 서둘러 백성을 노역시키고, 재산을 허비해 원망을 사는지 모르겠습니다. 첫 번째 잘못입니다. 그리고 사리 몇 매를 궁중에 안치한 뒤 종실의 부인이 우러러 예를 올리고, 앞 다투어 능단을 보시하고, 사치를 다해 병이餠餌를 성대하게 공양하고 있습니다. 이 보시와 능단은 다른 날 부처를 섬기는 밑천이 됩니다. 또한 대궐 안에서 주자를 고쳐 만들어 불경을 찍어내 궁중의 부녀와 내시들을 쉽게 깨우칠 수 있게 한다니 놀라지 않을 수 없습니다.[···] 불교를 믿게 되면 그 해독은 당세에 적지 않은 폐를 끼치고, 후세에 남길 허물 또한 작지 않습니다. 직언을 하는 자가 한 사람이 아니고, 간쟁諫諍을 한 지도 하루 이틀이 아닙니다. 숭신하는 마음을 끝내 늦추지 않고, 간언을 해도 따르지 않는 뜻이 무엇인지 진정 모르겠습니다. 확연하게 결단을 내리소서.

문종은 상소를 읽은 다음 사정전에서 도승지 이계전, 좌승지 정이한을 인견하고 조목에 따라 강하게 물은 뒤 간관에게 하교했다.

- 복천사의 재목과 기와를 내려 보내고, 초둔을 대납한 것은 모르는 일이다. 그 규찰하는 책임은 관련 부서에 있다. 다만 단청 재료는 처음에

본도의 소산이 아닌 것을 모르고 주었다. 사리는 잠시 궁내로 들여왔다가 내보냈다. 정음청의 일은 의논할 바 못된다. 여러 사람이 이야기 하니 근일에 처음으로 찍고 있는 『소학』의 인쇄가 마무리되면 주자소에 내려보내겠다.[55]

문종, 복천사 중창 강행

세종의 승하와 연관된 천도 불사, 혜각존자 신미의 법호, 속리산 복천사의 중건 등 대소신료에게 국정을 쥐락펴락 할 수 있는 먹잇감은 풍부했다. 하루에 하나씩 꺼내 씹어도 힘에 부칠 지경이었다. 복천사 영건과 수양대군과 안평대군이 주축이 되어 정음청에서 진행하고 있는 불경 간행 사업이 그물에 걸려 올라오기 시작했다. 복천사에서는 이미 목공사를 끝내고, 기와잇기를 준비하고 있었다.

11월 1일 동지경연사 대사헌 안완경이 정음청의 혁파와 복천사 중창 공역의 폐해를 들고 나왔다.

- 주상께서 일찍이 신들에게 "정음청의 주자는 이미 주자소에 돌려보냈다."고 말씀해 기뻤습니다. 다시 들으니 주자의 반은 정음청에 남겨 두어 긴요하지 않은 책을 찍으며, 대군이 감독하게 한다고 하므로 의심하지 않을 수 없습니다. 예로부터 임금은 사私가 없고 반드시 유사에 맡겨 일을 책임지고 마무리하도록 했습니다. 전날의 교지를 가볍게 고칠 수가 없으니 빨리 혁파하소서.

- 정음청은 내가 만들지 않았다. 대군들이 책을 인쇄하기 위해 감독하고 있다. 늘 있는 일이라고 여겨 금지하지 않았다. 헌부와 여러 대신이 함께 거듭 불가하다고 말하므로 곧 혁파할 것이다. 또한 『소학』의 인쇄가 끝나지 않았다. 마치는 데로 혁파하겠다.

사헌부의 정보력을 최대한 이용해 문종을 압박해 나가는 안완경은 노련하고, 치밀했다. 이번에는 복천사 공역을 물고 늘어졌다.

- 외방에서 공물의 대납을 핑계로 간사승이 설치고 다녀 그 폐단이 적

지 않습니다. 특히 충청도의 주와 군에서 여러 폐단이 일어나고 있습니다.
- 듣지 못한 소식이다. 공물의 대납은 절의 간사승 뿐 아니라 동서와요 東西瓦窯와 교서관의 간사승도 하는 일이다. 어떤 조사들은 아예 이들에게 부탁을 넣어 대납하는 자도 있다고 들었다.
- 대납하는 자를 파출시키라는 엄한 법이 있습니다. 이 일은 거듭 밝혀 금지해야 합니다.
- 알고 있다. 상을 마친 다음에는 불사도 자연스럽게 없어질 것이다.
- 충청도 백성이 복천사 중창의 공역에 재목과 기와를 운반하기 때문에 피해를 많이 받고 있습니다.
- 그런 일이 있었는가. 나는 듣지 못했다. 안평대군이 부왕의 천도를 위해 사재를 내어 이 절을 개창하고 있다. 백성에게 폐를 끼치는 줄 모르고 단청에 쓸 도구를 내려 주었다. 이미 만들고 있는 절이니 철거할 수 없지만 재목과 기와의 운반은 금지하라.

좌사간 최항이 아뢰었다.
- 대군이 불사에 쓰기 위해 유밀을 바꾸려고 각 도의 수령에게 글을 보냈습니다. 수령이 다소곳이 따르지 않을 수 없어 민간에 일을 떠넘기므로 폐가 큽니다. 금지시키기 바랍니다.

안완경이 아뢰었다.
- 유밀을 금지하는 법이 『육전』에 있습니다. 불교는 청정해서 욕심이 없어야 하는데 어찌 유밀을 많이 베풀어야 기뻐하겠습니까. 금지함이 옳다고 봅니다.
- 부왕의 천도를 위한 일이다. 대소상의 수륙재와 진관사의 개축은 금지할 수 없다.

수양대군과 안평대군이 각 도에 복천사 불사에 동참하라는 내용의 글을 내려 보냈다. 과묵한 최항까지 나선 것으로 보면 큰 공역이 진행되고 있었다.

이날 황수신을 병조참판, 권극화를 형조참판, 김조를 동지중추원사, 신숙주를 수사헌집의로 삼았다.

> 황수신은 성질이 쾌활하고 의례에 맞는 몸가짐을 좋아하고 구변이 있었다. 이직吏職에 밝아 일찍이 도승지가 되어 청렴하지 못하다는 비난이 있었다. 병조에 임명되자 식자가 비웃었다. 권극화는 겁이 많고 나약했다. 일찍이 충청도 관찰사가 되었을 때 신미를 보고 존경하며 몸소 문밖까지 나와서 전송, 한 지방을 맡은 대신의 체모를 잃은 적이 있었다. 들은 자는 모두 분개하고, 놀라 탄식했다.[56]

11월 4일 하위지가 아뢰었다.
- 진관사와 대자암의 간사승이 공물의 대납으로 인해 주와 군을 돌아다니며 여러 가지로 폐해를 일으키고 있습니다. 충청도가 더욱 심한데, 또 보은의 복천사를 짓기 때문에 도 전체가 폐해를 받으니 금지하소서.
- 작은 일을 가지고 정부와 헌부에서 그 폐를 극론하는가. 이 절을 짓는 일은 알고 있다. 금지하지 않는 까닭은 이미 말했다. 군자의 마음은 군자의 마음으로 헤아리고, 소인의 마음은 소인의 마음으로 헤아리는 법이다.

훈민정음의 산실 정음청 혁파 압박

11월 9일 의정부에서 사인 김길통을 앞세워 아뢰었다.
- 정음청正音廳의 책방冊房: 조선조 때 책의 인쇄를 맡아 보던 공장工匠. 주자소에 속했으나 정음청에도 임시로 두었다.을 주자소에 돌렸으니 보루각報漏閣의 잡공도 없애소서.
문종이 사정전에서 도승지 이계전과 사인 김길통을 인견하고 하교했다.
- 정음청은 『소학』의 인쇄를 끝낸 뒤 주자소에 돌리고, 보루각도 없애겠다. 그러나 책방은 안 된다.
조관들 중에 자식을 위해 몰래 주자소에서 『어제대책』을 찍어달라고 요구하는 자가 한 둘이 아니었다. 그런데 책을 다 찍기도 전에 주자소를 닫아버린 것이다.

- 내가 모르는 일이다. 무슨 까닭으로 찍는가.

문종은 승정원에 일러 추국하려고 했으나 대신과 승지가 모두 연루되어 그만 두었다.[57]

12월 17일 강론을 끝낸 뒤 문종이 승정원에 일렀다.

- 최근에 정음청에서 『소학』의 인쇄를 끝냈다. 주자를 주자소에 돌려보내야 하는데, 본소가 좁아 갈무리 할 곳이 없다고 들었다. 정음청에 두고 주자소 관리가 오가며 관장하는 것이 어떻겠는가.

이계전이 아뢰었다.

- 마땅히 한 곳에 합해야 하고 정음청과 주자소 두 곳에 나누어 두고 오가며 관장하는 것은 옳지 않다고 생각됩니다.

우승지 정창손에게 일러 합당한 방도를 살펴보게 한 뒤 주자소로 돌려보냈다. 문종은 훈민정음의 교육에도 신경을 쓰고 있었다.

> 윤대하고 경연에 나가 처음으로 『대학연의大學衍義』를 강했다. 임금이 동궁에 있을 때 서연관에게 명해 『대학연의』를 언문으로 토구결, 어조사를 달아 종실宗室 가운데 제대로 문리가 통하지 않는 자를 가르치려고 했다. 또 대독하는 경연관에게 명해 경서와 역사서, 운서韻書를 널리 상고해 주해를 달고 간략하게 적어 날마다 아뢰게 하고, 친히 주필朱筆로 교정을 보았다.[58]

12월 24일 윤대하고 경연에서 강을 마쳤다. 참찬관 이계전이 아뢰었다.

- 정음청의 일은 대간과 대신이 말했습니다. 이제 혁파해 주자소로 보내니 모두 기뻐하고 있습니다. 그러나 "정음청의 간각間閣이 많고 또 견고하니 쓸모없는 장소를 만들지 말고 이곳에서 다른 일을 다시 시작하는 것이 마땅하다."고 말하고 있습니다. 이제 상의원과 군기감에 모이게 하여 국가에서 비록 무사한 날을 당하더라도 병기와 갑옷은 정련해야 합니다. 하물며 대적大敵이 국경에 임한다는 보고가 있으니 병기와 갑옷 만드는 일은 늦출 수 없습니다. 그러나 상의원과 군기감이 분사分司해 직

사職事에 이바지한다면 본사本司의 일을 돌아보지 않을 것이니, 실로 옳지 않습니다. 상의원과 군기감의 본사에서 갑옷 만드는 일을 감독하게 하고, 맡은 바 일을 다스리게 함이 양쪽으로 편할 것입니다. 또한 상의원은 궐내에 가까이 있습니다. 정음청과 어찌 다르겠습니까.

– 너희 뜻을 모두 알겠다. 궐내의 잡무를 번거롭고 어지럽게 하려는 것이 아니다. 상의원이 좋다면 상의원에 모이게 하고, 군기감이 좋다면 그렇게 하라. 두 곳이 모두 좋지 않다면 정음청이 적당하다. 상의원 제조 정분과 군기감제조 이사임과 의논한 다음 아뢰라.[59]

유신들에게 주자소가 귀중했던 것보다도 문종이 주자소 대신 동궁 시절부터 추진해 오던 정음청 중심의 사업과 같은 관청에서의 서적 인쇄를 반대하기 위한 것이었다.[60]

주자소의 활자를 정음청으로 옮겨 불경간행에 쓰다가 이때 다시 주자소로 옮겼다. 이후부터는 주자소에서 서책을 인간했다. 정음청의 책방, 조각방, 묵방으로 쓰였던 건물은 군기감의 병기와 갑옷 만드는 곳으로 돌려버렸다. 훈민정음의 산실産室이 칼과 갑옷에 밀려나고 있었다.

세종을 위한 복천사, 대자암 불사 지원

1451년문종 1 2월 16일 좌부승지 이숭지가 계문했다.

– 황금과 하엽록荷葉綠 : 단청의 원료인 오채五彩의 하나. 녹색의 염료로써 연잎에서 채취은 불상의 개금과 진관사 단청에 써버리고 남은 것이 얼마 없습니다. 이 물건은 우리나라에서는 나지 않습니다. 만약 쓸 곳이 있으면 어떻게 하겠습니까. 종묘와 문소전, 영녕전에도 아직 채색을 하지 않았습니다. 절에는 어찌 단청을 하는지 모르겠습니다.

2월 17일 좌부승지 이숭지를 대자암에 보내 불사를 감독하게 했다. 이틀 전부터 세종을 위한 추천追薦 불사가 계속되고 있었다. 승지가 날마다 돌아가며 감독했다. 승도 108명에게 의발衣鉢을 시주하고 5일 만에 파했다.[61]

4월 14일 전 부사정 정안종이 역대 제가의 풍수론에 따라 내불당을 지은 것은 나라의 비책에 맞지 않으므로 불당을 헐어 그 땅을 편안하게 해야 한다고 상언했다. 문종은 대꾸도 하지 않았다.

사헌부에서 도첩이 없는 중을 구명究明해서 다스리고 있어 옥사에 걸린 자가 많았다. 집현전에서 준열하게 불교의 폐단을 가려 뽑아 상소했다. 행간 속에 칼바람이 휘감아 돌고 있었다.

4월 17일 문종이 불교에 대한 분명한 입장과 생각을 정리, 예조에 내렸다. 드문 경우였다.

불교는 청정무욕淸淨無欲을 으뜸으로 삼는다고 들었다. 청정하면 마음이 허공과 같고, 무욕하면 소유욕이 없다. 텅빔과 무소유를 무시하는 까닭에 윤리에서 벗어난다. 그러나 불교가 사람의 이목에 들어온 시일이 이미 오래 되어 갑자기 바꿀 수 없다. 혹 흉상凶喪의 일이나, 박절한 사정을 당하면 누구나 할 것 없이 부처를 섬기기도 하고, 신을 섬기기도 한다. 조상의 추모를 위해 무슨 일인들 하지 못하랴. 오래도록 두텁게 내려온 전통이기 때문에 피할 수 없을 뿐이다. 세종께서는 성학이 고명高明하시어, 무당의 부적 따위는 논외에 두었다. 내가 동궁에 있을 때 밤낮으로 뵙고 매양 훈계를 받아 훈도에 점차 물들어서, 무릇 신기하고 괴이한 한 일에 대해서는 단연코 의혹됨이 없다.

일찍이 세종께서 나에게 "사람의 어질지 못함을 미워하는 것이 심하면 어지러워지는 법이다. 성인의 도는 널리 포용해 박절하게 하지 않는다. 지금의 고론高論은 모두 그 사람에게 어질게 대하고 그 글을 불태우고자 함이다. 만약 한결같이 그 말만 따른다면 일이 좋지 않을 것이다. 그러나 오륜五倫의 사이에 살면서 청정의 법을 숭상하면 폐단이 생기지 않을 수 없다."고 말씀했다. 부녀자가 절에 오르는 것을 금하고, 도첩度牒의 법을 하루라도 늦추지 않았다.

말년에 이르러 1444년세종 26 이후 흉사가 이어져 한 두 번의 불사를 베풀었다. 상사喪事로 말미암아 부처를 섬김은 본디 예전부터 있어온 일이다. 세종께서 새로 만드신 것이 아니다. 문소전의 불당을 다시 세운 일이 있으나 역시 태종의 뜻에 따랐을 뿐이다. 지금 말하는 자 모두 이를 모르고 "세종께서 말년에 불법을 숭상했다."고 하니 성덕에 누가 된다. 조정에 있는 사람도 이러한데, 무지한 백성은 물어 무엇 하겠는가. 어리석은 백성이 그 자취만 보고 실상은 모른 채 위에서 참으로 좋아한 것으로 여기고, 다투어 서로 본받고 함부로 국법을 어겨 삭발하는 젊은 사람이 날로 늘고, 달로 더해 가서 걸핏하면 만을 헤아리게 되고, 법회에 와서 먹는 자가 많아져 군액이 날로 줄어 가고 있어 참으로 염려된다. 도승度僧에 관한 금령이 법전에 실려 있으나 봉행하는 자가 지극하지 못해 이 지경에 이르렀다고 생각한다. 만약 거듭 금단하지 않으면 장차 그 폐해를 구제하기 어렵게 될까 염려된다.

지난해 겨울에 금령을 범하는 자를 변방으로 옮기는 법을 거듭 만들었다. 갑자기 이를 시행하면 소요가 일어날까 염려되고, 만으로 헤아릴 무리를 하루아침에 죄다 멀리 변방으로 쫓아 보내는 것은 정리에 차마 못할 뿐만 아니라 아마도 원망을 가져와서 화기和氣를 손상할까 두렵다. 기한을 너그럽게 잡아 자진해서 환속하는 것을 받아들이되 형벌을 가하지 말고, 정전을 바치면 도첩을 주라. 12월 그믐을 기한으로 잡고 기한이 지나도 자수하지 않거나, 금령을 범하는 자가 있거든 한결같이 『육전』과 해마다 내린 전교에 따라 엄격하게 처리하라. 또 벽지에 사는 중이 소식을 듣지 못해 자수하는 기한을 넘겨 죄를 범하게 될까 염려된다. 두루 알려서 혹시라도 모르는 일이 없도록 하라. 법이 시행되지 않음은 관리의 봉행이 지극하지 않았기 때문이다. 이제부터 금단하지 않는 관리도 죄를 묻고, 용서하지 않겠다. 예조에서는 내 지극한 생각을 읽고, 중외에 널리 알리라.

사헌부에서 종실과 친족이 아비도 없고, 임금도 없는 승려를 아침저녁으로 가까이 해서 총애를 사고, 과장된 일까지 벌이는 지경이라고 비판하고 나섰다.

문종이 말했다.

- 종실에서 불교를 좋아하는 것은 망령된 일이다. 장차 3년쯤 지나면 부처를 섬기는 사람이 없어질 것이다.[62]

5월 18일 진관사의 수륙사가 준공되었다. 제조 우찬성 정분, 병조판서 민신, 예조판서, 도승지를 보내 확인했다.[63] 공역에 참여한 218명의 승려에게 대선사大禪師의 직을 내렸다. 정분을 진관사 불당 수리의 조성제조로 삼았다. 수륙사를 지을 때 썼던 목재와 기와, 관에서 지원했던 쌀이 충분히 남아 있고, 승려가 자진해서 울력함으로써 나라에서 관여하지 않아도 될 정도였다. 문종이 말했다.

- 일찍이 세종께서 수륙사가 완공되면 본사를 개수하라는 명을 내린 적이 있다. 중이 살 집을 스스로 짓는다는데 마다할 까닭이 없다.

세종께서 효령대군의 집으로 이어했을 때 쾌유를 기원하는 기도를 올렸던 승려에게 상직을 내렸다. 나머지 도첩이 없는 자가 있으면 다 만들어 주라고 예조에 지시했다.[64]

7월 들어 연이어 비를 동반한 태풍이 들이쳤다. 도성의 민가의 기와가 날아갔고, 큰 나무가 뿌리째 뽑혔다. 진관사 초입에 매장하지 않고 버려진 시신이 널려 있었다. 의정부에서 예조의 정문을 근거로 한성부와 소재관으로 하여금 엄중하게 고찰케 하고, 진관사의 동구 밖에는 매장하지 말 것을 건의했다. 문종이 허락했다.[65]

7월 21일 안평대군이 백악의 서북쪽에 무계정사武溪精舍[66]를 짓고 시회詩會를 열었다. 꿈에 박팽년과 함께 보았던 '무릉도원'의 풍광과 절묘하게 어울리는 터였다. 절친한 박팽년과 성삼문의 사이가 벌어지는 것을 막기 위해 안평대군은 '정신을 기쁘게 하고 은자를 머물게 할 만한 곳'인 무계정사의 풍광을 다섯 수의 연작시로 노래했다. 박팽년·성삼문·서거정 등이 화답했다.

언젠가 꿈속에서 봄 산을 걸었더니	他年夜夢歷春山
드넓은 숲 속에서 도원을 찾았네	訪入桃源莽蒼間
벼슬 버리고 싶은 생각 항상 가슴속에 있어	投紱有懷常在臆
오늘 와서 터를 닦고 보니 이제는 기쁜 얼굴.	誅茅今日始怡顏
좁은 터 낙으로 삼으니 쉬기에 알맞아	地偏爲樂饒休暇
길이 막혀 사람이 없으니 누가 문을 두드릴까	路阻無人肯扣關
여기는 전생에 나의 천석이었던 곳,	應是前生我泉石
하늘이 아껴 둔 곳 훔쳤다 비웃지 말라	時人莫笑盜天慳
은거지 승사는 깊은 가을에 있나니	幽居勝事在秋深
두 눈에 들어오는 햇살 내 마음에 맞다	滿眼寒光適我心
서리가 단풍을 물들여 숲은 타는 듯하고,	霜染丹楓林燒火

국화에 맺힌 이슬 달빛에 금빛으로 반짝이네	露團黃菊月飜金
높은 벼랑은 장생화 그려진 화축,	懸厓有軸長生畵
흐르는 물소리 가락 없으니 태고의 거문고 소리	流水無聲太古琴
개울 남쪽과 북쪽에 배와 밤 익어가니,	溪北溪南梨栗熟
한가하게 원숭이를 따라 서로 찾아 나선다	閑隨猿狖也相尋[67]

성균관의 동서재와 회랑에 비가 새고 난간과 담장도 무너져 문묘의 체모가 말이 아니었다. 수즙할 때 쓸 기와가 문제였다. 진관사에서 지붕을 덮고 남은 기와를 대성전에 쓸 수는 없었다. 동서요아에서 기와를 구워 쓸 수 있도록 조치했다.[68]

1451년(문종 1) 9월 5일 복천사 중창불사가 마무리 되었다. 안평대군이 공역이 끝난 것을 확인하라는 명을 받고 신미가 머물고 있는 속리산 복천사로 내려갔다.[69]

이틀 뒤 사헌부 집의 박팽년이 예궐해 아뢰었다.

- 안평대군이 충청도 보은현 복천사로 갔습니다. 앞서 들으니 충청도 각 고을에서 행차를 미리 기다리고 있다 하기에 허망한 말이라 했습니다. 과연 오늘에 행차가 있게 되니 각 고을에서 폐해를 받는 일이 어찌 없겠습니까. 지난번 복천사를 중창할 때 재목과 기와를 운반하느라고 온 도내가 떠들썩했습니다. 이제 또 대군의 행차가 있어 한 도의 수령이 서로 앞을 다투고 있습니다. 그 이바지의 폐단을 어찌 다 말하겠습니까. 속히 돌아오라 명하고, 아울러 불사를 멈추게 하소서.

- 안평대군이 집안의 일로 가까운 곳에 출입하는 것이 분의分義에 무슨 방해가 되겠느냐. 당초에는 역마를 주려고 했지만 그 폐단이 우려되어 하지 않았다. 잠시 수륙재를 베푸는 것뿐이다. 수일 내로 돌아올 것이다.

- 대군이 권도를 좇아 최복을 벗었으나 그 분의를 논한다면 아직 최질 속에 있습니다. 산릉을 떠나 지방으로 출입하는 것이 분수에 맞지 않습니다. 추천할 때라면 모르지만 굳이 수륙재를 올리는 것은 좋은 일이 아닙니다. 속히 돌아오도록 명하소서.

- 곧 돌아올 것이다.

9월 10일 문종이 복천사에 내려가 있는 안평대군에게 글을 내려 수륙재를 올린 뒤 속히 올라오라고 명했다.[70]

9월 13일 사헌부 지평 이맹영이 아뢰었다.

- 안평대군이 복천사에 갔을 때 불상을 조성, 승려로 하여금 메어가게 했고 지나가는 곳곳의 수령이 다투어 병과餠果와 포화布貨를 베풀었다고 합니다. 수령을 탄핵하고, 대군 또한 급히 불러올려야 마땅합니다.

- 안평대군은 이미 불렀다. 당초 내려갈 때 내가 유서諭書를 내려 주군州郡에서 지대하도록 했다. 수령을 탄핵할 수는 없다.

- 안평대군이 가는 길에 지대하는 것은 이미 내린 글이 있었다 하나 과일과 배 등의 물품을 거두어 폐해를 끼친 일은 묻지 않을 수 없습니다.

- 이미 지대하라고 명했다. 수령이 절물을 갖추어 주었다 한들 무슨 잘못이 있겠느냐.[71]

10월 8일 경연이 끝나고 우헌납 조원희가 아뢰었다.

- 종실의 불법은 단속하지 않을 수 없습니다. 지금 안평대군은 많은 추종을 거느리고 충청도 보은현 복천사에 가서 폐를 일으키는 일이 많고, 향연을 받았다고 합니다. 작을 때 없애지 않으면 커졌을 때 감당하기 힘들어집니다. 오늘날 금하지 않으면 뒷날에 반드시 큰 불법에 이를 것입니다.

문종이 노기 띤 음성으로 힐문했다.

- 추종자가 몇 명이고, 분수에 지나친 향연을 어디에서 받았는가.

조원희가 가부를 정하지 못하고 우물쭈물 대답했다.

- 추종자의 숫자는 자세하게 알 수 없고, 다만 민간에서 말하기를 "많이 데리고 갔다."고 합니다. 또한 어찌 감사와 수령으로 와서 궤향하는 자가 없겠습니까.

문종이 목소리를 높여 힐책했다.

- 안평대군이 복천사에 가겠다고 청해 내가 허락했다. 충청도에 초료草料와 죽반粥飯을 주라는 명을 내렸다. 수륙재를 지낼 때 백성에게 다과와

음식물과 중에게 시주하는 포백을 받은 것이 어찌 큰 불법이냐. 다 없애란 말이냐.

조원희가 두려운 얼굴색으로 멈칫거리며 물러갔다. 동부승지 노숙동에게 문종이 말했다.

- 간관은 언사를 맡은 직책이다. 마땅히 대체를 알아야 한다. 근거 없는 말을 가지고 와서 아뢰는 것은 좋지 않다. 상사를 당해 향연을 받은 것은 작은 일이 아니다. 만약 공의에서 발언한다면 종신토록 큰 누가 될 것이다. 그 말을 과장하는 것이 옳겠는가. 수양대군과 안평대군은 국상 중에 슬픔을 펼 곳이 없으므로 불교에 의지하고 있다. 어찌 강제로 금하겠느냐.

노숙동이 아뢰었다.

- 조원희가 스스로 짐작하기를 "대군의 행차에 감사와 수령이 어찌 가서 보지 않겠는가. 만약 가서 보았다면 음식과 과일을 올렸을 것이니 한잔 술도 겸했음이 분명하다."고 억측해 지나친 말을 했을 것입니다. 어찌 향연이 있었겠습니까.

- 조원희의 말은 경박하기 이를 데 없다.

10월 10일 문종이 조원희를 불러 추궁했다.

- "안평대군이 충청도에 있을 때 향연을 받았다."고 네가 이틀 전에 말했다. 근자에 안평대군이 휘덕전에서 재를 올리기에 묻지 않고 오늘 물어보았다. "진실로 그런 일은 없었습니다."고 답했다. 안평대군이 잔치를 즐기고 있을 때가 아니다. 실로 이런 일이 있었다면 반드시 평생 누가 될 것이다. 안평대군을 죄 주고자 하더라도 뚜렷하게 범한 것을 안 뒤에 말하는 것이 옳지. 헛된 일을 가지고 가볍게 말하는 것이 옳겠느냐. 네가 잘못 아뢰었다고 말하기 때문에 죄는 묻지 않겠다.[72]

11월 17일, 양녕대군이 언문으로 짧은 편지를 써서 문종께 아뢰었다. 김경재를 상경시켜 그 딸을 시집보내 달라는 내용이었다.[73]

5
흔들리는 훈민정음
단종과 수양대군의 대립

아프면 아프지 않아
아프지 않은 말이 아프다
변함없는 약은
내 몸에 독약과 같아

문종의 국상과 어린 왕 단종

문종, 쓸쓸한 궁궐에서 아프게 떠나다

문종의 옥체 미령했다. 시시각각 죽음의 그림자가 경복궁 담장 안으로 스며들 기미가 보였다. 다른 해보다 더위가 일찍 기승을 부렸다. 삼각산을 휘돌아온 바람이 칙칙하고 무거웠다.

1452년문종 2 5월 4일 안평대군이 대자암에서 문종의 쾌유를 빌었다. 다음날, 문종의 병환이 낫지 않았다. 종묘사직과 소격전, 삼각산·백악산·목멱산에서 기도를 올렸다.[1]

5월 9일 흥천사에서 공작재를 마쳤다. 차등을 두고 승려에게 보시했다. 영의정 황보인이 종묘, 우의정 김종서가 사직, 공조판서 정인지가 소격전에서 기도를 올렸다.[2]

1452년문종 2 5월 14일 문종이 경복궁 강녕전에서 아프게 눈을 감았다. 39세, 왕위에 있은 지 2년 4개월 만이었다. 신료와 백성은 세종의 국상 때보다 더 슬퍼했다. 혜빈 양씨가 세자를 모시고 함원전含元殿으로 거처를 옮겼다.

문종은 날마다 세종의 옆에서 정사를 보살피는 여가에 경사를 강론하고, 부지런히 힘쓰며 그치지 않았다. 『역경』과 『예기』는 모두 세종께서 가르쳤다. 이미 성리의 글을 통달하고 나서 문장을 만들었다. 명을 쓸 때 붓을 들고 그 자리에서 쓰더라도 막힘이 없었다. 일찍이 목척木尺에 "이 자처럼 범용한 물건도 사용해 굽은 것을 바르게 할 수가 있다. 천하의 정사가 사사로운 마음만 없으면 누군들 복종하지 않겠는가."라고 적었다. 그의 도량이 이와 같았다. 조자앙의 글씨를 좋아했다. 왕우군王右軍의 서법을 섞어 써서 등불 아래 종이를 펴더라도 정묘하게 썼다. 입신의 경지였다. 그의 촌간寸簡과 척지隻紙를 얻은 사람은 천금처럼 소중하게 여겼다. 30년 동안 하루같이 근신했다. 저녁때가 되도록 세종을 모시며 곁을 떠나지 않았다. 세종께서 노경에 몸이 피곤해졌다. 나랏일은 모두 문종에게 결정하도록 일임했다. 여러 가지 정무가 번거롭고 바쁜데도 시약하는 등 정성을 다했다. 물러나면 빈우賓友와 더불어 경사를 강론했다. 하루도 편안하고 한적하게 보내지 않았다. 측근에서 게으른 용모를 본 적이 없었다. 일찍이 근신에게 다음과 같이 일렀다.

- 최근에 『근사록』과 『사서』를 봤는데, 얻는 것이 많았다. 어릴 때 보던 것과는 사뭇 다르다. 학문은 강론할수록 더욱 밝아지는 법이다. 지금 학자의 책에 다른 것이 있다. 경들은 나를 위해 두 가지만 말해 보라. 남녀와 음식에 대한 욕심은 사람에게 간절한 것이다. 고량膏粱의 자제는 이 때문에 몸을 망치는 경우가 허다하다. 내가 늘 여러 아우를 볼 때마다 순순諄諄히 경계하고 타일렀다. 과연 내 말을 따르는지는 알 수 없다.³

시호를 '흠명인숙 광문성효欽明仁肅光文聖孝', 묘호廟號는 '문종文宗', 능릉은 '현릉顯陵'이라 정했다.⁴ 처음에 왕의 묘호를 '효孝'라고 정하려 했다. 지극한 효성을 기리기 위해서였다. 그러나 효는 한 가지 덕만을 표현하게 된다며 '문文'으로 정했다.

자녀는 모두 1남 2녀. 권씨가 낳은 딸은 경혜공주로 영양위 정종에게 출가했다. 문종이 세자였을 때 소실로 들어온 양씨가 낳은 경숙옹주는 반성위 강자순에게 출가했다.

문종이 동궁으로 있을 때 세종을 모시고 희우정에 나가서 금귤 한 쟁반을 나무소반에 담아 집현전에 보냈다. 집현전의 학사가 귤을 다 먹었다. 쟁반 복판에 시가 씌어 있었다. 반초행서半草行書, 지극한 향기가 담겨 있는 귤시橘詩였다.

　　　　전단향 향기는 코에만 향기롭고　　　　　　旃檀偏宜鼻

기름진 고기는 입에만 달구나	脂膏偏宜口
가장 아끼는 동정의 귤은	最愛洞庭橘
코에도 향기롭고 입에도 달구나	香鼻又甘口

문종은 해서楷書에 정묘했다. 필력筆力이 굳세고, 생동하는 진수는 진晉 ※ 화보1
나라 명필의 오묘한 경지에 이르렀다. 그러나 석각된 한 두 체본體本이
남아 있어 세상에 전할 뿐, 진적眞跡은 보기 드물었다.⁵

12세의 어린 왕, 단종

5월 18일 12세의 어린 단종이 경복궁 근정문에서 즉위했다. 시위하던 군사와 백관이 울음을 삼키고 있었다. 어린 임금이 왕위에 오르면 궁궐에서 가장 서열이 높은 후비가 수렴청정을 했다. 당시 궁중에는 대왕대비도, 모후 권씨도 곁에 없었다. 세종의 후궁인 혜빈 양씨가 돌보고 있었지만 뒷배가 없었다. 단종은 아직 혼례도 치르지 않았다.

단종은 백색의 공간에서 쓸쓸하기 짝이 없었다. 왕실은 강성한 수양·안평대군을 비롯한 여러 종친이 떠받치고 있었고, 정부에서는 문종의 유명을 받은 고명대신 황보인과 김종서 등이 정권을 잡고 있었다. 정치적 야심을 숨기지 않은 수양대군과 예술과 문화에 깊게 몰입해 있던 안평대군의 세력경쟁은 겉으로는 드러나지 않았지만, 불꽃을 튕기고 있었다. 국가에 대한 충성과 신권을 지키려는 논리가 충돌하기 시작했다.

문종의 후궁이 머리를 깎았다. 집현전 부제학 신석조가 "세종 때 후궁이 여승이 된 것은 부득이한 사세에 몰렸던 일이다. 뒤로는 이런 일이 없도록 하라."는 문종의 하교를 근거로 허후가 황보인과 김종서에게 알려 멈추게 하라는 청을 넣었다. 좌의정 남지는 풍병風病으로 병석에 있었다. 국사는 황보인과 김종서가 결정했고, 허후와 정분이 옆에서 거들었다.⁶

궁궐에 호랑이는 없고, 승냥이와 이리떼가 눈빛을 반짝이며 몰려다니고 있었다. 주자소의 주자鑄字에도 먼지가 뽀얗게 내려앉기 시작했다. 호학好學의 군주였던 세종의 간절한 바람은 오뉴월 서리에 시들었다. 책보다

는 무리의 논리가 먹히는 세상으로 바뀌고 있었다.

단종이 즉위한 이후 문종의 고명을 받은 대신과 종친 사이의 대결은 격화되고 있었다. 이를 중재할 만한 지위와 권위를 가진 사람은 없었다. 단종은 명색이 왕이었지만 자신의 의사와는 무관하게 돌아가는 정치현실에 떠밀려 다녀야 했다. 이런 단종의 즉위는 한바탕 회오리를 예고하는 것이었다.[7]

6월 10일 부사직 문득겸이 내불당을 혁파하라고 압박했다. 어린 단종은 의정부에서 의논하라고 명했다. 의정부에서 세종께서 창건했으므로 갑자기 헐 수 없다고 아뢰었다.[8]

6월 12일 사헌장령 이보흠이 내불당을 지은 이후 나라에 이로운 일이 하나도 없었고, 계속해서 큰 사고만 이어지고 있어 문득겸의 상소를 받아들이라고 청했다. 단종이 말했다.

- 불당은 선왕께서 이미 이루어 놓은 것이므로 내가 갑자기 헐 수 없다.

다음날 술자들이 다투어 불길함을 말했다. 정부에서는 창덕궁을 수리하고 이어하자는 의논을 냈다. 의정부 당상과 풍수학 제조가 창덕궁에 가서 터를 살폈다. 선공부정 이명민이 경기·강원·충청·황해도의 선군船軍을 수리 공역에 투입시켜 밤낮으로 쉬지 않았다. 산릉과 혼전의 역사를 한꺼번에 벌이고 있어 백성이 심히 괴로워하고 있었다.[9]

6월 20일 이보흠이 사헌부의 의논을 모아 내불당을 혁파하라고 압박했다. 내불당을 짓고 나서부터 계속 나라에 불행한 일이 이어졌으므로 화복의 설은 믿을 것이 못되며, 즉각 철거해서 머물고 있는 승려를 쫓아내고 절을 비우게 하라는 것이었다.

단종은 대신과 의논한 뒤 말했다.

- 갑자기 헐 수는 없다.[10]

6월 23일 사헌부에서 신미의 제자 학열을 걸고 넘어졌다. 부지돈녕부사 권총이 일찍이 별서別墅 : 별장에 불당을 지어 학열을 믿고 머물게 했는데 학열이 권총의 비첩 세 명과 몰래 간통했다는 소문이 돌았다. 어느 날 권총이 의심이 나서 가보니 학열이 한 비첩과 함께 누워 있었다. 학열은 도망갔고, 비첩은 스스로 목메어 죽었다는 것이다.[11]

사실 여부를 떠나 문종의 국상 중에 벌어질 수 없는 일이었다. 척불에 앞장섰던 유신이 승려를 옭아맬 때 쓰는 전형적인 비방이었고, 내불당 문제를 부각시키기 위한 술책이었다. 세력을 확장하려는 황보인과 김종서에게 신미는 큰 부담이었다. 수양과 안평대군이 바람막이를 하고 있어 공격의 빌미를 찾기는 쉽지 않았다.

김종서가 문득겸을 앞세워 내불당 문제를 계속 물고 늘어졌다.

- 주산의 내맥에 절을 세우고 우물을 팠고, 앞에 문소전이 있습니다. 『동림洞林』에 "불당이 뒤에 있고 신전이 앞에 있으면 절멸絶滅할 상이다."고 했습니다. 여러 신이 불당에 공읍拱揖하므로 신혼神魂이 불안할까 두렵습니다. 불당을 옮기지 않는다면 문소전을 옮기고, 다 안 된다면 우선 불당에서 종과 범패를 치지 않게 하소서.

단종은 대꾸하지 않았다.[12]

수양 · 안평대군, 골육상쟁의 서막

안평대군, 온 세상에 충직한 신하가 없다

※ 화보2 문종이 세상을 뜨고 어린 단종이 왕위에 오르는 순간, 정국은 소용돌이에 휘말렸다. 궁궐의 담장을 넘어 날아드는 새의 울음소리가 텅 비어 있는 듯 들렸다. 흔들릴 때 흔들리더라도 높은 곳으로 오르고 싶었다. 그러나 젖은 날개로 멀리 날아갈 수는 없었다. 아침에 울던 새와 저녁에 울던 새가 달랐다. 임금의 죽음을 알고 있었다는 듯 난 데 없이 경회루와 근정전 용마루에 부엉이가 날아와 "훙麓-후웅" 울었다. 가뭄이 들과 산을 달궜다. 교태전에서 내불당으로 가는 박석도 발을 디디기 어려울 정도였다. 오르막길과 내리막길이 달무리를 돌리고 있었다.

수양대군이 칼이라면 부인 윤씨는 칼집이었다. 베어야 할 때 칼이 칼집에 머물러서는 안 된다는 것을 윤씨는 알고 있었다. 14년 동안 궁궐의 안살림을 챙기며 윤씨는 늘 며느리와 장자의 건강이 신경 쓰였다. 소헌왕후가 자상하고 따뜻하며, 정감 어린 인품으로 세종을 보필해온 것과는 사뭇 달랐다. 단호함과 분명함을 마음 한쪽에 숨겨 두고 있었.

윤씨의 입가에 엷은 미소가 빗겨갔다. 피의 냄새는 남정네보다 여인네에게 가깝다. 맛 봐야 한다면 한 동이라도 모자랄 지경이다. 피는 묽지만 날카롭다. 흐름이 끊어지는 순간 굳는다. 물방울은 물러설 자리라도 있지만, 피는 머물 자리가 없다.

이날 저녁에 한명회와 신숙주가 다녀갔다. 인왕산 쪽에서 개 한 마리가 밥 짓는 연기를 올려다보며 짖어대고 있었다.
1452년 단종 즉위년 6월 8일 안평대군과 이현로의 시가 흔들리는 정국에 묘한 바람을 일으켰다. 안평대군이 내리는 비를 바라보며 시를 썼다.

청명한 하늘 제대로 보기 어렵고	乾象淸明少
인생은 변고가 많다	人生變故多
누가 후세를 기다린다 말하리	誰云待後歲
늙어갈 이 몸, 어찌할 것인가	老去將如何

안평대군을 입속의 혀같이 따르고 있던 이현로가 화답했다.

| 밝은 날 어느 때나 나올꼬 | 白日何時出 |
| 유유悠悠하다, 늙는 것을 어이하리 | 悠悠奈老何 |

문득 비가 그쳤다. 안평대군이 한 수 더 읊었다.

작은 해에 아름다운 빛 돌아	微陽有佳色
만물이 광채를 더한다	萬物增彩光
어느 때나 햇살 넓게 퍼져	何時日色大
밝고 밝게 사방을 비출 것인가	明明照四方

이긴 자의 편에서 보면 모반이지만, 시는 시로 볼 뿐. 안평대군이 모반을 꿈꿨는지는 누구도 모른다. 대군이 강성했기 때문에 민심이 흉흉했지만, 왕위에 대한 야망을 드러내지 않고 있었다.
김종서가 민심을 끌어당기라는 뜻을 담은 시를 건넸다.

큰 하늘 본디 텅 비었나니	大空本寂寥
현묘한 조화를 누구에게 물으랴	玄化憑誰訊
사람의 일 진실로 어그러지지 않으면	人事苟不差
비 오고 볕 나는 것은 당연한 흐름	雨暘由玆順

바람 따라 흩날리는 복사꽃,	隨風着桃李
완연한 꽃 소식 재촉한다	灼灼催花信
보리밭을 적시는 촉촉한 안개비	沾濡及麥隴
온 땅 고루 윤택해지네	率土均澤潤¹³

문종, 현릉에 들다

7월 18일 정인지·민신·박연 등이 왕명을 받들고 영릉에 가서 수양·안평대군과 의논해 혈을 살폈다. 영릉의 서혈西穴이 길하다고 했다. 산릉에서 경기·강원·충청·황해도와 당번선군, 서울의 시장 상인이 부역했다. 쌀값이 뛰어 면포 1필의 값이 4두였다. 민신과 정분이 감독을 맡아 지휘봉을 휘두르며 현장을 독려했다. 신숙주가 한 마디 던졌다.

- 예로부터 국사를 그르치는 것은 반드시 나약하고 열등감에 빠져 있는 무능한 사람이 아니라, 재주와 지혜가 남아도는 사람 때문이었다. 토목의 역사는 백성을 괴롭게 하고 재산을 없애버리므로 원망이 극히 크다. 정분은 명을 들으면 훤히 트여서 막힘이 없고, 일을 처리하는 것을 보면 크게 벌이기 일쑤다. 대신으로서 현장 감독의 일을 좋아하니 다른 날 분명 국사를 그르칠 것이다.

공조좌랑 홍원숙과 선공주부 김우묘가 낭청으로 있었다. 정분의 뒷배로 공사의 진척이 조금이라도 더디면 머리를 휘잡아 다그치기 일쑤였다. 대신의 체모는 상관하지 않았다.¹⁴

7월 28일 권람이 수양대군에게 창졸지간의 변에 대비하기 위해서는 삶과 죽음을 부탁할 만한 장사가 필요하다며 한명회를 추천했다.

- 한명회는 어려서부터 기개가 범상치 않고, 포부 또한 작지 않습니다. 다만 명이 맞지 않아 지위가 낮고 아는 자가 없습니다. 대군께서 만일 난을 뿌리 뽑을 뜻이 있으면 이 사람이 아니면 할 수 없을 것입니다.

수양대군이 대답했다.

- 예로부터 영웅은 둔건屯蹇함이 많다. 지위가 낮은들 무엇이 해롭겠느냐. 비록 얼굴을 보지 못했지만 그대의 이야기를 들으니 참으로 국사國

士의 재목이다. 내가 마땅히 보고 상의하겠다.¹⁵

8월 10일, 정수충이 수양대군의 집에 들렀다. 마침 집현전 직제학 신숙주가 지나갔다. 수양대군이 "신수찬申修撰"하고 불러 세웠다. 신숙주가 말에서 내렸다. 수양대군이 웃으며 말했다.

- 어찌 문 앞을 지나면서도 들어오지 않는가.

사랑채로 맞아 들여 술 한 잔 권하며 수양대군이 농담을 던졌다.

- 옛 친구를 어찌 찾아와 보지 않는가. 이야기하고 싶은 지 오래였다. 사람이 비록 죽지 않으려는 것은 인지상정이다. 그러나 사직을 위해서 죽을 수도 있는 것 아닌가.

신숙주가 대답했다.

- 장부가 아녀자의 수중에서 편하게 죽는다면 그것 역시 세상 물정 모르는[在家不知] 자가 아니겠습니까.

수양대군이 바로 말했다.

- 그렇다면 중국에 함께 가자.¹⁶

9월 1일 문종의 재궁이 건원릉 동남쪽 골짜기의 현릉에 들었다. 계좌정향癸坐丁向이다.

> 성품이 관홍寬洪·간중簡重하고 명의明毅·인서仁恕했다. 효성과 우애가 천성에서 나왔다. 위를 섬기고 아래를 대우하기를 지성으로 했고, 성색聲色을 가까이 하지 않았다. 성학聖學이 고명했다. 고금을 밝게 보고, 더욱 성리학에 깊이 몰입했다. 때로 가까운 신하와 더불어 역대의 치란의 동기와 선유先儒의 같고 다른 설을 평론하되 한결같이 이치에 들어맞았다. 말씀이 간략하고 뜻이 확연하게 통했다. 천문天文·역산曆算·성음聲音에 지극히 정밀했다. 초서와 예서에 능하고 문장이 높고 맑았지만 일찍이 뜻을 두지 않았다. 조정에 임해서는 고요하고 과묵했다. 바라보면 엄연하나, 군신과 더불어 말씀하면 온화해서 봄바람 속에 있는 것 같았다. 신하의 말이 맞지 않더라도 너그럽게 용서했다. 말하는 사람도 각각 그 품은 바를 다 말했다. 30년 동안 세자의 자리에 있으며 선왕을 도와서 이룬 것이 실로 많았다. 정무를 대행함에 이르러서도 공덕이 사람에게 미친 것이 더욱 깊었다.¹⁷

명나라 조정에서 '공순恭順'이라는 시호를 내렸다. 경순敬順하게 윗사람 섬기는 것이 공恭, 자인慈仁하여 백성에 온화한 것이 순順이다.[18]
문종의 국상 중에 베풀어진 49재의 사찰은 다음과 같다.

- 초재5월 19일 : 장의사 ⊛ 2재5월 26일 : 대자암 ⊛ 3재6월 4일 : 장의사
- 4재6월 11일 : 장의사 ⊛ 5재6월 18일 : 대자암 ⊛ 6재6월 25일 : 장의사
- 7재7월 2일 : 회암사.

윤9월 6일 새벽부터 내린 비가 그치지 않고 있었다. 수양대군이 안평대군과 황보인·김종서·강맹경과 더불어 산릉의 일을 살폈다. 단종이 환관 엄자치를 보내 선온으로 위로하고, 군인에게 술과 고기를 내렸다.
이현로가 판관으로 산릉도감 장무를 맡고 있었다. 안평대군·황보인·김종서 등에게는 아첨을 다하고 수양대군에게는 보이지 않게 태도가 거만했고, 방약무인이었다. 수양대군이 이현로를 불러 무례함을 꾸짖고, 종자로 하여금 매를 쳤다.

- 네가 망령되게 화복을 말하고 안평에게 아부하니 그 죄가 하나, 몰래 혀를 놀려 골육을 이간했으니 그 죄가 둘이다. 죽여도 아깝지 않다. 예전에 문종께서 네가 예정된 운수로써 사람들을 미혹하게 함을 알고 의논해 법에 두려고 했다. 나의 영구營救 : 죄에 빠진 사람을 구원해 내는 것를 힘입어 죄를 면했으나 사은私恩은 아니다. 오늘 너를 치는 것도 나의 사사로운 노여움 때문이 아니다. 조사는 작은 예일지라도 욕보일 수 없다. 그러나 너는 안평의 집 마졸이다. 이런 까닭으로 매를 친다.

수십 번 채찍으로 친 뒤 이현로를 돌려보냈다. 수양대군이 김종서에게 말했다.

- 이현로가 망령되게 화복을 말하고. 안평에게 아부했기 때문에 매질했다.

이현로는 더렵혀진 젖은 옷을 그대로 입고 역소에 돌아와 태연하게 일을 보며 말했다.

- 내가 왕자에게 매를 맞았다. 부끄러운 일이 아니다.

주변에 있던 사람이 쑥덕거렸다.

- 연옹지치吮癰舐痔 : 남에게 아첨하기 위하여 등창을 빨아 주고 치질을 핥아 주는 간사한 무리의 행동과 따로 없군.

이현로에 대한 사관의 평은 가혹했다.

> 이현로는 경솔하고 행실이 천박했다. 재주를 믿고 교만하고 뽐내며 무릇 기예에는 모두 남의 밑에 있지 않으려고 했다. 지리·복서卜筮의 글을 강구하지 않음이 없었고, 시와 글씨를 가지고 자부했다. 안평대군은 시문과 서화를 좋아하고 소예小藝에 능한 것이 많았다. 간사한 소인배가 몰려들어 아부했다. 그 중 그가 으뜸이었다. 이름 난 문사들을 불러들여서 사귀고 선물을 줬다. 주변에서 모두 '안평이 선비를 좋아한다.'고 생각했다. 문종이 즉위한 뒤에는 황보인·김종서 등이 정사를 좌우지하고 있었다. 이현로가 술수로써 요사한 말을 꾸며 안평대군과 김종서 사이를 오가며 공공연하게 꾀를 부렸다. 뜻있는 사람이 분해서 이를 갈 정도였다. 일찍이 병조정랑이 되어 남에게 뇌물을 많이 받고 함부로 관직을 준 일이 발각되어 남쪽 지방으로 달아났다가 사면되어 서울로 돌아왔다. 김종서가 북방으로 갈 때 다시 벼슬을 얻었다.[19]

정음청 혁파와 명나라로 떠난 수양대군

수양대군이 황보인과 김종서 등 고명대신과의 눈에 보이지 않는 싸움에서 먼저 승부수를 던졌다. 명나라 사신으로 가겠다고 선수를 쳤다. 정국은 소용돌이에 휘말렸다.

고명 사은사는 삼정승 중에서 가는 것이 관례였다. 그러나 그 누구도 나서지 않았다. 영의정 황보인은 1451년 정월, 문종의 고명 사은사로 명나라에 다녀왔다. 좌의정 김종서는 수양과 안평대군 등이 어떻게 나올지 몰라 전전긍긍하고 있었다. 우의정 남지는 풍병으로 자리보전을 하고 있었다.

윤 9월 22일 수양대군이 단종에게 민신의 부사 임명을 청했다. 민신은 작은 병을 칭탁하고 완곡하게 거부했다. 대안으로 허후를 지목했다. 그러나 허후는 겉으로 기뻐하면서도 김종서에게 청을 넣어 실록 찬수의 일이 급하다며 빠져나갔다. 수양대군이 권람에게 말했다.

- 황보인의 아들 황보석과 김종서의 아들 김승규를 데려 가고자 하는데 어떤가.

권람이 대답했다.

- 묘한 계책입니다.

- 황보인과 김종서의 아들이 따라가면 안평이 신속하게 거사를 하려고 해도 쉽지 않을 것이다. 두 사람의 아들이 내 손바닥 안에 있는데 난을 일으키는데 동조하겠는가. 내가 돌아올 때를 기다릴 것이다.[20]

10월 7일 단종이 수양대군의 청을 받아들여 신숙주를 사헌집의로 삼았다. 사은사 서장관으로 임명하기 위해서였다.[21]

10월 12일 수양대군이 표문을 받들고 명나라로 출발했다. 강맹경이 모화관에서 전별했다.[22] 수양대군은 시 한 수를 지어 의주까지 따라온 영응대군의 가솔 금석에게 보냈다. 요동치는 조선의 정국을 잠시 떠나는 소회가 담겨 있었다.

오가는 사이 세월은 더딘데	往來歲月遲
그윽한 정은 꿈에서도 생각되네	悠悠情夢思
비록 나라 일 든든하지 못하지만	王事雖靡鹽
어려운 일에는 형제가 앞서는 법	脊令先有事
강남에 다녀오면	我行江南去
무슨 일 하는지 알 수 있으리	知我何所爲
사직을 보존할 원대한 계책	社稷存遠計
살신성인으로 나라의 위태로움 구하리라	成仁扶國危
돌아보니 아득한 고향 산천	回顧家山遠
뻐국새만 뽕나무 가지 위로 날고 있다	布穀飛桑枝
나라에 충성하려는 마음뿐인데	但欲爲國忠
잠시 이별하는 것 무슨 걱정 있으랴	豈念暫時離
다행히 아우의 소식 받으니	幸逢爾消息
애오라지 시 한 수 적어 보낼 밖에	聯爲贈一詩
만일 이 목숨 보전한다면	保我不墜命

심중의 이야기는 후일을 기약하리라　　　語心期後時[23]

다음날, 효령대군이 경기도 용문산 상원사에 봉안할 종을 만들기 위해 장인들을 별장에 소집했다. 사헌부에서 종은 관에서 몰수하고, 무식한 무리가 불교에 빠져드는 것을 사전에 차단하라고 압박했다. 단종은 대답하지 않았다.[24]

10월 말, 일찍 추위가 닥쳤다. 단종은 병조에 명해 현릉에 세울 비석으로 쓰기 위해 충주에서 채석하고 있는 군사를 쉬게 했다. 숭인문崇仁門을 완공하고, 효령대군의 주관으로 용문산 상원사종의 주조를 마쳤다. 사헌부에서 "어리석은 백성을 꾀어 동철을 모아 종을 만들었으므로 몰수해 뒷날의 경계로 삼으라."고 물고 늘어졌다. 단종은 세종께서 허락한 일이므로 들어줄 수 없었다. 답을 내리지 않았다.[25]

수양대군이 서울을 비운 사이 조정을 장악한 신료들은 눈에 가시와 같았던 정음청부터 손을 댔다. 훈민정음의 사무를 관장하고, 불경언해의 중심에 있던 정음청을 혁파하라고 단종을 압박, 문을 닫아버렸다.[26]

김종서가 좌의정, 정분이 우의정, 한확이 좌찬성, 정인지가 판중추원사, 허후가 좌참찬에 올랐다.[27]

한 해가 저물기 전 예조에서 『예부운禮部韻』을 활용해 달라고 정문으로 아뢰었다. 단종이 윤허했다. 세종이 조선의 한자음 정리를 위해 공을 들인 『동국정운』은 간행된 지 4년이 지났어도 널리 유포되지 못하고 있었다. 세종의 교지로 과거시험에 이 책을 쓰라고 명했지만, 인쇄된 책자가 적었다.[28]

사욕을 채우기 위한 대토목 공사

1453년단종 1 1월, 문종의 고명대신으로 정권을 쥐락펴락하고 있던 황보인과 김종서가 창덕궁 인정전 보수를 명목으로 대규모 토목 공사를 벌였다. 산릉의 일도 힘에 부치는데 대신의 사리사욕을 채우기 위한 공역에

※ 화보3

백성과 군인은 피폐해져 갔다. 정분과 민신을 도청의 제조로 삼아 재목과 기와, 철물과 석재를 빼돌려 저택을 확장하고 별실을 짓는 등 권력을 마음대로 휘두르고 있었다. 궁궐을 지키는 금군은 병조판서 정인지의 명을 듣지 않고 정분의 수하인 직장 이명민의 눈치만 보고 있었다.

집현전 직제학 이석형이「유감有感」이란 시를 지어 토목공사의 폐해를 비판했다.

세 조정에서 경세제민에 힘써 온 노대신	經濟三朝一老臣
조정 깊은 곳에서 띠를 드리우고 있다	廟堂深處儼垂紳
그 해의 사업은 묻지 말라	當年事業人休問
궁궐 전각이 반나절 만에 새로워졌으니	神殿神宮不日新
염천 유월 땡볕에 땀이 비오듯 흐르는데	炎天六月汗如流
누가 만백성의 시름을 걱정하리	誰念嗷嗷萬姓愁
지난 해 거둔 곡식 바닥나고 햇곡 거두지 못해	舊穀已亡新未獲
아침밥 잇기 어렵고, 저녁도 거르건만	朝飡難繼夕仍休
사역의 북소리 우뢰보다 더 크게 울려	才聞役皷雷霆振
어느새 하늘 위로 솟아오른 궁궐	俄見神宮雲漢浮
이것이 이 시대, 태평성대의 일	自是當年太平事
백성의 시름은 아예 말하지 말라	傍人愼莫道民憂[29]

사간원, 김수온·김수화를 엮다

1월 10일 사간원에서 영천군사 김수온이 승려를 불러 공름으로 밥을 해 먹이고 밤낮으로 염불만 하는 등 민정을 돌보지 않고 있으니 행대行臺 : 지방 관리의 불법을 규찰하기 위해 파견하는 사헌부 감찰를 보내어 법을 어긴 일에 대해 규찰하라고 청했다. 단종이 말했다.

- 간원을 보내 자세히 조사한 다음 사헌부에 내려 추핵하라.

다음 날 대간에서 헌릉 옆의 개경사開慶寺를 헐어버리라고 아뢰었다.

- 태종께서 건원릉을 위해 개경사를 창건했습니다. 그러나 아침저녁으로 범종 소리가 능침을 시끄럽게 하므로 명을 내려 원릉園陵 근방에 사찰을 짓지 못하게 했습니다. 까닭에 헌릉·영릉에는 절을 세우지 않았습

니다. 개경사는 현릉에 가까우니 철거하기 바랍니다.

단종이 대답했다.

- 태종께서 태조를 위해 영건한 절이다. 철거할 수 없다.³⁰

1월 19일 김수온의 동생 김수화가 함길도 감련관監鍊官에 임명되었다. 사헌부 지평 정신석이 반대하고 나섰다.

- 김수화가 강진현감으로 있으며 여러 고을의 전세田稅를 감독, 수납할 때 도서圖書 : 印信 수 건을 위조로 새겨 사용하다가 일이 발각되자 도망쳤던 자입니다. 파직하소서.

단종이 전교했다.

- 마땅히 아뢴 대로 하라.

이틀 뒤 김종서가 아뢰었다.

> 감련관 김수화는 무과 출신으로 쓸 만하기 때문에 강진현감으로 제수했습니다. 지난 봄 국가에서 충청도·전라도에서 전세田稅를 함부로 많이 거두어들인다는 소문을 듣고, 경차관 윤처공을 보내 조사했습니다. 윤처공이 김수화가 삼서三署를 쓸 것을 알고 장차 가두어 놓고 국문하려 하자 도망갔습니다. 그러나 그가 범한 것이 다른 도에 비해 적고, 비록 선하지는 않아도 그 재주가 감련관을 맡길 만하기 때문에 천거했습니다. 어찌 다른 마음이 있겠습니까.[…] 무릇 대신은 사람을 사사로이 쓰지 않습니다. 충성을 다하고자 할 뿐입니다.

단종이 전교했다.

- 이미 개차改差했다. 중도에 바꿀 수 없다.³¹

2월 26일 수양대군이 명나라 예부의 자문을 가지고 돌아와 단종에게 복명했다. 경복궁 밖에 마련한 막차에서 연회를 베풀었다. 양녕·효령·임영·금성대군·경녕군 등 종친도 입시했다.³²

수양대군은 4개월이 넘는 먼 여정 속에서 신숙주의 속내를 확실하게 읽어낸 것은 큰 수확이었다. 서장관으로 동행한 신숙주 또한 명나라행이 결코 손해는 아니었다. 수양대군의 세상을 읽는 눈과 배짱과 포부, 명나라 대신을 솔직담백하게 상대하는 모습을 보며 함께 할 수 있겠다는 확신을 가졌다. 특히 수양대군의 눈에 띄는 행보는 신숙주와 함께 영락제의 능을 돌아보고 온 것이었다.

4월 23일 단종이 현릉에 제사지내고, 개경사에 쌀 40석을 하사했다.³³

금강산 유점사 143칸 전소

※ 화보4 6월 6일 금강산 최초의 절로 금강처럼 무너지지 않는 영험한 도량으로 순례자의 발길이 끊이지 않았던 유점사楡岾寺가 화마에 휩쓸려 143칸이 전소됐다. 의정부에서 예조의 정문에 의거, 형조에서 주지 사우斯祐를 불러 국문했다. 부녀자를 모아 음식을 대접하다 불이 나 감당할 수 없었다는 것이었다.³⁴

한편에서는 사헌부 대사헌 박중림이 토목공사에 쏠린 관심을 돌리기 위해 내불당을 헐어야 한다고 상소했다.

> 불당은 비록 세종께서 명해 세웠지만 사소한 술사의 말로 경복궁을 폐하는 것은 세종의 뜻이 아닙니다. 세종께서 오늘의 사태를 보셨다면 불당을 헐라고 명했을 것입니다. 창덕궁 수리가 끝나면 어가御駕를 마땅히 옮길 것이므로 불당을 헐 필요가 없다고 합니다. 그러나 큰 차이가 있습니다. 이미 창덕궁을 수리했어도 경복궁을 닫아걸고 돌보지 않는 것은 잘못된 일입니다. 경복궁은 정위正位에 있고, 정전正殿이 있으므로 근본이 되는 땅입니다. 전하께서 비록 다른 곳에 계실지라도 어찌 크게 멀겠습니까. 술사의 말을 족히 믿을 수는 없으나, 국가의 만세를 꾀하는 자가 무심하게 쓸데없는 불당 때문에 허탄한 말을 꺼내 조종의 옛 궁궐을 닫게 될 지경에 이르렀습니다. 서둘러 불당의 철거를 명해 신민의 바람에 부응하고, 그곳의 물건은 개경사 등에 옮겨 두면 시의에도 맞을 것입니다.

자세한 내막을 알지 못하고 있던 단종이 말했다.

- 승정원에서 의논한 다음 아뢰어라.³⁵

사헌부에서 유점사 주지가 도망치기 전에 붙잡아 추국하라고 종용했다. 단종이 따랐다.³⁶

내불당 혁파 논쟁

사인 이예장이 내불당 철거를 들고 나왔다. 황보인·김종서 등이 말했다.
- 세종과 문종께서 불당을 만들었다. 백관이 번갈아 간했으나 윤허하지 않았다. 조종께서 마음과 힘을 다해 세웠으므로 갑자기 헐 수 없다.

한확의 의견은 달랐다.
- 내불당을 창건할 때 술자가 불가하다고 고집했다는데 믿을 수 없다. 술자의 말을 듣고 경복궁에 거처하지 못한다면 헐어 버리는 것이 어떤가.

허후는 이건移建을 대안으로 제시했다.
- 내불당을 창건할 때 술자가 모두 불가하다고 고집했다. 뒤로부터 국가에서 연달아 대고가 일어났다. 모두 불당을 탓했다. 사헌부에서 불당의 철거를 청해 다른 곳으로 옮겨 세우려고 했다. 개경사를 옮길 계획이므로, 내불당도 마땅히 옮겨야 할 것이다.

단종이 말했다.
- 내불당의 일은 마땅히 중의에 따르겠다.[37]

9월 29일 흥천사에 보관되어 오던 책판冊板을 교서관으로 옮겨 보관했다. 그런데 최치원의 『계원필경桂苑筆耕』50여 판板이 빠져 있었다. 승정원에서 판본을 꺼내 보완해 새길 것을 건의했다. 단종은 의정부의 의논을 거친 끝에 허락했다.

다음 날 사인 나홍서가 당상의 의논을 가지고 와서 "불당은 조종께서 세운 것이므로 가볍게 헐 수 없다."고 황보인·김종서·이사철 등이 말했고, "법사法司의 말에 따라야 한다."고 한확과 허후가 말했다고 아뢰었다. 단종은 황보인의 의견을 받아들였다. 사관의 평이 상황을 정확하게 짚고 있었다.

> 단종이 어려서 일에 대소가 없이 모두 대신의 의논에 따랐다. 황보인 등이 한 마디 말만 했으면 불당을 헐 수 있었다. 할 수 있을 때 하지 못해 애석하기 짝이 없다.[38]

황보인과 김종서가 마음만 먹었다면 세종이 들끓는 반대를 뒤로 하고 영건했던 경복궁 내불당은 빨리 사라졌을지도 모른다. 두 대신은 문종의 고명을 받았고, 단종을 아끼는 마음에서 불당의 문제를 심각하게 생각하지 않고 있었다.

계유정난, 경쟁 아닌 골육상쟁

살아서 죽을 것인가, 죽어서 살 것인가

계유정난이 있기 4개월 전, 『조선왕조실록』에 묘한 기사가 실려 있다. 1453년단종 1 5월 19일 세종의 특명으로 단종을 양육했던 혜빈 양씨가 밀계密啓를 올려 안평대군이 사직을 위태롭게 하려고 무뢰배를 모으고 이현로의 말을 듣고서 "곁가지의 용이 일어날[旁龍所興] 땅"에 무계정사를 지었다는 것이었다. 곁들여 성녕대군의 종 김보명이 풍수의 설을 거짓으로 꾸며 안평대군에게 보현봉 아래에 집을 지으면 비기祕記에서 말하는 "장손에 이롭고 만대에 이르도록 왕이 일어나는 땅이다."고 유혹해 무계정사를 지었고, '장손'은 안평대군의 아들 의춘군을 가리킨다고 했다.

김종서는 안평대군에게 글을 보낼 때 늘 '맹말盟末'·'맹로盟老'라고 자칭하며 동료로서 대했다. 이현로·이승윤·이개·박팽년·성삼문 등이 결탁해 마음으로 굳게 맹세하고 '문하'라고 칭하고, 헌호軒號를 지어 서로 한 때의 문사임을 자랑했으나, 모두 농락당한 것이었다. 이현로 등이 안평을 '사백詞伯' 또는 '동평東平'이라고도 불렀다. 안평의 거짓된 명예가 이미 넘쳐서 임금의 자리[神器]를 엿보게 되었다. 안평에게 아첨하는 자가 글을 보내는 데 한결같이 계서啓書와 같이 했다. '용비龍飛'·'봉상鳳翔'·'개치開治' 등과 같은 용어를 쓰고도 태연했고, 신이라 칭하는 자도 있었다.[39]

9월 29일 한명회·권람·홍달손·양정·유수·유하 등이 수양대군의 집에 모여 의거일을 10월 10일로 잡았다.[40]

10월 10일 새벽. 수양대군이 권람·한명회·홍달손을 불러 말했다.

- 오늘은 요망한 도적을 소탕, 종사를 편안히 하겠다. 그대들은 마땅히 약속과 같이 하라. 내가 깊이 생각해 보니 간당 중에서 가장 간사하고 교활한 자로는 김종서 같은 자가 없다. 저 자가 만일 먼저 알면 일은 성사되지 못할 것이다. 내가 한 두 역사力士를 거느리고 곧장 그 집에 가서 선 자리에서 베고 임금께 아뢰면 나머지 도적은 평정할 것도 없다. 어떻게 생각하는가.

- 좋습니다.

임어을운이 철퇴로 김종서를 쳐서 땅에 쓰러뜨렸다. 아들 김승규는 양정이 칼을 뽑아 쳤다. 조극관·황보인·이양이 대궐의 제3문에 들어왔다. 함귀 등이 철퇴로 때려죽이고, 사람을 보내 윤처공·이명민·조번·원구 등을 죽였다. 삼군진무 최사기가 김연을 집에서 죽이고, 서조가 현릉의 비석을 감독하기 위해 내려가 있던 민신을 비석소에서 베었다. 최사기와 의금부도사 신선경이 군사 100명을 거느리고 안평대군을 성녕대군의 집에서 압송, 강화도에 안치했다. 저녁 무렵 김종서가 깨어나 원구를 시켜 돈의문을 지키는 자에게 달려가 알렸다.

- 내가 밤에 어떤 사람에게 상처를 입어 죽게 되었다. 빨리 의정부에 알려 의원으로 하여금 약을 싸 가지고 와서 구제하라. 속히 안평대군에게 알리고, 주상께 아뢰어 내금위를 보내라. 나를 상하게 한 자를 잡으려 한다.

성문을 지키는 자가 말을 듣지 않았다. 김종서가 상처를 싸매고 여복女服 차림으로 가마를 타고 돈의문·서소문·숭례문으로 돌았으나 들어가지 못하고 아들 김승벽의 처가에 숨었다.

이튿날 아침 이명민도 깨어나 들것에 실려 도망쳤다. 어떤 사람이 홍달손에게 이 사실을 알렸다. 호군 박제함을 보내 베었다. 수양대군이 다시 깨어날 것을 염려해서 양정을 보내 확인했다. 군사들이 김승벽의 처가에서 김종서를 잡았다. 김종서가 말했다.

- 내가 어떻게 걸어가겠느냐. 초헌軺軒을 가져오라.

말이 끝나기도 전에 양정이 베어버렸다. 김종서 부자·황보인·조극관·민신·이명민 등을 저자거리에 효수했다. 길 가는 사람 중 기왓장으로 때리는 자도 있었고, 여러 사司의 비복이 김종서의 머리를 향해 욕을 했고, 환관은 김연의 머리를 발로 짓이겼다.[41]

피바람이 불었고, 수양대군과 안평대군의 관계도 이미 돌아올 수 없는 강을 건너버렸다. 정명定命의 정치가 어둠 속으로 깊게 빠져들고 있었다. 화살은 시위를 떠났고, 죽음의 그림자가 경복궁 전체를 휘감았다. 세종이 병약한 문종에게 대통을 넘겨주지 않고 수양대군에게 일임했더라면 절손絶孫되는 일은 일어나지 않았고, 왕실과 조정의 수많은 인재가 대의명분에 얽매어 죽는 참화는 없었을 것이라는 가정假定은 배부른 자의 트림에 불과했다.

수양대군, 영의정에 오르다

10월 11일 수양대군이 영의정에 올랐다. 의정부 영사인 동시에 이조·병조판서를 겸하며 인사권을 틀어쥐고, 내외병마도통사를 겸하며 군사권을 장악했다. 정인지를 좌의정, 박팽년을 좌부승지에 임명하고 측근들을 좌우에 배치했다.

> ❁ 허후→의정부 좌참찬 ❁ 정창손→이조판서 ❁ 김조→예조판서 ❁ 이계전→병조판서 ❁ 박중손→병조참판 ❁ 홍달손→병조참의 ❁ 최항→승정원 도승지 ❁ 신숙주→우승지

수양대군이 좌찬성 한확을 우의정으로 임명하려고 하자, 한확이 극구 사양했다. 수양대군의 장남이 사위이고, 대군이 수상이 되어 정치를 보좌하는데 자신이 삼공이 되면 들끓는 여론을 처리하기 힘들다며 물러섰다.[42]

10월 13일 양녕대군과 육조의 당상이 안평대군을 율에 따라 죄를 물으라고 다그쳤다. 단종은 대신과 의논하겠다고 말했다.

이틀 뒤 정난에 참여한 공을 세 등급으로 나누어 승진인사를 단행하고, 3품 이하는 세 자급을 초자했다. 한확을 우의정, 하위지를 사간원 좌사간, 성삼문을 우사간, 이개를 수사헌집의, 유응부를 평안도 도절제사에 임명했다.⁴³

누군가 또 죽어 나갈지 알 수 없는 정국이었다. 피 냄새를 맡지 않고서는 뭔가 부족하다는 듯 겨울 가뭄에 타들어 갔다. 강물은 얼어서 서빙고에 가득 찼고, 녹아서 또 다른 세상으로 흘러들고 있었다.

몽유도원도 속으로 사라진 안평대군

10월 16일 하위지·성삼문·박팽년·이개 등 세종의 충의지사가 정난의 회오리 속으로 무참하게 얽혀들고 있었다. 좌사간으로 임명된 하위지가 병을 핑계로 버텼지만 수양대군은 직에 나오라고 명했다.

좌의정 정인지 등이 안평대군의 죄를 물으라고 계속 압박했다. 영의정 수양대군은 주상의 결재만 기다릴 뿐이라고 말했다. 거듭 정인지가 대의로써 결단하라고 다그쳤다. 도승지 최항·우승지 신숙주·좌부승지 박팽년·우사간 성삼문도 함께 있었다. 단종이 말했다.

- 억지로라도 청에 따르겠다.

10월 18일 의금부 진무 이순백을 보내 안평대군을 사사賜死하고, 아들 이우직은 진도로 귀양 보냈다.⁴⁴ 이현로는 정분과 함께 귀양 가던 중 남원에서 살해당했다.

며칠 뒤 수양대군은 안평대군과 이현로의 집에 남아 있던 글을 모아 불태워 버렸다.⁴⁵ 대의명분인가, 골육상쟁인가. 피의 역사는 승자에게 붉고, 패자에게 검었다.

인왕산 뒷자락의 무계정사에 더 이상 복사꽃은 피지 않았고, 담담정淡淡亭⁴⁶은 빈터로 변했다. 안평대군과 함께 시를 읊고, 역대 명필의 글씨를 감상하며 정을 나눈 이들은 말없이 지켜볼 수밖에 없었다. 「몽유도원도」가 불에 타 사라지지 않은 것은 기적이었다.

이징옥, 반란을 일으키다

영의정 수양대군은 함길도 도절제사 이징옥을 김종서의 일당으로 몰아 평해平海에 안치했다. 마침 아내의 병으로 서울에 와 있던 평안우도 도절제사 박호문을 자헌대부에 승진시켜 함길도 도절제사로 보냈다.[47]

10월 25일 이징옥은 서울에서 일어난 정변의 소식을 듣고 분개했다. 들고 일어나 박호문을 죽이고 반란을 일으켰다. 스스로 '대금황제'라 칭하고 여진족에게 도움을 청했다. 이징옥은 일이 여의치 못할 때 두만강을 건너 여진족을 배경으로 저항할 작정이었다.[48]

다음날 단종은 수양대군을 중외 병마도통사, 구치관과 유자황을 도통사 종사관, 박팽년을 승정원 좌부승지로 임명했다.[49]

이징옥이 종성부사 정종에게 피살되어 반란은 3일 만에 막을 내렸지만, 민심은 흉흉했다. 계유정난이 끝자락으로 흘러가고 있었다.

의정부에서 수양대군의 영의정 취임 연회를 열었다. 박팽년은 불쾌한 마음을 억누르고 시 한 수를 지었다.[50]

조정 깊은 곳에 슬픈 거문고 가락 울려 퍼진다	廟堂深處動哀絲
세상만사 도무지 모르겠네	萬事如今摠不知
봄바람에 얇게 흔들리는 푸른 버들,	柳綠東風吹細細
꽃이 환히 핀 봄날은 더디게만 가네	花明春日正遲遲
선왕의 대업은 금궤에 담겨 있고	先王大業抽金櫃
성주의 넓으신 은혜 옥잔에 쏟아지네	聖主鴻恩倒玉卮
즐기지 않으랴 어찌 길이 즐기지 않으랴	不樂何爲長不樂
노래 속에 실컷 취하니 태평성대로세	虞歌醉飽太平時[51]

수양대군은 박팽년의 속뜻이 다른 곳에 있음을 읽지 않고 판에 새겨 의정부의 벽에 걸라고 지시했다. 박팽년은 하위지에게 도롱이를 주며 은인

자중할 것을 권했다. 하위지는 경술과 문장, 필법에 뛰어난 '집대성集大成'의 속내를 꿰고 있다는 듯 화답했다.⁵²

남아의 얻고 잃음은 예나 지금이나 한 가지	男兒得失古猶今
머리 위에 밝은 해 분명 있으니	頭上分明白日臨
도롱이를 건넨 뜻 응당 있었겠지	持贈蓑衣應有意
오호에 이는 물안개, 달 찾기 좋네	五湖煙月好相尋⁵³

수양대군, 정난공신 포상

11월 4일 단종이 정난공신에게 두 번째 포상을 내렸다.

> ❈ 정난 1등 공신→수양대군·정인지·한확·박종우·김효성·이사철·이계전·박중손·최항·홍달손·권람·한명회
> ❈ 정난 2등 공신→신숙주·윤사윤·양정·봉석주·홍윤성·엄자치·전균 등.
> ❈ 정난 3등 공신→성삼문·이몽가 등.⁵⁴

수양대군이 신숙주·권람·정인지·이사철·이계전·최항·성삼문 등 집현전 출신을 공신으로 끌어 올렸다. 명분을 확보하고, 세종대의 정치와 문화 수준을 계속 유지하기 위한 포석이었다.

12월 13일 사헌부에서 태종이 나라에서 복을 비는 비보사찰을 모두 없애버린 것을 근거로 유점사를 다시 짓는 것은 마땅치 않다는 의견을 올렸다.

- 근래에 유점사가 불에 탔으므로 신들이 그 땅과 밭을 군자軍資에 붙이고, 불상을 근방의 절로 옮길 것을 청했습니다. 이제 절이 불탔으니 천행입니다. 다시 짓지 마소서.
- 내 마땅히 다시 의논하겠다.⁵⁵

12월 15일 사헌부에서 강원도에 극심한 흉년이 든 것을 근거로 거듭 반대하고 나섰다. 단종이 대신과 의논하라고 명한 뒤 사헌부 장령 유성원

을 불러 말했다.

- 유점사를 개축할 필요는 없다. 다만 선종禪宗에서 지극하게 원했으므로 허락했다. 다 타서 없어지지 않았으므로 옛 터를 수즙修葺할 뿐이다.[56]

단종, 내불당 혁파 문제로 시달리다

계유정난의 피바람은 해가 바뀌었어도 흉흉하게 남아 있었다. 1454년단종 2 정초부터 내불당이 정국의 현안으로 떠올랐다. 집현전 부제학 김구 등이 글을 올려 "흉하고 더러운 물건을 궁궐 가까이 두니 분하기 짝이 없다."며 내불당을 세종의 승하, 문종의 병세 악화, 계유정난의 원인으로 몰아갔다. 개국 이래 다시 볼 수 없는 참상이라고 몰아붙였다. 어린 단종의 대답은 간단했다.

- 대신과 의논하라.

1월 4일 사인 원효연이 당상의 의견을 가지고 아뢰었다. 영의정 수양대군, 좌의정 정인지, 우의정 한확 등이 참석한 가운데 대책 회의를 열었다. 수양대군이 먼저 말했다.

- 세종께서 여러 사람의 의논을 물리치고 창건했다. 어찌 갑자기 헐어버릴 수 있는가. 술사가 신전이 앞에 있고, 불당이 뒤에 있다고 비난한 것은 두 건물이 나란히 있음을 말한 것이다. 땅의 신이 신불神佛에게 손을 모으고 읍하는 것은 자기보다 온전해서가 아니라 해도 지신地神이 손모으고 읍하는 것은 신불의 영이靈異함을 나타낸다. 궁궐 옆에 있어도 무방하다. 집현전에서 이것을 말한 것이지 어찌 유자儒者의 말이라 하겠는가. 새로 정사를 시작하는 이때 만약 옳지 않다고 생각해 이를 고친다면 선대의 허물을 드러내는 것이다. 또 불교를 가지고 비난한다면 소격전昭格殿:하늘·땅·별에 제사를 지내던 사당의 삼계三界의 설과 기신재忌晨齋 따위도 불가佛家의 일과 같으므로 반드시 없애야 할 것이다. 그 글을 불태워 버린 다음에는 조종께서 한 일을 없앨 것인데, 옳다고 볼 수 있는가.

정인지가 말했다.

- 불교의 옳고 그름은 반드시 논할 것이 안 되지만 불당이 궁궐을 누르고 있는 것은 매우 옳지 않습니다. 예전에 말하기 어려운 변이 있을 때 이 무리가 어찌 몰랐겠습니까. 오늘의 청은 따를 만합니다. 다만 세종의 상제가 겨우 지났는데 갑자기 헐어버리는 것은 옳지 않다고 봅니다.

이사철이 의견을 냈다.

- 임금의 허물을 드러내는 것은 잘못이라고 옛 사람이 말했습니다. 세종께서 하신 일을 허물어뜨릴 수는 없습니다.

단종이 원효연으로부터 보고를 받았다.

- 영의정의 의논에 따르겠다.[57]

1월 5일 집현전 부제학 하위지, 직제학 이석형이 내불당 철거에 쌍지팡이를 들고 나섰다.

- 며칠 전 내불당을 헐어버리라고 청을 올렸는데도 "헐어버릴 수 없다."고 했습니다. 술사의 말은 믿을 수 없지만 모두들 "불당은 궁궐 옆에 둘 수 없다."고 하고 있습니다. 평범한 사람도 자기 집안이나, 한 몸을 위해 이익을 좇고 해를 피하고 있습니다. 하물며 전하의 몸은 실로 종묘사직과 관계됩니다. 어찌 믿을 수 없는 말이라고 해서 허물어 버리지 않을 수 있겠습니까.

- 들어줄 수 없다.

- 전하의 한 몸을 위한 것이 아니라, 종묘사직과 국가를 위해 아뢰는 것입니다. 분명 길흉화복의 설은 옛날에도 썼습니다. 신들의 말에 따르소서.

- 들어줄 수 없다. 그러나 마땅히 대신이 알게 하겠다.

1월 6일 수양대군이 창덕궁에서 효령대군, 좌의정 정인지, 우승지 박팽년 등과 함께 처녀를 간택했다. 안에서는 수양대군의 부인 윤씨, 숙빈·혜빈·효령대군 부인, 연창위·영양위 공주와 봉보부인 이씨가 봤다.[58] 박팽년을 참여시킨 것은 부왕의 상중에 혼례를 올릴 수 없다고 집현전에서 들고 일어날 것에 대한 대비였다.[59]

다음 날 집의 이개, 장령 유성원, 지평 윤기견 등이 내불당을 헐어버리라고 아뢰었다. 종묘·사직의 주인은 불당에 앉을 수 없다는 것이었다.
- 내가 모두 알고 있다. 정부와 의논하라.
1월 8일 수양대군이 창덕궁에서 좌의정 정인지, 우의정 한확 등과 처녀 간택을 했다. 풍저창부사 송현수·예원군사 김사우·전 사정司正 권완의 딸을 골랐다. 단종은 국상 중의 혼인이어서 내키지 않았지만 드러내 놓고 반대할 수도 없었다.
집현전 부제학 김구 등이 내불당을 헐어버릴 수 없다면 다른 곳으로 옮기라고 압박했다. 허락하지 않았다.[60]
1월 9일 하위지와 이석형이 다시 나섰다. 내불당 철거 문제를 마무리 짓겠다는 오기의 발동이었다.
- 여러 사람의 의논을 거쳐 가부를 채택하고, 중론이 같으면 이는 바로 하늘의 뜻입니다.
- 이미 잘 알고 있다. 다시 말하지 말라.
- 다시 말하지 말라는 말은 하지 마소서.
- 들어줄 만한 일이면 마땅히 들어줄 것이다.
이어 좌사간 성삼문 등이 '내불당을 헐어야 할 명백한 이유'에 대해 상소했다.

> 불당을 헐어야 할 이유가 세 가지 있습니다. 나라에서 음양풍수를 없앨 수 없다면 그 설에는 취할 내용이 있을 것입니다. 지금 의논하는 자가 술자의 말을 눈짓으로 건네며 뜻을 두지 않으니, 어찌 잘못이 아니겠습니까. […] 종묘사직과 관계되는 일인데도 마음을 쓰지 않는 것이 옳겠습니까. 헐어버려야 할 첫 번째 이유입니다.
> 이제 중이 거주하는 곳이 종묘[淸廟]를 누르고, 소변을 보는 곳이 왕궁의 문보다 높은 곳에 있고, 범패 소리가 아침저녁으로 어소를 시끄럽게 하는데 성상께서 어찌 싫어하지 않고 듣겠습니까. 혹시 싫어하지 않는다면 후일의 폐단이 깊이 염려됩니다. 헐어버려 할 두 번째 이유입니다.
> 옛날 신라와 고려 때에도 내불당이 있어서 후세에 입으로 말할 수 없는 일

이 벌어진 것은 처음에 삼가지 못했기 때문입니다. 금일의 은감殷鑑: 남의 실패를 거울삼아 자신을 경계함으로써 마땅히 미리 염려해야 할 것입니다. 헐어버려야 할 세 번째 이유입니다.
전후에 말한 자가 한 둘이 아니었으나 전하께서 따르지 않고 대신도 뜻을 두지 않고 있습니다. 빨리 철거의 명을 내리소서.[61]

왕권이 아득하게 추락하고 있었다. 단종은 할아버지 세종의 숨결이 남아 있는 내불당을 헐어버릴 수 없었다. 왕의 한 마디는 보이지 않는 법이었다. 그러나 신료의 말 속에는 권력을 향한 집요함과 술수가 뒤엉켜 있었다.

어린 단종은 이해할 시간도, 준비할 틈도 없었다. 세종이 왕세손으로 삼을 때부터 예견된 일이었다. 태종이 왜 서슴없이 망나니짓을 벌였는지 살폈다면 이런 참담한 대답이 어린 손자의 입에서 나오지 않았을 것이다. 단종의 쓰린 대답 속에 '백색의 공포'가 묻어나오고 있었다. 두려움은 이미 논리와 힘을 떠나 있었다.

1월 10일 송현수의 딸을 단종의 비妃로 삼고 김사우·권완의 딸을 잉媵으로 정했다.

다음날 대사헌 권준·집의 이개·지평 이극감 등이 "자손 만세의 법궁法宮인 경복궁 안에 흉물스런 내불당을 둘 수 없다."며 헐 것을 청했다.

- 들어줄 수 없다.

정언 최선복이 의논을 모아 상스럽지 못한 내불당을 헐라는 청을 받아들이라고 아뢰었다.

- 들어줄 수 없다.

집현전 부제학 하위지, 직제학 이석형 등이 내불당의 청을 들어주지 않는 것은 언로言路를 막는 일이라고 거듭 아뢰었다.

- 내가 이미 너희의 뜻을 잘 알고 있다.[62]

1월 12일 단종이 면복을 갖추고 근정문에 나갔다. 효령대군과 호조판서 조혜를 풍저창부사 송현수의 집으로 보내 납채納采했다. 국혼은 절차에 따라 진행되었다. 송현수를 동지돈녕부사 여량군礪良君으로 삼았다. 납징納徵하고, 고기告期 : 혼인할 때 받은 날짜를 알려 주던 일했다. 1월 22일 근정문에서 송씨를 책봉, 왕비로 삼았다.[63]

1월 24일 왕비 송씨를 효령대군의 집에서 봉영奉迎, 동뢰同牢를 설치하고 교태전交泰殿에서 잔치를 베풀었다.[64] 어린 단종이 왕비를 품었다. 슬픔이 기쁨을 불러 먼 바다 속으로 포개지고, 잇닿으며 가라앉고 있었다.

'해동의 제갈량'으로 불리는 양성지가 『황극치평도皇極治平圖』를 지어 단종께 올렸다.

> 신이 그윽이 생각하건대 인군人君이 정치를 하는 도리는 『육경六經』에 실려 있어 환하게 고증할 수 있습니다. 전하께서 어린 나이에 만기萬機의 번거로움으로 진실로 이를 마음에 일일이 체득하기 어려울 것이므로 그 요체를 뽑았습니다. 신이 정치를 하는 방도, 성현聖賢의 교훈으로 내리신 말씀, 경사經史의 흥망의 자취, 조종의 경국제세經國濟世한 법을 차례로 고찰하고 방촌方寸의 마음을 되풀이하여 황극皇極의 방위에 따라 치평治平의 작은 그림을 만들어 올립니다. 그 강綱이 모두 19개, 그 목目은 91개입니다. 바라건대 전하께서 이를 어좌의 오른쪽에 걸어 두고 매양 아침·저녁으로 본다면 지키는 것이 간편하더라도 능히 번거로운 것을 어거할 수가 있고, 힘쓰는 것이 적더라도 능히 많은 것을 제어할 수 있을 것입니다. 치도治道에 만의 하나라도 보탬이 될 것입니다.

제왕학의 핵심을 그림으로 압축, 세자시절을 거치지 않은 어린 왕을 가르치려는 뜻이었다. 그림 속에서 '마음을 바로 한다[正心]'의 대목이 도드라져 보였다.

> '마음을 바로 한다[正心].' - 【팔정八政에 관용하고, 시詩와 술을 경계하고, 놀고 먹는 잔치를 금하고, 성색聲色과 매와 개를 멀리 하고, 올바른 학문에 부지런하고, 올바른 사람을 가까이 하고, 토목을 절약하고, 불신佛神을 물리치고, 병전兵戰을 삼가고, 재화의 이익을 물리친다.】[65]

1월 28일 좌사간 성삼문, 지평 윤기견을 좌천시켰다. 사헌부·사간원에서 사직상서를 올려 부당함에 맞섰지만 수양대군은 밀어붙였다.[66] 이후 내불당을 없애라는 상소나 상언은 10년 동안 단 한 건도 없었다.

『직해동자습直解童子習』·『홍무정운역훈』 편찬

한직으로 물러난 성삼문의 마음은 무거웠다. 세종과 문종을 모시고 훈민정음을 연구하던 날이 백악산을 감아 도는 안개처럼 모였다가 흩어졌다. 세종의 말씀이 떠올랐다.

- 천하의 모든 소리를 다 기록할 수 있게 됐다. 『홍무정운』을 번역해 중국음한어 자음을 바르게 하고, 중국어를 배우는 입문서인 『직해동자습역훈평화直解童子習譯訓評話』를 번역해서 역관의 교재로 활용할 것이다.

> 중국 말[漢音]을 배우는 자가 여러 번 거쳐서 전한 것을 습득하고 전수한 지가 이미 오래되고 보니 맞지 않는 것이 매우 많았다. 종縱으로는 사성四聲의 빠르고 느림에 혼란을 야기하고, 횡橫으로는 칠음七音의 맑고 흐림을 상실했다. 더욱이 중국의 학자가 옆에 있어 정정해 주는 일도 없기 때문에 실력 있는 선비나 노련한 역관으로 한평생 몸담았어도 마침내 고루한 데로 빠지고 말았다. 세종과 문종께서 이 점을 염려, 훈민정음을 지으셨다. 천하의 모든 소리를 비로소 다 표기하지 못할 것이 없게 되었다.[…]
> 훈민정음으로 훈[漢音]을 번역注音하여 가는 글씨로 각 글자마다 아래에 써 넣게 하고, 우리말로 뜻을 풀이하라는 명을 받은 학자는 성삼문과 우부승지 신숙주, 겸 승문원교리 조변안, 행 예조좌랑 김증, 행 사정 손수산이었다. 화의군과 계양군이 편찬을 감장했다. 의심나는 곳을 증명하고, 표기법을 바로 잡는 것은 중국어에 능통한 동지중추부사 김하, 경창부윤 이변이 맡았다. 음과 뜻이 분명해서 마치 손바닥을 가리키는 것과 같을 정도였다. 언해가 끝나갈 무렵, 세종과 문종이 세상을 버렸다.[67]

6월 27일 좌천되었던 성삼문이 집현전 부제학으로 돌아왔다.[68] 단종을 뵙고 『직해동자습直解童子習』의 편찬에 집중했다고 아뢰었다. 단종은 마무리 지어 간행하라고 명했다. 정음청은 없어졌지만, 세종의 명을 받았던 학자가 집현전에 다시 모여 보완에 들어갔다.

10월 초순, 모든 한자의 음을 언문으로 한자마다 한 자 아래에 쓰고, 문장의 뜻을 풀이한 원고를 완성했다. 성삼문이 『직해동자습』의 서문을 썼다. 그가 남긴 운서韻書 연구의 마지막 글이었다.

> 비록 사방의 말이 남북으로 다름이 있을지언정 성음이 아·설·순·치·후에서 생기는 것은 남북의 다름이 없다. 이것만 분명히 알면 성과 운에 무슨 어려움이 있겠는가. 동쪽에 나라가 있은 지 수천 수백 년의 오랜 세월을 지내는 동안, 사람이 날마다 쓰되 칠음七音이 나에게 있는 줄을 몰랐다. 칠음도 알지 못하거늘 하물며 청탁이야 알았겠는가. 한어의 배우기 어려움도 의심할 바가 없다.
> 이 책이 한 번 번역되면 칠음·사성이 입을 따라서 저절로 나뉘고, 운도의 경과 위도 바르게 교차하게 되어 조금도 차이가 없게 될 것이다. 무엇 때문에 옆에서 바로 잡아주는 사람이 없음을 괴로워하겠는가. 배우는 사람이 진실로 먼저 훈민정음 몇 글자를 배우고 이에 이를 수만 있다면, 열흘 동안에 한어도 통할 수 있고 운학에도 밝아질 것이다. 사대에 관한 일도 잘 할 수 있다. 이 책의 번역은 두 성인세종·문종께서 제작하신 묘함이 높이 백대에 뛰어나고, 하늘을 경외하고 국가를 보위[畏天保國] 하기 위한 지극한 계획이었다. 더불어 우리 성상께서 선왕의 뜻을 잘 계승 발전시킨 아름다움[善繼善述]도 역시 지극하다 하겠다.[69]

11월 초순, 중국어 입문서 『직해동자습』을 간행했다. 훈민정음의 불씨가 살아나고 있었다. 이 책의 편찬으로 중국과의 외교에도 크게 활용할 수 있게 됐다. 수양대군이 편찬사업을 적극 도왔다. 반대할 이유가 없었다. 그는 내친 김에 『동국정운』에 크게 활용했던 『홍무정운』의 역해를 마무리 짓고 싶었다. 중국의 한자음과 다른 조선 한자음의 정리는 세종께서 심혈을 기울였던 사업이었다.

1455년단종 3 1월 1일 단종이 근정전에서 조하를 받고 회례연을 베풀었다.[70] 뿌리 없는 눈발이 월대에 흩날렸다.

영의정 수양대군은 강성했다. 겨울 속에 또 다른 겨울이 얼어붙고 있었다. 북풍을 뚫고 기러기 떼가 대오를 묶어 차게 날아갔다. 교태전 침전의 원앙도 작은 깃을 접고 어수선한 잠 속으로 빠져들었다.

수양대군은 틈만 나면 척불을 주장했던 집현전의 수장 정인지의 장남 정현조에게 외동딸을 하가下嫁해 사돈을 맺었다.[71] 봄은 가난한 백성의 푸성귀를 끓일 때 퍼 넣는 소금처럼 멀리 있었다.

문종은 세종의 유훈을 이어받아 훈민정음에 의한 중국 한자음 표기를 확정하기 위한『홍무정운洪武正韻』의 역훈譯訓 사업을 추진, 간행하라는 명을 단종에게 내리고 빈천했다. 단종은 당시 수정 보완에 참여했던 신숙주와 전 판관 노삼, 현 감찰 권인, 부사직 임원준에게 마무리 지어 올리라고 명했다.

4월 16일 신숙주가『홍무정운역훈』의 서문을 지어 올렸다. 편찬에 착수한 지 10년 만이었다. 역훈 사업이 해를 거듭하고, 10여 회에 걸쳐 초고草稿를 달리하는 각고의 노력을 기울일 만큼 어려운 사업이었던 것은 속음俗音의 명백한 분별 때문이었다.[72]

> 중국을 오가며 바로잡은 것이 이미 많으나, 마침내 운학에 정통한 사람을 만나서 성모紐와 운모攝 등을 분별하는 요령을 터득치 못했다. 다만 말과 책 읽는 틈에 성모청탁와 운모개함의 근원을 거슬러 올라가 이른바 가장 어려운 운학의 이치를 밝히려고 했다. 여러 해를 고생하며 노력했으나 겨우 얼마 밖에 얻지 못한 까닭이다. 신의 학문이 얕고 학식이 모자라서 일찍이 깊은 이치를 연구하고 깊은 이치를 밝히어 임금의 뜻을 현양하지 못했다. 오히려 하늘이 낸 성인이신 세종대왕께서 밝고 넓게 아시지 못하는 바가 없으셔서 성운학의 근원도 밝게 연구, 우리가 밝히지 못한 바를 헤아리고 결정해 주셨다. 이에 힘입어 성모칠음와 운모사성를 배열한 하나의 경經, 하나의 위緯로 잡아 마침내 바름으로 돌아가게 했다. 이 결과 우리 동방에서 천백 년 동안 아직 알지 못하던 바를 열흘이 못 되어 공부할 수 있게 되었다.[…]
>
> 우리 열성세종·문종의 제작의 묘함이 진미진선해서 고금에 뛰어나고, 전하께서 조상의 업적을 이은 아름다움이 또한 조상의 공에 빛이 있게 하는 것이다.[73]

『홍무정운』과 같은 16권 8책으로 인쇄, 장정했다. 내용에 반절·자해글자 풀이도 그대로 두고 수록자의 '소운小韻 대표자' 아래에 훈민정음으로 표음만 더 첨가했다. 자모는 음각 목활자, 한글은 양각 목활자, 본문의 대자는 주자소에 보관되어 있던 경오자안평대군의 자체를 쓴 듯하며, 소자小字는 갑인자를 썼다.[74]

『동국정운』에서는 꼬박꼬박 종성으로 'ㅇ'을 첨가했으나 『홍무정운역훈』 편찬 때에는 'ㅇ'을 표기하지 않도록 방침이 바뀌었다.[75]

윤6월 10일 『홍무정운역훈』의 중국어 한자음 교정에 참여한 김하를 예조판서로 삼았다. 김하는 부친의 상중에 창기를 간통한 일이 늘 꼬리표처럼 따라다녔다. 단종의 마지막 인사였지만 하위지, 성삼문을 빼고는 모두 수양대군의 측근이었다.[76]

세조, 왕위 찬탈

1455년 단종 3. 세조 즉위년 윤6월 11일 수양대군은 우의정 한확, 병조판서 이계전 등과 함께 빈청에 모여 금성대군의 역모에 대해 의논했다. 혜빈 양씨와 상궁 박씨, 금성대군 등이 난역을 도모했기 때문에 그 일당을 가볍게 처리할 수 없다는 결론을 이끌어낸 뒤 합사해 올렸다. 단종이 대답했다. 목소리가 떨리고 있었다.

- 혜빈 양씨를 청풍, 상궁 박씨를 청양, 금성대군을 삭녕, 한남군을 금산, 영풍군을 예안, 정종을 영월로 각각 귀양 보내라. 혜빈 양씨와 상궁 박씨의 가산은 적몰하라.

말을 마친 뒤 단종이 영의정 수양대군에게 왕위를 물려주겠다는 뜻을 밝혔다. 동부승지 성삼문이 대보大寶를 모셔 왔고, 환관 전균이 받들고 나갔다. 경회루 아래에서 수양대군을 불러 대보를 넘겼다. 수양대군이 엎드려 울며 거듭 사양한 뒤 받았다.

수양대군이 사정전으로 들어가 단종을 알현하고 나와 면복冕服을 갖추고, 근정전勤政殿에서 즉위했다. 제7대 조선의 왕, 세조의 나이 39세였

※ 화보5

다. 한확이 백관을 인솔하고 하례를 올렸다.

이날 밤, 세조가 서청西廳에 임어했다. 도승지 신숙주·좌부승지 구치관 등이 입시했다. 단종을 상왕으로 올리고, 정인지를 영의정에 임명했다.[77] 단종이 창덕궁으로 자리를 옮겼다. 세조가 잠저에서 백관이 시위하는 가운데 경복궁으로 들어왔다. 세조가 첫 번째 인사이동을 단행했다.

> ❈ 한확→의정부 좌의정 ❈ 이사철→우의정 ❈ 이계린→좌찬성 ❈ 정창손→우찬성 ❈ 강맹경→의정부 좌참찬 ❈ 박중손→이조판서 ❈ 이계전→병조판서 ❈ 권준→형조판서 ❈ 권람→이조참판 ❈ 하위지→예조참판 ❈ 구치관→승정원 우승지 ❈ 한명회→좌부승지 ❈ 성삼문→우부승지 ❈ 조석문→동부승지.[78]

7월 11일 단종을 공의온문상태왕恭懿溫文上太王, 송씨를 의덕왕대비懿德王大妃로 봉했다. 세조가 종친과 문무백관을 거느리고 창덕궁 광연정으로 거둥, 잔치를 베풀었다. 그러나 단종은 하례를 받지 않았다.[79] 세조가 근정전에서 윤씨를 왕비, 원자 이장李暲을 왕세자, 한씨를 왕세자빈으로 책봉했다.[80]

세조는 즉위 초 원상을 중심으로 한 국정운영으로 왕권 강화 의도를 숨기지 않았다. 육조 직계제[81]를 부활시켰다. 세종이 1436년세종 18 황희를 영의정에 임명, 의정부서사제를 실시한 이래 왕권보다 신권이 은연 중 힘을 발휘하고 있었다.

8월 9일 병조판서 이계전, 예조참판 하위지 등이 육조제 폐지를 적극 주장하고 나섰다. 세조가 화끈 달아올라 승지 박원형을 불러 이계전에게 전교했다.

- 옛날에 삼공三公은 이치를 강론해 나라를 경륜했고, 육경六卿은 직임이 나누어져 있었다. 내가 이 제도를 좇으려고 한다. 경이 만약 육조의 직임을 감당하지 못하겠거든 사퇴하라.

이계전이 대답을 하지 못하고 물러나와 하위지와 상의했다. 하위지가 나섰다.

- 주제周制에 삼공은 항구한 이치를 강론해 나라를 경륜하고, 삼고三孤는 삼공을 보좌해 교화를 넓혔고, 육경은 직임을 나누어 맡았습니다. 삼공과 삼고가 비록 직사에는 참여하지 않았으나 사실은 총재가 겸임해 다스렸습니다. 주나라 제도를 따르소서.

세조가 말했다.

- 이런 오만 불손한 말을 누가 먼저 꺼냈는가.

이계전이 두려운 마음을 억누르고 아뢰었다.

- 하위지가 신과 더불어 한 말입니다.

- 총재에게 위임하는 것은 임금이 죽었을 때의 제도다. 너는 내가 죽은 것으로 생각하느냐. 내가 아직 어려서 서무를 결재하지 못할 것으로 생각하고 끝내 대권을 아랫사람에게로 옮겨 보겠다는 말이냐.

세조가 하위지의 관을 벗기고, 곤장을 치게 한 뒤 머리채를 끌고 나가 의금부에 가두라고 명했다.

- 하위지가 대신에게 아부해 나를 어린아이에 비유하고 망령되게 고사를 인용, 스스로 현명함을 자랑하며 국가의 모든 사무를 다 정부에 위임하려고 했다. 이를 추국한 뒤 아뢰고, 박원영과 영천위 윤사로가 신문하라. 조효문을 들라 이르라.

사인 조효문이 바로 입시했다. 당상에게 다음 말을 전하라고 했다.

- 경에게 일을 서리하지 못하게 하는 것은 권한을 빼앗기 위해서가 아니다. 혐의하지 말라. 하위지는 내일 마땅히 극형에 처할 것이니 그리 알라. 의금부에서는 하위지를 아침 시장터에서 목을 베어 후일에 두 마음을 품는 자를 경계할 수 있도록 준비하라.

종친부에서 하위지의 죄를 용서해 달라고 청했다. 홍달손을 불렀다.

- 내가 직접 하위지를 신문하겠다. 데리고 오라.

홍달손이 하위지를 데리고 왔다. 세조는 하옥시킨 다음 국문하라고 명했다. 조효문이 당상의 말을 듣고 와서 아뢰었다.

- 하위지가 대신에게 아부한다고 말씀하니 두려워서 몸 둘 바를 모르겠습니다.

삼고三鼓에 하위지를 인솔하고 와서 기다리게 했다. 사고四鼓에 다시 하옥시키고 바로 추국한 뒤 아뢰라고 명했다.[82]

세조는 해가 저물기 전 원종공신 녹훈에 대해 포상했다. 이날 원종공신에 오른 인물은 대략 다음과 같다.

- 원종공신 1등 : 연창위 안맹담·성원위 이정녕·좌찬성 권제 등.
- 원종공신 2등 : 의정부사 하연·동지중추 황치신·영천군사 김수온 등.
- 원종공신 3등 : 좌참찬 정갑손·판한성부사 이사임 등.[83]

사·육신, 그 피의 회오리

세조, 『역경』을 정밀하게 보라

1456년 세조 2 1월 2일, 세조가 승지들에게 말했다.
- 중전이 궁궐 벽에 세화歲畵 대신 사민도四民圖를 붙여두자고 하는 것을 내가 안 된다고 했다. 그랬더니 중전이, "먹을 것과 입을 것이 여기에서 나옵니다. 붙여두고 보아도 되지 않겠습니까."라고 말했다. 내 생각도 같아서 붙였다.

승지가 아뢰었다.
- 농상農桑은 왕도 정치의 근본입니다. 국모께서 여기에 뜻을 두니 실로 백성의 복입니다.[84]

중전 윤씨는 강단 있게 할 말은 하는 성미였다.

세조는 지난 해 흉년이 들었으므로 강무를 중지시키고, 경연을 통해 신진 학사들과 교감의 폭을 넓혀 나갔다. 세조가 말했다.
- 오로지 한 책만 연구하면 학문이 넓지 못해 혹 걸리고 막힘이 있을 것이다. 내가 부왕의 명을 받고 제서諸書와 경사經史를 찬술, 많이 섭렵하고 율려律呂와 풍수風水의 서책에 이르기까지 강구하지 않음이 없었다. 이 서책은 강독시킬 만한 것이 못된다. 『역易』은 지극히 정미精微해 상경上經·하경下經은 깨치기 쉬우나 도설圖說·계사繫辭는 더욱 정미精微하다. 이 책에 밝으면 이른바 "바닷가에서 물을 본 자는 물의 깊음을 말하

기 어렵다."고 한 것처럼 많은 서책을 다스리지 않더라도 스스로 밝아질 것이다. 권학勸學하는 방법을 집현전에서 의논해 아뢰도록 하라.[85]

삼봉 정도전의 『불씨잡변佛氏雜辨』

5월 중순, 양양부사 윤기견[86]이 삼봉 정도전의 『불씨잡변佛氏雜辨』20편을 찍어내 지인에게 나누어 주었다.

윤기견은 1438년세종 20 성균관에 있을 때 동년진사 한혁으로부터 이 글을 접했다. 한혁은 정도전의 족손族孫으로 집의 정리되지 않은 많은 책 가운데에서 찾아내 오랫동안 간직하고 있었다.

> 삼봉 선생이 지은 『경국전經國典』·『심기리心氣理』와 시문詩文 등은 모두 세상에 전하고 있다. 그러나 『불씨잡변』은 선생이 선성先聖을 본받고 후세 사람을 가르친 것으로서 평생의 정력을 쏟은 것인데, 인몰湮沒되어 전해지지 않으므로 식자가 한탄했다.[…] 『불씨잡변』은 문사文辭가 호일豪逸하고 변론이 세미細微한 데까지 두루 미쳤다. 본연의 성정性情을 발휘하고 허탄한 것을 배척했다. 참으로 성문聖門을 방위하는 울타리, 육경六經을 보좌하는 날개다. 내가 사랑하고 보배로 삼아 간직한 지 오래였다. 이제 양양 고을을 지키게 되어, 마침 아무 일이 없는 때이므로 공사를 다스리는 여가에 잘못된 30여 자를 교정하고, 공장工匠에게 명하여 목판에 새겨 널리 전한다. 다행히 유학에 뜻을 둔 자는 이 책으로 인하여 사특한 것을 물리치고, 이단에 미혹된 자는 이 책을 읽어 그 의심을 푼다면 선생이 이 책을 지어 후세에 전한 뜻이 거의 이루어 질 것이고, 우리의 도 또한 힘입는 바 있을 터이다. 이 책이 다행히 없어지지 않고 남아 있는 것은 우리 유학의 더없는 행운이 아니겠는가.[87]

정도전은 1398년태조 7 여름, 병으로 며칠 동안 휴가를 얻었을 때 『불씨잡변』의 집필을 완료하고 양촌 권근에게 보여주었다.

> […] 불씨佛氏의 해독이 인륜을 헐어 버린지라 앞으로 반드시 금수를 몰아와서 인류를 멸하는 데까지 이를 것이다. 명교名敎를 주장하는 사람으로서는 마땅히 그들을 적으로 삼아 힘써 쳐 없애야 할 것이다. 일찍이 "내

가 뜻을 얻어 행하게 되면 반드시 말끔히 물리쳐 버리겠다."고 했었다. 이제 성상聖上께서 알아주심을 힘입어 말을 하면 듣고 계획하면 따르니 뜻을 얻었다고 하겠다. 아직도 저들을 물리치지 못했으니, 끝내 물리치지 못하고 말 것만 같다. 내가 분을 참지 못해 이 글을 지었다. 뒤에 오는 이가 언제라도 깨달을 수 있기를 바라는 마음이다. 이 때문에 비유를 취한 것이 비속하고 자질구레한 것이 많고, 함부로 덤비지 못하게 하기 위해 글을 쓰다 보니 분격한 곳이 많다. 그러나 이 글을 보면 유학과 불씨佛氏의 바르고 삿된 분별을 환하게 알 수 있을 것이다. 비록 이 시대에는 시행되지 않아도 후세에 전할 수만 있다면 내가 죽어도 안심이 되는 일이다.[88]

정도전은 조선초 성리학계에서 주목받은 역성혁명의 주체였다. 조선의 기틀을 확립하려는 시각에서 문화정책을 입안하며 그 누구보다도 철저히 불교를 배척했다. 사원과 승려의 폐해 뿐 아니라 불교신앙의 허구와 미신성, 불교이론 자체의 부당성에 근거해 척불에 적극성을 보였다.
『불씨잡변』은 성리학에 의지해 불교를 배척한 책이다. 정도전의 불교에 대한 인식과 벽불闢佛에 대한 집념이 얼마나 철저한 것인지 유감없이 보여주고 있다.

정도전이 불교를 배척한 가장 큰 이유는 불교의 멸륜滅倫·해국害國 성향에 있다. 사회생활에 소홀함으로써 유교적인 윤리를 지키지 않고, 국가생활마저 유교보다 소홀히 한다는 것이 배척되어야 할 불교의 폐해라고 지적했다. 그런 만큼 불교보다 더 사회윤리를 강화하고, 국가에 이로움을 주는 것이 유학이고, 특히 성리학이 그 중심에 있다고 생각했다. 그는 성리학을 "옛 사람의 덕을 밝히고 국민을 새롭게 한 실학實學"이라고 강조했다. 불교가 과거 고려조의 국교로서 통치원리에 해당했다면, 성리학이 조선의 새 통치원리가 되어야 한다는 신념을 드러낸 것이다. 그의 이 같은 노력으로 성리학은 양반 사대부 중심의 조선사회의 통치이념으로서 관학官學의 위치를 차지하게 되었다.[89]

정도전은 불교의 심성론에 대해 일갈했다.
- 눈금 없는 저울로 천하 만물을 저울질 하는 것과 같다.

꽃잎처럼 스러져간 훈민정음의 협찬 학자들

6월 2일 세조가 단종과 함께 대전에 거둥하려고 했다. 성승·유응부·박쟁 등이 별운검別雲劒 : 운검을 차고 임금을 옆에서 모시던 무관의 임시 벼슬을 맡고 있었다. 세조가 전내가 좁다며 별운검을 없애라고 명했다. 성삼문이 정원에 건의, 없앨 수 없다고 아뢰었다. 세조는 다시 신숙주에게 명해 전내를 살펴보게 하고, 별운검의 출입을 막았다.

얼마 뒤, 성균사예 김질과 그의 장인 의정부 우찬성 정창손이 함께 들어와 비밀리에 아뢸 것이 있다고 했다. 세조가 사정전에서 만났다. 김질은 성삼문 등이 창덕궁에서 명나라 사신의 연회가 열리는 날을 택해 세조를 죽이고, 측근 세력을 제거한 뒤 단종을 왕으로 복위할 것이라고 고변했다. 세조는 즉각 윤자운을 단종에게 보내 역모가 있음을 알렸다. 성삼문이 제일 먼저 붙잡혀 왔다. 곤장을 맞고 박팽년·이개·하위지·유성원·유응부·박쟁과 모의했다고 실토했다.

- 어제 연회에서 그 일을 계획했다. 마침 장소가 좁아 운검雲劒을 없앤 까닭에 뜻을 이루지 못했다. 후일에 관가觀稼할 때 길에서 거사하고자 뒤로 미루었다.

하위지와 이개가 두 번째로 잡혀와 국문을 당했다. 모른다고 했다. 공조참의 이휘도 발각된 사실을 듣고 변명했다.

세조가 사정전에서 이휘·성삼문·박팽년을 잡아 들여 친히 국문했다. 곤장을 맞은 박팽년이 성삼문·하위지·유성원·이개·김문기·성승·박쟁·유응부·권자신·송석동·윤영손과 자신의 아버지가 참여했다고 밝혔다. 나머지 사람도 다 승복했다. 그러나 김문기는 공초에 불복했다. 유성원은 집에서 목을 찔러 자결했다. 밤이 깊어가고 있었다. 전부 하옥시켰다.[90]

6월 6일 세조는 집현전을 없애고, 경연을 정지시켰다. 서책은 모두 예문관으로 옮겨버렸다. 모의에 동조했던 이개의 매부 전 집현전 부수찬 허조가 자결했다.[91]

훈민정음 창제에 참여했던 박팽년·성삼문·이개의 목숨은 작약 꽃잎처럼 흔들렸다. 그러나 신숙주·최항·강희안 등은 살아남았다. 참을 수 없는 빛의 무거움이었고, 어둠의 가벼움이었다. 권력투쟁의 화마火魔는 죽음으로도 끌 수 없었다.

6월 7일 세조가 편전에서 나와 의금부의 국청 자리에 앉았다. 신숙주가 승지로 입시했다. 무사에게 끌려나온 성삼문이 하늘을 한참 쳐다보고 있다가 말했다.

- 김질과 대질하게 해 달라.

세조가 김질에게 실상을 말하라고 다그쳤다. 성삼문이 말을 막고 웃으며 말했다.

- 상왕께서 춘추가 한창 젊으신데 손위遜位했다. 다시 세우려 함은 신하 된 자의 마땅한 도리. 다시 무엇을 묻는가.

성삼문이 김질을 돌아보며 말했다.

- 네가 고한 것이 오히려 말을 둘러대어 직절直截하지 못하다. 우리의 뜻은 바로 이러한 것이다.

세조가 거듭 국문하라고 명했다.

성삼문은 박팽년·이개·하위지·유성원·유응부·박쟁이 알고 있었다고 말했다.

- 어찌 나를 배반하는가.

- 본 임금을 복위하려 함이다. 천하에 누가 자기 임금을 사랑하지 않는 자가 있는가. 어찌 이를 모반이라고 말하는가. 내 마음은 온 나라 사람이 다 알고 있다. 나으리가 남의 나라를 도둑질해 뺏었다. 내가 남의 신하가 되어서 차마 군부의 폐출되는 것을 볼 수 없기 때문에 그러한 것이다. 나으리가 평일에 곧잘 주공周公을 끌어댔다. 주공이 이런 일을 한 적이 있는가. 내가 이 일을 하는 것은 하늘에 두 해가 없고, 백성은 두 임금이 없기 때문이다.

세조가 발을 동동 구르며 말했다.

- 선위를 받을 때는 어찌 저지하지 않고, 도리어 내게 붙었다가 이제 나를 배반하는가.
- 사세가 좋지 않았다. 내가 원래 그것을 저지하지 못할 바에는 물러가서 한번 죽음이 있을 뿐임을 알고 있다. 지금까지 참고 있었던 것은 뒤의 일을 도모하려 함이다.
- 네가 신이라 일컫지 않고 나으리라고 하니 네가 내 녹을 먹지 않았느냐. 녹을 먹고 배반하는 것은 반복反覆이다. 겉으로는 상왕을 복위시킨다 하지만 실상은 네가 하려는 것이다.
- 상왕이 계신데, 나으리가 어떻게 나를 신하로 삼을 수 있는가. 내가 또 나으리의 녹을 먹지 않았다. 믿지 못하겠거든 나의 집을 뒤져본 뒤 따져보라. 나으리의 말이 모두 허망해서 취할 게 없음을 알 것이다.

세조가 극도로 노해 무사로 하여금 쇠를 달구어 성삼문의 다리를 뚫고, 팔을 잘랐으나 얼굴빛은 변하지 않았다. 쇠가 식기를 기다려 성삼문이 말했다.

- 다시 달구어 오라. 나으리의 형벌이 참으로 독하다.

이때 신숙주가 앞에 있었다. 성삼문이 꾸짖었다.

- 옛날에 너와 더불어 집현전에서 번들 적에 영릉께서 원손元孫을 안고 뜰 가운데를 거닐며 "나의 천추만세 뒤에 너희가 모름지기 이 아이를 잘 생각하라."고 하시던 말씀이 아직도 귀에 남아 있다. 네가 어찌 잊었는가. 너의 악함이 이 지경인 줄은 몰랐다.

세조는 박팽년의 재주를 아꼈다. 은밀하게 의중을 전했다.

- 내게 항복하고 같이 역모하지 않았다고 숨기면 살 수 있을 것이다.

박팽년이 웃고 대답하지 않았다. 임금을 일컬을 때는 반드시 '나으리'라고 했다. 세조가 크게 노해 무사로 하여금 박팽년의 입을 짓찧었다.

- 네가 이미 신이라 일컬었고, 녹을 먹었다. 지금 신이라 일컫지 않더라도 소용이 없다.

박팽년이 말했다.

- 내가 상왕의 신하로 충청감사가 되었다. 장계를 올릴 때 단 한 번도 나으리에게 신이라 일컫지 않았고, 녹도 먹지 않았다.

세조가 장계를 대조했다. '신臣'이라는 자는 하나도 없고 모두 '거巨'자였다. 녹은 받아서 창고에 봉해 두었다.

세조가 유응부에게 물었다.

- 너는 무엇을 하려 했느냐.

- 잔치 날을 맞아 한 칼로 족하足下를 폐하고 본 임금을 복위하려 했다. 그러나 불행히도 간사한 자의 고발이 있었다. 다시 무엇을 말하랴. 족하는 빨리 나를 죽여라

- 네가 상왕의 이름을 내걸고 사직을 도모하려 했구나.

세조가 무사에게 명했다.

- 살가죽을 벗겨라.

유응부가 성삼문을 돌아보며 말했다.

- "서생과는 같이 일을 꾀할 수 없다."고 하더니 과연 그렇다. 지난 번 잔치하던 날, 내가 칼을 시험하려 하니 너희는 "만전의 계책이 아니다."라고 말해서 오늘의 화를 당하게 되었다. 사람이라도 꾀가 없으니 짐승과 무엇이 다르랴. 실정 밖의 일을 물으려거든 저 더벅머리 선비에게 물어라.

세조가 쇠를 달구어 유응부의 다리 사이에 넣으라고 명했다. 가죽과 살이 지글지글 타들어갔다. 얼굴빛 하나 변하지 않았다. 쇠가 식었다. 유응부가 말했다.

- 다시 달구어 오라.

이개는 불지짐을 앞에 두고 천천히 물었다.

- 무슨 형벌이냐.

세조는 대답하지 않았다. 하위지 차례였다.

- 반역의 죄명을 쓰면 그 벌은 마땅히 베는 것이다. 다시 무엇을 묻는가.

세조는 불지짐의 형벌은 하지 않았다. 성삼문에게 공모한 사를 물었다.

- 박팽년 등과 우리 아버지뿐이다.

이때 강희안이 관련되어 고문을 받았으나 불복하고 있었다. 세조가 물었다.

- 아버지도 숨기지 않는데, 하물며 다른 사람이랴. 강희안도 이 역모를 아느냐.

- 알지 못한다. 나으리가 세종의 명사를 다 죽였다. 이제 이 사람만 남았다. 모의에 참여하지 않았으니 남겨 두어서 쓰게 하라. 강희안은 진실로 어진 사람이다.

성삼문이 밖으로 끌려 나가며 좌우의 옛 동료에게 말했다.

- 어진 임금이나 도와서 태평성대를 이룩하라. 나는 돌아가 옛 임금을 지하에서 뵙겠다.

수레에 실리기 전에 시 한 수를 지었다.

둥둥둥 북소리 목숨을 재촉한다	擊鼓催人命
돌아보니 해는 이미 기울었네	回顧日欲斜
머나먼 황천길에 주막 하나 없으려니	黃泉無一店
오늘밤은 뉘 집에서 재워줄까	今夜宿誰家

여섯 살의 딸이 수레를 따르며 울었다. 성삼문이 말했다.

- 사내자식은 다 죽을 것이다. 너는 딸이니 살 것이다.

곁에 있던 종이 술을 올렸다. 구부려서 마시고 다시 시를 지었다. 「절필 絶筆」이었다.

임금의 밥을 먹고, 옷을 입어	食君之食衣君衣
평소에 품은 뜻 어긴 일 없다	素志平生莫有違
이 죽음으로 충의가 어디 있는지 알리라	一死固知忠義在
현릉의 소나무와 잣나무 꿈에 아른거린다	顯陵松栢夢依依[92]

이개도 수레에 오르기 전 시 한 수를 남겼다.

사직이 온전할 때 삶 또한 소중하지만　　禹鼎重時生亦大
홍모처럼 가벼운 곳엔 죽음도 영광이다　　鴻毛輕處死猶榮
두 님을 생각하다 성문 밖 나가노니　　　明發不寐出門去
현릉의 소나무와 잣나무 꿈에도 푸르다　　顯陵松栢夢中青[93]

허조·박팽년·유성원의 시체를 거열車裂 : 죄인의 다리를 두 개의 수레에 각각 묶어 수레를 움직여 몸을 찢어 죽이던 형벌하고, 목을 베어 효수했다.[94]
6월 8일 백관들을 군기감 앞길에서 빙 둘러서게 한 뒤 이개 등을 거열하고 3일 동안 저자에 효수했다. 다음날 우의정 이사철이 역신의 주륙을 하례했다.

- 주동자 : 성삼문·박팽년·하위지·유성원·박중림·김문기·심신·박기년·허조·박대년
- 악당우익 : 성승·유응부·박쟁·송석동·최득지·최치지·이유기·이의영·성삼고
- 악당좌익 : 권자신·윤영손·조청로·황선보·최사우·이호·권저.[95]

6월 21일 박대년·박인년·성삼고 등 17명을 끌어다가 군기감 앞에서 다리를 찢는 형벌을 가한 뒤 3일 동안 저자에 효수했다. 시신은 저잣거리에 방치되어 있었다. 그 누구도 반역으로 몰려 죽은 이의 시신을 수습하려 들지 않았다. 오직 한 사람 김시습이 박팽년·유응부·이개·성삼문·성승의 시신을 수습, 노량진에 묻고 작은 돌로 묘표에 대신했다.[96]
6월 25일 세조는 논상의 인사를 집행한 뒤 집현전 부제학 이하의 녹관을 없애버렸다. 직제학 2명과 직전 2명을 겸임시키고 서연의 녹관 6명도 겸관 4명으로 조정했다.[97]
세종이 평생을 바쳐 육성해온 집현전 학자가 둘째 아들의 손에 산산조각이 나고 있었다. 조정에서 벼슬살이를 하던 많은 선비의 인생관을 송두리째 흔들어 놓은 흉흉한 역모였다. 귀머거리 노릇을 하고 살 것인가, 눈먼 봉사가 되어 속마음을 드러내지 않고 살 것인가. 살아도 산 것이 아니

었고, 죽어도 죽은 것이 아니었다. 올곧은 신념으로 학문에 정진했던 집현전 학자들은 속절없이 불귀의 객이 되고 있었다. 성삼문과 박팽년 등은 세종의 뜻을 기리며 당당하게 죽었다. 뜻을 살리려고 산 자는 산 것이 아니었다.

6월 28일 경복궁 건춘문建春門에 벼락이 떨어졌다.[98]

7월 3일 좌익공신 3등이었던 정창손을 2등, 판군기감사 김질을 좌익공신 3등에 올려 기록했다. 7월 12일 종묘와 사직에 역신의 죽인 일을 고했다.[99]

난신의 처자식들, 노비로 흩어지다

늘 죽음은 쓸쓸하다. 죽어서 남긴 무덤은 빈 밥그릇 엎어 놓은 듯 배가 고프다. 새남터에서 처형된 뒤 버려졌던 시신을 한명회의 놀이터였던 압구정이 훤히 내려다보이는 노량진 언덕에 묻은 이는 매월당이었다. 석물은 단 하나 뿐이었다.

세조는 계유정난을 통해 걸출한 조선의 인재를 절개와 죽음으로 내몰았다. 그의 왕위 찬탈은 많은 양심 있는 이에게 모멸과 비겁을 강요했다. 따뜻한 상생의 논리는 눈을 씻고 봐도 찾을 수 없었다. 정신의 황폐화가 빠르게 진행되고 있었다. 세조는 조선왕조 체제를 경직된 도덕성과 불의에 타협하는 쪽으로 오염시킨 장본인이란 굴레를 스스로 만들었고, 끝내 벗지 못했다. 왕위 찬탈의 파장은 엄청났다. 도덕적 실천은 일순간 땅에 처박혔고, 가치체계가 한 순간에 허물어져 버렸다. 이 업보는 조선왕조가 막을 내릴 때까지 이어졌다.

충忠은 무엇인가. 시절이 어려우면 오직 살신성인으로 대처하고, 의로움을 실천함으로써 맡은 바 책임으로 삼을 따름이다. 『시경』의 "그대여 목숨을 내놓아도 변함이 없구나[彼其之子 舍命不渝]."는 또 어떻게 봐야 할 것인가. "겨울이 되어야 굳센 풀을 알게 되고, 세상이 어지러워야 충신을 알아본다[歲寒之勁草 亂世識忠臣]."는 말이 과연 충의 요체인가.

구차스럽게 살고자 하지 않았고, 반드시 죽음으로써 몸과 마음을 극진하게 했는가. 꺾인 갈대는 불쏘시개가 되었고, 오랜 세월 동안 공들여 닦았던 접힌 목숨의 학문세계는 한 줌 재로 변해버렸다.

조선왕조에서는 창업 이래 왕실에서 골육상쟁이 거듭 이어졌고, 그때마다 해를 향해 고개를 쳐드는 공신이 해바라기 씨처럼 쏟아져 나왔다. 공신은 누구의 피를 먹고 강성해지는가. 백성의 피와 땀이 녹아 있는 땅을 통해서다. 공신전功臣田, 이름만 들어도 거창한 자자손손 대물림 되어 내리는 덤이 그들에게 있었다. 임금은 공신이 좌우에 많으면 많을수록 마음 든든하다. 그러나 낮은 곳에서 온몸으로 버티며 살아가고 있는 백성에겐 헤아릴 수 없는 고통과 해로움을 줄망정 단 한 가지도 도움이 되지 않는 것이 거들먹거리는 공신의 무리와 그 떨거지들이었다.

태조에게는 창업할 때 한 배를 타고 움직였던 배극렴 등 39명의 개국開國 공신, 정종에게는 정도전 등을 칠 때 앞장 선 조준 등 17명의 정사定社 공신, 왕자의 난을 겪은 태종에게는 하륜 외에 37명의 좌리佐理 공신이 있었다. 태평성대를 구가했던 세종은 재위 32년 동안 단 한 차례의 역모도, 단 한 명의 공신도 없었다.

- 밝은 임금[英主]에게 공신은 없다.

세조는 계유정난을 통해 김종서 등 상왕의 고명대신을 제거하는데 앞장 선 정인지 등 36명의 정난靖難 공신을 두었다.

공신이 노리는 최대의 사냥 목표는 수많은 전답과 노비였다. 치밀하게 올가미를 치고 엮어낸 선후배와 동료의 처와 자식이 대부분이었다. 비정非情을 먹고 자라는 독버섯이 따로 없었다. 재산목록의 으뜸 자리에 이름을 올려놓고 그 중 미색이 좋은 노비는 골라서 첩으로 들이고, 조금 처지면 종으로 부리고, 조금 더 모자라면 사고, 팔고, 바꾸고, 더러는 참혹하게 죽이는 일까지 서슴지 않았다.

정신의 기틀로 삼고 있는 유학과 도덕은 어디까지가 진실이고, 거짓인가. 언필칭 백성을 하늘처럼 위한다는 위정의 덕목과 노비는 무슨 관련이 있는가. 지나가는 개에게 줘도 먹지 않을 패륜아의 작태가 벌건 대낮에 용인되고 있었다. 공신은 또 다른 공격 목표를 만들기 위해 눈에 불을 컨 채 덫을 놓고, 허방다리를 파서 옭아매려 들었다. 악순환이 이어질 수밖에 없었다. 살기 위해 죽는 것이 아니라, 죽지 않기 위해 사는 슬프고 두려운 왕조의 놀이마당, 그 끝을 장식하는 한 마디가 더없이 쓰디다.
- 공신에게 공짜 없고, 역신에게 처자식 없다.
세조는 양녕·효령대군, 임영·영응대군과 계양군·익현군·익성군·밀성군·영해군. 영의정 정인지를 비롯한 대소신료에게 노비를 나눠줄 때도 등급을 두었다. 모두 난신으로 지목된 이의 부인과 딸, 외거노비였다.[100]

단종 · 의경세자의 죽음과 불사

세조, 신미에게 대장경 인출을 맡기다

1457년세조 3 2월 초순, 햇무리가 며칠 동안 이어졌다. 세조는 계양군 이증, 영중추원사 윤사로, 의정부 우찬성 신숙주, 판중추원사 이인손, 이조판서 권람, 도승지 한명회, 좌승지 조석문 등에게 교지를 내렸다.

> 내가 하찮은 덕으로 천지 조종의 영위靈位를 잇고 신민의 위에 있다. 다행히 경들과 시대를 함께 하게 되었다. 이 또한 선근善根의 작은 씨앗을 심는 일이다. 생각하건대 불교가 진단震丹으로 흘러온 지 이미 오래되었다. 그 법설法說이 글로 실린 것으로 대장경만한 것이 없다. 다행히 그 판본이 해인사에 갖추어져 있다. 오늘날 백성이 선근을 쌓기에 좋은 일은 전부를 인성印成하는 것이다. 그동안 나라에서 일본에 하사하느라 남아 있는 것이 얼마 되지 않는다. 내가 약간 부를 인경印經, 명산 복지福地에 나누어 소장하고자 한다. 위로는 선왕과 선왕후, 조상의 혼백에 이르기까지 명복을 기원하고 아래로는 법계의 모든 영혼과 곤충 초목의 미물에 이르기까지 명리明利를 함께 하여 끊임없이 미치게 하려 한다.[101]

부지통례문사 윤찬과 종부주부 정은이 해인사로 내려와 주지 죽헌과 업무를 분장했다. 계양군에게는 대장경의 본말과 대소를 혜각존자 신미, 판선종사 수미, 선사 학열 등과 상의해 그 결과를 수시로 아뢰라는 특명을 내렸다.

성균관 사예 김수온이 중시重試 : 이미 과거에 급제한 조정의 관리에게 다시 보이던 시험. 합격한 사람은 정3품 당상관에 승진시켰다.에서 제2인으로 입격入格, 통정대부 첨지중추원사에 임명되었다.[102] 며칠 뒤 영동현에 계신 어머니가 편치 않다는 소식이 올라왔다. 세조는 성문省問하러 가는 김수온에게 중사中使를 보내 한강에서 술을 내렸다. 임영·영응대군과 여러 군이 전송했다.[103]

3월 7일 세조에게 '승천체도열문영무承天體道烈文英武'의 존호尊號를 올렸다.

> 총명聰明 예지叡智, 강건剛健 수정粹精해서 기선機先을 환히 알았다. 악한 무리를 소탕하고 종사를 보전, 안정시켰다. 계술繼述을 잘하여 모든 사업을 성취시켜 백성을 화목, 안정시켰다. 문모文謀와 무열武烈이 다 같이 융성했다. 진실로 예로부터 지금까지 비할 데가 드물었다.[104]

살아 있는 왕의 업적을 기리기 위한 존호는 한 차례로 끝나지 않고 여러 차례 이어지기도 했다. 세조 이후로 존호를 올리는 일이 더 많아졌다. 흥천사에서 108명의 승려를 모아 기우제를 지냈다. 좌부승지 한계미를 보내 향을 올렸다. 승려에게 비단 1필씩, 간사승 20명에게 흑색 마포 1필을 더 내려주었다.[105]

6월 2일 삼보인三寶印 : 불법승보佛法僧寶를 새긴 도장을 주조鑄造, 지평의 용문사에 내린 뒤 퇴락한 법당과 승방의 중수를 명했다.

세자의 병세가 악화되고 있었다. 왕실에 죽음의 그림자가 어른거릴 때 명나라의 사신 진감과 고윤이 태평관에 닿았다.

6월 7일 진감 등이 한강을 유람하고 제천정에 올랐다. 김수온·서거정·김수녕 등이 도감과 더불어 잔치를 베풀었다. 배를 타고 강을 따라서 내려갔다. 진감 등이 매우 즐거워했다. 어부가 잡아 올린 잉어 두 마리를 사옹관을 통해 올렸다. 예조판서 홍윤성, 동부승지 김질이 노량으로 가서 진감 등을 마중했다. 용산 여울 아래에서 비를 만났다. 서로 부賦와 시를

짓고 술을 권했다.[106]

김수온이 당대의 걸작으로 중국 조정에 회자되는 장편서사시 「희청부喜晴賦」를 일필휘지로 써서 진감에게 건넸다. 사신 일행이 입을 다물지 못할 정도의 힘찬 문장이었다.

6월 18일 장흥고의 종이 2,100여 권이 닳아서 못쓰게 되었다. 담당 관리를 문책했다. 이틀 뒤 세조가 계양군에게 통해 승정원에 전지했다.

- 대장경 50벌의 인출 종이 406,200권을 여러 도에 배당한다. 중국산 마[漢麻]를 쓰고 닥나무 껍질과 섞어 만들어 바치라.[107]

1권은 스무 장이었으므로 실제 인경에 쓰인 종이는 8,128,000장이었다. 대장경 1벌의 인경에는 162,480장이 투입됐다. 작업에 종사한 승려 중에 공량公糧으로 공급된 수효가 7,057명, 사량私糧으로 공급된 수효가 1,485명이었다. 공급된 중미中米가 4,679석石 6두斗가 들어간 대규모 불사였다.[108]

노산군, 붉어서 아픈 지는 꽃

세조는 단종을 노산군魯山君으로 강등하고 강원도 영월로 유폐시켰다.

> 작년 6월에 성삼문 등이 단종 복위를 도모하다가 발각되자 "상왕도 반역 모의에 참여했다."고 말했다. 이에 종친과 문무백관이 단종을 외방으로 유배시키자고 여러 차례 건의했다. 그러나 나는 이를 모두 거절하고 초지일관 단종을 보호하려 했다. 그러나 지금 인심이 흉흉하고 난을 선동하는 무리가 그치지 않고 있다. 이런 상황에서 어찌 사사로운 은의로 나라의 법을 어기고 종묘사직을 저버리겠는가. 이에 여러 사람의 건의에 따라 상왕을 노산군으로 강등하고, 궁에서 내보내 영월에 거주하게 하노라. 의식을 후하게 내려주어 끝까지 목숨을 보존하고, 나라의 민심을 안정시키도록 하라.

의덕왕대비 송씨와 상궁, 나인은 단 한 명도 함께 가지 못했다. 종묘사직에 죄를 짓고 내려가는 폐인에게 권속은 필요가 없다는 것이었다. 다만

창덕궁의 궁인 6명이 따르는 것은 묵인했다.[109]

복날 더위가 지나가는 개의 혓바닥을 한 발이나 뽑아놓고 있었다. 밤에 경복궁 근정전 용마루에서 부엉이가 울었다.

다음날 혜성이 인왕산을 긋고 지나갔다. 노산군이 영월의 청령포淸泠浦에 닿았다. 배로 들어가지 않으면 삼면이 강으로 둘러싸여 나올 길 없는 육지 속의 섬, 유폐의 장소로는 더없는 지세地勢였다. 더위를 먹은 두견새만 찾아와 두근두근 울어대고 있었다.

공신은 며칠을 견디지 못하고 불의와 폭거에 항거하는 눈길이 두려웠다. 홍수가 나면 물에 잠길 우려가 있다는 것을 이유로 노산군의 거처를 객사의 동헌으로 옮겼다.

17세의 노산군은 관풍매죽루觀風梅竹樓 : 자규루에 올라 할아버지 세종과 아버지 문종을 떠올렸다. 찾아오는 사람은 없었다. 한 밤중에 소쩍새만 솥뚜껑 두들기듯 피맺힌 울음을 울었다. 작고 야윈 손길로 떠밀려온 심정을 적어 내려갔다.

한 마리 한 맺힌 새 궁중에서 떠난 뒤	一自寃禽出帝宮
외로운 몸, 짝 없는 그림자 푸른 산속을 헤맨다	孤身隻影碧山中
밤이 가고, 밤이 와도 잠 못 이루고	假眠夜夜眠無假
해 뜨고, 해 져도 가슴 속 한 풀리지 않아	窮恨年年恨不窮
소쩍새 울다 잠든 새벽, 달빛만 짙어	聲斷曉岑殘月白
피 뿌린 듯한 봄 골짜기, 지는 꽃 붉어서 아파라	血流春谷落花紅
하늘에 귀가 있는가, 이 아린 독백 듣지 못하는가	天聾尙未聞哀訴
걱정 많은 이내 몸, 귀만 홀로 밝아	何奈愁人耳獨聰[110]

6월 26일 세조가 경상도관찰사 이극배에게 유시했다.

- 해인사에서 대장경 50벌을 오는 2월부터 모인摹印을 시작, 6월 전에 찍어내도록 하라. 경차관 윤찬·정은을 보내 일을 돕도록 할 것이다. 뜻을 받들어 시행하라.

세조는 각 도에 대장경의 인경에 쓸 종이와 먹 등을 배당했다. 백성으로

부터 닥나무를 단 한 냥이라도 거둘 경우, 엄중하게 죄를 묻겠다는 단서를 달아 놓았다.¹¹¹

- 충청도 : 종이→51,126권 먹→875정 황랍黃蠟→60근
- 전라도 : 종이→99,004권 먹→1,750정 황랍→125근
- 경상도 : 종이→99,004권 먹→1,750정 황랍→70근 호마유胡麻油→100두
- 강원도 : 종이→45,126권 먹→875정 황랍→125근
- 황해도 : 종이→51,126권 먹→875정 황랍→60근¹¹²

신미와 수미는 해인사 홍류동 골짜기에 앉아 단애를 휘감고 돌아가는 물소리를 들으며 인경 불사에 대해 상의했다. 학열·학조가 곁에서 두 감로문甘露門의 법음法音을 듣고 있었다. ※ 화보7

신미는 대장경 판당이 협소하고 퇴락된 곳이 많아 중수해야 한다는 의견을 관찰사 이극배를 통해 세조께 올렸다. 세조가 바로 하명했다.

- 옛 제도대로 조금 증축, 40여 칸을 지으라.¹¹³

세조는 투병 중인 세자만을 위해 대장경 인출 사업을 펼치지 않았다. 불귀의 객이 된 안평대군과 박팽년·성삼문·하위지 등의 넋도 함께 달래고 싶었다.

7월 5일 인경에 쓸 종이를 거두는 일이 시급했다. 이극배를 공조참의 겸 경상도관찰사, 안숭효를 공조참판 겸 전라도관찰사, 신석조를 이조참판 겸 경기관찰사, 한창을 첨지중추원사 겸 충청도관찰사, 이예손을 첨지중추원사 겸 황해도관찰사로 임명했다.

7월 6일 세조가 사정전에서 상참을 받고 윤대를 행했다. 영응대군, 여러 군과 영의정 정인지 등 재추宰樞에게 술자리를 베풀었다.

- 태조께서 한산군韓山君 : 이색을 우대하고, 존경했다. 내가 영의정을 대우하는 것도 그와 같다.

예조판서 이승손과 한명회, 정인지에게 술을 올리게 한 뒤 왕희지와 조

맹부의 서첩을 놓고 서법書法에 대해 의논했다. 정인지가 말했다.
- 본조本朝 사람의 서법은 모두 속되어서 조금도 옛날과 같지 않습니다.
- 법첩法帖 : 글씨를 배우는 사람을 위하여 체법體法이 될 만한 명필을 모아 놓은 서첩을 널리 편다면 마땅히 글씨를 잘 쓰는 자가 있을 것이다.[114]

세자덕종, 도원으로 떠나다

7월 28일 세자의 병이 가뭄에 타들어가듯 깊어가고 있었다. 21명의 승려를 불러 경회루 아래에서 밤새도록 공작재孔雀齋 : 불교의 밀교密教에서 공작명왕孔雀明王을 본존本尊으로 삼고, 재앙을 없애고 병마를 덜고 목숨을 오래 살게 하도록 베푸는 재를 올렸다. 의정부 당상과 6조 판서 이상과 승지가 재소齋所에 들었다.

8월 2일 엎친 데 덮친 격으로 순흥에 유배되어 있던 금성대군이 노산군을 복위시키기 위해 역모를 꾀한다는 특보가 올라왔다. 세조는 잔당과 금성대군의 전 가족을 강원도 후미진 역의 아전으로 붙이고, 영남 순흥부의 토지와 백성을 풍기군에 붙였다.

8월 4일 세조와 왕비가 세자와 함께 창덕궁으로 이어했다. 궁의 좌우에 진을 쳤다. 승려 4명을 내전의 서청에 불러 기도를 올렸다.[115]

8월 9일 세자의 병이 조금 나았다. 세조는 간병에 힘쓴 계양군, 신숙주, 한명회, 김수온과 입직한 도무진·위장의 족친을 한 자급 올려 주었다.[116]

8월 13일 영의정 정인지가 아닌 밤중에 홍두깨 격으로 장계를 올려 걸해 골걸骸骨 : 늙은 재상이 벼슬을 내놓고 그만두기를 임금에게 청원하던 일을 청했다. 세조는 눈에 넣어도 아프지 않을 외동딸의 시아버지 정인지의 성질머리를 뜯어 잡고 싶었지만 정국은 한 치 앞을 내다볼 수 없는 상황이었다.

- 내가 의지해 풍형豊亨 : 덕이 많아서 아무런 막힘이 없는 것을 기대하는데, 어찌 감히 힘들다고 하는가. 어려운 때다. 누워서라도 정사를 보라.

정인지는 문장과 명망이 당대 제일이었다. 그러나 고항高亢하고 강직한 성질이 문제였다. 정사를 논할 때 스스로 납득되지 않으면 조금도 양보하지 않았다.

세조가 사리분신과 우화雨花의 신기함을 이야기했다. 정인지가 바로 받아쳤다.

- 100개의 사리분신이 한 사람의 빈민을 먹여 살리지 못합니다. 또한 지금 남녘이 가물어 땅이 못 쓰게 된 고을이 10여 곳이나 됩니다. 신은 비가 내리기를 원하지, 우화가 내리기를 바라지 않습니다.

- 망령스럽다, 이 늙은이가 취했구나.

동석해 있던 아들 정현조가 부축해 나가며 말했다.

- 존공께서는 어찌 이런 말을 하십니까.

- 아이가 어찌 알겠느냐. 노신老臣이 말하지 않으면 누가 마땅히 말하겠느냐.

8월 14일 전라도관찰사 송처관이 절에 올라가 분탕질한 뒤 승려를 벌했다. 세조가 어찰을 내려 재주를 아끼는 까닭에 특별히 용서하니 마땅히 근신하라고 타일렀다. 경상도관찰사 이극배에게 유시諭示했다.

- 잡초지는 민폐를 없애려고 쓰는 것이다. 지금 8도의 계본을 보니 종이가 두껍고 넓어 다시 폐단이 일고 있다. 만드는 데 익숙하지 않다고 변명하겠는가. 백성이 종이를 만들어 얻는 이익을 모른다고 할 터인가. 경은 옛날부터 내 마음을 잘 알고 있다. 이후에는 두꺼운 종이를 쓰지 말고, 민심의 흐름을 빨리 확인해 보고하라.[117]

9월 1일 세자가 투병 중에 지필紙筆을 찾아 시 한 편을 남겼다. 상서롭지 않은 내용이었기에 간병인은 마음 졸였다.

무정한 비바람에 뚝뚝 떨어지는 모란꽃	風雨無情落牡丹
계자난간 너머 섬돌 아래 속절없이 흔들리는 작약	翻階紅藥滿朱欄
촉나라 땅으로 밀려나 양귀비를 잃은 명황제	明皇幸蜀楊妃死
빈장후궁이야 있어 무엇하리, 반겨 보는 이 없는데	縱有嬪嬙不喜看

9월 2일 어릴 때부터 예절 바르고, 해서楷書에 능했지만 늘 병약했던 세

자가 창덕궁 정실에서 세상을 떴다. 스무 살이었다.[118]
안평대군이 '인간 세상 어디에서 도원을 꿈꿀까.'라고 「몽유도원도」의 제시題詩에 썼던 첫 구절과 아귀가 맞아 떨어지듯 도원군桃源君이 복숭아 마을로 사라졌다.

> 어느 날 밤. 세조가 꿈을 꾸었다. 현덕왕후문종의 비 권씨가 분노에 찬 목소리로 말했다.
> ─ 네가 죄 없는 내 자식을 죽였다. 나도 네 자식을 죽이겠다. 너는 알아두어라.
> 세조가 놀라 일어났다. 갑자기 동궁東宮 : 덕종이 죽었다는 기별이 왔다. 그 때문에 소릉을 파헤치는 변고가 있었다. 왕권을 빼앗긴 임금도 화가 땅 속까지 미친 예를 보지 못했다. 우리나라에는 정릉·소릉 두 왕비의 능陵이 변을 당했다.[119]

9월 7일 세자의 초재를 진관사에서 올렸다. 세조가 장례도감에 명했다.
─ 임금의 장례가 아니다. 모든 일이 정도에서 벗어났다. 무덤 안의 일은 마땅히 후하게 할 것이나, 무덤 밖의 일은 나의 맏아들이라 해도 반드시 박하게 하라. 백성만 힘들 게 할 뿐이다. 죽은 자에게 유익할 것이 하등 없다. 절반으로 줄여서 대략 경상卿相과 같이 하라.[120]
세조는 비현합으로 돌아와 『금강경』과 『법화경』을 써 내려갔다. 속울음이 녹아들고 있었다. 삶이 가볍지 않았고, 자식의 죽음이 평안하지 않았다. 땅을 밟을 수 없는 별이 잠 밖에서 성성했다. 억장이 무너지고 있었다. 다음날 세조가 김수온을 불러 일렀다.

> 경전을 조성한 본래의 목적은 인천안人天眼을 열고, 세상 사람이 모두 이 경전을 접하도록 하기 위함이었다. 그러나 전부 상자 속에 자물쇠를 채워 선반 위에 쌓아 두니 참으로 할 말이 없다. 지금 나는 그렇게 하지 않을 것이다. 여러 경전을 책으로 만들어 곧 대중에게 배포하라.[121]

혜각존자 신미와 연경사 주지 홍준에게 명을 내렸다.

- 함허당의 『금강경설의金剛經說義』를 교정하고 『오가해五家解』를 넣어 한 책으로 만들라. 또한 여러 본이 있는 『영가집永嘉集』의 같고 다름을 교정하라.[122]

첨지중추원사 김수온에게 명을 내렸다.

- 함허당의 『금강경설의』를 『영가집』에 합하고, 또한 『증도가證道歌』의 언기彦琪 의 주註와 굉덕宏德의 주, 조정祖庭의 주를 모아 각각 한 책으로 만들어 100건씩 찍어내라.

영응대군·계양군·밀성군·하성위 정현조·김수온·예문관 직제학 한계희에게 명을 내렸다.

- 『법화경』·『능엄경』·『법역명의집』 각 100건, 『주석 화엄경』 1건, 『지장경참법』 각 14건을 찍어내라.

호조참의 강희안에게 명을 내렸다.

- 『금니법화경』 1건을 사경하라.

판사재감사 성임, 행사헌장령 조근, 행교서랑 임택, 행전부사직 안혜, 전 진관사 주지 대선사 문형, 전 장안사 주지 대선사 극인 등에게 명을 내렸다.

- 『법화경』·『지장경』·『법망경』·『기신론』·『행원품』을 먹으로 사경하라.

의창군 이강과 우승지 한계미가 일을 감장했다. 세조가 모든 경전의 발어跋語를 직접 썼다. 경전이 이루어진 뒤, 장황粧潢을 마치자 대중에게 나누어 주었다.[123]

주자소에서 밤낮을 가리지 않고 100부를 인쇄한 『선종영가집禪宗永嘉集』의 첫머리에 쓴 「발문」에 세조의 슬픔이 묻어 있었다.

> 세종께서 『증도가주해證道歌註解』를 구해 보고자 해서 내게 명해 두루 찾았으나 구하지 못했다. 중국에까지 구했으나 역시 얻지 못했다. "네가 이 일을 마치라."고 유명遺命하시어 내가 항상 좌우에 적어 두었다. 어찌 감히 잊을 수 있겠는가. 1452년단종 즉위년 겨울, 내가 연경에 가서 여러 곳을 열심히 찾다가 다행히 언기彦琪가 주석한 『증도가』를 구해 돌아왔다.

그러던 중에 어려운 일을 만나 지체하고 허둥거리며 이를 돌아볼 겨를이 없어 잘 갈무리해 두었다. 다행히 하늘의 도움을 받아 큰 어려움을 무사히 극복, 국가를 이룰 수 있었다. 천자께서 명을 내려 외방의 오랑캐에게 위엄을 가하니, 나라 안은 편안하고 고요하다. 이것이 어찌 나의 지혜와 힘이겠는가. 모두가 삼보三寶께서 은밀히 도와주었고, 더욱이 세존께서 정법正法으로 국왕과 대신에게 부촉, 참된 법을 유통하게 하신 덕분이다. 지금 바로 이때에 짊어진 짐이 이미 무거운데 덕이 미치지 못함을 부끄러워하며 저 몸과 마음에 나태함이 없이 잘 보존했다. 세상 일이 어지럽고 시끄럽지만 정사政事를 널리 처리하기를 몇 년의 경륜이 흘렀으나 아직 제대로 선양하지 못했다. 조문弔問도 못 한 채 무상하게도 빨리 떠나니 큰 슬픔이 홀연히 다가와 가슴을 쓸며 통곡하게 했다.[…]
위로는 돌아가신 황고와 황비를 위하고 아래로는 조종祖宗의 여러 제왕이 정각을 이루고, 그 다음으로 죽은 자손이 팔고八苦에서 영원히 떠나 속히 삼계三界를 벗어나도록 하며, 이승二乘을 초월하여 십력十力의 원을 모두 이루기를 바란다. 오호라, 모든 살아 있는 것은 반드시 죽기 마련이고 즐거움의 끝에는 슬픔이 다가온다. "생명에는 죽음이 없을 수 없고, 사랑에는 반드시 이별이 따른다. 삼계가 삼계가 되는 까닭이다. 나는 마땅히 너그러움을 품고 세상을 보호할 것이다. 너희들 역시 상相을 없애고 능히 미혹된 죄업을 벗어나라."고 세존께서 말씀했다. 삼보와 신의 위력에 의지하고, 어둠과 밝음이 이 법의 이치에 화합하기를 바란다. 세상에서 이 책을 보는 사람은 내 진심어린 슬픔을 족히 알지어다.[124]

삼각산 비봉 아래로 아픔이 흩어져 붉게 젖었다. 먼 산줄기에 배반과 구원의 실마리를 덮어버리듯 먹장구름이 밀려들었다.
9월 10일 김수온이 세조의 교지를 받들어 세자의 명복을 빌기 위해 조성한 『선종영가집』의 발문을 썼다.

부자의 도는 천성天性이므로 아비가 자식을 자애롭게 대하고, 자식이 부모에게 효도하려는 것은 모두 지극한 정성이 참으로 간절할 때 생겨나지 겉으로 나를 아름답게 하는 것에서 비롯되지 않는다. 세자의 덕과 효성, 우애의 아름다움이 사방에 퍼져 왕실을 계승하고 영원토록 양궁兩宮의 기쁨을 받들다가 갑자기 그 천수를 영원히 누리지 못했다. 백성은 슬픈 마음에 흐느끼고, 눈물을 삼키며 편안히 다시 돌아올 수 있기를 바랐다. 하물며 우리 전하께서는 자애심이 지극했다. 불교를 존숭하는 마음으로 덕의 뿌리를 심고 쓰이지 않는 곳이 없을 정도로 정성을 다했다. 만약 천인天人이 화복禍福을 고르게 다스리지 않는다면, 비록 모든 유학儒學이라도 영원히 해결되지 않는 논리가 될 것이다.[125]

한편 세조는 궁박한 삶을 살고 있는 여승을 구제하기 위해 삼각산에 정업원淨業院을 다시 지으라고 명했다.

- 과부와 외로운 여자가 머리를 깎고 여승이 된다. 여승은 실로 궁박한 무리이기 때문에 이곳에서 모여 살게 하면 구제하는데 도움이 될 것이다. 또한 삼각산 아래 들녘에서 살며 걸식하고, 다리를 절어 걸을 수 없는 굶주린 백성도 생명을 이어가게 해야 한다. 다들 이곳에 모여 살 수 있게 하라.[126]

세자의 이재, 삼재를 진관사에서 올렸다.[127]

9월 23일 세조는 경상도관찰사 이극배에게 친서를 내려 해인사의 대장경 인경印經 불사를 독려했다. 공신이 사재를 털어 충훈부는 장의사, 충익사는 영국사에서 축수재를 올렸다.

　　인경은 본래 간편한 방법을 써서 폐단 없이 공역을 성취하려고 했다. 일의 번거로움과 간편함, 공역의 더딤과 빠름은 맡은 사람에게 달려 있다. 인경에 참여한 사람이 먹고 잘 방과 종이와 먹을 만드는 일, 승도와 인부를 부리는 일, 채소와 염장, 그릇을 징수하는 과정에서 백성을 괴롭히지 않을까 염려된다. 더욱이 시급하게 구황해야 할 때를 당했다. 일을 맡은 자는 이를 깊게 생각해야 한다. 그렇지 않으면 폐단을 없애기가 쉽지 않다. 경은 경차관과 더불어 내 뜻을 정확하게 읽고 최대한 편리를 도모할 수 있는 방안을 강구, 백성에게 피해가 미치지 않도록 하라.

다음 날 세조는 주자소와 조지소, 사표국세종 때 궁내에 설치한 염초를 굽던 곳의 장인과 대궐 안의 입직 군사에게 술을 내렸다. 세자를 위한 인경불사에 대한 보상이었다.[128]

10월 7일 세조는 성균사성 김구에게 명해 유생을 대궐로 들어오게 했다.

최린 등 강첨講籤 일곱 명을 친히 뽑아 그동안 독서한 것을 강하게 했다. 『춘추』 성중구城中丘의 "때는 어려운데 사치스러운 일을 한다[時屈擧 贏]."의 뜻을 물었다. 최린이 아뢰었다.

- 최근 수재와 한재가 겹쳐 백성의 살 길이 막막한데, 국고를 쏟아 부어 대장경 50벌을 찍어내고 있습니다. 이보다 심한 사치는 없습니다.

세조가 유생에게 술과 고기를 내린 뒤 말했다.

- 정부와 대간에서 한 사람도 말하는 자가 없었다. 포의의 유생으로 감히 말하니 그 뜻이 가상하다. 장차 너를 크게 쓰겠다.[129]

김수온, 명나라로 떠나다

10월 11일 김수온이 이조참판 김연지와 함께 표전表箋을 받들고 하등극사로 명나라로 떠났다.[130] 세조는 범자梵字로 기록된 불서佛書를 구해 오라는 특명을 내렸다.

사행 길에 김수온이 평양에서 10년 전부터 면식이 있었던 김시습을 만났다. 김수온은 매월당의 행색이 못마땅했다. 시 한 수를 지어 건넸다.

유학을 버리고 불교에 빠진 것은 무슨 마음인가	捨儒歸墨是何心
유학의 도는 본디 물외에서 찾을 필요가 없다	此道元非物外尋
유학이 불교와 다른 단적인 뜻을 알려면	欲識兩門端的意
논어와 맹자를 자세히 읽어봐야지	請看論孟細參尋[131]

김시습이 답했다. 불교와 유학의 본지를 심각하게 논할 생각이 없음을 분명히 했다.

길 비록 다르지만 마음 기른다는 점에서는 같다	岐路雖殊只養心
마음 기르는 법, 다른 데서 찾을 까닭이 없다	養心不必謾他尋
일마다 자유자재해 막힌 데가 없어야 하는 것	但於事上渾無尋
찌꺼기에 불과한 경전 뒤적여 어디에 쓸 것인가	糟粕何須歷歷尋[132]

10월 14일 세조가 고양현 봉현에 거둥해서 세자의 묘터를 살폈다. 임원준 등에게 안산案山의 산세를 관찰, 향배를 정하게 했다. 다음날 내불당에서 천도 법석을 베풀었다.[133]

17세의 단종, 영월에서 사사되다

10월 21일 양녕대군이 종실의 안녕과 종사의 백년대계를 위해 금성대군을 주살하라고 상소했다.

> 종양은 그 뿌리를 뽑지 않고서는 날로 퍼져 나중엔 손을 쓸 수 없는 지경에 이르는 법입니다. 전일에 간흉이 노산군을 끼고 군사를 일으켜 역모를 꾀하는 등 종사를 위태롭게 했으니 천지신명이 용납하지 않는데 어찌 다시 용서해 국법을 문란케 하십니까. 그동안 신이 누차 국법을 바로 세우라고 주청했으나 윤허를 얻지 못함에 울분을 이길 길 없습니다. 이영 등의 흉악한 모역 죄인은 반드시 왕법에 따라 주살해야 합니다. 바라건대 이제라도 일월같이 밝은 대의로써 결단해서 화근을 끊고, 인심을 안정시키소서.

영의정 정인지의 상소가 뒤를 이었다.

> 은혜는 가볍고 의리는 무겁습니다. 대의에 따르면 친속도 주멸誅滅하는 법입니다. 노산군의 전일의 변은 그 죄가 종사에 관계되어 입으로 말할 수 없으며, 금성대군은 화심禍心을 품고 불궤를 꾀했으니 죽어도 죄가 남을 정도입니다. 전하께서 차마 하지 못하는 마음으로 외방에 안치해 두었습니다. 은사恩賜가 무거웠는데도 성은을 생각하지 않고 군사를 일으켜 반란을 준비하고 노산군을 다시 세우려 했습니다. 천지 사이에 용납되지 않을 죄입니다. 전하께서 사사로운 은혜로써 뜻을 굽혀 그 죽음을 용서하려고 하니 대소신료가 여러 날 정청庭請을 계속했으나 유윤을 입지 못해 분통함과 억울함을 펴지 못하고 있습니다. 대의로써 결단하고 전형을 바르게 밝혀 신민의 바람에 부응하소서.

세조는 아우 금성대군을 사사하고, 단종의 장인 송현수를 교형에 처했다.[134] 강성했던 대군 중에서 살아 있는 이는 임영·영응대군 뿐이었다. 세자의 장례를 치르기도 전이었다. 칼바람이 어디로 불지 가늠할 수 없는 불안한 정국이 이어지고 있었다.

10월 24일 단종이 영월에서 17세의 꽃다운 나이로 꺾였다.[135] 『병자록丙子錄』에 실린 죽음의 기록이 아리다.

> 금부도사 왕방연이 사약을 받들고 영월에 이르러 감히 들어가지 못하고 머뭇거리고 있었다. 나장羅將이 시각이 늦어진다고 발을 굴렀다. 도사가 하는 수 없이 들어가 뜰 가운데 엎드려 있었다. 단종이 익선관과 곤룡포를 갖추고 나와서 온 까닭을 물었다. 도사가 대답하지 못했다. 항상 노산군을 곁에서 모시고 있던 통인通引 한 명이 자청하고 나서서 활줄에 긴 노끈을 이어서 앉은 뒤의 창구멍으로 그 끈을 잡아 당겼다. 그때 단종의 나이 17세였다. 통인이 미처 문 밖으로 나오지 못하고 아홉 구멍에서 피가 흘러 즉사했다. 시녀와 종인이 다투어 동강에 몸을 던져 죽어서 뜬 시체가 강에 가득했다. 천둥을 동반한 비가 퍼부어 지척에서도 사람과 물건을 분별할 수 없고, 강한 바람이 나무를 뽑고, 검은 안개가 공중에 꽉 끼어 밤이 지나도록 걷히지 않았다.

※ 화보8　단종의 시신은 영월에서 호장을 지내고 있던 엄흥도가 거두었다.[136]

> 호장 엄흥도가 옥거리[獄街]에서 오고가며 통곡했다. 이튿날 관을 갖춘 뒤 아전과 백성을 거느리고 군의 북쪽 5리 쯤 되는 동을지東乙旨에 무덤을 만들고 장사지냈다. 이때 엄흥도의 문중에서 화가 있을까 두려워하며 다투어 말렸다. 엄흥도가 말했다.
> - 옳은 일을 하고 해를 당하는 것은 내가 달게 생각한다.

이자는 『음애일기陰崖日記』에서 울분에 찬 논조로 당시의 상황을 신랄하게 비판했다.

> 실록 기사에 "노산이 영월에 있어서 금성대군의 실패함을 듣고, 자진했다."고 했다. 이것은 당시의 여우나 쥐새끼 같은 놈의 간악하고 아첨하는 붓장난이다. 후일에 실록을 편수한 자는 세조를 종용慫慂하던 무리다. 계유실록에 대개 이러한 것이 많다. 혹은 말하기를, "노산의 무덤을 충의배

가 몰래 파서 법물法物에 의해 이장했다."고 하나 이것도 공연한 말이다. 다만 영월읍 사람이 지금까지 애통하게 여겨 제물을 베풀어 제사지내고 길흉과 화복에 이르러서도 모두 모처에 나가 제사 지냈다. 오히려 부녀자들이, "정인지 등의 간적놈에게 핍박되어 우리 임금을 자기 명에 돌아가지 못하게 했다."고 말할 정도였다. 슬프다. 충신과 의사가 반드시 대가大家 세족에서 나오는 것은 아니다. 당시에 임금을 팔고 이익을 꾀하던 무리는 반드시 자기 임금을 혹심한 화에 몰아넣고야 마음에 쾌함을 느꼈다.[137]

단종의 죽음 뒤에는 범패 소리 하나 들리지 않았다. 정난공신은 포상으로 받은 노비와 전답을 깔고 앉아 휘파람을 불고 있었다.

의경세자를 위한 불사

죽은 세자에게 '의경懿敬'의 시호를 내렸다. 온화하고 성스럽고 착함이 의懿, 아침 일찍부터 밤늦게까지 경계함이 경敬이다.[138]
11월 24일 세자를 경기도 고양의 봉현 동쪽 언덕에 장사지냈다.[139]
12월 초, 수미가 해인사에서 인경 불사 중에 월출산으로 돌아가며 도갑사道岬寺를 일신하겠다는 뜻을 전했다.

※ 화보9

> 스님이 도갑사를 찾아 돌아오니 이는 근본을 잊지 않음을 보여준 것이다. 도선국사道詵國師, 827~898가 지정한 비보도량이 거의 황폐화되고 몰락, 서늘한 안개로 덮인 무성한 잡초 속에 떨어져 있는 것을 개탄하고 대중에게 일렀다.
> - 우리가 이 지경을 가만히 앉아 보고만 있고 다시 짓지 않을 수 있겠는가. 하물며 성상께서 문도인 홍월洪月에게 그 불사를 맡겨 중건, 복구하도록 명을 내렸음에 있어서랴.
> 이후 장엄의 신묘한 정성을 다해 강궐絳闕과 청도淸都가 마치 공중으로부터 떨어진 것과 같았다. 세조는 영응대군을 대단월大檀越로 삼아 소조塑造 약사여래상 삼구三軀를 조성, 감전紺殿에 봉안했다.[140]

신미가 중창불사에 한마음으로 힘을 보탰고, 예문제학 윤사윤尹士昀이 중창기를 지었다.[141]

『월인석보』 편찬 시작

1458년세조 4 정초, 단종과 얽힌 권력의 빈틈을 메우기 위한 피의 풀무질은 일단 멈췄지만 세조의 시름은 깊었다. 맏아들 의경세자와 형님의 단 하나 남은 피붙이인 노산군을 보내고 난 뒤 새벽마다 가슴을 긁는 날이 이어졌다. 잦은 흉통과 불면으로 술에 취해도 깊게 잠들지 못하는 날이 태반이었다.

※ 화보10 세조는 계룡산 동학사東鶴寺에 초혼각招魂閣을 세워 매년 10월에 제사지 내도록 했다. 절의節義 인사의 원혼을 달래고 신하의 충절을 권장하는 한편 노산군의 초혼이 각 지역에서 행해지는 것을 차단하려는 의도였다. 민간에서는 도성 안이나 길거리, 냇가에서 당幢번幡을 늘어세우고 떡과 과일을 베풀고 승려를 맞이해서 죽은 혼을 소리쳐 부르는 풍습이 있었다. 김시습이 곡하고 초혼사를 읽어내려 갔다. 매월당의 나이 24세였다.

> 물 맑고, 산 깊은데 달은 중천에 떴네. 오르내리는 왕의 영령이여, 내려오소서. 넓고 큰 은혜 고맙게 생각하며, 석철石徹을 본받아 임금의 의관과 궤장을 가져다 사당에 두나니 회계산 위의 우임금께 제사한 의식을 따라 하나이다. 산열매와 시내 고기 따위로 가을에 곡하고 눈물로 글을 지어 혼을 부르오니, 예는 비록 미진하나 의리는 여기에 있습니다. 부디 흠향하시기 바라나이다.¹⁴²

이문구는 소설 『매월당 김시습』에서 단종의 죽음에 대해 시퍼런 칼을 들이댔다.

> 임금단종의 자리를 찬탈한 이는 어떤 사람인가. 위로는 임금을 시역하고 아래로는 충렬한 의사의 종까지도 도륙을 했던 이는 과연 누구였던가. 공주의 동학사 한 구석에 집을 짓게 하여 초혼각이라 이름한 이는 누구이며, 때려죽이고 찢어 죽이고 지져 죽이고 베어 죽이고 저며 죽이고 약을 먹여 죽인 의사들의 이름을 그 손으로 비단에 써서 걸게 하되, 그 이름이 여덟 폭짜리 비단에 넘치도록 죽인 이는 과연 누구였던가.¹⁴³

세조는 일찍 세상을 버린 의경세자도 눈에 밟혔다. 내수사에 명해 백성에게 부담을 주지 말고 최소한의 비용으로 검소하게 현실玄室의 동쪽에 좋은 터를 골라 정인사正因寺를 지으라고 명했다.

나의 아들 의경이 불행히도 수명이 짧아서 갑자기 이 지경에 이르렀다. 초상의 일을 크게 치러 나라에 거듭 괴로운 일을 만들고 싶지 않다. 너희 내수사에서는 능묘에서 멀지 않은 곳에 사찰을 하나 세우고 혹시라도 폐해가 없도록 하라.

정인사의 공역은 1년 동안 이어졌다. 창졸지간에 청상과부가 된 세자빈 한씨가 정성을 다해 현장을 챙겼다. 세조는 매년 봄가을에 수륙재를 설행할 때 드는 비용 일체를 준비할 수 있는 밭 200결과 식염 50석을 주어 정인사를 지키고, 향과 꽃이 이어지게 했다.[144]

경복궁 편전의 용상은 하루하루가 가시방석이었다. 칼바람이 백악산 솔숲을 훑고 지나갔다. 눈의 무게를 이기지 못해 소나무 가지가 찢어졌다. 그 소리가 짧지만 길게 문풍지를 흔들었다. 며칠 째 이어진 폭설로 도성의 안과 밖의 길이 파묻혔다.

- 권력은 수레바퀴와 같다. 멈추는 순간 진창길에 처박힌다.

세종이 말년에 문종과 수양대군에게 한 말이었다. 그러나 세종은 권력 주변을 제대로 정리하지 못했다. 태종의 비정을 단 한 번만이라도 실천에 옮겼다면 둘째아들 수양대군이 피의 항아리에 손을 담그는 일은 막을 수 있었다.

세종은 지우려 해도 지울 수 없는 자리에 32년 동안 있으며 괴롭다는 말 한 마디 하지 않고 떠났다. 외롭다는 말, 슬프다는 말은 제왕에게는 사치였다. 왕위에 오르기 전에도, 왕위에 오른 뒤에도 듣지 않았고, 들으려 하지 않았다. 꿈은 부끄러울 것 없고, 가지 못할 곳 없다. 백성의 평안만 바랄 뿐이었다. 조선의 하늘·땅·사람을 아우르는 새로운 문자를 만들고, 보완하며 시나브로 야위어 갔다. 제왕이 가야 할 마지막 길이었다.

세조는 왜 세종이 몸과 마음을 던져 새로운 문자를 만들려고 했는지 왕위에 오르고 난 뒤 절실하게 느꼈다. 똑같은 자식인데, 피는 왜 이리도 가혹하고 잔혹한가. 지난 밤, 꿈에 부왕을 뵈었다. 말은 없었고, 눈빛은 따뜻한 듯 차가웠다.

- 말은 더없이 하늘로 날아가지만, 글은 이 땅에 정신과 살아온 날의 발자국으로 남는다. 살아남는 것이 대업大業이다. 훈민정음을 지키고, 널리 퍼지게 하라. 나의 마지막 바람이다.

눈은 경복궁 담장의 무사석 아래에서 멈췄다. 조라치照剌赤 : 대궐 뜰을 소제하는 자가 새벽부터 발을 재게 놀렸다. 세조는 부처의 한 평생을 모도잡아 한 책으로 다시 엮을 때가 지금이라고 판단했다. 아침 수라를 젓수고 나서 도승지 조석문에게 명했다.

- 해인사 대장경판 속에 담긴 옛 성인의 말씀을 찾기 위해 내려가 있는 혜각존자를 부를 생각이다. 대장경 인경 사업은 경차관 정은과 주지 죽헌이 감장하도록 하라. 관찰사에게 전하라.

합천 가야산에도 폭설이 내렸다. 길은 쉽게 열리지 않았다. 정월 보름, 파발이 기우뚱 해인사에 닿았다. 학열과 학조가 정성껏 행장을 꾸렸다. 얼음 속에서 물고기의 대가리가 줄고, 늘었다. 달이 기울고, 다시 찰 때 신미가 경복궁 내불당에 닿았다.

세조가 내불당에 거둥했다. 산문 앞에서 인경 불사를 정리하고 올라온 혜각존자 신미가 합장하고 맞았다.

- 원행에 불편한 점은 없으셨는지…….

신하를 대할 때와는 사뭇 다른 어투였다. 스승을 대하듯 했다.

- 세종께서 백성에게 회향하고 가신 훈민정음의 보급을 위해서 『석보상절』과 『월인천강지곡』을 하나로 묶어 찍어낼까 합니다. 소헌왕후의 국상 중에 서둘러 간행했기 때문에 보완해야 할 부분이 많습니다.

신미는 세조의 마음을 읽고 있었다.

- 불심 가득한 백성에게 훈민정음이 널리 퍼질 수 있다면 더없이 좋은

일입니다. 소승이 정성을 다하겠습니다.

세조가 가볍게 받았다.

- 찬술에 불편한 점이 없도록 최대한 지원할 것입니다.

예조에서 사대事大의 선무인 한훈漢訓의 강습을 위해 『박통사朴通事』와 『노걸대老乞大』 각각 1건씩 황해도와 강원도에 나누어 보내어 판각하게 하고, 교서관에서 찍어내 널리 반포하겠다는 의견을 올렸다. 두 책이 희소해서 배우려는 자들이 쉽게 얻어 보지 못하고 있었다. 세조가 허락했다.[145]

정인지, 『월인석보』 편찬 반대

세종 때 불사佛事라면 쌍지팡이를 들고 반대했던 집현전의 수장 영의정 정인지는 세조가 드러내 놓고 부처를 받드는 것에 늘 불만이었다.

2월 12일 중삭연仲朔宴에서 정인지가 기어이 일을 벌였다. 세조가 사정전에서 "5공신개국공신 남경우. 정사공신 이효정. 좌명공신 윤사로. 정난공신 정인지. 좌익공신 계양군 이증이 헌수獻壽하므로 하늘이 반드시 나를 도울 것이라."는 내용의 어서御書를 충훈부에 내린 뒤 한껏 잔치를 즐기고 있었다. 음악이 연주되고 시녀와 기녀가 춤추기 시작했다. 세조는 군신에게 일어나 춤을 추라고 명했다. 불쾌해진 정인지가 어상御床 아래로 나가 말했다.

- 성상께서 『법화경』 등 여러 경 수백 벌을 주자소에서 인행印行했고, 대장경 50벌을 찍어내고 있습니다. 이런 와중에 또 『석보釋譜』를 간행하려 하시니 신은 옳지 않다고 생각합니다.

세조가 분을 참지 못하고 바로 연회를 파했다.[146] 세조의 주연酒宴 정치가 빚어낸 기막힌 촌극에서 정인지는 늘 주연이었다.

2월 13일 세조는 후원에서 양녕대군과 종실의 군, 삼정승영의정 정인지· 좌의정 정창손·우의정 강맹경이 참석한 가운데 관사觀射하고 도승지를 통해 정인지에게 힐문했다.

- 내가 복세암福世庵[147]을 짓고 경지經紙를 만들어도 경은 대신으로서

한마디 말도 없었다. 그런데 바로 어제 취중에 나를 욕보임은 무슨 까닭인가.
정인지가 뻣뻣하게 대답했다.
- 취중의 일이라 살펴 기억하지 못합니다.
- 경이 어제의 말을 취했기 때문에 기억하지 못한다고 했다. 지금은 취하지 않았으니 일일이 내게 고하라. 부처의 도리, 유학의 도리는 무엇인가.
정인지가 분명하게 대답하지 못했다. 세조는 말을 섞고 싶지 않았다.
- 군왕이 묻는데 경이 대답하지 못하고 있다. 이것은 불경이다.
정인지가 다시 취중의 일이라고 끝내 변석辨析하지 않았다. 조석문에게 명해 술잔을 올리라고 했다. 정인지가 잔을 올린 뒤 물러가며 중얼거렸다.
- 신숙주는 잘 마시면서도 마시지 않았다. 내 꼴이 말이 아니다.
날이 저물었다. 세조가 의정부에 명을 내렸다.
- 정인지는 "하루도 보전할 수 없습니다.", "연일 항형抗衡하니 깊은 못에 떨어지려는 것 같습니다."고 임금 앞에서 무례하게 말했다. 친히 용학庸學을 물었는데도 말귀마다 승설僧說로써 대답하며 모만侮慢해 위를 능멸했다. 한 마디 대답도 없이 양녕대군에게 눈짓하며 내 말을 듣고도 조금도 귀에 담지 않아, 대군이 대답을 돕게 만들었다. 고신을 거두고 추국하라.
다음 날, 성이 풀리지 않은 세조가 의금부에 명했다.
- 부처의 배척은 선비가 늘 하는 일이다. 그런데 정인지는 도리어 『능엄경』을 칭찬했고, 『중용』은 성설聖說인데도 내가 사자思子의 그릇된 설을 말했다고 했다. 다시 국문해 아뢰라.
승지 등을 불러 거듭 의논한 뒤 전교했다.
- 정인지는 스스로 높은 체하는 자이므로 부득이 의금부에 내렸다. 그러나 노신이 오랫동안 옥중에 있음은 옳지 않다. 오늘은 국문을 끝내고 풀어주라.[148]
2월 15일 좌의정 정창손 등이 아뢰었다.

- 성상께 무례를 범한 정인지의 죄는 매우 큽니다. 논죄하소서.
세조가 계양군 이증에게 전교했다.
- 정인지는 명예를 중하게 여기고 이기기를 좋아하는 성격이다. 고신을 돌려주고 복직하게 하라.
좌의정 정창손 등이 아뢰었다.
- 정인지는 지위가 수상에 있으면서 성상께 항거하고 무례를 범했습니다. 법에 따라 죄를 물어야 하는데도 복직을 명하시니 신들의 뜻과는 어긋납니다.
- 정인지가 나에게 "부처를 좋아해 하루도 보전할 수 없다."고 했다. 내가 만일 몸을 버려 종이 되고 면을 가지고 희생을 삼는다면 보전하지 못할 것이다. 어찌 내가 부처를 좋아해 끝내 보신하지 못할 것을 알겠는가. 그러나 옛적에 신하가 임금에게 "걸주桀紂 같은 임금이 함이라."는 말이 있다. 나의 악문惡聞도 또한 그르지 않을 터이고, 함부로 공신을 내칠 수도 없다.
정창손이 거듭 아뢰었다.
- 예전에 직언하고 극간한 자를 혹 걸주에 비유하기도 했습니다. 그러나 정인지는 성상께 항거했으니 극간極諫이 아닙니다. 예로부터 공신으로 능히 보전하지 못한 자는 모두 스스로 허물을 지었기 때문입니다. 정부에서 다 보고 있습니다. 쉽게 복직시킬 수는 없습니다.
- 비록 정인지에게 다른 마음이 없더라도 경의 말이 옳다. 복직시키지 말라.
세조는 윤대를 끝낸 뒤 대장경 인출 공역을 독려하고 있는 경상도관찰사 이극배에게 옷 한 벌을 특사했다.
2월 16일 좌참찬과 형조·호조·병조판서와 참판, 대간에서 정인지를 문책하라고 나섰다.
- 신하의 죄는 불경보다 더 큰 것이 없습니다. 정인지는 성상께 무례를 범했으니 법으로 용서할 수 없는데 단지 고신만 거두었습니다. 법대로

조처하소서.

세조가 사정전으로 이들을 불러들인 뒤 말했다.

- 정인지는 단지 명예를 구하고, 스스로 높은 체했을 뿐 본시 다른 뜻이 없었다. 다시 말하지 말라.[149]

2월 17일 대간에서 정인지의 죄를 청했다. 윤허하지 않았다. 다음 날 정인지의 고신을 돌려주고, 하동부원군으로 삼았다. 이날 명나라에서 귀국한 김연지를 한성부 윤에 임명했다.[150]

김수온은 범자梵字로 된 불경과 『벽암록碧巖錄』[151] 등의 불서佛書를 구입하러 간 사이에 사행 일행과 길이 어긋나 늦게 귀국했다. 명나라 유학자는 김수온을 "희청부로 화답한 대문장가다."며 높게 대우했다. 외교 업무에 얽매일 필요가 없었던 김수온은 불서를 구하기 위해 감로사甘露寺 주지에게 연통을 넣었다. 주지가 미리 붓과 벼루, 아계지鵝溪紙를 준비해 조선의 명문장을 맞았다. 감로사 천왕문 바람벽에 묵매墨梅가 그려져 있었다. 지천명의 김수온이 붓을 들었다.

    조계의 황매   曹溪黃梅
    감로사의 묵매   甘露墨梅
    빛깔로 본다면   若以色見
    반야가 되지 못하리라   不是般若[152]

김수온은 짧은 시 한 수로 조선의 불교가 틀에 박힌 중국 불교를 뛰어넘고 있음을 보여주었다. 주지가 예를 올린 뒤 대뢰大牢 : 나라 제사에 소를 통째로 바치던 일로써 대접했다.[153]

마무리된 대장경 인경 불사

윤2월 9일 세조가 내린 옷을 받고 이극배가 바로 전문을 올려 "분수에 넘치는 은혜를 입어 몸둘 바를 모르겠으니 뼈가 부서지도록 성심에 보답하겠습니다."고 다짐했다. 세조는 이극배를 첨지중추원사 겸 경상도관찰출척사에 임명했다.¹⁵⁴ 윤2월 11일 큰 눈이 내렸다.

윤2월 22일 대장경 인경 불사를 핑계로 공주의 승려 모우暮雨가 어압御押과 대보大寶를 위조, 왕패王牌를 만들어 임보림의 집에 들러 평민을 꾀어 면포 100필을 얻는 등 강제로 모든 읍에서 해인사로 옮기게 했다. 임보림이 도적으로 의심해 인근의 절에 있는 계정戒晶에게 모우를 찾게 했으나 달아난 뒤였다. 관에 바로 이 사실을 알렸고, 예조좌랑 양순석을 보내 추포했다. 세조는 8도의 관찰사에게 유시했다.

- 이와 같이 간활姦猾한 중이 한 명에 그치지 않을 것이다. 모든 읍에 알리고, 만일 고하는 자가 있으면 즉시 계달하라. 특별히 상을 내리겠다.¹⁵⁵

4월 말, 2년 동안 공을 들인 해인사 인경불사가 마무리 되고 있었다.

6월에 김수온이 「대장경 인경 발문」을 찬撰했고, 글씨는 선산부사 김인민이 썼다.

신이 들건대 우리 불여래佛如來가 처음 정각正覺을 이룩하고 나서 "기이하도다. 중생이 모두 여래의 지혜와 덕상을 갖추었으나 단지 망상에 집착, 증득을 이루지 못하는구나. 어찌 사람마다 청정무루의 본성을 구족했으면서도 무명에 가려 육도를 윤회하니 가련하지 않겠는가."라고 했습니다. 이것이 석가모니가 세상에 나온 본뜻으로 의심 없이 곧바로 말하고 비유하여 말하기도 해서, 그 글이 천만 축軸에 이르도록 많아졌습니다. 비록 법은 스스로 넓힐 수 없고 사람으로 말미암아 넓혀지니, 법이 행해지고 행해지지 않음은 당시의 임금인 세상의 주인이 믿느냐 믿지 않느냐에 달려 있습니다. 지존의 지위에 오르고 상성上聖의 자질을 갖추시어 성명性命의 이치를 연구하고, 도덕의 아름다움을 다하고, 또한 삼장三藏을 꿰뚫어 분명히 하고 참된 수레[眞乘]를 절묘하게 맺었습니다. 부처의 자비와 구제의 도를 받들어 억조창생과 더불어 사악함을 버리고 정도로 귀의, 함께 덕의 근본을 심고 인수仁壽의 영역에 이르게 했습니다. 이는 밝고 의로운 임금, 의로운 군주로서 보통 사람보다 뛰어난 이가 하는 바입니다. 천 년 백 년 드물게 만나는 융성한 시기입니다.[…]

- 1458년세조 4 6월 일, 가선대부 행충좌위상호군 신 김수온이 큰절 하고 머리 조아리며 삼가 발문을 씁니다.¹⁵⁶

6월 28일 세조는 이극배를 중추원부사 겸 경상도도관찰사에 임명하고, 다음날 좌익 3등공신으로 책훈策勳했다. 전지 80결, 노비 8구, 백은 25냥 쭝, 표리表裏 1단, 내구마 1필을 하사했다.[157]

7월 27일 인경 경차관 정은이 인경을 끝낸 대장경 세 벌을 바쳤다. 흥천사, 해인사와 예조에 보장하라고 명했다.[158]

다음날 세조가 영천부원군 윤사로, 도승지 조석문을 대장경 인경 불사의 행향사行香使로 보내려고 했다. 사헌부에서 흉년을 핑계로 제동을 걸고 나왔다. 윤사로는 행향사에서 빠지고, 조석문과 판내시부사 전균 등이 하직인사를 올리고 내려갔다.[159]

이때 조석문은 세조가 직접 써서 내린「보살계菩薩戒」와 도화서에서 최경 등 최고의 화사가 정성을 다해 그린 어진御眞을 받들었다.

8월 10일 해인사에서 대장경 인경 마무리 법회를 특설했다. 해인사 주지 죽헌이 중생의 해탈을 기원하며 써내린 세조의「보살계」를 읽었다.

> 조선국왕 이유李瑈는 삼가 선왕·선왕후와 조종의 영靈과 죽은 아들 의경懿敬 : 덕종의 시호이 극락에 오르고 아울러 법계 중생의 해탈을 위하여 대장경 50벌을 인쇄하고 표지는 이미 끝났으므로 이달 10일에 해인사에서 법회를 특설했습니다.
> 삼가 생각건대 한 원음圓音으로 여러 근기에 설법했습니다. 교教에는 돈교頓敎와 점교漸敎의 구별이 있고, 오천축五天竺의 불전을 유통해서 풀이했습니다. 글에는 한어漢語와 범어梵語의 차이가 있으므로 반구절의 게송偈頌으로는 복취福聚를 바라기 어렵고 한마디의 말로는 선근善根을 논할 수 없습니다. 그러나 다행히 과거에 심어놓은 인연으로 금세에 응보를 받았으니, 매일같이 있는 만기萬機에 항상 깊은 못이나 살얼음을 밟는 듯 조심하고, 임금의 자리[九極]에 있는 몸으로 어찌 감히 국가에 대한 걱정을 잊겠습니까. 언제나 자신의 덕이 모자라서 하늘의 명을 받지 못할까 두려워하므로 삼보에 의지, 기쁨을 백성과 함께 하려 합니다.
> 물에 비유하면 강이나 내가 어찌 큰 바다와 같겠으며, 그 도를 논하면 유학과 도교가 어찌 석가의 높음과 같겠습니까. 오로지 경률논經律論 삼장의 전서全書에 불법승佛法僧 삼보三寶의 총상總相이 들어 있습니다. 판본

이 가야산 해인사에 안치되어 귀신이 옹호하고 금지하며 참된 교화가 우리 조선에 미쳤으니 하늘과 사람이 받들어 행하고 받아 지니는 바이므로 마땅히 인쇄하고 널리 비치, 범인과 성자가 다 공경하도록 해야 합니다. 이에 수천 여의 일꾼을 모으고 50벌의 경전을 인쇄하니, 낭함패첩埌函貝牒에는 은미한 종지宗旨가 들어 있고 우화雨花의 신묘한 공용功用은 이루 헤아릴 수 없습니다. 불사가 막 끝나고 고승高僧을 맞아 펼쳐보게 되니, 공전空前의 법연法筵은 하늘이 열었고 일대一代의 아름다운 설법은 샘이 불어난 듯합니다. 진실로 대승大乘을 판별할 수 있고 묘력妙力을 힘입게 되었습니다. 엎드려 바라건대 선왕 열성列聖의 영령과 죽은 아이와 고혼孤魂의 무리가 직접 대자대비의 제도를 받아 극락세계에 오르고, 속히 정각正覺의 힘을 이루어 상적광토常寂光土에 들어서 일체의 번뇌를 모두 버리고 그지없는 복을 받기를 바랍니다. 경건히 기도하는 마음 금할 길 없어 삼가 아룁니다.[160]

법회가 끝난 뒤 조석문이 세조의 어진御眞을 금탑전金塔殿:藏經閣에 봉안했다. 화기畫記에 대장경 인경 불사가 마무리 되었음을 적어 넣었다.

1458년(세조 4, 무인년, 천순 2) 가을 인경불사에 중영중추원사 윤사로와 승정원 도승지 조석문 등이 전교를 받들어 어진을 조성, 해인사 금탑전에 봉안합니다.[161]

※ 화보11

8월 21일 조석문이 해인사에서 돌아와 복명했다. 후원에서 술자리를 베풀어 위로했다. 승지 윤자운·한계미 등이 배석했다. 세조가 조석문에게 단의段衣 1령을 하사한 뒤 말했다.
- 오늘 내일 쯤 올 것이라 여겼다. 과연 짐작한 대로다.[162]
유점사와 회암사 중창, 대장경 인경불사가 이어져 도첩의 발급이 수만 명에 이를 정도였다.[163]
세조는 『월인석보』의 간행에 박차를 가하기 위해 왕비의 동생 윤사윤을 공조참판에 임명했다.[164]
9월 5일 경복궁 내불당에서 『월인석보』의 찬술에 전념하고 있던 신미가 대장경 봉안사찰 44곳을 선정해서 올렸다. 지난 7월 우부승지 김질이 해

인사에서 수미와 정리해 올린 계문을 적극 반영했다.[165]

❀ 합천 해인사 2건 ❀ 보은 복천사福泉寺 1 ❀ 양주 회암사檜巖寺 1 ❀ 고성 유점사楡岾寺 1 ❀ 지평 상원사上元寺 1 ❀ 경주 불국사佛國寺·천룡사天龍寺 각 1 ❀ 영암 도갑사道岬寺 1 ❀ 순천 송광사松廣寺 1 ❀ 고령 반용사盤龍寺 4건 ❀ 진주 백암사百巖寺·오대사五臺寺·칠불사七佛寺·응석사凝石寺 각 1 ❀ 성주 용연사龍淵寺·안봉사安峯寺 각 1 ❀ 영산 보림사普林寺 1 ❀ 밀양 재악사䢴岳寺 1 ❀ 안동 백련사白蓮社 1 ❀ 양산 통도사通度寺·중방사中方寺·대둔사大芚寺 각 1 ❀ 함양 군자사君子寺 1 ❀ 의령 보리사菩提寺 1 ❀ 영천 거조사居祖寺·정각사鼎脚寺[166] 각 1 ❀ 상주 관음사觀音寺 1 ❀ 강진 만덕사萬德寺 1 ❀ 능성 쌍봉사雙峯寺 1 ❀ 장흥 성불사成佛寺 1 ❀ 광양 옥룡사玉龍寺 1 ❀ 무장 참당사懺堂寺 1 ❀ 남원 승련사勝蓮寺 1 ❀ 해남 대둔사大芚寺 1 ❀ 진원 하청사下淸寺 1 ❀ 태인 운주사雲住寺 1 ❀ 무안 법천사法泉寺 1 ❀ 광주 증심사證心寺 1 ❀ 담양 용천사龍泉寺 1 ❀ 옥천 지륵사地勒寺 1.[167]

세조는 예조에 반사의 명을 내리고 인경 경차관 정은에게 거듭 당부했다.
- 경상도를 비롯해 각 도의 관찰사와 협의, 봉안에 한 치의 빈틈이 없도록 하라.

9월 6일 선종禪宗을 이끌고 있는 수미가 승정원에 나가 승도가 횡행하며 구청求請하는 것을 금지시켜 달라고 아뢰었다. 세조가 음식을 내려주었다.[168]

정인지, 거듭 『월인석보』를 물고 늘어지다

9월 15일 왕세자와 종친·의정부·육조판서 이상이 입시한 가운데 열린 양로연에서 정인지가 대취해 세조에게 대들었다. 자신의 건의를 묵살한 채 대장경을 찍어내 명산대찰에 봉안하고, 『월인석보』를 편찬하는 것에 대한 노골적인 불만이었다.
- 네가 벌이는 일을 나는 취하지 않을 것이다.

정인지가 세조를 '너'라고 부르며 주사를 부렸다. 양로연은 그 순간 파장이었다. 의정부와 충훈부, 육조참판 이상이 정인지의 벼슬을 파하라고 아뢰었다. 세조는 아무렇지도 않은 듯 말했다.

- 정인지는 실로 죄가 없다.[169]

9월 17일 거듭 정인지의 죄를 물으라고 아뢰었다. 세조가 말했다.

- 옛 사람이 이르기를 "술에 취하면 속마음을 드러내 보인다."고 했다. 정인지의 말은 오만방자하다. 그러나 훈구대신이기 때문에 가볍게 죄를 줄 수 없다.

임영대군이 아뢰었다.

- 정인지의 말은 역신 성삼문과 다를 게 없고, 그 죄는 주벌誅伐을 용납할 수 없습니다.

- 대신의 죄는 종친이 함께 논할 바 아니다.

영중추원사 이계전이 아뢰었다.

- 정인지는 성상께 "너"라고 칭했습니다. 청컨대 그를 베어 죽이소서.

- 여러 사람이 청하니 나라의 원훈元勳인 권판원사權判院事, 도승지와 더불어 대의를 결정하겠다. 판원사의 뜻은 어떠한가.

판원사 권람이 아뢰었다.

- 정인지의 말은 죽어도 그 죄를 속죄할 수 없습니다.

- 경의 말이 너무 엄하다. 내 마땅히 상량하겠다.[170]

9월 20일 의정부 등에서 3일 동안 거듭 정인지의 죄를 청했으나 윤허하지 않았다. 정인지가 백골에 살을 붙여주어 은혜가 백골난망이라는 내용의 글을 올렸다.

> 지금 신이 말을 잘못하고 예禮를 잃은 것은 그 죄가 만번 죽어도 마땅합니다. 신을 그대로 두고 논죄하지 않으시어 재생再生의 은혜를 입게 하고, 죽은 사람을 살려 백골에 살을 붙여 주셨습니다. 한치의 풀과 같은 미약한 신이 어찌 건곤의 은택에 우러러 보답할 수 있겠습니까. 제 스스로 감격하여 목메어 울 뿐입니다. 다만 생각건대 신의 나이 이미 쇠로하고 병이 또한 날로 침노하니, 운수가 액회厄會 : 재앙이 닥치는 고비를 만났습니다. 그러므로 말과 행동거지에 후회되는 것이 많습니다. 나아갈 줄만 알고 물러서지 않으면 화禍가 쌓이고 허물이 넘칠 것입니다. 이러한 때 전하께서 비

록 곡진하게 신을 불쌍히 여겨 죄를 사하시려고 하나, 공의公義에 궁박窮迫하여 사사로이 하실 수 없습니다. 엎드려 바라건대 전하께서 신의 노년을 불쌍히 여기고 위구危懼한 정상을 살펴 작위를 해면解免하고 한가한 곳으로 보내 명을 마치게 하면 이 생이 다하도록 항상 종사의 만년을 축원하겠습니다.

의정부·육조·충훈부에서 정인지의 죄를 물으라고 상소했다. 세조가 정리했다.

- 정인지가 취중에 한 말은 모두 옛 정을 잊지 못해서이지 다른 뜻이 있어서가 아니다. 더욱이 정인지는 나랏일을 맡아보는 대신도 아니고 일개 늙고, 썩은 선비일 뿐이다. 논할 가치가 없다.[171]

10월 15일 세조가 승정원에 전교했다.

- 『초학자회初學字會』[172]를 최항과 한계희가 언문으로 주를 달던 중 일이 끝나기도 전에 모두 부모의 상을 당했다.[173] 지금 문신을 모아 하루 안에 마칠 생각이다. 속히 뽑아 나의 친교를 듣게 하라.

동부승지 이극감이 아뢰었다.

- 일을 서두르면 반드시 정밀하지 못합니다. 신의 생각으로는 언문을 해득한 자 10여 명을 골라 기일을 정하고 맡기면 쉽게 공력을 이룰 수 있고, 일 또한 정밀하게 될 것입니다.

세조는 첨지중추원사 김구, 참의 이승소에게 명해 우보덕 최선복 등 12명을 뽑아 찬술을 맡겼다.[174]

한 해가 저물고 있었지만 영의정의 자리는 비어 있었다. 12월 7일 상중喪中에 있던 전 좌의정 정창손을 기복起復시켜 영의정, 강맹경을 좌의정, 신숙주를 우의정, 황수신을 좌찬성, 권람을 우찬성, 한명회를 병조판서에 임명했다.[175]

6

길 위의 훈민정음

세조와 혜각존자

거울 속에 나는 누구인가
먼지 하나 없는 삶을 찾아
길 떠나면 길은 사라지고
외로움은 먼 메아리 벗을 삼네

미완의 완전한 문헌, 『월인석보』 완간

신미, 『월인석보』 편찬 매진

1459년세조 5 정초, 출렁이는 먼 산과 가까운 산이 눈에 덮이고 햇살에 녹았다. 봄이 언덕을 더디게 넘어오고 있었다. 신미는 김수온과 함께 경복궁 내불당에서 1447년세종 29에 펴낸 『석보상절』의 본문을 다듬고, 덧붙이는 데 전념했다. 학열과 학조가 보필했다. 세종이 훈민정음으로 펼친 최대의 불사佛事로 창제 초기에 서둘러 간행하며 넣지 못했던 불교의 교리는 『십이부경』에서 당겨와 보완했다.[1]

사이사이에 많은 불경의 경문을 덜고 보태는 등 새로 언해할 정도로 수정했다. 한 구절 더하고 덜함에도 소홀하지 않았다. 『아미타경』은 권7의 『석보상절』 부분에 포함시켰다.[2]

책의 틀에 맞게 우필선 홍응·예문관 응교 노사신·사복소윤 강미수·이조좌랑 성윤문이 다시 베껴 썼다. 마지막으로 김수온이 확인하고 세조께 재가를 받은 뒤 성임에게 넘겼다.[3]

여래께서 성도와 출가를 이룬 2월 8일, 신미는 수미와 함께 내불당에서 『월인천강지곡』의 어려운 어구語句에 새롭게 협주夾註를 달았다. 한자에 대한 독음讀音의 자리도 바꿔 『석보상절』의 일반적인 방식으로 통일시켰다.[4] 연경사 주지 홍준, 판교종사 설준은 불교용어와 고유명사의 독음과 다라니陀羅尼의 음역音譯을 일관성 있게 고쳤다.

상서로운 별, 비성沸星이 백악과 인왕산 위에서 반짝였다. 28수宿의 귀성鬼星이었다. 신미는 『월인천강지곡』의 제14수를 다시 읽었다.

> 沸星 도돐제 白象을 투시니 힛 光明을 쀠시니이다
> 天樂을 奏커늘 諸天이 조쯧ᄫ니 하ᄂᆞᆳ고지 드르니이다 - 『월인곡』 제14

노래의 문맥이 부드럽지 못했다. 주사朱砂로 올바르게 고쳤다.

> 沸星 도돐제 白象을 투시고 힛 光明을 투시니이다
> 天樂을 奏커늘 諸天이 조쫍고 하ᄂᆞᆳ고지 드르니이다 - 『월인석보』 권2

> 비성沸星이 돋을 때 흰 코끼리를 타시고 해의 광명을 타시었습니다.
> 천악天樂을 아뢰거늘 모든 하늘이 뒤를 따르니 하늘의 꽃이 떨어졌습니다.

이어지는 『석보상절』에 노래의 배경에 대해 상세한 설명을 베풀었다.

> 석가모니가 되실 보살[聖善]이 도솔천에 계시다 중국 주소왕周昭王 25년 7월 15일 비성沸星이 돋을 시절에 현세에 내려오셨다. 여섯 어금니를 가진 코끼리를 타고 도솔궁으로 내려와 마야부인의 태 안으로 들어갔다. 그 때 온 세계에 광명이 가득했으며 제천諸天이 가득히 뒤따라오며 천악天樂을 아뢰고 꽃을 뿌리니 장엄하기 그지없었다.[5]

2월 9일 신미가 찬술을 완료한 뒤 세조께 알렸다. 세조가 우선당友善堂에 납시었다. 행직行職 : 품계는 높으나 임직이 낮은 벼슬으로 있으며 하루가 멀다 하고 『월인석보』를 선사繕寫 : 부족한 점을 보충. 정서한 김수온을 동지중추원사, 성임을 공조참의에 임명했다.[6]
세조가 말했다.
- 부처의 일생이 잘 정리되었다. 세종께서 『석보상절』의 편찬 때 생각해 두었던 함허당의 『금강경오가해설의』와 영가대사 현각의 『남명천선사계송』을 언해해서 포함시키는 것은 『월인석보』의 흐름을 끊을 수 있

다. 훗날 따로 펴낼 계획이다.

이날 밤, 희미한 혜성이 밤하늘을 그었다.

3월 20일 김수온을 한성부윤, 윤사윤을 사헌부 대사헌에 임명했다.

3월 25일 김수온을 행 첨지중추원사, 성임을 동부승지에 임명했다.[7]

4월 8일 부처님 오신 날 내불당에서 간경회를 베풀었다.[8] 세조가 김수온에게 말했다.

- 『월인석보』를 찍어내는데 차질이 없도록 정성을 다하라고 교서관 제조에게 일러두었다.

『석보상절』과 『월인천강지곡』의 훈민정음 서체는 수양과 안평대군의 합작이었다. 그러나 『월인석보』 편찬 때의 상황은 달랐다. 안평은 가고 없었고, 수양은 왕이 되어 있었다. 목판본의 글씨를 전담한 성임은 세종이 위독할 때는 『미타관음』, 국상 뒤 천도 불사에서는 강희안과 함께 『능엄경』·『묘법연화경』 등을 금니로 사경한 당대의 명필이었다.

성임의 큰 할아버지 독곡獨谷 성석린과 신미와 김수온의 외할아버지 기우자騎牛子 이행은 격의 없는 벗이었다. 강석덕과 성염조는 이행의 문하에서 동문수학했다. 성염조는 글씨로 일가를 이룬 아들 성임에게 말했다.

- 독곡이 글씨를 잘 써서 세상을 울렸다. 지금 너의 글씨를 보니 가업을 떨어뜨리지 않았구나. 정진하거라.

성임의 필법은 힘찼다. 경복궁 대궐문의 현판은 그의 손에서 나왔다.[9]

4월 10일 명나라 사신 진가유와 왕월이 한양에 닿았다. 세조의 대여진對女眞 정책을 문책하기 위한 사행이었다. 두 사신이 한강을 유람했다. 관반館伴 : 조선조 때 사신을 접대하기 위해 태평관이나 동평관에 임시로 파견하던 관원. 정3품 이상에서 임명 박원형·조효문과 우찬성 권람·예조판서 홍윤성·행첨지중추원사 김수온이 동행했다. 도승지 윤자운과 좌부승지 이극감이 선온을 가져와 대접했다. 사신 일행이 제천정濟川亭에 올라 현판의 제영題詠을 두루 살펴보고 다례를 연 다음 배를 띄웠다. 도감에서 잔치를 베풀었다. 사옹방에서 물고기를 잡아서 이바지했다. 사신이 매우 즐거위했다.

배가 용산에 이르렀다. 윤자운 등이 별선온別宣醞 : 임금이 특별히 내려 주는 궁중의 술과 찐 양, 돼지·기러기·오리고기를 공궤했다. 가을두봉加乙頭峯에 이르렀다. 판중추원사 홍달손이 또 명을 받들어 선온과 별하정別下程[10]을 가지고 와 한껏 분위기를 달궜다. 사신의 태도도 한결 누그러졌다. 김수온이 시를 잘 짓는다는 소문을 들은 진가유가 물었다.

- 누가 김수온 재상인가.

좌우에서 김수온을 가리켰다. 진가유는 행락을 즐기며 김수온에게 자신은 "가난이 아니라 도를 걱정한다."는 삶에 대한 생각까지 드러내 보였다.[11]

5월 7일 윤사윤을 예조참판에 임명했다. 『월인석보』의 간행을 총괄하기 위한 인사였다.

세조는 서법에 능한 문신을 양성하는데도 공을 들였다. 5월 10일 승정원에 전지했다.

- 글자를 쓰는 것은 비록 말예末藝라고 하지만 유학자들은 익혀야 한다. 내가 제가諸家의 법첩을 모획摹畵하여 찍어낼 계획이다. 문신 중에 글씨를 잘 쓰고, 잘 베끼는 사람을 골라서 아뢰어라.

※ 화보1　　세조가 양녕대군에게 주연을 베풀고 서법의 역사를 논하며 말했다.
　　　　　- 나도 마음만 먹으면 글씨를 잘 쓸 수 있다.
　　　　　양녕대군이 아뢰었다.
　　　　　- 군주는 비록 몇 사람을 당해 낼만한 재주가 있더라도 스스로 잘 한다는 말은 삼가야 합니다.
　　　　　세조는 너그럽게 받아들였다.[12]

6월 3일 이극배를 광릉군 겸 경상도도관찰사, 성임을 우부승지에 임명했다.[13]

장마전선이 난바다를 넘어오고 있었다. 6월 18일 큰 비가 내렸다. 도성 안에 물이 불어 평지도 수심이 4, 5척이나 되고, 강물이 불어 많은 사람이 떠내려갔다. 세조는 수라상의 가짓수를 줄였다. 우의정 신숙주가 장마의 재앙은 자신의 허물이므로 직을 파해 하늘의 견책을 모면해 달라고 아뢰었다. 윤허하지 않았다.[14]

7월 3일 윤사윤을 공조판서, 이극배를 병조참판에 임명하고 경상도가 고향인 김순을 관찰사로 내려 보냈다. 이전의 제도에는 집이 본도에 있거나 부모가 거주하는 관리에게는 관찰사나 도사의 제수를 허락하지 않고 있었다.[15]

미완의 완전한 불전,『월인석보』

1459년 세조 5 7월 7일 먹장구름이 삼각산을 휘감고 내려와 백악과 인왕산을 짓눌렀다. 세조는 함원전에서 아침수라를 젓수지 않고『월인석보』의 서문을 다듬었다. 이날따라 어린 단종과 많은 신하를 죽이고 오른 왕의 자리가 버거웠다. 마음을 추스르고 붓을 들었다. 1447년 세종 29 7월 25일 어머니 소헌왕후의 명복을 빌며『석보상절』의 서문을 쓴 지 12년 만이었다.

> 진실의 근원은 비어서 고요하고, 성지性智는 맑고 적적하다. 영험한 빛이 홀로 빛나고 법신이 늘 머물러 있어 색상이 한 가지로 없으며 능히 대하는 것도 다 없으니 이미 나며 없어짐이 없으니 어찌 가며 옴이 있겠는가. 오직 망령된 마음이 문득 일어나면 식경識境이 다투어 움직이고 인연에 불을 당겨 항상 업보에 매여 참된 깨달음을 긴 밤에 어둡게 하며, 지혜의 눈을 긴 겁에 멀게 하여 여섯 길六道에 휘돌아 다녀 잠시도 머물지 못하며, 여덟 수고[八苦]에 볶여 능히 벗어나지 못한다. 우리 부처 여래 묘진정신妙眞淨身이 상적광토常寂光土에 계시지만 본래 비원悲願으로 무연자無緣慈를 움직여 신통력을 나투시어 염부閻浮에 내려와 정각 이룸을 보이시어 이름이 천인사天人師, 일컬음이 일체지一切智이시다. 큰 빛을 펼쳐 마병의 무리를 무찌르고 삼승三乘을 크게 열며 팔교八教를 자세히 설명하시어 육합에 적시며 시방에 더하여 말씀마다 그지없는 미묘한 뜻을 모도잡고, 구절마다 항하의 모래 같은 법문을 머금으시어 해탈의 문을 열어 깨끗

> 한 법의 바다에 들이시니 인천人天을 건져내며. 사생四生을 건져 제도하신 공덕을 어찌 다 기리겠는가. 천룡이 서원하여 유통하는 바이니 국왕이 부촉을 받들어 옹호하는 바이다.[16]

서문의 문맥이 무거웠다. 왕비가 곁을 지키고 있다가 조심스럽게 말했다.
- 내불당에 연통을 넣어 혜각존자를 들라고 하리까.
- 내가 풀어야 할 일이오.

왕비가 자리를 물렸다. 방안의 공기가 눅눅했다. 잠저에 있을 때 세종의 자명을 받아 김수온과 함께 『석보상절』과 『월인천강지곡』의 편찬에 매달렸던 일이 만월창에 어른거렸다. 심사숙고했다. 흔들리던 마음이 가라앉았다. 월대에 굵은 빗방울이 긋기 시작했다. 붓끝이 조금 가벼워졌다.

> 옛날 병인년에 소헌왕후께서 세상을 빨리 버리시어 설움과 슬픔으로 어쩔 줄을 모르고 있었다. 세종께서 나에게 "추천에 전경轉經과 같은 것이 없으니 네가 석보釋譜를 만들어 번역함이 마땅하니라."고 말씀하셨다. 내가 자명을 받들어 생각을 넓게 해 남제南齊의 승우僧祐와 당唐의 도선道宣 두 율사가 저마다 만든 보譜가 있어 이를 얻어 보니 상략詳略이 같지 않았다. 두 책을 어울어 『석보상절』을 만들고 이를 정음으로 번역, 사람마다 쉽게 알게 하여 올렸다. 세종께서 보시고 곧 찬송讚頌을 지어 이름을 『월인천강』이라 하셨다. 이제 와서 높이 받들기를 어찌 눅이겠는가.[17]

옛 생각이 오늘로 이어져 빗물에 녹아들었다. 세조는 거룻배에 태워 보낸 많은 이의 넋을 달래고 싶었다. 오늘의 아픔이 어제의 슬픔과 겹쳐지고 있었다.

'잘 때 자지 않고, 끼니를 잊고 날 가는 줄 모르고 해를 보낼[廢寢忘食 窮年繼日]' 정도로 수정과 보완에 힘썼음을 분명하게 적었다.

> 요즘 집안에 불행한 일을 만나 맏아들이 일찍 죽어 없어졌다. 부모의 뜻은 천성에 근본을 둔 것으로 슬픈 마음 움직임이 어찌 오래며 가까움에 다르겠는가. 내가 생각하기를 삼도의 괴로움에서 열고자 하며 벗어나 여일 도리를 구하고자 한다면 이것을 버리고 어디에 의지하겠는가. 대승교를 굴리

며 이룸이 비록 많으나 생각하면 이 『월인석보』는 선고先考께서 지으신 것으로 예나 이제나 서리 내리고 이슬 내리듯 애달파 더욱 슬퍼한다. 우러러 좇을 마음이라면 모름지기 먼저 어버이의 일을 이어받아 마쳐야 한다. 나랏일이 비록 많으나 어찌 겨를이 없겠는가. 잘 때 자지 않고, 끼니를 잊고 날 가는 줄 모르고 해를 보냈다. 위로는 돌아가신 부모님을 위하고 아울러 죽은 아이를 위하여 빨리 지혜의 구름을 타고 모든 속세의 티끌에서 벗어나 바로 자성自性을 알아 성불의 자리를 문득 증명하여 아시게 하리라.[18]

세조는 빗소리에 귀를 기울였다. 내불당을 짓고 있을 때 세종께서 『월인천강지곡』의 곡에 『석보상절』의 구절을 덧붙여 새롭게 엮어 배포하라는 명을 내린 뒤 한 말이 생각났다.[19]

- 대장경은 부처의 깨달음과 가르침을 담은 큰 그릇이다. 백성에게 훈민정음을 배우게 할 수 있는 길은 불경을 언해하여 널리 펼치는 것이 지름길이다. 신미와 수미, 김수온 등 적임자가 곁에 있다. 유학의 나라에서 녹을 먹는 신료들이 극력 반대할 것이다. 그렇다고 넋을 놓고 있을 수는 없다. 한시라도 훈민정음을 잊지 말거라.

마음이 한결 가라앉았다. 세조는 '옛 글'인 『석보상절』을 철저한 강론을 거친 끝에 '새로운 글'인 『월인석보』로 새편했음을 밝혔다.

> 옛 글월[舊券]을 풀이하고 의논하고 가다듬어 철저하고 지극하게 했으며, 새로 만드는 글[新編]에 고치고 다시 더하여 12부의 수다라에 나고 들되 곧 남은 힘이 없었다. 한두 구절을 더하며 덜어버리고 쓰더라도 마음에 꼭 들 때까지 기약했다.[20]

나라는 어수선했고, 훈민정음은 비바람에 쓸려나가고 있었다. 지난 몇 년의 일이 스쳐 지나갔다. 백성이 즐거운 고요한 나라가 되기를 바라는 마음을 담은 문장이 깨달음의 언덕을 오르고 있었다.

의심스러운 곳이 있으면 모름지기 널리 물음으로부터 먼 뿌리를 구해 다듬어 부처님 가르침의 미묘한 뜻을 펴 끝까지 하며 도리를 가다듬어 만법의 깊은 근원을 사무치게 깨닫기를 바라노라. 글이 경經이 아니며, 경이 부처는 아니다. 도리를 말한 것이 경. 도리를 몸 삼은 이가 부처다. 이 경을 읽는 사람은 광명을 돌이켜 제 스스로 비추어 보는 것이 귀하고 손가락을 잡으며 고기 잡는 그릇을 버리지 않고 두는 것을 가장 싫어하는 바다. 서천西天의 글자로 된 경經이 높이 쌓여 있어도 볼 사람이 오히려 읽고 외기를 어렵게 여기지만 우리말로 옮겨 썼으므로 펴서 읽은 사람이 다 능히 크게 우러를 것이다. 그러므로 종친과 재상과 공신, 친척과 백관 등 사중과 더불어 발원의 수레를 썩지 않도록 매고. 덕의 근원을 끝없도록 심어 신령이 평안하고, 백성이 즐기며 나라의 경계가 고요하고 복이 굳으며 시절이 편안하고 풍년이 들고 복이 오고 액이 없어지게 되기를 바란다. 위에서 말한 요사이에 한 공덕을 닦아 실제에 회향廻向하여 모든 중생과 더불어 깨달음의 언덕에 빨리 이르기를 원하노라.

-1459년세조 5 7월 7일 서序[21]

※화보2 반드시 의심스러운 대목을 물었을 때 답한 혜각존자 신미와 선교禪敎 양종의 선사, 편찬에 정진한 김수온의 이름을 주기註記했다. 불교계의 훈민정음 공로자에 대한 신뢰의 표시였다.

❽ 혜각존자 신미信眉 ❽ 판선종사 수미守眉 ❽ 판교종사 설준雪峻 ❽ 연경사 주지 홍준弘濬 ❽ 전 회암사 주지 효운曉雲 ❽ 전 대자암 주지 지해智海 ❽ 전 소요암逍遙庵 주지 해초海超 ❽ 대선사大禪師 사지斯智·학열·학조 ❽ 가정대부 동지중추원사 김수온.[22]

붓을 놓았다. 2년이 차지 않는 짧은 기간에 끝낸 『월인석보』의 찬술이었다. 장대비가 북악의 골짜기를 훑고 지나갔다. 내불당 공양간의 연기가 담장을 넘지 못하고 있었다.

도승지가 세조의 서문을 품에 안고 넘어왔다. 혜각존자가 예를 올리고 받았다. 먹향이 은근했다. 빗소리가 촛농 속으로 자물려 들었다. 서문에 한 땀 한 땀 주해註解를 달았다.

'우리 부처 여래 묘진정신妙眞淨身이 상적광토常寂光土에 계시지만…….'의 대목에서 멈췄다. 세필로 뜻을 풀었다.

묘진정신은 청정법신이다. 석가모니 이름이 비로자사이시다. 부처 머물고 계신 땅이 상적광이다. 상常은 곧 법신法身, 적寂은 곧 해탈解脫, 광光은 곧 반야般若다. 옮기지 않으며 변하지 않음이 상이다. 빛은 더러움과 깨끗함을 다 비춘다.

깨끗함과 더러움을 다 비추는 달빛이 『월인석보』의 행간 속으로 스며들었다. 세종의 부처의 일생을 빌어 훈민정음을 익히게 하려는 유훈의 실천이었다.

김계신과 유고미자劉古未者 등 당대 최고의 각수刻手가 『월인석보』의 원고를 목판에 새기는데 전념했다. 판각기법과 인출의 솜씨는 조선 초기 불교문화의 정점이었다. 특히 김계신은 1449년세종 31 효령대군의 발원으로 펴낸 『육경합부六經合部』 첫머리의 변상도를 새긴 각수였다.[23] 나라에서 운영하는 출판기관인 교서관에는 당대의 명장이 집결되어 있었다.

전권의 편성은 권1, 2를 제외하고 모두 완결된 상태였다. 김수온이 세조의 서문과 최종 교정본을 김계신에게 넘겼다. 세조의 각별한 지시에 따라 권1의 편집 방향이 정해졌다.

첫머리에 세종 어제의 『훈민정음언해』를 『석보상절』의 예에 따라 실었다. 문자 생활에 참여하고자 하는 백성이 오롯한 부처의 한 생애를 읽으며 쉽게 글을 깨칠 수 있도록 한 훈민정음 교재의 재출간이었다.[24] 다음에 팔상도와 「석보상절 서」를 배치했다.

※ 화보3

이어 세조의 『월인석보』의 서문을 실었다. 서문이 끝난 자리에 연꽃으로 받친 패기牌記 속에 발원문인 '세종께서 『월인천강지곡』을 지었다. 소헌왕후와 함께 깨달음에 오르기를 바란다[世宗御製月印千江之曲 昭憲王后同證正覺]'를 앞세우고, '세조 찬술 『석보상절』, 자성왕비와 함께 불과佛果를 이루기를 바란다[今上纂述釋譜詳節 慈聖王妃共成佛果]'를 새겨 넣었다. 서문과 전패의 그림까지 합쳐 52장으로 편성했다.

※ 화보4

다음 장에는 『월인천강지곡』 제1곡을 첫머리에 싣고,[25] 108장으로 『월인석보』 권1을 마무리 지었다. 돈독한 불심을 담은 편집이었다.[26] 때문에 권2의 체재가 바뀌었다. 「월인천강지곡」을 먼저 싣고, 잇따라 주석인 「석보상절」을 싣는 편성에서 벗어났다. 「월인천강지곡」의 기10, 11의 노래는 권1에 실리고, 그 주석인 「석보상절」은 권1의 끝부분과 권2의 첫머리에 걸쳤다.[27]

※ 화보5

장맛비가 전국을 휩쓸고 지나갔다. 세조는 수랏상의 가짓수를 줄이고 음악을 멈췄다.

7월 말, 교서관의 각수와 인쇄 장인의 손길은 빗속에서 멈추지 않고 흐르고 있었다. 깨달음의 언덕으로 걸어나오듯 맑고, 고운 인경지에 조선의 새로운 불경이 찍혀 나왔다.

부처의 생애를 장엄한 대서사시와 산문으로 엮은 『월인석보』전 25권의 완간이었고,[28] 훈민정음 불전佛典 간행의 새로운 시대가 열리는 순간이었다.

『월인석보』는 미완이면서 스스로 완전한 문헌이었고,[29] 훈민정음으로 서술된 산문 문학의 첫 새벽이자, 미래를 향해 우뚝 솟은 목탑이었다. 선禪과 교敎를 아우르던 대표 선지식이 간행사업에 뛰어들어 침식을 잊고 해를 보낸 결실이었다.

정인지, 부여로 외방종편

8월 1일 세조가 왕비와 더불어 내전에서 재추를 만나보고 종친에게 경서를 강한 뒤 술자리를 베풀었다. 유학과 불교의 시비를 논하고 있을 때 정인지가 대취해 『월인석보』의 간행은 옳지 않다고 대들었다.

다음 날 술좌석에서 정인지의 불경不敬을 있는 그대로 본 좌의정 강맹경, 좌찬성 황수신, 공조판서 윤사윤 등이 죄를 물어 추국하라고 아뢰었다. 세조가 말했다.

- 정인지의 무례한 짓이 어디 어제 오늘의 일인가. 책망할 수 없다. 내전에서 사사롭게 일어난 일을 모두 밝힐 수야 없지 않은가.

강맹경 등이 아뢰었다.

- 평범한 사람도 벗과의 만남에서는 서로 존경하고 대우해야 하는데 군신의 사이야 말해 무엇 하겠습니까. 늘 불경스런 마음을 품고 있었기 때문에 여러 번 막말을 한 것입니다. 청컨대 죄를 바루소서.
- 공신이므로 공들이 모인 자리에 불러 질책하여 스스로 허물을 알도록 하겠다.

세조가 경회루 아래에서 활쏘는 것을 구경한 뒤 정인지를 불러 책망하고 파직을 명했다. 강맹경 등이 아뢰었다.

- 고신을 거두고 외방부처 해도 다행인데 관직만 파하니 실망을 금할 길 없습니다.

세조는 의금부에 명해 정인지의 고신을 거두고 부여현으로 외방 종편시켰다.[30]

8월 4일 충훈부에서 정인지의 죄는 무거운 데 형벌은 가벼우므로 죄를 더 주라고 아뢰었다. 세조는 취중의 일은 논할 것이 못된다고 잘랐다.[31]

세조, 『치평요람』·『의방유취』 교정 지시

8월 25일 이예를 공조참의, 성임을 좌부승지에 임명했다. 이예는 1445년세종 27 집현전 부교리로 신석조와 함께 『의방유취』의 편찬에 참여한 적이 있었다.[32]

9월 1일 의경세자의 대상大祥이었다. 내전에서 불사를 베풀었다. 『월인석보』의 찬술에 공을 들인 행대호군 김수온, 좌부승지 성임, 우필선 홍응, 예문관 응교 노사신, 사복소윤 강미수, 이조좌랑 성윤문이 명을 받고 참여했다.

세조는 불사를 끝낸 뒤 이극감에게 어서御書를 내려 『치평요람』150권과 『의방유취』365권의 교정에 대해 상의하라고 명했다. 세종 때 찬집된 두 책의 인쇄, 반포를 청한 것에 대한 답이었다.

『치평요람』은 1441년세종 23 집현전·춘추관의 학사들이 편찬을 시작해 1445년세종 27 3월에 찬집을 끝낸 '사가史家의 대전大全'이었다. 세조는 대군 시절, 세종의 명에 따라 김문·이계전과 함께 전권을 다 본 적이 있었다.

『치평요람』은 다시 교열해 보니 그릇된 곳이 많다. 천천히 교정하려고 한다. 『의방유취』는 매일 요긴하게 쓸 책이다. 그릇된 곳이 많지 않으므로 먼저 교정, 인출할 생각이다. 『치평요람』의 흠은 방房을 나누어 찬집했기 때문에 취사선택이 각기 달라서 상세하고 간략함이 같지 않다. 또한 정인지가 한번 필삭筆削했지만 추솔麤率하고 정밀하지 못하다. 한 절節 가운데 간절한 말은 으레 이를 삭제하고, 그다지 쓰이지 않는 말을 남겨두었다. 마음을 다잡고, 깊게 생각해서 뒤에 오는 사람을 가르치려는 뜻이겠느냐. 당시 세종께서 다 보도록 명했기 때문에 내가 바로 보았다. 더불어 본 사람은 김문과 이계전이다. 두 사람은 늘 정인지가 소략疏略하고 빠르게 한 것이 유감이라는 말을 했다. 그러나 주관하는 사람이 고쳐서 새롭게 하지 못했으므로 그릇되고 틀린 곳이 많게 되었다. 나는 이런 흠을 알고 인쇄할 마음이 나지 않아 내버려 두었다. 최근에 경이 인쇄, 반포를 청했다. 때문에 이 사실을 알게 하려고 다시 교정하게 한 것이다. 흠이 많은 것을 알았다. 어떻게 처리할 것인가. 선왕의 일을 버리지 않는다면 마땅히 대폭 교정해야 한다. 그렇지 않다면 인쇄, 배포할 가치가 없다. 경이 생각을 정리해 아뢰도록 하라.[33]

9월 10일 김수온을 상주목사에 임명했다.[34] 이날 강희안·희맹의 아버지 지돈령부사 완역재玩易齋 강석덕姜碩德, 1395~1459이 65세를 일기로 졸했다. 큰 아들 강희안이 묘표墓表, 동생 강희맹이 묘액墓額을 썼다.
강석덕은 성품이 옛 것을 좋아했다. 풍류가 있고, 시문에 능해 당대에는 견줄 자가 없었다. 시를 지으면 매우 고상하고 옛 풍취가 있었다. 글씨와 그림도 역시 절묘했다.[35]
집에 있을 때는 향을 피우고 단정하게 앉아 마음을 다스렸다. 고요하고, 평안했다. 영예를 구함이 없었다. 아들에게 경계의 말을 남겼다.
- 사람의 부귀와 영달은 하늘의 뜻에 있는 것이지, 구한다고 얻을 수는 없다. 스스로 마음을 다해야 될 것은 효제충신孝悌忠信과 예의염치禮義廉恥일 뿐이다. 여기에 부끄러움이 있게 되면 그 나머지는 족히 볼 것도 없

다. 너희는 삼가도록 하라.

두 아들이 과거에 급제. 영친연榮親宴 : 과거에 급제한 아들이 부모를 기쁘게 해 드리기 위하여 여는 연회을 마련하겠다고 했다. 강석덕은 사양하고 끝내 받아들이지 않았다.

- 영친은 내가 좋아하는 바가 아니다. 영광스러움이 있으면 반드시 치욕이 있는 법이다.

사랑채에 큰 글씨로 '징분질욕懲忿窒慾 : 분노를 경계하고 탐욕을 막는다'을 써서 붙여두고 항상 쳐다봤다. 손님이 찾아오면 일관되게 말했다.

- 실수하기 쉬운 것은 분노와 탐욕이다. 마음이 외부의 사물에 접하게 되면 분노하기가 가장 쉽다. 깊이 반성해야 한다.

병이 위급한 지경에 이르러서도 아들의 책 읽는 소리를 들었다. 벽에는 고시古詩 한 편이 걸려 있었다.

성 내는 기색 타는 불꽃처럼 이글거려	怒氣遽炎火
화평한 본성 없애 제 몸만 상할 뿐	焚知徒自傷
내 좋아하는 일이라고 다투어 좇지 말라	物來莫與意
몸 밖의 일 보면 마음 맑고 깨끗하리라	事過心淸凉[36]

김시습은 '징분질욕'을 유학의 신독愼獨 : 혼자 있을 때도 도리에 어긋남이 없도록 말과 행동을 삼가는 것과 같은 공부라고 보았다.

그대는 보라. 청정한 도는 티끌에 물들지 않는다. 분노와 욕심, 오직 그것 때문에 마음이 제상諸相에 가리는 것이다. 그래서 옛 성인도 경계하기를 분노를 억누르고 욕심을 막으라고 했다. 이것이 바로 지름길이다. 군자는 모름지기 홀로 있음을 삼가야 한다. 정욕이 한 번이라도 싹트면, 그것 때문에 얽히고 갇히는 법. 천축국의 옛 선생이 설산에서 머리를 깎은 것은 오직 이 중생을 위한 것이었다. 중생이 골몰하여 스스로 반성하지 못하자 태자가 화려한 면복을 벗어 던지고, 부지런히 여섯 해 동안 고요함을 닦았다. 성聲과 색色의 즐거움을 싫어하고, 이무기와 구렁이가 들끓는 경지를 사랑했다. 부디 그대들은 담박한 마음을 보존, 하루아침에 깨우치기를 기

약하라. 그러면 비로소 알게 되리라. 중생을 건네는 배는 원래가 큰 거룻
배라는 것을.³⁷

세조가 『월인석보』와 『치평요람』의 편찬에 참여하고 있는 필선 홍응,
문학 노사신, 좌랑 성윤문, 소윤 강미수, 봉교 정난종, 사직 안혜 등에게
법첩法帖 한 부씩을 하사했다.³⁸

효령대군, 경기도 지평 용문사에 종 시주

조선의 대들보가 부러진 이후 정국은 피의 소용돌이에 휘말려 죽고, 죽
는 아수라장으로 뒤엉켜 버렸다. 효령대군은 참상을 말없이 지켜보고 있
었다. 쑥대밭의 정국을 씻어낼 수 있는 길은 '불법佛法'에 의지하는 것뿐
이었다.

9월 중순, 세종과 소헌왕후의 극락왕생을 비는 불사를 해마다 거르지 않
고 있던 효령대군이 주자소에 들러 『월인석보』의 판각에 전념한 각수들
을 살폈다. 돌아가는 길에 세조를 뵈었다. 종을 만들어 용문사에 걸고 싶
다는 청을 넣었다. 세조는 흔쾌히 청을 받아들였다. 자성왕비 윤씨, 정
빈 한씨, 세자 이황이 보시를 아끼지 않았다. 판내시부사 이존과 신운승
이 출납을 맡았다. 군기부정 김석제가 주성장鑄成匠·노야장爐冶匠·주장注
匠·조각彫刻·목수木手·수철장水鐵匠·각자刻字를 맡은 공장을 독려했고,
액정서사약 장중동이 교서를 받들었다.

세조는 안평·금성대군, 의경세자, 단종, 박팽년과 성삼문 등의 얼굴이 아
른거렸다. 종기鐘記에 이런 마음을 녹여 넣었다.

> 1459년 10월, 내가 중궁과 함께 동종을 주조, 용문사에 받들어 시주하는
> 일을 의논했습니다. 위로는 돌아가신 군왕과 왕비의 영가를 위하고, 가운
> 데로는 의경세자를 위하고, 아래로는 법계의 모든 혼령을 위해 고통이 사
> 라지기를 엎드려 바랍니다. 삼보께서 바로 알아주기를 삼가 불제자로서
> 생각합니다. 나무석가모니불 나무아미타불 나무지장보살.³⁹

11월 초 주자소에서 동종의 주조를 끝냈다. 효령대군이 신미, 김수온 등과 함께 원찰인 지평의 상원사로 옮겨 봉안하고, 타종했다.[40] 당좌의 연꽃이 파르르 떨렸다. 미지산 자락을 휘감아 도는 종소리가 묵중했다. 『석보상절』과 『월인천강지곡』을 완간한 뒤 맑게 웃던 용안이 종소리에 겹쳐졌다. 효령대군은 생전에 세종이 선물한 상아염주를 굴리며 축원했다.

- 『월인석보』를 펴냈습니다. 소리 없는 소리 마음으로 듣고, 피안의 세계에서 극락왕생하소서. 이 종소리와 더불어 훈민정음 또한 백성에게 널리 퍼져 나가길 바랍니다.

새롭게 출판된 조선의 불경佛經인 『월인석보』는 유학자도 읽었다. 당시 두 번째 가라면 서러워할 정도의 서치書癡였고, 문장가였던 예조참의 서거정은 이 책을 통해 불교의 묘리妙理를 이해했다. '유학과 불교가 둘이 아님[儒佛不二]'을 파악한 그는 평소 산사에 들러 덕담을 나누며 친하게 지낸 스님에게 시를 건넸다. 아름다운 우리말로 새긴 『월인석보』 속의 「월인천강지곡」을 읽어보라는 권유였다.

달은 하늘 위, 물은 땅에	月在天上水在地
그 중간의 거리가 9만 8천 리	中間九萬八千里
달은 어찌 물 속에 있나	月胡爲乎在水中
그 까닭 나는 모른다	我自不知其所以
달 또한 몸을 천 백 억에 나누니	月亦分身千百億
물이 여기 있으면 달 또한 있다	有水於是亦有月
회의 물이 맑고 또 잔잔한데	淮之水淸且漣漪
달이 와서 어리니 빛이 더 희다	月來印之光更白
원래 만수는 본디 한 이치	由來萬殊本一理
하나의 달 천으로 나눔은 당연한 이치	一月分千理自爾
스님, 가서 월인천강곡을 읽어보라	師乎去讀月印千江曲
도는 본디 하나도 아니고 둘도 아님을	道本不一亦不二[41]

11월 6일 충청도 부여에 부처付處된 정인지를 불러 올렸다. 역마를 내려

주었다.⁴² 이틀 뒤 대간에서 정인지의 소환은 마땅치 않다고 아뢰었다. 세조가 말했다.

- 너희가 알 바 아니다. 다시 말하지 말라.

11월 15일 강맹경을 영의정, 신숙주를 좌의정, 권람을 우의정으로 삼았다.⁴³

겸예문직兼藝文職, 문풍 진작과 인재 양성

세조는 나라의 대들보가 될 젊은 인재의 양성이 시급한 과제임을 절감하고 있었다. '계유정난'과 '사육신의 난' 등 걷잡을 수 없는 회오리 속에서 없애버렸던 집현전의 기능을 겸예문직兼藝文職으로 되살릴 방도를 강구했다.

12월 16일 세조가 상참을 받은 뒤 중추원 부사 김구와 승지 이극감에게 전교했다.

- 궁리窮理 : 정주학程朱學에서 사물의 도리·원칙을 연구, 일관된 이치를 찾는 것의 학문은 자기 한 몸에 사용하면 족하다. 그러나 국가에 사용하면 사명辭命 : 사신이 명을 받들어 외교 무대에서 응대하는 말이 중요하다. 지금 유사儒士 중에 경학經學에 정통한 사람이 절무絶無하고 문장에 뜻을 둔 사람 또한 드물다. 학문을 게을리 하는 것이 더욱 심하다. 성공한 사람도 이름이 벼슬아치의 명부名簿에 오르는 순간 작은 성취에 만족한다. 누가 즐겨 학문에 힘쓰겠는가. 과거를 시행, 학자를 격려하려고 해도 자주 열 수가 없다. 김구는 오랫동안 사표師表가 되었으므로 반드시 학교를 일으켜 인재를 육성하는 방법을 알고 있을 것이다. 윗사람은 유사를 권려하여 문풍文風의 진작을 생각하고 있는데, 아랫사람은 모두 "나는 재주가 없지 않은데, 다만 위아래가 서로 막혀서 알지 못할 뿐이다."고 한다. 틀린 말은 아니지만 적극 권장, 독려하는 방법은 분명히 있을 것이다. 이극감은 김구와 의논한 뒤 대책을 강구해 오라.⁴⁴

겸예문직은 집현전과 경연을 혁파한 후 문풍의 진작과 인재양성을 목적으로 설치됐다. 초기에는 나이 어린 문사를 뽑아서 모두 본관本官을 가진 채 예문관의 관직을 띠고 학업을 닦게 하고 겸예문이라 불렀다.[45] 세조는 젊은 문사와 경사를 강론하거나, 치도治道의 큰 계책을 물었다.[46]
12월 17일 신미의 동생 김수경을 감찰에 임명했다. 헌납 백수희가 아뢰었다.
- 김수경은 그 아버지 김훈이 불충불효의 죄를 범했으니 감찰이 될 수 없습니다.
세조가 말했다.
- 그의 아우 김수온이 이미 재상이다. 무엇 때문에 마땅치 않은가.[47]

『몽산화상법어약록 언해』 간행

1460년세조 6 정월 보름, 세조가 내불당에 들러 『월인석보』의 찬집과 번역에 공을 들인 혜각존자에게 사의를 표하고 정담을 나눴다. 세조가 말했다.
- 『월인석보』의 회향을 세종께서 살아계셨다면 기뻐했을 것입니다. 대사의 공이 큽니다. 훈민정음을 백성이 쉽게 익히게 하려면 아직 갈 길이 멉니다.
혜각존자가 아뢰었다.
- 서둘지 않고 징검다리를 하나씩 만들어 가다보면 훈민정음의 길은 분명 열릴 것입니다. 소승이 해인사에서 대장경을 정리하는 틈틈이 나옹화상께서 정리한 『몽산법어蒙山法語』를 정음으로 새겨 두었습니다. 깨달음의 말씀이 푸른 계곡의 시냇물처럼 흘러 오늘에 닿아 있습니다. 『월인석보』에 참여한 장인을 적극 활용, 인간했으면 합니다.
세조가 말했다.
- 선지식들이 내걸었던 등불을 오늘에 다시 밝힐 수 있다면 좋은 일이지요.
다음날 세조는 사정전에서 김수온과 성임에게 봄이 오기 전까지 『몽산

법어』를 간행하라고 명했다. 학조가 우선당에 들러 성임에게 신미의 정음으로 언해한 원고를 전했다.

김수온이 원문의 한자에 독음을 달고, 구결에 방점을 찍었다. 성임이 『월인석보』를 편찬할 때와 같이 한 자, 한 자 정성을 담아 필사했다.

3월 초 교서관에서 목판본으로 보제존자普濟尊者 나옹이 초록하고, 혜각존자가 역해譯解한 『몽산화상법어약록蒙山和尙法語略錄 언해』1권 1책, 줄여서 『몽산법어언해』를 간행, 세조께 올렸다.[48]

권두권말의 서명은 『몽산화상법어약록』, 판심제는 『법어法語』다. 원나라 승려 몽산 덕이蒙山德異[49]의 법어를 정리한 이 책은 선 수행자의 지침서로 훈민정음과 조선 초기 불교사 연구에 귀중한 책이다.

※ 화보6

몽산화상의 법어 6편인 「시고원상인示古原上人」·「시각원상인示覺圓上人」·「시유정상인示惟正上人」·「시총상인示聰上人」·「무자십절요목無字十節目」·「휴휴암주좌선문休休庵主坐禪文」과 나옹의 법어인 「시각오선인법어示覺悟禪人法語」 1편 등 모두 7편의 법어가 실려 있다.

혜각존자는 나옹화상이 강남을 유력할 때 하안거를 났던 휴휴암을 떠올리며 스스로 깨어 있었다. 다음은 「휴휴암주좌선문」의 전문이다.

> 좌선은 모름지기 지극한 선善에까지 도달해서 마땅히 스스로 깨어 있어야 한다. 생각을 잘라내고 혼침昏沈에 떨어지지 않는 것이 '좌坐'다. 욕계에 앉아 있어도 무욕無欲하며 티끌 속에 거하여도 티끌을 여의는 것이 '선禪'이다. 외부의 것이 안으로 들어오지 않게 하고 안의 것이 밖으로 나가게 하지 않는 것이 '좌'이고, 집착함도 의지함도 없으며 항상 광명이 현전現前하는 것이 '선'이다. 밖에서 흔들어도 흔들림이 없고 중심이 적적하여 흔들리지 않는 것이 '좌'이고, 회광반조廻光返照하여 법의 근원에 사무치는 것이 '선'이다. 역순의 번거로움이 되지 않고 성색聲色의 굴림을 입지 않는 것이 '좌'이고, 어두움을 밝혀 일월보다 밝으며 사물을 교화하여 힘이 건곤보다 뛰어나면 '선'이다. 차별 있는 경계에서 차별 없는 경계에 들어가는 것이 '좌'이고, 차별 없는 법에 차별지差別智가 있는 것이 '선'이다. 종합하여 말하면 작용이 치연熾然하고 정체正體가 여여하며 종횡으로 오묘함을 얻으며 사사무애事事無礙한 것이 '좌선'이다. 간략히 말하면 이

와 같지만 자세히 말하면 종이에 글로 써도 다하지 못한다.
나가대정(那伽大定 : 나가는 용. 부처님이 대각을 성취하실 때 외호했다는 의미에서 쓴 용어로 九次第定의 최후 단계인 滅盡定을 말한다.)은 정靜도 동動도 없다. 진여묘체眞如妙體가 멸하지도 생하지도 않으며, 보아도 보지 못하고 들어도 듣지 못하며, 비어 있되 비어 있지 않으며, 있되 있지도 않다. 크게는 밖이 없을 정도로 감싸고, 작게는 안이 없을 정도로 들어간다. 신통지혜神通智慧·광명수량光明壽量·대기대용大機大用이 다함이 없다. 뜻있는 사람은 마땅히 잘 참구하되 정신을 바짝 차려 큰 깨달음으로 입문을 삼아야 한다. 포단 위에서 한 소리를 내지른 뒤에 허다한 영묘함이 다 스스로 구족할 것이다. 어찌 삿된 마구니 외도外道가 서로 주고받으면서 사자師資를 삼고 얻은 바를 구경究竟으로 삼는 것과 같겠는가.[50]

책의 끝에 나옹화상의 「각오선인에게 보인 법어示覺悟禪人法語」를 실었다. 짧지만 순일純一한 말씀이 고요하게 담겨 있었다.

생각이 일어나고 생각이 사라짐을 생사生死라 한다. 생사의 즈음을 당하여 모름지기 힘을 다하여 화두를 들어라. 화두가 한결같으면 일어나고 사라짐이 없으리라. 일어나고 사라짐이 끊어진 곳을 '적寂'이라 한다. 고요한 가운데 화두가 없으면 '무기無記[혼미]'라 이른다. 고요한 가운데 어지럽지 않으면 '영靈'이라 한다. 이 공적空寂과 영지靈知는 무너지지도 않고 어지럽지도 않다. 이렇게 공부하면 멀지 않아 이루어질 것이다.[51]

혜각존자는 이 책에서 원문에 충실한 번역, 이른바 축어역逐語譯에서 벗어나지 않았다. 법어의 언해의 특성, 본문과 언해문에 일일이 동국정운 음을 주음해야 되는 번거로움, 독서의 편의 등을 고려한듯 가능한 한 한자어를 고유어로 바꾸려고 노력한 흔적이 뚜렷하다. 물론 이런 경우에도 꼭 필요한 불교 용어나 고유어로 바꾸기가 마땅치 않은 말은 원문 그대로 쓰고, 때로는 협주를 두기도 했다. 다른 문헌에서 볼 수 없는 어휘가 몇몇 눈에 띈다. 역해자가 한자어를 고유어로 바꾸려고 노력한 데서 결과된 것으로 보인다. 표기법은 훈민정음 창제 초기의 문헌, 특히 『월인석보』의 그것과 비슷하다.[52]

혜각존자 신미·김수온의 모친상

※ 화보7

1460년세조 6 5월, 만년에 비구니[尼僧]가 되어 영동의 반야사般若寺에 머물고 있던 혜각존자 신미와 김수온의 어머니 여흥驪興 이씨가 파란의 삶을 마감했다. 아버지 김훈이 57세로 떠난 지 25년의 세월이 흐른 뒤였다.[53]

상주목사로 부임해 내려와 있던 김수온이 고향으로 돌아와 임종을 앞둔 어머니에게 말했다.

- 안심하고 승화하소서. 화상和尙 : 혜각존자 신미이 출가해 득도했고, 저도 범상한 속인이 아닙니다. 거리낄 것 없이 말한다면 저는 마땅히 영구히 산림에 가서 도업을 성취해 반드시 어머니의 소생한 곳을 볼 것이고, 어머니께서 받고 계실 괴로움을 구할 것입니다.

어머니 이씨가 흐느끼며 김수온의 손을 잡고 말했다.

- 내가 비록 출가했으나 아직도 너희에 대한 번뇌를 끊지 못해 전심전력 부처님께 마음을 향하지 못했다. 이제 이미 업보가 다해 다만 눈으로 능히 보지 못하고, 귀로도 너의 말을 듣지 못한다. 무슨 인연으로 화상을 낳고 또 너를 낳아서 크게 성상의 은덕을 입어 재상에 이르렀다. 이제 죽는다 해도 너희에 대한 정은 잊지 못할 것이다. 모자의 은혜는 깊어서 영겁토록 다하지 않는 것이다. 내가 땅에 들어간 뒤 만일 너의 말과 같이 한다면 무엇을 걱정하겠느냐.[54]

김수온은 어머니가 머물던 절에서 다비식 준비를 끝냈지만, 실행에 옮기지 못하고 선영에 모셨다. 세조는 혜각존자와 김수온의 내우內憂 : 어머니의 상고喪故를 차질 없이 치르도록 부의를 아끼지 않았다. 관료들은 점잖은 재상으로서 불교장례를 따르려는 김수온의 태도를 비난했다.[55]

김수온이 상을 마친 뒤 '만장挽章'을 썼다.

가문의 번창 알고자 한다면	欲識家門慶
자식들 가는 길의 현명함 봐야할 것	當觀子道賢

세 아들 나란히 군수로 나가고	三郞齊出守
한 아들 스님 되어 현묘한 이치 깨달았네	一佛獨探玄
백발의 백세 노인	白髮期頤壽
푸른 솔 고갯마루에 모셨네	靑松峴岫巓
사람마다 함께 다투어 말하기를	人人爭共說
세상의 복 온전히 겸했다고 하네	世上福兼全[56]

또한 김수온은 속리산 복천사에서 정진하고 있던 형을 생각하는 시를 남겼다.

지난 해 옷깃 여미며 헤어졌는데	去年鄕國添襟別
어느 때 다시 뵐 수 있을지	不識何時更見無
가을 밤 깊어 밝은 달만 고요한데	秋夜沈沈明月靜
바위산 어디에서 가부좌 틀고 계신지	碧山何處定跏趺[57]

간경도감과 훈민정음 불전佛典 언해

신미, 훈민정음 불전 간행 구상

한문 불전佛典을 우리말로 언해해 펴내는 일은 세종과 함께 훈민정음을 창제할 때부터 일관성 있게 준비하고, 계획해 둔 것이었다. 세조가 국가사업에 버금갈 정도의 공력을 들여 강력하게 밀어붙인 『대장경』 인경불사는 간경도감刊經都監을 만들기 위한 큰 그림 중의 하나였다.

『월인석보』의 완간은 풍파를 겪었지만 '불제자佛弟子'인 세조가 왕위에 있었으므로 가능한 일이었다.

신미는 1460년세조 6 5월 모친의 장례를 마치고 복천사에 돌아왔다. 어머니의 극락왕생을 비는 칠칠재를 올린 이후 장좌불와長坐不臥에 들었다. 세조가 특명으로 내린 간경도감의 설치와 그 이후 펼쳐질 불전의 언해 방향을 잡기 위해서였다.

신미는 수미, 학열·학조와 함께 해인사에서 50벌의 대장경을 찍어내며 정리한 대각국사 의천義天의 숙원사업의 산물이었던 『신편제종교장총록新編諸宗教藏總錄』·『원종문류圓宗文類』·『석원사림釋苑詞林』 등을 살폈다.[58] 고려 때 교장도감과 대장도감을 만들어 엉망진창이었던 문헌을 온전한 상태로 정비한 의천의 마흔 일곱 해의 짧지만 긴 생애가 녹아들어 있었다.[59]

신미는 어린 나이에 부처의 둥지로 날아들어 날개를 펴고 용맹정진, 오늘을 기다려 왔다. 그에게 훈민정음을 만드는 데 힘을 보태고, 옹근 조선의 새로운 언어로 번역할 수 있게 길을 열어준 의천이 한문 경전을 우리말로 읽고, 구결을 달아 간행한 책이 300권을 넘었다. 국역 경전 간행에 대한 다함없는 열정이 빚어낸 불사였지만 온전하게 전하는 책은 많지 않았다. 그러나 '부처님의 진실한 마음 도장'이 하루 아침 너절한 자의 품속으로 들어 망가지고, 사라지고, 찢겨졌지만[60] 명맥이 아주 끊어진 것은 아니었다. 의천의 본원本願은 나옹 혜근과 함허당 득통을 거쳐 신미에게로 그 길이 이어지고 있었다.

신미는 핵심 경전을 골라 읽으며 사람의 길, 하늘의 길, 성문聲聞의 길, 연각緣覺의 길, 보살의 길을 따라 걸었다. 쌓인 먼지를 털어내고, 좀 슨 책장을 조심스럽게 넘겼다. 앞서 간 이가 남기고 간 그릇은 무심한 듯 세심했다.

의천이 발원한 인연의 달빛이 450년이 지난 오늘에 와서 비단에 수를 놓듯 빛나고 있었다. 여러 생애를 거쳐 쌓은 덕이 깃이 되고 날개가 되었다. 신미의 꿈은 짧게 끝나는 여정이 아니었다. 바람 거세고 풍랑은 산과 같아도 훈민정음의 길은 흔들리지 않았다.

훈민정음은 조선의 온 백성과 함께 하는 꿈꾸는 달이고, 정성을 쏟아 부어 만든 그릇이었다. 나만의 그릇이 아니라 뒤에 올 이와 함께 쓸 그릇, 채움과 비움이었다.

세종의 유훈을 받들어 문종이 내린 '혜각존자'라는 신미의 법호는 결코 공치사나 칭찬이 아니었다. 특히 '나라를 돕고, 세상을 이롭게 했다[祐國利世]'는 수식어 속에는 신미의 도움을 받아 창제한 훈민정음이 백성의 어둠을 털어내는 등불이 되고, 미래의 세상을 열어갈 나침판[指南]이 되기를 바라는 간절한 마음이 담겨 있었다.

5월 28일 『월인석보』의 간행으로 자신감이 붙은 세조는 예조의 건의를 받아들여 훈민정음의 교육에도 공을 들였다. 훈민정음 보급의 새로운 마당이 마련되고 있었다.

『훈민정음』은 세종께서 친히 지은 책이고, 『동국정운』・『홍무정운』도 모두 선왕께서 직접 엮은 책입니다. 또한 이문吏文도 사대 외교에 꼭 필요합니다. 지금부터 문과 첫 시험[初場]에서 세 책을 강론하게 하고 『사서오경』의 예에 따라 점수를 주며, 마지막 시험[終場]에서 아울러 이문吏文도 시험하고 책문을 시험하는 예에 따라 점수를 주소서.[61]

7월 들어 최항의 주도 아래 『경국대전經國大典』의 호전戶典을 편찬, 반행頒行했다.[62] 이때 형전刑典도 함께 편찬됐다. 그러나 이전吏典・예전禮典・병전兵典・공전工典의 네 법전은 미처 완성을 보지 못했다.[63]

세조는 주자소를 교서관에 합속시켰다.[64] 조지소 장인은 74명, 공조에 소속된 선공감 목수 100명, 조각장 30명, 노야장 50명, 기와장蓋匠 24명, 이장泥匠 30명이었다.[65]

9월 17일 음운학을 정리하고, 법전을 새로 개정하는 등 정책 운영에 자신감이 붙은 세조는 매 식년式年의 강경 때 『사서四書』를 강하고, 아울러 『훈민정음』・『동국정운』・『홍무정운』과 이문吏文, 또 5경과 여러 사서史書를 시험할 수 있도록 조치했다.[66]

신미는 복천사에서 학열・학조와 함께 훈민정음으로 언해할 불전의 목록을 정리하고, 편집체계를 잡아나갔다. 특히 옛 선현이 행했던 번역 방법을 어떻게 활용할 것인가에 집중했다.[67]

신미는 중국에서 범문梵文으로 된 불경을 한역漢譯하는 과정에 주목했다. 해인사에서 대장경을 인경하며 남아 있던 문헌을 정리할 때 챙겨둔 『불조통기佛祖統紀』980년 송나라 역경원 간행를 읽었다. 특히 역경譯經의 제도를 상술詳述한 부분은 압권이었다. 깊이 있고, 다각도로 활용할 수 있는 번역의 과정이 담겨 있었다.

① 역주譯主 : 정면에 앉아서 원문의 범문을 읽음[正坐面外宣傳梵文]. 역자譯者로서 역본譯本에 그 이름을 남기는 것이 역주다.
② 증의證義 : 역주 왼편에 앉아서 역주를 도와 범문을 평량[坐其左與譯主評量梵文]. 역주와 더불어 원문의 구성이나 의미를 음미하는 역할이다.

③ 증문證文 : 역주 오른편에 앉아서 역주가 읽는 범문梵文을 듣고 착오가 있는가를 시험[坐其右聽譯主高讚梵文以驗差誤]
④ 서자書字 : 범학승이 범문을 살펴 듣고 한자로 쓰되 범어의 발음과 같게 함[梵學僧審聽梵文書成華字猶是梵音]. 보기 : Sutra→素恒覽또는 修多羅
⑤ 필수筆受 : 범음을 중국어로 번역했다.[飜梵音成華言]. 서사가 음사의 단계에 있는 데서 한걸음 나아가 여기서 의역意譯이 됨. 보기 : 素恒覽→經. 그러나 여기서는 단어單語 번역의 단계임.
⑥ 철문綴文 : 문자를 고려해서 구의句義를 이룸[回綴文字使成句義]. 번역된 단어를 엮어 그 순서를 바꿔 중국어의 어순으로 함. 보기 : 조견오온 照見五蘊
⑦ 참역參譯 : 두 나라의 문자를 참고로 오역을 없앰[參考兩土文字使無誤]. 이런 과정을 통해서 된 역문을 다시 한 번 원문과 대조해서 음미하는 역할임.
⑧ 간정刊定 : 번거로움을 덜고 구의句義를 정함[刊創兀長定取句義]. 문장의 음미가 시작된다. 보기 : 無無明→明
⑨ 윤문潤文 : 승중僧衆으로 관리를 삼아 남향해서 자리잡음. 문장을 자세히 참고해 윤색함[官於僧衆南向設位參詳潤色]. 역주 다음 가는 중요한 역할. 역문의 최종 마무리로, 문장으로서의 표현을 갖춤. 보기 : 『반야심경』의 역譯에 '일체고액一切苦厄'이란 구절은 범본梵本에 없다. 윤문과정에서 집어넣은 것임.[68]

신미는 혼자서는 절대로 원전을 충실하게 번역해낼 수 없다는 것을 알고 있었다. 번역이 가진 본질적인 한계였다.

번역은 말을 뒤집는 일이다. 꽃을 뒤집으면 좌우가 바뀌듯, 말을 뒤집어도 바뀌는 것이 있다는 '금번화전錦飜花詮'이란 말에 적극 공감하고 있었다.[69]

신미는 복천사에서 학열·학조와 함께 의천 이후에 전승이 끊어진 읽기와 번역의 전통을 되살리기 위해 많은 시간을 할애했다. 속리산으로 오르는 모든 길이 폭설로 끊어졌다. 봄이 올 때까지 복천사의 산문은 밖으로 열리지 않았다.

세조, 혜각존자와 함께 『능엄경』 언해 서원

1461년세조 7 정초, 조정의 분위기는 싸늘하게 가라앉아 있었다. 세조의 술자리 정치가 빚은 불경不敬·불충不忠의 촌극은 충순당忠順堂에서 벌어졌다.

1월 21일 세조가 취로정翠露亭 못가에서 술자리를 베풀고 성균관대사성 서강과 판봉상시사 임원준 등에게 명해 『병서』·『장자』·『노자』 등을 진강하게 했다. 이때 서강이 술에 취해 불교를 배척하며 횡설수설했다. 발끈 달아오른 세조가 거듭 물어도 서강은 불손하기 짝이 없는 대답만 했다.

- 하위지와 같은 무리가 여기 또 있구만.

세조는 충순당으로 돌아와 환관 임동 등에게 명을 내려 서강에게 장仗 30여 도度를 때리게 했다. 분을 삭이고 도승지 성임을 보내 불경한 말을 한 속내를 알아오라고 채근했다. 서강이 성을 내며 말했다.

- 신은 집에 있을 때도 항상 불경을 보고 있습니다.
- 물은 데 대한 답이 전혀 아니다. 죄가 더욱 크다.

세조는 이틀을 고민한 뒤 서강을 교형에 처했다. 서강의 아내가 "독자이니 제발 목숨만은 거두지 말라"고 간청했지만 들어주지 않았다.

- 서강이 전혀 『노자』를 읽지도 않고 헐뜯었고, 묻지도 않았는데 불교를 배척하며 "조박糟粕 : 옛사람이 다 밝혀낸 찌꺼기이 곧 상도常道다."고 했다. 군부를 옳지 않게 여기고 명예를 좋아하는 마음을 스스로 막지 못했다. 거짓됨이 어찌 이와 같은가. 만약 법도를 바로잡지 않으면 세도世道가 크게 어지러워져서 아랫사람이 윗사람을 비방함을 서로 숭상하며 어진 이로 삼을 것이다. 군신의 큰 기강을 누가 능히 바로잡겠는가.[70]

세조의 술자리 촌극은 성균관 대사성의 목이 날아가는 것으로 막을 내렸다. 산에 들에 진달래는 늘 그렇게 꽃망울을 터뜨렸고, 왕권은 더없이 강화되어 있었다.

3월 14일 지중추원사 최항, 우승지 한계희 등 문신 30여 명에게 훈민정음으로 『잠서蠶書』의 번역을 명했다.[71] 2년 전 예문직제학 서강, 사헌감찰 이근이 편찬한 『잠서주해』를 행상호군 양성지가 주석註釋이 잘못된 부분을 교정校正한 뒤 새로 편찬한 것을 활용했다.72

세조는 세종께서 박팽년 등 집현전 학사에게 명해 당나라 명황明皇: 玄宗의 고사를 그림으로 그리게 하고 대문에 따라 사실을 적은 후 직접 고금의 시를 붙여 편찬했던 『명황계감明皇誡鑑』의 보완을 생각하고 있었다. 4월 3일 세조가 충순당에서 필선弼善: 세자 시강원의 정4품 홍응에게 명했다.
- 내가 부왕의 명을 받고 1441년세종 23 9월에 『명황계감』을 찬집했고, 뒤에 또 가사歌詞를 정했다. 계양군 이증 등에게 여러 책을 고증, 주註를 달게 했는데 잘못된 것이 많다. 네가 그 출처와 주를 더 달 수 있는 곳을 고증해 아뢰어라.73

5월 13일 효령대군이 회암사에서 불사를 베풀다가 석가의 분신사리 25매를 진상했다. 세조가 왕비와 함께 놀라 기뻐하며 정례할 때 8매 분신했고, 왕비가 함원전에 모셔 두었을 때 또 5매 분신했다. 효령대군이 회암사에 돌아가 11매를 더 모셔와 진상했다.

5월 17일 효령대군이 절에 모셔둔 분신 사리 30매를 진상했다. 왕비가 안에서 펴보니 또 6매 분신했다. 이튿날 세조가 공양할 때 또 17매 분신했다. 모두 102매였다.74

세조가 친히 게송을 짓고 관현악으로 음성공양을 베풀었다. 회암사 법회 중에 신도가 모셔간 사리는 수를 헤아릴 수 없었다. 기뻐 죄수를 풀어주었다.75

석가의 분신사리 상서와 감응이 있었다는 소식이 복천사에 닿았다. '세조의 동행同行'인 혜각존자 신미가 서둘러 서울로 올라왔다. 입선入選 학조가 따랐다. 세조가 관저의 새 전각에 신미를 모신 뒤 아침저녁으로 서로 도우며 안부를 여쭈었다. 효령대군이 『능엄경楞嚴經』과 『영가집』의 번역을 청했다. 세조의 뜻에 맞았고, 옆에 있던 신미 또한 흔쾌히 동조했다.76

세조는 사리 분신의 이적異蹟을 널리 알려 흔들리고 있던 민심을 수습하고, 『능엄경』 언해의 서원誓願을 냈다.

> 세종께서 1438년세종 20 『능엄경』을 보셨다. 1449년세종 31 번역, 널리 펴내기 위해 나에게 그 책의 궁구를 명하셨다. 통하지 못하고 어려웠지만 몹시 바쁜 와중에서도 어찌 명을 잊을 수 있었겠는가. 큰 운이 처음 열림에 미쳐서 불법 닦음에 겨를이 없어 부촉에 맞지 못함을 돌아보되, 또 힘이 적어 일을 받듦이 어려웠다. 희유하신 부처님께서 인연의 갈래 모두 거두시어 사리 100매를 나투셨다.[77]

6월 11일 세조는 역마를 내려 복중服中에 있던 상주목사 김수온을 기복시켜 불러올렸다. 다른 직책은 맡기지 않고 신미와 함께 충순당 별채에서 『능엄경』 언해에 몰입할 수 있도록 배려했다.[78]

불경언해의 국책 기관 간경도감 설치

6월 16일 대궐 밖 사옹원 부근에 간경도감을 설치했다.[79] 중앙의 도감을 본사로 하고 황해도 개성부, 경상도 안동부·상주부·진주부, 전라도 전주부·남원부 등에 분사分司를 두었다. 관직 구성은 도감의 총책임자인 도제조, 그 아래에 제조·사·부사·판관을 두었다.[80] 도감은 겸직이 가능한 유동적인 기구였고, 필요할 때마다 인원의 증감이 있었다.[81]

세조는 간경도감의 도제조와 제조는 철저하게 종실과 최측근 인물 중 집현전 출신 학자를 임명했다.

도제조의 첫머리에 계양군 이증을 배치했다. 세종과 신빈 김씨 사이에서 태어난 둘째 서자로 좌의정이었던 한확의 딸, 인수대비 한씨의 언니와 혼인했다. 1434년세종 16 계양군에 봉해졌다. 세종의 총애가 지극했으며, 학문을 좋아하고 글씨도 잘 썼다. 1455년 세조가 즉위할 때 좌익공신 1등에 책정되었다. 세조의 측근에서 서무의 출납을 맡아 신임을 얻었다. 겸손함으로 남을 대하고, 권세를 부리지 않았다.

둘째 자리에 윤사로를 배치했다. 그는 세종이 상침 송씨와의 사이에 낳은 정현옹주와 혼인했다. 대세파악에 밝았고, 아래 사람에게 교만하지 앉았기 때문에 따르는 자가 많았다.

셋째 자리에 황희의 아들 황수신을 배치했다. 유일하게 왕실과 혼인척 관계가 없는 세조의 좌익 3등 공신이었다.

제조의 첫머리에는 한계희를 배치했다. 한명회와 6촌이다. 신미와 김수온은 한명회와는 이종간이었다. 아버지 김훈의 동서가 한명회의 아버지 한기였다. 수양대군이 잠저에 있을 때 문종에게 "경학經學에 밝고 행실이 독실해 당세에 견줄 만한 이가 없다."고 말할 정도로 세조의 총애를 받았다. 1447년세종 29 집현전에 들어가 장서각에 상주하며 박람강기博覽强記의 학식을 쌓았다. 그는 훈민정음이 간명, 치밀한 문자임을 간파하고 있었다. 세조가 즉위하던 해인 1455년 집현전 교리로 있으며 『정관정요貞觀政要』를 주석했다. 일을 처리할 때는 빈틈이 없었다. 정계에 줄을 대겠다는 생각은 아예 하지도 않았다. 속내를 드러내 보이지 않아 주변에 찾는 이가 드물 정도로 행실이 순박, 단정했다.

둘째 자리에 강희맹을 배치했다. 1447년 집현전에 들어갔고, 세조의 외사촌이었다.

셋째 자리에 노사신을 배치했다. 그의 어머니는 소헌왕후 심씨의 동생으로 세조의 외사촌이었다.

넷째 자리에 조석문을 배치했다. 강희맹과 사촌 동서였다.

역경사에 우뚝 솟은 보탑, 활자본 『능엄경언해』

간경도감을 설치한 세조는 혜각존자 신미를 중심으로 우리나라 역경사 譯經史의 최초 언해불전인 『능엄경』의 번역에 들어갔다. 훈민정음 대중화의 주춧돌을 놓는 순간이었다.

신미는 복천사에서 준비해 온 번역 체계와 운영 방법을 정리, 세조께 아뢰었다. 세조는 흔쾌히 받아들였다.

① 경전의 한문 원문에 구결을 닮.

② 구결을 단 문장 확인
③ 구결을 단 문장을 소리 내어 읽으며 교정校正
④ 구결을 단 문장을 들으며 번역, 문장으로 적음.
⑤ 번역된 문장을 비교, 고찰.
⑥ 예例를 정함.
⑦ 문장에 쓰인 한자에 국운國韻 : 동국정운 한자음을 적음.
⑧ 잘못된 번역 고침.
⑨ 어람한 뒤 번역된 문장을 소리 내어 읽음.

※ 화보8   세조는 각 과정에 합당한 인물을 선정하고 역할을 분담시켰다.

① 세조가 구결[입겿]을 직접 챙겼다.
② 혜각존자께 보여 구두句讀를 바르게 했다.
③ 정빈 한씨 등이 맡아 소리내어 읽으며 교정을 봤다.
④ 전 상주목사 김수온과 공조참판 한계희가 정음으로 번역했다.
⑤ 겸예문직 의정부 검상 박건·윤필상, 세자문학 노사신, 이조좌랑 정효상이 맡았다.
⑥ 영순군 이부가 맡았다.[82]
⑦ 사섬시윤 조변안, 감찰 조지가 맡았다.
⑧ 신미·사지·학열·학조가 번역을 바르게 고쳤다.
⑨ 세조가 원고를 어람하고 확정했다. 전언典言 조두대가 어전에서 번역을 읽었다.[83]

7월 2일 한계희를 공조참판에 임명했다.[84]
계양군 이증이 교서관 주자의 관리가 소홀하여 흙에 묻히거나 유실되고, 도둑맞는 폐단이 많다고 아뢰었다. 세조는 정현조와 양성지를 교서관 제조에 임명, 정2품의 아문衙門으로 격상시켰다. 불전 언해에 쓰일 종이의 수납이 원활치 못하다는 보고를 받고 사헌부에 전교했다.
- 교서관에 바치는 여러 가지 종이를 충청도에서는 1458년세조 4부터 금년까지, 전라도와 강원도에서는 1460년세조 6부터 금년까지 아울러 수납하지 않았다. 지역 관찰사를 조사한 뒤 아뢰라.[85]

7월 말로 접어들었을 때 생꼴 50근이 쌀 두 말 값이 될 정도로 턱없이 올랐다. 사복시의 말먹일 생꼴을 경기도의 여러 고을에서 돌아가며 바치게 했다. 길이 멀어 직접 운반할 수 없는 자는 사람을 고용해서 대신 바치게 한 결과였다. 윤사로가 아뢰어 서울의 부자에게 생꼴을 사서 대신 바치게 하고 그 값을 거두어 둘로 나누었다. 사복시의 종이 간경도감의 이익을 나누는 것이 미워 서울의 네 변두리 교외에 나가서 그 값을 넉넉하게 주고 생꼴을 모조리 구입, 도성 안으로 들어오지 못하게 막았다. 사복시의 생꼴이 속절없이 끊어졌다. 세조가 형조에 도감의 관리를 국문하라고 명했다.

- 간경도감이 나의 말馬을 위태롭고, 해롭게 하는구나. 빨리 살곶이 목장에 풀어서 기르게 하라.

세조는 민폐를 끼치지 않기 위해 노력했다. 사정전에서 상참을 받은 뒤 승지에게 장차 일어날 폐단에 대해 다짐을 두듯 말했다.

- 내가 불경을 간행하는 일은 매우 간단하게 하여 폐단이 생기지 않도록 하라고 했다. 몇 년이 지나고 보니 관리가 내 뜻을 받들지 않고 일의 권세만 잡으려고 들어 난잡한 지경에 이르렀다. 공장이 대납하는 등의 폐단을 금하기 어렵기 때문에 폐지했으면 한다.

승지 등이 아뢰었다.

- 폐지는 어렵지 않으나 아직 일이 끝나지 않았고, 후에 다시 하려면 이 일 때문에 간단하게 힘써서 빨리 마친 것만 못합니다.[86]

8월 들어 전라도의 승려 신운이 영광 시아도時兒島에 왜닥나무[倭楮]가 있다며 사헌부에 호소했다.

- 군사郡事 김영전이, "중이 닥나무 나는 곳을 아뢰어 군민을 번거롭게 한다."고 해서 섬에 구류시킨 뒤 큰 매로 때려 초죽음이 될 정도였습니다. 마침 제주의 배를 만나 몰래 도망쳐 왔습니다.

세조는 김영전을 파직시킨 뒤 잡아와서 국문하라고 명했다.[87]

8월 27일 예문관 제학 이승소, 행 상호군 양성지·송처관·김예몽, 예조참

의 서거정·첨지중추원사 임원준 등을 불러 언문으로 『명황계감』의 번역을 명했다.[88]

사헌부에서 시중에 유통되고 있는 종이의 문제에 대해 아뢰어 허락을 받았다. 조지소 등에서 종이 만드는 자들 중에 국가의 긴요한 문서와 서책을 몰래 훔쳐서 다시 가공, 새 종이로 만들어 팔았다. 종이의 품질이 거칠어 오래 보관할 수 없을 지경이었다. 한 달 뒤부터 금령을 범하는 자는 온 집안을 변방으로 옮기고, 관리 소홀로 문서를 잃은 자는 발붙이지 못하게 했다.[89]

세조는 약 한 달 동안에 걸쳐 『능엄경』의 주석서, 그 밖의 불전佛典, 세속의 서적을 가지고 친히 계환이 요해한 『능엄경』에 구결을 달았다. 새벽까지 공을 들인 날이 이어졌고, 의심나는 곳은 혜각존자에게 물어 고치는 등 신중을 기했다. 김수온과 한계희는 세조의 구결을 바탕으로 비단을 뒤집듯 한 땀 한 땀 정성 들여 언해했다. 철저한 직역이었다. 8월 22일 번역에 착수한 지 70일 만에 마무리 지어 세조께 올렸다. 세조는 혜각존자와 함께 바로잡고, 여러 주석서의 음석音釋을 모아 권말卷末에 붙였다. 9월 23일 번역이 마무리 되었다.[90]

세조가 비현합에서 마지막 교정을 끝내고 즐거운 마음으로 발문을 썼다. 세종의 유훈을 받들어 언해과정을 앞에 설명하고, 모든 공을 혜각존자 신미에게로 돌렸다.

> 이것은 오로지 선사의 넓은 자비스런 마음이며, 남을 이롭게 하는 덕이시니 또 어떤 말로 다 사뢰리오. 원하는 것은 내가 이 인연으로 나의 현재한 권속과 항사겁에 여의지 아니하고 선사께서 도를 이루신 날에 먼저 도탈을 입고자 한다. - 불제자佛弟子 승천체도열문영무 조선국왕 성휘 발[91]

한계희가 공손하게 발문을 받아 전언 조씨에게 넘겼다. 조씨는 맑고, 낭랑한 목소리로 어제 발문을 읽었다. 세조가 앞머리에 좌정하고 있던 혜각존자에게 말했다.

- 대사께서도 발문을 남겨야지요.

신미가 예를 올린 뒤 붓을 들었다. 불경 언해의 공덕, 『능엄경』의 핵심, 나라와 왕실의 안녕을 바라는 마음을 짧게 녹여 넣었다. 백성의 고통을 위로하는 따뜻하고 부드러운 손길이었다.

> 불법이 중국에서 흘러들어와 펴짐은 상서로운 햇살 넓게 비추는 것과 같습니다. 중생은 늘 어두운 안개 낀 갈림길에서 헤매고 또한 경문經文의 내용이 깊어 알기 어렵고, 스승을 찾아가 길을 물으려 해도 사람이 없습니다. 우리 성상의 덕이 삼왕三王에 으뜸이시며 도가 오제五帝에 버금가 대도大道로 세상에 널리 알리려고 하셨습니다.
> 『수능엄경』은 종문의 으뜸이므로 나랏말씀인 정음으로 번역하고, 인쇄해서 반사하라 명하셨습니다. 승과 속과 살아 움직이는 중생이 모두 여래의 묘한 장엄에 들게 하시니 법을 펴는 마음이 어찌 달을 가릴 수 있으리오. 공덕의 이익 끝이 없으매 넓게 젖으셨습니다. 일찍이 우리 성상께서 원력을 내어 큰 법왕이 되시어 힘써 군생을 널리 제도했습니다. 이 좋은 인연을 돌이켜 양궁 전하 수만세, 세자저하 수천세하시고 아울러 모든 사령四靈에게 까지 퍼져 묘리妙利에 고루 젖게 하소서.
> — 승 신미 머리 숙여 삼가 발문을 씁니다.[92]

신미는 훈민정음을 정확하게 '국어'의 자리에 올렸다. 승속을 가리지 않고 고루 퍼져 널리 쓰이기를 바랐다.

세조는 교서관 제조 하성위 정현조에게 주자로 400부를 박으라고 명했다. 이어 간경을 서둘기 위해 종실의 은천군과 옥산군이 교서관에 직접 나가 인쇄의 일을 감독하라고 명했다.[93]

김수온이 10월 11일 발문을 썼다. 6월에 번역을 시작, 10월에 모든 일이 완성되었다. 10월 말에서 11월 초순, 4개월 만에 활자본 『능엄경언해』 10권 10책의 간행에 착수했다. 이 언해본은 간경도감과는 무관하게 교서관에서 이루어졌다.[94]

'여래의 본원本願'이 훈민정음으로 부처의 말씀을 우리의 언어, 우리의 문자로 읽고 기록하겠다는 '세종의 큰 뜻[世宗大志]'에 닿아 있었다. 세종이 생각하는 '꽃무늬를 짜 넣은 비단을 뒤집는 일[翻錦]', 좌우가 달라지는 게 다를 뿐인 번역이었다. 그 막중하고도 어려운 번역을 한계희는 서문에서 세조와 웅건한 문장의 소유자인 혜각존자 신미, 김수온과 함께 하고 있다고 밝혔다.[95]

우리나라 불전 번역의 원조인 의천이 내건 등불이 우리말로 함께 읽고, 우리 글로 풀이하는 새로운 세상을 밝히고 있었다.

확정된 『능엄경언해』의 번역 원고를 어전에서 읽은 전언典言 : 종7품의 여관女官으로 선전宣傳과 계품啓稟의 일을 담당 조두대는 한문과 이두에 밝아 왕비를 가까이에서 부지런히 섬기고 있었다.

> 전언典言 조씨는 광평대군의 가비家婢로서 어릴 때 궁에 들어갔다. 문자를 이해하고 이두吏讀를 잘했다. 세조 때 자못 일을 맡아 보았다.[96]

천민 출신으로서 『능엄경언해』의 편찬에 참여한 것은 세조의 총애가 없었다면 불가능한 일이었다.[97]

한국불교의 근본 경전인 『능엄경』은 『금강경』·『원각경』·『대승기신론』과 함께 불교 전문 강원의 사교과四敎科 과목으로 채택되어 학습되었다. 인도의 나란타사에서 비장. 다른 나라에는 전하지 말라는 왕명에 의해 당나라 이전에는 중국과 우리나라에 전래되지 않았던 경전이다. '소화엄경小華嚴經'이라 불리며 널리 독송되었던 『능엄경』은 전 10권의 각 권에 수록된 내용이 모두 한국불교의 신행信行에 크게 영향을 미쳤다.

활자본 『능엄경언해』가 완간되던 날에 맞춰 효령대군은 2구의 여래불상과 관음·지장보살의 조성을 끝냈다. 복장에 분신사리를 봉안하고, 선종 사찰 흥천사 사리각舍利閣에서 점안법회를 베풀었다.[98]

이때 『월인석보』 권7에 편입되어 있던 『불설아미타경佛說阿彌陀經』을 언해, 교서관에서 활자본1책 25장으로 간행했다.[99]

세조가 왕비와 함께 보좌에 예배하고 향을 살라 공양한 뒤 말했다.

- 효령 숙부 덕분에 『능엄경』의 언해 불사를 잘 마무리 지었습니다. 선

왕의 큰 뜻이 훈민정음을 통해 백성의 새벽을 열고, 어둡고 막힌 것을 인도할 수 있도록 종을 주성해 주시기 바랍니다.

효령대군이 밝게 웃으며 대답했다.

- 부처님의 말씀이 널리 퍼지고, 주상의 바람이 하늘에 닿도록 정성을 다하겠습니다.

『능엄경언해』의 활자의 한자는 이미 주조된 을해자乙亥字. 강희안 자본를 썼다. 정음은 특별히 한자와 조화를 이루는 유려한 자체字體를 새로 써서 주조했다. 『월인천강지곡』 등 갑인자와 쓰인 정음 활자와는 달리 이 활자가 뒤의 다른 언해본에도 계속해서 쓰이고 있다. 이는 함께 쓰인 한자와의 조화에 있었다.[100]

흥천사종은 '능엄楞嚴의 종'

효령대군은 사리각 불사를 끝낸 뒤 간경도감에서 새로 주성한 종을 흥천사에 걸고, 타종식을 가졌다. 이조참판 한계희가 「흥천사신주종명 병서興天寺新鑄鐘銘 並序」를 찬撰했다. 글씨는 승문원 부교리 정난종이 썼다.[101]

우러러 살피건대 우리 승천체도열문영무 전하께서 천명을 받고 태어나 부서符瑞・乾符를 잡아 국운을 여시니 국토는 편안하고 바람과 비는 시절에 따랐다. 평상시 맑고 고요하게 머물며 삼가 도를 조용히 생각하니, 지극한 성인의 덕이 햇살과 상서로움으로 응하신 것이다. 이에 1461년세조 7 여름 5월 13일에 회암사에서 석가여래의 사리가 분신, 상서로운 빛과 기운이 하늘에 밝게 빛나고 기이한 향이 피어올라 산과 계곡에 가득했다. 효령대군이 절에서 사리 25매를 모셔왔다. 주상과 자성왕비가 내전에 봉안하고 예배를 올릴 때 또 분신했다. 함원전에 봉안했을 때 또 분신했다. 5월 17일 저물 무렵, 대군께서 다시 얻은 사리를 모셔와 왕비와 함께 내전에 봉안하고 예를 올렸는데 또 분신했다. 5월 18일 주상께서 친히 게송을 짓고 관현악으로 왕비와 함께 함원전에서 공양했다. 또 분신했다. 전후로 분신해 얻은 사리가 모두 102과였다. 회암사 법회 중에 신도가 스스로 모셔간 것 또한 부지기수였다. 주상께서 크게 기뻐하여 죄수들을 풀어주고 친히 『능엄경』을 번역하겠다는 대서원을 냈다. 종친과 정부, 육조, 대성, 장수를 이끌고 조종과 일체 중생을 위하여 여래상 1구, 또 중궁과 세자를 위하여 1구를 조성했다. 또 관음과 지장 두 보살이 마주 대하는 기이한 꿈을 꾸고 두 상을 조성했다. 보살상이 마무리 되자 각각 그 가운데에 사리를 봉안하고 선종 흥천사의 사리각에 섬겨 모셨다. 주상은 왕비와 함께 보좌에 예배하고 향을 살라 공양한 뒤 종을 주조하도록 명해 6시새벽·日中·日沒·初夜·中夜·後夜를 일깨워 어둡고 막힌 것을 인도하셨다. 이러한 연기緣起를 새겨서 밝게 보이고 무궁하도록 했다. 명銘에 이른다.

우리 성신은 일찍이 부처님의 수기 받아	惟我聖神 夙受佛記
금륜을 쥐고 하늘로부터 다스림 위해 나오셨네	手執金輪 繼天出治
엄정·공경하고 두려워하며 잠깐 쉴 겨를 없으시니	嚴恭寅畏 不遑暇寐
신인이 협력하고 영 한 줌 나란히 이르렀네	神人協和 靈貺駢至
생각건대 큰 깨달음 인연 있는 무리 모도잡아	仰惟大覺 廣攝緣類
사리 분신하니 희유한 일 나툼이네.	設利分身 現希有事
귀와 눈 놀라게 하고 하늘과 땅 환히 밝혀	驚動耳目 晃曜天地
영험한 서기 진동하니 광겁에 드문 일이네	靈瑞震動 曠劫罕比
천심은 기쁨에 넘쳐 정성껏 큰 서원을 내니	天心悅豫 弘誓發誠
부처님 상 조성하고 요의경 펼치네	像設晬容 演了義經
모든 조상 복되게 하고 일체 함령께 미치게 하여	福我烈祖 延及含靈
조종이 영원하고 군건함 도모해 억만세에 이르기를	宗圖永固 彌億萬齡
오로지 불도 널리 펼쳐 어둠과 막힘 뽑아버리나니	惟佛道弘 普拔幽滯
성상께서 부처님 본받아 대비로 널리 제도하셨네	惟聖體佛 大悲曠濟
쇠를 녹여 종을 주조하니 일체 중생 깨달음을 열고	冶金鑄鐘 開覺一切
괴로움 덜게 하고 어둠 깨뜨려 미래세 궁구하셨네	息苦警昏 窮未來際[102]

※ 화보9　흥천사종은 세조와 신미, 효령대군 등의 기획으로 주성된 '능엄楞嚴의 종'이었다. 『능엄경』 속의 부처님 말씀이 널리 퍼져나가길 바라는 마음을 녹여 넣었다.[103]

'여래의 묘한 장엄'을 담은 흥천사종의 주성에는 주성장鑄成匠·노야장爐冶匠·주장注匠·조각彫刻·목수木手·수철장水鐵匠·각자장刻字匠이 참여했다.

유곽乳廓과 유곽 사이의 선조線條로 양각된 네 분의 보살상은 안견과 어깨를 나란히 했던 도화서 별좌인 화사 최경이 그렸다. 또한 김귀생, 유미고자는 『석보상절』 등의 판각에 참여한 당대 최고의 각자장이었다.[104]

모든 언해의 규범, 목판본 『능엄경언해』

1462년세조 8 정초부터 간경도감의 규모를 확대했다. 화재가 날 것에 대비해 도감 부근의 민가 23호를 2월까지 철거했다. 궁성 근방에 거주하는 사람의 예와 같이 조세와 부역을 면제해주고 쌀을 내려 주었다.[105] 임시 관청이었지만 '청'보다는 커서 일품 아문의 규모였다.

간경도감의 운영에 드는 비용이 만만치 않았다. 세조는 부사 최유지를 불러 도감에 소용되는 쌀 싸라기·어물의 숫자를 물어본 다음 없애라고 명했다. 의논이 확정되지는 않았으나, 용도가 번잡했기 때문이었다.[106]

4월 초 간경도감과 의경세자의 묘에서 30일 이상 일한 자도 승려가 되는 것을 허락했다. 정원을 따로 두지 않았기 때문에 도첩을 받은 자의 수를 헤아릴 수 없었다. 예조의 "일이 언제 끝날지 모르며, 무식한 무리가 다투어 머리를 깎아 그 폐해가 적지 않으니 여러 곳에서 일하는 승려에게 도첩을 주지 말고, 원하는 자리도 주지 말라."는 청을 받아들였다.[107]

간경도감을 설치하고 첫 번째 성과였던 활자본 『능엄경언해』는 서둘러 간행했기 때문에 잘못된 부분이 많았다. 인출 직전에 보정補正으로 바로잡았지만, 번역과정에서 일어난 원고의 잘못은 상당 부분 남아 있었다. 세조는 혜각존자와 이 문제를 상의했다. 신미가 아뢰었다.

- 번역의 큰 틀을 잡아나가는 과정에서 생길 수 있는 일입니다. 목판본으로 인간할 때 엄밀한 교정을 거치면 될 것입니다. 이번 기회에 모범이 되는 판본을 만들어 향후 다른 불전의 언해에 활용할 수 있도록 철저하게 보완하는 것이 좋을 듯합니다.

세조는 정밀한 성품으로 일처리를 하고 있던 한계희에게 배포된 활자본을 최대한 수거, 수정하라고 명했다. 잘못된 곳이 있는 활자본은 대부분

거두어서 주묵朱墨으로 교정하고, 인쇄한 쪽지를 덧붙임으로써 목판본과 통일시켰다.

세조는 간경도감의 도제조인 계양군을 불러 '조조관雕造官'의 인선을 다시 하고 업무를 분장시켰다. 신미는 학열·학조, 김수온·한계희와 함께 목판본의 보완에 들어갔다.

구성방식도 원전의 원문과 번역문, 협주의 편집에 대한 판식版式을 통일시켜 『월인석보』보다 읽기 쉽게 편집했다.

❀ 대문의 경우 항상 난의 첫머리에서 시작하고 글자의 크기를 굵고 크게 처리했다.
❀ 계환의 주해 부분은 글자의 크기를 대문보다 작고 가늘게 썼다. 대문과는 달리 한 글자씩 낮추었다. 글자의 크기와 편집 형태만으로도 쉽게 구별할 수 있도록 배려했다.
❀ 대문과 주해에 붙는 구결은 글자의 크기가 주해의 한자보다도 작고 가늘게, 행당 두 줄로 처리했다.
❀ 한문 원문과 언해문 사이는 ○표로 하여 구분했다. 대문의 언해문과 주해문의 언해문은 행당 두 줄씩 배치했다. 대문의 언해문은 행의 첫머리부터 쓴 반면 주해문의 언해문은 한 자씩 낮춰 한눈에 구별할 수 있도록 했다.
❀ 언해문의 사이사이에는 난해한 어구나 보충 설명이 필요한 어사에 대한 설명의 협주를 넣었다. 협주가 시작되는 부분은 【로 언해문과 구분했다. 끝나는 부분에서도 】를 사용, 언해부분과 구분했다. 다만 협주의 끝부분이 언해문 문단의 마지막인 경우는 】를 사용하지 않았다.[108]

8월 21일 철저한 수정과 보완을 거친 끝에 목판본 『능엄경언해』10권 10책를 완간했다. 간경도감이 설치된 지 13개월 만의 성과였다. 책머리에 도감의 도제조인 계양군 이증의 전문箋文과 윤사로·황수신, 제조 한계희·조석문, 부제조 성임·강희맹·노사신 등 간행 관계자[雕造官]의 명단을 실었다.[109]

이 책은 간경도감에서 간행된 최초의 언해본으로서 다른 언해본에 대해 책의 형태는 물론, 번역의 양식과 정서법에 걸쳐 길잡이가 되었다. 『능엄경언해』 이후 간경도감에서 간행된 국역불서는 모두 목판본이다.

불사를 통한 국정운영

세조는 흥천사에서 '능엄의 종'의 타종식을 끝으로 『능엄경언해』의 불사를 마무리 지은 뒤 사리각에서 효령대군과 신미에게 말했다.
- 미지산 상원사에 모셔둔 세종과 소헌왕후의 영전 앞에서 회향불사를 올릴 생각입니다.
궁으로 돌아온 세조는 영의정 신숙주에게 경기도 일원으로 강무講武를 나가겠으니 준비하라고 명했다.
10월 26일 강무에 동원될 군인을 징병했다. 경기 개성부와 충청도에서 14,361명의 기병·보병이 살곶이 들에 집결했다. 다음 날 햇무리가 일었다. 세조와 왕비가 어가御駕로 거둥했다. 왕세자와 함께 영응대군, 하성위 정현조, 영의정 신숙주 등이 따랐다. 백관이 융복 차림으로 중량포에서 지송祗送했다. 경기도관찰사 김종순이 와서 맞이했다. 양주 달천에 이르러서 종친과 재추를 불러 술자리를 베풀고, 김종순이 올린 매와 개를 나누어 주었다.[110]
10월 28일 어가가 용진의 부교浮橋를 건너 양근의 용두龍頭에 이르렀을 때 갑자기 벼락이 치고 눈과 우박이 섞여 내렸다. 병조판서 윤자운에게 술과 음식을 가지고 가서 얼고 굶주린 자를 구휼하라고 명했다. 저녁에 노다곡에서 머물렀다. 다음 날 어가가 경기도 미지산 아래 효령대군의 농장農莊에 이르러 상원사에 거둥했다.[111] 세조가 세자, 효령대군과 함께 상원사에 이르러 정심精心으로 예를 올릴 때 홀연 정면 3칸의 중층 건물인 담화전曇華殿 위로 백의관세음보살이 현신했다. 최항이 이때의 정황을 『관음현상기觀音現相記』에 남겼다.[112]

※ 화보10

　상원사 담화전 위에서 하얀 기운이 위로 솟아오르다가 백의관세음보살로 변했다. 신장이 삼장三丈 쯤이며, 천의가 또한 일장一丈 가까이 됐다. 찬란한 원광에 오색이 겹쳤다. 가운데로부터 검은색, 붉은색, 흰색, 청황색이었다. 상호가 삼엄했고, 휘황찬란한 빛이 천지를 오랫동안 밝히다가 이내 흩어졌다.[…]전하가 크게 기뻐하며 상원사에 쌀 200석을 내리고 내관을 보내 향패香幣를 봉헌했다.[113]

세조는 관세음보살의 현신을 보고 이날 밤 효령대군의 농장으로 돌아왔다.[114]

11월 1일 용문사에 거둥했다. 세조는 소헌왕후의 명복을 빌기 위해 1447년세종 29 여덟 보살상을 조성해 봉안해 둔 보전寶殿에 들러 예를 올렸다. 저녁에 발산에서 머물렀다. 다음 날 저녁에 노다곡에서 머물렀다.[115] 효령대군이 상원사에서 대중을 이끌고 철야 정근할 때 다시 서기가 일고, 큰 방광이 일었다.[116]

11월 3일 저녁에 양주 월개전에서 머물렀다. 다음 날 풍양성豐陽城 악차幄次 밖에서 종친과 재추를 불러 술자리를 베풀었다. 세자가 술을 올리고 여러 신하에게 술을 돌렸다. 세조가 안으로 돌아와서 조금 후에 동가動駕했다. 저녁에 풍양 이궁離宮에서 머물렀다. 밤에 승정원에 전지했다.

- 명일에 군사를 놓아 보내고 환궁하겠다.

10일을 기한으로 강무를 시작했는데, 군사가 비맞고 추위가 심했기 때문이었다.

11월 5일 백관이 상원사에 거둥했을 때 관음보살의 현상에 전箋을 올려 진하했다. 세조는 교서를 내려 모반謀叛·대역大逆, 자손이 조부모와 부모를 모살謀殺하거나 구매毆罵한 것, 처첩妻妾이 남편을 모살한 것, 노비가 주인을 모살한 것, 고의로 사람을 모살한 것, 다만 군령과 강도를 범한 외에는 죄를 용서하도록 명한 뒤 술자리를 베풀었다. 양주 대방동에 이르러 사냥을 구경하고 군사를 돌려보낸 뒤 저물어서 환궁했다.[117]

12월 말, 세조가 흉통과 술병으로 자리보전을 했다. 우찬성 구치관이 빈청賓廳에서 문안을 올렸다.

- 내가 빈사지경에 이르렀다가 다시 살아났다. 한 사람도 문안하는 자가 없었는데, 이제 경이 오니 매우 기쁘다. 경의 집의 술을 마시면 내 병이 곧 낫겠다.

구치관이 땅에 엎드려 울면서 아뢰었다.

- 성상께서 편찮은 것을 듣지 못했습니다. 요즘 오랫동안 정사를 보지 않으므로 신이 예궐하여 비로소 들었습니다.

중관이 구치관의 집에 가서 술을 가져와 올렸다. 세조가 구치관에게 표피아다개豹皮阿多介: 표범가죽으로 만든 깔개자리 1벌과 소주 5병, 생록生鹿 한 마리를 하사했다.[118]

『명황계감』과 『묘법연화경』 언해

1463년세조 9 정초, 세조는 내불당에 주석하고 있는 혜각존자 신미를 찾았다. 간경도감이 궤도에 올랐고, 목판본 『능엄경언해』의 회향 불사도 마무리 지은 뒤였다.

- 대사와 함께 『석보상절』과 『월인천강지곡』을 찬술하던 때가 아련합니다. 먼 길을 돌아왔지만 부왕께서 그려두셨던 훈민정음의 지도가 있어 크게 헤매지 않았습니다.

신미가 아뢰었다.

- 전하의 홍복입니다. 세종께서 '능엄의 바다'에서 활짝 웃고 계실 것입니다. 이제 연꽃을 피워 올려야 할 차례입니다. 『묘법연화경妙法蓮華經』의 구결 또한 전하께서 확정해 주셔야 합니다. 계환이 해설하고 일여가 집주集註한 판본으로 언해를 할 계획입니다. "세간의 법에 물들지 않고, 연꽃이 물속에 있듯이[不染世間法, 如蓮花在水]" 인간세상을 구원하는 정신을 행간 속에 녹여 넣을 것입니다.

세조가 말했다.

- 이미 『월인석보』의 편찬 때 바로 잡아두지 않았습니까. 국정도 원만하게 돌아가고 있으므로 다시 정리해 보겠습니다. 훈민정음이 제대로 뿌

리내리려면 아직도 가야할 길이 멉니다. 부왕께서 편찬한 『명황계감』이 언문으로 번역되지 못한 채 남아 있습니다. 최항에게 일임, 신진 학사를 뽑아 가르치며 번역할 생각입니다.

신미가 아뢰었다.

- 법륜을 굴리듯 전하께서 공을 들이면 원만하게 해결되리라 봅니다.

세조가 강녕전으로 건너간 뒤 신미는 사지·학열·학조와 함께 『묘법연화경』의 서품序品, 방편품方便品부터 살피며 언해의 방향을 잡아나갔다.[119] 세조는 간경도감의 도제조에 영천부원군 윤사로와 의정부 좌찬성 황수신, 제조에 모친의 탈상을 끝낸 김수온, 중추원부사 강희맹을 새로 임명했다. 신미와의 긴밀한 소통을 위해서였다. 또한 우부승지 노사신을 도승지로 임명, 곁에 두었다.

세조는 비현합에서 『묘법연화경』의 관련 주석서를 모아 놓고 구결에 매달렸다. 구결의 대가로서 따라올 유신이 없을 정도였다. 번역은 빠르게 진행됐다. 전언 조씨가 정빈 한씨의 처소를 쉬지 않고 넘나들었고, 세조를 뵙는 횟수도 늘어나고 있었다.

2월 중순, 정조사 유수강이 통사를 보내 명나라 황제가 두꺼운 닥지[白厚楮紙]를 구한다고 아뢰었다. 세조는 조지소에서 판비하게 했다.[120]

세조는 종이에 대해서도 신경을 쓰고 있었다. 외방에서 공납되고 있는 닥나무의 등급과 각 읍에서 바치는 백지가 어떻게 쓰이는지 사헌부에서 조지소를 비롯한 해당 관리를 엄중 감찰해서 아뢰라고 명했다.[121]

5월 15일 세조는 영응대군과 전 상주목사 김수온, 도승지 홍응에게 『명황계감』의 가사歌詞 번역을 명했다. 다음날 중추원사 최항, 예문제학 이승소, 직예문관 이영은·성균박사 박시형을 보강했다.[122]

지난해 8월에 명을 내린 『명황계감』의 본문 언해 작업이 최종 단계에 접어들고 있었다. 세조가 최항에게 당부하듯 말했다.

- 부왕께서 예전 서적을 널리 보시고 후일의 규모를 갖추고자 일찍이 당나라 현종의 고사故事를 캐내서 손수 가사 168장을 지어 대문마다 그 사

실을 서술하셨다. 성패가 우대偶對:對句에 보이고 감계鑑戒를 영탄으로 나타내어 말씨가 완순하면서도 드러나고 통창하면서 그윽하니 진실로 만세의 귀감이다. 나는 항상 부왕의 아름다운 정책을 생각하고 지난 날의 끼친 자취를 회복할 생각이다. 다만 서술한 사실이 너무도 간략하여 소소한 견문으로는 알기 어렵다. 경이 다시 수정을 가하고 아울러 주해注解하라.

최항은 세조의 지시를 받들어 이승소·이영은·박시형 등과 더불어 여러 서적을 참고, 보충하고 음의音義를 붙였다. 아울러 가사에 들어 있지 않은 사적까지도 부록하여 많이 들을 수 있도록 한 뒤 훈민정음[諺語]으로 번역했다.[123]

6월 9일 세조는 세자궁에 거둥했다가 화위당華韡堂에서 행상호군 김수온, 도승지 노사신, 이조참의 강희맹 등을 불러 한껏 즐겼다.[124]

7월 6일 김수온·한계희·강희맹을 중추원부사, 성임을 공조참판으로 임명했다.[125]

윤7월 20일 김수온을 공조판서, 김질을 형조판서로 임명했다. 『묘법연화경』의 언해에 공력을 쏟아 붓기 위해서였다.[126]

공조참판 성임의 손에서 「비유품」·「약초유품」·「견보탑품」 등의 연꽃이 피고 있었다. 간경도감에 모인 각수는 하루가 멀다 하고 안평대군 이후 최대의 명필로 손꼽히는 성임의 글씨를 판에 새겨나갔다. 어전에서 경을 읽어나가는 전언 조씨의 목소리가 무더위를 적시는 소나기처럼 내려꽂히고 있었다. 메아리가 메아리를 부르는 듯 이어졌다.

『묘법연화경』 제16「여래수량품如來壽量品」의 주해를 읽을 때 좌중에 있던 이들이 모두 환희심에 젖었다. 번역된 문장은 짧지만, 간단명료했다.

경신敬信하는 마음은 소리와 같고 설법하는 자비는 메아리와 같으니라. 소리가 저기와 여기에 있을지언정 메아리는 생멸이 없어 오직 저기에 응할 뿐이거늘, 이와 같음을 듣지 못하므로 멸滅하시다고 여기니라. 성인이 비록 권權으로 응하시는 자취는 계시나 실상에는 권으로 응하시는 마음

없으심이 메아리와 같으실 따름이라.[127]

초가을로 접어들 무렵 효령대군이 책을 사러 서울로 올라온 김시습을 세조께 추천했다. 김시습은 열흘 동안 내불당에서 역경의 교정을 도왔다. 그는 내불당에 안치된 순금불을 바라보며 은근히 군주의 맹목적인 불교 숭상을 염려하는 뜻을 내비쳤다.[128]
사금을 채취하느라 백성이 말할 수 없는 고통을 겪었고, 불상 조성에 만 금을 허비했으니, 그 불상이 과연 '고통받는 백성을 위로하고 살려낼 수 있겠는가'는 의문을 품었다.
매월당은 경복궁의「내불당」에 대한 시를 남겼다.

영릉세종이 만년에 불교를 깊게 믿어	英陵晚好釋迦談
북악산 기슭에 암자를 지었지	城北山腰創一菴
월인천강지곡 만들어 사녀에게 나누어 주었으나	爲製歌謠頒上女
다만 진한 술 만들었지 주흥은 몰랐네	只緣醇酎不知酣[129]

세조가 송이버섯 대여섯 개, 포도 일고여덟 송이, 율무 한 움큼, 팥배 일고여덟 개를 차례로 내불당의 김시습에게 보냈다. 중사中使: 내시에게 물었다.
- 주상께서 몇 군데나 보내는가.
- 종실이나 외척이 새철 음식을 바칠 때마다 반드시 문소전에 먼저 올리고 그 다음 이곳으로 보내고 나서야 드십니다.[130]
김시습은 이 말을 듣고 세조가 선왕을 제사하고, 부처를 봉양하는 효성을 지녔다는 사실에 감동했다.『묘법연화경』의 언해 불사에 참여한 심정을 적었다.

구중심처에서 법화경을 번역하니	蓮經譯自九重深
가릉빈가 한 구절 뭇 새 울음보다 뛰어나다	一句頻迦出衆禽
장안에 처음 온 산스크리트 경전은 언어가 난삽했고	梵筴到秦言向澁

구마라즙의 한역은 취지를 찾기 어려웠다	華言自什趣難尋
지금의 낭랑한 체어諦語는 은하처럼 밝고	琅琅諦語昭雲漢
뚜렷한 주석은 묘음을 풀어냈네.	歷歷眞詮演妙音
한나라와 당나라의 번역한 자취 살펴보면	觀彼漢唐飜解迹
등란謄蘭과 현장이 우리 군주 마음만 못하리	獎蘭能似我王心

한나라의 등란과 당나라의 현장은 불경을 한역한 공이 있다. 그러나 등란은 '호인胡人'이었고, 현장은 불경을 해석하는 승려로서 번역을 한때의 자랑거리로 삼았을 뿐이다. 그들에 비해 우리 세조는 문치文治와 무공武功이 역대의 제왕보다 뛰어나며 정무를 보는 여가에 백성을 제도할 목적으로 직접 불경을 번역해서 백성을 교육시키려고 했다. 참으로 천고의 제왕 가운데 다시 듣지 못할 일이다.[131]

9월 2일 간경도감에서 『묘법연화경언해妙法蓮華經諺解』전 7권를 인간해 세조게 올렸다.[132] 세조가 직접 구결을 달고, 혜각존자 신미·김수온·한계희 등이 번역한 본문을 바로 잡아 목판에 새긴 두 번째 언해불전이었다. 책의 체제와 번역의 양식은 목판본 『능엄경언해』와 일치했다.[133]
간경도감 도제조 영천부원군 윤사로는 「묘법연화경전妙法蓮華經箋」에서 번역의 공을 어역御譯으로 돌렸다.[134]
상전문上箋文 : 완성된 서책을 올리면서 경위를 간략하게 적은 글에 이어 제조 황수신, 박원형, 조석문, 김수온, 성임과 부제조 노사신 등 간행 관계자의 명단을 실었다.[135]
『묘법연화경』의 28품은 부처가 깨달음의 방편으로 세 종류의 수행방법에 대해 설교했다. 깨달음의 방법은 한 길 밖에 없으며, 모든 생명 있는 존재는 누구나 성불할 수 있다고 강조하고 있다.
김시습은 각 28편에 찬贊과 게송偈頌을 붙였다. 입적하던 해, 충남 무량사에서 간행된 목판본 『묘법연화경』에 발문을 남겼다.
김시습은 내불당에서 혜각존자 신미와 학열·학조에 대한 세속의 평이 잘못되었음을 확인했다. 효령대군의 은근한 지원과 보살핌도 부평초처럼 떠도는 그의 행보에 힘이 되었다. 무량사에서 세상을 뜨기에 앞서 『묘법연화경』을 선禪과 연결시켜 해석한 별찬別贊을 집필했다. 핵심을 꿰뚫고 있는「여래수량품찬如來壽量品贊」의 행간 속에 김시습의 생生과 멸滅은 자리하지 않았다.

> 청정한 법계의 몸은 본래 출입이 없건만, 대자비의 원력으로 오고감을 보이다. 여래의 수명을 알고 싶은가. 비록 미진수微盡數의 한량없는 먹墨 : 글자으로도 비유키 어려우리. 연등불燃燈佛의 뒤를 이어 보리菩提 : 깨달음를 증득한 것은 평지에 창파를 일으킨 격이고, 왕궁에 내려와서 열반에 든 것은 노파가 황엽黃葉을 돈이라고 하여 아이의 울음을 그친 격이네. 생生이 아닌데 생을 나투어 보이니 세상의 모든 물마다 달빛이요, 멸滅함이 아닌데 멸함을 나투어 보이니 하늘 가운데 일월이로세. 방편으로 중생을 위하여 법을 말하고 열반을 보인 것은, 마치 의사가 약처방을 남겨두고 가겠다고 하는 것과 같다. 그렇다면 어찌하여 현세에는 보이지 않는가. 당처를 떠나지 않아 항상 담연湛然하지만, 찾으려면 그대여 볼 수가 없다네.¹³⁶

『묘법연화경』은『석보상절』과『월인석보』에 일부 번역, 수록되었다.¹³⁷

최항,『명황계감』언해 마무리

9월 5일 최항 등이 훈민정음으로『명황계감』의 번역을 마무리 지었다. 세조는 서현정序賢亭에서 최항과 양성지에게 술을 내리고, 은천군 이찬에게 수교讎校를 명했다.

- 우리나라의 역사가 뒤섞여 통일이 없다. 내가『동국사략東國史略』·『삼국사』·『고려사』등의 책을 참작, 빼거나 보태어 억지로라도 한 책을 만들어『동국통감東國通鑑』이라 이름하고 장래에 밝게 보여 주어 고열考閱을 돕고자 한다. 경들은 힘쓰도록 하라.¹³⁸

세조의 국정운영은 한 방향으로 쏠리지 않았다. 간경도감을 중심으로 한 불교의 진흥과 함께 최항과 신진 학사를 중심으로 한 유학의 진흥과 교육에도 남다른 애정을 쏟았다. 숭불주의 강한 인상 뒤에 세종이 심혈을 기울였던 역사서와 경서의 구결에도 공을 들였다. 훈민정음 창제 이후,

보급 정책의 두 기둥을 드잡이해 바로잡고 있었다.

9월 27일 세조가 왕비와 함께 장의사壯義寺에 들렀다. 환궁한 뒤 이승손이 죽었기 때문에 미뤘던 탄일 잔치를 베풀었다. 세조가 효령대군에게 말했다.

- 내가 어렸을 때 방장方壯한 혈기血氣로써 병을 이겼는데, 여러 해 전부터 질병이 끊어지지 않습니다. 온천에 내려가 목욕할 생각도 해봤지만, 내 한 몸을 위해서 백성을 피곤하게 할 수 없어 행차를 접었습니다. 말로는 기필期必 수 없지만 만약 병이 심해지면 어떨지 알 수 없습니다.

세조는 마흔 중반을 넘어서면서부터 흉복통으로 고생할 때가 많았다. 내의원 의관은 정신적 원인에 의한 병으로 진단하고 그에 맞는 약을 처방해 올리고 있었다.[139]

9월 말 간경도감에서 하성위 정현조의 교정, 영응대군 등의 재교再校, 최항 등의 세 번째 교정 끝에 언해본 『명황계감』을 펴냈다.[140]

한강변에 누워 있는 취금헌醉琴軒 박팽년이 세종의 명을 받고 쓴 서문이 강물 속에서 출렁거렸다. 가야금 줄은 끊어진 지 오래였다.

> 사람의 마음이 일어날 적에 올바른 데 근본하는 것은 심히 미약하고, 사심에서 나오는 것은 심히 위태롭다. 이 마음을 한 번 방치하고 억제할 줄 모르면 털끝만한 차이가 천리만큼 어긋난다. 하물며 임금은 숭고崇高와 부귀의 최고인지라, 그 마음이 가득 차기가 쉽다. 성스러운 바탕이 아니고서는 반드시 편한 자리에 떨어지기 쉽다. 처음에는 비록 부지런하지만 나중에는 게을러지고, 처음에는 밝게 하지만 마지막에는 어두워진다. 간신이 그의 비위를 맞추고 요염한 모습이 눈을 흐리게 하여, 충성스러운 말은 귀에 거슬려서 마침내 민심을 잃고 나라의 명맥이 좀먹으니 아, 슬프다.[141]

집현전의 맏형으로 박팽년·성삼문·이개 등과 함께 훈민정음을 연구하고, 보완했던 최항은 살얼음 딛듯 서문의 문장을 이끌어 나갔다.

> [⋯] 지금 우리 성상께서 크게 천명을 받고 빛난 전통을 이어 남긴 본보기

를 공경히 따르고 아름다운 소리가 드날리길 힘써 빨리 편찬하도록 명하여 남김없이 발휘하게 했다. 어찌 우연한 일이겠는가. 사람으로 거울을 삼으면 잘잘못을 볼 수 있고, 옛일로써 거울삼으면 흥망을 알 수 있다. 당명황의 고사는 거울 중의 으뜸이다. 이제부터 대를 잇는 자손이 오늘의 노래 지은 뜻을 체득, 귀로 듣는 여가에 항상 힘써 반성을 더하면 저절로 마음이 두려워 깨닫게 되고 정신이 시원하여 잠을 깰 것이다.[…] 이 노래야말로 임금된 이의 마음을 맑게 하고 다스림을 나타내는 요결, 성업成業을 지키고 가득찬 것을 유지하는 큰 교훈이다. 『시경』 300편의 '사무사思無邪'의 요점도 이에 벗어나지 않을 것이다. "고운 아내가 바야흐로 날뛴다."는 노래[頌]와 "명철한 부녀자가 성을 무너뜨린다."의 아雅도 모두 전제筌蹄: 물고기를 잡는 통발과 토끼를 잡는 그물가 되는 것이다. 더구나 성상께서 자손에게 남겨 주려는 거룩한 마음과 선세의 유훈을 계승한 지극한 정은 신의 필설筆舌로 다 형용할 수 없음과 동시에 조선 억만년에 다함없는 아름다움이 반드시 이 노래로부터 더욱 길어지게 될 것이다.[142]

세조는 훈민정음 불전 언해 사업을 국가적 차원에서 추진했다. 그 대상은 백성이었다. 그러나 왕권에 눌려 아무 말 하지 않고 있는 지배층의 불만을 모르는 바 아니었다.

『선종영가집언해』 간행

세조가 훈민정음으로 『명황계감』을 번역, 간행한 뒤 내불당에 거둥했다. 백악산과 인왕산이 붉은 물감을 쏟아 부은 듯 불타고 있었다. 효령대군은 『묘법연화경』의 언해 불사에 힘쓴 김시습을 보낸 뒤 합석했다. 다과상을 물린 뒤 효령대군이 말했다.

- 『능엄경』과 『묘법연화경』을 연이어 펴냈습니다. 주상의 전폭적인 지원이 있었기에 가능한 불사였습니다.

세조가 대답했다.

- 백부님의 바람과 혜각존자의 정성이 더 컸습니다.

효령대군이 웃으며 말했다.

- 세종께서 살아계셨다면 크게 기뻐했을 것입니다. 아픈 몸을 이끌고 훈

민정음 창제와 연구에 공들인 때가 어제인 듯 새롭습니다. 두 경전經典의 번역이 끝났으니 함허당이 설의說誼한 『선종영가집禪宗永嘉集』도 언해했으면 합니다.

세조가 말했다.

- 부왕께서 병환중일 때 당부하셨던 말씀을 잊지 않고 있습니다. 마침 함허당의 상수제자인 혜각존자도 곁에 있습니다.

신미가 아뢰었다.

- 함허당께서 각별하게 챙겨 본 책입니다. 선禪과 교敎에 일가를 이룬 스님과 함께 하면 빠른 기간 내에 언해할 수 있을 듯합니다. 전하께서 이번에도 구결을 정해 내려주시기 바랍니다.

- 겹겹의 혼미함을 열어 깨우칠 수 있다면 즐거운 일입니다.

며칠 뒤 판교종사 해초, 대선사 전임 진관사 주지 홍일, 전임 회암사 주지 효운, 선덕 혜통, 전임 속리사 주지 연희가 세조의 부름을 받고 경복궁 내불당으로 들었다.[143]

『선종영가집』은 당나라 중종中宗 초에서 현종玄宗 원년684~713에 이르는 사이에 영가현각永嘉玄覺, 647~713이 찬술한 것을 당나라 경주慶州 자사刺史 위정魏靜이 모아 편찬하고, 진晉나라 정원淨源이 과문科文을 수정하고, 송나라 행정行靖이 주를 단 선종의 요결서였다.

효령대군과 신미는 세조의 구결을 받아 여러 스님과 과목에 따라 자세히 살피고 잘못을 바로 잡는 등 번역에 박차를 가했고, 치밀한 교정을 거쳐 간경도감에 넘겼다.

어느 날, 세조가 『선종영가집』의 본문과 주에 구결을 달다가 '교만하고 사치하려는 생각을 경계[戒憍奢意]'한 대목에서 문득 멈췄다.

> 옷과 음식은 본래부터 키우고 심는 것이다. 땅을 갈고 파며, 누에를 소금에 삶아 키우고 익히는 일을 할 때 생물의 목숨을 다치게 하여, 그것을 죽여 자기 몸에 공급한다. 이는 자기의 굶주림과 추위만을 싫어하고, 생물의 죽는 고통을 살피지 않는 것이다. 이렇게 남을 죽여 자기를 살리는 것이

매우 서글프다. 거기에다 농사짓는 데 들인 깊고도 두터운 공까지 받으니, 이 어찌 중생이 생명을 버리겠는가. 믿음으로 시주하는 것도 삭히기 어려운데, 출가했다고 한들 무슨 덕이 있으리오.[144]

10월 11일 사정전에서 종친과 재상을 인견했다. 병서를 강의하고, 술자리를 베풀었다. 왕세자가 술을 올렸다. 세조는 『벽암록碧巖錄』 제1칙의 '확연무성廓然無聖'에 나오는 양 무제와 달마대사의 대화와 며칠 전 읽어 두었던 『선종영가집』의 구절을 당겨와 말했다.

- 내가 숭불하지 않는 것은 아니다. 절을 지은 것도 많다. 이것은 모두 헛일이다. 달마대사가 "불상을 만들고 탑을 세워도 반드시 공덕이 없다."고 했다. 세자는 부왕의 숭불을 반드시 본받을 필요는 없다. 세자가 입고 있는 무명옷은 매우 질박하다. 힘들여 만든 것이라면 이 의복만한 것이 없다. 씨뿌리고 김매고 꽃피워 베를 짜서 만든 것이다. 너는 마땅히 옷을 보거든 많은 여인네가 공들였음을 생각하고, 음식을 보거든 농부의 극심한 어려움을 생각하라. 언제나 이런 마음을 유지하고 게으름을 피우는 일이 없도록 하라. 사치는 사람을 게으르고 어둡게 하는 지름길이다. 마땅히 검소하게 지내야 하며, 부지런해야 하고, 아껴 쓰고, 백성을 사랑으로 다스리도록 하라. 또한 대신은 나라에서 존망을 의지하는 분이므로 중하게 여겨야 한다. 때문에 옛 사람이 대신을 공경하라고 했다. 지금 내가 대신과 임의롭게 농담을 주고받는 것은 모두 옛 벗이기 때문이다. 세자는 경우가 다르다. 아비의 벗을 공경해야 하느니라. 훈계하는 말을 부디 잊지 말거라.

좌중을 둘러보고 영의정 신숙주에게 술을 올리라 명한 뒤 말했다.

- 옛날 임금과 신하의 관계 중에 당 태종과 위징만한 예가 없었다. 경은 나의 위징이다.[145]

11월 초순, 『선종영가집』의 번역이 막바지에 이르고 있었다. 신미는 정성껏 먹을 갈아 엄정한 가운데 부드러운 미소를 잃지 않았던 스승의 말씀을 적어 내려갔다. 「함허당 찬송과 서문」이었다.

이 일은 한 마디 말로도 다 할 수 있고, 많은 말로도 다 하기 어렵다. 말을 많이 하거나 간략하게 하는 것은 사람에게 달려 있는 것이지 법과는 관계가 없다. 여래께서 오랜 겁을 지내며 닦아 얻으신 법문을 널리 삼승三乘 : 성문승·연각승·보살승 등의 세 가지 교법과 오성五姓 : 일체 중생의 바탕을 다섯 가지의 성질로 나누어 성불하거나 하지 못할 것을 정한 것. 보살정성菩薩定性 ·연각정성緣覺定性·성문정성聲聞定性·삼승부정성三乘不定性·무성無性을 위해 49년 동안 연설했다.

대사께서는 단 열 편의 글로 평생 동안 했던 말을 포괄해서 처음부터 끝까지 남김없이 갖추어 놓았다. 구절마다 못을 끊고 쇠를 자르는 듯하며 말씀마다 명백하고도 간단하다. 여래의 크신 지혜와 광명으로 하여금 온 세상을 다시 밝혀 모래처럼 많은 세상 겹겹이 쌓인 혼미함을 깨고 먼 길의 지름길을 가르쳐 주셨다. 아, 49년 동안 종횡으로 말씀한 오묘한 이치가 마음에 밝고도 밝아 그 말씀 속에서 묵묵히 깨달아 얻을 수 있겠다. 다만 저 조계에서 하룻밤을 묵으며 혼자 전해 받아 가르쳐 주신 진리의 종체가 과연 여기에 있는지 없는지 안목을 갖춘 뛰어난 사람은 눈을 똑똑히 뜨고 보아야 할 것이다. 문인인 도암道菴이 『영가집』의 글을 읽고 글에 따른 게송偈頌을 청하기에 10편에 대해서 각각 하나씩 지어 천백여 년이나 지난 뒤에 영가대사의 마음을 드러내려 했다. 후세에 이를 알아보는 사람이 있을 것이다.[146]

스승을 따라 휘돌던 길이 '도를 사모하는 의지와 행동인 제1편의 게송[頌慕道志儀第一]' 속으로 밀려들었다.

풀을 헤치며 덕풍을 봄은 무엇 때문인가	撥草瞻風緣底事
길 따라 고향 집에 가기 위한 것	爲從途路達家鄕
높고 높은 깨달음 스승께 배우는 것	高超遐擧從師得
오고가는 행동에도 규범 있으리라	進退周旋必有常[147]

이어 칠순을 몇 해 앞 둔 효령대군이 발문을 썼다. 『선종영가집』을 언해하게 된 경위를 밝히고 편찬에 관여한 이를 꼼꼼하게 챙긴 뒤 '부처님의 해[佛日]'가 이 시대를 환하게 밝혀줄 것이라는 덕담으로써 마무리 지었다.

공손히 생각하건대 성상께서 아름다운 명을 크게 품고 큰 꾀를 밝게 드러냈다. 일찍이 "『수능엄경』은 바로 보살의 만 가지 수행의 지름길, 『묘법연화경』은 여래 일승의 보물 창고, 『영가집』은 실질적으로 후학이 도에 들어가는 중요한 방법이다. 나는 이것으로 겹겹의 혼미함을 열어 깨우치리라." 하고 명망 있는 선비와 글을 아는 스님을 불러 친히 손가락으로 가르쳐 주며 훈민정음으로 번역, 읽는 사람으로 하여금 귀를 잡아끌어 알려주는 수고를 하지 않고도 책을 펼치면 탁 트이게 했다. 『능엄경』과 『법화경』을 앞서 간행하고, 『영가집』은 아직 이루어지지 않고 있었다. 이제 직접 구결을 정하고 판교종사 해초, 대선사 전임 진관사 주지 홍일, 전임 회암사 주지 효운과 선덕 혜통, 전임 속리사 주지 연희와 신에게 명하길, "문에 의지하고 과목에 따라서 자세히 살피고 잘못을 바로잡으라."고 했다. 일단 마무리 지어 재가를 받으려고 했으나 즉시 간경도감에 인쇄를 넘겼다. 그 덕택에 영가대사께서 하룻밤에 깨달은 것을 십문十門으로 나누어 참된 가르침의 오묘함을 열어 드러낸 것이 후세에 밝아질 수 있게 되었다.

아, 중생을 불쌍하게 여기고 비전祕典을 크게 펼치고 본심을 밝혀 도를 닦고 이치를 깨달아 얻게 했다. 이것이 바로 여래의 본래 바람이며, 영가스님이 받은 효용이며, 성상의 굳은 관조로 요의了義를 쪼개고 분석해 망령된 것으로 뒤바뀐 것을 힘써 구하는 신묘함이었다. 우리가 이 뛰어난 일을 통해 부처님의 해가 이 시대에 다시 비치는 것을 보게 되었다. 얼마나 다행한 일인가.

　　　　　- 1463년 세조 9 11월, 효령대군 이보는 삼가 발문을 짓습니다.[148]

삼각산 보현봉을 휘돌아 온 바람이 북악에서 문득 멈췄다. 달빛을 받아 내불당 뒤편의 봉우리가 하얗게 하늘로 솟고 있었다. 가문 물소리가 더 엷게 들렸다.

신미는 잠들지 못했다. 이순耳順의 고개를 넘어 스승의 가르침을 서울의 가장 은밀하고, 깊은 곳에서 되새기고 있는 자신을 돌아봤다. 외할아버지 이행, 회암사에서의 함허당 득통, 속리산 법주사에서의 수미, 초수에서의 세종, 관악산에서의 효령대군, 대자암과 현등사에서의 세조의 얼굴이 달무리에 겹쳤다. 부처가 곧 번뇌, 번뇌가 곧 부처였다.

달이 관악산 언저리로 빗겨 낮아지고 있을 때 서문을 썼다.

이 일은 실체는 편벽되거나 원만하다는 판단을 끊었고, 모양은 바르고 굽은 법규를 떠났다. 있는 곳마다 밝고 밝지만 보아도 볼 수 없고, 날마다 사용해 넘쳐나지만 행해도 얻을 수 없다. 그 뜻을 잃으면 오랜 세월 동안 부지런히 수행한 것이 헛고생이 되고 만다. 그 종지를 얻으면 하루아침에 여러 부처님과 똑같아진다. 영가대사가 조계에서 하룻밤을 머문 뒤 홀로 은밀한 이치를 전해 받고, 이 이치를 널리 여러 중생의 마음에 표하고자 열 편의 글[十章]로써 드러내기 어려운 이치를 드러냈으며, 일대의 가르침을 다해 잡기 어려운 뜻을 모두 잡으셨다.

지금 우리 성상께서는 하늘이 내려준 말과 지혜로 힘써 착한 가르침을 펴고, 나라를 다스리는 여가에 귀머거리와 장님으로 하여금 트여 밝게 하려고 이 선종의 경전에 직접 구결을 바로 정하고, 유신에게 명하시며 치류緇流를 불러 모아 자세하게 언문諺文으로 해석을 더해서 판에 새겨 유통하게 했다. 비단 선문禪門의 형제가 언문으로 인해서 한문을 통달하고, 그 뜻을 얻을 뿐만 아니라 행상인이나 부엌의 아낙네에 이르기까지도 모두 부처님과 조사祖師의 뜻을 얻어 들을 수 있게 되었다. 그러니 우리 전하께서 법을 베푸는 은혜가 지극하고, 지극했다. 신미가 크게 찬탄해야 할 것을 다 못하다가 이 뛰어난 힘을 빌려서 성상의 수명 무강하고, 금지옥엽이 더욱 강성하며, 구류의 중생이 똑같이 깨달음의 언덕에 오르기를 우러러 바라올 따름이다.

- 신승臣僧 수암도인秀菴道人 신미는 머리를 조아리며 삼가 발문을 짓습니다.[149]

신미는 세종의 말씀을 되새기고 훈민정음으로 번역한 불전을 읽으면 한문을 통달하고, 그 뜻을 깨달을 수 있다고 강조했다.

『선종영가집언해』의 발문과 서문이 간경도감으로 넘어갔다. 부제조를 비롯한 판관의 발걸음이 빨라졌다.

신미는 『능엄경언해』·『묘법연화경언해』를 간행할 때보다 짧지만, 오묘한 이치가 담겨 있는 『선종영가집』을 번역하며 깊은 계곡을 걷듯 힘에 부쳤다. 세조께 청을 넣었다. ⓼ 화보11

- 속리산을 떠난 지도 꽤 오래되었습니다. 초수에서 며칠 머문 뒤 복천사로 들어갈까 합니다. 『금강경』·『반야심경』·『아미타경』도 이어서 번

역했으면 합니다. 전하께서 친히 구결을 정해서 내려주기 바랍니다. 또한 한계희와 판교종사 해초 등에게 번역과 교정을 맡기면 원만하게 이룩될 것입니다.
- 몸이 불편한 것은 아니지요. 짧은 시간에 빠르게 불전 언해 불사를 이룩한 것은 부처님의 가피입니다. 남은 일은 도제조인 황수신 등에게 일임해 처리할 것입니다. 산중 생활에 불편한 점이 없도록 이바지하라고 충청도관찰사 신영손에게 지시해 두겠습니다.
신미가 아뢰었다.
- 나그네가 길에 있듯 산승山僧은 산에 있어야지요. 폐를 끼칠 까닭이 없습니다. 만기에 옥체 보전하기 바랍니다.
학열과 학조가 미리 행장을 꾸려 두었다. 홀연 신미가 서울을 떴다. 바랑 속에는 함허당의 『원각소圓覺疏』와 『금강경오가해설의』가 들어 있었다. 얼마 뒤 신미는 복천사에 들어 오랜 만에 솔향기 가득한 복천福泉 한 모금을 달게 마셨다. 속리산 문장대가 눈발에 휘감겨 들고 있었다.

> 간경도감의 불경언해에 주도적인 역할을 담당한 인물에 고승인 신미, 효령대군 등과 함께 문신인 김수온·한계희 등이 있는 점이 그 단적인 증거다. 불경 언해에서 그런 역할을 하려면 불경에 깊은 소양이 있어야 한다. 문신에 그러한 인물이 있었다면, 불경에 대한 이해와 소양이 광범하고 높다고 할 수밖에 없는 일이다.[150]

12월 19일 세조가 비현합에서 영의정 신숙주, 우참찬 최항, 이조참판 홍응, 행 상호군 송처관, 도승지 노사신 등과 함께 『병서』의 구결을 정했다.[151]

의학 관계 언해서의 효시, 『식료찬요』

의서를 정확하게 읽고, 외우는 것은 생명이 오가는 중요한 일이었다. 의서를 습득하는 일은 쉽지 않았고, 궁궐에 수장하고 있던 의서조차 완벽하지 않았다. 세조는 예조와 각 도의 관찰사에게 민간에서 보관하고 있는 의서를 찾아내라고 명했다.

> 궁궐에 있는 의서가 혹 빠졌거나, 탈락하고 글자가 해져서 참고하기 어렵다. 이제 모아서 교정하려고 한다. 당나라 본의 방서方書는 비록 온전하게 전하지 않더라도 아울러 모두 진상하게 하라. 서적이 많고 문헌이 있는 권세가 있는 가문에서는 숨기고 내지 않을 것이며, 내 뜻을 몸 받지 않는 자가 있을 것이다. 교정한 뒤 돌려주고, 혹 논상論賞하여 원하는 바와 같이 할 것이다. 백성에게 널리 알려서 실행하라.[152]

또한 『의약론醫藥論』을 지어 한계희·노사신 등에게 보이고, 임원준에게 명해 주해註解를 달아 인쇄, 반포했다.

> 무릇 병을 치료하고, 약을 사용하여 길흉을 바꾸고, 조화를 부리고, 화복을 정하는 것은 다만 그 차고 더운 것을 분변分辨하여 처방 치료하는 데 있다. 그 성쇠를 틈타 일찍 도모하는 것이다.
> 8종류의 의원도 그것을 엿보지는 못할 것이다. 사람이 처음 병을 얻으면 기운이 오히려 성해서 약의 효력이 발생하기 쉽고, 또한 독한 약을 쓸 수도 있다. 몸이 노곤하게 되면 약의 효력도 발생하지 못하고, 독한 약도 쓸 수 없다. 어찌할 도리가 없다. 그러므로 "성쇠의 순간을 잡아내 일찍 다스려야 한다."고 하는 것이다. 몸이 차면 반드시 열기가 있고, 몸이 더우면 반드시 한기가 있는 법이다. 몸의 안팎과 중간에 한열寒熱의 많고 적음을 알기 어렵다. 묘한 곳을 깊이 진맥하는 자가 아니면 알기 어려울 것이다. 주리酒痢의 병으로 설사하는 경우 냉하다고 열약熱藥을 먹으면 주리가 그치지 않고 다른 증세를 나타낸다. 만약 얼음물을 마신다면 많이 마실수록 더욱 좋은 것이다. 이것으로써 열이 극하면 냉이 생기고, 냉이 극하면 열이 나는 것을 알 수 있다. 그러므로 "한열을 분변하여 처방 치료한다."고 하는 것이다. 창진과 상한傷寒의 약제도 이에 지나지 않다. 약을 쓰는 것은 이와 같다. 만약 기운이 다하고 마음이 상해서 인리人理가 이미 기울어졌을 때는 약을 쓰지 않는 것만 못하다.

세조는 여덟 가지의 '심의', '식의', '약의', '혼의', '광의', '망의', '사의', '살의'에 대한 설명을 통해 삼의사三醫司 : 약재를 공급하는 제생원濟生

院, 양반을 치료하던 전의감典醫監, 백성을 치료하던 혜민국惠民局을 통칭의 의관이 경계로 삼을 수 있도록 했다.

첫째, '심의心醫'는 사람으로 하여금 항상 마음을 편안하게 가지도록 가르쳐서 병자가 그 마음을 움직이지 말게 하여 위태할 때에도 진실로 큰 해가 없게 하고, 반드시 그 원하는 것을 곡진히 따르는 자다. 마음이 편안하면 기운이 편안하기 때문이다. 그러나 병자와 더불어 술을 같이 마시고 깨어나지 않은 자가 있다면 심의가 아니다.

둘째, '식의食醫'는 입으로 달게 음식을 먹게 하는 것이다. 입이 달면 기운이 편안하고, 입이 쓰면 몸이 괴롭다. 음식에도 차고 더운 것이 있어서 처방, 치료할 수가 있다. 어찌 쓰고 시다거나 마른 풀이나 썩은 뿌리라고 핑계하겠는가. 지나치게 먹는 것을 금지하지 않는 자가 있다. 식의가 아니다.

셋째, '약의藥醫'는 다만 약방문에 따라 약을 쓸 줄만 알고, 비록 위급하고 곤란한 지경인데도 복약을 권하기를 그치지 않는 자다.

넷째, '혼의昏醫'는 위태로울 때 먼저 당황하고, 급할 때 문득 망연하여 아무 생각이 없고 실성한 것 같아서 조치할 바를 알지 못한다. 일을 보더라도 무슨 일인지 알지 못하고 말을 들어도 무슨 뜻인지 알지 못하며, 우두커니 앉아서 잠자코 자기가 해야 할 바를 제대로 하지 못하는 자다.

다섯째, '광의狂醫'는 자상하게 살피지 않고, 갑자기 열약烈藥과 침폄針砭 등을 쓰기를 또한 꺼리지 않는다. "나는 귀신을 만나도 싸워서 이길 수 있다."고 허세를 부린다. 만약 무당의 제사를 만나면 문득 들어가서 술에 취하여 춤을 추는 자다.

여섯째, '망의妄醫'는 목숨을 건질 약이 없거나 병자와 같이 의논하지 않아야 마땅한데도 가서 참여하기를 서슴지 않는 자다.

일곱째, '사의詐醫'는 마음으로는 의원이 되려고 하나 의술을 잘못 행하고, 사실 온전히 의술을 알지 못하는 자다.

여덟째, '살의殺醫'는 조금 총명한 점이 있어서 스스로 의술이 넉넉하다고 생각한다. 세상의 일을 겪어보지 못해 인도人道와 천도天道를 알 길이 없다. 일찍이 병자를 측은하게 여기는 마음도 가진 적이 없어서 병에 이기기를 좋아하는 뜻을 굳게 지키면서 동쪽을 가지고 서쪽을 꺾으며, 말을 먼저 하고 난 뒤에야 마음에 구한다. 구해도 얻지 못하면 억지로 부회附會하지만 그 의리에 합당치 않으니 어찌 아는 사람에게 부끄럽지 않겠는가. 아직도 미혹한 사람에게는 자랑하며, 거만하여 신인神人을 소홀히 여겨 종종직업에 미혹한 짓을 범한다. 지금 당장 나타난 재액은 없다고 할지라도 어느 때 그 행동을 고치겠는가. 이것을 살의라고 한다. 살의는 어리석은 사람이 아니다. 스스로를 옳다고 여기고 다른 사람을 그르다고 여겨 능멸하고 거만하게 구는 무리다. 최하의 쓸모없는 사람이다. 마땅히 자기 한 몸은 죽을지언정 다른 사람은 죽이지 말아야 할 것이다.

또 무심한 의원이 있다. 마음은 생生이 되나 근본은 생이 없는 것이다. 생이 없다면 병도 없다. 병이 없다면 의술도 없고, 의술이 없다면 아무 일도 없을 것이다.[153]

세조는 전의감典醫監 의원 전순의에게 '음식을 통한 질병의 치료'를 다룬 의약 처방집의 간행을 명했다.

- 각 처방에 보이는 곡물과 육류肉類, 채소와 과실의 이름이 상용되는 물건이지만 명칭이 너무 복잡해 오해하기 쉽다. 물명物名 아래에 정음을 달아 읽는 사람이 쉽게 알고 쓰는 데 의심이 없도록 하라.

세종의 명을 받고 『의방유취』의 편찬에 참여했던 전순의는 당나라 때 구은咎殷이 편찬한 『식의심감食醫心鑑』3권, 맹선孟詵이 지은 『식료본초食療本草』6권, 장정張鼎이 지은 『보궐식료補闕食療』, 『대전본초大全本草』등에 보이는 황급한 상황에서 쉽게 찾아볼 수 있는 손쉬운 식치食治에 관한 처방을 가려 뽑아 45개 항목으로 편집, 세조께 올렸다. 세조는 친히 『식료찬요食療纂要』라는 이름을 내렸다.[154]

1487년성종 10 4월 27일 경상도 감사로 있을 때 세조의 명으로 간경도감의 상주 분사에서 펴낸 바 있던 우찬성 손순효가 『식료찬요』를 인간해 올렸다. 성종이 전교했다.

- 이 책은 보기에 편리하게 되어 있다. 내가 매우 가상하게 여긴다.[155]

세조, 복천사로 혜각존자를 만나러 가다

세조, 보은 속리산 복천사로 내려가다

1464년세조 10 1월 5일 간경도감 도제조 황수신이 『선종영가집禪宗永嘉集언해』 상하 2권 2책를 목판본으로 인간, 세조께 올렸다.[156] 수제首題 뒤에 원전 편찬자의 기명을 두고 '어정구결御定口訣/혜각존자 신미' 등이 번역했다는 기명을 넣었다. 이어 황수신이 쓴 전문箋文이 펼쳐진다.

> 공경하옵는 우리 주상 승천제도열문영무 전하께서는 무리 가운데 높이 뛰어나며, 빛을 받아들여 보배로운 세월이 되게 하도다. 항상 자비로움으로 구류의 중생을 모두 해탈문에 들게 하고, 이롭고 즐겁게 하고자 하는 마음으로 사방을 모두 수역壽域에 오르게 하도다. 도당씨陶唐氏와 유우씨有虞氏의 지극한 다스림과 덕으로 널리 교화하고, 천축의 종교를 높이 받들어 이에 이 신령한 책을 편찬했다. 처음부터 끝까지 영명하게 둘러보고 멀리 진제眞際에 통하여 드디어 미묘한 언어를 드날렸다. 칼날을 담금질하고 숫돌에 갈아 헝클어지고 교착된 근본을 알맞게 풀어헤치니 밝은 동거울을 갑匣에서 꺼냄이로다. 예쁘고 추한 모습을 스스로 나누고 오륜五輪의 가리키는 바를 들어서 나타내어 2권의 구결을 이루었다. 드디어 희유하고 묘한 결집이 되게 했으며, 거듭 불후의 성스러운 경전이 되게 했다.
>
> 이에 유신儒臣에게 명하여 먼저 번역한 것에 다시 추가하게 하고, 스님과 함께 토론하게 했다. 태자의 궁전에 범관梵館을 열고 천주天廚를 설치하여 잔치를 베풀었다. 언어는 민속을 좇아 자세하고 맑고 탁함은 궁상宮商

에 화합하여 백천의 소전所詮을 출입하고 33의 직지直旨를 천명했다. 거듭하고 낱낱함이 제망帝網의 여러 보배가 교차하여 빛나는 것과 같고 온 국토에 마치 그윽한 햇빛과 상서로운 햇살이 두루 비춤과 같다. 참으로 후세의 학인에게 지남指南이 되며 선을 수련함에 미혹하지 않으며, 길이 오직 대법의 흐름이며, 곧은 재료인 강철로 돌아 들어감이로다.[157]

이어 도제조 이하 간행 관계자조조관의 관직과 이름과 수암도인秀菴道人[158] 신미와 효령대군의 발문을 실어 간행경위를 분명하게 밝혔다.[159] 간경도감에서 판각한 직후 바로 찍어내 인쇄상태가 정교하고 글자의 먹색에 윤이 났다. 종이는 상품의 고정지藁精紙를 썼다.[160]

『선종영가집언해』는 서문·설의·본문·발문으로 구성되어 있다. 서문과 설의는 조선 초기의 선승禪僧인 함허당이 썼다. 설의는 본문 가운데 주석이 미진한 부분에 대해 다시 자세하게 설명을 달았다. 본문은 서의와 집문으로 구성되어 있다. 서의는 세 부분이다. 첫 부분은 주를 단 송나라 행정에 대한 언급, 둘째 부분은 서문을 쓴 당나라 경주자사 위정에 대한 언급, 셋째 부분은 위정이 쓴 서문의 내용이다. 집문도 세 부분이다. 첫 부분은 제목에 대한 언급, 둘째 부분은 다음에 소개될 정석正釋 즉 본문 내용인 열 부분에 대한 간단한 동기 설명, 셋째 부분은 이 책의 실제 본문에 해당하는 내용이다. 본문은 십문十門으로 수선修禪의 요체要諦와 역정歷程을 서술했다.

세조는 『능엄경언해』10권·『법화경언해』7권·『선종영가집언해』2권를 완간할 때까지 침식을 잊고 정진한 혜각존자에게 어떻게든 성의를 표하고 싶었다. 육순 잔치를 베풀어 노고에 보답할 생각도 해봤지만, 대소신료의 눈길이 온통 내불당에 쏠려 있어 오히려 누가 될 것 같았다. 복천사로 내려가 법회를 베풀어 보은報恩하는 쪽으로 가닥을 돌려 잡았다.

1월 10일 세조는 감찰을 충청도에 나누어 보내 수령으로서 순행을 빙자해 백성에게서 금품을 거두고 폐단을 일으키는 자를 살피고, 군현을 두루 다니며 거가車駕가 환도한 다음에 돌아오라고 명했다.[161]

순행의 목적지는 온양 온정이었지만 길머리의 핵심은 보은현 속리산 복천사였다.

2월 8일 세조는 공조판서 김수온, 인순부윤 한계희, 도승지 노사신 등에게 『금강경金剛經』의 번역을 명했다.¹⁶²

2월 17일 온양 행행을 위해 수상守相과 수장守將을 엄선했다.

 ❀ 수상 : 봉원부원군 정창손, 예조판서 박원형, 우참찬 최항, 하원군 정수충, 이조판서 김담, 공조판서 김수온, 동지중추원사 양성지, 원성군 원효연, 행상호군 송처관, 인순부윤 한계희, 이조참판 홍응, 인수부윤 강희안, 형조참판 이서, 공조참판 강희맹.
 ❀ 수장 : 청성위 심안의, 영중추원사 심회, 중추원사 윤사흔, 중추원부사 김개, 서원군 한계미, 화산군 권반.

2월 18일 세조가 중궁과 함께 온양으로 순행에 나섰다. 광주 문현산에 이르러 사냥을 구경하고, 잡은 짐승을 호종한 종친과 재신에게 나누어 주었다. 다음 날, 죽산 연방에 머물렀다. 온 산에 진달래와 철쭉이 피고 있었다.¹⁶³

2월 20일 경기관찰사 권개가 술을 올렸다. 재추와 군사에게 나누어 주었다. 어가가 진천의 광석에 머물렀다. 장전帳殿에서 술자리를 베풀었다. 세조가 도승지 노사신에게 일렀다.

- 철쭉꽃이 활짝 피었다. 속히 문소전에 바쳐 올려라.

이어 지응사 김국광에게 좌우상대장을 불러 일렀다.

- 충청도 군사는 20,000여 명이나 보병을 다 계산하면 40,000여 명에 이를 것이다. 내일 길상산에서 몰이하게 하라.

충청도관찰사 신영손이 어가를 맞이하고 절제사 권언이 군사를 거느리고 결진했다. 군대의 장비가 열병식을 보는 것 같았다. 우상대장 김질이 용천산에서 몰이에 나섰다. 세조가 높은 언덕에 올라가 구경했다.

2월 21일 5고鼓에 거둥했다. 어가 앞을 밝히는 횃불이 자주 꺼졌다가 밝히기를 반복했다. 세조가 아예 없애라고 명한 뒤 경력 고태정과 진천현감 남주를 가두었다. 병조의 표기가 느리게 와서 교룡기交龍旗와 멀어졌다. 정랑 민정과 진무 조숭지를 불러 갓을 벗고 걷도록 했다. 초수椒水: 지금의 초정에 이르렀다. 청주목사 고태필, 판관 곽득하가 맞이했다.[164]

세종이 훈민정음을 보완하기 위해 두 번이나 행행하여 머물렀던 초수행궁은 1448년세종 30 3월 28일 화재로 소실되었지만 물은 그대로 흐르고 있었다. 세조는 임시행궁 안의 초수탕정에 들었다. 차고, 짜릿한 후추 냄새가 온몸을 휘감았다. 중궁과 세자는 따로 마련해 둔 탕정에 들었다.

2월 22일 면령에서 몰이하고, 천변에 어가를 내리고 조촐한 술자리를 베풀었다.

2월 23일 어가가 청주에 이르렀다. 한명회를 상당부원군 겸 판병조사, 구치관을 좌의정, 황수신을 우의정으로 삼았다. 황수신을 하등극사로 보내기 위한 인사였다.[165]

2월 24일 왕세자는 몸이 불편해 행궁에 머물렀다. 병조판서 윤자운에게 "군사와 조정의 관리가 진을 떠나서 민가에 투숙하는 것을 금하라."고 지시한 다음 종친에게 명해 길을 나누어 적발하게 했다. 사헌부에서 의정부사 성윤문이 민가에 투숙했고, 사대장射隊將 김처의가 군을 버리고 마을에 들어갔고, 예조좌랑 이수남·이길보가 기녀를 데리고 민가에 투숙했고, 충찬위 이세정이 술에 취해 길가에 누워 있었다고 조사결과를 아뢰었다. 세조가 말했다.

- 태조께서 행행할 때 백성의 오이 하나라도 탈취한 자는 모두 죄를 받았다. 하물며 군령에 관계된 자이겠느냐. 다른 집에 투숙하는 것은 군령의 중한 법이다. 군을 버리고 마을로 들어간 자, 근무지를 버리고 간 곳을 모르는 자, 술에 취해 길 옆에 누운 자, 기녀를 끼고 마을로 들어간 자, 마을에서 잠을 잔 자는 모두 다 위로는 임금을 속이는 것이고 아래로는 유사를 멸시한 것이다. 추핵해 아뢰어라.

영의정 신숙주가 아뢰었다.

- 신도 종의 집에 투숙했습니다. 성윤문이 신을 따라 곁방에 잠깐 묵었으므로 민가에 폐를 끼쳤습니다.

세조가 특별히 성윤문을 사면하고, 더 죄를 묻지 않았다.

2월 26일 청주를 출발, 큰 고개를 넘어 저녁 무렵 회인현에 머물렀다.[166]

2월 27일 보은현 동평을 지나 저녁에 병풍송에 머물렀다. 혜각존자 신미가 복천사에서 내려와 세조를 뵙고, 떡 150동이를 바쳤다. 호종하는 군사에게 베풀었다.[167] 이때 속리산에서 방광이 일었다.

혜각존자, 복천사에서 세조를 맞다

2월 28일 서울을 떠난 지 열하루 만에 어가가 속리산에 닿았다. 세조는 대군大軍을 산 아래 머물게 했다. 속리사俗離寺: 法住寺에 들른 뒤 복천사로 행행했다. 법주사에서 복천사까지 7리 길이었다.

효령대군과 여러 군, 영의정 신숙주와 대신, 충청도관찰사 신영손, 사자위獅子衛 등이 명을 받고 호가扈駕했다.[168] 앞서 감찰이 복천사 산문에 진소鎭所를 설치하고 경계에 만전을 기하고 있었다.

세조는 중궁·세자와 더불어 사시巳時에 복천사로 들어갔다.[169] 절 안은 더없이 맑고, 깨끗했다. 혜각존자 신미와 선덕 사지, 대선사 학열·학조가 예를 올리고 세조를 맞았다.[170]

세조가 곤룡포를 벗고, 부처님께 예를 올리고 헌향했다. 사사四事: 사찰에 비상으로 준비해 두어야 하는 음식, 의복, 침구, 탕약가 모두 준비되었다. 대소신료 중에서 법회에 입장할 33명을 엄선, 법당에 오르도록 명했다. 혜각존자가 극락전에서 법회를 크게 베풀었다.[171]

세조가 「복천사 어제문」을 남겼다.

> 1464년세조 10 2월 28일 순수巡狩하는 길에 속리산 복천사에 참예參詣했다. 종훈·정부·육조·백료와 장상을 거느리고 극락전 법장法場에 들어 삼보를 공양했다. 아울러 혜각존자 신미를 보았다. 선덕 사지, 대선사 학열·학조 등이 조선의 복전福田을 오래도록 지어서 우리가 이로부터 무궁에 이

르기까지 다시 퇴전退轉하지 않도록 기원했다. 광막한 불도佛道가 널리 인천人天을 깨닫게 하여 나의 수승한 인연을 미루어 우리 조종을 열위列位하게 하고 깨달음[菩提]을 속히 증득하게 하니, 삼제三際의 권속과 법계의 함령이 모두 해탈을 얻었다.

　　　　　　- 부처님의 말법 유교遺敎 제자 승천체도열문영무 조선국왕.[172]

자성왕비 윤씨, 정빈 한씨, 효령대군의 아내 예성부부인 정씨, 정의공주, 제안부부인 최씨, 정업원 주지 해민, 상궁 등도 별도의 법회에서 혜각존자의 법문을 들었다.[173]

자성왕비 윤씨가 수가사繡袈裟를 혜각존자께 올렸다. 궁중에서 정성껏 비단에 수를 놓아 만든 가사였다.[174]

세조는 이틀 더 복천사에 머물며 혜각존자의 법문으로 마음을 씻고, 복천의 맑은 물로 몸을 씻었다.[175] 사흘째 되던 날 세조는 호조에 전교를 내려 복천사에 토지 200결, 쌀 300석을 하사했다. 형조에 속한 노비 30구를 더하여 향화香火를 올리는데 쓰도록 하고, 십행의 글을 어필로 써서 하사했다. 장대하고 힘찬 필법이 천지를 밝게 비췄다. 또한 산문에 설치했던 진소鎭所를 그대로 두어 불찰을 수호하게 했다. 혜각존자 신미, 선덕 사지, 대선사 학열·학조 등이 돈수사은頓首謝恩하고, 행행의 사실을 글로 남겨 절에 걸기를 원했다. 세조가 김수온에게 기문을 쓰라고 명한 뒤 복천사를 떠났다.[176]

세조는 속리사에 들러 쌀과 콩 아울러 30석을 하사하고, 신시申時：오후 3~5시에 행궁으로 돌아왔다.[177]

김수온이 행궁에 돌아와서「복천사기福泉寺記」를 단숨에 써 내려갔다.

　　산이 신령스러운 것은 높고 큰 데 있는 것이 아니다. 높고 큰 절이 있어 그 지세地勢에 어울려 좋은 경계를 이루면 신령한 산이 되는 것이다. 이름난 절은 크고 화려한 데 있는 것이 아니다. 고승대덕이 그 절에서 도의 깨우침을 높이면 이름 있는 절이 되는 것이다. 고금을 통하여 드문 위적偉跡과 오랜 세월에 만나기 어려운 법회 등이 있으면 위에서 이른바 이름 있는 절이라든가, 덕망 있는 고승대덕의 기림이라든가 하는 것은 비유할 바가 못 된다. 후세에 이르도록 유익한 것이 무궁해야 한다. 속리산은 충청·경상 두 도의 경계에 걸쳐 있는 웅건하고 빼어난 명산이다. 그 사이에 무수한 절이 있다. 복천사는 바로 이 산의 정중앙에 있다.

1450년庚午年. 세종 32 세종께서 불예不豫해서 효령대군의 집으로 이어했다. 그때 문종과 지금의 주상이 모셨다. 손수 약을 달였고 쾌유를 비는 기도를 올렸다. 그러나 병환에는 차도가 없으셨다. 이에 청정한 승려를 불러 정근했다. 과연 신령한 효험을 얻게 되어 성궁聖躬 : 임금의 옥체이 편안해지셨다. 모든 종실에서 다투어 금과 비단을 내어서 아미타불·관세음보살·대세지보살의 삼상三像을 조성했다. 혜각존자 신미가 와서 도왔다. 복천사가 천하의 승지가 되었다. 이에 옛 건물을 헐고 새로 중창했다. 층루層樓와 빼어난 보전이 속리산 계곡 속으로 우뚝 솟아올랐다. 드디어 세 불상을 이곳 보전으로 모셔와 봉안했다.

※ 화보12

처음에 세종께서 신미의 이름을 듣고 산으로부터 불러 담소를 나눴다. 신미의 대답이 모두 이치에 맞고 의리義理가 정밀하고 넓었다. 아뢰고 답하는 것이 세종의 뜻에 어긋남이 없었다. 이로부터 세종의 대우가 두터웠다. 문종께서 '혜각존자'의 법호를 내려 모든 사찰과 승려를 통솔하게 했다. 우리 성상세조께서 잠저潛邸에 계실 때부터 서로 지음知音 : 마음속을 알아 친함함이 지극했다. 즉위 후에는 은원恩願이 더욱 극진했다. 복천사는 세종의 명으로 조성한 불상이 있는 곳이고, 문종께서 혜각존자를 후대하셨다.[…]

신이 엎드려 생각하건대 자고로 나라를 다스림에 있어 인의仁義를 받들어 치도治道의 아름다움을 이룩하지 않음이 없었고, 청정을 근본으로 다스림의 원천으로 삼았다. 옛날 황제黃帝 : 서기 2700년 전 천하를 통일하고 문자를 만든 제왕이 구자具茨 : 구자산를 찾았고, 당요唐堯가 무광務光을 접견했다. 여러 전기典記를 상고해 보면 제왕의 다스리는 법을 알 수 있다. 하물며 부처님은 삼교三敎의 존자尊者이고, 만덕의 주인되는 분임에야. 그러므로 역대의 제왕이 부처님을 받들고, 믿으시되 구차하지 않았다. 우리 주상전하의 성덕과 신공神功은 여러 임금에 뛰어났고, 인문과 의무義武는 상하를 감격하게 했다. 즉위한 후 나라 안팎이 편안하고 비바람 또한 순조로워 다시없는 태평세월을 만들었다. 때때로 아전의 나쁜 짓이 있을까, 민생이 넉넉하지 못할까 염려해 지방을 순행하며 살폈다. 이는 옛날에 없는 훌륭한 거조擧措였다. 비록 만기에 분망해도 마음을 대승大乘에 가라앉히고 삼보를 극진하게 모셨다. 지존至尊을 굽혀 덕있는 이를 맞아 심오한 뜻을 묻고, 마음을 닦는 요체를 구해 그 근원을 밝힘으로써 다스림의 바탕으로 삼았다. 구자산을 찾았던 것과 무광을 접견하던 일이 어찌 이보다 더할 것인가. 아! 지극하시다.

대개 복천사가 있음으로 해서 모든 사람이 보은에 속리산이 있음을 알았다. 이 절에 혜각존자께서 주석하고 있음으로 해서 모든 사람이 거리의 멀고 가까움을 헤아리지 않고 승속僧俗할 것 없이 복천사가 있음을 알았다. 스님이 가벼우면 절도 가볍고, 스님이 진중하면 절도 산도 모두 이와 같이 된다. 하물며 우리 성상께서 지극한 도를 높이고 숙덕宿德에게 자문을 구하겠는가. 친히 옥지玉趾를 움직여 깊은 산골을 찾았다. 바람이 오색구름을 펼치고, 골짜기마다 환한 햇빛이 다투어 드날렸고, 해와 달이 밝게 돌아 천룡天龍을 옹위했다. 참으로 속리산과 복천사에 수 천 년 만에 드물게 있는 성사盛事였고, 오랜 세월 동안 만나보기 어려운 기회였다. 아! 천지가 있음으로부터 그 몇 천, 몇 만 년 동안 이곳에 속리산이 자리했는지 모르며, 여기에 복천사가 있었는지 모른다. 절이 있음으로부터 그 얼마 만에 여기, 오늘이 있음을 알았겠는가. 그 아름다운 명성과 거룩한 발자취가 마땅히 천지와 더불어 서로 어울려 억만년 끝없는 경사로 이어지리라. 어찌 복천사와 속리산을 다른 절과 산의 길고 짧음과 견줄 수 있으랴.

남쪽에 말티고개馬峴가 있다. 그 길이 돌로 포장되어 있다. 이곳 늙은이의 전하는 말에 따르면 옛날 고려 태조가 일찍이 이곳에 거동했으므로 이와 같이 닦은 것이라 한다. 공덕의 성대함과 치학治學의 아름다움이 우리 성조와 같은 지의 여부는 알 길이 없다. 아울러 기록하여 산중의 역사로 삼고자 한다. 이 해 봄 2월, 어명을 받들어 삼가 기록한다.[178]

웅건하고 힘찬 문장이었다. 세조가 도승지를 불러 판각해 복천사로 올려 보내라고 명한 뒤 작은 술자리를 베풀었다. 김수온에게 말했다.

- 괴애의 문명文名이 그냥 중국에까지 알려지지 않았음을 새삼 알겠다.

세조의 복천사행은 보은과 속리산에 정이품송, 목욕소 등 많은 뒷이야기를 남겼다.[179]

세조, 온양 온정에 가다

2월 29일 세조가 보은 속리산을 떠나 온양 온정으로 길머리를 잡았다. 햇무리가 일었다. 문의현에 머물렀다.

2월 30일 전의현에 이르렀다. 종친과 재상에게 술자리를 베풀었다.[180]

3월 1일 저녁 무렵 온양 행궁에 닿았다. 다음 날 세조는 예조에 명해 나랏일로 행재소에 나온 자는 모두 과거에 응시할 수 있도록 허락했다. 세자가 장자지에서 사냥했다.[181]

3월 4일 문·무과 시험을 봤다. 영의정 신숙주 등을 독권관讀卷官으로 삼았고, 세조가 친히 책策을 지었다. 왕세자와 임영대군, 병조판서 윤자운 등이 무거武擧를 맡았다. 좌부승지 이계전에게 명해 관계자에게 선온을 하사했다.

3월 5일 온양 행궁의 뜰에 옛 우물이 있었다. 우물을 파자 샘물이 솟아올랐다. 물의 근원이 깊고 맑았다. 세조가 '주필신정駐蹕神井'의 이름을 내렸다. 신숙주 등이 전문을 올려 칭송했다.[182]

3월 7일 서합에 나가 술자리를 베풀었다. 시관 신숙주 등이 12명을 뽑았다. 세조가 중하게 쓰고 있던 선전관 양진손은 명단에 없어 시권을 들이라고 하여 친히 보았다.

- 문장에 재주는 없지만 뜻은 자못 가상하다. 통재通才가 될 만하다. 급제에 두라.

문과에서 특지 등제는 양진손이 처음이었다. 경상도관찰사 이함장, 경력 윤자영이 왕세자에게 종이와 먹을 바친 것이 문제가 됐다. 세조가 의금부에 잡아 가두고, 윤흠을 관찰사로 양순석을 경력으로 갈아치웠다.

3월 8일 세조가 탕정에 들었다. 온양 행궁에 녹각성을 쌓아 잡인의 접근을 차단했다.[183] 3월 10일 왕비의 조카 경상도관찰사 윤흠이 하직인사를 올렸다. 세조가 침실에서 만나보고, 옷과 이부자리·표피豹皮 2장, 말 안장 1부를 하사했다. 3월 14일 도고산에서 사냥을 지켜봤다. 신숙주와 술자리를 베풀고 행궁으로 돌아왔다.[184]

김수온, 출가를 원하는 상소

3월 15일 공조판서 김수온이 직분을 해제해 달라고 상소했다. 어머니 임종 때의 약속을 지키기 위해 출가해서 3년 안에 깨닫지 못하면 자신의 죄를 물으라는 묘한 내용이었다.

> 신의 나이 56세입니다. 지난해 겨울 추위에 집에 따뜻한 방이 없고 베 이불에 전전하며 찬 기운을 호흡하니 정신이 갑자기 쇠하고, 썩은 것을 깨닫게 되고, 수염과 머리털은 더욱 흰 것이 많아져 세월만 탓할 수 없을 정도입니다. 신은 점점 늙어갈 것이고, 고달픔이 전보다 더할 것이라 헤아리고 있습니다. 포질이 아니면 세상에서 더 오래 살 것이나, 비록 몇 년을 끌면 비록 전하께서 불쌍히 여겨 놓아준다 해도 신의 근력이 이미 쇠하고, 뜻과 생각이 더욱 없어지게 되니 다시 무슨 도를 닦으며 업을 이루어 노모의 임종 때의 말을 실천할 수 있겠습니까. 전하께서는 수저首邸로부터 일어나서 자식된 효도와 신하된 충을 행하셔서 성덕이 높은 것은 천하가 아는 바입니다. 바라건대 부모에게 효도하는 지극한 정을 불쌍히 여기고, 도를 구하려는 지극한 뜻을 허락하시고 직분을 없애 한가하게 보내게 하소서. 3년의 기한을 정해서 신이 만약 도를 이루지 못하면 관련 부서에 명해 무망誣妄한 죄를 다스리고, 효도하지 않은 벌을 드러내게 하소서. 문무의 신하가 구름과 같아서 태평의 치를 이루어 교화를 일으키고, 사이四夷를 정벌해 전하의 큰 뜻이 널리 펼쳐지고 있습니다. 일개 늙은 선비는 쓸 만한 곳이 없으니, 신이 있고 없음은 아무런 상관이 없습니다. 날아가는 기러기가 모이더라도 창해가 차지 않고, 한 털을 버리더라도 구우九牛에 빈 곳이 없는 것과 같습니다. 당당한 성조에 어찌 인재가 모자라서 홀로 신만을 아끼겠습니까. 엎드려 성자聖慈를 바랍니다.

세조가 상소를 읽으며 헛웃음을 웃었다. 말미에 글을 써서 김수온에게 돌려보냈다.

- 도는 세상을 구제하는 방편이다. 어찌 삭발하고 승려가 되어야만 닦겠는가.

김수온이 사관史官에게 좋은 씹을 거리를 한상 차려준 격이었다. 왕실불사와 기문記文에는 탁월했지만, 조정 신료와 유림儒林의 조롱과 비난은 어금버금이었다.

훗날 김수온이 집안 사람에게 술과 과일을 갖추게 하고, 손님을 전송하듯 떠났다. 성의 동쪽 보제원에 이르러 모대帽帶를 벗고 편복을 입은 다음 추종하는 자를 다 되돌려 보낸 뒤따라오지 못하게 하고 회암사로 들어갔다. 그러나 얼마 지나지 않아서 되돌아왔다. 주변에서 마음이 굳지 못함을 조롱했다. 성품이 소활疎闊해 험한 것에 구애받지 않았다. 문장은 넓고 묘해 당시에 비교될 만한 사람이 없었다. 이름이 중국에까지 알려져 유림에서 추앙, 존중했다. 집안이 부처를 믿었다. 형은 신미로서 혜각존자로 봉해졌고, 어미 또한 머리를 깎고 여승이 되었다. 어미의 유지에 따라서 이 글을 올린 것이다. 집이 한소寒素해 비록 대신이 되었어도 납자衲子 : 승려와 같이 쓸쓸했다. 국가에 큰 불사가 있으면 김수온이 소어疏語를 지었다. 문장이 연일演溢했다. 일찍이 "도는 증명할 수 있고, 부처는 본받을 만하다."고 말해 주위의 비웃음을 샀다.[185]

세조, 한 달 만에 경복궁으로 돌아오다

3월 18일 온양 온정을 출발했다. 저녁에 직산현 홍경원 들판에 머물렀다. 다음 날 저녁, 독산원 들판에 머물렀다. 3월 20일 좌상과 우상에게 청계산에서 사냥하라고 명한 다음 밤 5고鼓에 가마를 움직였다. 임영대군·영응대군·구성군·보성경·영의정 신숙주·인산군 홍윤성이 시위했다. 왕비는 해 뜰 무렵 움직였다. 주정소畫停所 : 행행하는 도중에 잠깐 머물러서 낮수라를 진어하던 곳에 이르렀을 때 갑자기 소나기가 내렸다. 사냥 일정을 취소했다. 저녁에 천천에 머물렀다.[186]

3월 21일 어가가 경복궁에 닿았다. 백관이 하례를 올렸다. 세조가 반사의 교지를 내렸다.

순수巡狩는 제왕의 성사盛事, 상서祥瑞는 지덕至德의 형향馨香이다. 내가 부덕한 몸으로 외람되게 영도靈圖를 받았고 자민字民의 정사를 아직 베풀지 못했는데 연풍年豐의 경사를 여러 번 얻었다. 스스로 미덥지 않으므로 공손히 삼갈 따름이다. 복천사에 이르기 전날 속리산에서 방광했고, 행궁에 나갈 때 사리분신이 있었다. 신천神泉이 솟아올랐는데 이는 실로 예천

醴泉이다. 온 세상이 경사를 함께 하고, 멀고 가까운 곳에서 칭송했다. 마땅히 천휴天休를 넓혀 백성과 더불어 다시 시작할 것이다. 오늘 새벽 이전으로부터 대역을 모반한 자, 반역을 도모한 자 등을 제외하고 모두 용서하라. 감히 유지宥旨 이전의 일을 가지고 서로 고소하는 자는 그 죄로써 죄를 줄 것이다. 이에 교시하니 모두 알도록 하라.[187]

『금강경언해』·『반야바라밀다심경언해』·『아미타경언해』 간행

『금강경언해』 간행

속리산 복천사 행행을 통해 몸과 마음을 씻고 돌아온 세조는 간결, 소박하고 현학적인 말이 없는 『금강경』에 매료됐다. 경을 읽으며 거듭 반복되는 '여시아문如是我聞'을 곱씹었다. '있는 그대로, 들린 대로' 들리고 있었다. 순간, 혜각존자가 복천사에서 당에 올라 내린 법어法語가 천둥처럼 치고 들어왔다.

- 『금강경』은 대승의 가르침을 담은 큰 그릇입니다. 선과 교를 모두 잡은 '들음'의 노래입니다. 이 경은 '들음'이 시작이고, '들음'이 끝입니다. 어떻게 듣느냐. 내가 주인이 되어 들어야 합니다. 부처님 말씀은 절대 들리지 않습니다. 거듭 온 마음으로 집중하고, 또 집중해 들어야 합니다. '들음'은 깨달음으로 가는 지름길이고, 온 강물을 비추는 달빛입니다. 더 보탤 말이 없습니다.[188]

『금강경』은 후진後秦의 구마라즙鳩摩羅什[189]이 402년 장안 초당사草堂寺에서 한문으로 번역한 최초로 경전이다. 책의 갖은 이름은 『금강반야바라밀경金剛般若波羅密經』 또는 『금강경육조해金剛經六祖解』다. 세조는 이 『금강경』의 경 본문과 육조六祖 혜능의 주해에 직접 훈민정음으로 구결을 달아 내리고 번역을 주도했다.

4월 7일 도제조인 우의정 황수신이 간경도감에서 목판본으로 간행한

『금강경언해』1권 2책를 세조께 올렸다.

> 공경하는 주상 전하께서는 일찍이 덕의 근본을 바탕으로 하여 진승眞乘을 통달했다. 복과 지혜가 세웅世雄 : 부처과 같으며, 대바라문[大梵]의 성철聖哲과 짝하고 보시를 행하는 십선十善의 아름다움을 지녔다. 두루 능하여 하늘이 내리신 재주를 드날리고, 겸하여 많은 미혹한 이를 깨닫게 한다. 비의祕義를 써서 발휘하고, 특별히 구결을 내려주시고 자세히 번역하도록 독려했다. 구결로 인하여 마음을 밝히기를 구하기에 드디어 중화中華의 문자를 언문으로 번역하게 했다.
> – 1464년세조10 4월 초7일 황수신 등 삼가 올림.[190]

세조가 번역을 지시한 지 두 달 만에 이루어진 성과였다. 간행에 참여한 간행 관계자조조관는 도제조 우의정 황수신, 제조 공조판서 김수온·전라도관찰척출사 성임·인순부윤 한계희·공조참판 강희맹, 부제조 노사신 등 총 20인이었다.[191] 『금강경언해』의 권말에 간행 경위를 정리한 「번역광전사실飜譯廣轉事實」을 실었다.

> 1462년세조 8 9월, 세조가 꿈에 『금강경』에 대한 물음을 세종으로부터 받았고, 요절한 의경세자를 만났다. 또한 중궁도 꿈에 세종이 조성한 불상을 보았다. 이에 감격해서 『금강경』의 번역을 결심했다. 세조 자신이 구결을 달았다. 김수온과 한계희에게 번역을 맡기고, 효령대군을 비롯한 승려에게 교정, 연구하게 했다.

효령대군, 판교종사 해초海超, 김수온, 한계희, 노사신이 발문을 썼다. 한계희는 발문을 통해 1464년 2월 1일 왕명으로 번역에 착수했음을 분명하게 밝혔다.[192]

『능엄경언해』 때 활용했던 번역 과정을 협주에 녹여 넣었다. 먼저 세조가 친히 구결을 확정한 뒤, 다음의 과정이 이어졌다.

① 정빈한씨가 세조 앞에서 구결을 씀.
② 사당혜경社堂慧瓊, 도연道然, 숙의박씨 등 7인이 구결을 쓰고 겸하여

교정함.
③ 영순군이 세조의 명을 받아 출납을 맡음.

세조의 구결을 따라 한계희 등이 번역하고, 효령대군과 해초 등이 연구를 보탰다. 협주 속에 다음의 과정이 첨부되어 있다.

① 예조참의 조변안이 『동국정운』에 따라 정음으로 한자음을 씀.
② 공조판서 김수온, 공조참판 강희맹, 도승지 노사신이 참조하여 잘못을 바로잡음.
③ 의정부사인 박건, 공조정랑 최호 등 관원 5인이 여러 불경을 상고함.
④ 전언 조씨, 행동판내시부사 안충언, 호군 장말동 등 19인이 번역을 씀.
⑤ 행사용 장치손, 김금음동 등 11인이 쓴 번역을 교정함.[193]

원고는 철저한 분업 체제로 진행되어 5일 만에 완성을 보았고, 2월 7일 간경도감으로 넘겨졌다. 세조가 복천사로 행행하고 있을 때 간경도감의 각수가 목판에 새겼다. 세조가 환궁하고 보름 뒤인 4월 7일 간행, 부처님 오신 날 널리 배포했다.[194]

『금강경』은 대승경전 중에서도 가장 널리 읽히는 불타 석가모니의 가르침이다. 초기에 결집結集된 경전이라, 그만큼 그 형식이 간결하고 소박하다. 다른 대승경전에서처럼 도식화된 현학적인 서술이 거의 없다. 공空의 사상을 담고 있으면서도 공이란 용어마저 쓰지 않았다.[195]

원효대사가 『금강반야경소』를 저술함으로써 『금강경』 주석의 새벽을 열었다. 그 뒤를 이은 것이 함허당 득통의 『금강경오가해설의』였다.

『반야바라밀다심경언해』 간행

『반야바라밀다심경般若波羅密多心經 언해』1권 1책. 『반야심경언해』 또는 『심경언해』는 『금강경언해』와 동시에 번역되어 4월 7일 간행되었다. 간경도감 도제조 황수신의 전문인 '진금강경심경전進金剛經心經箋'과 간행 관계자의 열함도 똑같다.

『반야심경』은 당나라 현장玄奘이 649년 한역漢譯했다. 이를 바탕으로 702년 현수賢首가 약소略疏를 붙여 『반야심경약소般若心經略疏』를 지었다. 송나라 때 중희仲希가 주해를 더해 『반야심경소현정기般若心經疏顯正記』를 지었다.

세조는 중희의 『현정기』에 정음으로 구결을 단 뒤, 효령대군에게 김수온, 한계희 등과 번역하라는 명을 내렸다. 효령대군이 명승과 함께 보태고, 덜어내며 교정했다. 2월 중순, 한계희가 『반야심경언해』의 발문을 써서 간경도감으로 넘겼다. 세조가 복천사로 떠나기 사흘 전이었다.

상相에 있어서 상을 집착하는 것은 중생이 번뇌에 떨어지기 때문이다. 상相이 상이 아님[非相]을 아는 것은 부처가 열반을 증득하는 까닭이다. 겉보기의 쌓인 것으로[積聚]로 뜻을 삼으면 음陰·蘊의 이름이 있고, 식識으로 말미암아 우의寓意에 의지하여 진리로 드는[入處] 이름이 생긴다. 그 경계와 분별에서 취함으로 말미암아 경계를 세우는 말씀이 성립된다. 다 마음의 어리석은 상[迷相]으로 인해서 구르고 굴러 유랑하고 건너게 되어, 삼과三科 : 處·界·蘊의 뜻이 베풀어진 것이다. 이 『반야심경』을 번역함에 당나라로부터 지금에 이르기까지 주소註疏를 짓고 해설[義解]을 저술한 사람이 시대마다 있었다. 법장法藏의 주註만이 홀로 그 종지宗旨를 터득했다.

임금께서 효령대군에게 명해 한계희를 거느리고 바로 번역에 착수하라고 했다. 또 대송大宋 사문 중희仲希가 지은 『현정기顯正記』를 구해서 장소章疏를 과科로 나누고 구절을 따라 풀어 해석, 분명하게 갖추니 소疏에 따라 절節을 나누고 각 글의 아래에 바로잡아 넣었다. 다만 의거한 중희의 판본이 지금에 통행하고 있는 본이 아니어서 때로 같지 않은 것이 있다. 대군과 명승名僧이 자세히 교정을 더하기를 바랐으나, 이미 탈고를 끝내 판목에 새기고 본을 떠서 널리 유포했다.

아! 중생이 전도되어 다만 상相이 상인 줄만 알고, 상이 상이 아님을 알지 못한다. 부처께서 이와 같음을 근심하여 먼저 오온五蘊을 들어내어 그 기강을 총괄하고, 다시 12처處에 펴며 18계界에 넓혔다. '색불이공色不異空'은 공空에 어리석은 무리를 위한 것이고, '공즉시색空卽是色'은 색色에 어리석은 사람을 위한 말씀이다. 어느 것이나 진리를 본받을[像法] 중생으로 하여금 일체의 상을 비우게 하고, 만법의 지혜를 이루게 하고자 하지 않은 것이 없다.
생각건대 우리 주상전하께서 평소 『반야심경』을 항상 익히셨다. 그러므로 특별히 번역하게 하셨다. 대개 승려가 아침저녁으로 외우면서도 외워야 하는 까닭을 알지 못하는 것을 민망히 여기셨다. 이는 곧 석가여래께서 중생이 종일토록 '상相'에 노닐면서도 그 '상'의 뜻이 무엇인지 알지 못함을 애석하게 여기심과 같다. 그 사람과 하늘이 부처의 지견知見의 뜻을 열어 깨닫게 한 것이다. 성인과 성인의 법이 같으니 아! 지극하다.
-1464년세조 10. 천순 8 2월 중순[中澣], 가정대부 인순부윤 한계희는 삼가 발문을 짓습니다.[196]

대승불교의 대표적 경전으로 손꼽히는 『반야심경』의 전문은 260자다. 더하고, 보탤 것도 없이 짧고, 간명하다. 『대반야경』 600권의 정수精髓가 그대로 녹아들어 있다.[197]

간경도감에서 간행한 『반야심경』은 독송讀誦만 해도 만법의 지혜가 온 몸으로 스며든다. 엄정하면서도 자상한 가락이 넘쳐흐른다. 한 글자, 한 글자 속에 담긴 부처님의 말씀이 새벽과 밤을 가리지 않고 훨훨 날아와 가슴에 꽂힌다.

세조의 구결로 이룩된 전문은 '뜻을 알고 읽는 『반야심경』'의 모범으로 소통과 배려의 산물이다. 뜻을 알고 독송하면 나날이 부처, 모르고 독송하면 나날이 범승·범부임을 일깨워 주고 있다.

단순, 명쾌하게 핵심을 찌르고 들어간 『현정기』 서문의 한 마디.
-『반야심경』은 진실로 이르되, "어두운 길을 비추는 높은 횃불이며, 고통의 바다를 건너게 하는 빠른 배다."[198]

『불설아미타경언해』 간행

『불설아미타경佛說阿彌陀經 언해』1권 1책. 줄여서 『아미타경언해』는 『무량수경無量壽經』·『관무량수경觀無量壽經』과 더불어 정토삼부경淨土三部經의 하나로 『일체제불소호념경一切諸佛所護念經』 줄여서 『호념경』·『미타경』이라고도 한다. 402년姚秦 弘治 4 구마라즙이 한역했다. 이 경에 수나라 천태지자天台智顗, 531~597가 주석한 본문에 구결을 달고 정음으로 번역해 『반야심경언해』와 함께 간행한 목판본이다.

『아미타경언해』는 1461년에 간행된 활자본[199]과는 달리 전문과 언해가 없고, 한문본과 같이 끝에 '天順八年甲申歲 朝鮮國刊經都監奉敎雕造'라는 명문이 있어 1464년 간경도감에서 간행됐다. 원간본 판하版下의 필자기명筆者記名에 '忠毅校尉忠左衛中部副事正臣安惠書'가 실려 있어 당대의 명필인 안혜가 썼음을 확인할 수 있다.[200]

『아미타경』은 부처가 기원정사에서 사리불 등을 위하여 서방의 아미타불과 그 국토인 극락세계의 공덕과 장엄을 말씀하고, 아미타불의 명호名號를 한마음으로 흔들리지 않고 부르면 극락세계에 태어나며, 6방동서남북, 상하의 많은 부처가 석가모니 부처의 말씀이 진실한 것임을 증명하며, 염불하는 중생을 부처가 호념護念함을 설한 것이다.

> 사리불아! 조그마한 선근과 복덕의 인연으로 저 나라에 나지 못하느니. 사리불아! 만약에 선남자와 선여인이 아미타 부처님이 이르심을 듣고 이름을 지니어, 하루·이틀·사흘·나흘·닷새·엿새·이레이거나 한 마음으로 어지럽지 않으면, 그 사람이 이미 죽을 때 아미타 부처님이 성중과 함께 앞에 와 보이시리니. 이 사람이 죽을 때 마음이 어지럽지 아니하여 즉시 아미타불의 극락국토에 가서 나리니. 내가 이런 이득을 보므로 이 말을 하니, 중생 중에 이 말을 들은 이는 저 나라에 나고자 발원할지니라.[201]

아미타불과 극락세계의 공덕을 설법하고 왕생을 권설하는 『아미타경』은 모든 이가 안고 가야 할 죽음과 구체적으로 맞닿아 있었다.

함허당이 「미타경찬彌陀經讚」·「미타찬彌陀讚」·「안양가安養歌」의 노래를 지었을 정도로 미타신앙은 백성 속에 널리 자리하고 있었다. 현세적 삶의 이치를 강조하는 유학만 가지고는 죽음 너머에 대한 인간적인 두려움을 다스릴 수 없었다. 사대부가 그토록 유학의 논리로 불교를 배척했어도 내면적으로는 불교적 생사관을 깊이 수용했던 것도 그런 이유였을 것이다.[202]

김시습이 남긴 『월인석보』의 편찬 내력

세조는 복천사에서 혜각존자 신미를 만나고 온 뒤 왕비 윤씨, 세자와 함께 내불당에 들었다. 세종과 소헌왕후의 위패가 봉안된 불당에 완간된 『월인석보』와 『선종영가집언해』 등을 봉안하고, 자명慈命을 실천했음을 고했다.

김시습이 내불당에서 『묘법연화경언해』의 번역에 참여, 세조와 효령대군·안평대군, 신미·학열이 세종을 도와 『월인천강지곡』과 『석보상절』을 편찬한 내력에 대해 보고, 들은 뒤 다음과 같이 기록했다.

> 세종 치세 말년, 소헌왕후가 세상을 버렸다. 온 나라가 슬픔에 잠겼다. 세종은 그로 인해 불교경전을 믿고, 깊게 읽었다. 가곡[歌曲 : 월인천강지곡] 수백 편을 찬성, 왕후를 그리는 애끓는 마음을 담았다. 헛헛함으로 슬픔을 달래겠다는 뜻이었다. 이때 효령대군·안평대군이 세종의 마음을 따라 보필했고, 신미와 학열 등이 세종의 총애를 받았다. 중생의 선도善導를 구실로 성심聖心을 돌려 경복궁의 동북편, 삼청궁 서쪽에 터를 잡고[실은 백악산白岳山 남쪽 기슭 대궐 뒷산의 반곡盤曲이다.] 목수·미장·단청장·기와장의 장인을 뽑아 공역工役을 독려했다. 얼마 지나지 않아 새로운 집이 이루어졌다. 하늘나라 옥황상제가 머무는 궁궐도 이보다 앞설 수 없었다. 건물을 돌아 이어지는 난간[欄], 하늘로 솟은 포작包作과 금단청, 검푸르게 솟구친 팔작지붕의 용마루, 주옥으로 진설한 불전佛殿은 장관이었다. 보는 이들은 놀라지 않을 수 없었다. 세상 사람이 자랑하듯 말하는 내불당이었다. 진정 옛날과 오늘에 없는 일이었다. 이때 세종이 수양대군에게 『월인천강지곡』과 『석보상절』을 훈민정음으로 번역한 다음 사녀士女에게 나누어 주라고 명했다. 이에 세조[지금의 주상]가 즉위한 뒤 세종의 뜻을 이어 많은 불경을 훈민정음으로 번역했다. 나랏일을 보는 중에도 짬짬이, 더욱 마음을 내어 선법善法을 닦았다.[203]

세조가 내불당을 나섰다. 혜각존자 신미, 김수온과 함께 『석보상절』의 번역을 『월인천강지곡』과 대조, 강론하며 가다듬은 뒤 『월인석보』에 녹여 넣었던 날이 바람결보다 가볍게 스치고 지나갔다.[204]

7 탑 속의 훈민정음

원각사 신창과 오대산 상원사 중창

바다를 술잔 속에 담으면
노을은 손짓하며 다가오고
가벼운 물결 받아 안으면
텅 빈 바다 내 안의 사랑

혜각존자, 오대산 상원사 중창

자성왕비 윤씨, 오대산 상원사 중창 발원

세조는 복천사에서 『원각경圓覺經』의 번역과 원각사圓覺寺 창건의 서원을 세우고 돌아왔다. 그 사이 『금강경언해』・『반야심경언해』・『아미타경언해』의 간행 불사는 원만하게 마무리 되었다.

4월 들어 열흘이 넘도록 세조의 몸이 편치 않았다. 중궁이 근심하고 두려워해 내관을 보내 혜각존자와 대선사 학열 등에게 자문을 구했다. 혜각존자가 복천사에서 수 백리 길을 달려와 안부를 여쭈었다. 자성왕비 윤씨가 말했다.

- 중외의 사사寺社에서 주상의 쾌차를 비는 법을 일으키는 것도 다 좋지만 명산승지에 한 사찰을 창건, 특별히 기원할 곳을 만들어 국가의 안녕을 기도할 만한 일이 있으면 이곳에 나아갈 것입니다. 스님은 사방을 유력했으니 반드시 그곳을 알 것입니다. 숨김없이 알려 주십시오.

신미가 대답했다.

- 오대산은 우리나라의 명산입니다. 그리고 중대의 상원사는 지덕이 더욱 기이하니 승도가 결제結際하면 반드시 경침警枕의 변이가 있습니다. 불행히도 음식 만드는 사람이 실화失火했습니다. 화주化主가 힘이 부족하여 서둘러 힘썼으나 겨우 사람만이 비바람을 가릴 정도입니다. 만약 그 옛터에 다시 지어 그 규모와 법제法制를 넓게 하면 한 산의 명찰이 될

것입니다. 마땅히 기축祈祝하고 특별히 향과 예물을 내려 불사를 일으키면 이 절보다 편리한 곳은 없습니다.

대왕대비는 혜각존자의 말이 진실로 마땅하다고 여겨 곧바로 세조께 아린 뒤 학열에게 명해 절을 짓는 소임을 맡겼다. 경상감사에게 명을 내려 쌀 500석을 배에 실어 강릉부에 운반하고, 제용감에서 비단과 베 1,000필을 내어 처음 절을 짓는 경비로 쓰게 했다.

얼마 후 세조의 질병이 점차 평소 때처럼 좋아졌다. 대왕대비가 놀랐고, 또한 기뻤다. 오대산의 영험함이 부처와 교화를 입었음에 안심, 말 한마디에 마음을 가라앉혔다. 세조가 친히 공덕소功德疏를 지어 종친과 재추에게 널리 보이셨다. 성지聖旨를 공경히 받들어 가진 것을 내놓고 정빈한씨훗날 인수대비가 양전兩殿의 뜻을 높이 계승, 조租 500석을 더 시주하여 모자란 것에 보탰다. 이에 학열은 이른 아침부터 일하고 밤에 생각하며, 몸소 독려하여 힘썼다.[1]

> 오대산은 강원의 경계에 있다. 그 산맥의 뿌리가 300여 리에 걸쳐 뻗어 있다. 그 웅장하고 깊으며 높고 큰 것이 풍악산楓岳山:가을의 금강산과 더불어 우열을 견줄 만하다. 산허리를 베고 누운 고을은 주와 군현이 무려 10여 군데가 된다. 산에는 다섯 봉우리가 있다. 높고 낮음이 고르고 대등하며, 대소大小가 서로 가지런하다. 바라보면 연꽃이 물 밖에 나온 것 같고, 대각臺閣이 허공에 떠 있는 것 같아 옛날부터 '오대五臺'라 불렀다. 중대中臺의 남쪽에 절이 있다. 상원이라 한다. 거듭 화재를 만났으나 그때마다 일을 맡아보는 사람이 다시 짓고 때로는 폐하고, 때로는 일으켰다. 그러나 그 규모가 협소하고 비색圉塞, 승려가 즐겨 거처할 곳이 못 되었다.[2]

수미는 해인사에서의 인경불사에 참여한 뒤 월출산 도갑사道岬寺로 돌아가 중창불사에 매진했다. 4월 13일 세조는 전라도관찰사 성임에게 어서御書로 유시했다.

- 전 선종판사禪宗判事 수미는 잠저 때부터 구면으로 알고 지내는 사이다. 화려한 것을 싫어하고 조용한 곳을 찾아서 떠난 뒤로 음신音信이 서

로 끊겼다. 지금 도갑사를 중창한다고 들었다. 비록 말은 없었다고 하나 여름철 안거와 경찬에 어찌 부족함이 없겠느냐. 내가 옛날부터 알고 지내는 승려다. 이를 생각하면 마음이 아프다. 감사가 내 뜻을 정확하게 파악하고 수시로 중창에 필요한 일을 도와주라.

사관은 수미를 '승인僧人 가운데 조행操行이 있는 자'라고 평했다.

> 그때 머리를 깎은 중의 무리가 겉으로 연화緣化를 핑계로 민간을 크게 어지럽게 했다. 심지어 가짜로 중의 모양을 하고서 실제 마음으로는 그렇지 않은 자들이 있어서 못하는 짓이 없었다. 공사 간에 능히 없애지 못했다. 수미가 선종판사가 되어서 상서上書, 이 폐단을 금지하고 막을 조문을 아뢰었다. 비록 시행은 되지 않았으나, 당시 모두가 그를 칭찬했다. 얼마 후 병으로 사양하고 도갑사로 돌아갔다. 승인 가운데 조행이 있는 자라고 이를 만했다.[3]

세조, 원각사 창건

효령대군은 세조가 펼치는 불교를 통한 국정운영의 정점에 있었다. 세조는 큰 불사의 시작 때마다 효령대군의 사리분신과 연계시켰다.

효령대군이 회암사에서 황색 가사를 입은 승려 3명과 탑돌이를 하며 정근하고 있었다. 그 때 번개와 같은 빛이 일어 대낮과 같이 환했다. 채색 안개가 가득 찼고, 이어 수 백여 매의 사리분신이 있었다.[4]

> 효령대군이 회암사 동편 언덕에 석종石鐘을 세워 석가의 진신사리를 안치하고 법회를 열어 『원각경』을 강의했다. 이날 저녁에 여래가 공중에서 모습을 나타내고 신승神僧이 단상을 오가며 서기가 퍼져 광채가 어리고 비치어 감천甘泉이 촉촉하게 흘러 넘쳤고, 사리 분신이 800여 매가 되었다.[5]

5월 2일 원각사 창건은 세조와 효령대군, 신미가 기획한 『원각경언해』와 맞물려 돌아가고 있었다.

효령대군이 영적靈跡을 갖추고 사리를 받들어 세조께 전했다. 세조는 왕비와 더불어 함원전에서 예불을 드렸는데 사리가 또 400여 매로 분신했다. 조정의 백관이 전전箋을 올려 하례했다. 중외에 대사령을 내리고 의정부에 전지했다.
- 현겁賢劫의 천불千佛 석가가 넷째 번을 차지해 도는 시방十方을 덮고 지혜는 일계一界를 휩쓸며 법을 설명하고 생을 초도超度한다. 그 도에 관한 경전이 우리나라에 유입된 것이 8만4천여 부다. 『원각경』은 구경究竟의 과果를 일으킨 본이 된다. 내가 명구名句를 번역하고 그 뜻을 발휘해 장차 간행하려던 차에 효령대군이 법회를 개설, 제불 여래가 신변神變을 나타내는 경지에 이르렀다. 오탁五濁의 세상에서 흔히 볼 수 없는 일이다. 마땅히 흥복사의 옛터를 다시 일으켜 '원각사'라 이름하고, 최상의 법문에 의의義를 붙이는 게 어떠하냐.
이에 여러 신하가 머리를 조아리고 손 모아 절하며 감히 왕의 아름다운 명을 공경히 받들었다.⁶

일부 신료가 원각사 창건에 혁파해야 한다는 의견을 냈지만 세조는 듣지 않았다. 그 뒤로 성상의 뜻이 이미 결정되었음을 알고 감히 아뢰는 자가 없었다.

힘든 공역을 꺼리는 백성과 군사가 중의 옷을 입고 도망가기도 했다. 세조는 도승의 법을 더욱 엄하게 세우라고 명한 뒤 말했다.
- 너희는 내가 부처를 참으로 좋아해 불교의 도를 모두 행한다고 생각하느냐.⁷

원각사 창건 공역 시작

5월 3일 세조가 흥복사 터에 거둥해 효령대군과 영의정 신숙주, 좌의정 구치관 등과 함께 원각사 창건을 의논하고 조성도감 관계자를 임명했다. 원각사 창건의 시작이었다.

❀ 조성도감 도제조 : 효령·임영·영응대군·영순군, 영의정 신숙주, 좌의정 구치관, 운성부원군 박종우, 하성위 정현조.
❀ 조성도감 제조 : 예조판서 원효연, 병조판서 윤자운, 호조판서 김국광, 중추원부사 김개

❽ 조성도감 부제조 : 첨지중추원사 윤잠·최선복·도승지 노사신 등.

폐사가 된 흥복사터는 악학도감에서 쓰고 있었다. 백성이 '대사大寺'라 불렀다.⁸

절은 도성 안 경행방慶幸坊에 있다. 주위는 2,000여 보였다. 처음 태조가 서울에 도읍을 정하자 절은 조계종의 본사가 되었다. 종宗이 이미 혁파되자 절도 곧 문을 닫아 40여 년 동안 텅 비어 있었다. 5월 3일, 세조가 친히 이곳에 거둥해 두루 바라보니 백악白嶽이 북쪽을 지키고, 목멱木覓이 남쪽을 끼었다. 그 위치는 양지가 되고, 그 땅은 매우 맑고 깨끗해서 대찰을 세우기에 알맞았다. 곧 효령대군을 제조로 삼아 역사를 감독하게 했다.⁹

6월 5일 세조가 원각사 현장에 거둥했다. 청성위 심안의, 이조판서 한계미를 좌우상의 대장, 안요경 등 13명을 부장으로 삼아 군사를 이끌고 감독하라고 명했다. 2,100여 명의 군사가 공역 현장에 동원됐다. 부근의 민가 200여 채를 모두 철거했다.¹⁰ 집터의 값은 정포가 4,004필, 재목을 옮기는 값은 쌀 수백 석, 보리 100여 석이었다.¹¹

6월 12일 원각사 와요瓦窯 제조 홍윤성을 불러 법당에 쓸 청기와 제작을 의논했다. 모두 80,000장을 구워 들였다. 경비가 만만치 않았다. 은천군과 옥산군을 감역 독찰관督察官으로 삼았다.¹²

원각사는 옛날의 큰 절터였다. 처음에는 대전大殿과 동서의 선당禪堂이 있을 뿐이었다. 관습도감慣習都監 : 세종 때 음악을 맡아 보던 곳은 대전과 서선당, 예장도감禮葬都監 : 국장을 맡아보던 곳은 동선당, 대전의 북쪽 중부에는 유생이 모여 살았다. 그런데 세조가 명을 내려 모두 헐어 없애고 다시 큰 절을 창건, 원각사라고 했다. 은천군·옥산군으로 제조를 삼고, 대사헌을 겸하게 했다. 항상 노상에서 헌관의 의儀를 썼다. 두 사람이 가벽呵辟하고 기사가 통소를 불고 앞을 인도했다. 남녀가 많이 모여 구경했다.¹³

6월 13일 원각사터 동북쪽 모퉁이에 임시 가옥假屋을 짓고 불상을 소성하고 있을 때였다. 문득 황색 구름이 일어 지붕을 덮고, 하늘에서 오색을 머금은 꽃비가 흩날렸다. 효령대군 등이 급히 세조께 아뢰었다. 근정전에서 하례를 받고 특사한 뒤 백관의 관작을 한 단계 올려주었다.[14]

6월 16일 호조에서 원각사 대종 주성에 50,000근의 동이 들어갈 것이라고 산출했다.[15]

7월 12일 원각사 조영造營이 시작되었을 때 동원된 장인은 90명이었다. 인력이 많음으로 인해 태만해지는 등 폐단이 심해졌다. 40명을 돌려보낸 뒤 승전원에 전지했다.

- 50명만 궤향饋餉하고, 완공의 책무를 다하게 하라. 완공을 보지 못하면 마땅히 중죄를 가하겠으니 원각사 제조에게 알리라. 또한 광흥창을 설치, 여러 고을에서 나무를 수송하게 한다면 먼저 하려고 다투어 소요가 막심할 것이다. 나라에서 준비해 백성에게 피해를 끼치지 않도록 조치하라.[16]

7월 16일 원각사종의 주성에 드는 동철銅鐵은 호조에서 외공을 받아 출납을 전적으로 맡아보는 것이 옳다고 승정원에 전지했다. 또한 원각사 제조의 청에 따라 주종소鑄鐘所에서 책임지고 여러 고을의 동과 철을 거두는데 동철의 외공은 온전하게 주종소에 속하게 하고, 나머지는 국용으로 돌릴지에 대해 물어본 뒤 아뢰라고 명했다.[17]

7월 24일 원각사터를 정리하는 일은 경시서京市署에서 맡아 일찍이 철거를 끝내고 시전 가까이 설치, 관리했다. 물가의 하락과 앙등, 물건의 행람行濫 : 상품이 견고하지 못한 것을 행行, 상품이 진짜가 아닌 가짜를 남濫이라 함을 살피기 위해서였다.

호조의 의견을 받아들여 경시서를 통례문通禮門, 통례문을 전선색典船色, 전선색을 세칸 병문屛門과 아래 행랑으로 차례대로 옮겨 설치, 업무에 소홀함이 없도록 조치했다.[18]

8월 2일 세조가 원각사에 거동, '터 닦기[開基]'의 현장을 보았다.

8월 4일 원각사 조영에 쓸 나무를 벌목하기 위해 선공주부 임중을 충청도에 내려 보냈다. 임중이 백성을 괴롭힌다는 말을 듣고 세조가 승정원에 명했다.

- 백성에게 폐가 없도록 하라고 명했다. 어찌 한 때의 공을 세우려고 번거롭고 시끄럽게 하느냐. 폐단을 없애고 일을 마치는 대로 속히 올라오라.[19]

8월 11일 원각사의 터가 낮아서 다른 곳에서 흙을 퍼와서 보강했다. 땅속 깊이 파고 내려가다가 흙이 무너져 군인 2명이 압사해 죽고, 5명이 부상당했다. 소식을 접한 세조가 놀라 의금부에 전지했다.

- 원각사의 역사를 감독하는 관리가 일을 하는데 조심하지 않아 군인이 압사했다. 추국해서 아뢰라.[20]

9월 11일 근정문에서 조참을 받고, 원각사에서 서기가 있었기 때문에 하례를 행하고 사정전에서 당상관 이상을 불러 술을 내려주었다.[21]

9월 21일 세조는 훈민정음의 보급과 활용 정책의 일환으로 성균관 유생의 경학을 공부하는 교과 과정인 '구제九齋의 법'[22]에 『훈민정음』과 『동국정운』을 포함시켰다.[23]

9월 25일 백관이 원각사에서 서기가 있었다며 진하했다. 불충과 불효의 죄를 범한 자를 제외하고 사면했다.[24]

9월 30일 원각사 조성소 제조 효령대군 등이 새로 만든 불상의 분신사리를 바쳤다.[25]

세조, 혜각존자에게 편지를 쓰다

세조의 몸이 편치 않았다. 잠시 정무를 놓고 복천사의 혜각존자 신미에게 편지를 썼다.

※ 화보1

> 순행 후 서로 머물고 있는 곳이 멀어 목소리를 들으며 인사드리는 일도 이젠 아득해졌습니다. 국사가 쉴 새 없이 이어지고 번거로운 일도 많다보니 몸도 편하지 않고 일도 지지부진입니다. 그러나 걱정은 마십시오. 항상 부처님께 기도를 올리고 사람을 보내 자주 안부 물어주니 고마울 뿐입니다.

행여 이로 인해 멀리서 수행에 전념하고 계신 스님께 폐를 끼치고 승가의 화합을 깨뜨리지 않을까 염려됩니다. 원각사의 일은 널리 들으신 바와 같고 상세하게 설명하기 어려울 정도로 인연이 깊습니다. 저의 다함없는 정성에 맞게 편안하게 머물기 바랍니다. 그리고 김처선[환관] 편에 불개佛盖와 전액殿額, 아울러 향촉香燭 등의 물건을 받들어 보냅니다.

- 조선국왕朝鮮國王

편지 끝에 '조선국왕·자성왕비·세자·정빈'의 수결과 도장을 놓았다.[26]

10월 1일 근정전의 서쪽 취두에 무지개 같은 서기가 솟았다가 잠깐 사이에 사라졌다. 이어 강녕전 지붕의 용두에도 서기가 비쳤다. 효령대군 등이 원각사에서 사리를 모시고 와서 오색의 서기가 있었음을 아뢰었다. 많은 신하가 하례를 올렸다. 세조는 강도·절도 이외의 죄인을 사면했다.[27]

10월 8일 세조는 노사신의 청에 따라 원각사의 조성낭관 등을 1자급 뛰어 올렸고, 자궁資窮해 준직할 자는 당상관으로 올려주라고 이조에 명했다. 원각사의 공역을 시작한 뒤 여러 차례 상서가 일어났으므로 경사의 은전을 크게 펴서 일에 참여한 자의 소망을 위로하고자 했다. 무릇 하루에 한 가지 일이라도 원각사에서 수고한 자는 은택을 희망해 청탁이 그치지 않았다.[28]

12월 8일 얼음이 얼었다. 조성소에서 원각사 조성에 투입된 군인을 모두 집으로 돌려보낸 뒤 정월 보름 이후에 투입하겠다고 아뢰었다. 세조가 허락했다.[29]

원각사 대종을 주조하는 공역이 한창 진행되고 있었다. 종을 만드는 데 들어간 구리가 40,000여 근이었다. 세조가 감주監鑄 제조와 낭관에게 상을 하사했다. 일에 참여한 관리는 많은 은택이 내려지기를 바랐고, 염치를 돌아보지 않았다.[30]

원각사 대종을 만드는 데 양녕대군도 작은 보탬이 됐다.

효령대군이 어느 날 양녕대군에게 말했다.

- 원각사에 종을 주조하는데 모든 것이 다 갖춰졌습니다. 그런데 공인工
人을 먹일 술과 국수가 부족하니 형님께서 도와주시지요.
양녕대군이 말했다.
- 나를 대시주大施主라고 하지 않는다면 좋다.
효령대군이 흔쾌히 응했다. 약속한 기일이 되어 양녕대군이 술과 국수 각 50그릇을 준비해서 원각사로 보냈다. 효령대군이 바로 술과 국수를 거두고 그릇 100개를 녹여 종을 주조한 뒤 종명鐘銘의 앞머리에 '양녕대군 대시주'라고 써넣었다.[31]

조선의 명필 강희안, 붓을 놓다.

10월 9일 훈민정음 창제 때 집현전의 8학사로 참여하고, 을해자乙亥字를 쓰는 등 시화서詩書畫에 빼어나 '삼절三絶'로 추앙받았던 강희안이 48세를 일기로 붓을 놓았다. 본관은 진주, 지돈녕부사 강석덕의 장남, 세종의 처조카, 좌찬성 강희맹의 형이다.
두어 살 때부터 담장과 바람벽에 손길 가는대로 글씨를 쓰거나 그림을 그렸는데, 법도에 맞지 않는 것이 없었다.

공은 천성이 침착하고 정대하고, 전아하고 너그럽고 평이했다. 누구하고도 잘지내서 어떤 일에든 앞장서지 않고, 사치하고 화려함을 좋아하지 않았다. 벼슬에 나아갈 계획을 말하지 않으므로 주변에서 그 까닭을 물으면 이렇게 답했다.
- 궁하고 현달함은 타고난 운명이다. 구한다고 얻어지는 것이 아니고, 사양한다고 피할 수 있는 것이 아니다. 혹 그 분수에 지나치면 화패禍敗가 따르는 법이다. 어찌 괴롭게 애써서 분수 밖의 일을 바라겠는가.
어떤 사람이 그의 게으름을 나무라더라도 공은 편안히 받아들였다. 문장과 시부詩賦가 모두 그 정수를 얻었다. 전서·예서·해서·초서와 그림의 묘함에 이르기까지 당시의 독보적인 존재였다. 그러나 공은 모두 숨기고 말하지 않았다. 자제가 글씨와 그림을 구하면 다음과 같이 타일렀다.
- 글씨와 그림 같은 천한 재주가 후세까지 전해진다면 다만 이름에 욕만 될 뿐이다.[32]

강희안은 성품이 글씨 쓰기를 꺼렸으므로 그의 필적이 세상에 전하는 수

적手跡이 드물다.³³ 타고난 자질이 높고 묘해 옛사람이 생각하지 못한 것을 개척했다. 산수화와 인물화에 뛰어났다.³⁴

강희안의 자字는 경우景愚. 천성적으로 참되고 순수하고 화평和平하고 쾌활 온화하고 말이 적고 청렴 소박素朴하여 문아文雅가 한 때에 드높았다. 시에 능했고, 글씨와 그림에 빼어났다. 전서篆書·예서隷書와 팔푼八分에도 모두 정통한 경지를 이루어 '삼절三絶'이라고 추앙했다. 또 물리物理에 통달. 일의 단서를 접하면 문득 알더라도 일찍이 그 일을 남에게 먼저 말한 적이 없었다. 『양화소록養花小錄』을 저술. 경륜의 뜻을 여기에 실었다. 성격이 번거로운 것을 싫어하고 고요한 것을 좋아해 젊어서부터 영달하기를 즐기지 않았다.[…] 세상에는 한 가지 재예만 있는 사람도 스스로 자기를 나타내어 값을 구하는데, 강희안은 재주가 많았으나 어리석은 것처럼 몸을 지켰으니 어질다고 할 수 있다.³⁵

세조와 혜각존자의 「오대산 상원사 중창 권선문」

※ 화보2
12월 18일 세조가 친히 「오대산상원사중창권선문五臺山上院寺重創勸善文」³⁶을 써서 내렸다. 혜각존자 신미와 학열이 준비하고 있는 상원사 중창 불사에 대한 전폭적인 지원을 알리는 세조의 「어제문御製文」은 바로 「공덕소功德疏」였다.

※ 화보3
세간에 일곱 가지 중요한 일이 있다. 삼보三寶 : 佛·法·僧와 부모, 임금과 선지식이다. 삼보는 세간을 벗어나는 으뜸이고, 부모는 생명을 기르는 으뜸이고, 임금은 몸을 보존하는 으뜸이 되고, 선지식善知識은 모든 이를 인도하는 으뜸이다. 내가 잠저로부터 옴에 나와 혜각존자가 일찍이 서로 알았다. 만나 도가 맞으며 마음이 화和하여, 매양 띠끌 길[塵路]에서 붙들어 나로 하여금 항상 깨끗한 생각을 가지게 했다. 또한 욕망의 구덩이에 빠지지 않게 하여 오늘날이 있게 했다. 대사의 공이 아니겠는가. 여러 겁의 숙인宿因이 아니면 어찌 능히 이와 같이 맞겠는가.
얼마 전 나의 몸이 불편하다는 소식을 듣고서 병든 몸을 이끌고 법상에서 내려와 주야로 수백리 길을 달려왔다. 비록 섬기지 않는 높은 숭상崇尙이나 중생을 제도하는 큰 자비에 어찌 하겠느냐. 나는 듣고 놀라 감동한 눈물이 그지없었다. 또한 대사가 학열·학조와 함께 나를 위하여 옷을 다 팔아 신령스러운 절을 다시 지으려 함을 들었다. 대사가 나를 위하여 마음을 씀과, 내가 대사를 위하여 은덕에 감동함이 사람이 이를 바가 아니다. 내가 이러므로 대사 등을 위하여 좇아 기뻐하여 조금 쓸 것을 도와서 구경究竟의 정인正因을 삼고자 한다. 이른바 '곧은 마음直心이 보리菩提'이니라. 이에 세자에게 부촉付囑하여 길이 후사에게 드리우노라.
　　　　- 불제자佛弟子 승천체도열문영무承天體道烈文英武 조선국왕 이유李瑈[37]

세조의 혜각존자를 대하는 진솔한 마음이 담겨 있는 짧지만, 핵심이 녹아 있는 명문장이다. 훈민정음으로 쓴 최초의 간찰簡札이었다.[38]
혜각존자는 세조의 무궁한 장수를 축원하고, 국운이 융성하기를 바라는 마음을 담아 「상원사 중창 권선문」을 지었다. ※ 화보3-1

　　생각하건대 우리 성상께서 천명을 받으셔서 동녘 나라를 다시 만드셨습니다. 많은 백성이 다스려져 편안하며, 변방이 편안해서 적은 이 없으며 큰 이 없이 다 자기 몫의 은전을 입었습니다. 어리석은 중생과 스님 중 그 누가 은혜에 보답하려는 뜻이 없겠습니까. 오직 산만한 은혜가 무겁고 터럭만한 힘은 작습니다. 강릉의 오대산은 천하 명산으로 문수보살이 계신 땅이어서 영이靈異함이 뚜렷이 나타납니다. 상원사上院寺는 더욱 수승殊勝한 땅이어서 우리가 의발衣鉢을 다 내어 이 절을 다시 지어 복福 빌 땅으로 삼고자 했습니다.
　　양전兩殿께서 이 소식을 들으시고 특별히 윤명綸命을 내리게 하시어 이르시되, "승려가 나를 위해 가람을 창건하려 한다. 내가 마땅히 그들을 도와 나라 사람과 더불어 이리利를 넓히려고 한다."고 했습니다. 그리고 어의御衣 몇 벌을 내시며, "쌀과 옷감[布貨], 토목공사에 쓸 비용을 주어라."고 했습니다. 우리가 특별히 달리 만남을 받들어 조그마한 정성으로 산과 같은 임금의 목숨을 돕고자 했습니다. 다행히 임금의 귀에 들리어 이와 같은 큰 보시布施가 계시니 삼보가 이로써 더욱 높으며, 법륜法輪이 이로써 다시 구를 것입니다. 널리 바라는 것은 모든 어진 시주施主와 보고 들음에 닿은 이는 다 환희심을 낼 것입니다. 또한 함께 보리심을 내어 모두 덕의 근원을 심어서 위로는 끝없는 성상의 만수무강을 빌고, 아래로는 큰 복을 억만세에 길게 하여 복리福利가 끝이 없어 현재와 미래가 다 이익되게 할 것입니다.
　　　　- 1464년천순 8, 세조 10 섣달 열여드렛날, 신미·학열·학조·행담·성민[39]

권선문에 세조는 친히 임금의 이름[御諱]을 쓰고 수결手訣한 뒤 '체천지보體天之寶'라는 어인御印, 중궁 윤씨는 '자성왕비지보慈聖王妃之寶'의 왕비인王妃印을 찍었다.

다음 행에는 '단청의 재료[彩色], 쌀 500석, 무명베綿布 500필, 정포正布 500필, 정철正鐵 15,000근'의 시주 물목이 열거되어 있다.

세자와 세자빈 정빈한씨의 수결과 주인朱印이 있고, 뒤에 종친과 문무백관의 직책과 수결이 이어지고 있다. 세조는 종친과 문무백관 235명에게 「공덕소」를 돌려 동참하도록 했다.[40]

12월 19일 최항을 의정부 좌참찬 영성군, 이석형을 판한성부사, 성임을 동지중추원사, 강희맹을 중추원부사에 임명했다.[41]

12월 22일 세조는 오대산 상원사의 신미에게 정철正鐵 55,000근, 쌀 500석, 면포와 정포 각각 500필을 내려 주었다.[42] 다음 날 원각사에 이상한 향기와 상서로운 기운이 감돌았다. 백관이 하례를 올렸다.[43]

최항, 「원각사종명」을 찬하다

1465년세조 11 1월 4일 세조가 온양의 행행을 미뤘다. 1월 7일 공조판서 김수온이 글을 올려 사직을 청했다.

> 신은 용렬하고 우매한데도 그릇되게 성상의 덕을 입어 공조의 일을 맡아본지 이제 3년이 되었습니다. 삼공과 육경은 나라의 대신인데, 신이 무슨 사람이기에 오래도록 이곳에 두십니까. 바라건대 신의 본직을 면하고 어질고 지혜로운 선비를 다시 선임, 조정에서 사람다운 이를 얻는 의義를 드러내게 하소서.[44]

세조는 윤허하지 않았다. 보름에 혜각존자 신미가 학조와 함께 서울로 올라와 세조를 뵙고 상원사 중창 불사의 지원에 대해 사은한 뒤 내불당에 들어 『원각경』의 언해와 교정 등의 진행 상황을 살폈다. 학열은 상원사에서 중창 불사를 준비하고 있었다.

1월 16일 원각사 대종이 완성되었다.[45] 의정부 좌참찬 최항이 「원각사종명圓覺寺鐘銘」을 찬했다.

　　하늘은 우뢰로써 만물을 진동하고 부처는 종으로써 대중을 깨우치나니, 현화玄化는 진실로 특정의 방향이 없지만 대장大壯의 우뢰가 아니면 능히 여러 동물을 일으킬 수 없으며, 진교眞敎도 또한 끝이 없지만 대음大音의 종이 아니면 어떻게 큰 꿈을 깨치겠는가. 이렇다면 대천大千을 격동하고 육허六虛를 주류周流함에 있어 신화를 통달하게 하는 것은 소리보다 빠른 것이 없고, 홍운洪韻을 유포하는 것은 쇠보다 좋은 것이 없으니 종의 용도가 매우 크다고 하겠다.
　　삼가 생각하옵건대 우리 승천체도承天體道 열문영무烈文英武 전하께서는 천일千一에 응하고 구오九五에 올라 천지를 개벽하고 당우唐虞를 도주陶鑄하고 어려웠던 것이 풀려지고 막혔던 것이 비태否泰해지고 덕택이 흡족하고 교화가 흥융하지만 오히려 널리 구제하지 못함을 병되게 여겼다. 더욱 영원한 계획을 품으시고, 불교가 자비로 낙을 주고 불쌍히 여김으로써 괴로움을 제거하며 근기를 따라 널리 제도하니 그 가르침보다 더 큰 것이 없어서 그에 의지하면 나라와 왕실을 복되게 하고 이익이 되게 할 것으로 생각했다.
　　직위하신지 10년인 용집龍集 갑신년에 명해 원각사라는 큰 총림을 도성 안에 세우게 하고 드디어 정금精金 5만 근을 녹여 큰 종을 만들어 운뢰雲雷의 누각에 매달아 법기法器를 밝혔다. 음양을 법 받고 치엄侈弇을 고르게 하며 회록回祿이 직무를 통솔하고, 비렴蜚廉이 힘을 다하며 온갖 신령이 서로 응해 두어 아람이나 되는 것이 잠간 사이 이루어졌다. 길이로 얽고 공거空簴로 고이고 육시六時로 두들기면 천둥 같이 울리어 맑은 소리가 구천을 진동할 위력이 삼계에 은은하니 이에 사생四生이 숨을 쉬고 만류萬類가 자세히 들으며 오직 밝고 지혜로운 사람이 소리를 듣고 받듦을 알고 관찰해 법을 깨닫고 격동하고 분발하며, 용감하고 정진할 뿐 아니라 탐하고 어리석은 자가 참회해 선을 옮기고 귀먹고 앞을 보지 못하는 자가 감동해 방향을 알면 마음의 근원이 스스로 정결하고 지식의 물결이 편안히 흐르며 뒤로 절정에 극하고 아래로 공륜空輪에 가득해 천선의 날아오름과 땅과 바다의 신식神識에 이르러서도 모두 몽매함을 물리치고 진체塵滯를 제거하며 광겁의 허물을 씻어내고 긴 밤의 고초를 덜어줄 것이다.
　　이는 부처의 법기를 빌려서 법음法音을 유포해 그 자심慈心을 베풀게 하고, 비념悲念을 끌게 하는 것이 종보다 더 큰 것이 없기 때문이다. 우리 임금이 지인至仁을 체體 받고 중생을 구제하고 상교像教를 유통하고 현풍을 천양해 유명을 통달케 하고 주위를 깨끗하게 하는 것도 또한 이 종에 길이 의뢰하자는 것이다. 아, 우리 임금의 마음은 곧 우리 부처의 마음이다. 그 마음, 그 조화라면 울리지 않아도 울리고, 그 마음 그 조화가 아니면 울려도 울리지 않을 것이니 좋은 조화로써 울리리라. 그 조화는 종으로써 유행해서 만법이 하나의 마음이 되는 것인데 어찌 함부로 된 것이랴.

신 최항은 감히 절하고 머리 조아리며 명銘을 올립니다.[46]

대웅大雄 대도大道는 커서 끝이 없으니	大雄大道大無邊
대자대비로 대천세계 건져주네	大慈大悲度大千
종소리 사시로 인천人天을 개발하니	一音四時牖人天
만겁을 크게 울려 오히려 자연스럽네	大鳴萬劫猶天然
성교가 동방에 건너온 지 몇 해인가	聖教東流知幾年
우리 임금 마음속에 홀로 전했구나	我聖乃今心獨傳
어떻게 편당 없이 박시제중한단 말인가	云何博濟無黨偏
뽑아주는 것은 금선金仙에 의뢰해야 할 일,	拔與也須依金仙
현풍을 들추어내고 복전을 일구니	誕物玄猷開福田
큰 집이 우뚝 솟아 하늘을 떠받들었네	巨搆崒崒撑重玄
온갖 신령 모여들고 화로에 불이 일어	萬靈奔走洪爐煽
불꽃 솟아올라 무지개를 달았구나	紫焰燭天虹夜連
튼튼한 통나무에 천근이 달렸으니	穹隆晶鼂千鈞懸
하늘 형상 본따서 비고 또 둥글다네	擬諸玄像虛而圓
웅장한 소리 때로 빈 데서 퍼져나니	孕虛蓄雄時以宣
잠깐 동안 산마루에 벽력이 울리는 듯	霹靂乍作崇岡巓
방망이 하나로써 만 고을이 잠을 깨며	一杵萬井驚昏眠
파순을 물리치고 영선靈仙을 불러 오네	盪彼波旬招靈仙
시방의 용상龍象과 아울러 성현들이	十方龍象骈聖賢
이 소리를 듣고서 다시 정진하고	聽此更造精進筵
탕화湯火에 닳고 닳은 일체의 고통,	一切湯火苦熬煎
이 소리를 들으니 맑은 물을 끼얹은 듯	聽此便濯清冷淵
크고 작고 두들기는 도에 따라 응해 주니	洪纖隨扣應乃全
선근은 심어지고 악연은 없어지네	善根以植惡以捐
법고, 법라의 움직임 같이 하되	法鼓法螺同周旋

신통과 묘용이 이보다 앞서리라	神通妙用莫之先
우리 임금, 부처 마음이 함께 둥글어	我后我佛心共圓
수미산 마루에 빛나는 해 걸어 놓으셨네	昭揭化日須彌顚
법음이 크게 울려 천지에 가득하니	法音大振彌坤乾
항하의 모래 같이 옥 같은 세월 영원하리	恒沙飛塵玉曆縣

1월 21일 세조가 원각사에 거둥, 타종식을 가졌다. 그 소리가 웅장하고 멀리까지 울려 퍼졌다. 효령대군에게 안장 갖춘 말 한 필, 제조에게 각각 어마御馬 한 필을 하사했다.[47] 사흘 뒤, 숙직 때 불을 쓰지 못하게 했다.

2월 20일 신미가 상원사로 내려와 학열과 함께 중창 공역의 준비 상황을 살폈다. 세조는 승정원에 명해 경상도 관찰사에 치서馳書해 정철 15,000근, 중미中米 500석을 상원사로 보내라고 했다. 이어 제용감에서 면포 200필, 정포 200필, 내수소에서 면포 300필, 정포 300필을 준비하여 보내라고 했다.[48]

2월 21일 세자가 매사냥을 끝내고 돌아오는 길이었다. 원각사의 역부 몇 명이 도롱이를 입은 채 굶주림을 호소했다. 세조가 말했다.

- 원각사 제조가 공역에만 급해 궁핍하고 힘에 부치는 역부를 분별하지 않고 강경하게 독촉한 까닭이다. 속히 제조에게 물어 아뢰게 하라.[49]

2월 27일 원각사에서 일하던 역부가 떨어져 죽었다. 세조가 즉시 의금부에 명을 내렸다.

- 원각사 제조 심안의·김개·황효원과 낭관 조준·권양·정자원 등은 기계機械를 견고하게 설치하지 않아서 사람을 죽게 했다. 속히 국문하라.

의금부에서 제조인 옥산군과 은천군, 예조판서 원효연도 함께 국문하겠다고 아뢰었으나 허락하지 않았다.

2월 30일 의금부에서 원각사 제조와 낭관 등을 국문하고 아뢰었다. 세조가 말했다.

- 심안의·김개·황효원 등은 파직하거나 잉임仍任 : 임기가 다 된 관리를 계속 임명하고, 은천군과 옥산군은 논하지 말라.[50]

3월 1일 원각사에서 나한羅漢의 분신사리를 받쳤다.[51] 학열이 오대산 상원사에서 초석을 놓고 본격적인 중창불사에 들어갔다. 밤낮을 가리지 않고 영건에 매진했다.[52]

『원각경언해』 간행, 원각사 완공

한국불교 소의경전所依經典, 『원각경언해』 간행

1465년세조 11 3월 9일 효령대군이 『원각경』의 언해를 마쳤음을 아뢰었다. 지난 해 5월 번역을 시작한 지 10개월 만이었다. 세조가 사정전에서 잔치를 베풀어 관계자를 위로한 뒤 번역에 매진한 한계희를 이조판서, 강희맹을 인순부윤에 임명했다.[53]

세조는 내경청內經廳에 명필로 손꼽히는 신료를 모아 사경을 맡겼다. 성임·강희안·정난종 등이 내경청에서 밖으로 나올 틈도 없이 상주했다. 성임이 나른한 오후에 좌중을 둘러보며 시 한 수를 지었다.

손에 붓 들고	手執毛錐子
힘들게 봄 한 철을 보냈다	辛勤過一春
자욱한 꽃 속에서	濛濛花影裡
술 취한 사람은 누구인가	爛醉是何人[54]

세조는 『원각경』의 경찬회 일정을 미리 도감에게 지시해 두었다. 원각사 낙성식은 부처님 오신 날 하루 전으로 택일했다. 간경도감의 주자장鑄字匠과 인장印匠이 인경印經에 매달렸다. 주자소에서 정난종의 글씨를 바탕으로 을유자乙酉字를 주조했다.[55]

3월 19일 『대방광원각수다라요의경大方廣圓覺修多羅了義經 언해』10권 10

책, 줄여서 『원각경언해』, 1,148장를 목판본으로 간행했다. 간경도감 도제조 의정부 우의정 황수신이 상전문上箋文 : 완성된 서책을 올리며 경위를 적은 글을 썼다.

간경도감 도제조 황수신 등은 삼가 새로 조인한 임금께서 정하신 구결에 정음으로 번역한 『대방광원각수다라요의경』을 잘 포장하여 올립니다. 신 등은 진실로 황송하고 진실로 두려워 머리를 조아리며 말씀 올립니다. 간절히 바라건대 진리는 적멸과 같아서 보아도 보이지 않고 들어도 들리지 않습니다. 망령된 지식이 어지럽게 뒤섞이면 끈끈함을 풀기 어렵고 속박에서 벗어나기 어렵습니다. 두 문[二門]으로 향해 들어감을 인연하여 십계十界의 다름이 나뉘어 나아갑니다. 우리 석가의 호號는 박가범薄伽梵으로 거듭 주인과 객이 되며 육쌍대사와 서로 진술하며, 여러 근기로 20제륜諸輪을 다 들어서 궁구를 이끌어 결과를 다하고, 근본을 보여 원인을 일으켰습니다. 청정한 법행法行을 제불이 실제實際에서 같이하고, 원성圓成한 묘한 성품을 중생이 진원眞源에서 갖추게 했습니다. 그러나 사연四緣에 집착한 인식으로 말미암아 결국 하나의 성性에서 오로지 헤매게 됩니다. 전도된 반연이 되풀이되면 여러 망상이 배를 언덕에 대듯 밝음을 가리고, 행상行相이 어그러지면 작지임멸作止任滅하듯 왜곡된 말로 꾸며 댑니다. 뜻이 아무리 작아도 비추지 않음이 없고, 이치가 아무리 넓어도 포함하지 않음이 없습니다. 만장滿藏의 원음圓音이고 대승의 돈설頓說입니다.

공손히 생각하건대 전하께서는 왕위에 오르셔서 크게 아름다운 계책을 천명하고 지극한 가르침을 공경히 존숭해서 이미 여러 서적을 널리 모았지만 특히 축분竺墳에 깊이 도달했습니다. 이에 감로의 문을 넓히고 자운慈雲의 덮임을 다시 펼쳤으니, 날로 새로워지는 덕을 밝게 하고, 천종天縱의 재능을 발휘했습니다. 경전의 뜻에 계합하는 구절을 정해서 요의了義의 심법을 발휘하고, 특별히 이 경전을 내려 영전靈詮을 인도하게 했습니다. 신 등은 항해航海의 미구微漚이며 유림儒林의 말엽末葉이 외람되이 들은 바 없이 어리석은데도 선출되었으니, 치졸한 모습이 부끄럽습니다. 감히 금지金地에 올라 번역의 붓이 비로소 멈췄습니다. 판에 새겨 이미 책을 이루어 연한燕閒에 봉진하니 한번 살펴보십시오. 한문을 번역하여 언문을 지으니 부처님의 지혜가 무궁한 데로 이어지고, 성인을 기리고 하늘을 보니 보력報曆이 망극에 이르기를 기원합니다. 신 등은 격절한 병영의 소임이 지극하지 못해 진실로 황송하고 두렵습니다. 앞의 『대방광원각수다라요의경』 1부 11권을 삼가 전을 붙여 올려서 아룁니다.
-성화 원년 3월 19일 도제조 의정부 우의정 남원부원군 황수신은 삼가 전을 올립니다.[56]

책머리 내제內題에 '대방광원각수다라료의경·어정구결御定口訣·혜각존자신승신미慧覺尊者臣僧信眉·효령대군신보孝寧大君臣補·인순부윤신한계희등역仁順府尹臣韓繼禧等譯'의 글씨가 선명했다.[57]
혜각존자 신미가 원각경 번역에 주도적 역할을 맡았음을 뚜렷하게 밝혀주는 역자의 명단은 중간본부터는 같은 판본인데도 책의 제호 아래에 명기되어 있던 두 줄이 삭제되었다.[58]
『원각경언해』는 국가와 백성이 대승의 길에 들기를 바라는 세조의 마음이 담겨 있었다.

> 공손히 생각하건대 우리 주상전하께서 즉위하신지 10년인 1464년 갑신에 공덕이 이루어져 정치는 안정되고, 예는 질서를 갖추고, 악樂은 화평하여 국가가 한가하고 백성과 만물이 성하고 평안했다. 주상께서 마침내 지극한 도에 정신이 엉기고, 현교玄敎에 묵묵히 염원하여 억조창생과 함께 덕의 본을 세우고, 같이 수역壽域에 오르기를 생각하여 여래如來가 일대에 설법한 삼장三藏 12부 중에 오직 대원각大圓覺:『원각경』이 참된 돈교頓敎의 진전眞詮이므로, 정치하는 여가에 친히 구결을 정하여 한문과 언문을 다 붙여서 장차 나라 사람으로 하여금 모두 대승大乘의 도에 들 수 있게 했다.[59]

『원각경언해』는 당나라 불타다라佛陀多羅, 현장법사가 한역한 『원각경』의 본문과 규봉 종밀圭峰 宗密, 780~841의 『원각경대소초圓覺經大疏鈔』에 세조가 구결을 달았다.
혜각존자는 함허당의 주석이 붙은 『원각경소』일명 圓覺經涵虛堂得通解』를 『원각경언해』의 기본 틀로 사용했다. 이 책은 함허당이 『원각경』을 주석한 책으로 3권이다. 당시 조선에는 규봉이 쓴 『원각경대소』16권이 있었다. 그러나 이 책의 내용이 함허당의 의견과 크게 어긋나는 것이 있어 새롭게 이 책을 쓰게 되었다.

『원각경대소』에는 총설로 교기인연敎起因緣·장승분섭藏乘分攝 등의 10문으로 나누어서 총판했다. 함허당은 경의 요지를 밝히는 데 주력했을 뿐 문을 따로 나누어 해설하지 않았다. 경의 요지를 분명하게 하기 위해 『원각경』의 갖춘 이름인 『대방광원각수다라요의경』의 11자에 대해 철저하게 해석했다. 이 제목에 할애한 장수는 전체 125장 가운데 111장이 넘는다. 함허당의 깊은 불교사상이 담겨 있는 명문장이다.[60]

한편 세조는 『원각경언해』와는 별도의 언해를 하지 않은 『원각경구결』 11권 5책도 간행했다.[61]

『원각경』은 한국불교의 소의경전所依經典 가운데 한 권으로 1권 12장으로 구성되어 있다. 석가모니가 12보살과 문답한 것을 각 1장으로 구성한 것이다. 이 책이 불교수행의 길잡이가 되었던 것은 훌륭한 이론과 실천을 말하고 있을 뿐만 아니라 그 문체가 유려하고 사상이 심원하며 철학적, 문학적으로 뛰어난 작품이기 때문이다.[62]

> 세조가 간경도감에서 『원각경언해』를 인간한 뒤 자본字本을 쓴 정난종에게 물었다.
> - 『주역』과 『원각경』의 우열은 어떠한가.
> 정난종이 아뢰었다.
> - 『주역』은 세 성인의 글[三聖書 : 문왕·주공·공자 세 성인의 손을 거쳐서 된 글]인데 어찌 여기에 비하겠습니까.[63]
> 세조가 크게 노해 역사를 시켜 잡아내려 매질하려 했다. 정난종의 얼굴빛이 평상시와 같이 태연하므로 그만 두었다. 정난종은 초서와 예서에 능했고, 풍채 좋고 도량이 활달해 일찍부터 세조의 아낌을 받고 있었다.[64]

원각사 완공과 낙성 경찬회

3월 27일 원각사의 수소노를 30구□로 정하고 물고가 있는 자는 즉시 보충했다.[65]

4월 6일 원각사에 전지 300결을 주었다. 다음 날 세조가 원각사에서 경찬회를 베풀고, 어정 구결한 『원각경언해』를 펼쳐보았다. 참여한 승려가 128명이었다. 밖에서 모여든 승려 20,000명에게도 공양을 베풀었다.[66]

하늘에서 네 송이의 꽃[四花 : 석가가 『묘법법화경』을 설할 때 하늘에서 내려온 백연화白蓮華·대백련화大白蓮華·홍연화紅蓮華·대홍연화大紅蓮華.] 비가 내리고 사리분신이 있었다.[67]

400여 칸의 불당과 부속 건물이 완공되었다. 중앙에 본전이 우뚝 솟았다. 대광명전大光明殿의 액호를 내렸다. 왼쪽이 선당禪堂, 오른쪽이 운집雲集이다. 문은 적광문寂光門, 다음 바깥문은 반야문般若門, 다음 바깥문은 해탈문解脫門이라 했다. 종각은 법뢰각法雷閣, 음식을 장만하는 곳은 향적료香寂寮라 했다. 동편에는 못을 파서 연꽃을 심고 서편에는 동산을 만들어 화초를 심었다. 정전 뒤에는 장경장藏經을 장치, 해장전海藏殿이라 했다. 또 13층의 탑[窣覩婆]을 세워 분신사리와 새로 언해, 번역한 『원각경』을 봉안했다. 전당殿堂·요사寮舍·창고·주방[廚湢]이 각각 위치와 순서를 얻어 규모가 넓고, 장대했다. 금벽金碧이 찬란하게 휘돌아 들었다. 그 선명하고, 장대한 아름다움은 비할 데 없었다. 더욱이 건추[犍椎 : 목어·운판·범종·북]와 항시 사용하는 집기에 이르기까지 모두 빠짐없이 갖추어졌다.[68]

4월 8일 운수천인도량雲水千人道場을 베풀었다.[69] 감로의 기이함이 있어 백관이 축하의 인사를 올렸다. 강도 외의 죄를 사면해 주었다.[70]

새로 번역한 『원각경언해』를 전독轉讀하며 낙성했다. 세조가 친히 도량에 나아가 시종, 신료와 외지에서 빙문聘問온 자들이 모두 들어와 예를 드리게 했다. 이때 오색구름이 떠돌고 하늘에서 꽃비가 내리며, 흰 용이 공중에서 꿈틀거리고, 두 마리 학이 구름 사이에 오락가락하며, 아름다운 상서가 밀려들었다. 만인이 모두 볼 수 있었다. 그래서 특히 사승寺僧에게 쌀과 피륙을 내려주었다.[71]

원각사 여러 승려가 효령대군에게 김시습이 반드시 참석해야 한다고 말했다. 3월 그믐에 효령대군이 세조께 그를 부르도록 청했고, 세조가 허락했다. 김시습은 "좋은 모임은 늘 있는 것이 아니고, 번창하는 세대는 만나기 어렵다. 달려가 치하하고 곧 돌아와 여생을 마치리라." 생각하고 상경했다.

김시습이 「원각사낙성회圓覺寺落成會」라는 찬시를 지어 당대의 현실을 성대聖代로 인정했다.

시가에 버려졌던 절터가	給園初敞市街前
성군의 큰 계획으로 만만년 가게 되었네	聖曆鴻圖萬萬年
솜옷에 둥근 머리 부처님 만나는 날,	毳服圓顱逢竺日
치건에 도포 입고 요순시대를 송축하네	緇巾曲領頌堯天
향연은 어가 따라 너울거리고	香煙裊裊隨龍駕
서기는 불상을 감싸 면면하구나	瑞氣絲絲繞佛邊
일민이 참여할 줄 누가 알았으랴	誰信逸民參盛會
오색 구름 꽃 속에 주선함이 즐거워라	五雲朶裏喜周旋[72]

세조가 김시습에게 계권契券 : 출가해 수계한 자에게 관에서 급여한 도첩을 하사했다.

불법 널리 반포 요임금 때 같은 태평시절에 가깝고	掀飜佛法堯天近
왕도정치의 강령 넓혀 순임금의 날 펴셨네	恢廓王綱舜日舒[73]

김시습이 예찬시로 화답했다. 세조가 불의의 방법으로 왕위를 찬탈한 것에 대해서는 분노했지만, 태평성대가 오기를 바랐다. 효령대군이 찬시를 세조께 바쳤다.

- 이 찬시는 매우 훌륭하다. 환궁한 뒤 매월당을 만나볼 것이다. 그 때까지 원각사에 머물러 있게 하라.

그러나 매월당은 세조를 만나고 싶지 않았다. 오로지 산수를 즐기며 쉬고 싶은 마음뿐이었다. 말없이 원각사를 떠나 경주 금오산을 향해 길머리를 잡았다. 가는 도중에 두, 세 번 부름을 받았으나 끝내 질병을 핑계로 응하지 않고 금오산으로 돌아갔다.[74]

길 위에서 소명에 응하지 않은 사연을 적어 올렸다.

> 소신은 이미 금오산에 은퇴, 조용하게 지내는 것을 마음 편하게 여겼습니다. 홀연히 효령대군의 편지를 받고 겸하여 성지聖旨를 받들게 되니 감히 질병만을 이유로 거절할 수 없어서 즉시 달려와 성회盛會를 치하했습니다. 이제 불사도 끝났으니 장차 호연浩然히 돌아가고자 했으나 다시 성조聖詔를 입게 되니 황송하기 이를 데 없습니다.[…] 이번에 성상聖上의 부르심을 받고, 황공하고 감격하여 명령대로 서울에 오기는 했습니다. 그러나 예에 따라 받는 은혜는 이미 분수에 지나친 것이며, 질병이 든 몸으로써 어떻게 억지로 행동할 수 있겠습니까. 감히 하명을 받들지 못하고 부축을 받으며 길을 떠나 절반 쯤에 이르렀습니다. 엎드려 바라건대 영원히 떠난 엄광嚴光 : 한나라 광무제의 친구. 광무제가 숨어 사는 그를 찾아가 벼슬을 주었으나 끝내 사양하고 부춘산에 은퇴한 고사의 항절抗節을 인정해 주시고 회련懷璉 : 송나라 때의 승려. 정원원에 있다가 사명산으로 들어갔처럼 한가롭게 지내라는 조칙을 내려주시고, 자비로운 은혜를 베풀어 산야에 버려져 있게 해 주십시오.[75]

4월 11일 세조가 원각사에 행차, 훈계의 글을 내렸다.

> 나와 같은 뜻을 가진 사람이 청정한 신심을 냈다면 망령되게 미혹에 빠지지 말라. 망혹妄惑이 생겨나는 곳은 모두 인연의 티끌이다. 인연의 티끌이 모이고 거듭 흐려져서 산을 이루게 되면 필경 막혀서 맑음을 소홀히 하고 밝음이 사라질 것이다. 그것을 없애고자 한다면 삼태기와 삽을 함께 사용하라. 마치 큰 바다를 모기떼가 휩쓸고 가면서 동시에 마셔도 모두 충족함을 얻는 것과 같다. 스스로 포기하지 말고 표침漂沈을 없애 깨달음에 이르겠다고 맹세코 서원하면 그것은 여기에 있으리라.[76]

세조가 5일 동안 원각사 어실御室[77]에 머물며 국력을 집결해 진행시킨 대규모의 불사가 끝나는 순간을 즐겼다. 낙성회에 참여한 승려에게 물건을 내려 주었다. 기로耆老·유생儒生·여기女妓 등이 가요歌謠를 올렸다. 어가가 경복궁에 이르렀을 때 백관이 또 사리의 여러 가지 상서로운 기이함이 있어 진하했다.[78]

원각사에서 종을 주조하고 남은 쇠 190근 8냥과 풀무간爐冶에서 모은 찌꺼기 쇠滓鐵 525 상자는 모두 진토塵土와 섞여 회계하기 어려워 담당자가 숫자를 잘못 계산해 기록했다. 공조낭관이 현장에서 불을 붙여 녹이는 일을 직접 감독, 회계에 기록하게 해달라는 호조의 청을 받아들였다.
7월 23일 세조가 사정전에서 상참을 받은 뒤 구치관, 노사신 등과 간경도감의 대창大倉을 더 짓는 일에 대해 의논했다.

- 토목의 역사를 자주 일으킴은 옳지 못하나 군영軍營을 징계하며 지키는 일과 대창 등의 일은 이어져야 한다. 새로 짓는 일을 꺼려 머뭇거릴 까닭이 없다. 최근에 벌인 원각사의 역사는 조금 지나쳤다.

7월 29일 공조판서 김수온이 늙고 눈이 어두워 일을 처리하기 힘들다며 물러갈 뜻을 내비쳤다. 세조는 허락하지 않았다.[79]

8월 13일 윤사흔을 공조판서, 김수온을 동지중추원사에 임명했다. 원각사 불사의 연화緣化를 사칭, 조성제조의 명문明文과 인신印信을 만들어 마을로 돌아다니며 재물과 뇌물을 수렴하는 사장社長 : 사창社倉을 운영하던 우두머리이 있었다. 세조가 속인이든 중이든 가리지 말고 잡아 가두라고 각 도의 관찰사에게 유시했다.[80]

세조,『주역』과 경서 구결에 집중

불전 언해가 마무리됨에 따라 세조의 관심은 경서經書의 구결과 언해 사업으로 넘어가고 있었다. 태종과 세종도 경서 구결의 필요성을 절감하고 사업을 전개한 적이 있었다.

> 세종이 변계량에게 말했다.
> - 옛날 태종께서 권근에게 오경五經에 토吐를 달라고 명했다. 권근이 사양했으나 허락하지 않았다. 권근이『시경詩經』·『서경書經』·『역경易經』의 토를 달았다. 그러나『예기禮記』와『사서四書』에는 토가 없다. 후학들이 본래의 뜻도 잘 모르고 여러 생도를 가르칠까 염려된다. 권근의 구결로 가르치면 유익할 것이다.

변계량이 대답했다.
- 권근도 사양했는데 하물며 소신이겠습니까. 『사서』는 어릴 때에 배웠으나 『예기』는 배우지 않았습니다. 글이 자질구레하고 번거로우며 뜻도 방통旁通하여 한 가지로 집정執定할 수 없습니다. 선유先儒도 "『예기』는 한漢나라의 유자들이 불탄 나머지를 주워 모았기 때문에 말이 자세하지 않은 것이 많다."고 했습니다. 고정考定하기가 어려울 것 같습니다.
우의정 맹사성이 아뢰었다.
- 토가 있으면 배우는 자가 힘써 연구하지 않을까 걱정됩니다.
세종이 말했다.
- 정자程子·주자朱子도 배우는 자가 경서의 깊은 뜻에 통달하지 못할 것을 염려해서 주해註解를 붙여 알기 쉽게 했다. 지방의 교도敎導가 이것을 가지고 가르친다면 도움이 될 것이다.[81]

태종의 명에 따라 권근이 만든 『삼경三經』의 구결 원고가 세종대까지 전해지고 있었다. 세종은 『예기』와 사서에 구결을 달도록 명했지만, 연구하여 정하기가 어렵다며 변계량은 사양했다. 맹사성은 구결을 확정할 필요가 없다고 주장했다. 세종은 우리나라의 구결로써 가르친다면 유학의 교육에 유익하다고 반론을 편 뒤 사서의 구결 사업을 시작했다.

세종은 훈민정음을 창제한 이후에도 1448년세종 30 3월에 『사서四書』언해 사업을 추진했다. 그러나 구결을 확정하는 단계였고, 그조차 완결을 보지 못했다.

세조는 세종의 유지를 받들어 『능엄경언해』 등의 불경 언해서에 직접 구결을 다는 한편으로 『초학자회』 주석김구·최항·한계희 등, 1458년 10월, 『잠서』언해최항 등, 1461년 2월, 『명황계감』 언해이승소·양성지 등, 1461년 8월 등의 사업을 추진해 오고 있었다.

9월 26일 세조는 『주역』을 앞머리에 두고 경서의 구결사업에 힘을 쏟기 시작했다. 저녁에 비현합에서 성균사예 정자영·직강 유희익·이조판서 한계희·호조판서 노사신·이조참판 강희맹을 불러 『주역』의 구결을 의논했다. 밤중이 되어서야 파했다.

세조는 오래전부터 정자程子의 주석에 따라 구결을 달았고, 권근의 『주역』 구결과의 차이점에 대해서도 비교, 분석하고 있었다. 스스로 확정한 구결을 논의에 활용하며 보완에 들어갔다.

9월 27일 상참을 받고 좌참찬 최항에게 일렀다.

- 어제 정자영·유희익 등과 『주역』을 강론하고 밤이 깊어서야 파했다. 그 이치가 무궁하다. 지금 조정 신료 중에 『주역』의 이치를 아는 있는 자를 파악해 아뢰라.[82]

10월 들어 문신과의 강독과 토론을 통해 점검하는 한편 인재 육성에도 활용했다

> **# 1. 정자程子의 주석** 성균관 사예 정자영, 직강 구종직·유희익, 주부 유진을 불러서 모두 앞에 나와 『주역』을 논하라고 명한 뒤 전교했다.
>
> - 네 사람이 뜻과 이치를 정밀하게 밝히라. 내가 은총으로 대접, 여러 선비를 권려할 것이다. 내가 『역전易傳』을 읽었다. 『정전程傳』은 잘 통하나 『주전朱傳』은 간혹 의문이 들었다. 주희가 정자를 따라가려면 아득할 지경이다. 그러므로 『정전』으로 구결을 정했다.
>
> 네 사람이 어정구결御定口訣을 가지고 서로 논변했다. 정자영·유희익은 장구章句에만 구애되었고, 유진은 조금 능숙하게 대답하나 임금의 뜻을 어기기 어려워 주희를 정자의 아래에 가는 사람이라고 했고, 구종직은 취해서 횡설수설하며 정자영을 주희와 어울린다고 했다.[83]
>
> **# 2. 좌, 우로 나누어 논강** 어정한 『주역구결』과 양촌 권근의 구결의 다른 곳을 표標를 붙이어 좌우에 나누어 주었다. 전강殿講하는 날마다 시비를 논강하게 했다.
>
> ⊛ 좌 : 겸예문 정난종·유순·김계창·정효상·김유·박시형·이경동·배맹후·최자빈·조지·이익배·성진·유진·이측·손소·최한량·성현
>
> ⊛ 우 : 유윤겸·어세겸·어세공·권계희·유문통·이맹현·홍귀달·이숙감·이봉·정휘·이승녕·민수·최숙정·손비장·이육·허선·박효원[84]

젊고, 유능한 인재는 세조의 바닷가에서 바다의 깊이를 가늠하기 위해 열과 성을 다하고 있었다. 세조는 겸예문직 유신들이 긴장하고 있을 때 술자리를 베풀어 풀어주었다. 구결 사업의 결실을 보기 위함이었다.

비현합에서 효령대군·영응대군, 여러 종친과 봉원부원군 정창손·좌의정 구치관·우찬성 박원형·좌참찬 최항·이조판서 한계희·판한성부사 이석형·호조판서 노사신·인순부윤 성임·이조참판 강희맹·행 상호군 김예몽·한성부윤 이파가 입시했다. 세조가 술자리를 베풀었다. 술이 수차례 돌자 겸예문 정난종 등을 부르라고 명한 뒤 일렀다.
- 이 사람들은 모두 재주 있는 선비다. 『주역구결』을 강하게 하여 이기는 자는 자급을 더하고, 지는 자는 깎겠다. 종친과 재추는 함께 묻고 답하는 것을 보라.
정난종 등이 비현합에 들어 좌우로 나누어 앉아 묻고 답했다. 이어 유생 임사홍 등 5명이 경서를 강講했다.[85]

『주역』의 강론은 때로는 입장을 나누어 토론을 벌이고, 토론의 승패 여부가 직급 승진이나 가자에 활용되었다. 세조는 세자의 훈육에도 신경을 썼다. 부왕이 불교에만 깊게 걸려 있는 것이 아니라, 경서의 구결과 번역을 통해 유학의 교육과 진흥에도 힘을 쏟고 있음을 새겨 둘 필요가 있었다. 그 첫 사업에 난해하고, 접근하기 어려운 『주역』의 구결을 들고 나온 이면에는 세조의 치밀한 전략이 깔려 있었다.

사정전에 나아가 상참을 받고 정사를 보고, 술자리를 베풀었다. 조금 뒤에 세자가 입시해 술을 올렸다. 세조가 말했다.
- 내가 장차 『주역』의 구결을 정한 뒤 너를 데리고 성균관에 갈 것이다. 소왕素王께 석전釋奠하고, 너에게 유관儒冠을 씌워 유생과 함께 앉아서 경서를 펴놓고 묻고 답하게 한 뒤 크게 잔치를 베풀 것이다.[86]

세조는 주역 구결과 함께 다른 경서와 『소학』에도 일정한 구결을 달 생각이었다. 앞선 여러 학자의 경서 구결에 대한 자료를 수집, 깊게 연구한 것도 활용하고 있었다.

우리나라의 선유先儒가 정한 『사서오경』의 구결과 정몽주의 『시경』 구결을 널리 구하라고 예조에 명했다.[87]

권근의 『주역』 구결과 함께 정몽주의 『시경』 구결이 전해지고 있었다. 세조는 완전한 구결의 확정이 경학의 교육에 도움이 됨을 누구보다 명확하게 파악하고 있었다.

한 해의 끝으로 접어들 때까지 세조는 비현합과 사정전에서 겸예문 유신과 함께 『주역』의 구결에 매달렸다. 비현합에서 풍정을 올릴 때도 술에 반쯤 취해 겸예문 유신을 불러 『주역구결』을 강하게 한 뒤 보덕 정자영에게 갖옷 1령을 하사했다.[88]

젊은 신료는 서로 경쟁하고, 협력하며 세조의 질문에 답하기 위해 밤낮을 잊고 있었다. 일에 상당한 진척이 있음을 확인한 세조가 잔치를 베풀어 격려했다.

#1. 겸예문 유신이 『주역』의 구두句讀에 매우 정통하니 참으로 기쁘다. 금후로는 내가 친히 정한 구결을 주어서 다 보게 하라.[89]

#2. 겸예문 유신을 불러 『주역구결』을 논하게 한 뒤 일렀다.
– 정묘하고, 이미 난숙해졌다. 내가 사랑하고 중하게 여긴다.[90]

화보4 묘각왕사 수미의 입적과 『벽암록』 간행

1465년세조 11 월출산 도갑사에서 꺼져가던 선의 등불을 밝히며 종풍을 크게 진작했던 묘각왕사妙覺王師 수미가 제자를 불러 종문의 대사大事를 부촉한 후 입적入寂했다. 세수 63세, 법랍 51세였다. 절의 동쪽 산기슭에 부도탑을 세우고, 덕을 기록한 비석[紀蹟碑]을 세웠다.[91]

화보4-1

세조는 스님께 예를 갖추고 받들어 맞이하여 왕사로 책봉하고, 묘각妙覺이라는 호號와 자색 가사 한 벌과 코끼리 털의 불자拂子, 유리 구슬 여러 개를 하사했다. 또 빈번히 친서를 보내 안부를 물었다. 진신搢紳하고 봉액縫掖한 공경대부로부터 묵수墨綬와 동부銅符 등의 관인에 이르기까지 서향하고 꿇어앉아 법을 묻거나 북쪽을 향해 예배하는 사람을 일일이 다 이를 수 없다. 스님은 한 시대의 존중을 받았다.[92]

한편 간경도감에서 김수온이 중국에서 들여온 『벽암록碧巖錄』을 을유자로 찍어냈다. 『벽암록』은 선禪의 진수, 불교문학의 결정판이었다.[93] ※ 화보5

세조, 성균관에서 『주역구결』 반포

1466년세조 12 1월 15일 의정부는 영의정부사를 고쳐서 영의정으로 하고, 관제官制를 다시 정했다.[94] 세조는 작년에 세자에게 한 약속을 지키기 위해 예조에 전지했다.

- 친히 문선왕文宣王 : 공자을 제사하고 명륜당에서 『주역구결』을 반포, 세자가 치열齒列 : 여러 사람들 틈에 끼임하여 글제[題]를 내어 선비를 뽑고 잔치를 열 것이다. 여러 도에 글을 보내 알리라.[95]

세조는 재추에게 나누어 『사서』와 『오경』, 『좌전』의 구결을 내게 하고, 또 여러 유신에게 교정의 명을 내린 적이 있었다. 경서의 구결이 교정 단계까지 이르고 있을 때 세조는 효령대군과 영의정 신숙주, 좌참찬 최항, 이조판서 한계희, 호조판서 노사신 등과 함께 내전에서 술자리를 베풀었다. 이 자리에서 경서에 구결을 달고, 교정을 본 낭관을 불러 강론했다. 처음 구결을 단 자가 서로 번갈아 가며 어려운 대목을 묻게 했다. 지는 자에게는 술로써 벌을 줬다.

2월 12일 세조는 성균관에 거둥, 새로 만든 『주역구결』을 반포하는 의식을 영의정 신숙주, 좌참찬 최항 등과 의논해 정했다.[96]

세조가 경서의 본문에 구결을 다는데 얼마나 공을 들였고, 최항이 어떤 역할을 했는지 구결 사업에 동참했던 서거정이 최항의 비명碑銘에 상세하게 풀어두었다.

> 세조께서 일찍이 "동방의 학자들의 어음語音이 정확하지 못하고 구두句讀가 분명하지 않아서 권근과 정몽주의 구결이 있으나 오류가 오히려 많아 낡은 사상을 가진 쓸모없는 유생과 속된 선비가 잘못 전하고 그릇됨을 이어간다."고 탄식했다. 드디어 정인지·신숙주·최항·구종직·김예몽·한계희·서거정 등에게 오경과 사서를 나누어 주며 옛 것을 상고하고 지금 것을

증거, 구결을 정해서 올리도록 명했다. 세조께서 또 여러 신하를 불러 모으시고 강론이 동일하지 않는 것에 친히 예재睿裁 : 임금의 결재를 가하셨다. 최항이 좌우에서 매양 고문顧問을 받아 매우 세밀하게 분석, 응대함이 소리에 메아리가 따르듯 하고 모든 중의衆意에 만족했다. 세조께서 좌우에 눈짓하며 "참으로 천재로다."고 했다.[97]

3월 5일 세조가 성균관에 거둥했다. 세자와 효령대군 등의 종친과 하동부원군 정인지, 영의정 신숙주, 좌참찬 최항, 중추부 동지사 김수온·서거정, 이조판서 한계희, 대사헌 양성지, 호조판서 성임 등이 수가隨駕했다. 세조가 문선왕文宣王 : 공자에게 알묘謁廟하고, 친히 정한 『주역구결』을 반포했다. 세자를 여러 생도 가운데 들게 하고 크게 향연을 베풀었다. 먼 지방의 유생이 구름처럼 모여서 응시자가 3,000명에 이르렀다. 문과중시를 행했다. 그러나 행사 중간에 비가 내려 일정을 마무리하지 못하고 환궁했다.[98]

이날 성균관에서 내려준 『주역구결』은 을해자로 찍어낸 강녕전구결康寧殿口訣의 『주역전의周易傳義』 20권였다.[99] 최항·신숙주·양성지 등 집현전 출신 문인과 겸예문직의 젊은 학자의 합작으로 편찬된 것이다.

세조, 오대산 상원사 순행

세조가 오대산 상원사 낙성식에 일정을 맞추고 강원도 순행에 나섰다. 충청도 속리산 복천사로 행행한 지 2년 만이었다.

3월 16일 세조가 중궁과 더불어 강원도의 고성탕정高城湯井으로 순행을 시작했다. 이윤손을 내금위장內禁衛將, 정식을 사자위장獅子衛將, 허형손을 공현위장控弦衛將, 민신달을 장용대장壯勇隊長, 오자경을 착호장捉虎將, 물거윤勿巨尹 이철을 치중장輜重將, 의빈 정현조를 잡류장雜類將으로 삼았다.

세자가 영응대군·밀성군·영순군·사산군·영의정 신숙주, 좌의정 구치관, 남양군 홍달손, 좌참찬 최항, 중추부지사 강순, 동지사 김수온·김국광·윤흠, 이조판서 한계희, 호조판서 노사신, 중추부동지사 임원준, 파산군 조득림, 병조참판 박중선 등과 더불어 수가隨駕했다. 백관이 시복 차림으로 도문都門 밖 길 왼쪽에서 지송했다.

양주의 회곡천에 이르렀을 때 경기관찰사 윤자, 절도사 김겸광, 도사 허적이 조복 차림으로 대가를 맞이해 포천의 매장每場에 이르렀다.[100]

3월 17일 철원 경계에 이르렀다. 검중추 한방지가 사슴과 꿩을 올렸다. 후하게 음식을 먹이고 유의襦衣 한 벌을 하사했다.

3월 18일 길옆의 전지에 화곡禾穀을 밟아서 상하게 한 자는 3품 이하는 장 80대에 처한다고 전교했다. 금화의 소리천에 이르렀다.[101]

3월 19일 금성의 궁천에 이르렀다. 의금부에 명해 승전환관 안중경을 국문하고 태笞 30대를 때렸다. 환관 이득수가 견마배牽馬陪 : 사복시에 속한 관직. 말고삐를 잡고 임금을 모시고 따라다니는 일을 맡았다를 마음대로 매질했기 때문이었다. 3월 20일 금강산 동구에서 머물렀다.[102]

3월 21일 세조가 금강산 장안사長安寺와 정양사正陽寺에 거둥했다. 돌아오는 길에 표훈사表訓寺에 들러 수륙회에 동참했다. 간경도감의 도제조 효령대군이 주관하고 있었다. 감로와 우화가 내리고, 서기와 이향이 어리었고, 방광이 일어 계곡을 환하게 감쌌다. 쌍학이 날고, 기이한 사리분신이 있었다. 호조에 전교를 내려 중미中米 300석과 찹쌀 10석, 참깨 20석을 금강산의 여러 절에 시주하라고 했다.

3월 22일 햇무리가 있었다. 백관이 장안사·표훈사의 상서祥瑞를 진하했다. 강도와 절도 이외의 죄를 사유했다. 저녁에 회양의 화천평에서 머물렀다.[103]

3월 23일 햇무리가 있었다. 새벽에 거둥해 통천에 이르렀다.

3월 24일 통천의 과야천에 이르렀다. 종친과 재상을 불러 술자리를 베풀었다. 저녁에 불을지 들판에서 머물렀다.[104]

3월 25일 원천에 이르렀다. 저녁에 고성온정高城溫井의 행궁에서 머물렀다. 다음 날, 온정의 욕실에 들었다.[105]

강희맹, 「금강산서기송」을 올리다

3월 27일 예조참판 강희맹이 문안하고 「금강산서기송金剛山瑞氣頌」을 지어 올렸다.

> 신이 3월 21일 금성현에 이르러 하늘을 우러러 보니 동북방에 황색 구름이 휘감아 돌며 자욱하게 끼어 햇빛을 감추었습니다. 순간 상서로운 바람이 공중을 쓸어 하늘 모양이 조금 드러나자 누런 구름으로 있던 것이 흰 서기로 변해 갈라져서 다섯 가지가 되었습니다. 맨 끄트머리가 조금 구부러져서 모양이 두라수兜羅手가 오륜지五倫指를 구부린 것과 같고, 자유자재로 나가고 물러서며 뒤집어졌다가 바로 되는 것이 방향이 없는데다가, 또 길게 펴지고 끌어서 바로 천복天腹 : 상서로운 일에 걸쳐서 서북으로 향했습니다. 또 남방에 흰 기운이 평평하게 펴져서 밝게 빛나는데 푸른 햇무리가 여기저기 흩어져 있어서 비단 무늬처럼 찬란하고, 햇빛이 밝게 빛나서 산천초목이 금빛 세계로 변했습니다. 근래에 서응瑞應이 비록 많았으나 신이 목격한 바로는 이것이 가장 빼어났습니다. 좌우에 있는 사람에게 물으니 상서로운 구름은 바로 금강산에 머물렀고, 전하께서 산기슭에 주필하던 날이었습니다. 신은 기쁘고 즐거워 뜰아래에서 예를 올립니다.[…] 아아! 하늘과 사람이 멀고 막혀서 감응의 이치가 작은데 한결같은 정성으로 공경하는 느낌이 '부처님의 하늘 세계[佛天]'를 통해 이러한 특수한 감응을 이루었으니 그 이치는 무엇이겠습니까. 대개 정성이 지극하면 도가 반드시 이루어진다고 했습니다. 이는 부처와 더불어 무엇이 다르겠습니까. 부처와 부처가 서로 뜻을 함께 하는 것은 매우 쉬운 일입니다. 이는 전하께서 여러 번 신변神變을 얻어 고금에 밝게 빛난 까닭입니다. 신은 어떤 다행으로 눈으로 보게 되었으니 삼가 손 모아 절하고 머리 조아려 이에 송을 짓습니다.[106]

3월 28일 햇무리가 일었다. 왕세자가 명을 받고 행궁 동쪽 교외에서 매사냥을 했다.

3월 29일 충훈부에서 여천군 이몽가를 보내 문안을 올렸다. 효령대군이 표훈사에서 사람을 보내 사리를 올리고 상운祥雲과 서기, 우화의 기이함이 있었음을 아뢰었다.[107]

윤3월 4일 전교를 내렸다.
- 금월 26일 오대산 행영行營에서 문·무과를 시험할 것이다. 중외에 널리 알리라.[108]

윤3월 6일 유점사楡岾寺로 거둥할 때 소나기를 맞았다.[109] 밤에 행궁으로 돌아왔다.

『능엄경』을 읽지 않은 어세공·유진 파직

윤3월 7일 의정부에서 형조참판 이계손을 보내 문안을 올렸다. 세조가 정효상·어세공·유진을 불러 『능엄경』을 강하게 했다. 어세공과 유진의 논강이 더뎠다.
- 너희가 명을 받아 경을 읽으며 집중하지 않고 있다. 이는 무슨 마음인가.
어세공은 말이 없었다. 유진이 대답했다.
- 명을 받은 날이 얼마 안되고, 일이 번거로워 마음을 다하지 못했습니다.
- 명을 받은 날은 얼마 안되나 내가 이미 명을 내렸는데 어찌 읽지도 않았느냐.
- 신이 과거에 오르지 못해 그 일에만 신경을 썼기 때문에 다른 데 미칠 겨를이 없었습니다. 벼슬한 뒤로는 직사에 여가가 없어서 아무리 읽고 싶어도 읽을 수 없었습니다.
세조가 장 30대를 쳐서 그 사유를 묻게 했다. 중추부 동지사 정식과 좌승지 윤필상에게 명해 의금부에서 또 장 30대를 친 뒤 물었다. 어세공과 유진이 대답했다.
- 사무에 겨를이 없어서 부지런히 읽을 수 없었습니다. 어찌 다른 뜻이 있겠습니까.
세조가 행궁의 감옥에 가두라고 명했다.[110]

윤3월 8일 세조가 생해채生海菜 : 생미역를 올리라고 명했다. 사옹원에서 아뢰었다.
- 요사이 강원도에서 올라오지 않아 진상할 수 없습니다.

관찰사 이윤인을 불러 전교했다.

- 옛날에 공자는 번육膰肉을 보내지 않는다고 즉시 떠났다. 생미역이 비록 작은 물건일지라도 신하가 위를 받드는 마음이 어찌 이와 같은가.

이윤인이 울면서 대죄했다. 세조가 듣고 웃었다. 어세공과 유진의 직을 파하고 석방한 뒤 좌승지 윤필상에게 전교했다.

- 너희가 『능엄경』을 받아 읽은 날이 이미 오래되었고, 강론하라고 했다. 그런데 명을 가볍게 여기고 서로 돌아보며 말이 없었다. 만약 부처를 좋아하는 것을 잘못이라고 한다면 마땅히 "임금의 잘못된 마음을 바로잡지 않을 수가 없다."며 마음을 다해 극진히 간해 고쳐 깨닫는 것이 직책에 맞는 일이다. 어찌 밖으로는 복종하고, 속으로는 그르다고 여기느냐. 법에 따라 죄를 물어야겠지만 모두 용서한다.[111]

윤3월 9일 세조가 호조에 전지했다.

- 금강산에 올랐을 때 신령한 상서로움이 많이 나타났다. 해마다 산중의 모든 절에 쌀 100석과 소금 50석을 내려 주라.

윤3월 11일 간성의 명파역에서 머물렀다.[112] 건봉사乾鳳寺에 행차, 원당인 어실각御室閣을 지으라고 명했다. 전답을 하사, 부처를 공양하고 작법하는 곳으로 삼았다.[113]

※ 화보6.
6-1

왕이 친히 짓고 쓴 발원문을 내리고,[114] 본사 원당에 봉안한 뒤 침범하지 말고 요역을 주지말 것을 명했다.

윤3월 12일 저녁에 간성군의 토성 들판에서 머물렀다.

윤3월 13일 양양 낙산사洛山寺에 거둥했다.[115] 의상義湘의 화엄사상이 깃든 관음신앙의 성지였다.[116]

태조가 왕위에서 물러난 뒤 낙산사에 행차해 능엄법회楞嚴法會를 베푼 적이 있었다.[117] 이후 봄과 가을에 걸쳐 신하를 파견, 재를 올렸다. 이후 갑령甲令: 항상 하는 일으로 남겨 후대의 왕도 반드시 봉행하도록 했다.[118] 척불에 앞장섰던 태종도 부왕의 뜻을 받들어 낙산사에서 자연재해를 막기 위한 왕실 차원의 재를 두 차례 봉행했다.[119]

세조는 관세음보살상에 예경한 뒤 이어 태조께서 남긴 발자취를 돌아보고 하룻밤을 머물렀다. 그날 밤, 낙산사 중창 불사의 서원을 냈다.[120]

윤3월 14일 강릉의 연곡리에서 머물렀다. 농가農歌를 잘하는 농민을 모아서 장막 안에서 노래하게 했다. 양양의 관노 동구리가 가장 잘 불렀다. 악공의 예에 따라 아침저녁으로 먹이고, 유의襦衣 한 벌을 하사했다.[121]

윤3월 15일 강릉의 구산역, 16일 오대산 동구에서 머물렀다.[122]

세조, 오대산 상원사 낙성 개당식 거행

신라의 자장율사는 중국 산서성 오대산에 들어가 화엄과 율학을 공부하고 돌아와 오대산을 문수 신앙의 중심으로 삼았다. 문수보살은 오대산의 다섯 봉우리 가운데 맨 가운데인 중대中臺에 머물고, 동대는 관음觀音, 서대는 미타彌陀, 남대는 지장地藏, 북대는 석가釋迦가 머문다고 여겼다. 태조 이성계는 조선을 건국, 후손을 복되게 했다. 정사의 번거로움을 피해 왕위에서 물러나 멀리 오대산까지 친히 왕림, 승려 운설악雲雪岳의 요청에 따라 빈 터만 남아 있던 사자암獅子庵을 다시 세워 왕실의 원찰로 삼았다. 오대산이 생긴 이래 최고의 영예였다.[123]

※ 화보7

세조와 자성왕비 윤씨, 정빈 한씨는 오대산 상원사의 중창 불사를 아낌없이 지원했다.

> 강릉에는 예로부터 봉전封田 수백 결이 있었다. 혜각존자가 절에 귀속시켜 달라고 청했다. 수전水田으로 만들어 해마다 수백 석을 파종하고, 결실 맺은 것을 수확하여 상주하는 스님의 살림을 도왔다. 정빈 한씨인수대비가 절에 탱화를 조성하고자 조租 150석, 선고비先考妣를 위하여 매일 저녁 시식施食하도록 조 60석을 공양미로 올렸다. 세조가 절의 불사가 끝났다는 소식을 듣고 또 쌀 500석과 포 1,000필을 하사, 의발衣鉢·좌구座具·탕약湯藥 등 사사四事를 두루 갖추게 했다. 운韻을 잘하는 스님 52명을 모아 낙성법회를 크게 베풀었다.[124]

학열은 1년에 걸친 중창 불사를 마무리 짓고 낙성회 준비에 전념하고 있었다.

불전의 동서에 모두 상실上室을 두었다. 학열은 별도의 거처를 정교하게 만들었다. 상실의 양쪽 벽을 헐어 가리개[障子]로 대신했다. 만약 큰 법회를 열고 정진할 때 양쪽의 가리개를 들어 올려 불전과 상실이 확 트여 하나가 될 수 있도록 했다. 남쪽 회랑 사이에 5칸의 누각을 지어 종과 경磬 등의 도구를 두었다. 그 아래에 문을 내어 출입하게 했다. 동상실東上室의 동쪽에 나한전羅漢殿, 서상실西上室의 서쪽에 청련당靑蓮堂을 지었다. 또한 청연당의 서쪽에 재실齋室, 부엌, 승당僧堂, 선당禪堂, 창고, 목욕실을 두었다. 터에 맞게 건물을 배치했다. 사용된 기둥은 모두 56개였다. 창고의 옆에는 바위를 뚫어 돌확을, 나무를 깎아내어 통桶을 만들었다. 차가운 물이 빠르게 흘러 내려와 아무리 써도 마르지 않았다. 일용 집기 등을 넉넉하게 갖추었다.[125]

윤3월 17일 세조가 중궁과 함께 산 아래 성오에서 상원사로 행행했다. 세자와 효령대군, 영응대군, 물거운 이철, 사산군 이호, 영의정 신숙주, 상당군 한명회, 좌의정 구치관, 인산군 홍윤성, 중추부동지사 김수온·김국광, 이조판서 한계희, 호조판서 노사신 등 문무신료가 호종했다.[126]

이날 낙성 개당식開堂式에 가는데 산수는 수려하고 골짜기는 맑고 깊었다. 전각과 요사채는 정밀했다. 승도가 가지런히 늘어서 맞이했다. 모든 법기法器를 일제히 올리고 범패梵唄를 함께 울렸다. 세조가 몸소 불전에 이르러 세 번 향을 사르고, 절을 올렸다. 또한 시종하는 신료의 막배膜拜：땅에 무릎을 꿇고 손을 들어 절함를 허락했다. 이어 학열을 불러 한참 동안 이야기했다. 학열은 산중의 고적故跡을 거론하고, 상원사의 흥폐와 시말, 불조佛祖가 동서에 은밀하게 전한 심법의 요결要訣을 아뢰었다. 말의 흐름이 신속하고 예리했으며, 이치는 깊고 오묘했다. 말이 모두 임금의 뜻에 맞았다. 세조가 크게 기뻐하며 내탕금과 베, 비단을 내려 법회를 빛나게 했다.[127]

세조는 하산하는 길에 호위하던 신하를 물리고 고려말 선풍을 드날렸던 나옹懶翁 화상의 진영을 모신 영감암靈鑑庵에 들렀다.[128] 혜각존자의 스

승 함허당과 인연이 깊은 곳이었다.[129]

> 함허당이 1420년세종 2 가을에 강릉 오대산에 들어가서 여러 성인에게 공양하고, 영감암에 나아가서 나옹의 진영真影에 제사를 올렸다. 이들 밤을 이 암자에서 잘 때 꿈에 어떤 신승神僧이 나타나 기화己和라는 이름, 득통得通이라는 호를 내렸다. 함허당은 예를 올리고 공손하게 받든 뒤 홀연 꿈에서 깼다. 몸과 마음이 맑고 깨끗했다.[130]

세조는 혜각존자가 왜 영감암으로 이끌었는지 잘 알고 있었다. 나옹선사의 선풍을 오롯하게 이어받은 함허당이 공들여 저술한 『금강경오가해설의』를 떠올렸다.[131]

> 1448년세종 30 세종께서 『금강경오가해설의』를 친람하고 극구 칭찬한 뒤 수양대군에게 번역하라 명한 뒤 직접 읽어보고 편차를 정했다. 그러나 탈고가 끝나기 전인 1450년세종 32 봄에 승하했다. 이어 문종이 즉위했지만 국가에 어려운 일이 많아 할 겨를이 없었다. 큰 어려움을 평정하고 왕위에 오른 세조는 선왕의 뜻을 계승하는 일이면 하찮은 것도 모두 거행했다. 불법을 널리 선양하여 부처의 가르침을 크게 천명했고, 삼장三藏의 법회를 열어 일승一乘을 깨닫도록 했다.[132]

영감암을 나서며 세조가 혜각존자에게 말했다.
- 부왕의 뜻을 마무리하지 못해 늘 마음 편치 않았습니다. 대사께서 지덕이 빼어난 상원사에서 비단 위에 꽃을 더하듯[錦上添華] 번역에 박차를 가해 주기 바랍니다.
혜각존자가 합장하고 아뢰었다.
- 『원각경』의 언해와 상원사 중창 불사도 전하의 은덕으로 원만하게 회향했습니다. 소승이 학열·학조 등과 함께 번역과 주해에 공을 들이겠습니다. 인로왕보살께서 원행을 지켜드릴 것입니다.
세조를 모신 어가御駕는 월정사 일주문 밖으로 휘어진 숲길을 따라 멀어졌다.

※ 화보8

김수온이 「상원사중창기」에서 세조의 강원도 순행과 상원사 낙성회의 의미를 정리했다.

> 생각건대 세조대왕은 몸소 큰 난리를 평정하고, 능히 국가를 편안하게 했다. 몸을 단속하여 덕을 수련하고, 선을 위함에 힘을 쏟았다. 기강을 세워 만세에 교훈을 드리워 대화大化의 근본이 이미 세워졌다. 나라를 다스리는 기구를 넓혔으니, 드디어 동방에 다시없는 태평을 이루었다. 한편 생각하면 부처는 역외域外의 대성大聖이다. 그 도는 자비청정을 귀하게 여기고, 이익과 은택을 미루어 주고 또한 나라와 가정을 복되게 했고, 임금과 어버이가 장수를 누리게 했다. 성학聖學은 만물을 드러내 보이고, 3장9부三藏九部, 경전의 명칭의 문장과 일심一心 만법萬法의 으뜸으로 미묘함을 연구하지 않은 것이 없으니 마음으로 그 뜻을 헤아려야 한다.
> 오대산이 비록 멀고, 상원사가 비록 벽지이지만 도를 구하는 무리가 결집하는 곳이다. 반드시 고쳐 지어야 하는데, 특히 그 비용을 하사하여 공사를 시작하게 되었다. 공사가 끝났을 때 내탕금을 내려 주어 낙성의 법회를 베풀고, 범채梵采를 널리 선양했다. 두루 법계의 함령에게 미쳐 함께 끝없는 이로움과 즐거움의 은혜를 입게 했다. 이에 임금께서 친히 거둥, 이 산골짜기에 오셨다. 바람과 구름이 색을 바꾸고, 초목이 살아 빛을 발했다. 천지가 있은 이후로 이 산이 있어 왔으니, 이미 지나간 천백千百 년이나 앞으로 마주할 천백 년 동안에 이처럼 훌륭한 일이 다시 있을지 알지 못하겠다. 뿐만 아니라 멀고 후미진 땅의 산마루와 물가에 사는 백성이 임금의 수레 소리를 듣고 휘황한 깃발의 아름다움을 본다는 것은 얼마나 다행스러운 일인가.[133]

세조가 성오의 들판으로 돌아와 문·무과시의 책제를 친히 지어 내렸다.

> 순성巡省은 백성의 어려움과 고통을 알고자 행하는 것이다. 이제 강원도를 보건대 땅이 넓고 사람이 드물다. 어떻게 하면 생활이 부유하고 인구가 많게 할 것인가. 모자라는 군수를 넉넉하게 쌓을 것인가. 땅이 험하고 길이 멀다. 세상에 쓰이고자 해도 떨치고 나서지 못하는 자가 반드시 있을 것이다. 그것을 모두 진술, 대책으로 제출하라. 장차 치용致用의 학문을 보려고 한다.

문과는 좌참찬 최항 등을 독권관讀卷官, 무과는 세 곳으로 나누고 좌의정 구치관 등을 참시관參試官으로 삼았다. 신숙주와 한계희, 노사신이 문과 시장에 나가 참시參試했다. 사리분신의 기이한 일이 있다는 보고를 받고 군중軍中의 범죄자를 사유했다.[134]

상원사 목조문수동자좌상국보 제221호, 높이 98cm은 하성위 정현조와 의숙공주가 1466년세조 12 2월에 왕과 왕비·왕세자의 수복壽福을 빌고 득남을 발원하며 조성, 낙성 개당식에 맞춰 봉안했다.[135] ⊛ 화보9

조성 연대와 발원자가 뚜렷하고 단독으로 봉안된 희귀한 이 목조문수동자좌상은 조선 초기 조각사 연구에 귀중한 자료다.[136] 1946년 선원 뒤에 있던 조실祖室이 실화失火로 인해 전소될 때 선객이 불길로부터 온 힘을 쏟아 구해냈다.[137] ⊛ 화보9-1

세조의 상원사 행차와 연관된 설화가 전한다.

#1. 상원사 개울에서 문수동자를 만나다 세조가 일찍이 악질을 앓았다. 온몸에 종기가 났다. 오대산 문수도량에 행차, 경건한 정성으로 기도를 올리고 월정사에 갔다가 상원사에 들렀다. 주위 사람을 물리고 옷을 벗고 개울에 들어가 목욕했다. 갑자기 어린 사미沙彌가 나타나 숲속을 왔다 갔다 했다. 세조가 불러 몸을 닦으라고 했다. 이상하게도 종기가 누그러졌고, 가만히 보니 종기는 이미 다 나아 있었다. 이에 고맙다고 한 뒤 말했다.
- 네가 다른 사람을 만나면 임금의 옥체를 닦아 주었다고 말하지 말라.
이에 동자가 대답했다.
- 임금께서는 다른 사람을 만나면 문수보살을 친견했다고 말하지 마십시오.
그리고 홀연히 사라졌다. 세조가 크게 놀라 화공畫工에게 직접 본 상호相好를 그리게 하고 봉안했다. 지금의 상원사 동자 문수상이 바로 이것이다.

#2. 고양이와 자객 세조가 상원사 불전에 들어가 예배하려는 순간 갑자기 고양이가 나타나 옷을 물고 들어가지 못하게 했다. 세조가 이상하게 여겨 바로 밖으로 나와 수색을 명했다. 과연 법당의 불탁 아래에 한 자객이 있어서 잡아 베었다. 까닭에 상원사에는 양묘전養猫田이 있다.[138] ⊛ 화보10

세조, 강원도를 순행하고 환궁

윤3월 18일 학열 등이 승도와 대중을 이끌고 행궁에 찾아와 세조께 사은의 예를 올렸다.[139] 햇무리가 일었다. 문과에서 진지 등 18명, 무과에서 이길선 등 37명을 뽑았다. 강릉의 거화전에 머물렀다.

윤3월 19일 강릉의 말질교에 이르렀을 때였다. 임금이 타는 말을 잘 고르지 못해 사복시내승 조득림 등과 연輦을 배종한 가근장假近仗이 부실해 강원도 도사 최응현 등을 가두었다. 횡성의 실미원에서 머물렀다. 조득림·최응현 등을 풀어주었다.[140]

윤3월 20일 원주의 사기막동에서 머물렀다. 21일, 지평에 이르렀을 때 강원도관찰사 이윤인이 하직했다. 술을 올리라 명하고 어의 한 벌을 내려 주었다. 의빈 정현조에게 명해 잡류雜類와 여러 장수, 군사를 거느리고 길가의 산기슭에서 몰이하게 했다. 종현 들판에 머물렀다.[141]

윤3월 22일 양근군의 시위동에 이르렀다. 강순, 권경 등에게 명해 먼저 서울에 가서 도성에 머물던 군사를 거느리고 아차산에 와서 맞이하게 했다.

윤3월 23일 묘적산에서 사냥하는 것을 보고 평구역에서 머물렀다.[142]

윤3월 24일 아차산에서 몰이했다. 충량포에 이르러 대가의장을 갖추고, 흥인문으로 들어갔다.[143] 세조는 한 달 열흘 동안의 강원도 순행을 마치고 경복궁으로 환궁했다.

일본국왕에게 보낸 세조의 편지

조선 정부에서는 성덕聖德을 대외적으로 과시하기 위해 광범위한 왜인의 도래를 허용하고 있었다. 일본 각지의 영주와 일본 국왕에게까지 불교적 상서에 대한 축하를 받고자 했다.

세조는 야인野人과 왜인倭人을 '신민臣民'으로 생각하며 그들의 귀부歸附를 하늘의 뜻으로 받아들였으나, 접대 비용 때문에 일정한 제한을 두어 왔다. 이러한 제한은 상원사와 원각사의 상서 때문에 한 순간에 무너졌다. 왜인은 불교적 상서로 인해 경제적 혜택을 입었고, 불교적 상서에 기

꺼이 하례를 보냈다.[144]

윤3월 28일 세조는 일본 뇌영賴永의 사자인 승려 수린守繭이 귀국할 때 국왕에게 편지를 썼다. 글 속에 강원도 행행에서 출현한 상서祥瑞를 그림 그리듯 펼쳐 놓았다.

> 이웃에서 수빙修聘하는 것은 예가 진실로 당연하나 다만 바다가 멀리 막히고 풍파가 험함으로 인연하여 일찍이 한 사신을 보냈는데 중로에 바람을 만나 실패하여 구구한 마음을 전달하지 못하니, 한갓 한스러운 마음이 간절할 뿐입니다. 비록 지경地境은 달라도 마음은 같으니 스스로 멀리 마음이 합할 것인데, 어찌 자취를 구하겠습니까.
> 우리나라에 명산이 있어서 금강산이라 합니다. 동쪽으로 큰 바다에 임하여 우뚝하게 깎여서 희고, 금금이 구름 밖에 솟아올라 높고 넓어서 이수里數가 얼마인지를 알지 못합니다. 『화엄경』의 담무갈보살曇無竭菩薩[145]이 12,000 보살의 권속과 더불어 상시로 머물며 설법한다는 바로 그 산입니다. 지방을 순행할 때 이 산에 나아가서 삼보에 첨례瞻禮했습니다. 산기슭에 이르기도 전에 땅이 흔들렸고, 동문洞門에 들어가자 서기가 뻗치고 상서로운 구름이 둘렸습니다. 하늘에서 오동잎 크기의 사화四花가 내리고, 감로가 뿌려서 초목이 흠뻑 젖었으며, 햇빛이 누래서 눈에 보이는 곳이 모두 금빛을 이루었습니다. 이상한 향기가 퍼지고 큰 광명한 빛이 일어 산과 골짜기가 빛났고, 선학仙鶴이 쌍으로 날아 구름 가에 돌고 산중의 여러 절에 사리가 분신하여 오색 빛을 모두 갖추었습니다. 명양승회明揚勝會를 열자 위와 같은 여러 가지 기이한 상서가 거듭 나타나고, 담무갈보살이 무수한 소상小相을 나타내었다가 다시 대상大相을 나타내어 그 길이가 하늘에 닿았습니다.
> 돌아올 때 낙산사·오대산 상원사·월정사·서수정사西水精寺, 미지산 용문사를 거쳤는데, 상원사 총림에서 사리·우화·감로·이향 등의 상서가 다시 전과 같았습니다. 서울에 이르자 또 사리·감로·수타미須陁味의 상서가 함께 있어 전후에 얻은 것이 총 7,817매였습니다. 아아! 우리 부처의 변화와 신통력의 묘함은 직접 눈으로 보고 징험한 것이 이와 같습니다. 여러 신민과 더불어 뛰고 기뻐하고, 크게 사유赦宥하여 큰 자비를 널리 폈습니다.
> 예전에 부처가 멸도한 뒤로 왕사성 사람이 금을 모아 불상을 만들고, 문수보살이 53구軀를 금종金鍾에 간직하여 바다를 바라보고 "마땅히 인연이 있는 국토에 가서 중생을 제도하면 내가 모름지기 그곳에 이르러서 길이

옹호하겠다."고 맹세했습니다. 이에 금종이 우리나라에 떠 와서 산 동쪽에 스스로 머물렀습니다. 신라왕이 절을 창건, 불상을 안치하고 이름을 유점사라고 했습니다. 산 안팎에 수많은 가람이 있지만, 유점사가 가장 좋은 곳입니다. 산은 이미 대성大聖이 상주하는 곳이고, 절 또한 금불상이 스스로 머문 곳이니 복전福田을 닦고 선근을 심는 자가 여기를 두고 어디로 가겠습니까. 돌아보건대 절을 창건한 것이 이미 오래 되어 점점 퇴락해 있었습니다. 유사有司에 중수를 명해 가까이는 여러 신하와 백성을 위하고, 멀리는 이웃 나라를 위한 선인善因을 심어서 선과善果를 먹고, 함께 태평성대를 누리고자 합니다. 우리 부처님이 세상에 나와 큰 자비를 베풀어 널리 구제함으로 마음을 삼으니, 시방 세계가 한 사찰이고 삼천 세계가 한 몸입니다. 귀국貴國은 예로부터 현화玄化: 德化를 존숭하니 즐겁게 듣고 따라서 기뻐할 것이라 생각합니다. 이제 돌아가는 상선商船에 부쳐 나의 서원을 알립니다. 내가 재물로 시주함을 구함이 아니라 국왕과 더불어 좋은 인연을 맺어 함께 묘과妙果를 거두어 이웃의 우호를 더욱 굳게 하고, 양국의 신하와 백성이 함께 수역壽域에 오르기를 원하니 밝게 살피기를 바랍니다. 이만 줄입니다.[146]

이 파격적인 외교문서는 1467년세조 13에 일어난 '응인應仁의 난'으로 인해 10개월 뒤 일본 국왕에게 전해졌다.[147]

4월 12일 원각사에서 사리·감로의 상서가 있어 백관이 진하했다.[148]

4월 18일 구치관을 영의정, 황수신을 좌의정, 박원형을 우의정에 임명했다. 원각사 공역 현장에서 나무와 돌을 운반한 조당 등 65명을 영직影職 전생서 주부에 제수했다. 또한 정효강을 예조판서, 김수경을 보은현감에서 행사헌부 장령으로 올렸다. 인망에 맞지 않다는 비난이 빗발쳤다. 사관은 예외 없이 토를 달아두었다.

> 김수경은 혜각존자 신미의 아우다. 문무에 뛰어난 재주가 없다. 불교를 숭상하고 믿어 이름은 속인이나 행동은 중이었다. 어미와 아내가 모두 비구니였다. 임금이 부처를 받들어 믿는 것에 의지, 신미가 자주 짧은 편지로써 아뢰어 아우와 조카가 벼슬에 제수되었다. 뜻과 같지 않음이 없었다.[149]

김수온, 발영시·등준시에서 장원

5월 5일 근정문에서 조참을 받았다. 단오절이라 서현정序賢亭에서 2품 이상의 종친·재추와 부장·진무·겸사복 등을 불러 술자리를 베풀었다. 세조가 친히 단운短韻 9장을 지었다. 불제자다운 깨달음과 경륜이 노래 속에 스며들어 있었다.

❈ 1장 : 마음으로 자기 마음 알게 되고, 마음으로 남의 마음 아니 아는 마음과 제 마음, 남의 마음. 어느 것이 참 마음인가.
　　　　　　　　以心知自心 以心知他心 心知自他心 何者爲眞心

❈ 2장 : 인의예지가 중한가. 넷은 본디 한 근원이다. 어느 것인들 중하지 않으랴.　　仁重義重歟 禮重智重歟 四端體同源 何者非重歟

❈ 3장 : 문이 경륜인가, 무가 경륜인가. 두 경륜 다투니, 어느 쪽이 참 경륜인가.　　文者經綸歟 武者經綸歟 二者爭經綸 何者眞經綸

❈ 4장 : 문은 간척이고, 무는 정벌인가. 문무의 도, 어느 방책에 널리 펼쳐 있는가.　　文是干戚歟 武是征伐歟 所云文武道 布在何方策

❈ 5장 : 나라 아니면 백성은 누가 지키고, 백성 아니면 나라는 무엇으로 부유한가. 너그러움 아니면 정치 어찌 잘되고, 예절 아니면 나라 어찌 오래갈까.　　民非國何護 國非民何富 政非寬何裕 祚非禮何固

❈ 6장 : 물결 바람 따라 일고, 버들 철따라 새롭다. 귀에 거슬리는 말 한다고 엇나가지 말고, 아첨한다고 친하게 되는 것 아니다.
　　　　　　　　淸波因風動 綠柳逐節新 藥石非因疏 甘諛豈因親

❈ 7장 : 당당하고 성대한 조정이여. 엄숙하고, 바르구나 진중이여. 몸 닦아 백성 편하게 하니, 그 고통 서로 믿음에 있나니.
　　　　　　　　堂堂盛之朝 肅肅整之陣 修己安百姓 要在交孚信

❈ 8장 : 험한 곳에 호랑이 나오고, 불빛에 나비 끌어 죽는다. 이 모두 탐진치, 실상을 모름으로 말미암음이여.
　　　　　　　　險遇却生虎 燈火引死蝶 莫非貪嗔癡 元由不知實

❈ 9장 : 진심 알게 되면, 사방이 훤출하게 비도다. 삼계에 한 물건도 없는데, 세간은 무엇이고 출세간은 무엇인가
　　　　　　　　若能眞實知 廓然空四際 三界無一物 何者世出世

재추로서 김수온 이하 11명과 3품 이하 유신 100여 명과 선전관에게 명

해 종이와 붓을 주어서 책策·송頌·부賦·시詩 등 분야를 가리지 않고 각기 잘 짓는 것으로써 화답해 바치게 했다.

- 그대들이 마음을 다해 화답해 지으면 은례는 한결같이 중시重試와 같이 하겠다.[150]

5월 8일 고령군 신숙주와 좌찬성 최항 등에게 명해 유신의 화답해 바친 권자卷子를 상고해 선발된 34명에게 발영시拔英試 : 문관 정2품 이하에게 보이던 과거를 냈다. 중추부지사 김수온이 장원으로 뽑혔다. 쌀 20석과 사흘간의 잔치를 하사하고, 예빈시에서 지원하라고 명했다.

5월 10일 정인지 등이 여러 권자를 상고해 예조참판 강희맹 등 6명을 뽑았다. 전일의 방榜을 통틀어 40명이었다. 김수온을 갑과 1등으로 삼았다. 이보다 먼저 문과 1등을 을과로 삼고, 2등·3등을 병·정과로 삼았는데 1등을 갑과, 을과와 병과를 다음으로 삼아 중국 조정의 제도와 같게 했다. 또 유가遊街에 문과는 일산, 무과는 기를 사용하라고 명했다.[151]

5월 14일 김수온을 중추부판사, 노사신을 호조판서, 이예를 중추부동지사, 양성지를 대사헌, 성임을 행호조참판, 강희맹을 예조참판에 임명했다. 김수온은 발영시의 장원이므로 1품에 승진되어 서대犀帶를 특사했다. 나머지 시험에 합격한 사람도 품계를 올려 주었다.

5월 15일 햇무리가 있었다. 세조가 근정전 아침 하례에서 발영시의 문과·무과를 방방放榜하고, 김수온에게 술과 음악을 하사한 뒤 말했다.

- 문무의 양방과 문신의 재추는 모두 김수온의 집에 모여서 치하하라.

도승지가 궁온과 어육을 전했다. 많은 문신이 잔치에 참석했다.[152]

> 김수온이 발영시에 장원, 축하 잔치를 벌일 때 궁중에서 만든 술과 과일을 내려주고 조정의 원로와 문무양방文武兩榜에 합격한 자도 모두 나오게 했다. 그러나 김수온이 집무하는 공청公廳의 뜰이 좁아서 수레와 일산을 수용하기 어려워 혼자 걱정하고 있었다. 옆에서 보고 있던 성임이 웃으며 장원을 넘보는 뜻을 담아 말했다.
>
> - 어찌 제 집무실처럼 뜰이 탁 트이고 넓은 곳이 없겠습니까.

김수온이 아무렇지도 않은 듯 대답했다.
- 비렁뱅이의 삼베자루가 제 아무리 크다 한들 무엇에 쓰겠는가.[153]

5월 16일 발영시의 문·무과에 선발된 신료가 사은했다. 세조가 사정전에서 인견하고 술자리를 베풀었다. 김수온에게 말했다.
- 어제 경에게 잔치를 내렸다. 술에 취하지는 않았는가.
김수온이 배사한 뒤, 세조의 명에 따라 술을 올렸다. 세조가 달게 마신 뒤 시를 지었다.

좌불안석하며 현인을 구해 이미 적임자를 얻었고	側席求賢旣得人
시우時雨까지 대천세계에 두루 내렸다.	況兼時雨普大千
용호 같은 영재에게 술잔 거듭 내려주노니	便蕃錫爵龍虎英
즐겁고 흡족한 잔치에서 빙빙 돌지 말라	懽洽筵中莫周旋

배석한 신료에게 화답시를 지어 올리게 하고, 즐겁게 방금 지은 시를 내녀內女에게 노래하게 했다.[154]

원각사 백옥불상 조성

7월 15일 원각사의 백옥白玉 불상을 조성, 함원전含元殿으로 맞아들여 점안 법회를 베풀었다.[155] 입상立像으로 조성된 이 불상은 원각사가 훼철될 때 떠돌아 다녔다. 『패관잡기』에 실린 아픈 사연.[156]

> 세조 때 경성에 원각사를 창건하고, 선 부처[立佛]를 조성해 모셨다. 일본 사신이 말했다.
> - 불상은 대개 앉아 있는데, 이 불상만 서 있다. 걸어 다니는 형상이므로 절이 오래 가지 못할 것이다.
> 연산군 때 원각사가 허물어졌다. 불상은 밖으로 쫓겨나 세, 네 곳의 절로 돌아 다녔다. 걸어다닐 것이라는 말이 틀리지 않았다.[157]

7월 24일 강녕전에서 하동군 정인지·봉원군 정창손·고령군 신숙주 등을 불러 대독관對讀官으로 삼아 어제 지은 글을 고열하도록 했다. 친히 과거의 차례를 매겼다. 중추부판사 김수온 등 12인을 뽑아서 등준시登俊試 : 경재卿宰 이하의 문관을 시험하던 과거라고 했다. 영순군도 2등에 합격했다. 세조가 크게 칭찬하고 장려, 어의 한 벌을 하사한 뒤 좋은 날을 골라 풍정을 올리라고 명했다.

7월 25일 등준시에 합격한 이에 대한 승진이 있었다. 영순군과 김수온을 중추부판사, 예조판서 강희맹을 정헌대부, 정난종을 예조참판, 공조참판 이예를 가정대부, 중추부동지사 서거정과 임원준을 자헌대부로 가자加資했다. 호조판서 노사신은 품계가 높아서 그 자제를 대신 가자했다. 김수온에게 안구마 1필, 영순군과 강희맹·서거정·노사신·임원준에게 각각 아마 1필씩을 하사했다.[158]

9월 11일 예조에서 복천사의 승려 성우가 올린 장고에 따라 전세미두稅米豆가 생산되는 전지 200결은 군자에 환속하고 나머지는 수륙사의 예에 따라 전부 수납하지 말 것을 건의했다. 세조는 세미두까지 복천사에 포함하라고 전교했다.[159]

세조가 며칠 째 몸이 편치 않아 고생했다. 밤 5고鼓에 한계희 등을 불러 궐내에 들어와서 시중을 들게 했다. 날이 샐 즈음 후원의 문 밖에 이르러 세조가 구성군 준의 어깨에 기대어 충순당에 들었다. 병환이 더욱 심해 김상진 등이 약을 올렸다. 도승지 신면을 재촉해 불러서 뒷일을 부탁하려는 말씀이 있을 듯했으나, 끝내 명이 없었다.

한계희 등이 중궁의 명을 받들어 김수온과 강희맹을 행향사行香使로 삼아 내불당에서 공작기도재孔雀祈禱齋를 베풀었다. 중궁이 세조의 병환을 숨기고 발설하지 못하게 입단속을 시켰다. 신숙주·한명회·영의정 구치관·좌의정 황수신·좌찬성 최항 등이 빈청에 모여 내지內旨를 받들고 여러 신하를 종묘·사직과 경내의 명산·대천과 절에 보내어 기도를 올리게 했다. 해가 저물자 강도 이외의 죄인을 풀어주었다.[160]

10월에 들어서도 세조의 건강은 회복되지 않고 있었다. 세조가 한계희·

임원준·김상진에게 말했다.

- 현호색玄胡索을 먹고 가슴과 배의 통증이 조금 가라앉는 꿈을 꿨다. 무슨 약인가.

한계희가 대답했다.

- 흉복통胸腹痛을 치료하는 약입니다.

내의원에서 현호색을 가미한 칠기탕七氣湯 : 정신적인 원인의 질환에 사용되는 처방을 올렸다. 약을 복용하고 세조의 병환이 나았다.

10월 16일 원각사에서 사리분신과 오채五彩의 서기가 있었다. 백관이 진하했다.[161]

의약서를 통한 훈민정음 보급, 『구급방언해』

세조는 3년 전부터 정신적 원인에 의한 흉복통으로 고생하고 있었다. 차례를 어기고 왕업의 기틀을 이어받은 것이 늘 돌덩이보다 무겁게 마음을 짓누르고 있었다. 아픔과 병은 부귀와 귀천을 가리지 않고 나고 죽을 때까지 이어진다. 민심이 고요하게 가라앉아 있지 않으면 천심은 편할 날이 없다.

세조가 지난 6월 13일 『구급방救急方언해』2권를 펴내 8도에 2건씩을 내려보낸 것은 백성의 아픔을 함께 나누려는 마음에서였다.[162] 훈민정음을 반포한 지 20년 만에 실생활에 스며들 수 있는 실용서를 펴낸 것이다.

2년 전 학의學醫인 동지중추원사 전순의에게 명해 찬집한 『식료찬요食療纂要』가 '음식을 통한 질병의 치료'를 다룬 책이었다면 『구급방언해』는 '급할 때 처방할 수 있는 치료법'을 쉽고, 간명하게 정리한 책이었다.

『구급방언해』는 과거 시험의 교재로 채택되어 질병 치료와 의서를 통한 훈민정음의 보급에 크게 기여했다.[163]

세조는 의관이 다른 잡무에 시달리지 않게 하도록 세심한 곳까지 신경을 썼다.

1. 어서御書로 이조·병조·예조에 전지했다.
- 의술은 세간의 요법要法이고, 국가의 이해에 관계된다. 성인聖人이 이루어 놓은 지극한 공업인데 사람이 못나고 가르침이 해이했다. 여덟 가지 종류로 구분했으나 간악하고 어리석은 무리가 다투어 숨기어서 죽임은 있으되 살림은 없다. 진실로 크게 손을 보지 않으면 사고가 적지 않을 것이다. 금후로는 의원을 제수할 때 반드시 실지의 재주를 상고하되 자격에 구애받지 말라.[164]

2. 이조에 전지했다.
- 의학강이관醫學講肄官 등은 이제부터 지방직에 임관하지 못하게 하고 본업에만 정신을 오로지하게 하라.[165]

또한 세조는 불전 언해나 경서의 구결에 못지않게 의서의 발간에도 공을 들였다.

1445년세종 27 간행한 『의방유취』를 교정할 때 착오를 일으킨 관리를 문책했다. 손소 등 10인은 파직했고, 유요 등 7인은 파직과 더불어 전에 일한 날 삭제, 한치량 등 46인은 일한 날 삭제, 안극상 등 11인은 직첩을 빼앗았다.[166]

신의 솜씨로 빚은 만다라, 원각사 10층 석탑

조선시대 최고의 석탑, 원각사 10층 석탑

1467년세조 13 1월 23일 태종의 헌릉, 세종의 영릉 옆에 보은사 영건 계획을 전지하고 영사 등을 보내 터를 살폈다.

1월 24일 세조가 교태전에서 술자리를 베풀었다. 아픈 세조는 영의정 한명회와 능성군 구치관에게 환도還刀 한 자루씩 내려주며 경고했다.

- 칼은 대장부의 보물이다.

칼을 받아든 한명회가 머리를 숙였다. 세조가 말했다.

- 경과 더불어 집안을 돌보고 나라를 이룩했다. 나를 도와서 이를 튼튼히 하라.

세조는 곁에 있던 중추부동지사 서거정에게도 한 마디 던졌다.

- 경의 문장은 내가 잘알고 있다. 그러나 경은 문장에 사심私心이 있는 것을 벗어나지 못했다. 만약 조금이라도 재주를 믿는 마음이 있다면, 이 것이 바로 사심이다. 경은 이것을 알아라.[167]

1월 27·28일 양일간 고령군 신숙주와 한명회 등에게 명해 보은사 터를 다시 살폈다. 신숙주 등이 영릉에서 돌아와 지도를 그려 올렸다.[168]

2월 17일 원각사 10층 석탑이 완공 단계에 접어들고 있었다. 세조는 날이 풀리자 학조를 금강산으로 보내 단종 때 불에 탄 유점사를 중창하게 했다.[169]

3월 6일 일본 사신과 승려 도은 등이 배사拜辭하고 청을 올렸다.

- 소승은 중국의 사찰을 두루 관람해 보았지만 조선의 원각사의 탑이 천하에서 제일이라고 들었습니다. 오늘 볼 수 있으면 좋겠습니다.
- 술도 마셨고, 날도 저물었다. 내일 가서 보도록 하라. 예조에서 협조하라.[170]

4월 7일 웅장하고, 섬세한 원각사 10층 석탑이 완공됐다. 낙성식은 부처님 오신 날로 미뤘다. 원각사탑에서 사리분신이 있고, 경복궁 후원에서 감로가 내려 백관이 하례를 올렸다. 세조는 교지를 내려 강도·절도와 형벌을 남용한 관리 이외에 유배 이하의 죄를 사면해 주었다.[171]

※ 화보11 4월 8일 연등회를 베풀고 원각사탑의 낙성식을 거행했다.[172] 탑 속에 부처의 진신사리와 어정구결御定口訣하고, 혜각존자·효령대군 등이 번역한 『원각경언해』를 봉안했다.

> 졸도파牢覩婆 : 탑가 완성되었다. 세조께서 친히 거둥하니 천화와 서기, 사리분신의 이적異蹟이 있었다. 또한 백기白氣가 솟아올라 여러 가락으로 나뉘어 공중으로 뻗어 빙글 돌아 바퀴가 되어 중첩해서 다함이 없었다. 황금색 햇살 속에 승니僧尼와 도속道俗이 어우러져 바라보며 두 손을 이마에 얹고 절을 드리는 자가 셀 수 없을 정도였다. 환궁할 때 학생·기로耆老·교방敎坊에서 모두 노래를 올렸다. 도성 안의 남녀가 골목을 메웠다. 서로 뛰고 춤췄다. 환호 소리가 우레와 같았다. 특사령을 내리고 백관의 벼슬을 한 자품씩 올려 주었다.[173]

4월 10일 세조는 원각사 조성에 힘쓴 효령대군에게 노비 20구를 내려 주고, 족친 중 3명을 한 자급 올려 주었다. 조성제조와 간경도감 제조도 족인族人의 자급을 대신 올려주었고, 낭관은 차등을 두어 벼슬을 올려 주었다. 부제조 윤잠은 가선대부로 자급을 더했다. 다음 날 원각사에서 우화·사리·서기가 있었다. 백관이 전문을 올려 진하했다. 비가 와서 정지를 명하고 대사면령을 내렸다.[174]

원각사탑이 완성됨으로써 탑비塔碑를 제외한 모든 공역이 마무리 되었다. 세조의 확고한 의지를 받들어 혜각존자가 총괄 기획한 대불사였다.

연등회에 참석했던 백관이 세조의 지극한 덕과 부처의 불가사의한 도화 道化를 돌에 새겨 영원히 남길 것을 청했다. 김수온이 「대명조선국원각사비명大明朝鮮國大圓覺寺碑銘」을 썼다.

백관이 입을 모아 청하기를, "큰 가람을 짓고, 큰 법당法幢을 세우고, 큰 법회를 열어서 신기한 상서가 한 가지만이 아니었으니 실로 전고에 듣기 드문 일입니다. 오직 부처의 도화道化가 불가사의할 뿐만 아니라, 전하의 지극하신 덕이 도에 엉겨서 묵묵히 최상승最上乘에 계합한 까닭입니다. 돌에 새겨 영원히 세상에 보이도록 하소서."라고 했다. 이에 신을 불러 글을 지으라고 했다. 수온은 명을 받들고 황송해서 감히 사양할 수 없었다. 엎드려 생각하건대 주상전하는 하늘이 내신 성지聖智로 역대의 제왕을 넘어섰다. 지난 날 잠저에 계실 때 기선幾先을 미리 짐작, 환란을 평정하고 뚜렷이 큰 명령을 받았다. 즉위하신 이래로 정신을 가다듬고 다스림에 미처 식사할 겨를도 없었다. 덕을 닦고 선을 행하며 교화를 두텁게 하고 풍속을 바르게 했다.
비올 때 비오고, 볕날 때 볕이 나서 백성은 화평하고 풍년 들어 지극한 정치에 올랐다. 위엄이 나라 밖에까지 떨치어 궁색하고 먼 나라도 사다리로 산을 넘고 배로 바다를 건너 연락이 끊임없이 이어졌다. 융성한 덕과 훌륭한 공과 다스림을 이룬 그 아름다움은 삼황오제 이래로 다시 더할 일이 없었다. 또한 만백성이 어두움 속을 헤매어 윤회의 바퀴살에서 벗어날 기약이 없으므로 이에 『요의경了義經』에 의거해 친히 연역演譯을 알기 쉽도록 해서 중외에 반포하고, 도성 안에다 또 대찰을 세워 억만 백성으로 하여금 부처의 자화慈化에 접근해 풍속이 삿된 것을 버리고 바른 길로 돌아와 모두 선속善俗이 되었다. 함께 여래의 살바야薩婆若海 : 깊고 넓은 지혜의 바다에 들어가게 했다. 백성과 백공百工이 즐겁게 몰려와 일터로 나갔다. 북소리가 그치지 않아 수개월이 되지 않아 완성되었다.
아! 임금의 슬기로운 정책이 위로는 부처님의 부촉에 부응하고, 아래로는 만 사람의 소망에 부응하여 온갖 신명이 순히 협조하고, 천지가 영감靈感을 나타내서 경영한 이래로 아름다운 상서가 어울려 모이고 큰 복이 크게 떨쳤다. 거룩한 각황覺皇의 보제신통普濟神通의 조화와 성상의 지성, 감통의 오묘한 이치는 어찌 신의 관견管見으로 이름 지어 말할 수 있으랴.
신이 시종의 자리에 충임되어 이런 성사를 보게 되었으니, 감히 포장하고 찬양해서 이 큰 쇠북으로 하여금 무궁한 장래에 메아리치게 하지 않을 수 없습니다. 삼가 절하고 이마를 조아리며 명銘을 올립니다.

아름다운 우리 임금, 하늘이 주신 용지로세	於皇我后 勇智天錫
기선 밝아 난을 평정, 막힌 운수 열고 빠진 사람 구했네	炳幾定難 亨屯拯溺
하늘 허락하고 사람 따르니 큰 운명 함께 했다	人與歸天 景命維僕
대동에 군림해 정신가다듬고 다스리길 꾀하네	奄臨大東 厲精圖人
조술 헌장은 삼황오제에 버금가네	祖述憲章 三五與配
공경하고 두려워 한 시도 게으른 적 없네	業業兢兢 無時豫怠
착한 정사와 교화 십년을 한결같이 했으니	善政善敎 在宵十歲
풍속이 순후해져 태평성대 이루었네	風淳俗厚 熙熙盛際
어리석은 중생의 모습 성정은 똑 같건만	乃念蚩蚩 同一性體
희미한 길에 떨어져 벗어날 줄 모르네	飄墜迷途 罔知攸濟
오직 원각만이 모든 법의 근본	惟此圓覺 諸法本母
번역하고 토를 달아 장나누고 구절 분석하니	乃譯乃訣 章分句剖
순수한 그 가르침 바로 부처님 말씀이네	淳淳之敎 等于金口
종을 만들어 걸고 법회 베푸니 종실의 으뜸,	豎鍾設會 宗室之首
바른 법 크게 선양해 사자후와 같이 하니	正法弘宣 如獅子吼
신기한 감응 연이어 나타나 임금께 들리네	靈應疊現 聞于我后
임금 찬탄하고, 들으라 나의 경사들아	我后日咨 來汝卿士
정말 불가사의한 여래의 신화,	如來神化 不可思議
승사를 만났으니 기쁨 어디에 비하리	遇此殊勝 喜慶何比
옛절 터만 남아 한양의 중앙에 있으니	舊有寺基 在國都中
현풍 드나들게 하리라 중수를 결심하고	盍圖重修 用敭玄風
규모·계획·위치·차서 친히 마련했네	規畫位次 悉自宸衷
효령대군에게 명해 공사 감동케 하니	乃命臣補 乃董厥工
백성이 자식처럼 와서 빨리 이루어졌네	民竟子來 不日訖功
전각과 요무, 함체와 방롱이	殿閣寮廡 檻砌房櫳
꿩이 날듯, 새가 솟듯 치밀하고 견고하네	翬飛鳥革 旣枚旣實
탑을 마당에 세우니 다보가 나타난 듯	有塔在庭 如多寶出
영탁이 공을 말하니 중생이 듣고 깨우치네	鈴鐸語空 寤象聽諦
성대한 법회 두 번 열자 임금 친히 납시었네	盛會再闡 鑾輿再詣
기이한 모든 상서 겹치고 또 겹치니	奇祥異瑞 雜杳繽紛
귀 있고, 눈 있는 자 모두 즐거워하네	凡有耳目 孰不歡欣
이 나라 백성과 저 다른 나라까지도	邦之四民 又彼殊俗

한 마음 한 뜻 되어 함께 외치고 춤추네	萬口一辭 齋呼共躍
신성하신 우리 임금 오백년의 기약에 응해	我后神聖 應五百期
무공과 문치가 천년 이래 처음일세	武功文治 千載一時
총명하신 우리 임금 현교에 달통했고	我后聰明 洞達玄敎
사지四智의 교화에 십선의 효험으로	四智之化 十善之效
대중을 깨우쳐 꿈속에서 깨어난 듯 하네	曉我群迷 如夢而覺
인자하신 우리 임금 이내 방편을 베풀어	我后大慈 方便載施
탑묘를 세워 백성에게 알려 주니	載建塔廟 載使民知
정과는 이루어지고 삿된 기운 사라졌네	正果獲成 邪因獲離
선각이 후각 깨우쳐 원각에 오르게 하니	以先覺覺 同躋圓覺
법시는 무궁하고 택리는 넓고 흡족하네	法施無窮 澤利斯博
무엇으로 미덕 밝히랴, 이 빗돌에 의탁하노라	曷昭厥美 貞珉是托[175]

김수온의 글은 바로 비에 새겨지지 않고, 1471년성종 2 해탈문의 동쪽에 세워졌다. 비문의 앞면은 성임이 썼고, '대원각사지비大圓覺寺之碑'라는 전액篆額은 강희맹이 썼다. 뒷면의 추기追記는 서거정이 짓고, 정난종이 썼다.

※ 화보12

> 성임의 필법이 자앙子昻과 더불어 막상막하다. 안평대군이 쓴 영릉비도 또한 이보다 나을 수 없다. 후세에 보물로 삼는 사람이 반드시 많을 것이다. 성임은 인재仁齋 강희안, 동래東萊 정난종과 더불어 당시에 글씨를 잘 쓰는 사람으로 불리었다. 인재는 성품이 글씨 쓰기를 꺼렸으므로 세상에 전하는 수적手跡이 드물고, 성임은 병풍과 족자를 많이 썼다. 성종이 원각사비의 필적을 보고, "잘 썼다. 명성은 헛된 것이 아니었구나."고 말했다. 동래는 글을 쓸 때 한 땀 한 땀 힘을 모아 정성을 다했다. 구하는 사람이 있으면 거리낌 없이 써 주어서 세상에 유포된 것이 많다. 그러나 유약柔弱 하여 볼 만한 것이 못된다.[176]

대리석으로 만든 '원각사비圓覺寺碑. 보물 제3호'의 반구형의 이수는 비신과 한 돌로 보주를 받든 형상의 쌍룡을 조각했다. 귀부는 둔중한 몸체로 일반적인 육각형 귀갑문 대신에 사다리꼴 평행세선을 새겼다. 연잎 모양의 비좌碑座와 물고기 비늘을 조각한 꼬리나 다리가 특이하다. 전체적으

로 당비唐碑의 형식을 따른 석비石碑다.[177]

원각사는 세상 밖으로 아득하게 사라졌지만 원각사 10층 석탑은 남아 조선 불교건축과 조각 예술의 정수를 보여주고 있다. 세조가 혜각존자와 함께 펼치고자 했던 조선불교의 핵심 사상이 오롯하게 새겨져 있다.

원각사 10층 석탑국보 제2호·높이 12m은 기단 3층, 탑신 10층이다. 오늘날 석탑의 개념으로는 10층탑이다.[178]

> 어떤 사람은 탑을 원나라에서 가져왔다고 한다. 틀린 사실이다. 탑의 석질石質은 양주의 건원릉健元陵 신도비神道碑, 개성 봉명산鳳鳴山 정릉正陵 : 공민왕비 노국대장공주의 능의 병풍석에 쓰인 돌과 모두 같다. 모두 조선에서 나는 대리석이다. 혹자는 한수석寒水石, 납석蠟石이라고도 한다. 탑의 처마와 지붕 역시 조선식이다. 회화와 조각기법 또한 지극히 치밀하고, 정교하다. 제일 아래의 3개 층은 모두 나한과 신장의 변상變相이다. 제4층부터 비로소 불보살상을 조각했다.[179]

조선 불교건축과 조각 예술의 정수

원각사지 10층 석탑은 조선 불교건축과 조각 예술의 정수다. 홍윤식전 동국대학교 박물관장은 「원각사지 10층 석탑의 조각내용과 그 역사적 위치」라는 깊고, 치밀하게 연구한 글을 발표했다. 요약, 정리하면 다음과 같다.[180]

※ 화보13

 # 1. 원각사지 10층 석탑의 기단부 기단부의 평면은 20각角을 이루고 각 층은 20면의 면석으로 구성해 3층으로 되어 있다. 20각의 구성은 불국사의 다보탑과 인도의 고대 탑파에서도 볼 수 있다. 20각으로 된 평면은 아자형亞字形으로 20면이 모두 면석과 갑석으로 이루어졌다.

❈ 1층 기단에는 용과 사자, 연화문으로 장식되어 있다.
❈ 2층 기단에는 설화형식의 도상이 조각되어 있다. 현장법사, 손오공, 저팔계, 사오정의 모습 등을 하고 있다.
❈ 3층 기단에는 귀인상과 수행자상 등 본생경변本生經變이나 불전변佛傳變이 조각되어 있다.

2. 원각사지 10층 석탑의 탑신부

10층으로 된 탑신부는 2중 구조를 이룬 ® 화보13-1
다. 즉 1층에서 3층까지는 기단부와 마찬가지로 평면이 20각을 이루고 20
면의 면석으로 구성되어 있으나 4층에서 10층까지는 4각 4면으로 탑신을
구성하고 있음이 그와 같은 것이다.

각 층의 탑신에는 상방上方에 옥개屋蓋를 목조 와가瓦家 구조물의 양식을
빌려 표현했다. 하방下方에는 난간석을 둘러 하층 탑신과의 경계를 나타
내고 있다.

1층에서 3층까지 20면의 면석은 凹표 형식의 5면씩으로 나누어져 5면이
하나의 주제를 이루고 있다. 이들 각 층은 한 주제를 다섯 면으로 표현한
4주제의 20면을 나타내고 있어, 3층까지 12주제를 표현하고 있다. 즉 탑
신에 표현된 삼세불회三世佛會, 영산회靈山會 등의 회상명會相名이 그것
이다.

4층에서 원각회圓覺會를 나타내고 있다. 탑신에 새겨진 명문상銘文相에서
보면 13법당을 나타내고 있다. 그러나 4층은 탑신의 구조가 다르고, 4면
조각의 내용에서도 3층까지의 12회會와 구분된다. 주목을 끄는 것은 3층
까지의 12회는 밀교 태장계만다라胎藏界曼茶羅 12원院의 구성과 대비되
고 있다.[181]

1층 탑신에서 3층 탑신까지 12원의 구성에 대한 명문銘文은 다음과 같다. ® 화보13-2

⊗ 1층 : 동→미타회彌陀會, 서→영산회靈山會, 남→삼세불회三世佛會,
북→용화회龍華會. 해당 불상을 모신 불전명佛殿名은 삼세불회→대웅전,
미타회→극락전極樂殿·미타전彌陀殿·무량수전無量壽殿, 영산회→대웅전·
영산전靈山殿, 용화회→용화전龍華殿·미륵전彌勒殿 등이다.

⊗ 2층 : 동→다보회多寶會, 서→원각회圓覺會, 남→화엄회華嚴會, 북→
법화회法華會. 각 2층 탑신의 경변도 상단, 중단, 하단의 삼단 구조로 이룩
되어 있다. 하단을 신중단神衆壇으로 하지 않고, 보살단菩薩壇으로 하고
있는 차이점을 발견할 수 있다.

⊗ 3층 : 동→약사회藥師會, 서→전단서상회栴檀瑞像會, 남→소재회消災
會, 북→능엄회楞嚴會

⊗ 4층 : 탑신에는 원통회圓通會란 명문만 있다. 4면의 경변을 총칭하는 ® 화보14,
것으로 오해하기 쉬우나 여기서 원통회는 남쪽의 관음회觀音會만을 지칭 14-1
하는 것이다. 나머지 3면은 서쪽에 석가회釋迦會·영산회靈山會, 북쪽에 열
반회涅槃會, 동쪽에 지장회地藏會 등의 4회를 나타내고 있다.

※ 화보15, 15-1

❽ 5층~10층 : 5층 이상의 탑신에는 같은 여래상을 좌상으로 나열하고 있다. 모두가 연화 위에 통견痛肩의 상을 하고 있다. 수인은 각기 다르게 나타내고 있어 같은 여래상을 나타낸 것은 아니고 다불多佛을 표현하고 있다. 5층에는 한 면에 5여래씩 20여래상. 6층 이상에는 한 면에 3여래상씩 각 층에 12여래상을 표현. 도합 80여래상을 나타내고 있다.

『목우자수심결언해』·『사법어언해』간행

선의 이론서, 『목우자수심결언해』 간행

1467년 세조 13 간경도감에서 선의 이론서인 『목우자수심결牧牛子修心訣 언해』 1권 1책, 46장을 목판본으로 펴냈다. 간경도감에서 펴낸 다른 불전이 대부분 경전을 언해한 것에 비해 유일하게 보조국사 목우자 지눌(知訥, 1158~1210)이 불교의 선종과 교종의 대립을 막고 인간의 참모습을 밝히고자 저술한 불서佛書이다.[182]

⑧ 화보16

『아미타경언해』와 같이 권말에 '成化三年丁亥歲 朝鮮國 刊經都監 奉教雕造'라는 간기와 안혜,[183] 유환, 박경[184]의 필서기가 있다.[185]

'비현합결조顯閣訣/혜각존자역慧覺尊者譯'의 편찬자 기명이 수제 다음에 있다. 세조가 직접 구결을 달고, 혜각존자 신미가 번역했다. 비현합은 세조가 편당으로 사용하던 곳이다.[186]

> 선은 고요한 곳에도 있지 않고 시끄러운 곳에도 있지 않으며, 날마다 객관과 상응하는 곳에도 있지 않고, 생각하고 분별하는 곳에도 있지 않다. 고요한 곳, 시끄러운 곳, 인연에 따르는 곳, 생각하고 분별하는 곳에 여의치 않고 참구해야만 한다.

『수심결』의 집필 연대와 장소는 미상이다. 지리산 상무주암上無住庵에서 읽었던 송나라 때의 승려 대혜大慧 종고宗杲, 1089~1163의 『어록語

錄』을 인용하고 있는 점으로 미루어 1198년신종 1 이후의 저술로 추정된다.

원효와 의천 이후 한국 불교의 종파와 갈등을 극복하기 위해 공력을 쏟은 보조의 사상을 정음으로 번역해 간행한 것은 큰 의미가 있었다. 의천은 교종 중심으로 선종을 통합하기 위해 공을 들였고, 지눌은 선종 중심으로 교종의 통합을 시도했다. 고려의 지눌과 조선의 함허당은 수행의 기풍이 문란해진 시대를 살았다. 지눌은 당시의 승단에 대해 통렬하게 비판했다.

> 불법을 빙자하여 아상我相·인상人相이라는 말만 꾸며대고, 이익을 취하는 일에만 매달리고, 세속의 일에 골몰하여 도덕을 닦지 않고 의식만을 낭비하고 있다. 비록 출가했어도 무슨 덕이 있겠는가.[187]

지눌의 '돈오점수'와 '정혜쌍수' 사상은 '간화경절선'과 함께 그의 대표적인 사상이 되었고, 한국불교 선종의 수행지표가 되었다. 이 책은 선종뿐 아니라 교종에서도 중요한 저술로 전수되었고, 『명장』·『빈가대장경』·『대정신수대장경』 등 여러 나라의 대장경 안에 수록되어 있다.

혜각존자는 보조 지눌의 말씀을 통해 '네 안의 불성佛性'을 바로보라고 자상하고, 간곡하게 번역해 두었다. 시류에 휩쓸려 떠다니며 밖에서 법을 찾는 이에 대한 말씀도 잊지 않고 있었다.

> # 1. 대답하되, 불성佛性이 네 몸에 있거늘 보지 못하고 있다. 너는 하루 중에 배고픔과 목마름, 추움과 더움을 알며, 혹은 노하고 기뻐하는 것이 마침내 이 무엇인가. 또 색신色身은 이 땅과 물과 불과 바람 네 가지 인연이 모인 것이다. 그 몸이 둔하여 뜻이 없으니 어떻게 능히 보며, 들으며, 알리오. 반드시 능히 보며, 들으며, 아는 것이어야 한다. 이것이 너의 불성이다.[188]

> # 2. 슬프다. 지금 사람은 '마음이 부처'임을 모르는 것이 오래되었다. 자기의 마음, 이것이 진실한 '부처'인 것을 알지 못한다. 자기의 성품이 진실

한 법인 것을 알지 못해, 법을 찾고자 하되 멀리 모든 성인聖人께 미루고, '부처'를 찾고자 하되 자기의 마음을 살펴보지 않는다.[189]

『사법어언해』 간행

1467년세조 13에 간경도감에서 펴낸 『사법어四法語 언해』는 혜각존자의 역결譯訣이다. 「환산정응선사시몽산법어皖山正凝先師示蒙山法語」·「동산숭장주송자행각법어東山崇藏主送子行脚法語」·「몽산화상시중법어蒙山和尙示衆法語」·「고담화상법어古潭和尙法語」의 법어 4편에 구결을 달고 번역했다.[190]

❽ 화보16-1

권두에 '혜각존자 역결'이라고 명기되어 있다. 모두 9장 분량으로 『목우자수심결언해』와 함께 1책으로 합철, 간행됐다.[191]

혜각존자의 선과 교를 넘나드는 명쾌한 번역이 돋보이는 「몽산화상시중蒙山和尙示衆: 몽산화상이 대중에게 보임」의 대목이다.

> 만약 이곳에 와 고요함을 같이 즐기려 하는 이는 이 세연世緣을 다 버리며 모든 집착과 모든 전도顚倒된 생각을 다 덜어 진실로 생사대사生死大事를 위해 기꺼이 절의 법칙을 따를 것이다. 즐겨 따라 인사를 그치고 연緣을 좇아 수용하되 삼경 외에는 잠자지 말며, 밖에 나돌아 다니지 말며, 청하는 곳에 달려가지 말며, 밝게 보지 못하거든 글도 읽지 말며, 공중公衆의 청이 아닐 때는 경을 보지 말라. 법답게 3년 공부하되 만약 성性을 보고, 종지宗旨를 통달하지 못할 때는 산승山僧은 너를 대신해서 지옥에 들어가리라.[192]

분명하게, 한 자도 빠뜨리지 않고 선사의 법어를 정음으로 번역, 짚어내야 할 요지를 정확하게 짚어내고 있다. 좌선의 핵심을 설파한 「고담화상법어」는 해탈의 경계를 넘어서 있었다.

> 만약 참선하고자 할진대 말 많이 하지 않아야 할 것이다. 조주趙州의 무자無字를 생각마다 이어지게 하여 다니며[行], 멈추며[住], 앉으며[坐], 누울[臥] 때 눈앞에 두어 금강석 같이 굳은 뜻을 일으키어 한 생각이 만년萬年

이라. 빛을 돌이켜 돌아 살펴 살피고 또 보아 혼침昏沈과 산란散亂에 극도로 힘써 더하여 매우 갈고 매우 가다듬으면 더욱더 새로워지고, 날이 오래되며 달이 깊어지면 매우 은밀하게 이어져 '무자 화두'를 들지 않아도 저절로 들리는 것이 마치 또 흐르는 물과 같아서 마음이 공空하며 경계가 고요하여 쾌락하고 편안하리라.

선과 악의 마魔가 오더라도 두려워하지 말며 기뻐하지도 말라. 마음에 미워하며 사랑하는 마음을 내면 바름[正]을 잃어 미치광이가 되리라. 뜻을 세우되 산같이 하고 마음 편안함이 바다 같으면 큰 지혜가 해 같이 하면 널리 삼천세계를 비추리라.

어리석은 구름이 모두 흩어지면 만리萬里 청천에 가을의 보배 같은 달이 맑은 근원에 사무칠 것이다. 허공에서 불이 나며 바다 밑에서 연기가 나 문득 맞닥침에 가장 현미玄微한 곳을 칠 것이다. 그때에는 조사의 공안을 한 꼬챙이에 모두 꿰며 모든 부처님의 미묘한 이치가 널리 원만하지 않음이 없으리라. 이런 때에 이르러서는 빨리 높으며 현미한 데에 물어 조각과 맛이 완전히 옮겨져 바름도 없으며, 치우침도 없어서, 밝은 스승이 옳다고 하거든 다시 산에 들어가 띳집과 토굴에서 고통과 즐거움을 인연을 좇아 행함이 없이 환하여 성품이 흰 연꽃과 같으리니. 그 시절에 이르거든 산에서 나와서 밑 없는 배를 타고 흐름을 좇아 묘妙를 얻어 인간과 하늘을 널리 제도하여 깨달음의 언덕에 모두 올라 부처가 함께 되어야 할 것이니라.[193]

걸림 없는 말씀이 맑은 시냇물 같은 번역 문장에 녹아들었다. 훈민정음으로 피워 올린 무지개가 법륜法輪을 굴리듯 산과 들에 떠오르고 있었다.

낙산사 · 유점사의 중창과 신창

조선 전기의 가장 큰 국난, '이시애의 난'

세조는 왕위에 오른 이후 강력한 왕권을 확립하고 중앙집권화 정책을 펴 나갔다. 북방민의 등용을 억제해 북도출신의 수령을 점차 줄이고 지방관을 중앙에서 직접 파견했다. 전국적으로 호적을 개정해 호패제도를 실시하고, 1465년세조 11 보법保法을 실시했다.[194]

1467년세조 13 5월 16일 길주 출신의 전 회령절제사 이시애가 길주에 와 있던 함길도절도사 강효문을 베고 반란을 일으켰다.[195]

5월 17일 세조는 즉시 반란 정토조를 편성했다. 조카인 구성군 준을 함길·강원·평안·황해의 4도병마도총사에 임명했다.

5월 19일 세조가 신숙주·한명회 등을 구금시켰다.[196]

5월 20일 심회를 영의정, 최항을 좌의정, 홍윤성을 우의정에 임명했다.[197] 이시애는 길주로부터 단천·북청·홍원으로 남하하며 중앙에서 파견된 그곳 관장을 모두 죽이고 자기 스스로 왕명을 받은 절도사라 칭하고 함흥을 점령, 관찰사 신면을 죽이고 체찰사 윤자운을 사로잡았다. 반군의 기세가 등등했다. 구성군의 관군은 철원까지 나아갔으나 더 진격하지 못했다.

6월 1일 윤자운이 이시애의 진영에서 빠져 나왔다. 구성군은 철령을 넘어 안변으로 들어가고, 허종은 영흥으로 들어가 반군에 대한 포위망을 압축했다. 세조는 효유문으로 마무리 지으려던 계획을 거두었다. 열흘 만에 신숙주와 한명회를 풀어주고, 친정親征 의사를 밝혔다.

이시애는 세조의 강경책에 당황해 이성利城 다보동에 근거지를 두었다가 다시 북청으로 나와 근거지로 삼았다. 6월 19일 북청을 비워 후퇴하고, 이시합은 2만 여명의 군졸을 북청 근처인 여주을현에 주둔시켰다. 6월 24일부터 10여 회에 걸친 싸움이 있었으나 관군의 북청 수비진을 뚫지 못하고 패퇴한 이시애는 7월 14일 회령 이북의 백성을 이끌고 대문령을 넘어 열어문평에 진을 치고 장기전을 펴고 관군의 자멸을 기다렸다. 관군은 북청에 있는 군사를 홍원으로 후퇴시켜 1·2·3진으로 나누어 장기전에 대비했고, 이시애는 이 틈을 타서 북청을 점령했다. 이후 싸움은 8월까지 이어졌다.

관군은 8월 12일 이시애군을 쫓아 단천을 탈환하고 마천령磨天嶺을 넘어 영동역嶺東驛에 이르렀다. 이때 이시애는 허종 휘하의 허유례의 계교에 빠져 이시합과 함께 체포되었다. 허유례는 그의 아버지가 이시애의 수하에서 길주권관으로 있음을 알고 거짓 항복하는 체 경성 운위원으로 들어가 아버지와 이시애의 수하인 이주·이운로·황생 등을 설득, 이시애와 이시합 등을 체포하는데 성공했다. 이시애는 8월 12일 구성군에 의해 참형에 처해져 효수되었다. 난이 발생한 지 62일 만이었다.[198]

세조는 이시애의 난이 평정된 후 북도 유향소를 폐지했다. 함길도를 좌·우도로 나누어 통치책을 강화하는 동시에 반란의 근거지인 길주를 길성현으로 강등시켰다.

혜각존자에게 강릉부 산산 제방 하사

이시애의 반란 중에도 유점사와 낙산사의 개창改創 공역은 이어지고 있었다. 세조가 윤필상에게 물었다.

- 함길도의 군수가 장차 궁핍하게 되었으니 어떻게 하면 좋겠는가. 유점사와 낙산사의 두 절은 함길도와 거리가 가깝고, 개창하기 위한 비축이

매우 많다. 내가 그 역사를 정지하고 거기에 쓸 물건을 안변으로 옮기려 하는데 경의 뜻은 어떠한가.

윤필상이 놀란 기색을 띠며 아뢰었다.

- 이 무슨 교지입니까. 이시애는 소인의 무리이므로 반드시 주륙될 것입니다. 지금 소인의 무리들 때문에 국가에 복이 될 역사를 정지하는 것은 옳지 않다고 봅니다. 신은 감히 교지를 받들지 못하겠습니다.[199]

9월 20일 구성군을 오위도총부 도총관, 최항을 영의정, 조석문을 좌의정, 강순을 우의정 산양군, 김수온을 중추부지사로 임명했다.[200]

11월 26일 세조가 오대산 상원사의 혜각존자에게 강릉부 산산蒜山 제방을 하사했다.[201]

12월 14일 사옹원 동랑東廊의 탄고炭庫에서 실수로 번진 불이 본원과 간경도감의 동철·포백·미면米麵 : 쌀과 싸라기을 보관한 여러 창고와 등촉방 등 무릇 수십 칸에 불이 번졌다. 세조가 크게 놀라 선정전宣政殿에 나가 급히 입번한 병조당상·도총관, 여러 장수·승지 등을 불러 입직한 군사를 거느리고 불을 끄게 했다. 집에 있던 종친과 재상과 신료 모두 달려왔다.

12월 16일 사옹원 화재 진압에 애쓴 구성군 이준·구치관·김국광·남이 등에게 내구마 각각 1필을 내려 주었다. 옆에서 함께 불을 끈 200여 명도 각각 한 자급씩 올려주었다. 불구경만 하던 자도 슬며시 끼어들어 공을 낚았다.[202]

며칠 뒤 세조가 화재예방에 대한 불시 점검에 나섰다. 밤 4고鼓에 주서와 선전관·환관에게 명해 궐 내외의 여러 관사를 살펴보게 했다. 예빈시·사복시·장흥고·선공감과 내응방·사옹원·문소전 등의 관사官司가 금지를 범했다. 또 전곡錢穀이 있는 여러 관사에 보내어 문서를 거두어 들여서 밀성군으로 하여금 관리들이 법을 어긴 일을 수색, 검찰하게 했다. 실화의 흔적을 추적한 결과, 차비노 소남이 모닥불을 피워 놓고 몸을 녹이다가 불을 냈음을 확인했다. 의문부에 하옥시켜 국문했다.[203]

세조, 낙산사·유점사 중창과 수리

1468년세조 14 강원도 유점사, 낙산사 공역에 60,000명의 인력이 투입되고 있었다.[204] 정초부터 묘한 일이 하나 벌어졌다. 경녕군의 아들 오성정 이치의 아내, 판사 정지담의 딸인 과부 정씨가 망부의 천도를 핑계로 불사를 벌이다가 설준·심명·해초와 번갈아 사통하고, 아이를 두 번 가졌다는 소문이 파다했다. 주변에서 시를 지어 희롱했다.

오성정의 아내 정부인,	梧城正妻鄭夫人
몰래 탁발한 이와 간통해서 작은 중 낳았다네	潛通髡首生小禪
장안의 화류객에게 말하노니	寄語長安花柳客
어찌 왕래하며 인연을 맺지 않는가	何不往來作因緣[205]

정씨는 이후에도 흥덕사로 자리를 옮긴 설준을 가까이하고 아껴서 노비 30구와 문권을 만들어 주었다.[206]

1월 23일 유점사로 가는 학조와 장인匠人 15명에게 역말을 내려주었다. 혜각존자는 세조의 명을 받고 낙산사 공역은 학열, 유점사는 학조에게 일임했다. 강원도의 감사와 수령이 잠시도 쉴 틈이 없었고, 공사비가 만만치 않게 들어갔다. 사관의 불만 섞인 평은 빠지지 않았다.

> 신미가 학열·학조와 서로 결탁, 자못 위력 있는 복을 베풀었다. 훈척勳戚과 사서인이 많이 의지했다. 강원도가 공역 때문에 시끄러워 감사와 수령이 버틸 수가 없었다. 소득이 있는 쪽으로 산업을 경영했다.[207]

3월 20일 강원도관찰사 김관에게 낙산사를 영건하고 있는 학열의 의견을 듣고 편의대로 말을 징발하되, 마문馬文은 양양부사가 만들어 주라고 전지했다.[208]

4월 10일 명나라 사신이 황제의 명이라며 금강산에 번을 달아달라고 요구했다. 세조는 유점사 중창에 매진하고 있던 학조에게 조치하라고 이른 뒤 사목을 작성, 강원도관찰사에게 유시했다.

- 불공을 드리는 데 쓸 백미 10석은 군자에서 쓰라. 유밀과 면, 과일과 소찬은 여러 고을에서 준비하고, 승려를 공양할 백미 50석과 콩 30석, 소금과 장은 군자를 쓰라. 또한 명나라 사신이 경유하는 여러 고을과 역의 법령法令 문서는 없애라.[209]

5월 6일 세조가 내섬시정 손소에게 사목을 내려 낙산사 중창을 빌미로 사사로이 재물을 거두는 폐단을 없애라고 조치했다. 모든 물자를 국가에서 직접 조달한다는 원칙을 세워 놓고 있었다.

❀ 원각사의 불유佛油를 칭탁하는 사장社長과 낙산사 화주승이 관과 민간에 폐를 끼친다고 들었다. 민간에서 두루 물어서 찾아내고, 잡는 대로 가두어 국문하라.
❀ 위의 지시사항을 감히 지키지 않은 승려와 사장이 만약 절에 숨어들어 잡아 오기 어려우면 관원을 발동; 체포하되 소란스럽게 하지 말라.
❀ 낙산사 영건의 소요되는 비용은 모두 관에서 지원하고 있다. 만일 사사로이 모연문을 가지고 다니는 자가 있다면 다 거둬들이고, 아울러 여러 도에 알려 회수하라.[210]

5월 12일 세조가 사정전에서 종친과 재추, 제장과 담론하며 연회를 베풀었다. 영순군에게 8인의 기녀에게 세종께서 지은 『월인천강지곡』의 언문 가사를 주어 부르게 했다. 호조판서 노사신을 불러 담소를 나누다가 세종을 사모하는 마음 사무쳐 묵연히 눈물을 떨궜다. 노사신도 엎드린 채 눈물 흘렸다. 좌우 신료의 안색이 변했다.[211]

『월인천강지곡』은 세조의 손에 찍힌 '달의 도장'이었다.[212] 맑고, 고운 노래가 사정전 담장과 지붕을 넘어 강녕전과 교태전 뜨락으로 낮게 내려 앉고 있었다. 노랫말 속에 깨달음으로 가는 먼 길이 보였고, 아버지와 어머니가 굳세고 고운 마음으로 일러준 지혜의 문이 열리고 있었다.

서러운 일 중에도 이별 심하니 어미와 자식의 이별 어떠한가요.
도리 이루어 자비 펴신다 하니 이런 일 자비의 어디에 속하나요. - 제144곡날과 달이 차거늘 어머님 비람원毘藍園을 보러 가셨습니다.
상서祥瑞가 많거늘 아버님 무우수無憂樹 있는 곳으로 또 가셨습니다.
- 제17곡

세존 오시는 것 알고 솟아 뵈오니 옛날 뜻 고치라 하셨습니다.
세존의 말씀 듣잡고 돌아보니 제 몸이 고쳐 되었습니다. - 제29곡

고운 여인이 비단에 안아서 어머님께 오더니 대신大神들이 모셨습니다.
푸른 옷 입은 이가 소식 아뢰거늘 아버님이 기뻐하니 종친과 더불어 가셨습니다. - 제23곡

불보佛寶를 넓히시며, 법보法寶를 넓히시며, 승보僧寶를 또 넓히셨습니다.
지신地神이 찬탄하며, 천공天空이 찬탄하며, 천룡팔부가 또 찬탄했습니다. - 제96곡

못에 들어가시니 큰 나무가 굽거늘 가지 잡아 나오셨습니다.
강물에 들어가시니 물결이 갈라지거늘 티끌에서 솟아 나오셨습니다.
- 제107곡

하늘도 움직이고, 땅도 움직이더니 세계의 상서祥瑞 어디 다 말씀하리.
풍류 소리도 일어나며 앓던 사람도 좋더니 중생의 이익 어찌 다 말씀하리.
- 제172곡

세조의 마지막 불꽃, 경서 구결

세조, 『주역구결』의 보완과 경서 구결

세종이 경서의 구결을 명했을 때 변계량이 "『사서』는 어렸을 때 배웠으나 『예기』는 배우지도 못했다."고 아뢴 적이 있다. 당대의 석학이 『예기』를 배우지 못했다고 말한 것은 경서에 대한 소양이 깊지 않았다는 반증이다. 경서의 본문에 구결을 확정하는 일은 쉽지 않았다.

세조는 골라 뽑은 문신 107명에게 기한을 세워 『주역』·『역학계몽』 등을 다 읽도록 하고, 학문적 깊이를 심화해 나가는데도 신경을 썼다.[213]

세조는 말년에 경서의 강론을 즐겼다. 학문적 성과의 축적과 토론 문화의 활성화라는 긍정적인 면과 가자加資 승진 등의 보상으로 인한 부정적인 면을 동시에 지니고 있었다.[214]

7월 들어 세조는 아픈 몸으로 2년 전 성균관에서 반사한 『주역구결』에 만족하지 않고 보완과 수정을 거듭해 나갔다. 정자영·구종직·김수령·이영은·박건을 『경국대전』을 편찬하기 위해 만든 상정소에 보내 『주역구결』의 참정參定을 맡겼다.[215]

8월 1일 세조의 병이 깊어가고 있었다. 내종친과 정인지, 구치관, 윤사흔·한계희, 호조판서 노사신 등 당직하는 여러 장수, 승지를 불러 술을 내려 주었다. 세조가 노사신에게 수릉壽陵을 만들겠다고 말한 뒤 눈물을 뿌렸다. 대신에게 이 뜻을 전했다. 정인지가 반대했다.

- 만약 능을 만든다면 인심이 놀랄 것이므로 불가하다.

구치관이 정리를 했다.

- 성상께 아뢰지 말아야 한다. "성상의 옥체가 평선平善해지기를 기다려 친히 터를 보고 정하는 것이 순리다."고 해야 한다.

노사신이 정인지와 구치관의 말을 정리해서 아뢰었다. 세조는 더 이상 말하지 않았다.[216]

8월 3일 세조의 몸이 편치 않았다. 여러 종친과 재추가 문안했다. 세자 또한 몸이 아파 문안을 할 수 없다는 소식을 듣고 이훈의 집으로 가도록 명한 뒤 구치관을 대장으로 삼아 경복궁을 지키게 했다.

8월 5일 세조는 병석에 있으면서도 문신을 좌우로 나누어 어정御定한 『주역구결』로 논강하게 했다. 안효례·최호원·정자영이 서로 강론했다. 안효례 등은 어정 구결, 정자영은 권근의 구결을 따랐다. 결론이 나지 않았다. 경학에 밝은 구종직과 정자영의 자존심 싸움이 가관이었다. 세조가 결론을 냈다.

- 잘못은 정자영에게 있다.[217]

술을 마실 수 없었지만, 신하들은 흠뻑 취할 수 있게 했다. 세조는 스스로의 구결을 옳다고 생각했지만, 권근의 구결을 따르는 사람도 배제하지는 않았다.

> 세조는 일찍부터 동방의 배우는 자가 어음語音도 바르지 않고 구두句讀도 분명하지 않으며, 비록 권근과 정몽주의 구결이 있긴 해도 잘못된 곳이 오히려 많아 부유腐儒와 속사俗士가 잘못된 것을 그대로 전하고 이어받는 것을 탄식해 왔다. 마침내 정인지·신숙주·구종직·김예몽·한계희·최항과 서거정에게 오경과 사서를 나누어 주며 고금을 참고, 구결을 정해 올리라고 명했다. 또 여러 신하를 불러 모아 같고 다른 점을 강론한 다음 친히 결정을 내리곤 했다. 최항이 좌우에 있으며 매번 고문顧問을 받들 때마다 정밀하게 분석하고, 응대하는 것이 메아리 같아 모두 여러 사람의 뜻에 맞았다. 세조가 좌우를 보며 말했다.
> - 참으로 하늘이 낸 재주다.[218]

8월 6일 세조가 편치 않은 몸으로 자을산군者乙山君 : 성종의 집으로 이어했다. 좌찬성 한계미가 대장으로 임명되어 창덕궁을 지켰다.

8월 8일 정창손·신숙주·구치관·홍달손·최항·강순·좌의정 박원형·우의정 김질과 승지가 명을 받고 내정內庭에 입시했다. 안효례가 이영은과 『주역』의 이치를 강론했다. 세조는 최항 등에게 『소학』·『주역』의 구결을 먼저 정하고, 다음에 『예기』의 구결을 정하도록 명했다. 『시경』·『서경』의 구결은 권근이 이미 정했으므로 제외했다.[219]

이틀 뒤 모든 재추들과 이영은·김수령·구종직·정자영·김예몽·안효례·최호원 등을 불러 술자리를 베풀고 세조가 스스로 정한 『주역구결』을 논강하게 했다. 구종직은 민첩하게 세조의 어정구결을 그대로 확정하자는 의견을 냈고, 정자영은 권근의 구결을 그대로 활용하자고 버텼다. 구종직이 세조께 아뢰었다.

- 『어정구결』은 멀리 선성先聖도 아직 밝히지 못한 일로써 진선진미합니다. 정자영이 성상의 구결을 비방하고 있습니다. 아예 베어 버리소서.

세조는 응답하지 않고 나가라고 명했다.[220]

어정 구결이 권력으로 정해지는 것을 바라지 않았다. 서거하기 한 달 전의 일이었다. 구결 작업이 완결되고, 번역되었다면 훈민정음 역사의 물줄기는 또 다른 곳으로 방향을 틀었을 것이다.

8월 12일 세조의 몸의 편치 않았다. 세자가 조정 신료를 사직과 소격전·명산대천의 여러 영험 있는 곳과 원각사에 나누어 보내 기도하게 했다. 하동군 정인지 등과 중신이 문안했다. 술자리를 베풀고 구종직·김예몽·정자영·이영은·김수령·최호원·안효례를 불러 『주역』의 이치를 강론했다. 구종직과 정자영이 설전을 벌이며 한 치도 물러서지 않았다. 시좌侍坐한 신하가 모두 웃었다. 조금 있다가 모두 나가도록 명하고, 구종직 등과 강론을 이어갔다.

세조가 영순군 이부에게 명을 내렸다.

- 구종직은 초자超資하여, 김예몽은 가자加資하여 벼슬을 올려주고, 정

자영은 가자하여 주고, 이영은은 이조참의, 김수령은 성균관 대사성에 제배하고, 최호원은 가자하기를 직에 준하라.
다음날 이극배를 평안도관찰사에 임명하고, 김수온에게 숭록대부를 더해 주었다.[221]

최항의 「경서소학구결」 발문

최항이 쓴 「경서소학구결발經書小學口訣跋」은 세조대에서는 마지막 발문이다. 경서구결의 필요성, 구결 작업의 내역과 진행, 이 사업에 대한 칭송, 세조의 훈민정음을 정착시키기 위한 의도와 구결 작업의 분담 내역이 상세하게 실려 있다.

> 글은 도를 꿰뚫어 담는 그릇이다. 글로 인하지 않으면 무엇을 가지고 도를 보며, 도에 밝지 못하면 무엇을 가지고 다스림을 말하겠는가. 글이란 참으로 하루라도 강구하여 밝히지 않을 수 없다. 그 중 경서經書보다 먼저 할 것이 없다. 항상 근심되는 것은 세상의 선비는 스승의 가르침이 밝지 못하여 억견臆見만 높으니 누구에게 나아가 바르게 할 것이며, 구두句讀도 아직 통하지 못했는데 어느 겨를에 귀취歸趣를 찾겠는가. 대저 글을 보고자 하는 사람은 모름지기 먼저 정경正經을 밝혀야 될 것이다. 정경을 이미 밝히게 되면 제가諸家의 해석이 이미 확실하게 되어 있으며, 글을 읽고자 하는 사람은 모름지기 먼저 어결語訣을 바르게 해야 할 것이다. 어결이 바르게 되면 여러 갈래의 의혹이 절로 사라진다. 정경正經에 구결이 있음은 참으로 선비에게 달을 가리키는 손가락이다.[222]

최항은 경서의 본문에 익숙함이 있어야 글을 보고 뜻을 이해할 수 있다고 강조했다. 특히 글을 읽고 앎에는 어결語訣을 바르게 해야 하며 정경에 구결이 있으면 선비의 공부에 지침이 된다는 점을 분명히 했다. 세조가 생각하고 있는 구결 작업의 의도가 선비에게 경서 이해의 정확한 길잡이의 제공에 있음을 밝혔다.

> 『역경易經』의 글은 가장 정묘하고 은미隱微하니 천하의 지신至神이 아니

면 누가 알아서 열어 보일 것인가. 공손히 생각하건대 우리 임금께서는 만 기의 남은 겨를에 구결을 잠시 정해 사성四聖의 뜻을 손바닥 가리키듯 밝혔다. 또한 『소학』은 더욱 학자가 도에 들어가는 문에 간절한 것이라 하여 스스로 구결을 정했다. 『시경』은 하동군 정인지, 『서경』은 봉원군 정창손, 『예기』는 고령군 신숙주, 『논어』는 한성부윤 이석형, 『맹자』는 이조참판 성임, 『대학』은 중추부동지사 홍응, 『중용』은 형조판서 강희맹에게 구결을 달도록 명했다. 일을 마치자 또 중추부지사 구종직, 동지사 김예몽, 병조참판 정자영, 이조참의 이영근, 호조참의 김수녕, 우승지 박건 등에게 논의하고 교정하도록 명했다. 매양 긴요한 곳을 만나게 되면 모두 아뢰어 예단睿斷을 받게 했다. 이에 전교서에 명하여 간행, 반포하게 했다. 다만 『역경』은 정주程朱의 전傳을 붙여서 간행하게 했다. 『소학』과 경서를 읽는 데 지남指南이 비로소 갖추어졌으므로 문文에 따라 뜻이 순하여 각각 그 바름을 얻어서 가르쳐 주는 수고를 하지 않고도 얼음이 녹는 것처럼 의혹이 풀리어 그 귀취歸趣와 요령은 다만 정경을 보고도 문득 이해하게 되었다.[223]

각 경서의 구결 책임자를 엄선했다. 세조는 스스로 『주역』과 『소학』의 구결을 정했다. 이어 재추宰樞에게 역할을 분담시켰다. 정인지→『시경』, 정창손→『서경』, 신숙주→『예기』, 이석형→『논어』, 성임→『맹자』, 홍응→『대학』, 강희맹→『중용』.
발문을 쓴 최항은 세조를 도와 구결 사업을 총괄했다. 구결이 이루어진 다음에는 겸예문 출신인 구종직·김예몽·정자영·이영근·김수녕·박건에게 교정을 맡겼다. 교정 과정에서 요긴한 문제가 생기면 세조의 결정에 따랐고, 전교서에서 인쇄했다.[224]

우리 임금께서는 하늘이 주신 성학聖學으로 크게 군사君師가 되어, 깊이 도통道統에 계합하고 문교文敎를 더 숭상했다. 선각자로 뒷사람을 깨닫게 하고 지나간 성인을 계승, 앞으로의 내학來學을 열어 주었다. 광대하고도 정미한 대단한 공을 이루었음을 또한 이것만 가지고도 볼 수가 있다. 그리고 만세萬世의 학자로 하여금 능히 스스로 스승을 얻어 몽매한 자가 정도正道를 양성할 수 있도록 하여, 신비로운 변화에 일정한 한계를 지운 가운데에서 소리개가 하늘에 날고, 물고기가 못에 뛰듯 만물이 턱화를 입어 기뼈 날뛰게 했다. 도가 더욱 밝아지고 다스림이 더욱 융성해지는 것은 이로부터 비롯하지 않음이 없을 것이다. 아! 지극하시도다.[225]

최항은 넓고, 세밀한 세조의 구결에 대한 애정과 공력을 아낌없이 기리고 있다. 세조가 경서 구결에 깊은 애정을 가지고 임했는지는 관여한 인물을 보면 확연하다. 정인지·신숙주·최항·정창손 등 70여 명의 석학이 『주역』·『시경』·『서경』 등의 구결에 폭넓게 참여했다.

훈민정음과 국어사 연구에 헌신한 안병희1933~2006는 '세조의 경서 구결'의 의미를 간명하게 정리했다.

> 세조의 열의와 집념이 아니었으면 그것조차 어려웠을 것이다. 세조의 경서 구결이 발판이 되고, 그 이후 추진된 유학의 진흥으로 유학자가 배출되어 경서 언해는 이루어진 것이다. 여기에 유학의 교육과 연구뿐 아니라 국어사 연구에 끼친 세조의 공적은 크다.[226]

세조, 파란만장한 생을 접다

8월 15일 세조가 한명회를 불러 창덕궁으로 이어할 뜻을 전했다.

- 내가 경의 집에 옮겨와서 병세가 나아지고, 마음 또한 매우 편안해졌다. 오래 머물려고 했으나 위사가 더위에 지칠까 염려되어 부득이 이어하려고 한다.

효령대군과 상당군 한명회의 집에 각각 중미中米 50석, 이훈과 유강의 집에 각각 10석, 군사가 우거하던 집에 각각 2석, 근방의 민가에 각각 1석씩 내려 주었다. 세조가 중궁과 함께 창덕궁으로 이어했다.

> 어가가 동장문東墻門에 이르렀을 때 문을 닫아 두었다가 미처 열쇠로 열지 못했다. 영의정 이준이 문을 밀치게 하고 선정문宣政門에 이르렀다. 문은 옛날에 화재를 당해 나무로 기둥을 지탱해 두었는데, 나무가 갑자기 넘어져 거의 어연御輦에까지 닿았다. 내승內乘 우신이 보고 놀라 "나무가 넘어집니다."고 외쳤다. 견마졸牽馬卒 서영남이 두 손으로 나무를 붙잡아 어연에 닿지 않았다. 연의 덮개가 두어 치쯤 부러졌다. 우신의 관작을 한

자급 올려주고, 서영남은 특별히 서용했다.
다음날 세조가 보경당 뒤뜰에서 여러 종친과 재추의 문안을 받았다. 술을 내려 주고 정인지 등과 『시경』의 구결을 두어 장章 정하다가 그만두었다.[227]
세조는 마지막 가는 길에도 『주역』·『시경』의 구결을 논강하며 훈민정음의 내일을 걱정하고 있었다.[228]
8월 29일 기도 불사를 내전에서 베풀었다.[229]
9월 4일 불길한 조짐의 상징인 혜성이 밤하늘을 그었다. 다가올 죽음에 대한 전주곡이었다.[230]
9월 7일 세조의 병이 위중했다. 예조판서 임원준을 불러 안에 들게 하고 전지했다.
- 내가 세자에게 전위하겠다. 준비하라.
임원준이 하동군 정인지·고령군 신숙주·능성군 구치관·상당군 한명회·연성군 박원형·인산군 홍윤성·산양군 강순·창녕군 조석문·상락군 김질·좌찬성 김국광에게 알렸다.
- 성상의 병이 점점 호전되어 가는데 어찌 갑자기 석위釋位할 수는 없는 일이다.
임원준이 정인지의 말을 아뢰었다. 세조가 성을 내며 말했다.
- 운이 다한 영웅은 자유롭지 못하다. 뜻을 어기고자 하느냐. 이는 나의 죽음을 재촉하는 것이다.
정인지 등이 어찌 할 바를 몰랐다. 환관이 명을 받고 경복궁에서 면복을 가져왔다. 세조가 친히 세자에게 내려주고 즉위하게 했다. 임원준이 뜻을 돌이키지 못할 것을 알고 나와서 여러 재추에게 전하고 의위를 갖추었다. 세자가 수강궁壽康宮 중문에서 즉위했다. 예종의 나이 19살이었다. 소훈昭訓 청천부원군 한백륜의 딸 한씨를 왕비로 삼았다.
9월 8일 세조가 수강궁 정침에서 파란의 생애를 접었다.[231] 왕위에 있은 지 14년, 향년 52세였다. 시호는 혜장惠莊 : 부드러운 자질과 자애롭고 어진 것을 혜. 엄하고 공경으로써 백성에게 임했음이 장이었다. 자성왕비와의 사이에 사왕嗣王 덕종·예종·의숙공주, 근빈 박씨 사이에 덕원군 서曙, 창원군 성晟을 두었다.²³²

세조의 둘째 아들인 예종은 정희왕후가 1450년세종 32 1월 1일정축 사저에서 낳았다. 세자로 있을 때 세조가 병환이 나니 수랏상을 보살피고 약을 먼저 맛보며 밤낮으로 곁에 있어 한 잠도 못 잔 지가 여러 달이 되었다. 세조가 승하했을 때 슬픔이 지나쳐 한 모금 물도 마시지 않았으므로 마침내 건강을 해쳤다. 19살에 왕위에 오른 이후에도 나을 기미를 보이지 않고 있었다.²³³

세조, 자나 깨나 훈민정음 걱정

세조로부터 '해동의 제갈량'이란 덕담을 들었던 대사헌 양성지가 올린 글이 경복궁 비현합의 바라지창 너머에서 은밀하게 반짝이고 있었다.

국가의 비밀문서인 『총통등록銃筒謄錄』은 춘추관에 1건, 문무루文武樓에 21건件, 홍문관으로부터 내전內殿으로 들어간 1건, 군기감에 몇 건이 있습니다. 혹여 간첩이 이를 훔쳐서 이익을 얻는다면 나라는 막대한 손해를 입을 것입니다. 바라건대 훈민정음[諺字]으로 써서 베껴 내외의 사고史庫에 각기 3건씩 수장하고, 홍문관의 3건은 신이 굳게 봉封하게 하고, 한자로 써서 베낀 것은 모두 불살라 없애 만세萬世를 위한 계책으로 삼으소서.²³⁴

군사기밀을 한자가 아닌 훈민정음으로 기록해 두면 혹여 국외로 유출되어도 해독할 수 없게 하겠다는 탁월한 발상이었다. 세조는 훈민정음으로 『병서兵書』의 언해에도 공을 들였다. 대신에게 주연을 베풀고, 흥이 돋으면 강론하기를 그치지 않았다.²³⁵

8 미궁 속의 훈민정음

예종과 혜각존자

달이 뜨기 전 강 곁에 있었다
이윽고 달이 떴다
강은 달을 안고 산을 돌아 갔다
강물 곁에서 깊게 울었다

숭불주 세조, 광릉에 들다

혜각존자, 세조의 국상 불사 총괄

9월 11일 간경도감 제조 한계희가 도감을 정파할 수 없다고 아뢰었다. 조정에서 멸시의 논의가 있었다.

9월 13일 빈전에서 법석을 3일 동안 베풀었다.[1]

9월 19일 자성왕비 윤씨가 이조판서 성임·행 상호군 정난종·행 부제군 조근·승문원 판교 조안정·별좌 안혜·판관 이숙생·승정원 주서 박효원·사정 박경·승려 문경 등에게 세조의 자복資福을 위한 금니金泥 사경을 명했다.[2]

9월 21일 혜각존자와 학열·학조가 매일 빈전에서 법석을 베풀고, 끝나면 물러가서 광연루 부용각芙蓉閣에 머물렀다. 넉넉하게 대우했고, 불사가 있으면 승지가 은밀하게 왕래하며 자문을 받았다. 중추부지사 한계희도 볼 일이 있어 갔다가 담론을 나누었다. 학조가 말했다.

- 강원도에 소승이 머무는 절이 있는데 그 사전賜田이 매우 메말라서 쓸 수 없습니다. 전라도의 기름진 땅과 바꾸어 받고자 하는데, 어떻게 하면 상달하겠습니까. 지난번에 학열스님이 낙산사를 짓는 일로 계목을 지어 계달했을 때 대신이 모두 비웃었습니다. 계목은 의정부와 육조의 일이고, 우리가 감히 할 것이 아닙니다. 신경을 써 주시면 고맙겠습니다.

한계희가 말했다.

- 적당한 때를 기다렸다가 단자單字로 계달하는 것이 좋을 것 같다.

학조가 그 말에 따랐다. 한계희는 문학이 있는 대신으로서 승려의 무리에게 붙으니, 시론이 비루하게 여겼다.³

예종이 신료에게 세조의 묘호를 논의해 올리라고 명했다. 의정부에서 '신종神宗', '예종睿宗', '성종成宗'의 세 가지 묘호를 올렸다. 조정에서는 세조의 왕위 찬탈을 대업으로 평가하는데 주저하고 있었다. '조祖'는 글자도 들어가지 않았다. 예종은 세조의 왕위 등극이 대업으로 평가받기를 원했다.

- 대행대왕께서 국가를 다시 일으켜 세운 공을 일국의 신민으로서 누가 알지 못하는가. 묘호를 '세조世祖'로 할 수 없는가.

신료들이 묘호를 '세조'로 수정해서 올렸다. 예종이 문제를 제기하지 않았다면 세조의 묘호는 '신종神宗'이 되었을 것이다.⁴

10월 9일 새벽녘에 빈전 곁에서 법석을 베풀었다. 263명이 동참했다. 예종이 법석에 참석한 신료를 부른 다음 형조에 전지했다.

- 빈전의 법석에서 사리가 207매나 분신했다. 이날 매상昧爽 이전에 간도奸盜와 강상에 관계된 것과 형을 남발한 관리를 제외한 유배 이하의 죄는 이미 발각된 것이나 발각되지 않은 것이나 이미 결정된 것이나 결정되지 않은 것이나 모두 용서하라.⁵

10월 22일 행 중추부첨지사 김수온에게 보국숭록대부를 더했다.

정권의 주도권 싸움이 빚은 '남이의 옥사獄事'

10월 24일 매번 불사에 참여한 밀성군 이침, 영순군 이부, 영의정 구성군 이준, 하성군 정현조, 능성군 구치관, 행중추부첨지사 김수온, 중추부지사 한계희, 호조판서 노사신, 예조판서 임원준 등에게 내구마 1필을 하사했다.⁶

10월 27일 세조의 7재를 회암사에서 올렸다. 이조판서 성임, 도승지 권감이 불사를 감독하고 돌아오는 길에 '남이의 옥사'로 동문이 닫혀 서울에 들어올 수 없었다.⁷

어두워질 무렵, 난의 조짐이 있음을 조정에 알린 것은 병조참지 유자광이었다. 고변의 사실을 확인하기 위해 예종이 물었다. 유자광이 남이가 겸사복장으로 자신과 함께 궁궐에서 입직을 설 때 한 말을 아뢰었다.

세조께서 우리를 아들같이 보살펴 주셨다. 이제 나라에 큰 상사가 있어 인심이 위태롭고 의심스러워졌다. 이 기회를 틈타 간신이 난을 일으키면 우리는 개죽음할 면할 수 없다. 마땅히 너와 더불어 충성을 다해 세조의 은혜를 갚아야 한다.

난신의 상징으로 김국광·노사신·한명회를 지목했다는 것이었다. 예종은 병조에 명해 군사를 나누어 도성의 문과 성곽을 지키게 한 뒤 남이와 첩기인 탁문아를 잡아와 삼경에 문초했다.
창덕궁 숭문당 뜰에 마련된 국문장에서 남이에게 불리한 문효량의 증언이 이어졌다.
- 한명회가 어린 왕을 끼고 권력을 휘두를 것이다. 이를 제거, 나라의 은혜에 보답하려 한다.
혹독한 국문이 이어졌다. 곤장을 맞아 곤죽이 된 남이가 술을 청해 마시고, 혐의를 인정했다. 남이는 국문장에 들어와 참관하고 있던 강순을 공모자로 지목했다.

남이가 심한 형벌로 다리뼈가 부러졌다. 웃으며 강순을 바라보고 말했다.
- 내가 자복하지 않은 것은 뒷날 공을 세우길 바랐기 때문이다. 지금 다리뼈가 부러져 쓸모없는 병신 몸이 되었다. 살아 있은들 또한 무엇 하겠는가. 나 같이 젊은 자도 오히려 죽음이 아깝지 않은데, 머리털이 허옇게 센 늙은 놈은 죽는 것이 진실로 마땅하다. 그래서 내가 고의로 너를 끌어댔다.
이미 강순의 나이 80세였다. 그가 부르짖었다.
- 남이야, 네가 무슨 원한이 있어 나를 무함하느냐.
남이가 말했다.
- 원통한 것은 매한가지다. 네가 영의정이 되어 나의 원통함을 알고도 말 한 마디 없이 구해 주지 않았다. 원통하게 죽는 것이 당연하다.

강순은 입을 다문 채 대답하지 못했다.[8]

10월 28일 예종은 백관을 모으도록 명한 뒤 저잣거리에서 남이와 강순 등을 환열轘裂 : 두 수레가 양쪽에서 끌어 당겨서 몸을 찢어 죽이던 형벌하고 7일 동안 효수했다. 다음날 남이의 어미도 환열하고, 3일 동안 저자에 효수했다. 정인지·신숙주, 밀성군 등 36명을 공신으로 녹錄하고 익대공신翊戴功臣이라 했다.[9]

남이는 태종의 외증손자였다.[10] 17세에 무과에 급제한 뒤 권람의 넷째 딸과 혼인했다. 스물다섯에 '이시애의 난'을 평정하는 공을 세워 세상에 이름을 알렸다. 종친과 훈구대신은 치고 올라오는 그를 견제하기 위해 병조판서의 직에서 끌어 내렸다.

'남이의 옥사'는 종친과 함께 무신 세력의 입지가 확장되는 것을 경계한 훈신과, 왕권강화에 골몰하던 예종의 입장이 맞아떨어져 벌어진 사건이었다. 스물여덟의 혈기방장하지만 치밀하지 못했던 남이의 자충수가 빚은 패국敗局이었다. 남이를 역모의 죄로 엮어 넣으며 활용했던 시가 회오리바람에 휘말리고 있었다.

백두산 돌은 칼을 갈아 다 없애고　　　　白頭山石磨刀盡
두만강 물은 말을 먹여 없어졌네　　　　豆滿江波飮馬無
사나이 스무살에 나라를 평정하지 못하면　男兒二十未平國
뒷 세상에 그 누가 대장부라 이르리오　　後世誰稱大丈夫[11]

세조는 재위 기간 중 왕권강화라는 명분 아래 종친세력을 중용했다. 본래 종친은 정치에 간여하지 않는 것이 고려 이래의 관행이었다. 특히 고려조의 경우 종친은 아무리 그 자질이 우수해도 과거에 응시조차 할 수 없는 형편이었다. 이런 전례에도 불구하고 구성군의 경우 27세 때 영의정의 자리에 올랐고, 남이도 28세에 병조판서를 역임했다. 이들의 성장은 정국운영에 골몰하던 예종에게는 큰 짐이 아닐 수 없었다. 남이의 옥

사는 공교롭게도 예종이 종친세력의 거세에 고심하고 있던 시점에서 일어났다.[12]
예종이 남이의 의령 밭을 낙산사, 강순의 보령 밭을 유점사에 하사했다.[13]

숭불주 세조, 광릉에 들다

11월 2일 승정원에서 예종의 교지를 받들어 양양부사 황윤원에게 글을 내려서 지시했다.
- 학열의 의견을 듣고 말의 징발을 유시했다. 지금부터는 하지 말라.[14]
11월 8일 빈전에서 새로 조성한 탱화의 점안 법연을 베풀고 승도에게 차등을 두고 보시했다. 다음 날 의금부 경력 허준이 강원도관찰사 김관을 잡아와 국문했다.
- 낙산사의 중수 비용을 어찌 민간에서 함부로 거두었는가.
김관이 아뢰었다.
- 일찍이 내리신 유서에 "낙산사의 여러 가지 일은 경이 마땅히 내 뜻을 받들어 정성을 다하고, 절대 민간을 번거롭게 하지 말라."고 했습니다. 학열이 신에게 사목事目을 주며 "물목대로 일일이 준비해 주시오."라고 말했기 때문에 쉽게 준비할 수 있는 물건은 여러 고을로 하여금 마련해서 주고, 준비하기 어려운 물건은 "번거롭게 하지 말라."는 지시에 따라 대응했습니다. 그런데 학열이 "영순군이 전지한 말씀을 받들었다. 백성을 사역시키는 일은 지극히 중하므로 감사가 마음대로 할 바 아니다. 번거롭게 하지 말라는 뜻이나, 나머지 일은 감사가 조치할 수 있다. 감사는 다른 재상과 비할 바가 아니니 막지 말라."고 했습니다. 부득이 여러 고을에 글을 보낸 뒤 수령을 검찰하지 않아서 백성을 번거롭게 했습니다. 죄는 신에게 있습니다.
김관의 항쇄項鎖를 풀어주고 궐내에 머물게 했다.[15]
다음날 예종이 김관에게 하교했다.

- 경이 한 지방의 관찰사로 학열의 말에 따라서 유지諭旨 외의 일을 벌였다. 마땅히 그 죄를 엄히 다스려 백성에게 보여야 하나, 선왕 때의 일이므로 특별히 용서한다. 그리 알라.

그러나 사관의 붓은 여지를 두지 않고 학열의 불사에 대해 칼을 들이댔다.

> 학열이 세조의 밀지를 받고 주상을 위해 낙산사를 개창改創할 때였다. 관찰사 김관이 학열의 말에 따라서 함부로 민간에서 숟가락이나 젓가락까지도 거둬들여 백성이 괴로움을 감당하지 못해 원성이 자자했다. 김관이 임금의 근심을 나누는 직책을 맡아서 마땅히 백성의 구료에 앞장서야 하는데 일에 따라 그 폐단을 아뢰고 민폐를 없애는 데 힘쓰지 않았다. 일신의 안녕을 위해 백성을 핍박하고, 학열에게는 죄를 짓지 않았다. 학열이 구하는 물목은 성상의 지시가 없더라도 모두 곡진하게 들어 주었다. 뒤에 과연 학열 때문에 2품에까지 이르렀다. 비루하다고 하지 않을 수 없다.[16]

11월 23일 예종이 유점사의 분전인 강원도의 180결 가운데 90결을 국용으로 환속, 충청도·경상도·전라도의 전지로써 충당하라고 호조에 전지했다. 다음 날 견전遣奠을 베풀고, 축시에 세조의 재궁을 발인했다.[17]

11월 28일 축시에 재궁을 내리고 입주전을 올렸다. 영창전에서 우제를 지냈다.[18]

※ 화보1　세조의 능인 광릉은 양주 동편 주엽산注葉山 직동直洞 자좌子坐다.[19] 훗날 정조가 광릉에 들러 형국과 풍광을 둘러봤다.

> 광릉의 산세는 축석령祝石嶺을 중심으로 돌고 있다. 축석령은 백두산의 정간룡正幹龍이고, 한양으로 들어서는 골짜기다. 산의 기세가 여기에서 크게 머무른 뒤 다시 일어나 도봉산이 되고, 흐름을 멈추지 않고 다시 이어져 삼각산이 된다. 멈춘 듯 솟구쳐 오르는 지세는 봉황이 날아오르는 듯, 용이 뛰어오르는 듯 힘차다. 온 정신이 모두 왕성王城 한 지역에 모여 있다. 산천은 사람의 외모와도 같다. 외모가 좋은 산천은 기색氣色 또한 좋다.[…] 광릉의 형국形局은 동쪽으로부터 무수한 산봉우리가 차례로 겹겹이 휘감아 돌며 모여들고 있다. 웅장하고 깨끗한 기색을 말로 표현하기 힘들다.[20]

파란의 삶을 갈무리 할 자리로 더할 나위 없는 곳이었다. 세조의 묘지문에는 간경도감과 불전언해, 원각사 창건 등 불사와 관련된 일은 단 한 줄도 기록되지 않았다. '내전內典 : 佛典'의 두 자만 긴 문장 속에 끼어 있었다.

> 세조는 학자의 사수師授가 분명치 못하고 사람마다 각각의 소견이 있는 것을 걱정, 여러 선비를 모아 오경五經의 구결을 논란하게 한 뒤 친히 결정했다. 여러 가지 의심이 얼음 녹듯이 풀리었고, 『역학계몽요해易學啓蒙要解』를 저술, 학자를 이끌었다.[…] 왕은 예지롭고 영의英毅하며, 관간寬簡하고 인검仁儉하며, 용력勇力은 세상을 뒤덮을 만했다. 학문에는 내전內典과 제가諸家를 두루 꿰뚫었고, 몸소 연구하지 않음이 없었다. 일을 처리하는 데는 정대正大했다.[21]

12월 16일 예종이 세조의 백재百齋를 원각사에서 베풀고, 영창전에서 상식上食하고 돌아오다가 다시 들러 향을 올렸다. 태비는 중궁·수빈, 윤소훈과 더불어 불사를 베풀었다. 원각사 승려에게 쌀 50석을 내려주었다. 승정원에서 대광명전大光明殿의 돗자리가 더럽고, 떨어졌으므로 해당 관리를 국문하라고 아뢰었다. 장흥고 직장 이익수를 의금부에 가두었다가 바로 풀어주었다.
12월 22일 예종이 원각사에서 향을 올린 뒤 쌀 50석을 하사하고, 절 밖에서 1,000명의 승려에게 음식을 베풀었다. 강도·절도 외에 유형 이하의 죄인을 석방했다.[22]

영릉, 여주로 천장

11월 29일 예종이 신숙주 등에게 명해 영릉의 천장을 의논했다. 영릉의 터를 정할 때 많은 사람이 논의한 것을 정리해 둔 자료를 보면 결정하기 쉬울 것이라고 아뢰었다. 상당군 한명회 등이 동조했다.[23]
12월 1일 한명회 등을 불러서 지리서를 참고한 다음 영릉 산세의 길흉을 의논했다. 한명회가 그의 별서別墅인 옛 임강현의 터가 능침을 쓸 만한

땅이라고 적극 권했다. 예종이 승정원에 일러 그 편부를 원상에게 물어보라고 명했다.[24]

12월 27일 여흥 성산 이계전의 분묘로 천릉의 터를 정했다.[25] 도승지로 세종을 가까이에서 모셨던 이계전은 죽어서도 자신의 안택安宅을 내주었다.[26]

1469년예종 1년 2월 5일 영릉 천장도감에 부역군 5,000명, 공장 150명을 동원했다. 이들이 20일 동안 먹을 쌀 1,323석 5두, 소금 41석 3두는 군자강창과 여흥의창에 저장해 둔 것을 썼다.[27]

※ 화보2 2월 30일 대모산 자락에 있는 영릉을 열었다. 현궁에는 물기가 없고, 재궁과 의복이 새 것과 같았다.[28]

3월 6일 세종과 소헌왕후의 재궁을 여흥의 새 능으로 옮겨 안장했다. 광주에서 여주로 운구하는 데 35일이 걸렸다.[29]

낙산사 중창, 광릉의 원찰 봉선사 창건

학열, 불교 탄압의 중심에 놓이다

1469년[예종 1] 1월 세조의 국상을 끝낸 뒤 예종은 대납 문제를 손질하고 나섰다. 세조와는 달리 불교에 대해 호의적이지 않았다. "이제부터 대납하는 자는 종친·재추·공신을 물론하고 즉시 극형에 처하고, 그 가산을 관가에 몰수하라."는 전지를 내린 적이 있었다. 사관은 대납 폐단의 정점에 세조, 혜각존자 신미와 학열·학조가 있다고 비판했다.

세조가 민간의 전세와 공물을 지정한 사람에게 경중에서 선납하도록 허락하고, 그 값을 민간에서 배로 징수하게 한 것이 '대납'이다. 또한 간경도감에 대납의 권한을 주어 남의 재화를 먼저 받아 대납하게 허락한 것이 '납분納分'이다. 이를 빌미로 종친에서부터 재상까지 이를 즐겼고, 거금을 쥐고 경제권을 흔들고 있던 상인과 승도가 세력 있는 이들과 의탁하거나 신미와 학열·학조에게 의지해 다투어 붙좇으려 했다.

대납의 법이 마땅히 백성의 정원情願에 따라야 되기 때문에 대납하는 무리가 먼저 세가勢家에 의탁, 고을 수령에게 청을 넣고 후하게 뇌물을 주면 수령이 그 위세를 두려워하고 이익을 얻으려고 억지로 대납을 하게 하므로 백성이 감히 어기지 못했다. 대납하면 수령이 아전을 보내 그 값을 징납했다. 공세貢稅의 경우 백성에게 배로 징수했다. 민간에게 환곡還穀으로 흩어주는 미곡을 가을이 오면 면포로써 상환하라고 약속하면 어려운 백성이 다투어 받았다. 기한이 되면 무리를 이끌고 민가에 직접 가서 요구하되 만약 상환하지 않으면 의복과 잡물을 강탈하고, 그 값의 고하를 마음대로 정했다.

장사아치[商賈]가 징수하고 독촉하는 것은 중이 불법을 자행하는 것만 같지 못하기 때문에 늙은 상인과 대고大賈들이 반드시 먼저 중을 후하게 대접하고 꾀어서 백성에게 징수하고 독촉하는 악행을 저질렀다. 이들은 대군의 후원을 받고 있던 신미·학열·학조의 제자라 사칭했다. 조금이라도 뜻과 같지 않으면 매질했다. 백성이 감히 쳐다보지 못하고 손사래를 치며 긴장의 끈을 놓지 못한 채 "그들의 욕심대로 채워 주어서 멀리하는 것만 같지 못하다."고 말할 정도였다. 구하는 바를 얻지 못하는 것이 없었고, 하고자 하는 바를 이루지 못함이 없었다. 이 일은 해마다 이어져 여염에서 고통스럽게 여기고, 백성이 살아갈 수가 없을 지경이었다. 세조는 백성의 정원情願에 따르는 것이라 여기고 그 피해가 이 지경에 이르렀는지 알지 못했다. 예종이 즉위하고 나서 특별히 명을 내려 이를 없애 중외에서 매우 기뻐했다. 이때 다시 이런 명이 있었다. 백성의 바람에 맞지 않았다.[30]

2월 14일 상원사에 강릉부의 산산제언蒜山堤堰을 하사하고, 잡역과 염분세를 면제해 주었다.[31]

2월 25일 대왕대비는 낙산사의 안전을 위해 예종을 통해 강원도관찰사 조근에게 글을 내려 인근의 민가를 5리 밖으로 옮기라는 명을 내리고 새로 길을 닦았다. 옛 길은 금표禁標를 세워 통행하지 못하도록 했다.

2월 30일 강릉부 선략장군 남윤문 등이 글을 써서 올렸다.

> 학열은 연화緣化 : 佛事를 칭탁. 오로지 재화를 늘리는 것을 일삼아 민간에 폐단을 일으키니 백성이 심히 고통스럽게 여깁니다. 세조께서 일찍이 본부의 진전陳田을 신미에게 내려 주셨고, 신미가 이 땅을 학열에게 주었습니다. 학열이 개간開墾하는 것을 꺼려해서 이 전지를 빙자. 수전 70여 석을 파종할만한 땅을 빼앗아서 백성의 근심 걱정이 말이 아닙니다. 더욱이 염양사艶陽寺와 영서·진부 사이에 많은 창고를 만들었고, 노적露積이 있기까지에 이르렀으니 생민의 피해가 이루 다 말할 수 없습니다. 전하께서 불의한 부를 거두어 백성의 마음을 즐겁게 하소서.

예종이 글을 보고 승정원에 내려 추국해 아뢰라고 명했다.[32]

영릉의 천장, 광릉과 봉선사의 공역이 한꺼번에 진행되고 있었다. 예종은 흉년이 들었고, 농사철을 맞아 백성을 번거롭게 하지 않을 수 있는 방법을 의논해 아뢰라고 전교했다.
고령군 신숙주·영의정 한명회 등의 훈구대신은 두 능의 조성에 정병과 선군船軍을 부리고 있기 때문에 백성에게 크게 피해가 가지 않고, 돌을 잘라낼 때 인력이 모자라면 보충해서 부릴 수 있도록 도청낭관에게 일러두겠다고 아뢰었다.
예종이 승정원에 글을 내려 밀성군에게 전달하라고 명했다.
- 농사철을 맞아 역졸의 수가 많으면 농사를 버릴까 깊이 염려된다. 조석문을 보낼 것이다. 함께 의논, 요량해서 보낸 뒤 계달하라.[33]

학열, 안동 관아에서 상원사 동종을 옮겨오다

오대산 상원사 동종국보 제36호은 725년신라 성덕왕 24 3월 8일 조성된 현존하는 한국 종 가운데 최고最古다. 경주박물관의 성덕대왕신종국보 29호, 771년보다 46년 앞선다.[34] ※ 화보3
1469년예종 1 학열이 안동관아에서 옮겨와 상원사에 걸 때의 사연이 『영가지永嘉誌』의 「고적 누문고종조古跡 樓門古鍾條」에 실려 있다.

> 종의 무게는 3,379근이다. 종을 치면 웅장하고 깊은 소리가 원근 100리까지 들렸다. 강원도 상원사 내원당에 모실 종을 8도에서 구했다. 안동 본부의 종이 최상의 후보로 선정되었다. 1469년기축 나라의 명으로 이운移運, 죽령고개를 넘으려 할 때 움직이지 않았다. 종의 종유鐘乳 하나를 떼어내 안동으로 보낸 뒤 옮길 수 있었다. 지금 상원사에 있다.[35]

윤2월 25일 학열이 안동의 종을 옮겨올 때 강원도 보안현찰방 김종이 사람과 말을 피곤하게 하여 역로가 잔폐하다고 치계馳啓했다.
- 학열 등이 구례舊例가 있다고 일컫고 강제로 역마를 타고서 길을 잘못 들기도 하고 절에 머물며 두기도 하다가 역리로 하여금 지나는 역에서 먹여 기르게 하며 더러는 7, 8일에 이르니 사람과 말이 피곤하고 역로가

잔폐殘弊합니다. 이제부터는 『육전』과 해마다 내린 수교受敎에 따라 승려의 포마는 모름지기 문빙文憑을 기다려서 주게 하고, 조험照驗하지 않고 마음대로 길을 잘못 가는 자에게는 주지 말게 하소서.
예종이 김종을 부르고, 환관을 낙산사에 보내 확인했다. 학열이 글을 써서 아뢰었다.

> 신이 내려올 때 낙산사 감역승監役僧 양수良遂·의심義心·숭덕崇德 등이 신과 더불어 포마를 타고 상원사에 이르러 수륙재를 베푼 뒤 낙산사에 이르러 숭덕 등에게 안동의 관아에 있던 종을 운반하게 했습니다. 숭덕 등이 원주 신림역을 떠나 제천을 경유해 바로 안동에 도착했으므로 잘못 간 것이 아닙니다. 김종은 숭덕 등이 함부로 역마를 타고 길을 잘못 갔다고 계문했습니다. 신에게 보낸 신의징의 서간 한 통을 보소서.

신의징의 편지에는 찰방의 강압으로 장문에 이름을 썼다는 변명이 들어 있었다. 예종이 글을 다 읽은 다음 숭문당에서 김종을 잡아들여 친히 정황을 묻고 학열과 신의징 등의 글을 보여주었다. 김종이 도로의 형세를 땅에 그리며 길을 잘못 간 것에 대해 변명했다.
어서御書로 의금부에 전지했다.

- 찰방 김종이 나의 나이가 어린 것을 우습게 여기고, 선왕의 법을 무너뜨리며 종친과 재추에게 아부해 자신의 요행을 바라고 강제로 역리의 공초를 받았다. 또 친문할 때도 숨기고 대답하지 않았다. 죄를 용서할 수 없다. 참수해서 후래를 경계한다. 3일 동안 효수하고 자손은 금고禁錮에 처하라.

김종을 비가 내리는 가운데 참수하고, 운종가雲從街에 효수했다.[36]
3월 3일 낙산사 중창 불사를 총괄하고 있던 학열에게 세조가 하사한 땅에 대해 못마땅한 눈길을 보내고 있던 이들이 또 들고 일어섰다. 강릉부의 전 상서주부 최소남 등 10여 명이 글을 올려 공안貢案이 적당하지 못한 일, 학열이 인연을 거짓 칭탁하고 오로지 식화殖貨를 일삼는 등의 일을 진술했다.

예종이 강원도관찰사 조근에게 치유馳諭하고, 최소남을 체포해 승정원에서 국문하게 했다. 최소남이 말했다.

- 학열이 식화에 전심해서 면포를 많이 싣고 관찰사로 하여금 여러 고을에 나누어 주었습니다. 억지로 민간에 주어서 면포 1필마다 곡식 2석 5두를 갚게 하고 기한을 정해 바치기를 독촉하고, 가난에 몰려 갚지 못하는 자에게는 이식利息을 계산해 받았습니다. 또 본부의 제방 안에 평민이 대대로 전하는 70여 석을 파종하는 땅을 빼앗아 경작하니 백성이 농사를 잃고 제방 밑에 논을 관개할 수 없으니 모두 억울해 하고 있습니다. 또 제방 북쪽과 염양사·진보역 등지에 창고를 많이 경영하는 등 승려의 도리에 어긋나기 때문에 고을 사람 남윤문 등과 함께 의논해 아룁니다.

예종이 말했다.

- 네가 어찌 말할 것이 없어서 절집의 일을 들먹이느냐. 법에 따라 처리하고자 하나, 이미 구언했으므로 또 죄를 주지는 않겠다. 최소남을 용서하고, 학열의 일은 묻지 말라.[37]

사관의 토가 예외 없이 따라붙었다. 늘 써 오던 '구색求色의 그물'을 던졌다. 관료들 사이에 불교 탄압의 정서가 팽배해 있음을 확연하게 보여주는 사평史評이었다.

> 학열은 신미의 문도다. 1467년세조 13 낙산사 중수 때 그 일을 감독했다. 도망한 군사가 있으면 문득 징속, 바가지와 솥까지 거두어 온 도가 떠들썩할 정도였고 원망이 들끓었다. 학열이 "만약 민폐를 헤아리면 큰일을 마무리하지 못한다."고 말하는 등 탐음잔학貪淫殘虐해서 하지 못하는 바가 없었다. 집을 짓고 몰래 부녀를 두기까지 하고, 무리를 놓아 여러 도에 가서 구했다. 김종이 죄를 받고 효수된 이후 학열이 더욱 방자했다.[38]

학조와 학열이 낙산사에서 올라와 봉선사의 공역 현장을 확인한 뒤 부엌

10여 칸을 고쳐지었다. 제조와 낭관이 감히 한 마디 말도 꺼내지 못했다. 앞서 학조가 유점사에서 왔을 때 간경도감에서 떡과 과일을 대접했다. 제조 김수온이 낭관에게 물었다.

- 누가 학조를 대접하자고 앞장섰는가.
- 정승 구치관이 명했습니다.

김수온이 웃으며 말했다.

- 구공具公이 젊어서는 정대한 것으로 자부하더니 만년에는 어찌 이리 되었을꼬.[39]

화보4 낙산사종 주성

4월 14일 서평군 한계희가 명을 받고 낙산사로 내려갔다. 예종이 도롱이 蓑衣 1부, 유지석油紙席 1장을 내려 주었다.[40]

세조의 자복을 위하여 주성한 낙산사종보물 제479호이 완성됐다.[41] 장중하고 힘찬 종이었다. 행중추부지사 김수온이 「낙산사신주종명 병서洛山寺新鑄鍾銘 幷序」를 찬撰했고, 호분위대호군 정난종이 글씨를 썼다.

석가여래께서 가르침을 베푸는데 반드시 불상과 법당의 엄숙함이 있다. 이는 중생의 눈은 직접 보아야만 믿음을 일으키기 때문이다. 반드시 범종과 법고를 두는 것은 중생의 귀가 직접 들어야만 그 마음을 경계하기 때문이다. 욕계欲界의 중생은 육진六塵의 외감으로 육근六根의 공덕을 닦는 자들이다. 세조께서 1466년세조 12 동쪽으로 순례할 때 금강산에 올라 담무갈보살법기보살에 우러러 예배했다. 아울러 바다를 따라 남쪽으로 내려와 낙산사에 행차했다. 왕대비와 지금 주상전하와 함께 관세음보살상에 우러러 예배했다. 이때 사리의 분신이 있었다. 오채五彩가 밝게 빛났다. 태상왕께서 큰 서원을 세우고, 선덕禪德 학열에게 중창을 명해 우리 전하의 '복을 비는 원찰[資福寺刹]'로 삼았다. 전하께서 대원을 잊지 않고 더욱 경건하게 그 뜻을 이었다. 절이 다 이루어지니 모두 100여 칸이다. 지극히 장려했고 온갖 물품을 갖추었다. 이 종도 그 중의 하나다. 오호라! 색상色相이 아니면 중생의 원만한 모습을 드러낼 수 없다. 성진聲塵이 아니면 중생의 청정한 깨달음을 어떻게 이룰 수 있겠는가. 범종은 천이千二의 무리가 만든 신표에 그치는 것이 아니다. 실로 산문의 법기法器이고, 중생을 경계하여 채찍질하는 것이다. 돌아가신 세조께서는 신이 이룬 공덕처럼 성덕이 탁월, 천고의 아름다움을 성대하게 했다. 우리 주상전하께서는 성스러움으로 성인을 계승, 큰 공적을 거듭 빛나게 했다. 이정彝鼎에 새기고, 범종에 새겨 영원히 빛나도록 할 것이다. 명銘에 이른다.[42]

육근이 모두 육진에서 나오니	六根皆因六塵發
범인과 성인의 높고 낮음 여기서 결정되네	凡聖升沉由此決
부처와 여래께서 세 번 원만히 깨달아	我佛如來三覺圓
큰 가람 세우고 법물을 만드셨네	建大伽藍創法物
쇳소리 옥소리 법계에 두루 퍼지니	金聲玉振遍法界
법계의 중생들 놀라 꿈인줄 알게 되네	法界眾生驚夢識
수능엄경 회상의 25원통에	首楞曾上二十五
하나하나의 원통이 여러 보살이라네	一一圓通諸菩薩
관음보살의 깨달음과 깨달은 바는	觀音大士覺所覺
듣고 생각하고 수행하는 공덕의 제일이네	聞思修兮功第一
바라건대 범종의 소리 들어	我願聆此大鐘音
저 걸림 없는 자비력과 같기를	如彼無碍慈悲力
항하사 같은 중생들 보문에 들어	洹沙攝入普門中
가없는 공덕을 성취하네	成就無邊眾功德
선대왕의 지극한 덕 백왕 중에 으뜸이라	大上至德冠百王
만세에 이어져 거듭 빛나리	垂統萬世光赫赫
우리 임금 성인으로 성인을 이어	我王丕承聖繼聖
동방을 다스려 태평성대 넉넉하고 흡족하네	撫有東方至治洽
의당 부서지지 않고 영원토록 이어가	宜憑不壞垂罔極
오랜 세월 지난 뒤에 와 이 새김을 보라	塵劫後來觀此刻

낙산사종은 신라·고려의 범종과는 사뭇 다른 조선의 범종이었다.[43] 종의 명문銘文에는 주종에 참여한 장인의 이름이 새겨져 있다. 주종의 책임자인 김덕생, 주성장 정길산, 노야장 김몽룡 등은 흥천사종을 만들었던 당대의 명장名匠이었다.[44]

예종, 혜각존자와 학열을 푸대접하다

4월 21일 봉선사에 세조의 어진을 봉안할 영전影殿을 먼저 완공하고, 참봉 2명을 배치했다.[45] 5월 24일 봉선사의 동역제조에게 선온을 내렸다. 도승지 권감이 다녀왔다.[46]

6월 18일 유점사·낙산사의 공역을 감독한 낭관에 대해 논상했다. 예종이 말했다.

– 간경도감에 거둥했을 때 거리가 떠들썩하고 분잡했으나 사람을 경계하는 기구가 없었다. 소라를 불게 하는 것이 어떠한가.

권감이 원상과 의논한 뒤 아뢰었다.

– 소라를 불어도 무방합니다.

– 금후로는 크고 작은 행행 때에도 소라를 불도록 하라.[47]

6월 27일 신미가 승려에게 『금강경』과 『법화경』을 강하는 시험을 쳐서 능하지 못한 자는 모두 환속시키려 한다는 말을 듣고 언문으로 글을 써서 비밀리에 아뢰었다.

– 승려 중에 경을 외는 자는 간혹 있습니다. 만약에 강경講經을 하면 천 명이나 만 명 중에 겨우 한 둘 뿐일 것입니다. 바라건대 다만 외우는 것만으로 시험하게 하소서.

예종이 환관을 보내 물었다.

– 이 법은 아직 세우지도 않았는데 어디서 들었는가. 말한 자를 크게 징계하려고 한다.

신미가 아뢰었다.

– 길에서 듣고 급히 아뢴 것입니다. 실로 노승에게 죄가 있습니다.

예종은 신미를 광평대군의 집에 머물게 한 뒤 병졸로 하여금 지키게 하고, 이후 사사로이 만나지 못하게 했다.

이날 봉선사 1차 공역이 마무리 되었다. 학열과 학조에게 제도制度의 공졸工拙을 살펴보고 그대로 머물며 감독하라고 명했다. 학열과 학조가 봉선사 공사현장을 살펴본 뒤 말했다.

- 모당某堂은 기둥이 너무 높고, 모각某閣은 재목을 다듬은 것이 정밀하지 못하고, 모당은 천장의 반자盤子가 너무 질박하다.

학열이 당장 헐어버리려고 했다. 동역제조와 낭관이 두 손을 모으고 서서 한 마디도 하지 못하고 있었다. 영전影殿도 없애려고 했다. 마침 영의정 한명회, 능성군 구치관이 도제조로 현장에 있어서 완강하게 말렸다. 몇 번의 실랑이 끝에야 그만 두었다. 학열이 사람을 보내어 예종께 아뢰었다.

- 절을 빨리 지어야 하므로 조치하는 것을 늦출 수 없습니다. 도성 사람을 동원해 수레를 써서 나무와 돌을 운반하게 하소서.

예종이 부득이 허락했다. 수레가 500여 냥에 이르렀다. 며칠 뒤 구치관에게 물었다.

- 학열이 아뢰지도 않고 마음대로 승당을 헐었다. 경은 어찌 제지하지 않았는가.

구치관이 아뢰었다.

- 신이 절에 도착해 보니 이미 헐어버린 뒤였습니다.

예종이 달갑게 받아들이지 않았다. 학열이 병을 핑계로 낙산사로 내려가 버렸다.

> 학열은 간사幹事를 잘해서 누조에서 총애를 받아 진관사·대자암·낙산사 등의 절을 맡아 영조, 민력을 많이 소모했다. 지금 또 이같이 백성을 수고롭게 하고, 재물을 손상시키고도 오히려 두려워하지 않았다. 많은 사람이 분하게 여겼다.[48]

7월 3일 김관에게 가선대부의 품계를 더해 주고, 이시보를 당상관으로 올렸다. 이시보는 간경도감에서 이권을 맡아 보았다. 한 부유한 상인이 술자리를 베풀어 이시보와 사통하는 창기를 불렀다. 즉시 가서 술을 마셨다. 물의가 시끄러워 이조에서 파면했다. 재차 도감에 들어가 낙산사의 역사를 감독했다. 학열에게 아첨하며 섬겼다. 학열이 낙산사를 영조

할 때 따르는 무리가 많았다. 관찰사 김관은 학열에게 아첨해 안부를 묻고 선물하는 등 명예를 얻으려고 후하게 대우했다. 예종은 김관의 박민剝民 : 부역 따위를 과도히 시켜 백성을 괴롭게 함에 노해 관직을 파면하고 잡아다가 추국한 적이 있었다. 절이 이루어지자 논상을 베풀었다.

7월 9일 광릉과 새로 이장한 영릉에 비碑를 세우지 말라고 명했다.[49]

조선시대의 대표 범종, 봉선사종 주성

7월 17일 예종이 정인지·정창손·한명회·최항·조석문·윤자운 등에게 지시했다.

- 지금 봉선사를 영조하는 일이 가장 긴급하다. 그러나 상서로운 기일은 아직도 멀었다. 백성이 괴로워한다면 의논해 줄이도록 하라.

7월 22일 호조에 명해 봉선사에 쌀 300석을 내렸다.[50]

8월 29일 봉선사종이 완성되었다. 동역제조 능성군 구치관, 하성군 정현조, 좌의정 윤자운, 서평군 한계희, 도승지 권감, 파성군 윤찬 등에게 말 한 필, 행호군 조지와 복성정 이영, 행사직 김칭에게 아마 한 필을 각각 하사했다.[51]

※ 화보5 행형조판서 겸 경연지사 강희맹이 「봉선사종명 병서奉先寺鐘銘 幷序」를 찬撰했고, 대호군 겸 춘추관동지사 정난종이 썼다. 종기鐘記에 정희왕후와 예종의 세조를 기리는 간절한 마음이 녹아들어 있었다.

> 삼가 생각건대 세조 대왕전하는 임금의 자리에 올라 찬란한 금륜을 타고 신성한 교화가 두루 미쳐 백성과 만물이 기쁘고 편안하게 산 지 14년이 되었다. 불행히 신하와 백성이 복이 없어 갑자기 승하했다. 지금 우리 주상 전하는 효심이 깊었지만, 돌아가셔서 멀리 그리워만 했다. 예경禮經에서 법도를 찾아보고, 광릉의 북쪽에 명복을 비는 절을 세워 이름을 봉선사奉先寺라 했다. 구리를 녹여 큰 종을 만들어 신에게 명銘을 짓도록 명했다. 신이 홀로 생각해 보기에 범종이란 그릇은 최상품의 쇠로 만든 것이다. 그 소리는 절구질 소리 같아서 웅장하여 멀리서는 경계하고 가까이서는 두려워한다. 그 오묘함은 위로는 하늘 꼭대기에 미치고 아래로는 육도六途

: 六道에까지 미친다. 아가타왕阿加吒王 : 천왕이 법륜을 받아 꿈에서도 오래 울리기를 바라며, 제바提婆, 天神에 다시 울려 불법을 크게 흥하게 한다. 지금 이 종으로 하루 여섯 번 경책하면 어찌 특별히 도를 닦는 승려가 깊이 성찰함을 일으키지 않겠으며, 헤매는 무리가 악도의 고통을 쉬게 하지 않겠는가. 반드시 현궁에 올라 문득 부처의 지혜를 더하게 될 것이다. 아! 우리 세조대왕은 공덕이 크기도 하다. 왕위를 이은 우리 전하는 정성과 효성이 지극해서 만고에 밝게 빛나실 분이다. 저 큰 종에 의탁해서 영원히 떨쳐 빛나게 하리라. 신 강희맹은 손 모아 절하고 머리 조아려 명銘에 이른다.

원릉에 보찰 지으니	園陵開寶刹
금벽 우뚝 솟았네	金碧聳崢嶸
불법의 음악 사람과 하늘에 울려 퍼지고	法樂震人天
오묘한 소리 이승과 저승에서 조화 이루네	妙音諧幽明
위로는 아가타에 이르고	上至阿加吒
옆으로는 항하사에 두루 퍼지네	橫遍恒河沙
가없는 중생 모두 다 제도하여	度盡無邊生
누구든지 이로운 일 이루게 하네	福利成自他
열성조께서는 깨달음에 오르고	列聖登正覺
나라는 반석처럼 길이 견고하기를	盤石固邦家
산이 평지가 되고 바다가 마를지언정	山平海可竭
이 공덕 끝내 닳지 않으리	功德終不磨[52]

봉선사종보물 제397호, 높이 230cm, 입지름 154cm은 조선 초기를 대표하는 종이다. 종신의 중대와 하대에는 단정한 해서체로 주종에 참여한 공장의 명단이 새겨져 있다.[53] ※ 화보5-1

봉선사 완공과 김수온의 「봉선사기奉先寺記」

9월 7일 세조의 천도재를 올리고, 봉선사 완공 낙성식을 거행했다. 9월 8일 예종이 영창전永昌殿에서 친히 연제練祭를 지냈다. 광릉에 가서 제사를 올리고 수릉관·시릉 환관에게 겨울옷을 내렸다. 봉선사에 거둥, 숭은전崇恩殿에서 제사지내고 쌀 100석을 내렸다. 세조의 기신을 위해 칠일 ※ 화보6

불사를 베풀었다.[54]

김수온이 봉선사 완공 불사, 세조의 천도재를 끝낸 뒤 「봉선사기」를 집필했다.

> 봉선사는 대왕대비 전하가 세조를 위해 창건했다. 1468년세조 14 세조께서 승하하자 군신群臣이 양주의 땅에 택지했다. 동쪽으로 주치州治와의 거리가 30여 리다. 산을 일러 주엽注葉, 본디는 운악雲岳이라 부른다. 이 해 12월 모일에 이곳에 세조의 현궁玄宮을 받들어 장사지내니, 예禮로다. 대왕대비 전하가 명을 내리기를, "우리 대행대왕은 몸소 대란大亂을 만나 능히 악인을 바르게 하니 덕은 성스럽고, 공은 높다. 동방이 있은 이후로 누구도 어깨를 겨룰 이 없다. 나라가 부조不造 : 세조의 죽음을 만났으니 갑자기 군신을 버렸다. 오! 통재라. 여러 옛 제도를 살펴보면 선왕의 능침에는 반드시 정려精廬의 시설이 있다. 지금 대사大事가 이미 이루어져 경들이 절 지을 터를 살폈다는 말을 들었다."고 하셨다. 이에 하성부원군 정현조, 상당부원군 한명회, 능성부원군 구치관 등이 명을 받들어 제조가 되었다. 능실의 남쪽에 오묘한 터가 한 곳 있었다. 산이 둘러싸고 물이 맑고 차가웠다. 진실로 불우佛宇의 땅으로 마땅했다. 정현조 등이 주청을 드렸더니 허락했다. 1469년예종 1 6월에 짓기 시작, 가을 9월에 마무리했다.[55]

세조의 재궁이 광릉에 든 과정과 정희왕후의 유지를 받아 봉선사를 지을 터를 살피고 제조로 정현조·한명회·구치관을 임명했음을 글머리에 실었다.

> 정전인 대웅보전은 3칸의 중층이다. 활주活柱를 사면에 받쳤다. 예종의 명에 따른 것이다. 동쪽의 상실上室인 보응당普應堂은 3칸으로 사면에 퇴가 있다. 서쪽의 상실인 해공당海空堂도 사면에 퇴가 있다. 동쪽의 승당은 방적당訪迹堂으로 3칸이며 전, 후퇴가 있다. 서쪽의 승당은 운하당雲霞堂으로 3칸이며 전, 후퇴가 있다. 마당 앞쪽의 장랑長廊은 6칸이다. 정문인 원적문圓寂門은 한 칸이다. 종루인 청원루淸遠樓는 중층으로 3칸이다. 중행랑은 13칸이다. 천왕문인 증진문證眞門은 한 칸이다. 문 동쪽의 행랑인 운집요雲集寮는 3칸, 다음 원헐요猿歇寮도 3칸이다. 서쪽 행랑은 해납요海納寮로 3칸, 다음이 진정요塵靜寮로 3칸이다. 동쪽의 누방樓房인 허

적요虛寂寮는 3칸, 서쪽의 누방樓房인 연적요燕寂寮도 3칸이다. 불공전佛供殿인 향적당香積堂은 6칸, 정청正廳인 흥복요興福寮는 2칸, 방이 한 칸이다. 부엌 2칸과 옆에 붙은 판도방辦都房은 5칸이다. 전후에 퇴가 있는 4칸은 전숙당轉熟堂이다. 포주지소庖廚之所는 누고樓庫와 지고地庫를 아울러 16칸이다. 옆에 정랑과 떡을 만들고 전을 붙이는 탕자방湯子房과 세각洗閣이 아울러 15칸, 사문沙門인 이환문離幻門은 3칸이다. 기둥의 합이 총 89칸이다. 바르고 칠한 단청의 장엄이 극도로 선명했다. 불전과 승료가 광채로 뒤덮여 밝게 빛났다. 영탁鈴鐸의 방울소리가 가야금과 거문고를 타듯 바람에 저절로 울렸다.

천석薦席, 등탑簦榻 등에 이르러 아름다움이 비할 데가 없었다. 건추楗椎, 범종, 도구와 집기류가 모두 넉넉하고 두루 준비되어 있다. 여러 산문과 사찰과 견줄 바가 없었다. 전지田地와 노비, 전곡 등 상주하는 밑천으로 하는 숫자와 영구히 부처와 승도의 공양으로 삼게 하는 것은 별도의 문부文簿가 있으므로 여기에 언급하지 않는다.

이 해 9월 7일 세조의 천도법회를 크게 열어 낙성했다. 왕비의 뜻 또한 절이 이미 건립되었으니 이루어진 것이다. 마땅히 능침과 언덕 사이에 거리를 두고 절 옆에 진전眞殿을 만들고, 대행대왕의 영혼이 하늘에 있게 했다. 또한 귀의歸依의 공경심으로 명부세계의 이락利樂을 이루기 위해 절의 동쪽에 영전影殿을 짓고, 이름을 숭은전崇恩殿이라 했다. 참봉 2인을 두어 아침과 저녁에 고하게 하고, 초하루와 보름에 반드시 헌관을 보내 능실과 같은 예로 하게 했다. 이에 제조인 정현조 등이 돌아와 공역이 마무리되었음을 아뢰었다. 예종이 '봉선사'라 사액賜額했다.

대왕대비 전하가 친히 행차해 능소에 배알하고 절에 연을 머물러 두고 여러 가지를 묻고 돌아보았다. 진전眞殿을 우러러 대행대왕의 어진을 보고 슬피 흐느끼며 애통함을 이기지 못했다. 시종한 군신이 모두 울었다. 또한 좋은 날을 택해 별도의 천도재를 베풀고 친히 능 아래에 납시어 제사를 올렸다.[56]

양주 봉선사는 1469년 6월 공사를 시작, 9월 7일 완공했다. 예종이 '봉선사'라 사액賜額했다. 각 전각의 칸수를 한 눈에 확인할 수 있을 정도로 김수온의 기문記文은 세밀했다.

㉝ 화보7

오호통재라! 신이 들으니 예부터 왕자의 일어남이 후后의 덕에서 일어나지 않은 이가 없었다. 하夏나라의 도산塗山과 주周나라의 태사太姒의 사적은 경전經傳에 나타났고, 그 일도 빛남이 있다. 우리 대왕대비 전하께서는 세조를 보좌했다. 잠저에서부터 보위에 오르기까지 영특한 모략謀略과 과단으로써 성덕聖德을 협찬했다. 집을 변화시켜 국가로 만들고 큰 명命이 올 수 있게 했다. 사적史籍을 살펴도 성덕의 높음과 내조한 공이 백왕에서 우뚝했다. 비록 도산이 하나라, 태사가 주나라를 도왔다 해도 대비전하보다 낫지는 못하리라.
신은 듣건대 산 사람을 섬기는 데에 공경을 다한 자는 반드시 죽은 이를 섬기는 예를 다하고, 처세하는 가르침을 높이는 자는 반드시 출세하는 법을 온전히 한다고 했다. 충신과 효자가 임금과 어버이를 섬기는 데 능히 그 덕을 온전히 하는 도이다. 우리 대왕대비 전하께서 선왕을 위한 애통하는 정성과 추모하고 천도하는 뜻은 이미 정성과 공경으로 다했다. 대가람을 영역塋域의 아주 가까운 곳에 창건했고, 삼보의 가르침을 베풀어 초승超昇하는 편제便梯를 일으켰다. 이것은 임금을 섬기고 어버이를 섬기는 데 그 덕을 더욱 온전히 한 것이다. 여러 후덕後德의 어짊에 같은 반열이고, 전대 제왕에게 드물게 있는 훌륭한 일이었다.[57]

김수온은 세조가 잠저에서 광릉에 들 때까지 지근거리에서 함께 했다. 대왕대비 전하인 자성왕비 윤씨의 정성과 추모의 마음을 기문의 끝에 담았다.
예종이 호조를 통해 직전職田 중에서 기름진 곳을 골라 봉선사에 하사하고, 내수사 관원에게 땅의 품질을 살피게 했다.[58]

한층 강화된 '도승度僧의 법'

예종이 상당군 한명회, 영성군 최항에게 명해 승려의 금할 조건에 대한 초草를 만들어 올리라고 명했다. 한명회 등이 아뢰었다.
- 도승의 법이 『경국대전』에 실려 있으나 그 가운데 향리·역자·관노들이 역을 피하고자 법을 위반하고 머리를 깎는 자가 더욱 많습니다. 금후에 향리와 역리로서 중이 될 자는 그 고을에 고하고, 고을에서는 관찰사에게 전보하고, 관찰사는 예조에 이문하고, 예조에서는 양종의 주관 아래 『심

경』·『금강경』·『살달타薩怛陀』⁵⁹·『법화경』 등을 시험해서 입격자를 보고하게 하고, 이들로부터 정전丁錢으로 정포 50필씩 받고 도첩을 주며, 이를 위반하고 중이 된 자는 참형에 처하고, 족친과 이웃 사람으로서 알고도 고하지 않은 자는 장 100대를 때리고, 수령으로서 검거하지 않은 자는 파출하고, 이 법이 제정되기 전에 중이 된 자로서 50세 이하는 명년 정월 그믐으로 한정해서 스스로 관에 신고하게 하소서.

예종이 말했다.

- 이것은 너무 심하지 않느냐. 그것을 원상에게 보이라.

최항·신숙주·영의정 홍윤성·창녕군 조석문·좌의정 윤자운 등이 의논했다.

- 계달한 바에 의하는 것이 좋습니다. 다만 금령을 위반한 자는 참형에 처하지 말고 곤장 100대를 때려 본래의 역에 돌아가게 하는 것이 어떠합니까.

예종이 그대로 따랐다.⁶⁰

이 규정은 『경국대전』에 비해 절차, 시험과목, 도첩가度牒價, 벌칙 등에 이르기까지 내용이 한층 강화된 것이었다.

> 중이 된 사람은 3개월 안에 선종禪宗 혹은 교종敎宗에 신고하여 『심경』·『금강경』·『살달타』·『법화경』을 외우는 시험을 보아 예조에 보고하면[私錢은 본래의 주인이 진정으로 원하는 바에 따른다.] 왕에게 보고하여 정전丁錢: 정포 20필을 거두고 도첩을 발급한다. 3개월을 넘기는 자는 족친이나 인근 사람이 관에 신고, 환속시키고 신분에 따라 해당되는 역을 부과한다. 알고도 신고하지 않은 자도 아울러 죄를 준다.⁶¹

예종이 1년 남짓 재위하는 동안 불경언해의 간행은 없었다. 세조의 명복을 빌기 위한 『예념미타도량참법』, 효령대군과 정의공주·김수온 등이 혜각존자 신미와 학열·학조의 증명으로 간행한 『불설수생경佛說壽生經』·『불설예수십왕생칠경佛說預修十王生七經』⁶² 등 한문본 불경 뿐이었다.

가을에 오대산 영감암 중창 불사가 마무리 되었다. 세조가 강원도 순행

때 동행한 상의尙衣 조씨가 임금이 만수萬壽를 누리고 부모가 정계淨界에 나기를 빌며. 오래도록 성은을 입고자 의복과 곡식을 내어 1467년세조 13 3월 시작한 불사였다.⁶³ 전후로 3칸을 두었다. 중앙에는 불전佛殿을 두고 지장보살상을 모셨다. 서쪽에는 조실祖室을 만들어 나옹화상의 진영을 봉안했다. 동쪽에는 정주正廚를 두었다. 그 옆에 네 칸을 세워 장작을 보관하는 헛간, 빨래하고 목욕하는 곳으로 썼다.⁶⁴

예종, 짧게 왕위에 있다 떠나다

1469년예종 1년 11월 18일 예종이 건강 악화로 오랫동안 정사를 보지 못했다.⁶⁵ 족질足疾이 문제였지만, 세조가 병환이 깊어졌을 때 수라상을 챙기고 약을 미리 맛보는 등 밤낮을 가리지 않고 극진히 간호했던 것이 건강을 해치는 요인이었다.

세조에 비해 왕권은 극도로 약화되어 있었다. 중앙 정계의 요직에 진출한 정인지, 한명회, 신숙주 등의 훈구세력과 구성군 등 종친세력이 왕권을 위협할 정도로 정국은 어수선했다.

11월 28일 예종의 병환이 위급했다. 좌부승지 한계순, 우부승지 정효상을 내불당에 보내 기도를 올렸다. 죄인을 풀어주고, 각 도의 명산대천에 기도를 올렸지만 허사였다.

예종이 진시辰時에 경복궁 자미당紫薇堂에서 20세, 꽃다운 나이로 세상을 접었다. 대왕대비가 정현조를 통해 전교했다.

- 원자는 포대기에 싸여 있고, 월산군은 어려서부터 병약하다. 비록 자을산군이 어리지만 세조께서 일찍이 그 도량을 칭찬하며 태조에 비교했다. 주상으로 삼는 것이 어떠한가.

원상 신숙주 등이 아뢰었다.

- 진실로 마땅합니다.

신시申時에 13살의 성종이 면복을 갖추고 근정문에서 즉위했다. 문무백관이 조복을 갖추고 하례를 올렸다.

즉각 신숙주·한명회 등 원로대신이 정희왕후에게 수렴청정을 요청했다. 태비가 전교했다.

- 나는 문자를 모른다. 수빈粹嬪 : 성종의 생모. 소혜왕후 한씨은 문자도 알고, 사리에도 통달하니 가히 국사를 다스릴 것이다.

태비가 두 번, 세 번 사양했다. 원상과 승지 등이 글을 써서 거듭 수렴청정을 요청했다.

- 지금 예종께서 갑자기 만기를 버렸고, 왕위를 이은 성종은 너무 어려 온 나라 사람이 허둥지둥하며 어쩔 줄 모르고 있습니다. 자성 왕대비께서는 슬픈 마음을 누르시고 종묘사직의 소중함을 깊게 생각하기 바랍니다. 위로는 수렴청정을 한 예가 있습니다. 여러 사람의 간절한 마음을 따라 무릇 군국의 기무를 함께 듣고 재단하다가, 후계의 왕이 능히 스스로 총람摠攬할 때가 되어 정사를 돌려주면 이보다 더 다행한 일은 없을 것입니다.[66]

태비가 이어지는 신료의 요청에 수락했다. 조선 개국 이래 최초의 수렴청정이었다.

예종은 세자로 책봉되기 전부터 성품이 온화하고 자질이 우수해서 주위의 신망을 받았다. 명나라에서 '양도襄悼 : 일로써 공이 있는 것을 양襄, 중년이 못되어 일찍 죽는 것을 도悼'라는 시호를 내렸다. 요절과 절묘하게 맞아 떨어지는 시호였다.

예종은 죽기 며칠 전 "다리에 난 종기 때문에 죽기야 하겠느냐."며 건재를 과시했다. 그러나 다음날 바로 북망산천으로 떠날 줄은 까마득히 모르고 있었다. 당시 민심은 흉흉했다. 한명회 등 집권 세력에 의한 독살설까지 퍼질 정도였다. 예종에 이어 성종 또한 한명회의 사위였다.

예종의 명복을 빌기 위한 법석은 칠칠재 이외에는 잠정적으로 정지했다.[67] 국상 중에 베풀어진 칠칠재의 날짜와 원찰은 다음과 같다.

卍 초재12월 5일 : 진관사 卍 이재12월 12일 : 진관사 卍 삼재12월 19일 : 봉선사 卍 사재12월 26일 : 장의사 卍 오재성종 1년 1월 3일 : 봉선사 卍 육재1월 10일 : 진관사 卍 칠재1월 17일 : 봉선사

1470년성종 1 2월 3일 축시에 견전遣奠을 행하고 발인했다. 다음 날, 백

일재를 정인사에서 베풀었다.[68]

2월 5일 자시에 천전遷奠을 행하고, 갑시에 재궁을 내렸다.[69] 능은 창릉 昌陵으로 고양의 경릉敬陵 : 덕종의 능 북쪽 산의 간좌艮坐다.[70]

정희대비는 13세의 성종을 대신해 수렴청정에 들어갔다. 성종은 아침저녁으로 경연에 참석해 제왕학을 배우는데 대부분의 시간을 보내고 있었다. 의경세자를 일찍 보내고, 가슴 졸이며 살았던 수빈 한씨는 둘째 아들을 왕위에 올려놓음으로써 한을 풀었다.

정희대비의 수렴청정을 도운 전언典言 조씨

정희왕후 윤씨는 한문을 알지 못했다. 때문에 한문으로 쓰인 공문서나 상소문을 번역, 통역해 주는 일이 무엇보다 중요했다. 정희왕후는 공문서를 읽거나, 결재서류를 내릴 때 한문을 잘 아는 전언 조씨 두대에게 일임했다.

조씨는 한문과 이두, 훈민정음을 잘하는 상궁이었다. 『능엄경』과 『묘법연화경』을 언해할 때 어전에서 번역의 원고를 읽어 드리며 세조의 눈에 들었다. 1467년세조 13 10월, 공사의 출납을 맡은 공을 인정받아 양인良人이 되었다.[71]

승정원의 승지나 내시가 담당할 일을 두대가 맡음으로써 줄을 대려는 이의 발길이 그녀의 방을 넘나들었다.

> 두대는 누조累朝에 내정內庭에서 시중, 궁중의 고사를 많이 알고 있었다. 정희왕후가 수렴청정할 때 기무機務를 출납, 기세가 대단했다. 그 아우[妹]가 대관과 길을 다투는 데까지 이르러 큰 옥사가 벌어졌다. 그가 조정을 유린하는 것이 이와 같았다. 문을 열어 놓고 뇌물을 받았다. 부끄러움이 없는 무리가 뒤질세라 분주하게 다녔다. 갑자기 고관에 이르는 자도 있었다.[72]

9 길 밖의 훈민정음

성종과 혜각존자

시간의 문을 열자 문은 단혔다
햇살이 둥글게 솟아 둥글게 돌았고
달빛이 뒤를 이었다
조금 조금 비가 왔고 늦게 늦게 눈이 왔다

성종 대의 왕실 불교

경복궁 밖으로 뜯겨 나간 내불당

단종으로부터 왕위를 찬탈했던 세조가 가고, 예종도 일찍 뒤를 따라갔다. 어린 성종이 왕위에 올랐다. 정희대비가 뒤에서 수렴청정을 하고 있었지만, 불교를 배척하는 신하의 줄기찬 공박을 막아내기에는 힘에 부쳤다.

대왕대비의 섭정이라고는 하지만 훈신勳臣 세력인 한명회, 신숙주 등이 실질적으로 정권을 장악하고 있어 왕권은 백지상태나 마찬가지였다.

홍불 정책의 그림자를 털어내기 위한 과녁은 세종이 경복궁에 창건한 내불당과 세조가 설치한 간경도감이었다. 사간원에서 혁파의 칼춤을 추고 나왔다.

 # 1. 내불당, 옮기겠다   사재감 정 임사홍이 내불당을 없애라고 상소했다. 성종이 원상에게 보이고 전교했다.

- 처음에 세종께서 조종을 위해 내불당을 창건했다. 그때 간하는 자가 매우 많았고 술자도 주산主山의 내맥來脈에 절을 지을 수 없다고 말해 뜻에 거슬려서 죄를 얻은 자까지 있었다. 또한 불당을 지은 뒤로부터 국가에 한 가지 경사도 없고 변고가 겹쳤다. 노산군단종 때 혜빈이 "반드시 불당을 옮겨야 한다."고 말했다. 상소를 보고 전날 술자의 말이 거짓이 아님을 알았다. 내불당을 옮기고자 한다. 어떻게 생각하는가.

신숙주 등이 "마땅하다."고 대답했다.

2. 장의동 화약고 터로 지정 정인지·신숙주·한명회 등에게 한성부 당상, 풍수학 관원과 함께 이건할 터를 살펴보고 정하게 했다. 하동군 정인지 등이 내불당을 옮겨 지을 만한 터를 살펴보았다. 장의동藏義洞 화약고의 예전 터가 좋다고 아뢰었다. 능성군 구치관을 내불당 감조 도제조, 행사직 민효원을 부제조로 삼았다.¹

내불당은 유교진흥책의 명분 아래 철회되거나 제거되는 쪽으로 진행될 수밖에 없었다. 급속하게 권력을 강화해온 유신이 최우선 과제로 삼는 것은 당연한 일이었다.

3. 없애라는 말은 하지 말라 사간원 정언 여호가 내불당을 없애 원각사에 합치라고 아뢰었다. 성종은 조종께서 창건했으므로 그만 둘 수 없으며 이후로는 다시 말하지 말라고 오금을 박았다.²

4. 터가 나빠 옮기는 것 사헌부 대사헌 한치형, 사간원 대사간 김수녕 등이 내불당의 이건을 멈추라고 아뢰었다. 성종이 말했다.
- 선왕께서 창건한 절을 해체해서 고쳐 짓는 것은 불가하다. 술가에서 "예전 터는 나라에 불리하다."고 말한 까닭에 옮기는 것이다. 지금 역사를 정지하고 여름을 지내면 재목이 반드시 쓸 수 없게 된다. 뒤에 다시 준비하자면 백성에게 끼치는 폐단이 많게 되므로 부득이 공역을 진행하고 있다.
한치형 등이 아뢰었다.
- 선왕의 헌장憲章도 때에 따라서 덜고 보태는데, 내불당은 말할 필요가 없습니다.
- 지금 아뢰는 것을 들으니 임시로 해체해서 옮겨 짓는 것이 아니라 나더러 영구히 없애라는 소리다. 다시는 말하지 말라.³

5. 대왕대비의 은근한 반대 사헌부 장령 이육과 사간원 정언 여호가 내불당의 역사를 정지하라고 아뢰었으나 듣지 않았다. 다음날 다시 청했지만 듣지 않았고, 대간에서도 합사해 아뢰었지만 듣지 않았다. 성종이 보경당寶敬堂에 나갔을 때 원상 신숙주와 도승지 이극증이 입시했다. 대왕대비가 말했다.
- 대간이 내불당을 옮겨 짓는 것까지도 없애라고 청했다. 부득이한 일이

있어서 따르기 어려울 것 같다. 경의 뜻은 어떠한가.
신숙주가 아뢰었다.
- 부득이 옮겨지어야 한다면 지금 해야 합니다.[4]

세조가 왕권으로 밀어붙여 설치한 간경도감의 혁파를 제일 먼저 주장하고 나선 신료는 사간원 행대사간 김수녕 등이었다. 정희왕후의 자지慈旨로 왕위에 오른 어린 성종은 다루기 편한 왕이었다.
그러나 53세의 정희왕후는 성종의 뒤에 있었지만 강력한 왕실 불교 세력의 정점이었다. 30대의 인수대비 또한 대왕대비를 도와 숭불 사업에 돈독한 정성을 기울이고 있었다.

 # 1. 간경도감을 혁파하소서 사간원의 김수녕 등이 간경도감을 혁파하라고 상소했다. 부처를 섬기는 자가 백성을 착취하니 주살해도 모자랄 지경이라는 폭언을 퍼부었다. 대왕대비의 전교를 듣고 성종이 말했다.
- 간경도감은 세조께서 설치했다. 마무리되지 않은 일이 많다. 일이 끝나면 마땅히 없애겠다.[5]

 # 2. 불교의 응보는 없다 김수녕이 간경도감을 없애고, 새로 절을 경영하는 것을 금단하라고 집요하게 어린 성종을 압박했다.
- 부처가 만일 영험이 있어 능히 세상을 이롭게 하고 나라를 복되게 한다면 이번 가뭄에 성심이 노심초사하고 신민이 "비, 비"를 부르짖어도 비가 내리지 않았습니다. 부처가 어찌할 수 없는 일입니다. 지금이 이 지경인데 어찌 미래의 응보를 알겠습니까. 불교의 허망함이 명백하게 드러났습니다. 간경도감에서 벌이는 일을 모두 없애 국가의 살림을 펴게 하소서. 또한 절을 새로 짓는 것도 일체 금단해서 백성의 힘을 낭비하지 않게 하면 지극히 다행이겠습니다.
성종이 말했다.
- 마땅히 대신과 더불어 의논하겠다.[6]

낙산사의 수세전收稅田을 경상도 삼가현三嘉縣의 전지 200결로 나누어 내게 했다.[7]
유점사·낙산사·봉선사·정인사·상원사의 세외稅外 잡역과 노비의 잡역,

유점사·낙산사의 염분세鹽盆稅를 감면해 주었다.⁸ 성종이 유점사에 어필御筆을 내렸다.

> 세조대왕은 교지를 내려 헐어 무너진 것을 불쌍히 여겨 중수하도록 했다. 예종대왕은 전답과 노비를 내려 봉불奉佛의 비용으로 쓰게 했다. 이제 내가 세조·예종의 성스러운 뜻을 받들어 논밭을 경작하고 내는 세금과 잡다한 요역을 바치는 것을 모두 감면한다. 절 가운데 소금을 굽는 곳 또한 세금을 면한다. 향화에 이바지하도록 하라.⁹

국정의 정점에 있던 원상과 승정원에서 예종이 강하게 추진했던 '도승度僧의 법'이 너무 현실과 맞지 않으므로 수정했다.
- 경을 시험하고 정전을 거두는 법은 양인으로서 중이 된 자와 다름이 있을 뿐 아니라 정포 50필이 너무 많고 『법화경』이 거질巨帙이므로 아울러 『대전』에 따라 시행하는 것이 편하다고 생각됩니다.
성종이 말했다.
- 좋다. 이 내용을 여러 도에 알리라.¹⁰
8월 28일 강원도에서 이 규정에 따라 승려를 환속시켜 소란이 일었다. 보고를 접한 정희대비가 성종의 전지를 통해 말했다.

> 대저 법의 적용은 마땅히 새로 세운 조장條章: 경국대전을 따라야 한다. 지금 어찌 예종조의 법을 적용하느냐. 세조가 승려를 보호하고 불쌍히 여긴 것을 그르다고 해서 그렇게 한 것인가. 세조가 승하한 지 오래되지 않았는데, 세상 일이 갑자기 변한 것이 이와 같다. 내 마음이 정말 아프다.¹¹

신료와 정희대비와의 갈등은 예견된 일이었다. 대비는 유신이 하루아침에 태도를 바꾸는 것에 대해 탄식했다. 그러나 대비의 의지를 꺾지는 못했다. 이내 각 도의 관찰사에게 글을 내려 '도승의 법'을 대전大典에 따르도록 지시했다.

영웅대군 부인, 현등사 석탑 불사

⑱ 화보1

1470년성종 1 3월, 세종의 8남인 영웅대군 이염의 부인 대방부부인 송씨가 운악산 현등사 위실각位室閣에서 재를 올리고, 고려시대 때 건립된 탑을 3층으로 개탑改塔한 뒤 진신사리 5매枚를 봉안했다.[12]

⑱ 화보1-1

세종은 일찍이 송복원의 딸을 택해 영웅대군의 배필로 삼았다. 1449년 세종 31 송씨가 병이 있어 세종이 집으로 돌려보내고 다시 배우자를 골랐다.[13] 영웅대군은 1449년세종 31 6월 26일 정충경의 딸에게 장가들었다. 세종은 특별히 만금의 진귀한 보물을 내렸다.[14]

> 영웅대군은 천자天資가 순후醇厚했다. 글씨와 그림에 뛰어났고, 음률音律에 밝았다. 세종이 일찍이 내탕고內帑庫의 진귀한 보물을 모두 주려고 하다가 이를 하지 못하고 훙薨했다. 문종이 즉위하고 나서 내탕고의 보물을 내려주었다. 어부御府의 대대로 전해 내려오던 보화寶貨가 모두 영웅대군에게로 돌아갔다. 그 재물이 누거만부巨萬이었다. 그러나 자못 검소儉素하고 절약節約하여 사치를 일삼지 않았다. 입시해서도 겸공謙恭, 근각謹恪해서 작은 과실도 없었다. 세조의 우애가 두터웠다. 세종이 일찍이 송복원의 딸을 택해 배필로 삼았다. 송씨가 병이 있어 세종이 집으로 돌려보내고, 정충경의 딸에게 다시 장가들게 했다. 송씨를 그리워하고 있던 대군은 세종이 승하한 뒤 정씨를 내쫓고 송씨와 다시 합쳤다.[…] 시호諡號는 '경효敬孝'다. 밤낮으로 경계警戒함이 경敬, 도덕道德을 지키고 어기지 않음이 효孝다.[15]

영웅대군의 부인 송씨는 나라의 큰 부자로 손꼽혔다. 재물을 아끼지 않고 절을 중수하거나 새로 지었다.[16]

혜각존자의 막내 동생 김수화

10월 10일 성종이 혜각존자의 막내 동생 김수화를 안동부사에 임명했다.[17] 김수화가 아뢰었다.

- 신이 임지로 갈 때 영동으로 길머리를 잡아 신미를 만나보고 가기를 원합니다.

성종이 원상에게 물었다.

- 금년에 안동의 실농失農이 더욱 심하다. 김수화가 영동을 거쳤다 가면 부임이 지체될 것이다. 본 고을의 구황을 전관이 잘 조치해 놓았는가.

홍윤성 등이 아뢰었다.

- 전관이 필시 정성을 다해 구황하지 못했을 것입니다. 김수화를 부임시켜 구황을 끝낸 뒤 신미를 만나보게 하십시오.

- 그렇게 하라.[18]

혜각존자는 예종의 푸대접을 받으며 광평대군의 집에 머물다, 국상 뒤에 복천사로 내려와 주석하고 있었다. 학조는 금강산 유점사와 봉선사, 학열은 낙산사와 상원사를 오가며 공사를 마무리하고 있었다.

간경도감 혁파의 선봉, 대사간 김수녕

1471년성종 2 1월 21일 세조와 예종의 추복을 빌기 위해 대왕대비가 중국에서 불경을 구해 오게 했다. 시강관 김계창, 집의 손순효, 사헌부 지평 김수손, 사간원 정언 남윤 등이 중지를 건의했다.

성종이 말했다.

- 최근에 비롯된 일이 아니다. 선왕 때부터 이미 그러했다. 만약 "역로에 폐단이 있다."고 한다면 채백 또한 구해오지 말아야 할 것이다. 중국에서 불교를 정성껏 받드는데 무슨 해가 있단 말인가. 다시 논하지 말라.

행대사간 김수녕이 불경 구입과 간경도감의 문제를 싸잡아 들고 나왔다. 성종의 "다시 논하지 말라."는 말이 무색할 지경이었다.

김수녕은 호조참의로 있을 때 세조의 주역구결을 교정하며 실력을 키웠다. 세조의 사후에는 입장을 완전히 바꿔 간경도감 혁파의 선봉에 섰다. 그러나 정희왕후와 인수왕비의 눈치를 봐서인지 드러내 놓고 신미를 압박하지는 않았다. 법호 속의 '우국이세祐國利世'를 들먹이며 세조와 함께 벌인 수많은 불사는 백성을 핍박했을 뿐 이롭게 한 구석은 눈을 씻고 찾아봐도 없다고 상소문 속에 끼워 넣었다.[19]

유신의 반대 상소가 줄을 이었다. 세종이 내불당을 경복궁에 건립할 때와 비슷한 상황이 또 다시 전개되고 있었다. 유신은 그동안 왕권에 억눌려 왔던 세월에 대해 분풀이라도 하듯 강경하게 어린 성종을 몰아붙였지만 끝내 들어주지 않았다.

불교 혁파의 꼬투리를 잡은 임사홍은 불경을 구입해 오면 바로 간경도감에 비치하고, 간행할 것이라 판단하고 성종 뒤에 앉아 있는 대왕대비를 압박했다.

- 중외에서 눈을 부비고 정국운영 방안에 대해 바라보고 있는데 오로지 이 한 가지 일만은 윤허를 받지 못해 실망하고 있습니다.

성종이 말했다.

- 대비께서 세조의 뜻을 봉행하려는 것이다. 형세가 곤란해서 따른다.[20]

1월 27일 사간원 행대사간 김수녕 등이 상소, 간경도감의 혁파 논쟁에 불을 붙였다.

> 중앙과 외방의 절 가운데 공가公家에서 비용을 지급하는 것이 모두 8곳입니다. 부처와 중을 공양하고 아울러 해마다 바치는 수요가 대개 1년의 비용으로써 800여 석에 이릅니다. 또한 해마다 소금 250여 석을 지급하고 있습니다. 간경도감에 지원해 쓰는 숫자까지 합치면 1년에 1,000석 이하로 내려가지 않을 것입니다.[…] 사사寺社 가운데 43곳에서 받은 전지가 8,300백여 결입니다. 백성에게 취한 것도 작지 않을 것입니다. 지금 저축한 것이 얼마 되지 않고 중외의 경비가 바닥을 보이고, 굶주려 죽거나 떠도는 백성이 몇 백 명인지 알 수가 없을 지경입니다. 아직도 헤아려서 줄이지 않고, 하늘의 이치를 가벼이 여겨 황당하고 무익한 일에 비용을 쓸 수가 있겠습니까.[…] 빨리 간경도감을 없애고, 그 비용을 옮겨서 남도 백성의 다 끊어져 가는 목숨을 살린다면 지극한 덕치의 큰 정사와 백성을 으뜸으로 삼는 도리가 모두 이루어질 것입니다.[21]

사헌부의 그물에 걸려 올라온 간경도감의 규모는 작지 않았다. 성종은 정희대비의 명에 따라 허락하지 않았다.

대왕대비·인수왕비의 맞불, 정인사 중창

대왕대비는 유신의 줄기찬 반대에도 아랑곳 하지 않고 불사를 펼쳐 나갔다. 2월 들어 인수대비가 의경세자덕종를 위해 1457년세조 13 9월에 지었던 정인사를 새롭게 중창하고 나섰다. 판내시부 이효지가 공사를 관장했다.[22]

> 1471년성종 2 봄에 인수왕비 전하께서, "당시 서둘러 절을 지었으므로 재목이 좋지 못하고 상부가구와 지붕을 이은 것이 정밀하지 못했다. 오래가지 않아서 비가 새고, 썩어 무너질 것이다. 하물며 나라에서 기신수륙재를 행할 때 승려가 다 모이는데, 전사가 좁아 사람이 들어갈 곳이 없다. 밝고, 환하게 넓혀 정성껏 불공을 베풀지 않는다면 어찌 명복을 추천하는 절로 후세에 보일 것인가."라고 했다. 부득이 중궁에서 물품 중에 일찍이 절약한 것을 쌀과 베로 계산한 약간을 내수사에 주었다. 장차 날을 가려서 예전 건물을 철거하고 새로 창건하려 할 때 대왕대비 전하께서, "의경敬陵과 예종대왕昌陵 두 능의 현실玄室이 아주 가까워서 한 절의 종과 북소리가 서로 들릴 만하다. 만약 인수왕비가 개축改築하려는 원력으로 힘을 합치고 재물을 모아 정인사의 일을 도우면 공이 쉽게 이루어지고, 내가 의경과 예종을 위해 복을 비는 정성 또한 거의 이루어질 것이다."고 했다. 이에 내수사에 조서를 내려 특별히 돈과 곡식을 더 주었다.[23]

수렴청정을 펴고 있던 정희대비가 "진실로 모자라는 것이 있으면 수시로 알려서 그 쓰임에 보탬이 되도록 하라."고 후원했다. 조정에서는 왕실의 힘으로 추진하는 불사에 강하게 반발하지 못했다.

> 2월에 공사를 시작했다. 백성을 부역시키지 말고 인부를 뽑아 노역에 삯을 주도록 명했다. 마침 서울 가까운 곳에 흉년이 들어서 늙은이와 젊은이를 막론하고 앞을 다투어 품을 팔았다. 삽을 멘 자가 구름같이 모이고 동아줄 당기는데 개미처럼 붙어 재촉하지 않아도 즐겁게 일했다.[24]

정희대비는 불사를 통해 백성에게 정당한 삯을 지급했다. 또한 숭문당에서 성종과 정무를 볼 때 낙산사의 화재에도 세심하게 신경을 썼다.

대왕대비가 한명회에게 전지했다.
- 낙산사 영선營繕에 많은 공력을 들였다. 화재가 있을까 두렵다. 절에 가는 자는 새 길을 거쳐야 한다. 혹여 옛 길에서 밥을 지어 먹다가 불이 절에 번질까 걱정된다.
한명회가 아뢰었다.
- 강원도관찰사가 새로 부임해 갈 때 유시諭示함이 편하겠습니다.
대비가 도승지 정효상에게 다짐을 두듯 일렀다.
- 경은 배사拜辭하는 날 잊지 말고 이를 말하라.[25]

정인사 중창 공사를 시작했을 때 대왕대비는 훈신과 어린 성종을 보필할 유신에 대해 좌리佐理공신으로 봉하고, 상전賞典했다. 고굉의 신료가 좌우에서 분주하게 마음을 다하고 힘써 민심이 크게 안정되고 국가가 태평해졌다는 교지를 아울러 내렸다.

- 좌리 1등 : 신숙주·한명회·최항·홍윤성·조석문·정현조·윤자운·김국광·권감
- 좌리 2등 : 이정·이침·정인지·정창손·심회·김질·한백륜·윤사흔·한계미·한계희·송문림
- 좌리 3등 : 성봉조·노사신·강희맹·임원준·박중선·이극배·홍응·서거정·양성지 등
- 좌리 4등 : 김수온·이석형·정난종·김수녕 등.[26]

5월 14일 내불당을 장의동 화약고의 옛터에 이건移建했다. 대왕대비가 가서 보겠다는 전교를 내렸다. 한명회가 세조 때 양전께서 거동한 적은 있으나 지금은 옳지 않다고 반대했다. 성종도 이에 따랐다.[27]
6월 18일 도성 안에 염불소를 금지하고, 무당을 성 밖으로 내쫓았다.[28]

신빈 김씨와 밀성군의 원찰 묘적사 중창

1471년성종 2 세종의 후궁 신빈김씨의 셋째 아들 밀성군이 양주읍 서남쪽 팔곡산八谷山 자락에 묘적사妙寂寺를 중창하고 원찰로 삼았다.[29]
1448년세종 30년 봄, 세종의 대가를 모시고 묘적산 동쪽 봉우리에서 새

를 몰았던 김수온당시 병조정랑이 밀성군과 중창불사의 화주化主인 유법주의 부탁을 받고 「묘적사중창기妙寂寺重創記」를 썼다.

※ 화보2   신빈愼嬪 김씨가[1450년] 세종을 위하여 돈과 곡식을 내어 도인 각관覺寬에게 중창을 부탁했다. 각관이 법당과 승당을 건립하고 있을 때 일의 실마리를 즉시 풀지 않은 채 죽었다. 밀성군이 어머니 신빈이 마치지 못한 발원發願을 생각하고, 또 유법주宥法主라는 자를 얻어 화주로 삼았다. [⋯] 다행히 세조가 옛 터의 회복을 허락했다.[⋯] 밀성군은 진실로 이 절의 대단월大檀越이다. 6, 7년을 쌓아오며 성취한 방과 칸이 아래와 같다.
불전佛殿은 3칸에 전·후퇴를 두었다. 동서상실東西上室에는 파침把針이 있고, 선당禪堂과 승당僧堂은 다 다른 절과 같았다. 남쪽에 긴 행랑을 가로 세워 안과 밖을 분리시켰고, 종각鐘閣 2칸을 행랑 밖에 건립했다. 또한 바깥 남쪽에 12칸의 외행랑外行廊을 지었다. 중간에 사문沙門을 두고 단청을 하고, 빗장과 생활용품은 다른 절과 같이 했다. 관음전觀音殿 층각層閣은 화주가 공역을 다하지 못하고 나가는 바람에 뒤에 오는 사람이 완공했다. 담장을 둘러쌓아 호랑이와 표범의 근심을 막았다. 모년모월에 시작해서 모년 모월에 마쳤다. 이것이 불사의 내력이다.[30]

언행을 삼가고, 조심하며 우애가 돈독했던 밀성군은 세조의 총애를 받았다. 김수온은 중창기를 쓴 다음해인 1472년성종 3 7월, 휴가를 얻어 묘적사에서 하룻밤을 머문 뒤 성철性哲 주지에게 시 한 수를 남겼다.[31]

광평대군 부인, 밭과 노비 절에 보시

8월 12일 광평대군의 부인 신씨가 1451년(문종 1) 집 가까운 곳에 지은 토당사土堂寺에 노비 730여 구와 토지 70여 결을 시납하고, 장례원·한성부에서 문권을 받고자 했다. 신씨의 엄청난 보시에 좋지 않은 감정을 가지고 있던 사헌부에서 즉각 감찰에 들어가 문권을 입수, 김수온이 집필하고 신윤보가 증인을 섰음을 확인했다.
사헌부 장령 홍귀달이 "신씨가 자손이 있음에도 토지와 노비를 절에 시납한 것은 부당하므로 국문하라."고 아뢰었다. 사관은 '통탄할 만한 일'

이라는 평을 달았다.

> 세상에서 불교에 빠져 명복을 구하는 자는 어리석고 망령된 무리가 아니면 반드시 부호였다. 심지어 귀척과 같은 집에서는 절에 걸핏하면 금과 은 등 거만의 비용을 허비하고, 노비와 토전을 많이 시납했다. 반드시 죽은 사람을 위해 명복을 빌려는 것도 아니었다. 삿된 생각이 한번 싹트면 스스로 중지할 수 없다. 복을 구한다는 것을 명분으로 더러운 소문이 뒤따라 퍼졌다. 통탄할 만한 일이다. 신씨도 비난의 말을 피할 수가 없었다.[32]

이틀 뒤 사헌부 장령 박숭질이 "신씨의 시납과 김수온의 문권은 잘못된 일이다."고 아뢰었다. 성종이 말했다.
- 대비께서 이미 하문했다. 신씨에게는 특별한 조치가 있을 것이다. 김수온은 신씨의 족친이다. 그의 문권 집필을 논할 수 없다.

징검다리 건너뛰듯 사간원 헌납 최한정이 "노비 1구라도 시납할 수 없으며, 이를 막지 않은 김수온의 죄를 다스리라."고 아뢰었다. 성종이 말했다.
- 신씨가 광평대군과 영순군을 위해 시납했지, 절에다 시납하지 않았다. 그 숫자가 너무 많으니 신씨에게 명해 줄이도록 하라. 김수온의 증여받은 일은 나무랄 수 없다.[33]

한 달 뒤, 사헌부 대사헌 한치형 등이 상소했다.

> 광평대군이 죽자 부인 신씨가 머리를 깎았고, 아들 영순군이 죽자 그 부인 역시 중이 되었습니다.[34] 근래에 신씨가 그의 양모 왕씨와 광평대군 부자를 위해 각각 절에 영당影堂을 짓고, 전지와 노비의 반을 시납했습니다. 토지가 70여 결, 노비가 930여 구口였습니다. 1466년세조 12 이후에 출생한 자를 모두 속하게 했으므로 지금 이를 계산하면 이미 1,000여 구가 넘습니다.[…] 지금 남천군은 영순군의 맏아들로서 선조의 제사를 주장할 수 있습니다. 광평대군·영순군·왕씨의 넋이 남천군의 묘사에서 흠향하는데 어찌 선왕의 제도를 외면하고 따로 절에 영당을 세워 제사를 더럽힐 수 있겠습니까.[…] 김수온의 죄를 다스리고 그 노비를 거두어서 부처를 혹신[貪墨]하는 풍조를 그치게 하고, 염치의 기풍을 권장한다면 조정에서 매

우 다행으로 여길 것입니다.[35]

정희왕후는 성종을 앞세워 왕실의 권위에 도전해 오는 유신의 반대에는 반대로 맞섰다. 경연을 끝내고 헌납 최한정이 아뢰었다.

- 신씨가 사찰에 보시한 노비는 바꿔야 합니다. 부인이 지아비가 죽었다고 비구니가 되는 것도 옳지 않은데 더구나 처녀이겠습니까.

영사 정인지가 아뢰었다.

- 태종께서 사사의 노비를 혁파할 때 소년 시절에 독서했던 원주의 각림사도 예외를 두지 않고 없앴습니다. 신씨가 시납한 노비는 마땅히 바로잡아야 합니다.

영사 신숙주가 아뢰었다.

- 고려 말엽에 사사의 노비와 중이 뒤섞여 거처하며 사고가 많았고 추한 소문이 있었습니다. 이제 시납을 통렬하게 금함이 편하겠습니다. 부녀가 비구니가 되는 것은 중과 섞여 살게 되어 내외의 금방禁防이 없으므로 최한정의 말이 옳습니다. 청을 들어주소서.[36]

성종은 참작해서 헤아리겠다는 대답만할 뿐 정인지와 신숙주의 건의를 들어주지 않았다.

덕종과 예종의 원찰 정인사 완공

봄부터 시작된 정인사 중창 공사가 10월, 총 119칸 규모로 완공되었다. 정희대비와 인수왕비의 적극적인 후원을 받은 전 판교종사도대사判教宗事都大師 설준이 전당의 제도와 칸[間]의 넓고, 좁음을 아뢰어 윤허를 받고 공사를 총괄했다. 김수온이 중창기를 썼다.

> 정전正殿인 범웅전梵雄殿은 층각層閣으로 3칸이다. 동서에 익실翼室이 있다. 동상실東上室 4칸은 원증당圓澄堂, 서상실西上室 4칸은 법락당法樂堂, 승당僧堂 세 칸은 탐현당探玄堂, 선당禪堂 세 칸은 법운당法雲堂이다. 동서로 나누어진 뜰에 서로 마주보고 남으로 가로 지른 장랑長廊은 17칸으

로 반승飯僧의 공양간이다. 중앙의 정문은 1칸으로 원적문圓寂門이다. 동별실東別室 2칸은 팔환요八還寮다. 장랑 밖에 세운 1칸의 종각鐘閣은 진법루振法樓다. 상층에 종과 북을 달고 아래로 출입할 수 있다. 종각 동쪽의 동루실東樓室 3칸은 반학요伴鶴寮, 서루실西樓室 3칸은 탁마요琢磨寮다. 횡橫으로 외랑外廊이 18칸이다. 가운데 중문中門이 섰는데 묘각문妙覺門이다. 중문의 동쪽으로 각각 2칸의 요사채가 있다. 단감요斷感寮, 칠징요七徵寮, 침운요枕雲寮다. 서쪽에는 각각 2칸의 완주요玩珠寮, 발진요發眞寮, 손님을 맞는 허실재虛室齋가 있다. 부엌廚室이 5칸, 삼보정청三寶正廳이 3칸으로 쌍청요雙淸寮다. 서쪽에 상하누고上下樓庫가 각 3칸, 숙설방熟設房이 4칸이다. 정전 뒤에 나한전羅漢殿이 3칸으로 응진전應眞殿이다. 외사문外沙門은 3칸으로 사홍문四弘門이다. 절 밖의 남쪽에 우마를 기르는 마굿간이 15칸, 객실客室이 3칸, 보장고寶長庫가 동서로 9칸이다. 총 119칸이다. 방앗간과 측간도 각각 제자리에 있다.

바르고 칠한 단청이 밝게 빛나고 화려했다. 전당과 그에 딸린 건물이 서로 통하여 높고 아름다웠다. 방과 출입구의 창호는 선명하고, 깊고 정밀했다. 상설象設은 빛났다. 사찰의 아름다움이 봉선사와 서로 우열을 가릴 만했다.[37]

정희대비와 인수왕비가 친히 절에 납셨다. 사문沙門 아래에 이르러 연輦에서 내렸다. 정전에 들어가 두루 돌아보고 즐거워하며 환가還駕했다. 대왕태비가 "절은 있으나 곡식이 없으므로 승려가 의지할 곳이 없다."고 하여 특별히 미곡을 아울러 1,000석을 시주, 본래의 것은 남겨 두고 이식利息에 쓰도록 했다. 또한 인수왕비도 미곡을 시주, 먹을 것이 끊이지 않게 했다. 집기 등을 여유있게 구비했다.[38]

조정 신료, 신미·학열을 압박하다

신미와 학열은 정희왕후의 뜻에 따라 낙산사 중건불사를 마무리하고 있었다. 세조가 승하하고 예종이 일찍 부왕의 뒤를 따라 간 뒤부터 조정의 신료는 막강한 세력으로 부상해 있던 혜각존자 신미와 학열·학조·설준을 집요하게 물고 늘어졌다. 어린 성종 뒤에 대왕대비가 있었지만 신료의 공격을 막는 데는 역부족이었다. 절의 재산을 총괄하고 있던 학열에게 모함과 비난, 송사가 집중되고 있었다.

1. 신미와 학열에게 이를 갈고 있다
야대夜對에서 검토관 채수가 아뢰었다.

- 신미와 학열이 강원도에 머물며 탐하고 요구하는 것이 끝을 알 수 없을 지경입니다. 감사도 선왕께서 소중히 여기던 자로 생각하고 지나칠 정도로 후하게 대접하며, 여러 고을에 징수해서 청하는 것을 채워주고 있습니다. 이는 모두 백성의 고혈입니다. 민력民力을 써서 운반하니 먼 곳은 7·8일, 가까운 곳은 3·4일의 노정입니다. 여윈 소와 약한 말로 험한 산을 넘고, 먼 길을 걸으니 백성이 심히 괴로워하고 있습니다. 또한 신미를 따르는 무리가 매우 많아서 도내에 횡행하니 모두 이를 갈고 있습니다. 감사와 수령에게 증유贈遺하지 못하도록 유시를 내려 백성을 괴롭히는 병폐를 없애소서.

성종이 말했다.
- 그러하다.³⁹

2. 학열을 배척, 민생을 돌보소서
장령 박숭질이 경연에서 강을 마치고 아뢰었다.

- 강원도는 인적이 드물고 토지가 척박해서 백성이 빈곤하니 마땅히 먼저 무휼撫恤해야 됩니다. 학열이 상원사를 창건하며 사치하고 화려함을 다해 노역을 많이 허비했고, 제방을 함부로 점거하고 근방에 사는 백성의 전토를 빼앗아 자기 소유로 삼았습니다. 사채를 불리며 수령에게 간청하는 등 폐단을 짓는 단서가 많으니 승도僧道에 어그러짐이 심합니다. 낙산사를 짓는데 큰길이 절에 가깝다고 막고, 다른 길로 다니게 해서 행인이 심히 괴로워하고 있습니다. 이 폐단을 없애고, 학열을 배척해서 민생을 돌보소서.

성종이 말했다.
- 내가 참작해서 헤아리겠다.⁴⁰

성종, 간경도감을 없애다

1471년성종 2 12월 5일 성종이 흥불興佛의 상징이었던 간경도감을 없앴다.⁴¹ 세조의 왕명으로 1461년세조 7 6월 16일 설치되어 수많은 불전 언해를 간행했던 국가기관이 10년 만에 역사 속으로 사라졌다.[42] 이날 혜성이 보였다. 꼬리가 한 장이나 이어졌다.

> 간경도감을 통해 펼친 세조의 간경사업의 의의는 자못 크다.
> 첫째, 귀중한 국어학자료를 많이 생산해서 국어학사의 체계화에 크게 기여했다. 특히 국역불전은 훈민정음 창제 직후의 일이므로 오늘날 학계의 연구에 귀중한 위치를 차지하고 있음은 물론, 한문 전적을 국역한 세조의 문화사적 의의도 그 가치를 크게 평가하지 않을 수 없다.
> 둘째, 당시 처음이자 마지막으로 이루어진 주요 불전의 국역본이 오늘날에 이르기까지 널리 보급되어 불교의 근본이념과 교리를 쉽게 이해할 수 있게 했고, 얻어 보기 어려운 귀중한 장소章疏 자료를 많이 생산, 전유시킴으로써 불학佛學 연구에 크게 기여했다.
> 간경도감의 주된 사업은 명승과 거유를 초빙, 불경의 언해·교감·간행, 불서의 구입과 수집, 왕실에서 펼치는 불사와 법회를 관장했고, 때로 고승을 접대하는 일까지 맡아보았다.[43]

세조가 떠난 이후 국정은 한 순간 물길이 바뀌었다. 신미를 정점으로 학열·학조·설준 등이 회오리바람과 삼각파도에 휘말려 들었다. 세조의 숭불과 강력한 통치력에 억눌려 제대로 기를 펴지 못했던 유신에게 안개가 걷히고, 창창한 햇살이 날아드는 순간이었다.

> 불경 번역을 계속 추진, 한문본을 대신해서 국문본 대장경이 자리를 굳히는 데까지 나아갔더라면 사상과 문학의 결정적인 전환이 일찍 이루어졌을 터인데, 그럴 수 없었다. 세조가 떠나자, 불교를 배척하고 유학을 기본 이념으로 삼는 노선이 철저하게 재확인되었으며, 간경도감이 폐지되었다. 그 뒤에는 세조비인 자성대비와 성종의 어머니인 인수대비가 주동이 되어 역경사업을 은밀하게 추진했으나, 성과가 부진할 수밖에 없었다.[44]

1472년성종 3 1월 5일 성종이 안동과 평해平海로 돌아가는 학조에게 역말을 내려 주었다.[45]

호조에서 선략장군 남윤문의 상언에 의거, 낙산사의 학열이 묵정땅[陳

地]의 입안立案을 받았다고 속여 전지를 다 뺏었다며 관찰사에게 국문하게 한 뒤 돌려주게 해달라고 아뢰었다. 성종이 허락했다.[46]

2월 7일 간경도감 상정청의 김수온·한계희·이조판서 이극증에게 안장 갖춘 말 한 필을 내려주었다.[47]

정희대비의 의지懿旨에 따라 인수왕비덕종의 비의 위차를 안순왕후예종의 계비의 위에 두었다.[48]

인수대비가 세조·예종·덕종의 명복과 대왕대비·주상·왕비의 만수무강을 빌고, 돌아가신 친정아버지 서원부원군 한확을 위하여 『불조역대통재佛祖歷代通載』·『육경합부六經合部』 등 23종의 한문본 불경을 중인重印했다. 동시에 『법화경언해』·『능엄경언해』 각 60부, 『원각경언해』 20부, 『반야심경언해』 300부, 『몽산법어·사법어』·『영가집언해』 각 200부를 세조 때의 책판으로 다시 찍어냈다.[49]

영릉의 원찰, 보은사신륵사 중창

※ 화보3 2월에 대왕대비가 세종대왕과 소헌왕후의 영릉이 여주로 천장된 이후 능침 사찰로 여강의 동쪽 기슭 봉미산에 있는 신륵사를 선정하고, 중창하라는 명을 내렸다.[50]

> 대왕대비께서 교지를 내려 "이제 능침의 공사를 겨우 끝마쳤다. 또 일반 백성을 부리는 것은 불가하다. 간경도감은 없앴지만, 쓰던 전곡이 아직도 많이 남아 있다. 내수사에서 전적으로 관리하고 출납을 담당하여 노는 사람에게 보수를 주어 일하게 하고, 혹시라도 폐가 없도록 하라."고 했다.[51]

김수온은 「보은사중창사액기報恩寺重創賜額記」에서 영릉의 천장 전의 일을 돌아보았다. 세조는 붕어하기 1년 전인 1467년세조 13 영릉 옆에 절을 창건할 뜻이 있었다.

> 처음 세조께서 1467년 꿈에 세종대왕을 뵈었다. 친근히 말씀을 받들고 마주 대하여 즐거워하기가 평소와 같았다. 세조가 추모하는 마음이 더욱 간

절했다. 세종과 소헌왕후를 위하여 영릉의 곁에 절을 창건, 명복을 비는 장소로 삼고자 했다. 이에 유사에 명하여 나무를 베고, 뗏목으로 운반해서 강 언덕에 쌓아 두었다. 그러나 하룻밤 저녁에 큰 비로 강물이 불어나 거친 물살에 휩쓸려가 버렸다. 그 다음해에 세조께서 돌아가고, 국가에 사고가 많아 영릉 옆에 절을 지을 겨를이 없었다.[52]

1469년(예종 1) 영릉을 여주로 천장했다.

때마침 일관이 왕에게 "영릉의 좌국坐局의 풍수가 옛 법에 맞지 않으니 마땅히 현궁玄宮을 다시 세워서 편안히 쉬게 하옵소서."라고 아뢰었다. 예종이 군신과 의논했다. 모두 아뢰기를, "개장改葬하는 법이 예로부터 있습니다. 장사를 지낼 때 빠진 것이 있다면 오히려 개장해야 합니다. 하물며 지금의 자리는 풍수지리를 맡아보고 있는 곳에서 생각을 해봐야 한다고 하니 좇지 않을 수 없습니다."고 했다. 예종이 재상을 나누어 보내 좋은 땅을 가려보라고 했다. 많은 신료가 아뢰기를, "여흥의 북쪽에 한 큰 골짜기가 있는데 산이 형세를 벌려서 주主와 대對가 분명합니다. 풍수법에 산이 멈추고 물이 굴곡져 있는 곳은 자손이 천억대로 번창한다고 한 그대로입니다. 살펴본 바로는 능침으로 이보다 나은 곳이 없을 듯합니다."고 했다. 예종이 조회에서 전지를 내려 세종의 재궁梓宮을 여주로 옮겼다. 1469년(예종 1)이었다.[53]

대왕대비는 한명회·한계희를 제조로 삼고 여주목사 이신효, 원주목사 김춘경, 내시부 상선 이효지를 감역관으로 삼았다.

대왕대비께서 전지를 내려, "세조께서 세종을 꿈에서 뵙고 장차 영릉 아래에 절을 지으려고 했으나 급히 승하해서 신민을 버렸으므로 절을 경영할 겨를이 없었다. 이제 선왕이 하늘에 계시는데 우리가 빨리 유지를 받들지 않으면 장차 선왕을 지하에서 어찌 뵐 것인가."라고 했다. 곧 상당부원군 한명회, 서평군 한계희 등에게 명해 능에서 멀지 않은 곳에 절을 세울 곳을 택하게 했다. 한명회 등이 아뢰기를, "능침이 자리하고 있는 땅 안에 절을 세울 만한 곳이 없습니다. 그런데 신륵사라는 절이 있어 일명 벽사甓寺라고 하는데 옛 현인이 노닐던 자취가 완연하고, 또 돌아가신 선왕의 능과 거리가 매우 가까워 종과 북소리가 들릴 만합니다. 만약 이곳을 수리하면 옛 것을 말미암아 새롭게 될 것입니다. 일은 반이라도, 공은 갑절이나 될 것이니 이보다 편리한 것이 없습니다."라고 했다.[54]

※ 화보4 신륵사는 '물 밑으로 찬란하게 열린 절'이었다. 태종의 장인 여흥부원군 민제의 영정이 모셔져 있었다. 세종이 1440년세종 22 8월 중수한 이래 나라에서 주관하는 두 번째 공역이었다.[55]

보은사의 중수 공역은 2월에 시작됐다. 퇴락한 건물은 고치고, 원찰의 격에 맞게 새로 짓는 건물도 늘어나고 있었다.

여주 신륵사 중창 반대

3월에 김수온을 보국숭록대부 행판중추부사에 임명했다.[56]

4월 말로 접어들며 더위가 일찍 기승을 부렸다. 보병과 정병正兵, 충순위 등을 보내서 귀농하게 했다. 내불당의 수직군사 외에 원각사 등 여러 곳의 수직정병을 모두 없앴다.[57]

7월 들어 집중적으로 신륵사 중수 반대 의견이 올라왔다.

> # 1. 사간원 정언 윤석이 아뢰었다.
> - 가뭄과 흉년이 해마다 겹쳤습니다. 신륵사의 중수는 부득이한 공사가 아니므로 정지하소서.
> 성종이 전교했다.
> - 신륵사는 선왕을 위한 일이다. 정지할 수 없다.[58]
>
> # 2. 경연에서 사간 김영견이 아뢰었다.
> - 신륵사를 중수하고 있는데, 능침에 반드시 절을 세울 필요는 없습니다. 선왕을 위하여 부득이한 공사라면 내년을 기다려도 늦지 않습니다. 내수사의 재물을 쓰고, 노는 무리를 역사시킨다 해도 중에게 품값을 줄 것이니 국고의 소비가 적지 않습니다. 쓸데없는 비용을 줄이소서.
> 집의 임사홍이 덧붙여 아뢰었다.
> - 이단의 그른 것은 성상께서도 분별하실 것입니다. 신륵사의 수즙修葺은 창건과 다르지 않습니다.
> 성종이 말했다.

- 신륵사는 선왕을 위해 보수하는 것이다. 정지할 수 없다.
사간원 정언 윤석이 다시 와서 정지를 청했으나 듣지 않았다.[59]

3. 경연에서 헌납 최한정·지평 김이정이 아뢰었다.
- 대창大倉의 역사와 신륵사의 보수는 급히 할 일이 아닙니다. 정지하고, 파하소서.[60]

성종은 대왕대비의 뜻에 따라 반대의견에 답을 내리지 않았다. 신륵사 중수는 10월에 마무리 되었다.

그해 2월에 일을 시작, 10월에 마침을 고했다. 옛 건물을 고친 것이 몇 칸, 새로 지은 건물이 몇 칸으로 총 200여 칸이나 되었다. 종과 북, 일용도구와 기물도 새로 만들었다. 모년모일로써 모회某會를 설치하고 낙성했다.[61]

64세의 김수온은 봉선사·정인사의 중창기와는 달리 새로 지은 전각이나 당우의 이름도 밝히지 않았고, 낙성회의 날짜도 공란으로 처리했다. 중창불사가 완료되기 전에 쓴 것으로 보인다. 김수온은 보은사 중창불사도 시절인연임을 강조하고, 대왕대비의 선왕에 대한 정성을 기리며 붓을 놓았다.

사찰의 흥폐興廢는 진실로 그 때를 기다림이 있고, 또 운수가 그 사이에 관계됨이 있다. 신륵사 풍광의 아름다움은 우리나라에 소문난 것으로써 사대부가 바람에 돛을 달고 왕래하여 배가 연달았으나, 아무도 그 절을 일으키고 창설하지 않았다. 다행히 이제 황려대부黃驪大府는 천백 년 산천의 모인 기운이 가만히 간직되어 있다가, 오늘날 성명聖明의 시대에 발하여 선왕의 능을 이 고을에 경영하여 일을 이미 정해 큰 경사가 시작되었다. 우리 국가는 억만 년의 가없는 기업基業을 열었다. 이제 부가 승격되어 주가 되고, 절 또한 일신되었다. 이것은 바로 때를 기다린 것이고, 운수가 관계된 것이다.
우리 대왕대비 전하께서 때에 고금이 있고 땅에 피차가 있음을 탓하지 않고, 선왕의 유지를 생각해서 능을 이미 옮기고 서둘러 절을 세웠다. 잘 계승하여 크게 나타낸 아름다움이 여러 선왕에 빛이 되고 전고에 뛰어났다.

> 신이 비록 늙고 어두우나 감히 머리 조아려 절하며 삼가 글로 써서 후세에 밝게 보이고자 할 뿐이다.[62]

세종의 은혜에 대한 다함없는 정성을 담은 보은사였다. 능침사찰의 역사가 여강의 물길 속에서 흔들리고 있었다.

성현은 능침사찰에 대해 『용재총화』에서 이렇게 요약해 두었다.

> 건원릉·현릉에 개경사, 제릉에 연경사, 후릉에 흥교사, 광릉에 봉선사, 경릉·창릉에 정인사가 있었다. 영릉을 여주로 옮겨 신륵사를 보은사로 고쳐 재사齋社로 삼았다. 헌릉은 태종의 유명遺命으로 절을 두지 않았다.[63]

함허당은 스승인 무학보다 나옹혜근의 선풍에 깊게 매료되어 있었다. 여강의 바위 위에 자리잡은 강월헌江月軒은 나옹선사가 당호로 삼았던 정자였다.[64]

달은 중천에 높이 떠서 만물을 차별 없이 밝게 비추는 존재로 불성에 비유된다. 나옹의 마음을 함허당도 달을 보며 그대로 받아 한마음이 되었다. 이심전심이었다. 달 밝은 신륵사 언덕의 정취를 그리며, 나옹의 우뚝한 마음을 새겨 넣었다.

출렁이며 흘러가는 산, 깊게 흐르는 강물	衆山遙遞一江深
우거진 숲 속 높게 솟은 전각	殿閣崢嶸萬樹林
강변에 뜬 밝은 달 속에 비친 강월헌	江月軒明江月下
이제 알겠네, 강월헌의 옛 마음	始知江月昔年心
산 아래 강은 길게 흐르고, 강물 위 집 한 채	山下長江江上軒
이 집의 그윽한 맛 누구에게 전하리	軒中趣味孰能傳
서성이다 어느덧 저무는 봄날,	徘徊不覺春陽晚
구름 걷힌 하늘, 달빛 가득 부서지는 강 물결	雲淨波澄月滿天[65]

11월 3일 사간원에서 아뢰었다.

- 정인사의 주지 설준은 본래 음탕, 방종하여 계행이 없습니다. 근자에

는 여승과 부녀자를 맞아들여 밤낮으로 섞여서 거처하고, 중으로 하여금 문을 지키게 하고서 비록 노복이라도 감히 엿보지 못하게 하여 종적이 괴상합니다. 엄중하게 문초하고, 통렬하게 징계하소서.
성종은 부왕의 원찰에 대한 반감을 드러내는 일에 대해 답하지 않았다. 사관의 토가 따라붙었다.

> 설준은 사족士族의 아들로 젊어서 머리를 깎고 중이 되었다. 안평대군의 집에 드나들며 글을 배웠다. 사경寫經을 구실로 마을에 출입하며 계율을 범한 일이 또한 많았다.[66]

11월 19일 세조가 중수한 정업원의 소유 전지, 납공노비에 부과된 잡역을 면제했다.[67]
신숙주는 세조의 호불好佛을 곁에서 지켜만 봤다. 좀처럼 호불호好不好를 드러내지는 않았다. 그러나 묘하게도 정인사 주지 설준이 시권詩卷을 펴냈을 때 써준 시가 남아 있다.

어리석음 속에 머무는 큰 지혜,	大智從前寓若愚
참과 거짓의 길 다르지 않음 일찍 알았다	早知眞妄不殊途
팍팍한 세상 견디기에 더없이 애달픈 몸,	秖憐處世身浮寄
머리카락 깎고, 묶은 것 논할 필요 없다	何必論人髮有無
오는 가을 희롱하듯 푸른색 띈 술,	瓮蟻弄秋初泛綠
노을에 붉은 빛 더하듯 서리 맞은 단풍잎	霜楓媚日暗拖朱
미묘한 부처의 관문에 다가가지 못해	妙義玄關非所及
술 즐겨 달아오른 귀만 탓할 뿐	高陽耳熱但長吁[68]

혜각존자 · 신미의 회향과 적멸

> 기억해야 할 일 너무도 많은데
> 기억하지 않아야 할 일 가슴을 친다
> 안녕, 내 사랑
> 기억아, 나를 떠나라

혜각존자의 동생 김수경, 청주목사 부임

1473년성종 4 2월 김수경을 통정대부 행 청주목사로 삼았다.[69] 김수경은 1466년세조 12 4월 보은현감으로 초배되어 물의를 빚은 적이 있었다. 2월 22일 서거정 등이 짧은 상소문을 올려 김수경의 임명을 반대하고 나섰다.

- 청주목사에 제수된 김수경은 성품이 집요한데다가 용렬하고 어리석습니다. 전에 성주목사로 있을 때 일하는 것이 오활하고 정사에 임해서 어쩔 줄 모르므로 아전이 농간을 부리고 백성이 폐해를 받아서 온 고을이 괴로워하더니 과연 하고下考: 근무 성적 평가의 하등를 받아 폐출된 지 이미 여러 해 되었습니다. 이제는 나이가 거의 70인데다가 아주 늙어 느리고 무디므로, 백성을 가까이 다스리는 직임에 있기에는 마땅하지 않은 인물입니다. 더구나 청주는 충청도 안에서 큰 고을로 사무가 많고 힘들므로, 결단해서 다스리고 잘 조처하는 재주가 있는 사람이 아니면 감당하기가 쉽지 않습니다. 김수경처럼 보잘 것 없는 자가 하루라도 있을 곳이 못됩니다.[…] 특히 김수경은 문무에 뛰어난 재주가 있는 자가 아닌데도 특별히 뽑아 서용해 70에 가까운 쇠약한 나이에 중임을 얻었습니

다. 어진 사람을 뽑아 쓰고 능력 있는 사람에게 벼슬을 주는 성심이 아닌 듯합니다. 빨리 파직하고 일처리를 잘 해낼 재능있는 사람에게 맡기면 좋을 듯합니다.
성종이 말했다.
- 사람은 한 번 내쳤다고 버릴 수 없다. 할 만한지 시험할 따름이다.

> 김수경은 녹사 출신이며 다른 재능이 없다. 형인 신미가 총애를 받는 데 기대서 지위가 당상에 이르렀다. 주목州牧에 합당하지 않음은 분명하다. 사헌부에서 김수경이 어리석고 용렬하다는 것을 알면서도 굳이 논집하지 않았다. 파직하지 않음은 아까운 일이다.[70]

2월 24일 청주목사 김수경이 부임 인사를 올렸다. 성종이 친히 만나보고 말했다.
- 농사가 시작되어 백성이 힘들 것이다. 폐가 되는 일은 삼가라.
다음날 경연에서 강독을 마쳤을 때 집의 현석규가 아뢰었다.
- 김수경은 사람됨이 혼미하고 괴팍하며 관리로서 일처리에 재주가 없습니다. 전에 성주목사로 있을 때 관무를 혼자 마음대로 결단하고 판관과 함께 의논하지 않고 조치를 혼미하게 해서 백성에게 병폐를 끼치다가 곧 하고를 받았습니다. 그 고을 백성이 서로 기뻐하며 "우리 병통이 없어졌으니 소생할 수 있겠다."고 했습니다. 김수경이 어질지 않음을 알 만합니다. 더욱이 그는 김수온의 형으로 70세가 되어 가고 기력이 쇠약합니다. 청주는 인물이 번다하고, 관문서가 많이 쌓이므로 능력 없는 자가 감당할 수 없습니다. 청컨대 바꾸소서.
성종의 대답은 다르지 않았다.
- 한번 폄출했다고 끝내 버릴 수 없다. 일을 잘 처리하는지 시험할 따름이다.[71]

정희대비, 양주 회암사 중창

여주 보은사 중창 불사의 낙성에 이어 양주 회암사 중창 불사도 마무리되었다. 세조의 부마 정현조가 책임을 맡고, 금강산의 정양사 주지 처안處安이 공역을 맡아 13개월 만인 1473년성종 4 봄에 거찰로 다시 정비되었다. 공역에 동원된 승려와 속인만도 하루에 10,000여 명을 헤아릴 정도의 국력을 쏟아 부은 불사였다.

※ 화보5 회암사의 명확한 창건 연대는 고증할 길이 없지만, 고려 말 동아시아 불교계의 최고 고승이 방문할 정도의 사세를 유지하고 있었다. 1174년고려 명종 4 화엄종 소속인 흥왕사의 고승인 원경국사 충희와 승통 종려가 회암사에서 왕의 생일을 축하하러 온 금나라 사신을 맞이했을 정도의 손꼽히는 명찰이었다.[72]

인도 출신의 지공화상이 고려에 들어와 전국을 유력할 때 회암사 터를 보고 난 뒤부터 보찰寶刹로 부각되기 시작했고, 나옹화상이 주석하며 많은 법문을 남겼다.

> 나옹이 회암사에 머물 때 남녀가 물결처럼 모여들었다. 유생 세 명이 서로 말했다.
> - 저 머리 깎은 것이 무슨 요술을 부리기에 사람을 이와 같이 놀라게 하는가. 우리가 가서 보고 이를 눌러 버리자.
> 마침내 방장方丈에 갔다. 나옹은 평상에 걸터앉아 있었다. 용모가 웅위雄偉하고 눈빛이 밝아서 바라보니 근엄했다. 이런 찰나에 별안간 큰 소리로 외쳤다.
> - 세 명이 같이 왔으니 그 중 반드시 지혜로운 사람이 하나는 있을 것이다. 지혜로써 이르지 못하는 곳의 한 구절을 가지고 오너라.
> 세 사람은 정신이 나가 정례頂禮하고 돌아갔다.[73]

※ 화보6 김수온이 대왕대비의 명을 받은 정현조의 부탁으로 「회암사중창기檜巖寺重創記」를 썼다.

 # 1. 인도의 아란타사 터와 같은 회암사 석가모니가 색가索訶에서 왕이 되

었을 때 자비청정의 정치를 펼쳐 사람과 하늘을 화목하고 즐겁게 했고, 그 교화의 인연이 두루 보급되어 정법안장으로 마하가섭에게 붙이고 대법융흥大法隆興으로 국왕대신에게 귀속시켰으니 나가는 도리는 처세지인處世之人이 아니면 법왕의 교리를 전할 수 없을 것이다. 또한 인왕仁王의 귀중한 위치가 아니면 불도를 행할 수 없다. 불도가 세상에 나온 것이 모두 이 도리다.

우리나라 산수 경치가 천하에 이름이 났으며 불사佛寺로서 그 사이에 있는 것이 또 몇 십인지 모르지만, 인사仁祠 제도의 극진함과 법왕法王·행화行化의 체제를 갖춘 것은 회암사 같은 곳이 없다.

옛적 천력天歷(원나라 문종의 연호, 1328~1329) 연간에 서천의 박가납제존자薄伽納提尊者 : 지공화상가 이 절터를 보고, "서천 아란타사 터와 꼭 같다."하고, 또 "가섭불 때 벌써 큰 도량이 되었다."고 했다. 이에 먹줄을 잡아 측량하고 그 자리를 정할 때 오래된 주초와 섬돌을 발견했다. 그러나 당시에는 임시로 짚을 덮어서 그 대개를 표시했을 뿐이었다.

얼마 뒤 공민왕의 왕사 보제존자普濟尊者 : 나옹 혜근가 지공에게 '삼산양수지설三山兩水之說'의 기記를 받고 회암사에 와서 살았다. 이에 크게 창건하고자 책임을 나누어 맡기고, 바쁘게 불연佛緣을 모집했으나 공역이 반도 못되어 왕사 또한 입적했다.

그의 제자 윤절간倫絶潤 등이 왕사가 미처 이루지 못한 뜻을 생각하고 남겨진 것을 계승, 공역을 마쳤다.[74]

지공화상은 1326년고려 충숙왕 13 3월, 금강산 법기도량 참배의 염원을 이루기 위해 고려로 들어와 개경의 감로사甘露寺에 머물렀다. 법회를 열었을 때 성안의 모든 백성이 "석존께서 다시 나오신 것."이라고 찬탄했다. 당시 8세였던 나옹혜근에게 보살계첩을 주는 등 지공의 무생계無生戒 사상은 고려 사회에 큰 영향을 끼쳤다.

지공이 순력했을 때 회암사는 폐사지경이었다. 고려를 동방의 흥법興法의 나라로 간주하고 회암사를 총본산으로 삼고자 했다. 충숙왕의 발원으로 인도의 나란타사를 본떠서 중창한 뒤 1328년충숙왕 15 황제의 부름이 받고 원나라 연경으로 돌아갔다.[75]

이후 회암사는 전란의 화마에 휩쓸렸다. 지공의 회암사 중창의 뜻은 나옹혜근에게로 이어졌다. 나옹은 1344년고려 충혜왕 5 회암사에서 장좌불와 수행에 들어 4년 째 되던 어느 날 아침 문득 깨달음을 얻었다. 1347년 고려 충목왕 3 11월에 회암사를 떠나 이듬해 3월, 원나라의 연경 법원사法源寺에 이르러 지공을 알현했다. 법기法器임을 인정받고, 상수제자가 되어 4년 동안 지도받았다.

1358년고려 공민왕 7 3월, 나옹은 귀국할 때 지공께 "제자는 어디에서 머물러 살아야 합니까."라고 물었다. 지공은 "삼산三山 양수兩水 사이를 골라서 있으면 곧 불법이 저절로 흥할 것이다."며 수기授記를 나옹에게 전했다.[76]

'삼산양수기三山兩水記'는 회암사를 중창, 불법의 터전으로 삼아 홍법하라는 지공의 뜻이 담긴 일종의 비기祕記였다. 지공의 말씀을 나옹은 바로 실천에 옮기지 못하고, 20년이 지난 후 실행에 옮겼다. 공민왕대의 불교계를 보우와 신돈이 주도하고 있었기 때문이었다.

1370년 1월 지공의 유골이 개경 왕륜사에 도착했다. 나옹이 지공의 추모불사를 주관하며 나옹의 위상이 더욱 부각되었다. 8월, 회암사에서 공부선工夫選을 베풀고 양종오교兩宗五教 교파의 납자를 시험했다. 공민왕으로부터 금란가사와 법복·발우를 하사받고 '왕사 대조계종사 선교도총섭 근수본지 중흥조풍 복국우세 보제존자王師 大曹溪宗師 禪教都摠攝 勤修本智 中興祖風 福國祐世 普濟尊者'에 봉해졌다. 9월 16일 지공의 장례를 거행한 뒤 회암사에 부도를 세우고 유골을 안치했다.

1371년 7월 신돈이 정치권에서 실각하자 나옹과 태고보우가 왕사와 국사에 책봉되었다. 보우는 병을 핑계로 사양했다. 나옹이 왕사로서 고려의 선풍을 선양했다.

나옹은 1374년 중창 불사를 시작, 1376년고려 우왕 2 4월 15일 낙성회를 베풀었다. 중창 불사가 한창일 때 갑자기 대간에서 사부대중의 생업에 폐해를 주고 있으므로 이를 중단시키고 나옹을 추방했다.

5월 2일 밀양의 영원사瑩源寺로 자리를 옮기라는 왕명이 내려와 한강에서 배를 타고 가던 중 5월 15일 여주 신륵사에서 세수 57세, 법랍 38세로 입적했다. 7월 29일 사리를 회암사로 옮겼고, 8월 15일 북쪽 언덕에 비와 부도를 세웠다.

이색이 나옹의 비문을 찬하며 다음과 같이 평했다.

- 회암사는 기원정사와 같고, 신륵사는 사라쌍수와 같다.[77]

 # 2. 빈 집이 된 총림, 회암사 목은 이색이 기記에 적기를, "보광전普光殿 5칸이 남으로 향했고, 전 뒤에는 설법전說法殿이 5칸, 그 뒤에는 사리전舍利殿이 1칸, 그 뒤에는 정청正廳이 3칸이다. 방장 서편의 대장전大藏殿이 3칸이다.[78] 보광전 동쪽과 서쪽에 좌우로 여러 전각이 우뚝하게 섰고, 여러 요사가 높고 낮게 들어서 있다. 종루鍾樓·사문沙門과 부엌의 장소와 빈객賓客의 자리가 질서정연하다. 지붕이 연달아 걸쳐 있고, 회랑이 돌고 돌아 높고 낮고 아득한 것이 동서를 모를 정도다. 무릇 건물이 262칸이었다."고 했다.

이로부터 재능 있는 승려가 대마다 끊어지지 않았다. 그러나 불전의 공역을 시작했으나 승료僧寮까지는 짓지 못했고, 종루는 보수했으나 객실은 짓지 못했다. 동쪽을 수치修治하면 서쪽이 기울고, 남쪽을 고치면 북쪽이 상했다. 대개 절이 큰 까닭에 일이 크고, 일이 큰 까닭에 사람이 능히 두루 짓고 다 잇지 못해 끝내 한 나라의 큰 총림叢林이 거의 빈 집이 되었다.[79]

이색이 나옹의 뒤를 이어 회암사 주지로 부임한 절간윤익과 실무를 담당한 각전의 청으로 「천보산 회암사수조기天寶山檜巖寺修造記」를 집필한 것은 1381년고려 우왕 7이었다.

조선을 개국한 태조 이성계는 1393년태조 2 무학을 회암사 주지에 임명했다. 1402년태종 2 태상왕으로 물러난 뒤 무학의 뜻에 따라 회암사를 중창했다.[80]

 # 3. 나라를 복되게 하는 동국의 큰 가람 1472년성종 3 봄에 대왕대비 전하께서 하성부원군 정현조에게 의지懿旨를 전해서 말씀하기를, "내 한 부인으로서 조부의 여음餘蔭을 받들어 우리 세조대왕을 돕고, 성자聖子 신손神孫을 낳아 길렀다. 이것은 비록 황천皇天이 동방東方을 돌보신 것이나,

또한 오랜 세대로 덕을 닦고, 불법에 좋은 근본을 심은 덕분이다. 예로부터 사랑하는 어미가 그 자손을 보호하고자 하고, 충신이 그 임금의 장수를 빈다면 오직 삼보三寶에 귀의하지 않은 이가 없었다. 회암사는 동국에서 가장 큰 가람이다. 삼화상三和尙이 서로 이어서 개산開山했다. 삼산양수 지기는 지공에서 비롯했다. 실상 임금을 축수하고 나라를 복되게 하는 곳이다. 터 쌓는 것이 견고하지 못하고, 전사殿舍의 섬돌을 잡석으로 쌓았던 까닭으로 창건한 지 오래되지 않아서 집이 벌써 퇴락했다고 들었다. 지금 간각間閣의 제도는 옛날대로 해서 고치지 말고, 박석薄石은 모두 다듬은 돌로 바꾸고자 한다. 공역을 계산하니 초창하는 것보다 갑절이다. 경도 또한 선을 심은 인과가 있었으므로 공주와 짝할 수 있었다. 힘을 다해서 나의 넓은 원심願心을 이루게 하라."고 했다.

정현조가 아뢰기를 "세상에서 모두 중수하는 일은 새로 시작하는 것보다 어렵다고 말합니다. 비록 재물과 곡식이 많다 하더라도, 진실로 사람을 만나지 못하면 성공할 수 없습니다. 지금 정양사正陽住 주지 처안處安은 부지런하고 민첩하며 통달하여 일을 감당할 만한 재질로서 그를 따를 자가 없습니다."고 했다. 대왕대비 전하가 윤허했다.[81]

※ 화보7

 # 4. 회암사, 새로운 보찰로 서다　　처안을 회암사로 이주시키고, 재물과 곡식 등의 비용은 내수사에서 전적으로 맡아서 모자라는 대로 보급해서 쓰임에 충당하도록 했다. 부원군도 또한 개인 재산을 내어서 모자라는 것을 제공했다. 처안이 승도와 속인으로서 자원하는 자를 모집하고, 일한 것을 계산해서 삯을 주겠다고 아뢰었다. 날마다 10,000여 명을 사역시켰으나 감독하지 않아도 저절로 힘껏 일했다. 그 해 월일에 시작해서 거의 13개월이 지난 뒤에 마쳤다. 전각과 요사, 누각의 칸살은 다시 고친 곳이 없고, 난간과 담의 넓고 좁음도 보태거나 줄인 것이 없어도 방문과 문의 차면이 넓어졌고, 단청을 해서 장엄이 빛났다. 100여 년 동안 무너져 버려진 옛 절이 하루아침에 새로운 보찰寶刹로 변했다. 모년월일 대왕대비께서 부원군에게 명해 내수사와 함께 큰 법회를 베풀어 낙성하라고 명했다. 1473년 성종 4에 주지 처안이 두 번째 법회를 베풀고 낙성했다.[82]

김수온은 중창기 중 법회가 베풀어진 해와 월을 '모년월일'로 처리하고 있다.[83] 공사 중간에 베풀어진 법회는 1472년성종 3 6월에 열린 것으로 보인다.

사간원이 중심이 되어 세조의 서자인 덕원군 이서·창원군 이성 등 3,000여 명이 불사에 참여한 일을 가지고 죄를 물으라며 성종과 줄다리기를 했다.[84]

5. 정각을 이루고 복록을 누리라   정현조가 말하기를, "비록 주상의 명이 아니더라도 대왕대비의 큰 공덕이 있으므로 다행히 그 일을 붓으로 적어 후세에 보이라."고 했다. 생각하건대 부처가 천축에서 일어나 무상한 도를 설하고 사람과 하늘을 열어 깨닫게 했다. 한나라 명제明帝 때 이르러 불교가 비로소 동방에 미쳐서 천하에 전파되었다. 예로부터 성제聖帝 명왕明王이 일찍이 열어서 일으켰으나 우리나라 성인의 지치至治 또한 일찍이 받들어 귀의했다. 세간을 떠나는 큰 가르침이다. "오계십선五戒十善이 가히 왕의 덕화를 음으로 도와 임금을 축수하게 하고 나라를 복되게 한다."는 말이 있다. 인간의 큰 윤기를 붙들어 세우지 않겠는가.

오직 대왕대비께서는 하늘이 낳으신 성덕으로 천 백년에 으뜸이다. 세조를 도와 능히 대란을 평정해 국가를 태산같이 편안하게 하고 생민을 편안한 자리에 있게 했다. 크고 위대한 뜻은 동방에서 유례를 찾아볼 수 없는 성후聖后이다. 지금 주상께서는 춘추가 정정하고 성덕이 날로 새로워 금지옥엽 같은 자손이 더욱 무성하고 번창해졌다. 대왕대비의 축원하는 정성은 성력聖曆이 긴 것은 반드시 천지에 한계가 없는 것과 같고자 하고, 본손과 지손의 경사는 반드시 종사가 더욱 번성한 것과 같게 했다. 하늘의 백록을 만년에 받으려는 생각이 어찌 잠깐이라도 없어지겠는가. 회암사는 우리나라에서 불법이 모인 곳이라 생각하고 중수했다. 삼보를 크게 선양해서 부처를 존숭하고 국가의 복록을 북돋아 기르는 것은 이를 밖으로 해서는 안 된다는 것이 대왕대비의 뜻이었다. 세조가 극락세계에 다시 태어나 부처를 뵙고 법언을 들으며, 조종의 모든 선왕께서도 함께 정각을 이루어 법계의 함령과 더불어 끝없는 복록을 누리게 하려는 것이 대왕대비의 뜻이었다. 대보살의 네 가지 무량한 소원이 이와 같으니, 아 성대하도다.[85]

혜각존자·학열에게 역마驛馬를 주다

혜각존자는 학열과 함께 봉선사·정인사·보은사·회암사 등의 불사를 총괄한 뒤 1473년성종 4 4월 15일 복천사로 하산했다. 성종이 병조에 명해 말을 내려주었다.

4월 19일 사간원 사간 박숭질 등이 짧은 상소를 통해 혜각존자에게 말을 내린 것은 밝은 정치에 누가 되는 일이라며 반대하고 나섰다.
- 역참의 설치는 본래 사명使命을 상달하고 군정을 보고하기 위한 것입니다. 신미와 학열이 명목도 없이 역마를 타고 다니니 매우 옳지 못합니다. 내린 명령을 거두소서.
성종이 말했다.
- 선왕께서 정성으로 모시던 승려다. 역마를 내린 것은 해로울 까닭이 없다. 다시 말하지 말라.86

간경도감을 혁파한 뒤 유신의 관심은 비구니와 부녀자가 절에 올라가는 것과 부녀의 출가금지 등으로 옮겨가고 있었다. 세조 때 들불처럼 타올랐던 흥불興佛 정책에 대한 노골적인 반감이었다.
7월 들어 사간원 대사간 정괄 등이 여승과 부녀자의 상사上寺 문제를 들고 나왔다.

> 『경국대전』에는 부녀자가 절에 올라가는 것을 금하고 있습니다. 근일에 정업원의 여승[尼僧]이 죽은 중[亡師]을 위하여 재를 설치하고, 사족의 부녀와 무리지어 정인사와 성불암에 가서 유숙하고 있습니다. 법을 어기고 절에 올라가는 것도 불가한데, 하물며 절에서 경숙經宿 : 밤을 지냄하는 일이겠습니까. 풍속을 상하게 하고 퇴폐함이 이보다 심할 수 없습니다. 추국하게 하소서.87

조그마한 빈틈도 놓치지 않고 추궁했다. 사헌부의 그물에 정인사 주지 설준이 걸려들었다. 7월 16일 사헌부 대사헌 서거정 등이 차자箚子 : 간단한 서식의 상소문를 올려 성종을 압박했다.

서거정 등이 상소했다.
- 세조 때부터 부녀가 절에 올라가는 것을 관용했기 때문에 기강이 크게 무너지고 법령이 엄하지 못할 뿐만 아니라, 사족부녀의 상사를 금하지 않음으로써 승속 남녀가 뒤섞여 구별없이 습속習俗의 수치스러움을 깨닫지 못하고 있습니다. 더구나 여승은 과부로서 금방禁方할 길이 없어 마음대

로 행동하고, 절을 집삼아 음란 방종하여 더러운 소문이 잇달아 들리니 나라가 망할 정도입니다.[…] 부녀자를 맞아 머물게 한 정인사 주지 설준과 여승을 추국하여 죄를 물으소서.
성종이 말했다.
- 『경국대전』에는 부녀자가 절에 올라가는 것만 금했고, 여승은 금한 것이 없다.

이틀 뒤 서거정은 부녀자의 절에 올라가는 문제를 계속 물고 늘어졌다.

서거정 등이 상소했다. 성종이 원상에게 의논하라고 했다. 영사 정창손이 말했다.
- 정인사는 선왕의 능침으로 청재淸齋하는 곳입니다. 주지 설준이 사족士族의 부녀자를 불러 모아서 거리낌 없이 음란한 행동을 했습니다. 그 죄가 매우 무겁습니다.[…] 사헌부에서 아뢴 바대로 엄하게 징치懲治하여 뒷사람에게 귀감이 되게 하고, 설준을 추핵하여 논죄하소서.
성종이 말했다.
- 법을 세우지도 않고 죄를 주는 것은 편치 않다. 『경국대전』에 여승이 절에 올라가는 것을 금하라고 기록하라.[88]

성종은 신행信行에 대한 관용과 해이한 법령 때문에 부녀자가 절에 올라가는 것이라고 지적했다. 여승에 대해 죄를 물을 수 없자 불길은 설준에게로 옮겨갔다.

서거정 등이 또 차자를 올렸다.
- 정인사는 두 임금의 능침이 있는 곳으로 다른 사사寺社에 비할 바가 아닙니다. 설준같이 심행心行이 없는 자가 하루라도 거처할 수 있는 곳이 아닙니다.[…] 『경국대전』에 의거, 고신 3등을 빼앗고 정인사의 주지 노릇을 하지 말게 하소서.
성종이 말했다.
- 설준이 교종판사가 된 것은 세조께서 낙점하신 일이다. 그런데도 "요행에 인연했다."는 것은 무슨 말인가. 또한 더러운 소문이 조정에 가득하다는 것, 간통하는 곳에서 체포하지 않았다는 것은 어디에서 들은 소문인가. 사헌부에서 엄하게 다스릴 권한이 있다. 어찌해서 체포, 핵문하지 않았는

가. 설준의 머리를 잘라서 저잣거리에 매달라고 했다. 비록 간통을 범하더라도 이 지경에 이르겠는가.
장령 김자정이 아뢰었다.
- 만약 설준이 산림에 물러가서 거처했다면 세조께서 어찌 알고서 판사의 직임을 주었겠습니까. […] 그 머리를 잘라서 저잣거리에 매달라는 말은 비단 신만이 분개하는 것이 아닙니다. 모두 죽이더라도 남을 죄가 있다고 하기 때문에 그렇게 말한 것입니다.
- 선왕 때의 일을 가리켜서 배척하고 논청하므로 죄를 주고자 했다. 그러나 언관이기 때문에 논하지 않았다. 사헌부에서 내가 알지 못하는 일을 가지고 일일이 와서 아뢰니, 원상과 의논하라.[89]

사간원의 정괄, 사헌부의 서거정은 목을 잘라 저잣거리에 달아도 남을 설준의 죄를 장 80대만으로 벌하는 것은 미약하다며 직첩을 뺏고, 정인사 주지직을 없애라고 몰아붙였다. 그러나 성종은 들어주지 않았다.
신료의 탄핵은 세조 때 흥불 정책에 협력했던 혜각존자와 학열·학조 등에 대한 반감과 세력을 제거하려는 것이 주된 목적이었다.[90]
8월 4일 성종은 서거정의 상소에 대한 답을 내려 사족의 부녀자가 여승이 되는 것을 일체 금단禁斷하라고 전지했다.

> 항차 여승이 되는 데는 금지하는 법이 없기 때문에 사족의 부녀가 삭발하여 출가하는 자가 매우 많습니다. 그 실상을 캐어보면 성심으로 부처에 귀의한 자는 한두 명도 없고, 실행失行하여 여승이 된 자가 있고, 남편이 죽은 후에 명복을 빈다는 것을 핑계로 절로 돌아다니며 제멋대로 음탕한 짓을 펴기 위해 여승이 된 자도 있습니다. 앞으로는 사족의 부녀로서 여승이 된 자는 한결같이 금단禁斷하소서.[91]

사간원, 혜각존자를 물고 늘어지다

사간원에서 대사간 정괄을 중심으로 6개월 동안 은밀하게 불교계 안팎을 훑었다. 성종이 혜각존자와 학열에게 역마를 내린 것이 발단이었다. 유학의 도리에 벗어난 일이면 때와 장소를 가리지 않고 그물을 쳤고, 상소를 통해 낚아 올렸다. 아직도 다 없어지지 않은 여덟 가지의 폐해를 조목별로 아뢰었다.

○ 근래에 연달아 흉년이 들어서 국용이 넉넉하지 못해 급하지 않은 비용은 거의 다 줄었는데, 원각사·내불당·복세암에 공급하는 수용은 아직 있습니다.
○ 군사는 본래 왕실을 호위하는 것인데, 경중의 모든 절에서 정병正兵으로써 문을 파수해 궁궐과 비슷합니다.
○ 강원도는 땅이 메마르고 백성이 가난해서 조세의 수입이 매우 적습니다. 여러 고을의 군수곡軍需穀이 100석에 차지 못해 진실로 우려될 만한데, 조세로 거둔 쌀을 금강산의 여러 절에 운반해서 이름을 '세헌歲獻'이라고 합니다. 백성의 고혈을 쓸데없는 중에게 버리고 있습니다.
○ 경외의 사찰이 너무 많아서 있던 것을 더러 없앴는데 근래에 절과 탑을 수리하거나 창건하는 일이 계속 이어져 백성을 괴롭히고 재물을 손상시키고 있습니다.
○ 역기驛騎는 사명使命을 통하고 변보邊報를 전달하기 위한 것인데 승도의 왕래에도 역마를 타는 것을 허락, 역로를 번거롭게 하고 있습니다.
○ 청정과욕은 불교의 근본 도인데 큰 절의 세력있는 중이 미곡을 식리殖利로 늘려서 세력을 이용하고 기세를 부리는 등 평민을 침탈하고 있습니다.
○ 근래에 군에서 도망하고 부역을 피해 머리를 깎고 중이 된 자가 몇 천 명, 몇 만명이 되는지 알 수 없습니다. 군액과 농민이 이로 인해 감소하고 앉아서 먹는 자가 많습니다.
○ 중의 아우나 조카로 용렬하고 못난 무리가 요행을 인연해 중외에 널리 퍼져서 수령으로는 반드시 큰 고을이나 부유한 고을을 점령하고 경관京官으로는 육조의 청관淸官이나 요직을 얻어 이르는 곳마다 모두 직무를 게을리하고, 백성을 괴롭히고 있습니다.
무릇 이 여덟 가지 일은 모두 나라의 큰 폐단입니다. 이제부터 중에게 공급하는 비용을 없애고, 사찰의 파수군사와 세헌의 쌀을 없애고, 승족僧族의 벼슬을 파하고, 사찰을 창건하지 말고, 역마타는 것을 허락하지 말고, 중의 식화를 막고 모두 나라에 귀속시켜 군수에 보충하고, 40세 이하로서 도첩이 없는 중은 다 환속시켜 군액을 채우도록 하소서.

성종이 사간원에 물었다.

― 부가 재상과 같고, 남의 제방을 빼앗고, 여염에 드나들고, 음탕하고 방자한 자는 누구인가. 남의 아내와 첩을 빼앗고, 물고기와 소금을 파는 자는 누구이며, 서울 안 여러 절 가운데 문을 파수하는 것은 어느 절이고, 역마를 타는 자는 누구며, 아우나 조카가 관직에 벌여 있다는 자는 누구인가. 그것을 말하라.

정언 이계통이 아뢰었다.

― 문을 파수하는 절은 원각사와 내불당, 역마를 타고 다니는 자는 신미와 학열, 중외에 벌여 있다는 것은 김수경·김수화·김민·김영추의 무리입니다.

성종이 말했다.

― 절의 파수는 선왕조 때부터 이미 그러했다. 지금 시작된 것이 아니다. 맡겨서 부릴 일이 있으면 비록 승도라도 역마를 탈 수 있다. 아우나 조카가 어질다면 어찌 중의 친족이라고 쓰지 않을 것이냐.

이계통이 아뢰었다.

― 학열이 지난 날 강릉의 제방을 점령해서 고을 백성의 소송을 일으켰으므로 남의 제방을 빼앗은 것입니다. 신미·학열·정심·설준의 무리가 거만의 재물을 축적했습니다. 여러 큰 절의 세력을 가진 중의 부유함이 재상에 버금갑니다. 음탕하고, 물고기와 소금을 판매하는 중은 예전에 많이 있었는데 지금 낱낱이 예를 들기가 어렵습니다.

― 제방은 세조께서 하사했다. 학열이 점령한 것은 아니다.[92]

11월 6일 영중추부사 김수온이 사직을 청했다. 성종이 말했다.

― 경이 늙은 것을 측은하게 여겨 특별히 영중추에 제수했다. 사양하지 말라.

사관은 잊지 않고 논평을 달아 두었다

> 김수온은 문장이 웅건해서 한때의 거벽이었다. 그러나 천성이 오활해서 재물을 모으려고 했으나 마침내 얻은 바가 없어서 집안이 텅 비도록 가난

했다. 부처를 몹시 받들었다. 일찍이 절에 올라가 단식하며 열흘 동안 좌선했다. 기운이 탈진해 끝내 감당하지 못하고 수레에 실려 돌아왔다. 사림士林이 비웃었다.[93]

훈민정음 협찬 학자, 최항 별세

1474년성종 5 4월 28일 좌의정 최항이 관복을 갖추어 입고 관아에 나가려다가 갑작스러운 발병으로 쓰러졌다. 성종이 내의를 파견, 치료했으나 효험을 보지 못하고 별세했다. 향년 66세였다.

> 최항의 자는 정부貞父, 삭녕인으로 증 영의정 최사유의 아들이다. 어려서부터 총명하고 글읽기를 좋아했다.[…] 사람됨은 겸손하고 조심성 있고 말이 적었다. 비록 한더위라도 의관을 정제하고 단정하게 앉아 온종일 게으른 표정이 없었다. 학문을 좋아하고 기억력이 좋았다. 문장으로는 대우對偶에 능하여 한때의 표문과 전문은 모두 그의 손에서 나왔다. 중국 조정에서까지도 정절精切하다는 평을 들었다. 세조·예종의『실록』과『무정보감武定寶鑑』·『경국대전』은 모두 그가 찬정했다. 호는 태허정太虛亭, 유집遺集이 세상에 전한다. 시호諡號는 '문정文靖'. 도덕이 높고 박학다문한 것이 문文, 몸가짐을 공손히 하고 말이 적은 것이 정靖이다.[94]

최항에게 문장을 배웠던 서거정이「최문정공崔文靖公 비명碑銘 병서」를 찬했다. 훈민정음 창제의 협찬을 첫 번째 공으로 꼽았다.

> 세종이 처음으로 언문諺文을 창제했다. 신이神異한 생각과 밝은 지혜는 그 어느 왕보다도 뛰어났다. 집현전의 모든 선비들이 말을 모아[合辭] 불가함을 아뢰고, 심지어 상소를 올려 극단적인 논쟁을 하는 자까지 있었다. 세종이 공과 문충공 신숙주 등에게 명하여 그 일을 담당하게 했다.『훈민정음』·『동국정운』등의 책을 만들게 했다. 우리 동방의 어음語音이 비로소 바로 잡혔다. 규모와 조치는 모두 세종의 뜻에 따랐으나, 최항의 협찬 또한 많았다.[95]

최항은 언제나 삼가고 겸손했다. 평생을 관직에 있으면서 한 번도 외직에 나가지 않았다.

나랏일을 받들 때는 정도를 지켰다. 나라 근심하기를 집안 근심하듯 했다. 두 번 조정에 들어가 재상이 되었다. 정무를 너그럽고 대범하게 처리했고, 고치고 확장하는 것을 즐기지 않았다. 신료와 말을 나눌 때는 항상 먼저 겸손했고, 자신을 드러내 자랑하지 않았다. 또한 고고함을 세워 스스로를 특별하게 하지도 않았다. 조정에서 논의할 때나 큰일을 맞아 결정할 때도 확고부동하여 범할 수 없었다.

집안에서의 생활이 청렴결백하여 뇌물이나 청탁이 이르지 않았다. 유흥이나 여색을 가까이 하지 않고, 재산 불리는 일을 일삼지 않아 담박했다. 일을 만나면 항상 깊이 생각한 뒤 처리했다. 조정에 오른 40년 동안 한 번도 공적인 탄핵을 입지 않았다. 과거에 오른 때부터 태보台輔에 이르는 동안 항상 관각館閣 : 홍문관과 예문관의 직책을 겸하여 한번도 외지外地에 기거한 적이 없었다.[96]

서거정은 『필원잡기』에서 최항의 문장을 이렇게 평가했다.

> 최항은 성품이 겸손하고 단정하고 간결해 겉치레를 않고, 평생토록 남과 말할 적에는 먼저 양보함을 보이고 스스로 드러내지 않았으며, 별다른 이론異論을 세우지 않았다. 글을 지을 때는 옛 사람의 규범을 따르지 않고 자기의 솜씨대로 했다. 분방하고 웅호부섬雄豪富贍해 장강대하長江大河와 같이 물결이 뛰고 넘치고 솟구치고 휘돌아 치는 듯 형세가 멈추지 않았다. 더욱이 변려문騈儷文에 공교工巧했다. 조정의 사대표전事大表牋 : 중국에 보내는 글이 다 그의 손에서 나왔다. 중국 사람이 매양 우리나라 표사表辭가 정밀·적절하다고 칭찬한 글은 모두 공이 지은 것이다. 평상시에는 추운 겨울이나 더운 여름이라도 의관을 정제하고 종일토록 앉아서 게으른 모양을 짓지 않았고, 빠른 말이나 급한 표정을 하지 않았다. 천성이 그러했다.[97]

최항은 40년 동안 한 차례도 탄핵을 받지 않았다. 그러나 사관은 졸기卒記에 '정승이 된 뒤에도 관례를 무시하고 대제학을 겸한 일' 등 인사공격에 가까울 정도로 그의 결점을 열거했다.

> 최항은 의정에 제수되었을 때 그대로 받으며 사양하지 않았다. 당시의 여론이 그 점을 비난했다. 아내는 서씨(서거정의 누이)로 성질이 사나웠다.

집안일은 모두 서씨가 하자는 대로 했고, 마음대로 할 수 없었다. 4명의 딸을 두었다. 사위는 부자만 골라서 택하고, 인품은 논하지 않았다. 대다수가 어리석었다. 일찍이 "우리 집은 활인원活人院이다."고 탄식했다. 병신만 모였다는 뜻이었다. 아들은 최영린과 최영호를 두었다. 최영린은 과거에 급제, 형조참의가 되었다. 그런데 성품이 잔악, 혹독해서 비록 처의 노비라도 형편없이 학대했다.[98]

혜각존자, 평해군 백암산에 머물다

1474년성종 5 혜각존자가 복천사에서 강원도 평해군지금의 경북 울진군 백암산白巖山으로 들어갔다. 군의 서쪽 18리 떨어진 소태곡촌의 백암온천 옆에 집을 짓고 목욕하러 오고 가는 이에게 구휼미를 나누어주며 회향했다. 산등성이 높은 언덕에서 솟아나오는 샘물은 알맞게 따뜻하고, 맑고 깨끗했다.[99]

1475년성종 6 5월 10일 척불과 배불의 앞머리에 섰던 사간원 대사간 정괄이 다시 나섰다. 조목조목 불교의 개혁을 요구하는 내용을 가려 뽑아 상소했다.

> 사찰의 공역이 없는 해가 없어 올해는 봉선사 신창, 이듬해는 정인사의 중창, 신륵사의 수리가 겨우 끝나자마자 회암사의 중창이 이어지고 있습니다. 그 낭비가 자칫하면 만금을 헤아리고, 운반하는 수레가 줄을 잇게 됩니다. 복을 바란다면 전하께서 안될 일인 줄 환히 아는 것이며, 무너질까 염려된다면 중이 스스로 수리할 것이지 국가에서 할 일이 아닙니다. 노는 무리를 부리는데 백성에게 무슨 해를 끼치며, 내수사의 재물을 쓰는데 나라에 무슨 손실이 있느냐고 할지 모르겠으나 이것은 하늘에서 떨어지고 땅에서 솟아나는 것이 아니고 모두가 백성에게서 나오는 것인데 쓸모없는 곳에 써도 되겠습니까.[…] 내불당·원각사·복세암의 중은 앉아서 공름을 소비하고, 선종·교종의 중은 조세를 받아먹고, 그 밖의 큰 절에도 각각 밭이 있습니다. 나라를 좀먹고 백성을 해롭게 하는 것이 심합니다.[…] 40세 이하의 중을 찾아내어 다 원적으로 돌려보내고, 세 절의 공름과 모든 절의 밭을 폐지해 경비에 보태소서. 자연히 농민은 많아지고, 놀고먹는 자는 적어지고, 나라의 저축이 넉넉해지고 군액이 충실해질 것입니다.

5월 12일 예문관 봉교 안팽명 등이 혜각존자와 학열을 '불문의 죄인'이라고 물고 늘어졌다.

> 부처가 깨끗하고 욕심이 없는 것을 가르침으로 삼았다면 그 무리는 반드시 몸이 마르고 산중에 숨어 살아야 불교를 잘 배우는 자라고 할 것입니다. 신미는 '존자尊者'라고도 하고, 학열은 '입선入禪'이라고 부르는 중의 영수가 되는 자입니다. 재화를 불리기에 마음을 쓰고, 털끝만한 이익이라도 헤아리고, 높은 창고에 크게 쌓아 놓은 것이 주군에 두루 찼으니 그 밖의 것은 알만합니다. 국은을 저버렸고, 불문佛門의 죄인입니다. 중의 장리長利를 금지해야 합니다. 만약 "중이 장리에 의지해서 수륙재의 경비를 만드니 없앨 수 없다."고 한다면 국가에서 간사한 중이 원망을 사는 물건에 힘입어 선왕·선후의 명복을 빌게 되는 꼴입니다.[100]

5월 27일 성종이 경연에 참석했다. 강독하던 중에 "진나라에서 구마라즙을 국사國師로 삼았다."는 대목에서 동지사 이승소가 아뢰었다.
- 불교는 한나라 명제明帝 때부터 중국에 들어왔으나 그 글은 24장뿐이었는데, 이때에 와서 구마라즙이 번역하고 부연敷演해 편질篇帙이 비로소 많아졌습니다. 노자·장자를 조술祖述 : 스승의 도를 본받아 서술해 밝힘해 몸을 버리고 윤리를 떠난 것인데, 그 뒤로 천하에 두루 차서 현혹된 자가 많았습니다. 초나라 왕이 가장 먼저 좋아했는데 마침내 큰 화를 겪었고, 양나라 무제가 돈독하게 숭봉했는데 유폐되어 죽었습니다. 불교가 아직 중국에 들어오지 않았을 때인 당우·삼대는 치화가 더욱 융성했습니다. 이것을 보면 불교가 나라를 다스리는 데 해롭다는 것을 알 수 있습니다.
영의정 신숙주가 말했다.
- 불교는 마음을 다스리고 욕심을 막는 데 쓸 만하나 한갓 적멸만을 숭상하고 세상의 일을 돌아보지 않습니다. 이것은 필부의 일이지 제왕이 존숭할만한 것이 아닙니다.[…] 세조께서 불교를 존숭했으나 늘 "내가 불교를 믿으나 재물을 손상하고 백성을 해롭게 하기를 바라지 않는다. 뒤의 임금도 나를 본받아서는 안 된다."고 말씀했습니다.

성종이 신숙주에게 물었다.
- 세조께서 불교를 숭봉해 원각사를 창건할 때 아랫사람이 다 그르다고 했는가.
신숙주가 대답했다.
- 그때 혁파해야 한다고 말한 자가 있었으나 세조께서 듣지 않으셨고, 그 뒤에는 성상의 뜻이 이미 결정된 것을 알았으므로 감히 아뢰는 자가 없었습니다. 세종께서 말년에 점점 더 불교를 믿어 내불당을 지었습니다. 유사에서 모두 상소를 통해 멈추기를 아뢰었고, 신도 집현전에 있으며 참여했습니다.
우의정 김질이 아뢰었다.
- 신역을 꺼리는 백성과 군사가 다 중의 옷을 입고 도피하므로 세조께서 도승의 법을 엄하게 세우고 늘 "내가 부처를 참으로 좋아해 불교의 도를 죄다 행한다고 생각하느냐."고 말씀했습니다.
헌납 윤현손이 아뢰었다.
- 우리나라는 토지가 넓지 않고 백성도 적은데 중이 된 자가 반이나 됩니다. 청컨대 억제해 늘어나지 못하게 하소서.
성종이 말했다.
- 도승의 법은 법전에 뚜렷하다. 봉행하고 규찰하기에 달렸다. 선비도 불경을 아는가.
이승소가 아뢰었다.
- 세조께서 불경을 내리고 신에게 명해 읽게 했는데, 깊은 뜻은 알기 어려웠습니다. 그러나 이치에 매우 가까우므로 성품과 식견이 고명한 사람도 빠지기 쉽습니다.
- 불경에 여승은 있는가.
신숙주가 대답했다.
- 비구니가 곧 여승입니다.
- 비구니가 머무는 절을 허는 일은 대비께 여쭈었다. 갑자기 헐면 저들

이 갈 곳이 없을 터이니 기한을 정해 헐게 하겠다.

신숙주가 말했다.

- 매우 좋습니다. 모든 일은 점차로 해야 하고 갑자기 고쳐서는 안 됩니다. 없애려면 세월을 두어야 합니다.

이승소가 아뢰었다.

- 우리나라의 중은 한 사람도 선심善心을 발해 부처를 배우지 않고 거의 다 부역을 도피하고 더러운 짓을 하는 무리이니 도승의 법을 엄하게 해야 합니다.[101]

글로써 충성한 신숙주, 세조 곁으로 가다

※ 화보8

1475년 성종 6 6월 21일 훈민정음의 대표 협찬자이고, 세조의 위징이었던 영의정 신숙주가 59세를 일기로 별세했다. 부음을 듣고 성종이 몹시 슬퍼하며 좌우에게 이르기를, "내가 깊이 의지하던 대신이 근래에 많이 죽었다. 이제 영의정이 또 죽었으니 내가 매우 애처롭게 여긴다."고 했다. 신숙주는 촉망받는 소장 학자로서 세종을 보필하여 『훈민정음』해례본과 『홍무정훈역훈』의 편찬의 중심인물로 참여했고, 세조·예종·성종 초에 이르는 기간 동안 여러 분야에 걸쳐 해박한 식견을 가진 학자, 정치가로서의 족적을 남겼다.

> 신숙주의 자字는 범옹泛翁. 고령현高靈縣 사람이다. 공조 우참판 증영의정 신장의 아들이다. 어려서부터 기량氣量이 보통 아이들과 달라서 글을 읽을 때 한 번만 보면 문득 기억했다.[…] 신숙주는 천자天資가 고매高邁 관후寬厚하고 활달했다. 경사經史에 두루 미치고 의논에 항상 대체를 지녀서 까다롭거나 자질구레하지 않았다. 대의를 결단함에 있어 강하江河를 터놓은 것과 같이 막힘이 없었다. 조야朝野가 의지하고 중히 여겼다. 오랫동안 예조를 관장, 사대교린을 자신의 소임으로 삼아 사명詞命이 그의 손에서 많이 나왔다. 정음正音을 알고 한어漢語에 능통, 『홍무정훈』을 번역했다. 한음漢音을 배우는 자가 많이 이에 힘입었다.
> 일본의 산천·관제官制·풍속·족계族系에 대해 두루 알지 못하는 것이 없었

다. 『해동제국기』를 지어 세종께 올렸다.[102]

신숙주는 성삼문과 함께 훈민정음의 창제 이후 황찬과 예겸에게 운서韻書를 질정하는 등 배움을 멈추지 않았다. 『훈민정음』 해례본과 『동국정운』 등의 편찬에 참여했으므로 한어中國語에 대한 상당한 지식을 가지고 있었음은 분명하다. 그러나 중국어에 능통했다는 「졸기」와 「행장」의 사실은 재고의 여지가 있다. 황찬 등을 만나러 요동으로 갈 때 통사인 손수산과 함께 간 사실에 비추어 과장된 면이 있다.

세종께서 일찍이 말씀하기를, "신숙주는 큰일을 맡길 만한 사람이다."고 했다. 비록 한어漢語는 모르지만 음훈音訓에 정통, 예겸·사마순[명나라 사신]과 더불어 종유從遊한 바 있다. 이제 중국으로 보내어 예겸 등을 만나 사변事變의 전말도 묻게 하고, 서적도 구해오게 할 생각이다.[103]

신숙주는 세조와 같은 길을 걸었지만, 생각은 다른 곳에 있었다. 세조가 간경도감을 설치하고 훈민정음으로 『능엄경언해』 등의 경전을 간행할 때 단 한 번도 도제조의 직책을 맡은 적이 없었고, 언해에 참여하지 않았다. 정인지처럼 드러내 놓고 반대하지 않았지만, 기껍게 따른 것도 아니었다. 80세의 정인지가 만장輓章을 썼다.

검소하게 장례를 치르고, 불교 의식을 쓰지 말고, 서적을 함께 묻으라고 유언했다. 시호는 '문충文忠'. 도덕을 지키고 문장에 박학한 것이 문文, 자신이 위태로우면서도 임금을 받드는 것이 충忠이다. 문장은 모두 가슴 속에서 우러나왔고, 각삭刻削을 일삼지 않았다. 스스로 호를 보한재保閑齋라 했다. 문집이 세상에 인행되었다. 증 영의정 부사 윤경연의 딸과 혼인, 여덟 아들을 낳았다.

누구를 위한 충인가. 역사의 수레바퀴는 돌고 돈다. 단종을 위하여 목숨을 내던진 박팽년의 시호는 '충정忠正', 성삼문의 시호는 '충문忠文'이었다. 신숙주의 시호에 쓰인 똑같은 글자를 순서만 바꿔 놓았다.

신숙주와 성삼문은 중국어 학습서인 『직해동자습』을 언해했다. 이 책은 남아있지 않지만 성삼문의 『동자습서童子習序』가 동문선에 실려 있어 그 내용을 알 수 있다.

한편 신숙주는 성종 초기에 영중추 이변과 함께 편찬한 중국어 역학서인 『훈세평화訓世評話』를 찬집했다.[104]

> 주강晝講에서 시독관 이창신이 아뢰었다.
> - 두목頭目 대경戴敬이 『노걸대老乞大』와 『박통사朴通事』를 보고 "이것은 원나라 때의 말이므로, 지금의 중국말[華語]과 매우 달라서 이해하지 못할 데가 많이 있다."고 말하고, 즉시 지금의 말로 두어 구절을 고치니 모두 해독할 수 있었습니다. 청컨대 한어에 능한 자를 뽑아 고치게 하소서. 그리고 전에 영중추 이변과 고령부원군 신숙주가 중국말로 책 하나를 지어 이름을 『훈세평화』라고 했습니다. 그 원본이 승문원에 있습니다.
> - 그 책을 속히 간행하라. 또한 한어에 능한 자를 선발. 『노걸대』와 『박통사』의 구절을 고쳐 바로잡으라.[105]

성종의 어머니 소혜왕후, 『내훈內訓』 편찬

1475년성종 6 겨울, 성종의 어머니 소혜왕후 한씨인수대비가 효성으로 봉양하는 여가에 부녀자의 무식함을 걱정, 『소학小學』·『열녀전烈女傳』·『여교女敎』·『명감明鑑』의 네 책에서 절실하고 중요한 대목을 가려 뽑아 7장으로 나누어 책명을 『내훈內訓』3권 3책이라 정한 뒤 훈민정음으로 번역, 편찬했다. 언해문은 품위 있고 자연스러운 문장이었고, 이따금 주석을 달아 이해를 도왔다. 『능엄경언해』를 편찬할 때 참여했던 상의尙儀 조두대가 발문을 썼다.

> 사서四書 가운데 긴요한 말을 추려 『내훈』 7장을 지었다. 한 몸을 다스리는 요점이 모두 여기에 실려 있다. 어찌 소홀히 할 것인가.[106]

권1에는 언행·효친·혼례, 권2에는 부부夫婦, 권3에는 모의母儀·돈목敦睦·염검廉儉 등 전체를 7장으로 나누어서 실었다.[107]

인수대비는 세조의 잠저 때부터 밤낮으로 정성껏 시부모를 섬겼고, 빈嬪으로 책봉된 뒤에는 더욱 부도婦道를 삼갔다. 세조가 '효부'라는 도장을 만들어 내렸다. 대비는 천품이 엄정했다. 왕손을 기르되 조금이라도 과실이 있으면 덮어 주지 않고 곧 얼굴빛을 바로 하고 경계했다. 시부모는 농담으로 '폭빈暴嬪'이라 했다.[108]

대왕대비, 수렴청정을 거두다

1476년 성종 7 1월 13일 대왕대비 윤씨가 수렴청정을 거둔다는 내용의 언문 편지를 원상院相에게 전했다.

> 내가 본디 지식이 없는데도 여러 대신이 굳이 청하고 주상의 나이가 어린 이유로 마지못해 힘써 같이 정사를 청단聽斷했다. 지금은 주상께서 장성하고 학문도 성취되어 모든 정무를 재결, 그 적당함을 얻게 되었다.[109]

세조의 비인 대왕대비는 6년 동안 성종의 뒤에서 수렴청정하며 불교정책에 대한 압력과 횡포를 막아냈다. 원상제도는 1467년 세조 13 9월, 세조의 병이 깊어 명나라 사신을 접대할 때 신숙주·한명회·구치관 등으로 하여금 승정원에서 서무를 지휘하게 한 것으로부터 시작되었다.[110]

> 천둥과 번개가 치는 날이었다. 원상 정인지 등이 아뢰었다.
> - 세조께서 편치 않았을 때 한명회·구치관에게 명해 승정원에 앉아 지휘하게 하고 '원상院相'이라고 했습니다. 권도로 설치한 것입니다. 예종께서 재위한 지 오래지 않아 금상께서 유년으로 즉위하니 그대로 두고 없애지 않았습니다. 이제는 친히 만기를 결단하고 있습니다. 신은 항상 사피辭避하고자 했으나 아침저녁으로 정무에 참여하기를 싫어한다고 할까 혐의스러웠습니다.[…] 경연·상참常參·조계朝啓에 모두 나아가 뵐 수가 있고, 마음먹은 것이 있으면 반드시 진달하고 있습니다. 또한 일이 있을 때 불러 대사를 의논하니 청컨대 원상을 혁파하소서.
> 성종이 전교했다.
> - 처분이 있을 것이다. 말하지 말라.[111]

5월 19일 성종이 원상 제도를 없앴다.[112] 어린 왕을 보필한다는 명분 아래 대왕대비의 뒤에서 고문에 응하며 실권을 장악해온 원로대신에 대한 견제였다.

중국 사신 기순이 귀국하는 길에 요동에서 「한강루기」와 「공자의 사당을 알현한 시」의 서문을 보냈다. 『황화집』에 실으라는 뜻이었다. 서거정이 성종께 아뢰었다.

- 두 중국 사신을 송행한 서문은 김수온과 이승소가 지었습니다. 지금 『황화집』의 서문과 발문을 다시 두 사람이 지으면 중국 조정에서 우리나라에는 오직 두 사람만 있을 뿐이라고 할 것입니다. 청컨대 신과 강희맹·홍응·이석형·성임 등이 짓게 하소서.

성종이 말했다.

- 그렇게 하라.[113]

홍문관과 사가독서제 부활

성종이 홍문관을 다시 설치하고, 사가독서제를 부활시켜 젊고 총민한 유신이 독서에만 전념할 수 있도록 했다. 이조정랑 채수, 성균관 직강 권건, 급제한 조위, 승문원 정자 양희지 등이 선발되었다.[114]

> 세종이 집현전 유신 신숙주 등 여러 명을 뽑아 휴가를 주어 진관사에서 독서하게 했다. 그 후에는 홍응, 서거정 등 여러 명을 장의사에서 독서하게 했다. 세조가 집현전을 혁파하고 유신으로 유명한 자를 뽑아 겸예문이라 했다. 맡은 일은 없이 궁궐에서 치도와 정사政事를 의논했다. 여기에 뽑힌 사람이 많았다. 성종이 다시 홍문관을 설치했다. 채수 등이 명을 받아 장의사에서 독서했다. 옛날 승사僧舍가 용산의 귀후서歸厚署 : 장례에 관한 사무를 보던 관아 뒤 언덕에 있었다. 세상에서 16나한의 영험이 있어 향화가 끊어지지 않았다. 상운尙雲이라는 승려가 그 절에 거처하며 장가를 들어 아들을 낳았다. 사헌부에서 국문한 뒤 환속시켰고, 불상은 흥천사로 옮겼다. 그 건물을 홍문관에 주어 돌아가며 독서하게 하고, 이름을 독서당讀書堂이라 했다.[115]

경연에서 강을 마친 뒤 서거정이 아뢰었다.

- 사가독서하는 문신이 빈 집에 모여서 공부하지만, 성 안의 여염에 있으므로 친구로서 찾아가는 자가 반드시 많을 것이고, 또 자주 집에 들르게 되면 마음이 전일專一해지지 못할 것입니다. 신이 세종조에 신숙주 등과 함께 사가독서의 명을 받은 적이 있습니다. 유생이 절에 올라가는 것을 금하는 법령이 있습니다. 이는 못된 아이들이 절의 벽을 더럽히고, 경책經冊을 도둑질하기 때문입니다. 지금은 유생의 예가 아니므로 이런 폐단은 없을 것입니다.[116]

성종이 도승지 정경조에게 일렀다.

- 홍문관 관원은 성인을 배운 사람이다. 절에 거처하게 하는 것은 옳지 않다. 일이 뜸하기를 기다려 별도의 건물을 짓도록 하라.[117]

보은사 주지 강탈한 학미

6월 5일 형조의 계목을 근거로 도승지 현석규가 주강晝講이 끝난 뒤 아뢰었다.

- 신미의 제자 축휘竺徽·학미學眉 등이 보은사를 교종에 속하게 하려고 스스로 주지를 점탈하고 상언한 죄는 축휘는 율이 수범首犯에 해당되어 장 80대, 학미는 종범從犯으로 장 70대이며 모두 환속시키는 죄에 해당됩니다.

성종이 말했다.

- 각각 2등을 감하라. 학미 등이 스스로 주지를 점탈했다고 말하지만 선왕과 선왕후를 위한 것이다. 환속시키지 말라.[118]

6월 26일 경연에서 지평 박숙달이 아뢰었다.

- 중은 청정하면서도 욕심이 적은 것을 도리로 삼아야 합니다. 근래에는 중의 무리가 재물을 늘리기 위해 민폐를 끼치니 신미·학열·학조·설준 등과 같은 자가 더욱 심합니다. 학열은 일찍이 강릉의 제방을 허물어 밭을 만들었는데 백성에게 큰 이익이었던 제방을 허물어 밭을 만들고, 근처의 민전民田을 빼앗아 합해서 벼 5, 60여 석을 수확하고 있습니다. 또 재물

과 곡식을 거두거나 빌려줄 때 백성을 심하게 괴롭히고 있습니다. 청컨대 제방을 다시 쌓고, 제자 중 가운데 40세 이하는 모두 환속시켜 한 변진邊鎭의 정예한 군졸로 충원하십시오.

성종이 정승에게 의견을 물었다. 정창손이 대답했다.

- 중은 굶주림을 면하는 것만으로 만족해야 합니다. 널리 논밭을 점유하고 재물을 늘리는 것은 도리가 아닙니다. 세조 때 이 제방을 상원사에 속하도록 허락했습니다. 학열 등이 근처의 민전을 아울러 거두니 20여 석을 수확할 수 있었습니다. 지난번에 빼앗긴 사람의 신소申訴로 인해 글을 보내 추국했으나 끝내 결정을 보지 못했습니다. 대간이 아뢴 대로 가납함이 마땅합니다.

윤자운이 아뢰었다.

- 신이 일찍이 강릉을 지나면서 그 제방을 직접 보지는 못했지만 자세한 이야기는 들었습니다. 그 땅은 척박해서 관개灌漑의 힘을 입어야 합니다. 만약 제방을 다시 쌓는다면 반드시 백성에게 이로울 것입니다.

성종이 말했다.

- 참으로 옳은 말이다. 그러나 선왕조의 일이므로 갑자기 고칠 수 없다. 정승이 선왕조를 대대로 섬겨오며 당시 그른 것을 알고서도 말하지 않았다가 이제야 말을 하고 있다. 이 또한 좋지 않다.

정창손이 아뢰었다.

- 그때 말을 하지 않은 것이 아닙니다. 또한 부는 원망의 대상이 되는 것으로 비록 중의 무리가 아니라도 반드시 어질지 못한 일이 되는데 더욱이 중의 무리이겠습니까.

박숙달이 아뢰었다.

- 중의 재산증식의 폐단을 금하시면 태종께는 광영이, 백성에게는 매우 다행한 일일 것입니다.

성종은 의견만 듣고, 끝내 답을 주지 않았다.[119]

김수온, 조정에 둘 수 없다

7월 19일 경연에서 『강목綱目』의 강을 마치고 사간 윤민이 아뢰었다.
- 김수온은 본래 간사합니다. 이제 남의 전지를 강탈했으니, 탐욕스럽고 방자한 행동이 비교할 데가 없습니다. 법으로 바로잡으소서.

성종이 말했다.
- 전지는 벌써 주인에게 돌려주었다. 다시 의논할 필요가 없다.
- 김수온은 일찍이 절에 올라가 머리를 깎고 중이 되려고 했으며 지금 또 그의 소행이 이와 같으니 마땅히 내쫓아야 하고, 하루라도 조정에 둘 수 없습니다.
- 지나간 일을 어찌 나무라는가. 또한 훈신을 경솔하게 내쫓을 수 없다.

대사헌 윤계겸 등이 상소를 통해 김수온을 논박했다.

> 신들이 삼가 살펴보건대 영중추부사 김수온은 성품이 본래부터 간탐해서 염치를 돌아보지 않고 오로지 가산을 불려왔습니다. 능침의 금경전禁耕田이 본디 4결인데 배가 되는 공전 8결을 받았고, 또 절수折受라고 칭탁해서 남의 제방과 전지를 약탈했습니다. 의금부에서 추문할 때는 거짓을 공초해 승복하지 않았고, 잘못을 저지르고도 허물이 없는 것처럼 속이는 등 간사하고 부끄러움이 없으니 무어라 말할 수 없습니다. 지금 만약 용서한다면 그의 간악함이 널리 퍼져서 틀림없이 다스리기 어려운 지경에 이를 것입니다. 죄를 분명히 바로잡아 외지로 귀양보내고, 간탐을 징계하소서.[120]

성종은 들어주지 않았다. 대사헌 윤계겸과 대사간 최한정이 나흘 동안 계속 김수온을 처벌하라고 아뢰었지만 요지부동이었다.

1477년 성종 8 1월 2일 고희를 한 해 앞 둔 영중추부사 김수온이 사직을 청했다.

> 신은 본래 기능이 없고 글귀를 조금 알 뿐입니다. 그릇되게 성상의 은혜를 입어 지위가 극품에 이르렀으니 어찌 평소부터 감히 이렇게까지 될 것을 바랐겠습니까. 영중추는 일을 맡아 다스리는 벼슬은 아니지만 국가에서 지위를 융숭하게 하고, 녹을 후하게 주어 어질고 덕이 있는 선비를 대

우하는 자리입니다. 이 벼슬에 있은 지 5년이 되니 부끄럽고, 두려워 어찌 할 바를 모르겠습니다. 또한 신은 올해 이미 69세입니다. 귀도 멀고 눈도 어두워서 구구한 기문記問의 학문이 모두 흐려졌으니 더욱 쓸 데가 없습니다. 신의 직사를 파해 영구히 벼슬을 그만두게 하소서.

성종이 답을 내렸다.
- 이미 영중추로 오래 있었다. 뒤에 벼슬을 바꿔 제수하겠다.[121]
2월 5일 김수온을 보국숭록대부 영산부원군으로 삼았다.[122]

인수대비, 봉선사에서 금자 사경 강행

3월 7일 인수대비가 성종에게 대간과 사헌부에서 선왕을 위해 진행하고 있던 금자 사경 불사를 극력 반대하고 나선데 대한 불만을 털어놓았다.

> 사경寫經이 주상을 해롭게 한 일이 되고 말았다. 내 생각으로는 옛날부터 불교가 모두 허탄하다 이르면서도 역대의 임금이 태워 없애지 못했다. 내 나이 열일곱에 동궁[德宗]을 모셨다. 4년 사이에 아침에는 양전兩殿을 모시고 저물어서야 궁에 돌아왔다. 일찍이 하루도 온전하게 우리 왕을 모시지 못했다. 때마침 왕이 편치 않아서 다른 곳으로 거처를 옮겼다. 시질侍疾하고 싶었으나 주상을 회임했으므로 각각 동서에 있었다. 이로부터 영원히 이별했다. 슬픔을 어이 다 말할 수 있으랴. 하늘과 땅도 반드시 그 심정을 알 것이다. 추천하여 명복을 비는 불사는 나만이 하는 것이 아니라 옛날부터 있었다. 위로는 선왕을 위하고 다음은 우리 왕을 위하는 일이다. 잠깐이라도 잊을 수 있겠는가. 또 세조께서 내가 슬피 우는 것을 차마 보지 못해서 매년 봄·가을로 능에 참배, 나의 하늘에 부르짖는 슬픔을 다하게 했다.[…]
> 지금은 내가 군모君母가 되었으므로 항상 조정의 의논을 두려워하여 한 가지 일도 내 뜻과 같이 해 본 적이 없다. 나는 사재私財로 경經을 만들고, 사곡私穀으로 사람을 먹여서 조금도 국가에 관계되지 않는데도 대간에서 논란하는 것이 이같이 심하다. 내가 할 바를 모르겠다. 또한 문종이 여막에 있으며 불경과 불상을 만들었으나 한 사람도 간쟁했다는 말을 듣지 못했다. 그때는 대신과 대간이 없어서 그런 것이겠는가. 만일 불도佛道가 허망하다고 하면 어찌 선왕과 선후를 위해서 수륙재를 베풀고, 국가를 위해

서 명산과 대천에 제사지내는가. 내 뜻이 이와 같은데 누가 논평하겠는가. 억지로 간한다면, 억지로 할 뜻 또한 전혀 없다.[123]

인수대비는 덕종의 추천을 위한 불사까지도 반대하고 나서는 유신의 꼴이 보고 싶지 않았다. 그러나 사경寫經은 왕실의 힘으로 관철시켰다.

김수온, 살아온 날의 비망록을 올리다

9월 5일 영산부원군 김수온이 전箋을 올려 걸해乞骸 : 늙은 재상이 벼슬을 내놓고 그만두기를 임금에게 청원를 청했다. 살아온 날의 비망록이었다.

즉위하시던 처음에 첫머리로 당저當宁의 권총眷寵을 입었습니다. 좌리의 공훈을 논하면 세종께서 복어服御하신 지 오래서부터 그 공을 책정하고, 대성에 죄를 청하면 우리 세조의 후대厚待가 융성함을 생각해 그 허물을 용서했습니다. 영중추는 서반의 극품이고, 부원군은 늙은이를 우대하는 높은 봉작입니다. 어찌 신의 몸이 감히 처할 것이겠습니까. 모두 성상의 특은으로 말미암은 것입니다. 따뜻하고 배부른 한 가족이 넉넉하게 해를 마칩니다. 비록 미분糜粉이 되더라도 임금의 은혜에 보답할 길이 없으니 눈물만 흘리어 한갓 하정下情을 감격시킬 뿐입니다.

신이 조종 이래 입은 덕택의 깊음을 두루 말하는 것은 다시 전하의 특별한 대우를 바람이 아닙니다. 작은 그릇은 차기 쉽고, 작은 분수는 넘치기 쉽습니다. 마땅한 재주가 없으면서도 신하가 은총을 입는 것은 천도天道는 겸손한 것을 좋아하니 어찌 복이 생기겠습니까. 나이 이미 칠순에 미쳤는데 나라에 일호의 도움이 없습니다. 어려서 배운 것은 문장인데 어찌 능히 말馬에 기대어 곧 이룰 수가 있겠습니까. 본래 이치吏治에 익숙하지 못하니 송사를 듣는 것이 남과 같지 못합니다. 여러 기러기가 모인다고 강호가 더 많아지는 것도 아니고, 쌍오리가 난다고 해서 주저洲渚가 더 작아지는 것도 아닙니다.

신의 진퇴는 나라에 관계되는 것이 아닙니다. 또한 신의 몸은 잠거簪裾에 체류해 있으나, 뜻은 임학林壑에 얽혀 있습니다. 두어 칸의 집과 두어 줄기 대나무로 소쇄蕭灑하게 산수 가운데서 그윽한 집을 짓고, 한 바퀴의 달과 한 떼의 바람으로 기쁘게 천지 사이에 벗삼으렵니다. 신의 상유桑楡의 별이 이미 늦어짐을 불쌍히 여기고, 신의 천석泉石의 맹세가 오래 식어짐을 민망히 여겨 특별히 유음을 내려 사직을 허락하소서. 신이 감히 산의 높은 것 같고 바다의 깊은 것 같이 항상 성수聖壽의 만세를 빌어 길이 늙지 않는 봄을 기약하지 않겠으며, 해가 뜨면 일하고 해가 지면 쉬어서 강구康衢에 격양擊壤하는 것을 본받아 길이 무위의 교화를 찬양하지 않겠습니까.

성종이 글을 읽고 대답했다.
- 신하가 사환仕宦하다가 노성하면 물러가 쉬며 바람과 달을 읊는 것은 진실로 아름다운 일이다. 그러나 경은 지금 물러가 쉴 수 없다.[124]

성종, 탄일 축수재를 없애다

1477년성종 8 11월 26일 종친인 주계부정 심원이 "국법의 종주로서 부처에 의지, 나이를 연장하는 일은 혹신의 단초가 된다."며 절에 가서 재를 베풀고 복을 비는 축수 탄신재의 혁파를 들고 나섰다.

성종이 심원에게 전지했다.
- 축수재는 아랫사람이 임금을 위하는 일이지, 내가 명한 것이 아니다. 더욱이 조종 이래로 이를 행한 지 오래되었다. 다시 말하지 말라.[125]

12월 2일 조정에서는 국왕의 장수를 기원하는 축수재가 절에서 계속 베풀어지는 한 부처를 받드는 일의 단초가 되므로 싹을 잘라내야 한다는 명분을 내세웠다. 심원은 물러서지 않고 축수재를 혁파하라고 상소했다. 그는 유자를 만나면 성리性理의 연원을 담론하고, 이단의 책을 찢어버리는 과격한 인물이었다. 성종이 글로써 답했다.

> 너의 말을 채용하지 않은 것은 간언을 거절하고자 한 것도 아니고, 부문浮文이라고 해서도 아니다. 만약 선왕의 법도를 허물어뜨리면 여러 신하가 다투어 천견淺見으로 고명高名을 낚고, 분분하게 국법을 고치려 들 것을 염려해서였다. 지금 경이 힘써 중도中道를 진술하고 이단을 배척, 나로 하여금 요순과 같은 성군으로 만들려 하고 있다. 내가 비록 과문하고 몽매하지만 너의 정성을 가상히 여겨 곧 축수재를 혁파하겠다.

12월 4일 태조 때부터 절에서 진행된 탄일 축수재를 없앴다.[126]
- 『시경』에 "복을 구해도 간사하게 하지 않는다."고 했다. 어찌 망령되이 부처에게 복을 구하는가. 이를 파하라.[127]

상당부원군 한명회가 산천과 성진에 제사 올리는 것도 같으므로 축수재를 갑자기 없애지 말라는 의견을 올렸다. 성종은 폐지를 명했으니 다시 말하지 말라고 잘랐다.

> 축수재를 파한 것은 한갓 무익할 뿐만 아니라, 부처에게 아첨하고 윗사람에게 잘 보이려는 것을 매우 미워한 때문이다. 공자도 "내가 빈[禱] 지가 오래다."고 말했다. 배우지 않고 아는 것이 없는 사람이야 어찌 책망하랴.[128]

혜각존자의 제방을 물고 늘어지다

1478년성종 9 1월 4일 경연에서 강하기를 마치자 장령 박숙달이 아뢰었다.
- 강릉에 한 제방이 있어 백성이 그 이익을 받아 온 지가 오래되었습니다. 세조께서 학열에게 내려주었기 때문에 백성이 이익을 잃어 두 번이나 상언해서 호소했으나 주상께서 선왕이 주신 것이라고 윤허하지 않았습니다. 제방을 백성에게 돌려주게 하소서.

임금이 좌우를 돌아보고 물었다. 영사 노사신이 대답했다.
- 세조 때 학열이 아뢰어 청했으나 윤허하지 않아서 신미를 통해 청하므로 세조께서 부득이해서 준 것이지 본의는 아니었습니다.

동지사 임원준이 말했다.
- 학열이 백성의 밭을 많이 빼앗았습니다. 지금 마땅히 다시 빼앗아 백성이 그 이익을 받게 해야 합니다.

박숙달이 이어서 말했다.
- 지금 다시 빼앗아 백성에게 주지 않으면 부처를 받드는 조짐이 될 것입니다.
- 나더러 부처를 받든다고 하는가. 선왕조의 일이므로 이렇게 말할 수

없다. 만일 그대의 말과 같다면 절을 헐고 중을 다 죽인 뒤에야 부처를 받든다는 이름을 면하게 될 것이다.

정언 성담년이 아뢰었다.

- 태종께서 절의 노비를 다 거두어 관부에 붙였으므로 넉넉해졌습니다. 세조께서 내린 것은 다만 권의權宜였지 영구히 전하라는 뜻은 아니었습니다. 지금 조종의 법도를 고치고자 하면 워낙 어렵겠으나, 이같은 일은 비록 고치더라도 안될 것이 없습니다. 중을 다 죽일 수는 없으나, 바른 도리로 지키면 배척하지 않더라도 저절로 없어질 것입니다.

- 높이고 믿지 않으면 자연히 쇠할 것이다.

1월 5일 경연에서 강을 마치자 집의 이칙이 학열의 권세와 횡포를 고발했다. 학열이 점탈한 제언의 부근 민전을 주인에게 돌려주어 백성의 원통함을 풀어주라고 강하게 요구했다.

성종이 말했다.

- 학열을 방문한 감사와 문안한 수령은 누구인가. 만약 이런 일을 한 자가 있다면 감사나 수령이라 할 수 없다. 세조 때 내려준 문안을 상고해서 아뢰라.[129]

1월 14일 영산부원군 김수온이 70세가 되었으므로 치사致仕했다. 성종이 전교했다.

- 70세에 치사하는 것은 당연한 일이다. 그러나 임금의 출사의 명 또한 피할 수 없다.[130]

숭불의 김수온, 성균관 행사에 들지 못하다

4월 3일 성종이 성균관에 거둥. 어차에 들어갔을 때 사헌부 지평 이세광과 사간원 정언 성담년이 아뢰었다.

- 김수온은 불교를 숭신해서 세조 때 출가를 청했으니 진실로 공문孔門의 죄인입니다. 전하께서 학궁에 친림해 치도治道를 강론하는데 요사한 사람을 참여시키는 것은 마땅치 않습니다.

성종이 승정원에 물었다.
- 김수온이 영불佞佛 : 부처에 아첨해서 복을 비는 일했는가.
좌부승지 손비장과 우부승지 김승경이 대답했다.
- 김수온이 세조 때 "신이 출가하면 3년 만에 반드시 성불할 것입니다. 그렇지 못하면 기망한 죄를 받겠습니다."는 글을 올리고 산사로 들어갔습니다. 그가 부처를 믿음은 조야에서 모두 알고 있습니다.
- 참여하지 못하게 하라.
성종이 면복을 갖추고 문묘文廟에서 작헌례를 올리고, 명륜당에서 양로연을 베풀었다.[131]
4월 21일 도승지 임사홍이 아뢰었다.
- 성균관에서 양로연을 하던 날, 대간이 김수온을 논박해서 잔치에 참여하지 못했습니다. 오로지 양로연을 위한 것인데 김수온의 입참이 왜 옳지 못한지 모르겠습니다.
성종이 말했다.
- 김수온은 불교를 숭신해 일찍이 머리를 깎고, 출가하려고 했다. 이런 마음으로 명륜당에 들어와 앉는 것이 옳겠는가. 혹여 입참했다고 해도 말하는 바와 행하는 바가 같지 않아서 족히 취할 바가 못 된다. 진실로 대간의 논박이 옳다.[132]
4월 27일 홍문관 부제학 유진, 예문관 봉교 표연말 등이 합사해서 상소, 김수온과 임사홍을 싸잡아 비난했다.

> 김수온은 요사하고 행실이 바르지 않았습니다. 재상이 되어서도 머리를 깎고 집을 나가 아비도 없고 임금도 없는 불교를 따르고자 했습니다. 성문聖門에 들어와서 명륜당에 앉아 성례에 참여할 수 없음은 명백합니다. 대간에서 이를 논하자 전하께서 기쁘게 받아들였습니다. 진실로 이단을 물리치고, 정도를 숭상하는 거룩한 마음입니다. 임사홍은 김수온이 잔치에 참례함이 옳으며, 대간을 논박함은 불가하다고 했습니다. 이는 김수온을 위한 것이 아니라 대간을 배척하기 위해 말한 것입니다.

다음날 성종은 임사홍의 고신을 거두고, 정승을 지낸 훈신과 의정부·육조의 참판 이상과 대간을 불러서 말했다.
- 홍문관과 예문관에서 임사홍이 소인임을 알면서 그가 대사간·이조참의·도승지를 지냈는데도 한 사람도 말하지 않았다. 이번 일로 탄핵해서 내가 소인을 쓴다는 이름을 얻게 했다.[…] 김수온이 성균관 양로연에 입참할 때 대간에서 옳지 못하다고 하자 임사홍이 자질구레하다고 말했다. 소인의 말과 다르지 않아서 고신을 거두었다.
훈신 등이 아뢰었다.
- 성상의 하교가 지당합니다.[133]
4월 5일 성종이 사월초파일의 연등 행사를 금지시켰다. 연등의 비용낭비와 남녀가 모여서 희롱하며 섞이는 데 이르는 등 폐풍弊風이 아닐 수 없으므로 엄금해야 한다는 지평 강거효의 의견에 따른 조치였다. 그러나 성종은 영사 정창손이 승려의 장리長利와 원각사와 내불당의 조라치를 금지시켜야 한다는 의견에는 동조하지 않았다.
- 중도 사람인데 굶주리게 할 수는 없다. 중의 식곡은 민생에 이로움이 있다. 또한 조종조에서도 모두 금하지 않았다.[134]
7월 20일 김수온이 이천 온천에 내려갔다. 성종이 관찰사에게 글을 내려 잘 대접하라고 했다.[135]

낙산사 옛길과 앞바다의 금표 문제

세조가 혜각존자 신미와 학열에게 내린 상원사와 낙산사의 넓은 땅과 많은 노비를 둘러싼 공방은 계속되고 있었다. 학열은 낙산사 앞바다 20여 리에서 금어禁漁의 특권을 부여받아 절의 살림에 보태고 있었다.
5월 28일 경연에서 대사간 안관후가 "낙산사는 예전 길은 평탄한데 새 길은 험하므로 다니는 사람이 매우 괴로워하고 있다."며 폐단을 없애라고 압박했다.[136]
두 달 뒤 안관후가 "중을 다 죽인들 무슨 잘못이 있느냐."며 집요하게 금표를 없애라고 요구했다.

　　상참을 받고 정사를 보았다. 대사간 안관후가 아뢰었다.
　　- 신이 전날 낙산사의 옛길을 열어 금표를 치우도록 청했는데, 지금까지 하명을 듣지 못했습니다.
　　성종이 말했다.
　　- 낙산사의 금표는 100보에 불과하고 바다는 지극히 넓다. 하필 100보 안에서 고기를 잡아야 할 것은 무엇이냐. 옛길은 절에서 멀지 않다. 대개 양양을 왕래하는 사자使者가 기생을 탐하여 오래 머물며 간혹 횃불을 들고 밤길을 다니다가 불을 내어 연소될까 걱정된다. 만약 옛길을 다시 연다면 내가 기생을 없애버리겠다.
　　- 기생의 유무는 관계가 없습니다. 양양에 기생이 있는 것은 그 유래가 오래되었는데, 이제 기생을 없애버린다면 후세에 반드시 절을 위해서라고 할 것입니다. 흉년이 들어 백성이 주리게 되면 반드시 해물을 채취해서 먹어야 합니다. 어찌 가까운 곳을 버리고 먼 곳에서 구하게 하겠습니까.
　　성종이 좌우에 물었다.
　　- 금표 안에 민가가 얼마나 되기에 넓고 넓은 바다에서 해물을 구하지 않고 하필이면 금하는 곳에서 구하려고 하느냐.
　　도승지 손순효가 아뢰었다.
　　- 해물을 채취할 곳이 없어서가 아니라, 절을 돕는 금표가 옳지 않다는 것입니다.
　　- 만일 선왕 때의 일을 다 고치고자 한다면 원각사를 헐어버리고, 중을 모두 죽여 버린 뒤에야 직성이 풀리겠느냐.
　　지평 안선이 아뢰었다.
　　- 비록 원각사를 헐어버리고, 중을 다 죽인다 한들 무슨 잘못이 있겠습니까.
　　- 위魏나라 임금이 천하의 중을 다 죽여 버렸다. 이는 너무 심한 일이었다.[137]

성종은 부왕의 원찰이기도 한 낙산사를 비호했다.
7월 28일 경연에서 세조 때 간경도감의 도제조를 지냈던 노사신과 경상도 관찰사로 대장경 인경을 총괄했던 이극배가 낙산사 문제를 돕고 나섰다.

　　헌납 최반, 지평 안선이 낙산사의 옛길을 열어 줄 것과 해물 채취의 금지를 없애라고 청했다. 성종이 의견을 물었다. 지사 이극배가 아뢰었다.
 -낙산사의 일은 노사신이 상세히 알고 있습니다. 선왕 때의 일을 꼭 고쳐야 하겠습니까.
영사 노사신이 아뢰었다.
 - 신이 세조 때 호종했습니다. 영동은 땅이 바다에 접해 있습니다. 어찌 이 절 앞에서만 백성이 고기를 잡겠습니까. 신은 백성의 폐단을 제거하는 일은 작지만, 선왕의 일을 고치는 것은 큰일이므로 절대 변경할 수 없다고 여깁니다.
성종이 말했다.
 - 영동은 땅이 큰 바다에 접해 있어서 고기잡이를 못할 곳이 없다. 절 앞의 바다에서 잡지 못하게 한 것은 해가 되지 않는다.¹³⁸

※ 화보9 성종이 노사신의 동조하는 말에 장단을 맞추고 낙산사의 입장을 옹호했다. 대사간 안관후는 틈날 때마다 자신의 안위보다, 낙산사 앞바다의 물고기를 걱정하고 있었다. 성종의 답은 한결같이 '불가不可'였다.

경연을 마쳤을 때 장령 안처량이 아뢰었다.
 - 전하께서 유학을 숭상하고 도를 중히 하고, 이단을 배척하면서도 절의 땅은 오히려 없애지 않으니 진실로 여러 사람의 마음에 개운하지 못합니다.
성종이 좌우에 물었다. 영사 김국광이 아뢰었다.
 - 절의 땅은 유래가 오래되었으나 주지되는 자가 자기의 물건으로 삼아 승도 가운데 비록 굶주리는 자가 있을지라도 나누어 주기를 즐겨하지 않습니다. 대간의 말에 따르소서.
윤희손이 아뢰었다.
 - 학열의 강포함이 막심합니다. 백성이 호소해도 수령 또한 어떻게 하지 못합니다.
성종이 말했다.
 - 수령과 관찰사는 마땅히 검찰할 것이다. 그러나 선왕 때의 일을 갑자기 고칠 수는 없다.
안처량이 아뢰었다.
 - 전장법도典章法度: 문물제도는 가볍게 고칠 수 없지만, 이 일은 마땅히 고쳐야 합니다. 원각사 조라치의 혁파와 낙산사 옛길의 개통, 승직을 없애라는 청을 올렸지만 옳지 않다고 자르고 지금 이 일도 옳지 못하다고 하는

등 하나도 윤허를 얻지 못했으니 실망을 금할 수 없습니다.[139]

성종은 끝내 들어주지 않았고, 유신의 반대 또한 끈질기게 이어졌다. 9월 29일 사헌부 집의 김춘경이 아뢰었다.

> 강원도는 토지가 메말라서 백성의 생활이 곤궁합니다. 바닷가에 사는 자는 농사를 짓고 물고기를 잡아도 스스로 살아나가지 못하고 있습니다. 전하께서는 다른 지방에 비해서 더욱 마음써야 할 것입니다. 낙산사 근방의 땅은 토질이 기름지고 물고기를 잡는 이로움이 있는데도 백성의 개간과 경작을 금하고, 물고기 잡는 것도 금하여 재물이 되는 것을 끊고 있습니다. 민생의 원망을 말로 다 할 수 없을 지경입니다.[140]

집현전의 수장, 정인지 별세

1478년 성종 9 11월 26일 『훈민정음』 해례본의 서문을 집필하는 등 집현전을 이끌었던 하동부원군 정인지가 83세를 일기로 별세했다. 그는 세종조부터 성종조까지 학자, 정치가로 활약하며 큰 공적을 남겼다.

> 정인지의 자는 백휴伯睢, 호는 학역재學易齋, 본관은 하동이다. 고려 때 첨의찬성사 정지연의 후손이며, 석성현감 정흥인의 아들이다. 5세에 독서할 줄 알아 눈만 스치면 곧 암송하고 글도 잘 지었다.[…] 정인지는 타고난 자질이 호걸스럽고 영매英邁했다. 마음이 활달하고, 학문이 해박하여 통하지 않은 바가 없었다. 세종이 천문과 역산曆算에 뜻을 두어 그 대소大小의 간의簡儀, 규표圭表와 흠경각·보루각의 제작에 다른 신하는 그 깊이를 이해하지 못했다. 세종이 "정인지만이 함께 의논할 수 있다."며 모두 담당하게 했다.

집현전 소장학자를 이끌며 세종을 보필했던 정인지는 세조와 사돈이 된 이후 정국을 주도했다. 그러나 『월인석보』의 간행 등 숭불과 관련된 일은 불문곡직 반대했다.

> 정인지의 문장은 호한浩汗, 발월發越했다. 조탁雕琢하지 않았다. 오래도

록 문병文柄을 장악. 고문대책高文大冊 등이 그의 손에서 많이 나왔다. 시호는 '문성文成'. 도덕이 높고 견문이 넓음[道德博聞]이 문文, 임금을 도와 끝맺음이 있음[佐相克終]이 성成이다.

그의 생애를 요약한 줄기에는 『자치통감훈의』·『치평요람』·『역대병요歷代兵要』·『고려사』 등의 책은 소개되어 있다. 그러나 『훈민정음』 해례본과 『용비어천가』의 서문을 집필했다는 내용은 단 한 줄도 없다.
정인지는 『율려신서律呂新書』를 꿰뚫고 있었다. 성종이 시강관 최숙정의 의견을 받아들여 젊고 총민한 학자를 가려 뽑아 정인지에게 배우라고 명했다.[141]
문장가요, 한 시대를 이끌었던 정인지에 대한 사관의 평은 인색했다.

> 정인지는 성품이 검소하여 자신의 생활도 매우 박하게 했다. 그러나 재산 늘리기를 좋아하여 만석萬石이 되었다. 전원田園을 널리 차지했다. 심지어 이웃에 사는 사람의 것까지 많이 점유, 당시의 의논이 그르게 여겼다.[…] 아들 정승조는 아비의 그늘을 바탕으로 벼슬이 재상에 이르렀다. 재물의 늘림은 아비보다 더했다.[142]

신미와 학열 등을 파렴치한으로 몰고 가다

1479년성종 10 4월 13일 사간원 대사간 성현 등이 상소를 올려 설준을 법률대로 논단하기를 청했다. 그러나 성종은 들어주지 않았다.
승단僧團을 위축시키려는 훈구파의 처사는 치졸하기 짝이 없었다. 사관은 신미와 문도의 자취를 엿보지 않고, 엿본 것처럼 물어뜯었다

> 신미·학열·학조·설준은 모두 교만방자하며 위세를 부리는 자. 신미는 곡식을 막대하게 늘렸으므로 해가 백성에게 미쳤다. 학열·학조·설준은 욕망이 내키는 대로 간음, 추문이 중외에 퍼졌다. 그 가운데 학열은 가장 간악해서 가는 곳마다 해를 끼쳤다. 감사와 수령도 기가 꺾이고 두려워하며 그대로 따랐다. 어떤 사람이 대궐의 벽에 다음과 같이 써 붙였다.
> - 학열은 권총의 첩을 간통했고, 1품의 부인까지 간음했다.
> 학조는 처음에는 개천과 사당을 간통하고, 마침내 중이 되어서도 왕래하

며 간통하기를 그치지 않았다. 후에 남산 기슭의 작은 암자에 살았다. 구인문의 친여동생이 자색이 빼어남을 보고, 연등회를 인연으로 개천의 도움을 받아 드디어 간통했다. 그 뒤 구씨도 꾀임을 당해 비구니가 되었다. 설준은 일찍이 종실의 부인을 간통했고, 정인사에 있으며 절의 빚을 빙자해서 곡식을 막대하게 불렸다. 불사를 핑계로 여승과 과부를 불러다 이틀 밤을 묵도록 했다. 절의 문을 닫아걸어 안팎을 통하지 못하게 했다. 그 자취를 엿볼 수 없었다.[143]

6월 14일 성종이 전교했다.
- 산산의 제방 안에 있는 민전을 침탈한 것을 주인에게 되돌려 주라고 한 지 오래되었다. 선왕께서 하사했고, 한번 준 뒤에 백성이 사전寺田을 침범해 점유할까 걱정되어 아직 실행하지 못했다. 금년에 이미 종자를 심었으니 명년부터 민전을 환급하라. 이번 조치로 사전을 침탈하는 자가 있으면 승려의 장고狀告를 들어서 죄를 물을 것이다.
사관의 논평은 빠지지 않았다.

> 학열이 낙산사에 살면서 나쁜 짓을 마음대로 하고, 거리낌 없이 산산 제방의 민전民田을 강탈했다. 감히 누구냐고도 하지 못하다가 원통함을 호소하는 자가 있어 임금이 관원을 보내어 조사했다. 사전과 민전을 구별한 다음 이같은 명이 있었다. 그러나 학열은 교활하고 기세가 있어서 청탁을 번갈아 행하며 마침내 민전을 주지 않았다.

혜각존자 신미, 적멸에 들다

1480년성종 11 5월 경추정, 혜각존자 신미가 속리산 복천사에서 적멸에 들었다. 세수 78세, 법랍 64하夏였다.[144]
학열·학조 등의 제자가 정성껏 다비를 올렸다. 8월, 복천사 뒤편 동쪽 산언덕에 「수암화상탑秀庵和尙塔」을 세우고, 사리를 봉안했다.[145] 8각 기단의 중대석 측면에 '수암화상탑 성화십육년 팔월일입秀庵和尙塔 成化十六年 八月日立'이란 명문銘文이 음각되어 있다.[146]
세종을 도와 훈민정음 창제에 깊이 참여했고, 세조와 함께 간경도감에서

⑧ 화보10

『능엄경언해』 등 수많은 불전을 번역한 웅문거필의 생애가 탑 속으로 들었다.

조선조 초기 불교의 우뚝 솟은 봉우리였던 혜각존자 신미의 탑비塔碑는 불교 탄압의 회오리에 휘말려 세워지지 못한 것으로 추정된다.

> 김수온의 형은 큰 스님[釋祖]이다. 세상에 전하는 신미가 바로 공의 형이다. 문장이 웅건하고 필력이 높아 당대 무적이었다. 속리산에 있으며 복천암에서 성불成佛했다. 돌종[石鐘]에 사리를 모셨고, 가뭄이 들면 기우제를 지냈다.[147]

나옹이 무학을 얻고, 무학이 함허를 얻고, 함허가 신미를 얻고, 신미가 학조를 얻었다. 조선불교의 일대 홍복이었다. 혜각존자 신미는 불서를 언해하고 찍어내 조선 선교禪敎에 큰 실익을 남겼다.

> 신미대사의 법호는 혜각존자다. 도행이 매우 높았다. 세조가 스승으로 모시며 예우했다. 함허당의 『금강경설의金剛經說義』를 교정하고 『오가해五家解』에 넣어 한 책으로 만들라 명하고, 『선문영가집禪門永嘉集』의 여러 본의 같고 다름을 교정하도록 했다. 또 『증도가證道歌』의 언기彦琪의 주註와 굉덕宏德의 주, 조정祖庭의 주를 한 책으로 엮어 인쇄, 간행했다. 간경도감에서 여러 경전을 언해했다. 스님은 모두 참여했다. 또한 여러 선사의 법어를 역해譯解, 널리 유통시켰다.[148]

※ 화보11 김수온은 송광사, 봉선사, 복천사로 순례하던 형을 그리워했다.

부수涪水는 촉중蜀中의 물	涪是蜀中水
달뜨는 아미산에서 발원하네	發源峨嵋月
아미산은 높기가 천 백 길	峨嵋山高千百丈
아래의 깊은 수원 흘러도 다함 없네	下有深源流不竭
넘치는 물 깊이 고여 연못 이뤄 만상 머금으니	或渟泓爲淵萬像含
깨달음의 바다 맑고 원만해 끝이 없다	譬諸覺海澄圓無邊表
부강涪江의 맑은 물 같은 화상의 마음	上人心似涪江水
부강의 아득함 같은 화상의 발자취	上人行似涪江杳

지난 해 송광사 나와	去年出松廣
금년 여름에는 봉선사,	今夏居奉先
금년 봄에는 봉선사를 다녀갔고	今春過奉先
금년 여름에는 복천사로 향하리니	今夏向福泉
복천 화상은 눈이 밝은 분,	福泉和尙明眼人
번뇌의 업 일으켜 인천人天을 여네	扶業潤生開人天
형 보내고 난 뒤 복천사로 향하는 마음	泉耶浯耶印泉
내 분명한 뜻은	欲明端的意
다른 해, 시편 안고 돌아올 날 기다리시길	他年待我歸來篇¹⁴⁹

세조의 명으로 편찬한 혜각존자 신미의 시권詩卷 『사한전방詞翰傳芳』은 현재 전하지 않는다.¹⁵⁰ 허균의 문집 『성소부부고惺所覆瓿稿』에 책을 구입한 사연만 남아 있다.

※ 화보12

> 1607년선조 40 여름에 나는 삼척에 있었다. 사헌부로부터 부처에 아첨, 참론參論했다는 이유로 탄핵받아 직을 혁파당하고 시골로 돌아가게 되었다. 가는 길이 지평砥平을 지나게 되어 이웃 어른 단성丹城 양사눌의 별장에 묵게 되었다. 이생李生이라는 자가 있었다. 그 이름은 잊었다. 그가 책 한 편을 들고 와 보여주었다. 표제表題에 『사한전방詞翰傳芳』이라 씌어 있었다. 펴보니, 세조 때 총애받던 승려[鬘髮] 신미의 시권詩卷이었다. 김수온이 서序를 했고, 서거정·강희안·강희맹·성임·이승소가 시를 했다. 모두 손수 글씨를 썼다. 찬贊은 누가 지었는지 알 수 없다. 글씨는 정난종이 썼고, 안견의 그림인 석가와 미타로 끝을 맺었다. 그 그림이 아주 미묘했다. 맨 마지막에는 어새御璽 하나가 찍혀 있는 참으로 고물古物이었다. 나는 종이 200장을 주고 바꾸었다.
> 아, 조종조의 문장이 웅혼하다. 선배는 모두 이름난 대가거공大家鉅公이며 글씨와 그림 역시 모두 이름을 드날린 분이다. 극히 귀중한 것이어서 감히 그 사이에 입을 놀릴 수 없다.¹⁵¹

사헌부로부터 부처에게 아첨했다는 이유로 탄핵을 받고, 삼척부사에서 밀려난 허균이 서평을 달아 두었다.

> 내가 보기에 글은 불승佛乘에 환히 밝아서 손가는 대로 뽑아오긴 했으나

> 혹 진부한 데로 흘렀다. 시는 웅혼하고 무게가 있어 기력은 있으나 조향藻響이 부족하여 비속卑俗에 떨어졌다. 글씨는 결구結構가 정밀하지만 둔체鈍滯하여 드날림이 없어 왕희지나 조맹부의 뛰어난 법도가 없다. 그림은 핍진하나 불가의 본색이 없고 채색이 풍부하지 못하다. 만일 당세의 선비인 최립으로 서序, 유근·이달·권필·이안눌로 시, 한호·김현성으로 글씨를 쓰게 하고, 이징으로 색채를 베풀어 상像을 만들게 했더라면 또 어찌 모두 그 아래 있다고 하겠는가. 뒷날 안목을 갖춘 사람이 감상한다면 어느 편에 좌단左袒할지 모르겠다.
> 문장과 서화는 공벽拱璧이나 장주掌珠와 같아서 정해진 제 값이 있는 것이나 세상이 파사호波斯胡가 아닌 이상 어찌 그 고하高下를 알겠는가. 오늘날 눈 어두운 자가 모두 시문도 세태를 따라 오르내린다 하여 눈으로 본 것은 배척하고 귀로 들은 것만 귀히 여겨 모두 다 고인古人을 절대 따를 수 없다고 한다. 아아, 큰물이 밀어닥쳐 공중까지 넘실대어 산호가 잠긴 곳이 어느 곳인지도 모르면서 맥 모르고 스스로 나불나불 가리켜 구하는가. 이는 귀로 먹는 자와 무엇이 다르랴.
> 이 책은 고물古物이므로 소장하고, 그 글과 시와 그림을 보배로 여김이 아니니다. 뒷날 보는 자가 자세히 보고 기록하면 다행이겠다.¹⁵²

허균은 성리학의 유일사상이 판치던 선조 대 사대부의 집중 공격을 받았다. 삼척부사로 부임해 있을 때 '부처를 섬기는 것'을 사헌부에서 강하게 물고 늘어졌다.

> 밥 먹을 때마다 반드시 식경食經을 외웠으며, 늘 작은 불상을 모셔두고 아침마다 반드시 자리를 만들었습니다. 중의 옷을 꿰어 입고 염주를 목에 걸었으며, 절하고 염불했습니다. 스스로 이르기를 "부처를 섬기는 제자"라고 했으니 이런 자가 바로 중이 아니고 무엇이겠습니까. 다른 사람을 대하면서도 부끄러워하거나 꺼리는 일이 없었으니, 반드시 덧붙여 전해진 이야기도 아닙니다. 비록 그 한 사람이야 미미하다지만 관계된 바가 가볍지 않습니다. 요즘 선비의 습속을 바로잡지 않으면 안될 것입니다. 청컨대 파직을 명해 모든 이에게 경계하소서.¹⁵³

허균은 1607년선조 40 3월 23일 삼척부사에 임명된 지 13일 만에 파직됐다.

1666년현종 7 2월, 우암 송시열이 복천사에 들렀다가 세조가 보낸 서찰, 수암화상탑 등에 대한 글을 남겼다.

복천사는 세조께서 복을 빌던 곳이다. 그 터는 단아, 신묘, 상쾌하다. 바위가 병풍처럼 둘러싸고 있다. 돌을 깎은 공력이 보이며, 앞에 있는 것보다 뛰어나다. 원실願室을 창건, 세조의 친필을 받들어 모셨다. 은하수가 지금도 완연하다. 절로 감탄, 시 한 수 읊는다.

소나무는 천년의 색을 간직했고	松帶千年色
바위는 태고의 얼굴을 열어 보인다	巖開太古顔
절에는 성스러운 자취 있으니	招提聖迹在
눈물 흘린 자국 여럿 보인다	頻看淚痕斑

문 밖을 나서면 동쪽 낭떠러지의 대 위에 두 개의 탑이 세워져 있다. 하나는 학조學祖의 탑, 하나는 수암秀菴의 탑이다. 수암의 법휘法諱는 신미. 세조가 신미대사에게 보낸 서찰은 역시 진귀하게 여겨 절에서 보장寶藏하고 있다. 존경하여 대접했음을 가히 상상할 수 있다. 잠시 탑 옆에 앉아 바라보니 단지 문장대文藏臺 한 봉우리만 뒤 산등성이에 막혀 볼 수가 없었다. 나머지 산봉우리는 모두 뚜렷이 손가락으로 가리킬 수 있었다. 마치 봉래산蓬萊山에 놀러가는 사람이 정양사正陽寺 헐성루歇惺樓에 오르면 곧 12,000 봉우리가 모두 눈 안에 들어오는 것과 같다.[154]

1686년숙종 12 명산대찰을 찾아다니며 심신을 수련했던 학자 우담 정시한이 『산중일기』에 복천사에 보장되어 있는 신미의 가사袈裟와 세조의 편지에 대한 기록을 남겼다.

10월 17일 아침 달마암을 출발, 복천사에 닿았다. 약 4리 정도다. 법당과 샘을 둘러보았다. 샘은 청룡변青龍邊의 바위틈에서 흘러내려오고 있어 매우 기이했다. 방에 들어가니 지통智洞·인관印寬 두 노스님이 맞아주었다. 고적古跡을 꺼내어 보여주었다. 바로 세조의 신미 스님에게 보낸 편지 두 장이었다. 그런데 가운데 한 장은 종이가 찢어져 글씨가 없으므로 판별할 수가 없었다. 이것은 판서 김수온이 왕명을 받들어 지은 것이며 불상 권선문도 있었다. 오랫동안 경건히 감상했다. 스님은 또한 신미 스님의 가사와 선의禪衣도 꺼내어 보여주었다. 선의는 화완포火浣布로 짙은 홍색을 띠고 있었다.[155] 1671년현종 12에 도적이 훔쳐 불에 던지고 도망갔으나 타지 않았다고 한다.[…] 복천사를 떠났다. 인관 스님이 따라 나왔다. 동쪽 골짜기에 올라가니 신미와 학조 스님의 부도 2기가 있었다.[156]

김수온, 대문장가의 생애를 접다

※ 화보13 1481년성종 12 6월 7일 보국숭록대부 상호군 김수온이 73세를 일기로 붓을 놓았다.

김수온의 자는 문량文良, 본관은 영동, 증영의정 김훈의 아들이다.[…] 그는 서사書史를 널리 보아 문장이 웅건하고 소탕疏宕하며 왕양汪洋 : 문장의 기세가 충만하고 큼하고 매우 거침이 없어 한 때의 거벽巨擘이었다. 명나라 사신 진감의 시에 「희청부」로 화답, 흥을 돋우고 기운을 떨쳤다. 뒤에 김수온이 중국에 들어갔을 때 중국 관원이 앞을 다투어, "이 사람이 바로 희청부에 화답한 사람이다."고 말했을 정도였다. 세조가 자주 문사를 시험했다. 그가 늘 으뜸을 차지했다. 전에 원각사비명을 지었다. 주문主文한 자가 많이 고친 것을 보고 말하기를, "대수大手가 지은 것을 소수小手가 어찌 능히 고치겠는가."라고 했다.

신미의 아우로서 선학禪學에 몹시 빠져 부처를 무턱대고 신봉하는 것이 매우 심했다. 전에 회암사에 들어가 머리를 깎고 중이 되려다가 그만두었다. 그의 상도에서 벗어난 행동이 이러했다. 한편 자신을 단속하는 규율이 없어 혹 책을 깔고 그 위에서 잠들고, 베옷에 금대金帶를 띠고 나막신을 신고서 손님을 만나기도 했다. 성품이 오졸迂拙 : 오활하고 졸렬함하고 간국幹局 : 재간과 국량이 없어 치산治産에 마음을 두었으나 계책이 엉성했다. 관의 업무를 처리할 때는 소략해서 지키는 것이 없어 글하는 기상과는 아주 달랐다. 조정에서 끝내 관각館閣 : 홍문관과 예문관의 직임을 맡기지 않았다.

시호는 '문평文平'. 부지런히 배우고 묻기를 좋아함이 문文, 은혜로우나 내덕內德이 없음이 평平이다. 일찍이 괴애乖崖라 자호自號했고, 성종의 명으로 『식우집拭疣潗』[157]이 간행되었다.[158]

김수온은 병이 위독했을 때 삿자리를 바꾸려는 아들에게 일렀다.

- 너희는 삼가 『중용』과 『대학』을 읽지 말라. 내가 지금 번민하고 있다.

눈 속에 환하게 보이는 것 모두 이 책의 글이다.[159]
김수온이 앉아서 죽었다는 소식을 김시습이 인편을 통해 듣고 말했다.
- 앉아 죽는다는 것은 예禮에서 귀히 여기지 않는다. 나는 단지 증자曾子의 역책易簀과 자로子路가 결영結纓하고 죽은 것을 귀한 것으로 알 뿐이다. 그 외는 알지 못한다.[160]
성현과 서거정이 글의 스승이었던 김수온의 문장과 생애에 대한 기록을 남겼다.

1. 문평공 김괴애는 문장의 필세가 호한浩瀚했다. 장강의 큰 파도가 도도하여 막을 수 없는 것과 같았다. 시문을 청하는 사람이 있으면 손 가는 대로 쓰고 일찍부터 기초起草하는 일이 없어 글을 구하는 사람이 심지어 8, 9명이 되어도 다른 사람에게 붓을 잡게 하고 사방을 둘러보며 불렀으나, 그 글은 모두 체에 맞아 점 하나 더할 것이 없었다.

2. 김수온은 시문에는 견줄 자가 없으나 재산을 모으는데 서툴렀다. 늘 책을 평상에 늘어놓고 그 위에 자리를 깔고 잤다. 주변에서 그 까닭을 물으면 이렇게 답했다.
- 평상은 차고, 깔 담요가 없어 그리한다.
대문 앞에 커다란 회나무가 있어 연한 녹음을 이루었다. 공이 종을 시켜 톱으로 베어버렸다. 주변에서 그 까닭을 물었다. 돌아온 답은 이랬다.
- 땔 나무가 없어서 밥을 지으려고 그리네.[161]

3. 김수온은 소년 시절부터 학문을 좋아하고 게을리 하지 않아 수많은 서적을 널리 보고 많이 기억했다. 그리하여 경사자가經史子家 : 經書·史書·諸子·詩文集와 열장노불列莊老佛 : 列子·莊子·老子·佛家 등의 책을 아무리 궁벽窮僻한 것도 보지 않은 것이 없고, 탐구하지 않은 것이 없었다. 글을 짓는데 있어서도 또한 기이하고 웅장했다. 벼슬이 극품極品에 이르렀으나, 빈한한 집과 다를 바 없었다. 늘 말을 탔으나 말이 여위어 뼈가 불거지고, 한 달 사이에 몇 필씩 잇달아 잃었다.
어떤 이가 까닭이 궁금해 물었다.
- 어찌 마부에게 부지런히 먹이게 하고, 어기거든 엄하게 회초리를 들지 않는지요.

김수온이 답했다.
- 짐승 때문에 사람에게 죄를 준단 말인가.[162]

이승소가 「김괴애 수온에 대한 만사」를 지어 문장가의 죽음을 애도했다.

지난 날 성균관에서 함께 공부하던 때	昔遊黌舍袂相連
공은 이미 장부였고 나는 아직 어렸었네	公是丈夫我少年
단지 형신 잊은 탓에 후진인 날 받아들여	秖爲忘形容後進
아교 속에 넣길 문득 선현에 비기었네	却將投膠擬先賢
꽃 핀 아침 자주 함께 천 잔 술 마셨고	花朝幾共千杯飮
눈 온 밤 한 침상에서 함께 잠을 잤다네	雪夜還同一榻眠
늙어서 매번 서로 보지 못해 혀 찼는데	老去每嗟相面少
어찌 다시금 세간의 인연 버리셨나	如何又棄世間緣
기우자가 세상에서 글로 이름 날렸는데	騎牛於世以文鳴[163]
공은 그의 집안에서 나와 외생 되었네	公出渠家是外甥
예원에서 말 달리니 어느 누가 나란하랴	藝苑揚鑣誰並駕
시단에서 부월 받아 일찍 이름 날렸네	詩壇授鉞早蜚英
공훈 높아 이미 운대 속에 화상 걸렸고	高勳已入雲臺畫
문벌 좋아 택상 이룸 과시하기 충분했네	華閥堪誇宅相成
더군다나 면면하게 남은 경사 있을 거니	況有綿綿餘慶在
뜰 가득한 지란옥수 다시 꽃을 피우리라	滿庭蘭玉更敷榮[164]

뛰어난 문장력, 불교에 대한 해박함을 바탕으로 벼슬길 유지했던 김수온은 사림의 거센 비난과 죽음을 눈앞에 두고도 '일심一心'의 본원本願을 내려놓지 않았다. 그는 스스로 불교와 유학을 넘나들고 있음을 「乙未元日」의 시에서 분명하게 밝혔다.

괴이해라, 괴애 노인	自怪乖崖老
늘 한 몸으로 두 몸 되는가	恒爲一兩身
이미 유학의 옷 입은 나그네,	旣能儒服客
어이하여 부처의 길 위에 있는가	何用墨行人

시절은 해마다 좋아지는데	時節年年好
공부는 날마다 멀어진다	工夫日日疏
유가에서는 태극	儒言是太極
불가에서는 진여	佛說卽眞如

어느 곳 청산이 빼어난가	何處靑山好
백발은 오늘도 새롭기만 한데	如今白髮新
뉘 있어 소매 잡고 머물라 하는가	有誰留挽袖
고향으로 돌아가는 사람 되지 말라고	不作退歸人[165]

김수온은 사대부가 척불과 억불의 지배 논리로 조롱하고, 비난할 때도 아랑곳 하지 않았다. 정인지에게 시를 보내 "한 번 보고 침을 뱉어 버리라."고 솔직담백하게 자신의 심경을 토로했다.

우주가 처음 나뉠 때 누가 그 시작을 했나	憑翼初分孰肇夫
시내 흐르고 산악 솟아 절로 구역 이루었지	川流岳峙自成區
물상이 비록 천 갈래로 차이 나고 다르지만	縱然物像千差別
마음 근원 돌이키면 한 이치로 안정되네	在反心源一理娛
고요 속에 자세히 보며 또한 홀로 즐기니	靜裏眇觀還獨樂
한가한 가운데 묘한 만남 누구와 함께 할까	閑中妙契與誰俱
두 집 경계 평탄하여 아무런 자취 없다	兩家畦町平無迹
유학도 날 위함이고 불교도 날 위함일세	儒亦爲吾佛亦吾

절로 우습구나 보잘 것 없는 한 필부가	自咲涼涼一匹夫
삼년 동안 살 곳 지어 겨우 구역 이루었네	築居三載僅□區
아내는 식량이 끊기어 흉년 들었나 의심하고	妻因乏食疑年歉
늙은이 책 보기 좋아해서 날 가도록 즐기었네	翁喜看書趁日娛
벽곡하는 것 어찌 도학을 도모하기 위해서랴	辟穀豈□謀道學
갓 걸고 물러남은 원래 함께 할 벗 없어서라네	掛冠元是寡朋俱
빈부도 아니니 근심과 즐거움 아니오	非貧非富非憂樂
천지는 아득한데 하나의 나 뿐일세	天地悠悠一箇吾

| 이 이치를 보지 않으면 장부가 아니지 | 不觀此理卽非夫 |

통달한 자 어찌 석가와 노자의 구역 분별하리	達者寧分釋老區
이미 이명이명을 외물의 허물같이 여긴다면	旣以利名如外累
어찌 성색으로 일신의 즐거움으로 삼겠는가	肯將聲色作身娛
물건이 와서 거울에 비치면 곱고 추함 드러나고	物來照鑑姸媸現
가는 곳마다 근원 만나면 체용 갖추어지리	處觸逢源體用俱
천고의 성인이 분명한 뜻 전하지 않았으니	千聖不傳端的意
공을 버리고 어리석은 내 뜻 펼 여지 없으리	捨公無地展愚吾[166]

김수온의 문집 이름인 '식우拭疣'는 '고름을 닦는다'는 뜻이다. 본디 '고름 닦은 종이[拭瘡疣紙]'·'똥 닦은 종이[拭不淨紙]'는 선종에서 불교 경전의 절대적 권위를 부정할 때 쓰는 말이다. 김수온은 선종의 표현을 빌려 자신의 시문을 '고름 닦은 종이'에 불과하다고 말했다.

그는 시에서도 고답성을 버리고 독특한 세계를 열었다. 고려가요 「만전춘별사滿殿春別辭」를 한시로 번안, 소악부小樂府 양식의 「노랫말을 적다[述歌]」를 남겼다. 남녀 사이의 강렬한 애정을 비유와 상징, 반어와 역설의 언어로 충실하게 번역했다. 예교禮敎의 구속에서 벗어나 감정의 자유로운 유출을 지향했다.[167]

시월 꽁꽁 언 얼음 위	十月層氷上
냉기 엉긴 댓잎 자리	寒凝竹葉栖
님과 함께라면 얼어 죽으리	與君寧凍死
새벽닭이야 울든 말든	遮莫五更鷄[168]

성종, 세종이 기획한 『두시언해杜詩諺解』 완간

1481년성종 12 12월 상한에 당나라 두보杜甫. 712~770의 시문집을 언해한 '시가詩家의 근본'인 『분류두공부시언해分類杜工部詩諺解』약칭 『두시언해』, 전 25권를 전교서에서 을해자로 완간했다. 조위가 서문을 썼다. 1443년세종 25 4월에 시작된 두시杜詩 주해 사업의 결실이었다.

성종이 『두시언해』의 편찬을 명한 것은 1480년 10월이었다. 유윤겸을 중심으로 홍문관의 젊은 문신이 함께 했다. 안평대군이 총괄하고, 신석조 등 6명이 두보의 시를 주석한 책을 참고하고 교정한 다음 세종 말년에 편찬된 『찬주분류두시』를 저본으로 활용했다.

> 주강晝講에 나아갔다. 강을 마치자 시독관侍讀官 이창신이 아뢰었다.
> - 두시杜詩는 시가詩家의 근본입니다. 전 사성 유윤겸이 그 아비 유방선에게 전수傳受받아 자못 정통하고 능숙합니다. 연소한 문신으로 하여금 배우도록 하소서.
> 성종이 허락했다.[169]

『두시언해』의 초간본은 일부만 전해지고, 1632년인조 10에 대구에서 나온 정판본이 온전히 전해져 오고 있다.[170] 이 책은 "두보의 시를 읽을 때 언해가 있는 것이야말로 길을 잃었을 때 나침반이 있는 것과 같다."는 평을 받을 만큼 요긴한 참고서였다.[171]
『두시언해』에 수록된 시는 모두 1,467편이다.[172]

물근 ᄀᆞᄅᆞᆷ ᄒᆞᆫ 고비 ᄆᆞᄋᆞᆯᄒᆞᆯ 아나 흐르ᄂᆞ니	淸江一曲抱村流
긴 녀름 江村애 일마다 幽深ᄒᆞ도다	長夏江村事事幽
절로 가며 절로 오ᄂᆞ닌 집 우흿 져비오	自去自來堂上燕
서르 親ᄒᆞ며 서르 갓갑ᄂᆞ닌 믌 가온딧 ᄀᆞᆯ며기로다	相親相近水中鷗
늘근 겨지븐 죠히를 그려 쟝긔판ᄋᆞᆯ 밍ᄀᆞ러늘	老妻畫紙爲碁局
져믄 아ᄃᆞᄅᆞᆫ 바ᄂᆞᄅᆞᆯ 두드려 고기 낫골 낙ᄉᆞᆯ ᄆᆡᆼᄀᆞᄂᆞ다	稚子敲針作釣鉤
한 病에 엇고져 ᄒᆞ논 바는 오직 藥物이니	多病所須唯藥物
져구맛 모미 이 밧긔 다시 므스글 求ᄒᆞ리오	微軀此外更何求[173]

두보의 격조 높은 시의 세계가 오롯하게 가슴으로 스며든다. 민초의 가식 없는 어느 여름날의 삶이 아프지만, 아프지 않다. 긴 대낮이었을 터인데도, 무심하게 그려내는 두보의 삶에 이런 고향의 집과 가족이 없었다면 평정심을 잃고 말았을 것이다. 두보의 시는 천의무봉, 최고의 악기로 연주해 낸 최상의 노래다.

학조, 원각사에서 패악질을 당하다

1482년성종 13 5월, 학조가 원각사에 주석하고 있었다. 유생 오익신·윤시형·정광정·김수경이 원각사 못에서 목욕하고, 불결한 물건을 버리는 등 패악질을 벌였다. 학조 등이 말렸지만 막무가내였다. 학조의 옷자락을 잡고, 부채 자루로 머리를 때렸다. 대왕대비의 하교를 받은 성종이 내관을 보내 확인하고, 유생을 의금부에 가뒀다.[174]

성종은 못가에 방뇨를 하는 등 몹쓸 짓에 앞장섰던 오익신에게 장 100대, 나머지 3명에게는 장 90대를 속바치게 했다.[175]

> 영의정 윤필상이 임금의 뜻에 잘 영합했다. "상교윤당上敎允當"이라는 네 글자는 늘 하는 말이었다. 전에 유생 정광정이 원각사에서 놀다가 학조의 머리를 부채로 쳐서 피가 철철 흘렀다. 갑자기 나졸이 나타나 유생을 찾아내 쇠사슬로 목을 채웠다. 내전에 상달되는 신속함이 귀신과 같았다.[176]

학조,『금강경삼가해』·『남명집언해』간행

1482년성종 13 7월, 자성대비세조의 비가 역대 선왕의 숙원을 추념하고, 끝마치지 못한 유업을 계승하고자『금강경삼가해金剛經三家解』·『남명집南明集』의 언해를 서원했다.

※화보14 학조가 명을 받들어『금강경오가해』가운데서 종경제강宗鏡提綱·야부송冶夫頌·득통설의得通說誼를 가려 뽑아『금강경』의 본문과 함께 구결을 달고 정음으로 번역했다. 내수사에서『금강경삼가해 언해』5권 5책, 을해자본 300부를 인출, 배포했다.[177]

이 책은 1466년세조 12 봄, 세조가 혜각존자 신미 등 고승대덕에게 교정을 보게 한 다음 간행하려고 했다. 그러나 1468년세조 14 가을, 세조가 세상을 버려 간행되지 못했던 것을 학조가 마무리 지었다.[178]

교열이 끝나자 강희맹이 자성대비의 명으로 발문을 썼다.

> 세조대왕이 세상의 인연을 다해 승하했다. 거듭 국상을 당했다. 나라 안이

당황하며 어쩔 줄을 몰랐으나 다행히 성상聖上께서 대통을 이어받아 거듭 흡족하게 빛이나 오늘날 선왕의 대계大計를 찬란히 천명했는데, 지금 15년이 되었다.[…] 희맹이 삼가 생각건대, 손가락으로 인하여 달을 보지만 달은 본디 손가락이 아니다. 통발로 인하여 물고기를 얻지만 물고기는 사실 통발이 아니다. 혹시라도 손가락을 달로 집착할 경우에는 끝내 달을 볼 리 없고, 통발을 물고기로 여길 경우에는 물고기를 얻을 때가 없을 것이다. 그러므로 반드시 손가락과 통발을 모두 잊어버려야만 달도 볼 수 있고 물고기도 얻을 수 있다. 그러나 곧바로 물고기나 달을 얻었을 경우에도 또한 잊으려는 마음을 잊어버려야만 반야의 지혜로운 빛이 자연히 드러날 것이다.

황면노자黃面老子 : 부처가 비야리毘耶離에서 입을 다물고 침묵을 지킨 것은 무엇 때문이었으며, 녹원에서 시종 설법한 것은 무엇 때문이었는지 황엽지제黃葉止啼 : 우는 어린아이에게 누런 버드나무의 잎을 금이라고 주어서 울음을 그치게 하는 것. 부처가 천상의 낙과를 말하여 인간의 모든 악을 그치게 한 것에 비유.가 대체적인 방편인 줄 알아야 할 것이다. 만약 어떤 과량한 [過量漢 : 도량을 비교하여 논할 수 없는 사람. 몰량대인沒量大人·과량인過量人]이 이 책으로 인해 거친 곳에서 정미한 곳으로 들어가고 물줄기를 거슬러 올라가 근원을 궁구하여 곧바로 삼관三關을 돌파하여 부처를 보았다면 하늘에 닿은 칡덩굴이 깨끗한 보리수로 변하고, 입에 가득한 시비 거리가 참신한 『반야경』과 같다고 해도 될 것이다. 그 공덕을 어떻게 헤아릴 수 있겠는가. 이게 인연이 되어 역대 선왕의 영령英靈이 피안으로 올라가 항상 조용한 광토光土에서 노닐기 바란다. 그리고 법계의 중생도 함께 부처에게 기원하는 바를 이룩하고 종사가 영원히 공고하여 사방이 편안하기를 기원한다. 아! 지극하도다.

- 1482년성종 13 초가을, 신 강희맹은 절하고 머리 조아리며 삼가 발문을 쓴다.[179]

『금강경삼가해』는 1448년세종 30 세종의 명으로 번역을 시작, 35년 만에 간행되었다. 책의 뒤에는 한계희의 발문도 함께 실려 있다.[180]
『남명집언해』2권 2책에는 훈민정음 보급과 정착에 대한 각별한 애정이 담겨 있다. 세종이 직접 30여 수의 게송을 언해, 『석보상절』의 마지막 권으로 넣고자 했으나 탈고하지 못하고 승하했다.[181]

세조 또한 세종의 뜻을 받들어 『월인석보』와 『능엄경언해』·『법화경언해』·『원각경언해』 등을 간행했으나 『남명집언해』의 상재는 보지 못하고 승하했다.

※ 화보15 『남명집』은 『영가대사증도가남명천선사계송永嘉大師證道歌南明泉禪師繼頌』의 약칭이다. 당나라 때 영가永嘉 현각玄覺이 쓴 『증도가』를 송나라 때 남명천 선사가 계송한 320편을 번역한 것이 『남명집언해』다. 『금강경삼가해』와 함께 자성대비의 명으로 내수사에서 500부를 간행했다.

손가락 끼고 달을 삼아 부질없이 공 들이니	執指爲月枉施功
달 잃고 도리어 손가락도 모르게 된다	不唯失月還迷指
문득 달 보고 손가락 도리어 잊으면	忽然見月指還忘
삼라만상이 차가운 빛 속!	森羅萬象寒光裏
알면 곧 업장이 본래 텅 비는데	了卽業障本來空
법이 뿌리 없는데 망녕되게 분별하네	法法無根妄分別
마음 생기는 때가 법 나는 때	心生卽是法生時
마음 생기지 않으면 법 또한 사라지리라	心若無生法自滅
진실로 몸은 가난하나 도는 가난하지 않아	實是身貧道不貧
주머니 아무 것 없어 푸른 봄 넘긴다	裏無一物度靑春
너희 힘쓰는 자, 대놓고 당기지 말라	報爾世人休取相
한번 잡아 일으키면 한번 또 새로운 법	一番拈起一番新[182]

간경도감에서 활약한 한계희 별세

1482년 성종 13 윤8월 19일 간경도감 제조로서 『능엄경언해』·『금강경언해』 등에 참여했던 서평군西平君 한계희가 60세로 별세했다.

한계희는 청주 사람으로 함길도관찰사 한혜의 아들이다. 어려서부터 총민하기가 보통 사람과 달랐다. 침식을 잊고 부지런히 공부, 마침내 경사經史에 박통博通하게 되었다.[…] 천품이 정수精粹했다. 겉으로 온화하고 속으로 꿋꿋했다. 처자를 대할 때도 게으른 용모를 보이지 않았다. 아무리 급한 경우라도 말을 빨리하고 당황하는 기색이 없었다. 누조累朝를 거치며 총우를 받아도 삼가고 조심해서 과실이 없었다. 매양 임금의 물음이 있을 때마다 경서를 인용하고 고사古事에 의거, 구차하게 임금의 뜻에 맞게 하는 것을 바라지 않았다. 그가 집현전에 있을 때 동료가 말하기를, "성인을 우리가 아직 보지 못했으나, 한공과 같은 이가 거의 가깝지 않겠는가."라고 했다. 세조가 일찍이 군신을 평할 때 "한계희의 정미精微함이 제일이다."라고 말했다.[…] 시호는 '문정文靖'. 배우기를 부지런히 하고 묻기를 좋아함이 문文, 몸을 삼가서 말이 적은 것이 정靖이다. 임종할 때 자손에게 후장厚葬하지 말라고 했다.

상당부원군 한명회의 재종형인 한계희는 성격이 청렴하고 검소하여 산업을 일삼지 않았다. 일찍이 아내를 여의고 홀로 살았다. 자녀의 혼수를 준비할 여력도 없어 세조가 서거하기 전, 정희왕후에게 부탁해서 갖추어 내리게 할 정도였다. 그러나 사관은 '부처의 껍데기'를 도둑질, 세조에게 아첨했다고 평했다.

한계희는 천품이 검소 간결, 분잡하고 화려한 것을 좋아하지 않았다. 온 집안이 초라했고, 좌우에 책만 가득했다. 일찍이 집현전에 뽑혀 들어갔을 때 동료가 매우 경외했다. 온 좌중이 웃으며 한창 농지거리를 하다가도 공이 밖에서 들어오면 곧 조용히 하고 아무 말도 하지 않았다. 세조가 등용, 이조판서로 삼았다. 인물의 전형銓衡은 한결같이 공평했다. 이간하는 말이 없었다. 평생에 병이 많아서 휴가를 내려 준 것이 반이었다. 그러나 노사신, 강희맹의 무리와 더불어 불씨佛氏의 껍데기를 도둑질하여 세조에게 아첨했다.[183]

한계희는 세조가 잠저에 있을 때 세종의 명을 받고도 마무리 하지 못했던 『정관정요貞觀政要』의 주석을 즉위하던 해에 맡길 정도로 두터운 신임을 받았다.[184]

절친하게 지냈던 서거정이 만사를 써서 그의 죽음을 기렸다.

어려서부터 백발 성성토록 함께 지내며   髫齓相從白髮新

중간의 교의는 흡사 뇌진처럼 결탁했는데　　中間交道托雷陳
산두의 명성은 바로 창려와 같았고　　　　聲名山斗昌黎是
대대로 전한 가풍은 유항을 계승했네　　　家業箕裘柳巷親
지위 명망은 찬성으로 재상을 도왔고　　　位望貳公居鼎鼐
초상화는 기린각에 걸려 오래도록 빛나리　圖形千載照麒麟
서풍에 깊은 정 눈물 남김없이 뿌려라　　　西風灑盡情鍾淚
다시는 인간에서 이런 옥인 볼 수 없으리　無復人間見玉人[185]

성종, 봉선사 세조 어진 참배

1482년성종 13 윤8월 25일 성종이 광릉으로 행차, 봉선사 숭은전崇恩殿: 影殿의 세조 어진御眞을 참배했다. 절에서 백관에게 음식을 대접하려고 했다. 대사간 어세겸 등이 아뢰었다.

- 명분 없이 절에서 음식을 먹는 것은 체모에 맞지 않습니다. 또 모르긴 하지만 여러 재상이 음식을 대접하는 뜻을 알고서 먹었겠습니까.

성종이 말했다.

- 불교를 배척하는 말임을 알고 있다. 내가 만약에 절에서 놀며 구경하기 위해서 왔고, 시종한 신하를 승사僧舍에서 음식을 먹게 했다면 이를 지적하는 것이 옳다. 그러나 오늘은 영전影殿을 위해서 왔지, 절을 위해서가 아니다. 대왕대비께서 호종한 신하가 밤을 무릅쓰고 수고하고, 제때 음식을 먹지 못한 것을 염려하기에 음식을 내려 위로했다. 전례가 있으니 의리에 벗어날 까닭이 없다.

어세겸 등이 아뢰었다.

- 비록 전례가 있다 해도 도리가 아니면 어찌 예전대로 따르겠습니까.
- 경의 말이 이러하니 먹지 않겠다. 먹어도 마음이 편치 않다.[186]

세조의 측근 강희맹 별세

1483년성종 14 2월 8일 세조를 보필했던 의정부 좌찬성 강희맹이 62세를 일기로 별세했다.

> 강희맹의 자는 경순景醇, 진주 출신이다. 지돈녕부사 강석덕의 아들. 성품이 총명하고 슬기로우며, 독서를 좋아하여 한번 보면 곧 기억하곤 했다.[…] 세조가 일찍이 여러 신하를 품제品題할 때 "내게 제일의 신하 셋이 있다. 한계희는 미묘함, 노사신은 활달함, 강희맹은 강명剛明함이 제일이다."고 했다.[…] 사람됨이 공손 근엄하고 신중, 치밀했다. 벼슬을 맡고 직책에 임함에 있어 행동이 사의事宜에 맞았다. 경사經史를 널리 열람하고 전고典故를 많이 알았다. 예제禮制를 참정할 때 문장이 정밀하고 깊이가 있으며 속되지 않았다. 종이를 잡기가 무섭게 곧 문장이 이루어졌다.[…]『사숙재집私淑齋集』이 세상에 전한다. 시호는 '문량文良'. 학문을 부지런히 하고 묻기를 좋아함이 문文. 온순하고 늘 즐거워함이 양良이다.

사관은 강희맹이 세조의 뜻에 영합, 은총을 바랐다고 평했다.

> 강희맹은 책을 많이 보고 기억을 잘했다. 문장이 우아하고 정밀, 한때의 동년배가 그보다 앞서는 자가 없었다. 다만 평생 임금의 뜻에 영합, 은총을 바랐다. 세조가 금강산에 거둥했을 때 이상한 새가 있어 하늘가를 빙빙 돌며 춤추었다. 세조가 부처의 힘이 신묘하게 응한 것이라 했다. 강희맹이 서울에서 그 말을 듣고「청학송靑鶴頌」을 지어 바쳤다.[…] 또 공을 스스로 열거, 공신에 참여하게 되었다. 이조판서가 되어서는 많은 비방을 받았다.[187]

정희왕후 윤씨, 온양행궁에서 별세

1483년성종 14 3월 30일 세조의 비 정희왕후 윤씨가 온양행궁에서 66세로 별세했다. 4월 1일 예조에서 대행대비의 칠칠재를 올릴 사찰을 정해 올렸다.

> 초재는 장의사, 2재는 진관사, 3재는 봉선사, 4재는 정인사, 5재는 장의사, 6재는 회암사, 7재는 봉선사. 백재는 정인사에서 올리고 내자시·내섬시·예빈시에서 돌아가며 공판하게 하소서.[188]

4월 20일 대행대비의 재궁임금이나 왕비의 관을 영순군의 집에 안치했다.[189] 5월 1일 정창손 등이 대행대비의 시호를 '정희貞熹'로 정해 올렸

다. 크게 생각해서 성취할 수 있음이 정貞. 공이 있어 사람을 편안하게 했음이 희熙다.[190]

6월 12일 정희왕후의 재궁을 광릉의 동쪽 축좌미향丑坐未向에 안장했다.

> 태후는 나면서부터 성덕盛德을 지녔다. 세조의 배필이 되었다. 집인이 변해서 나라가 되자 궁중의 다스림을 주관했다. 몸소 옷을 세탁했고 화려하고 사치스러운 것은 물리쳤다. 빈嬪이나 궁녀를 예로써 대접하니, 깊은 은혜가 아랫사람에게 퍼졌다. 비록 노비와 같이 천한 자라도 반드시 경애했다. 호생지덕好生之德: 자애심이 많아서 살상을 싫어하는 덕은 천성에서 나왔다. 죄과가 있으면 특별히 용서, 형벌로 다스리지 않았다. 마음 쓰는 것이 지극히 공평했다. 친척을 위해 은혜를 사사로이 하지 않았다. 수재修齊, 치평治平하는 교화가 멀고 가까운 데에 미쳐서 지치至治를 도야한 지 30년이 되었다.[191]

6월 16일 학조가 와서 아뢰었다.

- 일전에 신을 봉선사의 주지로 명했습니다. 강원도 월정사의 행겸行謙은 일을 주관할 만합니다. 청컨대 본도의 관찰사에게 명해 말을 주어서 올라오게 해주소서.
- 마땅히 조치할 것이다. 또 적임자가 있으면 아뢰도록 하라.

> 학조는 세조 때 총애를 받아 친척 가운데 그의 힘을 빌어서 벼슬을 얻은 자가 한 둘이 아니었다. 그 뒤에 모든 대비가 그를 높이고 믿어 한 마디 말도 대궐의 안에 이르지 않음이 없었다. 경외를 출입하는 데 추종이 분수에 넘치게 대접했다. 이번에 말을 달라고 청한 것을 보아도 그 교만 방자함이 매우 심하다. 성종이 이미 그의 말을 들어주고 또한 일 시킬만한 자를 물었다. 어찌 학조를 징계할 수 있겠는가.[192]

⊛ 화보16　12월 29일 금산군지금의 김천 직지사直指寺에 주석하고 있던 학조의 병이 중했다. 성종이 특별히 내의內醫를 보내 진찰하게 했다.

> 학조는 세조 때 신미·학열과 더불어 삼화상三和尙이라고 불렸다. 세조가

매우 존경했다. 신미와 학열은 이미 죽고, 학조는 직지사에 물러가 살았다. 널리 산업을 경영, 백성에게 많은 폐를 끼쳤다. 때로 서울에 이르면 척리戚里와 호가豪家에서 그가 왔다는 것을 듣고 문안하고 물품을 보시하려고 줄을 이었다.[193]

학열, '요승'으로 몰려 입적

1484년성종 15 봄추정, 유신으로부터 '요승妖僧'이라는 험한 욕설을 듣고, 집요한 공격을 받아오던 학열이 입적했다.[194] 출생연도와 출가에 대한 기록은 남아 있지 않고, 부도는 확인할 길 없다.

생육신의 한 사람인 남효온이 1485년성종 16 4월에 쓴 「유금강산기遊金剛山記」에 학열의 입적 사실이 전한다.

> 1468년세조 12에 요승妖僧 학열이 세조께 건의, 낙산사에 큰 가람을 짓고 그 안에 살며 주변 백성의 전답을 다 빼앗아 자기 소유로 삼았다. 지금 학열이 죽은 지 1년이 되었다. 그의 문도 지생智生이 일찍이 학열에게 잘 보였다. 때문에 학열이 죽자 노비와 전답, 재물을 다 얻어 그 이익을 관리하고 있다.[…] 관음굴이라는 곳에 이르렀다. 작은 동불銅佛이 굴 아래 작은 방에 있었으나 바람과 햇볕을 가리지 못했다. 방 아래의 바다 물결이 바위에 부딪쳐 산 모양이 흔들리는 듯하고 지붕 판자가 길게 울렸다.[195]

학열의 문도인 지생이 남효온의 묵을 곳을 마련해 주고 대접했다.

> 윤4월 14일, 동틀 무렵 정자 위에 앉아 뜨는 해를 바라보았다. 지생이 아침밥을 대접한 뒤 나를 인도, 관음전을 보게 했다. 관음상은 솜씨가 지극히 정교해서 혼이 깃들어 있는 듯하다. 관음전 앞에 정취전正趣殿이 있고, 정취전 안에 삼구三軀의 금불이 있다.[196]

매월당은 1473년성종 4 수락산 폭천정사에서 농사를 지으며 머물고 있을 때 낙산사 선상인禪上人 : 학열에게 시 3수를 남겼다.

- 한번 보자마자 깨끗한 의표가 옛 친구 같구려. 면목을 사모한 지 이미 오래 되었다오.[一見淸標似舊知, 羨墻面目已多時] '어느 땐가 대사에

게 도를 물으러 가면, 눈동자에 낀 백태를 금 칼로 긁어내주시겠죠.[從師問道他時去, 積瞖玄眸肯刮鎞]'라고 청했다.

그 뒤 김시습은 학열의 『열반경』과 『화엄경』 강의에 참여하고 돌아와 「낙산 방장의 좌하에」라는 제목으로 5수의 시를 지어 부쳤다. 학열의 법문을 "선사는 높고 매섭게 기봉機鋒: 날카로운 논조이 있어, 일찍이 육상의 종지를 설파했다.[禪師高峻有機鋒. 曾破提婆六相宗]"고 칭송했다. 김시습이 보기에 학열은 도법이 높은 고승대덕이었다.[197]

난수정 앞 갈매기와 친하고	難水亭前狎泛鷗
의상대 가에서 조각배 보노라	義湘臺畔看扁舟
참선의 마음 담박하기는 창해와 같고	禪心淡泞如蒼海
법상이 평화롭기는 흰 소와 같다	法相雍容似白牛
늙어가매 이마에는 눈이 생겼고	老去頂顙應有眼
한가해 구름과 달 외엔 짝이 없다	閑來雲月更無儔
파도 소리 산 빛은 티끌마다 불법 있다는 게송	波聲山色微塵偈
지각 없는 사람에겐 꿈 이야기 그만두었다	無智人前說夢休[198]

학열은 김종직과 교류했다.[199] 1472년성종 3 정월, 함양군의 팔변산八幡山 금대사金臺寺에 머물고 있던 학열이 김종직에게 약[금봉단金鳳丹·지보단至寶丹·소합원蘇合元]과 먹을 보냈다. 김종직이 「학열 선사가 약과 먹을 준 데 대해 사례하다」는 시를 보냈다.[200]

동풍에 앉아 읊다가 병 문득 들었는데	坐嘯東風病輒先
도규가 산화천으로부터 나누어 내렸네	刀圭分自散花天
덕운이 어찌 중충의 자리를 요했으랴	德雲豈要重虫坐[201]
산중에서 지상선 만나기를 생각했으리	料得山中遇地仙

만 번 다진 선약仙藥은 옥보다 더 고와라	萬杵玄霜玉不如
밝은 창 앞에선 응당 불경 베끼겠지	明窓應寫貝多書[202]
지금 거두어 준 스님의 뜻 내가 안다	如今輟贈知師意
일찍이 광릉 위해 소를 초해 올렸기 때문	曾爲光陵草薦疏[203]

조선 초기 3대 명필 성임, 붓을 놓다

1484년성종 15 8월 20일 안평대군, 강희안과 더불어 조선조 3대 명필로 손꼽혔던 지중추부사 성임이 64세를 일기로 병사했다. 경복궁 전문殿門의 편액과 왕실의 사경寫經, 간경도감의 각종 언해본 등 국가적인 서사書寫에 빼어난 솜씨를 보여 세조의 총애를 받았다. 특히 송설체松雪體의 대가였고, 해서와 행서에도 능했다.

> 본관은 창녕昌寧, 자는 중경重卿, 호는 일재逸齋·안재安齋. 지중추부사 염조念祖의 아들이다. […] 시호는 '문안文安'. 널리 듣고 많이 본 것을 문文, 관유寬裕하고, 화평和平한 것이 안安이다. 도량이 너그럽고 넓었으며, 식견이 정교했다. 글씨를 잘 쓰고, 글을 잘 지었다. 율시律詩에 더욱 능했다. 일찍이 『태평광기太平廣記』를 본떠 고금의 기이한 소문을 편집, 『태평통재太平通載』라 이름하고 세상에 내놓았다. 아우 성간·성현은 다 문명文名이 있다.[204]

학조, 『불정심경 언해』 간행

1485년성종 16 2월, 인수대비의 명을 받고 학조가 직지사에서 올라와 봉선사 주지의 소임을 맡았다. 정희왕후의 추복追福과 성종의 연수延壽와 마원魔怨의 소진을 위해서 『불정심경佛頂心經 언해』3권 1책를 간행했다. 권상이 「불정심다라니경佛頂心陀羅尼經」, 권중이 「불정심료병구산방佛頂心療病救産方」, 권하가 「불정심구난신험경佛頂心救難神驗經」이다. 학조는 혜각존자 신미의 가르침을 되새기며 '부처의 으뜸이 되고 핵심이 되는 다라니경'의 발문을 썼다.

> 일대一代에 설하신 바는 현顯·밀密 양교를 벗어나지 않았다. 현교顯敎는 곧 언어문자를 살펴 뜻을 알아서 마음 바탕을 밝히고 넓히는 것이다. 밀교密敎는 오롯한 마음으로 독송수지讀誦受持하여 재액이 다하기를 비는 것이다. 밀교에는 진실로 여러 질秩의 책이 있지만 『불정심다라니경』이 가장 요긴하다. 그 신이한 자취와 기이한 흔적이 세상에 한두 가지가 아니었다. 그러므로 세상 사람이 온통 숭상했다. 그 판본이 없어져 얻어 받들어

지니기 드물 지경이었다.

우리 인수왕대비전하께서 주상전하를 위하여 영장靈長의 뛰어난 헤아림으로 마원魔怨을 다 없애고자, 공인工人에게 명하여 당본의 책을 본받아 자세하고 세밀하게, 자획을 바르게 베껴서 금속활자로 간행하여 그 전함을 오래게 했다. 스스로에게 이익되게 하고, 남도 이롭게 하고자 함이다. 사람들로 하여금 즐겨 읊조려 자신을 추슬러 남에게 미치게 하고, 개개인으로 하여금 돌아갈 바를 알게 하며, 창생을 시름과 궁핍한 지경에서 구제하고, 자녀 생산의 어려움에서 회복케 하려고 함이다.

이에 자재自在한 업이 근기와 인연에 널리 응하고, 원만히 통하므로 넓은 문이 인간 세상에 크게 열려 공덕이 극히 신령스러워 온 대지에 선한 덕을 낳으니 미래가 다하도록 가피를 입지 않음이 없을 것이다. 인수왕대비의 묘하고 뛰어난 헤아림이 아니었다면 우리 전하께서 해야 할 일의 완성과 원만한 깨달음의 경지를 진실로 생각할 수 없었을 것이다.
　　　　　- 1485년성종 16 봄 2월, 비구 신 학조는 삼가 발문을 씁니다.[205]

이 책의 편찬 양식은 원문을 대문大文으로 단락을 짓고 각 대문 다음에 번역문을 둔 불경언해와는 달리 상단에 하단의 내용을 상징하는 그림을 당본唐本에 따라 그리고, 그 하단에 원문을 실었다. 원문이 모두 끝난 다음 장부터 판식을 달리하여 한문 원문에 해당하는 번역문을 끝까지 싣고 있다. 전반과 후반을 떼어내면 각각 별책이 되도록 구성했다.[206]

『불정심경 언해』는 동국정운식 한자음을 가진 15세기 최후의 문헌이다. 원문의 판화는 섬세하고 치밀한 솜씨가 극에 달하고 있어 판화 미술의 백미라 일컬어도 손색이 없다.[207]

성종이 3월 15일 봉선사에 쌀과 콩 60석, 면포 50필, 정포 10필을 내린 뒤 전교했다.

　- 절을 위한 것이 아니다.[208]

인수대비, 『오대진언 언해』·『영험약초 언해』 간행

※ 화보17　1485년성종 16 여름, 학조가 인수대비의 명을 받아 백성의 송습誦習을 위하여 범서梵書·한자의 대역에 훈민정음으로 음역을 덧붙여 『오대진언五

大眞言 언해』를 간행했다.

『오대진언』은 「42수진언四十二手眞言」・「신묘장구대다라니神妙章句大陀羅尼」・「수구즉득다라니隨求即得陀羅尼」・「대불정다라니大佛頂陀羅尼」・「불정존승다라니佛頂尊勝陀羅尼」의 다섯 가지를 말한다. 이 책은 진언을 범자梵字로 적고, 정음과 한자로 음역했다. 훈민정음으로 음역한 최초의 진언집이다.[209]

성암문고에 목판본으로 전하는 한글판 『오대진언』에는 책장 앞쪽 난 밖에 나타나는 이름이 주목된다. 즉 '姜孝恩, 崔得山, 張莫同, 劉?者古未, 金石乙丁'이 아무런 변선 없이 양각되어 있는 것이다. 이와 같은 이름은 불교 관계 문헌에 간혹 나타나는 것으로, 간행에 관여한 시주거나 각수刻手를 가리킨다. 가는 붓으로 정성들여 써서 새긴 것이다. 이렇게 정성들인 이름은 우리의 조사로는 『용감수감龍龕手鑑』에 나타날 뿐이다.[210] 일본의 내각문고 소장인 이 책은 판식, 지질, 제첨題簽 등으로 세종이나 세조 때의 간본으로 추정된다. 더욱 그 책의 권두에는 '信/眉'란 전각으로 된 정방형의 붉은 도장이 찍혀 있다. 간경도감 간행인 『능엄경언해』와 『법화경언해』에 똑같은 모양과 각법으로 된 '學/悅'이란 도장이 발견되므로, 이들 도장이 찍힌 책은 세조를 도와 불경언해에 공로가 큰 혜각존자 신미와 학열이 소장했던 것이 확실하다.[…] '劉者古未'는 흥천사와 보신각의 종에 나타날 뿐 아니라, 종명에 담당 작업이 구별된 흥천사 종에서는 각자 刻字를 맡은 장인으로 기록되어 있다.[211]

학조가 1490년 성종 21 2월에 『불정심다라니경』, 여름에 『오대진언』을 각각 중인重印했다.

『영험약초靈驗略抄 언해』는 「대비심다라니大悲心陀羅尼」「수구즉득다라니隨求即得陀羅尼」「대불정다라니大佛頂陀羅尼」「불정존승다라니佛頂尊勝陀羅尼」가 나타낸 신령스러운 사실을 설명한 책이다. 오늘날 언해본은 을해자본을 복각한 단행본이 한문의 원전 없이 전하고 있다. 원래는 한문 원전과 함께 『오대진언』에 합철되어 있었던 것으로 보인다.[212]

※ 화보18

7월 들어 홍문관 부제학 안처량 등이 봉선사 주지 학조가 추진하고 있던 불서의 언해, 간행을 반대하고 나섰다. 학조가 "승정원에 들어가 절의 곡식을 동원하지 말라."고 청한 것은 있을 수 없는 일이라고 아뢰었다. 성종이 전교했다.

- 학조는 본래 사족士族의 자손으로 고금의 사리事理를 대강 알고 있다. 범상한 중이 아니므로 낮추어 대우하지 말라. 세조께서 항상 승정원으로 하여금 접대했고, 은총이 두터웠다. 선왕이 기르던 것은 비록 견마犬馬라 하더라도 오히려 사랑하고 공경하는 것이다. 더구나 이 중은 선왕께서 지극히 공경했다. 중도 내 백성이다. 곡식을 주어 구황하는 것이 옳지 않겠는가. 봉선사는 선왕의 진전眞殿이 있다. 항상 화기를 금하고 소제하는 일이 긴요하므로 거처하는 중이 적어서는 안 된다. 먹을 곡식이 없다면 절이 장차 비게 될 것이다. 두 분 대비께서 어찌 진념하지 않으시며 나 또한 마음이 편안하겠는가. 더구나 이 곡식은 정희왕후께서 내린 것이니, 빼앗을 수 없다.

학조는 대비의 원력에 따라 간경도감을 폐지한 이후 사라졌던 불경 언해의 불씨를 살리기 위해 고군분투하고 있었다.

> 학조는 세조 때 신미·학열과 더불어 간특함을 일삼아 백성에게 해를 끼쳤다. 또한 음험한 계교를 마음대로 하여 그 아우 영전 등을 모두 현관이 되게 했다. 어미의 집이 안동에 있었다. 그 곳 양가良家의 딸을 첩으로 삼아 아들을 낳았다. 금산 직지사를 개인 소유의 절로 만들어 축적이 거만鉅萬에 이르렀다. 도당을 많이 모아 매우 사치스럽게 봉양했다.[213]

※ 화보19 **'조선왕실의 미륵' 효령대군, 91세로 별세**

1486년 성종 17 5월 11일 왕의 형으로 불가佛家에 귀의해 살았던 효령대군 이보가 세상을 접었다. 대군의 나이 91세였다.

> 효령대군은 태종의 둘째 아들로 태어나 총명하고 민첩했다.[…] 세종께서 우애가 지극히 도타워 늘 그 집에 거둥, 함께 이야기하며 저녁이 되어서야 파하곤 했다. 부처를 좋아하여 중을 많이 모아 불경을 강했다. 세조의 돌

보아 줌이 지극히 융숭했다. 궁중에서 곡연曲宴할 때 참여하지 않은 적이 없어, 혹 밤중에 물러가기도 했다. 세조가 초를 잡고 배웅했다. 원각사 창건의 일을 맡아 보았다.[…] 만년에 따로 띳집[茅屋]을 지어 겨우 무릎이나 움직일 수 있을 정도로 해 놓았다. 비록 한추위나 한더위라도 늘 그곳에서 거처했다. 일곱 명의 아들을 두었다. 가장 젊은 아들의 나이가 60이 넘었다. 매양 좋은 날, 아름다운 절기에는 술잔을 들어 축수祝壽하고, 창안백발蒼顔白髮로 슬하에서 춤을 췄다. 진실로 한 시대의 성사였다. 시호는 '정효靖孝'. 너그럽게 즐기며 고종명考終命한 것이 정靖, 지혜롭게 부모를 사랑하고 공경한 것이 효孝다. 불교를 혹신, 머리 깎은 무리[緇徒]의 집합 장소가 되었다. 무릇 중외의 사찰은 반드시 수창首唱, 영건했다.²¹⁴

※ 화보20

지경, 복천사·유점사 등의 불상 도둑질

1487년성종 18 1월 정초부터 대사간 김수손이 "개경사·복천사 등의 절에 해마다 주는 소금·쌀 등의 물건은 그 수량이 너무 많으니, 양을 줄이라."며 사찰의 여러 가지 폐해를 혁파하라고 나섰다.

> 국가에서 1년에 반승飯僧하는 비용을 관찰하면 소금이 개경사 53석 5두, 회암사 60석, 진관사·장의사 모두 20석, 정업사淨業寺·정인사 모두 60석, 연경사衍慶寺·복천사 93석 5두, 숭효사崇孝寺·보은사 모두 50석, 각림사覺林寺·대자사·용문사 모두 120석입니다. 내불당은 소금 5석, 말장末醬 5석 5두, 쌀 31석 2두, 마포麻布 8필, 면포 10필, 봉선사는 소금 100석, 말장 6석 5두, 황두黃豆 48석, 쌀 48석, 마포 10필, 면포 20필, 원각사는 소금 10석, 말장 6석 5두, 황두 48석, 마포 10필, 면포 20필, 연굴암演窟菴·복세암은 소금이 모두 10석 6두, 말장 5석, 쌀 27석 6두입니다.
> 양종兩宗은 소금이 모두 40석, 선승選僧하는 해는 쌀이 모두 30석, 황두가 30석이므로 1년의 소비가 적지 않습니다. 10년을 합하면 소금이 총계 6,220석 10두, 말장이 230석, 황두가 1,230석, 쌀이 1,704석, 마포 280필, 면포 500필입니다. 20년을 쌓으면 소금·쌀·말장·황두가 총계 18,760석이 넘고 마포·면포가 1,560필입니다. 공불供佛하는 비용도 대단히 많습니다. 이로써 적을 방어하면 무슨 적인들 이기지 못하겠으며, 이로써 성城을 지키면 어느 성인들 튼튼하지 않겠습니까.²¹⁵

12월 22일 승려 지경智冏이 사노私奴 박귀원 등과 무리지어 복천사·유점사의 금은불상과 잡물, 신림사新林寺의 은불銀佛 12, 장안사의 금불金佛 6, 은불銀佛 18, 동불銅佛 4, 산호수珊瑚樹·진주 등의 물건을 훔친 사건이 벌어졌다. 성종은 의금부에서 아뢴대로 자자刺字 : 범죄한 자의 얼굴이나 팔에 살을 따고 흠을 내어 죄명을 먹칠하여 넣는 형벌하고 장 100대를 때린 뒤 3천리 밖으로 유배시켰다.[216]

화보21 정희왕후의 유훈, 해인사 대장경 판당 등 중수

해인사 대장경 판당 등의 중수 불사는 정희왕후가 적극 후원했다. 1481년성종 12 세조의 유훈을 받들어 학조에게 명해 해인사 중수를 주관하게 했지만 흉년이 들고 나라에 일이 많아 추진할 겨를이 없었다.

정희왕후가 승하한 지 5년 뒤인 1488년성종 19 봄, 인수·인혜대비가 선왕의 뜻을 추모하는 등 명복을 빌기 위해 대장경 판당의 중수를 학조에게 일임했다. 동부승지 조위가 「해인사중창기」를 집필했다.

> 1488년성종 19 봄에 내수사에서 쌀 몇 석과 배 몇 필을 시주했다. 도료장都料匠 박중석 등을 보내 판당을 30칸으로 개축하고, 보안당普眼堂이라 편액했다. 또한 판당 가운데 불전佛殿 3칸을 해체해 적광전寂光殿 서쪽에 옮겨 짓고, 편액을 진상전眞常殿이라 했다. 조당祖堂 3칸을 해체, 진상전 옆에 옮겨 짓고 편액을 해행당解行堂이라 했다.[217]

3월 2일 성종이 경상도관찰사 성숙에게 글을 내려 해인사 판당의 중창을 맡고 있는 학조를 도우라고 명했다.[218]

8월 27일 경연에서 정언 조구가 해인사의 중창 때문에 여러 가지 폐단이 일고 있으니 학조를 추궁, 엄하게 징계하라고 아뢰었다. 성종은 군과 현에서 일꾼을 징발한 것은 나라의 일이라고 묵살했다.[219]

며칠 뒤 사헌부 장령 안윤손이 해인사의 중수는 국가와 관계된 일이 아닌데도 '요승妖僧'인 학조의 사설에 현혹되어 기와를 옮기고, 잡물을 갖추어준 성숙과 이세좌의 죄를 물으라고 몰아붙였다. 성종이 어서御書를 내려 타일렀다.

- 어찌 나의 시대에 불교를 숭신하고, 요승을 믿겠는가.[220]

유생이 인수대비의 발원으로 조성, 정업원에 봉안한 불상을 불태웠다. 유자儒者의 말로 표현할 수 없는 작태였다. 사성 이문흥은 유생을 벌해야 한다고 나섰다. 그러나 사성 김율은 "유생으로서 불교를 배격한 일이 무엇이 불가한가."라고 비호했다. 대비가 이 소식을 듣고 성종에게 불상을 태운 유생을 국문하라고 압박했다.

성종이 대비의 청을 거절했다.

- 이 사건은 밖에서 들은 소문이라 하더라도 유생을 추국하면 대간에서 반드시 말할 것이다. 내간에서 듣고 유생의 추국을 명하면 임금의 정사政事가 아니다.[221]

1490년성종 21 8월 7일 성숙은 여러 고을의 2,600여 명의 정부丁夫를 징발, 해인사 수창修創에 투입.[222] 9월 15일 중수를 마무리하고 낙성 법회를 베풀었다.

1489년성종 20 봄, 또 쌀과 포목을 시주했다. 다음해에 또한 그와 같이 해서 궁현당窮玄堂, 탐진당探眞堂, 감물당鑑物堂, 쌍운당雙運堂과 일원료一源寮, 곡응료谷應寮, 총지료摠持寮, 도병료倒瓶寮 등을 짓고 강당 무설당無說堂, 식당 만월당滿月堂을 수축했다. 비로전毗盧殿을 개축, 대적광전大寂光殿이라 하고 주불과 보처존補處尊은 모두 황금으로 개금했다. 종루 원음루圓音樓를 세우고, 중문 불이문不二門을 건립했다. 옛 대장전을 뜯어 대적광전의 동쪽으로 옮겨 짓고, 편액을 함허료含虛寮라고 했다. 『은자대장경銀字大藏經』몇 권을 꾸몄다. 또 해탈료解脫寮, 소연료蕭然寮, 현감료玄鑑寮, 원융료圓融寮, 쌍할료雙割寮, 호연료浩然寮, 두원료逗元寮, 연기료緣起寮, 명진료冥眞寮, 현근료玄根寮, 달속료達俗寮, 성행료省行寮, 중영료重瑩寮, 전생료轉生寮, 작숙료作熟寮 등을 지었다. 동서에 누고를 지었다. 동쪽은 무진장無盡藏, 서쪽은 이영고貳盈庫다. 무릇 집 160칸을 지었다. 어떤 건물은 증축하거나 줄였다. 모두 옛 제도에 따랐고, 웅장하고 화려하기는 배나 더했다. 공수간, 목욕탕, 헛간, 화장실과 동종, 목어, 요발, 대고大鼓 등을 두루 갖추어 새롭게 했다. 황금색과 푸른색 단청이 휘황찬란하게 산골짜기에서 빛났다. 이에 가을 9월 보름에 법려法侶 수천 명을 초청, 법회를 크게 베풀고 낙성했다. 이제야 산문의 일이 끝났다.[223]

학조는 유생과 척불파 신료에게는 '간승'·'요승'이라는 험담을 들었지만, 왕실과 백성으로부터 '왕사'·'승왕僧王'으로 불렸다.[224] 흥복사에서 불사를 일으켰을 때 서울에서 개성에 이르는 100리 사이에 파도가 밀려오듯 다투어 모여들어 수레와 가마가 길을 메울 정도였다. 또한 사족의 부녀자가 흥복사에서 가득 내려왔다. 따르는 자가 많았다. 절 안에서 다 수용할 수 없어 밖에서 노숙한 자가 한 둘이 아니었다.[225]

1491년성종 22 봄, 인수·인혜대비가 대적광전 안에 모실 동종을 주성, 보시했다. '해인사 동종'보물 제1253호, 구경 57cm, 높이 84cm은 종신의 유곽 바로 아래 '홍치4년 신해춘성 해인사 대적광전종弘治四年 辛亥春成 海印寺 大寂光殿鐘'의 명문이 양각되어 있다.[226]

⊗ 화보22

전 정인사 주지 설준, 살해당하다

판교종사判敎宗事로 『월인석보』의 편찬과 간경도감에서 각종 언해 불전 사업에 참여했고, 전 정인사 주지였던 설준이 1489년성종 20 11월, 면포를 노린 회령의 갑사 서영생에게 살해당했다. 1479년성종 10 환속되어 회령에 충군된 이후 갖은 핍박에 시달리다 맞은 참혹한 최후였다. 성종은 서영생을 참부대시斬不待時했다.[227]

남효온이 쓴「정인사에 묵으며 설준화상께 올리다」라는 시만 남아 싸늘한 꿈속에서 종을 울리고 있었다.

파도 높은 세상 인심 십 년 동안 겪다가	十載人心浪百層
오늘은 스님 방에서 속세를 떠난 벗 만났다	贊房今遇外間朋
삼경에 달이 떨어져 온 세상 캄캄하니	三更月落十方黑
어찌하면 스님의 무진등 전해 받을까	安得傳師無盡燈
종이 이불 싸늘하여 꿈도 못 이루었는데	紙被稜稜夢不成

향반의 물시계 다하여 절로 종이 울린다 香盤漏盡自鐘聲
일찍 창문 연다고 스님은 으레 이상하게 여기겠지만 山人應怪開囱早
앞 봉우리 푸른 안개 보기 위해 열었다네 爲看前峰嵐翠明[228]

1491성종 22 9월 13일 성종이 경연을 끝냈다. 사헌부에서 복천사에 반승飯僧하고 있던 소금을 혁파하라고 나섰다.

헌납 정탁이 아뢰었다.
- 충청도 복천사에 공양하는 부영창扶餘倉의 소금 40석을 해마다 봄가을에 옮기게 해서 백성이 심히 괴로워하고 있습니다. 선왕조에 신미가 복천사에 있었으므로 이 일이 있게 된 것입니다. 그러나 신미가 이미 죽었는데도 그 폐단이 여전히 남아 있습니다. 청컨대 혁파하소서.
성종이 말했다.
- 사사寺社의 혁파는 어찌 이것뿐이겠느냐. 조종조에서 설치했으므로 갑자기 혁파하지 못할 뿐이다.
- 조종조의 법도法度도 덜고, 뺄 수 있습니다. 이 일은 말해 무엇 하겠습니까. 만약 혁파하지 못한다면 마땅히 승도가 옮겨야 할 것입니다.
- 들어줄 수 없다.[229]

성종, 도승의 법을 엄격히 하다

1492성종 23 12월 7일 승려에 대한 규찰과 검거에 주안을 둔 '금승절목禁僧節目'을 확정했다.[230] 이 법에 따라 승려의 감소 현상이 가속화되었다. 인수대비가 세조의 법을 허물어뜨릴 수 없다고 강하게 맞섰지만, 조정에서는 대비가 정사에 관여하는 일 자체를 문제 삼았다. 정국이 불안할 정도로 도승법의 폐지 상소를 잇달아 올림으로써 성종을 압박, 허락을 받아냈다.
인수대비가 내린 언문의 글만 빈산에 메아리 없이 내려앉고 있었다.

선왕의 법이 하루아침에 허물어짐을 마음 아파하고 민심이 또한 소란하기 때문에 『대전大典』의 법으로도 충분히 추쇄할 만하다고 여겨 『대전』을 따르도록 청했다. 오늘날 일이 여기에 이를 줄은 생각하시지 못했다.[…] 태종께서 비록 사사寺社의 전민田民을 혁파했어도 승도는 이제까지 그대로 있고, 세종께서 비록 승도가 서울에 들어오는 것을 허락하지 않았다 하더라도 양종兩宗은 그대로 두고, 단지 그 법을 어기고 중이 되는 것만 규검할 뿐이었다. 이제 갑자기 도승의 법을 폐하고 또 있는 곳에 따라 승도를 구집, 각박함이 지나치기 때문에 이루어진 법에 따르기를 청한 것이다. 전자에 임금이 어리고 신하가 강했을 때 만약 세조께서 숭흥하지 않았다면, 모르기는 하겠지만 어느 곳으로 돌아갔겠는가. 세조의 옛 신하로서, 세조의 조정에 있었으면서, 마침내 세조의 법을 허물어뜨리는 것이 가하겠는가. 선왕의 법을 따르기를 청한 것이다. 이것이 법을 흔드는 일인가.[…][231]

성현은 당시의 상황을 『용재총화』에 기록해 두었다.

조선조 태종 때 12종을 개혁하고 다만 양종을 두고 사전寺田을 모두 혁파했다. 그래도 유풍遺風은 끊어지지 않았다. 사대부는 그 친속을 위해 모두 재齋를 올리고, 또 빈당殯堂에다 법연法筵을 설치하기도 했다. 기제忌祭를 행하는 자는 반드시 중을 맞아다가 음식을 먹이었다. 또 시승詩僧이 있어 관리와 더불어 서로 수창酬唱하는 일이 자못 많았다. 독서하는 유생은 모두 절에 올라가서 했다. 비록 절을 부수고 벽을 훼손하는 폐단이 있기는 하나 유학자와 중이 서로 의뢰하는 사람도 적지 않았다. 세조 때 극에 달했다. 중이 촌락에 섞여 살며 비록 제멋대로 행하는 일이 있을지라도 이를 꾸짖지 못하고, 조관朝官이나 수령도 항의하지 못했다. 심지어는 중을 의지, 뒤에서 이익을 얻는 자까지 있었다. 성균관 유생으로서 부처의 사리를 바치고 은총을 구해도 사림에서 해괴하게 생각하지 않았다. 성종 때부터 도첩을 발급하지 못하게 하는 법을 엄하게 세워 도첩의 발급을 허락하지 않았다. 때문에 성 안에는 중이 줄어들고 내외의 절은 모두 비었으며, 재를 올려 중에게 밥 먹이는 사족士族이 없어졌다. 이는 임금이 숭상하는 바에 따라 습속도 함께 변한 것이다.[232]

성종, 조선왕조의 체계 잡고 승하

1494년성종 25 12월 24일 세조 때부터 편찬해 오던 『경국대전』을 완성, 반포하는 등 조선왕조의 체계를 확립했던 성종이 정침인 대조전大造殿에서 세상을 떠났다. 향년 38세, 재위 26년이었다.[233]

성종은 폐비 윤씨를 비롯한 3명의 왕비와 12명의 후궁 사이에 아들 16명, 딸 12명을 두었다. 명나라 조정에서 '강정康靖'이라는 시호를 내렸다. 온량溫良하여 즐거워하는 것을 강康, 관락寬樂하여 고종명考終命한 것을 정靖이다. 문운文運을 이룩했다는 의미에서 '성종'이라는 묘호를 받았다. 능은 선릉宣陵으로서 광주廣州 서학당동西學堂洞의 임좌王坐였다.

임금은 총명하고 영걸스럽고 너그럽고 인자하고 공손하고 검소했으며 경서와 사서에 통달했다. 더욱 성리性理의 학문에 이해가 깊었다. 백가百家의 글과 역법曆法, 음악에 이르기까지 널리 통달하고 활쏘기, 글씨, 그림도 또한 정묘精妙한 경지에 이르렀다. 효도하고 우애함은 천성에서 나왔으며 제사는 사고가 있지 않는 한 반드시 몸소 지내고 몸을 삼갔다. 세 분 대비를 봉양함에 정성과 공경을 다했다. 월산대군을 은혜와 예절로써 대우했다.[234]

인수대비는 성종의 명복을 빌기 위해 『반야바라밀다심경언해』 등의 불서를 인출했다. 학조가 명을 받들어 발문을 썼다.

우리 부처 여래께서 가르침을 내리신 것은 만화萬化를 가져다 일심一心으로 묶고, 일심에 나아가 자성自性을 밝히심이다. 자성의 본체 됨됨이는 담적湛寂하고 허현虛玄해서 이름이나 형상을 아득히 초절超絶한 것이나, 큰 자비이기 때문에 사리의 올바른 기틀에 따라 이름을 붙여 밝히게 된다. 혹은 진여眞如, 혹은 적상寂相, 혹은 반야般若, 혹은 여래장如來藏이라 한다. 하나의 법체法體 천千의 이름이 인연 따라 불려지게 된 실상은 모두가 한 진리다.
성인의 깨달음을 보리菩提라 하고, 군생群生의 어두움을 번뇌라 한다. 성인은 깨달은 것으로 어두움을 열어준다. 이에 형상이 없으면서도 백천의 모습으로 형상화되어 나타나고, 말씀이 없으면서도 대천의 경권經卷으로 말씀하셨다. 기미[機]는 종류에 따라 나뉘고, 말씀도 길에 따라 다르다. 귀결되는 요점은 삼장三藏을 초월하지 않고, 수행修行 방편으로 제시하는 것은 계戒·정定·혜慧에 지나지 않다. 계는 몸이나 입에 대한 규범, 정·혜는 성정性情을 다스리는 것이다. 가까운 곳이거나, 먼 것이거나 이 길로 가지 않음이 있겠는가.

1494년 성종 25 성종이 융성하게 정치하다가 갑자기 신민을 버리고 떠났다. 한 나라가 황황하여 마치 부모를 잃은 것 같았다. 우리 왕대비전께서도 울부짖고 몸부림쳐 오장이 찢어지는 듯했다. 추원追遠이 되고 천복薦福이 되는 것이라며 극진하게 정성을 기울였다. 이에 경률논 중에 사람의 눈을 띄울 수 있는 것을 골라 번역, 출간하게 했다. 『법화경』·『능엄경』 각 50건, 『금강경육조해』·『심경心經』·『선종영가집』 각 60건, 『석보상절』 20건이었다. 또한 한자 『금강경오가해』 50건도 인출했다. 여섯 경전을 합해서 300건이었다.

명복을 비는 자량資糧으로 삼아 연상기錬祥期에 이르러 33인의 정려淨侶를 모아 돌려 읽게 하여 낙성했다. 임천林泉에 있는 승도에게 두루 나누어, 누구나 그 뜻을 연구할 수 있게 하여 무언의 밀지密旨를 널리 펴내고, 누구나 볼 수 있는 경전을 열어 주셨다. 불이不二의 문이 널리 열려 길을 몰라 우는 나그네를 인도하고, 법성法性의 바다 넘실대어 물 밑의 달을 더듬는 어리석은 원숭이를 구제했다. 사생四生·십류十類를 몰아 항상 즐거운 고향에 이르게 했다.

우리 선왕의 하늘에 계신 영체靈體도 이 넓고 큰 인연을 타시어 위爲 없는 위爲가 있어, 일천 계단으로 나아가 신령의 원천을 밟고, 이룸 없이 이루어져서 온갖 사물을 당하셔도 암암리에 이 크고 큰 대방大方의 불계를 밟아 하나의 미진微塵을 여의지 않고도 여래의 광대한 찰토刹土를 활보한다면, 우리 대비전하께서도 추모, 천복薦福하는 모든 일이 다할 것이다.

아! 지극하도다. 만약 사람마다 원래 간직한 한 권의 경전을 한갓 문자 언어 사이에서만 찾고 마음으로 터득하지 못하면 벽돌을 갈아 거울을 만들거나, 손가락 끝으로 달을 지적하는 것과 다르지 않다. 더구나 우리 대비전하께서 이 특수한 인연을 지어 법려法侶에게 널리 보시하고, 대적멸大寂滅의 바다에 놀도록 복을 비셨다. 원왕願王이 되게 하심이 어찌 언어와 문구에만 있겠는가. 원대한 뜻이 포함되어 있음은 진실로 생각도 말할 수 없는 것이다. 그러나 뒷날 배우는 이는 의당 이것으로 경책警策을 삼게 되면 황엽黃葉은 끝내 돈이 아님을 결단코 알 것이다.

- 1495년연산군 즉위년 8월 하한下澣, 황악산인 학조 공손히 발跋하다.[235]

학조, 『육조법보단경 언해』 등 간행

1496년연산군 2 5월, 65세의 학조가 인수대비의 명으로 『육조법보단경六祖法寶壇經 언해』3권 3책와 『진언권공眞言勸供·삼단시식문三壇施食文』·

『수륙잡문水陸雜文』을 정음으로 언해, 인경목활자로 간행했다.
『육조법보단경』은 당나라 육조六祖 혜능慧能, 683~713의 어록을 문인門人이 엮은 일대기다. 사람의 마음을 깨우쳐 견성성불하는 가장 빠른 길을 제시한 책으로 학조가 번역한 것으로 추정된다.[236]

> 사사로운 한 가지 집착도 없이, 낱낱이 원융한 불도를 이루어 망령된 계책에 기울어 밖에서 부질없이 진리를 찾지 않았다. 여러 조사들이 간간이 나서 그 시대 사람의 몽매함을 깨우칠 귀중한 가르침을 제시하고, 곧장 천거하고 취함에 그 말씀은 교묘하고, 명백하며 간결하고 쉬워서 마치 맑은 하늘에 밝은 태양과도 같으나 당대 사람의 저지르는 과오를 어찌하랴. 육조대감선사는 말이 간결하고, 이치가 넉넉하여 여러 조사 가운데 탁연히 빼어난 분이다. 그러므로 옛 사람이 '어록語錄'을 '경經'이라 함은 진실로 까닭이 있는 것이다.
> 우리 인수대왕대비전하께서 시류의 급박함과 이름에 얽매여 번뇌하고 안타까워 할 뿐, 역내域內 세속의 밖에 청량한 일단의 광명이 있는 것은 알지 못함을 한탄했다. 그래서 소승에게『육조단경』을 우리말로 번역, 나무에 글자를 새겨서[木活字] 300부를 찍어 당세에 반포하고, 후세에 전할 것을 명했다. 모두 보고 반성하고, 스스로 확대한 면목을 갖게 했다. 그것이 부처님을 위해 어찌 문언文言과 구의口議가 능히 방불하다고만 할 것인가. 경계에 이르러 의심나는 바가 없게 될 것이다. 또한『시식권공施食勸供』은 일상생활에서 평소 행해지는 법사法事 : 佛事가 빠지거나, 혹은 바뀌어서 문장의 결이 순서대로 되지 않아 배우는 자가 병통으로 여겼다. 자세히 교정하고, 바른 것을 얻어 400권을 찍어 내어 중외에 반포하노라.
> - 1496년연산군 2, 홍치 9 여름 5월 일에 발문을 쓴다.[237]

5조 홍인대사가 머물고 있는 황매산에서 8개월 째 행자생활을 하던 혜능이 홍인 화상이 후계자 선발을 위해 심게心偈 : 마음의 깨친 바를 쓴 게송를 공모했다. 선불교의 역사를 바꾼 명장면.

한 동자승이 방앗간 앞을 지나면서 신수의 게송을 열심히 암송했다.

몸은 지혜의 나무 　　　　身是菩提樹

마음은 밝은 거울의 받침대　　心如明鏡臺
때때로 부지런히 닦고 털어서　　時時勤拂拭
먼지가 끼지 않도록 하라　　　　莫使有塵埃

방아를 찧다가 동자승의 암송을 들은 그 게송이 자신의 본성을 아직 똑똑히 보지 못한 것이라고 생각했다. 혜능은 동자승에게로 다가가 물었다.
- 암송하는 게 무슨 게송이냐.
동자승은 어이없다는 듯이 반문했다.
- 그것도 모르는가.
동자승이 저간의 일을 소상히 얘기해 주었다. 혜능이 동자승에게 부탁했다.
- 나는 8개월째 여기서 방아를 찧고 있다. 아직까지 방장실 앞에 가보지 못했다. 그러니 나를 남쪽 회랑까지 데리고 가서 그 게송에 예배하고 수지, 염송해 해탈할 수 있게 해 달라.
혜능이 동자승의 안내를 받아 남쪽 회랑으로 가서 신수의 게송을 향해 예배를 올렸다. 그러나 혜능은 글자를 몰라 게송을 직접 읽을 수가 없었다. 옆에 있던 사람에게 읽어달라고 했다. 옆에 있던 사람은 동산사에 참배하러 온 강주현 별가 장일용이었다. 장별가가 큰 소리로 읽어주자 혜능은 한 번 듣고 난 뒤 곧바로 대의를 파악하고 즉시 자신의 게송을 한 수 읊고자 했다. 글자를 전혀 모르는 무식한 혜능은 장별가에게 자신이 읊는 게송을 글자로 써달라고 부탁했다. 장별가는 같잖다는 듯이 말했다.
- 자네가 게송을 읊겠다고. 참으로 희한한 일이다.
혜능이 바로 응대했다.
- 미천한 사람에게도 고귀한 지혜가 있을 수 있고, 상상인上上人도 전혀 지혜를 갖지 못한 경우가 있다. 사람을 경시하면 무량의 죄과를 면치 못한다.
장별가가 비아냥거리듯 말했다.
- 좋다. 게송을 지어봐라. 내가 글로 옮겨주겠다. 만약 자네가 득법하면 나를 먼저 제도해줄 것을 잊지 말라.
혜능이 게송을 읊었다.

보리는 본래 나무가 없으며　　　菩提本無樹
밝은 거울 또한 받침대가 아니니라　明鏡亦非臺
본래 한 물건도 없거니　　　　　本來無一物
어느 곳에 티끌이 묻으리오　　　何處惹塵埃[238]

혜능은 출가수행이나 형식적인 좌선수행을 부정하고 일상생활 속에서의 불교를 제창했다.

> 불법은 원래 속세 속에 있다. 세속 속에 있으면서 세속을 떠나야 한다. 그렇기 때문에 세간을 떠나 출세간을 구하려 하지 말아야 한다.[239]

『육조법보단경 언해』의 편찬 양식은 먼저 본문을 분단分段하여 정음 작은 자로 구결을 달고, 번역문은 한 글자 내려서 적었다. 한자에는 동국정운식 한자음이 아닌 당시의 현실음으로 주음한 점이 특이하다. 중간에 한자어나 불교용어의 협주가 나오면 아무 표시 없이 번역문 중간에 쌍행 작은 자로 적었다.[240]

『진언권공』과 『삼단시식문三壇施食文 언해』는 불가佛家의 일용법사日用法事를 다룬 내용으로 승려에게는 매우 요긴한 책이다. 1496년연산군 2 합철, 목활자로 400부를 간행했다. 『시식권공』이라 약칭된다. 이 책은 15세기 말의 국어사 자료로서, 특히 진언眞言의 한글 음역 등으로서 중요하다. 목활자인 점에서 서지학 연구에도 소중한 책이다.[241]

『진언권공』은 주로 '향공양, 등공양, 꽃공양' 등과 같은 여러 가지 공양을 올릴 때 쓰는 진언, 『삼단시식문』은 재를 올린다든지 하는 불교의식에 쓰는 진언을 모아 놓은 것으로 스님들이 자주 참고하는 요긴한 문헌이다.[242]

학조, 해인사에서 대장경 인출

1500년연산군 6 6월, 왕비 신씨의 명으로 학조가 해인사에서 대장경을 인경했다.

> 우리 왕비전하께서 숙세로부터 훈습된 종자種子의 선근을 발휘, 주상전하의 총명한 슬기가 장구하고 원자의 건강과 장수를 기원하기 위해 신 학조에게 명해서 해인사에 소장된 판본을 종이 8,000여 권으로 이 삼장부법三藏部法을 인쇄하게 했다. 장정하여 모두 갖추어서 문서함과 책갑에 넣

으니, 보는 이의 눈을 부시게 했다. 다음해 맹하음력 4월가 지나서, 도구를 만들고 승도 108명을 모아 3일간 전경傳經한 뒤 낙성했다.²⁴³

1503년연산군 9 모춘暮春 상한上澣, 직지사에 주석하고 있던 72세의 학조가 『예념미타도량참법禮念彌陀道場懺法』의 발문을 썼다.²⁴⁴
1504년연산군 10 원각사를 기방으로 만들고, 성균관을 연회 장소로 만들었다.

> 이때에 관리를 여러 도에 파견, 기녀를 뽑아 서울로 들여왔다. 이름을 흥청興淸, 운평運平, 단평斷平, 속홍續紅 등이라 하여 각 원院에 나누어 두었다. 원각사를 연방원聯芳院으로 삼아 속홍에 두었다. 또한 성균관을 연회 장소로 만들었다. 공자의 위패를 철거해서 고산암高山庵으로 옮겼고, 모든 생도를 몰아내니 태학太學 : 성균관이 텅 비고 말았다. 무당을 모아 그 안에서 음사淫祀를 행했다.²⁴⁵

학조, 직지사에서 입멸

학조는 불경간행 사업 이외에도 여러 사찰을 중수하며 꺼져가는 등불을 켜기 위해 정진했다. 그러나 대소신료는 틈만 나면 온갖 추문을 덧씌우며 학조를 몰아댔다.

> 성균관 생원 이경 등이 편의便宜 10조條를 올렸다.[…]
> - 이단異端을 배척하소서. 요승妖僧 학조는 선조先祖에서 죄를 짓고 도망한 자입니다. 제 집에 앉아서 승도를 나눠 보내 제 마음대로 여러 절에 머물게 했고, 거처와 음식은 왕후王侯에 비길 만합니다. 그의 무리가 '승왕僧王'이라고 부르기에 이르렀습니다. 그의 죄악을 캔다면 만번 죽어도 벗어날 수 없습니다. 학조를 무거운 죄로 다스려 세상과 백성을 속인 죄를 드러내소서.²⁴⁶

학조는 만년에 직지사에 주석하며 면목을 일신한 뒤 1514년중종 9 봄추정, 세수 83세를 일기로 입적했다.²⁴⁷
5월에 문도가 복천사 뒤편 동쪽 언덕 혜각존자 신미의 부도인 「수암화

상탑」 옆에 「등곡화상탑燈谷和尙塔」을 세웠다.[248] 진영眞影이 장성 백양 ⑱ 화보25
사,[249] 가야산 해인사에 전한다.

1506년중종 1 학조가 생질인 김정에게 노비를 증여하며 작성한 일련의 문서가 있다. 그 중 「재주고음財主侤音」과 「금산군수입안金山郡守立案」에 학조의 생년과 출신을 알려주는 내용이 기록되어 있다.

    학조는 1432년세종 14 안동 출신의 한성판관 김계권의 아들로 태어났다. 합천 군수 김영추, 사헌부 장령 김영수가 동생이다. 아명이 올미吾乙未, 3세 전에 김외에게 출계出系했다. 출가하여 법명을 학조라 한 것이다. 현관이 배출된 집안의 출신이다.[250]

학조는 분명하지 않으나 어렸을 때 출가한 것으로 보인다. 『시권詩卷』을 펴냈으나 전하지 않고, 김수온이 쓴 시만 남아 있다.

젊은 시절 힘써 배워 시서를 추구해서	少年力學追詩書
기름 태워 햇빛 이어가며 항상 쉼 없이 노력했지	焚膏繼晷恒兀兀
괴이함 들추고 기이함 찾느라 틈낼 새 없었으니	抉怪搜奇不暇給
삼분오전의 일천 책 마음 속에 가득 들어 있네	墳典千篇森在腹
영기를 머금고 문채 떨치어 나오면 글이 되니	含英振藻出爲文
조정에서 사책 하는데 자주 일등 했네	射策君門頻第一
요즘 절간에서 이름난 승려 많은데	浮屠近世多名人
혜각존자 신미는 학열을 기꺼워했지	尊者眉公仍學悅
학조가 뒤에 나와 도의 명성 높아져	禪師後出道譽隆
두 스님 사이에서 갑을 따질만 했네	其在兩公能甲乙
나의 빼어난 명성 듣고 아홉 고을 달려	聞我英聲馳九牧
때로 찾아와 기꺼이 달빛 아래 띠집 두드렸네	時來肯扣茅茨月
덧없는 삶 회합하기는 본래 기약 없고	浮生會合本無期
서로 만나 냉소해도 알 사람 없네	相逢冷咲無人識
선사가 꾸짖는 건 집이 가난한 늙은 선비가	師誚家貧老措大
시벽으로 일생 보내며 학발머리 된 것	詩癖窮年側頭鶴
선사가 공적에 얽매었다 비웃었으니	我咲禪師縛空寂
어지러운 만법, 부질없이 생멸해서라네	紛紜萬法空生滅

유학과 불교, 가는 길 다르지만	雖然儒釋不相謀
예로부터 유풍 함께 해 기꺼이 어울렸지	終古同風兩懽適
원공이 백련 가운데서 모임 맺고	遠公結社白蓮中
풍류도 도연명과 소강절 이끌어 얻었네	引得風流陶康節
조주에 대전승 은거하고	潮洲又有太顛僧
이부시랑 옷 벗어 두고 바다에서 이별하니	吏部留衣海上別
새처럼 달아나기 좋아함은 이고의 약	樂夫鳥竄李翶藥
동조해서 막역한 것 논할 필요 없네	不必同調論莫逆
천년 흐른 뒤 앞서간 철인 사모하리라	悠悠千載慕前哲
유풍 늠름해서 나약한 이 오히려 서게 하고	遺風凜凜猶懦立
문장이 나에게 어찌 있으랴만	文章於我何有哉
한 가지로 말미암음 나귀의 발과 같다네	一枝由來等驢足
선사의 나이 비록 어렸지만 도는 매우 높아서	師年甚少道甚高
이미 부처의 방에 들었다고 말하지	人道已入牟尼室
열흘 동안 와병 겪고 귀가 울던 노인장은	經旬臥病毗聊翁
고요한 방 안에서 오직 팔 척의 몸만 뒤척이네	方丈寥寥唯八尺
선사여, 안부 물으려는 마음 내지 말기를	師乎莫遣問候來
거사는 지금 한결같이 침묵하고 있다네	居士如今不二默[251]

김수온은 가깝고도 아득한 곳에 머물던 혜각존자 신미를 모신 학조가 더 없이 미더웠고, 고마웠다.

학조는 김시습보다 세 살 위였다. 평가의 저울추는 세조의 총애를 받으며 불교계를 이끌었던 학조보다 자유분방하게 유불선儒佛仙을 넘나들었던 매월당에게로 쏠렸다.

> 동봉東峯 : 김시습은 학조와 같은 시대를 살았다. 학조도 당시 문벌 있는 집안 출신으로 중이 된 자였다. 동봉에게 굽히지 않고 매양 그와 겨루었다. 하루는 산속으로 같이 가는데 동봉이 앞서고 학조가 뒤따랐다. 때마침 비가 그쳤다. 길에 멧돼지가 칡뿌리를 캐먹은 자리는 구덩이가 되어 꽤 깊었다. 물이 가득 고여 있었다. 동봉이 학조를 돌아보고 말했다.
> - 내가 이 웅덩이에 들어가 뒹굴고 나올 터이니, 나를 따라 할 수 있느냐.
> 학조가 이를 허락했다. 즉시 두 사람은 웅덩이 속으로 들어가서 뒹굴고 나왔다. 그런데 동봉은 입은 옷과 온 몸에 물 한 방울 젖은 곳이 없었다. 학

조는 흙탕물이 온 얼굴에 흘러 내렸고, 의복이 몽땅 젖어 있었다. 동봉이 웃으며 학조에게 말했다.
- 네가 어찌 내 흉내를 낼 수 있겠느냐.²⁵²

매월당은 승려가 되고서도 수염을 깎지 않았다.
- 머리를 깎은 것은 이 세상을 피하기 위함이고, 수염을 남겨 둔 것은 장부의 뜻을 드러내기 위함이다.²⁵³
학조가 속리산 복천사 언덕에 들고 난 뒤 조선 불교는 캄캄한 대낮이었다. 입멸 이전이나, 이후에도 작은 꼬투리라도 잡히면 등곡화상의 탑과 복천사를 흔들어댔다.

※ 화보26

1. 어떤 부마駙馬가 학조를 능멸했다. 성종이 곧 뜰로 불러 물었다.
- 나도 학조의 거짓됨을 알고 있다. 그러나 왕사王師이므로 감히 업신여기지 못한다. 너는 누구의 자손인가.
위대합니다. 왕의 말씀이여! 성인聖人의 마음속에는 천리天理만 있을 뿐입니다.²⁵⁴

2. 전적典籍으로 임명된 김번은 학조의 양자다[동성同姓 삼촌 숙부]. 학조는 어릴 때 양모養母와 사통하고 도망쳐 중이 되었다. 이후 양모의 재물을 소유했고, 부요富饒하기가 견줄 데 없었다. 김번이 이를 얻고자 아첨하며 온갖 짓을 다했다. 사림士林이 추하게 여겼다.²⁵⁵

3. 김번은 요승 학조의 조카로 그의 장획藏獲과 보물을 모두 차지했다. 간원은 김번이 학조에게서 자랐기 때문에 배척, 서경하지 않았다. 과거에 급제했을 때 유가遊街, 학조가 거주하던 절에 가서 영화스럽게 보이려 했다. 고을의 향교 유생이 선비로서 요승을 위해 경하할 수 없다며 가지 않았다. 잔치는 열리지 않았다.²⁵⁶

4. 중종이 전교를 내렸다.
- 복천사의 노비 80구口를 성균관에 주라.²⁵⁷

이광수는 소설 『세조대왕』에서 학조를 김수온의 형으로 잘못 묘사했다.

또한 김시습과 김수온은 일가가 아니었다.

> 며칠 뒤 괴애 김수온이 그 형이요, 중인 학조學祖와 함께 수락사에 김시습을 찾았다. 이들은 시습과는 일가로 나이로는 수온이 시습보다 십여 년 연장이지마는 항렬로는 시습보다 아래였다. 그래서 수온은 시습더러 족속이라고 부르고 시습은 수온더러 괴애라고 불렀다.
> 괴애 김수온은 전임 공조판서로 지금은 서거정과 함께 지중추知中樞였다. 상감이 가장 신임하는 신하 중에 하나로 유불에 학문이 도저하고 또 율 잘 짓기로 당대에 으뜸이라고 하였다.[…]
> 형 학조는 일찍부터 중이 되었다. 그 역시 글 잘하고 말 잘하고, 사람 잘났다고 소문이 높은 중이요, 상감의 신임을 받음도 두터웠다. 세상에서 전하기는 학조는 신통력을 얻어서 물을 육지와 같이 걷고, 불을 물과 같이 만진다고 하며, 능히 귀신을 불러 말하고 능히 전생, 내생을 본다고 한다. 상감이 학조를 왕사로 삼은 것이 이 때문이라고 한다.[258]

안동 광흥사의 『훈민정음해례본』

※ 화보23 세종 때나 지금이나 도굴과 도난은 나라의 골칫거리였다.[259] 도굴과 연관된 사건이 아득한 세월을 건너 1999년에서 2000년도 사이 안동 광흥사廣興寺에서 벌어졌다. 신라 때 의상대사가 창건하고, 고려와 조선조 때 영남 이남의 최대의 가람이었던 안동의 학가산鶴駕山∶下柯山 자락에 자리한 광흥사 명부전시왕전의 시왕상十王像 복장에 1446년세종 28 9월 간행된 세계기록문화유산『훈민정음해례본』이 보장되어 있었다.

※ 화보24 광흥사주지∶범종에서는 2013년 11월 21일 복장물불상을 조성하고 점안하기 전 불상 안에 봉안하는 불경 등의 문화재의 도난 방지광흥사는 1999년부터 3차례에 걸쳐 복장 유물을 도난당했다.를 위해 명부전의 10구軀의 시왕상을 개복, 이 과정에서 18상자 분량의 고문서를 수습했다.

> 복장 속의 고문서에는 1213년 간행된『종경촬요』와 1387년 고려 말기에 간행된『대혜보각선사서』書狀 등이 보장되어 있었다. 특히 3권의『월인석보』권7, 권8, 권21과『선종영가집언해』등은 자세하게 연구를 더 해

봐야 알겠지만 세조 때 간행한 초쇄본(1464년)으로 추정되는 국보급의 가치가 있다고 천명희 객원연구원(한국국학진흥원 목판연구소)이 의견을 밝혔다. 광흥사에서는 조계종단과 협의, 문화재청에 발견한 고문서에 대한 분석과 감정을 의뢰했다. 감정과 보존처리가 마무리되면 불교중앙박물관에 보관할 방침이다. "광흥사의 화재로 훈민정음 판본이 소실되었다."(1952년 11월 12일 동아일보)는 기사로 미루어 볼 때 광흥사는 훈민정음과 깊은 관련이 있다. 특히 세종 때는 왕실의 원찰願刹로서 지정되어 사격寺格을 높였고, 세조 때는 혜각존자 신미대사를 보필하며 간경도감의 각종 불전 언해에 참여했던 등곡당 학조대사가 만년에 주석했다. 훈민정음의 언해 불사와 뗄 수 없는 유서 깊은 사찰이 광흥사다.[260]

세종은 『금자법화경金字法華經』과 어첩御帖 일책一冊을 내렸고, 세조는 간경도감의 도제조 윤사로 등을 보내 어정御定한 『묘법연화경언해』·『선종영가집언해』·『반야바라밀다심경언해』등의 불전佛典을 봉안했다.[261] 광흥사와 관련된 중요 문화재는 △『취지금니묘법연화경翠紙金泥妙法蓮華經』보물 제314호 : 고려말 조선 초기의 절첩본 △『백지묵서묘법연화경』보물 제315호 : 1389년 제작 등이 있다.[262]

간송미술관에 보장되어 전하는 유일한 『훈민정음해례본』은 안동에서 처음 발견되었다. 세조 때 간경도감 안동분사의 중책을 맡아보던 광흥사에서 두 번째 『훈민정음해례본』이 세상 속으로 나왔다. 세종이 온갖 어려움을 극복하고 만들어 배포한 이 책이 광흥사로 돌아오길 바란다.[263]

마무리

혜각존자 신미와의 대화

> 물결 속 달, 내가 보는데
> 보는 나, 달 잃어버리네
> 들며 나며, 나며 들며
> 물만 깊다 걱정하고 보낸 세월

나옹혜근·무학자초·함허득통의 법맥을 이은 혜각존자 신미는 '보이지 않는 산'이었고, '은근한 달'이었다. 조선의 개국 이후 불교계가 한없이 산속으로 말려가고 있는 상황에서도 의연하게 제자리를 지켰다. 성리학을 당겨와 정권을 잡은 이들의 멸시와 핍박 속에서도 세종과 함께 훈민정음 창제에 혼신을 다했고, 불전佛典 언해에 집중했다. 무소유無所有, 무애행無碍行이었다.
『석보상절』과 『월인천강지곡』은 깨달음과 사랑의 노래다. 사랑은 달빛이다. 둥글게 오고, 텅 비어서 둥글다. 깨닫는 순간 사랑은 온다. 살아있음으로 그리움과 기다림은 간절하다. 말하지 않고, 들으며, 말을 하며 살아도 배고프고, 말을 잊는다. 깨달음은 말과 글 속에 머물지 않고, 흐른다.
혜각존자 신미는 달빛처럼 이 땅에 와서, 머물다 갔다. 필자는 침묵으로 일관해온 스님께 어리광부리듯 몇 개의 질문을 준비했다. 대화는 속리산 복천사, 운악산 현등사, 경복궁 내불당과 가까운 터, 고양의 대자암 등지에서 이루어졌다. 언해사업을 관장했던 마사토 맑게 깔린 절 마당이 질문을 던지기에 안성맞춤이었다. 삼배를 올렸다. 스님은 웃으며 흔쾌히 질문에 답했다.
부처는 무엇인가.
 - 삶이다.
어찌 살아야 하는가.
 - 살면 된다. 네가 가는 길이 부처의 길과 다르지 않다.
부러지고, 꺾이고, 걸어가야 할 자드락길이 도처에 깔렸다.
 - 너를 자랑하지 말라. 무수한 세월이 증명하고 있다.

절벽 끝에 있다. 어디로 가야 하는가.

- 마음대로 해라. 위쪽 이빨이, 아래쪽 이빨보고 웃는다.

세종과 함께 심혈을 기울여 만든 훈민정음은 무엇인가.

- 묻지 말고, 느껴라. 지금, 이곳에서의 삶이다. 진정 알고자 한다면 하늘, 땅, 사람이 전부다. 역사에 오늘은 없다. 아름다움도 추함도 없다. 단순, 평범이 담겨있는 듯 보여도 속내를 들여다보면 흔들림 없는 원칙이 있다. 세상의 경영은 집중과 은근, 참음과 치열한 자기연마가 밑바탕에 있다. 글을 갖지 못한 백성의 절대고독, 그것에 대한 치유는 새로운 문자 창제라는 것을 단 한 때도 잊은 적이 없다. 부처를 버리라면 버렸고, 공자를 버리라면 또 버렸다. 가슴 저 밑에 숨겨두고 인연이 오기를 기다렸을 뿐이다.

『석보상절』과 『월인천강지곡』은 어디에서 집필했는가.

- 속리산 복천사, 고양 대자암, 운악산 현등사에서 했다. 함허당의 땀과 얼이 스며있는 곳이다.

한 차례도 등불 꺼뜨리지 않고 『석보상절』을 언해할 때 동생인 김수온과 함께 몰입했다. 불교의 핵심이 행간마다 녹아들어 있다.

- 이 땅의 백성이 깨달음의 불 밝혀 어둠 속에서 길 잃고 헤매지 않기를 바랐다. 『석보상절』의 첫 머리에 『훈민정음해례』를 언해해서 실은 것도 같은 맥락이다. 스스로 그러하듯 훈민정음 또한 그러하다. 바람이 어디 동쪽과 북쪽, 남쪽과 서쪽을 가리고 가는가. 잘 살펴보라. 종소리가 33천 대천세계에 울려 퍼지듯 『훈민정음』의 쪽수는 33장이다.

『훈민정음해례』의 '결왈訣曰'은 창제에 깊게 관여한 증좌로 보인다.

- 훈민정음은 오랜 세월 이 땅에 뿌리 내린 불교와 대장경을 읽어 내려간 구결口訣, 주역周易의 사상을 집약한 세상에 없는 새로운 문자다. 이는 떼어놓을 수 없는 관계다. 게송이 갖는 압축과 단순성을 최대한 살렸다. 세종어지의 한문 원문은 54자, 언해문은 108자다. 세종이 전폭적으로 지원해 주었기에 집현전의 학자도 말없이 수용했다.

무엇 때문에 그림자 하나 남기지 않고 물러섰는가.

- '자비'와 '애민'은 말로 하지 않는다. 훈민정음 창제 전의 일은 상상하지

말라. 있는 그대로다. 문자는 '일천 강물을 비추는 달'과 같다. 맑고 강건한 정신 오롯이 스며든 글과 말은 누르고, 짓밟을수록 바로 선다. 한 일이 해야 할 일과 겹치면, 그 순간 죽음이다.

훈민정음은 무엇인가.

- 낮은 곳, 높은 곳 가리지 않고 피는 우주의 꽃이다. 날마다 비우고, 채우는 그릇이다.

타고 남은 뒤의 몸은 어디로 가는가.

- 해가 뜨고, 달이 뜬다.

혜각존자 신미와의 만남을 마무리했다. 순간, 구마라즙이 강설講說할 때마다 스스로 한 말이 떠올랐다.

구린내 나는 진흙 속에 연꽃 피는 것과 같다. 중요한 건 연꽃 얻고, 더러운 진흙 갖지 말라. [譬喩如臭泥中生蓮花 但採蓮花 勿取臭泥也]

이어지는 곡두새벽, 삼각산 불광동 기슭 월인당에 푸르고 붉은 연꽃 피어나고 있었다.

혜각존자 신미 행장行狀

❈ 1403년 태종 3 1세

본관은 영산永山. 외할아버지인 전 예문관대제학 이행李行의 제택이 있는 서울에서 태어났다. 김영이金令貽의 4대 손으로 아버지는 훈訓, 어머니는 여흥驪興 이씨李氏. 태종으로부터 문행文行을 인정받아 세자 좌시학左侍學으로 있던 아버지가 '소이성疏而省'하니 성省자를 써서 수성守省으로 지었다.

❈ 1405년 태종 5 3세

첫째 동생 수경守經 출생. '고이경固而經'하니 '경經'자를 썼다.

❈ 1407년 태종 7 5세

외할아버지 이행으로부터 『정속正俗』・『유학幼學』을 배웠다.

❈ 1409년 태종 9 7세

『자설字說』・『소학小學』을 배웠다. 둘째 동생 수온守溫 출생. 온화溫和의 '온溫'자를 썼다.

❈ 1412년 태종 12 10세

외할아버지와 친분이 있었던 대사성 유관柳觀과 이첨李詹에게 『중용』・『대학』・『논어』・『맹자』를 배운 것으로 보인다. 셋째 동생 수화守和 출생. 온화溫和의 '화和'자를 썼다. 김훈이 창덕궁의 행랑 공역을 감독했다.

❈ 1414년 태종 14 12세

『시경詩經』・『서경書經』을 배웠다. 아버지는 경기경력京畿經歷을 거쳐 전농시 소윤典農寺少尹으로 자리를 옮겼다.

❈ 1415년 태종 15 13세

성균관에 입학, 『예기禮記』・『춘추春秋』 등을 배웠다.

❈ 1416년 태종 16 14세

외할아버지에게 『주역』을 배웠다. 성균관에서 역사서와 제자백가서를 읽으며 소과를 준비하고 있을 무렵 집안이 풍비박산 나는 사건이 벌어졌다.

1월 30일, 사헌부에서 옥구진병마사沃溝鎭兵馬使로 내려가 있던 김훈이 불충불효의 죄를 저질렀으므로 국문한 다음 법에 따라 죄를 물으라고 탄핵했다. 그 내용은 다음 네 가지로 압축되었다. 「▲ 국방의 요충을 맡은 관리가 근무지를 떠나 도성에 머물 수 없다. ▲ 조모의 빈소에는 들르지도 않고 그대로 상경했으므로 더할 수 없는 불효다. ▲ 상중에 기생과 함께 서울에 머문다는 것은 눈을 뜨고 볼 수 없는 일이다. ▲ 상경하면 왕에게 숙배를 하는 것이 신하된 도리인데 아무런 보고도 없이 정종을 만나고 다닌 것은 두 마음을 품었다고 의심하지 않을 수 없다.」

김훈의 죄상을 사헌부에 알린 것은 외할아버지 이행이었다. 사위가 저지른 불충의 불길이 집안 전체로 번지는 것을 막기 위한 고육책이었다. 태종은 상왕으로 물러나 있던 정종과 관련이 있는 일이므로 출사불복명률出使不復命律로 다스리라는 명을 내렸다. 김훈은 장杖 100대를 맞고 전라도 내상內廂으로 유배되었다.

2월 25일, 사간원에서 김훈을 극형에 처하라고 상소했다. 태종은 대답하지 않았다.

❈ 1417년 태종 17 15세

기우는 봄날, 양주 천보산 회암사에서 함허당涵虛堂, 1376~1433 득통 기화를 은사로 출가했다. 함허당이 내린 법명은 '신미信眉'였다.

함허당은 출가하기 전 성균관에서 유학을 익혀 세속의 학문에도 정통했다. 신미 또한 성균관에서 공부했고, 외할아버지 이행으로부터 유학의 핵심을 전수받았다.

❈ 1418년 태종 18~1422년세종 4 16세~20세

4년 동안 양주 회암사, 가평 현등사懸燈寺, 고양 대자암大慈菴 등지에서 함허당을 시봉했다.

1421년세종 3 초가을, 세종은 함허당의 명성을 듣고 명을 내려 성녕대군(태종의 4남)의 능침사찰 대자암의 주지로 임명했다. 신미는 스승을 시봉하며 왕실 불사를 주관하는 법을 체득해 나갔다.

1422년세종 4 5월 10일, 강력한 추진력으로 조선의 기틀을 다진 태종이 연화방蓮花坊 신궁新宮에서 파란만장한 생을 마감했다. 춘추 56세였다.

❈ 1423년 세종 5 21세

1423년세종 5 봄, 함허당이 왕실과 종친의 발원으로 강화도 정수사淨水寺를 중창했다. 신미가 시봉하며, 불사에 매진했다.

❈ 1424년 세종 6 22세

1424년세종 6 4월 5일 세종이 선종禪宗과 교종敎宗으로 통합하는 불교 개혁을 단행했다. 새벽 별빛처럼 희미하게 명맥을 유지해 오던 조선 불교에 어둠이 드리우는 순간이었다.

신미는 속리산 법주사에서 평생의 도반인 수미守眉를 만났다. 나이와 이름도 같았다. 함께 교장敎藏을 읽으며 정진했다.

❈ 1426년 세종 8 24세

승가에 명성이 알려져 신미·수미를 '두 감로문[甘露門]'이라 일컬었다. 신미는 법주사에서 실답게 부처님의 말씀을 읽기 위해 복천사福泉寺로 올라가 문을 닫아걸었다. 수미는 선禪의 세계를 찾아 떠났다.

❈ 1427년 세종 9~1441년세종 23 25세~39세

세속과의 얽힌 정을 끊고 반야般若의 인연을 찾아 대장경의 바다 속으로 거듭 노를 저어 들어갔다. 눕지 않았고, 깨어 있는 세월이 복천사의 맑은 물과 함께 흘러갔다. 곡두 새벽이 그를 맞았다. 기쁨·슬픔·편함·괴로움도 아랑곳 하지 않고 장경藏經을 읽고, 또 읽었다. 틈틈이 『주역周易』도 깊게 궁구窮究했다.

1432년세종14 9월 2일, 외할아버지 이행이 81세로 별세.

1433년 세종 15 4월 1일, 스승 함허당이 경북 문경 희양산曦陽山 봉암사鳳巖寺에서 적멸에 들었다. 세수世壽 58세, 법랍法臘 38세였다.

1435년 세종 17, 아버지 김훈이 57세를 일기로 졸했다.

1438년 세종 20, 동생 김수온이 집안의 어려움을 딛고 학문에 전념, 진사시에 급제했다. 1441년 세종 23 식년문과 병과에 오른 뒤 세종의 특명으로 집현전 학사로 들어갔다.

1442년 세종 24 40세

송곳이 비단을 뚫고 나오듯 신미의 장강과 같은 불학佛學의 성취 사실이 퍼져나갔다. 효령대군이 세종께 선을 넣었다.

세종은 오래 전부터 은밀하게 계획해 오고 있던 새로운 문자 창제의 실마리를 찾기 위해 수양대군을 복천사로 내려 보내 뜻을 전한 것으로 추정된다. 신미는 『고려대장경高麗大藏經』을 통해 익힌 구결口訣의 비의祕義와 티베트 패엽경貝葉經 속의 범어梵語, 『주역周易』의 삼재三才, 天·地·人를 융합하면 길이 열릴 수 있다는 의견을 개진했다. 이두와 삼재에 정통했던 외할아버지 이행의 훈습이 세종을 만나 빛을 발하기 시작한 것이다.

세종은 천문天文·지리地理·기상氣象·일구日晷·측우測雨·음률音律·척도尺度 등에 정통해 있었으므로 이 정밀하고, 신묘한 구상을 바로 채택했다. 이후 창제 작업을 동궁과 『주역』에 밝은 수양대군에게 일임, 연구의 진척 상황을 살폈다. 신미는 음양오행과 범어, 구결의 조합에 매진했다.

1443년 세종 25 41세

달이 일천 강물을 비추듯 훈민정음 창제는 치밀하게 진행되고 있었다. 세종은 철저하게 동궁과 수양·안평대군 이외에는 누구도 이 사실을 알지 못하게 단속하며 비밀에 붙였다.

세종은 2년의 보완 작업을 거쳐 12월 30일, 전격적으로 훈민정음訓民正音의 창제를 세상에 알렸다. 세계 언어사에 그 유래를 찾아볼 수 없는 새롭고, 빼어난 문자의 탄생이었다.

훈민정음 창제에 참여했던 신미는 '걸림 없음[無碍]'을 실천하며 복천사에 있었다.

1444년 세종 26 42세

신미, 속리산 복천사에 있는 그대로 있었다.

2월 16일, 세종은 집현전 교리 최항·부교리 박팽년·부수찬 신숙주·이선로·이개·돈녕부 주부 강희안 등에게 『운회韻會』의 번역을 명했다. 동궁과 수양대군·안평대군이 관장했다.

2월 20일, 집현전 부제학 최만리가 직제학 신석조·직전 김문·응교 정창손·부교리 하위지·부수찬 송처검·저작랑 조근과 함께 훈민정음 창제 반대 상소를 올렸다. 정창손은 파직되었고, 김문은 장 100대에 도형徒刑 3년에 처해졌다.

세종은 4개월간 청주 초수행궁에 머물며 훈민정음의 보완과 안질 치료에 힘썼다. 1차 행

행행幸은 2월 28일부터 5월 7일, 2차 행행은 윤 7월15일부터 9월 22일까지였다. 신미가 복천사에서 초수행궁을 오가며 훈민정음의 보완에 협력했다.

❈1445년 세종 27 43세
신미, 복천사에서 20년의 용맹정진을 끝내고 경기도 대자암으로 올라왔다.

4월 5일, 우찬성 권제·정인지·공조참판 안지 등이 『용비어천가龍飛御天歌』를 상진上進했다. 이 초고初稿는 한자로 찬술했다. 세종은 최항 등에게 훈민정음으로 보완하라는 특명을 내렸다.

❈1446년 세종 28 44세
3월 24일, 소헌왕후가 수양대군의 집에서 승하했다.

신미는 대자암 주지로 있으며 소헌왕후의 국상 관련 불사佛事를 총괄했다. 수양·안평대군은 금니사경金泥寫經에 집중했다.

5월 27일, 완성된 사경을 대자암에서 봉안하고 전경법회轉經法會를 7일 동안 베풀었다. 불사에 참석한 소윤 정효강이 "신미 화상和尙은 성균관에 있어도 부족하지 않다."고 말했다.

7월 19일, 소헌왕후를 영릉英陵에 장사지냈다.

9월 29일, 훈민정음의 창제원리와 운용법 등을 집약시킨 『훈민정음해례본訓民正音解例本』이 간행되었다.

10월 9일, 우참찬 정창손이 "집안이 도륙되는 한이 있어도 불사를 펼칠 수 없다."는 상소를 올렸다. 세종은 언문으로 유신의 죄상을 적어 대자암을 불태우라는 등의 폭언을 퍼부은 우참찬 정창손, 사헌부 장령 강진을 하옥시켰다.

10월 15일, 대자암에서 수양·안평대군이 신미와 함께 두 번째 전경법회를 베풀었다. 7일 동안 이어진 법회에 참여한 승려가 1,000명이 넘었다. 이날 정창손은 파직되고, 강진은 고신을 빼앗겼다.

12월 2일, 세종은 부사직 김수온에게 소헌왕후의 명복을 빌기 위한 『석가보釋迦譜』의 증보수찬增補修撰을 명했다.

12월 26일, 세종은 이과吏科와 이전吏典의 취재取才 때 훈민정음으로 합자合字의 능력이 있는 자를 뽑으라고 이조에 명했다. 훈민정음을 처음으로 과거의 시험 과목에 포함시켰다.

❈1447년 세종 29 45세
수양·안평대군이 신미를 지극하게 믿고 따랐다. 높은 자리에 앉게 하고 절을 올리며 예우했다.

2월, 훈민정음으로 쓴 최초의 글인 『용비어천가』의 교정과 주해를 마쳤다. 최항·박팽년·강희안·신숙주·이개·신영손 등이 참여했다.

4월 20일, 세종은 훈민정음을 시험, 입격한 자에게만 다른 시험을 보게 하라고 명했다.

7월 25일, 신미·김수온·수양·안평대군 등이 7개월의 공력을 쏟아 『석보상절釋譜詳節』전 24권을 간행했다.

9월 29일, 신숙주가 『동국정운東國正韻』의 편찬을 완료하고 서문을 썼다.
10월 16일, 조선왕조의 획기적 대문장인 『용비어천가』의 인간印刊을 마쳤다. 550본을 군신에게 나누어 주었다.
11월, 신미는 588편의 장엄한 장편서사시를 지어서 올렸다. 인도문학의 걸작으로 손꼽히는 『불소행찬佛所行讚』을 뛰어 넘는 명작이었다. 세종은 『월인천강지곡月印千江之曲』3권이라는 책명을 내리고, 척불론자의 공격을 염려해 친히 만들었다고 발표했다.

❀1448년 세종 30 46세

4월, 세종이 집현전에 명해 훈민정음으로 사서오경의 언해 사업을 추진하라고 명했다.
7월 17일, 세종은 경복궁 북쪽에 내불당을 짓겠다는 뜻을 밝혔다. 집현전 학자와 의정부 고위 관료에서 성균관 학생까지 들고 일어나 극렬하게 반대했다.
7월 26일, 성균 생원 유상해가 "요망한 신미의 목을 베소서."라며 앞장 섰다.
7월 28일, 내불당 터파기에 들어갔다. 반대 상소上疏와 상언上言이 이어졌다.
8월 4일, 세종은 경복궁을 나와 임영대군의 집으로 이어하며 공사를 강행했다. 집현전 학사가 모두 집으로 돌아가며 맞섰다.
8월 5일, 영의정 황희가 중재에 나섰다.
8월 6일, 세자가 계조당繼照堂에서 아침 업무보고를 받았다.
8월 14일, 성균관 학생의 동맹 휴학을 막지 못한 죄를 물어 도승지 이사철과 좌승지 조서안을 옥에 가두었다.
9월 8일, 특명으로 김수온을 수승문원 교리에 임명했다.
9월 25일, 세종이 임영대군의 집으로 이어한지 51일 만에 경복궁으로 돌아왔다.
10월 17일, 『동국정운』전 6권의 인간印刊을 마쳤다. 여러 도와 성균관·사부학당에 반사했다.
11월 20일, 총 26칸의 경복궁 내불당 공역을 끝냈다.
11월 28일, 대자암 주지 신미와 수승문원 교리 김수온이 세종의 명을 받아 「삼불예참문三佛禮懺文」을 지어 올렸다.
12월 5일, 내불당 공역을 끝냈다. 점안식(약사불·아미타불·보살나한상)을 올리고, 경찬회를 베풀었다.
12월 6일, 내불당을 낙성했다. 신미·수미·학열 등 51명의 고승대덕이 정근했다.

❀1449년 세종 31 47세

신미, 경기도 고양의 대자암에 머물렀다. 김수온이 수병조정랑지제교에 임명됐다. 사헌부에서 불충불효를 범한 죄인의 아들이라는 이유를 들어 반대했으나, 들어주지 않았다. 내불당 공역의 전 과정을 기록한 『사리영응기舍利靈應記』를 집필했다.
4월 21일, 세종이 진관사津寬寺의 수보修補는 신미와 상의하라고 명했다.
12월, 「속리산복천사중수권선문俗離山福泉寺重脩勸善文」이 만들어졌다. 효령·수양·임영·영응대군과 화의군·계양군·의창군·한남군·밀성군·의춘군·익현군·영풍군이 수결手訣을 놓았다.

⑧1450년 세종 32 48세

신미, 대자암 주지로 있었다.

1월 22일, 세종이 아픈 몸을 이끌고 흥인문興仁門 밖 효령대군의 사저로 이어했다.

1월 24일, 부지돈녕 강희안, 성균 주부 성임이 미타관음彌陀觀音 등의 경문을 사경했다.

1월 26일, 신미를 불러 침전 안으로 맞아들여 설법說法을 듣고 높은 예로써 대우했다.

윤1월 7일, 효령대군의 사위 전첨 이서의 사저로 이어했다.

2월 4일, 영응대군의 사저로 이어했다. 세자가 이서의 집에서 나와 정성을 다해 간병했다. 세종은 '혜각존자慧覺尊者'라는 법호法號와 함께 판선교종判禪敎宗의 직함을 신미에게 전하라는 유훈을 남겼다.

2월 17일, '해동요순' 세종이 영응대군의 사저에서 평생을 공들여 반석 위에 올려놓은 조선의 땅을 떴다.

2월 23일, 문종이 제5대 조선의 왕에 올랐다.

2월 27일, 안평대군이 신미의 제안에 따라 대자암 중수重修와 『화엄경』 등을 금니로 사경하겠다고 아뢰었다. 신미는 극락전과 해장전海藏殿 공역이 시작된 대자암을 떠나 청계사淸溪寺를 거쳐 운악산 현등사로 들어갔다.

2월 28일부터 3월 15일까지 집현전·사헌부·사간원·대간 등에서 불같이 일어나 불사를 반대하고 나섰다. 그 중심에 정창손과 좌헌납 황효원이 있었다.

4월 6일, 문종은 삼정승과 대신에게 세종의 유훈이라며 신미의 법호와 직첩을 내리겠다는 뜻을 밝혔다. 의논 끝에 국상 이후로 미뤘다.

4월 10일, 대자암의 중창 낙성식을 올리고 7일 동안의 추도 법회를 마무리 지었다. 안평대군이 장중하고 경쾌한 필치로 해장전과 백화각白華閣의 현판 글씨를 썼다. 이날 금니로 사경한 『법화경』 7권·『범망경』 2권·『능엄경』 10권·『미타경』 1권·『관음경』 1권·『지장경』 3권·『참경』 10권·『십육관경』 1권·『기신론』 1권을 해장전에 봉안했다.

4월 11일, 수양대군이 대자암에서 천막을 받치고 있던 장대에 맞아 이마를 다쳤다. 문종은 중상을 입었다는 소식을 듣고 의원을 급파했다.

6월 6일, 세종이 영릉의 서쪽 수실壽室에 들었다.

신미, 대자암 불사와 세종의 국장을 끝내고 속리산 복천사로 내려왔다.

6월 22일, 문종은 충청도 감사 권극화에게 복천사 중창 불사에 쓸 단청의 안료와 도구를 갖추어 주라고 지시했다.

7월 6일, 세종의 유훈에 따라 신미를 '선교종도총섭禪敎宗都摠攝 밀전정법密傳正法 비지쌍운悲智雙運 우국이세祐國利世 원융무애圓融無礙 혜각존자慧覺尊者'로 봉하고, 금란지金鸞紙에 관교官敎를 쓰고 자초폭紫綃幅으로 정성껏 싸서 전했다.

조선왕조의 개국 이래 전무후무한 이 파격적인 봉작封爵에 조정이 들끓기 시작했다.

7월 8일, 사헌부 장령 하위지가 제일 먼저 반대를 하고 나섰으나 들어주지 않았다.

7월 9일, 하위지가 거듭 신미의 법호를 거두라고 아뢰었다. 문종은 부왕의 유훈이라며 들어주지 않았다.

7월 11일, 세 번째로 하위지가 나섰다. 문종은 "세종께서 공경하며 모시던 스님이기 때문에 관교를 빼앗을 수 없다."며 들어주지 않았다.

7월 15일, 집현전 직제학 박팽년이 신미의 성균관 시절과 아버지의 불충불효를 예로 들며 반대 상소를 올렸다. 상소를 올리기 전의 의논에서 직제학 최항, 직전 이석형·성삼문은 동의하지 않았다.

7월 16일, 박팽년을 파직했다.

7월 17일 : 사헌부·집현전이 연대대사헌 이승손·장령 신숙주·하위지·지평 조안효·우정헌 홍일동을 중심으로 문종을 압박했다. 이승손이 사직서를 올렸고, 집현전 수찬 유성원의 반대 상소가 이어졌다. 문종은 '존자尊者'는 재고하겠다고 한발 물러섰다.

7월 18·19일, 사간원에서 "신미는 한 개의 깎은 대가리."라며 공박했다.

7월 22일, 하위지가 반대 상언을 올린 뒤 박팽년의 죄를 묻지 말라고 옹호했다.

8월 7일, '대조계선교종 도총섭 밀전정법 승양조도 체용일여 비지쌍운 도생이물 원융무애 혜각종사大曹溪禪敎宗 都總攝 密傳正法 承揚祖道 體用一如 悲智雙運 度生利物 圓融無礙 惠覺宗師'로 법호를 고쳐 내렸다.

9월 22일, 사헌부 장령 신숙주가 상소해 박팽년의 복직을 청했고, 고신을 돌려주었다.

10월 12일, 권람이 늦은 나이에 과거를 보며 "신돈辛旽 하나가 고려 5백년의 왕업을 망치기에 족했는데, 신미와 그의 제자 학열은 말해 무엇 하겠는가."라는 대책對策을 썼다. 시관試官이 그를 제4등에 두었다. 문종이 한 밤중에 대책을 본 뒤 장원으로 바꿨다.

11월 1일, 대사헌 안완경과 대사간 최항이 "복천사 수창 공역 때문에 충청도 백성이 피해를 입고 있다."며 중지하라고 간청했다.

11월 9일, 의정부에서 정음청을 혁파하라고 나섰다. 문종은 들어주지 않았다.

㉘1451년 문종 1 49세

혜각존자, 속리산 복천사에서 수창修創에 정성을 기울였다.

9월 5일, 복천사 수창이 끝났다. 안평대군이 재를 지내기 위해 내려왔다.

9월 7일, 박팽년이 복천사로 내려간 안평이 충청도에 많은 폐를 끼쳤다며 불사의 정지를 청했다. 3일 뒤, 문종이 안평대군에게 글을 내려 수륙재를 끝내는 즉시 돌아오라고 명했다.

㉘1452년 문종 2 50세

혜각존자, 복천사에서 학승學僧을 제접하며 학풍學風 진작에 전념했다.

5월 14일, 문종이 39세로 병사했다. 학열이 국상 중의 불사를 감장했다.

6월 8일, 12세의 어린 단종이 왕위에 올랐다.

9월 1일, 문종의 재궁이 건원릉健元陵의 동남쪽 현릉顯陵에 들었다.

10월 12일, 수양대군이 표문을 받들고 명나라로 출발했다. 연경에서 『증도가』를 구해 돌아왔다.
10월 25일, 효령대군이 종을 주조, 용문산 상원사에 봉안했다.

❀1453년 단종 1 51세
혜각존자, 복천사에서 바람과 물소리를 벗삼으며 일체의 시비是非에 마음을 주지 않았
다. 산문山門 밖의 세상은 쇳덩어리를 녹여 금을 만들기를 바라고 있었다.
2월 26일, 수양대군이 명나라에서 돌아왔다.
6월 6일, 금강산 유점사楡岾寺 143칸이 화마에 휩쓸려 전소되었다.
10월 10일, 수양대군이 계유정난을 일으켜 조정에 피바람이 불었다. 화살은 시위를 떠났
고, 죽음의 그림자가 경복궁 전체를 휘감아 돌고 있었다. 김종서·황보인 등이 속
절없이 역사의 뒤편으로 사라졌다.
10월 11일, 수양대군이 영의정에 올랐다.
10월 18일, 안평대군, 강화도 교동에서 사사賜死되었다.
10월 25일, 이징옥이 반란을 일으켰다.
10월 27일, 이징옥이 종성부사 정종에게 피살되어 3일 만에 반란은 막을 내렸다.

❀1454년 단종 2 52세
혜각존자, 복천사의 맑은 샘물로 마음을 씻고 있었다.
1월 3일, 집현전 부제학 김구 등이 글을 올려 불당의 혁파를 주장했다. "흉하고 더러운 물건을
궁궐 가까이 두니 분하기 짝이 없다."며 내불당을 세종의 승하, 문종의 건강 악화, 계
유정난의 원인으로 몰아붙였다.
1월 4일, 수양대군이 내불당의 혁파 논란을 잠재웠다.
1월 5일, 불당 철거는 하늘의 뜻이라며 집현전 부제학 하위지가 반대의 쌍지팡이를 들고
나섰다. 직제학 이석형이 따랐다.
1월 9일, 좌사간 성삼문이 "중이 궁궐을 바라보며 오줌을 누는 꼴은 볼 수 없다."며 내불
당을 없애라고 단종을 압박했다.
1월 11일, 하위지가 거듭 내불당을 없애라고 종용했다. 단종은 듣지 않았다.

❀1455년 세조 1 53세
혜각존자, 속리산 복천사에서 물소리만 듣고 있었다.
윤6월 11일, 영의정 수양대군이 단종을 밀어내고 왕위에 올랐다.

❀1456년 세조 2 54세
혜각존자, 복천사의 산문을 닫고 묵언黙言에 들었다.
6월 2일, 성균사예 김질과 그의 장인 의정부 우찬성 정창손이 단종 복위 사건을 밀고했
다. '사육신의 난'으로 통칭되는 피바람의 시작이었다.
6월 6일, 성삼문·박팽년·하위지·이개·유성원·유응부 등이 굴비 엮이듯 끌려 나와 형장의
이슬로 사라졌다. 많은 이가 살아서 죽지 못했고, 죽어서 살지 못했다. 난신으로
몰린 부녀자는 공신의 집으로 흩어졌다. 이날 세조는 집현전을 없애버렸다.

⊛ 1457년 세조 3 55세

6월 초, 세조로부터 해인사海印寺의 대장경 인출印出의 감장을 맡으라는 명이 복천사에 닿았다. 혜각존자, 속리산 복천사에서 합천 가야산 해인사로 내려갔다. 판종선사 수미·선사 학열·해인사 주지 죽헌竹軒이 함께 했다.

6월 7일, 김수온이 「희청부喜晴賦」를 지었다.

6월 21일, 단종을 노산군으로 강등하고 강원도 영월로 유배시켰다.

6월 26일, 경상도 관찰사 이극배에게 대장경의 모인摹印에 전력하라고 명했다. 경차관 윤찬과 정은을 파견했다. 종이 305,386권, 먹 6,125정, 황랍 440근을 각 도에 배당했다.

9월 2일, 의경세자가 창덕궁 정실에서 20세의 나이로 세상을 떴다.

세조가 혜각존자와 연경사 주지 홍준 등에게 함허당의 『금강경오설의』를 교정하고, 『오가해』를 넣어 한 책으로 만들고, 『영가집』의 여러 본의 같고 다름을 교정하라고 명했다.

9월 10일, 김수온이 세조의 명을 받고 『선종영가집』의 발문을 썼다. 세조가 강희안, 성임, 조근, 임택, 안혜, 전 진관사 주지 문형, 전 장안사 주지 극인 등에게 명하여 『금서법화경』 1건과 묵서墨書 『법화경』·『지장경』·『법망경』·『기신론』·『행원품』 각 1건의 조성을 명했다.

10월 11일, 김수온이 하등극사로 명나라로 떠났다. 세조는 우리나라에 전해지지 않는 범자梵字와 관련된 책을 구해 오라는 특명을 내렸다.

10월 24일, 영월에 유배되어 있던 단종이 17세의 나이로 사사되었다.

11월, 자성왕비 윤씨와 세자빈 한씨가 인왕산에 세자의 명복을 빌기 위해 복세암福世菴을 지었다.

11월 24일, 세자를 경기도 고양현 봉현 언덕에 장사 지냈다.

12월, 수미가 해인사에서 월출산으로 돌아갔다. 세조는 도갑사道岬寺의 중수重修 소식을 듣고 영응대군을 통해 불사를 지원했다.

⊛ 1458년 세조 4 56세

혜각존자, 가야산 해인사에서 대장경의 먹 향기를 맡고 있었다.

2월 12일, 영의정 정인지가 연회에서 대장경의 인출과 『석보상절』의 증보增補는 옳지 않다고 반대했다. 세조가 잔치를 바로 접어 버렸다.

윤2월 8일, 김수온이 『벽암록碧巖錄』 등을 구해 귀국했다.

3월, 세조는 의경세자의 명복을 빌기 위해 고양현에 정인사正因寺를 지으라고 명했다.

7월 27일, 해인사 인경 경차관 정은이 대장경 3벌을 바쳐 흥천사에 봉안했다.

8월 21일, 대장경 인경50부 불사를 마무리 지었다.

⊛ 1459년 세조 5 57세

혜각존자, 경복궁 내불당에 머물렀다. 학열과 학조가 시봉했다.

2월 9일, 『월인석보月印釋譜』의 선사繕寫에 힘쓴 김수온을 동지중추원사, 성임을 공소참의에 임명했다.

3월. 정인사가 완공되었다.

7월. 혜각존자와 수미·설준·홍준·효운·지해·해초·사지·학열·학조가 세조를 도와 훈민정음 문학의 금자탑인 『석보상절』과 『월인천강지곡』을 합편한 『월인석보』를 간행했다. 세조가 친히 서문을 썼다. 『월인석보』는 미완이며, 완전한 문헌이었다.

9월. 혜각존자는 학열·학조와 함께 복천사로 내려왔다. 김수온이 상주목사에 임명되어 외직으로 빠졌다.

11월. 효령대군이 세종과 소헌왕후의 극락왕생을 빌기 위해 용문사종을 주성했다.

❈1460년 세조 6 58세

혜각존자, 복천사에 주석하며 학열·학조와 함께 『능엄경언해楞嚴經諺解』에 매진했다.

3월 초 교서관에서 목판본으로 보제존자普濟尊者 나옹화상이 초록하고, 혜각존자가 역해譯解한 『몽산화상법어약록蒙山和尙法語略錄 언해』를 간행했다.

5월. 혜각존자와 김수온의 어머니 여흥驪興 이씨가 파란의 삶을 접었다.

❈1461년 세조 7 59세

혜각존자, 속리산 복천사에서 경복궁 내불당으로 올라왔다.

6월 11일. 세조는 역마를 내려 복중服中에 있던 상주목사 김수온을 기복起復시켜 불러 올렸다.

6월 16일. 세조가 간경도감刊經都監을 설치했다.

가을. 세조가 친히 구결을 달고 혜각존자에게 질정한 뒤 『능엄경언해』 400부를 교서관에서 간행했다. 함께 활자본 『불설아미타경언해佛說阿彌陀經諺解』도 간행했다.

❈1462년 세조 8 60세

혜각존자, 내불당에서 활자본으로 된 『능엄경언해』를 수정했다.

8월 21일. 목판본으로 『능엄경언해』를 간경도감에서 펴냈다. 도감이 설치된 지 13개월 만의 성과였다. 이 책은 모든 언해본의 기준이 되었다.

10월 중순. 『능엄경언해』의 완간에 맞춰 효령대군이 간경도감에서 주성한 종을 흥천사에 걸고, 타종식을 가졌다. 이조참판 한계희가 「흥천사신주종명병서興天寺新鑄鐘銘並序」를 찬撰했다. 글씨는 승문원 부교리 정난종이 썼다.

10월 29일 세조가 경기도 미지산 아래 효령대군의 농장農莊에 이르러 상원사에 거둥했다. 중궁과 세자. 효령대군과 함께 상원사에서 예를 올릴 때 홀연 정면 3칸의 중층 건물인 담화전疊華殿 위로 백의白衣 관세음보살이 현신했다. 최항이 『관음현상기觀音現相記』를 썼다.

❈1463년 세조 9 61세

혜각존자, 내불당에서 『묘법연화경妙法蓮華經』·『선종영가집禪宗永嘉集』 언해에 몰두했다.

윤7월. 김수온이 공조판서에 올랐다.

9월, 간경도감에서 『묘법연화경언해』를 간행했다. 매월당 김시습도 효령대군의 추천으로 언해에 참여했다.

11월, 효령대군과 함께 『선종영가집언해』의 발문을 쓴 뒤 복천사로 들었다.

⊛ 1464년 세조 10 62세

1월 5일, 간경도감에서 세조가 구결을 달고 혜각존자 등이 번역한 『선종영가집언해』를 간행했다.

2월 8일, 세조가 공조판서 김수온·인순부윤 한계희·도승지 노사신 등에게 『금강경』의 언해를 명했다.

2월 18일, 세조가 속리산 복천사에 주석하고 있는 혜각존자를 만나러 서울을 출발했다.

2월 27일, 세조가 저물 무렵 보은현 동평東平을 지나 병풍송屛風松에 머물렀다. 혜각존자가 와서 뵙고, 떡 150 동이를 바쳤다.

2월 28일, 세조가 속리사俗離寺 : 法住寺에 들렀다가 복천사로 행행했다. 복천사에 쌀 300석, 노비 30구, 토지 200결, 속리사에 쌀·콩 30석을 하사했다.

세조가 복천사를 떠나 온양 온정으로 길머리를 잡았다. 효령대군은 온양 온천으로 가지 않고 복천사에 남아 불사를 주관했다. 공조판서 김수온이 「복천사기福泉寺記」를 썼다.

3월 21일, 세조가 34일 만에 경복궁으로 돌아왔다.

4월 7일, 간경도감에서 목판본으로 『금강경언해金剛經諺解』를 간행했다.

4월 13일, 세조가 전라도 관찰사 성임에게 "수미대사가 화려한 것을 싫어하고 조용한 곳을 찾아 떠난 뒤로 소식이 끊겨 안타깝다."며 도갑사 중건 불사를 적극 지원했다.

4월 28일, 효령대군이 회암사의 동편 언덕에 석종石鐘을 세워 석가의 진신사리를 안치하고 『원각경』 강회를 열었다.

『반야바라밀다심경언해般若波羅密多心經諺解』·『불설아미타경언해』를 목판본으로 간행했다.

5월 2일, 세조가 원각사圓覺寺 창건의 뜻을 밝히고, 다음날 친히 원각사 터를 정했다.

5월 중순, 세조의 명으로 신미의 시권詩卷인 『사한전방詞翰傳芳』을 간행한 것으로 추정된다. 허균의 문집인 『성소부부고惺所覆瓿稿』에 책을 구입한 사연만 남아 있다.

6월 들어 원각사 부근의 민가 200여 채를 철거한 뒤 원각사 대종의 주조를 명했다.

8월 2일, 세조가 원각사에 거둥해서 터파기를 살펴보았다.

12월 18일, 세조가 친히 언문으로 쓴 「오대산상원사중창권선문五臺山上院寺重創勸善文」을 내렸다. 훈민정음 창제 이후에 판각이나 활자로 발행된 훈민정음 문헌은 많이 있으나 직접 묵서墨書한 가장 오래된 필사본이다. 채색彩色 쌀 500석, 면포·정포 각 500필, 정철 15,000근을 보내며 그 취지를 밝힌 글, 왕의 보시를 받은 신미 등이 쓴 정성에 고마움을 전하는 내용으로 구성되어 있다.

⊛ 1465년 세조 11 63세

혜각존자, 세조가 친히 구결을 단 『원각경』의 번역을 마무리 했다.

1월 16일, 「원각사대종」이 완성되었다. 의정부 좌참찬 최항이 「원각사종명圓覺寺鐘銘」을 찬했다.

2월 20일, 세조는 승정원을 통해 경상도 관찰사에 치서馳書해 상원사 중창 불사에 쓸 정철 15,000근, 중미中米 500석, 제용감에서 면포 200필, 정포 200필, 내수소에서 면포 300필, 정포 300필을 보시했다.

3월 초, 오대산 상원사 중창 공역을 시작했다.

3월 19일, 『원각경언해圓覺經諺解』를 간행했다. 『원각경언해』의 자본字本은 정난종이 썼다. 「을유자乙酉字」로 불리는 대·중·소자의 동활자를 주성했다.

『원각경』의 본문과 당나라 규봉圭峰 종밀宗密의 『원각경대소초圓覺經大疏鈔』에 세조가 구결을 단 『원각경구결圓覺經口訣』도 이때 간행되었다.

4월 7일, 원각사 낙성식과 경찬회를 베풀었다. 참여한 승려가 128명이었다. 세조가 『원각경언해』를 펴보고 외승外僧 20,000명에게 공양을 베풀었다. 천인도량에 참석한 김시습이 찬시讚詩를 지어 당대의 현실을 성대聖代로 인정했다.

12월, 간경도감에서 『벽암록』을 간행했다.

혜각존자의 도반道伴 수미대사가 월출산 도갑사에서 입적入寂했다. 세수 63세, 법랍法臘 51세였다.

❈1466년 세조 12 64세

혜각존자, 강원도 오대산 상원사를 중창하기 위해 월정사月精寺에 주석했다.

봄, 상원사 중창 불사를 마무리 지었다. 누각·나한전·청연당·승당·선당·공양간·곳간·목욕간 등의 공역에 쓰인 기둥이 총 56본本이었다. 세조가 쌀 500석과 포백 1,000필을 하사하고, 낙성식 준비를 명했다.

3월 16일, 세조가 중궁과 더불어 상원사 중창 낙성일에 맞춰 강원도 고성탕정高城湯井으로 거둥했다. 3월 21일, 금강산 장안사長安寺·정양사正陽寺에 들렀다. 돌아오는 길에 표훈사表訓寺에서 수륙회를 베풀었다. 중미中米 300석과 찹쌀 10석, 참깨 20석을 금강산의 여러 절에 시주했다.

윤3월 13일, 낙산사洛山寺에 거둥했다. 윤3월 16일, 오대산 동구洞口에 머물렀다.

윤3월 17일, 세조가 중궁과 함께 상원사上院寺에 도착해 낙성식을 올리고 불당을 열었다. 의숙공주·하성위 정현조가 득남을 발원하며 목조문수동자좌상을 조성, 봉안했다.

윤3월 18일, 학열 등이 승도를 인솔, 행궁에 찾아와 사은의 예를 올렸다.

5월 14일, 김수온을 중추부판사로 임명했다.

7월 15일, 원각사 백옥불상白玉佛像을 조성했다.

❈1467년 세조 13 65세

혜각존자, 상원사에서 올라와 원각사에 주석했다.

2월 17일, 학조를 금강산으로 보내 단종 때 불에 탄 유점사 중창.

3월 초, 원각사 10층 석탑이 완공되었다.

4월 8일, 세조가 연등회를 베풀고 원각사탑의 낙성식을 올렸다. 탑 속에 부처의 진신사리와 어정구결御定口訣하고 혜각존자 등이 번역한 『원각경언해』를 봉안했다.

4월 11일, 김수온이 「대명조선국원각사비명大明朝鮮國大圓覺寺碑銘」을 썼다.

4월 중순, 세조가 경복궁 비현합丕顯閤에서 구결을 달고 혜각존자가 번역해 간경도감에서 『목우자수심결언해牧牛子修心訣諺解』를 간행했다. 이어 혜각존자 역결譯訣로 『사법어언해四法語諺解』를 합철했다.

혜각존자, 원각사에서 오대산 상원사로 주석처를 옮겼다.

5월 16일, 전 회령절제사 이시애가 길주에서 반란을 일으켰다. 8월 12일, 귀성군에 의해 이시애가 효수되며 4개월의 반란이 평정되었다.

※ 1468년 세조 14 66세

혜각존자, 상원사에서 주석하며 유점사와 낙산사 중창 불사를 감장했다.

1월 23일, 금강산 유점사 중창을 위해 가는 학조와 장인 15명에게 말을 내려주었다.

3월 20일, 양양 낙산사 중창을 감장하고 있던 학열에게 말을 내려주었다.

8월 29일, 세조의 병환이 깊어졌다. 창덕궁 후원에서 혜각존자와 학열·학조가 쾌유를 비는 기도를 올렸다.

9월 8일, 세조가 수강궁 정침에서 조선의 땅을 떠났다.

9월 21일, 혜각존자와 학열·학조 선사가 매일 빈전에서 법석을 베풀었다. 재가 끝나면 경복궁 광연루廣延樓 부용각芙蓉閣에 거처했다. 승지가 은밀하게 왕래하며 불사의 자문을 받았다.

11월 8일, 탱화 점안點眼 법연을 빈전에서 베풀었다.

11월 28일, 세조의 재궁이 축시에 광릉光陵에 들었다.

※ 1469년 예종 1 67세

혜각존자, 현등사에 주석하고 있었다.

2월 초, 예종이 광릉 옆에 봉선사奉先寺의 창건을 명했다. 윤2월에 학열이 안동에서 「상원사 동종」을 옮겨 안치했다.

3월 6일, 세종·소헌왕후의 재궁을 여흥의 새 능으로 천장遷葬했다.

4월, 낙산사종을 주성했다. 김수온이 「낙산사신주종명병서洛山寺新鑄鍾銘幷書」를 찬하고, 정난종이 글씨를 썼다

4월 21일, 봉선사에 세조의 어진을 봉안하기 위한 영전影殿을 완공했다.

6월 27일, 봉선사 1차 공역이 마무리 되었다. 학열·학조가 명을 받고 제도制度의 공졸工拙을 살펴보는 등 공역을 감장했다. 『금강경』과 『법화경』을 강하는 시험을 쳐서 능하지 못한 승려를 환속시키려는 움직임이 있었다. 혜각존자가 언문으로 글을 써서 비밀리에 "강경講經보다는 다만 외는 것으로 시험을 보게 해 달라."고 아뢰었다. 예종이 환관을 보내 "이 법은 아직 세우지 않았는데 어디서 들었는가. 말한 자를 크게 징계하려고 한다."고 일렀다. 혜각존자는 "길에서 듣고 급히 아뢴 것이니 실로 노승에게 죄가 있습니다."고 대답했다. 예종이 혜각존자를 광평대군의

옛 사저에 머물게 하고 병졸들로 하여금 지키게 하고 사사로운 알현을 금했다.

8월 29일, 봉선사종이 주성되었다. 강희맹이 「봉선사종명奉先寺鐘銘」을 찬하고, 대호군 겸 춘추관동지사 정난종이 글씨를 썼다.

9월 7일, 89칸의 봉선사를 낙성했다. 완공 불사가 끝난 뒤 김수온이 「봉선사기奉先寺記」를 지었다. 세조의 기신을 위해 칠일불사를 베풀었다.

11월 28일, 예종이 경복궁 자미당紫薇堂에서 20세로 세상을 접었다. 어린 성종이 면복을 갖추고 근정문에서 즉위했다.

⊛1470년 성종 1 68세

혜각존자, 광평대군의 옛 사저에 머물고 있었다. 학열은 낙산사로 내려가고, 학조가 시봉했다. 2월 5일, 예종의 재궁이 고양의 창릉昌陵에 들었다.

2월 14일, 사간원 대사간 김수녕 등이 상소를 올려 간경도감의 혁파를 청했다.

⊛1471년 성종 2 69세

12월 5일, 혜성이 나타나 꼬리가 한 장이나 이어졌다. 이날 세조의 왕명으로 설치되어 수많은 불경을 언해, 간행했던 간경도감이 11년 만에 역사 속으로 사라졌다.

⊛1472년 성종 3 70세

혜각존자, 광평대군의 사저에 머물며 대왕대비의 자문에 응했다.

1월 5일, 성종이 안동과 평해平海로 내려가는 학조에게 역말을 내려 주었다.

2월, 대왕대비의 명으로 영릉 옆, 여강의 동쪽 봉미산 신륵사神勒寺의 중창 불사를 시작했다. 학열이 낙산사에서 올라와 감장했다.

10월, 200여 칸의 신륵사 중창을 끝냈다. 양주 회암사 중창 불사도 이어졌다.

⊛1473년 성종 4 71세

1월 초, 성종이 신륵사에 「보은사報恩寺」라는 액額을 내려 영릉의 원찰로 삼았다. 김수온이 「보은사중창사액기報恩寺重創賜額記」를 썼다.

2월 7일, 김수경(혜각존자의 동생, 김수온의 형)이 통정대부 행 청주목사로 임명됐다. 서거정 등이 반대했다. 성종은 들어주지 않았다.

3월 초, 회암사 중창 불사(262칸)가 13개월 만에 마무리 되었다. 정현조가 책임을 맡고, 금강산 정양사 주지 처안處安이 공역을 주관했다. 공역에 동원된 승려와 속인이 하루에 10,000여 명을 헤아릴 정도의 국력을 쏟은 중창불사였다. 김수온이 「회암사중창기檜巖寺重創記」를 썼다.

4월 15일, 혜각존자가 학열과 함께 봉선사·회암사·보은사 등의 불사를 총괄한 뒤 복천사로 내려갔다. 성종이 병조에 명해 말을 내려 주었다.

10월 2일, 사간원 대사간 정괄 등이 상소를 통해 혜각존자와 학열을 비판했다.

⊛1474년 성종 5 72세

혜각존자, 철쭉꽃이 필 때 복천사에서 강원도 평해군(지금의 경북 울진군)의 백암산白巖山으로 주석처를 옮겼다. 산등성이 위에서 솟아나오는 샘물은 알맞게 따뜻하고 맑고 깨끗했다. 백암온천 옆에 머물 곳을 마련하고 주먹밥을 만들어 목욕하러 오가는 이에게 나누어주며 회향했다.

⊗ 1475년 성종 6 73세

혜각존자, 강원도 평해군 백암온천에서 두 번째 철쭉꽃이 피는 것을 보며 한거閑居했다.
5월 10일, 척불의 앞머리에 섰던 사간원 대사간 정괄이 "나라를 좀먹고, 백성을 해롭게 하는 불교를 혁파하라."고 상소했다.
5월 12일, 예문관 봉교 안팽명 등이 상소를 통해 대규모 궁궐 영건과 이어지는 중창 불사를 물고 늘어졌다.

⊗ 1476년 성종 7 74세

혜각존자, 백암온천에서 세 번째 철쭉꽃이 피는 것을 보고 있었다.
6월 5일, 형조의 장계를 근거로 도승지 현석규가 "신미의 제자인 축휘竺徽·학미學眉 등이 보은사를 교종에 속하게 하려고 스스로 주지를 점탈했다."며 장을 때린 뒤 환속시키라고 아뢰었다. 성종은 "선왕과 선왕후를 위한 것이니 환속시키지 말라."고 명했다.

⊗ 1477년 성종 8 75세

혜각존자, 백암온천에서 낙산사로 올라와 안거安居했다.
1월 2일, 고희를 한 해 앞둔 영중추부사 김수온이 사직상서를 올렸다. 성종은 들어주지 않았다. 2월 5일, 김수온을 보국숭록대부 영산부원군에 봉했다.

⊗ 1478년 성종 9 76세

혜각존자, 낙산사에서 상원사로 주석처를 옮겼다.
5월 28일, 대사간 안관후가 "낙산사의 옛길을 막은 것은 잘못되었으므로 길을 열라."고 상언했다. 성종은 들어주지 않았다.

⊗ 1479년 성종 10 77세

혜각존자, 상원사에서 복천사로 돌아와 안거했다.
4월 13일, 사간원 대사간 성현 등이 짧은 상소를 올려 "막대한 부를 축적하고, 여승과 부녀자를 간통했다."는 올가미를 씌워 설준雪俊을 법률대로 논단하기를 청했으나 들어주지 않았다. 사관은 혜각존자와 학열·학조 또한 같은 무리라고 싸잡아 비난했다.
6월 14일, 성종은 세조가 낙산사에 내린 산산蒜山의 제방 안에 있는 민전을 다음해에 돌려주라고 명했다.

⊗ 1480년 성종 11 78세

5월 초(추정), '훈민정음으로 이 땅에 온 생불生佛' 혜각존자 신미스님이 속리산 복천사에서 입적入寂했다. 세수 78세, 법랍法臘 64세였다. 열반을 알리는 종소리가 속리산 골짝으로 은은하게 퍼져나갔고, '일천 강물을 비추는 달빛[月印於千江]'은 황금 소나무 가지 위에 걸려 있었다. 학열·학조 등의 제자가 다비하고 복천사 동쪽 산언덕에 "수암화상탑秀庵和尙塔"을 세웠다. 8각 기단의 중대석 측면에 '수암화상탑 성화십육년 팔월일입秀庵和尙塔 成化十六年 八月日立'이라는 명문銘文을 새겼다.

❇1481년 성종 12

6월 7일. 김수온이 73세를 일기로 웅문거필雄文巨筆의 삶을 마감했다.

❇1484년 성종 15

'요승'이란 험한 욕설을 듣고, 갖은 핍박을 받았던 학열學悅 스님이 입적했다. 출생연도와 부도는 확인할 길 없다.

❇1506년 중종 1

학조學祖 스님이 1514년 중종 9 봄(추정), 직지사에서 83세를 일기로 입적했다. 5월. 문도가 복천사 뒤편 동쪽 언덕 혜각존자의 부도 옆에 「등곡화상탑燈谷和尙塔」을 세웠다. 진영眞影이 전남 장성 백양사, 가야산 해인사에 전한다.

참고문헌

> * 눈이 아득해질 때까지 읽고, 또 읽은 책과 논문이다.
> 소중한 인연에 옷깃 여미고, 두 손 모은다.

1. 문헌

『고려사절요』, 민족문화추진회, 1968.
『금강경언해』, 대제학 영인본, 1995.
『동사강목』, 고전국역총서, 민족문화추진회, 1980.
『국역 삼봉집』, 민족문화추진회, 1977.
『국역 연려실기술』, 민족문화추진회, 1967.
『국역 대동야승』, 민족문화추진회, 1979.
『국역 신증동국여지승람』, 민족문화추진회, 1971.
『국역 성소부부고』, 민족문화추진회, 1967.
『국역 식우집』, 영동문화원, 2001.
권근, 『양촌집』, 한국문집총간 7, 1988.
김부식, 『삼국사기』
김종직, 『점필재집』, 한국문집총간 16, 1988.
김수온, 『식우집』, 한국문집총간 9, 1988.
『사리영응기』, 동국대도서관.
남효온, 『추강집』, 한국문집총간 16, 1988.
『대동야승』, 민족문화추진회, 1985.
박팽년, 『박선생유고』, 한국문집총간 9, 1988.
『봉선사 본말사지』, 대본산봉선사출판, 1927.
『佛書를 통해본 조선시대 스님의 일상』, 동국대학교 출판부, 2007.
서거정, 『사가집』, 한국문집총간 10~11, 1988.
『필원잡기』, 이회문화사, 2000.
성삼문, 『성근보집』, 한국문집총간 10, 1988.
성해응, 『연경재전집』 권51.
성 현, 『용재총화』, 국역 대동야승, 1985.
신숙주, 『보한재집』, 한국문집총간 10, 1988.
『해동제국기』
『영산김씨대동보(永山金氏大同譜)』
『월인석보』(권1·2), 서강대학교 인문과학연구소, 1988.
『용비어천가』, 대제각 영인본, 1973.
『유석질의론』, 한국불교전서 7, 동국대학교 출판부, 2002.
윤근수, 『월정만필』.
이긍익, 『연려실기술』, 민족문화추진회, 1977.
『오주연문장전산고』상·하, 고전간행회, 1959.

이덕무, 『청장관전서』, 한국문집총간 257~259, 1988.
이색, 『목은문고』, 목은문집편찬위원회, 1980.
이석형, 『저헌집』, 한국문집총간 9, 1988.
이승소, 『삼탄집』, 한국문집총간 11, 1988.
이자, 『음애일기』.
이행, 『기우집』, 한국문집총간 7, 1988.
임보신, 『병진정사록』.
『조선왕조실록』(영인), 국사편찬위원회, 1986.
조위, 『매계선생문집』.
『청권집유淸權輯遺』, 사단법인 청권사, 1991.
최동호·전경욱·이창희 편역, 『선종영가집』, 세계사, 1996.
최항, 『관음현상기觀音現相記』, 규장각도서 6611.
하위지, 『단계유고』, 한국문집총간 16, 1988.
『한국불교전서』4·5·6·7, 동국대학교 출판부.
『해동잡록』, 고전국역총서 53, 민족문화추진회, 1985.
『훈민정음』(한글학회, 해성사, 1998)

■ 세종대왕기념사업회 역주 및 국역

강희맹, 『사숙재집』, 1999.
『국역 매월당집』1~5, 1980.
『국역 태허정집』, 2003.
『삼강행실도』 충신·효자·열녀편, 1982.
『역주 구급간이방』(1·2·3·6·7), 2007.
『역주 금강경삼가해』(전 5권), 2007.
『역주 남명집언해』(전 2권), 2008.
『역주 능엄경언해』(전 5권), 1998.
『역주 목우자수심결언해·사법어언해』, 2009.
『역주 몽산화상법어약록언해』, 2002.
『역주 묘법연화경언해』(전 7권), 2000.
『역주 반야바라밀다심경언해』, 2009.
『역주 불설아미타경언해·불정심다라니경언해』, 2010.
『역주 불정심다라니경언해』, 2008.
『역주 상원사 중창권선문, 영험약초·오대진언』, 2010.
『역주 석보상절』제6·9·11·13·19·20·21, 1991.
『역주 선종영가집』상·하, 2007.
『역주 원각경언해』(전 10권), 2002.
『역주 월인석보』제1·2·4·7·8·9·10·11·12·19·20·21·22·25, 2008.
『역주 육조법보단경언해』 상·중·하권, 2006.
『역주 진언공권·삼단시식문언해』 상·하, 1999.

2. 누리집

국가 기록원 http://www.archives.go.kr.
국사 편찬 위원회 http://www.history.go.kr.
문화재청 http://www.cha.go.kr.
조선왕조실록 http://sillok.history.go.kr.
한국 고전 번역원 http://www.itkc.or.kr.
한국학 중앙연구원 http://www.aks.ac.kr.

3. 단행본

가산 선우, 『현등사』, 활불교문화단, 2012.
강명관, 『조선시대 책과 지식의 역사』, 천년의 상상, 2014.
강신항, 『수정증보 훈민정음연구』, 성균관대학교 출판부, 2005.
　　　　『한국의 운서』, 태학사, 2000.
　　　　『훈민정음 창제와 연구사』, 도서출판 경진, 2010.
김갑주, 『조선시대 사원경제사 연구』, 경인문화사, 2007.
김건곤·안대회·이종묵·정민, 『한국 명승고적 기문 사전』(고려·조선 전기 편), 이회, 2005.
김두종, 『한국고인쇄기술사』, 탐구당, 1971.
김민수, 『주해 훈민정음』, 통문관, 1971.
김상억, 『용비어천가』, 을유문화사, 1979.
　　　　『향가』, 한국자유교육협회, 1973.
김슬옹, 『세종대왕과 훈민정음학』, 지식산업사, 2010.
　　　　『조선시대의 훈민정음 발달사』, 역락, 2012.
　　　　『28자로 이룬 문자혁명 훈민정음』, 아이세움, 2007.
김왕직, 『그림으로 보는 한국 건축용어』, 도서출판 발언, 2000.
김언주, 『역주 금강경강해』상·하, 세종출판사, 2002.
김용곤, 『조선의 정치와 사회』, 집문당, 2002.
김용옥, 『금강경강해』, 통나무, 1999.
김영배, 『국어사자료연구』, 월인, 2000.
　　　　『석보상절』上(현대불교신서 57), 동국대학교 부설 역경원, 1986.
　　　　『석보상절』(제23·24 연구), 동국대학교 출판부, 2009.
김영배외, 『아미타경언해의 국어학적 연구』, 법보신문사, 1997.
김영욱, 『한글, 세종이 발명한 최고의 알파벳』, 루덴스, 2007.
김재호, 『두시언해강해』, 학문사, 1993.
김종록, 『장영실은 하늘을 보았다』1·2, 렌덤하우스중앙, 2005.
남광우, 『보정 고어사전』, 일조각, 1981.
남성우, 『월인석보와 법화경언해의 동의어 연구』, 태학사, 2001.
박병채, 『논주 월인천강지곡 상』, 정음사, 1974.
　　　　『국어발달사』, 세영사, 1989.
박종국, 『주해 훈민정음』, 정음사, 1975.

　　　　　『세종대왕과 훈민정음』, 세종대왕기념사업회, 1984.
　　　　　『한글문헌 해제』, 세종대왕기념사업회, 2003.
박현모, 『세종, 실록 밖으로 행차하다』, 푸른역사, 2007.
방종현, 『훈민정음통사』, 일성당서점, 1948.
배유안, 『초정리 편지』, 창비, 2006.
배종호, 『한국유학사』, 연세대학교 출판부, 1983.
빙우란, 『중국철학사』, 형설출판사, 1983.
서울대학교 대학원 국어연구회편, 『국어사 자료와 국어학의 연구』, 문학과 지성사, 1993.
석지현, 『선시禪詩』, 민족사, 1999.
성경린, 『세종시대의 음악』, 세종대왕기념사업회, 2003.
성낙주, 『왕은 없다』1·2, 들녘, 1997.
손보기, 『금속활자와 인쇄술』, 세종대왕기념사업회, 1977.
신규탁 편역, 『화엄과 선』, 정우서적, 2010.
신상순·이돈주·이환묵, 『훈민정음의 이해』, 한신문화사, 1988.
심경호, 『김시습 평전』, 돌베개, 2003.
　　　　『한국 한시의 이해』, 태학사, 2000.
안동림 역주, 『벽암록』, 현암사, 2000.
안병희, 『국어사 문헌 연구』, 신구문화사, 2009.
　　　　『국어사 자료 연구』, 문학과 지성사, 1992.
　　　　『국어연구와 국어정책』, 월인, 2009.
　　　　『중세국어구결의 연구』, 일지사, 1995.
　　　　『훈민정음연구』, 서울대학교출판부, 2007.
안휘준·이병한, 『몽유도원도』, 예경산업사, 1991.
염영하, 『한국의 종』, 서울대학교출판부, 1991.
오세창, 『국역 근역서화징』 상·하권, 시공사, 1998.
오윤희, 『대장경, 천 년의 지혜를 담은 그릇』, 불광출판사, 2011.
　　　　『일꾼 의천』, 불광출판사, 2012.
유열, 『알기 쉬운 한글 강좌』, 일성당, 1948.
유창순, 『이조어사전』, 연세대학교출판부, 2000.
이가원, 『조선문학사』 상책, 태학사, 1995.
이강칠 등, 『역사인물 초상화대사전』, 현암사, 2003.
이광수, 『세조대왕』, 『이광수전집』 11, 삼중당, 1970.
이광호 역주, 『근사록집해』 I·II, 아카넷, 2006.
이기문, 『훈몽자회 연구』, 서울대학교출판부, 1985.
이기문 외, 『한국 어문의 제문제』, 일지사, 1986.
이문구, 『매월당 김시습』, 문이당, 1992.
이능화, 『역주 조선불교통사』, 동국대학교출판부, 2010.
이성구, 『훈민정음 연구』, 동문사, 1985.
이성무, 『조선왕조사』 1, 동방미디어, 1999.

이승재 외, 『각필 구결의 해독과 번역』 5, 태학사, 2009.
이은윤, 『육조 혜능평전』, 동아시아, 2004.
이정호, 『훈민정음의 구조원리』, 아세아문화사, 1975.
이지관, 『교감역주 역대고승비문』 권6, 가산불교문화연구원, 1999.
이한우, 『세종, 조선의 표준을 세우다』, 해냄출판사, 2006.
인권환, 『한국불교문학연구』, 고려대학교 출판부, 1997.
장사훈, 『세종조 음악연구』, 서울대학교 출판부, 1999.
정광, 『훈민정음의 사람들』, 제이앤씨, 2006.
정시한 저, 신대현 번역·주석, 『산중일기』, 도서출판 혜안, 2005.
정영호, 『한국의 미 23-금속공예』, 중앙일보 계간미술, 1985.
전상운, 『세종시대의 과학』, 세종대왕기념사업회, 1984.
정휴, 『적멸의 즐거움』, 우리출판사, 2000.
조동일, 『한국문학통사』 2, 지식산업사, 1994.
최경봉·시정곤·박영준, 『한글에 대해 알아야 할 모든 것』, 도서출판 책과 함께, 2008.
최정용, 『조선조 세조의 국정운영』, 신서원, 2000.
최현배, 『고친 한글갈』, 정음사, 1961.
천혜봉, 『한국전적인쇄사』, 범우사, 2001.
『프랑스 국립기메동양박물관 소장 한국문화재』, 국립문화재연구소, 1999.
한국불교연구원, 『법주사』, 일지사, 1980.
　　　　　　　　『해인사』, 일지사, 1980.
한국미술의 자생성간행위원회, 『한국미술의 자생성』, 한길사, 1999.
한국정신문화연구원, 『세종시대의 문화』, 태학사, 2001.
한석성·신영훈·김대벽·박해진, 『우리가 정말 알아야 할 우리 단청』, 2004.
한승원, 『소설 원효』, 비채, 2006.
한용운, 『한용운전집』 4, 신구문화사, 1973.
황수영, 『황수영전집』 3, 혜안, 1998.
황인규, 『고려후기·조선초 불교사 연구』, 혜안, 2003.
　　　　『고려말·조선초기 불교계와 고승 연구』, 혜안, 2005.
　　　　『무학대사 연구』, 혜안, 1999.
허웅, 『한글과 민족문화』, 세종대왕기념사업회, 1974.
허웅·이강로, 『주해 월인천강지곡 상』, 신구문화사, 1963.
허경진, 『허균평전』, 돌베게, 2002.
홍기문, 『정음발달사』(상·하 합본), 서울신문사출판부, 1946.
홍윤식, 『만다라』, 대원사, 1994.

4. 논문

김갑주, 「원상제의 성립과 기능」, 『동국사학』 12, 1973.
김경수, 「취금헌 박팽년의 생애와 절의정신」, 『유학연구』 제13집, 2006.
김기종, 「『월인천강지곡』의 저경(底經)과 문학적 성격 연구」, 동국대학교 박사학위 논문, 2006.

김남이, 「집현전 학사의 문학연구」, 이화여자대학교 박사학위 논문, 2000.
김광해, 「한글창제와 불교신앙」, 『불교문화연구』, 1992.
　　　, 「『조선왕조실록』속의 108과 한글」, 『불교학논총』(월운스님 고희기념), 동국역경원, 1998.
김동욱, 「정음청시말」, 『서울대논문집』 5, 1957.
김무봉, 「조선시대 간경도감 간행의 한글 경전 연구」, 『한국사상과 문화』 23집, 한국사상문화학회, 2004.
　　　, 「조선시대 간경도감의 역경사업」, 『전자불전』 제4집, 2002.
김상일, 「김수온 시문학의 일 국면」, 『한국문학연구』 제29집, 2002.
김승우, 「『용비어천가』의 성립과 수용·변전 양상」, 고려대학교 박사학위 논문, 2009.
　　　, 「『월인천강지곡』의 주제와 형상화 방식」, 고려대학교 석사학위 논문, 2005.
김완진, 「세종대의 언어정책에 대한 연구-훈민정음을 위요圍繞한 수삼數三의 문제」, 『성곡논총』 3, 성곡학술문화재단, 1972.
김영배, 「15세기의 언해본」, 『국어사자료연구』, 도서출판 월인, 2000.
김영배·김무봉, 「세종시대의 언해」, 『세종문화사대계 1(어학·문학편)』, 세종대왕기념사업회, 1998.
김정선, 『조선시대 왕들의 질병치료를 통해 본 의학의 변천』, 서울대학교 박사학위 논문, 2005.
나민정, 「괴애 김수온의 문학의식과 시세계」, 성신여자대학교 석사학위 논문, 2005.
남윤경, 「세종대 창제된 훈민정음에 대한 역사적 접근」, 서강대학교 석사학위 논문, 2001.
노승섭, 「『식우집』역주 - 권4·보유소재시-」, 성균관대학교 석사학위 논문, 2002.
노종훈, 「조선전기 억불정책과 교종판사 설준에 대한 평가」, 상명대학교 석사학위 논문, 2009.
박도화, 「초간본 『월인석보』 팔상 판화의 연구」, 『서지학연구』 24집, 2002.
박범훈, 『불교음악의 전래와 전개에 관한 연구』, 동국대학교 박사학위 논문, 1998.
　　　, 「세종대왕이 창제한 불교음악 연구」, 『한국음악학보』 제23집, 1999.
박병채, 「원본 홍무정운역훈의 결본 복원에 관한 연구」, 『아세아연구』 제51호, 1973.
박정숙, 「세조대 간경도감의 설치와 불전 간행」, 『부대사학』 20집, 1996.
박해당, 「기화의 불교사상 연구」, 서울대학교 박사학위 논문, 1996.
사재동, 「팔상명행록」의 연구」, 인문과학연구소 논문집 제8권 2호, 충남대학교, 1981.
　　　, 「월인천강지곡의 몇 가지 문제」, 『어문연구』 제11집, 1982.
소재구, 「원각사지 10층석탑의 연구」, 한국정신문화연구원 석사학위 논문, 1986.
신규탁, 「해방 이후 역경의 성격과 의의」에 대한 논평, 『대각사상』 제5집, 2006.
안병희, 「신숙주의 생애와 학문」, 『신숙주 학문과 인간』, 국립국어연구원, 2002.
　　　, 「『월인석보』의 편간과 이본」, 『진단학보』 75, 진단학회, 1993.
　　　, 「목우자수심결」, 『국어사 자료 연구』, 문학과 지성사, 1992.
　　　, 「간경도감의 언해본」, 『국어사 문헌 연구』, 신구문화사, 2009.
　　　, 「언해의 역사」, 『국어사 문헌 연구』, 신구문화사, 2009.
　　　, 「세조의 경서 구결」, 『국어사 자료 연구』, 문학과 지성사, 1992.
　　　, 「한글판 『오대진언』」, 『국어사 자료 연구』, 문학과 지성사, 1992.
유정엽, 『여말선초 유불대론에 대한 연구』, 원광대학교 박사학위 논문, 2009.
이경미, 「고려·조선전기 법보신앙과 경장건축의 변천 연구」, 이화여자대학교 박사학위 논문, 2007.
이근수, 「조선조의 국어정책사」, 한성대학 논문집 제3-1호, 한성대학교, 1979.

이동림, 「훈민정음 창제 경위에 대하여 -언문자모 27자는 최초 원안이다-」, 『동국대학교 국어국문학과 논문집』, 1974.
이봉춘, 『조선전기 배불사 연구-왕조실록을 중심으로』, 동국대학교 박사학위 논문, 1990.
　　　『조선전기 불전언해와 그 사상에 대한 연구』, 동국대학교 석사학위 논문, 1979.
이숭녕, 「신미의 역경사업에 관한 연구」, 『학술원논문집』 25, 인문·사회과학편, 학술원, 1986.
　　　「세종의 언어정책 사업과 그 은밀주의적 태도에 대하여 -특히 실록기사의 불투명성과 책방의 노출을 중심으로 하여」, 『한국학논총』(하성 이성근 박사 고희 기념 논문집), 1977.
이정주, 「세조대 후반기의 불교적 상서와 은전」, 『민족문화연구』 제44호, 2006.
이종석, 「『월인천강지곡』과 선행 불교서사시 비교 연구」, 서울대학교 석사학위 논문, 2001.
이철헌, 『나옹 혜근의 연구』, 동국대학교 박사학위 논문, 1996.
이충구, 『경서언해 연구』, 성균관대학교 박사학위 논문, 1990.
이호권, 「법화경언해」, 『국어사 자료와 국어학의 연구』, 문학과 지성사, 1993.
이호영, 「승 신미에 대하여」, 『사학지』 10, 단국대학교, 1972.
　　　「괴애 김수온의 문명과 숭불 성격」, 『단국대논문집』 제10집, 1976.
정우영, 『15세기 국어문헌자료의 표기법 연구』, 동국대학교 박사학위 논문, 1996.
정상훈, 「갑인자본 <사리영응기>에 대하여」, 동원논집 제7집, 1994.
조윤호, 「조선전기 김수온가의 불교신앙」, 한국교원대학교 석사학위 논문, 2004.
차현실, 「월인천강지곡의 장르와 통사구조의 상관성」, 『월인천강지곡의 종합적 고찰』, 이화여자대학교 한국어문학연구소, 2000.
최종민, 『훈민정음과 세종악보의 상관성 연구』, 상명여자대학교 대학원 박사학위 논문, 2003.
한영균, 『능엄경언해』, 『국어사 자료와 국어학의 연구』, 문학과 지성사, 1993.
황수영, 「오대산 상원사동종의 반이搬移 사실」, 『황수영 전집』 3, 혜안, 1998.

주註

1 꽃잎 속의 훈민정음

1. 『영산김씨대동보』 권2, 2쪽. 조선시대에는 친정에서 출산하는 관습이 있었다. 김수성은 외할아버지 이행의 집에서 태어났을 것으로 추정된다.
2. 『신증동국여지승람』 영동현 군명. 永山은 永同의 고호古號.
3. 『영산김씨대동보』 권2, 2쪽.
4. 『영산김씨대동보』 권2, 6쪽. 김훈은 네 아들의 이름을 시로써 지었다. 첫째는 '소이성疏而省'하니 성省, 둘째는 '고이경固而經'하니 경經, 셋째와 넷째는 온화溫和하니 각각 온溫과 화和를 썼다.
5. 심경호, 『김시습 평전』, 돌베개, 2003, 84쪽. 『정속正俗』은 원나라 때 일암왕逸庵王이 유교의 교양을 아이들에게 가르치기 위해 엮은 교과서. 원래 이름은 『정속편正俗編』이다. 부모에게 효도하고 형제간에 우애로우며 집안을 평화롭게 하고 자손을 가르치며 친척 사이에 화목하고 이웃과 향촌 사회에서 올바르게 살아가는 문제를 다룬 책이다. 孝父母, 友兄弟, 和室家, 訓子孫, 睦宗族, 厚親誼, 恤鄰里, 慎交友, 待幹僕, 謹喪祭, 重墳墓, 遠淫祀. 務本業, 收田租, 崇儉朴, 懲忿怒, 賑飢荒, 積陰德 등 18개 조목으로 되어 있다.
6. 심경호, 앞의 책, 84쪽. 『소학小學』은 1187년 송나라 학자 유자징劉子澄이 아동을 가르치기 위해 엮은 교과서다. 내편 4권과 외편 2권으로 이루어져 있다. 조선시대에는 명나라 진선陳選이 주를 달고 정유程愈가 여러 해설을 엮은 『소학제가집주小學諸家集注』가 널리 유통되었다. 세종 때는 별도로 『집성소학集成小學』을 100권 수입하여 주자소에서 간행했다. 1518년 중종 13에 김안국(金安國, 1478~1543)이 언해, 간행했다. 조선시대를 통틀어 가장 많이 인쇄되었고, 그만큼 널리 읽혔던 책이다.
7. 『연려실기술』 별집 권7, 관직전고官職典故 「성균관」. "태조가 1397년 태조 6 3월, 서울 동북 모퉁이에 태학太學의 터를 잡고 여흥부원군 민제에게 감독을 명했다. 1398년 7월 낙성되었고, 명륜당明倫堂은 문묘文廟 북쪽에 건립했다. 권근을 대사성에 겸무하게 했다. 겸무는 이때부터 비롯되었다. 1400년 정종 2 문묘가 불에 탔다. 1407년 태종 7 옛 터에 문묘를 다시 지으라고 명했다. 성산군 이직과 중군총제 박자청이 공역을 감독, 4개월의 공역 끝에 완공했다. 전답 10,000묘와 노비 300명을 성균관에 하사했다. 태종은 잠저에 있을 때 반궁에 유학, 벼슬길에 올랐다."
8. 『연려실기술』 별집 권7, 관직전고 「성균관」.
9. 『태종실록』 권31, 1416년 태종 16 1월 30일癸亥.
10. 『태종실록』 권31, 1416년 태종 16 6월 10일庚午.
11. 『문종실록』 권2, 1450년 문종 즉위년 7월 15일丁巳. 박팽년은 상소에서 신미를 향해 폭언을 퍼부었다. "이 중은 참을성이 많고, 사람을 쉽게 유혹하며, 밖으로는 맑고 깨끗한 듯 꾸미고, 속으로 교활하고 속이는 것을 감추어 연줄을 타서 이력저력 궁금宮禁이 줄이 닿았습니다. 참으로 임금을 속이고 나라를 그르치는 간인姦人의 우두머리입니다. 어찌 선왕을 속이고 전하를 혹하게 하는 것이 이와 같겠습니까."
12. 『태종실록』 권33, 1417년 태종 17 4월 14일庚午. "安置金訓永同農舍. 訓子如達申呈云. 大父

宗敬. 年老在永同故也.'"'여달如達'은 김수성의 자字로 추측된다.
13. 『태종실록』 권33, 1417년 태종 17 4월 25일辛巳.
14. 심경호, 앞의 책, 293쪽. "김수온은 세조·성종 때 고관을 지냈던 인물로, 고승 신미信眉를 형으로 두었다. 세종 때 문과에 급제하여 관직에 나섰고, 세조 때 서거정·강희맹과 더불어 문학가로 명성이 높았다. 그는 효령대군, 신미, 학조學祖, 홍준弘濬과 함께 함허당 기화己和에게서 불교를 배웠다."
필자는 학조가 함허당으로부터 배웠다는 의견에는 동조하지 않는다. 함허당은 1433년 세종 15 봉암사에서 입적했고, 학조는 1432년에 태어났다.
15. 『세종실록』 권83, 1438년 세종 20 10월 7일戊午. 세종이 이행의 '문절文節'이라는 시호 논란 때 했던 말이다. "行之崇信浮屠. 曾與成石璘輩飯佛誦經. 其信之也久矣."
16. 『삼국사기』 「잡지雜志」 제1.
17. 신미의 자호自號는 '수암秀庵'이다. 간경도감에서 불전을 언해하기 전까지는 세종의 유훈으로 내린 '혜각존자慧覺尊者'의 법호보다는 '수암도인秀庵道人'의 호를 썼다.
18. 필자는 혜각존자 신미의 법통法統을 이능화의 설에 따라 함허당의 제자門徒로 추정했다.
19. 야부, 「함허당득통화상행장涵虛堂得通和尙行狀」, 『한국불교전서韓國佛教全書』 권7, 251쪽, 동국대학교출판부, 1986.
20. 함허당, 「금강반야바라밀경 서」, 『금강경삼가해』. "文字는 現道之具也ㅣ며 導人之方也ㅣ니 須文義ㅣ 相資ㅎ야 而血脈이 貫通ㅎ야 精審詳密이 備焉ㅎ야 而脫衍倒誤ㅣ 未嘗雜於其間혼 然後에사 能使人으로 開解ㅎ야 得爲萬世之龜鑑也ㅣ니 不爾則非唯不能開人眼目이라 反爲惑人之具也ㅣ리라."
21. 함허당, 앞의 책. "然若心淸慮靜ㅎ야 緣文究義ㅎ며 依義尋文ㅎ면 則文義之舛錯者ㅣ 不隱微毫ㅎ야 了然昭著호미 如世病脈이 不能逃於善醫之手뎟ㅎ리라. 予ㅣ 雖非醫之儔ㅣ나 幸粗識文義ㅎ야 略辨眞僞故로 今之經之疏之中의 或脫ㅎ며 或衍或倒ㅎ며 或誤者를 簡而出之ㅎ야 參之諸本ㅎ며 質之諸師ㅎ야 以正之ㅎ노라. 然이나 他本所據外예 未嘗一字一句도 妄自加損於其間ㅎ노니. 予ㅣ 以不敏으로 辨眞僞ㅎ며 定譌訛也ㅣ나 然此는 以有據依而然이라 非爲臆斷이니라."
22. 오윤희, 『일꾼 의천』, 불광출판사, 2012, 245쪽.
23. 『오대산 월정사·상원사』 102쪽. "영감암靈鑑庵의 터(지금의 靈鑑寺)는 강원도 오대산 월정사에서 상원사로 가는 2킬로미터 지점에서 서북쪽으로 1킬로미터 떨어진 남호암南虎巖 기슭에 있다. 물, 불, 바람의 삼재三災가 침입하지 못하는 길지吉地로 꼽힌다. 조선 초기에는 함허당 득통, 중기에는 사명대사가 주석했다. 임진왜란 뒤인 1606년 선조 39 실록 보관을 위해 사고史庫를 지을 때 중창되었다. 한국전쟁 때 아군에 의해 사고, 선원각과 함께 불에 타버려 지금은 터에 주춧돌만 남아 있다. 1960년대 후반 비구니 뇌묵스님이 실록각이 있던 자리에 다시 건립, 오늘에 이르고 있다."
24. 야부, 「함허당득통화상행장」, 『한국불교전서』 권7, 동국대학교출판부, 1986, 251쪽.
25. 대자암은 태종이 불교 혁파에 앞장서며 자신의 능 옆에 절을 짓지 말라고 했던 1418년 태종 18 4월 고양현 북쪽 성녕대군의 무덤 옆에 지은 암자다. 노비 20구와 전지 50결을 붙였다. 예문관 대제학 변계량이 명을 받고 신도비를 지었다. 직예문관 성계가 글씨를 썼다. 이해 6월, 태종은 세자(양녕대군)를 폐해 광주로 추방한 뒤 충녕대군을 왕세자로 삼았다. 8월 10일, 충녕대군(세종)은 경복궁 근정전에서 왕위에 올랐다.
26. 함허당, 「위성녕대군선가법어爲誠寧大君仚駕法語」, 『함허당득통화상어록』, 『한국불교전서』

권7, 동국대학교 출판부, 1986, 228쪽.
27. 야부,「함허당득통화상행장」,『한국불교전서』 권7, 동국대출판부, 1986, 251쪽.
28. 『세종실록』 권16, 1422년 세종 4 5월 10일丙寅. 세종은 태종의 유훈을 받들어 헌릉 옆에 절을 세우지 않았다. 칠칠재와 백일재, 대상재만 올렸다. ❶ 초재 5월 15일 : 장의사 ❷ 2재 5월 22일 : 개경사 ❸ 3재 5월 29일 : 진관사 ❹ 4재 6월 7일 : 개경사 ❺ 5재 6월 14일 : 진관사. 6, 7재는 기록되지 않음.
29. 『세종실록』 권24, 1424년 세종 6 4월 20일乙丑.
30. 『세종실록』 권24, 1424년 세종 6 4월 5일庚戌. 이날 단행된 사찰 혁파 때 태종이 중창한 수륙사인 전라도 순천 송광사松廣寺와 후릉厚陵의 재궁인 개성 유후사의 흥교사興敎寺는 양종에 속하지 못했다. 10월 25일 전라도 구례 화엄사, 황해도 은율 정곡사를 빼고 두 절을 선종에 부속시켰다. 당시에는 능실陵室 옆에 재사齋社를 두었는데 태종의 헌릉獻陵에만 세우지 않았다.
31. 『세종실록』 권23, 1424년 세종 6 2월 7일癸丑.
32. 『세종실록』 권32, 1426년 세종 8 10월 27일丁亥.
33. 『세종실록』 권24, 1424년 세종 6 5월 3일丁丑.
34. 『세종실록』 권27, 1425년 세종 7 1월 15일丙戌.
35. 함허당,「因別晴軒子不覺過羊溪」,『한국불교전서』 권7, 조선시대편 1, 동국대학교 출판부, 2002, 246쪽. 함허당의 선시는 총 88편, 110수가 전한다.
36. 「영암 도갑사 묘각화상비靈巖 道岬寺 妙覺和尙碑」,『교감역주역대고승비문』 권6(조선편1), 가산불교문화연구원, 1999, 417쪽. "夫海之所以稱大者. 由無晈潔之淸. 道之所以難名者. 以無赫然之觀也. 若乃得難名之道. 遊戱佛門三昧. 舟航苦海. 爲世所重者. 盖指不多屈. 而進古於妙覺王師. 見其人焉. 師諱守眉. 古朗州人也. 生於崔氏. 母夢異人遺珠孕. 生時異香滿室. 幼時英爽. 有邁俗之志. 十三投州西. 月出山道岬寺. 出家 旣冠受具. 翶翔講肆. 抵俗離山法住寺. 遇沙彌信눈. 同歲同名. 與之俱. 琢磨磋切. 讀大藏. 習毘尼. 幷慈容道骨. 眉彩燁然. 詞氣朗潤. 辨才無碍. 學者皆推之. 謂二甘露門. 浸浸己露頭角矣."
전라남도 월출산 도갑사는 도선국사가 창건했다. 대웅보전 옆 오른쪽 언덕에 수미의 공덕을 기려 세운「묘각화상비妙覺和尙碑」(전라남도 유형문화재 제152호)가 있다. 1633년 인조 11 성총性聰이 비문을 짓고, 전액篆額을 썼다. 비문의 내용 중 수미가 친견한 구곡은 1383년 입적했다.
37. 「영암 도갑사 묘각화상비」, 앞의 책 417쪽. "居無何. 謂同學曰. 我所負者. 其猶僧繇畵人物. 雖曰妙畵. 終非活者. 遂棄所學. 擔簦躡屩. 出入禪窟. 初參龜谷不契. 晩入登階之室. 然. 值晦寅否塞之秋. 禪席荒虛寥落. 稀若晨星."
38. 칠중七衆: 비구比丘, 비구니比丘尼, 사미沙彌, 사미니沙彌尼, 식차마나식叉摩那, 우바새優婆塞, 우바이優婆夷.
39. 야부,「함허당득통화상 행장」,『한국불교전서』 권7, 동국대출판부, 1986, 251쪽. "宣德八年癸丑三月二十五日. 故託微恙. 身心不豫. 至四月一日申時初刻. 卓然靜坐 曰. 湛然空寂. 本無一物. 靈光赫赫. 洞澈十方. 更無身心. 受彼生死. 去來徃復. 也無罣礙. 少選又曰. 臨行擧目. 十方碧落. 無中有路. 西方極樂. 此乃最後永訣也. 語聲才盡. 肅然而逝. 留寺五月. 顔色如常. 曾無少異. 茶毘已訖. 拾取齒骨. 香水洗之. 粘骸設利羅. 赫然光潤. 當是時也. 異香滿洞. 行者皆聞. 拜手低頭. 罔不敬信者矣. 孝寧大君閤下. 親啓宸聰. 命諸徒弟. 樹浮屠於四處. 不日之間. 七衆子來. 造石室以安厝. 設嘉會以展禮. 人之歸附. 受道佩戒者. 雲屯輻輳. 尤於前日. 掘指成胚. 不可勝數. 所謂現壽量以存

存. 示生滅而化化者矣. 師壽五十八. 臘三十八. 先師平生所著. 經論註疏詩賦篇章. 固不爲不多矣. 然散在諸處. 未能盡求. 但以手書圓覺疏三卷. 般若五家解說誼一卷. 顯正論一卷. 般若懺文二帙. 綸貫一卷. 對靈小參下語等 校正之. 書之數本. 留鎭願刹. 示之於後."

40. 야부, 앞의 책, 함허당의 시자인 각미覺眉는 「신륵사대장각기神勒寺大藏閣記」에 제화사제화士로 기록되어 있다. 1405년 입적했다. 『한국금석전문』 중세 하, 1,221쪽.

41. 이능화, 「언문은 범어를 원천으로 해서 나온 것[諺文字法源出梵天]」, 『역주 조선불교통사』 5, 동국대학교출판부, 2010, 439,444쪽. "서역의 범학梵學은 소리를 가르치므로 음조가 가장 정교했다.[…] 중국 사람들은 비로소 초성과 중·종성 두 소리가 서로 짜이는 방법을 알게 되었으며, 경전經傳의 자음에 드디어 번절翻切이 있게 되었다.[…] 한문의 자모는 서역에서 시작되었다. 먼 원인[遠因]이 되기도 하고 가까운 원인[近因]이 되기도 하였다. 그러므로 나는 언문의 자법字法은 범천에서 근원하여 나왔다고 하였다."

42. 『세종실록』 권64, 1434년 세종 16 4월 27일甲戌.

43. 1428년 세종 10 진주의 김화가 아버지를 살해하는 사건을 저질렀다. 세종은 큰 충격을 받았다. 예를 근본으로 삼고 있는 조선에서 일어날 수 없는 극악 범죄였다. 책임을 느낀 세종은 풍속을 바로 잡을 수 있는 방안을 마련하기 위해 『삼강행실도』의 편찬을 명했다. 집현전에서 3년간 편찬사업에 매달려 1432년 세종 14 6월 고본稿本을 마무리 지어 세종께 올렸다. 1433년 세종 15 2월 주자소 판각을 완료하고, 정초鄭招가 발문을 썼다. 1434년 세종 16 4월 윤회尹淮가 교지를 작성했고, 11월 내외에 반포했다. 조선 시대 윤리·도덕 교과서의 효시였다. 세종은 이 책을 보면 충신·효자·열녀가 나올 것이라는 기대감을 표했다.

44. 김수온, 「복천사기福泉寺記」, 『식우집』 권2, 『한국문집총간』 9, 1988, 75~77쪽. "初世宗大王聞尊者名. 自山召至. 賜坐從容. 談辨迅利. 義理精暢. 奏對稱旨. 自是. 寵遇日隆."

45. 이능화, 「함허와 청허, 법맥을 이어 문중을 지키다[涵虛淸虛扶宗樹敎]」, 『역주 조선불교통사』 6, 동국대학교출판부, 2010, 50~51쪽. "海東佛法. 至于麗末. 有二甘露門焉. 太古國師. 懶翁王師. 二人旣有法力. 又有勢力. 當時僧徒. 盡出其門. 遂爲朝鮮佛宗之祖. 懶翁一傳而得無學. 無學爲太祖又一傳而得涵虛. 涵虛著圓覺經䟽鈔金剛說義. 於宗門大有功焉. 朝鮮世祖時. 名僧弘濬信眉斯智學悅學祖等諸師. 料皆涵虛之法脈也. 何以知其然也. 以世祖命此諸師校正涵虛之書故."

46. 이능화, 「신미와 백암이 널리 불서 유통[信眉栢庵流通佛書]」, 『역주 조선불교통사』 6, 동국대학교출판부, 2010, 149~151쪽. "慧覺尊者. 以諺文. 譯解諸禪師法語. 獨多取與懶翁. 有關係之人. 又尊者之承命校正涵虛和尙金剛說義. 亦係懶翁法孫之撰述. 余于是. 知慧覺尊者. 疑亦涵虛派故. 其所流通者. 亦多取其邊之書也.[…]信眉栢庵. 流通佛書. 朝鮮禪敎. 受益實多."

47. 이능화, 「한 집안에 아들이 셋이면 출가를 허락[一家三子制許度僧]」, 『역주 조선불교통사』 5, 동국대학교출판부, 2010, 191쪽. "守伊及俊和尙之於世宗. 信眉之於世祖. 普雨之於明宗. 休靜之於宣祖. 覺性之於孝宗. 實有伽表之資格. 而猶各封拜之命. 蓋畏儒論之攻擊. 而置之也. 令聞雖彰. 而勢力則無也."

48. 속리산 법주사 복천암, 『선교도총섭 수암당 신미 혜각존자 실기』, 2009, 5쪽.

49. 이색, 「사구곡서화찬賜龜谷書畫讚」, 『목은문고』, 권12. 각운의 법계법系는 「송광사개창비松廣寺開創碑」에는 보우-환암幻庵-각운, 평안남도 평원군 법흥산 법흥사法興寺의 전등법맥傳燈法脈에는 보우-환암-각운-정심淨心-지엄-영관靈觀-휴정休靜의 순으로 되어 있다.

50. 김용곤, 「세종·세조의 숭불정책의 목적과 의미」, 『조선의 정치와 사회』, 집문당, 2002, 547쪽.

51. 『세종실록』 권85, 1439년 세종 21 4월 21일戊戌.
52. 이능화,「선종과 교종 두 종파가 비로소 합쳐졌다[兩宗禪敎宗趣和會]」,『역주 조선불교통사』 5. 동국대학교출판부, 2010. 374~375쪽. "禪敎兩宗. 獨立名詞. 轉變而爲禪敎兩宗. 倂合名詞. 始於碧溪. 成於淸虛. 何以然也. 朝鮮初世. 陸行而. [聚徒千餘講經者] 信眉弘濬虛應[普雨]. 皆失法係. 而惟獨碧溪大師一人. 上承太古. 下傳碧松.[…] 朝鮮僧侶. 禪者占十之二三. 敎占十之七八. 莫不以太古普愚禪師爲宗祖. 然則太古. 是禪宗乎. 是敎宗乎. 禪敎兩宗. 九百寺刹八千僧尼. 若能個個如碧溪碧松芙蓉淸虛浮休. 禪敎兼修. 卽敎明宗. 捨敎入禪. 則禪敎兩宗. 宗旨稱號. 亦自無妨. 亦不愧爲太古兒孫."
53. 이철헌,『나옹혜근의 연구』, 동국대 박사학위 논문, 1996, 207쪽. 필자가 함허당 득통의 제자 혜각존자 신미를 보강했다.

2 꽃피는 훈민정음

1. 『세종실록』 권102, 1444년 세종 25 10월 13일甲午.
2. 『보한재집保閑齋集』 권4,「박다도에 있으며 차운次韻하여, 인수·백옥·중장·근보·청보의 산거山居에 부침在博多島次韻寄仁叟伯玉仲章謹甫淸甫山居]」.
3. 『세종실록』 권102, 1444년 세종 25 10월 19일庚子.
4. 『세종실록』 권102, 1443년 세종 25 12월 30일庚戌. "是月. 上親制諺文二十八字. 其字倣古篆. 分爲初中終聲. 合之然後乃成字. 凡于文字及本國俚語. 皆可得而書. 字雖簡要. 轉換無窮. 是謂訓民正音."
5. 『세종실록』 권103, 1444년 세종 26 2월 16일丙申.
6. 이승소,「문충공 묘비명 병서文忠公墓碑銘 幷序」,『삼탄집三灘集』 권13.
7. 성현,「용재총화慵齋叢話」 권7. "世宗設諺文廳. 命申高靈成三問等製諺文. 初終聲八字. 初聲八字. 中聲十二字. 其字體依梵字爲之. 本國及諸國語音文字. 所不能記者. 悉通無礙. […] 雖無知婦人. 無不瞭然曉之. 聖人創物之智. 有非人力之所及也."
8. 『세종실록』 권103, 1444년 세종 26 2월 20일庚子. "庚子. 集賢殿副提學崔萬理等 上疏曰. 臣伏覩諺文制作. 至爲神妙. 創物運智. 夐出千古. 然以臣等區區管見. 尙有可疑者. 敢布危懇. 謹疏于後. 伏惟 聖裁."
9. 강신항,『훈민정음연구』, 성균관대학교 출판부, 2005, 197쪽. 상소문의 6개항에 대한 요약, 정리는 이 책에서 인용했다. 사의를 표한다.
10. 최만리 등,「훈민정음 창제 반대 상소문」 제1항,『세종실록』 권103. "一. 我朝自 祖宗以來. 至誠事大. 一遵華制. 今當同文軌之時. 創作諺文. 有駭觀聽. 儻曰 諺文皆本古字. 非新字也. 則字形雖倣古之篆文. 用音合字. 盡反於古. 實無所據. 若流中國. 或有非議之者. 豈不有愧於事大慕華."
11. 최만리 등,「훈민정음 창제 반대 상소문」 제2항,『세종실록』 권103. "一. 自古九州之內. 風土雖異. 未有因方言而別爲文字者. 唯蒙古西夏女眞日本西蕃之類. 各有其字是皆夷狄事耳. 無足道者. 傳曰. 用夏變夷未聞變於夷者也. 歷代中國. 皆以我國. 有箕子遺風. 文物禮樂. 比擬中華. 今別作諺文. 捨中國而自同於夷狄. 是所謂棄蘇合之香. 而取螗螂丸也. 豈非文明之大累哉."
12. 최만리 등,「훈민정음 창제 반대 상소문」 제3항,『세종실록』 권103. "一. 新羅薛聰吏讀. 雖爲鄙俚. 然皆借中國通行之字. 施於語助. 與文字元不相離. 故雖至胥吏僕隷之徒. 必欲習之. 先讀數書. 粗知文字. 然後乃用吏讀. 用吏讀者. 須憑文字. 乃能達意. 故因吏讀而知文字者頗多. 亦興學之

一助也. 若我國元不知文字. 如結繩之世. 則姑借諺文. 以資一時之用猶可. 而執正議者. 必曰與其
行諺文以姑息. 不若寧遲緩而習中國通行之文字. 以爲久長之計也. 而況吏讀行之數千年. 而簿書期
會等事. 無有防礎者. 何用改舊行無弊之文. 別創鄙諺無益之字乎. 若行諺文則爲吏ർ. 傳習諺文.
不顧學問. 文字吏員岐而爲二. 苟爲吏者以諺文而宦達. 後進皆見其如此也. 以爲二十七字諺文.
足以立身於世. 何須苦心勞思. 窮性理之學哉. 如此則數十年之後. 知文字者必少. 雖能以諺文而施
於吏事. 不知聖賢之文字. 則不學墻面. 昧於事理之是非. 徒工於諺文. 將何用哉. 我國積累右文之
化. 恐漸至掃地矣. 前此吏讀. 雖不外於文字. 有識者尙且鄙之. 思欲以吏易之而況諺文與文字.
暫不干涉. 專用委巷俚語者乎. 借使諺文. 自前朝有之. 以今日文明之治. 變魯至道之意. 尙肯因循
而襲之乎. 必有更張之義者. 此灼然可知之理也. 厭舊喜新. 古今通患. 今此諺文. 不過新奇一藝耳.
於學有損. 於治無益. 反覆籌之. 未見其可也."

13. 최만리 등,「훈민정음 창제 반대 상소문」제4항,『世宗實錄』권103. "一. 若曰如刑殺獄辭. 以
吏讀文字書之. 則不知文理之愚民. 一字之差. 容或致冤. 今以諺文. 直書其言. 讀使聽之. 則雖至愚
之人. 悉皆易曉. 而無抱屈者. 然. 自古中國. 言與文同. 獄訟之間. 冤枉甚多. 借以我國言之. 獄囚之
解吏讀者. 親讀招辭. 知其誣而不勝捶楚. 多有枉服者. 是非不知招辭之文意而被冤也. 明矣. 若然
則雖用諺文. 何異於此. 是知刑獄之平不平. 在於獄吏之如何. 而不在於言與文之同不同也. 欲以諺
文而平獄辭. 臣等未見其可也."

14. 최만리 등,「훈민정음 창제 반대 상소문」제5항,『세종실록』권103. "一. 凡立事功. 不貴近速.
國家比來措置. 皆務速成. 恐非爲治之體. 儻曰諺文不得已而爲之. 此變易風俗之大者. 當謀及宰相
下至百僚. 國人皆曰可. 猶先甲先庚. 更加三思. 質諸帝王而不悖. 考諸中國而無愧. 百世以後聖人
而不惑. 然後乃可行也. 今不博採群議. 驟令吏輩十餘人訓習. 又輕改故人已成之韻書. 附會無稽之
諺文. 聚匠數十人刻之. 劇欲廣布 其於天下. 後世公議何如. 且今淸州椒水之幸. 特慮年歉. 扈從諸
事. 務從簡約. 比之前日. 十減八九. 至於啓達公務. 亦委政府. 若夫諺文. 非國家緩急. 不得已及期
之事. 何獨於行在. 而汲汲爲之. 以煩聖躬調變之時乎. 臣等. 尤未見其可也."

15. 최만리 등,「훈민정음 창제 반대 상소문」제6항,『세종실록』권103. "一. 先儒云. 凡百玩好.
皆奪志. 至於書札. 於儒者事最近. 然一向好着. 亦自喪志. 今東宮. 雖德性成就. 猶當潛心聖學. 益
求其未至也. 諺文縱曰有益. 特文士六藝之一耳. 況萬萬無一利於治道. 而乃硏精費思. 竟日移時.
實有損於時敏之學也. 臣等. 俱以文墨末技. 侍罪侍從. 心有所懷. 不敢含黙. 謹罄肺腑. 仰瀆聖聰."

16. 이동림,「훈민정음 창제 경위에 대하여 - 諺文字母 27字는 最初 原案이다-」,『동국대 국어국
문학과 논문집』, 1974. '27자언문二十七字諺文'은 훈민정음이 28자로 창제된 것이 아니라 ㆆ자를
제외한 27자로 창제되었을 것이라는 설을 제공하고 있다.

17. 서거정찬,「태허정비太虛亭碑」,『태허정집』155쪽,『한국문집총간』9. 1988.

18. 『삼강행실도三綱行實圖』는 1,110명의 효자·충신·열녀의 각 행실의 한문 설명에 앞서 그림을
그려 글을 읽지 못하는 서민 대중의 이해를 돕기 위함이었다. 이 책의 편찬은 훈민정음 창제를 기획
하게 되는 단초였다.

19. 『세종실록』권103, 1444년 세종 26년 2월 20일更子, 21일辛丑.

20. 『세종실록』권103, 1444년 세종 26 1월 27일丁丑.

21. 『세종실록』권103, 1444년 세종 26 2월 3일癸未.

22. 『세종실록』권103, 1444년 세종 26 2월 28일戊申, 29일己酉.

23. 『세종실록』권103, 1444년 세종 26 2월 30일庚戌.

24. 『세종실록』 권103, 1444년 세종 26 3월 1일辛亥, 2일壬子.
25. 『세종실록』 권86, 1439년 세종 21 7월 4일庚戌.
26. 『세종실록』 권103, 1444년 세종 26 3월 6일丙辰.
27. 『세종실록』 권103, 1444년 세종 26 3월 11일辛酉.
28. 『세종실록』 권104, 1444년 세종 26 4월 10일己丑.
29. 『세종실록』 권104, 1444년 세종 26 4월 22일辛丑.
30. 김남이, 「집현전 학사의 문학연구」, 이화여자대학교 박사학위 논문, 2000, 107~108쪽. 당 태종은 협서陝西 인유麟游 구성궁九成宮으로 피서 갔다가 샘물을 발견했다. 맛이 달아서 예천이라고 했다. 위징魏徵에게 명銘을 지으라 하고 돌을 깎아 비석을 세웠다. 이 비는 「九成宮碑」, 「九成宮醴泉銘」이라고도 한다. 『列子·湯問』. "山名壺領 狀若甗甀 頂有口 狀若員環 名曰滋穴. 有水湧出. 名曰神瀵."
31. 신숙주, 「扈從淸州次醴泉懸板」三首, 『보한재집保閒齋集』 권4.
32. 박팽년, 「扈從淸州. 次醴泉板懸韻」, 『박선생유고朴先生遺稿』.
33. 『대동시선』에는 제목이 「思親」으로 되어 있다. 박팽년의 양친兩親이 전의全義에 있었다.
34. 신숙주, 「在淸州示同僚」, 『보한재집』 권4.
35. 『세종실록』 권104, 1444년 세종 26 5월 1일庚戌, 2일辛亥.
36. 『세종실록』 권104, 1444년 세종 26 5월 3일壬子, 4일癸丑, 5일甲寅, 6일乙卯, 7일丙辰.
37. 『세종실록』 권104, 1444년 세종 26 6월 21일己亥.
38. 『세종실록』 권105, 1444년 세종 26 7월 30일丁丑.
39. 『세종실록』 권105, 1444년 세종 26 윤7월 5일壬午.
40. 『세종실록』 권105, 1444년 세종 26 윤7월 28일乙巳.
41. 『세조실록』 1권, 總書.
42. 세종이 반 년 동안 머물며 훈민정음의 틀을 잡았던 초수행궁은 1448년 세종 30 3월 28일 화마에 휩쓸려 전소되었다. 한번 임금의 어가가 머물게 되면 더없는 영광이지만, 민초에게 여러 가지 폐가 돌아갔다. 논밭이 성하지 않았다.
43. 『세종실록』 권106, 1444년 세종 26 9월 22일丁酉.
44. 『세종실록』 권106, 1444년 세종 26 9월 26일辛丑.
45. 『세종실록』 권106, 1444년 세종 26 11월 7일壬午.
46. 『세종실록』 권106, 1444년 세종 26 11월 18일癸巳.
47. 『세종실록』 권106, 1444년 세종 26 11월 24일己亥, 25일庚子.
48. 『세종실록』 권106, 1444년 세종 26 11월 26일辛丑.
49. 『세종실록』 권106, 1444년 세종 26 12월 6일辛亥, 7일壬子. 광평대군 이여(李璵, 1425~1444)의 졸기. "세종의 다섯째 아들 광평대군 이여가 졸했다. 여의 자는 환지煥之, 호는 명성당明誠堂. […] 나이 어릴 때부터 학문에 힘써서 『효경』·『소학』·『사서삼경』을 다 통하고, 『문선文選』과 이백·두보·구양수·소동파의 문집을 두루 열람했다. 더욱 『국어國語』와 『좌전左傳』에 공부가 깊었다. 음률과 산수算數에 이르기까지도 그 오묘한 이치를 다 알았다. 글 잘 짓고 필법도 절묘했다. 강한 활을 당겨서 멀리 쏘고, 또 격구에도 능했다.[…] 임금이 무안군撫安君의 후사後嗣가 없음을 추념, 입후立後 시켜서 제사를 받들게 했다.[…] 성품과 도량이 너그럽고 넓으며, 용모와 자태가 탐스럽고 아름다우며, 총명하고 효제孝悌하여 비록 노복이나 사환이라도 일찍이 꾸짖지 않아서 사람들이 모

두 사랑했다. 시호諡號는 장의章懿. 공경하고 삼가고 높고 밝음이 장章, 온화하고 부드럽고 현명하고 착함이 의懿다. 아들이 하나, 이름은 이부李溥다."

50. 『프랑스 국립기메동양박물관 소장 한국문화재』, 국립문화재연구소, 1999, 76~77쪽. 감지금니紺紙金泥로 사경한 『원각경』은 1446년 세종 28 12월, 수부사직으로 있던 김수온이 발문을 썼다. 조선 전기의 왕실에서 발원한 것이며, 고려 말에 유행한 고려사경의 형식을 지니고 있다. 세조가 1461년 세조 7 간경도감을 설치하고, 많은 불경을 언해하기 전에 인출된 불경이어서 주목되는 책이다. 이 사경의 형태는 절본折本으로 세로 40.6cm, 가로 13.7cm로 비교적 큰 편이다. 경문은 1면에 상하쌍변과 계선界線을 금니로 긋고, 경문은 6행 17자로 해서체로 썼다. 프랑스인 Charles Varat가 1888년에서 1889년 사이에 한국을 여행하며 수집한 것이다. 모리스 꾸랑이 지은 『한국서지학』(파리, 1896)에서 처음으로 소개되었다.

51. 『성종실록』 권4, 1470년 성종 1 4월 1일己酉.

52. 『세종실록』 권107, 1445년 세종 27 1월 1일乙亥. 2일丙子.

53. 『세종실록』 권107, 1445년 세종 27 1월 16일庚寅. 평원대군 이임(李琳, 1427~1445) 졸기. "세종의 7남인 평원대군 이임의 자는 진지珍之, 호는 근행당謹行堂. 풍도가 헌걸차고 천성이 슬기로웠다. 13세에 평원대군으로 봉했다. 종학에 나아가서 배움에 힘써서 경서를 깊이 연구하고, 『시전』·『예기』·『대학연의大學衍義』에 더욱 숙달했다. 또한 글을 잘 짓고 글씨가 신비한 지경에 이르렀고, 활쏘기와 말타기에 빼어났다.[…] 효성과 우애가 천성의 지극함에서 나왔으며, 천후를 점치기를 잘하여 바람·비·구름·천둥의 변화를 미리 말함이 거의 다 틀림이 없었다. 시호는 정덕靖德. 몸을 공손히 하고 말을 적게 함이 정靖, 의리를 굳게 잡고 착함을 찬양함이 덕德이다. 아내는 강녕부부인江寧府夫人, 아들이 없다."

54. 『봉선사 본말사지奉先寺 本末寺誌』, 「현등사」, 대본산 봉선사출판, 1927, 186쪽.

55. 『세종실록』 권107, 1445년 세종 27 2월 11일乙卯.

56. 『세종실록』 권107, 1445년 세종 27 2월 13일丁巳.

57. 『세종실록』 권108, 1445년 세종 27 4월 12일乙卯.

58. 『세종실록』 권107, 1445년 세종 27 1월 7일辛巳.

59. 신숙주는 「희현당시서」에 당시의 상황을 이렇게 기록해 두었다. "처음 숙주가 배우기 위하여 내게 와 있을 때 그의 용모가 극히 단아하고 언동이 다 구차하지 않았으므로 내 생각에 그가 반드시 원위源委가 있는 사람으로 생각했다. 며칠 지나서는 또 숙주의 마음을 알아볼 수 있었다. 얼마 후 돌아갔다가 한 달 남짓 되어 다시 왔다. 서로 주고받은 것이 간격이 없어서 그의 마음을 더욱 깊이 알 수 있어 이에 착한 선비로 지목했다. 그 뒤 돌아갈 때 당액堂額을 부탁하기에 '희현'으로 명명했다."

60. 박팽년, 「무본재 시권의 서문務本齋詩卷序」, 『박선생유고』, 『한국문집총간』 9, 462쪽.

61. 박팽년, 「무본재시권서」, 『박선생유고』, 『한국문집총간』 9, 462쪽.

62. 신숙주, 「在遼東. 聞黃翰林瓚往開原衛. 因王璽寄信」, 『보한재집』 권4, 『한국문집총간』 10, 30쪽.

63. 이승소, 「문충공 묘비명 병서文忠公墓碑銘 幷序」, 『삼탄집三灘集』 권13.

64. 『세종실록』 권107, 1445년 세종 27 3월 30일癸卯.

65. 『성종실록』 권138, 1482년 성종 13 2월 13일壬子. 세종 때 집현전 직제학, 성종 때 홍문관 대제학을 지낸 양성지는 1482년 성종 13 2월 13일 올린 「서적12사상소문書籍十二事上疏文」에서 『치

평요람』에 대해 다음과 같이 설명했다. "홍문관에『자경편自警編』(5책)이 있습니다. 이는 송나라의 종실宗室 조선료가 지은 것입니다. 일대一代의 임금과 신하의 아름다운 말과 착한 행실이 전부 여기에 들어 있습니다. 세종께서 이 책을 깊이 감탄, 칭찬했습니다.『치평요람』은 이것을 본떠서 찬집撰集된 것입니다. 그런데『치평요람』은 너무나 한만汗漫하여 고찰하기 어렵지만, 이『자경편』은 간략하고 요긴합니다."

66. 『세종실록』권93. 1441년 세종 23 6월 28일癸巳.
67. 『세종실록』권98. 1442년 세종 24 12월 20일丙午.
68. 『세종실록』권101. 1443년 세종 25 7월 18일辛未.
69. 김재호,『두시언해 강해』, 학문사, 1993. "『두시언해杜詩諺解』의 원제는『분류두공부시언해 分類杜工部詩諺解』다. 25권 17책. 활자본. 을해자. 초간본은 세종·성종대에 걸쳐 왕명으로 유윤겸 등의 문신과 의침이 우리말로 번역해 1481년 성종 12에 간행했다. 권두에 있는 조위의 서문에 의하면 간행목적이 세교世敎에 있었음을 짐작할 수 있다."
70. 『세종실록』권95. 1442년 세종 24 3월 1일壬戌.
71. 『세종실록』권108. 1445년 세종 27 4월 5일戊申.
72. 강신항,『훈민정음연구』, 성균관대학교 출판부, 2005. 354쪽. '노래는 우리말을 쓰고 이와 연결되는 한시를 지어서 노래 가사를 풀이했다.'는 기술에 약간의 의문점이 남는다.

강신항 교수가 날카롭게 이 의문을 분석했다. "『용비어천가』편찬 기간 중 권제는『고려사』편찬과 행정부 관리로서 분주했고, 정인지는 주로 전제田制 상정으로 분주했으며, 나머지 안지도 공조참판이었는데,『용비어천가』의 편찬이 이루어졌다는 점이다. 물론 조선시대에 있어서, 대개의 경우 관직에 있는 사람들이 서적을 편찬하는 것이 통례이기는 했으나, 이런 경우에는 주로 춘추관이나 예문관이 중심이 되어 이루어졌고, 특히 세종 때는 집현전에서 거의 주동이 되었으며, 단 한 권으로 된『훈민정음해례본』조차도 최항 등 8명의 학자가 관여했는데,『용비어천가』와 같은 10권의 거대한 저술이 단 3명의 손만으로 이루어지기는 쉬운 일이 아니었을 것이다. 따라서 이상의 여러 점으로 미루어 보아서 권제 등이 찬진한『용비어천가』의 원고는 한자에 의한 한시뿐이었고, 곧이어 최항 등의 손으로 '훈민정음'에 의한 시가와 본주, 협주가 이루어진 것이라 추측된다."

73. 『세종실록』권108. 1445년 세종 27 4월 16일己未.
74. 『세종실록』권109. 1445년 세종 27 9월 13일癸未.
75. 『세종실록』권110. 1445년 세종 27 11월 3일甲戌.
76. 이숭녕,「최만리」,『한국민족문화대백과사전』권22. 한국정신문화연구원, 1995. 424쪽. 필자가『조선왕조실록』의 기록을 바탕으로 최만리의 행적을 재구성했다.
77. 김윤경,『조선문자급 어학사』, 서울조선기념도서출판, 1938. 86쪽.
78. 『세종실록』권110. 1445년 세종 27 10월 27일戊辰.
79. 성현,『용재총화』권4. 민족문화문고간행회, 1973.
80. 어숙권,『패관잡기稗官雜記』권4. 민족문화문고간행회, 1973. 526쪽.
81. 성현,『용재총화』권4. 민족문화문고간행회, 1973. 105쪽.
82. 『세종실록』권111. 1446년 세종 28 3월 9일丙子, 10일丁丑.
83. 『세종실록』권111. 1446년 세종 28 3월 12일己卯, 13일庚辰.
84. 『세종실록』권111. 1446년 세종 28 3월 15일壬午, 16일癸未.
85. 『세종실록』권111. 1446년 세종 28 3월 18일乙酉, 19일丙戌.

86. 『세종실록』 권111, 1446년 세종 28 3월 23일庚寅, 24일辛卯.
87. 『세종실록』 권111, 1446년 세종 28 3월 25일壬辰. 영의정 황희와 우의정 하연을 국장도제조, 우찬성 김종서와 중추원사 이천을 제조, 하연을 산릉도제조, 이천과 지중추원사 이사검·대사헌 강석덕을 제조, 형조판서 남지를 수릉관, 환관 최득룡을 시릉관으로 삼았다.
88. 『세종실록』 권111, 1446년 세종 28 3월 26일癸巳.
89. 『세종실록』 권111, 1446년 세종 28 3월 28일乙未.
90. 『세종실록』 권112, 1446년 세종 28 5월 7일甲戌.
91. 『세종실록』 권111, 1446년 세종 28 3월 29일丙申, 30일丁酉.
92. 『세종실록』 권112, 1446년 세종 28 4월 6일癸卯.
93. 『세종실록』 권112, 1446년 세종 28 4월 8일乙巳, 9일丙午.
94. 『세종실록』 권112, 1446년 세종 28 4월 10일丁未.
95. 『세종실록』 권112, 1446년 세종 28 4월 13일庚戌, 14일辛亥.
96. 회암사 주지 만우(卍雨, 1357~?)는 86세 때인 1442년 세종 24 8월. 안평대군이 연 「소상팔경시첩」의 시회에서 시를 남겼다. 「비해당소상팔경시첩匪懈堂瀟湘八景詩帖」(안견이 그린 그림은 남아 있지 않고 조서강·강석덕·유의손·윤계동·안지·남수문·천봉·이보흠·신석조·성삼문·김맹·최항·박팽년·정인지·안숭선·신숙주·하연·김종서가 남긴 시문이 남아 있다.)은 보물 제1405호로 국립중앙박물관에 소장되어 있다.
97. 『세종실록』 권112, 1446년 세종 28 4월 20일丁巳, 23일庚申, 이능화, 「양녕대군, 효령대군에게 부처의 형이 되리라고 말하다讓寧對孝寧稱佛兄」, 『역주 조선불교통사』 5, 동국대학교출판부, 2010, 367쪽. 효령대군은 91세까지 살았다. 양녕대군 또한 거침없이 들과 산에서 음풍농월의 세월을 보내며 69세의 수를 누렸다. 그러나 세종은 태종으로부터 물려받은 제왕의 자리에서 하루도 편안할 날이 없었다. 가혹한 업보였다.
98. 『중종실록』 권18, 1513년 중종 8 9월 20일乙酉. "鄭士龍曰. 臣聞昔有李行傳理學于中原. 有僧卍雨傳授. 世宗使文士往授焉."
99. 성현, 『용재총화』 권6.
100. 이색, 「천봉설千峯說」, 『목은문고』 권10. "龜谷善名人. 豈於上人靳之乎. 請以一雲如何. 上人曰. 吾徒事師. 如子事父. 吾師名也. 請易之. 穡曰. 吾於龜谷. 游亦久矣而忘之. 吾罪也. 請易以千峯. 上人曰. 可矣. 願畢其說. 上人旣可之矣. 予何辭.[…] 一非不足. 萬非有餘. 上人所處善矣. 明月當上. 出定烹茶. 上人淸矣. 胡不取. 積雪滿其下. 入定面壁. 上人高矣. 胡不取. 取雨何哉. 雨. 吾也. 吾之在千峯也. 澤及四海. 萌生甲坼. 草本逢岌. 嘉禾多稼. 瑞國裕民. 其利博矣. 上人之取之. 其在斯乎. 其在斯乎. 然雨不可恒也. 時焉可也."
101. 『세종실록』 권100, 1443년 세종 25 4월 27일壬子.
102. 『세종실록』 권104, 1444년 세종 26 7월 18일辛未.
103. 박팽년, 「임향헌기林香軒記」, 『박선생유고』, 『한국문집총간』 9, 민족문화추진회, 1988, 476~477쪽.
104. 유방선(柳方善, 1388~1443)이 남긴 오언배율 「봉증 우천봉奉贈雨千峯」(『태재집』)으로 알 수 있다. 이 시는 『동문선』 권11에도 수록되어 있다. 유방선은 일찍이 변계량과 권근 등에게 수학, 문명文名이 높았다. 특히 시학詩學에 뛰어나 송시풍宋詩風이 만연한 가운데 당시唐詩를 추구했던 인물로 알려져 있다. 『삼탄집』 해제

105. 『세종실록』 권112, 1446년 세종 28 4월 23일庚申.
106. 『세종실록』 권112, 1446년 세종 28 4월 24일辛酉, 25일壬戌.
107. 『세종실록』 권112, 1446년 세종 28 4월 30일丁卯.
108. 『세종실록』 권112, 1446년 세종 28 5월 7일甲戌, 8일乙亥.
109. 『세종실록』 권112, 1446년 세종 28 5월 17일甲申, 18일乙酉.
110. 강석덕, 「제경발미諸經跋尾」, 『동문선』 권103, 고전국역총서 32, 167~168쪽.
111. 강희맹, 「완역재선생 강공 행장」, 『사숙재집』 7권, 세종대왕기념사업회, 1999, 12쪽.
112. 성현, 『용재총화』 권1.
113. 『세종실록』 권112, 1446년 세종 28 5월 27일甲午. "大會僧徒. 轉經于大慈庵. 初命集賢殿修撰李永瑞敦寧府注簿姜希顔等. 泥金寫經于誠寧大君第. 首陽安平兩大君. 來往監督. 越數旬而成. 至是. 大說法席. 大君諸君皆與焉. 其赴會僧凡二千餘. 至七日而罷. 糜費不貲. 少尹鄭孝康亦參是會. 孝康性傾巧. 外示淸淨. 內懷貪欲. 凡諸佛事. 盡心爲之. 以求媚於上. 常稱美奸僧信眉曰. 我和尙雖處廟堂. 有何不足乎."
이때 세종은 50세, 신미 43세였다. 속리산 복천사에 머물고 있던 신미는 세종의 부름을 받고 올라와 경기도 대자암에서 소헌왕후의 명복을 빌기 위한 사경불사와 법석을 감장하고 있었다.
114. 『세종실록』 권113, 1446년 세종 28 7월 4일庚午, 5일辛未.
115. 『세종실록』 권113, 1446년 세종 28 7월 10일丙子, 11일丁丑.
116. 『세종실록』 권113, 1446년 세종 28 7월 16일壬午. '유주維舟'는 배와 배를 묶어 만든 배. 김홍도의 '능행도' 배다리 참조.
117. 서거정, 『필원잡기』 권1.
118. 『세종실록』 권113, 1446년 세종 28 7월 17일癸未, 19일乙酉.
119. 『세종실록』 권113, 1446년 세종 28 9월 29일甲午. "是月. 訓民正音成."
120. 안병희, 『훈민정음연구』, 서울대학교출판부, 2007, 158쪽.
121. 『훈민정음해례본』의 글씨는 『묘법법화경』과 완전히 일치하고 있어 안평대군의 글씨임을 확인할 수 있다. 1448년 세종 30 효령·안평대군이 소헌왕후의 추천을 위해 간행한 『묘법연화경』(보물 제766호)의 권수에 변상도가 있고, 권말에 안평대군이 쓴 발문이 있다.
122. 안병희, 『훈민정음연구』, 서울대학교출판부, 2007, 40~42쪽. "어제어필御製御筆은 다르지만, 제왕의 어제를 신하가 대필代筆, 곧 대신 쓸 경우에는 해서체로 됨이 지난날의 관례이다. 현재 해례본에서 원전대로 남아 있는 본문 2장은 자획의 흐트러짐이 없는 반듯한 해서로 되어 있다. 그것은 집현전 학사들이 지은 해례가 해행서체楷行書體로 된 것과 대조되는 사실로써 알 수 있다."
123. 김광해, 「한글창제와 불교신앙」, 『불교문화연구』, 1992, 84쪽. "불교에서 중요한 의미가 있는 숫자로 33천 등에서 나타난다. 이는 의도적인 조절이라고 볼 수 있는 마땅한 증거도 없고, 또한 그에 관한 기록도 발견되지 않으나 이 역시 우연의 일치라고만 보기에는 대단히 신기한 일이다.[…] 당시에 발간된 다른 유교 경전 등에서는 그 유례를 찾기 힘든 독특한 체제이기 때문에 이를 거론하여 두는 일도 훈민정음 창제의 배경에 불교적 신앙심이 도사리고 있다는 중요한 방증이 될 수가 있는 것이다."
124. 김광해, 앞의 책, 66쪽. 엄밀하게 살펴보면 언해문은 1년 뒤에 간행한 『석보상절』의 앞머리에 수록되어 있다. 『훈민정음해례본』의 간행 때는 한문만으로 되어 있었다.
125. 『훈민정음』, 「세종 어제 훈민정음 서문」. "우리나라의 말소리가 중국과 달라서 한자와는 서

로 통하지 않으므로 어리석은 백성이 말하고자 하는 바가 있어도 마침내 제 뜻을 펼 수 없는 사람이 많다. 그러므로 내가 이를 가엾게 여겨 새로 스물여덟 글자를 만들었다. 사람마다 쉽게 익히게 하여 날로 쓰기에 편하도록 하고자 할 따름이다."
『훈민정음해례본』은 발견 당시 표지부터 책의 첫머리 두 장이 낙장이었다. 이 부분을 보사할 때 실수로 세종의 서문 끝부분인 '편어일용이便於日用耳'를 '편어일용의便於日用矣'라고 하여 '이耳'자를 '의矣'자로 잘못 썼고, 구두점도 몇 군데 잘못 찍혔다.

126. 김영욱,「한글, 세종이 발명한 최고의 알파벳」, 루덴스, 2007, 144~146쪽. "서울대학교 국어국문학과 임홍빈 교수의 논문에 따르면 훈민정음의 첫글자인 'ㄱ'의 발음을 설명하는 글자로서 '곡曲'도 가능하고, '국國'도 될 터인데, 다른 문자를 제쳐 두고 하필이면 '임금 군君'자가 선택된 마련에는 뭔가 숨겨진 까닭이 있다는 것이다."

127. 『훈민정음』,「초성해」.

128. 이동림,「훈민정음 창제 경위에 대하여 - 諺文字母 27字는 最初 原案이다-」,『동국대 국어국문학과 논문집』, 1974.

129. 『훈민정음』,「정인지 서문鄭麟趾序」. "有天地自然之聲. 則必有天地自然之文. 所以古人因聲制字. 以通萬物之情. 以載三才之道. 而後世不能易也. 然四方風土區別. 聲氣亦隨而異焉. 盖外國之語. 有其聲而無其字. 假中國文字以通其用. 是猶枘鑿之鉏鋙也. 豈能達而無礙乎. 要皆各隨所處而安. 不可强之使同也. 吾東方禮樂文章. 侔擬華夏. 但方言俚語. 不與之同. 學書者患其旨趣之難曉. 治獄者病其曲折之難通. 昔新羅薛聰. 始作吏讀. 官府民間. 至今行之. 然皆假字而用. 或澁或窒. 非但鄙陋無稽而已. 至於言語之間. 則不能達其萬一焉. 癸亥冬. 我殿下 創制正音二十八字. 略揭例義以示之. 名曰訓民正音. 象形而字倣古篆. 因聲而音叶七調. 三極之義. 二氣之妙. 莫不該括. 以二十八字轉換無窮. 簡而要. 精而通. 故智者不終朝而會. 愚者可浹旬而學. 以是解書. 可以知其義. 以是聽訟. 可以得其情. 字韻則淸濁之能辨. 樂歌則律呂之克諧. 無所用而不備. 無所往而不達. 雖風聲鶴唳. 鷄鳴狗吠. 皆可得而書矣. 遂命詳加解釋. 以喻諸人於是. 臣與集賢殿 應敎臣崔恒. 副校理 臣朴彭年. 臣申叔舟. 修撰臣成三問. 敦寧府注簿臣姜希顔. 行集賢殿副修撰臣李塏. 臣李善老 等. 謹作諸解及例. 以敍其梗槪. 庶使觀者不師而自悟. 若其淵源精義之妙. 則非臣等之所能發揮也. 恭惟我殿下. 天縱之聖. 制度施爲超越百王. 正音之作. 無所祖述. 而成於自然. 豈以其至理之無所不在. 而非人爲之私也. 夫東方有國. 不爲不久. 而開物成務之大智. 盖有待於今日也歟. 正統十一年九月上澣. 資憲大夫禮曹判書集賢殿大提學知春秋館事 世子右賓客臣鄭麟趾拜手稽首謹書."
『세종실록』에 실려 있는 서문과 약간의 문자 출입이 있다. 두 번째 이하의 '臣'이 생략되었다.

130. 『세종실록』권114, 1446년 세종 28 10월 4일戊戌.

131. 『세종실록』권114, 1446년 세종 28 10월 5일己亥, 6일庚子.

132. 『세종실록』권114, 1446년 세종 28 10월 7일辛丑, 9일癸卯.

133. 『세종실록』권114, 1446년 세종 28 10월 10일甲辰.

134. 『세종실록』권114, 1446년 세종 28 10월 11일乙巳, 12일丙午.

135. 현재 대자암은 성녕대군의 묘 옆에는 없다. 지금의 경기도 고양시 대자동 560번지 일대다. 옛 지명은 고봉현高峯縣이다. 임진왜란 때 불에 타 홀연 역사 속으로 사라졌고, 이후 빈터만 남아 있었다. 인조 때 종실의 대군 무덤이 들어섰다. 극락전 일곽으로 추정되는 터에 민가가 들어서 있다. 대자암 터의 뒷산 언덕에 강직용맹하고, 청렴했던 고려 장군 최영의 묘역이 있다.

136. 『세종실록』권114, 1446년 세종 28 10월 15일己酉.

137. 『세종실록』 권114, 1446년 세종 28 11월 8일壬申.
138. 『세종실록』 권114, 1446년 세종 28 12월 2일乙未. "副司直金守溫. 增修釋迦譜."
139. 『성종실록』 권84, 1477년 성종 8 9월 5일己巳.
140. 『세종실록』 권65, 1434년 세종 16 7월 2일丁丑.
141. 『세종실록』 권114, 1446년 세종 28 12월 15일戊申, 20일癸丑.
142. 『세종실록』 권114, 1446년 세종 28 12월 26일己未. "傳旨吏曹. 今後吏科及吏典取才時訓民正音. 並令試取. 雖不通義理. 能合字者. 取之."
143. 『세종실록』 권114, 1446년 세종 28 12월 27일庚申.
144. 최항, 「용비어천가발龍飛御天歌跋」, 대제각 영인본 『용비어천가』, 1973.
145. 이능화, 「용문사기」, 『역주 조선불교통사』 2. 동국대학교출판부. 2010. 150~153쪽.
146. 『세종실록』 권116, 1447년 세종 29 4월 20일辛亥. "自今咸吉子弟試史科者. 依他例試六才. 倍給分數. 後式年爲始. 先試訓民正音. 入格者許試他才. 各司吏典取才者. 竝試訓民正音."
147. 안평대군, 「몽유도원도 발문」, 안휘준·이병한, 『몽유도원도』, 예경산업사. 1991. 98~100쪽.
148. 박팽년, 「몽도원서夢桃源序」, 안휘준·이병한, 앞의 책, 165~166쪽.
149. 안휘준·이병한, 앞의 책. 찬시讚詩를 남긴 이들의 명단은 다음과 같다. '고득종·강석덕·정인지·박연·김종서·이적·최항·신숙주·이개·하연·송처관·김담·박팽년·윤자운·이예·이현로·서거정·성삼문·김수온·만우·최□'. 인용된 『몽유도원도』 속의 시는 이병한 교수의 번역을 참조했다. 사의를 표한다.
150. 『세종실록』 권116, 1447년 세종 29 5월 3일癸巳, 5일乙未.
151. 치화평의 악보樂譜는 5권, 취풍형과 여민락의 악보는 각 2권이다. 뒤에 또 문·무文武 두 가지 춤곡인 보태평保太平과 정대업定大業을 만들었다. 악보는 각 1권이다. 상서祥瑞의 감응된 바를 취재取才해서 발상發祥곡을 지었다. 악보는 1권이다. 또한 무애無㝵·동동動動·정읍井邑·만전춘滿殿春 등의 곡조로써 평시에 쓰는 속악으로 삼았다. 악보는 1권이다.
152. 『세종실록』 권59, 1433년 세종 15 1월 1일乙卯.
153. 『세종실록』 권116, 1447년 세종 29 6월 4일乙丑.
154. 『세종실록』 권116, 1447년 세종 29 6월 5일丙寅. "守溫之兄. 出家爲僧. 名曰信眉. 首陽大君瑈·安平大君瑢酷信好之. 坐信眉於高座. 跪拜於前. 盡禮供養. 守溫亦佞佛. 每從大君往寺. 披閱佛經. 合掌敬讀. 士林笑之."
155. 이능화, 「용문사기」, 『역주 조선불교통사』 2. 동국대학교출판부. 2010. 150~153쪽.
156. 이경미, 「고려·조선전기 法寶信仰과 經藏建築의 변천 연구」. 이화여자대학교 미술사학과 박사학위 논문, 2007. 140쪽. "정지국사 지천(正智國師 智泉, 1324~1395)은 1353년 공민왕 2 무학과 함께 연경에 들어가 법천사法泉寺에서 지공, 오대산에 들어가 벽봉화상碧峯和尙을 뵈었다. 1356년(공민왕 5) 고려로 돌아와 오대산, 소백산, 지리산, 미지산 등을 편력했다. 지공의 인가를 받은 나옹과 무학이 명성을 드날리며 왕사가 되어 종풍을 떨쳤다. 그러나 지천은 깊은 산에 숨어 살고 대중에게 나서지 않아 특이한 덕망을 갖춘 것을 대중이 몰랐다. 천마산 적멸암에서 시적했다. 사리를 수습, 용문산에 부도를 세워 안치하고 비석을 세웠다."
⊛ 권근, 「추증정지국사비명 병서追贈正智國師碑銘 並序」, 『양촌선생 문집』 권38.
157. 조동일, 『한국문학통사 2』, 지식산업사, 1994. 295~296쪽. "산문으로 된 『석보상절』은 사실

전달에 충실하면서 품위 있고 우아한 산문 문체를 개척한 점이 우선 주목되고 문장은 길게 이어지면서 혼란이 없고, 기본 줄거리와 곁가지를 적절하게 연결시켜 내용이 풍부해지도록 했다. 자연스러운 대화와 치밀한 묘사도 갖추어 산문을 통한 서사적 표현의 좋은 전례를 마련했다. 한문 경전에서 받아들인 불교 용어를 그대로 내놓지 않고, 작은 글씨로 주를 달아 되도록이면 쉬운 우리말로 풀어 놓은 것은 무척 소중한 시도이다."

158. 『월인석보』 권1·2, 서강대학교 인문과학연구소, 1988, 44쪽. 팔상도는 '兜率來儀, 毘藍降生, 四門遊觀, 逾城出家, 雪山修道, 樹下降魔, 鹿苑轉法, 雙林涅槃.' 서강대학교 영인본에는 '雙林涅槃'이 빠져 있다. 이 '雙林涅槃'은 『석보상절』권11(1495년 간행, 보물 제523-3호, 리움박물관 소장)의 말미에 수록되어 전한다.

159. 『월인석보』 권1·2, 서강대학교 인문과학연구소, 1988, 45~56쪽. "佛이 爲三界之尊ᄒᆞ샤 弘渡群生ᄒᆞ시ᄂᆞ니 無量功德이 人天所不能盡讚이시니라 世之佛學者ㅣ 鮮有知出處始終ᄒᆞᄂᆞ니 雖欲知者ㅣ라도 亦不過八相而止ᄒᆞᄂᆞ니라 頃에 因追薦ᄒᆞᅀᆞ봐 爰采諸經ᄒᆞ야 別爲一書ᄒᆞ야 名之曰釋譜詳節이라 ᄒᆞ고 旣據次第ᄒᆞ야 繪成世尊成道之迹ᄒᆞ숩고 又以正音으로 就加譯解ᄒᆞ노니 庶幾人人이 易曉ᄒᆞ야 而歸依三寶焉이니라. 正統十二年 七月二十五日에 首陽君諱序ᄒᆞ노라."

160. 김영배, 『석보상절』 上, 현대불교신서 57, 동국대학교 부설 역경원, 1986, 15쪽. "『석보상절』의 주자체의 경우 한자漢字 큰 자는 갑인자체甲寅字體, 작은 자는 경자자체庚子字體임을 모두 인정하나, 한글 자체에 대해서는 뚜렷한 명칭이 없다. 그보다 논란의 초점은 한글 활자가 동활자냐 목활자냐 하는 데 있었다. 그러다가 제23, 24가 세상에 알려지면서 이병주 교수의 과학적 논증으로 비로소 동활자로 굳어지게 되었다. 곧 제23, 24의 어느 장에서든지 같은 글자를 골라서 사진으로 확대해서 포개어 보면 그 모양이 꼭 같으며, 또한 두 개의 같은 글자를 각각 절반으로 잘라서 다른 글자의 나머지 반쪽과 맞추어 보아도 꼭 들어맞으니, 이는 목활자라면 도저히 있을 수 없는 일이라는 것이다."

⊛ 이병주1967/1972:306의 자세한 고증 이후 정음 글자도 동활자인 것으로 확증되었다. 김영배, 『월인석보』의 편찬, 『불교학논총』 월운스님 고희 기념, 동국대학교 부설 동국역경원, 1998, 581쪽.

161. 『세종실록』 권80, 1438년 세종 20 3월 16일庚子. 흥천사 사리각은 5층탑이었다. 1438년 세종 20 3월 16일 단청은 예전대로, 층계·축대·난간·원장을 창건 당시보다 더 좋게 하고 바깥담장을 높게 쌓는 등 크게 보수했다. 항상 근위군사 두 명을 두어 지키게 했다.

162. 『세종실록』 권117, 1447년 세종 29 9월 24일癸丑.

163. 강신항, 『훈민정음 연구』, 성균관대학교 출판부, 2005, 212쪽. "『동국정운』의 원본은 1940년경 안동 모 고가에서 권1·권6만이 발견되어 고 전형필씨 소장(현재 간송미술관)으로 보존되어 왔다. 원판본은 가로 20.5cm, 세로 33.8cm, 판광板匡은 너비 15.7cm, 높이 23cm, 서문이 갑인자甲寅字의 대자大字, 본문이 갑인자의 소자小字, 모두 목활자본이다. 1970년대에 강릉시 어촌漁村 심언광沈彦光의 16대손 심교만沈敎萬의 집에서 대대로 간직해 온 6권 전질이 발견되어 현재 건국대 도서관에 보존하고 있다. 단 심씨본은 개장본이다."

164. 서거정, 「최문정공비명 병서崔文靖公碑銘 幷序」, 『국역 태허정집』, 세종대왕기념사업회, 2003.

165. 『세종실록』 권117, 1447년 세종 29 9월 29일戊午. 번역문은 강신항의 『훈민정음연구』 참조.

166. 『세종실록』 권118, 1447년 세종 29 10월 16일甲戌.

167. 김상억,『용비어천가』, 을유문화사, 1979, 9·31·41~45쪽.
168. 『용비어천가』제1장. "해동海東 육룡六龍이 ᄂᆞᄅᆞ샤 일마다 천복이시니 고성古聖이 동부동 符ᄒᆞ시니[海東六龍飛. 莫非天所扶. 古聖同符.]"
169. 『용비어천가』제2장. "불휘 기픈 남ᄀᆞᆫ ᄇᆞᄅᆞ매 아니 뮐씨 곶 됴코 여름 하ᄂᆞ니 시미 기픈 므른 ᄀᆞ 므래 아니 그츨씨 내히 이러 바ᄅᆞ래 가ᄂᆞ니[根深之木. 風亦不扤. 有灼其華. 有蕡其實. 源遠之水. 旱 亦不竭. 流斯爲川. 于海必達.]"
170. 『용비어천가』제125장. "千世 우희 미리 定ᄒᆞ샨 漢水北에 累仁開國ᄒᆞ샤 卜年이 ᄀᆞᇫ 업스시니 聖 神이 니ᅀᆞ샤도 敬天勤民ᄒᆞ샤ᅀᅡ 더욱 구드시리이다 님금하 아ᄅᆞ쇼셔 낙수예 산행 가이셔 하나빌 미드니 잇가[千世黙定漢水陽 累仁開國 卜年無疆 子子孫孫 聖神雖繼 敬天勤民 遒益永世 嗚呼 嗣王監此 洛表遊畋 皇祖其恃.]"
171. 조동일,『한국문학통사 2』, 지식산업사, 1994, 286~287쪽.
172. 안병희,『훈민정음연구』, 서울대학교 출판부, 2007, 205·247쪽.
173. "외巍외巍 석釋가迦뿛佛 무無량量ᄝᅮ無변邊 공功득德을 겁劫겁劫에 어느뎌 ᄉᆞᆯ ᄇᆞ리.
정우영,『15세기 국어문헌자료의 표기법 연구』, 동국대학교 국어국문학과 박사학위 논문,1996, 88 쪽. "한자음 개혁의 중심인물인 세종 자신의 글, 그것도 제1장 첫 어절에서부터 주음을 잘못 표기하 였다는 점이다. 이것은 동국정운음과 현실음 간의 괴리가 그만큼 컸다는 증거이자 오랜 학습에 의 해 습관화된 현실한자음의 기반이 인위적인 교정에 의해 쉽사리 고쳐지기 힘들다는 사실을 단적으 로 보여준다."
174. "세世존尊ㅅ 일 ᄉᆞᆯᄫᅩ리니 먼萬리里외外ㅅ 일이시나 눈에 보논가 너기ᅀᆞᄫᆞ쇼셔/세世존尊ㅅ 말 ᄉᆞᆯᄫᅩ리니 쳔千지載쌍上ㅅ 말이시나 귀예 듣논가 너기ᅀᆞᄫᆞ쇼셔."
175. "부톄 百億 世界예 化身ᄒᆞ야 敎化ᄒᆞ샤미 ᄃᆞ리 즈믄 ᄀᆞᄅᆞ매 비취요미 ᄀᆞᆮᄒᆞ니라."
176. 조동일,『한국문학통사 2』, 지식산업사, 1994, 292쪽. "작자는 세종 자신이라고 한다. 혼자 다 지었는가는 의심스러우나, 세종이 직접 짓는다고 했기에 유학을 이념으로 굳힌 새로운 왕조가 불교를 새삼스럽게 찾는다고 유신들이 거듭 반대하는 여론을 막으면서 완성을 보고 간행할 수 있었 다. 이런 사정에서도 왕조서사시와 불교서사시의 대조적인 성격이 잘 나타난다. 왕조서사시『용비 어천가』는 국가적인 사업으로 여러 신하들에게 명해서 이룩했는데, 불교서사시인『월인천강지곡』 은 왕이 개인이나 가족의 신앙을 나타내고자 되도록 드러내지 않고 창작했다.『용비어천가』는 널리 퍼내서 국가적인 이념을 굳히는 데 사용되었다면,『월인천강지곡』은 세종 자신이나 왕실 가족이 내 심의 위안을 얻는 데 필요한 것이었다.[…] 더구나 그동안 여러 차례 나온 한시가 아닌 우리말 노래 를 처음으로 창작했다는 것은 획기적인 일이 아닐 수 없다. 그렇게 해서 불교문학이 국문으로 자리 잡는 계기를 마련했다."
177. 김기종,「『월인천강지곡』의 저경底經과 문학적 성격 연구」, 동국대학교 박사학위 논문, 2006, 114쪽.
178. 이종석,「『월인천강지곡』과 선행 불교서사시 비교 연구」, 서울대학교 석사학위 논문, 2001, 153쪽.
⊠ 『월인천강지곡』의 마지막 노래는 차현실,「월인천강지곡의 장르와 통사구조의 상관성」,『월인 천강지곡의 종합적 고찰』(이화여자대학교 한국어문학연구소), 2000의 설을 따랐다.
179. 정태혁,『부처님 이렇게 오셔서 이렇게 사시다 이렇게 가셨네』, 여시아문, 2000, 요약 발췌. "『불소행찬佛所行讚』은 불본집경佛本行集經 등 많은 부처님에 관한 전기傳記 중에서도 가장 뛰

어난 것으로써 불교계의 시인 마명馬鳴: Asvaghosa이 전래되던 부처님의 일대기에 그의 해박한 지식을 배경으로 하여 문학적으로 윤색을 가한 것이다. 마명은 종래의 자료에 기초하면서도 역사적인 사실을 중시하고 적당하게 이상화시키어 아름다운 시로 부처님의 생애와 그의 가르침 및 인품 등을 찬탄함으로써 인격적인 감화를 사람들의 가슴 속에서 불러일으키려고 노력한 것이다."

180. 신미는 훗날 세종이 친히 역해한 시에 정성껏 주를 달아 위무했다.『남명집언해』상권, 세종대왕기념사업회, 2002, 67쪽. "악을 버리고 선을 얻으며 망을 버리고 진리에 가는 것이 다 밖을 향하여 정진하는 것이라. 불경에 말씀하시되, '만약 정진하는 마음을 일으키면 이 망妄이다. 정진이 아니라. 오직 능히 마음이 거칠지 않으면 정진이 가없다.' 하시니라. 셋째, 넷째 구절은 정진이 힘을 빌리지 않아도 벌써 꽃 피어 열매 열 것이니 본분을 말씀하시니라."

181. 『남명집언해』상권, 세종대왕기념사업회, 2002, 25쪽. "한 진체 가운데 육도만행이 갖춰 원만히 가득하여 하나와 여러 개가 막힘 없으니 어찌 같고 다름을 의논하리오. 여러 개라 말하고자 하지만 한 체가 엉기어 고요하고, 하나라 말하고자 하지만 만행이 어지럽게 펴니 그러므로 말씀하시되 육도만행이 체중에 둥글다 하시니라. 만수 섬광은 한 달이 일체의 물에 널리 나타나 남쪽으로 가는 배는 달이 남쪽으로 가는 것이라고 보고, 북쪽으로 가는 배는 북쪽으로 가는 것이라고 보고, 그저 가만히 있는 배는 가만히 있는 것이라고 보는 까닭으로 말씀하시되 '가만있음을 버려두라.' 하시니라."

182. 『남명집언해』상권, 세종대왕기념사업회, 2002, 20쪽. '아비阿鼻'는 범어다. 여기서 말할 때는 사이 없음이다. 죄 입음을 잠시도 사이가 끊어짐 없는 것이다. 지극히 무거운 지옥이다.

183. 『남명집언해』하권, 세종대왕기념사업회, 2002, 239쪽.

184. 천혜봉,「남명천화상송증도가南明泉和尙頌證道歌」, http://encykorea.aks.ac.kr. "법천의 호는 불혜佛慧, 속성은 시씨時氏. 용거산龍居山의 지문원智門院 신기선사信玘禪師에 출가했다. 운거雲居의 효순선사曉舜禪師에 법사法嗣되었다. 대명大明·천경千境·영암靈巖·남명南明과 금릉金陵의 장산蔣山 법천원法泉院으로 옮기며 수도했다. 대상국大相國의 지해선사知海禪寺에서 종사宗師가 되었다."

185. 『금강경삼가해』권5, 세종대왕기념사업회, 2007, 영인본, 115쪽. "昔世宗莊獻大王. 甞欲以國語飜譯. 金剛經五家解之冶夫頌宗鏡提網得通說誼及道歌南明繼頌. 以入釋譜."

186. 손보기,『금속활자와 인쇄술』, 세종대왕기념사업회, 2000, 177~178쪽. "당나라의 영가대사가 깨달음을 적은 글[證道歌]을 송나라 남명천 선사가 1076년宋熙寧 9 7월 10일에 풀이하고 뒷글을 적어 찍어낸 책이다. 고려에서 이 책을 쇠활자로 찍은 것은 1076년 이후 1232년 이전이다."

187. 『세종실록』권119, 1448년 세종 30 3월 13일戊申.

188. 『세종실록』권119, 1448년 세종 30 3월 28일癸丑.

189. 서거정,「최문정공비명 병서崔文靖公碑銘 幷序」,『국역 태허정집』, 세종대왕기념사업회, 2003. 세종의 노력에도 불구하고 유교 경전인『사서오경四書五經』의 구결 사업은 제대로 굴러가지 못했다. 훗날 수양대군이 왕위에 올라 펼친 세종의 유훈을 이었고, 선조 대에 언해되었다.

190. 『세종실록』권119, 1448년 세종 30 3월 28일癸丑.

191. 『세종실록』권120, 1448년 세종 30 4월 3일戊午.

192. 1448년세종 30 효령대군·안평대군이 소헌왕후의 추천을 위해 간행한『묘법연화경』(보물 제766호)의 권수에는 변상도가 있고, 권말에 안평대군이 손수 써서 새긴 발문이 있다.

193. 학조는 1432년 세종 14에 태어났다. 15, 6세에 직지사로 출가한 기록이 맞다면 첫째, 너무 나

이가 어리다. 둘째, 혜각존자를 만나 언제부터 시봉했는지가 분명하지 않다. 후대에 용문사기를 쓴 김수온의 기억의 혼선으로 보인다.
194. 이능화, 「용문사기龍門寺記」, 『역주 조선불교통사』 2, 동국대학교출판부, 2010, 150~153쪽.
195. 『세종실록』 권120, 1448년 세종 30 5월 21일乙巳.
196. 『세종실록』 권122, 1448년 세종 30 10월 17일庚午. 어떤 사정이었는지는 알 수 없으나 1452년 단종 즉위년 12월 24일 예조의 정문에 의하면 『동국정운』의 반포는 바로 이루어지지 않은 듯하다. "일찍이 교지를 받들어서 과거에서 『동국정운』을 쓰게 되었으나 아직 인쇄 반포되지 않았으니 옛날에 쓰던 『예부운禮部韻』에 의거하도록 하소서."
197. 『동국정운』의 편찬에 참여한 학자 중 최항, 박팽년, 이개, 강희안, 이현로는 빠졌다.
198. 신숙주, 『홍무정운역훈洪武正韻譯訓』 서문.
199. 『세종실록』 권103, 1444년 세종 26 2월 20일庚子.
200. 『세조실록』 권24, 1461년 세조 7 4월 6일丙子. 세조는 1461년 세조 7 4월 6일 명나라 예조에 보낸 자문에서 서책의 구입을 요청하며 이렇게 말했다. "간혹 서사書肆의 인본印本인 『홍무정운』을 얻는 바 있으나 착오를 면치 못하여 아뢸 문서가 있을 때는 틀릴까 두렵습니다. 마땅히 관본官本 1건을 번거롭지만 황제에게 아뢰어 반사頒賜해 주기 바랍니다."
201. 강신항, 『훈민정음 연구』, 성균관대학교 출판부, 2005, 46쪽. 최세진(崔世珍, 1468~1542)은 「사성통해 서문」(1517년)에서 역학譯學이 훈민정음 창제와 밀접한 관계가 있음을 밝히고 있다. "우리나라가 대대로 중국을 섬기는 데 어음이 통하지 않아서 반드시 통역에게 의뢰하게 되므로 역관을 두어 그 일을 위임하여 전담케 했습니다. 세종대왕은 지성으로 중국을 섬겨 제후로서의 도리를 정성껏 하시어, 대개 황제에게 올리는 문서를 반드시 친히 보셨습니다. 그래서 역학 연구를 시작할 때 무엇보다 먼저 성운에 관한 학습부터 시작해야 한다 하시고, 훈민정음을 창제하고 『홍무정운』을 번역토록 명했습니다."
202. 신숙주, 『홍무정운역훈洪武正韻譯訓』 서문.
203. 박병채, 「원본 홍무정운역훈의 결본 복원에 관한 연구」, 『아세아연구』 제51호, 1973, 53쪽.

3 아픔 속의 훈민정음

1. 『세종실록』 권121, 1448년(세종 30) 7월 17일辛丑.
2. 좌의정 하연은 정몽주의 문인이었다. 1396년(태조 5) 문과에 급제, 사헌부에서 여러 차례 근무했다. 성품이 강직하여 잘못을 보면 지적하고 넘어가야 직성이 풀렸다. 태종을 정면으로 비판하는 등 마찰을 빚을 정도였다. 대사헌으로 사찰 혁파를 단행한 장본인이다. 조계종 등 7종을 선종과 교종 체제로 줄였고, 사찰의 토지를 빼앗았다. 불사가 벌어질 때마다 정면으로 맞섰다. 평안도 관찰사 시절 파면당해 천안으로 귀양간 것을 빼고 그의 관료 생활은 평탄했다. 병조참판과 형조·이조판서에 올랐고, 삼정승을 두루 역임하는 등 세종의 태평 시대의 문물을 지킨 정승이었다.
3. 『세종실록』 권121, 1448년 세종 30 7월 18일壬寅.
4. 김수온의 『사리영응기』의 '三十有一年'은 내불당 공역이 끝나고 나서인 1449년 세종 31에 기록되어 연도에 착오가 생겼다. 공역이 한창 진행되고, 세종과 신하의 공방이 벌어진 해는 1448년 세종 30이다.
5. 김수온, 「사리영응기」, 『식우집』 권2.
6. 『세종실록』 권121, 1448년 세종 30 7월 19일癸卯, 20일甲辰.

7. 『세종실록』 권121, 1448년 세종 30 7월 21일乙巳.
8. 『세종실록』 권121, 1448년 세종 30 7월 22일丙午.
9. 『세종실록』 권121, 1448년 세종 30 7월 23일丁未.
10. 『세종실록』 권121, 1448년 세종 30 7월 24일戊申, 25일己酉.
11. 『세종실록』 권121, 1448년 세종 30 7월 26일庚戌, 27일辛亥.
12. 김수온, 「사리영응기」, 『식우집』 권2.
13. 『세종실록』 권121, 1448년 세종 30 7월 28일壬子, 29일癸丑.
14. 『세종실록』 권121, 1448년 세종 30 8월 2일乙卯, 3일丙辰.
15. 『세종실록』 권121, 1448년 세종 30 8월 4일丁巳, 5일戊午.
16. 『연려실기술』 제3권, 민족문화추진위회, 1977, 237~38쪽.
17. 『해동잡록』 권6, 『대동야승』 V 제23권, 고전국역총서 53, 민족문화추진회, 1985.
18. 『세종실록』 권121, 1448년 세종 30 8월 8일辛酉, 9일壬戌.
19. 『세종실록』 권121, 1448년 세종 30 8월 14일丁卯, 15일戊辰.
20. 『세종실록』 권121, 1448년 세종 30 8월 16일己巳.
21. 『세종실록』 권121, 1448년 세종 30 9월 8일辛卯.
22. 『세종실록』 권121, 1448년 세종 30 9월 25일戊申.
23. 『세종실록』 권121, 1448년 세종 30 9월 29일壬子.
24. 신숙주, 「禪宗判事 壽眉 見訪. 翼朝詩謝」, 『보한재집保閑齋集』 권7. 스님의 법명을 '수미守眉'가 아닌 '수미壽眉'로 적었다.
25. 안병희, 『국어사 자료 연구』, 문학과 지성사, 1993, 503쪽. "『동국정운』은 한자음이 인위적으로 정리되었지만 당시의 한자음연구에서 기본 자료가 되고 있다. 또한 운韻의 대표자음을 표기한 한글은 훈민정음의 한글 자형字形과 완전한 일치를 보이고 있어서 자형 변천에 있어서 중요한 자료가 된다."
26. 『세종실록』 권122, 1448년 세종 30 10월 17일庚午.
27. 김수온, 「사리영응기」, 『식우집』 권2.
28. 『세종실록』 권122, 1448년 세종 30 12월 5일丁巳.
29. 『세종실록』 권122, 1448년 세종 30 11월 21일癸卯.
30. 『세종실록』 권122, 1448년 세종 30 11월 25일丁未.
31. 김수온, 「사리영응기」, 동국대도서관.
32. 박범훈, 『불교음악의 전래와 전개에 관한 연구』, 동국대학교 박사학위 논문, 1998, 219~221쪽. 9장의 악장 가사의 번역은 이 논문에서 당겨 썼다. 박범훈은 김수온의 『사리영응기』를 인용해 세종이 찬불가를 직접 작사했다고 밝히고 있다. 사의를 표한다.
33. 김수온, 『사리영응기』, 동국대도서관D218.09.
34. 김수온, 『사리영응기』, 동국대도서관D218.09.
35. 김수온, 「사리영응기」, 『식우집』 권2.
36. 김수온, 「사리영응기」, 『식우집』 권2.
37. 박범훈, 「세종대왕이 창제한 불교음악 연구」, 『한국음악사학보』 제23집, 1999, 377~378쪽. "불당 준공식에서 연주된 악기는 세종 때 새로 제작된 것으로 볼 수 있다. 악기편성은 향악기鄕樂器와 낭악기唐樂器, 아악기雅樂器 등이 골고루 쓰이고 있다. 세종이 직곡한 불가는 고취악鼓吹樂 형

식으로 연주된 것으로 추론할 수 있다. 관악기 연주자가 16명, 타악기가 총 18명이었음을 볼 때 이 곡은 주로 관악기가 주선율을 연주하고 다른 타악기들이 가무歌舞가 가능할 수 있도록 장단을 담당했을 것으로 추측된다."

38. 좌소용마挫燒舂磨는 몸을 저미고, 지지고, 찧고, 갈아버리는 가장 가혹한 형벌이다. 수양대군은 이 구절을 정도전의 『불씨잡변』에서 읽었다. 정도전은 이를 주자의 『근사록집해』에서 따왔다. 옛 선비는 사마광(司馬光, 1019~1086)의 말을 정도전이 『불씨잡변』에서 인용하고 있다는 뜻이다.

39. 『세종실록』 권122, 1448년 세종 30 12월 5일丁巳.

40. 김수온, 「사리영응기」, 『식우집』 권2.

41. 안병희, 「초기 불경언해와 한글」, 『국어사 문헌 연구』, 신구문화사, 2009. 53~54쪽. "세종 때의 마지막 한글 문헌이며 한글이 사용된 불서. 세종이 말년에 대궐 안에 내불당을 짓고 불상을 만들자 사리가 나타난 상서가 있었다. 이를 한문으로 기록한 책이 『사리영응기』다. 김수온이 기록한 것으로 1449년 세종 31의 간행으로 추정된다. 이 책은 19장으로 된 갑인자본이다. 한글 활자는 『석보상절』의 그것과 같다. 세종 때의 불교와 관련된 한글문헌은 모두 동일한 활자본인 것이다."

42. 김수온, 「사리영응기」, 『식우집』 권2. "如是靈奇. 言之非一. 皆由我聖上至德無間. 道合大雄. 孝誠之感. 彰彰赫赫. 至於此極. 實古今超越之勝緣. 而我國家億萬世無疆之休也. 夫寂滅場中. 固莫能測. 解脫境界. 本不思議. 豈臣贊歎所能及者. 然而臣等屬玆奇遇. 不勝抃慶. 叨弄劣毫謹如右. 仍繼之以詩. 將以垂後世. 冀對揚之萬一."

43. 김수온, 『사리영응기』, 동국대도서관. 「· 信眉(大慈庵住持, 都大禪師) · 坦珠(判禪宗事都, 大禪師) · 希忍(判教宗事, 都大師) · 洪濬(禪德) · 智海(前大慈庵 住持, 禪德) · 信能 · 性均(禪德) · 敬田(前開慶寺 住持, 大禪師) · 守眉(開慶寺 住持, 大禪師) · 心明(津寬寺 住持, 大禪師) · 信柔(大禪師) · 性寒(入選) · 法藏(禪德) · 智牛(大禪師) · 道膺(禪德) · 海祐(中德) · 義全 · 學悅(禪德) · 信敬(前僧伽寺住持, 大禪師) · 雪徽(中德) · 義琳(大選) · 敬義 · 尙濟 · 仁禾 · 海祥 · 一中(이상 禪德) · 道傳(大選) · 信觀 · 洪戒 · 省丕 · 學觀 · 智禪 · 義玄 · 洪正 · 惠哲 · 一閒 · 景行 · 祖明 · 普門 · 尙惠 · 性宗 · 佛川 · 克虛 · 卓峯 · 七淨 · 義倫 · 法融 · 信正 · 水精 · 克馴 · 省正(이상 禪德)」.

44. 정상훈, 「갑인자본 <사리영응기>에 대하여」, 동원논집 제7집, 1994. 95~97쪽. "261명의 인명 중에 대부분이 한자로서 표기되어 있으나, 47명의 이름은 정음으로 표기되어 있다. 참례자 목록에 나타난 47명의 한글 이름은 정음이 반포된 지 불과 3년 후인 세종 31년에 간행된 것으로써 한글 이름의 최고기록인 것이다."

45. 『세종실록』 권122, 1448년 세종 30 12월 9일辛酉.

46. 『세종실록』 권122, 1448년 세종 30 12월 12일甲子.

47. 『세종실록』 권123, 1449년 세종 31 1월 5일丙戌, 6일丁亥.

48. 『세종실록』 권123, 1449년 세종 31 1월 10일辛卯.

49. 『세종실록』 권123, 1449년 세종 31 1월 26일丁未.

50. 『세종실록』 권123, 1449년 세종 31 2월 25일丙子. "以金守溫守兵曹正郎·知製教. 守溫能詩文. 性酷好浮屠. 夤緣得幸. 以前直長. 不數年超拜正郎. 嘗以未爲製教爲恨. 至是特授之. 凡守溫除拜. 率非銓曹所擬. 多出內旨. 上連喪二大君. 王后繼薨. 悲哀憯愴. 因果禍福之說. 遂中其隙. 守溫兄僧信眉倡其妖說. 守溫製讚佛歌詩. 以張其教. 嘗大設法會于佛堂. 選工人. 以守溫所製歌詩. 被之管絃. 調閱數月. 而後用之. 上之留意佛事. 守溫兄弟贊之也."

51. 『문종실록』 권1, 1450년 문종 즉위년 4월 11일甲申. 철위산鐵圍山은 구산팔해九山八海의 아

홉 산의 하나. 지변산持邊山을 둘러싸고 있는 산. 지변산으로부터 36만3천2백88유순由旬의 곳에 있다. 염부제閻浮提의 남쪽 끝으로부터 3억6만6백63유순의 곳에 있는 철산이라고도 한다.
52. 『세종실록』 권124, 1449년 세종 31 4월 12일辛酉.
53. 『세종실록』 권124, 1449년 세종 31 4월 21일庚午. "但此僧家事. 可與坦珠信眉等. 共議之."
54. 『세종실록』 권125, 1449년 세종 31 7월 1일己卯.
55. 『세종실록』 권125, 1449년 세종 31 7월 24일壬寅. 27일乙巳.
56. 『세종실록』 권125, 1449년 세종 31 7월 28일丙午.
57. 『세종실록』 권125, 1449년 세종 31 9월 24일辛丑.
58. 『세종실록』 권126, 1449년 세종 31 10월 5일壬子. "人有以諺字書壁上曰. 河政丞且休妄公事."
59. 『세종실록』 권126, 1449년 세종 31 10월 25일壬申, 26일癸酉.
60. 『세종실록』 권126, 1449년 세조 31 11월 1일丁丑.
61. 『세종실록』 권126, 1449년 세종 31 11월 19일乙未.
62. 『세종실록』 권126, 1449년 세종 31 12월 3일己酉.
63. 『세종실록』 권126, 1449년 세종 31 12월 11일丁巳.
64. 『유석질의론』, 『한국불교전서』 권7, 동국대학교출판부, 2002, 253쪽.
65. 효령대군 이보, 「속리산 복천사 중수권선문俗離山福泉寺重脩勸善文」, 『청권집유淸權輯遺』, 사단법인 청권사, 1991, 53쪽. "恭惟. 聖上 中懷至德. 誕膺天命. 海絶縶韉. 民安息食. 某等逢斯際會. 豈無慶躍. 應以陰功. 密照變理之德. 緣是. 欲就彌陁三尊. 以爲等身尊佛. 且脩殿宇. 以安厝之. 遂使見聞而生信. 瞻禮而自新. 且是寺也. 地致淸勝. 甲於諸刹. 在國界中心. 實三韓精氣所鍾. 宜於宗室願刹. 合於水陸道場. 故重新. 用逢誠願. 永爲祝釐之場. 望諸仁者. 各捨涓埃. 照揚勝事. 致得君亨萬年之壽. 國有無疆之休. 和南謹扣. 正統十四年十二月 日."
66. 효령대군 이보, 앞의 책. "供養. 布施. 同願. 孝寧大君·首陽大君·臨瀛大君·錦城大君·永膺大君, 和義君·桂陽君·義昌君·漢南君·密城君·壽春君·翼峴君·永豊君." 속리산 복천사 중수에 가장 공을 들인 안평대군의 이름은 '공양·보시·동원'의 명단에 없다. 안평대군이 계유정난에 휩쓸려 불귀의 객이 된 이후, 금성대군의 수결이 있는 것으로 보아 그 사이에 이 권선문을 옮겨 쓴 것으로 보인다.
67. 『세종실록』 권126, 1449년 세종 31 12월 28일甲戌.
68. 『세종실록』 권126, 1450년 세종 32 1월 16일壬辰.
69. 『세종실록』 권127, 1450년 세종 32 1월 22일戊戌.
70. 『세종실록』 권127, 1450년 세종 32 1월 23일己亥, 24일庚子.
71. 『세종실록』 권127, 1450년 세조 32 1월 26일壬寅. "上疾瘳. 精勤猶不罷. 仍大作佛事, 召僧信眉. 迎入寢內設法. 待以尊禮."
72. 영가현각(永嘉玄覺, 647~713)은 당나라 때 선종의 고승. 호는 일숙각一宿覺, 자는 명도明道. 속세의 성은 대씨戴氏, 휘는 열烈이다. 온주溫州 영가현永嘉縣 사람이다. 8세에 머리를 깎고 경과 논을 널리 연구했다. 특히 천태종의 지관止觀에 정통했다. 처음에는 온주의 용흥사에 있다가 스스로 암자를 짓고 선관禪觀을 닦았다. 뒤에 조계산에서 육조 혜능을 뵙고 하루 만에 깨달음을 얻으니 세상 사람이 일숙각, 진각대사眞覺大師라고 불렀다. 시호는 무상대사無相大師. 저서로는 『선종영가집』·『관심십문觀心十門』·『증도가證道歌』 등이 있다.
73. 이능화, 「선왕의 유명을 받들어 영가집을 완성하다[成永嘉集先王遺命]」, 『역주 조선불교통

주註 683

사』 5, 동국대학교출판부, 2010, 576~577쪽. 수양대군은 세종의 말씀을 잊지 않고 있었다. 그는 1452년단종 즉위년 10월, 명나라로 갔을 때 연경에서 백방으로 수소문, 언기가 주석한 『증도가』를 구해 돌아와 잘 갈무리해 두었다. 이후 1457년 세조 3 의경세자를 천도하기 위해 『선종영가집』을 찍어냈다.

74. 『세종실록』 권127, 1450년 세조 32 윤1월 29일甲戌.

75. 『세종실록』 권127, 1450년 세종 32 1월 26일丁未.

76. 『세종실록』 권127, 1450년 세종 32 윤1월 2일丁未. 3일戊申.

77. 세종 이후『현정론』은 1537년 중종 32에 전라도 흥덕興德 소요산逍遙山 연기사烟起寺에서 1책으로 중간(목판)되었다. 『한국불교전서』 권7에 배인排印 수록되어 있다. 책의 말미 시주질의 법사法師 명단에 신미의 이름이 올라 있다.

78. 『佛書를 통해본 조선시대 스님의 일상』, 동국대학교 출판부, 2007, 44쪽. "儒釋之辨. 古人論者多矣. 未有得通之精深到盡也. 實得於無相. 故文不虛駿理不強造. 可謂卽無相而顯實相矣. 珞也得斯文於秀菴師尊師. 欲廣得是書. 庶使世之人免於闡提之惑. 珞於是謹奉師志而摸印刊行云. 時景泰庚午閏月初吉琅玗居士書."

79. 함허당, 『현정론』, 『한국불교전서』 권7, 동국대학교출판부, 2002, 217쪽. "儒以五常而爲道樞. 佛之所謂五戒. 卽儒之所謂五常也. 不殺仁也. 不盜義也. 不婬禮也. 不飮酒智也 不妄語信也."

80. 함허당, 앞의 책, 224쪽. "書者載道之具也. 弘化之方也. 見其書則知其道之可遵可遵. 知其禮之可慕不可慕也. 其道可遵. 其禮可慕. 則豈以非吾所習而可棄之也."

81. 함허당, 앞의 책, 223쪽. "華夏之指天竺爲西. 猶天竺之指華爲東也. 若取天下之大中. 則當午無影中也. 天竺乃尒. 佛之所以示生於彼者. 豈非以其天下之大中也. 所謂東西者. 蓋彼此時俗之相稱尒. 非占其中而定其東西也."

82. 박해당, 『기화의 불교사상 연구』, 서울대학교 철학과 박사학위 논문, 1996, 171·172쪽.

83. 안휘준·이병한, 『몽유도원도』, 예경산업사, 1987, 95쪽. "도원을 꿈꾼 지 3년 뒤 정월 어느 날 밤, 치지정에서 옛 일을 생각하며 청지가 짓다後三年正月一夜在致知亭 因跋榘有作 淸之."

84. 안휘준·이병한, 앞의 책, 210~211쪽.

85. 성삼문, 「집현전 교리 이선생에게 이름을 내린 것에 대한 서문集賢校理李先生賜名序」, 『성근보선생집成謹甫先生集』 권2. 『조선왕조실록』에 '현로'라는 이름의 기사는 1447년 세종 29 2월 16일 등장한다. 1446년 세종 28 말에서 이듬해 2월초에 개명이 있었다.

86. 『세종실록』 권127, 1450년 세조 32 윤1월 29일甲戌.

87. 『세종실록』 권127, 1450년 세종 32 윤1월 7일壬子.

88. 천혜봉, 『한국전적인쇄사』, 범우사, 2001, 160~165쪽.

89. 『세종실록』 권127, 1450년 세종 32 윤1월 24일己巳.

90. 『세종실록』 권127, 1450년 세종 32 윤1월 29일甲戌.

91. 천혜봉, 앞의 책, 165쪽.

92. 『세종실록』 권127, 1450년 세종 32 2월 4일己卯. 5일庚辰.

93. 『세종실록』 권127, 1450년 세종 32 2월 15일庚寅. 16일辛卯.

94. 『세종실록』 권127, 1450년 세종 32 2월 17일壬辰.

95. 『문종실록』 권1, 1450년 문종 즉위년 2월 28일壬寅.

96. 『문종실록』 권1, 1450년 문종 즉위년 2월 19일癸巳.

4 밀려나는 훈민정음

1. 문종은 1414년 태종 14 10월 3일 서울에서 태어났다. 어머니는 소헌왕후 심씨, 세종의 맏아들이다. 여덟 살이 되던 1421년 세종 3 세자에 책봉되어 약 30년간 세자로 있었다. 1427년 세종 9 4월 9일 18세에 혼인했다. 세자빈은 휘빈 김씨로 4살 연상이었다. 문종이 가까이 하지 않았고, 소박을 맞고 쫓겨났다. 새로 책봉된 순빈 봉씨 또한 휘빈 김씨의 전철을 밟고 쫓겨나는 등 문종의 가정생활은 평탄하지 않았다.
2. 『문종실록』 권1, 1450년 문종 즉위년 2월 23일丁酉.
3. 『문종실록』 권1, 1450년 문종 즉위년 2월 24일戊戌, 25일己亥.
4. 『문종실록』 권1, 1450년 문종 즉위년 2월 27일辛丑.
5. 『문종실록』 권1, 1450년 문종 즉위년 2월 29일癸卯.
6. 『문종실록』 권1, 1450년 문종 즉위년 3월 1일乙巳.
7. 『문종실록』 권1, 1450년 문종 즉위년 3월 1일乙巳.
8. 『문종실록』 권1, 1450년 문종 즉위년 3월 2일丙午.
9. 『문종실록』 권1, 1450년 문종 즉위년 3월 3일丁未.
10. 『문종실록』 권1, 1450년 문종 즉위년 3월 3일丁未.
11. 『문종실록』 권1, 1450년 문종 즉위년 3월 4일戊申.
12. 『문종실록』 권1, 1450년 문종 즉위년 3월 5일己酉.
13. 『문종실록』 권1, 1450년 문종 즉위년 3월 10일甲寅.
14. 『문종실록』 권1, 1450년 문종 즉위년 3월 13일丁巳.
15. 『문종실록』 권1, 1450년 문종 즉위년 3월 16일庚申. 세종의 국상 중에 후궁 신빈 김씨의 6남인 담양군潭陽君 이거(李璖, 1439~1450)가 죽었다. 성품이 온유하고, 효성과 우애가 깊어 '회간懷簡'이란 시호諡號를 내렸다. 담양군이 죽기 전 중추원부사 남경우의 딸과 혼담이 오고갔다. 납채는 하지 않았으나 날짜가 이미 정해져 있어 결국 복상服喪했다.
16. 『문종실록』 권1, 1450년 문종 즉위년 3월 17일辛酉.
17. 『문종실록』 권1, 1450년 문종 즉위년 3월 21일乙丑, 24일戊辰.
18. 『문종실록』 권1, 1450년 문종 즉위년 3월 28일壬申. "信眉 先王崇重僧也. 懸燈信眉所住寺也. 其寺之僧. 亦有持戒. 必不爲不義之事矣. 且懸燈輸米. 安平知之. 奈何囚其寺之僧乎. 卽今放送. 後有可問. 呼來問之. 毋得侵擾."
19. 『문종실록』 권1, 1450년 문종 즉위년 4월 5일戊寅. "傳旨承政院曰. 義禁府. 嘗囚懸燈寺僧雪正. 予則命放送. 今聞雪正到淸溪寺. 義禁府發卒掩捕. 雪正 先王所敬僧也. 信眉所住寺僧也. 故已命放送而發卒掩捕. 其問所由以啓. 義禁府啓曰. 本府無有此事. 卽下諭書于京畿監司. 令覈掩捕之由. 且曰今後信眉住處毋得侵犯."
20. 『문종실록』 권1, 1450년 문종 즉위년 4월 6일己卯. "議曰 大行王. 自丙寅年. 始知信眉名. 今年移御孝寧大君第. 精勤之時. 接見優待. 卿等所知也. 前住懸燈寺. 義禁府以捕雪正道明. 發軍驚駭. 又住淸溪寺. 光州判官李英耉. 亦捕此僧. 發軍驚駭. 令英耉固宜掌問. 今姑停之. 信眉素有疾病. 僉議啓曰. 懸燈寺發軍捕僧. 淸溪寺亦如之. 事勢適然. 豈有心而爲之. 隨其住處. 令其道監司. 存恤爲便. 又議曰. 先王. 欲以信眉. 判禪敎宗. 事計以定. 適信眉有疾病未遂. 今日除授何如. 且各處精勤及燔瓦僧. 亦於今日. 授職何如. 僉曰. 此非及期事. 卒哭後除授未晚 上曰. 信眉授職 先王不命于外臣. 今姑停之. 精勤僧. 今日授職何如. 僉曰然."

21. 『문종실록』권1, 1450년 문종 즉위년 4월 9일壬午.
22. 『문종실록』권1, 1450년 문종 즉위년 4월 10일癸未.
23. 성현,『용재총화』권9. "글씨 잘 쓰기도 어렵지만 제액(題額 : 액자에 그림이나 글씨를 그리거나 씀)은 더욱 어렵다. 안평대군이 쓴 대자암의 해장전과 백화각의 글씨는 울연히 나르고 움직이는 뜻이 있다. 훌륭한 보물이다."
24. 『문종실록』권1, 1450년 문종 즉위년 4월 11일甲申. 축공祝公은 당나라 중종 때 국자제주國子祭酒인 축흠명祝欽明이 중종의 비위를 맞추어 모든 신료가 연회하는 자리에 손을 땅에 짚고 팔풍무八風舞를 추었다. 노장용盧藏用이 "오경五經을 흔적도 없이 만들었다."고 탄식했다.
25. 『문종실록』권1, 1450년 문종 즉위년 4월 13일丙戌.
26. 『문종실록』권1, 1450년 문종 즉위년 4월 26일己亥.
27. 『문종실록』권1, 1450년 문종 즉위년 5월 13일丙辰.
28. 『문종실록』권2, 1450년 문종 즉위년 5월 27일庚午. 29일壬申.
29. 『문종실록』권2, 1450년 문종 즉위년 6월 6일戊寅. 10일壬午.
30. 『문종실록』권2, 1450년 문종 즉위년 6월 22일甲午.
31. 『연려실기술』권4,「문종조 고사본말」.
32. 『문종실록』권2, 1450년 문종 즉위년 7월 4일丙午.
33. 『문종실록』권2, 1450년 문종 즉위년 7월 6일戊申. "以僧信眉. 爲禪敎宗都摠攝. 密傳正法悲智雙運. 祐國利世圓融無礙. 慧覺尊者. 以金鸞紙書官敎. 裏以紫綃幅. 遣人就賜之. 我朝以來無如此僧職. 上. 欲授此職. 嘗議于政府. 政府順旨. 無有異議. 竟致封爵. 聞者莫不驚駭.
34. 이색,「보제존자시선각탑명 병서普濟尊者諡禪覺塔銘 幷序」,『동문선』권14. 나옹화상은 1371년 공민왕 20 8월 26일 왕사에 봉해진 뒤 금란가사와 법복, 발우를 하사받았다.
35. 권근,「보각국사비명 병서普覺國師碑銘幷序」,『양촌집』권37.
36. 변계량,「묘엄존자탑명妙嚴尊者塔銘」,『동문선』권121. 1392 태조 1 10월 11일. 태조는 탄신일을 맞아 이 법호와 법복法服. 기물器物을 갖추어 내렸다.
37. 오윤희,『일꾼 의천』, 불광출판사, 2012, 237쪽.
38. 『문종실록』권2, 1450년 문종 즉위년 7월 8일庚戌. 9일辛亥.
39. 『문종실록』권2, 1450년 문종 즉위년 7월 11일癸丑.
40. 『문종실록』권2, 1450년 문종 즉위년 7월 12일甲寅.
41. 『문종실록』권2, 1450년 문종 즉위년 7월 15일丁巳. "集賢殿直提學朴彭年等上書曰. 臣等竊聞臺諫. 論信眉事. 未蒙兪允. 不勝憤激. 昧死上聞. 凡加號. 所以尊崇也. 帝王有功德. 則上之. 將相有勳勞. 則賜之. 其禮莫盛焉. 後世人主. 尊崇佛法. 則或有妄917之僧焉. 由是姦猾亂賊之徒. 敗人國家者多矣. 信眉姦僧也. 嘗赴學堂. 猖狂淫放. 無所不至. 學徒不齒. 目之爲無賴. 及其父訓之被罪也. 恥其廢錮. 潛逃薙髮. 其父老且病. 信其誑誘. 嘗斷酒肉. 一日飮酒啗肉. 時方暑月. 懺悔百拜. 因之致死. 若論以春秋之法. 此誠弒父者也."
42. 『문종실록』권2, 1450년 문종 즉위년 7월 15일丁巳. "蓋此僧. 含忍有餘. 易以惑人. 外示淸淨. 內藏巧詐. 因緣展轉. 得達宮禁. 此誠欺君誤國之大姦也. 若非大姦. 安能欺先王. 而惑殿下. 至於如此乎. 黨曰. 此擧出於先王. 先王知此僧非一日. 未嘗發此議. 豈不以公議所在. 有非人主所可輕爲也. 今殿下. 何敢爲先王不輕爲之擧. 斷然行之不疑乎. 雖王已爲此事. 殿下以公義改之. 固未害爲大孝. 況先王所不敢及爲者. 而遽號之. 以委諸王可乎. 人主愛一嚬一笑. 祐國利世之名. 雖加諸

將相大臣. 猶當與朝廷共論. 以審其可否. 然後爲之. 況老姦耶. 其不能祐國利世也. 非獨人人所共知. 亦殿下所自信也. 何敢爲無益之事. 以取笑萬代哉. 況殿下新登寶位. 中外屬望. 當日愼一日. 發一號施一令. 皆期出於至公至正. 以光大祖宗之業. 乃何陷邪說惑姦僧. 極尊崇之稱. 以簧皷其道乎."

43. 『문종실록』권2, 1450년 문종 즉위년 7월 15일丁巳. "自古人君. 始雖正大. 無間可議. 及其在位日久. 勵精少弛. 則姦俊乘間. 不克終者多矣. 殿下卽位. 甫踰數月. 山陵纔畢. 爲政之初. 首擧此事. 始之已大不正矣. 其終何如. 臣庶之望. 於是缺矣. 此號一出. 其徒憑藉寵數. 鴟張夸大. 靡所不至. 愚民亦見封爲尊者. 曰此眞佛也. 靡然趨向. 幾何不爲夷狄禽獸之歸乎. 邪正之消長. 風俗之移易. 國家存亡之機. 括皆係焉. 事孰大於此者. 而漫不警省乎. 況今北虜充斥. 中原搶攘. 西北野人. 嘗有憾於我. 而今已連結. 一朝鄉道. 長驅而至. 則變將不測. 此正訓卒厲兵. 節用峙糧. 遑遑汲汲. 不暇他及之日. 豈優游宴安. 留意虛無之時也. 伏望殿下. 廓回剛斷. 去邪勿疑. 亟收成命. 斥置遠方. 以謹正始之道. 以副一國臣民之望."

44. 『문종실록』권2, 1450년 문종 즉위년 7월 15일丁巳, 16일戊午.
45. 『문종실록』권2, 1450년 문종 즉위년 7월 17일己未.
46. 『문종실록』권2, 1450년 문종 즉위년 7월 18일庚申, 19일辛酉.
47. 『문종실록』권2, 1450년 문종 즉위년 7월 22일甲子.
48. 박팽년, 「사직한 뒤에 짓다(辭職後作)」, 『박선생유고朴先生遺稿』, 『한국문집총간』 9, 1988, 457쪽.
49. 『문종실록』권3, 1450년 문종 즉위년 8월 7일戊寅. "改僧信眉號. 爲大曹溪禪敎宗都總攝. 密傳正法承揚祖道. 體用一如悲智雙運. 度生利物圓融無礙. 惠覺宗師."
1450년문종 즉위년 7월 6일에 내려진 '선교종도총섭선교종도총섭禪敎宗都總攝 밀전정법 비지쌍운密傳正法悲智雙運 우국이세 원융무애祐國利世圓融無礙 혜각존자慧覺尊者'의 법호는 빗발치는 상소로 인해 '선교종도총섭선교종도총섭禪敎宗都總攝'을 '대조계선교종도총섭大曹溪禪敎宗都總攝', '우국이세祐國利世'를 '도생이물度生利物', '혜각존자慧覺尊者'를 '혜각종사惠覺宗師'로 바꿨다.

50. 『문종실록』권3, 1450년 문종 즉위년 8월 26일丁酉.
51. 『문종실록』권3, 1450년 문종 즉위년 9월 18일己未, 19일庚申.
52. 『문종실록』권3, 1450년 문종 즉위년 9월 22일癸亥.
53. 『문종실록』권4, 1450년 문종 즉위년 10월 12일壬午.
54. 『문종실록』권4, 1450년 문종 즉위년 10월 20일庚寅.
55. 『문종실록』권4, 1450년 문종 즉위년 10월 28일戊戌, 30일更子.
56. 『문종실록』권4, 1450년 문종 즉위년 11월 1일辛丑.
57. 『문종실록』4권, 1450년 문종 즉위년 11월 4일甲辰, 9일己酉.
58. 『문종실록』권5, 1450년 문종 즉위년 12월 17일丁亥. "輪對. 御經筵. 始講大學衍義. 上在東宮. 命書筵官. 將大學衍義. 以諺字. 書語助. 欲敎宗室之未通文理者. 至是. 又命經筵官當對之. 廣考經史韻書. 以爲註解. 書於小簡. 逐日啓之. 上以朱筆. 親加點抹."
59. 『문종실록』권5, 1450년 문종 즉위년 12월 24일甲午.
60. 김동욱, 「정음청시말」, 『서울대논문집』 5, 1957. 이때 정음청에서는 대군을 중심으로 불경을 인간하고 있었다.
61. 『문종실록』권6, 1451년 문종 1 2월 16일乙酉, 17일丙戌.
62. 『문종실록』권7, 1451년 문종 1 4월 14일壬午, 17일乙酉.

63. 『문종실록』권7, 1451년 문종 1 5월 18일乙卯.
64. 『문종실록』권8, 1451년 문종 1 6월 21일戊子.
65. 『문종실록』권8, 1451년 문종 1 7월 10일丙午.
66. '무계정사武溪精舍'는 안평대군이 남송南宋의 성리학자 주희가 1183년(효종 10) 복건성福建省 무이산武夷山 계곡의 아홉 구비 중 제5곡에 지은 정자인 '무이정사武夷精舍'를 떠올리며 은거하기 위해 1451년 문종 1에 지었다. 현재 서울 종로구 부암동에 그 터가 남아 있다(서울특별시 유형문화재 제22호). 유지 앞의 바위 한쪽 면을 다듬고 장방형 틀에 '무계동武溪洞'이라는 글자를 새겼다.
67. 안평대군, 「부원운병서附元韻幷序」 5수 중 1·4수, 『박선생유고』, 『한국문집총간』 9. 1988. 456쪽. 이 시는 1451년 문종 1 7월 21일 썼다.
68. 『문종실록』권8, 1451년 문종 1 7월 28일甲子.
69. 『문종실록』권9, 1451년 문종 1 9월 5일庚子. "安平大君瑢. 承命往俗離山福泉寺. 盖僧信眉所住也. 世宗. 爲此僧重創. 功旣訖. 故往觀之."
70. 『문종실록』9권, 1451년 문종 1 9월 7일壬寅, 10일乙巳.
71. 『문종실록』권9, 1451년 문종 1 9월 13일戊申.
72. 『문종실록』권10, 1451년 문종 1 10월 8일癸酉, 10일乙亥.
73. 『문종실록』10권, 1451년 문종 1 11월 17일辛亥. "讓寧大君禔. 以諺文書. 短簡以啓. 其意則請使金敬哉上京. 嫁其女子也. 下政府議之."

5 흔들리는 훈민정음

1. 『문종실록』권12, 1452년 문종 2 5월 4일丙申, 5일丁酉.
2. 『문종실록』권12, 1452년 문종 2 5월 9일辛丑.
3. 『문종실록』권13, 1452년 문종 2 5월 14일丙午.
4. 『단종실록』권1, 1452년 단종 즉위년 6월 17일戊寅.
5. 『연려실기술』권4, 「문종조 고사본말」.
6. 『단종실록』권1, 1452년단종 즉위년 5월 18일庚申. 단종은 1441년 세종 23 7월 23일 태어났다. 다음날 어머니 왕세자빈 권씨가 죽었다. 1448년 세종 30 4월 3일, 여덟 살에 왕세손으로 책봉되었다.
7. 이성무, 『조선왕조사』 1, 동방미디어, 1999. 252~253쪽.
8. 『단종실록』권1, 1452년 단종 즉위년 6월 10일辛未.
9. 『단종실록』권1, 1452년 단종 즉위년 6월 12일癸酉, 13일甲戌.
10. 『단종실록』권1, 1452년 단종 즉위년 6월 20일辛巳.
11. 『단종실록』권1, 1452년 단종 즉위년 6월 23일甲申.
12. 『단종실록』권2, 1452년 단종 즉위년 7월 6일丁酉.
13. 『단종실록』권1, 1452년 단종 즉위년 6월 30일辛卯.
14. 『단종실록』권2, 1452년 단종 즉위년 7월 18일己酉.
15. 『단종실록』권2, 1452년 단종 즉위년 7월 28일己未.
16. 『단종실록』권2, 1452년 단종 즉위년 8월 10일庚午.
17. 『단종실록』권3, 1452년 단종 즉위년 9월 1일庚寅.
18. 이긍익, 『연려실기술』권4, 「문종조 고사본말」.
19. 『단종실록』권3, 1452년 단종 즉위년 윤9월 6일乙丑.

20. 『단종실록』 권3, 1452년 단종 즉위년 윤9월 22일辛巳.
21. 『단종실록』 권4, 1452년 단종 즉위년 10월 7일乙未.
22. 『단종실록』 권4, 1452년 단종 즉위년 10월 12일庚子.
23. 『단종실록』 권4, 1452년 단종 즉위년 10월 21일己酉.
24. 『단종실록』 권4, 1452년 단종 즉위년 10월 13일辛丑.
25. 『단종실록』 권4, 1452년 단종 즉위년 10월 25일癸丑.
26. 『단종실록』 권4, 1452년 단종 즉위년 11월 2일庚申.
27. 『단종실록』 권4, 1452년 단종 즉위년 12월 11일己亥.
28. 『단종실록』 권4, 1452년 단종 즉위년 12월 24일壬子.
29. 이석형,「유감有感」,『저헌집樗軒集』,『한국문집총간』 권9, 1988, 392쪽. 이 시의 제목 아래 다음의 주가 달려 있다. "당시 재상으로 있던 정분은 조정에서 세 임금을 모신 원로로서 어린 임금을 보좌할 때 덕과 의리로 이끌지 못하고 토목공사를 일삼았다. 1453년 단종 1 6월, 창덕궁을 완공할 때 백성을 대대적으로 동원했다. 어떤 이는 '지금과 같은 태평성대에 이보다 더 걸 맞는 큰일은 없을 것이다.'고 말했다."
30. 『단종실록』 권5, 1453년 단종 1 1월 10일戊辰, 11일己巳.
31. 『단종실록』 권5, 1453년 단종 1 1월 19일丁丑, 21일己卯.
32. 『단종실록』 권5, 1453년 단종 1 2월 26일癸丑.
33. 『단종실록』 권6, 1453년 단종 1 4월 23일庚戌.
34. 『단종실록』 권6, 1453년 단종 1 6월 6일辛卯.
35. 『단종실록』 권7, 1453년 단종 1 9월 13일丙寅.
36. 『단종실록』 권7, 1453년 단종 1 9월 22일乙亥.
37. 『단종실록』 권7, 1453년 단종 1 9월 25일戊寅.
38. 『단종실록』 권7, 1453년 단종 1 9월 29일壬午, 30일癸未.
39. 『단종실록』 권6, 1453년 단종 1 5월 19일乙亥.
40. 『단종실록』 권7, 1453년 단종 1 9월 29일壬午.
41. 『단종실록』 권8, 1453년 단종 1 10월 10일癸巳.
42. 『단종실록』 권8, 1453년 단종 1 10월 11일甲午.
43. 『단종실록』 권8, 1453년 단종 1 10월 13일丙申, 15일戊戌.
44. 『단종실록』 권8, 1453년 단종 1 10월 16일己亥, 18일辛丑.
45. 『단종실록』 권8, 1453년 단종 1 10월 25일戊申.
46. '담담정淡淡亭'은 안평대군이 한강의 마포 북쪽 기슭에 지은 정자. 만권의 서적을 소장하고, 선비들을 모아 십이경十二景의 시문詩文을 쓰며 즐겼다.
47. 『단종실록』 권8, 1453년 단종 1 10월 11일甲午.
48. 『단종실록』 권8, 1453년 단종 1 10월 25일戊申. '이징옥의 난'은 1402년 태종 2 11월의 '조사의 난'에 이어 두 번째로 일어난 대규모 반란이었고, 뒷날 '이시애의 난'의 불씨가 되었다. 정조 때의 명재상 채제공(蔡濟恭, 1720~1799)은『번암집樊巖集』에서 이징옥은 수양대군의 불법성을 명나라에 직소해 단종의 복위를 꾀한 것이지『단종실록』에 전하는 것처럼 대금황제가 되기 위한 것이 아니었으므로 반역이 아니라 충신이라고 암시하고 있다. 이징옥은 뛰어난 무장으로 관직생활의 반이상을 함경도에서 보내며 4군과 6진 개척에 공을 남겼다.

49. 『단종실록』 권8, 1453년 단종 1 10월 26일己酉.
50. 이유원은 『임하필기』에 이때의 상황을 기록해 두었다. "세조가 이 시를 좋아해서 판에 걸었다가 뒤에 철거했다. 박팽년은 충청 감사로 있으면서 '신臣' 자를 쓰지 않고 받은 녹을 먹지 않고 창고 하나에 봉해 두었다. 뒤에 그 아내는 관비가 되어 종신토록 수절했다. 그 예손인 박충후가 대구에 살면서 천역賤役에 종사하는 것을 부사 박응주가 적籍에서 빼내어 역을 면해 주었고 선조 초에 벼슬에 제수되었다."
51. 박팽년, 「의정부 석상에서 짓다[議政府席上作]」, 『박선생유고』, 『한국문집총간』 권9, 민족문화추진회, 1988, 455~456쪽.
52. 『연려실기술』 별집 권14, 문예전고 문장조.
53. 하위지, 「박팽년이 도롱이를 빌려 줌에 답하다[答朴仁叟彭年借簑衣]」, 『단계유고丹溪遺稿』, 『한국문집총간』 권8.
54. 『단종실록』 권9, 1453년 단종 1 11월 4일丙辰.
55. 『단종실록』 권9, 1453년 단종 1 12월 13일乙未.
56. 『단종실록』 권9, 1453년 단종 1 12월 15일丁酉, 18일庚子.
57. 『단종실록』 권10, 1454년 단종 2 1월 3일乙卯, 4일丙辰.
58. 『단종실록』 권10, 1454년 단종 2 1월 5일丁巳, 6일戊午.
59. 김경수, 「취금헌 박팽년의 생애와 절의정신」, 『유학연구』 제13집, 2006, 33쪽.
60. 『단종실록』 권10, 1454년 단종 2 1월 7일己未, 8일庚申.
61. 『단종실록』 권10, 1454년 단종 2 1월 9일辛酉.
62. 『단종실록』 권10, 1454년 단종 2 1월 10일壬戌, 11일癸亥.
63. 『단종실록』 권10, 1454년 단종 2 1월 12일甲子, 22일甲戌.
64. 『단종실록』 권10, 1454년 단종 2 1월 24일丙戌.
65. 『단종실록』 권10, 1454 단종 2 1월 27일己卯.
66. 『단종실록』 권10, 1454년 단종 2 1월 28일庚辰, 2월 1일壬午.
67. 성삼문, 「직해동자습서直解童子習序」, 『성근보선생집成謹甫先生集』 권2. "我東邦在海外. 言語與中國異. 因譯乃通. 自我祖宗. 事大至誠. 置承文院掌吏文. 司譯院掌譯語. 專其業而久其任. 其爲慮也蓋無不周. 第以學漢音者. 得於轉傳之餘. 承授旣久. 訛謬滋多. 縱亂四聲之疾舒. 衡失七音之淸濁. 又無中原學士син旁正之. 故號爲宿儒老譯. 終身由之. 而卒於孤陋. 我世宗·文宗慨念於此. 旣作訓民正音. 天下之聲. 始無不可盡矣.[…] 命令右副承旨臣申叔舟兼承文院校理臣曺變安. 行禮曹佐郎臣金曾. 行司直臣孫壽山. 以正音譯漢訓. 細書逐字之下. 又用方言. 以解其義. 仍命和義君臣瓔. 桂陽君臣增監其事. 同知中樞府事臣金何. 慶昌府尹臣李邊. 證其疑而二書之. 音義昭晳. 若指諸掌. 所痛恨者. 書僅成編. 弓劍繼遺."
68. 『단종실록』 권11, 1454년 단종 2 6월 27일戊申.
69. 성삼문, 「직해동자습서」, 『성근보선생집』 권2. "恭惟主上嗣位之初. 遹追先志. 亟令刊行. 又以臣三問亦嘗參校. 命爲之序. 臣竊惟四方之言. 雖有南北之殊. 聲音之生於牙·舌·脣·齒. 則無南北也. 明乎此. 則於聲韻乎何有. 東方有國. 經幾千百載之久. 人日用而不知七音之在我. 七音且不知. 況其淸濁輕重乎. 無惑乎漢語之難學也. 此書一譯. 而七音四聲. 隨口自分. 經緯交正. 毫釐不差. 又何患從旁正之之無其人乎. 學者能先學正音若干字. 次及於斯. 則浹旬之間. 漢語可通. 韻學可明. 而事大之能事畢矣. 有以見二聖制作之妙. 高出百代. 此書之譯. 無非畏天保國之至計. 而我聖

上善繼善述之美. 亦可謂至矣."

70. 『단종실록』 권13, 1455년 단종 3 1월 1일丁未.
71. 수양대군은 왕위에 오르기 전 정인지와 사돈을 맺음으로써 반대파의 수장을 확실하게 묶어버렸다. 수양대군의 외동딸(훗날 의숙공주)을 아내로 맞은 정인지의 장남 정현조는 1455년 세조 즉위년 7월 21일甲午에 하성위河城尉에 봉해졌고, 다음해 온양별시 문과에 을과로 급제했다. 부마駙馬로서 과거에 응시한 것은 그가 처음이었다.
72. 박병채, 「원본 홍무정운역훈의 결본 복원에 관한 연구」, 『아세아연구』 제51호, 1973, 45쪽.
73. 신숙주, 「홍무정운역훈서(洪武正韻譯訓序)」, 『보한재집(保閑齋集)』 권15. "[…] 往復就正. 既多而竟未得一遇精通韻學者. 以辨調諧紐攝之妙. 特因其言語讀誦之餘. 遡求淸濁開闔之源. 而欲精夫所謂崔難者. 此所以辛勤歷久而僅得者也. 臣等學淺識庸. 曾不能鉤探之賾. 顯揚聖謨. 尚賴我世宗大王天縱之聖. 高明博達. 無所不至. 悉究聲韻源委. 而勘酌裁定之. 使七音四聲. 一經一緯. 竟歸于正. 吾東方千百載所未知者. 不可浹旬而學.[…] 我列聖製作之妙. 盡美盡善. 超出古今. 而殿下繼述之懿. 又有光於前烈矣."
74. 강신항, 앞의 책, 222~223쪽. "『홍무정운훈』은 1950년대에 발견되었다. 체제는 『홍무정운』과 똑같은 16권의 내용에 반절·자해글자풀이도 그대로 두고서 수록자의 '소운小韻 대표자' 아래에 한글의 표음만 더 첨가한 것이다. 16권 8책이나 제1책인 권1·권2가 낙질落帙되고, 권3 이하에서도 가끔 한글의 표음이 전제剪除된 부분이 있으나 원본으로 인정되고 있다. 현재 고려대학교 도서관 소장이다. 원판본은 가로 20.9cm, 세로 31. 3cm, 판광은 가로 15.7cm, 세로 22.2cm이다. 각 소운의 자모를 음각으로 예시하고 그 아래에 한글로 표음했다."
75. 강신항, 앞의 책, 240쪽.
76. 『단종실록』 권14, 1455년 단종 3 윤6월 10일甲寅.
77. 『세조실록』 권1, 1455년 세조 1 윤6월 11일乙卯.
78. 『세조실록』 권1, 1455년 세조 1 윤6월 20일甲子, 23일丁卯.
79. 『세조실록』 권1, 1455년 세조 1 7월 11일甲申.
80. 『세조실록』 권1, 1455년 세조 1 7월 20일癸巳, 26일己亥.
81. 태종은 1405년 태종 5 왕권강화를 위한 육조六曹 중심의 국정운영을 위해 육조를 3품 아문에서 2품 아문으로 승격시켰고, 육조가 직접 조정에 참여하도록 했다. 판상서사사·삼사·승추부가 관장했던 문무반의 인사·재정·군정을 이조·호조·병조로 귀속시키는 등의 조처를 통해 육조 중심의 국정운영체제인 육전체제六典體制를 체계화시켰다. 1436년 세종 16에서 1455년 단종 3 사이에는 의정부의의제議政府擬議制로 육조는 의정부의 지휘를 받아 국정을 운영하고 있었다. 세조의 재위 기간 중 영의정에 오른 인물은 정인지·한명회·신숙주·정창손·구치관·강맹경·조석문·황수신 등의 공신이었다. 한 때 세조가 한명회와 신숙주를 투옥한 일도 있었다. 왕권과 신권의 충돌이었다. 영의정을 역임했던 인물은 퇴임 후 다른 자리로 갈 수 없었다. 세조는 이들의 경륜을 계속 활용하고, 품격을 유지시키기 위해 봉군封君 제도를 새로 만들었다. 정인지→하동군, 신숙주→고령군, 한명회→상당군, 정창손→봉원군, 김수온→영산부원군으로 봉군되었다.
82. 『세조실록』 권1, 1455년 세조 1 8월 9일壬子.
83. 『세조실록』 권2, 1455년 세조 1 12월 27일戊辰.
84. 『세조실록』 권3, 1456년 세조 2 1월 2일壬申.
85. 『세조실록』 권3, 1456년 세조 2 3월 18일丁亥.

86. 윤기견(尹起畎, 생몰연대 미상)은 1438년 세종 20 생원으로 친시문과에 병과로 급제했다. 본관은 함안咸安. 1452년 문종 2 집현전 부교리 겸 춘추관 기주관으로『세종실록』과『고려사절요』의 편찬에 참여했다. 단종 때에는 지평을 지냈다. 1454년 단종 2 2월, 내불당을 없애라는 상소로 인해 좌천되었다. 1456년 세조 2에는 양양군수로 있었다. 마지막 관직은 판봉상시사였다. 실록에 졸기는 없다. 1473년 성종 4 3월 19일 성종이 그의 딸을 숙의淑儀로 맞았다. 1476년 성종 7 영의정에 추증되었다. 왕후가 된지 2년 만에 연산군을 낳은 윤씨는 1479년 성종 10 6월, 폐비되었다. 성종이 왕비로 책봉한 지 3년 만이었다. 외손자인 연산군은 내불당과 원각사 등을 없애는 것으로 울기를 풀었다.
87. 윤기견,「불씨잡변발佛氏雜辨跋」,『삼봉집』권9.
88. 권근,「불씨잡변서佛氏雜辨序」,『삼봉집』권9.
89. 윤사순,「성리학」,『한국민족문화대백과사전』권12, 433쪽, 한국정신문화연구원, 1995.
90. 『세조실록』권4, 1456년 세조 2 6월 2일庚子.
91. 『세조실록』권4, 1456년 세조 2 6월 6일甲辰. "命罷集賢殿. 停經筵. 其所藏書冊. 並付藝文館掌之."
92. 성삼문,「絶筆」,『성근보집成謹甫集』권1, 한국문집총간 10, 민족문화추진회, 1988, 190쪽. 『연려실기술』에는 '食君'이 '食人', '君衣'가 '人衣', '素志'가 '所一'로 차이가 있다.『추강집秋江集』에서는 성승의 시라고 했다.
93. 『연려실기술』, 단종조 고사 본말, 민족문화추진회, 1976, 395~398쪽.
94. 『세조실록』권4, 1456년 세조 2 6월 7일乙巳.『해동야언』에는 "박팽년이 옥중에서 죽었다고 되어 있지만, 형벌에 임해 김명중에게 얘기한 말로 보면 옥중에서 죽었다는 것은 틀린 말이다."는 주를 달아두고 있다.
95. 『세조실록』권4, 1456년세조 2 6월 8일丙午. 9일丁未.
96. 『연려실기술』, 단종조 고사 본말, 민족문화추진회, 1976, 456쪽. "노량 남쪽 언덕 길가에 다섯 무덤이 있다. 그 앞에 각각 작은 돌을 세워 표지를 했다. 가장 남쪽은 박씨의 묘, 다음 북쪽은 유씨의 묘, 이씨의 묘, 성씨의 묘. 또 성씨의 묘가 그 뒤 십 여보 사이에 있다. 세상에서 전하기를, 어떤 중이 육신의 시체를 져다가 묻었다. 그 중은 김시습이라 한다. 성씨의 두 묘는 세상에서 전하기를 성씨 부자의 묘인데 뒤에 있는 것이 성승의 묘라 한다. ○ 일설에는 육신의 묘가 다섯 무덤만 있고 하나는 없다고 한다. 하위지의 묘는 선산부 서쪽에 부인의 묘와 같이 있다는 것이 장현광의 기록에 보였다. 하공은 시골에 반장返葬했기 때문에 그런 것인가."
97. 『세조실록』권4, 1456년 세조 2 6월 25일癸亥.
98. 『세조실록』권4, 1456년 세조 2 6월 28일丙寅.
99. 『세조실록』권4, 1456년 세조 2 7월 3일庚午, 12일乙卯.
100. 『세조실록』권6, 1457년 세조 3 2월 1일乙未.
101. 김수온,「인대장경오십건발印大藏經五十件跋」, 고려대장경연구소 사간장본.
102. 『세조실록』권6, 1457년 세조 3 2월 1일乙未.
103. 『성종실록』권130, 1481년 성종 12 6월 7일庚戌.
104. 『세조실록』권7, 1457년 세조 3 3월 7일庚午.
105. 『세조실록』권7, 1457년 세조 3 5월 27일癸丑.
106. 『세조실록』권8, 1457년 세조 3 6월 2일甲午, 7일己亥.

107. 『세조실록』 권8, 1457년 세조 3 6월 18일庚戌, 20일壬子.
108. 이덕무, 「해인사 장경」, 『청장관전서』 제55권, 앙엽기 2. 『동각잡기東閣雜記』에도 대장경 50벌의 인출에 대해 다음과 같이 기록하고 있다. "대장경 50벌을 인출하라는 하교가 있었다. 경판이 합천 해인사에 있으므로 경차관 윤찬, 정은을 보내 그 일을 주관하도록 했다. 또한 신미信眉와 죽헌竹軒 등의 승려를 보내 감독하게 하고 각 도 관찰사에게 유지諭旨를 내려 그 비용을 돕도록 했다. 1458년 세조 4 2월에 일을 시작, 4월에 모든 인쇄를 마쳤고 각 도의 명산 거찰에 나누어 소장했다. 무릇 투입된 종이는 388,900여 첩, 소요된 식량은 5,000석, 다른 물품도 이만큼 들었다."
109. 『세조실록』 권8, 1457년 세조 3 6월 21일癸丑.
110. 『연려실기술』 제4권, 단종조 고사본말. 『열성어제』 제2권 「영월군 누작樓作」.
111. 『세조실록』 권8, 1457년 세조 3 6월 26일戊午.
112. 실록 기사에는 총 345,386권의 종이를 각 도에 배당했다. 그런데 『천장관전서』의 「해인사 장경」의 기록은 『세조실록』과 약간의 차이가 있다. "충청도 90,754첩, 전라도 99,400첩, 경상도 99,400첩, 강원도 45,126첩, 황해도 51,126첩으로 총 385,806첩의 종이가 쓰였다. 이 중에 잡초지雜草紙로 인쇄한 것이 47건으로 1건마다 7,770첩 10장이 들었으니 도합 302,722첩 10장. 순왜지純倭紙로 인쇄한 것이 2건으로 7,717첩 10장이 들고 잡초지로 인쇄한 것이 47건이고 표지가 3,402첩 12장이 들었다. 앞서 계획한 46,200권에는 미치지 못했지만 모두 관비로써 수납했다. 세조는 경지經紙 한 장이라도 민가에서 거두는 것은 엄금했다. 부족한 60,000여 권은 어떻게 마련했는지는 알 수 없다.
113. 이능화, 『역주 조선불교통사』 2. 동국대학교출판부, 2010, 217~219쪽. 1491년 성종 22 조위 승정원 동부승지가 쓴 「해인사중창기」에는 학조도 해인사에 내려가 있었다. "혜각존자 신미와 등곡 학조 등에게 명하여 해인사에 가게 하여 시찰하게 했다. 장경의 판당이 협소하고 누추했다. 그에 따라 세조는 경상도의 감사에게 옛 제도대로 증축, 40여 칸을 지으라고 명했다."
114. 『세조실록』 권8, 1457년 세조 3 7월 5일丙寅, 6일丁卯.
115. 『세조실록』 권8, 1457년 세조 3 8월 2일癸未, 4일乙未.
116. 『세조실록』 권8, 1457년 세조 3 8월 9일庚子.
117. 『세조실록』 권8, 1457년 세조 3 8월 13일甲辰, 14일乙巳.
118. 『세조실록』 권9, 1457년 세조 3 9월 1일壬戌, 2일癸亥. 덕종(추존)은 1445년 세종 27 1월 도원군에 봉해졌고, 1453년 단종 1 서원부원군 한확의 딸 한씨를 맞아 혼인했다. 1455년 세조 즉위년 7월 26일 근정전에서 왕세자로 책봉되었다. 훗날 인수대비에 오른 한씨의 나이 19세였다.
119. 『연려실기술』 권4. 문종조 고사본말. 현덕왕후顯德王后 권씨는 24세에 단종을 낳고, 이틀 뒤에 죽었다. 처음 안산安山에 장사한 뒤 소릉이라 불렀다. 세조의 장남인 도원군은 단종보다 먼저 죽었다. 민심은 늘 가진 자보다 잃은 자에게로 기운다. 뒷날의 기록은 앞의 시간을 넘어서 있다.
120. 『세조실록』 권9, 1457년 세조 3 9월 7일戊辰.
121. 이능화, 「선왕의 유명을 받들어 영가집을 완성하다[成永嘉集先王遺命]」, 『역주 조선불교통사』 5. 동국대학교출판부, 2010, 580쪽.
122. 이때 함허당이 지은 『금강경오가해金剛經五家解』를 정축자본丁丑字本으로 간행했다.
123. 이능화, 「成永嘉集先王遺命」, 『역주 조선불교통사』 5, 동국대학교출판부, 2010, 578~579쪽.
124. 이능화, 앞의 책, 576~578쪽.

125. 이능화, 앞의 책, 580쪽.
126. 『세조실록』 권9, 1457년 세조 3 9월 8일己巳.
127. 『세조실록』 권9, 1457년 세조 3 9월 14일乙亥, 21일壬午.
128. 『세조실록』 권9, 1457년 세조 3 9월 23일甲申, 24일乙酉.
129. 『세조실록』 권9, 1457년 세조 3 10월 7일丁酉.
130. 명나라 황제 영종은 1436년부터 1449년까지 14년간 황제의 자리에 있다가, 천자가 자리를 경제景帝에게 양위하고 1450년부터 1457년 초까지 상왕으로 물러나 있었다. 영종은 1458년 세조 4 1월 복위해 2월 경제를 폐위시키고 천순天順이라는 연호를 썼다. 1464년 세조 10 1월, 세상을 떠났다.
131. 심경호, 앞의 책, 2003, 160~161쪽. 매월당과 괴애가 만난 때를 1458년 세조 4로 잡고 있다. 김수온이 세조의 명을 받고 1457년 세조 3 10월 서울을 출발, 다음해 2월에 귀국했다. 실록의 날짜에 따랐다.
132. 『매월당집』 권9, 『유관서록』, 「화김문량운」에 김수온의 원시가 실려 있다.
133. 『세조실록』 권9, 1457년 세조 3 10월 14일甲辰, 15일乙巳.
134. 『세조실록』 권9, 1457년 세조 3 10월 21일辛亥.
135. 정인지와 양녕대군의 상소가 올라온 날은 10월 21일, "노산군이 스스로 목매어 죽었다. 예로써 장사지냈다."고 적었다. 그러나 『연려실기술』 권4 「단종조 고사본말」에는 10월 24일이다. 정황으로 보아 10월 24일이 더 근거가 있어 보인다. "노산군이 10월 24일 영월에서 죽었다. 왕위에 있은 지 3년, 상왕위에 있은 지 2년, 나이 17세였다. 1681년 숙종 7에 대군으로 추봉, 1698년 숙종 24 왕위에 추복되었다. 1782년 정조 6 왕의 보감寶鑑 한 권을 엮어서 올렸다. 능은 장릉[莊陵 : 영월 북쪽 동을지冬乙旨 신좌辛坐, 표석이 섰다.]이다."
136. 『연려실기술』 권4, 단종조 고사본말. "엄흥도는 단종을 장릉에 모신 공을 인정받아 숙종조에 공조참의를 증직했다. 1758년영조 33 종2품, 뒤에 공조판서를 증직했다. 시호는 충의공忠毅公이다."
137. 이자, 『음애일기陰崖日記』.
138. 『세조실록』 권10, 1457년 세조 3 11월 15일乙亥.
139. 『세조실록』 권10, 1457년 세조 3 11월 24일甲申.
140. 「영암 도갑사 묘각화상비문」, 『역대고승비문』(조선편 1), 가산불교문화연구원, 1999, 313쪽. "尋還道岬. 以示其不忘本也. 慨先國師. 禪補道場幾至荒廢乾沒. 落在涼烟茂草中. 謂衆曰. 吾儕其忍坐視而不復耶. 況聖上有命. 使其徒洪月. 幹其事. 重新復舊. 貫莊嚴之妙疑. 絳闕淸都從空而墮也. 且以永膺大君. 作大檀越 敬塑藥師如來三驅. 安于紺殿."
141. 「월출산 도갑사 도선국사 음명(陰銘) 병서」, 『역주 조선불교통사』 4, 동국대학교출판부, 2010, 546쪽. "山有寺曰道岬寺.[…] 大明天順元年丁丑. 有信眉守眉兩師者重創焉. 藝文提學尹公士昀爲之記."
142. 김시습, 「제각초혼사祭閣招魂辭」, 『매월당집부록』 권2.
143. 이문구, 『매월당 김시습』, 문이당, 1992, 177~178쪽. 이문구는 매월당의 독백을 빌려 신미와 간경도감에 참여했던 인사에 대해서도 몰아붙였다. "그렇게 무지막지한 칼을 휘둘러 피로 물들은 천하를 차지한 다음 중외에 더러운 소리를 그림자처럼 끌고 다니는 신미信眉·수미守眉·학열學悅·학조學祖 같은 치의의 무리와, 강맹경·노사신·한계희·김수온·황수신·윤사로 따위를 간경도감이

며 내불당과 맺어 놓고 『금강경』・『능엄경』 등의 경전을 언문으로 옮기거나 찍어내어 반포하는 일변 부처에게 몸바쳐 복을 빈 이는 누구였던가. 부처의 대자대비는 그렇듯 두 얼굴을 가진 이들에게나 복을 내리는 대자대비였던가. 만일 그렇다면 나는 다시 머리를 기르고 고기를 먹을 터이다."

144. 김수온, 「정인사중창기正因寺重創記」, 『식우집』 권2, 『한국문집총간』 9, 95~96쪽.
145. 『세조실록』 권11, 1458년 세조 4 1월 19일戊寅.
146. 『세조실록』 권11, 1458년 세조 4 2월 12일辛丑.
147. 의경세자가 죽고 난 뒤 자성왕비 윤씨와 세자빈 한씨는 정인사를 지어 추복追福했지만 늘 쓸쓸했다. 세조는 왕비와 며느리 한씨가 자주 들고나며 아들을 위해 기도를 올릴 수 있도록 1457년세조 3 인왕산에 복세암福世菴을 지었다. 1481년 성종 12 1월 22일, 성종은 내불당과 복세암을 철거하라는 빗발치는 반대를 양 대비전에서 봉양하는 원찰이라며 거부했다. 그러나 1503년 연산군 9 11월 9일, 연산군은 경복궁을 내려다보며 누르고 있다는 이유를 들어 복세암과 인왕사仁王寺, 금강굴金剛窟을 없애라고 명했다. 12월 7일, 내수사에서 대비의 명에 따라 이건했다. 어디로 옮겨졌는지에 대한 기록은 없다.
148. 『세조실록』 권11, 1458년 세조 4 2월 13일壬寅, 14일癸卯.
149. 『세조실록』 권11, 1458년 세조 4 2월 15일甲辰, 16일乙巳.
150. 『세조실록』 권11, 1458년 세조 4 2월 17일丙午, 18일丁未.
151. 김수온은 1300년에 간행한 장명원 본 계통의 『벽암록』을 구입해 들어온 것으로 보인다. 이 책은 세조도 탐독했다. 1465년 세조 11 간경도감에서 을유자乙酉字로 간행했다.
152. 중국 선종禪宗의 5조 홍인대사는 황매산黃梅山, 6조 혜능대사는 조계산曹溪山에 있었다.
153. 남효온, 「추강냉화秋江冷話」, 『국역 대동야승』Ⅰ, 349쪽, 민족문화고문간행회, 1973.
154. 『세조실록』 권11, 1458년 세조 4 윤2월 9일丁卯.
155. 『세조실록』 권11, 1458년 세조 4 윤2월 22일庚辰.
156. 김수온, 「인성대장경발印成大藏經跋」, 『청장관전서』 권55, 앙엽기盎葉記 2.
157. 『세조실록』 권13, 1458년 세조 4 6월 28일甲申, 29일乙酉.
158. 『세조실록』 권13, 1458년 세조 4 7월 27일壬子. 『청장관전서』의 「해인사의 장경」에 의하면 1458년에 인출한 대장경 50벌 가운데 특별히 세 벌을 각각 해인사, 흥천사, 예조에 안치하고 나머지 47건 가운데 1건은 좋은 것을 골라 복천사福泉寺에 두었다. 특별히 인출한 질이 좋은 한 벌을 복천사에 안치한 이유는 밝히지 않았다. 두 달 뒤인 9월 14일, 남은 47건을 안치하라는 명을 내림으로써 50벌을 44개소 사찰에 봉안했다.
159. 『세조실록』 권13, 1458년 세조 4 7월 28일癸丑.
160. 세조, 「보살계菩薩戒」, 『청장관전서』 권55, 「앙엽기」 2.
161. 한국불교연구원, 『해인사』, 일지사, 1980, 72쪽. 금탑전은 지금의 장경각이다. 이 책에서는 무인년을 '세조 3년'으로 기록했고, 대원사에서 펴낸 『해인사』(1984) 84쪽에도 '세조 3년'에 제작했다고 되어 있다. 무인년은 '세조 4년'이므로 바로 잡는다.
162. 『세조실록』 권13, 1458년 세조 4 8월 21일丙子.
163. 『세조실록』 권28, 1462년 세조 8 4월 4일己巳.
164. 『세조실록』 권14, 1458년 세조 4 9월 3일丁亥.
165. 김두종, 『한국고인쇄기술사』, 탐구당, 1971, 161쪽. "일본의 각 사찰 특히 동경의 증상사增上寺를 비롯하여 고야산高野山・건인사建仁寺・대판난파별원大阪難波別院・일광산日光山 등 사찰에

남아 있는 고려대장경판 중에는 이때의 경판이 많이 포함되어 있다."
166. 『오주연문장전산고』에 '정향사鼎鄕寺'는 '정각사鼎脚寺'로 기록되어 있다.
167. 이덕무, 「해인사 장경」, 『청장관전서』 권55, 「앙엽기」2.
168. 『세조실록』 권14, 1458년 세조 4 9월 6일庚寅.
169. 『세조실록』 권14, 1458년 세조 4 9월 15일己亥, 16일庚子.
170. 『세조실록』 권14, 1458년 세조 4 9월 17일辛丑.
171. 『세조실록』 권14, 1458년 세조 4 9월 20일甲辰, 21일乙巳.
172. 『초학자회』는 『문종어석文宗御釋』과 함께 지금은 전하지 않는 한자 교과서다.
173. 최항은 1455년 세조 1 8월 모친상을 당했다. 세조가 기복起復시켜 1458년 세조 4 3월 형조판서, 5월에 공조판서에 임명했다. 한계희는 1458년 세조 4 9월 모친상을 당해 상차喪次에 있었다. 한계희의 아버지는 한혜다. 1431년 세종 13 3월 3일 함경도관찰사로 재직하던 중 29세로 졸했다. 어머니는 후처로 조선 초기의 명필이었던 판중추부원사 성달생의 딸이다. 성달생은 1444년 세종 26 4월 10일, 세종이 초수행궁에서 훈민정음을 보완하고 있을 때 수가隨駕했다가 갑자기 죽었다. 69세였다.
174. 『세조실록』 권14, 1458년 세조 4 10월 15일己巳.
175. 『세조실록』 권14, 1458년 세조 4 12월 7일辛酉.

6 길 위의 훈민정음

1. 이숭녕, 「신미의 역경사업에 관한 연구」, 『대한민국 학술원논문』 제25집, 1986, 22쪽. "「수다라修多羅 · 기야祇夜 · 가타伽陀 · 니타니陀 · 이제목다가伊帝目多伽 · 도다가闍多伽 · 아부달마阿浮達磨 · 아파다사阿波多邪 우바제사優婆提舍 · 우타나優陀那 · 비불랴毘佛略 · 화가라和伽羅」는 「문文 · 가歌 · 기記 · 송頌 · 비유譬喩 · 본기本紀 · 사해事解 · 생전生傳 · 광박廣博 · 자연自然 · 도행道行 · 양현兩現」이라고도 한다."
2. 안병희, 「중세 국어의 한글 자료」, 『국어사 자료 연구』, 문학과 지성사, 1992, 511쪽.
3. 『세조실록』 권17, 1459년 세조 5 9월 1일庚辰.
4. 안병희, 「『월인석보』의 編刊과 이본」, 『진단학보』 75, 진단학회, 1993, 189쪽. 담당자는 필자가 임의로 보완해 넣었다.
5. 『월인석보』 권2 18a 249쪽, 서강대학교 출판부, 1988.
6. 『세조실록』 권15, 1459년 세조 5 2월 9일壬戌.
7. 『세조실록』 권15, 1459년 세조 5 3월 20일壬寅, 25일丁未.
8. 『세조실록』 권16, 1459년 세조 5 4월 8일己未.
9. 오세창, 『국역 근역서화징』 상권, 시공사, 1998, 230~231쪽.
10. 『인종실록』 제2권. "중국 사신이 있는 곳에 항상 일정하게 지공하는 물건 외에 따로 음식물을 날마다 보내 주는 것이 '별하정'이다."
11. 김남이, 『집현전 학사의 문학연구』, 이화여자대학교 박사학위 논문, 2001, 196쪽.
12. 『세조실록』 권16, 1459년 세조 5 5월 7일戊子, 10일辛卯.
13. 『세조실록』 권16, 1459년 세조 5 6월 3일癸丑.
14. 『세조실록』 권16, 1459년 세조 5 6월 18일戊辰.
15. 『세조실록』 권17, 1459년 세조 5 7월 3일壬午.

16. 『월인석보月印釋譜』권1·2, 서강대학교 출판부, 1988. "夫眞源이 廓寥ᄒᆞ고 性智湛寂ᄒᆞ며 靈光獨耀ᄒᆞ고 法身이 常住ᄒᆞ야 色相이 一泯ᄒᆞ며 能所ㅣ 都亡ᄒᆞ니 旣無生滅커니 焉有去來리오 只緣妄心이 瞥起ᄒᆞ면 識境이 競動ᄒᆞ거든 攀緣取著ᄒᆞ야 恒繫業報ᄒᆞ야 逐昧眞覺於長夜ᄒᆞ며 瞖智眼於永劫ᄒᆞ야 輪廻六道而不暫停ᄒᆞ며 焦煎八苦而不能脫홀ᄉᆡ 我 佛如來雖發眞淨身이 居常寂光土ᄒᆞ시나 以本來悲願으로 運無緣慈ᄒᆞ샤 現神通力ᄒᆞ샤 降誕閻浮ᄒᆞ샤 示成正覺ᄒᆞ샤 號ㅣ 天人師ㅣ시며 稱一切智샤 放大威光ᄒᆞ샤 破魔兵衆ᄒᆞ시고 大啓三乘ᄒᆞ시며 廣演八敎ᄒᆞ샤 潤之六合ᄒᆞ시며 沾之十方ᄒᆞ샤 言言이 攝無量妙義ᄒᆞ시고 句句ㅣ 含恒沙法門ᄒᆞ야 開解脫門ᄒᆞ며 納淨法海ᄒᆞ시니 其撈攄人天ᄒᆞ시며 拯濟四生ᄒᆞ신 功德을 可勝讚哉아 天龍所誓願以流通이시며 國王所受囑以擁護ㅣ니."

17. 『월인석보』권1·2, 서강대학교 출판부, 1988. "昔在丙寅ᄒᆞ야 昭憲王后ㅣ 奄棄榮養ᄒᆞ야시ᄂᆞᆯ 痛言在疚ᄒᆞ야 罔知攸措ᄒᆞ다니 世宗謂予ᄒᆞ샤다 薦拔無如轉經이니 汝宜撰譯釋譜ᄒᆞ라 ᄒᆞ야시ᄂᆞᆯ 予受 慈命ᄒᆞᅀᆞ와 益用覃思ᄒᆞ야 得見祐宣二律師ㅣ 各有編譜호다 而詳略이 不同커늘 爰合兩書ᄒᆞ야 撰成釋譜詳節ᄒᆞ고 就譯以正音ᄒᆞ야 俾人人易曉케ᄒᆞ야 乃進ᄒᆞᅀᆞᆸ온이 賜覽ᄒᆞ시고 輒製讚頌ᄒᆞ샤 名曰月印千江이라 ᄒᆞ시니 其在于今ᄒᆞ야 崇奉을 曷弛리오."

18. 『월인석보』권1·2, 서강대학교 출판부, 1988. "頃丁家厄ᄒᆞ야 長嗣ㅣ 夭亡ᄒᆞ니 父母之情은 本乎天性이라 哀戚之感이 寧殊久近이리오 予惟欲啓三途之苦ᄒᆞ며 要求出離之道ㅣ댄 捨此ᄒᆞ고 何依리오 轉成了義호미 雖則旣多ᄒᆞ니 念此月印釋譜ᄂᆞᆫ 先考所製시니 依然霜露애 慨增悽愴ᄒᆞ노라 仰思聿追컨댄 必先述事ㅣ니 萬幾縱浩ᄒᆞ나 豈無閑暇ㅣ리오 廢寢忘食ᄒᆞ야 宵中繼日ᄒᆞ야 上爲 父母仙駕ᄒᆞᅀᆞᆸ고 兼爲亡兒ᄒᆞ야 速乘慧雲ᄒᆞ샤 逈出諸塵ᄒᆞ샤 直了自性ᄒᆞ샤 頓證覺地ᄒᆞ시게."

19. 김시습, 『매월당속집』권2, 「내불당」『국역매월당집』5, 세종대왕기념사업회, 1980, 30~31쪽. "時上王命主上釋歌曲, 譯釋譜, 因以頒士女."

20. 『월인석보』권1·2, 서강대학교 출판부, 1988. "乃講劘硏精於舊卷ᄒᆞ며 檃括更添於新編ᄒᆞ야 出入十二部之修多羅호ᄃᆡ 曾靡遺力ᄒᆞ며 增减一兩句之去取호ᄃᆡ 期致盡心ᄒᆞ야."

21. 『월인석보』권1·2, 서강대학교 출판부, 1988, 96~108쪽 "有所疑處ㅣ어든 必資博問ᄒᆞ야 庶幾搜剔玄根ᄒᆞ야 敷究一乘之妙旨ᄒᆞ며 磨礱理窟ᄒᆞ야 疏達萬法之深原ᄒᆞ노니 盖文非是經이며 經非是佛이라 詮道者ㅣ 是經이오 體道者ㅣ 是佛이시니 讀是典者ᄂᆞᆫ 所貴廻光以自照ㅣ오 切忌執指而留筌이니라 嗚呼ㅣ라 梵軸이 崇積이어든 觀者ㅣ 猶難於讀誦커니와 方言이 騰布ᄒᆞ면 聞者ㅣ 悉得以景仰하리니 肆與宗勳戚百官四衆과 結願軫於不朽ᄒᆞ며 植德本於無窮ᄒᆞ야 冀神安民樂ᄒᆞ며 境靜祚固ᄒᆞ며 時泰而歲有ᄒᆞ며 福臻而災消ᄒᆞ노니 以向所修功德으로 廻向實際ᄒᆞ야 願共一切有情과 速至菩提彼岸ᄒᆞ노라. 天順三年 己卯七月七日序."

22. 『월인석보』권1·2, 서강대학교 출판부, 1988, 96쪽. "묻ᄌᆞ오신 사ᄅᆞ문 慧覺尊者 信眉와 判禪宗事 守眉와 判敎宗事 雪峻과 衍慶住持 弘濬과 前檜菴住持 曉雲과 前大慈住持 智海와 前逍遙住持 海超와 大禪師 斯智와 學悅와 學祖와 嘉靖大夫同知中樞院事 金守溫괘라."

23. 『佛書를 통해 본 조선시대 스님의 일상』, 동국대학교 도서관, 2007, 112~115쪽.

24. 안병희, 「한글 창제와 보급」, 『훈민정음연구』, 서울대학교 출판부, 2007, 249쪽. "한글 창제 이후의 약 반세기, 곧 15세기 후반기의 한글 문헌은 상당한 양에 이른다. 1446년『훈민정음』해례본을 비롯하여 1497년 연산군 3의『신선태을자금단神仙太乙紫金丹』에 이르기까지 약 40부의 문헌이 현재 전하고 있다. 그 중에는 1부이면서 25권인『월인석보』, 24권인『석보상절』등도 있으므로 상당한 분량의 책이 간행된 것을 알 수 있다. 내용으로 보면 가장 많은 것이 불교서다. 전체 한글 문헌의 약 60%가 넘는다. 그 밖에 어학서, 시가서, 유학서, 의학서 등으로 나뉘어진다."

25. 『월인석보』권1·2, 서강대학교 출판부, 1988, 109~110쪽.

26. 김광해, 「한글창제와 불교신앙」, 『불교문화연구』제3집, 1992, 70쪽. 『조선왕조실록』속의

108과 한글」,『불교학논총』(월운스님 고희기념), 동국역경원, 1998, 703쪽.
27. 안병희, '「월인석보」의 편간과 이본,『국어사 문헌 연구』, 신구문화사, 2009, 259쪽. "「월인천강지곡」기10, 기11에 대응하는 권1의 「석보상절」은 석가의 전세의 이야기이고 권2의 그것은 현세의 이야기로서 내용의 단락이 인정된다. 현세 석가의 가계에 대한 강조로서도 권차卷次를 달리하여야 할 내용이다."
28. 정광,『훈민정음의 사람들』, 제이앤씨, 2006, 23쪽. "『월인석보』는 대부분 2권을 1책으로 편철했다. 따라서 25권이 종권終卷이라는 주장은 재고되어야 한다."
29. 안병희, '「월인석보」의 편간과 이본,『국어사 문헌 연구』, 신구문화사, 2009, 270쪽.
30. 『세조실록』권17, 1459년 세조 5 8월 1일庚戌, 2일辛亥.
31. 『세조실록』권17, 1459년 세조 5 8월 4일癸丑.
32. 『세조실록』권17, 1459년 세조 5 8월 25일甲戌.
33. 『세조실록』권17, 1459년 세조 5 9월 1일庚辰.
34. 『세조실록』권17, 1459년 세조 5 9월 10일己丑.
35. 『연려실기술』별집 제14권 문예전고文藝典故,「필법筆法」.
36. 강희맹,『사숙재집』권7, 세종대왕기념사업회, 1999, 355쪽.
37. 김시습,『매월당집』권3,「釋老敏上人同諸伴來問道」.
38. 『세조실록』권17, 1459년 세조 5 9월 20일己亥.
39. 이능화,『역주 조선불교통사』2, 동국대학교출판부, 2010, 149~153쪽. "天順已卯仲秋. 予與中宮. 議鑄銅鍾一事. 施奉龍門寺. 上爲祖宗考妣靈駕. 中爲懿敬世子. 下爲法界一切亡魂. 爲息苦之願. 伏惟 三寶訂知. 弟子謹念. 南無釋迦牟尼佛. 南無阿彌陀佛. 南無地藏菩薩. 承天體道烈文英武朝鮮國王 李珠. 慈聖王妃尹氏. 貞嬪韓氏. 世子臣晄. 通政大夫判内侍府事臣李存. 通政大夫同判内侍府事臣申雲承. 奉爲出納. 保義將軍 行義興衛攝護軍兼軍器副正 臣金石梯 監鑄. 奉承大夫 披庭署司鑰臣張重同. 奉 教書."
40. 이능화,『역주 조선불교통사』2, 동국대학교출판부, 2010, 49쪽. "冬十一月. 鑄銅鍾一口. 施砥平龍門寺. 願利也."
41. 서거정,「제회월헌시축題淮月軒詩軸」,『속동문선』권4(『국역동문선』10, 민족문화추진회, 1971, 259~260쪽.)
42. 『세조실록』권18, 1459년 세조 5 11월 6일甲申.
43. 『세조실록』권18, 1459년 세조 5 11월 15일癸巳.
44. 『세조실록』권18, 1459년 세조 5 12월 16일甲子.
45. 『세조실록』권33, 1464년 세조 10 7월 6일丁巳.
46. 『연려실기술』권5, 세조조 고사본말.
47. 『세조실록』권18, 1459년 세조 5 12월 17일己丑.
48. 안병희,「간경도감의 언해본」,『국어사 문헌 연구』, 신구문화사, 2009, 76~77쪽. "『몽산법어언해』는 간경도감 언해본의 체재 확립이란 관점과 ㅸ의 사용. 불교용어인 解脫의 독음 표기의 특징으로 보아서 1459년의『월인석보』이후, 1461년의 간행으로 추정되는 활자본『아미타경언해』이전에 간행되었으리라 추정하고, 그에 따라 도감 언해본이 아니라는 주장이 나왔다. 구체적으로 말하면 언해의 체재에서『몽산법어언해』는 원문의 한자에 한글 독음이 있고 구결 표기에 방점이 나타나며, 번역도 행을 달리하고 1자씩 낮추어서 원문과 같이 1행으로 배열된다는 것이다. 그것이 활자본

『능엄경언해』를 거쳐 도감의 언해본으로 오면 원문에는 독음이 표기되지 않고 구결에 방점이 쓰이지 않으며, 번역은 원문에 잇따라 쌍행으로 배열되게 바뀌었다고 한다. 그러므로『몽산법어언해』는 도감 언해본보다 앞서서 간행되었다고 주장한다. 이러한 주장은 타당하므로, 우리는 그것을 받아들여 도감 언해본이란 종래의 설명을 수정하게 되었다.『몽산법어언해』는 1459년 이후, 1461년 이전에 간행된 책으로 추정되므로 도감 언해본에서 마땅히 제외되어야 한다."

49. 김무봉,『몽산화상법어약록언해』, 세종대왕기념사업회, 2002, 5쪽. "몽산 덕이蒙山德異의 생몰 연대는 확실하지 않다. 그의 저서 등을 통해 볼 때 1231년에서 1310년까지로 추정해 볼 따름이다."

50. 혜각존자 역해譯解,「휴휴암주 좌선문休休庵主坐禪文」,『몽산화상법어약록 언해』(보물 제769호). "夫坐禪者논 須達乎善ᄒᆞ야 當自惺惺이니 截斷思想ᄒ고 不落昏沈이 謂之坐ㅣ오 在欲無欲ᄒ며 居塵離塵을 謂之禪이오 外로도 不放入ᄒ며 內로도 不放出ㅣ 謂之坐ㅣ오 無著無依ᄒᆞ야 常光現前이 謂之禪이오 外撼ᄒ야도 不動ᄒ며 中寂ᄒ야 不搖ㅣ 謂之坐ㅣ오 廻光返照ᄒ야 徹法根源을 謂之禪이오 不爲逆順이 惱ᄒ며 不爲聲色이 轉을 謂之坐ㅣ오 獨он則明愈日月ᄒ고 化物則勝乾坤을 謂之禪이오 於有差別境에서 入無差別定이 謂之坐ㅣ오 於無差別法에셔 示有差別智ㅣ 謂之禪이라 合而言之건댄 熾然作用ᄒ오디 正體如如ᄒ야 縱橫애 得妙ᄒ야 事事애 無礙롤 謂之坐禪이니라 略言은 如是커니와 詳擧홀딘댄 非紙墨으로 能窮이니라 那伽大定이 無靜無動ᄒ며 眞如妙體논 不滅不生ᄒ야 視之不見ᄒ며 聽之不聞ᄒ며 空而不空ᄒ며 有而非有ㅣ라 大包無外ᄒ고 細入無內ᄒ니 神通과 智慧와 光明과 壽量과 大機와 大用괘 無盡無窮ᄒ니 有志之士논 宜善叅究ᄒ야 急着精彩ᄒ야 以大悟로 爲入門이니라 田地一聲後에 許多靈妙ㅣ 皆自具足ᄒ리라 豈同邪魔外道이 以傳受로 爲師資ᄒ며 以有所得으로 爲究竟者哉리오."

51. 혜각존자 역해譯解,「시각오선인법어示覺悟禪人法語」,『몽산화상법어약록언해』. "念起念滅을 謂之生死ᄒᆞ니 當生死之際ᄒᆞ야 須盡力提起話頭ᄒ오리니 話頭ㅣ 純一ᄒ면 起滅이 卽盡ᄒ리라 起滅卽盡處를 謂之寂ᄒᆞᄂ니 寂中에 無話頭ᄒ면 謂之無記ᄒᆞᄂ니라 寂中에 不昧話頭ᄒ면 謂之靈ᄒᆞᄂ니 卽此空寂과 靈知왜 無壞無雜ᄒ야 如是用功ᄒ면 不日成之ᄒ리라."

52. 김무봉,『몽산화상법어약록언해』, 세종대왕기념사업회, 2002, 5~9쪽.

53. 혜각존자 신미와 김수온의 아버지 김훈은 1435년 세종 17 57세를 일기로 졸했다. 김수온의 졸기에 김훈은 영의정에 추증되어 있다. 세조의 특별한 배려에 의해 내려진 사면, 복권이었다. 어머니는 같은 연배의 김훈과 혼인을 했다고 보면 82세 어름의 수를 누렸다.

54. 『세조실록』권32, 1464년 세조 10 3월 15일戊辰.

55. 임보신,『병진정사록丙辰丁巳錄』(『대동야승』수록.) "김수온(문량공)이 점잖은 재상으로서 그의 어머니를 화장하려는 것은 유자儒者의 이름으로 묵자의 도를 행하는 것이 아니겠는가." 그러나 김수온의 글에는 선영에 모셨다.『세조실록』권32, 1464년 세조 10 3월 15일戊辰. "신이 근자에 은지恩旨를 받아 고향에 귀성해 부모의 산소에 올라가 즉시 하사하신 전물로 조고祖考를 두루 제사지내니 은혜가 구천에 미치고 영광이 한 지방에 떨쳤습니다. 우악한 은혜를 입었으니 어찌 다른 소망이 있겠습니까. 머리 숙여 사례를 올립니다. 신이 지난 해 5월에 어미의 상을 마쳤습니다. 어미 이씨가 영결한 때부터 지금 4년의 세월이 흘렀습니다. 날과 달이 얼마나 되었다고 무덤의 풀이 거칠게 우거져 선영의 모습을 볼 수가 없었습니다."
심경호는『김시습 평전』293쪽에서 "어머니도 만년에 여승이 되었는데, 그 어머니가 죽었을 때 화장을 했다."고 했다.

56. 김수온,「모부인만장母夫人挽章」,『식우집』권4.

57. 김수온,「형을 생각하며[憶兄]」,『식우집』권4.
58. 오윤희,『대장경, 천 년의 지혜를 담은 그릇』, 불광출판사, 2011, 163~172쪽.
59. 김무봉,「조선시대 간경도감 간행의 한글 경전 연구」,『한국사상과 문화』제23집, 377쪽. "간경도감은 경전 간행에 관한 한 고려시대의 대장도감이나 교장도감에서 그 본을 찾은 듯하다. 간경도감 간행의 한문 불서 중 상당수는 고려의 대각국사 의천이 간행한 속장경을 중수重修한 것이다. 간경도감에서 간행한 한문 불서 중 속장경을 재조再雕한 것은 간기에 '중수'라고 하여 초간 초간한 불서에 적힌 '조조雕造'와 구분했다."
60. 의천,「강의하다 우연히 읊다」,『문집』제19권. 오윤희,『일꾼 의천』, 불광출판사, 2012, 271쪽.
61. 『세조실록』권20, 1460년 세조 6 5월 28일癸卯. "禮曹啓. 訓民正音. 先王御製之書. 東國正韻洪武正韻. 皆先王撰定之書. 吏文又切於事大. 請自今文科初場試講三書. 依四書·五經例給分. 終場幷試吏文. 依對策例給分. 從之."
62. 『세조실록』권21, 1460년 세조 6 7월 17일辛卯.
63. 서거정,「崔文靖公碑銘 幷序」,『태허정집』. 최항이 1468년(예종 즉위년) 영경연사로 있을 때 네 법전을 다 편찬해 올렸다. 예종이 훌륭하게 여기고 간행, 반포하라고 명했다.
64. 『세조실록』권20, 1460년 세조 6 5월 22일丁酉.
65. 『세조실록』권21, 1460년 세조 6 8월 1일甲辰.
66. 『세조실록』권21, 1460년 세조 6 9월 17일庚寅.
67. 이능화,「신미와 백암이 널리 불서 유통[信眉栢庵流通佛書]」,『역주 조선불교통사』6, 동국대학교출판부, 2010, 144쪽. "신미대사는 법호가 혜각존자로 도행이 매우 높았다. 세조가 스승으로 모시며 예우했다. 함허당의『금강경설의』를 교정하고『오가해』에 넣어 한 책으로 만들라 명하고,『선문영가집』의 여러 본의 같고 다름을 교정하도록 했다. 또『증도가』의 언기의 주註와 굉덕의 주, 조정의 주를 한 책으로 만들게 하여 인쇄, 간행했다. 간경도감에서 여러 경전을 언해했는데, 스님은 모두 참여했다. 스님은 또한 여러 선사의 법어를 해석하고 널리 유통시켰다."
68. 김영배,「석보상절 권13 저경고」,『국어사자료연구』, 월인, 2000, 308~309쪽.
    增谷文雄,『불교개론』, 日本 筑摩書房, 1971, 241~243쪽.
69. 오윤희,『일꾼 의천』, 불광출판사, 2012, 21·374쪽. "'금번삼백관화전錦飜三百貫花詮'은 의천이 300권의 책을 우리말로 번역했다면서 썼던 시의 구절이다. 그리고는 저 구절 아래에 "『고승전高僧傳』에 이르기를. '번飜이라는 것은 비단 무늬를 뒤집는 것과 같으니, 다만 좌우가 있을 뿐이다'라고 했다. 그래서 금번錦飜이라고 한 것이다."라는 주석을 달아 놓았다. 번역은 수 놓은 비단을 뒤집는 것과 같다. 비단을 뒤집어도 꽃 무늬는 여전하다. 다만 바뀌는 것은 좌우가 바뀌는 것뿐이다."
70. 『세조실록』권23, 1461년 세조 7 1월 21일壬戌. 23일甲子.
71. 『세조실록』권23, 1461년 세조 7 3월 14일乙卯.
72. 『세조실록』권18, 1459년 세조 5 10월 1일己酉.
73. 『세조실록』권20, 1460년 세조 6 4월 3일己酉.
74. 「어제발」,『역주 능엄경언해』제9·10, 세종대왕기념사업회, 1998, 140쪽. "辛巳 五月 열 사읇 날 孝寧大君이 檜巖寺애 佛事 하숩다가 釋迦ㅅ 分身 舍利 二十五枚를 進上하숩와늘 上이 中宮과 놀라이 깃그샤 우시고 頂禮하싫 제 쏘 五枚 分身하시고 中宮이 含元殿에 뫼숩시고 두숩거시놀 쏘 五枚 分身하시고 孝寧이 쏘 뎨레 도라가 十一枚를 더 어더 進上하숩고 열일웻 날 孝寧이 뎨레 겨시던 分身 舍利 三十枚를 進上하숩와늘 中宮이 안에 겨샤 펴 보숩오시고 쏘 六枚 分身하시고 이틄날 上이 中宮과 친히

供養ㅎ숩거시눌 또 十七枚 分身ㅎ시니 모다 一百二枚시니 一百이라 니르샤몬 큰 數로 니르샤미라."
75. 한계희,「흥천사 신주종명 병서興天寺新鑄鐘銘並序」.
76. 「어제발」,『역주 능엄경언해』제9·10, 세종대왕기념사업회, 1998, 112~113쪽. "靈ㅎ신 光明이 世예 비취시니 奇特ㅎ신 祥瑞와 다르신 應이 恒沙劫에 업스샷다 내 同行 慧覺尊者等이【入選 學祖 ㅣ 조차오니라】奇別 드르시고 와 慶賀커시눌 恭敬ㅎ야 맞주와 關雎 殿에 對接ㅎ슨와 아츰 나조히 서르 도으며 寒暄ㅎ숩다니 아주바님 孝寧大君이 내손딕 楞嚴과 永嘉集을 飜譯고라 請ㅎ시니 정히 내 쁘데 맛거늘 師ㅣ 또 조차 깃그실씨."
77. 「어제발」,『역주 능엄경언해』제9·10, 세종대왕기념사업회, 1998, 112~113쪽. "내 正統 戊午 歲에 향고 세종이 楞嚴經 보시고 근巳歲에 飜譯ㅎ야 너비 펴고져ㅎ샤 나를 命ㅎ샤 窮究ㅎ라 ㅎ야시눌 中間에 否屯이 니쓰사 因ㅎ야 忽忽흔들 어제 니쯔오료 큰 運이 처섬 여로매 미처 法 닷고매 겨를 업서 付囑에 맞갑디 몯호물 도라보디 또 히미 져거 드로미 어렵더니 希有ㅎ신 覺皇이 有緣흔 類를 다 거두실씨 舍利 一百을 나토샤"
78. 『능엄경언해』,「한계희 발」. "六月十一日. 復命臣飜譯楞嚴經. 驛召前尙州牧事金守溫於服中. 開局於禁苑忠順堂之廡下."
79. 강신항,『훈민정음연구』, 2005, 성균관대출판부, 324쪽. "경복궁의 사옹원은『증보문헌비고』권38에 의하면 '在承政院南'이라 했다. 승정원은 '在勤政殿西南'이라 했다. 위치를 대략 추정하여 보면 현재의 통의동 파출소 부근에 있었던 것이 아닐까 한다."
80. 『세조실록』권24, 1461년 세조 7 6월 16일乙酉. "初設刊經都監. 置都提調·提調·使·副使·判官."
81. 박정숙,「세조대 간경도감의 설치와 불전 간행」,『부대사학』20집, 1996, 40쪽.
82. 『연려실기술』별집 제9권/관직전고官職典故/과거Ⅱ. "영순군 이부(李溥, 1444~1470)는 광평대군의 아들이다. 세조조에 정1품의 군군으로서 등준시登俊試에 5등을 했다. 세조가 온양에 행차했을 때 과거와 아울러 중시重試를 베풀었다. 이때 영순군이 1등에 뽑혀서 유가遊街를 하루 더 연장해 주었다. 특이한 대우였다. 영순군은 네 임금을 내리 섬겼고, 두 번이나 녹훈되었다.『명황계감』과『육전六典』의 편찬을 맡았다. 1470년 성종1 4월 1일 죽으니 나이 27세였다."
83. 『능엄경언해』「세조 어제御製 발문」협주. "上이 입겨츨 드르샤 慧覺尊者의 마기와시눌 貞嬪 韓氏 等이 唱準ㅎ야눌 工曹叅判臣韓繼禧 前尙州牧使臣金守溫 飜譯ㅎ고 議政府檢詳臣朴楗臣尹弼商 世子文學臣盧思愼 吏曹佐郎臣姜孝常이 相考ㅎ고 永順君臣溥눈 例一定ㅎ고 司瞻寺尹臣曺變安監察臣趙祉눈 國韻 쓰고 慧覺尊者 信眉 入選 思智 學悅 學祖눈 飜譯 正히온 後에 御覽ㅎ샤 一定커시눌 典言 曹氏豆大눈 御前에 飜譯 닑ㅅ오니라."
84. 『세조실록』권25, 1461년 세조 7 7월 2일庚子.
85. 『세조실록』권25, 1461년 세조 7 7월 18일丙辰.
86. 『세조실록』권25, 1461년 세조 7 7월 22일庚申, 23일辛酉.
87. 『세조실록』권25, 1461년 세조 7 8월 20일丁亥.
88. 『세조실록』권25, 1461년 세조 7 8월 27일甲午.
89. 『세조실록』권25, 1461년 세조 7 9월 1일戊戌.
90. 『능엄경언해』,「한계희 발문」. "上 於是. 上更取諸家註及諸經律論併諸俗書史. 親自校正訓釋譯語. 悉皆證據經典. 又聚諸本音義. 附諸卷末. 校讐義疏集解義解會解集註解譯. 鄕唐諸本. 正其訛謬 決擇精微. 或至達曙不寢. 又皆質諸名僧. 未嘗遽定. 至九月二十三日 乃成. 命下校書館. 印布中外焉."

91. 『능엄경언해』,「세조 어제御製 발문」. "此ㅣ 全是師之普慈之心이시며 利他之德이시니 夫復何詞以盡述哉리오 願我ㅣ 此因으로 同我現眷과 沙劫不離ᄒᆞ야 師成道日에 先蒙度脫ᄒᆞ노이다. 天順 辛巳 九月 日 佛弟子 承天體道烈文英武 朝鮮國王 姓諱 跋."

92. 『능엄경언해』,「신미 발문」. "佛法이 流布支那ㅣ 如彼瑞日이 偏照大千이어신마ᄅᆞᆫ 衆生이 惑霧ㅣ 長帶昏瞢ᄒᆞ며 又況經文이 深奧難知오 尋師問道ᄒᆞ야도 亦乏其人ᄒᆞ니 惟我 聖上이 德冠三王ᄒᆞ시며 道隆五帝ᄒᆞ샤 欲大道로 廣曉人天ᄒᆞ시니 首楞嚴經은 宗門最勝일ᄊᆡ 乃以國語正音으로 飜書ᄒᆞ샤 命印頒賜ᄒᆞ샤 若僧若俗과 蠢動含靈이 皆ㅣ 如來妙莊嚴域게ᄒᆞ시니 法施之心이 奚啻月盖시리오. 功德之益이 普潤無邊이샷다 此ㅣ 我 聖上ㅅ承夙願力ᄒᆞ야 作大法王ᄒᆞ샤 博濟群生之力也ㅣ시니 廻玆勝因ᄒᆞ샤 兩宮殿下ㅣ 壽萬歲ㅣ시며 世子邸下ㅣ 壽千秋ㅣ시며 普及含靈ᄒᆞ야 均沾妙利샷다. 臣僧信眉頓首謹跋."

93. 『능엄경언해』,「세조 어제 발문」 협주. "校書館 提調 河城尉 鄭顯祖를 命ᄒᆞ샤 鑄字로 四百부ᄅᆞᆯ 바ᄀᆞ라 ᄒᆞ시고 特別히 宗室에 銀川君 纘과 玉山君 躋를 命ᄒᆞ샤 校書館애 仕官ᄒᆞ야 보아 바키라 ᄒᆞ시다."

94. 『능엄경언해』,「김수온 발문」. "恭惟我 主上殿下. 天縱聖學. 崇信是經. 緬思遺囑之重篤念繼述之孝. 萬機之暇. 特徹乙覽. 親加口訣. 正其句讀. 命工曹參判臣韓繼禧及臣守溫. 悉以國語依文而譯. 於是. 親定讐校. 質諸信眉等名僧. 旋下校書館. 隨卽模印. 始於是年六月. 至同十月. 而事已成矣."

95. 『능엄경언해』,「한계희 발문」. "臣竊惟 如來大悲憐愍衆生沈溺苦海. 乃以阿難起教誕敷祕典. 宣示明心見性. 修道證果之法. 窮盡無餘. 然妙道絶名與相而以言語文字. 求之實難. 且以唐譯梵. 已嘆翻錦. 華言國語. 又是一轉. 是故通人達士. 罕聞其義而況於凡庶乎. 我 殿下. 學貫天人. 仁及庶類 深體首楞大定. 廣運大慈金剛觀察. 剖析了義方便解說. 譯出淸淨深經. 廣開人天眼目. 直使無明生死. 畢竟滅盡. 成無上覺斯盖. 如來本願. 世宗大志. 而我 殿下能成就之嗚呼盛矣. 古之宣說妙法. 作法供養者 其若是歟."

96. 『성종실록』 권264, 1492년 성종 23 4월 17일丁巳.

97. 전언 조씨 두대는 『원각경언해』 간행 이후인 1467년 세조 13 10월, 세조로부터 공사의 출납을 맡은 공을 인정받아 양인良人이 되었다.

98. 한계희,「흥천사 신주종명 병서興天寺新鑄鐘銘 並序」. "率宗親政府六曹臺省. 諸將爲祖宗及一切含靈. 造如來像一軀. 又爲中宮世子. 造一軀. 又夢觀音地藏二菩薩相對之異. 乃造二像. 旣成各安舍利於中. 妥靈于禪宗興天寺之舍利閣."

99. 김영배외,『아미타경언해의 국어학적 연구』, 법보신문사, 1997. 37쪽. "『아미타경언해』는『월인석보』제7권 61장 후면에서 77장 끝까지 수록되어 있다. 이에 해당되는『월인천강지곡』은 其200에서 其211의 12章이다. 이런 까닭으로 활자본이나 목판본에 모두「불설아미타경」이란 내제 다음에 '어제역해御製譯解'란 번역자 관계의 기록이 있게 된 것이다. 이후 목판본『아미타경언해』는 1464년 세조 10에 이루어졌다."

100. 안병희,「활자본『능엄경언해』」,『국어사 문헌 연구』, 신구문화사, 2009. 283·293쪽.

101. 한계희의「흥천사 신주종명 병서」를 베껴 모연募緣에 쓴 절묘한 예가 효령대군의 자료를 모아 편찬한『청권집유』에 수록되어 있는「화산 광덕사 사리각기명華山 廣德寺 舍利閣記銘」이다. 사리분신이 있었던 '檜巖寺'를 '廣德寺'로, 불상을 봉안한 '興天寺之舍利閣'을 '廣德寺之舍利閣'으로만 바꿨다. 후손인 이돈영이 살펴 쓴 글이 묘한 여운을 남긴다. "1463년 세조 9에 세조께서 이 절에 거동하사 한계희에게 명하시어 그 사적을 기록하게 했다. 이것이 그 기문과 명이다. 이 절에『은중경恩重經』을 정서한 책이 있다. 분명코 이것은 대군께서 손수 쓰신 것이다.『화엄경』과『법화경』

을 함께 금은자로 쓴 것도 또한 대군께서 시주하신 것이다. 만장각萬藏閣에 함께 봉안했다가 각이 폐하자 옥음각玉音閣에 옮겼고, 이 각 또한 없어져 지금은 봉향각奉香閣에 봉안했다. 여러 경이 다 완전하다. 이 절의 주지 치진致珍이 상세하게 전했다. 무릇 우리 종인이 뒤에 이 절에 가는 이는 선조가 남기신 필적을 받들어 보아야 할 것이다."『청권집유』, 사단법인 청권사, 1991, 66~68쪽.

102. 한계희,「홍천사 신주종명 병서」. "恭惟我承天體道烈文英武殿下誕膺天命. 握符開運. 疆宇妥帖. 風雨時順. 於是. 端居淸穆. 恭默思道至聖之德. 景瑞以應. 乃於七年辛巳. 夏五月壬子. 釋迦如來舍利. 分身於檜巖寺. 祥光瑞氣. 熏灼于天. 異香勃欝. 遍滿山谷. 孝寧大君補在寺進二十五枚. 上與慈聖王妃. 禮於內殿. 又分身. 安于含元殿. 又分身. 越丙辰. 大君又得又進. 王妃禮於內殿. 又分身. 丁巳上親製伽陀. 被之管絃. 偕王妃供養於含元殿又分身. 前後所得分身舍利. 總一百又二. 檜巖會中人. 自取去. 又不知其幾. 上大歡慶. 肆赦. 發大誓願. 親自翻譯楞嚴經. 率宗親政府六曹臺省. 諸將爲祖宗及一切含靈. 造如來像一軀. 又爲中宮世子. 造一軀. 又夢觀音地藏二菩薩相對之異. 乃造二像. 旣成各安舍利於中. 妥靈于禪宗興天寺之舍利閣. 上同王妃禮拜於寶座. 燎香供養. 命鑄鴻鐘以警六時. 以導幽滯. 刻此緣起昭示無窮焉."
이 서문은 이조참판 한계희가 1462년 세조 8 10월에 썼다.

103. 『신증동국여지승람』권3,「한성부 흥천사」항목에 흥천사와 종의 내력을 다음과 같이 적고 있다. "서부 황화방의 정릉 동쪽에 있다. 본래 고려의 옛 절이다. 1397년 태조 6에 중건, 선종이 되었다. 권근의 기문이 있다. 사리각舍利閣이 있어 우뚝한 높이가 5층으로 서울 안에 높이 섰다. 보물과 불경을 그 안에 간직했다. 정릉을 옮긴 뒤 절은 예전대로 두었다. 연산군 때 폐지, 분사복시分司僕寺로 삼았다. 중종 반정 뒤에 계속 관청으로 삼았다. 절은 이미 무너졌고 사리각만 남았다. 1510년 중종 5 3월에 중학의 유생이 이단異端을 쓸어버린다고 부르짖으며 밤을 타서 부수고 불살라 불길이 공중에 치솟고, 불구름이 하늘을 덮었다. 도성 안 깊은 골짜기의 그윽한 굴속의 조그만 것까지도 다 들어내어 불태웠다. 1461년 세조 7에 큰 종을 주조해서 걸었다. 한계희의 명銘이 있고, 흥인문 안에 두었다. 1748년 영조 24에 종각을 세웠다. 지금은 광화문 문루門樓에 걸려 있다."

104. 한계희,「흥천사신주종명 병서」. "㊀ 감주監鑄 ▲ 도제조 : 효령대군, 임영대군, 영응대군. ▲ 제조 : 호조판서 조석, 중추원사 김개, 중추원부사 김종순·유자환, 병조참판 김국광 ▲ 부제조 : 도승지 홍응, 행동판내시부사 신운, 이존승 ㊀ 출납出納 ▲ 낭청 : 행충좌위대호군 김석제, 행호조정랑 우해, 행충좌위중부사용 김석산, 행충무위좌부사용 조준 ㊀ 감역監役 : 액정서 사약 김덕생 ㊀ 아전衙前 : 군기감 권지직장 김귀동, 유득해, 학생 오맹손 ㊀ 도화원별좌 행의흥위 호군 최경 ㊀ 주성장鑄成匠 : 정길산, 이장수, 이산, 안성로, 방내은산, 백산수 ㊀ 노야장爐冶匠 : 김몽충 ㊀ 주장注匠 : 이만, 장오마지 홍복훈, 박효, 구지금 ㊀ 조각彫刻 : 봉승대부 양춘봉, 장금동, 나덕중, 양오마지 ㊀ 목수木手 : 지상, 김우길, 진막동 ㊀ 수철장水鐵匠 : 이득방, 박천길, 박춘, 양생, 차영수 ㊀ 각자刻字 : 전악 김귀생, 전사 유자고미, 이칙삼, 강명산, 김보대, 정춘발, 김금재, 오올미 ㊀ 사령使令 : 김삼, 하귀동, 김자흥, 작은올미.

105. 『세조실록』권27, 1462년 세조 8 1월 30일乙丑.

106. 『세조실록』권27, 1462년 세조 8 2월 24일己丑.

107. 『세조실록』권28, 1462년 세조 8 4월 4일己巳.

108. 한영균,「능엄경언해」,『국어사 자료와 국어학의 연구』, 문학과 지성사, 1993, 125쪽.

109. 『능엄경언해』조조관 명단. " ▲ 도제조 : 계양군 이증·윤사로(영천부원군)·황수신(의정부 좌찬성) ㊀ 세조 : 박원형(세자우빈객)·조석문(호조판서)·윤자운(병조판서)·이극감(형조판서)·원효연

(전라도도관찰출척사)·성임판(중추원사)·한계희(이조참판) ⓑ 부제조 : 홍응(도승지)·이효형(좌승지)·노사신(우부승지)·강희맹(이조참의 지제교)·윤찬(첨지중추원사) ⓑ 사 : 김필(지중추원사)·이계전(수판사재감사)·정문형(세자보덕)·신송주(행성균관 사예) ⓑ 부사 : 권감(지통예사)·윤필상(행용양위섭호군지제교) ⓑ 판관 : 이극증(성균직강)·이극돈(성균직강·예문응교)·권호(사선서령)."

110. 『세조실록』권29, 1462년 세조 8 10월 26일丁亥, 27일戊子.
111. 『세조실록』권29, 1462년 세조 8 10월 28일己丑, 29일庚寅.
112. 최항, 『관음현상기觀音現相記』, 규장각도서 6611. 1책 7장으로 간경도감에서 펴냈다. 규격은 32.3×19.5cm로 책 맨 앞에 관음현상을 그린 목판화가 실려 있다. 당시 미지산 상원사 사역寺域이 중정형 배치였음을 살필 수 있는 귀중한 그림이다. 정면 6간의 중심 불전을 지나면 3층석탑이 있다. 그 뒤 높은 기단 위에 담화전曇華殿이 있다. 중층中層으로 정면 3간이다.
113. 최항, 『관음현상기』, 규장각도서 6611. "上院寺疊華殿上白氣簇. 上化作白衣觀世音菩薩. 身長可三丈餘. 天衣長又加一丈餘. 圓光燦爛. 五色疊成. 中黑次赤次黃次靑黃相雜. 相好森嚴. 光輝晃煜照獨. 天地良久乃散.[…] 上大歡慶. 賜上院寺米二百碩. 遣內官奉獻香幣."
114. 이정주, 「세조대 후반기의 불교적 상서와 은전」, 『민족문화연구』 제44호, 2006, 240쪽. "관세음보살의 출현은 세조대 정치의 양상이 바뀌는 조짐이었다. 불교에서 관세음보살은 현실 사회에 복을 주고 재난을 소멸해 주는 존재다. 이러한 관세음보살이 국왕 앞에 나타났다는 것은 앞으로 조선 사회가 보살의 가호를 받을 것이라는 암시라 할 수 있다. 세조는 단지 관세음보살의 화현화現을 인정했을 뿐 아니라, 이어 이를 기념하는 사면령을 내림으로써 불교적 상서祥瑞를 공식화했다."
115. 『세조실록』권29, 1462년 세조 8 11월 1일辛卯, 2일壬辰.
116. 최항, 앞의 책. "孝寧聞此瑞應. 率大衆精勤徹夜. 又放大光."
117. 『세조실록』권29, 1462년 세조 8 11월 3일癸巳, 4일甲午, 5일乙未.
118. 『세조실록』권29, 1462년 세조 8 12월 23일癸未.
119. 『묘법연화경』(약칭 『법화경』)은 7권 28품으로 『화엄경』과 함께 한국불교사상의 확립에 크게 영향을 미친 경전이다. 예로부터 모든 경전 중 으뜸으로 인정받았다. 초기 대승경전 중에서도 가장 중요한 불경이다. 여러 종류의 한역본 중 구마라즙이 번역한 8권이 널리 보급, 유통되었다. 고려 때 널리 퍼진 공덕사상이 조선 초에도 그대로 계승되어 『법화경』의 간행은 경전 독송과 교학 연구보다는 경전신앙에 의해 시주자의 공덕을 위함이 강했고, 금니로 사경하기도 했다. 천태종의 근본경전이며 불교 전문 강원의 수의과隨意科 과목으로 채택되고 있다.
120. 『세조실록』권30, 1463년 세조 9 2월 19일戊寅.
121. 『세조실록』권30, 1463년 세조 9 3월 27일丙寅.
122. 『세조실록』권30, 1463년 세조 9 5월 15일癸卯, 16일甲辰.
123. 최항, 「명황계감 서문」, 『동문선』 제95권. "上卽位之八年夏五月. 召臣某若曰. 我 世宗. 博觀前籍. 圖恢後規. 嘗摭唐明皇故事. 手製歌詞一百六十有八章. 逐節略敍其事. 成敗瞭於偶對. 鑒戒昭於詠嘆. 婉而顯暢而宵. 誠萬世之龜鑑也. 予常昭膺先猷. 兢技往躅. 第慮敍事旣簡. 謏聞難該. 爾其更加刪潤. 幷著注解. 臣不敢以讓拙辭. 袛承指授. 與臣某某. 旁攷諸書. 僅就添改. 仍係音義. 幷附事蹟之不入歌詞者. 用資多聞. 又會儒士. 譯以諺語."
124. 『세조실록』권30, 1463년 세조 9 6월 9일丁卯.
125. 『세조실록』권30, 1463년 세조 9 7월 6일癸巳.
126. 『세조실록』권31, 1463년 세조 9 윤7월 20일丁丑.

127. 「여래수량품如來壽量品」, 『묘법연화경언해』 권5. "敬信之心如聲. 說法之慈如響. 聲有彼此. 響無生滅. 但應於彼如此. 不聞故. 謂之滅耳. 盖聖人雖有權應之迹. 實無權應之心. 如響而已."
128. 『매월당전집』 속집 권2, 「순금주상純金鑄像」. "1463년 세조 9 가을에 책을 사려고 서울에 왔다. 그때 주상이 『묘법연화경』을 번역하고 있었다. 효령대군은 내가 글을 안다 하여 주상에게 허락받아 내불당에서 열흘 동안 교정을 보게 했다. 그 일로 인해서 내불당을 창건한 연유를 읊는다."
129. 『매월당전집』 속집 권2, 「내불당內佛堂」.
130. 『매월당전집』 속집 권2, 「네 가지 어선을 찬양하다[讚四種御膳]」.
131. 『매월당전집』 속집 권2, 「신역연경新譯蓮經」.
132. 『세조실록』 권31, 1463년 세조 9 9월 2일戊午.
133. 안병희, 「중세 국어의 한글 자료」, 『국어사 자료와 국어학의 연구』, 문학과 지성사, 1993, 509쪽. "간경도감 간행의 언해서의 역자와 구결 작성자의 기명을 삭제한 것은 1472년 『김수온발跋』, 1495년 연산군 1의 『학조발跋』을 가지고 인출된 『원각경』·『몽산법어』(이상 김수온발), 『영가집』·『금강경』·『심경』에 모두 공통된다. 『영가집』·『금강경』·『심경』 등에서는 간경도감 당시의 발문까지 삭제되어 있다. 이러한 사실은 간경도감이 폐지된 상황과 관련된 것으로 보인다. 어떻든 불경 언해서의 역자 기명행의 공백이 인출연대 추정에 유력한 기준이 됨은 움직일 수 없다."
특히 혜각존자와 연관된 기명행은 철저하게 잘라냈다. 당시 유학자의 비뚤어진 심리상태와 신미의 훈민정음을 통한 불사에 대한 탄압의 한 예를 그대로 보여주고 있다.
134. 윤사로, 「묘법연화경전妙法蓮華經箋」, 『묘법연화경언해』, 세종대왕기념사업회, 2000.
135. 『묘법연화경언해』 조조관 명단: "⑧ 도제조 : 윤사로(영천부원군)·황수신(의정부 좌찬성·남원부원군) ⑧ 제조 : 박원형(예조판서·연성군)·조석문(호조판서·창녕군)·윤자운(병조판서·무송군)·김수온(공조판서·세자우빈객)·원효연(인순부윤·원성군)·성임(공조참판)·한계희·강희맹(중추원부사) ⑧ 부제조 : 노사신(승정원 도승지)·윤찬(지중추원사) ⑧ 사통 : 이계전(판종부시사)·남윤(판군자감사)·김달전(행예빈시윤)·안관후(성균관 직강) ⑧ 사 : 신송주(행성균 사예) ⑧ 부사 : 윤필상(춘추관 기주관)·김영견(수부지통례문사)."
136. 김시습, 『매월당전집』 별집 권1, 묘법연화경별찬, 「여래수량품찬如來壽量品贊」. "淨法界身, 本無出沒. 大悲願力, 示有去來. 欲識如來數量, 假鎔塵墨難喩. 纘燈證菩提, 平地蒼波. 降王宮入涅槃. 老婆黃葉. 非生現來. 萬水蟾光. 非滅現滅. 天心日月. 權爲衆生. 說法示滅. 宛如醫師留藥告云. 伊麼則古佛現在. 奈何不見. 不離當處常湛然. 覓則知君不可見."
137. 이호권, 「법화경언해」, 『국어사 자료와 국어학의 연구』, 문학과 지성사, 1993, 137~140쪽. "현재까지 발견된 『석보상절』과 『월인석보』 가운데 『묘법연화경언해』와 같은 내용을 보이는 부분은 다음과 같다. ⑧ 『묘법연화경언해』 : 권1(1·2), 권2(3·4), 권3(5·6·7), 권5(14·15·16·17), 권6(18·19·20·21·22·23), 권7(24·25·26·27·28) ⑧ 『석보상절』 : 권13, 권19, 권20, 권21 ⑧ 『월인석보』 : 권11, 권12, 권13, 권14, 권17, 권18."
138. 『세조실록』 권31, 1463년 세조 9 9월 5일辛酉.
139. 『세조실록』 권31, 1463년 세조 9 9월 27일癸未.
140. 김무봉, 「15세기 국어사 자료 연구」, 『동악어문논집』 34, 동악어문학회, 1999. "『명황계감』은 종전에 세조 때부터 언해를 시작, 성종조에 완성된 것으로 알려져 있었다. 그러나 1940년 일본학자 오꾸라 신뻬이小倉進平에 의해 후사본이 존재하고 있음이 김일근에 의해 1976년 소개되면서 1463년(세조 9)에 간행된 문헌임이 밝혀졌다."

141. 박팽년,「명황계감서(明皇誡鑑序)」,『동문선』제94권. 이 서문은 박팽년이 1441년 세종 23 9월 29일壬戌 세종의 명을 받고 쓴 것이다. "人心之發源於正者甚. 微而生於私者甚危. 此心一放. 而不知所以制之. 則差毫釐而謬千里矣. 況人主崇高富貴之極. 其心易盈. 自非神聖之資. 必溺於宴安. 始雖勤而終必怠. 始雖明而終必暗. 於是. 姦臣中其心. 妖姿蕩其目. 忠諫逆于耳. 遂至於失民心而蠹國脈. 吁可悲哉."

142. 최항,「명황계감서」,『동문선』제96권. "[…] 今我聖上. 誕膺景命. 光紹丕緒. 祇遹遺範. 懋揚休聲. 亟命纂修. 俾盡發輝. 夫豈偶爾. 以人爲鑒. 可見得失. 以古爲鑑. 可知興替. 明皇故事. 殷鑑之尤者也. 繼今以往. 嗣世子孫. 體今日作歌之意. 盈耳之餘. 常加猛省. 則自當惕然而悟. 洒然而醒.[…]然則是歌也. 豈非人主澄心出治之要訣. 守成持盈之大訓. 而三百篇無邪之綱維. 不外乎是. 艶妻煽處之歌. 哲婦傾城之雅. 悉爲筌蹄也. 若乃聖上. 敷遺貽燕之盛心. 繼述觀斁之至情. 非臣筆舌. 可得形容. 而朝鮮億萬載無疆之休. 未必不自此歌而益永也."

143. 서거정,『사가문집』권6. 서거정은 스님들과 넓게 교류하고 있었다.「희상인에게 주는 서[贈熙上人序]」에 연희 스님과의 만남이 기록되어 있다. "내가 산을 유람하기 시작한 이래로 날마다 승려와 함께 거처하며 때때로 등불을 돋우고 차를 달여 마시며 경전을 이야기하고 시를 논하곤 했다. 자못 관심을 둘 만한 사람이 있었다. 개경사에서는 지우智牛를 만났고, 홍덕사에서는 신연信連. 덕행德行. 초우楚牛. 이열伊悅을 만났다. 하루는 절의 누대에 있는데, 연꽃이 활짝 피고 밝은 달이 중천에 떠올랐다. 이에 몇몇 승려를 오라고 하여 연구聯句를 짓는데, 그 자리에 온 한 스님이 있었다. 그의 모습이 여위고 정신이 맑아 내가 진실로 마음에 두고 있었다. 이윽고 그 스님이 이어서 대구對句를 짓는데 입에서 나오는 시구마다 놀랄 만했다. 나는 스님을 만난 것을 기뻐했다. 법명을 물으니 연희演熙. 지헌智軒은 호라고 했다. 선비 집안 출신이고, 하는 것을 시험해 보니 유술儒術에 통달하고 해서를 잘 썼다.[…] 8월에 스님은 수행이 깊다 하여 선발되어 내불당에 들어가게 되었다."

144.『선종영가집』상권.「옷과 음식을 들어 징계함[約衣食懲誡]」. "衣食은 由來로 長養栽種이니 墾土掘地ᄒ며 鹽煮蠶蛾ᄒ야 成熟施爲에 損傷物命ᄒ야 令他受死ᄒ고 自給自身ᄒ되 但畏飢寒ᄒ고 不觀死苦ᄒ느니 殺他活己ㅣ 痛哉可傷이로다 兼用農功의 積力深厚ᄒ느니 何獨含靈이 致命이리오 亦乃信施를 難消ㅣ니 雖復出家ᄒᆫ들 何德之有오리오."

145.『세조실록』권31. 1463년 세조 9 10월 11일丙申. 어느 날 당 태종이 조회를 마친 뒤 분을 삭이지 못한 채 말했다. "이 촌놈을 죽여 버려야지." 장손황후가 까닭을 묻자 태종이 대답했다. "위징이란 늙은이가 조회 때마다 나를 욕보인단 말이오." 황후가 물러갔다가 조복을 차려 입고 다시 나와 황제께 절을 올렸다. 태종이 의아해 묻자 황후가 대답했다. "임금이 밝으면 신하가 곧다[君明臣直]고 했습니다. 위징이 곧은 걸 보니 폐하가 밝다는 뜻 아니겠습니까. 경하 드립니다." 태종이 화를 풀고 신하의 직언을 받아들였다.

146. 함허당,「함허당찬송병서涵虛堂讚頌幷序」, 최동호·전경욱·이창희 편역,『선종영가집』, 세계사, 1996, 629~631쪽. "此事는 或一言而可盡이며 或廣說而難旣니 廣略은 由人이요 不關於法이라 如來 曠劫修得底法門을 普698三乘五姓하사 歷四十九年而開演이어늘 而大師는 但以十章之文으로 攝一代之所說하사 簡始末而無遺하시니 句句斬釘裁鐵이요 言言이 明白簡易라 使如來大智慧光明으로 而得復明於世하야 破重昏於沙界하고 指迷路之脩途하시니 於戲라 四十九年縱說橫說之妙旨 昭昭於心目之間하야 而可以黙得於言象之際矣로다 只如一宿曹溪하신 單傳直指之眞宗 果在是歟아 不在是歟아 具眼勝流는 試著眼看이어다 門人道菴이 因讀是錄하야 隨章請偈할새 而於十章을 各著一頌하야 發永嘉之心於千百年之後하노니 後世에 容有以此而賞音者矣리라."

147. 함허당, 「도를 사모하는 의지와 행동인 제1편의 게송[頌慕道志儀第一]」, 앞의 책, 631쪽.
148. 효령대군 이보, 「선종영가집 발문」, 앞의 책, 756~758쪽. "聖上이 誕膺休命ㅎ샤 光闡大獻ㅎ시니 嘗以謂首楞嚴은 乃菩薩萬行之捷徑이시고 妙法華는 是如來一乘之寶藏이시고 永嘉集은 實後學入道之要訣이니 我願以此로 開悟重昏호리라ㅎ샤 召集名儒韻釋ㅎ샤 親授指畫ㅎ샤 譯以國語ㅎ샤 使讀者로 不勞提耳ㅎ야 開卷豁然ㅎ게ㅎ시니 楞嚴法華롤 旣已刊布ㅎ시고 而兹集은 未及成이러시니 及今ㅎ샤 又親定口訣ㅎ시고 命判敎宗事臣海超와 前津寬寺住持 大禪師臣弘一와 前檜巖寺 住持 大禪師臣曉雲과 禪德臣惠通과 前俗離寺住持 大師臣演熙와 及臣 補ㅎ야 依門逐科ㅎ야 叅詳讐校ㅎ라ㅎ야시놀 一禀 覆裁ㅎ숩소니 隨卽模印ㅎ시니 於是예 大師一宿之覺이 十門之別로 開顯眞乘之妙 | 亦得昭於後世ㅎ니라 嗚乎 | 라 哀愍衆生ㅎ샤 誕敷秘典ㅎ샤 使明本心ㅎ야 修道證果케ㅎ시니 是如來本願이시며 是永嘉受用이시며 我 聖上ㅅ金剛觀察로 剖析了義ㅎ샤 力救倒妄之妙也 | 샷다 臣何幸隨兹勝因ㅎ스와 得見佛日之重朗於當代也哉오. 天順 七年 十一月日 孝寧大君 臣補 謹跋."
149. 신미, 「선종영가집 발문」, 최동호·전경욱·이창희 편역, 『선종영가집』, 세계사, 1996, 754쪽. "이 이론 體ㅣ偏圓이 그츠며 規矩를 여희여 當處애 볼고디 보디 보디 몯ㅎ며 日用애 ᄀ독호디 行호디 得디 몯ㅎ논디라 그 旨를 일흐면 오란 劫에 ᄒᆞᆫ갓 受苦ᄅᆞ이 닷ᄀᆞ리오 그 宗을 得ㅎ면 ᄒᆞᄅᆞᆺ아ᄎᆞ미 諸佛씌 곧ㅎ니니 永嘉大師ㅣ 曺溪예 ᄒᆞᆫ번 자샤 密印을 ㅎᆞ오샤 傳ㅎ시고 이 印으로 群生 心施에 너비 印ㅎ려 ㅎ야 十章ㅅ文으로 나토미 어려운 理를 나토시며 一代ㅅ敎를 다ㅎ샤 자보미 어려운 마ᄅᆞ 자ᄇᆞ시니 이제 우리 聖上이 하놀 ᄀᆞ장 신 辨慧로 이대 달애샤믈 힘ᄡᅥ 드리우샤 萬幾ㅅ 겨르롤 장차 聾과 聾와로 여러 붉게호려 ㅎ샤 이 禪經에 親히 입겨즐 一定ㅎ시고 儒臣을 命ㅎ시며 緇流를 블러 뫼호샤 子細히 말로 사교ᄆᆞᆯ 더으샤 板 사겨 流通ㅎ시니 ᄒᆞᆫ갓 禪門 兄弟ᄆᆞᆯ 因ㅎ야 그 그ᄅᆞᆯ 알며 그ᄅᆞᆯ 因ㅎ야 그 義를 得ㅎᆯᄲᅮᆫ아니라 홍졍바지와 동잣어미 니르리디 佛祖ㅅ ᄠᅳ들 시러 듣ᄌᆞ오니 殿下ㅅ 法施ㅅ 恩이 至極ㅎ시며 다 ᄒᆞ샷다 臣僧이 기기리 ᄉᆞ오ᄆᆞᆯ 몯내 ᄉᆞ오릴ᄊᆡ 이 勝호 이ᄅᆞᆯ 브터 聖壽ㅣ 無疆ㅎ시며 金枝ㅣ 더 盛ㅎ시며 九類含生이 다 覺岸애 올오믈 울워러 비ᅀᆞ올 ᄯᆞᄅᆞᆷ 노이다.[此事ㅣ 體絶偏圓ㅎ며 相離規矩ㅎ야 昭昭當處호디 視之而不可見ㅎ며 洋洋日用호디 行之而不可得이라. 失其旨也ㅎ면 徒勤修於曠劫이오 得其宗也ㅎ면 等諸佛於一朝ㅎ리니, 永嘉大師ㅣ 一宿曺溪ㅎ샤 單傳密印ㅎ시고 欲以此印으로 普印群生 心地ㅎ샤 以十章之文으로 形難形之理ㅎ시며 盡一代之敎ㅎ샤 攝難攝之詮ㅎ시니 今我 聖上이 以天縱 辨慧로 力垂善誘ㅎ샤 萬幾之暇에 將使聾瞽으로 開明케ㅎ샤 此禪經에 親印口訣ㅎ시고 乃命儒臣ㅎ시며 招集緇流ㅎ샤 詳加諺釋ㅎ야 刊板流通ㅎ시니 非但禪門兄弟ㅣ 因言以達其文ㅎ며 因文以得其義라 以至販夫竈婦ㅣ 皆得聞 佛祖之旨ㅎᆞ오니 然則我 殿下ㅅ 法施之恩이 至矣盡矣샷다 臣僧이 弘贊莫窮일ᄉᆡ 憑兹勝系ㅎ야 仰祝 聖壽無疆ㅎ시며 金枝益茂ㅎ시며 九類含生이 同登覺岸爾로이다. 臣僧 秀菴道人 信眉 稽首謹跋.]"
150. 안병희, 『국어사 자료 연구』, 문학과지성사, 1992, 159쪽.
151. 『세조실록』 권31, 1463년 세조 9 12월 19일癸卯.
152. 『세조실록』 권30, 1463년 세조 9 3월 25일甲寅.
153. 『세조실록』 권31, 1463년 세조 9 12월 27일辛亥.
154. 배영대, 중앙일보, 2003년 11월 4일(화). 이 기사에는 11월 8일 신승운(성균관대 문헌정보학 교수)은 이 책과 함께 연구 논문을 '한국서지학회' 정기 세미나에서 발표한다고 했다. 신교수는 인터뷰에서 "서문을 보면 당시 한글로 쓰던 처방을 한문으로 번역해 실은 것을 발견할 수 있는데, 이는 이 책을 의학 처방집을 넘어 조선 초기 국어학 자료로도 읽히게 한다. 앞으로 의학서와 국어학 자료라는 두 가지 측면에서 더욱 깊은 연구가 요청된다."고 밝혔다.
155. 『성종실록』 권202, 1487년 성종 10 4월 27일丙申.
156. 안병희, 「중세 국어의 한글 자료」, 『국어사 자료 연구』, 문학과 지성사, 1992, 305쪽. "현재

알려진 원간본은 권 상이 동국대도서관, 권 하가 서울대 도서관 일사문고에 있다. 원간본의 책판으로 1495년 연산군 1 인출한 책권 하 영본 1책이 동국대 도서관에 소장되어 있다. 그 권말에 인경목활자로 된 학조의 발문이 있다. 중간본은 1520년 중종 15 경상도 장수사長水寺에서 원간본을 복각한 책이 있다. 책판이 낡았으나 아직도 보존되어 있어서 근년의 후쇄본까지 유포되고 있다."

157. 황수신,「선종영가집전禪宗永嘉集箋」,『선종영가집 언해』, 세종대왕기념사업회, 2007. "恭惟主上承天體道烈文英武殿下. 卓冠群倫. 光膺寶曆. 慈悲在念. 九類咸入於度門. 利樂爲心. 四境共躋於壽域. 克廣唐虞之化. 載崇乾竺之宗. 乃玆靈編. 首徹英旬. 迥通眞際. 聿暢微言. 淬刃離硎. 盤錯之根迎解. 明銅出匣. 姸媸之貌自分. 赫學五輪之指端. 點成兩卷之口訣. 逢使希有之妙集. 重爲不朽之聖經. 爰命儒臣. 載加於宣譯. 幷置釋子. 亦得以討論. 闢梵宮於春坊. 飫天廚於日下. 言語曲循於俚俗. 淸濁要叶於宮商. 出入百千之ës. 闌明卅三之直旨. 重重一一. 若帝網衆寶之交輝. 利利塵塵. 如玄曦瑞景之普照. 誠指南於來學. 不迷北於販禪. 永惟大法之流. 旋入貞材之鏤.[…]"

158. '수암秀菴'은 함허당 득통이 신미에게 내린 당호堂號. 복천사 동쪽 언덕 신미의 부도에도 '수암화상탑'으로 음각되어 있다.

159. 「선종영가집 조조관」,『선종영가집 언해』상권, 세종대왕기념사업회, 2007, 41~43쪽. "❽ 도제조 : 황수신(의정부 좌찬성) ❽ 제조 : 박원형(예조판서)·조석문(호조판서)·윤자운(병조판서)·김수온(공조판서)·원효연(한성부윤)·성임(공조참판)·한계희(인순부윤)·강희맹(중추원부사) ❽ 부제조 : 노사신(춘추관 수찬)·윤찬(승정원 좌승지) ❽ 사 : 안관후(행 지승문원사)·김달전(행 예빈시사)·남윤(판종부시사) ❽ 부사 : 권감(전 부지통례문사)·이원효(호군 훈련관부사)·조지(춘추관 기주관)·김영견(수 성균사예) ❽ 판관 : 최경(행 공조정랑지제)·김계창(수 성균주부)."

160. 천혜봉,「선종영가집」,『한국민족문화대백과사전』권12, 한국정신문화연구원, 1995, 305쪽.
161. 『세조실록』권32, 1464년 세조 10 1월 10일癸亥.
162. 『세조실록』권32, 1464년 세조 10 2월 8일辛卯.『금강경언해』의「한계희 발문」에 의하면 2월 1일 왕명으로 번역에 착수, 5일 만인 2월 7일에 원고가 완성되어 간경도감으로 넘어갔다. 실록을 편찬할 때의 실수로 보인다.
163. 『세조실록』권32, 1464년 세조 10 2월 17일庚子, 18일辛丑, 19일壬寅.
164. 『세조실록』권32, 1464년 세조 10 2월 20일癸卯, 21일甲辰.
165. 『세조실록』권32, 1464년 세조 10 2월 22일乙巳, 23일丙午.
166. 『세조실록』권32, 1464년 세조 10 2월 24일丁未, 26일己酉.
167. 『세조실록』권32, 1464년 세조 10 2월 27일庚戌. "車駕經報恩縣東平. 夕次于屛風松. 僧信眉來謁. 獻餠百五十盆. 分賜扈從軍士."
168. 김수온,「복천사기福泉寺記」,『식우집』권2,『한국문집총간』9, 76쪽. "命獅子衛控弦衛. 壯勇隊. 司僕及孝寧大君臣補. 臨瀛大君臣璆. 永膺大君臣琰. 永順君臣溥. 永川卿臣定. 龜城君臣浚. 銀川副正臣徹. 領議政府事臣申叔舟. 雲城府院君臣朴從愚. 河城尉臣鄭顯祖. 仁山君臣洪允成. 文城君臣柳洙. 行上護軍臣李允孫. 兵曹判書臣尹子雲. 工曹判書臣金守溫. 戶曹判書臣金國光. 行上護軍臣任元濬. 兵曹參判臣宋文琳. 都承旨臣盧思愼. 右承旨臣李坡. 右副承旨臣申泂. 僉知中樞府事臣尹欽. 忠淸道觀察使臣辛永孫等扈駕. 上與中宮殿下王世子. 幸是寺."
169. 김수온,「복천사기」,『식우집』권2. "上與中宮殿下王世子. 幸是寺. 日正午."
170. 「세조대왕 복천사 어제世祖大王 福泉寺 御製」,『청권집유』, 사단법인 청권사, 1991, 57~58쪽. 법회에 입장한 명단은 다음과 같다. "入場 : 孝寧大君臣補. 臨瀛大君臣璆. 永膺大君臣琰. 永順

君臣溥, 永川卿臣定, 龜城君臣浚, 銀川副正臣徹, 領議政臣申叔舟, 雲城府院君臣朴從愚, 河城尉臣鄭顯祖, 仁山君臣洪允成, 行上護軍臣李允孫, 文城君臣柳洙, 兵曹判書臣尹子雲, 工曹判書臣金守溫, 戶曹判書臣金國光, 判內侍府事臣田昀, 行上護軍臣任元濬, 兵曹參判臣宋文琳, 判內侍府事臣安璐·洪敬, 都承旨臣盧思愼, 左承旨臣李坡, 右副承旨臣申泂, 僉知中樞府事臣尹欽, 忠淸道觀察使臣辛永孫, 伶人典樂臣黃孝誠, 司鑰臣許吾·李勝年, 前司直臣宋田守·臣金潤."

171. 김수온,「복천사기」,『식우집』권2. "上御袞龍袍. 詣佛前獻香. 且命是日爲起始. 定三十三員爲上堂. 四事咸備. 大設法會."

172. 「世祖大王 福泉寺 御製」,『청권집유』, 사단법인 청권사, 1991, 56~57쪽. "天順八年二月二十八日. 因巡狩. 詣俗離山之福泉寺. 率宗勳·政府·六曹·百僚將相. 入極樂殿法場. 供養三寶. 兼爲相見慧覺尊者信眉·禪德 斯智·大禪師 學悅·學祖等師. 作朝鮮永世福田. 願我等從此. 至于究竟. 不復退轉. 廣演佛道. 普覺人天. 推我勝緣. 令我 祖宗列位. 速證菩提. 三際眷屬及法界含靈. 俱得解脫. 佛末世遺敎弟子. 承天體道烈文英武朝鮮國王."

173. 「福泉寺 御製願文」,『청권집유』, 사단법인 청권사, 1991, 57쪽. "慈聖王妃 尹氏. 正嬪 韓氏. 藥城府夫人 鄭氏. 貞懿公主. 齊安府夫人 崔氏. 江寧府夫人 洪氏. 昭訓 崔氏. 昭訓 愼氏. 昭訓 尹氏. 芘知·於里·小斤·瑪瑠·春今·玉今·內隱伊·巪非·介粧. 淨業院 住持 海敏. 正峰軒·慧機·學丕·慧圓·正明·惠宜·戒貞·慧悟."

174. 성해응成海應, 1760~1839,「記湖中山水 俗離山」,『연경재전집硏經齋全集』 권51. "福泉寺創于世祖朝. 極精巧. 有信眉繡袈裟. 亦世祖所賜. 又有賜信眉御札及諸王子募緣文. 信眉卽金乖崖 守溫弟也. 乖崖亦有記." 성해응은 정조의 총애를 받았던 학자로 이덕무, 유득공, 박제가와 교류를 가졌다. 글을 쓴 1806년(순조 6) 무렵까지 세조가 하사한 수가사와 어찰, 효령대군 등이 내린 모연문이 남아 있었다. 한편 성해응은 신미를 김수온의 동생으로 잘못 알고 있었다.

175. 김수온,「복천사기」,『식우집』권2. "大設法會. 約三日而罷."『세조실록』에는「복천사기」와 달리 "당일 신시(오후 3~5시)에 행궁으로 돌아왔다[中時還行宮]."고 기록되어 있다. 효령대군의 행적을 엮어 펴낸『청권집유』에도 사흘 동안 법회를 열었다고 분명히 밝혔다. 실록 편수자가 노골적으로 일자를 축소했을 가능성 또한 농후하다.

176. 김수온,「복천사기」,『식우집』권2. "傳旨于戶曹. 給田二百結米三百石. 又令刑曹屬藏獲三十口. 俾爲常住鑊火之資. 遂灑宸翰. 誕成十行. 奎章璧藻. 輝映天地. 以留鎭于山門. 尊者臣信眉. 禪德臣斯智·大禪師臣學悅·學祖等. 頓首稱謝. 願托文臣記于是寺. 乃命臣守溫筆之."

177. 『세조실록』권32, 1464년 세조 10 2월 28일辛亥.

178. 김수온,「복천사기」,『식우집』권2. "山之靈. 不在於高大. 有窪籃巨刹. 擅形勝於其中則靈. 寺之名. 不由於崇屬. 有高流宿德. 隆道譽於其間則名. 至若有稀今罕古之偉跡. 曠世難逢之奇會. 則向所謂窪籃巨刹之擅勝. 高流宿德之廣譽. 曾不足爲喻. 而其所以流於後世者. 爲益無窮矣. 俗離山雄跨忠淸慶尙兩道之境. 浮屠氏多屋於其間. 福泉寺正在山之中. 歲庚午. 世宗大王不豫. 移御孝寧之第. 文宗及我主上殿下侍側. 醫藥禱祀. 尙未得效. 於是. 招集淨侶. 至誠精勤. 果獲靈應. 聖躬乃安. 諸宗室爭出金帛. 乃成阿彌陀·觀音·大勢至三像. 慧覺尊者眉公. 來相是寺. 允爲勝地. 乃撤舊以新之. 層樓傑閣. 飛甍山谷. 遂邀安三像於此. 初世宗大王聞尊者名. 自山召至. 賜坐從容. 談辨迅利. 義理精暢. 奏對稱旨. 自是. 寵遇日隆. 文宗賜號慧覺尊者禪敎都摠. 俾領袖于緇門. 及我 聖上. 自在潛邸. 相與知音之至. 及卽位. 恩顧彌至. 以玆寺爲 世宗所成佛像所在. 而尊者又 先王所眷遇.[…] 臣伏惟. 自古帝王之治天下國家也. 莫不崇仁義以臻治道之美. 亦莫不本淸淨以澄出治之

原. 昔黃帝之訪具茨. 唐堯之接務光. 稽諸典謨帝王之治之學. 可見. 況佛氏爲三教之尊. 萬德之主乎. 故歷代帝王. 或崇或信. 非徒苟焉而已也. 惟我主上殿下. 聖德神功. 卓冠百王. 仁文義武. 格于上下. 卽位以來. 中外乂安. 風雨順時. 以致自有東方未有之大平. 尙慮吏治之或未మ. 民生之或未裕. 巡歷外服. 省其耕歛. 亦東方未有之盛擧也. 雖萬機踏臻. 潛神大乘. 尊禮三寶. 屈至尊迎耆德. 咨問奧義. 求決心要. 其所以澄心原. 以濬出治之本者. 雖具茨之訪. 務光之接. 何以加之哉. 嗚呼至哉. 蓋以有此寺故. 四方之人. 皆知報恩之有俗離山. 以有尊者故. 四方之人. 地無遠近. 人無緇素. 皆知有此寺. 豈非以人輕寺輕人重寺重而山亦爲之重歟. 況我聖上. 至道是崇. 宿德是咨. 親擧玉趾. 照臨山谷. 風雲爲之動色. 洞壑爲之爭輝. 昭回乎日月. 擁衛乎天龍. 實此山此寺千百載稀有之盛事也. 曠世難逢之奇會也. 嗚呼. 自有天地. 不知其幾千萬年. 而乃有此寺. 自有此寺. 不知其幾千百年. 而乃有今日. 其休聲偉跡. 當與天地相蔽. 億萬年無疆之勝慶也. 豈此山此寺所可得而擬其長短哉. 南有馬峴. 側石布道. 山中古老相傳. 昔麗祖嘗幸于此. 故爲治御路如此. 又未知功德之盛. 治學之美. 班我聖朝與否矣. 幷論之. 同以爲山中之乘云. 是年春二月有日. 奉教謹記."

179. 복천사는 720년(신라 성덕왕 19)에 창건되었다고 전하지만 창건주는 미상이다. 『한국민족문화대백과사전』의 「복천암」에서는 "세조가 이곳에서 난치병을 치료하면서부터 널리 알려졌다. 세조는 이 암자에서 신미와 학조의 두 고승과 함께 3일 동안 기도드린 뒤, 암자에 이르는 길목의 목욕소沐浴沼에서 목욕을 하고 피부병이 나았으므로 절을 중수했고, 또 '만년보력萬年寶歷'이라고 쓴 사각옥판四角玉板을 하사했다."고 기술했다. 한 나라의 왕이 계곡에 내려와 목욕을 한 뒤 피부병이 나았다는 것은 대단한 상상력이다. 어떤 자료를 근거로 기술했는지도 의문이다. 목욕소는 전설과 접목되어 윤색되었다. 이를 계기로 절을 중수했다는 것도 사실과 거리가 멀다. 복천사는 작은 암자가 아니라 세종의 명으로 효령대군과 문종·수양·안평대군이 중창한 왕실의 원찰이다. 세종은 훈민정음 창제에 깊게 참여한 신미가 주석하고 있던 복천사를 원찰로 삼아 우대의 뜻을 분명히 했고, 유훈으로 '혜각존자'라는 법호를 문종에게 내린 뒤 홍서했다.

180. 『세조실록』 권32, 1464년 세조 10 2월 29일壬子, 30일癸丑

181. 『세조실록』 권32, 1464년 세조 10 3월 1일甲寅, 2일乙卯

182. 『세조실록』 권32, 1464년 세조 10 3월 4일丁巳, 5일戊午. 『신증동국여지승람』에는 임원준의 기기記를 인용해 '주필신정駐蹕神井'을 소개하고 있다. "충청도 속리산 복천사에 거둥. 혜각존자를 만나 보셨다. 3월 초 1일 온양군의 온탕에 거가가 머물렀다. 4일 만에 신천神泉이 홀연 솟아올라 뜰에 가득히 흘러 찼다. 성상께서 크게 기이하게 여기시고 명하여 그곳을 파게 했다. 물이 철철 넘쳐 나오는데 그 자기는 눈과 같고, 맑기는 거울 같고, 맛은 달고도 짜릿하고, 성질은 부드럽고 고왔다. 수종한 재상이 서로 돌아보며 놀라고 기뻐하지 않는 자가 없었다. '옛날에 없던 것이 지금 새로 생겨 탕정의 물은 따뜻하고, 이 우물은 차다. 실로 상서의 발로다.'고 하여 8도에서 표문을 올려 하례하고 칭송했다. 天順八年春二月 我 世祖大王南巡狩. 于忠淸道幸俗離山福泉寺. 見慧覺尊者. 越三月初吉. 駐蹕溫泉. 郡之溫陽. 旣四日神泉. 忽湧流于庭. 上大異之命. 鑿之泫然溢出. 其冷如雪. 其淸如鑑. 其味甘而. 淑其性柔而嫺. 天顔悅豫. 卽命頒示于扈從幸樞. 莫不相顧動色. 以爲昔無. 而今有湯溫而泉冷. 允爲上瑞. 八道抗表稱賀."

183. 『세조실록』 권32, 1464년 세조 10 3월 7일庚申, 8일辛酉.

184. 『세조실록』 권32, 1464년 세조 10 3월 10일癸亥, 14일丁卯.

185. 『세조실록』 권32, 1464년 세조 10 3월 15일戊辰.

186. 『세조실록』 권32, 1464년 세조 10 3월 18일辛未, 19일壬申, 20일癸酉.

187. 『세조실록』권32, 1464년 세조 10 3월 21일甲戌.
188. 김용옥,『금강경강해金剛經講解』, 통나무, 1999, 158~159쪽. '들음'에 대한 대화는 도올 김용옥의 강화에서 차용했다. 사의를 표한다.
189. 구마라즙(鳩摩羅什, 334~413)은 중앙아시아의 구자국(龜玆國 : 지금의 庫車, Kucha 부근) 출신. 아버지는 인도사람이며, 어머니는 구자국 왕의 누이동생이었다. 여러 곳을 유학하고 돌아와 구자국에서 대승불교를 크게 일으켰다. 401년 요진의 요흥姚興 왕의 부름을 받고 장안에 들어가 13년 동안 300여 권의 불교 경전을 한문으로 번역했다.
190. 황수신,「진금강경심경전進金剛經心經箋」, 영인본『금강경언해』, 대제학, 1995. "[…]恭惟主上承天體道烈文英武殿下. 夙資德本. 洞達眞乘. 等福慧於世雄. 配聖哲於大梵. 十善施物則之懿多. 能彰天縱之才. 異覺悟於羣迷. 用發揮於祕義. 特垂口訣. 責委飜筵. 要因口以曉心. 遂轉華以爲諺.[…]"
191. 영인본『금강경언해』, 대제학, 1995, 15~17쪽." ⑧ 도제조 : 황수신(우의정·남원부원군) ⑧ 제조 : 박원형(예문관대제학·연성군)·윤자운(병조판서·무송군)·김수온(공조판서·세자좌부빈객)·김국광(호조판서)·원효연(원성군)·성임(전라도관찰출사)·한계희(인순부윤)·강희맹(공조참판) ⑧ 부제조 : 노사신(승정원 도승지)·윤찬(좌승지) ⑧ 사 : 안관후(지승문원사)·김달전(행예빈시윤)·남륜(판종부시사) ⑧ 부사 : 권감(행의흥위섭사직)·이운효(훈련관부사)·조지(춘추관기주관)·김영건(훈련관부사) ⑧ 판관 : 최호(행공조정랑지제교)·김계창(수성균주부)." 간경도감의 관원이 아니어서 예조참의(정3품) 조변안과 의정부사인(정4품) 박건 등의 이름은 열함에서 빠졌다.
192. 1464년 세조 10 2월 8일辛卯의 기사와 7일의 차이를 보이고 있다. 세조의 명으로『금강경』의 번역에 착수한 날은 2월 1일이 더 정확하다고 생각된다.
193. 안병희,『국어사 문헌 연구』, 신구문화사, 2009, 274·325쪽.
194. 안병희,『국어사 문헌 연구』, 신구문화사, 2009, 70~71쪽. "강전준웅江田俊雄의『조선불교사의 연구』(1977: 318~319)에서 '飜譯沙門法藏述 孝寧大君補禪德臣斯智奉敎譯口訣'인 편역자 기명이 있는 간년 미상의『심경언해』를 소개하고 있다. 수제가 '般若波羅密多心經略疏' 라 되었다고 하니까 도감의 언해본과 같으나 편역자 기명이 특이하다. 도감 언해본에서는 경 본문 앞에서는 '般若波羅密多心經'이라는 점도 다르다. 江田의『심경언해』는 국내에서 볼 수 없으므로 후일을 기다릴 수밖에 없다."
195. 법정,「도올『금강경강해』서문」,『금강경강해』, 통나무, 1999, 7쪽.
196. 한계희,「심경 발문」,『반야바라밀다심경언해般若波羅密多心經諺解』(보물 제771호, 서울대 규장각 소장) "夫當相著相者. 衆生之所以墮於煩惱. 見相非相者. 諸佛之所以證於涅槃. 由其積聚爲義. 則有陰之名. 由其識所依寓. 而生入之號. 由其取之限. 別邊立界之說. 皆因心之迷. 相轉轉遊涉. 三科之義所由設也. 自譯此經建唐. 迄今造疏著. 鮮代各有人. 法藏之註. 獨得其宗. 上命孝寧大君補. 率臣繼禧. 就爲宣譯. 又得大宋沙門仲希所述顯正記. 科分藏說. 逐句消釋. 極爲明備. 攜疏分節. 釐入各文之下. 但希所攜本. 非今所行. 時有不同. 大君與名緇. 詳加讎校. 既克脫藁. 亟令入梓模印廣布. 嗚呼. 衆生顛倒. 徒知相之爲相. 而不知相之非相. 佛憫. 如此. 先顯五蘊以惣其綱. 申之以十二處. 廣之以十八界. 其曰色不異空者. 爲愚心之流也. 其曰空即是色者. 爲愚色之人也. 無非效使像法. 衆生空一切之相. 成萬法之智也. 惟我 主上殿下. 以此經繼素常習. 故特令敷譯. 盖憫. 晨昏到誦. 而不知其所以誦. 即釋迦如來. 哀此衆生. 終日游相. 而不知其相之意也. 其開覺人天. 入佛知見之旨. 聖聖同揆. 嗚呼. 至哉. 天順八年二月 仲澣 嘉靖大夫 仁順府尹 臣韓繼禧 謹跋."

197. 안병희, 「반야심경언해」, 『한국민족문화대백과사전』 권9, 한국정신문화연구원, 1995, 156쪽. "『금강경언해』의 책의 체재와 번역에 나타난 국어는 당시의 간경도감 간행 언해서와 같다. 원간본은 서울대학교 도서관 일사문고에 소장되어 있다. 원간본의 책판으로 1495년 연산군 1 학조의 발문을 새로 부여 인출한 책이 최범술 소장으로 전한다. 학조의 발문은 『금강경언해』의 1495년 인출본 등에도 있다. 인경목활자印經木活字로 되어 있어서 서지학 연구의 귀중한 자료가 되고 있다."
198. 중희仲希, 「반야심경소현정기 병서般若心經疏顯正記 幷序」, 『반야바라밀다심경언해』, "般若心經은 眞實로 닐오디 어드운 길흘 비취는 노픈 홰며 受苦ㅅ 바를 건네는 ᄲᆞᆯ른 빈라[般若心經者논 實謂曜昏衢之高炬ㅣ며 濟苦海之迅航이라.]"
199. 이 활자본은 1970년 세상에 알려진 유일본이다. 성암고서박물관에 소장되어 있다.
200. 안병희, 「아미타경언해」, 『국어사 자료 연구』, 문학과지성사, 1992, 230~231·511쪽.
201. 김영배 외, 『아미타경 언해의 국어학적 연구』, 법보신문사, 1997, 21~22·37쪽. "舍利佛아 不可以少善根福德因緣으로 得生彼國ᄒᆞ니 舍利佛아 若有善男子善女人이 聞說阿彌陀佛ᄒᆞ고 執持名號ᄒᆞ샤바 若一日若二日若三日若四日若五日若六日若七日이어나 一心不亂ᄒᆞ면 其人이 臨命終時예 阿彌陀佛이 與諸聖衆으로 現在其前ᄒᆞ시리니 是人終時예 心不顚倒ᄒᆞ야 卽得徍生阿彌陀佛極樂國土ᄒᆞ리니 舍利佛아 我見是利ᄒᆞ실ᄊᆡ 故說此言ᄒᆞ노니 若有衆生이 聞是說者논 應當發願生彼國土ㅣ니라."
202. 인권환, 『한국불교문학연구』, 고려대학교 출판부, 1997, 107~108쪽.
203. 『매월당속집』 권2, 「내불당」(『국역 매월당집』 5, 세종대왕기념사업회, 1980, 영인 7~8쪽). "世宗致治之末年. 昭憲王后薨背. 舉國哀痛. 上王因而耽信釋典. 贊成歌曲數百篇. 以抒哀情. 卽所謂以妄塞悲之意也. 時孝寧·安平. 從而補助之. 眉悅之徒得寵於上. 因之納㛰確回聖心. 乃起禁宮於禁城之東北. 三淸宮之西方. 實白岳之南麓. 而闕庭後崗之盤谷也. 乃董工督役. 不日而新宇成. 雖天宮帝居. 莫與侔也. 若曲欄雕甍. 金碧珠玉. 駭人心目. 卽世人所誇說內佛堂者也. 眞今古罕聞. 時上王命主上釋歌曲. 譯釋譜. 因以頒士女. 及主上卽位. 幸追先志. 廣譯諸經. 萬機之暇. 益勞聖思以修善法."
204. 김승우, 「『용비어천가』의 성립과 수용·변전 양상」, 고려대학교 박사학위 논문, 2010, 240쪽.
■ 사재동, 「<팔상명행록>의 연구」, 인문과학연구소 논문집 제8권 2호, 충남대학교, 1981, 40~41쪽. "세종은 최고책임을 지고 수양·안평대군들로 그 성경사업成經事業을 감독케 하였으며, 정효강을 간사자幹事者로 뽑아 실무를 관장토록 추진하였음이 확정하다. 그러나 수양대군이나 정효강이 그 찬경작업撰經作業에 창작의 손을 댔다고 단정할 수는 없다. 그들은 그들에게 부여된 임무를 수행하는 것만으로 어명을 지킬 수밖에 없었기 때문이다. 더구나 그들은 학불學佛·수도修道의 차원이 남달리 뛰어났으므로, 석덕碩德·학승學僧이 주축이 되어 불경찬술에 직접 손을 댈 수 있다는 불가佛家의 전통적 법도를 체득하고 있었을 것이 분명하다. 따라서 그들이 어명을 어기고 불가의 법도를 벗어나면서까지 그 「불경佛經」의 찬술에 직접 손을 댈 수는 없었으리라고 보아진다. 이제 우리는 역대 불경의 결집·찬술이 숭불왕자崇佛王者들의 외호·감독과 학불인사學佛人士의 후원·보조를 받아 승직자에 의하여 이룩되었음을 전제하고, 저 『불소행찬佛所行讚』이 마명馬鳴의 손에서 찬술되었음을 상기할 필요가 있겠다. 여기서 숭유배불의 만난萬難을 무릅쓰고 불교중흥을 위해 심혈을 기울였던 석덕·학승들을 주목하지 않을 수 없다. 주지하는 바와 같이 세종과 소헌왕후, 수양·안평대군 등을 중심으로 왕실의 혹신숭앙酷信崇仰을 받던 만우卍雨, 행호行乎와 신미信眉, 수미守眉, 설준雪峻, 학조學祖, 학열學悅 등이 중흥불사의 심장부인 왕실을 교화·조종하여 민중포교의 최선방편을 구사하기에 이르렀던 것이다. 그들은 숭유배불정책에 내면적, 실질적으로 대응하여 민중들에게 문

헌포교文獻布教를 착수하지 않을 수 없었다. 실제로 그들은 쉽고도 재미있는 불경을 새로이 조성하려는 계획을 면밀하게 세웠고, 민중의 문자로서 훈민정음을 창제하도록 은밀히, 그러나 적극적으로 청원請願·권려勸勵하였으리라 추정된다."

7 탑 속의 훈민정음

1. 김수온, 「상원사중창기上元寺重創記」, 『식우집』 권2, 『한국문집총간』 9, 90쪽, 민족문화추진회, 1988. 영산부원군 영중추부사 김수온이 성종의 명을 받고 세조의 상원사 중창 낙성식의 행행 사실을 「상원사중창기」로 남긴 것은 1475년 성종 6 정월이었다.
"天順建元之八年四月. 我世祖惠莊大王. 不豫彌旬. 太王太妃殿下憂懼. 遣內官咨於慧覺尊者信眉·大禪師學悅等. 雖中外寺社. 作法祝上. 皆然. 于欲於名山勝地. 創一茄藍. 以爲別願之所. 如有國家祈請. 則就之于此. 卿等遊歷四方. 必知其處. 其缺實聞. 信眉等對曰. 臺山. 我國名山. 而中臺上元. 地德尤奇. 僧徒結際. 必有警枕之異. 不幸廚人失火. 化主177寡. 急於取辦. 僅授庇人. 若因其舊基改構. 廣其規制. 以爲一山名刹. 當其祈祝. 別降香幣作佛事. 無如此寺便. 太王太妃殿下傳旨. 僧言允當. 卽啓世祖. 命僧學悅. 主營締之務. 諭慶尙監司. 舟米五百石. 運于江陵. 濟用監出布一千匹. 以資經始. 旣而. 世祖疾間. 漸至平善. 太王太妃殿下且驚且喜. 疑此山靈佛化默感於一言之頃. 世祖親製功德之疏頒示. 宗親幸樞. 欽承聖旨. 占出所有. 仁粹王妃殿下. 承兩殿注意之隆. 益施租五百石. 以濟其乏. 於是. 悅公早作夜思. 躬加督勉."
2. 김수온, 「상원사중창기」, 『식우집』 권2, 『한국문집총간』 9, 1988, 90쪽. "臺山在江原之境. 盤根三百餘里. 其雄深高大. 與楓岳相甲乙. 枕山而邑者. 州若郡縣. 無慮十數官. 山有五峯. 高下均敵. 大小相伴. 望之若芙蓉之出水. 臺閣之浮空. 故號五臺. 其中臺之南. 有寺曰上元. 再罹鬱攸之災. 時則有幹善之士. 從而創造. 隨廢隨起. 然其制阨狹而卑塞. 僧不樂居."
3. 『세조실록』 권33, 1464년 세조 10 4월 13일乙未.
4. 『세조실록』 권33, 1464년 세조 10 5월 2일甲寅.
5. 김수온, 「대명조선국대원각사비명大明朝鮮國大圓覺寺碑銘」, 『식우집』 보유, 『한국문집총간』 9, 1998, 139~140쪽. "是年夏四月庚戌. 孝寧大君補. 於檜菴東岡豎石鍾. 厝釋迦舍利. 仍設法會. 講圓覺經. 是夕. 如來現身空中. 神僧經行壇上. 瑞氣彌布. 放光照耀. 甘泉普洽. 舍利分身八百餘粒."
6. 김수온, 「대명조선국대원각사비명」, 『식우집』 보유, 『한국문집총간』 9, 1998, 140쪽. "五月甲寅. 補具靈跡奉舍利以聞. 殿下與王妃. 頂禮于含元殿. 舍利又分身四百餘粒. 百官上箋稱賀. 乃大赦中外. 傳旨議政府. 若曰. 仁賢劫千聖. 迦文氏爲第四. 道冒十方. 智周一界. 說法度生. 其道流至支那八萬四千餘部. 而圓覺一經. 乃本起究竟之果. 予就譯名句. 發揮其義. 將以流布. 適伯父孝寧大君. 開闢法會. 諸佛如來現顯神變. 至於如此. 五濁像季. 遇此希有. 宜乎營興福舊利. 名之圓覺. 用寓最上法文之義何如. 群臣拜手稽首曰. 敢不祇若王之休命."
7. 『성종실록』 권55, 1475년 성종 6 5월 27일乙亥.
8. 『세조실록』 권33, 1464년 세조 10 5월 3일乙卯.
9. 김수온, 「대명조선국대원각사비명」, 『식우집』 보유, 『한국문집총간』 9, 1998, 140쪽. "寺在國都慶幸坊. 周圍二千餘步. 初. 我太祖康獻大王. 定鼎漢陽. 寺爲曹溪宗本社. 宗旣共罷. 寺亦尋廢. 爲公廨者. 垂四十餘年矣. 越五月乙卯. 殿下親幸于玆周覽. 白嶽鎭北. 木覓拱南. 厥位面陽. 厥地爽塏. 宜建大刹. 卽命臣補等爲提調. 監莅其役." '越六月乙卯'는 실록의 기사에 따라 '越五月乙卯'로

바로 잡았다.
10. 『세조실록』 권33, 1464년 세조 10 6월 5일丁亥.
11. 『세조실록』 권33, 1464년 세조 10 6월 15일丁酉.
12. 『세조실록』 권33, 1464년 세조 10 6월 12일甲午. 세조가 경녕군의 아들 은천군에게 맡긴 임무는 부정의 관리, 감독이었다. 원각사 공역의 현장에 들고 날 때는 태평소를 불어 그가 왔음을 알렸다.
13. 성현,『용재총화』 권7.『고전국역총서』 49, 민족문화추진회, 1985, 175쪽.
14. 김수온,「대명조선국대원각사비명」,『식우집』 보유,『한국문집총간』 9, 1998, 140쪽. "先構假屋於艮隅. 始造佛像. 忽見黃雲覆于屋上. 空花繽墜. 五色咸備. 補等馳啓. 殿下御勤政殿. 受群臣賀. 肆敎賜百官爵一級."
15. 『세조실록』 권33, 1464년 세조 10 6월 16일戊戌. "서울과 외방에 있는 동 24,164근 8냥 3전을 제하고, 나머지 부족한 동은 개성부에서 14,714근 5냥 8전, 경기도에서 1,210냥 5전, 충청도에서 1,591근 6냥 1전, 경상도에서 6,654근 15냥 9전, 전라도에서 1,672근 1냥 4전을 시가에 따라 무역해 올리라고 명했다."
16. 『세조실록』 권33, 1464년 세조 10 7월 12일癸亥.
17. 『세조실록』 권33, 1464년 세조 10 7월 16일丁卯.
18. 『세조실록』 권33, 1464년 세조 10 7월 24일乙亥.
19. 『세조실록』 권34, 1464년 세조 10 8월 2일癸未. 4일乙酉.
20. 『세조실록』 권34, 1464년 세조 10 8월 11일壬辰.
21. 『세조실록』 권34, 1464년 세조 10 9월 11일辛酉.
22. 성균관 유생들이 경학經學을 공부하던 교과 과정의 법. 대학재大學齋에서 시작하여 논어재論語齋·맹자재孟子齋·중용재中庸齋의 사서재四書齋를 차례로 끝내고, 다시 예기재禮記齊·춘추재春秋齋·시재詩齋·서재書齋·역재易齋의 오경재五經齋를 차례로 끝냄.
23. 『세조실록』 권34, 1464년 세조 10 9월 21일辛未.
24. 『세조실록』 권34, 1464년 세조 10 9월 25일乙亥.
25. 『세조실록』 권34, 1464년 세조 10 9월 30일庚辰.
26. 이호영,「승 신미에 대하여」,『사학지』10, 단국대학교, 1972, 52쪽. "眉師前. 巡行後. 所在各遠. 音問邈爾. 且國中多事. 塵勞日煩. 身亦違和. 累日弛事. 不謂煩緣. 靜慮恒祈佛前. 遣人數問. 尤用感惺. 不必如是. 違遠精修. 是我破僧罪矣. 圓覺寺之事. 具如普問. 難以盡述. 猶爲震怖. 未知何緣. 願自安住. 副我至情. 隨次遣金處善. 祇奉佛盖及殿額. 幷奉香燭等物. 朝鮮國王. 慈聖王妃. 世子. 貞嬪."
27. 『세조실록』 권34, 1464년 세조 10 10월 1일辛巳.
28. 『세조실록』 권34, 1464년 세조 10 10월 8일戊子.
29. 『세조실록』 권34, 1464년 세조 10 12월 8일丁亥.
30. 『세조실록』 권34, 1464년 세조 10 12월 12일辛卯.
31. 『선조실록』 권160, 1603년 선조 36 3월 9일乙丑.
32. 김수녕,「인재강공행장仁齋姜公行狀」,『진양세고晉陽世稿』 권2.
33. 성현,『용재총화』 권1.
34. 이유원,『임하필기』 권12.「문헌지장편文獻指掌編」.
35. 『세조실록』 권34, 1464년 세조 10 10월 9일己丑.

36. 「오대산 상원사 중창권선문」은 훈민정음 창제 이후에 판각이나 활자로 발행된 정음문헌은 많이 있으나 직접 묵서墨書한 가장 오래된 필사본이다. 조선 초기 불교사와 훈민정음 발달사, 서체 연구의 소중한 자료다. 「천순팔년납월십팔일天順八年臘月十八日」, 1464년 세조 10 12월 18일에 작성되었다. 「어첩」은 그 글에서 밝힌 물목과 세조가 상원사에 물품을 하사한 실록의 기사에 나타난 물품 수량의 일치에 따라 1465년 세조 11 2월 22일 쓰인 것으로 추정된다. 2첩으로 구성되어 있다. 1첩은 권선문으로 한문본이다. 세조와 세자의 수결과 인기가 있다. 2첩은 한문 뒤에 번역문이 있는 언해본이다. 왕비·세자빈·공주 등 외명부의 기명기명과 인기가 있다. 신미 등이 쓴 글에는 신미·학열·학조 등의 수결, 세조가 쓴 글에는 세조와 왕세자의 수결과 인기印記, 이어 효령대군 이하 여러 종친과 여러 공신, 전국의 지방관의 이름과 수결이 있다. 표장表裝은 붉은 색깔로 당초무늬가 들어 있는 비단으로 쌌다. 1996년 11월 28일 보물 제140호에서 국보 제292호로 등급이 조정됐다.

37. 세조 씀,「어제문御製文」,『오대산 상원사 중창권선문』 제1첩, 월정사성보박물관. "世間有七重. 三寶及父母君善知識. 三寶爲出離之宗. 父母爲育命之宗. 君爲保身之宗. 善知識爲導迷之宗. 自予潛邸以來. 我慧覺尊者. 早相知遇. 道合心м. 每提攝於塵路. 使我恒懷淨念. 不沈欲坑. 致有今日. 非師之功耶. 非多刧之宿因. 安能如是契合耶. 乃聞我違和. 力疾下床. 書夜奔來數百里之外. 雖不事之高尙. 若度生之大悲. 予聞驚動. 感淚無窮. 又聞師與. 悅師祖師. 爲我盡賣衣資. 重創靈利. 師之爲我用心. 我之爲師感恩. 非人所述. 我故爲師等隨喜. 略助所費. 爲究竟之正因. 所謂直心菩提者也. 於是付囑世子. 永垂後嗣云.[世間애 닐굽 重혼 이리 잇ᄂᆞ니 三寶와 父母와 님금과 善知識괘니 三寶ᄂᆞᆫ 여희여 날모리오 父母ᄂᆞᆫ 목수ᄆᆞᆯ 칠 모리오 님금ᄋᆞᆫ 몸 安케 홀모리오 善知識ᄋᆞᆫ 모ᄅᆞᆯ 引導홀모리시니 내 潛邸로브터 오매 내 慧覺尊者ㅣ 서르 아라맛나 道ㅣ ᄆᆞᄌᆞ며 ᄆᆞᅀᆞ미 和ᄒᆞ야 미샹 드틀 길헤 잡드러 날로 恒常 조혼 念을 ᄭᅥ 欲굴허에 디디아니케 ᄒᆞ야 오ᄂᆞᆯ 나티 잇게 ᄒᆞ니 師의 功이 아니아 한 劫ㅅ 녯 回分이 아니면 엇뎨 能히 이ᄀᆞ티 마즈리오 이제 내 和애 違타 듣고 病을 차마 床이 ᄂᆞ려 낫바미 두어 百里 밧긔 헤다혀 오니 비록 셤기디 아니ᄒᆞ논 노푼 崇尙이나 衆生濟度ᄒᆞ시논 큰 慈悲예 엇디ᄒᆞ시료 내 듣고 놀라 感動흔 눗므리 그지업다니 또 師ㅣ 悅師와 祖師와로 날爲ᄒᆞ야 오ᄉᆞᆯ 다 ᄑᆞ라 靈흔 더를 다시 지ᅀᅳ려 호ᄆᆞᆯ 드르니 師ㅣ 날ᄋᆞᆯ 爲ᄒᆞ야 ᄆᆞ슴뿜과 내 師ᄅᆞᆯ 爲ᄒᆞ야 恩德感動호미 사ᄅᆞ미 닐올디 아니니 내 이럴씨 師等을 爲ᄒᆞ야 조차 깃거져 기ᄙᅳᆯ거슬 도와 究竟엔 正因을 밍ᄀᆞ노니 닐온 고든 ᄆᆞᅀᆞ미 菩提니라 이에 世子를 付囑ᄒᆞ야 기리 後子孫애 드리우노라.]"

38. 김영배·김무봉,「세종시대의 언해」,『세종문화사대계 1 어학·문학편』, 세종대왕기념사업회, 1998. "경전류의 언해와는 달리 서찰을 번역한 글로서 한문에는 구결을 달지 않고 번역이 이루어져서 구결문의 제약을 받지 않은 쉬운 말로 되어 있다."

39. 신미 등 씀, 「오대산상원사중창권선문」,『오대산 상원사 중창권선문』 제1첩(국보 제292호), 월정사성보박물관. "惟我聖上. 誕膺天命. 再造東夏. 兆民乂安. 四域寧謐. 無小無大. 共被天地之私. 若蒙478釋. 疇無報效之志願. 丘山恩重. 毫髮力微. 江陵五臺. 天下名山. 文殊住處. 靈異現顯. 上院寺尤其勝地. 某等竭衣鉢之貯. 重創於是寺. 以爲祝釐之所. 兩殿聞之. 特降綸命. 若曰. 僧等爲我欲創伽藍. 余當補助. 與國人廣利. 出御衣若干襲. 命輪米布土木之費. 以某等特承殊遇. 區區涓埃之誠. 欲裨岡陵之算. 幸徹叡聽. 有此大施. 三寶以之增榮. 法輪以之重轉. 普願諸善檀那. 見聞所及. 悉生歡喜. 同發菩提. 共植德本. 上祝聖壽於無疆. 下延洪祚於億載. 福利無邊. 現未俱益云. 天順八年臘月十八日.[우리 聖上이 키 天命을 받ᄌᆞ오샤 東녁 나라ᄒᆞᆯ 다시 밍ᄀᆞᄅᆞ시니 만혼 民이 다ᄉᆞ라 便安ᄒᆞ며 네 ᄀᆞᅀᅵ 便安ᄒᆞ야 죠그니 업스며 크니 업시 다 天地아 ᄋᆞᆯ온 恩을 닙ᄉᆞ오니 쇼ᄒᆡ며 쥬ㅣ 뉘 갑ᄉᆞ올 ᄠᅳᆮ디 업스리오 마른 오직 뫼 만혼 恩이 므거우시고 터럭만호 힘은 젹ᄉᆞ오니 江陵ㅅ 五臺ᄂᆞᆫ 天下애 일훔난 山이며 文殊 겨신 ᄯᅡ히라 靈異호미 번드기 나ᄐᆞ니 上院寺ᄂᆞᆫ 더욱 勝흔 ᄯᅡ히라 우리 衣鉢 다 내야 이"

더를 다시 지서 福 비ᅀᆞ올 짜흘 삼고져 ᄒᆞᅀᆞᆸ다소니 兩殿이 듣ᄌᆞ오시고 特別히 綸命을 ᄂᆞ리오샤 ᄂᆞᄅᆞ샤 디 즁내 날 爲ᄒᆞ야 뎌를 지소려 홀씨 내 반ᄃᆞ기 도아 나랏 사ᄅᆞᆷ과로 利를 너표려 ᄒᆞ시고 御衣 현볼 내시며 쓸와 布貨와 土木 ᄡᅳᆯ꺼슬 주라 ᄒᆞ시니 우리 特別이 달이 맛나ᄆᆞᆯ 받ᄌᆞ와 죠고맛 精誠으로 뫼 ᄀᆞᆮ 목수믈 돕ᄉᆞᆸ고져 ᄒᆞᅀᆞᆸ다소니 힝혀 님긊 귀예 ᄉᆞ뭇차 이 큰 布施 겨시ᄂᆞ니 三寶ㅣ 일로 더욱 노ᄑᆞ며 法輪이 일로 다시 올ᄆᆞ리니 너비 願ᄒᆞᆫ돈 모ᄃᆞᆫ 어딘 施主와 보며 드르매 미ᄎᆞ닌 다 歡喜를 내야 ᄒᆞᆫ가지로 菩提心을 내야 모다 德ㅅ 根源을 심거 우흐론 聖壽를 ᄀᆞᆺ 업수믈 비ᄉᆞ오며 아래론 큰 福을 億萬歲에 길에 ᄒᆞ야 福利 ᄀᆞ지 업서 現在와 未來왜 다 利益게 홀띠니라.]"

40. 「오대산상원사중창권선문」의 어첩이라는 표지서명이 있는 첩장帖裝 1에는 국왕을 포함, 세자 이하와 내명부인 등 모두 18명의 공덕주 명단이 있다. 다른 첩장에는 하동부원군 정인지, 고령부원군 신숙주, 상당부원군 한명회 등 당대의 내로라하는 관료와 지방관의 수결이 있다. 관료가 인장을 사용한 것은 개화기 이후의 일이다. 15세기 중엽의 수결이 이 권선문과 같이 많은 예가 한 책에 있는 일은 없다. 고문서의 연구, 역사 연구에 이 수결은 높이 평가되고 있다. 한편 최남선이 1928년 7월 권선문을 찾아내 학계에 알린 기사가 동아일보에 실려 있다. "江原道地方 歷史遺蹟을 巡探하던 崔南善이 五臺山 上院寺에서 訓民正音의 最古 寫本을 發見하다. 同 文書는 世祖 9年 慧覺尊者가 上院寺 重創을 爲하여 만든 勸善文과 世祖가 上院寺 外護를 爲하여 子孫에게 遺囑한 文蹟을 일일이 正音으로써 번역한 것이다."

41. 『세조실록』권34, 1464년 세조 10 12월 19일戊戌.
42. 『세조실록』권34, 1464년 세조 10 12월 22일辛丑. "賜僧信眉正鐵五萬五千斤. 米五百石. 綿布正布各五百匹."
43. 『세조실록』권34, 1464년 세조 10 12월 23일壬寅.
44. 『세조실록』권35, 1465년 세조 11 1월 4일壬子, 7일乙卯.
45. 『세조실록』권35, 1465년 세조 11 1월 16일甲子.
46. 최항, 「원각사종명圓覺寺鐘銘」, 『동문선』권50, 민족문화추진회, 1968, 90~93쪽. "天以雷以震萬物. 佛以鍾以警萬衆. 玄化固無方也. 然非大壯之雷. 則不能鼓蟄動眞敎亦無邊也. 然非大音之鍾. 則何以覺大夢乎. 是知盡激大千. 周流六虛. 暢神化者. 莫疾乎聲. 而流洪韻者. 莫良於金也. 鍾之爲用大矣哉. 恭惟承天體道烈文英武殿下. 應千一升九五. 開闢乾坤. 陶鑄虞唐. 屯亨否泰. 德洽化隆. 猶病博濟. 爰懷永圖念能仁氏之道. 慈以與樂. 悲以拔苦. 隨機普度. 厥敎莫弘. 庶可憑依. 福利邦家. 越踐祚十載. 龍集甲申. 命建圓覺大叢林于都中. 遂鎔精金五萬斤. 鑄大鍾. 懸于雲雷之閣. 昭法器त. 範陰陽而均侈. 拿回祿而率職. 蜚廉效力. 百靈交應. 數圓候成. 縮以修索. 負以空虛. 亦時乃考. 一吼若震. 淸音誼容乎九霄. 威響砰隱乎三界. 於是. 四生竦聽. 萬類諦聽. 非唯明知之人. 聞聲知受. 觀愛悟法. 激昂奮勵. 勇猛精進耳. 貪駸者. 懺悔以遷善. 聲瞽者感動而知力. 心源自淨. 識浪安流. 以至上極有頂. 下彌空輪. 天仙飛行陸海神識. 亦皆撥冥蒙祛塵滯. 滌廣劫之瑕. 滅長夜之苦焉. 是則佛之所以假法器撞法音. 使其張皇慈心. 引曳悲念者. 無大於鍾. 而我后所以體至仁濟羣生. 流通像敎. 闡揚玄風. 洞達于幽冥. 淸寧于幅員者. 亦於是鍾乎永賴矣. 噫. 我后之心. 卽我佛之心也. 其心其化則不鳴而鳴. 非化非心則鳴而不鳴. 鍾以化鳴. 化以鍾流. 而萬法一心. 夫豈苟哉. 臣拜手稽首而獻銘."

47. 『세조실록』권35, 1465년 세조 11 1월 21일己巳.
48. 『세조실록』권35, 1465년 세조 11 2월 20일丁酉. "僧信眉. 構江原道五臺山上元寺. 命承政院. 馳書慶尙道觀察使. 給正鐵一萬五千斤. 中米五百石. 又命濟用監. 給綿布二百匹. 正布二百匹. 內需所給綿布三百匹. 正布三百匹."

49. 『세조실록』 권35, 1465년 세조 11 2월 21일戊戌.
50. 『세조실록』 권35, 1465년 세조 11 2월 27일甲辰, 30일丁未.
51. 『세조실록』 권35, 1465년 세조 11 3월 1일戊申.
52. 김수온, 「상원사중창기」, 『식우집』 권2, 『한국문집총간』 9, 1988, 91쪽. "於是. 悅公早作夜思. 躬加督勉. 始於乙酉三月."
53. 『세조실록』 권35, 1465년 세조 11 3월 9일丙辰.
54. 성현, 『용재총화』 권6.
55. 심우준, 「을유자」, 『한국민족문화대백과사전』 권17, 422쪽, 한국정신문화연구원, 1995. "『원각경언해』의 자본字本은 정난종이 썼다. 「을유자乙酉字」로 불리는 대·중·소자의 동활자를 주성했다. 이 활자의 주조 사실은 『세조실록』에는 보이지 않는다. 김종직이 쓴 갑진자甲辰字 주자발鑄字跋에 "을유자는 그 자체가 단정하지 못해 쓸 수 없다."는 간단한 기록만 보인다. 정난종은 송설체松雪體의 해서에 능해 창덕궁 안의 여러 전문殿門의 편액과 봉선사종奉先寺鐘銘 등을 썼던 당대의 명필이다. 그러나 이 송설체의 글자가 진체晉體처럼 해정楷正하지 못해 그 글자체를 바탕으로 주성한 을유자도 단정하지 못해 인쇄하기를 꺼려했고, 겨우 20년 밖에 사용하지 않았으므로 그 인본印本이 많지 않다."
56. 황수신, 『원각경언해』 상전문上箋文. 이능화, 『역주 조선불교통사』 5, 동국대학교출판부, 2010, 595~596쪽. "世祖大王十一年*乙酉. 刊經都監. 雕印御譯圓覺經. 上進箋文. 刊經都監都提調推忠佐翼功臣大匡輔國崇祿大夫議政府右議政南原府院君臣黃守身等. 謹將新雕印. 御定口訣飜譯大方廣圓覺修多羅了義經. 粧潢投進. 臣守身等. 誠惶誠恐. 頓首頓首上言. 切以眞如寂滅. 視不見而聽不聞. 妄識紛拏. 粘難解而縛難脱. 緣二門之趣入. 分十界之異馳. 我釋迦文. 號薄伽梵. 重重主件六雙大士之互陳. 種種根機二十諸輪之畢舉. 提究旣果. 示本起因. 淸淨法行諸佛同於實際. 圓成妙性衆生具於眞源. 由執認於四緣. 遂專迷於一性. 顚倒展轉則空華舟岸之委明. 行相謬乖則作止任滅之曲辯. 義無微而不照. 理無廣而不包. 乃滿藏之圓音. 而大乘之頓說. 恭惟主上承天體道烈文英武殿下. 握符御極. 記莂臨朝. 不闡徽猷. 欽崇至敎. 旣博綜於羣籍. 獨深達於竺墳. 思廣甘露之門. 更布慈雲之廕. 煥如新之盛德. 發天縱之多能. 楷定口訣於契經. 發揮心法於了義. 特降斯典. 俾導靈詮. 臣守身等. 香海微漚. 儒林末葉叨將寡味. 獲預選掄. 愧醒醍之眞容. 敢對揚於金地. 譯筆始訖於出畵. 刊板已得以成編. 奉進燕閑. 用資乙覽. 翻華作績績佛慧於無窮. 頌聖瞻天祝報曆於罔極. 臣守身等. 誠惶誠恐. 無任激切屛營之至前件大方廣圓覺修多羅了義經一部十一卷. 謹隨箋上進以聞. 成化元年三月**十九日都提調推忠佐翼功臣大匡輔國崇祿大夫議政府右議政南原府院君臣黃守身謹上箋." * 원문의 '十年'은 '十一年'의 오기다. ** 원문에는 '三月'이 빠졌다.
57. 「원각경언해 조조관」, 『원각경언해』 영인본, 대제각, 1988, 606쪽. "❋ 도제조 : 황수신(우의정·남원부원군) ❋ 제조 : 박원형(홍문관 대제학·연성군)·김수온(공조판서·세자우빈객)·윤자운(병조판서·무송군)·김국광(호조판서)·원효연(예조판서·원성군)·한계희(이조판서)·성임(동지중추원사)·강희맹(인순부윤)·윤찬(형조참판·파성군) ❋ 부제조 : 노사신(승정원 도승지) ❋ 사 : 안관후(행 충좌위 중부사직)·김달전(판제용감사)·권감(행 의흥위섭호군)·홍방치(행 충찰위섭호군)·김원신(전 행풍저창사)·조지행(성균사예)·윤호(행 용양위)·민효남(행 의흥위)·김계창(봉직랑수세자문학)."
58. 이숭녕, 「신미의 역경사업에 관한 연구」, 『대한민국 학술원논문집』 제25집, 1986, 25~27쪽. "『원각경언해』는 한문의 원전과 주가 차지한 양이 크지만 대체로 오늘의 면수로 따진다면 총 2,294면의 대서大著가 되었으니 그 번역의 노고는 이만저만한 것이 아니다. 그것이 소설의 번역과도

달라 구결을 끊고 교리를 생각하며 번역한다는 것이니, 한문 실력만 가지고 될 일은 아니다. 신미는 주도적 위치에서 어려운 일을 해낸 것이다. 그런데 효령대군도 많이 노력한 분이고, 한계희 또한 번역에 노고가 컸지만 그는 이조판서로 출세하고 상진전문에 당당하게 그 이름을 들어내었다. 그러나 신미만이 완전히 말살되다시피 그 이름이 삭제되고 말았다. 아무리 척불숭유의 시대라 해도 그 태도는 오늘날 비판을 받아 마땅할 것이다."

59. 김수온,「대명조선국대원각사비명」,『식우집』보유,『한국문집총간』9, 1998, 139쪽. "龔惟我 主上殿下在位之十年甲申. 功成治定. 禮秩樂和. 國家開暇. 民物阜康. 上洒游神至道. 恭默玄教. 思與億兆群生. 共植德本. 同躋壽域. 如來一代所說三藏十二部中. 惟大圓覺眞頓教眞詮. 萬機之餘. 親定口訣. 漢諺交宣. 將使國人. 皆得聞大乘之道."

60. 이종익,「원각경소圓覺經疏」,『한국민족문화대백과사전』권16, 한국정신문화연구원, 1995, 664쪽.

61. 안병희,「원각경구결」,『한국민족문화대백과사전』권16, 한국정신문화연구원, 1995, 663~664쪽. "서명은『원각경』으로 되어 있으나『원각경언해』와 한문본인『원각경』과 구별하기 위해『원각경구결』또는『구결원각경』이라 한다. 구결의 내용은 세조가 달았다는『원각경언해』와 같은데, 언해가 없음이 다르다. 간기가 없으나 을유자로 인쇄된 책이므로『원각경』을 찍기 위해 을유자를 주조했다는 성현의『용재총화』를 통해 볼 때 1465년 세조 11에『원각경언해』와 동시에 간행되었다. 현재 5책 전부가 남아 있다. 16세기 중엽에 원간본을 복각한 중간본도 전한다. 국어사 연구와 고활자 연구에 중요한 자료다."

62. 서경수,「원각경」,『한국민족문화대백과사전』권16, 한국정신문화연구원, 1995, 663쪽.

63. 『성종실록』권225, 1489년 성종 20 2월 13일辛丑.

64. 『연려실기술』권6,「성종조 명신」.

65. 『세조실록』권35, 1465년 세조 11 3월 27일甲戌.

66. 『세조실록』권35, 1465년 세조 11 4월 6일甲戌. 7일癸未.

67. 성현,『용재총화』권7.

68. 김수온,「대명조선국대원각사비명」,『식우집』보유. "十月乙卯告訖. 以楹計者. 摠四百有奇. 佛宇中峙. 特賜額大光明殿. 左爲禪堂. 右爲雲集. 有門曰寂光之門. 次外曰般若之門. 次外曰解脫之門. 棲鍾有宇. 曰法雷之閣. 供辦有廠. 曰香寂之寮. 鑿沼東偏. 植之芙蕖. 西開苑園. 樹以花盆. 正殿之後. 度置藏經. 曰海藏之殿. 又建窣覩婆十有三層. 安分身舍利及新譯圓覺經. 殿堂 · 寮舍 · 倉庫 · 廚湢. 各得位序. 規模宏敞. 金碧混煌. 壯麗輪煥之美. 鮮有其儷. 至於楗槌道具. 恒用什器. 悉贍悉備."* 기사 중 '10월 을묘'는 실록의 기사와 다르다. 뒷날 원각사비명을 쓸 때 착오가 있었던 것으로 판단된다. 실록의 날짜에 따른다. 또한 원각사탑의 기단부가 완성되어 사리와 훈민정음으로 번역한『원각경언해』를 탑 속에 봉안했음을 확인할 수 있다.

69. 심경호,『김시습 평전』, 돌베개, 2003, 237쪽. "운수천인도량은 1천 명의 승려를 공양하고 불법을 펴는 일로, 천승공양千僧供養·천승재千僧齋·천승회千僧會라고도 한다. 빔비사라頻婆娑羅가 1천 명의 비구에게 공양하겠다고 약속해 그가 죽은 뒤 마하가섭摩訶迦葉이 1천 명을 모아 경장(經藏 · 불경)을 결집(結集 : 편찬)한 데서 기원한다. 중국 남북조시대부터 성행, 군주와 귀족들이 자주 행했다. 일본에서도 효덕천황孝德天皇이 652년에 강경講經을 한 후로 천승공양을 자주 벌였다."

70. 『세조실록』권35, 1465년 세조 11 4월 8일甲申.

71. 김수온,「대명조선국대원각사비명」,『식우집』보유. "命召諸山龍釋. 大設法會. 轉新譯圓覺

經落之. 殿下親詣道場. 令侍從臣僚及殊方來敷騁者. 皆入瞻禮. 于時五雲紛郁. 天花交雨. 白龍夭矯. 雙鶴翩翩于雲際. 休祥遝至. 萬目咸覩. 特賜寺僧米布."

72. 김시습,「원각사낙성회」,『매월당속집』권2.
73. 김시습,「수계권受契券」,『매월당속집』권2.
74. 김시습,「원각사찬시圓覺寺讚詩」,『매월당집』권2.
75. 김시습,「도중에서 다시 소명을 받고 진정한 시[半途復命召固辭陳情詩]」,『매월당속집』권2.
76. 이능화,「세조가 원각사를 짓고 행차. 깨달음의 서원을 결의하는 글을 짓다[製文覺寺菩提結誓]」,『역주 조선불교통사』5, 동국대학교출판부, 2010, 605쪽.
77. 『성종실록』권43, 1474년 성종 5 6월 15일辰. "세조는 절의 동남쪽 모퉁이에 임행할 때 머물기 위해 별도의 한 실室을 꾸며 어실御室이라 불렀다." 1504년 연산군 10 원각사 혁파문제가 거론되었다.
78. 『세조실록』권35, 1465년 세조 11 4월 11일丁亥.
79. 『세조실록』권36, 1465년 세조 11 7월 23일戊辰, 29일甲戌.
80. 『세조실록』권36, 1465년 세조 11 8월 13일戊子.
81. 『세종실록』권40, 1428년 세종 10 윤4월 18일己亥.
82. 『세조실록』권37, 1465년 세조 11 9월 26일庚午, 27일辛未.
83. 『세조실록』권37, 1465년 세조 11 10월 6일庚辰.
84. 『세조실록』권37, 1465년 세조 11 10월 9일癸未.
85. 『세조실록』권37, 1465년 세조 11 10월 15일己丑.
86. 『세조실록』권37, 1465년 세조 11 11월 6일庚戌.
87. 『세조실록』권37, 1465년 세조 11 11월 12일丙辰.
88. 『세조실록』권37, 1465년 세조 11 11월 25일己巳.
89. 『세조실록』권37, 1465년 세조 11 12월 17일庚寅.
90. 『세조실록』권37, 1465년 세조 11 12월 23일丙申.
91. 「영암 도갑사 묘각화상비문」,『교감역주 역대 고승비문』조선편 1, 가산불교문화연구소, 1999, 417~418쪽. "卽召門弟子. 囑以宗門大事. 泊然蟬蛻. 閱歲六十三. 坐臘五十一. 塔于寺之東麓. 紀德有碑."
92. 「영암 도갑사 묘각화상비」, 앞의 책, 451쪽. "居嗣後光廟. 備禮奉迎. 冊封王師. 錫以妙覺師號. 及紫伽棃一襲. 又頻下手札. 以慰問. 象毛拂子. 琉璃數珠. 搢紳縫掖. 自公卿以至墨綬銅符. 西向而問. 北面而禮者. 不可殫述. 其爲一時所重. 從可知矣."
93. 안동림,『벽암록』, 현암사, 2000, 16·17·39쪽. "『벽암록』은 선의 진수이며 선 문학의 제1호라고 할 수 있는 선가禪家의 '종문제일서宗門第一書'이다. 휘종徽宗 연간에 재상까지 지내고 불교문학사상 유명한『호법론護法論』을 지은 장상영張商英의 청으로 중현(重顯, 980~1052)의『송고백칙頌古百則』에 극근克勤이 수시·착어·평창을 붙여『벽암록』을 간행한 것이 1128년(남송 고종高宗 건연建炎 2)이다. 초간본은 1125년(선화 7) 성도成都에서 제창 필록했다는 촉본蜀本이 있고, 다음 유포본은 1300년경에 장명원張明遠이 간행했다.『벽암록』은 불교의 진수인 '불립문자 교외별전不立文字 敎外別傳'의 뜻을 문자로 가장 정확하게 나타내고 있으며 심오한 명상적 세계를 최고의 문학적 상징과 뉘앙스로 잘 드러내고 있다. 표현할 수 없는 그 최고의 철학과 상징을 직접 느끼고 짐작할 수 있는 유일한 화두집이『벽암록』이며 불교 철학에서나 문학적 가치로도 최상의 명저로 평가되

고 있다."

94. 『세조실록』 권38, 1466년 세조 12 1월 15일戊午.
95. 『세조실록』 권38, 1466년 세조 12 1월 21일甲子.
96. 『세조실록』 권38, 1466년 세조 12 2월 9일辛巳, 12일甲申.
97. 서거정, 「최문정공비명병서崔文靖公碑銘 幷序」, 『국역 태허정집』, 세종대왕기념사업회, 2003.
98. 『세조실록』 권38, 1466년 세조 12 3월 5일丙午.
99. 안병희, 「세조의 경서 구결」, 『국어사 자료 연구』, 문학과 지성사, 1997, 153~154·515쪽. "『주역전의』에 사용된 활자는 초주 을해자인 점에서 15세기 중엽의 간본刊本인 사실도 그것을 뒷받침한다. 강녕전은 비현합과 함께 세조가 문신을 불러 주역 구결을 논의하고 확정하던 곳이다. 세조가 구결을 달고 언해한 『목우자수심결』의 편저자명이 비현합역결丕顯閤譯訣이라 한 것과 같이 이 책의 편저자명도 세조가 구결을 달았다는 뜻으로 해석되는 것이다. 현재 을해자로 된 원간본은 영본零本으로, 권20 1책이 일본의 궁내청 서능부書陵部에 전한다."
100. 『세조실록』 권38, 1466년 세조 12 3월 16일丁巳.
101. 『세조실록』 권38, 1466년 세조 12 3월 17일戊午, 18일己未.
102. 『세조실록』 권38, 1466년 세조 12 3월 19일庚申, 20일辛酉.
103. 『세조실록』 권38, 1466년 세조 12 3월 21일壬戌, 22일癸亥.
104. 『세조실록』 권38, 1466년 세조 12 3월 23일甲子, 24일乙丑.
105. 『세조실록』 권38, 1466년 세조 12 3월 25일丙寅, 26일丁卯.
106. 『세조실록』 권38, 1466년 세조 12 3월 27일戊辰.
107. 『세조실록』 권38, 1466년 세조 12 3월 28일己巳, 29일庚午.
108. 『세조실록』 권38, 1466년 세조 12 윤3월 4일乙亥.
109. 『신증동국여지승람』 권45, 강원도. "세조가 유점사에 거둥했다. 학열에게 명해 개수, 드디어 산중의 거찰이 되었다. 절 앞 시내에 걸쳐 산영루山映樓라는 다락을 지었다."
110. 『세조실록』 권38, 1466년 세조 12 윤3월 6일丁丑, 7일戊寅.
111. 『세조실록』 권38, 1466년 세조 12 윤3월 8일己卯.
112. 『세조실록』 권38, 1466년 세조 12 윤3월 9일庚辰, 11일壬午.
113. 한용운, 「건봉사사적乾鳳寺史蹟」, 『한용운전집』 4, 신구문화사, 1973, 237·249쪽. 어실각御室閣은 6간이었다. 사적史蹟에는 4월 11일 세조가 동쪽으로 행차할 때에 5일 동안 머문 뒤 원당으로 삼았다고 적고 있다. 실록에는 윤3월 11일 명파역에 머물렀다. 건봉사로 들었다는 기록은 없다. 세조는 윤3월 13일에 낙산사로 행행했다.
114. 이능화, 「건봉사사적기」, 『역주 조선불교통사』 2, 동국대학교출판부, 2010, 183~184쪽. "凡我同契之人. 旣生淨信. 勿作妄惑. 妄惑生處. 皆是緣塵. 緣塵之聚. 重濁成山. 畢竟限碍. 輕淸無日. 若欲除之. 畚鍤幷用. 猶如大海. 羅紋同飮. 悉得充足. 勿爲自棄. 欲鬭漂沈. 菩提結誓. 其在玆焉.[무릇 우리는 동계同契의 사람이다. 이미 맑은 믿음이 생기고, 헛되고 미혹됨을 일으키지 않는다. 망혹됨이 일어나는 곳은 모두 속세의 티끌에 기인하는 것이다. 속세의 티끌이 모여 거듭 탁한 산을 이루면 마침내 장애에 부딪혀 가볍고 맑은 날은 없을 것이다. 만일 그것을 제거하고자 삼태기와 삽을 함께 쓰면, 마치 대해大海와 같게 되어 나문동음(羅紋同飮 : 새와 모기가 함께 마신다는 뜻)으로 모두에게 사용된다는 의미하여 모두 충족함을 얻게 될 것이다. 스스로 포기하지 않고, 떠다니며

가라앉은 것을 제거하고자 한다면 보리菩提를 서원하는 일만이 있을 따름이다.]"
한편 이능화는 별도의 주에서 "상현이 살피건대 세조대왕은 성화 원년 을유년(1465) 4월 11일에 원각사에 행차하여 친히 계문誡文을 지었다. 이 발원문과 한 자도 다르지 않다."고 적어두었다.

115. 『세조실록』 권38, 1466년 세조 12 윤3월 12일癸未, 13일甲申.
116. '낙산洛山'은 범어 보타락가補陀洛伽의 준말. 관세음보살이 항상 머무는 곳을 뜻한다. 671년 (신라 문무왕 11)에 의상義湘이 당나라에서 귀국한 뒤 관세음보살의 진신眞身이 낙산 동쪽 바닷가 굴속에 있다는 말을 듣고 친견하기 위해 찾아갔다가 낙산사를 창건했다.
117. 『정종실록』 권2, 1399년 정종 1 8월 26일癸亥.
118. 『낙산사』, 사찰문화연구원, 1998, 58쪽.
119. 『태종실록』 권6·8, 1403년 태종 3 8월 1일丙午, 1404년 태종 4 7월 25일甲子.
120. 한용운, 「건봉사 및 건봉사말사사적」, 『한용운전집』 4, 신구문화사, 1973, 293쪽. "세조가 학열에게 명하여 3층 석탑을 9층으로 개조하다." '9층'은 '7층'의 오기誤記로 보인다. 낙산사 중창불사는 이때 세조의 지시로 시작됐다. 왕실에서 각종 물자를 조달했고, 학열이 총괄했다. 홍예문과 원통보전 담장, 7층 석탑 등의 중요문화재가 이때 조성되었다.
121. 『세조실록』 권38, 1466년 세조 12 윤3월 14일乙酉.
122. 『세조실록』 권38, 1466년 세조 12 윤3월 15일丙戌, 16일丁亥.
123. 권근, 「오대산 사자암 중창기五臺山獅子庵重創記」, 『양촌집陽村集』 권7.
124. 김수온, 「상원사중창기」, 『식우집』 권2, 『한국문집총간』 권9, 1988, 91쪽. "江陵舊有封田數百結. 公請屬於寺. 治爲水田. 播種數百石. 歲收其熟. 以爲常住之資. 仁粹王妃殿下爲寺有願成願佛. 又納租一百五十石. 爲先考妣每夕施食. 納租六十石. 世祖聞寺功已畢. 賜米五百石布一千匹. 使衣鉢座具湯藥四事咸備. 聚韻釋五十二員. 大說落成會."
125. 김수온, 「상원사중창기」, 『식우집』 권2. "先是. 佛殿東西. 皆置上室. 公別寓巧智. 撤上室兩壁. 代以障子. 若大精進. 則揭其兩障. 與佛殿通爲一場. 南廊之間. 起樓五間. 以樓鍾磬道具. 仍門其下. 通其出入. 東上室之東. 立羅漢殿. 西上室之西. 立靑蓮室. 靑蓮之西. 又有齋. 廚室, 僧堂, 禪堂, 廚庫, 泡漚之處. 無不各得其宜. 以楹計者. 總五十有六. 於廥廠之傍. 鑿石爲槽. 剝木爲桶. 冷泉激射. 取用不竭. 以至日用什器之屬. 悉贍悉具."
126. 『세조실록』 권38, 1466년 세조 12 윤3월 17일戊子.
127. 김수온, 「상원사중창기」, 『식우집』 권2. "是日. 適落成開堂. 山水秀麗. 洞壑淸幽. 殿舍靚密. 僧徒濟濟. 法器齊鳴. 梵唄偕作. 世祖躬詣佛殿. 三蓺香. 行禮拜. 令侍從群僚許許膜拜. 仍召公賜對移時. 公擧山中故迹. 本寺興廢始末. 與夫佛祖東西密付心法之要. 談鋒迅利. 理致邃奧. 言皆稱旨. 世祖大悅. 卽賜內帑布帛. 以賁其會."
128. 김수온, 「영감암중창기靈鑑菴重創記」, 『식우집』 권2, 『한국문집총간』 권9, 1988, 92쪽. "丙戌春. 世祖大王東巡. 親幸上元寺. 因訊寺僧. 頗知靈菴."
129. 현해, 『오대산 월정사·상원사』, 월정사, 102쪽. "영감암(靈鑑庵: 지금의 靈鑑寺)은 강원도 오대산 월정사에서 상원사로 가는 2킬로미터 지점에서 서북쪽으로 1킬로미터 떨어진 남호암南虎巖 기슭에 있다. 물·불·바람의 삼재三災가 침입하지 못하는 길지吉地로 꼽힌다. 조선 초기에는 함허당 득통, 중기에는 사명대사가 주석했다. 1606년 선조 39 『실록』 보관을 위해 사고史庫를 지을 때 중창되었다. 한국전쟁 때 아군에 의해 사고, 선원각과 함께 불에 타버려 지금은 터에 주춧돌만 남아 있다. 1960년대 후반 비구니 뇌묵스님이 실록각이 있던 자리에 다시 건립하여 오늘에 이르고 있다."

130. 야부埜夫,「함허당득통화상행장」,『한국불교전서』 7, 251쪽.
131. 『금강경삼가해金剛經三家解』 권1, 세종대왕기념사업회, 2006, 96쪽.
132. 강희맹,「번역금강경삼가해발翻譯金剛經三家解跋」,『사숙재집私淑齋集』 권10, 세종대왕기념사업회, 1999, 469~471쪽. "歲戊辰春. 又得涵虛堂信如得通所撰金剛經五家解說誼. 上大加稱賞. 命世祖翻譯. 親覽竄定. 歲庚午春. 書未脫藁. 而世宗賓天. 爾後國家多難. 未遑他及. 世祖大王. 克靖大難. 化家爲國."* 원문에는 '得通'이 '信如'다. 바로 잡았다.
133. 김수온,「상원사중창기」,『식우집』 권2. "惟我世祖惠莊大王. 身定大亂. 克靖國家. 檢身修德. 力於爲善. 立經陳紀. 垂訓萬歲. 大化之本已立. 而爲治之具已張. 遂致東方所無之大平. 間念釋氏. 域外之大聖. 其道以慈悲淸淨爲貴. 而推其利澤. 又可以福邦家而壽君親. 天縱聖學. 首出庶物. 其於三藏九部之文. 一心萬法之宗. 莫不研究其微. 而心領神會. 臺山雖遠. 上元雖僻. 以道衆所集. 則必爲之改造. 優賜其費. 以營其始. 曁其告訖. 大施內帑之珍. 設會落成. 弘揚梵秉. 普與法界含靈. 同需利樂於無邊. 親擧玉趾. 照臨山谷. 風雲動色. 草木生輝. 自有天地. 卽有此山. 前乎千百載之旣往. 後乎千百載之方來. 而未知有此盛事與否. 不寧惟是. 遐陬僻壤. 山巓水涯之民. 何幸見車馬之音. 羽旄之美."
134. 『세조실록』 권38, 1466년 세조 12 윤3월 17일戊子.
135.「정현조·의숙공주 발원문」(보물 제793-1호) www.memorykorea.go.kr. "朝鮮國河城尉鄭顯祖懿淑公主李氏 伏爲 主上殿下 王妃殿下 世子邸下 歲歲萬歲萬萬歲 亦願己身遠得智惠之男敬成 釋迦如來 藥師如來 阿彌陀佛 文殊菩薩 普賢菩薩 彌勒菩薩 觀音菩薩 地藏菩薩 十六應眞 天帝釋王伏安于五臺山文殊寺 伏願衆聖各運慈悲同心攝受二逢弟子區懇願 成化二年二月日誌." 문수보살상 등 8구의 보살상과 16구의 나한상, 천·제석 등의 상을 조성하고 쓴 봉안 발원문은 청색의 명주바탕에 주사朱砂로 적었다. 크기는 세로 31.5cm, 가로 24cm다.
136. 문명대,「상원사 목조문수동자좌상」,『한국민족문화대백과사전』 권11, 한국정신문화연구원, 1995, 544쪽.
137. 현해, 앞의 책, 72·75쪽. "1984년 7월 문수동자상에서 조성 발원문 등 23점의 복장腹藏 유물이 발견되어 보물 제793호1-15호로 일괄 지정되었다. 유물을 통해 1466년 세조 12, 1485년 성종 16, 1599년 선조 32 등 세 번에 걸쳐 안치했음을 확인할 수 있다. 복장 유물로는 「의숙공주 발원문」,「중수발원문」,「백지묵서제진언」,「대방광불 화엄경」 권28(두루마리),「오대진언」,「묘법연화경」,「대방광원각수다라요의경」,「육경합부」, 명주적삼, 생명주적삼, 금동제 사리함, 사리, 수정구슬, 백색 수정 사리병, 세조의 어의御衣를 싼 명주 보자기 등이 있다."
138. 이능화,「세조가 월정사에 갔다가 상원사 개울에서 문수동자를 만나다[月精寺見文殊童子]」,『역주 조선불교통사』 5, 동국대학교출판부, 2010, 625~626쪽.
139. 김수온,「상원사중창기」,『식우집』 권2. "學悅等率徒衆. 詣行宮謝恩."
140. 『세조실록』 권38, 1466년 세조 12 윤3월 18일己丑, 19일庚寅.
141. 『세조실록』 권38, 1466년 세조 12 윤3월 20일辛卯, 21일壬辰.
142. 『세조실록』 권38, 1466년 세조 12 윤3월 22일癸巳, 23일甲午.
143. 『세조실록』 권38, 1466년 세조 12 윤3월 24일乙未.
144. 이정주,「세조대 후반기의 불교적 상서와 은전」,『민족문화연구』 제44호, 2006, 256·258쪽.
145. 담무갈보살曇無竭菩薩 : 산스크리트명 'Dharmogata'에서 온 말이다. 음역하여 '達摩鬱伽陀'라고 한다. 한역하여 法盛, 法勇, 法上, 法起 등으로도 부른다. 중향성衆香城에 머물며 항상 '반

야바라밀다'를 설하는 보살이다.
146. 『세조실록』 권38, 1466년 세조 12 윤3월 28일己亥.
147. 신숙주,『해동제국기海東諸國記』「細川殿」,『성종실록』 권28, 1473년 성종 4 3월 13일癸卯.
148. 『세조실록』 권38, 1466년 세조 12 4월 12일壬子.
149. 『세조실록』 권38, 1466년 세조 12 4월 18일戊午.
150. 『세조실록』 권39, 1466년 세조 12 5월 5일乙亥.
151. 『세조실록』 권39, 1466년 세조 12 5월 8일戊寅, 10일庚辰.
152. 『세조실록』 권39, 1466년 세조 12 5월 14일甲申, 15일乙酉.
153. 성백효 역주,『사가명저선四佳名著選』, 이회출판사, 2000, 429쪽. "金乖崖魁拔英科. 將開慶席. 內賜酒果. 令國老皆赴臨. 文武兩榜齊進. 金廳事庭除狹隘. 車盖難容. 竊歎之. 成昌寧重卿. 從榜而笑曰. 豈無庭除敞豁. 如重卿者呼. 盖亦有脾睨 狀元之志. 金應聲曰. 寒乞兒布帶. 雖大何用."
154. 『세조실록』 권39, 1466년 세조 12 5월 16일丙戌.
155. 『세조실록』 권39, 1466년 세조 12 7월 15일甲申.
156. 김두종,「『패관잡기』해제」, 국역『대동야승』 권1, 민족문화추진회, 1985, 417쪽. "어숙권의 『패관잡기』는 중종 말경에 선집한 것으로 보인다. 권두에 명제明帝 주원장의 홍무洪武 원년으로부터 시작해 조선의 건국과 함께 명나라에 왕래하게 되던 시절과 요동·일본·대마도·유구琉球 등 지역에 관련된 유사·시화·풍속 등을 자세히 기록했다. 그 당시의 사환仕宦·일사逸士·시인·문호의 언행과 재인·기예·축첩·동요童謠 등에 관한 사실을 듣고 본 그대로 기록했다. 후세에 필요한 사료로 널리 이용되었다."
157. 어숙권,『패관잡기』 권1, 국역『대동야승』, 민족문화추진회, 1985, 437~438쪽.
158. 『세조실록』 권39, 1466년 세조 12 7월 24일癸巳, 25일甲午. 세조는 등준시를 본 건물에 '은정전恩政殿'이란 이름을 내렸다. -『동국여지승람』 경복궁조.
159. 『세조실록』 권39, 1466년 세조 12 9월 11일己卯.
160. 『세조실록』 권39, 1466년 세조 12 9월 28일丙申.
161. 『세조실록』 권40, 1466년 세조 12 10월 2일庚子, 16일甲寅.
162. 『세조실록』 권39, 1466년 세조 12 6월 13일壬子.
163. 안병희,「국어사 자료의 정리」,『국어사 문헌 연구』, 2009, 신구문화사, 226쪽. "『구급방언해』는 을해자로 간행된 원간본은 전하지 않고, 그것을 복각한 책만 전한다. 임진란 이전의 간행으로 보인다. 이어서 1489년성종 20『구급간이방』(8권)이 간행되었으나, 이 책도 현재 임진란 이전에 을해본을 복각한 중간본만 남아 있다. 그것조차 권1, 2, 3, 6, 7의 5권 5책뿐이다."
164. 『세조실록』 권32, 1464년 세조 10 1월 7일庚申.
165. 『세조실록』 권38, 1466년 세조 12 4월 11일辛亥.
166. 『세조실록』 권32, 1464년 세조 10 1월 11일甲子.
167. 『세조실록』 권41, 1467년 세조 13 1월 23일庚寅, 24일辛卯.
168. 『세조실록』 권41, 1467년 세조 13 1월 27일午午, 28일乙未.
169. 『세조실록』 권41, 1467년 세조 13 2월 17일癸丑.
170. 『세조실록』 권41, 1467년 세조 13 3월 6일辛未.
171. 『세조실록』 권42, 1467년 세조 13 4월 7일壬寅. 원각사탑은 1468년 세조 14 4월에 완공되었다. 그러나 완공되지 않은 시점에도 명나라와 일본에까지 널리 알려져 있었다.

172. 『세조실록』 권42, 1467년 세조 13 4월 8일癸卯.
173. 김수온, 「대명조선국대원각사비명」, 『식우집』 보유, 『한국문집총간』 권9. 1988, 141쪽. "四月八日. 以窣覩婆成. 設法會. 殿下親幸. 又有天花瑞氣舍利之異. 又有日氣騰上. 分爲數道. 橫亘空中. 宛轉成輪. 重疊無盡. 日光環薄. 僧尼道俗瞻仰膜拜者. 以億萬計. 及還宮. 學士耆老敎坊. 皆獻歌謠. 都人士女. 塡咽街巷. 抃舞踊躍. 歡聲如雷. 殿下降赦. 賜百官爵一級."
174. 『세조실록』 권42, 1467년 세조 13 4월 10일乙巳, 11일丙午.
175. 김수온, 「대명조선국대원각사비명」, 『식우집』 보유. "百僚合辭請曰. 臣等伏覩創大伽藍. 建大法幢. 設大法會. 奇祥異瑞. 不一而足. 實曠古罕聞. 非惟佛菩薩道化難思. 抑我殿下至德誕道. 默契最上乘之致也. 請文于石. 以示永世. 乃召臣守溫筆之. 守溫承命悸慄. 不敢以辭. 伏惟主上殿下天縱聖智. 卓冠百王. 曩在潛邸. 明炳幾先. 平定禍亂. 昭受景命. 卽位以來. 厲精圖理. 不遑暇食. 修德行善. 敦化正俗. 雨暘時若. 民和歲豐. 登于至治. 威加海外. 僻遠之邦. 梯航絡繹. 盛德隆功. 致治之美. 三五以還. 蔑以加矣. 重念群黎. 長夜昏瞀. 輪回諸趣. 無有出期. 乃依萬義經. 親自演釋. 期於易曉. 頒布中外. 於國都中. 又建大刹. 使億萬蒼生. 近佛慈化. 去邪歸正. 咸爲善俗. 同入如來薩婆若海. 臣庶百工. 罔不懽抃. 子來趨事. 鼕鼓不勝. 不數月而告成. 於虖. 宸謨睿猷. 上答佛囑. 下孚輿情. 百神協順. 兩儀效靈. 自經始以來. 嘉祥騈集. 景貺胼臻. 荷貺盛哉. 我覺皇普濟神通之化. 我聖上至誠感道之妙. 豈臣之管見所可得而名言耶. 然臣參備陪從. 覩玆盛美. 敢不鋪張贊揚. 使鏗鏘炳耀於無窮. 謹拜手稽首獻銘曰."
176. 성현, 『용재총화』 권1, 고전국역총서 49, 민족문화추진회, 1985, 108쪽. "圓覺寺碑則金乖崖製成任書之. 其筆法可與子昻頡頏. 雖瑢所書英陵碑. 亦不能過. 後世寶之者必多矣. 成任與姜仁齋鄭東萊. 號一時善書. 仁齋性本憚書. 其迹寡傳於世. 成任多書屛簇. 而其書圓覺寺碑尤入妙. 成宗覽其筆跡曰. 善哉. 名不虛得也. 東萊於書多致力用功. 人有求者. 不憚書而與之. 故流布於世者亦多. 然柔脆不足觀矣."
177. 정충락, 「원각사비」, 『한국민족문화대백과사전』 권16, 한국정신문화연구원, 1995, 655쪽. "비면의 글씨는 마멸이 심해 전혀 알아볼 수 없다. 비문의 내용이 『속동문선』에 실려 있다."
178. 『신증동국여지승람』에는 경천사탑과 원각사탑이 모두 13층으로 명시되어 있다. 김수온이 쓴 「원각사비문」에도 13층으로 되어 있다. 소재구는 『원각사지 10층석탑의 연구』(한국정신문화연구원 석사학위 논문, 1986, 14쪽)에서 13층의 의미를 다음과 같이 정리했다. "해인사 팔만대장경 중 화엄변상도가 새겨진 목판에 육각십층탑이 나타나고 있다. 또 경천사 10층석탑의 명문은 '大華嚴敬天寺…'로 시작되고 있으며 원각사 금당의 액호額號가 '大光明殿'으로 된 사실이 이 두 탑이 화엄사상과 밀접한 관계를 지니고 있음을 시사하고 있다. 아울러 화엄의 연기緣起가 '三界十方'의 우주현상으로 화한다는 입장에서 기왕의 십층 탑신에 '十方'의 공간개념과 '3층 기단'에 '三界'의 시간개념을 이입하여 불교의 우주관을 하나의 탑으로 상징화했다고 해석되어진다."
179. 이능화, 「한양보탑여래사리」, 앞의 책, 621쪽.
180. 『원각사지 10층 석탑 실측조사보고서』, 문화재관리국, 1993.
181. 홍윤식, 『만다라』, 대원사, 1994, 51~58쪽. "태장계만다라胎藏界曼茶羅의 12원院은 중대팔엽원中臺八葉院, 편지원遍知院, 지명원持明院, 관음원觀音院, 금강수원金剛手院, 석가원釋迦院, 문수원文殊院, 허공장원虛空藏院, 소실지원蘇悉地院, 지장원地藏院, 제개장원除蓋障院, 외금강원外金剛院이다. 이는 팔엽원八葉院에서의 대일여래大日如來의 덕성이 밀교의 교의敎義를 좇아 외부로 원심직遠心的으로 전개됨과 동시에 주변의 것이 본존을 향해 귀한한다고 하는 회귀의 구조를

지닌다."

182. 안병희,「목우자수심결」,『국어사 자료 연구』, 문학과 지성사, 1992, 517쪽. "『목우자수심결 언해』의 원간본 계통으로 보이는 책은 서울대 규장각 일사문고와 일본 동양문고에 소장되어 있다. 중간본은 1500년 연산군 6에 경상도 합천 봉서사鳳栖寺에서 복각한 것이 있다. 근래에 후쇄본까지 있어 상당히 널리 유포되었다." 일사문고(보물 제770호)에는 권수卷首에『사법어』가 합철되어 있다. 조선 초기 세종에서 성종 연간에 주로 사용되었던 인경지印經紙를 썼다. 당대의 명필이었던 안혜 등이 판바탕을 썼다. 한문은 원필圓筆의 안진경체의 필의가 보인다. 한글은 정방형 고딕체다.

183. 안혜安惠는 태종 이성계를 추대, 개국공신 1등에 오른 평양부원군 조준(趙浚, 1346~1405)의 천첩의 외손이다. 아버지는 안선귀. 1455년 세조 1 12월, 원종공신 3등에 녹훈되었다. 조석문의 묘비와 남양(南陽 : 지금의 경기도 화성시)의 신빈김씨(愼嬪金氏, 1404~1464)의 묘비를 안진경체로 썼다.

184. 오세창,『근역서화징槿域書畵徵』, 시공사, 1998, 상권 264~265쪽. "박경朴耕의 자는 백우伯牛. 본관은 나주. 벼슬은 진사. 집이 가난해서 글씨를 써서 먹고 살기는 했으나 그의 뜻은 먹고 사는 데 있지 않았다. 무고誣告로 투옥되어 1507년 중종 2에 참형에 처해졌다. 양주의 영응대군 이염의 묘비, 파주의 강양군 이숙의 묘비, 회덕의 판서 송계사의 묘갈을 썼다. 영응대군 묘비의 해서는 획이 떠 있다."

185. 혜각존자 역,『목우자수심결언해』, 규장각 소장보물 제770호. "丕顯閤訣 慧覺尊者譯. 成化三年丁亥歲朝鮮國刊經都監奉敎雕造. 保功將軍忠佐衛右部副司猛臣安惠書. 敦勇校尉行世子翊衛司右衛率臣柳睆書. 迪順副尉行龍驤衛前部副司猛臣朴畊書."

186. 비현합丕顯閤은 경복궁 사정전思政殿 동쪽 행랑 내상고內廂庫에 두 칸의 바라지창窓牖을 내어 만든 임시 집무 공간. 세조는 "탕왕湯王은 날이 아직 밝지 않은 새벽녘, 앉아서 크게 덕을 밝히며 아침이 오기를 기다렸다[先王昧爽丕顯. 坐以待旦求俊彦]."는『서경書經』의 글귀를 당겨와 현판으로 내걸었다. 이곳에서 잔치를 자주 베풀었다.

187. 지눌,「권수정혜결사문」,『한국불교전서』4, 동국대학교출판부, 2002, 698쪽. "憑依佛法. 裝飾我人. 區區於利養之途. 汨沒於風塵之際. 道德未修. 衣食斯費. 雖夫出家. 何德之有."

188. 혜각존자 신미 역해,『목우자수심결언해』. "좀호디 在汝身中커늘 엇自不見ᄒᆞᄂᆞ니 엇於十二時中에 知飢知渴ᄒᆞ며 知寒知熱ᄒᆞ며 或嗔或喜是何物오 且色身은 是地水火風四緣所集이라 其質이 頑而無情ᄒᆞ니 豈能見聞覺知리오 能見聞覺知者ᅟᅵᆯ 必是汝의 佛性이니【對좀호디 네 모매 잇거놀 네 보디 몯ᄒᆞᄂᆞ니 네 十二時 中에 골폼 알며 渴홈 알며 치움 알며 더움 알며 시혹 怒ᄒᆞ며 시혹 깃ᄂᆞᆫ거시 므ᅀᅳᆺ매 이 므스것고 ᄯᅩ 色身은 이 ᄯᅡ과 믈와 블와 ᄇᆞᄅᆞᆷ과 비 緣의 모든 거시라 그 모미 頑ᄒᆞ야 ᄠᅳᆮ 업스니 엇뎨 能히 보며 드르며 알리오 能히 보며 드르며 아는 거시ᅀᅡ 반ᄃᆞ기 이 너의 佛性이니】."

189. 혜각존자 신미 역해,『목우자수심결언해』. "嗟夫 今之人이 迷來久矣라 不識自心이 是眞佛ᄒᆞ며 不識自性이 是眞法ᄒᆞ야 欲求法호디 而遠推諸聖ᄒᆞ고 欲求佛호디 而不觀己心ᄒᆞ야【슬프다 이젯 사ᄅᆞ미 몰로미 오라 제 ᄆᆞᅀᆞ미 이 眞實ㅅ 부텐돌 아디 몯ᄒᆞ며 제 셩이 이 眞實ㅅ 法인 둘아디 몯ᄒᆞ야 法을 求코져 호디 머리 모든 聖ᅀᅴ 밀오 부터를 求코져 호디 제 ᄆᆞᅀᆞᄆᆞᆯ 보디 아니ᄒᆞ야】."

190. 정우영,『역주 목우자수심결언해·사법어언해』, 세종대왕기념사업회, 2009, 9쪽. "『사법어언해』는 10장 내외의 적은 분량이어서『목우자수심결언해』,『몽산법어언해』와 합철되어 있는 경우가 많다. 그 중 원간본으로 추정되는 것은『목우자수심결언해』와 합철되어 있는 서울대학교 규장각 일사문고본이다. 소창문고본(일본 동경대 사법어 도서번호 : L174529)도 일사문고본과 같은 책이지만 후대에『사법어언해』부분만 따로 제책한 것이다."

191. 안병희,「간경도감의 언해본」,『국어사 문헌 연구』, 신구문화사, 2009, 72쪽. "『법어언해』와

주註 725

『목우자수심결언해』는 체재, 판식, 인면의 자양字樣, 언어사실 등이 일치한다. 두 책은 원전도 다른 언해본의 그것과 달라서 주석이 없이 본문만이고, 또 그 본문을 언해에서 나눈 대문大文이 매우 커서 법어 1편이 한 대문으로 되어 있다.『법어언해』에는 따로 간기와 필기사가 없고『수심결언해』로 대신된 것이다."

192. 혜각존자 역결譯訣,「몽산화상시중蒙山和尙示衆」,『사법어언해四法語諺解』(보물 제770호, 서울대 규장각 일사문고). "若有来此ᄒᆞ야 同甘寂寥者ᅟᅵᆫ댄 捨此世緣ᄒᆞ며 除去執著顚倒ᄒᆞ고 眞實爲生死大事ᄒᆞ야 肯順菴中規矩ᄒᆞ야 截斷人事ᄒᆞ고 隨緣受用ᄒᆞ되 除三更外예 不許睡眠ᄒᆞ며 不許出街ᄒᆞ며 不許赴請ᄒᆞ며 未有發明이어든 不許看讀ᄒᆞ며 非公界請이어든 不許閱經이니 如法下三年工夫ᄒᆞ되 若不見性通宗인댄 山僧은 替你ᄒᆞ야 入地獄호리라【ᄒᆞ다가 이ᅌᅦ 와 괴외호ᄆᆞᆯ ᄀᆞ티 즐기린댄 이 世緣을 ᄇᆞ리며 執著 顚倒ᄅᆞᆯ 덜오 眞實히 生死 큰 이ᄅᆞᆯ 爲ᄒᆞ야 菴中엣 法則을 즐겨 조차 人事를 그치고 緣을 조차 受用호되 三更 外예 자디 말며 거리예 나디 말며 請에 가디 말며 發明티 몯거든 經 닑디 말며 구읫 請 븟 아니어든 經 보디 마로리니 法다히 三年ㅅ 工夫호되 ᄒᆞ다가 性을 보며 宗旨를 通達티 몯ᄒᆞ린댄 山僧은 너를 ᄀᆞᆯ차 地獄애 드로리라.】"

193. 혜각존자 역결譯訣,「고담화상법어古潭和尙法語」,『사법어언해』. "若欲叅禪인댄 不用多言이니 趙州無字를 念念에 相連ᄒᆞ야 行住坐臥애 相對目前ᄒᆞ야 舊金剛志ᄒᆞ야 一念萬年이라 廻光返照ᄒᆞ야 察而復觀ᄒᆞ야 昏沉散亂애 盡力加鞭ᄒᆞ야 千磨萬鍊ᄒᆞ면 轉轉新鮮이오 日久月深ᄒᆞ면 密密綿綿ᄒᆞ야 不擧自擧ᄒᆞ며 亦如流泉ᄒᆞ야 心空境寂ᄒᆞ야 快樂安然ᄒᆞ리라 善惡魔来커든 莫懼莫歡이어다 心生憎愛면 失正成顚ᄒᆞ리라 立志如山ᄒᆞ며 安心似海ᄒᆞ면 大智如日ᄒᆞ야 普照三千ᄒᆞ리라 迷雲이 散盡ᄒᆞ면 萬里靑天에 中秋寶月이 湛徹澄源ᄒᆞᄂᆞ니 虛空애 發焰ᄒᆞ며 海底에 生烟ᄒᆞ야 驀然噎著ᄒᆞ며 打破重玄ᄒᆞ리니 祖師公案을 一串애 都穿ᄒᆞ며 諸佛妙理 無不周圓ᄒᆞ리라 到伊麽時ᄒᆞ얀 早訪髙玄ᄒᆞ야 機가 完轉ᄒᆞ야 無正無偏ᄒᆞ면 明師 許ᄒᆞ리어든 再入林巒ᄒᆞ야 茅菴土洞애 苦樂을 隨緣ᄒᆞ야 無爲蕩蕩ᄒᆞ야 性若白蓮ᄒᆞ리니 時至出山ᄒᆞ야 駕無底船ᄒᆞ야 隨流得妙ᄒᆞ야 廣度人天ᄒᆞ야 俱登覺岸ᄒᆞ야 同證金仙이니라【ᄒᆞ다가 叅禪코져 홀딘댄 말 하믈 아니ᄒᆞ리니 趙州 無字를 念念에 니ᅀᅥ ᄒᆞ야 行ᄒᆞ며 住ᄒᆞ며 坐ᄒᆞ며 臥호매 눈 알픠 두워 金剛志를 니르와다 一念이 萬年이라 光을 두르혀 도라 슬펴 슬피고 쏘 보아 昏沉과 散亂애 ᄌᆞ재 힘뻐 더ᄒᆞ야 ᄀᆞ장 골며 ᄀᆞ장 ᄀᆞ다ᄃᆞ면 더욱 더욱 새로외야 나리 오라며 ᄃᆞ리 기프면 密密히 니ᅀᅥ 擧티 아니ᄒᆞ야도 절로 擧ᄒᆞ며 ᄯᅩ 흐르는 믈 ᄀᆞᆮᄒᆞ야 ᄆᆞᅀᆞ미 空ᄒᆞ며 境이 괴외ᄒᆞ야 快樂ᄒᆞ야 便安ᄒᆞ리라 善과 惡괏 魔 오거든 저티 말며 깃디 마롤디어다 ᄆᆞᅀᆞ매 믜우며 ᄃᆞᆺ오믈 내면 正을 일허 미쵸미 도외리라 ᄠᅳ들 셰요디 山ᄀᆞ티 ᄒᆞ며 ᄆᆞᅀᆞᆷ 便安호미 바ᄅᆞᆯ ᄀᆞᆮᄒᆞ면 智慧 日 ᄀᆞᆮᄒᆞ야 너비 三千世界를 비취리라 어린 구루미 다 흐르면 萬里 靑天에 ᄀᆞᅀᆞᆯ보븻 ᄃᆞ리 물ᄀᆞ 쇨해 ᄉᆞᄆᆞᄎᆞ리니 虛空애 브리 나며 바ᄅᆞᆯ 미티 니나 믄득 맛ᄃᆞ로매 ᄀᆞ장 玄微호 고ᄃᆞᆯ 티리니 祖師ㅅ 公案을 호 고재 다 빼며 諸佛ㅅ 微妙호 理 너비 圓滿 아니홈 업스리라 이런 ᄢᅴ 니르러는 샐리 노ᄑᆞ며 玄妙호 ᄃᆡ 무러 조각과 마시 오로 올마 正 업스며 偏 업서 明호 스숭이 올타커든 다시 뫼해 드러 새집과 흙堀애 苦와 樂괄를 緣을 조차 ᄒᆞ욤 업서 훤ᄒᆞ야 性이 白蓮 ᄀᆞᆮᄒᆞ리니 時節이 니르거든 山이 나 밑 업슨 비 타 흘루믈 조차 妙를 得ᄒᆞ야 人과 天과를 너비 濟度ᄒᆞ야 안 ᄀᆞ쇄 다 올아 부터를 ᄒᆞᆫᄢᅴ 두외율디니라.】"

194. 김성준,「이시애」,『한국민족문화대백과사전』권18, 한국정신문화연구원, 1995, 60쪽. "보법保法은 본래 대토지를 소유하고 많은 인정人丁을 점유하고 있으면서도 군역을 회피하고 있던 관인이나 지방 세력가에게 군역을 공평하게 지움으로써 군역의 평준화와 군액의 증가를 아울러 가져오기 위한 것이었다. 그러나 시행과정에서 많은 폐단과 부작용을 일으켜 농민에게 과중한 부담을 지움으로써 생산의 감퇴와 농민의 유망流亡을 촉진시켰고, 지방 세력가와 대토지 소유자의 격심한 반발을 야기하게 되었다. 지방의 세력가들은 반자치기관의 성격을 가진 유향소留鄕所를 중심으로 반정부활동을 전개했다."

195. 차문섭, 「이시애의 난」, 『한국민족문화대백과사전』 권18, 한국정신문화연구원, 1995, 60~61쪽. "강효문을 살해한 이시애는 길주목사 설정신, 부령부사 김익수 등 중앙에서 파견한 지방관을 모두 살해하고, 조정에 사람을 보내어 강효문이 한명회·신숙주·한계희·노사신 등의 중신과 결탁해 모반하려고 그들을 죽였다며 이는 반란이 아니라 의거라고 주장했다. 한편 함길도민에게는 이시애가 세조의 뜻을 받들어 중앙의 여러 중신과 결탁한 반신叛臣을 정토했다고 속여 그들의 협력을 구했다."
196. 『세조실록』 권42, 1467년 세조 13 5월 17일辛巳, 19일癸未.
197. 『세조실록』 권42, 1467년 세조 13 5월 20일甲申.
198. 이 기간 중에 38,000여 명의 장정이 전국에서 소집되었다. 이 중 20,851명의 군사가 진압군으로 함길도에 파견되었다.
199. 『세조실록』 권42, 1467년 세조 13 5월 27일辛卯.
200. 『세조실록』 권43, 1467년 세조 13 9월 20일壬午.
201. 『세조실록』 권44, 1467년 세조 13 11월 26일戊子.
202. 『세조실록』 권44, 1467년 세조 13 12월 14일丙午, 16일戊申.
203. 『세조실록』 권44, 1467년 세조 13 12월 19일辛亥. 사재감의 종 귀동·만년·막동 등이 내섬시 종 소남이 사옹원에 숙직하다가 불을 낸 것을 알고서도 고발하지 않았다. 소남은 교형에서 1등을 감하고, 귀동 등은 장 100대를 때려 죄를 다스렸다.
204. 『성종실록』 권157, 1483년 성종 14 8월 21일辛巳.
205. 『세조실록』 권45, 1468년 세조 14 1월 7일戊辰.
206. 『예종실록』 권5, 1469년 예종 1 5월 18일辛丑.
207. 『세조실록』 권45, 1468년 세조 14 1월 23일甲申.
208. 『세조실록』 권45, 1468년 세조 14 3월 20일庚辰.
209. 『세조실록』 권46, 1468년 세조 14 4월 10일己亥.
210. 『세조실록』 권46, 1468년 세조 14 5월 6일乙丑.
211. 『세조실록』 권46, 1468년 세조 14 5월12일辛未.
212. '달의 도장'은 『월인천강지곡』에서 땄다. 부처의 자비가 모든 중생에게 다 같이 베풀어진다는 선리禪理를 이른 것이다. 손가락 끝은 부처가 중생에게 불법을 교도하는 데 비유한 것이다. 『능엄경』 권2에 "가령 어떤 사람이 손가락으로 달을 가리켜 다른 사람에게 보이거든 저 사람은 이 사람의 손가락을 따라서 응당 달을 보아야 한다. 그런데 만일 이 사람의 손가락만 보고서 그것을 달의 본체라고 생각한다면 그 사람이 어찌 달 바퀴만 잃어버릴 뿐이겠는가. 그 손가락까지도 잃어버리게 된다.[如人以手指月示人. 彼人因指當應看月. 若復觀指. 以爲月體. 此人豈唯亡失月輪. 亦亡其指.]"에서 온 말이다.
213. 『세조실록』 권42, 1467년 세조 13 6월 22일乙卯.
214. 최정용, 『조선조 세조의 국정운영』, 신서원, 2000, 158쪽.
215. 『세조실록』 권47, 1468년 세조 14 7월 29일丙戌.
216. 『세조실록』 권47, 1468년 세조 14 8월 1일戊子.
217. 『세조실록』 권47, 1468년 세조 14 8월 3일庚寅, 5일壬辰.
218. 서거정, 「최문정공비명 병서崔文靖公碑銘 幷序」, 『태허정집』. "光陵嘗歎東方學者. 語音不正. 句讀不明. 雖有權近·鄭夢周口訣. 紕繆尙多. 腐儒俗士. 傳訛承誤. 遂命臣鄭麟趾·申叔舟·丘從

直·金禮蒙·韓繼禧及公與臣居正等. 分授五經四書. 考古證今. 定口訣以進. 光陵又召會諸臣. 講論同異. 親加睿裁. 公在左右. 每承顧問. 毫分縷析. 應對如響. 皆愜衆意. 光陵目左右曰. 眞天才也."

219. 『세조실록』 권47, 1468년 세조 14 8월 6일癸巳, 8일乙未.

220. 『세조실록』 권47, 1468년 세조 14 8월 10일丁酉.

221. 『세조실록』 권47, 1468년 세조 14 8월 12일乙亥, 13일庚子.

222. 최항, 「경서소학구결발(經書小學口訣跋)」, 『태허정집』 권2. "文者. 貫道之器也. 不因乎文. 何以見道. 不明乎道. 何以語治. 文固一日不可不講明也. 而莫先乎經書. 常患世之儒者. 師授不明. 臆見■高. 正焉誰witch. 句讀尙未通. 奚暇討歸趣. 大抵欲觀書者. 須先曉正經. 正經旣曉. 則諸家之解已蹄. 欲讀書者. 須先正語訣. 語訣旣正. 則他岐之惑自祛. 然則正經之有口訣. 誠儒者指月之指也."

223. 최항, 「경서소학구결발」, 『태허정집』 권2. "易之爲書. 最精妙微隱. 非天下之至神. 孰得而開示. 恭惟我殿下萬機餘間. 暫定口訣. 四聖之旨. 炳如指掌. 又以小學尤切於學者入道之門. 亦自定訣. 詩則命河東君臣鄭麟趾. 書則蓬原君臣鄭昌孫. 禮則高靈君臣申叔舟. 論語則漢城府尹臣李石亨. 孟子則吏曹判書臣成任. 大學則中樞府同知事臣洪應. 中庸則刑曹判書臣姜希孟訟之. 旣訖. 又命中樞府知事臣丘從直, 同知事臣金禮蒙, 工曹參判臣鄭自英, 吏曹參議臣李永垠, 戶曹參議臣金壽寧, 前右承旨臣朴楗等. 論難校正. 每遇肯綮. 悉稟睿斷. 唯易則正經之下. 幷附程朱之傳印之. 於是小學, 經書之指南始備. 文從義順. 各得其正. 不勞指授. 渙然氷釋. 其歸趣要領. 只看正經便了. 於戲."

224. 안병희, 「언해의 역사」, 『국어사 문헌 연구』, 신구문화사, 2009, 41쪽. "전교서典校署는 1466년 세조 12 1월 15일戊午에 교서관을 개칭한 것이다. 그때 간행된 구결서에 『주역전의구결周易傳義口訣』이 전한다. 중간본이지만 『논어대문구결論語大文口訣』이 있다. 그때의 구결만 전하는 것으로 보이는 『소학집설구결小學集說口訣』과 『예기집설대전구결禮記集說大全口訣』이 있다. 발문에서 밝힌 구결서는 모두 간행된 것으로 생각된다."

225. 최항, 「경서소학구결발」, 『태허정집』 권2. "我聖上天縱聖學. 誕作君師. 深契道統. 增崇文敎. 以先覺後. 繼往開來. 致廣大精微之極功. 亦可卽此觀之. 而俾萬世學者. 能自得師. 蒙以養正. 而鳶飛魚躍於範圍神化之中. 道益明. 治益隆者. 莫不由此而權輿也. 吁. 至矣哉."

226. 안병희, 「세조의 경서 구결」, 『국어사 자료 연구』, 문학과지성사, 1992, 165쪽.

227. 『세조실록』 권47, 1468년 세조 14 8월 15일壬寅, 16일癸卯.

228. 세조는 평생 주역을 곁에 두고 살았다. 『조선왕조실록』의 『주역』과 관련된 기록이 전후 왕 중에 가장 많은 빈도수를 차지하고 있다. 정인지·최항·신숙주 등의 전문가와 구종직·정자영·김예몽·김수녕 등 70여 명의 문신이 참여한 경서의 구결 사업은 세조대에 완결된 것으로 생각된다.

229. 『세조실록』 권47, 1468년 세조 14 8월 29일丙辰.

230. 『세조실록』 권47, 1468년 세조 14 9월 4일庚申. "혜성이 보여 도승지 권감과 안효례에게 살피게 했다. 권감 등이 간의대에 올라가서 바라보니 밤 3고三鼓에 서쪽에 홀연히 검은 기운이 감돌았고, 또 만 마리의 말이 떼 지어 달리는 것과 같은 소리가 있었다. 조금 있다가 천둥과 번개가 치고, 비가 내리다가 그쳤다. 다시 올라가 보니 혜성의 광망光芒은 전과 같았다."

231. 『세조실록』 권47, 1468년 세조 14 9월 7일癸亥, 8일甲子.

232. 『연려실기술』 권5, 「세조조 고사본말」.

233. 『연려실기술』 권5, 「예종조 고사본말」.

234. 『세조실록』 권40, 1466년 세조 12 11월 17일乙酉. "一. 銃筒謄錄. 國家祕密文書也. 春秋館

有一件. 文武樓有二十一件. 自弘文館入內一件. 軍器監有幾件. 萬一姦細偸之. 因以爲利. 則東南之害. 不可勝言. 乞以諺字書寫. 內外史庫. 各藏三件. 弘文館三件. 稱臣堅封. 其漢字書寫者. 竝皆燒毀. 以爲萬世之慮."

235. 『세조실록』 권45, 1468년 세조 14 2월 4일乙未. "영순군에게 명해 안에서 훈민정음[諺文]으로 쓴 「어마법御馬法」을 가져와 읽게 한 뒤 중추부지사 민발에게 아느냐고 물었다. 민발의 대답이 성지聖旨에 맞았다. 임금이 즐거워하며 술을 올리게 했다. 이어 최항·김국광·노사신·성임 등에게 언문으로 「어마법」을 번역하라 명하고, 신숙주 등에게 잘못된 곳을 지적하게 했다. 신숙주 등이 지적하지 못했다. "이耳자가 잘못 되었는데도 경들은 알지 못하느냐." 세조가 벌로 잔술을 내렸다.[令永順君溥. 讀內出諺文. 御馬法問發. 發所對頗稱旨. 上悅令進酒. 又命恒·國光·思愼·任等. 以文譯御馬法. 命叔舟等摘誤處. 叔舟等莫能指摘. 上曰. 耳字誤下. 第卿等未知. 遂酌酒以罰.]"

8 미궁 속의 훈민정음

1. 『예종실록』 권1, 1468년 예종 즉위년 9월 11일丁卯, 13일己巳.
2. 『예종실록』 권1, 1468년 예종 즉위년 9월 19일乙亥.
3. 『예종실록』 권1, 1468년 예종 즉위년 9월 21일丁丑. "時. 僧信眉壽眉學悅學祖等. 每破殯殿法席. 則退處於廣延樓芙蓉閣. 供給甚優. 凡有佛事. 承旨或往來問焉. 中樞府知事韓繼禧. 亦以事往. 因與談論. 學祖曰. 江原道. 有吾住居寺. 其賜田. 甚膏無用. 欲改受全羅道沃饒之田. 何以上達. 曩者學悅. 以造洛山寺. 作啓目以啓. 其時大臣. 皆非笑之. 若啓目則政府六曹之事. 非吾敢爲. 幸爲我導之. 繼禧曰. 不如乘間用單字啓達. 學祖從其言. 繼禧以文學大臣. 而附緇徒. 時論鄙之."
실록 편수자는 입적한 수미대사가 법석에 참석한 것으로 기록했다. '壽眉'가 '守眉'라면 심각한 오류다.
4. 『예종실록』 권1, 1468년 예종 즉위년 9월 24일庚辰.
5. 『예종실록』 권1, 1468년 예종 즉위년 10월 9일乙未.
6. 『예종실록』 권1, 1468년 예종 즉위년 10월 22일戊申, 24일庚戌.
7. 성현, 『용재총화』 권10. "成任爲吏曹判書. 與都承旨權公瑊偕往檜巖寺. 監世廟七七齋. 是夜亂作. 兩公回到東門. 門閉不得入." 숭불주였던 세조의 국상 중에 베풀었을 49재에 대한 기사는 단 한 줄도 실록에 없다. 편수자가 의도적으로 삭제했을 것으로 생각된다.
8. 『연려실기술』 권6, 「남이南怡의 옥사獄事」.
9. 『예종실록』 권1, 1468년 예종 즉위년 10월 27일癸丑, 28일甲寅. 유자광은 후에 공신의 명부에서 삭제되었다.
10. 남이의 조부 의산군宜山君 휘暉는 태종의 넷째 딸 정선공주貞善公主와 혼인, 부마가 됐다.
11. 『연려실기술』 권6, 「남이의 옥사」. 훈신들은 이 시의 구절 중 '未平國'을 '未得國'으로 바꿔 남이가 이때부터 역모를 획책했다고 주장했다.
12. 이성무, 『조선왕조사』, 동방미디어, 1998, 303쪽.
13. 『예종실록』 권4, 1469년 예종 1 3월 14일戊戌.
14. 『예종실록』 권2, 1468년 예종 즉위년 11월 2일戊午.
15. 『예종실록』 권2, 1468년 예종 즉위년 11월 8일甲子, 9일乙丑.
16. 『예종실록』 권2, 1468년 예종 즉위년 11월 10일丙寅.
17. 『예종실록』 권2, 1468년 예종 즉위년 11월 23일己卯, 24일庚辰.

18. 『예종실록』권2, 1468년 예종 즉위년 11월 28일甲申.
19. 『연려실기술』권5, 「세조조 고사본말」.
20. 『정조실록』권35, 1792년 정조 16 9월 11일丁未.
21. 『세조실록』권47, 1468년 세조 14 11월 28일甲申.
22. 『예종실록』권2, 1468년 예종 즉위년 12월 16일壬寅, 22일戊申.
23. 『예종실록』권2, 1468년 예종 즉위년 11월 29일乙酉.
24. 『예종실록』권2, 1468년 예종 즉위년 12월 1일丁亥.
25. 『예종실록』권2, 1468년 예종 즉위년 12월 27일癸丑.
26. 이계전(李季甸, 1404~1459) 본관은 한산. 자는 병보屛甫, 호는 존양재存養齋. 아버지는 종선. 목은 이색의 손자이자 권근의 외손자. 1427년 세종 9 친시문과에 을과로 급제, 집현전 학사가 되었다. 1436년 세종 18 김문과 함께 『자치통감강목훈의』를 편찬했고, 집현전 직제학을 지냈다. 1439년 세종 19 다섯 살의 김시습에게 『대학』과 『중용』을 가르쳤다. 동부승지, 좌부승지, 도승지를 지냈다. 1453년 단종 1 계유정난에 참여, 정인지와 함께 정난공신 1등에 녹훈되었고 호조·병조판서를 거쳤다. 사육신 이개의 숙부. 김종서와 안평대군을 제거하는데 적극 가담. 좌익공신에 올랐다. 1455년 세조 1 이조판서, 다음해 판중추부사에 임명되었다. 1459년 세조 5 7월 경기관찰사에 임명되었고, 9월에 졸했다. 시호는 문열文烈.
27. 『예종실록』권3 19쪽, 1469년 예종 1년 2월 5일庚寅.
28. 『예종실록』권3, 1469년 예종 1년 2월 30일乙卯.
29. 1469년에는 2월과 3월 사이에 작은 윤월, 즉 윤 2월 29일이 끼어 있다. 운구하는데 만 35일이 걸렸다.
30. 『예종실록』권3, 1469년 예종 1 1월 27일壬午.
31. 『예종실록』권3, 1469년 예종 1 2월 14일己亥.
32. 『예종실록』권3, 1469년 예종 1 2월 25일庚戌, 30일乙卯.
33. 『예종실록』권4, 1469년 예종 1 윤2월 22일丁丑.
34. 황수영, 「오대산 상원사 동종의 반이搬移 사실」, 『황수영전집』 3, 혜안, 1998, 302~307쪽. "상원사 동종은 안동지역의 고찰의 범종으로 전래하다가 아마도 척불이 성행되던 조선 초기 경에 이르러 관명에 의해 누문상으로 이현移懸한 것으로 보아야 할 것이다. 신라미술의 황금기인 서기 8세기 초엽 성덕왕대에 조성되어 불사佛寺에 시납되었던 것만은 거의 틀림없을 것이다."
35. 황수영,『황수영전집』 3, 혜안, 1998, 302쪽. "樓門古鍾. 重三千三百七十九斤. 撞之則聲音雄亮. 遠可聞百里. 江原道上元寺乃內願堂也. 欲置遠聞之鍾求八道. 本府之鍾爲最. 成化己丑以國命將移運蹟竹嶺. 鍾幽吼極重難越. 折鍾乳送本府後可運. 至今在上院寺."
36. 『예종실록』권4, 1469년 예종 1 윤2월 25일庚辰.
37. 김갑주, 『조선시대 사원경제사 연구』, 경인문화사, 2007, 42쪽. "세조는 상원사와 낙산사에 각각 거주하고 있었던 신미와 학열에게 토지를 사급했다. 물론 이런 토지는 개인의 재산이겠지만 결국 그것은 자연 사유寺有로 되기 마련이다. 그만큼 사사전寺社田의 증가·확대를 뜻하는 것이다. 그들은 사급된 토지에 국한하지 않고 나아가 왕실의 비호를 배경삼아 근방의 민전民田까지 잠식하여 가기도 했다. 사사전은 일익 증가 추세를 보이고 있었다."
38. 『예종실록』권4, 1469년 예종 1 3월 3일丁亥.
39. 『예종실록』권7, 1469년 예종 1 9월 8일戊子.

40. 『예종실록』권5, 1469년 예종 1 4월 14일丁卯.
41. 낙산사종은 2005년 4월 5일, 대형 산불에 휩쓸려 녹아버렸다. 2007년 성종사에서 다시 만들어 걸었다. 학열이 불이 날 것에 대비해 낙산사에 이르는 옛길을 폐쇄하고 새 길을 만들어 마을 사람이 통행하도록 한 것은 일리가 있었다.
42. 김수온,「낙산사신주종명 병서洛山寺新鑄鍾銘 幷書」,『한용운전집』4, 신구문화사, 1973, 295~296쪽. "我佛如來之設教也. 必有像敎之嚴. 所以因衆生之目視. 而生其信. 必有鐘鈸之設. 所以因衆生之耳聽而警其心. 蓋欲衆生. 由六塵之外感. 以修六根之功德者也. 我 太上大王. 在位之十二年. 東巡登金剛山. 禮曇無竭竝海而南親幸是寺. 與王大妃. 及我 主上殿下瞻禮觀世音大士相. 于時捨利分身. 五彩晶爛. 太上王發大誓願. 命禪德學悅重創. 以爲我 殿下資福之刹. 殿下追念大願. 繼述益虔寺旣成凡百役間. 極其壯麗. 百用皆備. 而鐘一焉. 嗚呼. 不由色相. 無以現衆生圓滿之體. 不緣聲塵. 何以發衆生淸淨之覺. 然則楗椎道具. 非止節千二之徒之作止實山門之法器. 衆生之警策也. 況我 太上大王. 聖德神功. 卓越千古之盛美. 我 主上殿下. 以聖繼聖. 重光大烈之偉績. 不可不銘彝鼎. 而勒鐘鏞. 以垂耀於罔極也."
43. 정영호,『한국의 미 23-금속공예』, 중앙일보 계간미술, 1985, 203쪽. "상대上帶가 있어야 할 자리에 범자 12자가 일정한 간격으로 양각되어 있다. 우리나라 재래의 범종에는 전혀 볼 수 없었던 새로운 양식이다. 유두도 생략되었다. 4구의 보살상이 배치된 사이에 유곽 대신에 범자가 일정한 간격으로 4자씩 모두 16자가 양각되어 있다. 보살상은 원형두광圓形頭光, 보관寶冠, 천의天衣 등을 새겼다. 두광은 큼직해 장엄한 인상을 주고, 보관도 화사하며 상호는 원만하다. 천의는 양쪽 어깨와 팔에 걸쳐 유려한 선으로 하부에 이르렀다. 양 팔꿈치에서 펼쳐 내려진 옷 무늬와 하부를 덮으면서 발 부위로 펼쳐진 천의는 그 선이 아름답다. 가슴 앞에서 양손을 들어 합장한 수인도 아름다우며 팔찌의 장식과 어울린다. 이 보살입상은 측면상이다. 단정하고 우아한 자세로 각 부의 조식과 더불어 조선시대의 대표적 걸작으로 손꼽힌다."
44. 염영하,『한국의 종』, 서울대학교출판부, 1991, 403쪽.
45. 『예종실록』권5, 1469년 예종 1 4월 21일甲戌.
46. 『예종실록』권5, 1469년 예종 1 5월 24일丁未.
47. 『예종실록』권6, 1469년 예종 1 6월 18일庚午.
48. 『예종실록』권6, 1469년 예종 1 6월 27일己卯. "僧信眉. 聞上. 欲試僧講金剛經法華經. 不能者並還俗. 乃書諺文密啓曰. 僧誦經者或有之. 若講經則千萬中僅一二耳. 願只令試誦. 上遣中使問曰. 此法未立. 何從聞此言. 予欲大懲言者. 眉皇恐對曰. 道聽遽啓. 老僧. 實有罪. 上. 令眉. 處于卒廣平大君第. 兵卒守門. 禁私謁. ○ 奉先寺成. 命僧學悅學祖. 往察制度工拙. 仍留監之. 悅祖見曰. 某堂. 柱太高. 某閣. 鍊木不精. 某堂. 障子質朴. 立使毁之. 董役提調郎官. 相顧歎手. 莫措一辭. 又欲壞影殿. 領議政韓明澮. 綾城君具致寬. 以都提調適往. 固執不可壞. 往復再三之. 悅. 遣人啓曰. 寺當速構. 措置不可緩也. 請用都人車馬. 輸運木石. 上 不得已從之. 車至五百餘兩. 後數日. 上問致寬曰. 悅. 不啓而擅壞僧堂. 卿何不止之. 致寬對曰. 臣到寺則上. 已壞矣. 上. 由是非悅. 悅. 稱疾而去. 悅以善幹事. 得幸累朝. 掌營津寬大慈洛山寺. 殫竭民力. 今又如此勞民傷財. 猶恐不及. 時人. 憤之."
49. 『예종실록』권6, 1469년 예종 1 7월 3일甲申, 9일庚寅.
50. 『예종실록』권6, 1469년 예종 1 7월 17일戊戌, 22일癸卯.
51. 『예종실록』권7, 1469년 예종 1 8월 29일庚辰.

52. 강희맹,「봉선사종명 병서奉先寺鐘銘 幷序」. "恭惟 世祖惠莊承天體道烈文英武至德隆功聖
神明睿欽肅仁孝大王殿下. 龍飛九五. 光御金輪. 神化旁洽. 民物熙皡. 積十有四年矣. 臣民無祿. 奄
爾禮陟. 今我主上殿下. 孝思罔極. 終天慕遠. 稽彛典於禮經. 玄宮於坎隅廼. 於其榜營剎資福. 曰奉
先寺. 鎔銅洪鐘. 命臣作銘. 臣竊惟鐘之爲器. 道具之最. 厥聲晉容. 驚遠懼邇. 上徹有頂. 下該六塗.
吒王受輪. 夢未長擊. 提婆再鳴. 大興眞敎. 今以是鐘. 警于六時. 豈特道侶發其深省. 迷倫息其苦
趣. 必將寘達玄宮. 頓增佛知矣. 於戱. 我世祖大王. 功德之盛. 與夫我嗣王殿下. 誠孝之極. 所以輝
暎萬古者. 不可不托諸鏞鐘. 以振耀於無窮焉. 臣希孟. 謹拜手稽首而銘曰. 園陵開寶利. 金碧登崢
嶸. 法樂震大天. 妙音諧幽明. 上至阿迦吒. 橫遍恒河沙. 度盡無邊生. 福利成無邊. 列聖登正覺. 盤
石固邦家. 山平海可竭. 功德終不磨. 成化五年七月 日." 강희맹이 찬한「奉先寺鐘銘 幷序」는 종을
만들 때 원문을 축약해서 넣었다.『신증동국여지승람』과 이능화의『조선불교통사』권2 395~396
쪽과 조금씩 차이를 보인다. 남양주 봉선사종에 새겨진 종명을 싣는다. http://gsm.nricp.go.kr.
53. ㉠ 주성鑄成 : 정략장군 행의흥위사맹 김덕생. ㉡ 화원畵員 : 조봉대부 이백련, 선교랑 김중경.
㉢ 주성장鑄成匠 : 정길산, 이파회, 이명구지, 오춘경. ㉣ 조각장彫刻匠 : 장금동동, 김물금. ㉤ 주장
注匠 : 이을부, 장석경, 박수생, 김상좌, 김올미, 김덕련, 차계산, 안덕근, 오수산, 이오망, 변송아지.
㉥ 각자刻字 : 김순생, 정춘발, 강개미치, 김말동. ㉦ 목수木手 : 함모리, 장관음노. ㉧ 노야장爐冶匠
: 김몽총, 박올미, 현득부. ㉨ 수철장水鐵匠 : 강원기, 이달마, 박산수, 심문, 김귀산, 고타내, 김룡,
김춘경, 박유생, 고사만, 윤석을이, 강성민, 박승통, 김기, 김수, 김사중, 최언, 최말생, 김진, 박석을
이, 이질동, 임석. ㉩ 사령使令 : 조승수.
54.『예종실록』권7. 1469년 예종 1 9월 8일戊 午.
55. 김수온,「봉선사기奉先寺記」,『식우집』권2,『한국문집총간』권9. 105쪽. "奉先寺者. 我大王
大妃殿下爲世祖大王而創之者也. 成化紀元之四年. 我世祖大王升遐. 群臣擇地於楊州之地. 東距州
治三十有餘里. 山曰注葉. 原曰雲岳. 以其年十二月有日. 奉葬世祖大王玄宮于此. 禮也. 大王大妃
殿下懿旨. 以爲我大行大王躬遭大亂. 克正大懟. 聖德隆功. 自有東方. 莫之與京. 國家不造. 奄棄群
臣. 嗚呼痛哉. 稽諸古制. 先王陵寢之所. 必有梵廬之設. 今大事已畢. 卿等其相造寺之基以聞. 於是.
上命河城府院君臣鄭顯祖·上黨府院君臣韓明會·綾城府院君臣具致寬等爲提調. 陵室之南. 有一奧
區. 山回水洌. 允宜佛宇之壤. 臣顯祖等奏蒙允. 經始於己丑六月. 告訖於秋九月."
56. 김수온,「봉선사기」,『식우집』권2. "正殿層閣三間. 四面附檻. 名曰大雄寶殿. 睿宗大王所命
也. 東上室三間. 四面有退. 名曰普應堂. 西上室三間. 四面有退. 名曰海空堂. 東僧堂三間. 前後
有退. 名曰訪迹堂. 西曰禪堂三間. 前後有退. 名曰雲霞堂. 常距長廊六間. 正門一間. 名曰圓寂門.
鍾樓層閣三間. 名曰淸遠樓. 中行廊十三間·內天王門一間. 名曰證眞門. 門東廊三間. 名曰雲集寮.
次三間. 名曰猿歎寮. 西廊三間. 名曰海納寮. 次三間. 名曰塵靜寮. 東樓房三間. 名曰虛寂寮. 西樓
房三間. 名曰燕寂寮. 佛供殿六間. 名曰香積堂. 正廳二間·房一間. 名曰興福寮. 正廚二間幷五間辦
都房. 前後有退四間. 名曰轉熟堂. 庖廚之所. 有樓庫地庫幷十六間. 傾廊造餠廳·湯子房·洗閣幷
十五間·沙門三間. 名曰離幼門. 以楹計者. 摠八十有九間. 塗塈動體. 極其鮮明. 佛殿僧寮. 暉映洞
達. 鈴鐸琴筑. 風至自響. 以至薦席簋籩. 無不精麗. 楗椎道具什器之類. 悉瞻悉備. 諸山寺利. 無與
爲比. 其出田奴婢錢谷常住之資之數. 永爲佛僧供養. 則別有文簿. 玆不及. 以其年九月初七日. 大
設薦世祖以落成. 懿旨又以爲寺旣已立. 然距陵寢岡巒相隔. 宜構眞殿于寺側. 使大行在天之靈. 亦
得遂歸依之. 敬以利樂冥遊. 乃立影殿于寺東. 名曰崇恩殿. 設參奉二員. 以備晨昏之謁. 朔望必遣
獻官. 與陵室同體. 於是. 提調臣鄭顯祖等還奏事畢. 睿宗大王賜額奉先寺. 大王大妃殿下親幸謁陵

所. 駐輦于寺. 周咨覽觀. 仰瞻眞殿. 覩大行幀影. 悲哽嗚咽. 不勝哀痛. 侍從群臣. 莫不洒淚. 時節別薦. 大王大妃殿下或親詣陵下行祭."

57. 김수온, 「봉선사기」, 『식우집』 권2. "嗚呼痛哉. 臣聞. 自古王者之興. 未有不自后德之賢. 夏之塗山. 周之太姒. 見於經傳. 其事章章有之. 我大王大妃殿下佐我世祖. 爰自晉邸及登寶位. 英謀果斷. 神贊聖德. 化家爲國. 景命有僕. 求之史籍. 聖德之隆. 內助之功. 卓冠百王. 雖塗山之於夏后. 太姒之於成周. 無以過之矣. 臣聞. 全生事之敬者. 必奉死事之禮. 遵處世之敎者. 必奉出世之法. 此忠臣孝子所以事君親能全其德之道也. 我大王大妃殿下爲先王哀痛之誠. 追慕薦禱之志. 旣有以盡其誠敬. 而至於創大伽藍. 密邇塋域. 張皇三寶之敎. 以起超升之便. 此又事君事親. 尤全其德而班諸后德之賢. 亦前代帝王罕有之盛事也."

58. 『예종실록』 권7 28쪽, 1469년 예종 1 9월 29일己酉.

59. 『살달타薩怛陀』는 다라니陀羅尼의 이름이다. 다라니는 신험을 가진 주문이다. 범문梵文에서 짧은 것은 진언眞言·주呪, 긴 것은 다라니·대주大呪라고 한다.

60. 『예종실록』 권8, 1469년 예종 1 10월 27일丁丑.

61. 『경국대전』 권3. 예전禮典 도승度僧조.

62. 『불설수생경佛說壽生經』·『불설예수십왕생칠경佛說預修十王生七經』은 충청북도 유형문화재 제255호로 지정되어 있다.

63. 상의尙衣 조씨는 『능엄경』을 언해할 때 어전에서 번역된 원고를 읽은 전언典言 두대로 추정된다.

64. 김수온, 「영감암중창기靈鑑菴重創記」, 『식우집』 권2. 영감암 중창에는 김보배金寶背·조석을금趙石乙金이 기쁜 마음으로 동참했고, 비구니 혜명惠明·신환信還·신운信云 등이 힘을 보탰다.

65. 『예종실록』 권8, 1469년 예종 1 11월 18일戊戌.

66. 『예종실록』 권8, 1469년 예종 1 11월 28일戊申. 당시 예종의 아들인 원자는 5살 젖먹이, 후계의 대상에서 제외되었다. 월산대군과 성종(자을산군)은 덕종(의경세자)의 아들이었다.

67. 『성종실록』 권1, 1469년 성종 즉위년 12월 12일辛酉.

68. 『성종실록』 권3, 1470년 성종 1 2월 3일壬子, 4일癸丑.

69. 『성종실록』 권3, 1470년 성종 1 2월 5일.

70. 『연려실기술』 권6, 「예종조 고사 본말」.

71. 『세조실록』 권43, 1467년 세조 13 10월 23일.

72. 『성종실록』 권145, 1482년 성종 13 윤8월 11일丁丑.

9 길 밖의 훈민정음

1. 『성종실록』 권3, 1470년 성종 1 2월 11일庚申, 12일辛酉, 13일壬戌.
2. 『성종실록』 권3, 1470년 성종 1 2월 26일乙亥.
3. 『성종실록』 권4, 1470년 성종 1 4월 10일戊午.
4. 『성종실록』 권7, 1470년 성종 1 8월 5일庚戌, 6일辛亥.
5. 『성종실록』 권3, 1470년 성종 1 2월 14일癸亥.
6. 『성종실록』 권4, 1470년 성종 1 4월 6일甲寅.
7. 『성종실록』 권4, 1470년 성종 1 3월 28일丁未.
8. 『성종실록』 권4, 1470년 성종 1 4월 14일壬戌.

9. 이능화, 『역주 조선불교통사』 2. 동국대학교출판부, 2010, 199쪽.
10. 『성종실록』 권4, 1470년 성종 1 3월 6일乙酉.
11. 『성종실록』 권7, 1470년 성종 1 8월 28일癸酉.
12. 현등사 3층석탑(경기도 유형문화재 제63호)은 원각사10층석탑, 낙산사 7층석탑(보물 제499호) 등과 더불어 조선시대에 세워진 대표적인 탑이다. 사리장엄구에 개탑기改塔記가 새겨져 있다. "成化六年庚寅三月日願堂 雲岳山懸燈寺塔改造 捨利五枚安邀大施主 帶方府夫人宋氏女子 吉安縣主 李氏 億千 折衝將軍中樞府僉知事具壽永."
현등사 3층석탑에 봉안되어 있던 사리함과 진신사리가 도굴, 유출된 사실을 확인한 것은 2004년이었다. 봉선사에서 정보문화재 조사를 하던 중 삼성문화재단에 소장되어 있는 것을 확인했다. 2005년 8월, 현등사(당시 주지 초격)가 삼성문화재단을 상대로 민사조정 신청을 냈고, 공주교도소에 수감되어 있던 서모씨가 봉선사로 자필 편지를 발송. 용서를 빌어 사건의 전모가 드러났다. 2006년 3월 문화재청은 "사리는 문화재가 아니다."는 유권해석을 내렸다. 7월 사법부가 삼성문화재단의 손을 들어줌으로써 현등사로 돌아오는 것은 불가능해 보였다. 그러나 9월 25일 삼성문화재단이 조계종과 협의를 거쳐 "도선국사가 염원한 국태민안과 국운융창의 발원대로 현등사 사리와 사리구가 불교 사부대중의 예배와 신앙의 대상으로 본래의 위치인 현등사에 영원히 봉안될 수 있도록 하겠다."는 뜻을 밝혔다. 진신사리와 사리함은 11월, 현등사로 돌아왔다.
13. 『세종실록』 권123, 1449년 세종 31 3월 18일戊戌.
14. 『세종실록』 권124, 1449년 세종 31 6월 26일甲戌. 정충경은 환관훈도宦官訓導로서 영응대군을 가르킨 적이 있다. 중추원 부사로 재임하던 1443년세종 25년 8월 20일壬寅 졸했다.
15. 『세조실록』 권41, 1467년 세조 13 2월 2일戊戌.
16. 세종대왕의 8남인 영응대군 이염(李琰, 1434~1467)은 측실에서 아들 하나를 두었다. 딸은 대방부부인帶方府夫人 송씨에서 낳은 길안현주吉安縣主 이억천(李億千, 1457~1519). 사위는 절충장군折衝將軍 중추부첨지사 구수영(具壽永, 1456~1523)이다.
17. 김수화는 무과출신으로 1453년 단종 1 1월, 강진현감을 거쳐 김종서의 천거로 함길도 감련관을 제수받았다가 사헌부의 계청으로 고쳐서 임명되었다. 1455년 세조 1 원종3등공신이 되었다. 1468년 세조 14에는 선산부사로 있었다.
18. 『성종실록』 권8, 1470년 성종 1 10월 10일甲寅.
19. 『성종실록』 권9, 1471년 성종 2 1월 21일甲午.
20. 『성종실록』 권9, 1471년 성종 2 1월 25일戊戌.
21. 『성종실록』 권9, 1471년 성종 2 1월 27일庚子.
22. 『신증동국여지승람』, 고양군, 「불우佛宇」 정인사正因寺. "판내시부 이효지에게 명하여 공사를 전적으로 관장하게 했다. 그리고 궁중 물품 중에 절약한 것을 쌀과 베로 계산하고 약간을 내수사에 주었다."
23. 김수온, 「정인사중창기正因寺重創記」, 『식우집』 권2, 『한국문집총간』 9. 96쪽. "歲辛卯春. 我仁粹王妃殿下發自哀衷. 以謂寺因當時務於速嚴. 而營造材木. 未甚脩良. 蓋丸締構. 未甚精緻. 設使未久而雨漏腐壞. 況且國行忌晨水陸時. 則緇素叢集. 殿舍陿陋. 無人有接. 莫辨清鬧. 其於淨設佛供. 追薦冥福之場. 何以示後世心乎. 不得已乃更出宮中嘗所約損供御之物.將剋日撤舊創新. 太王太妃殿下以爲 懿敬大王·睿宗大王兩陵玄室密邇. 一寺鍾鼓. 可以相聞. 若因仁粹王妃改造之願. 并力共財. 以助正因之事. 功亦易集. 而予所以爲懿敬·睿宗薦福之誠. 亦庶幾有遂. 仍別勑內需

24. 김수온,「정인사중창기」. "其年二月起始. 命母使國人. 募民償役. 適畿甸歲儉. 無問老幼. 爭先雇食. 荷鍤成雲. 挽縆蟻附. 不示扣扑. 人樂赴功."
25. 『성종실록』권9, 1471년 성종 2 2월 8일辛亥.
26. 『성종실록』권9, 1471년 성종 2 3월 27일庚子.
27. 『성종실록』권10, 1471년 성종 2 5월 14일丙戌.
28. 『성종실록』권10, 1471년 성종 2 6월 18일己未.
29. 묘적사妙寂寺는 관음보살이 목욕하던 곳이라는 얘기가 전해오고 있다. 왼쪽 골짜기를 휘감아 흐르는 3층 폭포의 풍광이 일품이다. 원효가 창건했고, 보조普照 지눌국사와 태고太古 보우 국사가 기이하게 관람하며 가는 곳마다 석장錫杖을 머물렀다고 한다. 불행하게도 불에 타버려 절도 헐렸고, 산도 또한 강무장講武場이 되었다. 1426년 세종 8 2월 13일丁丑, 세종이 강원도 횡성 등지에서 강무할 때 묘적사의 북쪽 산에서 몰이했다.
30. 김수온,「묘적사중창기妙寂寺重創記」,『식우집』권2. "[…] 其後聞愼嬪金氏爲世宗大王. 出錢穀付道人覺寬欲重創. 寬立法堂僧堂. 事未卽緖而寬死. 又聞密城君以母愼嬪未究之願也. 又得宥法主者. 以爲化主. […] 幸世祖朝. 許復舊基. […] 積六七載. 而所就間閣如左. 密城君則固寺之大檀越. […] 佛殿三間前後退. 東西上室. 有把針. 禪堂僧堂. 皆如他寺. 橫立長廊其南. 以處內外. 鍾閣二間. 立於廊外. 又建十二間於外南. 名曰外行廊. 中爲沙門. 亦如他寺. 塗墍丹靑槬什器. 亦皆如他寺. 觀音殿層閣. 則化主未畢而出去. 以俟後來之續成. 繚以周墻. 以防虎豹之虞. 經始於某年月日. 告訖於某年月日. 此其大略也."
31. 김수온,「성철상인에게 주다[贈性哲上人]」,『식우집』권4.
32. 『성종실록』권11, 1471년 성종 2 8월 12일壬子.
33. 『성종실록』권11, 1471년 성종 2 8월 14일甲寅, 16일丙辰.
34. 『성종실록』권4, 1470년 성종 1 4월 1일己酉. "광평대군의 유복자였던 영순군 또한 1470년 성종 1 4월 1일, 스물일곱에 세상을 버렸다. 영순군은 5살 때까지 궁중에서 자랐다. 세종은 문종과 수양대군에게 어루만지고 보살피라는 유훈을 내렸다. 8세 때 영순군永順君에 봉해졌다. 세조는 세종의 남긴 뜻을 깊이 생각하여 항상 좌우에 두고 출납의 명령, 감핵勘覈의 사무를 많이 위임했다."
35. 『성종실록』권11, 1471년 성종 2 9월 14일癸未.
36. 『성종실록』권13, 1471년 성종 2 11월 22일庚申.
37. 김수온,「정인사중창기」. "至冬十月有日. 攷成. 正殿層閣三間. 則梵雄殿. 東西各有翼. 東上室四間. 名圓澄堂. 西上室四間. 名法樂堂. 僧堂三間. 名探玄堂. 禪堂三間. 名法雲堂. 則東西分庭相向. 南橫長廊十七間. 以爲飯僧食堂之處. 中正門一間. 名曰圓寂門. 東別室二間. 名曰八還寮. 長廊外. 縱立鍾閣一間. 名振法樓. 上樓鍾鼓. 下通出入. 鍾閣之東樓三間. 名曰伴鶴寮. 西樓室三間. 名曰琢磨寮. 橫立外廊十八間. 中爲中門. 名曰妙覺門. 中門之東二間曰斷感寮. 次二間曰七徵寮. 次二間曰枕雲寮. 西二間曰玩珠寮. 次二間曰發眞寮. 次二間曰待客虛室齋. 廚室五間. 三寶正廳三間. 名曰雙淸寮. 西上下樓庫各三間. 熟設房四間. 正殿後羅漢殿三間. 名曰應眞殿. 外沙門三間. 名曰四弘門. 寺外南造泡牛馬舍幷十五間. 客室三間. 寶長庫東西幷九間. 總一百十九間. 礎碇溫溫. 皆各有處. 塗墍丹膐. 輝煌炫耀. 殿堂廊廡. 通谽崇嚴. 房舍軒戶. 鮮明靚密. 棟宇嶙峋. 像設儼煥. 寺刹之美. 與奉先寺相甲乙. 其殿堂制度. 間閣廣俠. 皆前判教宗事都大師雪峻之奏允也. 其及告訖."

38. 김수온, 「정인사중창기」. "仁粹王妃殿下·王大妃殿下親幸於寺. 至沙門下輦. 入御正殿. 周覽 既訖. 怡然還駕. 太王太妃殿下以爲有寺無穀. 僧無所資. 特施米穀幷一千石. 存本用息. 又仁粹王 妃殿下施幾石不絶食輪. 凡什器之類. 悉贍悉備."
39. 『성종실록』권12. 1471년 성종 2 10월 27일乙未.
40. 『성종실록』권13. 1471년 성종 2 11월 22일庚申.
41. 『성종실록』권13. 1471년 성종 2 12월 5일壬申.
42. 간경도감이 폐지되고 난 뒤 인출된 불경에는 언해서의 역자 기명행기記名行을 도려냈다. 1472년 성종 3 간행된『묘법연화경언해』에서는 김수온의 발문이 제일 먼저 잘려나갔다. 『원각경언해』에서 '혜각존자 신미 역해'의 행간 또한 사라져 버렸다.
43. 천혜봉, 「간경도감」, 『한국민족문화대백과사전』 권1, 한국정신문화연구원. 1995. 234~235쪽.
44. 조동일, 「훈민정음의 창제와 서사시·언해」, 『한국문학통사』 2. 지식산업사, 1994. 298쪽.
45. 『성종실록』권14. 1472년 성종 3 1월 5일壬寅.
46. 『성종실록』권14. 1472년 성종 3 1월 14일辛亥.
47. 『성종실록』권15. 1472년 성종 3 2월 7일甲戌.
48. 『성종실록』권15. 1472년 성종 3 2월 20일丁亥. 세조는 예종을 보호하기 위하여 인수왕비에게 양보하라고 명한 적이 있었다.
49. 안병희, 『국어사 문헌 연구』, 신구문화사, 2009. 59~61쪽. "이들 후쇄본의 인출 경위는 책마다 갑인자로 된 김수온의 발문이 나타나 있다. 이들 책은 발문이 아니면 초쇄의 원간본과 거의 구별되지 않는다. 그러므로 현재 불경언해의 원간본으로 인정되는 책 가운데는 이때의 인출본이 없지 않을 것이다."
50. 『신증동국여지승람』. 「여주목」. "여주 보은사는 여강驪江 동쪽 언덕 봉미산 기슭에 있는 옛 신륵사다. 벽돌탑이 있어 예로부터 벽사甓寺라고 불렀다. 예종조에 세종의 능인 영릉을 절의 서쪽 10리에 옮기고, 드디어 고쳐서 큰 사찰이 되었으므로 지금 사액한 것이다. 절에는 강월헌江月軒이 있다. 고려의 승려 나옹이 거처하던 곳이다. 나옹이 입적하자 그 제자가 사리를 석종에 모시고 진영을 모시는 당을 세웠다. 이색이 기記를 썼다. 또 대장각大藏閣이 있는데 이숭인이 기를 썼다. 보은사를 중창하고 난 뒤 사액賜額의 기문을 김수온이 지었다."
51. 김수온, 「보은사 중창사액기報恩寺重創賜額記」, 『식우집』, 『한국문집총간』 9, 민족문화추진회, 1988. 88쪽. "壬辰二月. 懿旨傳今陵室甫畢. 不可又使齊民. 今刊經都監已罷. 所用錢穀尙多. 其餘其內需司專掌出納. 償役遊手. 無或告弊. 命臣明澮·臣繼禧爲提調. 驪州牧使臣李愼孝·原州牧使臣金春卿·內侍府向膳臣李孝智爲監役官."
52. 김수온, 「보은사 중창사액기」. "初. 世祖大王夢見世宗大王. 昵奉晤旨. 歡如平昔. 世祖追感益切. 爲世宗大王昭憲王后. 欲於英陵之側. 創建佛宇. 以爲薦福之所. 乃命有司伐材. 流梓積于江岸. 一夕潦漲. 盡爲狂濤所逸. 旣而明年. 世祖又晏駕. 國家多故. 未遑經始."
53. 김수온, 「보은사 중창사액기」. "會日官上言. 英陵坐局所直之宿. 有不應古經者. 宜改建玄宮. 以膺休祚. 睿宗下群臣議. 皆曰. 改葬古矣. 葬故有闕. 則尙且改葬. 況今風水之司有言. 必有所稽. 不可不從. 睿宗分遣宰相. 求擇厥地. 群臣啓曰. 驪興之北. 有一大洞. 岡巒列勢. 主對縈然. 法曰. 山頓水曲·子孫千億. 以臣等所相. 陵寢所安. 無右於此. 睿宗傳旨于朝曰. 可. 以成化五年己丑. 遷世宗梓宮于驪州."
54. 김수온, 「보은사 중창사액기」. "太王太妃殿下懿旨若曰. 先王見父王于夢. 將欲創寺英陵之下.

仙馭巡廻. 奄棄群臣. 未及營締. 今先王在天. 而我等不亟從事於遺旨. 其何以奉先王於地下乎. 卽命上黨府院君臣韓明澮·西平君臣韓繼禧等. 令毋遠寢園. 擇定置寺之處. 臣明澮等啓曰. 陵室坐地之內. 無可立字之地. 神勒一寺. 一名甓寺. 古賢遊賞之迹宛然. 且去先王塋域甚邇. 鍾鼓之聲可達. 若卽而修之. 則因舊爲新. 事半功倍. 莫此爲便."

55. 『세종실록』권90, 1440년 세종 22 8월 13일壬午.
56. 『성종실록』권16, 1472년 성종 3 3월 10일丙午.
57. 『성종실록』권17, 1472년 성종 3 4월 30일丙申.
58. 『성종실록』권20, 1472년 성종 3 7월 16일辛亥.
59. 『성종실록』권20, 1472년 성종 3 7월 21일丙辰.
60. 『성종실록』권20, 1472년 성종 3 7월 23일戊午.
61. 김수온,「보은사 중창사액기」. "以其年二月始役. 告訖於冬十月. 因舊而修葺者幾間. 創新而改構者幾間. 摠二百有餘間. 鍾鼓道具. 與夫日用什器之類. 悉皆新鑄. 以某年月日. 設某會以落成."
62. 김수온,「보은사 중창사액기」. "臣謂寺刹之興廢. 固有待於其時. 而又有數關於其間. 神勒風景之美. 聞於我國. 而士大夫風帆往來. 舳艫相御. 未有一人就而興創. 幸今黃驪大府千百年山川磅礡之氣. 潛藏秘伏. 乃發於聖明之日. 先王玄宮. 載營厥邑. 大事已定. 大處已始. 開我國家億萬年無疆之基. 於是府陞爲州. 寺亦爲之一新. 是乃時之所待. 而數之所關者然也. 我太王太妃殿下不以時有古今. 地有彼此. 而盡念先王之遺旨. 陵室旣遷. 亟創佛寺. 其善繼善述. 丕承丕顯. 光于列聖. 卓越千古. 臣雖老昧. 敢不拜手稽首. 敬書于策. 明示後世乎."
63. 성현,『용재총화』권2. "陵室之傍. 有齋社. 自昔然也. 如健元陵顯陵有開慶寺. 齊陵有衍慶寺. 厚陵有興敎寺. 光陵有奉先寺. 敬陵昌陵有正因寺. 遷英陵於驪州. 改神勒爲報恩寺. 以爲齋社. 獨獻陵無社. 蓋因太宗遺敎也."
64. 석지현,『선시禪詩』, 민족사, 1999, 342쪽. "나옹혜근은 20세에 이웃 동무가 죽은 것을 보고 "죽으면 어디로 가느냐."고 어른에게 물었으나 아는 이가 없으므로 비통한 생각을 품고 공덕산 묘적암에 가서 요연了然에게 출가했다. 요연과의 문답 후 제방諸方을 행각行脚하다가 1334년 양주 회암사에서 4년 동안 좌선. 얻은 바가 있었다. 중국 북경에서 지공指空을 친견, 계오契悟한 바가 있어서 여기서 2년 동안 공부했다. 다시 남방으로 가서 평산처림平山處林에게 법좌法座와 불자拂子를 받았다. 중국 천지의 여러 선지식을 친견한 후 다시 지공에게 돌아와 법좌와 불자를 받았다. 그의 비와 부도가 회암사지에 있다. 저서로『나옹화상어록懶翁和尙語錄』이 있다."
65. 함허당,「유신륵유신륵遊神勒」2首,『한국불교전서』7, 동국대학교 출판부, 2002, 248~249쪽. 함허당의 선시는 총 88편 110수가 전한다.
66. 『성종실록』권24, 1472년 성종 3 11월 3일乙未.
67. 『성종실록』권24, 1472년 성종 3 11월 19일辛亥.
68. 신숙주,「정인사 주지 설준의 시권에 제하다題正因寺住持雪峻詩卷」,『보한재집』권9.
69. 『성종실록』권27, 1473년 성종 4 2월 7일戊辰.
70. 『성종실록』권27, 1473년 성종 4 2월 22일癸未.
71. 『성종실록』권27, 1473년 성종 4 2월 24일乙酉, 25일丙戌.
72. 『고려사절요』권2, 1174 고려(명종 4) 12월. "금나라에서 사신을 보내 왕의 생신을 축하했다." 최자崔滋,『보한집保閑集』권하. "회암사에는 왕자승 원경국사元敬國師 충희忠曦의 수적手蹟이 남루南樓의 동서벽과 객실의 서쪽 가까이 있는 작은 누각 사이에 있었다."

73. 성현, 『용재총화』 권6. "懶翁住檜巖寺. 士女奔波. 有儒生三人相謂曰. 彼髠有何幻術. 而使人驚駭如此. 吾輩往見壓之. 遂到方丈. 翁踞榻而坐. 容貌雄偉. 眼波明瑩. 望之儼然. 忽大聲唱云. 三人同行. 必有一智. 智不到處. 道將一句來. 三人魄遁頂禮而還."

74. 김수온, 「회암사중창기檜巖寺重創記」, 『식우집』 권2, 『한국문집총간』 9. 민족문화추진회, 1988, 84~85쪽. 迦文氏之王索訶也. 發慈悲淸淨之政. 以淑大天. 及其化緣旣周. 則以正法眼藏. 付於摩訶迦葉. 以大法隆興. 屬諸國王大臣. 豈以出世之道. 非處世之人. 無亡傳. 法王之敎. 非人王之重. 無以行乎佛佛出世. 皆此道也. 我國山川之勝. 名於天下. 而佛廬之處于其間者. 又不知其幾百十. 至於極仁祠制度之備. 而具法王行化之體. 則未有如檜庵者也. 昔天曆間. 西天薄伽納提尊者. 見此寺之基. 以爲酷似西天阿蘭陁寺. 且曰. 迦葉佛時. 已爲大道場. 於是. 執繩量地. 以定其位. 時得劫前礎砌. 當時暫庇屋宇. 以識其義而已. 有玄陵王師普濟尊者. 受指空三山兩水之記. 遂來居此. 乃欲大創. 分授棟樑. 奔走募緣. 功未及半. 而王師亦逝矣. 其徒倫絶澗等. 念王師未究之志. 踵其遺矩. 以畢其績."

75. 이색의 지공화상 행장에는 "폐사지경의 회암사를 보고 중창하고자 하는 뜻은 있었지만. 실행에 옮기지 못하고 순제순제의 명을 받고 원나라로 돌아갔다."고 다르게 기술하고 있다.

76. 각굉, 「나옹화상행장懶翁和尙行狀」, 『한국불교진서』 6.

77. 각굉, 「나옹화상행장」.

78. 이능화의 『조선불교통사』에는 사리전은 2간이다. 또한 『신증동국여지승람』에는 정청 동쪽과 서쪽에 방장方丈이 두 곳인데 각 3간이다. 방장 동쪽 편에는 나한전羅漢殿이 3간이다.

79. 김수온, 「회암사중창기」, 『식우집』 권2. "牧隱文靖公記之曰. 普光殿五間面南. 殿之後設法殿五間. 又其後舍利殿一間. 又其後正廳三間. 西方丈之西. 大藏殿三間. 由普光殿東西. 分左右. 諸殿角起. 衆寮參差. 鍾樓沙門. 廚庫之所. 賓客之位. 秩乎有序. 棟宇連亘. 廊腰蔓回. 高低冥迷. 不知東西. 凡爲屋二百六十二間. 自是之後. 幹善之士. 世不乏人. 然或始佛殿而未及於僧寮. 或補鍾樓而不建於客室. 治東而西已傾. 更南而北又墮. 蓋寺大故功鉅. 功鉅故人不能遍構而盡緝. 遂使一國大叢林. 幾爲曠宇."

80. 『태종실록』 권3. 1402년 태종 2 6월 9일辛酉.

81. 김수온, 「회암사중창기」, 『식우집』 권2. "成化壬辰春. 我太王太妃殿下. 傳懿旨于河城府院君臣鄭顯祖. 若曰. 予一婦人. 承祖父餘休. 佐我世祖大王. 誕毓聖子神孫. 是雖皇天眷佑東方. 亦未必非夙世植德. 本於佛乘也. 自古. 慈母欲保於其孫. 忠臣欲壽於其君. 莫不惟三寶是歸. 檜庵. 東國大伽籃也. 三和尙相繼開山. 三山兩水之記. 肇於指空. 實壽君稱福之地也. 頗聞築基不固. 殿舍階砌. 積以雜石. 故創造未久而屋已老. 今欲間閣制度. 罔改于舊. 庭除所履. 悉易熟石. 計其功課倍於初創. 卿亦必有種善之因. 得尙公主. 卿其戮力. 俾遂于弘願. 顯祖對曰. 世嘗言重修之績. 難於肇興. 財穀雖多. 苟不得人. 罔以有績. 今正陽住持處安. 勤敏通達. 幹事之才. 鮮有之者. 懿旨允可."

82. 김수온, 「회암사중창기」, 『식우집』 권2. "遂以安移住檜庵. 財穀所費. 內需司專掌. 隨乏隨給. 以濟其用. 府院君亦傾其私畜. 以供其缺. 安奏募僧俗自願. 計功仰償. 日役萬有指. 不督自勸. 始於其年月日. 閱幾十有三朔而告訖. 殿舍間閣. 無所更改. 欄墻豪俠. 無所增損. 而房櫳門闥. 益爲之洞豁. 塗墍丹雘. 益爲之絢煥. 百餘年頹敗之舊寺. 一朝變爲重新之寶刹. 於某年月日. 太王太妃殿下. 命府院君同需司專掌. 大設法會以落成. 翌年月日. 住持安又設弟二會落之."

83. 치밀한 글쓰기의 모범을 보여 온 김수온이 여주「보은사 중창사액기」를 쓸 때부터 낙성법회나 준공불사가 베풀어진 날짜를 정확히 적고 있지 않다. 사헌부와 사간원과의 보이지 않는 갈등으로

판단된다. 왕실불교의 위축된 상황을 한 눈에 읽을 수 있는 대목이다.

84. 『성종실록』 권19, 1473년 성종 3 6월 7일 壬申, 13일 戊寅, 14일 己卯, 15일 庚辰, 28일 辛卯.
85. 김수온, 「회암사중창기」, 『식우집』 권2. "府院君曰. 雖非上命. 亦太王太妃之大功德所在. 幸筆其事. 以示後世. 余惟佛興于天竺. 設無上道. 開覺人天. 及漢明帝. 其敎始及震但. 而播於天下. 自昔. 聖帝明王未嘗闢之以興. 吾聖人之至治. 亦未嘗不奉之以歸依. 出世之大敎. 豈不以其道所謂五戒十善. 有可以陰翊王化. 而壽君福國之說. 有可以扶樹人之大倫乎. 惟我太王太妃殿下. 天縱聖德. 卓冠千百. 事我世祖. 克定大難. 措國家泰山之安. 置生民衽席之上. 鴻猷偉烈. 自有東方未有之聖后也. 今我主上殿下. 春秋鼎盛. 聖德方新. 金枝玉葉. 盆茂益昌. 然我太王太妃祝釐之誠. 聖曆之長. 則必欲如天地之無疆矣. 本支之慶. 則必欲如瓜斯之益繁矣. 受天百祿. 於萬斯年之念. 曷嘗斯須替哉. 以檜庵我國佛法之所會. 而重新檜庵. 則其弘揚三寶. 以尊釋氏. 以培養國家之福祿者. 不外於此. 此我太王太妃殿下之意也. 若夫太王太妃所以爲世祖大王超生極樂. 見佛聞法. 祖宗列位同成正覺. 與夫法界含靈. 饒益無邊之意. 則大菩薩四無量之誓願如此. 吁其盛哉."
86. 『성종실록』 권29, 1473년 성종 4 4월 15일 乙亥, 19일 己卯.
87. 『성종실록』 권32, 1473년 성종 4 7월 9일 戊戌.
88. 『성종실록』 권32, 1473년 성종 4 7월 16일 乙巳, 18일 丁未.
89. 『성종실록』 권32, 1473년 성종 4 7월 27일 丙辰.
90. 이봉춘, 『조선초기 배불사 연구』, 동국대학교 박사학위 논문, 1990, 231쪽.
91. 『성종실록』 권33, 1473년 성종 4 8월 4일 癸亥.
92. 『성종실록』 권29, 1473년 성종 4 10월 2일 庚申.
93. 『성종실록』 권36, 1473년 성종 4 11월 6일 癸巳.
94. 『성종실록』 권41, 1474년 성종 5 4월 28일 壬午.
95. 서거정, 「최문정공비명 병서崔文靖公碑銘 幷序」, 『태허정집』. "英陵初. 制文之. 神思睿智. 高出百王. 集賢諸儒. 合辭陳其不可. 至有抗疏極論者. 英陵命公及申文忠公叔舟等掌其事. 作訓民正音·東國正韻等書. 吾東方語音始定. 雖規模措置. 皆稟睿旨. 而公之協贊亦多了."
96. 서거정, 「최문정공비명 병서」, 『태허정집』. "奉公守正. 憂國如家. 再入相. 政務寬大. 不喜更張. 與人言. 常先示退揖. 不自表襮. 又不立崖岸自異. 至如朝廷議論. 臨決大事. 確不可犯. 居家淸白. 關節不到. 不邇聲色. 不事産業. 淡如也. 遇事. 常加三思. 立朝四十年. 一不被公劾. 自登第. 至台輔. 常兼館閣. 未嘗一日寄外. 慨然以斯道爲己任. 爲文章. 不踏古人畦畛. 自出機杼. 大放以肆. 雄豪富瞻. 如長江大河. 滔滔汨汨. 百折逶迤. 勢不能止. 尤工於騈儷."
97. 서거정, 『필원잡기』, 고전국역총서 49, 민족문화추진회, 1985, 296~297쪽.
98. 『성종실록』 권41, 1474년 성종 5 4월 28일 壬午.
99. 성현, 『용재총화』 권9. "平海郡西白巖山下. 泉湧山脊之高丘. 溫暖滴宜. 泉甚澄潔. 僧信眉大搆室宇. 糶糴米穀. 施與往來沐浴人." 평해군 서쪽 백암산 밑에 있다. 샘이 산등성이 높은 언덕에서 솟아 나온다. 샘물이 알맞게 따뜻하고 매우 깨끗하다. 신미 스님이 큰 집을 짓고 쌀을 꾸어주고 받고 하여 목욕하러 오고 가는 사람에게 베풀었다. 지금까지도 옛날과 같이 하고 있다.
100. 『성종실록』 권55, 1475년 성종 6 5월 10일 戊午, 12일 庚申.
101. 『성종실록』 권55, 1475년 성종 6 5월 27일 乙亥.
102. 『성종실록』 권56, 1475년 성종 6 6월 21일 戊戌.
103. 『문종실록』 권9, 1451년 문종 1 8월 5일 庚午.

104. 『성종실록』 권31. 1473년 성종 4 6월 13일壬申. 『훈세평화訓世評話』는 고금의 명현名賢과 절부節婦의 사실을 찬집하여 한어漢語로 번역한 책으로 전교서典校署에서 찍어냈다.
105. 『성종실록』 권122. 1480년 성종 11 10월 19일乙丑.
106. 이익, 『성호사설』, 「인사문人事門」.
107. 소혜왕후昭惠王后는 '인仁'을 『내훈』의 제1장에 내세웠다. 첫째, 여인의 덕[婦德]. 재주와 총명이 다른 사람보다 뛰어나야 부덕이 있는 것이 아니다. 둘째, 여인의 말[婦言]. 언변이 좋아서 언사가 유창한 것이 부언이 아니다. 셋째, 여인의 얼굴[婦容]. 얼굴이 아름답고 예쁜 것이 부용이 아니다. 넷째, 여인의 솜씨[婦功]. 솜씨가 남보다 뛰어난 것이 부공이 아니다. 제2장은 효친. 제3장은 혼례. 제4장은 부부. 제5장은 모의母儀. 제6장은 돈목敦睦. 제7장은 염검廉儉이다.
108. 『연려실기술』, 「세조조 고사본말」, 소혜왕후.
109. 『성종실록』 권63. 1476년 성종 7 1월 13일戊午.
110. 김갑주, 「원상제의 성립과 기능」, 『동국사학』 12. 1973. "원상제도는 1468년 예종 즉위년에 확대 재편성되어 신숙주·한명회·구치관·박원형·최항·홍윤성·조석문·김질·김국광 등 9명으로 1476년 성종 7까지 10년간 지속되었다."
111. 『성종실록』 권60. 1475년 성종 6 10월 2일戊寅.
112. 『성종실록』 권67. 1476년 성종 7 5월 19일辛酉.
113. 『성종실록』 권66. 1476년 성종 7 4월 20일癸巳.
114. 『성종실록』 권67. 1476년 성종 7 6월 14일乙酉.
115. 성현, 『용재총화』 권9.
116. 『성종실록』 권67. 1476년 성종 7 6월 28일己亥.
117. 『성종실록』 권68. 1476년 성종 7 8월 21일乙丑.
118. 『성종실록』 권68. 1476년 성종 7 6월 5일丙子.
119. 『성종실록』 권68. 1476년 성종 7 6월 26일丁酉.
120. 『성종실록』 권69. 1476년 성종 7 7월 19일庚申.
121. 『성종실록』 권75. 1477년 성종 8 1월 2일辛丑.
122. 『성종실록』 권76. 1477년 성종 8 2월 5일甲戌.
123. 『성종실록』 권78. 1477년 성종 8 3월 7일甲戌.
124. 『성종실록』 권84. 1477년 성종 8 9월 5일己巳.
125. 『성종실록』 권86. 1477년 성종 8 11월 26일己丑.
126. 『성종실록』 권87. 1477년 성종 8 12월 2일乙未. 4일丁酉.
127. 이능화, 『역주 조선불교통사』 권2. 동국대학출판부, 2010. 212쪽.
128. 『성종실록』 권88. 1478년 성종 9 1월 10일癸酉.
129. 『성종실록』 권88. 1478년 성종 9 1월 4일丁卯. 5일戊辰.
130. 『성종실록』 권88. 1478년 성종 9 1월 14일丁丑.
131. 『성종실록』 권91. 1478년 성종 9 4월 3일甲午.
132. 『성종실록』 권91. 1478년 성종 9 4월 21일壬子.
133. 『성종실록』 권91. 1478년 성종 9 4월 27일戊午. 28일己未.
134. 『성종실록』 권94. 1478년 성종 9 7월 20일己卯.
135. 『성종실록』 권91. 1478년 성종 9 4월 5일丙申.

136. 『성종실록』 권92, 1478년 성종 9 5월 28일己丑.
137. 『성종실록』 권94, 1478년 성종 9 7월 23일壬午.
138. 『성종실록』 권94, 1478년 성종 9 7월 28일丁亥.
139. 『성종실록』 권95, 1478년 성종 9 8월 24일癸丑.
140. 『성종실록』 권96, 1478년 성종 9 9월 29일丁亥.
141. 『국조보감』 권16, 1477년 성종 8 10월.
142. 『성종실록』 권98, 1478년 성종 9 11월 26일癸未.
143. 『성종실록』 권103, 1479년 성종 10 4월 13일己亥.
144. 『영산김씨대동보永山金氏大同譜』 권2에는 신미대사가 1403년(태종 3, 癸未)에 출생, 1487년(성종 18, 丁未)에 열반했다고 기록되어 있다. 그러나 『조선왕조실록』과 복천암 부도의 연대 등으로 추정해 볼 때 입멸의 연도는 1480년 성종 11으로 수정되어야 한다. 혜각존자 신미의 법납은 아버지 김훈의 '불충'의 죄에 휘말려 집안이 몰락하던 다음해인 1417년 태종 17 15세로 출가한 것을 기준으로 했다. 특히 『대동보』에서 "신미(김수성)는 세종조에 집현전 학사로서 세종의 총애를 받았으며 특히 단종조 때는 은총이 융숭했다.[…] 일찍이 학조대사와 더불어 속리산 법주사에서 불문佛門에 귀의하여 불명佛名을 신미信眉 또는 수암秀庵이라 하고 면벽관심面壁觀心하다."는 기록은 재고되어야 한다. 신미는 집현전 학사로 뽑힌 사실이 없고, 단종조에는 은총이 융숭하지 않았다. 학조는 신미의 상수제자로 1432년 세종 14에 태어났다.
145. '수암秀庵'은 혜각존자 신미가 1464년 세조 10 10월 간행한 『선종영가집언해』의 발문에 사용했던 당호다. 「수암화상탑」(높이 3.02m)은 1975년 8월 20일 충청북도유형문화재 제12호로 지정된 뒤, 2004년 10월 7일 보물 제1416호로 상향 조정되었다. 문화재청의 문화재 정보에는 "수암화상은 복천암과 관계된 조선 초기의 고승으로 짐작된다."는 무책임한 설명을 달아두고 있다.
146. 정영호, 『석등 부도비』(한국의 미) 15, 중앙일보 계간미술, 1983, 223~224쪽. "부도는 기단 위에 탑신을 두고 그 위에 옥개석을 덮었다. 정상에 상륜을 장식한 전형적인 고대의 석조부도 양식을 보이고 있다. 지대석이 없는 기단부는 상·중·하대로 되어 있다. 하대석은 8각으로 장식이 없고 상면 중앙에 괴임대 한 단을 두었다. 중대석과 상대석도 8각이다. 탑신의 곡선이 부드럽다. 옥개석도 8각으로 장식이 없다. 상륜부는 화려하지 않고, 정상에 보주만 조각했다."
147. 『연려실기술』 권5, 세조조 명신, 「김수온」. "金守溫兄釋祖[世傳信眉卽公兄也]. 爲和尙. 雄文巨筆. 一時無敵. 居俗離山. 成佛福泉菴. 石鐘藏舍利. 旱則禱雨."
148. 이능화, 「신미와 백암이 널리 불서를 유통시켰다信眉栢庵流通佛書」, 『역주조선불교통사』 6, 동국대학교출판부, 2010, 144쪽. "信眉大師. 法號慧覺尊者. 道行甚高. 世祖大王. 待以師禮. 命使校正涵虛堂金剛經說義. 入之五家解爲一書. 校正禪門永嘉集本同異. 又集證道歌彦琪註宏德註祖庭註爲一書. 印刊行之. 刊經都監. 諺譯諸經. 師皆與焉. 師又譯解諸師法語. 以廣流通."
149. 김수온, 「송광사에서 스님을 보내고送浯松廣」, 『식우집』 권4.
150. 혜각존자 신미의 시권詩卷인 『사한전방詞翰傳芳』의 간행은 세조의 어보가 찍혀 있고, 강희안이 시를 남긴 것으로 보아 1464년 세조 10 5월로 추정된다. 세조는 2월 18일 충청도 순행에 나서, 2월 28일 속리산 복천사에 들렀다. 혜각존자를 만나보고 3일간 법회를 베풀었고, 온양 온천을 거쳐 3월 21일 경복궁으로 환궁했다. 당시 3대 명필로 손꼽혔던 강희안은 10월 9일 졸했다.
151. 허균(許筠, 1569~1618), 「사한전방서詞翰傳芳序」, 『성소부부고惺所覆瓿稿』 권4. "丁未夏. 余在三陟. 憲司以佞佛參論. 革職歸田. 道出砥平. 宿于隣丈梁丹城思訒墅. 有稱李生者忘其名. 手

一編來示. 題曰詞翰傳芳. 披閱之. 卽 世廟朝嬖髣信眉詩卷也. 金文良爲序. 徐剛中·姜景愚·景醇·成重卿·李三灘. 爲詩俱自書. 贊不知何人作. 而書則鄭東萊也. 終以安可度畫釋迦·彌陀二軀. 極小而妙. 末有 御璽一顆. 眞古物也. 余以赫蹄二百易之. 噫. 祖宗朝文章渾厚. 前輩皆名大家鉅公. 而書與畫. 亦俱擅名. 極可貴重. 不敢容喙於其間矣." 원문의 내용 중 '題曰詞翰傳芳.'은 '題曰翰詞傳芳.'으로 되어 있다. 서문의 제목에 따라 필자가 수정했다.

152. 허균,「사한전방서」,『성소부부고』권4. "然以余觀之. 文雖洞曉佛乘. 信手拈來. 而或流於腐飫. 詩雖渾重有氣力. 而藻響不足. 失之於卑俗. 書雖結搆精密. 而鈍滯不揚. 無王趙逸軌. 畫則逼眞. 而無利家本色. 彩繪不溢. 若使當世之士東皐爲序. 西坰·蓀谷·汝章·子敏爲詩. 而石峯·南窓書之. 李楨設色模像. 則又詎必盡出其下耶. 後之俱眼者賞之. 則未知孰爲其左祖也哉. 凡文章書畫. 如拱璧掌珠. 自有定價. 非世波斯所. 庸詎知其高下乎. 今之昧者. 俱以詩文. 從世升降. 斥目覩而貴耳聞. 咸謂古人不可及. 嗚呼. 大浸漫空. 不識沈珊瑚者何處. 而枉自呶呶指求乎. 此與耳食者奚殊哉. 是卷以其古物而藏之. 非寶其文與詩與畫也. 後之覽者. 幸詳誌之."

153. 『선조실록』권211, 1607년 선조 40 5월 5일丁卯.

154. 이능화,「속리산 귀두석을 부숴버린 일[破龜頭石壓俗離山]」,『역주 조선불교통사』6, 동국대학교출판부, 2010. 111쪽. "福泉我世祖大王祝釐之所也. 其址端妙爽朗. 巖屛之園. 斲石之功. 有過於前. 創願室. 祗奉世廟親筆. 雲漢至今宛然. 因感歎. 吟一絶曰.[…] 出門外. 緣東崖. 上一臺. 立二塔. 一學祖塔. 一秀庵塔. 秀庵法諱信眉. 世祖與眉師書札. 亦珍藏是寺. 其敬待可想. 少坐塔傍. 望觀焉. 惟文藏一峰. 爲後崗所遮. 不可得見. 其餘峯巒. 皆歷歷指點. 若遊蓬萊者. 登正陽寺歇惺樓. 則一萬二千峯. 皆入眼中. 復回福泉."

155. 정시한 저, 신대현 번역·주석,『산중일기』, 도서출판 혜안, 2005, 210쪽. "석면으로 만들어. 불에 타지 않는 직물로 만든 옷. 화취火毳라고도 한다. 중국 송나라 때 편찬된『벽암록』에 '십주十州가운데 염주炎州에서 이 화완포가 나온다.'고 적혀 있다. 또 중국 청나라 때 출판된 자연과학 백과사전『박물지』에도 '서북쪽 오랑캐인 시융西戎이 화완포를 바쳤다.'는 기록이 있다. 그 밖에 중국 곤륜산 불 속에 사는 소보다 큰 쥐의 붉은 털을 깎아 만든 것이라는 등 여러 전설에도 화완포가 등장한다."

156. 정시한 저, 신대현 번역·주석, 앞의 책, 2005, 210~211쪽.

157. 김수온,『식우집』,『한국문집총간』권9, 민족문화추진회, 1988. 84쪽. 당대의 명문장이었던 서거정은 김수온의 문장은 적수가 없다며 "문장이 웅장하고 깊고 기이하다[奇偉峻壯]."고 평했다.『필원잡기』권2. 성현도 김수온을 서거정·강희맹과 당대의 '삼대수三大手'로 꼽았다. 조선 중기의 장유張維는 김수온을 김종직·서거정·성현 등과 함께 조선전기의 문장 대가로 분류하고, 그의 문장을 "넓지만 법에 얽매이지 않았다[博而寡法]."라고 평했다.「간역문집서簡易文集序」,『간역집』.

158. 『성종실록』권130, 1481년 성종 12 6월 7일庚戌.

159. 어숙권,『패관잡기』. "金乖崖守溫.[…] 後病劇. 將易簀. 謂子弟曰. 爾輩愼勿讀庸學. 我今煩悶眼裡森羅者. 皆庸學中字也."

160. 남효온,『사우명행록師友名行錄』. "或有言金乖崖守溫坐化之事. 答曰. 坐化於禮不貴. 吾但知曾子之易簀. 子路之結纓以死之爲貴也. 不知其他."

161. 성현,『용재총화』권4. "文平公金乖崖. […] 其爲文章筆勢浩瀚. 如長江巨浪滔滔不能遏. 人有求詩文者. 信手而成. 未嘗起草. 或有人並求者雖至八九. 令人搦筆. 公四顧呼之. 各適其體. 而文不加點. […] 長於詩文. 而拙於治産. 每布書籍於床. 施席於其上而寢之. 人問其故. 乃曰床冷無氈

也. 門前有大槐樹. 嫩綠成陰. 公令奴鋸斷之. 人問其故. 乃曰家中無薪. 欲炊飯也. 事多類此."

162. 서거정, 『필원잡기』권2. "金文平公守溫. 自少好學不倦. 博覽廣記. 經史子家列莊老佛之書. 靡幽不燭. 靡頤不探. 爲文亦奇偉峻壯. 雖官至極品. 處之淡然如寒素. 常騎馬. 瘦骨崢嶸. 旬月之間. 連喪數馬. 或曰何不使掌馬者殷勤豢養. 違則嚴加捶楚乎. 文平曰安可爲畜物而罪及於人乎. 其慈仁如此."

163. 혜각존자 신미와 김수온의 외할아버지 이행(李行, 1352~1432)의 호가 기우자騎牛子다.

164. 이승소,「김괴애 수온에 대한 만사[挽金乖崖守溫]」,『삼탄집三灘集』권9, 한국문집총간 11, 1988, 464쪽.

165. 김수온,「을미년 설날에[乙未元日]」3수,『식우집』권4. 김수온이 67세를 맞은 1475년 성종 6 정월 초하루에 쓴 시다. 괴애는 세조의 명을 받고 명나라 사신으로 가『벽암록』을 국내로 들여왔다. 그는 제6칙의 '날마다 좋은 날[日日是好日]'이란 화두를 굴리며 흘러간 시간에 얽매일 필요도 없고, 다가올 내일도 마음에 담아둘 필요 없이 '오늘, 여기, 이 자리'에서 깨달음의 길을 걸어가겠다는 뜻을 분명히 했다. 그에게 '태극太極'과 '진여眞如'는 일체였다.

166. 김수온,『식우집』권4."昨以唱和之故. 謁河東府院君. 痛飲還家. 朦朧未省. 軒騎適臨. 闕於展待. 夜後點渴. 擁被而坐. 因感劉伶之酒德. 思孟浩之詞宗. 天地大矣. 而萬物並育於其間. 聖賢相傳. 而二氏雄鳴於後世. 僕竊嘗領略其旨. 有契於心. 裒然有述. 連賦四篇. 且奉盛什. 圭復無已. 信乎珠玉在旁. 覺我形穢也. 冀垂雷覽. 終其唾棄. 어제 시를 읊고 화답한 일로 하동부원군[정인지]을 뵙고 술을 많이 마시고 집으로 돌아와 몽롱하여 몸을 가눌 수 없었습니다. 헌기軒騎가 마침 도착했는데도 살펴서 대접하는 것을 소홀히 했습니다. 밤이 된 후로 목이 말라 이불로 가리고 앉았는데, 유영劉伶의 주덕송(酒德頌 : 술의 공덕)을 노래한 頌,『고문진보』에 실려 있다. 맹호연孟浩然이 사종詞宗 : 詞章의 宗師임을 생각하게 되었습니다. 천지가 광대한데 만물이 그 사이에 함께 길러지고 성현이 서로 전하는데 공자와 부처가 웅대하게 후세에 울렸습니다. 내가 일찍이 그 뜻을 대략 깨닫고 마음에 일치함이 있어서 모아 저술하여 네 편을 연속해 지었고, 성대한 책편을 받들어 반복해서 읽어 그칠 수가 없었습니다. 참으로 주옥같은 글이 곁에 있어서 나의 모습이 더럽다는 것을 깨달았습니다. 한번 보시고 침 뱉어 버리기 바랍니다.」4수 중 3수.

167. 심경호,『김시습 평전』, 돌베게, 2003, 294쪽.

168. 김수온,「노랫말을 적다[述歌]」,『식우집』권4. 고려가요「만전춘별사」의 노랫말은 다음과 같다. "어름우흿 댓닙자리 보와 님과 나와 어러주글만뎡 어름우흿 댓닙자리 보와 님과 나와 어러주글만뎡 정情둔 오눐 밤 더듸 새오시라 더듸 새오시라."

169. 『성종실록』권122, 1480년 성종 11 10월 26일壬申.

170. 안병희,『국어사 문헌 연구』, 신구문화사, 2009, 376쪽. "『두시언해』의 체제는 다른 언해와 같지 않다. 시 제목에 구결을 달고 심지어 언해도 한 일이 있으며, 시 본문에는 일체의 구결이 없으나 주석에는 구결을 달며, 언해와 일부 주석은 완전한 국한문 혼용인 것이다."

171. 장유,「중각두시언해서重刻杜詩諺解序」『계곡선생집谿谷先生集』권6. "讀杜而有諺解. 其不猶迷塗之指南乎."

172. 『두시언해』에 수록된 두보의 시는 1,451편, 다른 시인의 작품이 16편이다. 한편 성종은 1483년 성종 14 7월 29일己未 서거정·유윤겸 등에게『연주시격聯珠詩格』과『황산곡시집黃山谷詩集』을 훈민정음[諺文]으로 번역하라고 명했다. 현재 두 책은 전하지 않는다.

173. 『두시언해』,「강촌」."❽ 풀이 : 맑은 상 한 굽이가/ 마을을 안아 흐르니/ 긴 여름 강마을에

는/ 일마다 그윽하다/ 절로 가며 절로 오는 것은/ 집 위의 제비요/ 서로 친하고 서로 가까운 것은/ 물 가운데 떠 있는 갈매기로다/ 늙은 아내는 종이를 그려/ 바둑판을 만들고/ 어린 아들은 바늘을 두드려/ 고기 낚을 낚시를 만든다/ 병 많은 이 몸이 얻고 싶은 것은/ 오직 약이니/ 조그마한 몸이 이 밖에/ 다시 무엇을 구하리오."

174. 『성종실록』권141, 1482년 성종 13 5월 13일辛巳.
175. 『성종실록』권141, 1482년 성종 13 5월 19일丁亥.
176. 『성종실록』권228, 1489년 성종 20 5월 16일癸酉.
177. 강희맹, 「번역금강경삼가해발飜譯金剛經三家解跋」, 『사숙재집』권10, 세종대왕기념사업회, 1999, 469쪽. 문집을 편집하며 『남명집언해』의 간행에 대한 사실은 삭제했다.
178. 안병희, 「중세 국어의 한글 자료」, 『국어사 자료 연구』, 문학과 지성사, 1992, 524쪽. "중간된 일은 없고 원간본만 전한다. 권2~5 4책은 완전하게 서울대 도서관 가람문고에, 권1은 낙장본으로 동국대 도서관에 수장되어 있다. 이밖에 권3, 4 2책이 성암문고에 전한다."
179. 강희맹, 「번역금강경삼가해발」, 『사숙재집』권10. "越戊子秋. 世祖大王. 有漏緣盡. 八音遽邈. 重遺國恤. 邦域之內. 遑遑焉罔知依止. 幸賴聖上嗣大歷服. 重熙累洽. 光闡大猷之期. 適當今日. 于今十五載矣.[…] 臣希孟竊惟因指以見月. 月本非指也. 因筌以得魚. 魚實非筌也. 苟或執指以爲月. 終無見月之理. 執筌以爲魚. 寧有得魚之時. 必也筌指雙忘. 月可見而魚可得矣. 然直得魚月. 亦忘其所忘. 然後般若智光. 自然呈露矣. 黃面老子. 杜口毗耶. 默何所默. 始終鹿苑. 說何所說. 要知黃葉止啼. 亦乃大權方便. 若有過漢. 憑斯三解. 由粗以入精. 遡流以究源. 直透三關. 入佛知見. 雖謂之彌天葛藤. 換成菩提樹. 滿口雌黃. 還同般若眞詮. 可也. 其功德. 詎可量也. 以是因緣. 伏願列聖靈駕. 誕登彼岸. 優遊常寂. 光土及與. 法界含靈. 同成佛願. 宗祊永固. 四境寧謐. 吁至矣哉. 時太歲壬寅孟秋仲浣. 具銜臣某. 拜手稽首謹跋."
180. 김주필, 「금강경삼가해」, 『국어사 자료와 국어학의 연구』, 문학과지성사, 1992, 187쪽. "오랜 세월에 걸쳐 여러 불경을 언해하며 축적된 경험을 토대로 이루어진 『금강경삼가해』는 그 내용의 원의를 전달하는 데 있어서나 당시 국어의 모습을 보여주는 데 있어서나 매우 뛰어난 면모를 가질 수 있게 되었다. 사상적·종교적 측면의 연구와 15세기 국어에 대한 여러 가지 사실을 밝히고자 할 때에 중요한 문헌 자료다."
181. 『금강경삼가해』권5, 세종대왕기념사업회, 2007, 영인본 115쪽. "昔世宗莊獻大王. 嘗欲以國語飜譯. 金剛經五家解之冶夫頌宗鏡提綱得通說誼及證道歌南明繼頌. 以入釋譜."
182. 『남명집언해』상·하, 세종대왕기념사업회, 2008, 상권 58쪽, 하권 163쪽, 171쪽.
183. 『성종실록』권145, 1482년 성종 13 윤8월 19일乙酉.
184. 『국조보감』권10, 세조조1 즉위년.
185. 서거정, 『사가시집』권44, 「한찬성 계희에 대한 만사[韓贊成 繼禧 挽詞]」.
186. 『성종실록』권145, 1482년 성종 13 윤8월 25일辛卯.
187. 『성종실록』권151, 1483년 성종 14 2월 18일辛巳.
188. 『성종실록』권153, 1483년 성종 14 4월 1일癸亥. 실제로 베풀어진 정희왕후 윤씨의 칠칠재 사찰은 예조에서 아뢴 것과 약간의 차이가 있다. ⓐ 초재 - 장의사(4월 6일) ⓑ 2재 - 진관사(4월 12일) ⓒ 3재(4월 19일), 4재(4월 26일), 5재(5월 4일) - 정인사 ⓓ 6재 - 봉선사(5월 11일) ⓔ 7재 - 회암사(5월 18일). 2재까지는 봉선사 주지로 임명된 학조가. 3재부터는 월정사의 행검이 주관했다. 백일재는 7월 11일 봉선사에서 베풀었다.

189. 『성종실록』 권153, 1483년 성종 14 4월 20일壬午.
190. 『성종실록』 권154, 1483년 성종 14 5월 1일壬辰.
191. 『성종실록』 권155, 1483년 성종 14 6월 12일癸酉.
192. 『성종실록』 권155, 1483년 성종 14 4월 16일丁丑.
193. 『성종실록』 권161, 1483년 성종 14 12월 29일戊子. "僧學祖. 在金山郡直指寺病劇. 特遣內醫問疾. 史臣曰. 學祖在 世祖朝. 與信眉學悅. 稱三和尙. 世祖甚尊寵之. 眉悅皆死. 學祖退居直指寺. 廣營産業. 貽弊於民不資. 有時到京. 戚里豪家. 聞其至. 問遺絡繹於道."
194. 앞의 실록기사와 1년의 차이가 난다. 사관의 기록보다 낙산사에 들러 학열의 입적 사실을 들은 남효온의 기문이 더 정확한 것으로 보인다.
195. 남효온, 「유금강산기遊金剛山記」, 『추강집』 권5. "戊子年間. 有妖僧學悅建白. 於寺基作大伽藍. 自居其中. 盡取傍民田以爲己業. 今悅死一年矣. 其徒智生瞀媚於悅. 悅死而盡得奴婢田貨管其利.[…]至所謂觀音窟者. 有小銅佛在窟下小室. 不蔽風日. 室下海濤激石. 山形如掀. 屋板長鳴."
196. 남효온, 「유금강산기」, 『추강집』 권5. "至寺. 智生出迎館待. 甲午平明. 余坐亭上望出日. 智生饋朝飯. 引余見觀音殿. 所謂觀音像. 技極精巧. 若有精魄焉. 殿前有正趣殿. 殿中有金佛三軀."
197. 심경호, 『김시습 평전』, 돌베개, 2003, 392~394쪽.
198. 김시습, 『매월당집』 권3, 석노釋老, 「낙산장실좌하洛山丈室座下」 5수 중 제5수.
199. 『점필재집佔畢齋集』 해제. "김종직(金宗直, 1431~1492)은 조선 초기의 문신으로 자字는 효관孝盥 또는 계온季昷, 호號는 점필재佔畢齋, 시호諡號는 문충文忠이다. 본관은 선산善山, 밀양에서 태어났다. 정몽주와 길재의 학통을 이은 부친 김숙자에게 수학한 점필재는 일찍부터 학문과 문장이 뛰어나 사림의 종장宗匠이 되었다. 조선 전기에 도학道學의 정맥正脈을 김굉필, 정여창, 조광조로 이어 주는 중추적인 역할을 했다. 후진의 교육에도 힘써 김굉필과 정여창, 조위, 남효온, 유호인, 김일손 등 많은 인물이 그의 문하에서 나왔다. 이들은 의리와 절의를 숭상하여 성리학의 양양과 보급에 크게 기여했다. 정계에 진출, 훈척세력과 대립하며 사림파를 형성하고 선조대에 정국을 주도했다."
200. 김종직, 「학열 선사가 약과 먹을 준 데 대하여 사례하다[謝悅禪師惠藥及墨]」 2수, 『점필재집』 권9. "열선사의 법명은 학열이다. 신미·학조와 함께 세조로부터 총애를 받았다. 1472년 성종 3 정월, 학열이 함양군의 금대사에 와서 머물고 있다.[名學悅. 與信眉·學祖. 有寵於世祖. 今年正月. 悅來住本郡金臺寺.]"
201. 중층의 자리: 충사(虫絲: 거미줄과 같은 벌레의 토물)가 겹겹이 쌓인 누추한 자리. 당나라 유장경劉長卿의 숙쌍봉사시宿雙峯寺詩에 "적막한 선송의 자리엔 방 가득히 충사가 얽혀 있네[寥寥禪誦處 滿室虫絲結]."라는 구절이 있다.
202. 패다서: 불경. 패다는 인도의 다라수多羅樹이다. 옛날 다라수의 잎에 불경을 베꼈으므로 이른 말.
203. 김종직이 한림원에 있을 때 교지를 받들어 광릉(光陵: 세조의 능호)의 백재 소문疏文을 초했다.
204. 『성종실록』 권169, 1484년 성종 15 8월 20일甲戌. 성임(成任, 1421~1484)이 남긴 글씨는 「원각사비圓覺寺碑」·「한계미묘비韓繼美墓碑」·「최항신도비崔恒神道碑」 등이 있다. 문집으로 『안재집安齋集』이 있다.
205. 학조, 「불정심다라니경佛頂心陀羅尼經 발문」, 『역주 불정심다라니경언해』, 세종대왕기념사업회, 2008, 237~238쪽. "一代所說. 不出顯密二敎. 顯敎則尋文解義. 昭廓心地. 密敎則專心誦持.

禳殄災厄. 密敎固多秩. 而佛頂心陀羅尼經. 最爲樞要. 神蹤異跡. 世非一二數. 故人多尙之. 而板本堙沒. 世罕得而奉持焉. 我 仁粹王大妃殿下. 爲 主上殿下. 睿算靈長. 消殄魔怨. 爰 命工人. 効唐本詳密而圖之. 楷正而寫之. 鏤而刊之. 而壽其傳. 蓋益自利他. 使人人而樂誦. 推己及人. 令箇箇而知歸. 拯蒼生於憂逼之際. 復子女於生産之難. 於是. 自在之業. 普應於根緣. 圓通普門. 廣闢於人寰. 功猶極神. 盡大地以生善德. 無不被窮未來. 而莫算然則. 我 殿下. 能事之究竟. 圓滿之果海. 固不可得. 而思議也. 成化 二十一年 乙巳 春 二月 比丘 臣學祖 謹跋."

206. 김영배, 「15세기의 언해본」, 『국어사자료연구』, 도서출판 월인, 2000, 278~279쪽. "원문 부분은 그림이 들어가므로 목판본으로 했으며, 번역부분은 『두시언해』와 같은 을해자 활자본이다."

207. 천혜봉, 『한국전적인쇄사』, 범우사, 1990, 172쪽.

208. 『성종실록』 권176, 1485년 성종 16 3월 15일丙申.

209. 안병희, 「한글판 『오대진언』」, 『국어사 자료 연구』, 문학과지성사, 1992, 240~241쪽.

210. 『몽산화상법어약록언해』에 의하면 1472년 성종 3 인수대비가 『용감수감』 50벌을 찍게 했다고 하나 국내에는 전하는 책이 없다.

211. 안병희, 「중세 국어의 한글 자료」, 『국어사 자료 연구』, 문학과지성사, 1992, 526쪽. "현재 원간본은 낙장본장 1~23만 있음으로 성암문고에 전한다. 임진란 이전의 중간본은 수종 있다. 즉 1531년 중종 26 지리산 철굴鐵堀, 1535년 중종 30 황해도 심암사, 1550년 명종 5 풍기 철암哲庵: 희방사에서 간행된 책과 간기 미상의 책(규장각, 동국대도서관, 이겸로, 일본 동양문고 소장)이 그것이다."

212. 김영배, 「15세기의 언해본」, 『국어사자료연구』, 도서출판 월인, 2000, 281~283쪽. "이 책의 특징은 방점, ㅿ·ㆁ, 동국정운식 한자음과 각자병서로는 'ㅆ, ㅉ'이 쓰였으며, 사잇소리는 'ㅅ'으로 통일된 것 등 『불정심경언해』와 같다. 이는 간행이 모두 학조에 의해 같은 해에 이루어진데 말미암은 것이다. 이 책은 16세기의 문헌이지만 원간본(1485)의 복각본이므로 그 자료적 성격은 15세기의 것으로 보고 있다."

213. 『성종실록』 권181, 1485년 성종 16 7월 4일壬子.

214. 『성종실록』 권191, 1486년 성종 17 5월 11일乙卯.

215. 『성종실록』 권199, 1487년 성종 18 1월 23일甲子.

216. 『성종실록』 권210, 1487년 성종 18 12월 22일丁亥.

217. 조위(曺偉, 1454~1503), 「해인사중창기」, 『매계선생문집梅溪先生文集』 권4. "戊申春. 施內需司米布若干石匹. 遣都料匠朴仲石等. 改搆藏經板堂三十間. 扁曰普眼堂. 又撤板堂中佛殿三間. 移搆於寂光殿西. 扁曰眞常殿. 又撤祖堂三間. 移搆於眞常殿側. 扁曰解行堂."

218. 『성종실록』 권214, 1489년 성종 20 3월 2일丙寅.

219. 『성종실록』 권231, 1489년 성종 20 8월 27일壬子.

220. 『성종실록』 권232, 1489년 성종 20 9월 11일丙寅.

221. 『성종실록』 권228, 1489년 성종 20 5월 11일戊辰.

222. 『성종실록』 권231, 1490년 성종 21 8월 7일壬辰.

223. 조위, 「해인사중창기」, 『매계선생문집』 권4. "明年己酉春. 又施米布. 又明年. 亦如之. 搆窮玄·探眞·鑑物·雙運等堂及 一源·谷應·摠持·倒甁等寮. 修講堂曰無說. 食堂曰滿月. 改營毗盧殿曰大寂光. 主佛補處. 皆改飾黃金. 起鍾樓曰圓音. 建中門曰不二. 撤舊大藏殿. 移搆於寂光殿東. 扁曰含虛寮. 藏銀字大藏經 有脫字卷. 又營解脫·蕭然·玄鑑·圓融·雙割·浩然·逗元·緣起·冥眞·玄根·達俗·省

行‧重瑩‧轉生‧作熟等寮. 又起東西樓庫. 東曰無盡藏. 西曰貳盈庫. 凡爲屋百六十間. 或增或損. 皆因舊制. 而宏麗精彩倍之. 庖湢廁溷之所. 鍾魚鐃鼓之類. 亦莫不畢具而一新. 金碧輝煌. 照耀山谷. 乃於秋九月望. 招集淨侶數千指. 大設法會以落之. 於是. 山門之事. 畢矣."

224. 『중종실록』권12, 1510년 중종 5 12월 19일辛丑;『중종실록』권72, 1532년 중종 27 3월 1일庚戌.

225. 『성종실록』권290, 1494년 성종 25 5월 5일壬辰, 7일甲午.

226. 염영하,『한국의 종』, 서울대학교출판부, 1991, 407쪽. "종의 용두龍頭는 쌍두로 서로 반대 방향을 보고 있다. 특히 용의 발가락은 신라와 고려의 종이 4과瓜를 갖고 있으나, 이 종은 보신각종과 같은 5과다. 중앙부 아래에는 폭풍을 동반한 파도무늬, 하대에는 팔괘八卦을 양각으로 새겨 넣었다. 이 종은 당좌가 없고, 보살상은 유곽 사이에 4좌가 화려한 장식으로 양각되어 있다. 보살상은 단정하고 원만하며 온화한 인상을 주고, 머리에는 두광을 갖추고 합장하고 있다."

227. 『성종실록』권234, 1489년 성종 20 11월 29일癸未. 참부대시참斬不待時는 사형死刑할 때 가벼운 죄는 춘분春分에서 추분秋分까지 만물이 생장하는 시기를 피해 형을 집행하는 것이 원칙이다. 그러나 십악대죄十惡大罪 등 중죄를 범한 죄인은 이에 구애되지 않고 집행했다.

228. 남효온,「정인사에 머물며 설준화상에게 주다[宿正因寺 上雪岐和尙]」2수,『추강집』권3.

229. 『성종실록』권257, 1491년 성종 22 9월 13일丙戌. "鄭鐸又啓曰. 忠淸道福川寺所供扶餘倉鹽四十碩. 每年春秋. 令民輸轉. 民甚苦之. 先王朝, 以僧信眉在此寺有是事. 今信眉已死. 而其弊猶存. 請革之." 본문의 '福川寺'는 '福泉寺'의 오기誤記이므로 바로잡는다.

230. 『성종실록』권272, 1492년 성종 23 12월 7일癸卯.

231. 『성종실록』권272, 1492년 성종 23 12월 2일戊戌.

232. 성현,『용재총화』권8. "至我太宗. 革十二宗只置兩宗. 盡革寺社之田. 然遺風未殄. 士大夫爲其親爲親皆設齋. 又設法筵於殯堂. 行忌祭者. 必邀僧飯之. 亦有詩僧. 與縉紳相唱酬者頗多. 儒生讀書者皆上寺. 雖或有壞瓦畫墻之弊. 而儒釋相賴者亦不少. 至世廟朝極矣. 僧徒雜於村落. 雖有淫暴. 人不得詰. 朝官守令亦不得抗. 至有賴僧蔭而獲利者. 大學生獻佛骨要恩寵. 士林不甚驚怪. 自成宗嚴立度僧之禁. 不許給帖. 由是城中僧徒尠少. 內外寺利皆空. 士族無設齋飯僧者. 是由人主之所向而俗習亦與之變也."

233. 『성종실록』권297, 1494년 성종 25 12월 24일己卯.

234. 『연려실기술』권6,「성종조 고사본말」.『조선왕조실록』에서 확인할 수 있는 성종의 칠칠재는 2재 - 진관사(1월 7일) ※ 3재 - 봉선사(1월 14일) ※ 4재 - 정인사(1월 21일) 뿐이다.

235. 이종찬역,「반야심경언해 학조 발문」,『역주 반야바라밀다심경언해』, 세종대왕기념사업회, 2009, 211~212쪽. "我佛如來之垂敎也. 指萬化而歸一心. 卽一心而明自性. 且性之爲體湛寂虛玄. 香絶名相. 以大悲故. 隨順機宜. 乃彰名號. 或稱眞如. 或稱實相. 或稱般若. 或稱如來焉. 一法千名. 應緣立號. 其實皆一道也. 聖人覺之謂之菩提. 群生昧之. 謂之煩惱. 聖人以其所覺. 而闢其所昧. 於是無像而像. 現百千之容儀. 無說而說. 出大千之經卷. 機分衆類. 說有殊途. 要其所歸. 無越乎三藏. 示其所修. 則不過戒定慧而已. 戒者所以軌範身口. 定慧者. 所謂融治性情. 自邇陟遐. 何莫由斯道焉. 弘治甲寅. 我 成宗大王. 方隆至治之時. 奄棄臣民. 一國遑遑. 如喪考妣. 我 王大妃殿下. 號攀踊踊. 五內摧裂. 凡所以追遠薦福者. 無所不用其極. 於是. 擇經律論中. 開人眼目者. 印出翻譯. 法華楞嚴經各五十件. 金剛經六朝解心經永嘉集各六十件. 釋譜詳節二十件. 又印漢字金剛經五家解五十件. 六經合部三百件. 以資冥鑒. 及至鍊祥. 集三十三之淨侶. 轉讀以落之遍施林泉之徒.

皆得研窮其義. 演暢無言之旨. 開闡普眼之經. 不二門之廣闢. 導泣岐之迷客. 法性海之汪洋拯. 探月之癡猿. 驅四生十類. 共到常樂之鄉. 我 先王在天之靈. 乘此廓大之緣. 無爲而爲卽. 千差而踏着靈源. 不成而成. 當萬有而暗窺大方. 不離一塵. 闊步如來廣大刹. 則我 殿下追慕薦拔之能事畢矣. 嗚呼至哉. 若夫人人本有底一卷經. 徒求諸文字語言之間. 而不心得. 則不幾於磨甎作鏡. 以指爲月耶. 何況. 我 殿下. 作此殊因. 普施法侶. 用薦冥遊於大寂滅海. 其爲願王. 豈在語言文而已哉. 所以包含遠大之旨. 固不可得而思議. 後之學者. 當以此. 爲警策焉. 則斷知黃葉竟非錢矣. 弘治八年秋八月下澣 黃岳山人 學祖 敬跋."

236. 안병희,『국어사 자료 연구』, 문학과 지성사, 1992, 529쪽. "모두 3권 3책으로 되어 있으나, 권 하가 전하지 않는다. 권상은 서울대 도서관 일사문고와 이동림 교수, 권중은 이겸로·이동림·이승욱 제씨의 소장이 알려져 있다."

237. 김갑기역,「진언권공·삼단시식문언해 발문」,『역주 육조법보단경언해』상권, 세종대왕기념사업회, 2006, 39~40쪽. "無私一着. 簡簡圓成. 迷倒妄計. 向外空尋. 祖祖間生. 指出當人衣中之寶. 令直下薦取其語巧妙. 明白簡易. 如靑天白日. 爭奈時人當面蹉過. 若六祖大鑑禪師. 言簡理豊. 祖席中卓然傑出. 故古人稱語錄. 爲經者. 良有以也. 我 仁粹大王大妃殿下. 嘆時流之急縛. 着名相煩煎. 域內. 不知世外有淸凉底一段光明. 所以 命僧以國語飜譯六祖壇經. 刊造木字. 印出三百件. 頒施當世. 流傳諸後. 使人人皆得披閱. 反省自家廓大之面目. 其爲願王. 豈文言口議之. 所能髣髴者哉. 黨與法性相爲終始. 究竟至於無窮無盡之域者. 無疑也歟. 且施會勸供. 日用常行之法事. 或衍或倒. 文理不序. 學者病之. 詳校得正. 印出四百件. 頒施中外焉. 弘治九年 夏五月日 跋"

238. 『역주 육조법보단경언해』상권, 세종대왕기념사업회, 2006, 105~110쪽.

239. 이은윤,『육조 혜능평전』, 동아시아, 2004, 115쪽. "法元在世間. 於世出世間. 勿離世間上. 外求出世間."

240. 김영배,「15세기의 언해본」,『국어사자료연구』, 도서출판 월인, 2000, 287~288쪽. "이 책은 선종禪宗에 있어서는 육조의 사상을 연구하는 데 아주 중요한 자료이다."

241. 안병희,『국어사 자료 연구』, 문학과 지성사,1992, 530쪽.

242. 김영배, 앞의 책, 289~290쪽. "이 책의 편찬 양식은 간경도감의 여러 불경 언해서와는 다르다. '내제'와 진언의 제목. 진언. 한문 원문 할 것 없이 모두 정음을 먼저 쓰고 한자로 된 제목이나 진언. 원문을 나란히 쓰고 원문이 끝나면 언해문은 한 글자 내려서 쓰되, 한자에는 동국정운식 한자음이 아닌 현실 한자음을 쓴 것 또한 유별나다. 한문 원문에는 다른 불경언해에서처럼 정음 구결을 달지 않은 것도 특이하다."

243. 이능화,「인성대장경발」,『역주 조선불교통사』2, 동국대학교출판부, 2010, 226~227쪽.

244. 안병희,『국어사 자료 연구』, 문학과 지성사, 1992, 270쪽. 1503년(연산군 9)『예념미타도량참법禮念彌陀道場懺法』의 발문에 "直指寺老衲燈谷學祖七十二歲書于東廂"이라고 되어 있다.

245. 『연려실기술』제6권,「연산조 고사본말」.

246. 『중종실록』권12, 1510년 중종 5 12월 19일辛丑.

247. 『한국정신문화대백과사전』권23「학조學祖」의 항목에서 학조를 '김수온의 형이다.'라고 기술했다. 김수온의 형은 혜각존자 신미이므로 수정해야 한다. 한 인물의 일대기를 다룰 때는 무엇보다 꼼꼼하게 사실에 따라야 한다. 시대가 아무리 떨어져 있고, 자료가 산재해 있어도 생몰연대를 가장 편하고 쉽게 '?'로 처리하고, 뒤도 돌아보지 않고 그 자료를 인용하는 일은 없어져야 할 악습이다. 특히 조선시대 초기에 활약했던 많은 고승高僧에 대한 설명에 이런 일이 빈번하다. 심지어『한

국불교대사전』에서도 이 자료를 검증도 하지 않고 그대로 쓰고 있다. 한 시대를 움직였던 인물의 나고, 살고, 간 행장을 제대로 정리하지 않고 바른 역사는 열리지 않는다. '학실하게? 역사를 바로 세운다.'는 생각에서 벗어나야 할 때가 왔고, 지났다고 볼 수 있다. 역사는 단 한 번도 넘어진 바 없다. 모르는 역사는 찾아야 하고, 정성을 쏟아야 보인다. 보이지 않으면, 볼 수 있도록 다가가야 한다. 역사가 '가까운 옛날이 아니라 먼 오늘'이라는 역설적인 교훈을 주고 있는『조선왕조실록』을 보면 한편으로 기쁘고, 한편으로 참혹하다. 역사는 '상상'이 아니라 '현실'이다. 아프게 현실을 기록하고, 내일을 준비하려면 뼈를 깎는 '되돌아봄'이 있어야 한다.

248. 「등곡화상탑燈谷和尙塔」(보물 제1418호)의 기단 중대석 측면에 '1514년 중종 9 5월에 세웠다[定德九年 甲戌五月日立 燈谷和尙塔].'는 명문이 새겨져 있다. 직지사 부도암에도 학조의 부도가 모셔져 있다.
249. 이강칠 등,『역사인물 초상화대사전』, 현암사, 2003. 541쪽. 견본설채, 121×70cm, 백양사 소장.
250. 안병희,『국어사 자료 연구』, 문학과 지성사, 1992, 270쪽. "直指寺依止前楡岾寺住持大禪師學祖年七十五歲俏音"과 "三歲前收養子吾乙未. 削髮法名學祖亦中. 奴婢許給立案."
251. 김수온, 「학조상인의 시권에 씀[題學祖上人詩卷]」,『식우집』권4.
252. 윤근수,『월정만필月汀漫筆』.
253. 장유,『계곡만필谿谷漫筆』권1. "我朝梅月堂金時習亦爲僧而不去鬚曰. 削髮逃當世. 留鬚表丈夫."
254. 『중종실록』권72, 1532년 중종 27 3월 1일庚戌.
255. 『중종실록』권22, 1515년 중종 10 7월 6일辛卯.
256. 『중종실록』권26, 1516년 중종 11 9월 29일丁未.
257. 『중종실록』권32, 1518년 중종 13 3월 5일甲辰.
258. 이광수,『세조대왕』(이광수 대표작 선집 11). 삼중당. 1970. 73쪽. 김수온은 영산 김씨, 김시습의 본관은 강릉이다. 학조는 혜각존자 신미의 제자로 김수온과는 24살 차이가 난다.
259. 『세종실록』권112, 1446년 세종 28 4월 14일辛亥. "傳旨承政院. 古者國君之葬. 不用金銀者. 慮恐後世有盜竊之患也. 故我祖宗之葬. 皆不用金銀之器. 而但用泥金. 畫成而已. 顯德嬪之喪亦然. 昔漢之葬文帝. 不用金銀器. 而只用瓦器. 後世尙未免盜掘之患. 甚可慮也. 今中宮之喪. 雖金銀畫成之物. 亦欲勿用. 其令國葬都監提調擬議以聞."
260. 2014년 9월 3일 안동 광흥사 범종梵鐘 주지 인터뷰. 범종 스님은 학조대사가 어릴 때 안동 풍산의 중대사中臺寺로 출가했고, 만년에는 직지사直指寺와 학가산 애련암愛蓮庵에 주석했다고 덧붙였다.
261. 「광흥사 중건사적廣興寺重建事蹟」, 1828년 순조 28. 무자년 간행. "▲ 世宗朝手寫金字法華經及御帖一冊. 下于本寺曁. 我 世祖命尹思路等. 刊法華般若志般諸經. 以鎭沙門. ▲ 安東府之鶴駕山有寺曰廣興. 是新羅義湘師之所創而八. 本朝全爲國家願堂也. 世祖大王命刊御定法華經諸經而皮閣之又奉安."
262. 범종,『광흥사 연보廣興寺 年譜』, 광흥사, 2013. 광흥사와 관련 중요 문화재 일람 : △『감지금니묘법연화경紺紙金泥妙法蓮華經』(보물 제314호 : 1366년 감지에 금니로 쓴 고려사경) △『백지묵서묘법연화경』(보물 제315호 : 1389년 제작) △『금자사경金字寫經』일첩一帖. (경상북도 유형문화재 제313호 : 세종 초기) - 국립경주박물관 소장 △『수륙무차평등재의활용水陸無遮平等齋

儀撮要』1532년 후쇄後刷 △『예수시왕생칠재의찬요預修十王生七齋儀纂要』△『금강반야바라밀경변상金剛般若波羅密經變相』목판본(1571년) △『몽산화상육도보설蒙山和尙六道普說』(1534년, 국립중앙도서관 소장) 등 △『불설대부모은중경佛說大父母恩重經』(1562년 광흥사 간행) -부산시 유형문화재 제36호. △「광흥사만력 11년명 범종廣興寺萬曆十一年銘 梵鐘」(1583년 작, 보물 제1645호. 불교중앙박물관 소장)

263. 1542년 중종 37 3월에 안동 하가산下柯山 광흥사에서 개판開板한『월인석보』권21 상·하가 규장각 소장본으로 남아 있다.『월인석보』권21 상·하. 세종대왕기념사업회. 2010. 229쪽. "嘉靖二十一年壬寅三月日 慶尙道安東下柯山廣興寺開板."

찾아보기

사찰

ㄱ

각림사(覺林寺) 29, 621
감로사(甘露寺) 30, 348, 563
개경사(開慶寺) 28, 29, 151, 152, 183, 187, 292, 293, 294, 295, 558, 621
거조사(居祖寺) 352
건봉사(乾鳳寺) 468
견암사(見巖寺) 30
경복사(景福寺) 30
경연사(景衍寺) 30
경천사(敬天寺) 126
계룡사(鷄龍寺) 29
관음굴(觀音窟) 29, 123
관음사(觀音寺) 352
광명사(廣明寺) 30
광흥사(廣興寺) 636, 637, 638
군자사(君子寺) 352
금강굴(金剛窟) 701
금대사(金臺寺) 616
기림사(祇林寺) 29

ㄴ

낙산사(洛山寺) 468, 469, 475, 495, 496, 497, 498, 499, 511, 515, 516, 519, 522, 523, 524, 525, 526, 527, 541, 542, 544, 546, 547, 552, 554, 592, 593, 594, 595, 597, 615, 616, 654, 656, 657
내불당(內佛堂) 14, 151, 157, 158, 160, 163, 165, 166, 167, 168, 173, 175, 176, 177, 178, 179, 182, 183, 184, 187, 188, 189, 190, 191, 193, 194, 195, 200, 202, 203, 206, 207, 214, 221, 242, 271, 282, 283, 284, 294, 295, 303, 304, 305, 306, 308, 339, 344, 352, 357, 359, 363, 364, 373, 397, 400, 402, 404, 405, 415, 446, 480, 534, 539, 540, 545, 547, 556, 571, 575, 577, 592, 621, 639, 646, 647, 649, 650, 651, 652

ㄷ

단속사(斷俗寺) 29
대둔사(大芚寺 : 양산, 해남) 352
대자암(大慈菴) 16, 26, 27, 28, 29, 31, 34, 44, 86, 88, 90, 96, 97, 101, 106, 107, 108, 110, 111, 113, 115, 116, 119, 133, 134, 140, 182, 185, 196, 202, 216, 219, 220, 223, 224, 225, 227, 229, 231, 232, 233, 235, 236, 237, 238, 239, 259, 261, 263, 265, 268, 270, 279, 288, 364, 409, 527, 639, 640, 643, 645, 646, 647, 648
도갑사(道岬寺) 16, 32, 138, 183, 341, 352, 436, 437, 462, 650, 652, 653
동학사(東鶴寺) 342

ㅁ

만덕사(萬德寺) 352
묘적사(妙寂菴) 547, 548
무량사(無量寺) 401

ㅂ

반야사(般若寺) 376
반용사(盤龍寺) 352
백련사(白蓮社) 352
백암사(百巖寺) 352
백양사(白羊寺) 633
법원사(法源寺) 564
법주사(法住寺 : 俗離寺) 11, 13, 30, 31, 32, 33, 43, 405, 409, 418, 643
법천사(法泉寺) 352
보련사(寶蓮寺) 30
보리사(菩提寺) 352
보림사(普林寺) 352
복세암(福世菴) 346, 571, 575, 621
복천사(福泉寺 : 복천암) 11, 12, 15, 33, 35, 39, 41, 43, 60, 82, 134, 204, 205, 219, 239, 261, 262, 265, 266, 267, 268, 270, 274, 275, 276, 352, 377, 378, 380, 381, 383, 385, 410, 414, 415, 416, 418, 419, 420, 421, 425, 426, 428, 429, 435, 441, 464, 480, 544, 567, 575, 597, 598, 599, 601, 602, 621, 622, 625, 633, 635, 636, 639, 640, 643, 644, 645, 647, 648, 649, 650, 651, 652, 654, 655, 656
봉덕사(奉德寺) 31
봉선사(奉先寺) 16, 519, 520, 523, 524, 526, 528, 529, 530, 531, 532, 535, 541, 544, 551, 557, 558, 567, 575, 586, 598, 599, 612, 613, 614, 618, 619, 620, 621, 653, 654
봉암사(鳳巖寺) 34, 40, 642
불국사(佛國寺) 352

ㅅ

사자암(獅子庵) 469
상무주암(上無住庵) 491

찾아보기　751

상원사(上院寺) 15, 435, 444, 445, 446, 449, 450, 464, 469, 470, 471, 472, 473, 474, 475, 497, 520, 521, 522, 541, 544, 551, 552, 584, 592, 653, 654, 655, 657

상원사(上元寺 : 지평) 206, 291, 352, 371, 395, 396, 649, 652

서봉사(瑞峯寺) 30
서수정사(西水精寺) 475
석왕사(釋王寺) 29
성불사(成佛寺) 352
소요사(逍遙寺) 30
소요암(逍遙庵) 364
송광사(松廣寺) 15, 26, 352, 598
숭효사(崇孝寺) 29, 151, 621
승가사(僧伽寺) 29
신륵사(神勒寺 : 報恩寺) 16, 483, 554, 555, 556, 557, 558, 565, 567, 575, 583, 621, 654, 655
신암사(神巖寺) 30
쌍봉사(雙峯寺) 352

ㅇ

안봉사(安峯寺) 352
연경사(衍慶寺) 30, 334, 364, 558, 621
연복사(演福寺) 29, 31
연봉사(烟峯寺) 22
염양사(艶陽寺) 520, 523
영감암(靈鑑庵) 26, 471, 533
영국사(寧國寺) 200, 337
영원사(瑩源寺) 564
영통사(靈通寺) 30
오대사(五臺寺) 352
옥룡사(玉龍寺) 352
용문사(龍門寺) 119, 125, 126, 144, 145, 328, 370, 396, 621, 650
원각사(圓覺寺) 435, 437, 438, 439, 440, 441, 442, 443, 446, 447, 449, 450, 451, 454, 457, 458, 474, 476, 479, 481, 483, 484, 487, 488, 489, 499, 503, 517, 571, 572, 575, 594, 608, 621

월정사(月精寺) 26, 30, 471, 473, 475, 614, 654
용연사(龍淵寺) 352
용천사(龍泉寺) 352
운주사(雲住寺) 352
유점사(楡岾寺) 29, 294, 302, 303, 351, 352, 467, 476, 483, 495, 496, 498, 515, 516, 524, 526, 542, 544, 621, 622

ㅈ

장안사(長安寺) 335, 465, 622
장의사(藏義寺) 30, 88, 288, 337, 403, 535, 582, 613, 621
정각사(鼎脚寺) 352
정곡사(亭谷寺) 29
정수사(淨水寺) 28, 642
정양사(正陽寺) 465, 562, 566, 601
정업원(淨業院) 216, 337, 419, 559, 621, 623
정인사(正因寺) 343, 536, 541, 546, 547, 550, 557, 558, 559, 567, 568, 569, 575, 597, 613, 621, 624, 649, 650
중방사(中方寺) 352
증심사(證心寺) 352
지륵사(地勒寺) 352
지해선사(知海禪寺) 684
진관사(眞寬寺) 29, 47, 48, 71, 88, 89, 200, 215, 220, 224, 233, 238, 239, 257, 265, 267, 270, 268, 272, 273, 274, 335, 337, 405, 408, 527, 535, 582, 613, 621, 645, 649
직지사(直指寺) 614, 617, 620, 632, 658

ㅊ

참당사(懺堂寺) 352
천룡사(天龍寺) 352
천왕사(天王寺) 95
청계사(淸溪寺) 233, 234
초당사(草堂寺) 426
칠불사(七佛寺) 352

ㅌ

통도사(通度寺) 352

ㅍ

표훈사(表訓寺) 30, 465, 466, 652

ㅎ

해인사(海印寺) 16, 30, 83, 327, 330, 331, 337, 341, 344, 349, 350, 351, 352, 373, 378, 380, 436, 622, 623, 624, 631, 632, 633, 649, 650, 651, 656
현등사(懸燈寺) 13, 15, 32, 70, 126, 134, 136, 137, 140, 232, 233, 234, 409, 543, 638, 639, 642, 646, 653, 655
화엄사(華嚴寺) 29
회암사(檜巖寺) 16, 22, 23, 29, 80, 88, 91, 93, 120, 134, 212, 239, 288, 351, 352, 364, 383, 391, 392, 405, 409, 424, 437, 512, 562, 563, 564, 565, 566, 567, 575, 602, 613, 621, 643, 651, 654
흥교사(興敎寺) 558
흥덕사(興德寺) 29, 89, 152, 154, 352, 498
흥룡사(興龍寺) 29
흥복사(興福寺) 438, 439, 624
흥왕사(興王寺) 562
흥천사(興天寺) 29, 79, 83, 86, 93, 94, 123, 129, 152, 154, 201, 202, 206, 214, 231, 279, 295, 328, 350, 390, 391, 392, 395, 525, 582, 619, 651

시문집

ㄱ

「강의하다 우연히 읊다」 379
「강촌(江村)」 607
「건봉사사적기」 468
「고담화상법어(古潭和尙法語)」 493.
「경서소학구결발(經書小學口訣跋)」 504
「금강반야바라밀경 서」 427
「금강산서기송(金剛山瑞氣頌)」 466
「기호중산수 속리산(記湖中山水俗離山)」
「김괴애 수온에 대한 만사〔挽金乖崖守溫〕」 604

ㄴ

「나옹화상행장(懶翁和尙行狀)」 743
「낙산장실좌하(洛山丈室座下) 五首」 616
「낙산사신주종명 병서(洛山寺新鑄鍾銘 幷書)」 524, 654
「남명천화상송증도가(南明泉和尙頌證道歌)」 140, 358, 610, 684
「내불당(內佛堂)」 400
「노랫말을 적다〔述歌〕」 606
「『능엄경언해』 세조 어제(御製) 발문(跋文)」 388
「『능엄경언해』 신미 발문(信眉跋文)」 389
「『능엄경언해』 김수온 발문(金守溫 跋文)」 389

ㄷ

「대명조선국대원각사비명(大明朝鮮國大圓覺寺碑銘)」 485
「달마절로도강도(達磨折蘆渡江圖)」 43
「도를 사모하는 의지와 행동인 제1편의 게송〔頌慕道志儀第一〕」 407
「도중에서 다시 소명을 받고 진정한 시〔半途復命召固辭陳情詩〕」 725

ㅁ

「명황계감서(明皇誡鑑序)」 403, 404.
「모부인만장(母夫人挽章)」 376
「몽도원서(夢桃源序)」 122
「몽산화상시중(蒙山和尙示衆)」 493
「몽유도원도(夢遊桃園圖) 발문」 121
「묘법연화경전(妙法蓮華經箋)」 401
「묘엄존자탑명(妙嚴尊者塔銘)」 422
「묘적사중창기(妙寂寺重創記)」 548
「묘인연지곡(妙因緣之曲)」 185
「무본재(務本齋)」 72
「무본재 시권의 서문(務本齋詩卷序)」 73
「문충공 묘비명 병서(文忠公墓碑銘 幷序)」 50, 74
「미타경찬(彌陀經讚)」·「미타찬(彌陀讚)」 431

ㅂ

「박다도에 있으면서 차운, 인수・백옥・중장・근보・청보의 산거에 부침[在博多島次韻寄仁叟伯玉仲章謹甫淸甫山居]」 48
「박팽년이 도롱이를 빌려 줌에 답하다〔答朴仁叟彭年借簑衣〕」 302
「반야심경소현정기 병서(般若心經疏顯正記 幷序)」 429
「반야심경언해 학조 발문」 627, 628
「발대원지곡(發大願之曲)」 185
「번역금강경삼가해발(翻譯金剛經三家解跋)」 471, 608, 609
「보각국사비명 병서(普覺國師碑銘 幷序)」 241
「보살계(菩薩戒)」 350
「보은사 중창사액기(報恩寺重創賜額記)」 554, 555, 556, 557.
「보제존자선각탑명 병서(普濟尊者諡禪覺塔銘 幷序)」 241
「보현육아백상도(普賢六牙白象圖)」 43
「복천사기(福泉寺記)」 419, 420, 421
「복천사 어제원문(福泉寺 御製願文)」 419
「봉선사기(奉先寺記)」 529, 530, 531.
「봉선사종명 병서(奉先寺鐘銘 幷序)」 528
「봉증 우천봉(奉贈雨千峯)」 94, 679
「불씨잡변발(佛氏雜辨跋)」 316
「불씨잡변서(佛氏雜辨序)」 317
「복천사기(福泉寺記)」 419, 653.

673, 715, 716
「부원운병서(附元韻幷序)」 274
「불정심다라니경(佛頂心陀羅尼經) 발문」 617

ㅅ

「사구곡서화찬(賜龜谷書畫讚)」 43
「사리영응기」 192
「사직(辭職)한 뒤에 짓다(辭職後作)」 257
「사친(思親)」 63
「사한전방서(詞翰傳芳序)」 599, 600
「삼불예참문(三佛禮懺文)」 185
「상원사 중창 권선문」 444, 445, 446
「상원사중창기(上元寺重創記)」 436, 469, 470, 472
「서로(釋老-敏上人同諸伴來問道)」 370
「선왕의 유명을 받들어 영가집을 완성하다(成永嘉集先王遺命)」
「선종과 교종 두 종파가 비로소 합쳐졌다(兩宗禪敎宗趣和會)」
「선종영가집 발문(禪宗永嘉集箋跋文) - 신미, 효령대군」 408, 409
「선종영가집전(禪宗永嘉集箋)」 414
「세조가 원각사를 짓고 행차, 깨달음의 서원을 결의하는 글을 짓다(製文覺寺菩提結誓)」 725
「세조가 월정사에 갔다가 상원사 개울에서 문수동자를 만나다(月精寺見文殊童子)」 473, 728
「세조대왕 복천사 어제(世祖大王福泉寺 御製)」 418
「세종 어제 훈민정음 서문」 102
「『석보상절』 서문」 128
「성철상인에게 주다((贈性哲上

人)」 548
「속리산 귀두석을 부쉬버린 일(破龜頭石壓俗離山)」 601
「속리산 복천사 중수권선문(俗離山福泉寺重脩勸善文)」 204, 205
「송광사에서 스님을 보내고(送淯松廣)」 599
「수계권(受契券)」 456
「선종판사 수미 방문해 다음날 아침 사례하며 쓴 시(禪宗判事壽眉見訪. 翼朝詩謝)」 183
「순금주상(純金鑄像)」 400
「시각오선인법어(示覺悟禪人法語)」 374, 375
「신륵사대장각기(神勒寺大藏閣記)」 672
「신미와 백암이 널리 불서 유통(信眉栢庵流通佛書)」 598
「신역연경(新譯蓮經)」 401
「심경 발문(心經 跋文)」 429,

ㅇ

「안양가(安養歌)」 431
「안평대군 현정론 서문(安平大君 顯正論 序文)」 210, 689
「앙홍자지곡(仰鴻慈之曲)」 185
「언문은 범어를 원천으로 해서 나온 것(諺文字法源出梵天)」 36
「어제발(御製跋)」 707
「여래수량품(如來壽量品)」 399, 400
「여래수량품찬(如來壽量品贊)」 402
「연감노지곡(演甘露之曲)」 185
「영감암중창기(靈鑑菴重創記)」 471
「영암 도갑사 묘각화상비(靈巖 道岬寺 妙覺和尙碑)」 341, 462
「오대산사자암 중창기(五臺山獅子庵重創記)」 721
「오대산상원사중창권선문(五臺山 上院寺重創勸善文) -신미」 15,

445
「오대산상원사중창권선문(五臺山上院寺重創勸善文) - 어제문(御製文)」 15, 444
「옷과 음식을 들어 징계함(約衣食懲誡)」 713
「완역재선생 강공 행장」 97
「요동에서 한림학사 황찬이 개원 위에 있다는 소식 듣고(在遼東. 聞黃翰林瓚往開原衛. 因王璽寄信)」 74
「용문사기(龍門寺記)」 119
「용비어천가발(龍飛御天歌跋)」 119
「원각사낙성회(圓覺寺落成會)」 456
「『원각경언해』 상전문(上箋文)」 452
「원각사종명(圓覺寺鐘銘)」 446, 447
「원각사찬시(圓覺寺讚詩)」 457
「『월인석보(月印釋譜)』 서문(序文)」 362, 363, 364
「월출도 도갑사 도선국사 음명(陰銘) 병서」 341
「유감(有感)」 292
「유금강산기(遊金剛山記)」 615
「융선도지곡(隆善道之曲)」 185
「유신륵(遊神勒)」 558, 559
「위성녕대군선가법어(爲誠寧大君仙駕法語)」 27
「의정부 석상에서 짓다(議政府席上作)」 301
「의정혜지곡(依定慧之曲)」 185
「을미년 설날에(乙未元日)」 604
「인성대장경발(印成大藏經跋)」 349
「인재 강공행장(仁齋 姜公行狀)」 443
「임향헌기(林香軒記)」 93

ㅈ

「在遼東. 聞黃翰林瓚往開原衛.

「因王璽寄信」73
「절필(絕筆)」322
「정인사에 머물며 설준화상에게 주다(宿正因寺 上雪峻和尙)」624
「정인사 주지 설준의 시권에 제하다(題正因寺住持雪峻詩卷)」559
「정인사중창기(正因寺重創記)」546, 550.
「정인지 서문(鄭麟趾序)」104, 105
「정현조·의숙공주 발원문」473
「제각초혼사(祭閣招魂辭)」342
「제경발미(諸經跋尾)」97
「제회월헌시축(題淮月軒詩軸)」371
「중각두시언해서(重刻杜詩諺解序)」749
「직해동자습서(直解童子習序)」308, 309
「진금강경심경전(進金剛經心經箋)」427, 428
「진언권공·삼단시식문언해 발문」629
「집현전 교리 이선생에게 이름을 내린 것에 대한 서문(集賢校理李先生錫名序)」213

ㅊ

「초성해(初聲解)」102
「천보산 회암사수조기(天寶山檜巖寺修造記)」565
「천봉설(千峯說)」92
「청주에 있는 동료에게 보임(在淸州示同僚)」63
「최문정공비명 병서(崔文靖公碑銘 幷序)」143, 463, 573
「추증정지국사비명 병서(追贈正智國師碑銘 幷序)」422

ㅌ

「태허정비(太虛亭碑)」55

ㅍ

「포법운지곡(布法雲之曲)」185

ㅎ

「해인사 장경(海印寺 藏經)」349, 350
「區從淸州. 次醴泉懸板韻」62
「홍무정운역훈서(洪武正韻譯訓序)」679
「훈민정음 창제 반대 상소문」51, 52, 53, 54, 55
「학열 선사가 약과 먹을 준 데 대하여 사례하다(謝悅禪師惠藥及墨)」616
「학조상인의 시권에 씀(題學祖上人詩卷)」634
「한계희 발(韓繼禧 跋)」388
「한양에 원각사탑을 세우고 회암사에서 석가여래의 분신사리를 얻어 봉안하다(漢陽寶塔如來舍利)」484
「한 집안에서 아들이 셋이면 출가 허락(一家三子制許度僧)」43
「한찬성 계희에 대한 만사(韓贊成 繼禧 挽詞)」612
「함허당득통화상행장(涵虛堂得通和尙行狀)」34, 470
「함허당찬송병서(涵虛堂讚頌幷序)」407
「함허와 청허, 법맥을 이어 문중을 지키다(涵虛淸虛扶宗樹敎)」673
「황극치평도(皇極治平圖) 서문(序文)」307
「해인사중창기(海印寺重創記)」622, 624
「현등사 개탑기(改塔記)」543
「형을 생각하며(憶兄)」377
「회암사중창기(檜巖寺重創記)」562, 565, 566, 567
「휴휴암주좌선문(休休庵主坐禪文)」374
「희청부(喜晴賦)」329, 348, 602
「희현당서(希賢堂序)」72
「흥천사신주종명 병서(興天寺新鑄鐘銘 幷序)」391

인명

ㄱ

각관(覺寬) 548
각미(覺眉) 35
각보(覺寶) 24
각성(覺性) 43
각전(覺田) 565
강녕부부인 홍씨(江寧府夫人 洪氏) 677
강맹경(姜孟卿) 258, 288, 290, 312, 345, 354, 366, 367, 372
강미수(姜眉壽) 357, 367, 370
강석덕(姜碩德) 96, 97, 98, 120, 359, 368, 369, 443, 613
강수(强首) 36, 37
강순(康純) 464, 474, 497, 503, 507, 513, 514, 515
강승(姜升) 175
강자순(姜子順) 280
강진(康晉) 109, 110, 111, 112, 113
강거효(姜居孝) 592
강효문(康孝文) 495
강희맹(姜希孟) 368, 385, 394, 398, 399, 416, 427, 428, 443, 446, 451, 459, 461, 466, 467, 478, 480, 487, 505, 528, 529, 547, 582, 599, 608, 609, 612, 613
강희안(姜希顔) 13, 50, 88, 96, 101, 105, 118, 119, 130, 142, 148, 206, 235, 319, 322, 335, 359, 368, 391, 416, 443, 444, 451, 487, 599, 617, 643, 646, 649
개천(价川) 597
경녕군(敬寧君) 293, 498
경숙옹주(敬淑翁主) 280

경정공주(慶貞公主) 118
경혜공주(敬惠公主) 280
계양군(桂陽君) 146, 205, 308, 326, 327, 329, 332, 335, 345, 347, 383, 384, 386, 394, 645
계정(戒晶) 349
고득종(高得宗) 212
고봉법장(高峰法藏) 44
고신교(高愼驕) 163
고암천궁(古巖天亘) 43
고태정(高台鼎) 417
고태필(高台弼) 417
공녕군(恭寧君) 28
곽득하(郭得賀) 417
광평대군(廣平大君) 69, 70, 390, 526, 544, 548, 549, 550, 655, 656
굉덕(宏德) 335
구곡각운(龜谷覺雲) 33, 43, 44, 92
구마라즙(鳩摩羅什) 244, 400, 426, 430, 576, 640
구성군(龜城君) 424, 480, 495, 496, 497, 512, 514, 534
구은(咎殷) 413
구인문(具仁文) 597
구종직(丘從直) 81, 460, 463, 501, 502, 503, 505
구치관(具致寬) 312, 396, 397, 417, 438, 458, 461, 464, 470, 473, 476, 483, 497, 501, 502, 503, 507, 512, 524, 527, 528, 530, 540, 581
규봉 종밀(圭峰宗密) 453
권감(權瑊) 512, 526, 547
권개(權愷) 416

권건(權健) 582
권경(權擎) 474
권계희(權季禧) 460
권극화(權克和) 239, 268
권근(權近) 316, 458, 459, 460, 462, 463, 502, 503
권람(權擥) 260, 261, 262, 286, 290, 298, 302, 312, 327, 353, 354, 359, 372, 514, 647
권반(權攀) 416
권양(權良) 449
권완(權完) 305, 306
권인(權引) 310
권자신(權自愼) 318, 323
권저(權著) 323
권제(權踶) 47, 76, 77, 78, 118, 119, 314
권준(權蹲) 306, 312
권총(權聰) 282, 283, 596
권필(權佖) 600
계환(戒環) 388, 394, 397
극인(克仁) 335, 649
근빈 박씨(勤嬪 朴氏) 508
금석(今石) 290
기순(祈順) 582
김개(金漑) 416, 438, 449
김경재(金敬哉) 276
김계권(金係權) 633
김계신(金繼信) 365
김계창(金季昌) 460, 544
김결(金潔) 175
김겸광(金謙光) 465
김관(金瓘) 498, 515, 527, 528
김구(金鉤) 143, 167, 195, 303, 305, 337, 354, 372, 459

756 ● 훈민정음의 길

김국광(金國光) 416, 438, 464, 470, 497, 507, 513, 547, 594
김금음동 428
김길통(金吉通) 268
김남흡(金南洽) 175
김달전(金達全) 712, 714, 717, 723
김담(金淡) 416
김돈(金墩) 78
김덕생(金德生) 525
김득상(金得祥) 112, 174, 249
김몽룡(金蒙龍) 525
김명중(金命中) 163, 195
김문(金汶) 51, 57, 58, 64, 80, 143, 368
김문기(金文起) 258, 263, 318, 323
김민(金旼) 572
김반(金泮) 165, 195, 210
김번(金璠) 635
김보명(金寶明) 297
김사우(金師禹) 305, 306
김삼근(金三近) 88, 95
김상진(金尙珍) 480, 481
김석제(金石梯) 370
김수성(金守省) 19, 20, 21, 22, 23, 24, 80, 650
김수경(金守經) 19, 373, 476, 560, 561, 572, 608, 654
김수경(金壽卿) 608
김수녕(金壽寧) 328, 501, 504, 505, 540, 541, 544, 545, 547
김수온(金守溫) 12, 13, 15, 19, 33, 69, 79, 80, 81, 94, 102, 113, 114, 115, 116, 119, 120, 122, 125, 126, 127, 138, 139, 140, 142, 147, 148, 174, 182, 185, 188, 192, 194, 196, 197, 198, 199, 200, 202, 203, 212, 214, 215, 237, 292, 293, 314, 328, 329, 332, 334, 335, 336, 338, 348, 349, 350, 357, 358, 359, 360, 362, 363, 364, 365, 367, 368, 371, 373, 374, 376,

377, 384, 386, 388, 389, 390, 394, 398, 399, 401, 410, 416, 419, 421, 423, 424, 427, 428, 432, 446, 458, 463, 464, 470, 472, 477, 478, 479, 480, 485, 487, 497, 504, 512, 524, 529, 530, 531, 532, 533, 547, 548, 549, 550, 554, 556, 557, 561, 562, 566, 572, 582, 585, 586, 587, 590, 591, 592, 598, 599, 601, 602, 603, 604, 605, 606, 633, 634, 636, 640, 643, 644, 645, 649
김수손(金首孫) 544, 621
김수화(金守和) 19, 292, 293, 543, 544, 572
김순(金淳) 361
김승경(金升卿) 591
김승규(金承珪) 290, 298
김승벽(金承璧) 298, 299
김시습(金時習) 323, 338, 342, 369, 400, 401, 402, 404, 432, 455, 456, 603, 616, 634, 636, 651, 652
김신민(金新民) 165, 171, 175
김안경(金安敬) 158
김연(金衍) 298, 299
김연지(金連枝) 338, 348
김영견(金永堅) 556
김영수(金永銖) 633
김영전(金永銓) 387
김영추(金永錘) 572, 633
김예몽(金禮蒙) 79, 80, 387, 461, 463, 502, 503, 505
김우묘(金雨畝) 238, 286
김유(金紐) 460
김율(金㘽) 623
김유지(金有知) 80
김윤경(金允經) 79
김윤복(金閏福) 248
김윤산(金允山) 187, 188
김의정(金義精) 260
김이정(金利貞) 557

김인민(金仁民) 349
김자정(金自貞) 570
김정(金珽) 633
김조(金銚) 63, 64, 268, 299
김종(金鍾) 521, 522, 523
김종경(金宗敬) 21
김종서(金宗瑞) 61, 98, 109, 120, 181, 212, 213, 227, 234, 258, 279, 281, 283, 285, 288, 289, 290, 291, 293, 295, 296, 297, 298, 299, 301, 325, 648
김종순(金從舜) 395
김종직(金宗直) 616
김중렴(金仲廉) 118
김증(金曾) 130, 146, 148, 308
김질(金礩) 318, 319, 324, 328, 352, 399, 416, 503, 507, 547, 577
김처선(金處善) 442
김처의(金處義) 417
김춘경(金春卿) 555, 595
김칭(金稱) 528
김통(金統) 111
김하(金何) 209, 308, 311
김황(金滉) 167
김효성(金孝誠) 302
김훈(金訓) 19, 20, 21, 125, 197, 198, 246, 248, 373, 376, 385, 602, 641, 642, 643
김흔지(金俒之) 58, 206
금성대군(錦城大君) 66, 68, 155, 201, 203, 205, 214, 293, 311, 332, 339, 340, 370

ㄴ

나옹혜근(懶翁 惠勤) 26, 42, 43, 44, 67, 128, 241, 242, 250, 373, 374, 375, 379, 470, 471, 534, 558, 562, 563, 564, 565, 598, 638, 650
나홍서(羅洪緖) 171, 295
남경우(南景佑) 345

찾아보기 **757**

남급(南汲) 117, 124
남명 법천(南明法泉) 140, 141, 610
남윤문(南允文) 520, 523, 553
남이(南怡) 497, 512, 513, 514, 515
남주(南輈) 417
남지(南芝) 169, 170, 171, 172, 195, 234, 281, 289
남효온(南孝溫) 615, 624
노사신(盧思愼) 357, 367, 370, 385, 386, 394, 398, 399, 401, 410, 411, 416, 427, 428, 439, 442, 458, 459, 461, 463, 465, 470, 473, 478, 480, 499, 501, 502, 512, 513, 547, 589, 593, 594, 613, 651
노산군(魯山君) 329, 330, 332, 339, 340, 341, 342, 539, 649
노삼(魯參) 310
노숙동(盧叔仝) 276
뇌영(賴永) 475

ㄷ

달마(達磨) 406
담무갈보살 475
담양군(潭陽君) 231, 232
대방부부인 송씨(帶方府夫人 宋氏) 543
대혜종고(大慧宗杲) 491
덕원군 서(曙) 508, 567
도명(道明) 234, 235
도선(道詵) 126, 341
도선(道宣) 115
도연(道然) 427
도원군(桃源君) 334, 699
도은(道誾) 484
동구리(同仇里) 469
두보(杜甫) 75, 93, 606, 607

ㅁ

매월당(梅月堂) 324, 338, 342, 400, 456, 615, 634, 635, 651
맹사성(孟思誠) 459
맹선(孟詵) 413
명의궁주(明懿宮主) 68
모우(暮雨) 349
몽산 덕이(蒙山德異) 374
목효지(睦孝智) 178, 180, 196
무안대군(撫安大君) 69, 231
무학 자초(無學自超) 22, 42, 44, 67, 128, 241, 242, 558, 565, 598, 638
문경(文囧) 511
문득겸(文得謙) 173, 180, 282, 283
문맹겸(文孟謙) 180
문형(文炯) 335
문효량(文孝良) 513, 462
묘각왕사(妙覺王師) 32
민보화(閔普和) 80
민수(閔粹) 460
민신(閔伸) 155, 175, 184, 187, 188, 200, 203, 215, 220, 236, 272, 286, 289, 292, 298, 299
민신달(閔信達) 464
민제(閔霽) 556
밀성군(密城君) 205, 326, 335, 464, 497, 512, 521, 547, 548, 647
민정(閔貞) 417
민효원(閔孝源) 540

ㅂ

박건(朴健) 386, 428, 501, 505
박경(朴耕) 491, 511
박검둥 193
박귀원(朴貴元) 622
박기년(朴耆年) 323
박대년(朴大年) 323
박숙달(朴叔達) 583, 584, 589

박숭질(朴崇質) 549, 552, 568
박시형(朴時衡) 398, 399, 460
박여(朴旅) 248
박연(朴堧) 41, 120, 123, 124, 187, 188, 212, 286
박원형(朴元亨) 312, 359, 401, 416, 461, 476, 503, 507
박윤창(朴允昌) 111
박의동(朴義同) 68
박인년(朴引年) 323
박이창(朴以昌) 85, 90
박자청(朴子靑) 67, 70
박쟁(朴崝) 318, 319, 323
박제함(朴悌諴) 298
박종우(朴從愚) 227, 234, 302, 438
박중림(朴仲林) 79, 90, 111, 294, 323
박중선(朴仲善) 465, 547
박중손(朴仲孫) 184, 299, 302, 312
박팽년(朴彭年) 11, 13, 14, 21, 47, 48, 51, 62, 66, 71, 72, 73, 93, 101, 105, 112, 118, 119, 120, 121, 125, 129, 131, 142, 147, 148, 212, 213, 246, 247, 248, 251, 253, 254, 255, 256, 257, 258, 259, 260, 261, 262, 273, 274, 297, 299, 300, 301, 318, 319, 320, 322, 323, 324, 331, 370, 383, 403, 404, 579, 644, 647, 648
박호문(朴好問) 301
박효원(朴孝元) 460, 511
박효함(朴孝諴) 64
배극렴(裵克廉) 325
배맹후(裵孟厚) 460
백수희(白受禧) 373
백암(栢庵) 43
범종(梵鐘) 636
법장(法藏) 44, 429
변계량(卞季良) 78, 458, 459, 501
변대해(邊大海) 155

변효경(卞孝敬) 85, 86, 111
변효문(卞孝文) 47
벽계정심(碧溪正心) 33, 43
벽송(碧松) 44
보성경(寶城卿) 이합(李峇) 424
보우(普雨) 43, 44
보제존자(普濟尊者) 374, 563, 564, 650
봉석주(奉石柱) 302
부용(芙蓉) 44
부휴(浮休) 44

ㅅ

사당 혜경(社堂慧瓊) 427, 596
사마순(司馬恂) 209, 579
사산군(蛇山君) 464
사우(斯祐) 294
사지(斯智) 42, 364, 386, 398, 418, 419, 650
삼한국대부인 안씨 68
서강(徐岡) 382
서거정(徐居正) 120, 143, 212, 248, 273, 328, 388, 463, 464, 480, 483, 487, 502, 547, 560, 568, 569, 570, 573, 574, 582, 599, 603, 611, 636
서영남(徐永南) 506
서영생(徐永生) 624
서조(徐遭) 298
석륵(石勒) 244
설정(雪正) 232, 233, 234
설준(雪峻, 雪俊) 357, 364, 498, 550, 551, 553, 558, 559, 568, 569, 570, 572, 583, 596, 597, 624, 650, 655
설총(薛聰) 36, 37, 52, 56, 104
성간(成侃) 617
성녕대군(誠寧大君) 27, 88, 96, 106, 116, 187, 224, 297, 298, 642
성담년(成聃年) 590
성달생(成達生) 61

성민(性敏) 445
성봉조(成奉祖) 547
성삼고(成三顧) 323
성삼문(成三問) 11, 13, 47, 48, 50, 51, 71, 72, 73, 74, 101, 105, 112, 119, 120, 129, 131, 142, 146, 147, 148, 205, 209, 210, 212, 213, 246, 258, 259, 273, 297, 300, 302, 305, 307, 308, 309, 311, 312, 318, 319, 320, 321, 322, 323, 324, 329, 331, 353, 370, 403, 579, 580, 647, 648
성숙(成俶) 622, 623
성석린(成石璘) 22, 359
성승(成勝) 318, 323
성억(成抑) 224
성염조(成念祖) 359, 617
성윤문(成允文) 357, 367, 370, 417, 418
성우(省愚) 480
성임(成任) 187, 188, 189, 206, 235, 335, 357, 358, 359, 360, 367, 373, 374, 382, 394, 399, 401, 427, 436, 446, 451, 461, 464, 478, 487, 505, 511, 512, 582, 599, 617, 646, 650, 651
성진(成晉) 460
성철(性喆) 548
성현(成俔) 50, 460, 558, 596, 603, 617, 626, 655
소남(小南) 497
소동파(蘇東坡) 94
소혜왕후(昭惠王后) 535, 580
소헌왕후(昭憲王后) 13, 67, 82, 83, 84, 85, 88, 91, 95, 96, 97, 98, 99, 100, 101, 106, 113, 119, 128, 135, 136, 140, 144, 178, 182, 201, 204, 216, 221, 225, 226, 233, 262, 344, 361, 362, 365, 370, 385, 395, 396, 432, 518, 554, 555, 644, 645, 653
손비장(孫比長) 460, 591
손소(孫昭) 482, 460, 499

손수산(孫壽山) 71, 72, 73, 146, 147, 148, 205, 209, 308
손순효(孫舜孝) 413, 544, 593
송문림(宋文琳) 547
송복원(宋復元) 543
송석동(宋石同) 318, 323
송시열(宋時烈) 601
송처검(宋處儉) 51, 57, 248, 643
송처관(宋處寬) 212, 333, 387, 410, 416
송현수(宋玹壽) 305, 306, 307, 339
수미(守眉) 13, 32, 33, 138, 183, 187, 188, 327, 331, 341, 352, 357, 363, 364, 378, 408, 436, 437, 462, 645, 647, 650, 651, 652
수린(守蘭) 475
수빈(粹嬪 : 소혜왕후 한씨) 517, 535, 536
수암(秀菴 : 수암도인) 43, 210, 409, 415, 597, 601, 633, 655
수양대군(首陽大君, 진양대군) 11, 13, 14, 39, 41, 42, 50, 51, 59, 66, 68, 69, 70, 74, 82, 83, 85, 88, 97, 100, 101, 107, 111, 112, 113, 114, 115, 116, 117, 118, 119, 120, 123, 125, 126, 127, 128, 129, 133, 135, 136, 137, 138, 139, 140, 142, 144, 145, 146, 148, 178, 181, 187, 188, 189, 190, 196, 201, 202, 203, 204, 206, 207, 208, 209, 223, 228, 229, 235, 238, 247, 257, 259, 261, 262, 265, 267, 276, 281, 284, 286, 287, 288, 289, 290, 291, 293, 294, 298, 299, 300, 301, 302, 303, 304, 305, 308, 309, 310, 311, 343, 385, 432, 471, 643, 644, 645, 648
수춘군(壽春君) 205
숙의 박씨(淑儀朴氏) 427
숭덕(崇德) 522
승우(僧祐) 115
승원로(承元老) 69

신미(信眉) 11, 12, 13, 14, 15, 21, 24, 25, 26, 27, 28, 31, 32, 33, 34, 35, 36, 39, 40, 41, 42, 43, 44, 60, 66, 67, 79, 80, 82, 83, 84, 88, 92, 97, 98, 101, 102, 103, 114, 115, 116, 119, 120, 125, 126, 127, 128, 133, 134, 135, 136, 137, 138, 140, 141, 142, 144, 145, 147, 148, 173, 174, 182, 185, 187, 188, 189, 190, 196, 199, 200, 202, 204, 205, 206, 207, 208, 209, 211, 212, 232, 233, 234, 236, 240, 241, 242, 243, 244, 245, 246, 247, 248, 249, 250, 251, 252, 253, 254, 255, 256, 257, 258, 259, 260, 261, 262, 263, 264, 266, 267, 274, 282, 283, 327, 331, 334, 341, 344, 345, 352, 357, 358, 359, 363, 364, 371, 373, 374, 376, 378, 379, 380, 381, 383, 384, 385, 386, 388, 389, 390, 392, 393, 394, 397, 398, 401, 402, 405, 407, 408, 409, 410, 414, 415, 418, 419, 420, 424, 435, 437, 441, 444, 445, 446, 449, 453, 476, 491, 498, 519, 520, 523, 526, 533, 543, 544, 551, 552, 553, 561, 568, 572, 576, 583, 589, 592, 596, 597, 598, 599, 601, 602, 608, 615, 617, 619, 620, 625, 633, 634, 637, 638, 639, 640, 641, 642, 643, 644, 645, 646, 647, 648, 649, 651, 655

신개(申槩) 61, 65

신돈(辛旽) 260, 564

신면(申沔) 480, 495

신빈 김씨(慎嬪 金氏) 231, 232, 384, 547, 548

신선경(慎先庚) 298

신석조(辛碩祖) 51, 57, 80, 152, 154, 157, 158, 162, 163, 164, 195, 257, 262, 281, 331, 367, 643

신숙주(申叔舟) 11, 47, 48, 50, 51, 55, 62, 63, 66, 71, 72, 73, 74, 80, 101, 105, 118, 119, 120, 125, 129, 130, 131, 142, 143, 146, 147, 148, 183, 205, 209, 210, 212, 252, 258, 259, 261, 262, 263, 268, 285, 286, 287, 290, 293, 294, 299, 300, 302, 308, 310, 312, 318, 319, 320, 327, 332, 346, 354, 361, 372, 395, 406, 410, 417, 418, 422, 424, 438, 463, 464, 470, 473, 478, 479, 480, 483, 495, 496, 502, 503, 505, 506, 507, 514, 517, 521, 533, 534, 535, 539, 540, 541, 547, 550, 559, 573, 576, 577, 578, 579, 580, 581, 582, 583, 643, 644, 645, 647

신영손(辛永孫) 118, 119, 148, 410, 416, 418, 644

신운(信云) 387

신운승(申雲承) 370

신윤보(申允甫) 548

신의징(申義澄) 522

신자근(申自謹) 83, 90

신장(申檣) 578

심명(心明) 498

심신(沈愼) 323

심안의(沈安義) 416, 439, 449

심온(沈溫) 68

심회(沈澮) 416, 495, 547

쌍기(雙冀) 209

ㅇ

안관후(安寬厚) 592, 593, 594, 655

안견(安堅) 121, 155, 188, 210, 393, 599

안극상(安克祥) 482

안맹담(安孟聃) 69, 187, 314

안병희(安秉禧) 506

안선(安璿) 593

안순왕후(安順王后) 554

안숭선(安崇善) 214

안숭효(安崇孝) 331

안윤손(安閏孫) 623

안완경(安完慶) 263, 264, 266, 267, 647

안요경(安堯卿) 439

안중경(安仲敬) 465

안지(安止) 76, 77, 95, 118, 119, 169, 170, 195, 644

안처량(安處良) 594, 620

안충언(安忠彦) 187, 428

안평대군(安平大君) 11, 13, 19, 41, 42, 50, 51, 59, 60, 61, 62, 66, 68, 80, 82, 84, 88, 96, 98, 102, 113, 116, 120, 121, 125, 126, 127, 129, 139, 140, 144, 146, 147, 148, 155, 161, 173, 175, 178, 187, 188, 200, 202, 207, 210, 211, 212, 213, 214, 216, 219, 220, 223, 225, 233, 234, 235, 236, 241, 257, 262, 266, 267, 273, 274, 275, 276, 279, 281, 283, 284, 285, 287, 288, 289, 297, 298, 299, 300, 311, 331, 334, 359, 399, 487, 559, 617, 643, 644, 645, 646, 647, 648

안팽명(安彭命) 576, 655

안혜(安惠) 235, 335, 370, 431, 491, 511, 649

안효례(安孝禮) 69, 502, 503

야부(埜夫) 35

양녕대군(讓寧大君) 19, 37, 89, 91, 100, 179, 276, 293, 300, 326, 339, 345, 346, 360, 442, 443

양무제(梁武帝) 406

양사눌(梁思訥) 599

양성지(梁誠之) 131, 248, 307, 383, 386, 387, 402, 416, 459, 464, 478, 508, 547

양수(良遂) 522

양순석(梁順石) 349, 422

양정(楊汀) 298, 299, 302

양진손(梁震孫) 422

양희지(楊熙止) 582

어세겸(魚世謙) 460, 612

어세공(魚世恭) 460, 467, 468

어효첨(魚孝瞻) 112, 113, 131, 252, 261, 263, 264
언기(彦琪) 208, 335, 598
엄자치(嚴自治) 237, 265, 288, 302
엄홍도(嚴弘道) 340
여량군(礪良君) 307
여호(呂㦿) 540
여흥(驪興) 이씨(李氏) 19, 376, 641, 650
연창위(延昌尉) 304, 314
영가현각(永嘉玄覺) 140, 208, 358, 405, 408, 409, 610
영순군(永順君) 69, 386, 428, 438, 464, 480, 499, 504, 512, 515, 549, 550, 614
영양위(寧陽尉) 304
영응대군(永膺大君) 187, 188, 189, 191, 201, 203, 205, 206, 214, 215, 290, 326, 328, 331, 335, 339, 341, 395, 398, 403, 424, 438, 461, 464, 470, 543, 646
영풍군(永豊君) 205, 311, 645
영해군(寧海君) 326
예겸(倪謙) 209, 210, 579
예성부부인(蘂城府夫人) 정씨(鄭氏) 419
오성정(梧城正) 498
오익신(吳益愼) 608
오자경(吳子慶) 464
옥산군(玉山君) 389, 439, 449
올미(吾乙未) 633
왕방연(王邦衍) 340
왕월(王軏) 359
왕헌(王獻) 72
왕희지(王羲之) 331, 600
우신(禹晨) 506
우효강(禹孝剛) 235
운설악(雲雪岳) 469
원경국사(元敬國師) 충희(忠曦) 562
원경왕후(元敬王后) 27
원구(元矩) 298
원내인(元乃仁) 111
원효(元曉) 15, 66, 126, 128, 428, 492
원효연(元孝然) 303, 304, 416, 438, 449
월산대군(月山大君) 534, 627
월창(月窓) 92
위정(魏靜) 405, 415
위징(魏徵) 61, 406, 578
유고미자(劉古未者) 365, 393
유관(柳觀) 20, 641
유근(劉瑾) 600
유맹부(柳孟敷) 111
유문통(柳文通) 460
유방선(柳方善) 94, 607
유법주(宥法主) 548
유상해(兪尙諧) 158, 159, 161, 162, 165, 173, 174, 195, 196, 645
유성원(柳誠源) 79, 112, 248, 254, 302, 305, 318, 319, 323
유수(柳洙) 298
유수강(柳守剛) 398
유윤겸(柳允謙) 460, 606, 607
유응부(兪應孚) 300, 318, 319, 321, 323, 648
유의손(柳義孫) 77, 82
유자광(柳子光) 513
유자황(柳子滉) 301
유종원(柳宗元) 79
유진(兪鎭) 460, 467, 468, 591
유하(柳河) 298
유환(柳睆) 491
유효담(柳孝潭) 221
윤희손(尹喜孫) 594
유희익(兪希益) 459, 460
육쌍대사(六雙大師) 452
윤경연(尹景淵) 579
윤계겸(尹繼謙) 585
윤기견(尹起畎) 305, 307, 316
윤배(尹陪) 110, 111
윤봉(尹鳳) 256
윤사로(尹思路) 313, 327, 345, 350, 351, 384, 387, 394, 398, 401, 637
윤사윤(尹士昀) 302, 341, 351, 359, 360, 361, 366
윤사흔(尹士昕) 416, 458, 501, 547
윤상(尹祥) 165, 195
윤석(尹晳) 556, 557
윤시형(尹時衡) 608
윤영손(尹令孫) 318, 323
윤자(尹慈) 465
윤자영(尹子濚) 422
윤자운(尹子雲) 318, 351, 359, 360, 417, 422, 438, 495, 528, 533, 547, 584
윤잠(尹岑) 439
윤절간(倫絶澗) 563, 565
윤찬(尹贊) 327, 330
윤처공(尹處恭) 293, 298
윤필상(尹弼商) 386, 467, 468, 497, 608
윤현손(尹顯孫) 577
윤형(尹炯) 90, 154, 163, 175, 184, 195, 263
윤흠(尹欽) 422, 464
은천군(銀川君) 389, 402, 439, 449
응인(應仁) 476
의경세자(懿敬世子) 327, 393, 341, 342, 343, 367, 370, 427, 536, 546, 649
의상(義湘) 24, 468, 636
의숙공주(懿淑公主) 473, 508, 652
의심(義心) 522
의정궁주(義貞宮主) 68
의창군(義昌君) 155, 205, 335
의천(義天) 25, 26, 66, 242, 378, 379, 381, 390, 492
의춘군(宜春君) 297, 645

이개(李塏) 13, 47, 48, 50, 62, 72, 101, 105, 112, 118, 119, 120, 129, 131, 142, 147, 212, 248, 297, 300, 305, 306, 318, 319, 321, 322, 323, 402, 404, 643, 644, 646

이견기(李堅基) 169, 195

이경동(李瓊仝) 460

이계린(李季疄) 312

이계손(李繼孫) 467

이계전(李季甸) 112, 152, 158, 181, 199, 206, 224, 252, 258, 263, 264, 265, 268, 269, 302, 311, 312, 313, 353, 368, 422, 518

이계통(李季通) 572

이광수(李光洙) 636

이극감(李克堪) 112, 306, 354, 359, 367, 372

이극배(李克培) 330, 331, 333, 337, 347, 348, 349, 350, 360, 361, 504, 547, 593, 594, 649

이극증(李克增) 540, 554

이근(李覲) 383

이길보(李吉甫) 417

이달(李達) 600

이동림(李東林) 55

이득수(李得守) 465

이명민(李命敏) 155, 184, 203, 214, 215, 234, 282, 292, 298, 299

이맹영(李孟英) 275

이맹진(李孟畛) 233

이맹현(李孟賢) 460

이몽가(李蒙哥) 302, 466

이문구(李文求) 342

이문흥(李文興) 623

이보흠(李甫欽) 282

이물민(李勿敏) 171, 196

이백강(李伯剛) 118

이변(李邊) 308, 580

이봉(李封) 460

이사철(李思哲) 62, 77, 78, 80, 85, 109, 112, 152, 154, 168, 171, 180, 181, 187, 188, 195, 196, 200, 201, 202, 206, 207, 209, 214, 215, 216, 233, 235, 295, 302, 304, 312, 323, 645

이사임(李思任) 270, 314

이색(李穡) 92, 331, 565

이서(李墅) 214, 215, 416, 567, 646

이세좌(李世佐) 623

이세정(李世楨) 417

이석형(李石亨) 47, 48, 62, 246, 292, 304, 305, 306, 446, 461, 505, 547, 582, 647, 648

이수남(李壽男) 417

이숙감(李淑瑊) 460

이숙생(李叔生) 511

이순몽(李順蒙) 98, 171

이순백(李淳伯) 300

이순지(李純之) 85

이숭인(李崇仁) 92

이숭지(李崇之) 270

이승녕(李承寧) 460

이승소(李承召) 248, 354, 387, 398, 399, 459, 576, 577, 578, 582, 599, 604

이승손(李承孫) 70, 181, 224, 252, 253, 254, 255, 261, 331, 403, 647

이승윤(李承胤) 297

이시보(李時珤) 527

이시애(李施愛) 495, 496, 497, 514, 653

이시합(伊時哈) 496

이신효(李愼孝) 555

이안눌(李安訥) 600

이양(李穰) 298

이양미(李楊美) 155

이영구(李英耉) 234, 235, 263

이영근(李寧根) 505

이영은(李永垠) 398, 399, 501, 503, 504

이영서(李永瑞) 72, 88, 96, 214, 234, 235

이예(李芮) 80, 112, 248, 367, 478, 480

이예손(李禮孫) 331

이예장(李禮長) 295

이우직(李友直) 300

이운로(李雲露) 68

이유기(李裕基) 323

이육(李陸) 460, 540

이윤손(李允孫) 464

이윤인(李尹仁) 468, 474

이의영(李義英) 323

이의흡(李宜洽) 178

이익배(李益培) 460

이익수(李益壽) 517

이인손(李仁孫) 200, 327

이임(李琳) 70

이자(李孜) 340

이장(李暲) 312

이적(李迹) 79, 198, 208, 212

이정녕(李正寧) 89, 202, 314

이존(李存) 370

이주(李珠) 496

이준(李浚) 506, 512

이중(李重) 65

이징옥(李澄玉) 301

이첨(李詹) 20, 641

이창신(李昌臣) 580, 607

이천(李蕆) 117, 234

이철(李徹) 464, 470

이춘(李春) 155

이측(李則) 460, 590

이파(李坡) 461

이함장(李諴長) 422

이행(李行 : 騎牛子) 13, 19, 22, 23, 24, 41, 80, 92, 97, 114, 208, 359, 408, 641, 642, 643

이호(李昊) 323 470

이활(李活) 154

이현로(李賢老, 善老) 50, 70, 101, 105, 118, 119, 120, 130,

148, 178, 212, 213, 285, 288, 289, 297, 300, 643
이효정(李孝貞) 345
이효지(李孝智) 546, 555
이훈(李壎) 502, 506
이휘(李徽) 318
익현군(益峴君) 205, 326
인관(印寬) 601, 602
인수대비(仁粹大妃) 384, 436, 469, 541, 544, 546, 550, 551, 553, 554, 580, 581, 586, 587, 617, 619, 623, 624, 625, 626, 627, 629
일운(一雲) 83, 89, 92
임동(林童) 187, 188, 382
임보림(林寶林) 349
임사홍(任士洪) 461, 539, 556, 591, 592
임어을윤(林於乙云伊) 298
임영대군(臨瀛大君) 66, 90, 175, 177, 182, 187, 196, 201, 202, 205, 326, 328, 339, 353, 422, 424, 438, 645
임원준(任元濬) 310, 339, 382, 389, 411, 465, 480, 481, 507, 512, 547, 589
임중(任仲) 440, 441
임택(任擇) 335
임효선(任孝善) 205

ㅈ

자성왕비 윤씨 365, 370, 391, 419, 435, 442, 446, 469, 507, 511, 532, 535, 553, 608, 610
자을산군(者乙山君 : 성종) 503
자장(慈藏) 469
장길생(張吉生) 155
장말동(張末同) 428
장영실(蔣英實) 129
장의궁주(莊懿宮主) 68
장정(張鼎) 413
장중동(張重同) 370

장치손(張治孫) 428
전균(田畇) 302, 311, 350
전균견 175
전순의(全循義) 80, 413, 481
전언 조씨 두대(曹氏 豆大) 386, 388, 390, 398, 399, 428, 536, 580
정갑손(鄭甲孫) 106, 107, 109, 112, 159, 160, 161, 165, 166, 167, 195, 202, 234, 258, 314
정괄(鄭佸) 568, 570, 575, 654, 655
정경조(鄭敬祖) 583
정광정(鄭光廷) 608
정길산(鄭吉山) 525
정난종(鄭蘭宗) 370, 391, 451, 454, 460, 461, 480, 487, 511, 524, 528, 547, 599, 650, 652, 653, 654
정도전(鄭道傳) 142, 316, 317, 325
정몽주(鄭夢周) 142, 461, 462, 463, 502
정분(鄭苯) 89, 98, 109, 125, 152, 155, 175, 177, 184, 187, 188, 194, 200, 201, 203, 214, 215, 220, 232, 234, 236, 258, 270, 272, 281, 286, 291, 292, 300
정빈(貞嬪) 한씨 386, 398, 419, 427, 442, 446, 469
정선(鄭善) 256
정수충(鄭守忠) 287, 416
정순공주(貞順公主) 118
정숭조(鄭崇祖) 596
정식(鄭軾) 464, 467
정신석(鄭臣碩) 293
정심(正心) 572
정안종(鄭安宗) 271
정원(淨源) 405
정은(鄭垠) 327, 330, 344, 350, 352
정의공주(貞懿公主) 419, 533
정이한(鄭而漢) 216, 249, 265

정인지(鄭麟趾) 11, 12, 49, 55, 58, 66, 74, 75, 76, 77, 78, 79, 95, 99, 101, 104, 105, 118, 120, 131, 148, 153, 155, 156, 157, 171, 175, 195, 209, 212, 215, 216, 231, 262, 279, 286, 291, 292, 299, 300, 302, 303, 304, 305, 310, 312, 325, 326, 331, 332, 333, 339, 341, 345, 346, 347, 348, 352, 353, 354, 366, 367, 368, 371, 372, 463, 464, 478, 479, 501, 502, 503, 505, 506, 507, 514, 528, 534, 540, 547, 550, 579, 581, 595, 596, 605, 645, 649, 651
정자(程子) 459, 460
정자원(鄭自源) 449
정자영(鄭自英) 459, 460, 462, 501, 502, 503, 504, 505
정종(鄭悰) 280, 301, 311
정지 지천(正智智泉) 44, 126
정지담(鄭之澹) 111, 498
정지연(鄭芝衍) 595
정지하(鄭之夏) 220, 221, 222
정창손(鄭昌孫) 51, 57, 64, 77, 78, 85, 86, 110, 111, 112, 113, 125, 165, 168, 172, 175, 176, 195, 196, 223, 226, 227, 269, 299, 318, 324, 345, 347, 354, 416, 461, 479, 503, 505, 506, 528, 547, 569, 584, 592, 614, 643, 644, 645, 646, 648
정충경(鄭忠敬) 543
정탁(鄭鐸) 625
정현옹주(貞顯翁主) 384
정현조(鄭顯祖) 310, 333, 335, 386, 389, 395, 403, 438, 464, 473, 474, 512, 528, 530, 531, 534, 547, 562, 565, 566, 567, 654
정효강(鄭孝康) 85, 98, 113, 142, 182, 187, 188, 202, 206, 214, 234, 237, 476, 644
정효상(鄭孝常) 386, 460, 467, 534, 547
정휘(鄭徽) 460

정흥인(鄭興仁) 595
정희왕후(貞熹王后) 144, 508, 528, 530, 535, 536, 539, 541, 542, 544, 545, 546, 550, 551, 554, 611, 613, 614, 617, 620, 622
제안부부인 최씨(齊安府夫人 崔氏) 419
조구(趙球) 622
조극관(趙克寬) 200, 298, 299
조근(趙瑾) 51, 57, 335, 511, 520, 523, 643, 649
조뇌(趙賚) 68
조대림(趙大臨) 118
조득림(趙得琳) 465, 474
조맹부(趙孟頫) 280, 332, 600
조백규(趙白珪) 198, 199
조번(趙蕃) 298
조변안(趙變安) 130, 139, 146, 148, 308, 386, 428
조서안(趙瑞安) 158, 169, 180, 181, 182, 194, 196
조석문(曹錫文) 312, 327, 344, 346, 350, 351, 385, 394, 401, 497, 507, 521, 528, 533, 547
조숭지(趙崇智) 417
조안정(趙安貞) 511
조위(曺偉) 582, 606, 622
조원희(趙元禧) 275, 276
조욱(趙頊) 111
조인규(趙仁規) 233
조정(祖庭) 335
조준(趙浚) 325
조준(趙峻) 449
조지(趙祉) 386, 460
조청로(趙清老) 323
조혜(趙惠) 306
조효문(曹孝門) 313, 359
조휘(曹彙) 201
주자(朱子) 459, 460
주계부정(朱溪副正) 심원(深源) 588

죽헌(竹軒) 327, 344, 649
중희(仲希) 429
증자(曾子) 603
지경(智冏) 622
지공(指空) 44, 128, 241, 562, 563, 564, 566
지눌(知訥 : 牧牛子) 491, 492, 653
지생(智生) 615
지증대사(智證大師) 40
지통(智洞) 601
지해(智海) 364
지헌 연희(智軒演熙) 405, 408
진가유(陳嘉猷) 359, 360
진감(陳鑑) 328, 329, 602

ㅊ

창원군 성(晟) 508, 567
채수(蔡壽) 552, 582
처안(處安) 562, 566, 654
천봉 만우(千峰卍雨) 43, 91, 92, 93, 94, 120, 122, 212
천태지자(天台智顗) 431
청허(清虛) 44
최경(崔涇) 393
최득지(崔得池) 323
최린(崔璘) 338
최만리(崔萬理) 11, 40, 49, 50, 51, 55, 56, 57, 58, 60, 64, 78, 79, 103, 104, 125, 143, 146, 202, 223, 643
최반(崔潘) 593
최사기(崔賜起) 298
최사우(崔斯友) 323
최사유(崔士柔) 573
최사의(崔士儀) 68
최선복(崔善復) 306, 354, 439
최소남(崔召南) 522, 523
최숙정(崔淑精) 460, 596
최습(崔濕) 155
최영린(崔永潾) 574

최영호(崔永灝) 574
최유지(崔有之) 393
최윤(崔昀) 80
최읍(崔浥) 175, 191
최응현(崔應賢) 474
최이(崔怡) 141
최자빈(崔自濱) 460
최충(崔沖) 79
최치원(崔致遠) 295
최치지(崔致池) 323
최한량(崔漢良) 460
최한정(崔漢禎) 549, 550, 557, 585
최항(崔恒) 11, 13, 20, 49, 55, 62, 72, 73, 74, 78, 101, 105, 112, 118, 119, 120, 125, 129, 130, 131, 142, 143, 147, 183, 212, 246, 265, 267, 299, 300, 302, 319, 354, 380, 382, 395, 398, 399, 402, 403, 404, 410, 416, 446, 447, 448, 459, 460, 461, 463, 464, 472, 478, 480, 495, 497, 502, 503, 504, 505, 506, 528, 532, 533, 547, 573, 574, 643, 644, 645, 646, 648, 652
최호(崔灝) 428
최호원(崔灝元) 502, 503, 504
축휘(竺徽) 583, 655

ㅌ

탁문아(卓文兒) 513
탁중(卓中) 230
탄주(坦珠) 187, 200
태고보우(太古普愚) 42, 43, 44, 564

ㅍ

평산처림(平山處林) 44
평원대군(平原大君) 69, 70, 178, 233
표연말(表沿沫) 591

ㅎ

하결(河潔) 199

하륜(河崙) 325

하순경(河淳敬) 163, 195

하연(河演) 61, 62, 65, 98, 108, 109, 111, 120, 125, 153, 155, 156, 157, 158, 162, 169, 170, 174, 181, 182, 195, 202, 206, 226, 227, 233, 258, 263, 314

하위지(河緯地) 47, 48, 51, 57, 85, 86, 125, 238, 242, 243, 244, 245, 249, 251, 252, 253, 255, 257, 258, 261, 262, 263, 268, 300, 301, 302, 304, 305, 306, 311, 312, 313, 314, 318, 319, 321, 323, 331, 382, 643, 646, 647, 648

학미(學眉) 583

학열(學悅) 12, 42, 82, 138, 260, 261, 262, 282, 283, 327, 331, 344, 357, 378, 380, 381, 386, 394, 398, 401, 410, 418, 419, 432, 435, 436, 444, 445, 446, 449, 450, 469, 470, 471, 474, 498, 511, 515, 516, 519, 520, 521, 522, 523, 524, 526, 527, 528, 533, 551, 552, 553, 567, 568, 570, 572, 576, 583, 584, 589, 590, 592, 594, 596, 597, 615, 616, 619, 620, 633, 645, 647, 648, 649, 650, 652, 653, 654, 655, 656

학조(學祖) 12, 15, 42, 145, 331, 344, 357, 364, 374, 378, 380, 381, 383, 386, 394, 398, 401, 410, 418, 419, 432, 444, 445, 446, 469, 471, 483, 498, 511, 512, 519, 520, 523, 524, 526, 533, 544, 551, 553, 554, 570, 583, 596, 597, 598, 601, 602, 608, 610, 614, 615, 616, 617, 618, 620, 622, 623, 624, 627, 628, 629, 632, 633, 634, 635, 636, 637, 645, 648, 652, 653, 654, 655, 656

한기(韓起) 385

한남군(漢南君) 205, 311

한계미(韓繼美) 328, 335, 351, 416, 439, 503, 547

한계순(韓繼純) 534

한계희(韓繼禧) 335, 354, 382, 385, 386, 388, 390, 391, 393, 394, 399, 410, 411, 416, 427, 428, 429, 430, 451, 453, 459, 461, 463, 464, 465, 470, 473, 480, 481, 501, 502, 511, 512, 524, 528, 547, 554, 555, 609, 610, 611, 613, 650, 651

한명회(韓明澮) 261, 285, 286, 298, 302, 312, 324, 327, 331, 332, 354, 385, 417, 470, 480, 483, 495, 496, 506, 507, 513, 517, 521, 527, 528, 530, 532, 534, 535, 539, 540, 547, 555, 581, 589, 611

한방지(韓方至) 465

한백륜(韓伯倫) 507, 547

한(韓)실두디 193

한유(韓愈) 79

한질(韓砬) 59, 63

한창(韓昌) 331

한치량(韓致良) 482

한치형(韓致亨) 540, 549

한호(韓濩) 600

한홍(韓洪) 175, 237

한확(韓確) 291, 295, 299, 300, 302, 303, 305, 311, 312, 384, 554

한혁(韓奕) 112, 316

한혜(韓惠) 610

함허당(涵虛堂) 13, 22, 23, 24, 25, 26, 27, 28, 31, 32, 33, 34, 35, 39, 40, 41, 42, 43, 44, 67, 128, 136, 140, 207, 210, 211, 335, 358, 379, 405, 406, 408, 410, 415, 428, 431, 453, 454, 471, 492, 558, 598, 608, 639, 642, 644, 649

해민(海敏) 419

해초(海超) 364, 405, 407, 408, 410, 427, 428, 498, 650

행겸(行謙) 614

행정(行靖) 405

행호(行乎) 43, 243

허균(許筠) 599, 600, 651

허선(許譔) 460

허유례(許惟禮) 496

허응(虛應∶普雨) 43, 44

허적(許迪) 465

허조(許慥) 248, 318, 323

허준(許峻) 515

허종(許琮) 495, 496

허형손(許亨孫) 464

허후(許詡) 65, 153, 154, 159, 160, 165, 166, 170, 181, 195, 200, 202, 215, 216, 226, 231, 238, 260, 281, 289, 291, 295, 299

현덕왕후(顯德王后) 334

현석규(玄碩圭) 561, 583, 655

현수(賢首) 429

현장(玄裝) 429

혜각존자(慧覺尊者) 11, 14, 15, 16, 19, 21, 42, 43, 44, 241, 242, 246, 249, 257, 261, 262, 266, 327, 334, 344, 362, 364, 366, 373, 374, 376, 379, 382, 383, 385, 386, 388, 389, 390, 393, 397, 401, 402, 405, 414, 415, 418, 419, 420, 421, 424, 426, 432, 435, 436, 441, 444, 445, 446, 453, 469, 470, 471, 476, 484, 488, 491, 492, 493, 496, 497, 498, 511, 519, 526, 533, 543, 544, 551, 560, 567, 568, 570, 575, 576, 589, 592, 597, 598, 599, 608, 617, 619, 633, 634, 637, 638, 639, 641, 642, 647, 648, 649, 651, 652, 653, 655, 656

혜능(慧能) 94, 208, 426, 629, 630, 631

혜빈 양씨(惠嬪梁氏) 279, 281, 297, 304, 311, 539

혜순궁주(惠順宮主) 68

혜통(惠通) 405,

홍인(弘忍) 629

화의군(和義君) 205, 308, 645
환암혼수(幻菴混修) 43, 44, 92, 94, 241
황곤(黃坤) 88, 95
황귀존(黃貴存) 187
황보석(皇甫錫) 290
황보인(皇甫仁) 98, 125, 206, 209, 233, 249, 279, 281, 283, 288, 289, 290, 291, 295, 296, 298, 299, 648
황선보(黃善寶) 323
황수신(黃守身) 62, 85, 95, 111, 268, 354, 366, 385, 394, 398, 401, 410, 414, 417, 426, 427, 428, 452, 453, 476, 480
황윤원(黃允元) 515
홍귀달(洪貴達) 460, 548
홍달손(洪達孫) 298, 299, 302, 313, 360, 464, 503
홍원숙(洪元淑) 286
홍월(洪月) 341
홍윤성(洪允成) 302, 328, 359, 424, 439, 470, 495, 507, 533, 544, 547
홍윤식(洪潤植) 488
홍응(洪應) 357, 367, 370, 383, 398, 410, 416, 505, 547, 582
홍이(洪伊) 67
홍일동(洪逸童) 245, 253, 261, 647
홍준(弘濬) 42, 44, 334, 357, 364, 649, 650
황사의(黃思義) 155
황생(黃生) 496
황찬(黃瓚) 71, 72, 73, 74, 147, 579
황치신(黃致身) 314
황효원(黃孝源) 225, 226, 228, 230, 231, 449, 646
황희(黃喜) 65, 163, 173, 179, 180, 195, 196, 202, 312, 385, 645
회련(懷璉) 457

효령대군(孝寧大君) 11, 34, 39, 43, 70, 71, 83, 91, 92, 120, 126, 127, 128, 139, 142, 144, 145, 161, 183, 187, 204, 205, 206, 207, 208, 214, 234, 239, 243, 262, 273, 291, 293, 304, 306, 307, 326, 365, 370, 371, 383, 390, 391, 392, 395, 396, 400, 401, 403, 404, 405, 407, 410, 415, 418, 419, 420, 427, 428, 429, 432, 437, 438, 439, 440, 441, 442, 443, 449, 451, 453, 455, 456, 457, 461, 463, 464, 465, 466, 470, 484, 486, 506, 533, 620, 621, 646, 648, 650, 651
효운(曉雲) 364, 405, 408, 650
휴정(休靜) 43

저술

ㄱ

『경국대전(經國大典)』 380, 501, 532, 533, 542, 568, 569, 573, 626

『계곡선생집(谿谷先生集)』 743

『계원필경(桂苑筆耕)』 295

『고금운회거요(古今韻會擧要)』 49, 129, 147

『고려사(高麗史)』 77, 112, 402, 596

『고려사절요(高麗史節要)』 657, 692, 737

『관무량수경(觀無量壽經)』 430

『관음경(觀音經)』 206, 235

『관음현상기(觀音現相記)』 395

『광흥사중건사적(廣興寺重建事蹟)』 637, 749

『구급방(救急方)』 언해 481

『근사록(近思錄)』 280

『금강경(金剛經)』 15, 207, 334, 390, 409, 416, 426, 427, 428, 526, 533

『금강경삼가해(金剛經三家解)』 15, 608, 609

『금강경언해(金剛經諺解)』 426, 427, 428, 435, 610

『금강경오가해설의(金剛經五家解說誼)』 13, 22, 25, 32, 35, 40, 42, 43, 140, 207, 335, 358, 410, 428, 471, 598, 608, 628

『금강경육조해(金剛經六祖解)』 426, 628

『금강반야경소(金剛般若經疏)』 428

『금강반야바라밀경(金剛般若波羅密經)』 426

ㄴ

『나옹화상어록(懶翁和尙語錄)』 737

『남명집(南明集)』 610

『남명천화상송증도가(南明泉和尙頌證道歌)』 140, 335, 358

『남명집(南明集)』 언해 608, 609, 610

『내훈(內訓)』 580

『노걸대(老乞大)』 345, 580

『노자(老子)』 382

『논어(論語)』 19, 118, 505, 641

『능엄경(楞嚴經)』 15, 80, 88, 200, 204, 235, 236, 335, 346, 359, 383, 384, 388, 389, 390, 391, 392, 404, 408, 467, 468, 536, 579, 628

『능엄경(楞嚴經)』 언해 385, 389, 390, 391, 397, 409, 410, 415, 427, 459, 554, 580, 598, 610

ㄷ

『단계유고(丹溪遺稿)』 658

『대명률직해(大明律直解)』 58

『대반야경(大般若經)』 430

『대방광원각수다라요의경(大方廣圓覺修多羅了義經)』 언해 451, 452

『대승기신론(大乘起信論)』 390

『대전본초(大全本草)』 413

『대학(大學)』 19, 113, 182, 202, 505, 602

『대학연의(大學衍義)』 269

ㄱ (cont.)

『기신론(起信論)』 96, 235, 236, 335, 646

ㄷ (cont.)

『동국사략(東國史略)』 402

『동국정운(東國正韻)』 12, 55, 74, 128, 129, 130, 139, 142, 145, 146, 147, 183, 291, 309, 311, 380, 386, 428, 441, 573, 579

『동국통감(東國通鑑)』 402

『두시언해(杜詩諺解)』 606, 607

ㅁ

『매계선생문집(梅溪先生文集)』 746

『매월당집부록(梅月堂集附錄)』 700

『맹자(孟子)』 19, 505

『명감(明鑑)』 580

『명황계감(明皇誡鑑)』 383, 388, 397, 398, 402, 403, 404, 459

『몽산화상법어약록(蒙山和尙法語略錄)』 언해 15, 373, 374, 650

『목우자수심결(牧牛子修心訣)』 언해 15, 491, 653

『묘법연화경』 15, 115, 144, 359, 397, 398, 399, 400, 401, 402, 404, 455, 536

『묘법연화경 언해』 401, 409, 432, 554, 637

『무량수경(無量壽經)』 430

『무정보감(武定寶鑑)』 573

『미타관음』 359

『미타경』 206, 235, 236

ㅂ

『박통사(朴通事)』 345, 580

『반야바라밀다심경(般若波羅密多心經)』 언해 428, 429, 431,

찾아보기 767

435, 554, 627
『반야심경(般若心經)』 15, 409, 429, 430
『반야심경소현정기(般若心經疏顯正記)』 429
『반야심경약소(般若心經略疏)』 429
『반야참문(般若懺文)』 35
『범망경(梵網經)』 235, 236
『법망경(法網經)』 96, 335
『법어(法語)』 374, 492, 493
『법화경(法華經)』 28, 88, 96, 182, 214, 215, 225, 236, 334, 335, 345, 526, 532, 542, 628
『벽암록(碧巖錄)』 348, 406, 463
『병서(兵書)』 382, 410
『보궐식료(補闕食療)』 413
『분류두공부시언해(分類杜工部詩諺解)』 75, 606
『불설수생경(佛說壽生經)』 533
『불설아미타경(佛說阿彌陀經)』 96, 390
『불설아미타경(佛說阿彌陀經) 언해』 15, 430
『불설예수시왕생칠경(佛說預修十王生七經)』 533
『불소행찬(佛所行讚)』 139
『불씨잡변(佛氏雜辯)』 316, 317
『불정심경(佛頂心經) 언해』 617, 618
『불정심다라니경』 619
『불조통기(佛祖統紀)』 380
『불조역대통재(佛祖歷代通載)』 554

ㅅ

『사리영응기(舍利靈應記)』 192, 193, 196, 645
『사법어(四法語) 언해』 491, 493
『사숙재집(私淑齋集)』 613
『사한전방(詞翰傳芳)』 15, 599

『산중일기(山中日記)』 601
『살달타(薩怛陀)』 533
『삼강행실도(三綱行實圖)』 37, 57
『삼단시식문(三壇施食文) 언해』 631
『삼국사(三國史)』 160, 402
『삼국사기(三國史記)』 671
『삼봉집(三峰集)』 317
『삼탄집(三灘集)』 604
『서경(書經)』 19, 230, 458, 503, 505
『선교도총섭 수암당 신미 혜각존자 실기』 43
『성리학대전』 41, 142
『소학(小學)』 144, 266, 268, 269, 461, 503, 505, 580
『석가보(釋迦譜)』 114, 115, 116, 126, 604
『석가씨보(釋迦氏譜)』 115
『석보상절(釋譜詳節)』 13, 114, 119, 125, 126, 127, 128, 131, 133, 134, 137, 138, 140, 141, 142, 146, 147, 148, 193, 200, 204, 344, 357, 358, 359, 361, 362, 363, 365, 366, 371, 393, 397, 402, 432, 609, 628, 638, 639, 644, 649, 650
『석원사림(釋苑詞林)』 378
『선종영가집(禪宗永嘉集)』 15, 208, 335, 336, 383, 405, 407, 409, 414, 598, 628, 638, 649, 650
『선종영가집(禪宗永嘉集) 언해』 404, 409, 410, 415, 554
『성소부부고(惺所覆瓿稿)』 599
『수심결(修心訣)』 491
『시경(詩經)』 19, 230, 324, 458, 461, 503, 505, 507
『식료본초(食療本草)』 413
『식료찬요(食療纂要)』 411, 413, 481
『식우집(拭疣集)』 602
『식의심감(食醫心鑑)』 413
『신편제종교장총록(新編諸宗教

藏總錄)』 378
『십육관경(十六觀經)』 235
『십이부경(十二部經)』 357

ㅇ

『아미타경(阿彌陀經)』 15, 96, 357, 409
『아미타경(阿彌陀經)언해』 430, 431,
『약사경(藥師經)』 115
『양화소록(養花小錄)』 444
『여교(女敎)』 580
『역경(易經)』 279, 315, 504, 505
『역대병요(歷代兵要)』 596
『역대병요의주(歷代兵要儀註)』 68
『역학계몽(易學啓蒙)』 501, 517
『열녀전(烈女傳)』 580
『열반경(涅槃經)』 616
『영가지(永嘉誌)』 521
『영험약초(靈驗略抄) 언해』 619
『예념미타도량참법』 533, 632
『예부운(禮部韻)』 291
『예기(禮記)』 279, 458, 459, 501, 503, 505
『오대진언(五大眞言) 언해』 619
『용감수감(龍龕手鑑)』 619
『용비어천가(龍飛御天歌)』 13, 75, 76, 77, 78, 112, 113, 114, 118, 119, 123, 124, 127, 128, 129, 131, 132, 135, 137, 142, 147, 148, 164, 596, 644, 645
『용재총화(慵齋叢話)』 558, 626
『운회(韻會)』 49, 50, 72, 129, 147, 148
『원각경(圓覺經)』 15, 390, 435, 437, 438, 446, 451, 453
『원각경구결(圓覺經口訣)』 454
『원각경(圓覺經) 언해』 437, 451, 453, 455, 471, 484, 554
『원각경소』(일명 圓覺經涵虛堂得通解) 453, 454

『원각경대소(圓覺經大疏)』 453, 454
『원각경소초』 42
『원각소(圓覺疏)』 410,
『원속육전(元續六典)』 155, 168, 272
『원육전(元六典)』 230
『원종문류(圓宗文類)』 378
『월인천강지곡(月印千江之曲)』 13, 114, 133, 134, 135, 137, 138, 139, 140, 142, 146, 147, 148, 200, 204, 344, 357, 358, 359, 362, 363, 365, 366, 371, 391, 397, 400, 432, 499, 500, 638, 639, 645, 650
『월인석보(月印釋譜)』 13, 15, 342, 345, 351, 352, 357, 358, 359, 360, 361, 363, 364, 365, 366, 367, 370, 371, 373, 374, 375, 378, 379, 390, 394, 397, 402, 432, 595, 610, 624, 650
『위선음즐(爲善陰騭)』 118
『유학(幼學)』 19, 641
『육경합부(六經合部)』 365, 554
『육조법보단경(六祖法寶壇經) 언해』 15, 629, 631
『육전(六典)』 155, 156
『윤관(綸貫)』 35
『율려신서(律呂新書)』 596
『음애일기(陰崖日記)』 340
『의방유취(醫方類聚)』 79, 129, 367, 368, 413, 482
『일체제불소호념경(一切諸佛所護念經)』 430

ㅈ

『자경편(自警編)』 677
『자설(字說)』 19, 642
『자치통감훈의(資治通鑑訓義)』 79, 596
『잠서(蠶書)』 382, 459
『잠서주해(蠶書註解)』 383
『장자(莊子)』 382

『정관정요(貞觀政要)』 385, 611
『정속(正俗)』 19
『조선불교통사(朝鮮佛敎通史)』 13, 42
『주역(周易)』 20, 22, 36, 39, 41, 60, 454, 458, 459, 460, 461, 462, 501, 503, 505, 506, 507
『주역구결(周易口訣)』 460, 461, 462, 463, 464, 501, 502, 503
『주역전의(周易傳義)』 464
『중용(中庸)』 19, 113, 182, 200, 202, 346, 505, 602
『증도가(證道歌)』 141, 208, 335
『증도가주해(證道歌註解)』 208, 335
『지리도로서(地理道路書)』 173
『지장경(地藏經)』 96, 115, 236, 335
『지장경참법(地藏經懺法)』 335
『직해동자습역훈평화(直解童子習譯訓評話)』 308
『직해동자습(直解童子習)』 308, 309, 580
『진양세고(晉陽世稿)』 443
『진언권공(眞言勸供) 언해』 15, 629, 631

ㅊ

『찬주분류두시(纂註分類杜詩)』 606
『청권집유(淸權輯遺)』 620
『초학자회(初學字會)』 354, 459
『추강냉화(秋江冷話)』 701
『추강집(秋江集)』 750
『춘추(春秋)』 19, 246
『치평요람(治平要覽)』 68, 74, 75, 367, 368, 370, 596

ㅌ

『태허정집(太虛亭集)』 675
『태평통재(太平通載)』 617

ㅍ

『패관잡기(稗官雜記)』 80, 479, 574
『필원잡기(筆苑雜記)』 574

ㅎ

『함허당득통화상어록(涵虛堂得通和尙語錄)』 35
『해동제국기』 578
『현정기(顯正記)』 32, 429
『현정론(顯正論)』 13, 32, 67, 207, 210, 211
『화엄경(華嚴經)』 113, 182, 214, 215, 216, 225, 475, 616
『황극경세서(皇極經世書)』 57
『황극치평도(皇極治平圖)』 307
『황화집(皇華集)』 582
『효순사실(孝順事實)』 118
『홍무정운(洪武正韻)』 146, 147, 148, 210, 308, 310, 311, 380, 578
『홍무정운역훈(洪武正韻譯訓)』 146, 308, 310, 311, 578
『훈민정음(訓民正音)』 101, 102, 115, 365, 380, 441, 573
『훈민정음해예본(訓民正音解例本)』 12, 48, 101, 142, 147, 573, 578, 596, 636
『훈세평화(訓世評話)』 580

찾아보기 769

사진 협조처

※ 다음과 같이 사진 도움을 받았습니다.
- 문화재청 : 34쪽 4
- 세종대왕기념사업회 : 26쪽 11·11-1, 27쪽 3·3-1, 38쪽 17, 39쪽 18
- 안동 광흥사 : 5쪽 6
- 해인사성보박물관 : 21쪽 11, 39쪽 4, 40쪽 26
- 회암사성보박물관 : 4쪽 1·2·4, 6쪽 8, 12쪽 8, 9, 36쪽 5

※ 화보의 책 출처
- 5쪽 화보 7, 『묘법연화경언해』, 세종대왕기념사업회, 2000
- 9쪽 화보 20, 『삼강행실도』 효자편, 세종대왕기념사업회, 1982
- 10쪽 화보 1, 1-1, 2, 『세종실록』, 국사편찬위원회(탐구당), 1986
- 11쪽 화보 4, 『프랑스 국립기메박물관 소장 한국문화재』, 국립문화재연구소, 1999
- 13쪽 화보 10, 『월인석보』(권1, 2), 서강대학교 출판부, 1988
  화보 11·12, 안휘준·이병한, 『몽유도원도』, 예경산업사, 1991
- 15쪽 화보 17, 『월인석보』권1, 서강대학교 출판부, 1988
  화보 18, 『용비어천가』, 대제각, 1973
  화보 19, 『월인천강지곡』, 대제각, 1973
  화보 22, 『남명집언해』권1, 세종대왕기념사업회, 2008
- 17쪽 화보 5, 『세종실록』, 국사편찬위원회(탐구당), 1986
  화보 6, 『사리영응기』, 동국대학교 도서관
  화보 7, 7-1·7-2, 안휘준·이병한, 『몽유도원도』, 예경산업사, 1991
  화보 8, 『불서를 통해본 조선시대 스님의 일상』-김민영 소장 귀중 불서 특별전, 동국대학교, 2007
- 18쪽 화보 5, 『문종실록』, 국사편찬위원회(탐구당), 1986
- 22·23·24쪽 화보 2·3·4·5, 『월인석보』권1, 서강대학교 출판부, 1988
- 24쪽 화보 6, 『몽산화상법어약록 언해』, 세종대왕기념사업회, 2002
- 25쪽 화보 10, 『관음현상기』, 서울대학교 규장각
  화보 11, 『선종영가집언해』, 세종대왕기념사업회, 2007
  화보 11-1, 『몽산화상법어약록언해』, 세종대왕기념사업회, 2002
- 28쪽 화보 5, 『벽암록』, 장경각, 1997
- 32쪽 화보 16·16-1, 『목우자수심결·사법어언해』, 세종대왕기념사업회, 2009
- 32쪽 화보 12, 『성소부부고』, 민족문화추진회, 1971
- 38쪽 화보 14, 『금강경삼가해 언해』, 세종대왕기념사업회, 2007
  화보 15, 『반야바라밀다심경 언해』, 세종대왕기념사업회, 2009
- 39쪽 화보 18, 『영험약초 언해』, 세종대왕기념사업회, 2010